L. C. (Leopold Carl) Bleibtreu

Handbuch der Münz- Maass- und Gewichtskunde und des

Wechsel-Staatspapier- Bank- und Actienwesens europäischer und

Aussereuropäischer Länder und Städte

L. C. (Leopold Carl) Bleibtreu

Handbuch der Münz- Maass- und Gewichtskunde und des Wechsel-Staatspapier-Bank- und Actienwesens europäischer und Aussereuropäischer Länder und Städte

ISBN/EAN: 9783742864772

Hergestellt in Europa, USA, Kanada, Australien, Japan

Cover: Foto ©ninafisch / pixelio.de

Manufactured and distributed by brebook publishing software (www.brebook.com)

L. C. (Leopold Carl) Bleibtreu

Handbuch der Münz- Maass- und Gewichtskunde und des
Wechsel-Staatspapier- Bank- und Actienwesens europäischer und
Aussereuropäischer Länder und Städte

Bibliothek

der

Gesammten Handelswissenschaften.

Von

Andree, Bleibtreu, Borel, Bos, Brasch, Brutzer,
Buono, Lutz, v. Mangoldt, Schmidt, Schwarzkopf, Setzer,
Heubert, Somerville, Wächter.

———

Münz= Maaß= und Gewichtskunde.

Stuttgart.
Verlag von J. Engelhorn.
1863.

Handbuch

der

Münz= Maaß= und Gewichtskunde

und

des Wechsel- Staatspapier- Bank- und Actienwesens europäischer
und außereuropäischer Länder und Städte.

Von

L. C. Bleibtreu,
Professor am Polytechnikum in Carlsruhe.

Stuttgart.
Verlag von J. Engelhorn.
1863.

Einleitung.

Geld, Maaß und Gewicht, Wechsel und Credit sind die Hauptwerkzeuge des Handels. Gegenwärtiges Handbuch beschränkt sich, seinem Zweck nach, auf die Feststellung aller zur Vergleichung der unterschiedlichen Münzen, Maaße und Gewichte erforderlichen Zahlenverhältnisse, unter Angabe der im Handel mit Waaren, Wechseln und anderen Creditpapieren in Beziehung auf Preisnotirung vorkommenden Modalitäten und Usanzen, und mehr oder weniger specialisirter Anführung aller den Credit und Geldumsatz fördernden Handelsanstalten *).

Die Aufgabe, über alle jene Dinge genügende Auskunft zu geben, würde eine sehr umfangreiche und schwierige sein, wenn nicht schon bedeutend vorgearbeitet worden wäre, namentlich in dem bekannten Nelkenbrecher'schen Taschenbuche und in dem Taschenbuche von C. Noback und F. Noback, welches wegen seiner Ausführlichkeit und vieler historischen Nachweisungen in Betreff des Münz-, Maaß- und Gewichtswesens insbesondere für den Finanzmann und Kameralisten sehr unterrichtend ist. Gleichwohl bleibt für den Bearbeiter eines derartigen Hülfsbuches viel zu thun übrig, weil manche Lücken auszufüllen sind, vieles Neue nachzuholen ist, und die Verpflichtung, für die Richtigkeit der Angaben einzustehen, zu vielen Berechnungen und Erkundigungen an Ort und Stelle Anlaß giebt, indem die bisherigen Angaben nicht immer genau mit einander übereinstimmen. Von der Aufzählung und Werthsbestimmung vieler älteren Münzen haben wir übrigens Umgang genommen, weil beim wirklichen Vorkommen solcher Münzen die Kenntniß ihres Werthes ohne die ihres Gepräges nichts helfen kann; letztere erlangt man ohne bildliche Darstellung nur durch die Praxis und das Uebrige kommt dann von selbst. Ebenso finden sich von älteren Maaßen und Gewichten nur diejenigen aufgeführt, welche neben den neuen Maaßen und Gewichten in den betreffenden Orten noch im Gebrauche sind.

Die zuverlässigsten Quellenwerke für Maaß- und Gewichtsbestimmungen sind noch immer das Maaß- und Gewichtsbuch von G. K. Chelius (3te Aufl., Frankfurt a. M., 1830) mit den Nachträgen von J. F. Hauschild, und Kelly's Universal Cambist. Der Herausgeber des Maaß- und Gewichtsbuches, Chelius, hat mit großem Aufwande von Geld und Zeit selbst gemessen und gewogen, und die Resultate seiner Untersuchungen sind zuverlässig, denn er begnügte sich nicht — wie der berühmte Astronom Schumacher in der Vorrede zur dritten, nach des Verfassers Tode erschienenen Auflage des Maaß- und Gewichtsbuches sagt — zu messen und zu wägen, und den Angaben seiner Instrumente

---

*) Alle Gewichtsverhältnisse, Längen- und Hohlmaaße werden, der bequemeren Uebersicht wegen, am Schlusse des Bandes in Tabellenform dargestellt werden.

ein blindes Vertrauen zu schenken; er prüfte vielmehr diese Instrumente und be=
stimmte die Grenzen ihrer Sicherheit. Gleiches Vertrauen verdienen die Nach=
träge zur dritten Auflage von Hauschild, welcher die Arbeiten seines Schwieger=
vaters Chelius mit gleichem Fleiße und gleicher Sachkenntniß fortgesetzt hat.
Dasselbe gilt von Hauschild's „Vergleichungstafeln der Gewichte verschiedener
Länder und Städte ꝛc." (Frankfurt a. M., 1836), welche Ergänzung und Fort=
setzung des Maaß= und Gewichtsbuches sind. — Kelly's Universal Cambist ist,
wie der Verfasser selbst sagt, nach dem „Hamburgischen Contoristen ꝛc." von Kruse
(— dem Ersten, welcher sich in Deutschland um unsern Gegenstand verdient gemacht
hat —) bearbeitet *) und es hatte sich der Herausgeber bedeutenden Vorschubs von
Seiten der englischen Regierung zu erfreuen, indem sie viele Materialien für die
Bestimmung der außereuropäischen Münzen, Maaße und Gewichte sammeln ließ.
Der Universal Cambist soll jetzt im Buchhandel vergriffen sein; dagegen ist im
Jahr 1832 von demselben Verfasser erschienen: Oriental Metrology, containing
the Moneys, Weights and Measures of the East Indies and other Trading
Places of Asia. With an appendix on oriental Measures of time, explaining
the dates, eras and Calendars of Asiatic nations.

Zuverlässig sind ferner die, theils auf eigene Untersuchung und Berechnung
beruhenden, theils anderen Werken mit großer Vorsicht entlehnten Angaben in
Löhmann's Tafeln der Fußmaaße (Leipzig 1821), der Ellenmaaße (1822),
der Handelsgewichte (1823), der Apothekergewichte (1832) und der Rechnungs=
münzen (1826), so wie F. W. Schneider's Taschenbuch der Maaß= und
Gewichtskunde (Berlin 1839).

Hülfsquellen für Notizen über Staatspapiere, Banken und Actien sind ins=
besondere Feller's „Staatspapier= und Actien=Börse" (geht aber nur bis 1846),
ferner: „Die Bank" von Otto Hübner (geht bis 1854), die „Sammlung der
Statuten aller Actien=Banken Deutschlands mit statistischen Nachweisen und Tabellen
von N. Hoder (1858) und das Manual des fonds publics von Courtois (1859),
sodann Regierungsblätter und Handelszeitungen.

Die an den betreffenden Orten eingeschalteten Einführungsgesetze der allge=
meinen deutschen Wechselordnung sind den sie enthaltenden Regierungsblättern
entnommen worden; sie wurden von der Verlagshandlung angeschafft, bevor uns
das Werk von K. F. H. Straß „die allgemeine deutsche Wechselordnung, erläu=
tert und verglichen mit den Gesetzgebungen des Auslandes ꝛc.", welches sämmtliche
Einführungsgesetze enthält, zu Gesicht gekommen war.

Was die Usanzen im Waarenhandel betrifft, so sind die bisherigen Hülfs=

---

*) In der Ankündigung der ersten Auflage heißt es: This Work is founded on the celebrated
Publication, by Kruse, entitled The Hamburgh Contorist, which is modernized, adapted to the English
Standard, and considerably enlarged. It has been patronized by the Board of Trade, the Bank of
England, and the East India Company.
In der Ankündigung der zweiten Auflage heißt es: This Edition comprehends the results of
an extensive and important operation — that of determining the relative Contents of Foreign Weights
and Measures, by actual Experiments of their several Standards. This general Comparison, which
has long been considered a desideratum in the commercial world, is now effected for the first time,
on a regular plan of verification, under the sanction of the British Government and the Hon. East
India Company; by whose orders Foreign Standards, duly attested, have been transmitted to London,
and compared with English Standards at the Royal Mint, expressly for this work. — Supplementary
matter has been added, and brought down to the year 1835, containing among other articles — the
new Imperial System of British Weights and Measures; the new Moneys and Coins of South America,
Italy, Turkey etc. Also the Metrology of India, from Standards as Specifications recently received.
— In Betreff der Münzproben heißt es in der Ankündigung der ersten Auflage: The assays have been
made by Robert Bingel, Esq., the King's Assay Master of the Mint, and by Pierre Bonneville, Essa=
yeur du commerce at Paris, and their experiments have been found to verify each other.

bücher nur für eine Auswahl von Gegenständen desselben damit versehen, denn man könnte in der That einen ganzen Band damit anfüllen, wenn man die Usanzen aller Waaren mittheilen wollte. Fingirte Rechnungen (Conti finti) geben bekanntlich Demjenigen, der sie zu wissen verlangt, die sicherste Auskunft. Wir haben uns daher auf das gewöhnliche Maaß solcher Notizen beschränkt, und mit Benutzung unserer Vorgänger auch die Resultate eigener Erkundigungen mitgetheilt. — So viel in Betreff der benutzten Quellen. — Die bisher übliche alphabetische Reihenfolge der Handelsplätze haben wir beibehalten, weil solche am praktischsten ist; wollte man, was freilich für die einzelnen Länder übersichtlicher wäre, sich an die geographische Eintheilung halten, so müßte jedenfalls mit einem Register zum Behufe des Nachschlagens nachgeholfen werden, was dann wieder auf dasselbe hinauslaufen würde.

Weil manche der in diesem Handbuche zu behandelnden Gegenstände gemeinschaftlichen Ursprungs sind, oder zu gleichen Erläuterungen, Nachweisungen zc. Veranlassung geben, so müssen solche Gegenstände vorerst wie im Nachstehenden geschieht eingeleitet werden.

I. Maaß- und Gewichtswesen.

1) Von dem zur Messung der Länge angenommenen Maaße können alle übrigen Maaße hergeleitet werden; denn das Quadrat, dessen Seiten so lang wie das Längenmaaß sind, giebt das Flächenmaaß, der Würfel, dessen Flächen so groß wie das Flächenmaaß sind, giebt das Kubikmaaß, und selbst das Schwermaaß kann mit dem Längenmaaß in sofern im Zusammenhang stehen, als das Gewicht der Kubikeinheit eines hierzu tauglichen Körpers als Gewichtseinheit gebraucht werden kann.

Das einem Maaßsysteme zum Grunde gelegte Längenmaaß und die demselben entsprechenden übrigen Maaße sind aber nicht für alle Dinge, deren Dimensionen oder Gewicht gemessen werden soll, tauglich; es müssen daher von diesen Maaßeinheiten Vervielfachungen und Unterabtheilungen angenommen werden, welche selbst wieder als Maaßeinheiten für die Dinge, zu deren Größe sie sich schicken, dienen, und die Abtheilungen müssen von der Beschaffenheit sein, daß sie leichte Rechnungen geben, und hierzu ist das Decimalsystem am geeignetsten.

2) Die Maaße, nach welchen die für den Verkehr bestimmten Meßgeräthe (Maaßstäbe, Gefäße und Gewichte) gesetzlich gefertigt werden müssen, nennt man Normal- oder Muttermaaße. Die Meßgeräthe werden aber nicht so genau gemacht, daß sie selbst wieder als Muttermaaße gebraucht werden könnten, wenn die Originalmaaße im Verlaufe der Zeit verloren gingen. Weil nun der Verlust der Muttermaaße immer möglich bleibt, und ohnehin in den meisten Ländern die Muttermaaße sehr willkührlich angenommen sind, so hat man unterschiedliche Mittel in Vorschlag gebracht, dem Maaß- und Gewichtswesen eine natürliche, keiner Veränderung unterworfene Größe zum Grunde zu legen. Gäbe es in der Natur Körper, die überall, wo sie sich vorfänden, genau dieselben Dimensionen zeigten, so gäben solche ein natürliches Normalmaaß ab; da es aber dergleichen Körper nicht giebt, so muß die Größe, aus welcher das Normalmaaß hergeleitet werden soll, erst durch eine Messung gefunden werden, deren Resultat, als solches, nie absolut genau sein kann. Ein holländischer Mathematiker machte den Vorschlag,

das Secundenpendel als Einheit der Längenmaaße anzuwenden. Unter verschiedenen Breitengraden, ja selbst unter einem und demselben Breitengrade hat aber das
Secundenpendel verschiedene Längen, wodurch der Zweck, ein Maaß zu besitzen,
welches überall eingeführt werden könnte, verteitelt wird. Der eigentliche Zweck,
ein Maaß zu haben, dessen Länge immer wieder aufzufinden ist, wird ebenfalls
nicht erreicht, weil man seither immer andere Resultate für die Länge des Secunden-
pendels eines und desselben Orts erhalten hat und wahrscheinlich auch in Zukunft
noch erhalten wird. Ein anderer Vorschlag, das Normalmaaß von den Dimensionen
der Erde herzuleiten, ist zum ersten Male in Frankreich zur Ausführung gekommen.
Sämmtliche französische Maaße sind nämlich nach den auf Befehl der Regierung vorgenommenen Meridianausmessungen von einem neuen französischen Meridian-Decimal-
grad, deren 100 auf den Quadranten und 400 auf den Meridian gehen, hergenommen.
Ein solcher Grad hält angeblich 51307,4 französische Toisen, und ein Hunderttausend-
theil ist die Einheit der Längenmaaße und heißt Meter; daher 1 Meter = 0,513074
Toise = 443,296 Pariser Linien*). In Beziehung auf die Vortheile, die man
dadurch erlangen wollte, gilt ganz dasselbe, was bei dem Pendel gesagt worden;
denn seit der gesetzlichen Bestimmung der Meterlänge hätte man verschiedene Aenderungen daran vornehmen müssen, wenn man sie immer nach den besten und neuesten
Resultaten als den zehnmillionsten Theil des Erdmeridianquadranten hätte annehmen
wollen. Mit der gesetzlichen Bestimmung des Meter (443,296) fällt aber die
ursprüngliche Definition des Meter als zehnmillionster Theil des Erdquadranten
in so fern weg, als dadurch eine Berichtigung seiner Länge durch spätere, genauere
Messungen der Erde ausgeschlossen wird. Der Meter ist daher lediglich ein gesetzlich bestimmter Theil der Toise, und näherungsweise dem zehnmillionsten Theil des
Erdquadranten gleich. Die eigentliche Grundlage des jetzigen französischen Maaß-
systems ist also die Toise geblieben; nur hat das neue conventionelle Maaß eine
bessere Eintheilung als das frühere. Aus dem Längenmaaße hat man die Flächenmaaße, aus diesen die Körpermaaße und aus diesen die Schwermaaße bestimmt,
und endlich die sämmtlichen Eintheilungen der neuen Maaße, Gewichte und Münzen
nach dem Decimalsystem festgesetzt. Die Unterabtheilungen erhalten der Reihe
nach die lateinischen Vorsilben deci, centi, milli. Der Millimeter, oder der
1000ste Theil des Meter, ist die kleinste Abtheilung desselben, der man in der
Regel einen besondern Namen giebt. Die Verzehnfachungen des Meter erhalten
die griechischen Vorsilben deka, hekto, kilo, myria: ein Myriameter = 10,000
Meter. Für Flächenmaaße gelten die Quadrate der Linearmaaße. Bei Feldmaaßen
ist ein Quadrat-Dekameter, d. i. 100 Quadratmeter, unter dem Namen are, die
Einheit; ihre Verzehnfachungen erhalten, wie der Meter, die griechischen Vorsilben.
Die Körpermaaße sind die Würfel der Linearmaaße. Für Brennholz hat der
Kubikmeter den besondern Namen stere. Die Einheit der Hohlmaaße ist der
litre, d. i. ein Volumen gleich dem Würfel des Decimeter. Die Einheit des
Gewichts ist das gramme oder das Gewicht eines Kubik-Centimeter reines Wasser
im Zustande seiner größten Dichtigkeit, d. i. bei einer Temperatur von + 4° Celsius.
Das Kilogramm ist daher gleich dem Gewicht des Liter reinen Wassers.

Die systematischen Namen dürfen im Verkehr in folgende umgewandelt

---

*) Die Toise, altfranzösische Längeneinheit, wird wie folgt eingetheilt:
1 Toise = 6 Fuß = 72 Zoll = 864 Linien
1 „ = 12 „ = 144 „
1 „ = 12 „

werden. Der Myriameter, 10,000 Meter, ist die metrische Meile (lieue). Der Dekameter, 10 Meter, ist die metrische Ruthe (perche métrique); Are die metrische Quadratruthe. Hektare, 100 Are = 100 Quadratruthen, ist der metrische Morgen (arpent métrique). Hektoliter, das metrische Malter (setier). Decistere = $\frac{1}{10}$ Stere ist das Bauholzmaaß (solive). Kilogramm, schlechtweg Kilo, 1000 Grammen, das metrische Pfund. 100 Kilo = 1 metrischen Centner (quintal). 1000 Kilo = 1 Schiffstonne.

3) In England hat man bei der neuen Maaßbestimmung vom Jahre 1823 den Secundenpendel in so fern als Grundlage derselben angenommen, als die Längeneinheit mit dem Pendel verglichen ward. Die Einheit ist der Yard, und dessen britter Theil der Fuß zu 12 Zoll. Das Normalmaaß (Standard) ist der imperial Standard yard, welcher 1760 vom Mechaniker Bird verfertigt worden, und welcher im Hause der Gemeinen aufbewahrt wird. Der Maaßstab ist von Messing und die Länge des Yard ist durch seine Punkte auf goldenen Stiften markirt, und seine richtige Größe findet statt bei 62° Fahrenheit*). Nach diesem Standard soll der einfache Secundenpendel in der Breite von London auf den luftleeren Raum und dem Meeresspiegel reducirt bei 62° F. 39,1393 englische Zoll betragen, und hierdurch seine Unveränderlichkeit verbürgt sein. Neuere Versuche geben aber 39,13734 für die Pendellänge. — 1 Yard = 0,914,3835 Meter. (Chelius.)

Das Normalmaaß der alt-französischen Längeneinheit, der Toise, ein eiserner Etalon à bout, 17 bis 18 Pariser Linien breit, 4 Linien dick, hat seine rechte Länge bei 16°,25 (13° Reaumur). Der mit dieser Toise auf der Pariser Sternwarte aufbewahrte Normalmeter ist ein Platinstab, und seine Normaltemperatur ist 0°.

4) Wegen der Schwierigkeit, die Verkehrs-Maaße und Gewichte in völliger Uebereinstimmung mit den Normalmaaßen und Normalgewichten zu fertigen, gestatten die Gesetze eine Abweichung hiervon innerhalb einer gegebenen Grenze. Die Maaße dürfen jedoch nur um ein Bestimmtes länger, aber nicht kürzer, und die Gewichte dürfen nur um ein Bestimmtes schwerer, aber nicht leichter sein. In Frankreich z. B. beträgt die Toleranz (Duldung des Fehlers) für ein Kilogrammgewicht von Messing 15 Centigrammen, für ein Halbkilogrammgewicht 10 Centigrammen.

5) Das metrische Maaß- und Gewichtsystem ist in Sardinien, in der Lombardei, im Herzogthum Modena, in Belgien, in Holland und Spanien eingeführt. Außerdem haben Baden, das Großherzogthum Hessen, das Herzogthum Nassau und die Schweiz ihr Maaß- und Gewichtsystem auf das metrische gegründet.

6) Um die verschiedenen Maaße und Gewichte durch Berechnung mit einander vergleichen zu können, muß man wissen, wie sie sich zu einer zur Vergleichung

---

*) Die Normalmaaßstäbe oder Etalons sind von zweierlei Art, nämlich erstens solche, auf deren einer Fläche die Länge durch zwei parallele Striche aufgetragen ist (étalons à traits), und zweitens solche, zwischen deren Endflächen die Größe des Normalmaaßes enthalten ist (étalons à bout). Da aber jede Substanz den Temperaturveränderungen unterworfen ist, so kann eine auf einem Etalon abgetragene Länge, oder die ganze Länge des Etalons nur bei einer bestimmten Temperatur die wahre Länge des Maaßes sein. Es muß daher für jeden Etalon eine Normaltemperatur festgesetzt sein, bei welcher er seine richtige Länge hat, und wenn zwei Etalons mit einander verglichen werden sollen, so muß dabei auf die Temperatur Rücksicht genommen werden.

Nach angestellten Versuchen ist für jeden Grad des Thermometer zwischen 0 Grad und 100 Grad die Ausdehnung des Platins = 0,00000856, des Eisens = 0,00001156, und des Messings = 0,0000178*), d. h. um einen solchen Theil seiner Dimensionen nimmt jedes dieser Metalle zu, wenn die Temperatur sich um einen Grad erhöht.

angenommenen Maaß- und Gewichtseinheit verhalten. In diesem Handbuche sind die Längenmaaße in Pariser Linien, die Hohlmaaße in Liter und die Gewichte in Grammen angegeben. Die Casseler Elle z. B. ist = 252,857 Pariser Linien, und die Berliner Elle ist = 295,65 Pariser Linien; folglich sind 252,857 Berliner Ellen = 295,65 Casseler Ellen.

In Beziehung auf obige Zahlen ist für Diejenigen, welche mit den Decimal-brüchen nicht bekannt sein sollten, zu bemerken, daß die Ziffern einer Zahl, die vor dem Komma zur Linken stehen, die Ganzen dieser Zahl anzeigen; die hinter dem Komma zur Rechten befindlichen aber sind der dazu gehörige Decimalbruch, dessen ausgelassener Nenner jedesmal aus einer Eins und so vielen Nullen besteht, als der angegebene Zähler dieses Decimalbruchs Ziffern hat. So ist z. B. 252,857 = $252^{857}/_{1000}$; 295,65 = $295^{65}/_{100}$; 0,09 = $^9/_{100}$; 0,0007 = $^7/_{10000}$ u. s. w.

Soll das Verhältniß 252,857 zu 295,65 durch bequemere Zahlen ausge-drückt werden, so kann man z. B. berechnen, wie viel Casseler Ellen auf 100 Ber-liner Ellen gehen, nach dem Ansatz:

? Casseler Ellen	100 Berliner Ellen
1	295,65 Pariser Linien
252,857	1 Casseler Elle,

wonach 116,924 Casseler Ellen herauskommen, wenn man den bei der Berechnung herauskommenden gemeinen Bruch in einen Decimalbruch verwandelt.

Andere Beispiele. 1 Hamburger Kanne = 1,805 Liter, 1 Wiener Maaß = 1,415 (genauer 1,415015) Liter; daher gehen so viel Wiener Maaß auf 100 Hamburger Kannen, als aus dem Ansatz folgt:

? Wiener Maaß	100 Hamburger Kannen
1	1,805 Liter
1,415	1 Wiener Maaß

Resultat: 127,55 Wiener Maaß.

1 Darmstädter Simmer = 32 Liter, 1 Berliner Scheffel = 54,9615 Liter; daher gehen so viel Berliner Scheffel auf 100 Darmstädter Simmer, als aus dem Ansatz folgt:

? Berliner Scheffel	100 Darmstädter Simmer
1	32 Liter
54,9615	1 Berliner Scheffel

Resultat: 58,222 Berliner Scheffel.

1 englisches Handelspfund (Avoirdupoids-Gewicht) = 453,594 Grammen, 1 Zoll-pfund = 500 Grammen; daher gehen so viel Zollpfund auf 100 englische Handelspfund, als aus dem Ansatz folgt:

? Zollpfund	100 englische Pfund
1	453,594 Grammen
500	1 Zollpfund

Resultat: 90,71 Zollpfund.

Sollen kleinere Verhältnißzahlen ausgemittelt werden, vermittelst welcher sich die fraglichen Werthe, unbeschadet der für den gewöhnlichen Verkehr erforderlichen Genauigkeit, vergleichen lassen, so gelangt man hierzu, wenn man das auf kleinere Zahlen zurückzuführende Verhältniß in einen Kettenbruch verwandelt, und hieraus die Näherungsbrüche berechnet.

7) Im Maaß- und Gewichtsbuche von Chelius und in den Vergleichungs-

tafeln der Gewichte ꝛc. von Hauschild sind die Gewichte in g e n a u e n französischen Grammen und in sogenannten C h e l i u s'schen t o l e r i r t e n französischen Grammen angegeben. Es pflegen nämlich alle für den Verkehr bestimmte französische Gewichte regelmäßig um etwas innerhalb der Toleranzgränze (Nr. 4) schwerer geeicht zu werden. C h e l i u s nahm daher das französische metrische Gewicht in seinem Maaßbuche etwas schwerer an, als dasselbe im genauen Zustande ist, und nannte das zu schwer angenommene metrische Gewicht t o l e r i r t e s, das andere aber g e n a u e s Gewicht. Mit Rücksicht auf seine eigenen genauen Abwägungen nahm derselbe das halbe Kilogramm, welches genau 140060 Richtpfennigtheilchen der Frankfurter Cölnischen Mark (s. No. 6) schwer ist, zu 140074 solcher Richtpfennige an, und diese Zahlen verhalten sich nahezu wie 500 zu 500,05. Gehen also z. B. auf ein Lemberger Handelspfund 420,009 genaue französische Gramme, so gehen darauf so viele tolerirte Gramme als aus dem Ansatz folgt:

$$
\begin{array}{c|c}
? \text{ tol. Gr.} & 420,009 \text{ genaue Gramme} \\
\hline
500,05 & 500 \text{ tolerirte}
\end{array}
$$

Resultat: 419,9669.

wofür im Maaßbuche von C h e l i u s 419,967 Grammen angenommen sind.

Im vorliegenden Handbuche sind alle aus dem Maaßbuche von Chelius entnommenen Gewichtsangaben in genauen Grammen zu verstehen.

K e l l y hat in seinem Universal Cambist ebenfalls darauf Rücksicht genommen, daß die französischen für den Verkehr bestimmten Gewichte innerhalb der Toleranzgrenze absichtlich etwas zu schwer gemacht werden. Kelly hat nämlich das Troypfund = 373,202 Grammen angenommen, welcher Angabe ein Kilogramm mit Toleranz zu Grunde liegt. Da nun (nach Chelius) der Werth des Troypfundes zu 373,246 anzunehmen ist, so ergibt sich hieraus das Verhältniß:

950112 genaue Gramme = 950000 Kelly'sche Gramme,
oder 500,058 „ „ = 500

Hiernach gibt es drei Grammenar:en, nämlich das genaue, das C h e l i u s'sche tolerirte und das K e l l y'sche tolerirte.

8) Es giebt einige Maaße und Gewichte, welche in Folge von Handelsverhältnissen in fremden Gebieten neben den bortigen einheimischen Maaßen und Gewichten in Gebrauch gekommen sind, aber wegen nicht genauer Verfertigung, also wegen nicht völliger Uebereinstimmung mit den Originalmaaßen und Originalgewichten weder mit diesen noch unter sich genau übereinstimmen. Dahin gehören namentlich die brabanter Elle, die Cölnische Mark, das Troygewicht, das Juwelengewicht und das Nürnberger Apothekergewicht.

Die brabanter Elle, welche in ihrer Heimath (nach C h e l i u s) = 308,09 Pariser Linien, ist dagegen z. B. in Hamburg = 306,5, in Frankfurt a. M. = 309,95, in Leipzig = 303,924 Pariser Linien ꝛc.

Die (wahre) Cölnische Mark (welche im Münzwesen nicht mehr im Gebrauche ist) wiegt nach C h e l i u s 233,75 Gramme; dagegen wiegt die Münzmark in Lübeck z. B. 233,681, in Kurhessen 233,906, in Nassau 233,957 französische Gramme, und früher wurde sie vom deutschen Zollverein (wie in Preußen) zu 233,8555 Grammen angenommen.

Das Troygewicht, welches aus der französischen Stadt Troyes stammt, wurde früher in Holland und Belgien als Gold-, Silber- und Münzgewicht gebraucht, und ist jetzt noch in England, Schottland und Irland so wie in den vereinigten

Staaten von Nordamerika im Gebrauche. Das holländische und englische Troy-gewicht sind aber nicht einander gleich; nach Hauschild wiegt das englische Troypfund 373,246 genaue Gramme, und das holländische Troypfund wiegt (nach Van Swinden) 492,168 genaue Gramme. — Das bis zur Einführung des metrischen Maaß- und Gewichtssystems in Frankreich giltige Markgewicht (Poids de marc) war ebenfalls das Gewicht von Troyes.

Die Gewichtseinheit für Juwelen, das Karat, stammt aus Ostindien; es wurde nämlich vormals der Kern der Johannisbrotschote sowohl für die Wägung von Edelsteinen als auch für die des Goldes und Silbers dort gebraucht, und es kommt der Name für diese Art von Gewichten außer im südlichen Theile von Asien auch in Nordafrika vor. So wird z. B. in Alexandrien Gold und Silber nach dem Derhem (Drachme) zu 16 Kirat zu 4 Grän gewogen; Edelsteingewicht ist der Kirat zu vier Grän des Goldgewichts. In Algier ist der Metikal von 24 Karub (Karuba, Körner der Johannisbrotschote, oder Karobbe) das Goldgewicht.

Dem englischen und holländischen Juwelenkarat haben die übrigen europäischen Länder ihr Juwelenkarat entlehnt. Nach Kelly wiegt das englische Juwelenkarat 20,53 genaue Centigramme, und nach Untersuchungen, welche Chelius mit einem messingenen neuen Gewichtsstück von 100 Juwelenkarat angestellt hat, wiegt das holländische Juwelenkarat 20,5894 genaue Centigramme. Nach der Behauptung von Sachkennern (Juweliere) soll aber das englische Juwelenkarat dem holländischen gleich sein, und sollen überhaupt alle Juwelenkarate (für den Verkehr) mit einander übereinstimmen.

Das alte Nürnberger Apothekergewicht ist die Grundlage fast aller deutschen und anderer Apothekergewichte, und es stimmen solche mehr oder weniger damit überein. So gehen z. B. auf das jetzige Nürnberger Apothekergewicht 360 genaue Gramme, auf das badische Apothekergewicht gehen 357,78, auf das Großherzoglich Hessische 357,28, auf das kurhessische 357,664, auf das Berner 356,578, auf das Frankfurter, Hanauer, Nassauische, dänische und andere 357,854 genaue Gramme = dem alten Nürnberger Apothekergewicht.

II. Münzwesen.

9) Von jeher sind Gold, Silber und Kupfer die Metalle gewesen, welche man zum Vermünzen angewendet hat. Im Jahre 1828 trat in Rußland nach Entdeckung der dortigen reichen Platinafundorte das Platin in die Reihe der Münz-metalle, und es wurden im genannten Jahre Dreirubelstücke, im Jahre 1829 Sechsrubelstücke und im Jahre 1830 Zwölfrubelstücke geprägt; nach der Ukase vom 22. Juni 1845 ist aber die Ausprägung von Platinamünzen eingestellt, und sind die umlaufenden zurückgezogen worden. Als allgemeines Tauschmittel kann in einem Staate jeweilig nur eins der zu Münzen verarbeiteten Metalle angewendet werden, indem diesem gegenüber die anderen als Waare von schwankendem durch Conjuncturen bestimmtem Preise erscheinen, und ein dauernd gleichbleibender oder fester Kaufwerth derselben sich nur durch künstliche Mittel für einen sehr beschränkten Umlaufskreis erhalten läßt. In den meisten Staaten ist das Silber als das all-gemeine Werthbestimmungsmittel zur Anwendung gebracht; das Gold hat unter diesen Umständen einen veränderlichen Werth, so daß der jeweilige Handelswerth der Goldmünze in Silbergeld ausgedrückt von Zeit zu Zeit höher oder niedriger als der Nennwerth ist. Das Erstere zeigt sich besonders bei solchen Goldmünzen,

deren Nennwerth in früherer Zeit, als das Werthverhältniß vom ungemünzten Golde zum Silber ein anderes wie in neuerer Zeit war, demgemäß festgesetzt wurde. Der preußische Friedrichsd'or z. B., als Fünfthalerstück noch jetzt bezeichnet, wird von den preußischen Landeskassen zu 5⅔ Thaler angenommen, und das Sinken der Goldpreise hat ihn zur Zeit im Handelsverkehre um etwas weniger als 1 Prozent wieder heruntergebracht. Dessen ungeachtet nimmt Preußen in seinen öffentlichen Kassen den Friedrichsd'or (die inländische Pistole) zu 5⅔ Thaler, d. h. mit einem Agio von 13⅓ Prozent an, was nur dadurch erklärlich ist, daß Preußen überhaupt wenig Gold geprägt hat, welches daher keine große Rolle im Handel spielt. Die Goldmünzen neuerer Zeit, bei deren Gewichts-, Gehalts- und Nennwerthsbestimmungen man das Verhältniß des Gold- und Silberwerthes so zu Grunde legte, wie es dazumal durchschnittlich stand, galten lange Zeit so viel in Silbergeld als ihr Nennwerth angab, und sind jetzt durch das Sinken der Goldpreise unter den Nennwerth gefallen. Eine andere Bewandniß hat es mit der Landesgoldmünze in Großbritannien. Der dortige Sovereign würde bedeutend über seinen Nominalwerthe von 20 Schillingen in Folge angenommenen niedrigen Werthsverhältnisses des Silbers zum Golde (nämlich: Gewichtsmenge Gold = 14,288 Gewichtsmengen Silber) stehen müssen, wenn er, wie die deutschen Goldsorten eine Waare und das Silber das allgemeine Zahlungsmittel wäre. Großbritannien besitzt aber bekanntlich weit mehr Goldmünzen als Silbermünzen, erstere bilden das Hauptzahlmittel, und Silber dient nur zur Ausgleichung bei kleinen Zahlungen, indem gesetzlich Niemand verbunden ist, mehr als 40 Schilling in Silber anzunehmen.

Der Ausprägung in den nordamerikanischen Vereinsstaaten liegt ein Verhältniß des Goldwerthes gegen den Silberwerth nahezu wie 16 zu 1 zum Grunde; mithin ist dort das Gold weit höher angenommen, als es sonst überall steht, und das Fünfdollarstück ist nicht ganz 5 Dollar Silbergeld werth; doch hat es sich auf diesem Preise halten können, so lange der in allgemeinen Handelsverkehr geltende Goldwerth nicht bedeutend von jenem künstlichen abwich. Seit der großen Goldausbeute in Californien und Australien ist aber im Allgemeinen das Gold wenig über das Fünfzehnfache des Silbers werth; daher stellt sich 1 Dollar in Gold auf etwas mehr als 0,9 Dollar in Silber. Das längere Fortbestehen eines solchen Verhältnisses könnte also dahin führen, daß Speculanten nach und nach alles Silbergeld gegen Gold einwechselten und mit Vortheil einschmelzen ließen. Deßhalb hat der amerikanische Congreß schon im Jahr 1849 verordnet, die silbernen Dollars einzuziehen und goldene an die Stelle treten zu lassen, neben welchen nur die kleineren Silberstücke für die Theilzahlungen bestehen bleiben. Dieselben Rücksichten haben auch die französische Regierung bewogen, die Prägung der silbernen Fünffrankenstücke auszusetzen, und solche Stücke von Gold zu schlagen. Deshalb und weil seither so viel französisches Silber außer Landes ging, wird aber auch in Frankreich allgemein über Mangel an Silbergeld geklagt; um daher dem immer mehr zunehmenden Mangel an Zweifranken-, Einfranken- und Halbfrankenstücken abzuhelfen, läßt jetzt (Juni 1860) die Regierung wieder für einige Millionen solcher Münzen prägen.

In Ansehung des Kupfergeldes tritt ein ähnliches Schwanken des Kurswerthes darum nicht an den Tag, weil in der Regel dessen Menge zu gering ist, und dasselbe sich namentlich zu wenig in einer Hand anhäuft, um die Besitzer zu nöthigen, auf dessen Metallwerth Rücksicht zu nehmen.

In neuerer Zeit ist man auch auf den Gedanken gekommen, Münzen aus zwei Stücken von verschiedenen Metallen zusammenzusetzen, was in England 1847 und 1848 versucht wurde. Man prägte als Modellmünze kleine goldene Fünfschillingstücke in einem breiten Silberringe eingefaßt; desgleichen silberne Penny= und Halbpennystücke in einem Kupferringe. Man hatte dabei die Absicht, dem an sich sehr kleinen Stück des theuern Metalls durch die Einfassung eine bequemere Größe zu geben und vor Befeilen am Rande zu schützen, allein es ist einleuchtend, daß die Möglichkeit des Nachwägens als Mittel zur Prüfung des Werths durch das versuchte Verfahren geopfert werden müßte, weßhalb dasselbe verwerflich ist.

10) Weil ganz feines Silber und ganz feines Gold sich zur Vermünzung nicht eignen, indem beide Metalle einer zu starken Abnutzung unterworfen sind, so müssen sie durch einen Zusatz von Kupfer härter gemacht werden; hierzu kommt aber noch ein Grund, der gegen die Ausmünzung ganz feinen Silbers und Goldes spricht, nämlich die Unmöglichkeit, bei den hüttenmäßigen Operationen im Großen die Metalle im Zustande völliger Reinheit darzustellen, weßhalb das sogenannte feine Münzsilber stets noch einen kleinen Antheil Kupfer enthält. Nach den Untersuchungen von Cavendish und Hatchett soll das Mischungsverhältniß, in welchem Silber und Kupfer, und Gold und Kupfer für Silber= und Goldmünzen die am meisten sich eignende Masse gibt, ziemlich nahe 9 zu 1 sein. Wenn neun Gewichtstheile Silber mit einem Gewichtstheile Kupfer legirt werden, so sind in zehn Gewichtsmengen der legirten Masse neun Gewichtstheile Silber, oder in 16 Gewichtsmengen der legirten Masse $14\frac{2}{5}$ Gewichtstheile Silber enthalten. Aus solcher Masse (also aus $14\frac{2}{5}$=löthigem Silber) werden in Frankreich und einigen andern Ländern, namentlich auch in den deutschen Zollvereinsstaaten, die groben Silbermünzen und deren Theilstücke (Kurantmünze) geprägt. Wenn ferner in 10 Gewichtsmengen legirter Masse 9 Gewichtstheile Gold enthalten sind, so sind in 24 Gewichtsmengen der legirten Masse $21\frac{3}{5}$ Gewichtstheile Gold enthalten. Aus solcher Masse (also aus $21\frac{3}{5}$ karatigem Golde) werden in Frankreich, Belgien, zum Theil im Königreich der Niederlande, in den meisten italienischen Staaten und in mehreren anderen Ländern Goldmünzen geprägt. Nach dem deutschösterreichischen Münzvertrage soll auch die Vereinsgoldmünze (die Krone) $21\frac{3}{5}$ karatig sein. Das englische Münzgold ist 22 karatig.

Ueber den Verlust des Gewichts, den die Goldmünzen im Verhältniß zu den Silbermünzen während ihres Umlaufs erleiden, sind (im Jahre 1860) auf dem Petersburger Münzhofe durch den Chef desselben, Generalmajor Butenjew, Versuche angestellt worden. Durch eine sinnreiche Construktion, indem man Gold und Silbermünzen mittelst einer Drehmaschine 4 Stunden lang einer gleichmäßigen Reibung aussetzte, stellte sich das Ergebniß heraus, daß auf 20 Pfund Silber ein Mindergewicht von 8 Solotnik (deren 96 auf ein russisches Pfund gehen), und auf 20 Pfund Gold ein Mindergewicht von 15 Solotnik stattfand, daß also die Goldmünze im Umlauf einen fast doppelt so großen Verlust erleide, als die Silbermünze. Bei dem Preisverhältniß des Goldes zu dem Silber von 1 zu $15\frac{1}{2}$ will dies so viel heißen, daß die Einbuße bei der Goldmünze in Folge des Umlaufs etwa 30 bis 31 mal größer sein muß, als bei der Silbermünze *).

---

*) Um sich von dem raschen Umlauf des Geldes zu überzeugen, hat in der Herbstmesse 1860 in Frankfurt a. M. ein Wechsler ein Goldstück besonders bezeichnet und dasselbe während der Messe in etwa drei Wochen nicht weniger als zwanzig Mal wieder eingenommen, was bei der großen Menge von Wechslern und der Größe des Verkehrs außerordentlich viel ist.

11) Das Bestreben, geringhaltige Silberscheidemünze beizubehalten und ihr dennoch ein besseres Ansehen zu geben, als das gewöhnliche Scheidemünzsilber darbietet, wenn es abgeschliffen ist, hat in der Schweiz (seit 1850) das eigenthümliche Verfahren hervorgerufen, den Zusatz nicht aus Kupfer sondern aus Neusilber oder Argentan zu bilden, d. h. Münzen aus einer Mischung von Silber, Kupfer, Zink und Nickel anzufertigen. Es sollen in 1000 Theilen enthalten die Stücke von

	Silber.	Kupfer.	Zink.	Nickel.
20 Rappen	150	500	250	100
10 „	100	550	250	100
5 „	50	600	250	100

Diese Münzen werden allerdings durch Abnutzung nicht roth, haben aber eine unschöne, schmutziggelbliche Farbe; außerdem ist das Silber in dieser Verbindung so gut wie verloren, weil es ohne große Kosten und Weitläufigkeiten von seinen Zusätzen nicht wieder befreit werden könnte, und folglich haben solche Münzen keinen inneren Werth *).

Auch in Belgien soll das Nickel zur Scheidemünze verwendet werden. Am 22. März 1860 ist das neue Gesetz wegen Prägung einer neuen Scheidemünze aus Nickel definitiv von der zweiten Kammer fast einstimmig genehmigt worden. Der Finanzminister widersetzte sich dem bei der ersten Abstimmung angenommenen Amendement, wonach die Abgaben in unbeschränktem Maaße in Nickelmünze entrichtet werden dürften, und faßte es mit Erfolg dahin, daß die Regierung „so sehr als möglich" die Annahme des Nickel in den Staatskassen autorisiren würde.

12) Endlich hat in neuerer Zeit auch eine Legirung des Kupfers behufs der Ausmünzung Eingang gefunden, um seine Härte zu erhöhen. Reines Kupfer steht in der Abnutzbarkeit ungefähr dem 14½löthigen Silber gleich; durch einen kleinen Zusatz von Zinn, Zink oder von beiden zugleich, gewinnt es erheblich an Härte. Dieser Umstand ist bei den Scheidemünzen der Schweiz (seit 1850) und Frankreichs (seit 1852) benutzt worden, indem dieselben aus einer Mischung von 95 Theilen Kupfer, 4 Theilen Zinn und 1 Theil Zink geschlagen sind.

13) Die Neuprägung von schweizer Münzen betreffend, so soll nach dem neuen Bundesgesetz vom 6. Februar 1860 der Schweizer Frank wie bisher 5 franz. Grammen wiegen; der Feingehalt soll aber nicht ⁹/₁₀, sondern ⁸/₁₀ sein, wonach ein solcher Frank nur 4 Grammen fein Silber (statt 4½ Gr.) enthält; daher der Werth des neuen schweizer Frankes = 25,2 kr. rhn. Diese neuen schweizer Franken sind daran kenntlich, daß sie statt der Helvetia das eidgenössische Kreuz haben.

14) Die gesetzlichen Bestimmungen, wie viele gleichnamige Geldmünzen aus einer gewissen, als Einheit angenommenen Menge edlen Metalls geprägt, und in welchem Verhältniß dieses mit Kupfer legirt oder versetzt werden soll, und die Anordnungen über den Werth der verschiedenen Geldmünzen gegen einander begreift man zusammen unter der Benennung **Münzfuß**.

Man unterscheidet die **Realmünzen** d. h. die aus einem Metall geprägten und noch umlaufenden Münzen, und die **Rechnungsmünzen** oder **Idealmünzen**, welche idealisch in Rechnungen und zur Preisbestimmung mancher Waaren gebraucht werden. Die Rechnungsmünzen haben entweder früher oder noch nie existirt. Von

---

*) Karmarsch, polytechnisches Centralblatt, Jahrgang 1855.

jener Art sind z. B. das Pfund Sterling, das Groot vlämisch; von der andern die Banko=Mark.

Im Jahr 1748 wurde in Oesterreich der Zwanzigguldenfuß einge= führt, welchen Bayern durch die Münzconvention vom Jahre 1753 beitrat, weß= halb er auch den Namen „Conventionsfuß" erhielt. Diesen Münzfuß nahmen noch Sachsen 1763, Braunschweig 1764, Hannover 1817 und die meisten deut= schen Reichsstädte an. Nach diesem Münzfuße wurde die Cölnische Mark fein Silber in 10 Doppelgulden, 20 einfache Gulden oder 13⅓ Reichsthaler ausge= prägt. Die österreichischen Doppelgulden wurden „Speziesthaler", die bayerischen wegen ihres Gepräges „Marienthaler" und die Conventionsreichsthaler gewöhnlich „sächsische Thaler" genannt.

Der Vierundzwanzigguldenfuß wurde im Jahre 1765 in Süd= deutschland unter dem Namen Reichs= oder rheinische Währung herrschend, und Bayern hat sich schon im darauf folgenden Jahre zu demselben bekannt. Nach diesem Münzfuß, welcher jedoch namentlich in Bayern nur ein Rechnungsfuß war, wurde die Cölnische Mark fein Silber in 24 Gulden ausgeprägt und ein Con= ventionsgulden war 1 fl. 12 kr. rhn. werth. In demselben Verhältniß erhöhte sich der Werth des Spezies= und Marienthalers auf 2 fl. 24 kr. rhn., des sächsischen Thalers (1½ fl. Conv. M.) auf 1 fl. 48 kr. rhn., des Zwanzigers auf 24 kr. rhn. ꝛc.

Der Vierzehnthalerfuß wurde in Preußen 1750 unter Friedrich dem Großen eingeführt, und in den Jahren 1821 und 1840 weiter ausgebildet. Dieser Münzfuß wurde in Norddeutschland herrschend.

Die Kronenthaler wurden ursprünglich in Brabant geprägt, und gesetzlich sollten davon 9,084 Stück auf die Cölnische Mark fein Silber gehen; daher der Kronenthaler oder sogenannte Brabanter = 2 fl. 38⅓ kr. des 24=Guldenfußes. Nun wurde derselbe aber zu 2 fl. 42 kr. rhn., also um 3½ kr. (oder mehr als 2 Procent) über seinen Werth angenommen. Diese Werthsüberschätzung des bra= banter Kronenthalers hatte zur Folge, daß mehrere deutsche Staaten nicht nur Kronenthaler unter ihrem Stempel münzen ließen, sondern auch andere Geldsorten nach demselben willkührlichen Münzfuße in Umlauf setzten. Es strömte aber auch sehr viel abgenutztes Kronengeld in Süddeutschland zusammen, so daß sich die be= treffenden Regierungen, nach dem Vorgang Badens, 1837 gezwungen sahen, wenig= stens die halben und viertel Brabanter auf ihren innern Werth herabzusetzen, und zwar bezüglich auf 80 und 39 kr.

Durch die im Jahr 1837 abgeschlossene Münzconvention sollte dem in den Zollvereinsstaaten sich immer bringender kundgebenden Bedürfniß nach Münzen, welche zum Ersatze der viertels und halben Kronenthaler dienen könnten, abge= holfen, und die nach dem bisherigen Systeme ausgeprägten ganzen Kronenthaler in ihrem bisherigen Kurs von 2 fl. 42 kr. anrecht erhalten werden.

Wenn aber der brabanter Kronenthaler wirklich 2 fl. 42 kr. des zu ermitteln= den Guldenfußes gelten soll, so ergibt sich für die Annahme, daß 9,084 brabanter Kronenthaler 1 Cölnische Mark fein Silber erhalten, der gesuchte Münzfuß aus der Proportion:

$$9{,}084 : x = 1 : 2^{42}/_{60}$$

woraus $x = 9{,}084 \times 2^{42}/_{60} = 24{,}5268$, was nahezu einem $24^{53}/_{100}$=Gulden= fuße entspricht. Statt dessen hat die Münzconvention von 1837 (und nach ihr die von 1838) einen 24½=Guldenfuß angenommen. Nach diesem Münzfuße stellt sich der Werth des brabanter Kronenthalers auf 2 fl. 41 kr. 3³/₁₀ hl. des 24½=Guldenfußes.

Ein Schritt weiter zur Reformirung des deutschen Münzwesens ist der deutsch-österreichische Münzvertrag vom 24. Januar 1857. Durch diesen Münzvertrag wurde die Cölnische Mark, welche bisher die Grundlage der deutschen Münzprägung war, aufgegeben und das Zollpfund an ihre Stelle gesetzt.

Wenn 24½ fl. auf 1 Cölnische Mark oder 233,855 französische Grammen fein Silber gehen, so gehen auf das Zollpfund oder 500 franz. Grammen so viel Gulden des 24½=Guldenfußes, als aus der Proportion folgt:

$$233,855 : 500 = 24½ : x = 52 \text{ fl. } 22,98 \text{ kr.}$$

Weil sich aber auf eine solche Zahl kein Münzsystem gründen läßt, so hat man beschlossen, das Zollpfund um 7,02 kr. leichter auszuprägen und den 52½=Guldenfuß unter der Benennung „süddeutsche Währung" an die Stelle des 24½=Guldenfußes zu setzen.

Weil 14 Thaler des 14=Thalerfußes auf 233,855 Grammen fein Silber gehen, so gehen auf 500 Grammen so viel solcher Thaler als aus der Proportion folgt:

$$233,855 : 500 = 14 : x = 29,93.$$

Statt dessen hat man einen 30=Thalerfuß angenommen, wonach 4 Thaler des 30=Thalerfußes = 7 fl. des 52½=Guldenfußes. Der Unterschied von 52 fl. 22,98 kr. auf 52½ fl. und von 29,93 Thaler auf 30 Thaler ist so gering, daß laut Münzvertrag die Münzstücke des 52½=Guldenfußes und des 30=Thalerfußes gleiche Geltung mit den bisherigen bezüglich des 14=Thalerfußes und 24½=Guldenfußes ausgeprägten gleichnamigen Münzen haben sollen.

Wenn 20 fl. des 20=Guldenfußes auf 233,855 Grammen fein Silber gehen, so gehen auf 500 Grammen so viel Gulden als aus der Proportion folgt:

$$233,855 : 500 = 20 : x = 42,76.$$

Mithin hätte Oesterreich aus einem Pfund fein Silber nur 42,76 fl. prägen dürfen, wenn es seinen alten Münzwerth hätte beibehalten wollen; Oesterreich gab aber die Conventionswährung auf, und nahm den 45=Guldenfuß unter der Benennung „österreichische Währung" an, so daß 45 fl. dieser Währung ein Zollpfund fein Silber enthalten, und wonach 6 fl. öster. = 7 fl. rhn. und 2 Thaler des 30=Thalerfußes = 3 fl. öster.

Die Hauptartikel des deutsch-österreichischen Münzvertrages, in soweit sie den Handel berühren, sind folgende:

(Art. 3) Im Königreich Preußen mit Anschluß der Hohenzollern'schen Lande, in den Königreichen Sachsen und Hannover, im Kurfürstenthum Hessen, im Großherzogthum Sachsen, in den Herzogthümern Sachsen-Altenburg, Sachsen-Gotha, Braunschweig, Oldenburg mit Birkenfeld, Anhalt-Dessau-Köthen und Anhalt-Bernburg, in dem Fürstenthume Schwarzburg-Sondershausen und der Unterherrschaft des Fürstenthums Schwarzburg-Rudolstadt, in den Fürstenthümern Waldeck und Pyrmont, Reuß älterer Linie und Reuß jüngerer Linie, Schaumburg-Lippe und Lippe soll der 30=Thalerfuß;

im Kaiserthum Oesterreich, sowie im Fürstenthum Liechtenstein soll der 45=Guldenfuß, und

in den Königreichen Baiern und Württemberg, in den Großherzogthümern Baden und Hessen, im Herzogthum Sachsen-Meiningen, im Fürstenthum Sachsen-Koburg, in den Hohenzollern'schen Landen Preußens, im Herzogthum Nassau, in der Oberherrschaft des Fürstenthums Schwarzburg-Rudolstadt, in der Landgrafschaft Hessen-Homburg und in der freien Stadt Frankfurt soll der 52 ½-Guldenfuß eingeführt werden.

(Art. 5.) Ausnahmsweise bleibt es Oesterreich vorbehalten, noch ferner sogenannte Levantiner Thaler mit dem Bildnisse der Kaiserin Maria Theresia und mit der Jahreszahl 1780 im damaligen Schrot und Korn als Handelsmünze auszuprägen.

Als zulässige kleinste in dem Landesmünzfuße auszuprägende Theilstücke der Hauptmünzen werden anerkannt:

das ⅙-Thalerstück im 30-Thalerfuße,
das ¼-Guldenstück im 45-Guldenfuße,
das ¼-Guldenstück im 52 ½-Guldenfuße.

(Art. 7.) Der Feingehalt wird in Tausendtheilen ausgedrückt. Bei der Bestimmung des Feingehaltes der Silbermünzen soll überall die Probe auf nassem Wege angewendet werden *).

(Art. 8.) Zur Vermittlung und Erleichterung des gegenseitigen Verkehrs unter den vertragenden Staaten sollen zwei, der im Art. 2 gedachten Münzfüßen entsprechende Hauptsilbermünzen unter der Benennung „Vereinsthaler" ausgeprägt werden; nämlich:

1) das Einvereinsthalerstück zu ¹⁄₃₀ des Pfundes feinen Silbers mit dem Werthe von bezüglich 1 Thaler in Thalerwährung, 1 ½ Gulden österreichischer Währung und 1 ¾ süddeutscher Währung;

2) das Zweivereinsthalerstück (nach Verhältniß).

(Art. 10.) Das Mischungsverhältniß der Vereinsmünzen wird auf 900 Tausendtheile Silber und 100 Tausendtheile Kupfer festgesetzt. Es werden demnach 13 ½ doppelte oder 27 einfache Vereinsthaler 1 Pfund wiegen. Die Abweichung im Mehr oder Weniger darf im Feingehalte nicht mehr als 3 Tausendtheile, im Gewichte aber bei dem einzelnen Einvereinsthalerstück nicht mehr als vier Tausendtheile seines Gewichtes, und bei dem einzelnen Zweivereinsthalerstück nicht mehr als 3 Tausendtheile seines Gewichtes betragen.

(Art. 14.) Es darf die Silberscheidemünze künftig in keinem der vertra-

---

*) Die Silberprobe auf dem nassen Wege besteht darin, den Silbergehalt einer Legirung in der Art zu bestimmen, daß man ermittelt wie viel von einer Kochsalzauflösung von bekannter Stärke erforderlich ist, um das in einem gegebenen Quantum einer Legirung enthaltene Silber genau auszufüllen. Die Legirung wird in Salpetersäure aufgelöst und mit einer Kochsalzauflösung von bekannter Stärke vermischt, worauf sie das Silber als eine Verbindung von Silber und Chlor (Chlorür) niederschlägt, welche Verbindung in Wasser und selbst in Säuren unauflöslich ist. Der Punkt der vollständigen Ausscheidung des Silbers ist leicht aus dem Aufhören aller Trübung zu erkennen, wenn man nach und nach der Lösung des Salzes in die des salpetersauren Silbers gießt. Ein Milligramm des Metalls wird durch die sogleich erscheinende Trübung in 100 Grammen Flüssigkeit noch sehr bemerkbar gemacht. Die Menge des ausgefällten Silberchlorürs wird nicht durch Wägung, sondern aus dem Gewichte oder aus dem Volumen der zu ihrer vollständigen Ausfüllung nöthigen Kochsalzauflösung bestimmt. Die Gegenwart von Kupfer, Blei oder irgend eines andern Metalles in der Auflösung des Silbers hat auf die zu seiner Fällung nöthigen Salzmenge keinen merklichen Einfluß; d. h. eine und dieselbe Menge Silber, mag sie rein oder mit andern Körpern in Verbindung sein, bedarf, um ausgefüllt zu werden, stets einer gleichen Menge von Kochsalzauflösung. Gesetzt, der Versuch werde mit einem Gramme reinen Silbers angestellt, so muß die Kochsalzauflösung von der Beschaffenheit sein, daß man, um alles Silber genau auszufüllen, 100 Grammen dem Gewichte nach, oder 100 Cubikcentimeter, dem Volumen nach gemessen, nöthig hat. Diese Menge von Salzlösung wird in tausend Theile getheilt, und der Gehalt einer Silberlegirung ist durch die Anzahl von Tausendtheilen der Salzlösung gegeben, welche erforderlich sind, um das in einem Gramme der Legirung enthaltene Silber niederzuschlagen. Silberbarren, welche probirt werden sollen, sind übrigens selten durch ihre ganze Masse gleichartig, so daß die Differenzen, welche man bei Prüfungen über verschiedenen Stellen entnommene Proben wahrnimmt, in vielen Fällen mehr diesem Umstande, als dem Probirverfahren selbst zugeschrieben werden müssen. Es ist daher nöthig, die Probe auf gleichförmige Weise und in derselben Tiefe sowohl von der oberen wie von der unteren Fläche eines Barre zu nehmen. Bei diesem Verfahren ergibt sich ein etwas höherer Gehalt, als bei der früher üblichen Kapellenprobe, welche in Deutschland für den Handel noch bis zur Einführung der tausendtheiligen Gehaltsangabe angewendet wurde, während sie im Münzwesen mehrentheils schon seit der Münzconvention von 1837 und 1838 abgeschafft war.

genden Staaten nach einem leichtern Münzfuße, als zu 34½ Thalern in Thaler-währung, 51¾ Gulden österreichischer Währung, oder 60⅜ süddeutscher Währung geprägt werden.

Bei Ausprägung der Kupferscheidemünze ist das Nennwerthsverhältniß von 112 Thalern in Thalerwährung, 168 Gulden österreichischer Währung und 196 Gulden süddeutscher Währung für 1 Zollcentner Kupfer niemals zu überschreiten. (Art. 18.) Zur weiteren Erleichterung des gegenseitigen Verkehrs, und zur Förderung des Handels mit dem Auslande, werden die vertragenden Staaten auch Vereinshandelsmünzen in Gold unter der Benennung Krone und halbe Krone aus-prägen lassen, und zwar:

1) die Krone zu ⅟₅₀ des Pfundes feinen Goldes,
2) die halbe Krone zu ⅟₁₀₀ des Pfundes feinen Goldes.

Andere Goldmünzen werden die vertragenden Staaten nicht ausprägen lassen. Ausnahmsweise behält sich Oesterreich vor, Dukaten in bisheriger Weise bis zum Schlusse des Jahres 1865 auszuprägen.

(Art. 19.) Das Mischungsverhältniß der Vereinsgoldmünze wird auf 900 Tausendtheile Gold und 100 Tausendtheile Kupfer festgesetzt. Es werden demnach 45 Kronen und 90 halbe Kronen ein Pfund wiegen. Die Abweichung in Mehr oder Weniger darf im Feingehalt nicht mehr als zwei Tausendtheile, im Gewichte bei dem einzelnen Stücke, der Krone sowohl als auch der halben Krone, nicht mehr als 2½ Tausendtheile seines Gewichtes betragen.

Vereinsgoldmünzen, welche das Normalgewicht von ⅟₁₃ bezüglich ⅟₉₀ des Pfundes mit der gestatteten Gewichtsabweichung haben (Passirgewicht) und nicht durch gewaltsame oder gesetzwidrige Beschädigung am Gewichte verringert sind, sollen bei allen Zahlungen als vollwichtig gelten.

Als Probirgewicht kommt das Tausendtheil des Münzpfundes (= ½ Gramm = 500 Milligrammen) in Anwendung, welche Einheit wieder in tausend Theile zerfällt. Der kleinste Gewichttheil bei der Goldgehaltsbestimmung ist ein Tausend-theil dieser Probirgewichtseinheit.

15) Seit der Einführung des Zollpfundes im Münzwesen wird auch im Gold- und Silberhandel das Zollpfund als Gewichteinheit, auf die der Preis sich bezieht, gebraucht.

Durch die jetzt vorgeschriebene Gehaltsbestimmung in Tausendtheilen an Stelle der bisherigen in Lothen, Karaten und Gränen werden alle Feinberechnungen wesent-lich erleichtert. Dessen ungeachtet dürfte diese Veränderung einem großen Theil derjenigen, welche in der Praxis Feinberechnungen auszuführen haben, nicht ange-nehm sein, weil sie theils an die Benutzung von Feinbüchern gewöhnt, das Um-ständliche der bisherigen Berechnungsart weniger empfunden haben, theils das Un-gewohnte, welches bei jeder Veränderung überwunden werden muß, fürchten. Zur Abwendung dieses Uebelstandes hat ein königl. Preuß. Münz-Wardein-Assistent, C. Neubauer, ein Feinbuch für tausendtheilige Gehaltsangaben berechnet, durch welches die Feinberechnung, wie bei den bisherigen Feinbüchern, auf eine Addition zurückgeführt wird. Dem Feinbuche (Berlin 1857) sind in einem Anhange zwei Tabellen zur Vergleichung von Gehaltsangaben in Lothen, Karaten und Gränen mit denen in Tausendtheilen hinzugefügt. Diesem Feinbuche reiht sich gewisser-maaßen die „Legirungs-Rechnung" vom Münz-Assistent C. Conrad (Berlin 1858) an, welche in Berücksichtigung des neuen Gold-, Silber- und Münzgewichts und der tausendtheiligen Gehaltsangaben bearbeitet worden ist.

2 *

16) Laut Münzvereinbarung vom 7. August 1858 haben sich die vertragenden Staaten verbindlich gemacht, die Kronenthaler nach und nach aus dem Verkehre zu entfernen. Innerhalb der nächsten fünf Jahre, von 1859 bis 1864, haben sie jährlich einen bestimmten Betrag nach Maaßgabe der Vertheilung der Zollrevenüen einzuziehen, und in grobe Münzen, vorzugsweise in Vereinsthalern prägen zu lassen.

Weil das Silber gewöhnlich in Verbindung mit Gold (und anderen Metallen) in der Natur vorkommt, so enthalten die älteren Silbermünzen, welche aus der Zeit herrühren, zu welcher man den Scheidungsprozeß noch nicht so vortheilhaft wie heut zu Tage vollziehen konnte, so viel Gold, daß es sich der Kosten verlohnt, dasselbe auszuscheiden. Bei der Einschmelzung der Kronenthaler wird daher auch der Gehalt an Gold berücksichtigt.

Die badische Regierung z. B. übergibt einer Scheideanstalt in Frankfurt a. M. (es gibt deren mehrere in Deutschland) den Kronenthaler zum Einschmelzen unter folgenden Bedingungen:

1) Für Schmutz wird $\frac{1}{1000}$ in Abzug gebracht.

2) Der Feingehalt der Kronenthaler wird nach der Probe zu 0,876 (d. h. in 1000 Gewichtstheilen Kronenthaler 876 Gewichtstheile fein Silber) berechnet.

3) Die Rücklieferung geschieht in Barren zu 0,990 bis 0,998 Feingehalt.

4) Für das Gold, was die Scheideanstalt aus 1 Pfund Silber zieht, hat sie 15 Kreuzer zu vergüten; der Mehrbetrag an Gold ist das, was sie daran verdient.

17) Die von Falschmünzern gemachten Münzen sind entweder gegossen oder geprägt. Die gegossenen Münzen sind insbesondere daran erkennbar, daß sie stumpf abgesetzte Umrisse, körnige Oberfläche, Schwindstellen, Gußbläschen und stumpfe Ränder haben. Unter Schwinden versteht man die Eigenschaft der flüssigen Metalle, sich nach dem Erkalten in sich selbst zusammen zu ziehen. Mit diesem Zurücktreten treten nun auch alle Umrisse zurück, so daß sie, wenn sie auch scharf ausgeflossen waren, bei dem Erkalten um so viel stumpfer werden müssen, als das Zurücktreten von den Formwänden beträgt. Es geben indessen mehrere weiße Metallcompositionen scharfe Abgüsse; wenn aber auch der Guß noch so gut gerathen ist, so bleibt doch die Oberfläche noch rauh und matt, und hat niemals das straffe Prägeansehen.

Für Münzen der jetzigen Zeit gibt in Betreff der geprägten Falschmünzen die Gravirung ein untrügliches Kennzeichen, und zwar deßwegen, weil alle Stempel, welche in einem Lande auf allen seinen Münzstätten zur Prägung der nämlichen Sorte, z. B. der Thaler, gebraucht werden, insgesammt Vervielfältigungen eines einzigen Stempels für die Vorderseite, und eines solchen für die Rückseite der Münze sind. Die Gravirung aller dieser Stempel ist daher vollkommen gleich, und bleibt es auch bei der größten Vervielfältigung für alle folgenden Stempel, insofern nicht die Regierung das Gepräge ändern läßt; und dieses Verfahren ist überall, wo sich ordentliche Münzstätten befinden, im Gebrauch. Bevor diese Kunst aufgekommen war, mußten, wenn ein Paar Münzstempel unbrauchbar geworden waren, andere dafür aus freier Hand nachgeschnitten werden. Nachschnitte kann aber der geschickteste Künstler dem Vorbilde nie ganz gleich machen, und wenn er auch das Vorbild selbst geschnitten hätte. Dies kam den Falschmünzern gut zu Statten; denn da die Gravirung der ächten Münzen selbst nicht mit einander übereinstimmte, so fiel es natürlicher Weise nicht auf, wenn die Gravirung der Falschmünzen nicht mit derjenigen der ächten Münzen übereinstimmte. Andere Erkennungs= und Unter=suchungszeichen geben die vorwaltende Farbe, sowie die Farbe der abgeriebenen Stellen, das Gewicht auf der Hand und der Klang.

Die vorwaltende Farbe einer Münze ist diejenige, welche man bei ganz neuen Geprägen auf der ganzen Oberfläche gleichförmig findet. Bei Münzen, welche schon einige Zeit im Umlauf gewesen sind, pflegen die, durch den Umlauf abgegriffenen höchsten Stellen der Gravirung eine veränderte Farbe zu haben. Die vorwaltende Farbe ist daher nur noch an solchen Stellen erkennbar, welche gegen das Abgreifen oder Abreiben geschützt sind.

Bei ächten Goldmünzen ist diese vorwaltende Farbe mehrentheils die gold=gelbe Farbe, welche aber zunächst eine fein = goldgelbe oder Legirungsgold=farbe ist. Das Legirungsgoldgelb zeigt sich außerdem noch als blaß=gold=gelb und röthlich = goldgelb von verschiedenen Farbetönen. Sehr geringe Gold=sorten haben auch mitunter Goldröthe. Die fein=goldgelbe Farbe ist die ganz eigenthümliche, dem Golde ganz allein zugehörige Farbe, welche dasselbe zeigt, wenn es entweder in ganz reinem Zustande*), oder doch sehr wenig mit Silber und Kupfer gemischt ist.

Je nachdem der geringe Zusatz aus Kupfer oder Silber besteht, ändert sich die sonst immer gleiche reine Goldfarbe in hoch oder lichte Dukatengoldfarbe.

Bei der Anschauung ganz feiner Goldmünzen ist der eigenthümliche Charak=ter, ein gewisses Leuchten in der Goldfarbe unverkennbar. Die Legirungsgold=farbe kann zwar auch rein=, hoch= oder licht=goldgelb sein, weil man dies durch Beizen den mehr legirten Münzen zu geben weiß; das Leuchten der ganz feinen Goldmünzen kann ihnen aber nicht gegeben werden.

Ist bei stärker legirtem Golde nicht stark genug gebeizt worden, so ist die Münze röthlich=goldgelb in verschiedenen Tönen, wie z. B. die Pistolen; geringe Goldsorten, wie etwa die Mittel=Friedrichs= und Augustd'or (s. den Art. Berlin) sehen hochrothgolden aus. Wenn aber der Zusatz aus Silber und Kupfer besteht, so ist die Farbe blaß=goldgelb, wie z. B. bei den meisten älteren französischen Goldmünzen, bei den älteren württembergischen Karolinen (770⅚ Gold und 146 Silber) ꝛc.

Wenn falsche Münzen Goldüberzug haben, so können sie ebenfalls alle diese Farben vorwaltend zeigen. Paßt nun die Farbe nicht zu dem Stück, welches die falsche Münze vorstellen soll, so ist die Abweichung ein sehr bedeutendes Kenn=zeichen. Wenn z. B. ein Friedrichsd'or eine leuchtende Goldfarbe hat, so ist er verdächtig, weil er, seiner Art nach, nur Legirungsfarbe zeigen kann, und die ge=nauere Untersuchung wird dann allemal beweisen, daß die Münze falsch, und mit feinen Goldplättchen überlegt oder plattirt ist. So wird auch die blaßgelbe Farbe, wenn sie bei Friedrichsd'or vorkommt, Verdacht erregen, und die Probe wird zeigen, daß das Stück silbervergoldet ist.

Was unter vorwaltender Farbe bei den Goldmünzen verstanden wird, gilt auch von den Silbermünzen. Wie bei jenen eine goldgelbe Farbe, die bestän=

---

*) Wie bei den Römischen Zechinen von 1818, den Toskanischen 80=Fiorini=Stücken von 1826, den neuen Rubponos (= die älteren von 1766, 1754, 1760 und 1798 sind nach französischer Probe 0,996 und nach englischer Probe 0,997 —) und den Toskanischen Zechinen.
Hochhaltiger als die deutsche Goldkrone, die französischen und andere Goldmünzen der neueren Zeit (0,900) sind z. B. die älteren badischen, baierischen, braunschweigischen und mehrere andere deutsche Dukaten (986⅔), die holländischen Dukaten seit 1847 (985), die englischen Sovereigns (916⅔), die neueren Hamburger Dukaten (979) ꝛc.

dig vorwaltende ist, so ist es bei diesen die silberweiße Farbe, und diese kann entweder eine feine silberweiße oder eine subweiße, durch Beize hervorgebrachte, Farbe sein.

Das fein Silberweiße ist dem feinen, oder doch mit wenig Kupfer versetzten Silber so eigenthümlich, wie dem Golde seine klare Goldfarbe. Auch hat das Silber, gleich dem Golde, jenes Leuchten in der eigenthümlichen Farbe, welche die Feinheit des Metalles auf den ersten Anblick darthut, und durch Beizung nicht gegeben werden kann.

Wenn nun aber ächte legirte Silbermünzen niemals das feine Ansehen der ganz feinen haben, so können es falsche Münzen nicht blos erhalten, sondern haben es oft wirklich. Viele derselben sind mit Silber überschmolzen oder mit Silber plattirt; sie haben daher nicht blos eine feine Silberbeizhaut, wie die ächten legirten Münzen, sondern sie sind mit einer wirklichen Schale von feinem Silber umkleidet, und sehen darum auch fein aus. Gerade dieses feine Silberansehen macht sie aber dann verdächtig, weil es selten und nur dann mit dem Ansehen der ächten Stücke übereinstimmt, wenn sie feine Münzen vorstellen sollen. Bei Münzen, welche feinen Gehalt haben sollen, kann also das feine Ansehen nicht für sich allein als Kennzeichen der Aechtheit dienen.

Was die Farbe der abgeriebenen Stellen der Münze betrifft, so wird solche, wenn sie aus feinem, edeln Metall geprägt ist, von der Farbe der nicht abgeriebenen Stellen nicht abweichen; bei den legirten Münzen ist aber die Farbe der abgeriebenen Stellen mehr oder weniger von der vorwaltenden Farbe verschieden; das feinere Ansehen der nicht abgeriebenen Stellen rührt von der Beize her. Haben daher geprägte Münzen die Abzeichen legirter Goldmünzen, sind aber dabei ihre abgeriebenen Stellen in der Farbe gar nicht von der vorwaltenden Farbe unterschieden, so werden sie allemal falsch sein. Es sind dann entweder goldplattirte Münzen, oder Gepräge von solchen Stempeln, welche das Ansehen der abgeriebenen Stellen gleich mitgeben.

Wie bei den feinen Goldmünzen, so zeigen auch die feinen Silbermünzen eine mit der vorwaltenden gleiche Farbe auf den abgeriebenen Stellen. Soll also eine Münze nach ihrem Gepräge eine feine Münze bedeuten, zeigen sich aber die abgeriebenen Stellen anders gefärbt, so ist es ein Nachschlag oder eine falsche Münze.

Die auf eine Erfahrungskenntniß des spezifischen Gewichts bekannter Körper gegründete Vorausbestimmung der Kraft, welche man glaubt gebrauchen zu müssen, um irgend etwas zu heben oder zu tragen, läßt erwarten, daß Körper, also hier eine Gold= oder Silbermünze, auf die Fläche der Hand gelegt, einen Druck von bekannter Stärke bewirken werde; es muß daher Verdacht erregen, wenn eine Münze in Ansehung ihrer Größe und des Metalles, aus welcher sie bestehen soll, entweder zu leicht oder zu schwer befunden wird, und man wird sie dann genauer untersuchen. Die spezifischen Gewichte der Metalle, die hier in Betracht kommen, sind beiläufig 19,5 für Gold, 10,5 für Silber, 8,8 für Kupfer, 11,4 für Blei, 7,3 für Zinn ꝛc., d. h. Gold ist 19,5 mal, Silber 10,5 mal, Kupfer 8,8 mal u. s. w. schwerer wie Wasser.

Endlich gibt auch der Klang ein Erkennungszeichen. Jede Metallmischung, besonders wenn sie geprägt, also dichter ist, gibt beim Aufwerfen auf Stein oder eine Metallplatte einen eigenthümlichen Klang, woran sie erkennbar ist; daher der Gebrauch solcher Platten für Zähltische in Comptoiren und öffentlichen Kassen.

Der Klang, welchen die Münze auf dem Finger schwebend, und mit Holz oder Elfenbein (nicht Metall) angeschlagen, gibt, ist aber eigenthümlicher und die Unterscheidung wird bei dieser Art von Untersuchung noch viel leichter. Das Erkennungszeichen durch den Klang ist (abgesehen von chemischer Untersuchung) manchmal allein schon entscheidend. Im Juni 1860 z. B. sind falsche österreichische Guldenstücke und falsche sächsische Eindrittelthalerstücke im südlichen Deutschland vorgekommen, welche den ächten so täuschend ähnlich sind, daß sie sich von den letzteren nur durch ihre Klanglosigkeit unterscheiden.

III. Wechselcursnotirung.

18) Die offizielle Notirung der Wechselcurse ist von verschiedener Art. Im Frankfurter und Basler Curszettel z. B. lauten für alle Devisen die Curse auf kurze Sicht mit Angabe des Disconts der betreffenden Plätze für längere Sichten; im Pariser Curszettel sind die Notirungen durchgängig für kurze Sicht und drei Monate ohne Angabe des Disconts; in den Curszetteln von Florenz und London lauten die Notirungen auf unterschiedliche Sichten (8 Tage, 60 Tage, 90 Tage ꝛc.) ohne Angabe des Disconts; im Wiener Curszettel gelten die Notirungen der Devisen für drei Monate (ausgenommen Constantinopel und Bukarest 31 Tage) mit Angabe des Disconts der betreffenden Plätze, nach welchen die kürzeren Sichten berechnet werden *).

In den meisten Curszetteln sind die Curse so zu verstehen, wie solche zu Ende der Börse, also in Folge des letzten Aus- und Angebots geblieben sind. Einige Curszettel enthalten mitunter den Curs, zu welchem wirklich abgeschlossen worden ist, wie z. B. der Basler Curszettel. Der Wiener Curszettel enthält die „vorgefallenen Schlüsse" (nach dem Wortlaut der Ueberschrift in besagtem Cursblatt), ferner den Durchschnittscurs derselben und den letzten Curs für die Rubriken „Geld" und „Papier".

Die meisten Curszettel enthalten nur den Curs, also ohne Angabe der Wechseleinheit und der Valuta, in welcher der Curs zu verstehen ist. Wo der Platz die veränderliche Valuta hat, da lautet der Curs selbstverständlich in der Valuta des Platzes; wo derselbe aber die feste Valuta hat, da lautet der Curs auf die Valuta des Platzes, auf welchen die Cursnotirung sich bezieht. Nur wenige Curszettel enthalten die Wechseleinheit, wie z. B. der Frankfurter, der Leipziger, der Wiener ꝛc. Die Curszettel, welche jene Angaben nicht enthalten, müssen daher erklärt werden, wobei es genügen würde, die Wechseleinheit anzugeben, denn die Valuta des Curses ergibt sich dann in der Regel von selbst. Ist z. B. gesagt, daß in London die Wechseleinheit auf Paris 1 Pfund Sterling ist (wonach

*) In den nach amtlichen Quellen dargestellten Reformen in der Notirung der Effekten- und Wechselcurse an der Börse zu Wien von Sachs, Secretär der Börsenkammer, heißt es in Betreff des Disconto: „Die Berechnung eines Disconto von 4 Procent, wie sie noch vor Kurzem allgemein in Uebung war, beruht auf einer willkürlichen Annahme, deren offensibler Grund überdies mit der Veränderung im Zinsfuße der Nationalbank geschwunden ist. Besonders zur Zeit der letzten Geldkrise, als der Zinsfuß fremder Länder so heftigen Schwankungen unterlag, hat sich die Unhaltbarkeit jener Usanze gezeigt. Der Käufer eines fremden Wechsels erwirbt mit demselben auch ausländisches Geld. Die natürlichste und gerechteste Grundlage zur Berechnung des Disconto für längere Sicht eines solchen Wechsels ist daher der Bankzinsfuß, oder, wenn an dem Orte, wohin der Wechsel lautet, keine Bank besteht, der jeweilig herrschende Escomptezinsfuß des bezüglichen fremden Platzes. — In diesem hat das hohe Ministerium verordnet, daß vom 2. November 1858 angefangen für die Zinsausgleichung bei fremden Devisen der am betreffenden Platze jeweilig übliche Disconto zum Maaßstabe dienen soll. Von dem Finanzministerium wird die Einrichtung getroffen werden, daß der landesfürstliche Börsencommissär, unter dessen unmittelbarer Einflußnahme der officielle Curszettel redigirt wird, von jeder Aenderung im Disconto der fremden Plätze sogleich zuverlässige Kenntniß erhalte, und dadurch in die Lage versetzt werde, die fragliche Rubrik stets mit einer richtigen Ziffer ausfüllen zu lassen."

London die feste Valuta auf Paris hat), so folgt daraus, daß die Valuta des Curses die französische ist. Zu mehrerer Deutlichkeit findet sich aber auch die Va=luta des Curses bei den betreffenden Plätzen überall angegeben, außerdem auch der Curs selbst, wie derselbe mehrentheils aus Originalcurszetteln entnommen ist, aber natürlich mit dem Zusatze „mehr oder weniger" ($\pm$), weil die Curse, als solche, veränderliche Zahlengrößen sind.

IV. Preisnotirung des Goldes und Silbers.

19) Auf manchen Handelsplätzen hat man für die Preisbestimmung der Gold=und Silberbarren besondere Gewichtseinheiten; in Deutschland z. B. war sie früher die Cölnische Mark von 233,855 französischen Grammen; jetzt ist sie das Zoll=pfund von 500 Grammen; dann gibt es aber auch Plätze, wo das Handelsgewicht zugleich Gold=, Silber=, Probier= und Münzgewicht ist, wie z. B. in Petersburg (und ganz Rußland). Eine besondere Art der Preisnotirung, welche in Frankreich, Belgien, Holland rc. vorkommt, beruht auf dem Münzwesen, und zwar in nach=stehender Weise.

Wenn die Regierung auf eigene Rechnung prägen läßt, so werden die Kosten der Prägung in der Art in Aufrechnung gebracht, daß die Regierung für eine gewisse Menge Münzmetall eine geringere Menge in geprägten Stücken hergibt. Die Differenz dieser beiden Quantitäten ist der Prägschatz oder Schlagschatz, welcher indessen, wenn es auf Gewinn abgesehen ist, mehr als den Betrag des Münzkostenaufwandes ausmacht. In derselben Art wird auch die Vergütung ge=. leistet, wenn die Prägung auf Kosten eines Münzdirektors geschieht. So geben z. B. die Münzstätten in Frankreich für ein Kilogramm Silber von $^9/_{10}$ Fein=gehalt (s. Nr. 10), also für 900 Grammen Silber (1 Kilogramm = 1000 Grammen) 900 Grammen weniger 9 Grammen, also 891 Grammen Silber in Franken. Weil in 1 Frank 4½ Grammen fein Silber enthalten sind, so machen 900 Grammen und 891 Grammen fein Silber so viel Franken, als aus den Proportionen folgt:

$$4½ : 1 = 900 : x = 200 \text{ Franken}$$
$$4½ : 1 = 891 : x = 198$$

Die Münzstätten übernehmen also das Kilogramm Silber von $^9/_{10}$ Feingehalt für 198 Franken, und prägen daraus 200 Franken; der Schlagschatz beträgt dem=nach 2 Franken (oder 2 mal 4½ Grammen Silber) vom Kilogramm Silber von $^9/_{10}$ Feingehalt, oder $1^9/_{198}$ Prozent.

Gibt die Münzstätte für 900 Grammen Silber 198 Franken, so gibt sie für 1000 Grammen Silber so viel Franken, als aus der Proportion folgt:

$$900 : 198 = 1000 : x = 220 \text{ Franken.}$$

Aus 1000 Grammen Silber werden aber so viel Franken geprägt, als aus der Proportion folgt:

$$4½ : 1 = 1000 : x = 222 \text{ Franken 22 Centimen.}$$

Die Münzstätte übernimmt also das Kilogramm fein Silber für 220 Fran=ken und prägt daraus 222 Franken 22 Centimen. Auf den Grund obigen Tarifs (nouveau tarif) soll in Frankreich der Handelspreis des Silbers in der Art be=stimmt werden, daß das Kilogramm fein Silber zu 220 Franken fest angesetzt, und hierzu ein Agio von so und so viel Franken für jedes Tausend Franken auf=gerechnet wird. Nach dem früheren Tarife (ancien tarif) wurden 3⅓ Franken für

Münzkosten in Abzug gebracht, wonach 222 Franken 22 Centimen weniger 3 Franken 33 Centimen, also 218,89 Franken fest angesetzt wurde. Im Handel hat man den alten Tarif beibehalten, also den neuen unberücksichtigt gelassen (s. den Art. Paris).

Was den Schlagschatz für die Goldmünze in Frankreich betrifft, so geben die Münzstätten für 1 Kilogramm Gold von $9/10$ Feingehalt, also für 900 Grammen, 900 weniger $1^{23}/31 = 898^8/31$ Grammen Gold in Zwanzigfrankenstücken. Weil 165 Zwanzigfrankenstücke 1 Kilogramm wiegen, so enthalten 155 Zwanzigfrankenstücke, oder 155 mal 20 Franken, d. i. 3100 Franken in Gold, 900 Grammen Gold. Auf $898^8/31$ Grammen Gold gehen daher so viel Franken in Gold, als aus der Proportion folgt:

$$900 : 898^8/31 = 3100 : x = 3094 \text{ Franken.}$$

Die Münzstätten übernehmen also das Kilogramm Gold von $9/10$ Feingehalt für 3094 Franken, und prägen daraus 3100 Franken; der Schlagschatz beträgt also 6 Franken (= $1^{23}/31$ Grammen Gold) oder 0,19 Prozent.

Zahlt die Münzstätte für 900 Grammen Gold 3094 Franken, so zahlt sie für 1000 Grammen Gold 3437 Franken 77 Centimen. Aus 1000 Grammen Gold werden aber so viel Franken geprägt, als aus der Proportion folgt:

$$900 : 3100 = 1000 : x = 3444 \text{ Franken 44 Centimen.}$$

Auf den Grund des in obiger Berechnung nachgewiesenen Tarifs vom 1. Juli 1835 sollen die Preise des Goldes in der Art bestimmt werden, daß das Kilogramm fein Gold zu 3437 Franken 77 Centimen fest angesetzt und ein Agio von so und so viel Franken für jedes Tausend Franken aufgerechnet wird. Nach dem früheren Tarife (ancien tarif) wurden 10 Franken für Münzkosten in Abzug gebracht, wonach 3444 Franken 44 Centimen weniger 10 Franken, d. i. 3434 Franken 44 Centimen fest angesetzt wurden. Im Handel hat man auch für das Gold den alten Tarif beibehalten (s. den Art. Paris); die Münzbehörde hat aber den neuen Tarif angenommen.

V. Cursnotirung der Staatspapiere.

20) Die Geschäfte in Staatspapieren sind zum Theil von complicirter Beschaffenheit, wie z. B. in Paris; der dortige Curszettel enthält daher außer den Cursen auch Notirungen, welche auf die Art der Transaction Bezug haben, während in den Curszetteln anderer Börsen, an welchen ebenfalls mehr oder weniger Operationen nach Pariser Art vorkommen, nur die Curse der betreffenden Papiere, und zwar, wie im Wechselcurszettel, unter den Rubriken „Geld" und „Papier", und mitunter auch mit dem Zusatze „bezahlt" enthalten sind. In manchen Curszetteln werden auch die am Börsentage stattgefundenen Schwankungen der Curse angemerkt, indem man für die Rubrik „Geld" den niedrigsten und höchsten Curs, welcher auf der Börse vorgekommen ist, angibt. Der Wiener Curszettel enthält die vorgekommenen Schlüsse, den entsprechenden Durchschnittscurs und den letzten Curs unter den Rubriken „Geld" und „Papier".

Für die Papiere der gewöhnlichen Anleihen ist die Einheit in der Regel 100 vom Nominalkapital. Für Anlehensloose ist die Einheit entweder ebenfalls 100 vom Nominalkapital des Looses, oder aber, es versteht sich der Curs vom Loose selbst, vom Stück. Bei manchen Papieren sind die laufenden Zinsen (jouissance) im Curs mitbegriffen. In Betreff der ausländischen Papiere wird zur Umrechnung der ausländischen Valuta in die inländische ein festes Verhältniß

angenommen. Z. B. nach der Usanze in Frankfurt wird für die belgischen Obligationen der Frank zu 28 kr. rhn., für die spanischen Obligationen der Piaster
zu 2 fl. 30 kr. angesetzt ꝛc. Die Geldreduction geschieht aber auch mitunter nach
einem Wechselcurs für kurze Sicht.

Von Börsenoperationen sind hier nur diejenigen anzuführen, welche zur Erklärung des Pariser Curszettels erforderlich sind.

1) Man kauft Papiere gegen baare Zahlung, sogleich lieferbar (marché au
comptant).

2) Man kauft auf spätere Lieferung (marché à terme), und zwar:

a) unter Feststellung des Tages, an welchem der eine Contrahent die Papiere
unbedingt liefern und der andere unbedingt nehmen und bezahlen muß
(marché ferme), oder

b) unter der Bedingung, daß es entweder dem Käufer gegen Bezahlung der
Prämie (prime), d. h. eines in Procenten der Kaufsumme bestehenden
Betrages, frei steht, die Papiere zu nehmen oder auch nicht, oder daß es
dem Verkäufer gegen Entrichtung der Prämie frei steht, die Papiere zu
liefern oder auch nicht (marché libre, marché à prime). Der Fall,
daß der Verkäufer nach Belieben nicht liefert, kommt auf der Pariser
Börse nicht vor.

Die Lieferungszeit beim festen Zeitkaufe (marché ferme) ist theils
nach der Gattung der Papiere, theils nach Usanze verschieden. Gewöhnlich
sind für die verschiedenen Zeitkäufe überhaupt gewisse Lieferungstermine
(von 1 bis 2 Monat) allgemein angenommen. In Paris z. B. werden
die Zeitkäufe auf monatliche Liquidation (oder gegenseitige Abrechnung über
die in einem bestimmten Zeitraume gemachten Papiergeschäfte), nämlich
ultimo des laufenden oder des nächstfolgenden Monats geschlossen. Auf
den Pariser Curszetteln bezeichnen die den Cursen beigefügten Worte:
fin courant und fin prochain die bei dem Zeitkaufe bedungene Lieferungstermine; fin courant bezeichnet, daß die Lieferung auf den letzten des
laufenden Monats, und fin prochain, daß solche auf den letzten des
nächsten Monats bedungen ist. In Paris hat, laut Usanze, auch ohne Verabredung der Käufer die Befugniß, zu jeder dem Liquidationstage vorausgehenden Zeit von dem Verkäufer die Lieferung der negozirten Papiere
gegen baare Zahlung zu verlangen. Man nennt diese Operation escompte.

Wenn der Käufer die auf Lieferung gekauften Papiere nicht nimmt,
oder der Verkäufer die auf Lieferung verkauften Papiere nicht liefert, so
ist der betreffende Contrahent ermächtigt, diese Papiere öffentlich beziehlich
verkaufen oder kaufen zu lassen. In der Börsensprache nennt man dies
exécuter une personne.

Bei der Notirung für die Prämiengeschäfte wird im Pariser Curszettel
die Prämie unter Vorsetzung des Worts dont (worauf, wovon) neben die
Curszahl gesetzt; z. B. für die dreiprozentige Rente:

74,25 (Fr. Curs) dont 50 (Centimen per 100 Fr. nominell);
oder für die Actien vom crédit mobilier:

740 (Fr. Curs per Stück) dont 10 (Fr. per Stück).

c) Man verkauft Papiere gegen baar unter der Bedingung, daß sie der Käufer zu einer bestimmten Zeit und zu einem zum Voraus bestimmten Curs
wieder zurück liefern muß (marché à report).

Wer im Besitze von Papieren ist und im Augenblick Geld nöthig hat, kann sich solches in der Weise verschaffen, daß er sie unter der Bedingung verkauft, daß sie ihm der Käufer später wieder zurückliefern muß. Der Käufer der Papiere hat dabei die Absicht, Gelder für kurze Fristen verzinslich anzulegen, wonach also Staatspapiere eben so wie Wechsel zu Discontgeschäften benutzt werden können. Die Differenz der Curse bei dem Verkaufe und dem befristeten Rückkaufe wird Report (report) genannt. In der Regel werden die Papiere auf Zeit theuerer notirt als comptant. Kostet z. B. die dreiprozentige Rente baar 74 Fr. und auf ultimo lieferbar 74,50, so sind die 50 Centimen der Report. Gegensatz bildet der Deport (déport), d. h. wenn die Rente comptant theuerer ist, als auf Zeit. Der Deport kann unter folgenden Umständen vorkommen:

Ein Speculant à la baisse hat z. B. dreiprozentige Rente auf Lieferung verkauft, und zwar à découvert, d. h. ohne die Papiere zu besitzen und also in der Hoffnung, solche zur Lieferungszeit wohlfeiler, als er sie verkauft hat, kaufen zu können. Wenn aber der Curs steigt, anstatt zu fallen, und wenn er die Speculation fortsetzen will, so kann er sich mit dem Käufer zu einigen suchen, die Papiere auf einen späteren Tag liefern zu dürfen (das Geschäft oder den Vertrag zu prolongiren). Wenn aber der Käufer auf die Prolongation nicht eingehen will, so muß sich der Speculant einen Andern suchen, der statt seiner die Papiere abliefert, um sie von ihm an einem späteren Termine wieder beziehen zu können. Das Leihgeld für die geschehene Darleihung der Effectenstücke besteht in der Differenz der Curse, zu welchem der Speculant die Papiere von dem Dritten in der Form eines Kaufgeschäfts entlehnt, und zu welchem er sie ebenfalls in der Form eines Verkaufsgeschäftes wieder zurückgeben muß. In diesem Falle ist also die Rente comptant theuerer als auf Zeit.

Im Pariser Curszettel wird der Report für die verschiedenen Reportgeschäfte folgenderweise bezeichnet:

1) Report du courant oder du comptant à la fin du mois; d. i. der Unterschied des Tagescurses und des Curses beim Rückkauf auf Lieferung per Ende des laufenden Monats;

2) Report d'un mois à l'autre, d. i. der Unterschied des Preises zwischen einer zu Ende des laufenden, und der zu Ende des nächsten Monats zu liefernden Rente. Aehnliche Bewandniß hat es mit dem report du comptant à la liquidation, d'une liquidation à l'autre, du comptant à la fin du mois prochain. Report sur prime ist der Unterschied der Preise bei einem festen Zeitkaufe auf das Ende des laufenden Monats, und eines Prämienkaufes auf das Ende des nächsten Monats. — Außer den im Vorhergehenden angeführten Notirungen enthält der Pariser Curszettel die letzten Curse des vorhergehenden Börsentages unter der Aufschrift «Clôture précédente», ferner unter der Aufschrift «au comptant» die verschiedenen beim Kaufe gegen baare Zahlung vorgekommenen Curse, sodann für die Zeitkäufe den ersten Curs des Tages (premier cours), den höchsten Curs (plus haut), den niedrigsten (plus bas) und den letzten Curs der Börse (dernier cours).

Aachen,

Hauptstadt des gleichnamigen Regierungsbezirks in der preußischen Provinz Niederrhein.

Münzen, Maaße, Gewichte, siehe Berlin.

Aeltere Maaße und Gewichte: die Elle = 295,78 Parif. Linien; die hiesige brabanter Elle = 301,63 Parif. Linien; der Centner zu 100 Pfund zu 32 Loth = 467,04 franz. Grammen.

Curssystem und Usanzen, siehe Köln.

Handelsanstalten ꝛc. Zweiggeschäft der preußischen Bank (f. Berlin). Aachen=Münchner Feuer=Versicherungsgesellschaft (eine der bedeutendsten in Deutschland) *).

Aarau,

Hauptstadt des Kantons Aargau.

Münzen seit 1852 gesetzlich nach dem neuen Bundesbeschlusse, f. Schweiz. Früher rechnete man nach schweizer Franken zu 10 Batzen zu 10 Rappen; 1 schweizer Frank = 40¼ Kr. rhn. = 11 Sgr. 5 Pf. preußisch.

Maaße und Gewichte seit 1837 die unter Schweiz aufgeführten neuen vertragsmäßigen; im Gebrauche noch die Elle = 262,7 Parif. Linien.

Curssystem und Usanzen wie Basel und Zürich.

Abo,

Seestadt im russischen Finnland.

Münzen wie Rußland, siehe Petersburg.

Maaße und Gewichte gesetzlich die russischen, aber auch noch die schwedischen (f. Stockholm).

Abyssinien oder Habesch,

ein Reich in Afrika am arabischen Meerbusen mit der Hauptstadt Gondar und den Handelsplätzen Massuah und Adowa.

Münzen. Es circuliren hier Conventionsthaler, spanische Piaster und türkische Münzen; es werden auch Zahlungen in ungemünztem Golde geleistet, welches nach der abysinischen Unze (dem Watea oder Wakih) = 25,92 franz. Grammen berechnet wird. Als Scheidemünze dienen Glasperlen und Steinsalztäfelchen.

Maaße und Gewichte. Als Elle dient der türkische Pik = 304 Parif. Linien. Der Rotolo (Pfund) zu 12 Wakeas (Unzen) zu 12 Derimes (Drachmen)

---

*) Alle Gewichtsverhältnisse, Längen= und Hohlmaaße werden, der bequemeren Uebersicht wegen, am Schlusse des Bandes in Tabellenform dargestellt werden.

Den politischen Veränderungen, die sich während des Druckes vorbereiten, wird in einem Anhange Rechnung getragen werden, wenn sie Einfluß auf den Gegenstand dieses Werkes haben.

= 311,33 franz. Grammen. Der Ardeb (Getreidemaaß) in Gondar = 10 Madegas = 4,4 Liter; der Ardeb in Massuah = 24 Madegas = 10,56 Liter; der Kuba (Flüssigkeitsmaaß) = 1,01 Liter.

Acapulco,
Hafenstadt in der Republik Mexiko.
Münzen, Maaße und Gewichte wie Mexiko.

Achem oder Acheen,
an der Nordwestspitze von Sumatra in Asien.
Münzen. Größere Zahlungen geschehen mit spanischen Piastern und ostindischen Münzen.

Maaße und Gewichte wie Batavia.

Acre,
(oder Saint Jean d'Acre) Hafenstadt in Syrien.
Münzen wie Konstantinopel und Aleppo.

Maaße und Gewichte. Der Pik (Elle) = 300,25 Parif. Linien. Der Cantar (Centner) zu 100 Rotoli. Es gibt zweierlei Rotoli: einen für rohe Baumwolle = 2,207 Kilo, und einen andern für Baumwollengarn = 2,037 Kilo.

Adelaide, siehe Sydney.

Aleppo oder Haleb,
Hauptstadt der türkischen Provinz Syrien.
Münzen. Man rechnet nach türkischen Piastern zu 40 Paras zu 3 Asper, auch nach Piastern zu 100 Asper. 1 Piaster jetzt ca. 7 Kr. rhn. = 2 Sgr. preuß. Außer den türkischen und ägyptischen Münzen circuliren spanische Piaster und Conventionsthaler (beide Tallari oder Dollars genannt), spanische Dobblone, venetianische Zechinen, österreichische und holländische Ducaten.

Maaße und Gewichte. Der Pik (Elle) = 300,25 Parif. Linien. Der Cantar (Centner) = 100 Rotoli (Pfund) zu 12 Unzen zu 60 Drachmen. Es gibt 4 verschiedene Rotoli; diese sind: 1) der Rotolo, mit welchen die meisten Waaren gewogen werden = 720 Drachmen; 2) der Rotolo für syrische Seide = 700 Drachmen; 3) der Rotolo für persische Seide = 680 Drachmen; 4) der Rotolo für Metalle und allerlei Spezereien = 600 Drachmen. Perlen= und Ambragewicht ist der Metikal = 1½ Drachmen. Als Gewichtseinheit dient auch die türkische Ofa zu 400 Drachmen. Für alle diese Gewichte ist die Drachme = 3,167 franz. Grammen. — 1 Cantar = 180 Ofa. Der Mokuk (Getreide= maaß), 250 Rotoli schwer, = ca. 756 Liter.

Alessandria,
im Königreich Sardinien, siehe Turin.

Alexandrien,
ägyptische See- und Handelsstadt.
Münzen. Man rechnet nach Piastern zu 40 Para oder Medini, oder auch zu 100 guten oder zu 120 Kurantaspern. Der ägyptische Piaster soll ge-

setzlich dem türkischen Piaster gleich sein; man rechnet aber gewöhnlich 10 ägyptische Piaster = 11 türkische Piaster. Im Großhandel und Wechselhandel curfiren spanische Piaster (Tallari oder Colonati) und österreichische Conventionsthaler unter der Benennung Tallari della Regina oder Pataca bekannt). Die Regierung rechnet in Tarifgeld, d. h. sie nimmt die fremden Münzen nach einem gewissen Tarife an; im Handel stehen sie aber höher, und die Annahme nach ihrer wirklichen Geltung bildet die Curantwährung.

Unter einem Beutel versteht man, wie in Konstantinopel, eine Summe von 500 Piastern.

Münzen werden geprägt in Gold: Stücke zu 100, 50, 20, 10 und 5 Piastern; in Silber zu 20, 10, 5, 3, 1½, 1, ½ und ¼ Piastern; in Kupfer zu 5 Paras.

Papiergeld. Die Schatz-Anweisungen der Regierung verlieren gegenwärtig nur wenig gegen Silber.

Curssystem.

London 3 M. dato ± 100 ägyptische Piaster für 1 Liv. Strl.
Livorno do. „ 125 Soldi tosc. für 1 span. Piaster.
Marseille do. „ 525 Centimes für 1 do.
Triest do. „ 220 Neukreuzer für 1 do.
Malta 31 T. Sicht „ 30 Tari für 1 do.
Kairo K. S. „ 100 ägypt. Piaster für 100 ägypt. P. in Kairo.

Handelsstreitigkeiten werden vor dem bestehenden Handelsgerichte nach dem französischen Handelsgesetzbuche, welches auf Befehl des Pascha 1826 ins Türkische und Arabische übersetzt wurde, entschieden.

Maaße und Gewichte. Der türkische Pik (die Elle) = 301,75 Parif. Linien; das gewöhnliche ägyptische Ellenmaaß oder die Landeselle = 256 Parif. Linien. Der Ardeb (Getreidemaaß) ist in den verschiedenen ägyptischen Plätzen von unterschiedlichem Inhalte. Der hiesige Ardeb = 271 Liter. Das gewöhnliche Handelsgewicht ist das Oka-Gewicht; die Oka hat 400 Drachmen. Die Einheit des ägyptischen Gewichts ist die Drachme = 3,08 Grammen; die Oka ist hiernach = 1,232 Kilo. Andere Gewichte sind der Cantaro (Centner) zu 100 Rotoli, welche aber von unterschiedlicher Schwere sind, wie z. B. der Rotolo der Regierung von 180 Drachmen; dieser Rotolo ist auch der in Kairo gebräuchliche; mit dem Cantar von 100 solcher Rotoli werden die von der Regierung zum Verkaufe gebrachten Waaren gewogen; der Rotolo, dessen man sich im übrigen Handel am meisten bedient, hat 144 Drachmen. Je nach der Anzahl der Oken, welche auf den Cantar gehen, ist letzterer selbst wieder für verschiedene Waaren sehr verschiedenartig. Gold und Silber werden nach der Drachme zu 16 Kirat zu 4 Grän gewogen. Edelsteingewicht ist der Kirat (Karat) zu 4 Grän. Gold- und Silberfäden, Perlen und Essenzen, werden mit dem Miskal = 1½ Drachme gewogen.

Handelsusanzen. Alle Flüssigkeiten werden nach dem Gewicht verkauft. Für Baumwolle, Kaffee und Indigo sind die Preise in span. Piastern zu verstehen; für Natron in ägyptischen Paras, und für alle übrigen Waaren in Piastern sogenannter ägyptischer Curantmünze (s. oben).

Handelsanstalten ꝛc. Zweiggeschäft der Bank von Aegypten; s. Kairo. Handelsgericht. Klagen der Eingebornen gegen hier ansässige Franken können, den bestehenden Verträgen zufolge, nur vor den betreffenden Consulargerichten geschlichtet werden.

Algier,

Hauptstadt der gleichnamigen franz. Colonie in Afrika.

Münzen wie Frankreich, siehe Paris.

Papiergeld. Noten der Bank von Frankreich, und solche der Zweigbank von Algier im Betrage von 1000, 500 und 200 Franken.

Wechselverkehr. Beschränkt sich auf Ziehungen auf Paris und andere französische Plätze in Franken. Die Wechselordnung ist die französische.

Maaße und Gewichte die französischen; siehe Paris. Die älteren Maaße und Gewichte sind verboten.

Handelsanstalten ꝛc. Handelsgericht. Die algierische Colonisations- und Handelsgesellschaft. Banque de l'Algérie (Disconto-, Zettel- und Depositenbank); das Kapital dieser Bank ist auf 3 Mill. Fr. in 6000 Actien à 500 Fr. festgestellt; sie ist autorisirt, Noten von 1000, 500, 100 und 50 Fr. auszugeben. Durch Decret vom 13. August 1853 wurde eine Zweigbank in Oran concessionirt. Die Caisse algérienne gibt Vorschüsse auf Gebäude und Waaren.

Alicante,

Seestadt in der spanischen Provinz Valencia.

Rechnungsart und Münzen, s. Madrid.

Früher rechnete man nach Libras zu 20 Sueldos zu 12 Dineros. Es sind 34 Duros (Piaster) = 42½ Libras und 9,72 Duros gehen auf die spanische Münzmark, welche = 230,071 Grammen; daher 1 Libra = 1 fl. 52 kr. rhn. = 1 thlr. 2 sgr. preuß. = 1 fl. 60 nkr. öster.

Curssystem wie in Madrid. Es wird hier 3 Monate dato mehrentheils auf Amsterdam, London und Paris gewechselt.

Wechselrechtliches wie Madrid.

Maaße und Gewichte sind gesetzlich die neuen spanischen (s. Madrid); es sind aber noch folgende ältere Maaße und Gewichte gebräuchlich:

Längenmaaße. Die Bara (Elle) zu 4 Palmos, welche in ½, ¼ und ⅛ getheilt werden. — 1 Bara = 401,183 Pariser Linien.

Feldmaaß wie Valencia.

Getreidemaaß. Der Cahiz zu 12 Barchillas zu 4 Celemines zu 4 Quarterones. — 1 Cahiz = 246,2812 Liter.

Im Handel werden 77 Cahices = 6 Hamburger Last gerechnet (Nelkenbrecher).

Wein- und Brantweinmaaß wie Valencia. Im Großhandel wird nach dem Tonel von 100 Cantaros verkauft.

Oel wird nach dem Gewicht verkauft, und zwar nach der valencianischen Arroba von 36 Pfund zu 12 Unzen (s. Valencia). 1 Oel-Arroba von Alicante = 13,97 Liter. — Es sind 5 Oel-Arrobas von Alicante = 6 Oel-Arrobas von Valencia.

Handelsgewicht. Es sind dreierlei Pfunde im Gebrauche: 1) die Libra gruesa oder major, oder das schwere Pfund von 18 Onzas (Unzen) für Mandeln, Reis, Soda und andere Landesproducte (Safran, Wachs und Seide ausgenommen). — 1 Libra gruesa = 534 Grammen. 2) Die Libra sutil oder das leichte Pfund von 12 Onzas für alle Gewürze und Safran = 356,2335 Grammen. 3) Die besondere Libra für Kakao und Chokolade von 16 Onzas = 474,66 Grammen. Die Onzas sind bei diesen drei Gewichtseinheiten die nämlichen und ben valencianischen gleich. — 1 Quintal (Centner) = 4 Arrobas. — Der Quintal = 96 Libra gruesa = 144 Libra sutil = 108 Libra be Cacao. — 1 Carga (Last) = 2½ Quintales = 10 Arrobas.

Gold- und Silbergewicht wie Valencia.

Handelsusanzen. Kermesbeeren verkauft man nach der sogenannten Arroba granesa von 20 Libras gruesas. — Der Preis der Mandeln versteht sich in Silberpiastern per Carga von 10 Arrobas. — Die Schiffslast ist für Flüssigkeiten = 2 Pipas (s. Barcelona) und für Gewichtswaaren = 80 Arrobas. — Commissionsgebühr für Ein- und Verkäufe ist gewöhnlich 2½ %, für Wechselgeschäfte ½ %. — Mehrentheils wird auf 3 Monat Ziel verkauft; Disconto gewöhnlich 6 % per Jahr.

Altenburg,
Hauptstadt des Herzogthums Sachsen-Altenburg.

Münzen und Rechnungsart. Seit 1841 wird nach Thalern des 14-Thalerfußes zu 30 Groschen zu 10 Pfennigen gerechnet; daher 1 Thaler = 1 fl. 45 kr. rhn. In Gemäßheit der Münzconvention vom 30. Juli 1838 sind seit dem Jahr 1841 im Herzogthum Altenburg geprägt worden: Vereinsmünzen zu 2 Thalern im 14-Thalerfuße = 3½ Gulden im 24½-Guldenfuße; Silberstücke zu 1 Thaler und Sechsteltthalerstücke zu 5 Groschen im 14-Thalerfuße, wie in Preußen und im Königreich Sachsen; Silberscheidemünze: ganze und halbe Groschen zu 10 und 5 Pfennigen im 16-Thalerfuße wie im Königreich Sachsen.

Wechselverkehr. Seit 1849 gilt die allgemeine deutsche Wechselordnung.

Maaße und Gewichte. Die Elle = 2 Fuß = 250,46 Paris. Linien. Handelsgewicht das Zollpfund zu 500 Grammen. Medicinalgewicht das alte Nürnberger. Das Malter = 2 Scheffel zu 4 Vierteln zu 4 Metzen zu 4 Mäßchen. 1 Sack = 3 Viertel; der Scheffel = 146,97 Liter. Flüssigkeitsmaaß ist der Dresdener Eimer (s. Dresden), welcher aber hier in 60 Kannen zu 2 Nößeln eingetheilt ist. Der Eimer = 67,36 Liter.

Bank. Die Landesbank ist Staatsanstalt; sie macht Darlehen gegen Sicherheit und nimmt fremde Gelder verzinslich an.

Altona,
Hauptstadt des zu Dänemark gehörigen Herzogthums Holstein.

Münzen und Rechnungsart seit 1853 wie in Dänemark (s. Kopenhagen). Im Großhandel wird nach der Hamburger Banko-Mark (s. Hamburg) gerechnet.

Curssystem und Usanzen. Dieselben wie in Hamburg, und der Kaufmann in Altona bedient sich auch mit gleichem Vortheile bei seinen Zahlungen und Incassos, durch Vermittlung eines Hamburger Kaufmanns, der Hamburger Bank.

Wechselordnung. Nachdem die 1849 eingeführte deutsche Wechselordnung 1851 wieder abgeschafft worden, gilt hier die 1843 eingeführte Wechselordnung der Stadt Flensburg (im Herzogthum Schleswig).

Maaße und Gewichte sind die Hamburger. Getreide wird nach der

Hamburger Last zu 60 Faß verkauft; im übrigen Herzogthum Holstein wie in Dänemark (s. Kopenhagen).

Handelsusanzen wie Hamburg.

Amboina,

eine Insel der Molukken unter niederländischer Herrschaft.

Münzen siehe Batavia.
Als Handelsgewicht ist das chinesische im Gebrauche.

Amsterdam,

Hauptstadt des Königreichs der Niederlande.

Münzen und Rechnungsart. Man rechnet nach Gulden zu 100 Cents; früher zu 20 Stüber zu 16 Pfennigen. Seit 1847 soll ein Guldenstück 10 Grammen wiegen und 945 Tausendstel fein sein, bei einem Remedium von 3 Tausendstel auf das Gewicht und 1½ Tausendstel auf den Feingehalt. Der Gulden soll demnach 9,45 Grammen fein Silber enthalten, wonach auf das Zollpfund von 500 Grammen fein Silber ziemlich genau 52,91 holl. Gulden gehen; daher 1 holl. Gulden = 59,38 kr. rhn. = 17 sgr. 0,12 pf. preuß. = 85 nkr. österr.

Nach obigem Münzfuße werden auch 2½-Gulden- und halbe Guldenstücke geprägt. Die Kupferscheidemünze besteht in Stücken zu 1 Cent à 3,845 Grammen und zu ½ Cent à 1,922 Grammen schwer. Als gesetzliche Reichsmünzen sind nur obige 1-, 2½- und ½-Guldenstücke declarirt; ausgeschlossen hiervon sind seit dem Münzgesetze vom 26. November 1847 die Silberscheidemünzen, welche gesetzlich einen Feingehalt von 640 Tausendstel haben, und aus Stücken zu 25 Cents (3,575 Grammen schwer), 10 Cents (1,4 Gr. schw.) und 5 Cents (0,685 Gr. schw.) bestehen.

Die (goldenen) 10- und 5-Guldenstücke werden nicht mehr geprägt, weil die niederländische Baluta auf Silbergeld beschränkt worden ist. Auf Bestellung dagegen werden geprägt einfache und doppelte Ducaten; erstere wiegen 3,494 Grammen und der Feingehalt ist 983 Tausendstel; ferner einfache, halbe und doppelte Wilhelmsd'or; die einfachen sollen 6,729 Grammen wiegen und der Feingehalt soll 900 Tausendtheile sein; daher, wenn man das Zollpfund fein Gold zu 800 fl. rhein. rechnet,
der Ducat = 5 fl. 29 rhn. = 3 thlr. 4 sgr. preuß. = 4 fl. 70 nkr. österr.,
der Wilhelmsd'or = 9 fl. 40 kr. rhn. = 5 thlr. 16 sgr. preuß. = 8 fl. 28 nkr. österr.

Papiergeld. Zur Einziehung der alten, einzuschmelzenden Münzsorten wurden durch Gesetz vom 18. October 1845 sogenannte Münzbillets von 5, 10, 20, 100 und 500 fl. ausgegeben, welche nach Vollenbung der neuen Münzprägung nach und nach wieder eingezogen werden sollten, und im Jahr 1850 wurden zur Auswechslung der goldenen 10- und 5-Guldenstücke abermals Münzbillete für 30 Millionen Gulden emittirt, welche, wie die früheren, wieder eingezogen wurden. Zur Beschaffung eines gesetzmäßigen weiteren Circulationsmittels wurde aber im Jahre 1852 die Emission von neuen Münzbillets in Stücken zu 10, 50 und 100 fl. angeordnet, und es wurden dafür von der Regierung an der Börse 2½-prozentige und 3-prozentige Staatsobligationen (Integrale) angekauft. Die Münzbillets können auf Verlangen bei der Bank gegen Silbermünze eingewechselt werden.

Curssystem.

Paris Bordeaux Marseille	k. S. und 3 Monate dato ±	56 fl. holl. für 120 Franken.
Madrid Cadix Sevilla Bilbao	3 Monate dato	„ 242 Cents holl. für 1 Peso duro.
Lissabon Porto	3 Monate dato	„ 41 fl. holl. für 40 Crusados à 400 Reis.
Petersburg 2 Monate dato		„ 190 Cents holl. für 1 Silberrubel.
Augsburg 6 Wochen dato		„ 99 fl. holl. für 100 fl. rhn.
Bremen k. S. und 2 Monate dato		„ 194 Cents holl. für 1 thlr. in Louisd'or à 5 thlr.
Frankfurt a. M. 6 Wochen dato		„ 99 fl. holl. für 100 fl. rhn.
Genua 2 Monate dato		„ 44 „ für 100 Lire nuove.
Hamburg k. S. und 2 Monate dato		„ 35 „ für 40 Mark Banco.
Livorno 2 Monate dato		„ 36 „ für 100 toskanische Lire.
London 3 Tage S. und 2 Monate dato		„ 11 „ für 1 Livre Sterling.
Neapel 2 Monate dato		„ 79 „ für 40 Ducati di regno.
Antwerpen Brüssel Gent	verschiedene Sichten „	99 „ für 100 fl. holl. in Antwerpen, Brüssel und Gent, wobei 189 fl. holl. = 400 Franken gerechnet werden.
Rotterdam verschiedene Sichten	„	99 bis 100 fl. holl. für 100 fl. holl. in Rotterdam.

Im Curszettel werden ferner notirt die goldenen Landesmünzen, die Sovereigns, preußische und andere Pistolen, neue Louisd'ors (französische), Napoleonsd'or, russische Imperialen, amerikanische Fünfdollarstücke, Fünffrankenstücke, preußische Thaler, Silberrubel, spanische und mexikanische Piaster und preußische Kassenscheine. Gold in Barren das holl. Pfund oder Kilogramm fein Gold zu 1442 fl. 60 Cents holl. fest mit 10 bis 12% Agio (vergl. Einleitung). Silber in Barren hochhaltig und geringer zu ± 104 fl. holl. für 1 Kilogramm fein Silber.

Wechselgesetze und Wechselusanzen. Das neue Handelsgesetzbuch hat im Wesentlichen das französische Handelsgesetz zur Grundlage; in Betreff der Wechselgesetze gilt folgendes: Unter Uso werden hinsichtlich aller innerhalb des Königreichs zahlbaren Wechsel 30 Tage verstanden, welche in Ansehung von Wechseln, die nicht auf Sicht gezogen sind, von dem Tage nach ihrer Ausstellung zu laufen anfangen. Die Verfallzeit eines Wechsels, welcher auf ein oder mehrere Tage, Monate oder Uso nach Sicht gezogen ist, wird von dem ersten Tage nach demjenigen gerechnet, an welchem die Acceptation erfolgt ist. Fällt der Zahltag eines auf Zeit gezogenen Wechsels auf einen Sonntag, so ist derselbe am folgenden Werktage zahlbar. In Ermangelung der Zahlung eines Wechsels am Verfalltage, gleichviel ob derselbe acceptirt ist oder nicht, ist der Inhaber verbunden, denselben am nächstfolgenden Tage (Werktage) protestiren zu lassen. Respecttage sind nicht gestattet; ein auf Zeit gezogener Wechsel muß auf den Verfalltag, und ein auf Sicht gestellter bei dessen Vorzeigung bezahlt werden.

Wechselstempel. Zu dem früheren Stempelsatze auf Wechsel und andere Handelsdocumente wurde bis 1843 ein Zuschlag von 26 % erhoben. Das Gesetz vom 3. Oktober 1843 erhöhte diesen Zuschlag um 38 %. Es ist daher der Nominalstempel von dem wirklich zu erhebenden zu unterscheiden.

1) Wechsel im Inlande zahlbar entrichten an Stempel im Betrage von

fl. 300 oder weniger nominal 15 Cents, wirklich fl. — 21 Cents

fl. 300 — 500 „ 25 „ „ fl. — 34 ½ „

fl. 500 — 1000 „ 50 „ „ fl. — 69 „

fl. 1000 — 1500 „ 75 „ „ fl. 1. 3 ½ „

u. s. w. immer auf jeden bis zu 500 fl. weiteren Betrag 25 nominal oder 34 ½ Cents wirklich mehr.

2) Wechsel, die im Auslande zahlbar, entrichten im Betrage von

fl. 600 oder weniger nominal 15 Cents, wirklich 21 Cents

fl. 600 — 1000 „ 25 „ „ 34 ½ „

fl. 1000 — 2000 „ 50 „ „ 69 „

u. s. w. immer auf jeden bis zu 1000 weiteren Gulden höheren Betrag nominal 25, wirklich 34 ½ Cents mehr, mithin überhaupt die Hälfte des Stempels der im Inlande zahlbaren Wechsel.

Wechselcommission oder Provision: bei kleinen Summen ½ %, bei großen Summen ⅓ %.

Wechselcourtage: gewöhnlich 1 ‰; bei Wechseln auf England und Hamburg ¾ ‰; desgl. auf Brüssel ½ ‰.

Holländische Staatspapiere. Als Napoleon I. Holland mit Frankreich vereinigte, strich er ⅔ der damaligen Schuld und der Rest sollte als Nationalschuld in das Großbuch eingetragen werden und 5 % Renten abwerfen. Der gestrichene Theil wurde aber von der holländischen Regierung vorerst als unverzinsliche Schuld wieder anerkannt, und man unterschied daher die wirkliche Schuld (dette intégrale) von der ausgestellten Schuld (dette différée); später wurde aber letztere ebenfalls in Integrale à 2 ½ % verzinslich verwandelt. Da diese Integrale aus Inscriptionen auf das Großbuch der Nationalschuld bestehen, so sind von mehreren holländischen Häusern Certificate in verschiedenen Abschnitten von 50 bis 1000 fl. dafür ausgegeben worden. Hierzu kamen in neuerer Zeit verschiedene Anleihen zu 3 % und weitere Anleihen zu 3 % und 4 %. Die 3procentigen Integralen rühren von der freiwilligen Anleihe vom Jahr 1844 her; auch dafür giebt es Certificate. Die 4procentigen Integralen sind im Jahr 1844 durch Reduction der älteren 5procentigen Staatsschuld und 4 ½procentiger Papiere entstanden; und dafür gibt es gleichfalls Certificate. In Folge der schlechten Finanzlage im Jahre 1820 nahm die Regierung ihre Zuflucht zur Errichtung eines Amortisations-Syndicats, welchem aufgegeben wurde, durch Finanz- und Handelsspeculationen, die zur Schuldentilgung ꝛc. nöthigen Mittel herbeizuschaffen; hierdurch entstanden die 3 ½procentigen Obligationen des Amortisations-Syndicats. Zu Lasten der ostindischen Besitzungen wurde im Jahre 1844 eine 4procentige Anleihe eröffnet, deren Obligationen Loosrenten genannt wurden, weil eine Lotterie damit verbunden war. Zur schwebenden Schuld gehören die 4 ½procentigen Schatzbillets. Durch Consolidirung der älteren Schuld entstanden im Jahr 1828 die 5procentigen Obligationen der Stadt Amsterdam, und im Jahre 1845 entstanden die 4procentigen Loosrenten dieser Stadt. Aus Anleihen zur Austrocknung des Harlemer Meers entstanden 5-, 4 ½- und 4prozentige Obligationen. Zum Bau der rheinischen Eisenbahn

3*

(bis zur preußiſchen Grenze) wurde im Jahre 1838 eine Anleihe zu 4 1/2 Procent eröffnet, welche auf die 1845 entſtandene niederländiſch-rheiniſche Eiſenbahngeſellſchaft übertragen wurde; außerdem gibt es auch Obligationen der holländiſchen Eiſenbahnen, ferner ſolche der Societé do bienfaiſance u. m. a.

Effectenhandel. Außer den holländiſchen Papieren kommen diejenigen faſt aller Länder auf der Amſterdamer Börſe vor; ſie iſt für den Effectenhandel die größte und wichtigſte der Welt. — Die Einheit für die Cursnotirung iſt in der Regel 100 und der Curs verſteht ſich in der Währung, auf welche die Obligationen lauten; für die Reduction auf die inländiſche Valuta iſt das uſanzemäßige Verhältniß maaßgebend; ausgenommen davon ſind die engliſchen conſolidirten Annuitäten, welche nach dem 2-Monatcurs von Amſterdam auf London berechnet werden. Steht z. B. der Curs der Papiere auf 97, ſo ſind dies 97 Liv. Sterl. für je 100 Liv. Sterl. des Papiers, und ſteht 2 Monat London z. B. auf 11 fl. 80 Cents holl. per 1 Liv. Sterl., ſo wird der auf Liv. Sterl. lautende Betrag nach dieſem Curs in fl. holl. verwandelt.

Für die auf Liv. Sterl. lautenden Obligationen der in London gemachten

ruſſiſchen	Anleihen vom Jahr	1822 und 1850,
portugieſiſchen	„ „ „	1840 und 1845,
däniſchen	„ „ „	1825, 1826, 1849 und 1850,
nordamerikaniſchen	„ „ „	1836 und 1837,
mexikaniſchen	„ „ „	1846,
braſilianiſchen	„ „ „	1824, 1839 und 1843,
griechiſchen	„ „ „	1825,

und der Anleihen von Venezuela, Neugranada und Peru wird das Liv. Sterl. zu 12 fl. holl. gerechnet.

Für die auf Banco-Rubel lautenden ruſſiſchen Inſcriptionen vom Jahr 1818 und für die Certificate derſelben wird der Banco-Rubel zu 1 fl. holl. gerechnet.

Für die auf Silberrubel lautenden ruſſiſchen Inſcriptionen und deren Certificate, ſo wie für die ruſſiſch-polniſchen Schatzobligationen wird der Silberrubel zu 2 fl. holl. gerechnet.

Für die polniſchen Lotterieloofe vom Jahr 1835 gilt der Curs in fl. holl. per Stück.

Für die öſterreichiſchen Obligationen wird der fl. Conv. Ct. (auf welche ſie lauten) zu 1 1/4 fl. holl. gerechnet. Der Curs der öſterreichiſchen Lotterieloofe gilt in fl. holl. per Stück.

Für die franzöſiſchen Renten und Certificate wird der Frank zu 50 Cents holl., und für die belgiſchen Obligationen der Anleihen vom Jahre 1836 und 1838 wird der Frank zu 47 1/2 Cents holl., aber für die 2 1/2 procentigen Obligationen und deren Certificate, und für die 4 1/2 procentigen Obligationen wird der Frank zu 50 Cents holl. gerechnet.

Für die preußiſchen Prämienſcheine der Lotterie-Anleihe vom Jahre 1832 gilt der Curs in fl. holl. für einen Schein von 50 Thlr. preuß.

Für die ſpaniſchen Obligationen Londoner Emiſſion, welche auf Liv. Sterl. lauten, werden 85 Liv. Sterl. = 1000 fl. holl. angeſetzt, und für die auf Piaſter lautenden ſpaniſchen Obligationen wird der ſpaniſche Piaſter zu 2 1/2 fl. holl. gerechnet.

Für die lombardiſchen, in Amſterdam ausgegebenen Certificate, welche auf öſterreichiſche Liren (Zwanziger) lauten, werden 1000 Liren = 460 fl. holl. angeſetzt.

Für römiſche Obligationen, welche auf Scudi lauten, wird 1 Scudo = 2 1/2 fl. holl. angeſetzt.

Für die neapolitanischen, auf Ducati lautenden Certificate der consolidirten 5procentigen Schuld wird 1 Ducat = 2⅓ fl. angesetzt.

Für die auf Dollars lautenden Certificate für Obligationen der vereinigten Staaten wird der Dollar = 2½ fl. holl. angesetzt.

Usanzen im Effectenhandel. Bei den französischen und englischen Renten (und einigen Bankactien) sind die Zinsen mit im Curs begriffen; bei den übrigen Papieren vergütet der Käufer die auf der Obligation haftenden Zinsen. Provision und Courtage sind verschieden; letztere beträgt aber mehrentheils ⅛ % vom Nominalbetrage und ist vom Käufer und Verkäufer zu vergüten.

Maaße und Gewichte. Durch Gesetz vom 21. August 1816 ist in Holland das in Frankreich bestehende metrische Maaß- und Gewichtssystem eingeführt worden; die den französischen Benennungen entsprechenden holländischen Namen sind aus folgender Zusammenstellung zu ersehen.

Holl. Benennung.	Französ. Benennung.	Werth.	
Längenmaaß.		Holländisch.	
Mijl	Kilomètre	1000	Ellen
Roede	Décamètre	10	"
El (aune)	Mètre	1	"
Palm	Décimètre	0,1	"
Duim (Pouce)	Centimètre	0,01	"
Streep (Ligne)	Millimètre	0,001	"
Feldmaaß.			
Bunder	Hectare	1000	□Ellen
Vierkant-Roede	Are	100	"
Vierkant-El	Centiare	1	"
Körpermaaß.			
Kubiek-El	Mètre cube	1	Cubit-Elle
Kubiek-Palm	Décimètre cube	0,001	"
Brennholzmaaß.			
Wisse	Stère	1	"
Fruchtmaaß.			
Last		3000	Koppen
Mudde	Hectolitre	100	"
Zak	dersgl.	100	"
Schepel (boisseau)	Décalitre	10	"
Kop	Litre	1	"
Maatje	Décilitre	0,1	"
Flüssigkeitsmaaß.			
Vat (Faß)	Hectolitre	100	Kannen
Kan	Litre	1	"
Maatje (verre)	Décilitre	0,1	"
Vingerhoed (Fingerhut)	Centilitre	0,01	"
Gewicht.			
Pond (livre)	Kilogramme	1	Pond
Ons	Hectogramme	0,1	"
Lood	Décagramme	0,01	"
Wigtje	Gramme	0,001	"
Korrel (grain)	Décigramme	0,0001	"
Medic. Gewicht.			
Pond		375	Wigtjes
Ons		31,25	"
Drachma		3,906	"
Scrupel		1,302	"
Grain		0,055	"

Die halbe Mudde von 50 Kop (litre) iſt das geſetzliche Getreidemaaß bei deſſen Verkauf im Großen. Der Zak (Sack) iſt = 1 Mudde. Mit dieſem Maaße werden alle trockene Gegenſtände, z. B. Kohlen, Kalk ꝛc. gemeſſen. Der Steen (Stein) bedeutet 3 holl. Pfund oder 3 Kilogramm. Auf die niederländiſche Laſt gehen 30 Mudde = 30 Hektoliter oder 3000 Liter.

Obige Gewichtseinheiten bilden das Handels-, Gold-, Silber-, Münz- und Juwelengewicht; doch iſt das alte Juwelenkarat (ſ. daſſelbe unter den alten Amſterdamer Gewichten) noch im Gebrauche. Probirgewicht wie in Frankreich (ſ. Paris). Das Medicinalgewicht hat ſeine alte Eintheilung behalten. Es wird nämlich eingetheilt: das Pond (Pfund) in 12 Oncen (Unzen), oder 96 Drachmen oder 288 Scrupels, oder 5760 Greinen (Gran); die Once in 8 Drachmen oder 24 Scrupels oder 480 Greinen; die Drachma in 3 Scrupels oder 60 Greinen; der Scrupel in 20 Greinen. Hingegen iſt die Schwere dieſes Gewichtes etwas vermehrt worden, dergeſtalt, daß das Medicinalpfund genau ⅜ neue Pfund (Kilogr.) beträgt; das neue Medicinalpfund ſoll nämlich 375 Wigtjes oder Grammen (ſ. oben) wiegen.

Die alten Amſterdamer Maaß- und Gewichtseinheiten, welche zum Theil noch gebraucht werden, ſind (nach Chelius) folgende:

Längenmaaß: Der Amſterdamer Fuß = 125,51 Pariſer Linien; die Amſterdamer Elle = 304,9 Pariſer Lin.; die brabanter Elle = 307,8 Pariſer Lin.; die Brügger Elle = 310,6 Pariſ. Lin.; die Haager Elle = 307,75 Pariſer Linien.

Wein- und Oelmaaß: Das Vat = 4 Oxhoofden oder 24 Ankers; das Oxhoofd = 6 Ankers; das Aam = 4 Ankers oder 8 Steekan oder 24 Stoopen; das Anker = 2 Steekan oder 16 Stoopen; die Steekan = 8 Stoopen oder 16 Mengelen; der Stoop = 2 Mengelen oder 4 Pinten; das Mengel = 2 Pinten; die Pint = 2 Mutsjes; das Mutsje = ½ Pint. Der Steekan = 1940,3 Centiliter; daher das Aam = 15522,4 Centiliter. Das Aam Saatöl = 120 Mengelen; das Vat Olivenöl = 117 Mengelen.

Biermaaß: Die Tonne = 8 Steekan zu 16 Mengelen, und eingetheilt in halbe Tonnen, Vierteltonnen u. ſ. w. Der Steekan = 1965,6 Centiliter; daher die Tonne 15725 Centiliter.

Branntweinmaaß: Das Oxhoofd = 12 Steekan oder 30 Firtels, die Steekan 2½ Firtel oder 15 Mengelen, das Firtel 6 Mengelen. Der Steekan = 1875 Centiliter; daher das Oxhoofd 22500 Centiliter.

Fruchtmaaß: Die Laſt = 27 Mudden oder 108 Schepels; die Mudde = 4 Schepels, der Sack = 3 Schepels; der Schepel = 4 Vierdevat, das Vierdevat = 8 Koppen. Der Schepel war das größte wirkliche Maaß zum Meſſen und hielt 2781,4 Centiliter.

Troy-Gewicht: Das holländiſche Troypfund = 2 Mark = 16 Unzen = 10240 Aſen; die Mark = 8 Unzen = 5120 Aſen; die Unze = 20 Engelſen = 640 Aſen; der Engels = 32 Aſen. Der Engels wurde auch in 4 Vierlinge, der Vierling in 2 Troisten, der Troiste in 2 Deuſten und der Deuſte in 2 Aſen eingetheilt. Die Mark = 24608,39 Centigrammen. Das Troy-Gewicht wurde für Gold und Silber und im Münzweſen gebraucht. Obige Aſen ſind die bekannten holländiſchen As, welche bis in die neuere Zeit zur Vergleichung der Gewichte aller Länder und zur Gewichtsangabe aller Münzen gebraucht wurden, und jetzt durch das französische Grammengewicht in dieser Eigenschaft verdrängt worden sind.

Handelsgewicht: Der Centner hatte 100 Pfund, das Pfund hatte 32 Loth und wog 10280 holl. Asen = 49409 Centigramme. Das Schiffspfund (Schippond) hatte 20 Liespfund (Lijsponden) oder 3 Centner (Centenaars) oder 300 Pfund. Es gab zweierlei Stein (Steen): der zu 8 Pfund und der zu 6 Pfund. Die holländische Schiffslast = 4000 Pfund = 1976,36 Kilogramm = 3952,72 deutsche Zollpfund; sie dient im Auslande häufig noch als Gewichtseinheit für Seefrachten.

Juwelengewicht war das auch jetzt noch gebräuchliche Juwelenkarat, in ¹/₂, ¹/₄, ¹/₈ ꝛc. bis ¹/₆₄ eingetheilt; auch wird es in 4 Grän eingetheilt, die daher Viertelkarate sind; 1 Juwelenkarat = 20,5894 Centigramme.

Handelsusanzen. Bei Befrachtungen rechnet man die Schiffslast in Beziehung auf den Raum, den sie einnimmt, zu 125 alten Amsterdamer Cubikfuß = 2,837 Kubikmeter; dem Gewichte nach rechnet man die alte holländische Schiffslast zu 4000 alte holl. Pfund = 3953 Zollpfund = 2 englische Tonnen. Die Schiffstonne = 1,45 Cubikmeter oder = 1021 neue holl. Pfund oder Kilogramme.

Zur Bestimmung der Frachten werden lt. Usanze gewisse Mengen einer Waarengattung auf eine Schiffslast gerechnet; z. B. 8 Oxhoft Wein oder 2000 Pfund Metalle und andere schwere Waaren; 1000 neue Pfund Wolle, Bettfedern und Specereien, 30 Hectoliter Getreide ꝛc.

Der Preis der meisten Waaren, die nach dem Gewicht verkauft werden, versteht sich für ¹/₂ neues Pfund (¹/₂ Kilogr., 1 deutsches Zollpfund) oder für 50 neue Pfund (50 Kilogr. = 1 deutscher Zollcentner); ausgenommen z. B. der Hanf, dessen Preis sich per 150 neue Pfund versteht; für Butter wird der Preis per Faß von 40 Pfund, für Salz per 1000 Pfund angesetzt. Für Kunsthölzer versteht sich der Preis per 2 Cubikdecimeter, für Bordeauxwein per Faß von 4 Oxhoft, für die meisten übrigen französischen Weine per 10 Bat (Hectoliter) ꝛc.

In Holland findet der Gebrauch statt, daß beim Verkaufe vieler Artikel auf das Gewicht ansehnliche Abzüge gemacht werden. Die Tara und der Disconto, wie solche gegenwärtig üblich sind, namentlich letzterer, rühren zum Theil von Alters her. Wegen Leckage findet eine Vergütung bei allen flüssigen Waaren (einschließlich Sirup und Honig) statt und zwar von solchen, welche aus England, aus den nordeuropäischen Häfen und Frankreich auf inländischen Schiffen eingeführt werden, zu 6 Procent, aus Frankreich seewärts und aus andern Ländern auf dem Rheine und der Waal zu 12 Prozent, von allen übrigen Häfen und Plätzen zu 14 Prozent, sodann, von welchen Orten auch die Einfuhr stattfinden mag, auf Thran zu 6 Prozent und auf Fischthran zu 12 Prozent.

Die ostindische Handelsgesellschaft (Maatschappij) macht die Bedingungen für die zur Auction kommenden Waaren durch den Druck bekannt, und zwar für jeden Artikel in besondern Blättern, welche die auswärtigen Kaufleute von ihren Amsterdamer, Rotterdamer ꝛc. Correspondenten sich verschaffen können. Die Colonialwaaren der Maatschappij lagern in Amsterdam, Rotterdam, Middelburg, Dortrecht und Schiedam. Die allgemeinen Bedingungen lauten im Wesentlichen dahin, daß der betreffende Artikel, besehen oder nicht besehen in Kavelingen (Zusammenstellung mehrerer Colli, als Minimum steigerbar) verauctionirt werden, und zwar unter Angabe der Gewichtseinheit, auf welche sich der Preis in niederländischer Valuta versteht, sodann, daß der Käufer die Registratur= und andere Auctionskosten mit 1 Prozent zu tragen hat; endlich, daß die gesteigerten Waaren binnen einer bestimmten Frist in Empfang genommen werden müssen, widrigenfalls solche auf Gefahr und Kosten des Käufers lagern, und daß nach Ablauf dieser Frist die Waare wieder verkauft werde, in der Art, daß der Käufer für den Mindererlös einzustehen hat, ohne am Gewinn zu participiren, wenn die Waare zu einem höheren Preise als dem bei der Auction stattgefundenen Preise verkauft wird. — Gewichtseinheit, Tara, Gutgewicht, Sconto ꝛc. sind z. B. bei nachgenannten Waaren wie folgt:

Für Javakaffee versteht sich der Preis in Cents per ½ niederländisches Pfund. Käufer, welche contant zahlen, können auf ihre Rechnung und Gefahr den Kaffee in den Magazinen der Maatschappij lagern lassen gegen eine Gebühr von 3½ Cents vom Ballen per 1 Monat; die Maatschappij läßt die Waare gegen Brandschaden versichern, ohne für die Zahlungsfähigkeit der Versicherer zu haften, ferner gegen eine Gebühr von 3½ Cents per 50 niederländische Pfund Brutto für Unkosten. Die Prämie ist in der Gebühr von 3½ Cents per Ballen mitbegriffen. Tara 3% per Ballen; das Abwägen geschieht mit ganzen nieder= ländischen Pfundgewichten; Ziel 3 Monat in Wechseln auf Amsterdamer oder Rotterdamer Häuser. Der Kaffee muß da wo er lagert in Empfang genommen werden. — Für Ceylon Kaffee: Derselbe wird mit niederländischen Halbpfund= gewichten gewogen; Tara 3% per Ballen; per Faß die wirkliche Tara; Ziel 3 Monat in Wechseln auf Amsterdam oder Rotterdam, oder 1½ % Sconto per contant. — Für Zucker versteht sich der Preis per 100 niederländische Pfund; 1% Gutgewicht; Tara in Kranjangs und Kanassars*) 12 %, in Säcken 10%, in Fässern 20 %; 1 % Abzug vom Betrag; Ziel 3 Monat oder 1½ % Sconto per contant. Zur Empfangnahme an dem Orte, wo der Zucker lagert, wird ein Termin von 2 Monaten zugestanden; nach Ablauf dieser Frist wird der Sconto von 1½ % per contant nicht mehr gestattet, der nicht abgeholte Zucker bleibt auf Gefahr des Käufers liegen, und für Lagergebühr wird 4 Cents per 100 nieder= ländische Pfund per Monat angerechnet.

Für Schaafwolle versteht sich der Preis in Cents per niederländische Pfund; das Abwägen geschieht mit niederländischen Halbpfundgewichten ohne Ausschlag; Gutgewicht 1%; Tara für australische Wolle 4 %, für Buenos=Ayres=Wolle 3 % und 1 % Abzug vom Betrage, zahlbar mit 1 % Abzug per contant, oder ohne Abzug in Wechseln 3½ Monate dato auf Amsterdam oder Rotterdam.

Für Cochenille versteht sich der Preis in Cents per ½ Pfund niederl.; sie wird gewogen mit niederländischen Onzen ohne Ausschlag, netto Tara und 2% Abzug vom Betrage, zahlbar per contant mit 1½ % Discont, oder in 3 Monat Wechseln auf Amsterdam oder Rotterdam.

Der Preis vom Indigo versteht sich in Cents per ½ Pfund niederl., wird gewogen mit niederländischen Halbpfundgewichten, Tara: die auf dem Collo notirte.

Marinenholz (Holz für den Schiffbau) und anderes Bauholz wird per Stück verkauft.

Die Waaren=Courtage ist unterschiedlich; für die meisten Colonialwaaren ½ % für Käufer und Verkäufer.

---

*) Kranjang ist ein (in Ostindien gebräuchlicher) aus Bambus geflochtener Korb. Kanasser bedeutet Pack; die Verpackung besteht aus Baumblättern und ist in Westindien im Gebrauche.

Handelsanſtalten. Weltberühmt war die im Jahr 1609 gegründete Amſterdamer Girobank, welche, als ſolche, den Kaſſendienſt des größten Handels⸗platzes der damaligen Welt verſah. Zur Zeit der franzöſiſchen Invaſion im Jahre 1794 kam jedoch ein Deficit von 10 Mill. Gulden an den Tag, welche die Bank⸗direction ohne Wiſſen der Intereſſenten der Regierung und der holl.⸗oſtindiſchen Compagnie geliehen hatte; die Bank mußte daher im Jahre 1795 ihre Zahlungen einſtellen und liquidiren. Unter Vermittelung der Regierung des neuen Königreichs der Niederlande wurde im Jahre 1814 die jetzt beſtehende niederländiſche Bank als Disconto⸗, Wechſel⸗, Leih⸗, Depoſiten⸗ und Zettelbank mit einem Kapital von 5 Mill. Gulden auf 5000 Actien vertheilt, und mit einem Privilegium auf 25 Jahre errichtet. Nach dem jetzigen Statut vom 21. Auguſt 1838, darf bis zum 31. März 1864 keine andere Bank conceſſionirt werden, und ſollte der im Jahre 1819 auf 10 Mill. Gulden, (in 10,000 Actien) erhöhte Fonds ſo bleiben; durch Geſetz vom 7. April 1840 iſt aber der Fonds auf 15 Mill. Gulden erhöht worden. Die Actien lauten auf Namen und der Uebertrag, welcher ſchriftlich angezeigt werden muß, wird auf der Actie vorgemerkt. Die Vergrößerung des Bankfonds kann bei der Regierung beantragt werden; im Falle der Genehmigung haben die bisherigen Actionäre während eines Monats die Vorhand für die Uebernahme neuer Actien. Außer den im Obigen angegebenen Functionen der Bank gehört auch der Handel mit Silber, Gold und fremden Geldſorten zu ihrem Reſſort, und es iſt ihr das Münzweſen des Reichs übertragen. Jeder andere Verkehr iſt ihr unterſagt, wie z. B. der Kauf von Grundſtücken, Waarenhandel und Betheiligung bei Handelsoperationen; dagegen iſt ihr der Kauf von Waaren, welche der Bank verpfändet wurden, erlaubt, wenn die Berauctionirung kein genügendes Reſultat zur Deckung der Bankforderung liefert. Die Banknoten lauten auf 1000, 500, 300, 200, 100, 80, 60, 40 und 25 fl.; die Actien tragen 4% jährlicher Zinſen, Ende März zahlbar. Sie befinden ſich mehrentheils in feſten Händen. Die Rechnungsabſchlüſſe werden nicht veröffentlicht; dagegen müſſen die Beträge des Notenumlaufs, der Contocorrent⸗Saldos und des Münzbeſtandes bekannt gemacht werden.

Die alte, weltberühmte holl.⸗oſtindiſche Compagnie wurde im Jahr 1602 errichtet, und arbeitete mit ſolchem Erfolge, daß ſie die Portugieſen, Spanier und Engländer im Handel überflügelte. Der Mittelpunkt ihrer Herrſchaft wurde das, 1618 erbaute, Batavia auf der Inſel Java. Die Geſellſchaft erhielt ſich bis 1697 ohne Schulden; ihre finanziellen Verhältniſſe geriethen jedoch allmählig in Verfall, und im Jahre 1795 wurde ſie von der neu begründeten bataviſchen Republik auf⸗gehoben, ihre Beſitzungen wurden für Eigenthum der Nation und ihre Schulden für Staatsſchulden erklärt. Eine neue (die jetzige) holl.⸗oſtindiſche Compagnie wurde im Jahre 1824 errichtet; der König betheiligte ſich dabei mit 4 Mill. Gulden; die Actien lauten auf 250, 500 und 1000 fl. und tragen außer der Superdividende 4½% jährlicher Zinſen. Außer der Betreibung des Handels nach den oſtindiſchen Colonien macht ſie auch Darlehen gegen hypothekariſche Sicherheit. Die regelmäßigen Auctionen von Colonialprodukten, welche ſie jährlich abhält, beherrſchen den Markt von halb Europa. Das Privilegium der Geſellſchaft reicht bis zum Jahr 1874.

Die ſogenannte **Aſſociationskaſſe** beſteht ſeit 1806. Sie macht Conto⸗corrent⸗Geſchäfte und befaßt ſich mit Incaſſos, Depoſiten und Vorſchüſſen. Außer⸗dem gibt es hier mehrere Aſſecuranz⸗ und induſtrielle Actiengeſellſchaften.

Bei der Cursnotirung der inländiſchen Actien iſt der Curs in fl. holl. per 100 fl. des Nominalbetrags der Actie zu verſtehen, und der laufende feſte Zins wird in Anrechnung gebracht. Von ausländischen Actien kommen auf der Börse vor: diejenigen der englisch-ostindischen Compagnie und der Bank von England; der Curs ist in Liv. Sterl. per 100 Liv. Sterl. zu verstehen, und der auf Liv. Sterl. lautende Betrag wird nach dem Amsterdamer 2-Monat Curs auf London in Gulden holl. reducirt; die Actien der Wiener Bank und der Bank von Frankreich; der Curs versteht sich in Gulden holl. per Actie, und die Zinsen sind im Curse mitbegriffen.

Ancona,
Seehandelsplatz im Kirchenstaate.

Rechnungsart und Münzen. Man rechnet, wie Rom, nach Scudi zu 100 Bajocchi, auch wohl in der Eintheilung des Scudo zu 20 Soldi à 12 Denari.

Curssystem und Usanzen. Ancona notirt Curse auf Venedig, Neapel, Livorno, Florenz, Bologna und Amsterdam nach dem Curssystem von Rom; für Wechsel auf Bergamo notirt man ± 620 Centesimi (s. Mailand) für 1 Scudo, und für solche auf Bergamo und Venedig notirt man auch ± 16 Bajocchi für 1 öster. Lire; in Rom notirt man dagegen für Wechsel auf Venedig ± 16 Scudi für 100 öster. Liren.

Der Uso ist bei Wechseln aus Italien 15 Tage, und aus Frankreich 40 Tage nach dato. Wechselrecht wie Rom.

Maaße und Gewichte. Der Fuß = 173,2 Parif. Linien. Eine Pertica oder Ruthe = 10 Fuß. Die Elle (Braccio) = 285 Parif. Linien. Der Rubbio (Getreidemaaß) zu 8 Koppe zu 4 Provende = 286 Liter. Die Soma (Wein- und Branntweinmaaß) zu 2 Barili zu 24 Boccali zu 4 Fogliette ist = 70 Liter.

Der Metro (Oelmaaß) zu 12 Boccali ist = 17½ Liter.

Der Centinajo (Handelsgewicht) = 100 Libbra (Pfund) zu 12 Once (Unzen) zu 8 Dramme (Drachmen). Die Libbra = 330,083 franz. Gramme. Die Schiffslast = 3000 Libbra.

Gold- und Silbergewicht ist das römische Pfund.

Handelsanstalten 2c. Zweigbank der Bank von Rom. Handelsgericht.

Angostura,
(oder auch St. Thomas genannt) in der Republik Columbia, siehe Caracas.

Anhalt-Bernburg,
Herzogthum mit der Hauptstadt Bernburg.

Rechnungsart und Münzen. Man rechnet seit 1841 nach Thalern zu 30 Silbergroschen à 12 Pfennige, und durch Beitritt zur Münzconvention vom 24. Januar 1857 zu 30 thlr. auf das Vereinspfund von 500 Grammen. Landesmünzen seit 1841 die nämlichen wie Preußen (s. Berlin). Früher: Dukaten, gleich den österreichischen, Pistolen (Alexiusd'or, Carld'or) gleich dem preußischen Friedrichsd'or.

Papiergeld. Kassen-Anweisungen zu 1 und zu 5 thlr., und Eisenbahn-Kassenscheine der Anhalt-Köthen-Bernburger Eisenbahngesellschaft zu 1 thlr., welche, wie die Kassen-Anweisungen, Zwangsumlauf haben.

Maaße und Gewichte sind die preußischen (s. Berlin). Im Wechsel-handel richtet man sich nach Leipzig und Berlin. Seit 1848 ist die deutsche Wechselordnung eingeführt.

Anhalt-Deſſau,
Herzogthum mit der Hauptſtadt Deſſau.

Rechnungsart und Münzen wie Bernburg.

Maaße und Gewichte ſeit 1841 wie in Preußen.

Im Wechſelhandel richtet man ſich nach Leipzig und Berlin. Seit 1848 iſt die deutſche Wechſelordnung eingeführt.

Papiergeld. Seit 1849 gab es 1 Million Thaler in Kaſſenſcheinen zu 1 und zu 5 Thaler; die Hälfte derſelben wurde im Jahr 1856 gegen Abſchnitte zu 10 Thaler umgetauſcht.

Staatspapiere. Seit 1857 eine Lotterie-Anleihe von 2 Mill. Thaler in Looſen zu 100 Thaler.

Handelsanſtalten. Anhalt-Deſſauiſche Landesbank ſeit 1847 mit An-fangs 2½, jetzt 4 Mill. Thaler Kapital in Actien zu 100 Thaler. Sie macht Discont-, Leih-, Depoſiten- und Contocorrentgeſchäfte und gibt Noten aus von 1, 5, 10, 20, 50, 100, 500 und 1000 Thaler. Deſſauer Credit-Anſtalt für Handel und Induſtrie, Kapital 8 Mill. Thaler in Actien zu 200 Thaler. — Wollmarkt in Deſſau in der erſten Hälfte des Juni; Dauer 2 Tage.

Anhalt-Köthen,
Herzogthum (mit dem Tode Herzogs Heinrich ganz an Deſſau gefallen) mit der Hauptſtadt Köthen.

Münzen werden für Köthen nicht mehr geprägt.

Maaße und Gewichte ſind ſeit 1850, wie in Deſſau, die preußiſchen.

Staatspapiere. Die Köthenſchen Obligationen gegen Deſſau-Köthener umgetauſcht.

Handelsanſtalten. Sitz der Anhalt-Köthen-Bernburger Eiſenbahn-geſellſchaft; Kapital 5000 Actien zu 100 Thaler, welche von der Regierung mit 2½ % verzinſt werden. Zur Deckung dieſer Ausgabe wurden 500000 Eiſen-bahnſcheine zu 1 Thaler ausgegeben. Die Bahn ſelbſt iſt von der Regierung übernommen. — Landesrentenbank; ſie gibt Rentenbriefe von 10 Thaler aufwärts mit 4 % Zinſen. — Mobiliar-Feuerverſicherungs- und eine Hagelverſicherungs-Ge-ſellſchaft.

Ansbach,
Hauptſtadt des baieriſchen Kreiſes Mittelfranken.

Rechnungsart und Münzen, ſiehe München.

Maaße und Gewichte, ſiehe München.

Im Wechſelverkehr richtet man ſich gewöhnlich nach Nürnberg.

Handelsanſtalten ꝛc. Filial der königl. Bank in Nürnberg, welche in Verbindung mit der Stadt Ansbach für die Eiſenbahn nach Gunzenhauſen eine Lotterie-Anleihe (die Ansbach-Gunzenhauſen Eiſenbahn-Anleihe vom Jahr 1856) im Betrage von 1¾ Mill. Gulden in Looſen zu 7 fl. und tilgbar in 50 Jahren, geſchloſſen hat. Wechſel- und Merkantilgericht.

Antwerpen,
(Anvers) Haupthandelsplatz des Königreichs Belgien.

Rechnungsart. Man rechnet hier, wie in ganz Belgien, nach franzöſi-ſchen Franken zu 100 Centimes, oder auch nach holländiſchen Gulden zu 100 Cents, wobei man 400 Franken für 189 holl. Gulden rechnet. Vor der Losreißung vom Königreiche der Niederlande rechnete man auch in brabanter Curant, nach welchem 441 fl. brab. Curant = 800 Franken und 7 fl. brab. Curant = 6 fl. brab. Wechselgeld (d. h. 6 fl. holl.).

M ü n z e n , siehe Brüssel, und für das hier circulirende holl. Geld siehe Amsterdam.

Curssystem.
(Für kurze Sicht oder 3 Monate dato.)

Amsterdam	} ± 100		fl. in Antwerpen für 100 fl. in Amsterdam und Rotter-
Rotterdam			dam, wobei 189 fl. holl. = 400 Fr. gerechnet werden.
Brüssel			
Gent	} „ 100		Franken in Antwerpen für 100 Franken in Brüssel,
Lüttich			Gent und Lüttich.
Berlin			
Cöln	} „ 375		Franken für 100 thlr. preuß.
Frankfurt a. M.	„ 213	„	für 100 fl. rhn.
Genua	„ 100	„	für 100 italienische Liren (= 100 Franken).
Hamburg	„ 190	„	für 100 Mark Banco.
London	„ 25	„	für 1 Liv. Sterl.
Paris	„ 100	„	für 100 Franken in Paris.
Lissabon	„ 5	„	für 1000 Reis.
Livorno	„ 82	„	für 100 toskanische Liren.
Madrid	„ 5	„	für 1 span. Piaster.
Messina u. Palermo	„ 14	„	für 1 Oncia.
Mailand	„ 100	„	für 100 ital. Liren.
Neapel	„ 5	„	für 1 Ducato.
Petersburg	„ 4	„	für 1 Silberrubel.
Wien und Triest	„ 236	„	für 100 fl. öster. Währung.

W e c h s e l r e c h t l i c h e V e r h ä l t n i s s e : die von Paris.

C u r s n o t i r u n g d e r S t a a t s p a p i e r e u n d A k t i e n . Die Curse der belgischen 3-, 4-, 4½- und 5procentigen Obligationen und der Schatzkammerscheine sind in Franken für 100 Franken Nennwerth zu verstehen; deßgleichen diejenigen der Certificate der belgischen Bank und der Société générale und der Rothschild'- schen Certificate. Die 5procentigen Obligationen vom Jahr 1840 und 1842 lauten auf Liv. Sterl.; die Einheit ist = 100 Liv. Sterl. und 1 Liv. Sterl. wird zu 25 Franken 20 Cent. berechnet. Die Einheit für die französischen Renten ist 100 Franken, und für die niederländischen 2½procentigen Obligationen 100 fl. holl., wobei 400 Franken = 189 fl. holl. gelten. Für die österreichi- schen Obligationen ist die Einheit 100 fl. Conv. Curant, wobei 1 fl. Conv. Ct. = 2 Franken 54 Centimen. Die Loose werden per Stück in Franken notirt. Für die sardinischen 5procentigen Obligationen der Anleihe bei Rothschild vom Jahr 1849 ist die Einheit 100 Lire (= 100 Franken). Die Einheit für die 5procentigen neapolitanischen Certificate bei Rothschild in Paris ist 100 Ducati, wobei 1 Ducato = 4 Franken 40 Cent. Die Einheit für die 5procentigen Ob- ligationen der römischen Anleihe ist 100 Scudi, wobei 1 Scudo = 5 Franken 40 Cent. Für die spanischen Obligationen ist die Einheit 100 Piaster, und 1 Piaster = 5 Franken 40 Cent. Für die auf Gulden holl. lautenden russischen Obligationen bei Hope und Comp. in Amsterdam und für die neueren vom Jahr

1828 und 1829 ist die Einheit 100 fl. holl., wobei 189 fl. holl. = 400 Franken. Für die russischen 5procentigen Obligationen bei Rothschild in London und die 4½procentigen Obligationen bei Baring in London ist die Einheit 100 Liv., wobei 1 Liv. Sterl. = 25 Franken 40 Cent. Dasselbe gilt von den dänischen 3procentigen und 5procentigen Obligationen der Anleihen in London, und von den 5procentigen brasilianischen Obligationen der Anleihe in London.

Cursnotirung der Actien. Der Curs für die Actien der belgischen Nationalbank ist in Franken per Actie von 1000 Franken zu verstehen. Für die Cursnotirung der Actien mehrerer belgischer Eisenbahnen ist die Einheit 100 Franken Nennwerth. Die Actien für die Eisenbahn von Antwerpen nach Cöln lauten auf Thaler preuß. und die Einheit ist 100 thlr. preuß., wobei 1 thlr. = 3 Franken 75 Cent.

Im Effecten- und Actienhandel vergütet der Käufer dem Verkäufer die laufenden Zinsen bis zum Tage des Verkaufs. Die gesetzliche Courtage ist 1% für den Käufer und Verkäufer. Die Wechselcourtage ist seit 1840 ¾%.

Belgische Staatspapiere, siehe Brüssel.

Maaße und Gewichte sind die französisch-metrischen (s. Paris).

Die älteren Maaße und Gewichte betreffend, so sind folgende Reductionszahlen in Antwerpen üblich:

$$\left.\begin{array}{l} 212^{11}\!/_{16} \text{ Livres poids de commerce} \\ 340\frac{1}{2} \text{ Livres poids de pharmacie} \\ 413^{5}\!/_{9} \text{ Mark Gold- und Silbergewicht} \end{array}\right\} = 100 \text{ Kilogrammen.}$$

$$\left.\begin{array}{l} 318^{2}\!/_{3} \text{ Fuß} \\ 143^{7}\!/_{8} \text{ Aunes} \end{array}\right\} = 100 \text{ Meter.}$$

$$72^{3}\!/_{4} \text{ Pots} = 100 \text{ Liter.}$$

Im Getreidehandel ist die Last = 30 Hectoliter, wobei aber außerdem das Gewicht berücksichtigt wird; z. B. ein Hectoliter Weizen 65 bis 85 Kilogramme.

In Antwerpen sind auch folgende Verhältnißzahlen üblich:

16	Ardeb in Alexandrien	= 29¾ Hectoliter.
36	alte Amsterdamer Sack	= 30
288	Imp. Quarters	= 290 Hectoliter.
40⁴⁄₃ Malter in Cöln	= 30 Hectoliter.	
22	dänische Tonnen	= 30—31 Hectoliter.
1	Fanega ca.	= 55 Liter.
1	Winchester Bushel	= 35 Liter.
1	Mina in Genua	= 116¼ Liter.
55¾	Faß in Hamburg	= 30 Hectoliter.
222	Alqueires in Lissabon	= 30 Hectoliter.
42	Sack in Livorno	= 30 Hectoliter.
1	Charge in Marseille	= 160 Liter.
24	Malter in Mainz	= 26¼ Hectoliter.
20	Tomoli in Neapel	= 11¼ Hectoliter.
22	Tonnen in Norwegen und Riga für Leinsaat	= 30—32 Hectoliter.
1	Last in Oldenburg	= 29—30 Hectoliter.
56½	preußische Scheffel	= 30 Hectoliter.
20	schwedische Tonnen	= 33 Hectoliter.
360	Statji in Triest	= 296 Hectoliter.

Ufanzen. Die Preise der Gewichtswaaren verstehen sich mehrentheils entweder für ½ Kilogramm oder für 50 Kilogramm (Zollcentner); für manche Metalle ist die Einheit 100 Kilogramm; für Eichenrinde 500 Kilogr. ꝛc. Bei Waaren, welche per Antwerpner Pfund verkauft werden, rechnet man 100 Kilogramm = 212 ¹¹/₁₆ Antwerpner Pfund. Die Tarasäße sind sehr verschieden. S. Tableau d'achat et de vente, welches in der Druckerei von Buschmann in Antwerpen erscheint.

Handelsanstalten. Zweigbanken der belgischen Bank und der Société générale (f. Brüssel). Handelsbank (Banque commerciale d'Anvers) mit einem Fonds von 25 Mill. Franken in Actien zu 1000 Fr.; sie treibt Discont=, Leih= und Contocorrent=Geschäfte und gibt Noten aus zu 50, 100, 250, 500 und 1000 Franken. Die Antwerpner Handelsgesellschaft (Société de commerce d'Anvers) mit einem Fonds von 12 Mill. Fr. in Actien zu 1000 Fr.; sie macht kaufmännische Geschäfte aller Art, außer in Staatspapieren. Dampfschifffahrts= und Assecuranz=Gesellschaften und mehrere andere Gesellschaften zur Förderung des Exporthandels ꝛc.

Appenzell,
Schweizer Canton mit den Hauptorten Appenzell und Herisau.

Münzen, siehe Schweiz.

Man rechnete sonst nach Gulden zu 15 Baßen zu 4 Kreuzer zu 4 Angster im 52 ½=Guldenfuß=

Wechselgeschäft, siehe St. Gallen und Schweiz.

Maaße und Gewichte. Der Fuß soll der rheinländische sein, also = 139,13 Parif. Linien. Die lauge Elle für Leinwand = 325,21 Parif. Linien = 1,227 neue schweizer Ellen. Die kurze Elle für Wollengewebe = 270,24 Parif. Linien = 1,016 neue schweizer Ellen. Das Malter zu 2 Mütt zu 4 Viertel ist = 1,477 Hectoliter = 0,984 neue schweizer Malter. Der Eimer (Flüssigkeitsmaaß) zu 4 Viertel zu 8 Maas; die Maas = 1,3408 Liter. Das Pfund Schwergewicht (für Wolle, Metalle ꝛc.) = 584,641 Grammen; das Pfund Leichtgewicht (für Spezereiwaaren ꝛc.) = 465,156 Grammen. Auf das Pfund Schwergewicht gehen 40 Lothe, und auf das Pfund Leichtgewicht 32 Lothe; weil die Lothe für beide Pfundgewichte gleich schwer sind, so sind 4 Pfund Schwergewicht = 5 Pfund Leichtgewicht. Der Centner = 100 Pfund Leichtgewicht.

1 Schaff Butter wiegt 18 schwere Pfund, 1 Laib fetter Käse 50 schwere Pfund, und 1 Laib magerer Käse 32 schwere Pfund.

Gold= und Silbergewicht ist die Cölnische Mark. Medicinalgewicht das alte Nürnberger.

Archangel,
Hauptstadt des großrussischen Gouvernements gleichen Namens.

Münzen, Maaße und Gewichte wie Petersburg.

Arnstadt,
Hauptstadt der obern Herrschaft des Fürstenthums Schwarzburg-Sondershausen.

Rechnungsart und Münzen wie Sondershausen.

Maaße und Gewichte. Der Fuß und die Elle wie in Leipzig. Das Maaß (Getreidemaaß) zu 4 Viertel hält 149,033 Liter. Flüssigkeitsmaaß wie

Leipzig; Handelsgewicht deßgleichen. Apothekergewicht das preußische (s. Berlin). Im Wechselgeschäfte richtet man sich nach Leipzig.

Astrachan,
Hauptstadt des gleichnamigen russischen Gouvernements, wie Petersburg.

Athen,
Hauptstadt des Königreichs Griechenland.

Rechnungsart und Münzen. Früher rechnete man nach Phöniken zu 100 Lepta; 1 Phönix = 93 jetzige Lepta. Seit 1833 rechnet man nach Drachmen zu 100 Lepta. Es gehen 124,09 Drachmen auf das Zollpfund fein Silber; daher 1 Drachme = 25½ kr. rhn. = 7 sgr. 2,8 pf. preuß. = 36⅓ nkr. öster. Der Zahlwerth der Drachme, als dermalige Münzeinheit, ist aus dem spanischen Piaster, als Sechstheil desselben, hergeleitet. Wirklich geprägte Münzen sind

in Gold: Stücke zu 20 Drachmen, 5,776 Grammen schwer zu 9/10 fein
„ „ 40 „ 11,552 „ „ „ „ „
„ Silber: „ „ 5 „ 22,385 „ „ „ „ „
„ „ 1 „ 4,477 „ „ „ „ „
und Halbe und Viertel nach Verhältniß.

„ Kupfer: Stücke zu 1, 2, 5 und 10 Lepta.

In England ist die Golddrachme zu 8½ Pence (240 Pence = 1 Liv. Sterl.), und die Silberdrachme zu 8⅔ Pence tarifirt worden, wonach
28,165 Drachmen in Gold }
28,55 „ „ Silber } = 1 Liv. Sterl.

In Holland wird die Drachme zu 42 Cents gerechnet. Golddrachmen sind übrigens seither nicht mehr geprägt worden; auch Silberdrachmen werden selten mehr geprägt, und es cursiren, außer fremden Münzen, nur Kupfergeld und Banknoten (s. unten). Von fremden Münzen circuliren mehrentheils nur französische Fünffrankenstücke, Conventionsthaler und spanische Piaster, letztere zu 6 Drachmen tarifirt.

Curssystem.

Paris 31 Tage Sicht ± 112 Lepta für 1 Franken.
London 61 Tage Sicht „ 28 Drachmen für 1 Liv. Sterl.
Triest }
Wien } 3 Monat „ 285 Lepta für 1 Gulden.
Hamburg 3 Monat „ 205 „ „ 1 Mark Banco.
Amsterdam 3 Monat „ 236 „ „ 1 fl. holl.

Wechselrechtliches. Die Wechselordnung ist diejenige des französischen Handelsgesetzbuches, welches mit wenig Abänderungen in Griechenland eingeführt ist. **Staatspapiere.** 5procentige Obligationen zu 100, 200, 350 und 500 Liv. Sterl. der Anleihe von 1824 in London. 5procentige Obligationen der Anleihe von 1825 in London. Die Zinsen ersterer Obligationen sind seit 1826, und diejenigen letzterer Obligationen seit 1827 rückständig. 5procentige Obligationen zu 40 Liv. Sterl. oder 1024 Franken der von England, Frankreich und Rußland garantirten Anleihe von 1833 im Betrage von 60 Mill. Franken. **Maaße und Gewichte.** Seit 1836 ist in Griechenland das französische Maaß- und Gewichtssystem eingeführt; zur Unterscheidung von den früheren Maaßen und Gewichten, welche im Verkehr noch häufig vorkommen, wurden die neuen Maaße und Gewichte königliche benannt. Der Längeneinheit, dem Meter, wurde der Name der bisherigen Elle, Piki, beigelegt, und als Gewichtseinheit wurde nicht das Kilogramm, sondern unter Beibehaltung des alten Namens, die Mine von 1½ Kilogramm angenommen. Zugleich wurden auch die Verhältnisse der neuen Maaße und Gewichte zu den bisherigen, größtentheils türkischen, festgesetzt und bekannt gemacht. Die neuen Maaße und Gewichte sind wie folgt:

Die Längeneinheit ist die, dem französischen Meter entsprechende, Piki (Elle) zu 10 Palmen (Decimeter) zu 10 Zoll (Centimeter) zu 10 Linien (Millimeter). Nach der officiellen Feststellung ist die Piki = 1,5432 alte kleine (ursprünglich konstantinopolitanische) Pikis oder Endasch = 1,4948 alte große Pikis. Das königliche Stadion (Wegmaaß) = 1000 Piki = 1 Kilometer. Die griechische Meile = 10000 Piki = 1 Myriameter. Die königliche Quadrat-Piki zu 100 Quadrat-Palmen zu 100 Quadrat-Zoll zu 100 Quadrat-Linien = 1 Quadrat-Meter. Das königliche Stremma (Feldmaaß) = 1000 Quadrat-Pikis = 1 Decare (10 Aren) = 0,7873 alten Stremmas von Morea. Die Litre (Hohlmaaß) zu 10 Kotylis (Deciliter) zu 10 Mystra (Centiliter) zu 10 Kubus (Milliliter) ist = 1 franz. Liter. Der königl. Kilo (Getreidemaaß) von 100 Liter ist = 1 franz. Hektoliter = 0,030157 alten Kilos. Im Verkehr ist auch noch der Stajo oder Staro gebräuchlich; es ist dies der unter Venedig vorkommende Getreide-Staja. Es werden übrigens manche Gegenstände, wie z. B. Holz, Oel, Wein ꝛc. nach dem Schwermaaße statt nach räumlichen Maaßen verkauft. Gewichtseinheit ist die königliche Drachme, welche dem französischen Gramm gleich ist, und in 10 Obolen (Decigramm) zu 10 Gran (Centigramm) eingetheilt wird. Im Waarenhandel ist die königliche Mine von 1500 Drachmen = 1½ franz. Kilogramm = 468¾ alte griechische Drachmen die gewöhnliche Gewichtseinheit. Das Talent = 100 Minen = 150 Kilogr. Die Schiffstonne = 10 Talente = 1000 Minen = 1500 Kilogramm.

In Betreff des in Griechenland noch üblichen türkischen Okengewichts (siehe Konstantinopel) für Seide und Landesprodukte rechnet man nach der königlichen Feststellung die Oka (in Griechenland auch Stadera genannt) = 1280 königliche Drachmen (Grammen), oder = 0,85333 königl. Minen. Weil 400 alte Drachmen auf die Oka gehen, so ist die alte Drachme = 3,2 neue königl. Drachmen. 1 Oka = ¹²⁸⁰⁄₅₀₀ = 2,56 Zollpfund. Man rechnet auch die Oka = 2⅔ Pfund des in Griechenland gebräuchlichen venetianischen Schwergewichts, oder 3 Oken = 8 Pfund venetianisches Schwergewicht. 1 Oka ist genau = 2,683 Pfd. venet. Schwergewicht. 1 Millar (Meiler) von 1000 Pfd. venet. Schwergewicht wird zu 8½ Cantar (Centner) und zu 375 Oken gerechnet; genau gehen aber 8,47 Cantar und 372,655 Oken auf 1000 Pfd. venet. Schwergewicht, weil 1 Oka = 2,683 Pfd. venet. Schwergewicht, und 1 Cantar = 44 Oken. — Die Pinaki = ? Oken.

Alte griechische Maaße und Gewichte. Der große Pik (Elle) für Leinen- und Wollenwaaren ist der in Konstantinopel für europäische Waaren gebräuchliche, und ist nach der königlichen Feststellung = 0,669 königl. Pikis oder Meter, und der für Seidenstoffe gebräuchliche kleine Pik = 0,648 königl. Pikis oder Meter. Nach der seitherigen Praxis (Nelkenbrecher) ist aber der große Pik = 0,6858 Meter und der kleine Pik = 0,635 Meter, wonach 100 große Pik = 75 englische Yards = 125,3038 frankfurter Ellen = 119,7192 hamburger Ellen = 121,3783 leipziger Ellen = 102,826 preußische Ellen = 88,0126

Wiener Ellen. Ferner: 100 kleine Pik = 69,4444 englische Yards = 116,022 Frankfurter Ellen = 110,8511 Hamburger Ellen = 112,3873 Leipziger Ellen = 95,2092 preußische Ellen = 81,4932 Wiener Ellen ꝛc.

Der Kilo (Getreidemaaß) = 33,148 Liter; an Gewicht soll derselbe 24,681 Kilogramm Weizen enthalten; hiernach 1 Kilo = 0,44753 Bremer Scheffel = 0,114 englische Quarters = 0,62959 alte Hamburger Faß = 0,33148 holländische Mudden = 0,60311 preußische Scheffel = 0,539 Wiener Metzen.

Wein= und Branntweinmaaß ist der venetianische Barile (die Barilla) von 24 Boccali (Bozze); Oelmaaß derselbe Barile. Außer dem Barile existirt noch ein altes kleines Oelmaaß, welches 2 1/2 Oken enthält, von welchen 19 1/2 auf 1 Barile gehen. Beim Oelmaaß wird auch 1 Liter = 3/4 alte Gewichtsoken gerechnet.

Münzgewicht wie in Frankreich; Medicinalgewicht wie in Baiern.

Handelsusanzen. Bei Feigen bedeutet der Millar 1000 Kränze, welche ca. 13—14 Cantar wiegen. Korinthen werden per Millar von 1000 Pfd. venetianischen Schwergewichts verkauft, und in spanischen Piastern zu 6 Drachmen berechnet; Seide, Baumwolle, Wolle, Felle und andere Landesprodukte per Oke in Drachmen und Lepta.

Als Zeitrechnung gilt hier der alte Julianische Kalender, wie in Petersburg, s. daselbst.

Handelsanstalten. Nachdem schon im Jahr 1821 in Aegina eine Nationalbank errichtet worden war, welche keinen Erfolg hatte, und bald liquidiren mußte, und nach mehreren andern vergeblichen Versuchen, kam im Jahr 1841 die bisherige Bank zu Stande. Ihr Sitz ist in Athen, und sie kann in allen Theilen des Königreichs Filiale errichten. Sie treibt Discont=, Leih=, Depositen= und Contocorrent=Geschäfte und gab Anfangs Noten aus zu 25, 50, 100 und 500 Drachmen; das Gesetz vom 9. August 1848 autorisirte sie aber, Noten von 10 Drachmen bis zum Belaufe von 500000 Drachmen auszugeben. Die Bank ist auch ermächtigt worden, eine Summe, welche nicht die Hälfte des Kapitals ihres Reservefonds überschreitet, in Unternehmungen, welche den Zweck haben, die Verkehrsmittel, Straßen ꝛc. Griechenlands zu vermehren, anzulegen, und Versicherungsgesellschaften zu gründen. Das Kapital der Bank ist 5 Mill. Drachmen in 5000 Actien zu 1000 Drachmen; durchschnittlich hat (seit 1842—52) die Dividende etwas mehr als 8 Procent betragen. Im Jahr 1852 betrug der Reservefonds 195,397 Drachmen; Mitte Dezember 1852 stand der Curs der Actien auf 1192 Drachmen. Alle 6 Monate, Ende Juni und Dezember, wird Rechnungsabschluß gemacht, und vom Reingewinn die Dividende an die Actionäre vertheilt. Wenn die halbjährige Dividende mehr als 3 1/2 Procent vom Kapital beträgt, so werden von dem Mehrbetrag 25 Procent zurückbehalten, nämlich 20 Procent für den Reservefonds und 5 Procent zur Hälfte für den Bankdirektor und zur Hälfte für die Beamten. Von den Dividenden außerhalb Griechenlands wird eine Provision erhoben. Die Filialbanken, deren Errichtung auf Antrag des Rathes, von der Generalversammlung entschieden wird, haben das Recht zu allen Geschäften, welche die Bank macht; Darlehen auf Hypotheken und Noten=Emission ausgenommen. Von dem Reingewinn eines Filials werden 2 1/2 Procent erhoben, um zwischen dem Direktor und seinen Beamten vertheilt zu werden. Agentschaften werden auf Beschluß des Rathes errichtet; sie leisten Zahlungen und kassiren für Rechnung der Bank Gelder ein. — Handelsgericht.

Augsburg,
Hauptstadt des baierischen Kreises Schwaben und Neuburg.

Rechnungsart. Man rechnet, wie in ganz Bayern, nach dem 52½=
Guldenfuße, und die Währung besteht in Gulden zu 60 Kreuzer zu 4 Pfennige.
Mitunter versteht man auch unter Groschen 3 Kreuzer und unter Batzen 4 Kreuzer.
Landesmünzen und Papiergeld, siehe München.

Curssystem.

Amsterdam	±	100	fl. rhn.	für	100 fl. holl.
Bremen	„	95	„ „	„	50 thlr. Louisd'or.
Frankfurt a. M.	„	100	„ „	„	100 fl. rhn.
Genua	„	93	„ „	„	200 piemontesische Liren.
Hamburg	„	88	„ „	„	100 Mark banco.
Leipzig } Berlin	„	104	„ „	„	60 thlr. preuß.
London	„	117	„ „	„	10 Liv. Sterl.
Paris } Lyon } Marseille	„	93	„ „	„	200 Franken.
Neapel	„	100	„ „	„	50 Ducati.
Rom	„	122	„ „	„	50 Scudi.
Mailand	„	93	„ „	„	200 ital. Liren (Franken).
Triest } Venedig } Wien	„	115	„ „	„	100 fl. öster. Währung.
Livorno	„	99	„ „	„	250 toskanische Liren.

Obige Curse sind für kurze Sicht notirt; die Wechsel für längere Sicht
werden nach dem Curs für kurze Sicht und nach dem Disconto der betreffenden
Plätze berechnet.

Vor 1859 war im Augsburger Wechselhandel die Curantwährung, d. h. der
20=Guldenfuß im Gebrauche, wonach 6 fl. des ehemaligen 24=Guldenfußes zu 5 fl.
des 20=Guldenfußes gerechnet wurden; als aber der 24½=Guldenfuß aufkam, und
gleichwohl dasselbe Verhältniß beibehalten wurde, so entsprach die Curantwährung
factisch einem $\frac{24½ \times 5}{6} = 20^{5}/_{12}$=Guldenfuße, weßhalb in Frankfurt, Leipzig und
andern Wechselplätzen die Curse der auf Curantwährung lautenden Augsburger
Wechsel etwas niedriger standen, als sie außerdem gestanden haben würden. Zur
Bestimmung der Curse auf Amsterdam und Hamburg war noch eine andere Wäh=
rung, die Währung in Augsburger Girogeld, im Gebrauche, nach welcher 127 fl.
oder Thaler Curant zu 100 fl. oder Thaler Giro gerechnet wurden.

Geldcurse. Die Curse der im Augsburger Handel vorkommenden Gold=
sorten werden in Gulden rhn. per Stück notirt. Vor 1859 wurden einige Gold=
münzen per rauhe Cölnische Mark, und einige andere per feine Cölnische Mark
notirt; für einige Sorten wurde auch der Handelswerth durch Agioprocente aus=
gedrückt, wie z. B. für die holländischen und österreichischen Ducaten, wobei der
Ducat zu 5 1/10 fl. in Ducaten fest berechnet, und für 100 fl. in Ducaten ± als
109—110 fl. in Silbermünzen notirt wurden.

Metallcurse. Goldbarren werden mit ± als 800 fl. rhn. per Zoll=

pfund fein Gold, und Silberbarren mit ± 51 bis 53 fl. rhn., je nach dem Gehalte der Barren (ganz feines Kornsilber, argent en grenaille, hochhaltiges und niederhaltiges Silber) per Zollpfund fein Silber notirt. Das Scheidegold (feines Gold in Platten, or fin en bandelettes) wird ebenfalls per Zollpfund fein Gold notirt, während vor 1859 ± als 5⅔ fl. rhn. für 1 Ducat, von welchem 67 Stück eine Cölnische Mark fein Gold enthalten, notirt wurde.

Wechselusanzen. Seit 1850 gilt hier die deutsche Wechselordnung. Um aber die auswärtigen Verbindungen beizubehalten, hat der Augsburger Handelsstand bisweilen versucht, den sogenannten Augsburger Accept (nach welchem der Bezogene sich nicht früher als 14 Tage vor Verfallzeit in Betreff der Acceptation zu erklären braucht) beizubehalten. Bei gerichtlicher Behandlung der Sache ist aber fast immer gegen ihn entschieden worden *). — An die Stelle der seitherigen einwöchentlichen Scontro oder Zahltage (der Mittwoch) sind zwei Kassirtage, der Montag und Donnerstag getreten. Wenn der Montag oder Donnerstag oder auch die nächst darauf folgenden Tage allgemeine Feiertage sind, so wird der Zahltag auf den ersten folgenden Werktag verlegt. An jedem allgemeinen Zahltage werden die seit dem vorhergehenden Zahltage abgelaufenen gegenseitigen Zahlungsverbindlichkeiten zwischen 11 und 12 Uhr Vormittags auf der Börse scontrirt, und die verbleibenden Saldi am Nachmittag zwischen 3 und 6 Uhr baar entrichtet. — Alle Wechsel, welche vom Freitag bis Montag inclusive verfallen, sind am Montag, und alle, welche am Dienstag bis Donnerstag inclusive verfallen, am Donnerstage zahlbar. — Wechselcourtage ½ %, vom Käufer wie vom Verkäufer zu vergüten.

Staatspapiere, baierische, siehe München.

Die Curse der auf Gulden rhn. lautenden Obligationen verstehen sich für 100 fl. nominell, und diejenigen der Anleheusloose per Stück. Die österreichischen Papiere werden zu 5 fl. des 20-Guldenfußes für 6 fl. rhn. berechnet. Außerdem werden verschiedene Industrie-Actien, namentlich diejenigen der zahlreichen Augsburger und sonstigen baierischen Spinnerei- und Weberei-Etablissements notirt. Im Effektenhandel werden die laufenden Zinsen vom Käufer al pari (für die österreichischen Obligationen 5 per 6; für die polnischen Loose 6 polnische Gulden = 1¾ fl. rhn.) vergütet. Bei der Notirung der Actien sind die laufenden Dividenden im Curse mitbegriffen.

Maaße und Gewichte sind die baierischen, s. München.

Von den alten Gewichten ist noch das Augsburger Gold- und Silbergewicht gesetzlich gestattet. Das Pfund hat 2 Mark zu 16 Loth zu 4 Quentchen zu 4 Pfennigen und die Mark ist (nach Chelius) = 235,9 Grammen. Nach Nelkenbrecher rechnete man 100 Augsburger Mark = 101 Cölnische Mark; nach Chelius ist aber die Cölnische Mark = 233,75 Grammen, wonach 100 Augsburger Mark = 100,9198 Cölnische Mark. — Probirgewicht ist das früher in ganz Deutschland übliche (s. Berlin); man wird aber auch hier zur Bezeichnung in Tausendtheilen übergehen (s. ebenfalls Berlin).

Handelsanstalten. Zweigbank der baierischen Hypotheken- und Wechselbank (s. München). Wechsel- und Mercantilgericht. Eine Tuchmesse, ein Hopfen- und ein Wollmarkt.

Azorische Inseln,

Archipel von 9 Inseln im atlantischen Meere, Portugal gehörig. Siehe Lissabon.

---

*) Das Nähere hierüber findet sich in dem Bande unserer Bibliothek über Wechsellehre von Dr. Oscar Wächter.

Bagdad,
türkische Handelsstadt in Kleinasien.

Münzen und Rechnungsart wie Bassora und Konstantinopel.
Maaße und Gewichte, s. Bassora und Konstantinopel.

Bahia,
Hauptstadt der gleichnamigen brasilianischen Provinz.

Münzen wie Rio de Janeiro.

Wechselcurse wie Rio de Janeiro. Man notirt hauptsächlich
London ± 28 Pence für 1 Milreis.
Paris „ 400 Reis „ 1 Frank.
Lissabon je nach Sicht 1 bis 2% unter Pari.
Längen- und Flächenmaaß wie Rio de Janeiro.
Getreidemaaß ist der Alqueire, der auch für Reis, Salz ꝛc. dient.
1 bras. Alqueire = 2¼ Alqueires in Lissabon. 1 Lissab. Alqueire (nach Nelken-
brecher) = 13,841 Liter; daher 1 bras. Alqueire = 31,142 Liter. 1 Alqueire
Reis wiegt 68 bras. Pfund.
Flüssigkeitsmaaß ist die Canada = 5¼ Canadas in Lissabon = 7,28
Liter. 1 Pipa (Pipe) Rnm = 72 Canadas; die Pipe Melasse und Sirup
= 100 Canadas.
Gewicht wie Rio de Janeiro.
Handelsusanzen. Alle Preise verstehen sich in Papiergeld. Zucker
wird nach der Arroba (¼ Centner) von Lissabon verkauft.
Handelsanstalten. Zweigbank der Bank in Rio de Janeiro, welche
Noten zu 10, 20, 30, 50 und 500 Milreis ausgibt. Dampfschifffahrtsgesellschaft.
Börse. Entrepots.

Baireuth,
Hauptstadt des baierischen Kreises Oberfranken.

Münzen, Maaße und Gewichte, s. München.

Baltimore,
Seehandelsplatz des nordamerikanischen Staates Maryland.

Münzen, Maaße und Gewichte, s. New-York.

Curssystem.

London	± 10% Prämie *).
Paris	
Antwerpen	„ 5 Frk. 20 Cent. für 1 Dollar.

---

*) Zur Erläuterung dieser Cursnotirung dient Folgendes. Seit 1853 ist in den vereinigten Staaten
die Goldwährung eingeführt. Vom neuen Gold-Dollar gehen 832,35 Stück auf 1 Zollpfund fein Gold;
das Liv. Sterl. (eine fingirte Münze) wird durch den engl. Sovereign repräsentirt, eine Goldmünze, von
welcher 68,28 Stück 1 Zollpfund fein Gold enthalten. Es ist hiernach 1 Liv. Sterl. = $\frac{832,35}{68,28}$ = 4 Dollars
87 Cents; weil aber nach einer alten Tarifirung der Dollar = 4½ Schilling (deren 20 auf 1 Liv. Sterl.
gehen), wonach 1 Liv. Sterl. = 4 Dollars 44 Cents, so beträgt die Differenz des wahren und tarifirten
Werthes 43 Cents oder nahezu 9¼ Procent. Der Curs ist also z. B. zu 9 Procent Agio (oder Prämie)
so zu verstehen, daß für 100 Liv. Sterl. 444 Dollars berechnet und darauf noch 9 Procent Agio vergütet
wird. Der Prämie von 9 Procent entspricht daher der Curs 4 Dollars 83 Cents per 1 Liv. Sterl.

Amsterdam	± 40 Cents (amerik.) für	1 fl. holl.
Bremen	„ 80 „	„ 1 thlr. Louisd'or.
Hamburg	„ 38 „	„ 1 Mark banco.
Cöln	„ 72 „	„ 1 thlr. preuß.
Frankfurt a. M.	„ 42 „	„ 1 fl. rhn.

Die Curse sind gewöhnlich für 1 oder 2 Monate nach Sicht notirt.
Wechselrechtliches und Wechselusanzen, s. New-York.

Bamberg,

Stadt im baier. Kreise Oberfranken, siehe München.

Bangkok oder Bankasai,

Hauptstadt des Königreichs Siam in Hinterindien.

Münzen. Man rechnet nach Ticals oder Bats zu 4 Salungs zu 2
Fuangs zu 800 Kauris, welche Benennungen Gewichtstheile von Silber ausdrücken.
Die gewöhnlichste Münze ist der Bat, welchen die Europäer Tical genannt haben,
aber es gibt auch, obgleich seltener, kleinere Münzen. Des Goldes und Kupfers
bedient man sich in Siam nicht zum Gelde, und es besteht solches nur aus Silber
und Muscheln (den obigen Kauris). Die aus Silber geprägten Münzen bestehen
gewöhnlich aus kleinen Stücken von Silberstangen, die umgebogen und an den
Enden zusammengeschlagen werden. Der Bat oder Tical wurde in der Münze
von Calcutta untersucht, und wird dort zu 2½ Schilling angenommen; daher der
Tical = ca. 1 fl. 27 kr. rhn. = 24 sgr. 10 pf. preuß. = 1 fl. 24 nkr. öster.
Außerdem cursiren hier spanische Piaster. In den Häfen des dortigen Landes
werden gewöhnlich 4 spanische Piaster für 7 Ticals gerechnet, wodurch sich der
Tical nur auf 1 fl. 25 kr. rhn. stellt.

Handelsgewicht. Der Pikul zu 50 Catties zu 20 Tails zu 4 Ticals.
Das siamesische Catty = 2 chinesische Catties; 1 chinesisches Catty = 1⅓ Pfund
Avoirdupoids-Gewicht (engl. Handelsgewicht); daher 1 siamesisches Catty = 2⅔
Pfd. a. d. p. = 1,2096 Kilogramm. Bei dem Wiegen des Reises und Salzes
bedient man sich eines großen Maaßes, welches bei dem ersteren aus 22, und bei
dem letzteren aus 25 Pikuls besteht. Reis wird auch nach dem Korbe gemessen,
und 100 Körbe gehen auf das erwähnte große Maaß.

Längenmaaße sind die folgenden: 12 Finger machen 1 Spanne; 2 Span-
nen 1 Elle; 4 Ellen 1 Klafter; 20 Klafter 1 Sen und 100 Sen 1 Ÿuta, oder,
wie es die Siamesen aussprechen, Jut. Die Klafter ist das am häufigsten benutzte Maaß, und die Siamesen haben einen Stab von dieser Länge, auf welchem
die Bruchtheile dieses Maaßes aufgetragen sind. Dieser Stab beträgt etwa 6½
englische Fuß = 878 Paris. Linien.

Gold- und Silbergewicht. Der Tical zu 4 Salungs zu 2 Fuangs
zu 2 Songphais zu 2 Phainungs zu 32 Sagas oder rothe Bohnen (der Same
von Abrus precatorius). Nach obiger Angabe, daß 80 Ticals = 1 Kätti =
1,2096 oder genauer 1,20957 Kilogramm, muß 1 Tical = 15,119 Grammen
(und nicht, wie nach Nelkenbrecher, 15,292 Grammen) sein.

Probirgewicht. Die Feinheit des Goldes und Silbers wird, wie in
China, in Hunderttheilen (Toques) ausgedrückt.

Barbados,

zu den kleinen Antillen gehörige britische Insel, mit der Hauptstadt Bridgetown.

Rechnungsart in Liv. Sterl. zu 20 Schilling zu 12 Pence oder auch in Dollars zu 100 Cents. Der in Westindien allgemein verbreitete spanische, mexikanische, südamerikanische und nordamerikanische Piaster oder Dollar wird zu 4 Schillingen 2 Pence = 50 Pence Sterling gerechnet.

Der Wechselcurs auf London wird entweder in Pence für 1 Dollar, oder in Liv. Sterl. für 100 Liv. Sterl. notirt.

Die britisch-westindische Curantvaluta (Currency) ist abgeschafft; in dieser galt hier der Dollar 75 Pence.

Maaße und Gewichte, wie in England, ausgenommen das Getreide-maaß (s. New-York).

Barcelona,

Hauptstadt der spanischen Provinz Catalonien.

Rechnungsart und Münzen, s. Madrid.

Die frühere catalonische Währung war die nach Libras zu 20 Sueldos zu 12 Dineros. Der Zahlwerth der Libra gründet sich auf die Annahme, daß 1 Libra 17 Sueldos 6 Dineros = 1 Peso duro (Silberpiaster), oder $^{450}/_{240}$ Libras = 1 Peso, wonach 15 Libras = 8 Pesos; da nun nach dem neuesten Münz-gesetz (s. Madrid) 9,72 Duros auf die castilische Münzmark fein Silber gehen, und diese = 230,071 Grammen, so gehen 39,607 Libras auf das deutsche Münzpfund von 500 Grammen; daher 1 Libra = 1 fl. 19 kr. rhn. = 22 sgr. 8 pf. preuß. = 1 fl. 13 kr. öster.

Aeltere Rechnungsmünzen, wie der Ducado di Cambio, der Peso de plata antigua und mehrere andere sind nicht mehr im Gebrauche.

Curssystem und Wechselrechtliches s. Madrid.

Maaße und Gewichte sind seit 1849 wie in ganz Spanien gesetzlich die französischen metrischen. Die noch gebräuchlichen alten Maaße und Gewichte sind folgende:

Die Canna (Längenmaaß) zu 2 Varas zu 4 Palmas zu 4 Cuartos = 688 Pariser Linien = 2,746 Leipziger, = 2,327 preußische, = 1,79 baierische, = 1,992 Wiener, = 1,697 englische Yards, = 2,835 Frankfurter, = 2,709 Hamburger Ellen, = 1,305 Pariser Aunes.

Die Salma (Getreidemaaß) oder Tonelada zu 4 Cuarteras zu 12 Cortanes zu 4 Picotins. Die Cuartera = 71 Liter. Die Carga oder Last = 2½ Cuar-teras; also die Salma = 1⅗ Carga.

Die Carga (Fuder, Flüssigkeitsmaaß für Wein und Branntwein) zu 4 Ba-rilons zu 2 Mallals zu 2 Cortanes zu 2 Cortines zu 4 Mitadellas zu 4 Petri-cons. Die Carga = 120,56 Liter. Die Tonelada (Tonne) = 2 Pipas (Pipen), 6 Bariles oder 8 Cargas.

Vom Oelmaaß hält die Carga 2 Barrals zu 2 Barralons zu 7½ Cor-tanes zu 4 Cuarts zu 4 Cuartas. Der Cortan = 4,12 Liter. 1 Pipe Baumöl = 118½ bis 119 Cortanes.

Der Quintal (Centner) zu 4 Arrobas zu 26 Libras = 104 Libras oder Pfund zu 1½ Marcos zu 8 Onzas zu 4 Cuarts zu 4 Argensos zu 36 Granos. 1 Libra = 401 Grammen. Die Carga (Last) = 3 Quintales.

Die englische Tonne = 24 catalonische Quintales.

Gold= und Silbergewicht ist der obige Marco; daher 1 Marco = $\frac{401}{1\frac{1}{2}}$ = 267,333 Grammen.

Usanzen im Waarenhandel. Alle Gewichtswaaren werden per Quintal oder per Libra verkauft; Spirituosen und Baumöl per Pipa, und die Preise verstehen sich in Silberpiastern. Waaren=Courtage ½ Procent für den Käufer und Verkäufer.

Handelsanstalten. Mehrere Creditgesellschaften, Industriegesellschaften und Seeassecuranzcompagnien.

Basel,
Hauptstadt des gleichnamigen Cantons der Schweiz.

Münzen, s. Schweiz.

Curssystem.

Amsterdam 1 M. u. kurze Sicht	± 213 neue Schweizer Franken für 100 fl. holl.			
Augsburg desgleichen } Frankfurt a. M. desgl.	„ 214 „ „	„	„	„ 100 fl. rhn.
Berlin kurze Sicht } Leipzig desgleichen	„ 3¾ „ „	„	„	„ 1 thlr. preuß.
London kurze Sicht und 3 Monat dato	„ 25½ „ „	„	„	„ 1 Liv. Sterl.
Hamburg kurze Sicht	„ 188 „ „	„	„	„ 100 Mark banco.
Mailand kurze Sicht Paris kurze Sicht, 1 Monat, 3 M., und 100 T. bato } Lyon desgleichen Marseille 15 u. 90 T. bato Antwerpen kurze Sicht Brüssel	„ 99 „ „	„	„	„ 100 Fr. in Mailand, Paris ꝛc.
Wien kurze Sicht } Trieft desgleichen	„ 240 „ „	„	„	„ 100 fl. öfter.
Auf schweizer Plätze kurze Sicht	„ 99 „ „	„	„	„ 100 Franken.

In Betreff der Cursnotirung auf Mailand ist zu bemerken, daß seit dem 1. Januar 1860 in der Lombardei die Währung in italienischen Liren oder französischen Franken eingeführt ist. Wenn von Wien, Triest ꝛc. auf Mailand noch in Gulden des 45=Guldenfußes gezogen wird, so werden 100 Franken zu 40½ fl. öfter. Währung berechnet.

Gold= und Metallcurse, s. Genf.

Maaße und Gewichte. Seit 1838 sind gesetzlich die schweizer Concordatmaaße und Gewichte eingeführt (s. Schweiz). Die noch im Verkehr gebräuchlichen älteren Maaße und Gewichte sind folgende:

Der Fuß = 135 Parif. Linien; die große Elle (Stab, Aune) = 522,6 Parif. Linien; die kleine Elle (Braccio) = 239,29 Parif. Linien.

Der Saum (Flüssigkeitsmaaß) zu 3 Ohm zu 8 Viertel zu 4 alte Maas zu 4 alte Schoppen. 1 Maas = 1,42 Liter; also die Ohm = 45,44 Liter; die neue Maas oder Wirthsmaas = ⅘ alte Maas; also 1 Viertel = 5 neue Maas.

Das Oelmaaß = 1,55 Liter.

Das Vierzel oder Vienzel (Getreidemaaß) zu 2 Sack zu 4 große (oder 8 kleine) Seſter zu 4 Köpflein zu 2 Becher zu 4 Mäßlein. 1 kleiner Seſter = 17,08 Liter. 1 Sack = 1,36 Hectoliter.

1) Großes Eiſengewicht, Centner oder Handelsgewicht. Der Centner zu 100 Pfund. Das Pfund = 493,19 Grammen.

2) Das kleine Eiſengewicht für den Detailverkauf. Das Pfund zu 4 Vier- ling zu 8 Loth. Das Pfund = 486,15 Grammen.

3) Das Meſſing-, Spezerei- oder Safrangewicht. Das Pfund zu 32 Loth = 480,19 Grammen.

4) Das Silbergewicht. Das Pfund zu 32 Loth = 467,66 Grammen.

5) Das Goldgewicht. Die Krone = 3,3707 Grammen.

Wechſelrechtliches. Die hier beſtehende Wechſelordnung iſt vom 1. Fe- bruar 1809. Nach derſelben gibt es weder Uſo noch Reſpekttage; die Acceptation muß innerhalb 24 Stunden erfolgen, wenn nicht proteſtirt werden ſoll. Der Accep- tant haftet hier nur 1 Monat, der Indoſſant 3 Monate*).

Bank. Die hieſige Bank, durch Geſellſchaftsvertrag vom 10. März 1845 gegründet, als Fortſetzung der ſeit dem 1. Januar 1844 beſtandenen Geſellſchaft der Giro- und Depoſitenbank hat ein Kapital von 200 Actien zu 5000 Franken, von welchen jedoch die halbe Einzahlung an die Actionäre zurückbezahlt worden iſt. Die Actien lauten auf Namen und waren erſt zwei Jahre nach ihrer Ausſtellung übertragbar. Ausländiſche Actionäre mußten die ganze Summe ihrer Actienzeichnung deponiren, die Andern leiſteten in Raten Zahlung. Die Bank macht nur mit Handlungshäuſern, Particuliers, Corporationen oder Behörden in Baſel Geſchäfte. Die Geſchäfte der Bank beſtehen im Incaſſo- und Girogeſchäft, Aufbewahrung von Depoſiten, Aufnahme von verzinslichen Geldern, Ausgabe von Banknoten, Ausgabe von Caſſaſcheinen an Ordre zahlbar, Disconto, Darlehen auf Unterpfand, An- und Verkauf hieſiger Staats- und Stadtobligationen, und Credit-Eröffnung in Contocorrent. Das Maximum des bewilligten Credits iſt 60,000 Franken; jedoch treten über 10,000 Franken beſchränkende Beſtimmungen ein, und außer den Zinſen iſt auf der bewilligten, abgeſehen von der benutzten, Creditſumme Ende jedes Quar- tals 1 per Mille an die Bank zu vergüten. Da ein lebhafter Umſatz die erſte Creditbedingung iſt, ſo behält ſie ſich vor, ſolche Creditverträge aufzuheben, bei wel- chen dieſe Bedingung nicht erfüllt iſt. Die Noten lauten auf 100 und 500 Franken.

Platzgebräuche, Handelsanſtalten ꝛc. Waaren-Courtage ½ Pro- cent, vom Käufer und Verkäufer zu entrichten. — Handels- und Induſtrieverein. Die anſehnliche Meſſe fällt alljährlich auf den 28. Oktober und dauert 14 Tage.

Baſſora,
(oder Basra) Hauptſtadt des gleichnamigen Paſchaliks in der türkiſchen Provinz Irak-Arabi.

Rechnungsart. Es wird hier nach Mamudis zu 10 Danimes zu 10 Fluſch gerechnet. Der Toman, die perſiſche Rechnungseinheit, wird hier zu 100 Mamudi gerechnet. Wenn man den jetzigen Werth des Tomans zu 4 thlr. preuß. anſetzt, ſo iſt 1 Mamudi = 1⅓ ſgr. preuß. = 4⅓ kr. rhn. = 3⅗ kr. öſter.

Von fremden Münzen curſiren hier ſpaniſche und mexikaniſche Silberpiaſter, öſterreichiſche Thaler und die gangbarſten aſiatiſchen Münzen.

---

*) S. übrigens Dr. Oscar Wächter, die Wechſellehre, zu der Bibl. d. geſ. Handelsw. gehörig.

Maaße und Gewichte. Es sind hier viererlei Ellen im Gebrauche, nämlich:

1) Die Elle von Bagdad, für alle Stoffe = 355,801 Parif. Linien.
2) Der Guz, Göß oder Cubit = 416,6 Parif. Linien.
3) Die Elle (Pik) von Aleppo für Seiden= und Wollenzeuge = 300,25 Parif. Linien.
4) Die Elle von Habbed für Baumwollen= und Seidenzeuge = 385,07 Parif. Linien.

Bei den hier etablirten Europäern sind dreierlei Gewichtseinheiten im Gebrauche, nämlich:

1) Der Mahnd Attari zu 24 Bakias Attari = 12,927 Kilogramm. Der Rottel = 14½ Bakias Attari. 1 Bakia Attari = 538,64 Grammen. Für Kaffee, Pfeffer und Ingwer gehen 26 Bakias, für Kandis, Karbamomen und Benzoe 25 Bakias, und für Zucker und Metalle 24 Bakias auf den Mahud.
2) Der Mahnd Sofi oder Mahnd Baffora zu 24 Bakias Sofi oder Bakias Baffora = 76 Bakias Attari = 40,936 Kilogramm.
3) Die Oka von Bagdad = 400 Derhem oder Drachmen = 2½ Bakias Attari = 1,3466 Kilogramm.

Eine Kutra Indigo = 117 Bakias Attari = 63,02 Kilogramm. Reis wird nach Mahnd Baffora zu 78½ Bakias Attari verkauft.

Gold= und Silbergewicht ist der Tscheki (Chekji) zu 100 Miskals oder 150 Dranm (Drachmen). Der Miskal = ca. 4,665 Grammen.

Getreide und Flüssigkeiten werden gewöhnlich nach dem Gewichte verkauft.

Batavia,

Hauptstadt der niederländischen Colonie auf der Insel Java.

Rechnungsart und Münzen. Seit 1826 nach Gulden (Silber=Rupien) zu 20 Stüber zu 5 Cents oder Duiten (spr. Deuten), seit 1839 im Werthe von 52,91 Gulden per Zollpfund fein Silber. Nach der sogenannten javanischen Währung, welche in Abgang decretirt werden soll (oder schon ist) gehen 120 Cents oder Deuts statt 100 Cents auf den holländischen Silbergulden, wonach 5 fl. holl. = 6 fl. javanisch; dieses Verhältniß ändert sich aber im Handelsverkehr zum Nachtheil der Kupfermünze. Geprägt wurden seither mit der Aufschrift: „Niederländisch Indien" ganze und halbe Gulden in Silber in holländischer Baluta. Hauptzahlmittel sind die holländischen und ostindischen Gold= und Silbermünzen, die Kupferdeuten und, in Folge der vielen auf Java ansäßigen Chinesen, das chinesische Li (s. Canton) (holl. Pitje); 50 derselben rechnet man auf 1 Stüber oder 5 Cents; ferner die sogenannten Recepisse oder Münzscheine und die Noten der Java'schen Bank (s. unten).

Curssystem.

Holland 6 Monat dato ± 95 fl. für 100 fl. in Amsterdam, Rotterdam ꝛc.
London 6 Monat Sicht „ 11½ fl. „ 1 Liv. Sterl. in London.
Bengalen 2 Monat „ „ 80 Sicca=Rupien für 100 fl. holl.

Maaße und Gewichte. Längenmaaß, der alte Amsterdamer rheinländische Fuß von 139,171 Parif. Linien, und die alte Amsterdamer Elle von 304,9034

Parif. Linien. Man bedient sich auch der brabanter Elle von Amsterdam und des englischen Yards.

Die Tjong (Feldmaaß) hat 4 Bahn = 2000 rheinländische Quadratruthen. Reis-, Getreide- und Salzmaaß ist der Koyang, an Gewicht = 27 Pikols = 1661,066 Kilogramm. Für kleinere Quantitäten dient auch der Timbang von 10 Sack, welcher 5 Pikols (625 holl. Troy-Pfund, f. Amsterdam) wiegt; der Kulak = 7 1/4 Kättis an Gewicht = 9 1/16 holl. Troy-Pfund; der Amat = 2 Pikols (250 holl. Troy-Pfund).

Flüssigkeitsmaaß: die Kan (Kanne) = 1,491 Liter. — 33 Kannen = 13 alte engl. Wein-Gallons. Ein Legger Arak = 388 Kannen. Flüssigkeiten werden auch nach dem Gewichte verkauft.

Gewichtseinheit ist der Pikol (ursprünglich der chinesische) zu 100 Kättis (holl. Catjes) zu 16 Taels. — 3 Pikols = 1 kleiner Behar (Bahar); 4 1/2 Pikols = 1 großer Behar; daher 1 großer Behar = 1 1/2 kleine Behars. — 1 Pikol = 61,521 Kilogramme; daher 1 Kätti = 615,21 Gramme. Als Gewichtseinheit dient auch noch die alte holländische Troy-Mark (f. Amsterdam).

Gold- und Silbergewicht ist die obige Troy-Mark zu 9 Realen, den Real zu 568,9 holl. As.

Handelsusanzen. Die meisten Gewichtswaaren werden per Pikol verkauft; Thee, Gewürznelken, Zimmt, Tabak und Indigo per 1 holl. Troy-Pfund; Indigo aber auch per Pikol. Reis und Salz per Koyang von 27 Pikol; Arak per Legger von 388 Kannen. Die Einfuhrartikel werden in der Regel auf 3 bis 9 Monate Credit verkauft, und zwar gegen Solawechsel an Ordre, zahlbar auf das bedungene Ziel.

Handelsanstalten. Faktorei der niederländischen Handels-Gesellschaft (f. Amsterdam). See- und Feuerversicherungsanstalten. Die Bank von Java. Sie wurde zum Betrieb aller Bankgeschäfte durch Privilegium vom 11. Dezember 1827 gegründet, welches am 17. Juli 1837 erneuert worden ist; das ursprüngliche Actienkapital betrug 2 Mill. Gulden. Sie gab aber Noten bis zu 10 Mill. Gulden aus, machte Darlehen auf unzulängliche Sicherheit und in Posten, welche außer allem Verhältniß zu ihren Mitteln waren. Im Jahr 1839 stellte sie ihre Zahlungen ein; ihre Noten erhielten sich wegen Entwerthung des Kupfergeldes gleichwohl im Umlauf; sie galten aber bald auch nur 75 Procent. Die Kaufleute, theils interessirt, theils die Katastrophe fürchtend, und die Regierung, indem sie die Gläubiger einschüchterte, hielten den Bankerott auf. Nun nahm aber ein Interessent zu den Gerichten Zuflucht, um die Bank zur Silberzahlung zu zwingen. Demzufolge intervenirte der Generalgouverneur, indem er durch Decret vom 29. März 1845 die Zahlungen verbot. Im Jahr 1846 führte die Regierung eine Art Papiergeld, Recepissen genannt, ein, welche Kupfergeld repräsentirten, und diesem wegen der leichtern Transportfähigkeit und auch darum vorgezogen wurde, weil die Regierung zeitweilig Wechsel auf 10 Monate auf Holland dafür gab. Ein Erlaß vom 26. März 1846 sagt, daß von in Umlauf befindlichen 7,422,175 fl. Banknoten sich 7,242,250 fl. in den Regierungskassen von Java und Madura befinden, und ordnet an, daß die Noten künftig stets mit Recepissen eingelöst, das Maximum der Noten, welche ausgegeben werden dürfen, bestimmt, und von Zeit zu Zeit veröffentlicht, und die Noten an allen Regierungskassen angenommen werden. Derselbe Erlaß bestimmte auch, daß, so lange das Kapital der Bank nicht auf die ursprüngliche Einlage von 2 Mill. Gulden ergänzt ist, keine Gewinnvertheilung stattfinden, die Gewinnvertheilung auch nachher nicht 9 Procent der Einlage überschreiten soll, so lange nicht ein Reservefonds von 50 Procent des Kapitals gebildet sei. Wenn dies geschehen, soll die Gewinnvertheilung bis 12 Procent betragen dürfen. Im Jahr 1848 wurde der Bank eine neue Concession gewährt, welche ihr Kapital abermals auf 2 Mill. Gulden (Kupfer oder Recipissen) fixirte und ihrer Notenausgabe nur die Einlösung mit Recepissen zur Bedingung machte, welche Einlösung natürlich wenig begehrt wird. Scheinbar ist auf diese Weise die Solvenz der Bank wieder hergestellt. Im Jahr 1850 hatte die Bank einen Reingewinn von 142,077 fl., von welchem zwei Drittel an die Actionäre vertheilt worden sind. Es gibt Zweigbanken in Samarang und Surabaya. (Otto Hübner, die Banken.)

Bayonne,
französische Seehandelsstadt an der spanischen Grenze.

Münzen, Maaße und Gewichte wie Paris.

Wein und Branntwein werden auch noch nach dem alten Bayonner Maaße verkauft, nach welchem der Tonneau (das Faß) = 4 Bariques (Oxhoft) zu 40 Veltes zu 8 Pintes. 1 Velte = 7,6 Liter.

Beaucaire,
noch immer ein sehr wichtiger Meßplatz, im französischen Departement des Gard. Die Messe beginnt am 22. Juli und dauert 7 Tage.

Rechnungsart, Münzen, Maaße und Gewichte wie Paris.

Beirut,
Handelsstadt in Syrien.

Rechnungsart und Münzen Syriens sind die türkischen, s. Konstantinopel.

Maaße und Gewichte, s. Konstantinopel und Aleppo.

Curssystem.

Wien und Triest	± 360 Paras für 1 fl. im 20-Guldenfuße.
London	„ 116 Piaster „ 1 Liv. Sterling.
Paris und Marseille	„ 180 Paras „ 1 Frank.
Livorno	„ 150 „ „ 1 toskanische Lire.

Belgrad.
Hauptstadt des Fürstenthums Serbien.

Rechnungsart. Serbien rechnet nach Piastern zu 40 Paras; Münzen werden nicht geprägt. Die Regierung hat den österreichischen Ducaten zu 24 Piaster, und den österreichischen Conventionsthaler von 2 fl. des 20-Guldenfußes zu 10 Piastern tarifirt. Dies ist der sogenannte Contributions- oder Steuercurs, im Gegensatze zum Platzcurse, nach welchem der öster. Ducat zu 56, und der Thaler Conventionsgeld zu 24 Piastern angenommen wird. Im Handel werden die Geschäfte mehrentheils in österreichischem Gelde abgeschlossen.

Maaße und Gewichte sind die türkischen, s. Konstantinopel.

Die türkische Arschin = 2¼ Wiener Fuß. Getreide wird nach dem Gewicht verkauft, und der Preis für 100 Oken bestimmt. Branntwein wird nach dem Pesther Eimer zu 64 Halben (s. Pesth) oder auch nach dem Gewicht verkauft, wobei die Oka = 1¼ Wiener Maaß gerechnet wird. Die Oka von 4 Litra zu 100 Drammen (Drachmen) wird in der Praxis = 2¼ Wiener Pfund gerechnet. Wolle und Tabak werden auch nach dem Wiener Pfunde verkauft.

Benares,
Handelsstadt in der britisch-ostindischen Präsidentschaft Bengalen.

Rechnungsart und Münzen wie Calkutta.

Maaße und Gewichte im Allgemeinen wie in Calkutta, und mit Ausnahme folgender Schwermaaße:

Der hier übliche Mirzapur-Mahnd, oder Mahnd (Maund) von Mirzapur, einer nahe gelegenen großen Stadt, von 40 Sihrs (Seers) = 39,1176 Kilogramm. Auch der Sihr von Allahabad und Lucknow wird hier gebraucht; 40 Allahabad-Sihrs = 1 Mahnd von Allahabad und Lucknow = 44,7058 Kilogramm. — 100 Mahnds und Sihrs von Allahabad = 120 Bazar-Mahnds und Sihrs von Calkutta.

Gold- und Silbergewicht ist die Tola = 13,93 Grammen.

Berbice s. Demerare.

Bergamo,
Hauptstadt der gleichnamigen Provinz in der Lombardei.

Rechnungsart und Münzen wie Mailand.

Sonst rechnete man nach Lire zu 20 Soldi zu 12 Denari. Der Ducado hatte 6⅓ Lire, und es gingen 103 Lire correnti auf die Cölnische Mark fein Silber; daher 100 Lire correnti = 23 fl. 47 kr. rhn. = 13 thlr. 17 sgr. 9 pf. Preuß. = 20 fl. 38 nkr. österr.

Curssystem wie Mailand.

Maaße und Gewichte. Die neuen metrischen Maaße (s. Mailand) sind fast nur im Gebrauche der Behörden; im Verkehr dagegen sind noch folgende gebräuchlich:

Der Fuß (Piede) zu 12 Zoll (Titi) = 194,06 Pariser Linien. Der Cavezzo (Klafter) = 6 Fuß. Der Handels-Braccio (Elle) = 292,274 Par. Linien. Der Ban-Braccio = 235,574 Par. Linien.

Die Soma (Getreidemaaß) zu 8 Staja zu 32 Quartari = 1,713 Hektoliter. Die Brenta (Flüssigkeitsmaaß) zu 54 Pinte zu 2 Boccali = 70,69 Liter.

Es gibt zweierlei Gewichtseinheiten, nämlich:

1) Vom Peso grosso (Schwergewicht) für größere Waaren hat die Libbra grossa (Pfund) 30 Unzen = 812,822 Grammen.

2) Vom Peso sottile (Leichtgewicht) für feinere Waaren (Seide, Specereien ꝛc.) hat die Liretta 12 von obigen Unzen = 325,128 Grammen. Daher 2 Libbra grossa = 5 Lirettas. — 1 Rubbio oder Peso = 10 Libbra grossa = 25 Lirettas.

Gold- und Silbergewicht wie Mailand.

Handelsusanzen. Die Seide wird nach Lire correnti verkauft. Waaren-Courtage ½ Procent für den Käufer und Verkäufer; für Seide wird die Courtage zu 1 Soldo per Pfund berechnet.

Die für den Seidenhandel wichtige Messe dauert vom 26. August bis zum 7. September.

Bergen,

Haupthandelsstadt des Königreichs Norwegen.

Münzen, Maaße und Gewichte wie Christiania.
Hier ist ein Filial der Drontheimer Bank.

Berlin,

Hauptstadt des Königreichs Preußen.

Münzen und Rechnungsart. In Preußen rechnete man seit 1826 gesetzlich nach Thalern zu 30 sgr. zu 12 Pfennigen (früher nach Thalern zu 24 Groschen zu 12 Pfennigen) im 14 Thalerfuße (14 thlr. = 1 Cöln. Mark fein Silber); seit dem 24. Januar 1857 ist aber der 30 Thalerfuß eingeführt, nach welchem 30 Thaler auf das Zollpfund fein Silber gehen. Weil 233,855 Grammen = 1 Cölnische Mark und 14 Thaler des 14 Thalerfußes 1 Cöln. Mark fein Silber enthalten, so ist 1 Thaler des 14 Thalerfußes = 1 thlr. $^4/_5$ pf. des 30 Thalerfußes. Wegen dieses geringen Unterschiedes werden die neuen Thaler denen des 14-Thalerfußes gleich geachtet.

Geprägt werden in Silber:

Zweithalerstücke, von welchen 15 ein Zollpfund fein Silber enthalten. Weil in 1000 Gewichtstheilen der legirten Masse 900 Gewichtstheile fein Silber enthalten sein sollen (s. Einleitung), so wiegen 13 $^1/_2$ Stück 1 Zollpfund. Einthalerstücke, 30 auf das Zollpfund fein Silber; weil die Masse, aus welcher sie geprägt werden, ebenfalls $^{900}/_{1000}$ fein ist, so wiegen 27 Stück 1 Zollpfund.

Stücke zu $^1/_6$ Thaler, 180 auf das Zollpfund fein Silber; weil das Silber nur $^{520}/_{1000}$ fein ist, so wiegen 93$^6/_{10}$ Stück 1 Zollpfund.

Die Thaler- und Zweithalerstücke gelten sowohl als Vereinsmünze (s. Einleitung) als auch als Landesmünze. Für die Zweithalerstücke beträgt das Remedium am Gewicht und Feingehalt $^3/_{1000}$ Theile; für die Thalerstücke ist das Remedium am Gewicht $^4/_{1000}$ Theile und am Feingehalt $^3/_{1000}$ Theile; für die $^1/_6$ Stücke am Gewicht $^{10}/_{1000}$ Theile und am Feingehalt $^5/_{1000}$ Theile:

Silberscheidemünzen werden geprägt:

Stücke zu 2$^1/_2$, 1 und $^1/_2$ Silbergroschen nach einem 34$^1/_2$ Thalerfuße. Der Feingehalt der Stücke zu 2$^1/_2$ sgr. ist $^{375}/_{1000}$, der Stücke zu 1 und zu 1$^1/_2$ sgr. $^{240}/_{1000}$; es enthalten also 414 Stück zu 2$^1/_2$ sgr., oder 1035 Stück zu 1 sgr., oder 2070 Stück zu $^1/_2$ sgr. ein Zollpfund fein Silber, und bezüglich 155$^1/_4$, 227$^7/_{10}$ und 455$^2/_3$ Stück dieser Sorten wiegen 1 Zollpfund.

Kupferscheidemünzen werden geprägt:

Stücke zu 4, 3, 2 und 1 Pfennig.

Goldmünzen werden geprägt:

Kronen und halbe Kronen, 50 und 100 Stück aus 1 Zollpfund feinen Goldes. Der Feingehalt dieser Münzen ist $^{900}/_{1000}$; daher wiegen bezüglich 45 und 90 Stück 1 Zollpfund. Remedium am Gewicht $^5/_{2000}$, am Feingehalt $^2/_{1000}$ Theile. Nimmt man den Preis des Zollpfundes fein Gold zu 798 fl. rhn. an, so stellt sich der Werth einer Krone auf ca. 15 fl. 57 kr. rhn. = 9 thlr. 3 sgr. preuß. = 13 fl. 40 nkr. österr.

Die vor dem Vertrag vom 24. Januar 1857 in Preußen gesetzlichen Silbermünzen bestanden aus Zweithalerstücken, Thalern und $^1/_6$ Thalerstücken im 14 Thalerfuße, so wie in Silberscheidemünzen zu 2$^1/_2$, 1 und $^1/_2$ sgr. in einem 16 Thalerfuße.

Von der Kupferscheidemünze, aus Stücken zu 4, 3, 2 und 1 pf. bestehend, wurde die Cöln. Mark Kupfer zu 12⅓ Sgr. ausgebracht (denn 12 pf. wiegen 5 Quentchen, 4 Quentchen = 1 Loth, 32 Loth = 1 Pfund = 2 Cöln. Mark).

In Gold prägte man Friedrichsd'or zu 35 Stück auf die rauhe Mark zu 21 Karat 8 Grän fein; es wurden auch doppelte und halbe Friedrichsd'or geschlagen. In den öffentlichen Kassen in Preußen wird der Friedrichsd'or im Nominalwerth von 5 thlr. zu 5 thlr. 20 sgr. angenommen.

Zur Zeit des siebenjährigen Krieges wurden Friedrichsd'or unter preußischem Stempel in einem Feingehalt von 15 Karat 3 bis 6 Grän und in gleichem Gewicht mit den vollhaltigen Friedrichsd'ors ausgemünzt, und diese sogenannten Neuen- oder Mittel-Friedrichsd'or mit den Jahreszahlen 1755, 56, 57 und 59 kommen neben vollhaltigen mit gleichen Jahreszahlen noch im Umlaufe vor, obgleich sie durch das preußische Münzedict vom 29. März 1764 zum Umprägen einberufen worden sind. Diese Mittel-Friedrichsd'or, unter welchen auch bisweilen Stücke mit der Jahreszahl 1750 erscheinen, weil der Schwanz der 6 oder 9 weggeschabt worden ist, unterscheiden sich von den vollhaltigen gleichen Jahrganges im Allgemeinen durch die größere Dicke und die rothe Farbe der abgeriebenen Stellen, insbesondere die mit den Jahreszahlen 1755 und 1756 durch das u in der Umschrift Fridericus Borussorum Rex, wofür die vollhaltigen ein v haben. In dem Jahrgang 1757 haben beide Arten ein u in der Umschrift, und unterscheiden sich dadurch also nicht mehr. Mit der Jahreszahl 1758 gibt es nur vollhaltige, keine Neuen- oder Mittel-Friedrichsd'or, erstere sind selten, wogegen mit der Jahreszahl 1759 nur Mittel- und keine vollhaltigen Friedrichsd'or gefunden werden. Die bis jetzt übrig gebliebenen Mittel-Friedrichsd'or aus der Zeit des siebenjährigen Krieges werden nach ihrem inneren Werthe von der preußischen Münze zu 3 thlr. 24 bis 29 sgr. angenommen. Doppelt und halbe Mittel-Friedrichsd'or kommen fast gar nicht mehr vor. Alle übrigen preußischen Friedrichs- und Friedrich Wilhelmsd'or von 1737 sind vollhaltig ausgeprägt, und werden, wenn sie nicht durch Beschneiden und Auflösungsmittel sichtlich zu leicht geworden sind, in den preußischen Kassen für voll angenommen. Obige Angaben sind einem Bericht der preußischen Münzdirection vom 16. Nov. 1859 entnommen.

Papiergeld. Es gibt über 15 Mill. Thaler in Kassenanweisungen zu 1, 5, 10, 50 und 100 thlr. Die Bank hat über 50 Mill. Thaler in Noten zu 500, 100, 50, 25 und 10 Thlr. in Umlauf; ebenso circuliren Noten von Privatbanken und ausländische Kassenscheine von wenigstens 10 thlr. Ausländische Banknoten und Kassenscheine unter 10 thlr. dürfen nicht in den Verkehr kommen.

Cursystem.

Amsterdam kurze Sicht und 2 Monat ±	142	thlr. per	250 fl. holl.
Hamburg desgl.	150	„ „	300 Mark Banco.
London 3 Monat	6⅓	„ „	1 Liv. Sterl.
Paris 2 Monat	80	„ „	300 Franken.
Wien desgl.	84	„ „	150 fl. österr. W.
Augsburg desgl.	56	„ „	100 fl. rhn.
Frankfurt a. M. desgl.	56	„ „	100 fl. rhn.
Leipzig desgl. 8 Tage und 2 Monat	99	„ „	100 thlr. in Leipzig.
Petersburg 3 Wochen dato	96	„ „	100 Silberrubel.
Bremen 8 Tage dato	108	„ „	100 thlr. Louisd'or.

Unter kurzer Sicht versteht man 10 Tage für Amsterdam, 8 Tage für

Hamburg und 1 Tag für Breslau, welches wie Leipzig, nämlich für 100 thlr. zahlbar in Breslau, notirt wird.

Wechselstempel. Im Auslande ausgestellte und auf ausländische Plätze gezogene Wechsel sind stempelfrei. Wenn ein gezogener Wechsel in mehreren Exemplaren ausgefertigt wird, so ist nur das zur Circulation bestimmte Exemplar stempelpflichtig. Auch die zum Indossiren bestimmte Abschrift unterliegt dem Wechselstempel. Derselbe beträgt

von   50 thlr. Courant bis mit 400 thlr. . . 5 sgr.
„   400 „   „   „   „ 800 „   . . 10 „
„   800 „   „   „   „ 1200 „   . . 15 „

und so fort für je 400 thlr. immer 5 sgr. mehr.

Dagegen bedürfen Anweisungen, welche am Orte der Ausstellung entweder am Tage der Ausstellung selbst oder im Laufe des darauf folgenden Tages zahlbar sind, keines Stempels, und ebensowenig die an den Inhaber gestellten Giro-Anweisungen der preußischen Bank in Berlin.

Für Valuten in Friedrichsd'or zahlbar werden 10% Agio zugeschlagen und von dem Werthe in Courantgeld die Stempeltaxe berechnet.

Ausländische Wechselvaluten werden zur Feststellung der Stempeltaxe nach folgenden Sätzen in preuß. Geld berechnet:

Bei Wechseln auf Holland 571½ thlr. für 1000 fl. holl.,
              Wien   66⅓ „   „ 100 fl. österr. W.
Frankfurt und Augsburg 58⅓ „   „ 100 fl. rhn.
              Hamburg   56   „   „ 111 Mark Banco,
              London   6841   „   „ 1000 Liv. Sterl.,
Bordeaux und Paris   80   „   „ 300 Franken,
Riga und Petersburg   28⅔   „   „   28⅟₇ Rubel Silber.

Der Stempel muß unmittelbar nach der Ausstellung und bevor noch ein Accept oder Indossament darauf gesetzt worden ist, nachgesucht werden. Die unterlassene Verwendung des Stempels zieht eine Strafe nach sich, welche den 25fachen Betrag des unterlassenen Stempels sowohl bei gezogenen als bei eigenen Wechseln beträgt. — Policen zahlen ½ Procent vom Betrage des Documents.

Die Courtage für Wechsel beträgt 1 pro Mille vom Käufer und Verkäufer.

Geld- und Metallcurse. Die preußischen Friedrichsd'or werden mit ± 13 Procent Agio notirt, wonach ± 113 thlr. Courant für 100 thlr. in Gold (oder 20 Stück) gezahlt werden. Andere deutsche Pistolen stehen etwas niederer (10 bis 12 Procent Agio) als die preußischen Friedrichsd'or.

Gold in Barren wird alla libbra, per Analogie mit der früheren ital. Bezeichnung al marco, d. h. per Zollpfund von 500 Grammen notirt; ebenso Silber in Barren. — Englische Sovereigns, russische Imperialen, Zwanzig- (u. a.) Frankenstücke, amerikanische Dollars in Gold, Silberrubel, spanische Piaster ꝛc. werden per Stück notirt.

Cursnotirung der Staatspapiere. Die Curse der inländischen Papiere sind in Thaler preuß. per 100 thlr. preuß. zu verstehen.

Die Curse der Obligationen der russischen Anleihen von 1822 und 1850 und diejenigen der sardinisch-englischen Anleihe werden in Liv. Sterl. per 100 Liv. Sterl. notirt, wobei 1 Liv. Sterl. = 6¾ thlr. preuß. gerechnet wird.

Die Curse verschiedener 4procentiger russischer Obligationen werden in Silberrubel per 100 Silberrubel notirt, wobei 93 Silberrubel = 100 thlr. preuß. Die russisch-polnischen Schatzobligationen, Pfandbriefe und Partialobligationen werden in Thaler preuß. per 600 poln. Gulden. und die Partialobligationen über 300 fl. werden in Thaler preuß. per Obligation notirt. Die laufenden Zinsen werden zum festen Curs 95 thlr. preuß. für 600 fl poln. vergütet.

Für die polnischen Bankcertificate zu 300 fl. ist der Curs in fl. polnisch per 100 fl. poln. zu verstehen, wobei 6 fl. poln. = 1 thlr. preuß. gerechnet werden. Der Curs für die österreichischen Obligationen wird in Thaler preuß. per 150 fl. nominell notirt; die Zinsen werden nach dem Wechselcurs auf Wien berechnet. Für die Obligationen der Hamburger Feuerkassen=Anleihe der Curs in Mark Banco per 100 Mark Banco, wobei 2 Mark Banco zu 1 thlr. preuß. berechnet werden. Deutsche Lotterie=Anlehenloose werden in Thaler preuß. per Stück notirt. Im Handel mit süddeutschen Effecten rechnet man 7 fl. rhn. = 4 thlr. preuß., mit holländischen Effecten 250 fl. holl. = 145 thlr.; mit spanischen Effecten den Piaster = 1½ thlr.

In Berlin werden außerdem die Actien und Obligationen vieler Eisenbahnen, sowie auch außer den Actien der preußischen Bank diejenigen der meisten deutschen Privatbanken, Creditanstalten und größerer industriellen Unternehmungen notirt.

Preußische Staatspapiere. Sie bestehen dermalen aus

1) 3½procentigen Obligationen zu 25, 50, 100, 200, 300, 400, 500 und 1000 thlr. preuß. im Gesammtbetrag von ca. 100 Mill. Thaler.

2) Obligationen der freiwilligen Anleihe von 1848 zu 4½ Procent von 15 Mill. Thaler.

3) Obligationen der Staatsanleihen von 1850, 52, 54, 55 und 57 zu 4½ Procent im Gesammtbetrage von ca. 73 Mill. Thaler., und einer 4procentigen Anleihe von 1853 über 5 Mill. Thaler.

4) Obligationen der 3½procentigen Prämien=Anleihe von 1855 mit Tilgung durch Ausloosung über 15 Mill. Thaler.

5) Obligationen der 5procentigen Anleihe von 1859.

6) Obligationen verschiedener Provinzial= und städtischen Anleihen, namentlich Obligationen der Kurmark und der Neumark von 25 bis 1000 thlr. preuß. zu 3½ Procent verzinslich; ferner Berliner Stadtobligationen von 25 bis 1000 thlr. preuß. zu 4 Procent verzinslich, und Obligationen mehrerer anderer preuß. Städte.

7) Verschiedenen landschaftlichen Obligationen, sogenannten Pfandbriefen von ritterschaftlichen Creditvereinen, welche gegen gehörige Sicherheit für Kapital und Zinsen und unter Controle der Regierung emittirt worden sind; sie tragen mehrentheils 3½ Procent Zinsen, welche gegen Coupons bei den betreffenden Kassen halbjährig bezahlt werden. Von diesen Papieren gibt es Westpreußische, Ostpreußische, Kur= und Neumärkische, Pommersche und Schlesische Pfandbriefe in Beträgen von 20, 25, 40, 50, 75, 100, 200 bis 1000 thlr. zu 3½ und 4 Procent Zinsen. Von denen unter 4 Procent auch in Goldvaluta, deren Zinsen mit 4 sgr. pro Thaler Agio in Courantgeld gezahlt werden. Die schlesischen Pfandbriefe haben keine Coupons; die Zinsen müssen auf den Pfandbriefen oder Recognitionsscheinen abgestempelt werden; ferner gibt es Posensche Pfandbriefe in Beträgen von 25, 50, 250, 500 und 1000 thlr. Courant mit 4 Procent Zinsen, und schlesische Pfandbriefe Lit. B. zu 4 Procent Zinsen.

8) 4procentigen Rentenbriefen von Rentenbanken in 7 preuß. Städten.

Usanzen im Handel mit Staatspapieren und gesetzliche Bestimmungen hierüber. Die auf größern Handelsplätzen üblichen Fonds=geschäfte kommen auch auf der Berliner Börse vor. Die Courtage beträgt 1 pro

Mille vom Käufer und Verkäufer. Lieferungsgeschäfte und Verkäufe auf spanische Staatspapiere, so wie überhaupt über ausländische Creditpapiere und über nicht volleingezahlte inländische Actien sind gesetzlich ungültig. Gegen baare Zahlung und gleich lieferbar können dagegen Käufe und Verkäufe dieser Art rechtsgiltig geschlossen werden. Alle giltigen Zeitgeschäfte müssen ohne Ausnahme bis Abends 6 Uhr erfüllt sein. Kündigungen haben bei gewöhnlichen Zeitgeschäften, wo nichts Besonderes bedungen ist, bis 1½ Uhr Nachmittags an der Börse zu geschehen.

Wechselrecht. Seit 1849 gilt in ganz Preußen die allgemeine deutsche Wechselordnung. Das Einführungsgesetz vom 15. Februar 1850 enthält im Wesentlichen folgende Bestimmungen:

1) Die Amortisation eines Wechsels ist bei dem ordentlichen Gerichte des Zahlungsortes, und wo Handelsgerichte bestehen, bei diesen nachzusuchen. Der Antragende muß eine Abschrift des Wechsels beibringen, oder doch den wesentlichen Inhalt desselben, und alles das, was das Gericht zur vollständigen Erkennbarkeit für nöthig hält, angeben, auch den Besitz und Verlust glaubhaft machen. Das Gericht erläßt eine öffentliche Aufforderung an den unbekannten Inhaber des Wechsels, binnen einer bestimmten Frist den Wechsel dem Gerichte vorzulegen, mit der Verwarnung, daß sonst der Wechsel werde für kraftlos erklärt werden. Die Frist zur Meldung wird auf mindestens sechs Monate und höchstens ein Jahr vom Verfalltage ab gerechnet, bestimmt. Wird von einem Inhaber der Wechsel vorgelegt, so ist dem Antragsteller hiervon Kenntniß zu geben, und ihm zu überlassen, sein Recht gegen den Inhaber geltend zu machen. Meldet sich kein Inhaber, so erklärt das Gericht, auf weiteren Antrag des Antragstellers, den Wechsel für amortisirt.

2) Zu den Gerichtsbeamten, welche Proteste aufnehmen können, gehören im Bezirke des Appellationsgerichtshofes zu Cöln auch die Gerichtsvollzieher.

3) Proteste dürfen nur von 9 Uhr Vormittags bis 6 Uhr Abends, zu einer früheren oder späteren Tageszeit aber nur mit Zustimmung des Protestaten erhoben werden.

4) Wechselklagen können sowohl bei dem Gerichte des Zahlungsortes, als bei dem Gerichte, bei welchem der Beklagte seinen persönlichen Gerichtsstand hat, erhoben werden.

5) Im Bezirke des Appellationsgerichtshofes zu Cöln gehören die Klagen aus eigenen Wechseln auch dann vor die Handelsgerichte, wenn sie weder von Handeltreibenden unterschrieben sind, noch Handelsgeschäfte zur Veranlassung haben.

6) Die Bestimmungen des Allgemeinen Landrechts über Handelsbillets und kaufmännische Assignationen sind aufgehoben.

Maaße und Gewichte. Längenmaaße:

Der Fuß zu 12 Zoll zu 12 Linien, von gleicher Länge wie der vormals gebräuchliche rheinländische Fuß = 139, 13 Pariser Linien.

12 Fuß = 1 Ruthe für geometrische Messungen in ¹⁄₁₀-Ruthe, -Fuß, -Zoll ꝛc. eingetheilt.

2000 Ruthen = 1 preuß. Meile.

108 Kubikfuß = 1 Klafter, als Maaß für Brennholz, Steine ꝛc.

Die preuß. Elle, zu 25½ Zoll des Fußes hält 295,65 Pariser Linien. Im Handel wird der englische Yard = 1⅜ preuß., die Pariser Aune (der Stab) = 1¾ preuß. Ellen, die Leipziger Elle = ⁶⁄₇ preuß. Elle gerechnet. — Das Stück Garn hat 20 Gebinde zu 20 Faden zu 3½ preuß. Ellen.

Flüssigkeitsmaaße: Als Einheit das Quart = 1,145 Liter. Beim Wein- und Branntweinmaaß hält das Fuder 4 Oxhoft zu 1½ Ohm oder 3 Eimer zu

2 Anker zu 30 Quart. Also 1 Eimer = 60 Quart. Die Flasche Wein rechnet man zu ¾ Quart. Beim Biermaaß hat das Gebräue 9 Kufen zu 2 Faß zu 2 Tonnen zu 100 Quart. 1 Tonne = 114,5 Liter.

Getreidemaaße: Die Einheit ist der Scheffel zu 16 Metzen, gestrichen gemessen, = 54,96 Liter. Die Metze = 3,435 Liter. Im Getreidehandel und bei Eisenbahnfrachten rechnet man nach Wispel zu 2 Malter zu 12 Scheffel zu 4 Viertel zu 4 Metzen zu 4 Mäßchen. Hiernach hat der Wispel 24 Scheffel; derselbe wird aber bei Weizen, Roggen, Gerste, Erbsen und Oelsaamen zu 25, und beim Hafer zu 26 Scheffel gerechnet. Gewöhnlicher gehen aber auf die Last Getreide 60 Scheffel.

Salz, Kalk, Kohlen, Gyps, Asche ꝛc. werden nach der Tonne zu 4 Scheffel = 219,846 Liter gemessen. Die Tonne zu Leinsaat hat 37⅔ Metzen = 130,06 Liter.

Gewichte. Seit dem 1. Juli 1858 ist in Preußen die Gewichtseinheit des deutschen Zollvereins, das Zollpfund, als Landesgewicht eingeführt. Das Zollpfund, von welchen 100 = 1 Zollcentner, wiegt 500 Grammen; daher der Zollcentner = 50 Kilo franz. Gewicht (s. Paris). Das Pfund wird in 30 Loth, das Loth in 10 Quentchen, das Quentchen in 10 Zent, der Zent in 10 Korn getheilt, wonach 1 Pfund = 30,000 Korn. Kleinere Theile sollen ohne besondere Benennung durch Decimalbruchtheile des Korn angegeben werden.

In Betreff des Münzgewichts ist das Pfund von 500 Grammen ebenfalls an die Stelle der Münzmark von 233,855 Grammen getreten, und es wird dasselbe in 1000 Theile mit weiterer Decimalabstufung getheilt; der zehnte Theil eines Tausendtheils heißt As.

Auch im öffentlichen Verkehre müssen alle Münzmetalle nach dem neuen preuß. Gewichte gewogen werden.

Als Juwelen- und Medicinalgewicht soll das Zollgewicht ebenfalls eingeführt werden.

Die älteren Gewichte waren folgende:

Der Centner zu 110 Pfund zu 32 Loth zu 4 Quentchen. 1 Pfund = 467,71 Grammen = 0,9354 deutsche Zollpfund. 1 Centner = 51,447 Kilogr.

Gold-, Silber-, Münz- und Probirgewicht ist die preuß. Mark = ½ Pfund, für Gold in 24 Karat zu 12 Grän, für Silber in 16 Loth zu 18 Grän getheilt. 1 Mark = 233,855 Grammen. (Die Cöln. Mark = 233,75 Gramm.)

Juwelengewicht für Edelsteine, Perlen ꝛc. das Karat, welches in ½, ¼, ⅛ u. s. w. durch Halbirungen getheilt wird, = 20,6537 Centigramme.

Medicinalgewicht ist das Medicinalpfund zu ¾ Pfund altpreußisches Handelsgewicht, und wird eingetheilt in 12 Unzen zu 8 Drachmen zu 3 Scrupel zu 20 Grän. = 5760 Gran. = 350,783 Gramm.

1 Schiffspfund = 3 Centner. 1 Schiffslast = 4000 Pfund. 1 Stein Wolle = 22 Pfund. Von den alten Berliner Maaßen kommen noch vor: Der Haufen Brennholz zu 4½ Klaftern zu 6 Fuß Höhe und Breite und 3 Fuß Klobenlänge. 1 Tonne Holzkohlen = 3 gehäufte alte Scheffel. 1 Haufen Steinkohlen = 28 alte Scheffel. 1 Scheffel = 5196,15 Centiliter. 1 Haufen Torf = 6 große Maaßkorb zu 1000 Stück, = 240 kleine Maaßkorb zu 25 Stück. Das alte Berliner Quart = 1,022 neue Quart. Der alte Anker zu 32 Quart, der alte Eimer zu 64 Quart. Die Tonne Bier zu 4 Dehmchen zu 24 Quart zu 2 Dößel.

Handelsusanzen. Die Courtage bei Waarengeschäften wird mit 1 %
vom Verkäufer vergütet. — Bei den meisten Artikeln wird die wirkliche Tara angenommen. Brutto berechnet (Netto-Tara) werden Kaffee, Rüböl und Talg.
Schwefel in Kisten, franz. und engl. Syrup und Rosinen erhalten 10 %; Hamburger Sirup erhält die Hamburger Tara, mit 4 % Aufschlag in preußischem
Gewicht reducirt. Zantische und Triester Corinthen 14 %; bei Triester Corinthen
auch wohl Netto Tara, indem die berechnete Tara angenommen, und mit 20 % Aufschlag in preuß. Gewicht reducirt wird. Hanföl erhält 15%, Baumöl bei 1000 Pfund
und darüber 14 %, bei 500 Pfund bis 999 Pfund 16 %, unter 500 Pfund
18 %, und zwar durchgängig mit Abrechnung des am Boden der Fässer befindlichen Kaltes. — Die meisten Gewichtswaaren werden per Centner oder per Pfund
verkauft. Ausnahmen davon machen: engl. Blech per Kiste, Butter, schlesische per
Faß von 30 Quart, preuß., pommersche und mecklenburgische per Centner; harzer
und Goslar'sche Glätte per Tonne, engl. Glätte per Centner; Rum per 192 Quart;
Sardellen per Anker; grüne Seife per 280 Pfund oder 240 Pfund; franz. und
ital. Sodaseife per Centner; Hamb., dänischer und Drei-Kronen-Thran per Tonne,
Südseethran per Centner; inländischer Weinessig per Oxhoft; franz. Weinessig per
Tierçon. — Getreide kauft man gewöhnlich (besonders aus Polen) per Wispel zu
25 Scheffel, während beim Verkaufe der Wispel nach Uebereinkommen bald zu 25,
bald zu 24 Scheffel gerechnet wird. — Spiritus wird hier gewöhnlich per Faß
von 100 Quart von 80% Tralles*) verkauft.

Handelsanstalten. 1) Die königl. preuß. Hauptbank wurde im J. 1765
von König Friedrich II. gegründet, und laut Edict vom 17. Juni 1765 mit einem
Kapitale von 8 Mill. Thaler dotirt, welche jedoch nie ganz einbezahlt oder in Zeiten
der Noth theilweise zurückgezogen worden zu sein scheinen. Durch Kabinets-Ordre
vom 11. April 1846 wurde die Liquidation der bisherigen Königl. Bank angeordnet
und eine Bankordnung für das neue Institut der preußischen Bank ertheilt, bei
welcher sich auch Private betheiligen konnten. Das Betriebskapital der Bank
besteht zunächst laut Statuten aus dem Ueberschuß des vom Staate herrührenden
alten Kapitals, aus einem Actienkapital von 10 Mill. Thaler und aus den Depositen von Vormundschafts- und Gerichtsbehörden, Kirchen, Schulen ꝛc., welche der
Bank unter Garantie des Staates überwiesen werden. Die Actien von 1000 thlr.
lauten auf Namen, und werden Bank-Antheilscheine genannt. Die Regierung kann
das Actienkapital verdoppeln lassen nach Anhörung der Bankantheils-Eigener über
das Bedürfniß. Verkauf oder Verpfändung von Actien werden auf Grund beglau-

*) Der Alcoholometer von Tralles ist auch in den deutschen Zollvereinsstaaten Behuf der
Steuererhebung eingeführt. Dieser Alcoholometer hat die Einrichtung, daß das Instrument in destillirtem
Wasser bis auf den mit 0 bezeichneten Punkt einsinkt, und in reinem Alcohol bis auf 100. Die Scala ist
nach Procenten des Volumens eingetheilt. Es heißt hiernach ein Branntwein von 30 Grad derjenige, der
in 100 Kannen 70 Kannen Wasser und 30 Kannen Alcohol enthält. Der Preis des Weingeistes wird nun
in der Art bestimmt, daß man eine gewisse Menge von einem gewissen Procentgehalte zur Grundlage nimmt,
und nach dieser Norm sodann stärkeren oder schwächeren Weingeist berechnet. Hierbei sind nun die Gebräuche
sehr verschieden, sowohl hinsichtlich der Maaßeinheit, als auch der Stärkeeinheit. In Berlin werden die
Preise für eine Menge von 100 Quart und für einen Procentgehalt von 80 Grad Tralles festgesetzt. Hätte
man daher einen Weingeist zu berechnen, der nur 50 Grad enthalte, so würde der Betrag des ganzen Quantums zu dem festgesetzten Preise für 80 Grad zu ermitteln, hiernach aber in dem Verhältniß von 80 zu 50
zu reduciren sein. In Berlin verfährt man aber nicht so. Der Stärkegehalt wird nämlich nicht nach den
Procentgraden angegeben, sodann durch diejenige Zahl bezeichnet, welche sich durch Multiplication der Maaßeinheit, hier also 100, mit 80 ergibt. Ein Weingeist von 80 Grad, und zwar der normalen Stärke, wird
mit 100 mal 80, also 8000 bezeichnet. Wenn nun z. B. 1 Oxhoft (also 180 Quart) Spiritus von 50 Grad
Tralles zu 12½ thlr. verkauft wird, so ergibt sich aus 180 mal 50 = 9000 Procent und 8000 Procent
der gesuchte Werth aus der Proportion:
8000 : 12½ = 9000 : X = 14 thlr. 1⅛ sgr.

bigter Erklärungen auf den Büchern der Bank vorgemerkt. Die Regierung kann nach Ablauf von 15 Jahren (1861), alsdann aber alle zehn Jahre die Rückzah= lung des eingeschossenen Kapitals anordnen, und nach Ablauf der ersten Frist jederzeit die Statuten einer Abänderung unterwerfen. Dem Einschuß des Staates sollen die jährlichen Dividenden (3 ½ Procent) zuwachsen; außerdem kann der Staat durch den darauf fallenden Gewinnantheil oder andere Einschüsse seinen Einschuß vermehren. Der Reservefonds darf 50 % des gesammten Kapitals nicht über= steigen. Was vom Reservefonds nicht etwa zur Deckung von Verlusten zu ver= wenden ist, wird bei einer Auflösung der Bank zwischen den Banktheilhabern und dem Staate getheilt. Gesetzliche Bestimmungen verpflichten in den Landestheilen, wo das Allgemeine Landrecht Gesetzeskraft hat, die öffentlichen Behörden, Anstalten ꝛc. die müßig liegenden Gelder bei der Bank anzulegen, und diese, solche Gelder zu verzinsen. Die Kapitalien der Kirchen, Schulen und andern frommen und milden Stiftungen sind von der Bank mit 2 ½ Procent, die von andern öffentlichen An= stalten angelegten Kapitalien mit 2 Procent zu verzinsen. Ohne Zustimmung der Bankantheils=Eigener kann der Zinsfuß für Depositen nicht erhöht werden. Die Wirksamkeit der Bank erstreckt sich auf Discont=, Leih=, Depositen= und Giro= Geschäfte, und sie hat die Berechtigung, Noten auszugeben, aber, laut Statuten, nicht über 21 Mill. Thaler; von dem Umlauf der Banknoten muß ⅓ durch Gold= oder Silberbarren, ⅓ mindestens in discontirten Wechseln, und der Rest in Lombardforderungen mit Unterpfanden vorhanden sein. Alle könig= lichen Kassen nehmen die Noten statt baaren Geldes an; im Privatverkehr ist aber Niemand zu deren Annahme gezwungen. Von dem Gewinn der Bank werden zu= nächst 3 ½ Procent jährlich auf das Kapital der Bankantheilhaber und auf das des Staates vergütet, und wenn der Gewinn hierzu nicht hinreicht, aus dem Re= servefonds. Von dem Rest des Gewinnes wird ¼ Procent zur Bildung des Reservefonds verwendet; das übrige in zwei gleichen Theilen den Bankantheils= Eignern und dem Staate zugetheilt. Reichen Gewinn und Reservefonds zur Deckung der Verluste eines Jahres nicht aus, so werden solche zur Hälfte vom Einschuß= kapitale der Privaten, zur Hälfte von dem des Staates, soweit letzteres ausreicht, sonst aber von ersterem gedeckt; aus dem nächstfolgenden Gewinn über 3 ½ Procent aber zuerst das Einschußkapital der Privaten ergänzt. Wenn der Reservefonds 30 Procent vom Einschußkapital erreicht hat, kann der für denselben bestimmte Gewinnantheil mit Genehmigung der Regierung auf die Hälfte reducirt werden. — Im Jahre 1856 wurde angeordnet, das Einschußkapital um 5 Mill. Thaler in Antheilscheinen von 1000 Thaler zu erhöhen. Die Bank hat in fast allen bedeutenden Plätzen des Inlandes Zweigbanken. — 2) Die Disconto=Gesellschaft in Berlin ist laut Vertrag vom 6. Juni 1851 vom vormaligen Finanzminister Hanse= mann gegründet worden, und betreibt außer dem Geschäfte, von welchem sie den Namen führt, auch allgemeines Bankgeschäft. Die Mitgliederzahl betrug im Jahre 1857 über 2000 mit einem Gesammtbetrage von Geschäftsantheilen von circa 14 Mill. Thaler. Hierzu kommen 20 Mill. Thaler in Commandit=Antheilen zu 200 thlr., deren Vermehrung bis zu dieser Höhe die Generalversammlung vom 13. November 1856 beschlossen hatte. 3) Das Seehandlungs=Institut, eine frühere Privat=Actiengesellschaft, seit 1820 aber vom Staate übernommen, ist unter der Benen= nung: „Generaldirection der Seehandlungssocietät" zu einem selbstständigen Geld= und Handelsinstitut des Staates erhoben. 4) Die neue Bank des Berliner Kassen= vereins, welche als Giro=, Discont= und Notenbank functionirt. Das Actienkapital

besteht aus 1 Mill. Thaler in Actien zu 1000 thlr. Die Noten lauten
anf 10, 20, 50, 100 und 200 thlr. 5) Berliner Handelsgesellschaft, im Jahre
1856 gegründet, welche, als solche, Bank-, Handels- und industrielle Geschäfte
aller Art betreibt. Grundkapital 3⅓ Mill. Thaler in Antheilsscheinen zu 200 thlr.,
von welchen die Gründer einen Theil al pari übernahmen, während der Rest zum
Curs von 110 Procent zur öffentlichen Zeichnung gelangte. 6) Die Elbschifffahrts-
gesellschaft, mehrere Eisenbahngesellschaften, Versicherungsanstalten und eine Hand-
werksbank. — Wollmarkt, welcher am 21. Juni jeden Jahres beginnt und fünf
Tage währt.

Bern,
Hauptstadt des gleichnamigen Schweizer-Cantons.

Münzen, Maaße und Gewichte siehe Schweiz.

Früher rechnete man nach schweizer Franken zu 10 Batzen oder 100 Rappen, oder in Gulden zu 15 Batzen zu 4 kr. — 1 Gulden = 1½ schweizer
Franken. — 27 schweizer Franken = 40 franz. Franken.

Cursystem und Geldcurse wie Basel.

Von älteren Maaßen und Gewichten sind noch folgende in Gebrauche:
Der Werkschuh zu 12 Zoll zu 12 Linien = 130 Pariser Linien. Die Elle =
240,14 Pariser Linien. Der Saum (Flüssigkeitsmaaß) zu 4 Brenten oder 100
Maß, die Brente zu 25 Maß zu 4 Vierteli. Die Maß = 167,12 Centiliter.
Der Mütt (Getreidemaaß) zu 12 Mäs zu 4 Jmi zu 2 Achterli. Das Mäs =
1401,1 Centiliter. — Der Centner zu 100 Pfund Berner oder sogenanntes
Eisengewicht; das Pfund zu 32 Loth zu 4 Quintlin zu 4 Pfennig = 519,98 Gramm.
Das Gewicht für Gold, Silber, Seide und Salz das Pariser Markgewicht;
die Mark zu 16 Loth zu 4 Quintlin zu 4 Pfennig zu 18 Gran. — Medicinal-
gewicht ist das alte Nürnberger.

Handelsanstalten. Die in Folge des Gesetzes vom 6. Juli 1833 für
Rechnung des Staates gegründete hiesige Cantonalbank hat am 12. December 1846
neue Statuten erhalten. Die Bank wurde vom Staate mit einer Einlage von
3 Mill. Schweizerfranken dotirt. Die Geschäfte der Bank bestehen in Credit-
eröffnungen, Darlehen auf beschränkte Zeit, Discontirungen von Handelseffecten,
Aufbewahrungen von Kostbarkeiten, edlen Metallen und Schriften von finanziellem
Werthe, Aufnahme von Geldern gegen Obligo oder in laufender Rechnung und
Ausgabe von Bankscheinen. Alle übrigen Geschäfte sind der Bank streng untersagt. — Die im Jahre 1847 gegründete Hypothekenkasse (Beleihung von unbeweglichen Pfändern, d. h. von Gebäuden und Ländereien) hat einen Fonds von 5 Mill.
Schweizerfranken.

Bernburg f. Anhalt.
Betelfaki,
Hauptstadt der Landschaft Jehmen in Arabien.

Rechnungsart f. Mokka.

Maaße und Gewichte. Der Covid (Elle) = 202,671 Parif. Linien.
Der große eiserne Covid = 304,007 Pariser Linien. Der Gutz oder Goß
(ebenfalls Längenmaaß) = 281,488 Pariser Linien.

Getreide und Flüssigkeitsmaaß wie Mokka.

Gewichte. Der Bahär (Bahar) zu 40 Färfels oder Frehsils zu 10 Mahnds
zu 2 Rättels (Rotoli) zu 15 Bakias (Unzen). Der Mahnd = 924,898 Grammen.

Im Handel rechnet man 10 Färsels von Betelfaki gleich 7 Färsels von Mokka. Für Kaffee gehen 14½ Bahias auf das Rättel; für Datteln, Lichter und Eisen gehen 16 Bahias, und für alle andere Waaren gehen 15 Bahias auf das Rättel. 1 Ballen Kaffee hat 280 Rättels und es wird darauf eine Taravergütung von 16 Rättels gewährt.

Bielefeld,
Kreisstadt des preuß. Regierungsbezirks Minden.

Münzen, Maaße und Gewichte, siehe Berlin.
Die alte Bielefelder Elle = 260 Paris. Linien. 1 Bielefelder Elle = 0,8794 Berliner Ellen; im Handel rechnet man gewöhnlich 8 Bielefelder Ellen = 7 Berliner Ellen.

Bilbao,
Hauptstadt der spanischen Provinz Biscaya.

Münzen. Man rechnet, wie in ganz Spanien, nach Piastern zu 20 Realen (s. Madrid).

Wechselcurse werden notirt auf
London mit ± 50 Pence für
Paris „ „ 5 Franken „ } 20 Reales de Vellon.
Hamburg „ „ 44 Schill.bco„

Wechselusanzen s. Madrid.
Maaße und Gewichte s. Madrid.
Es sind 93,928 hiesige Pfund = 100 castilische Pfund (s. Madrid); gewöhnlich rechnet man aber 16 hiesige Pfund = 17 cast. Pfd.

Birkenfeld,
auf dem linken Rheinufer, zu Oldenburg gehörig.

Rechnungsart. Man rechnet nach Gulden rhn.
Maaße und Gewichte. Seit 1842 die preußischen (s. Berlin).

(Santa Fè de) Bogota,
Hauptstadt des südamerikanischen Freistaates Neu-Granada.

Münzen. Im Großhandel rechnet man nach Piastern (Pesos duros oder fuertes) zu 9 Realen oder auch zu 100 Cents. Im gewöhnlichen Verkehr rechnet man nach Pesos Macuquina oder Sencilla zu 8 Realen, welche letztere auch geprägt werden, und von welchen 5 = 4 Pesos duros sein sollen (Nelkenbrecher). Wenn man annehmen darf, daß 20⅚ Pesos duros ein Zollpfund (500 Grammen) fein Silber enthalten, und wenn 4 Pesos duros = 5 Pesos Macuquina, so ist 1 Peso der letzteren Valuta = 2 fl. 1 kr. rhn. = 1 thlr. 4½ sgr. preuß. = 1 fl. 72½ nkr. österr. Die hier in großen Summen geprägten Gold-Unzen oder Doblonen haben nach den in New-York angestellten Proben, anstatt 16 Dollars nur folgende Werthe:
die bis Anfang 1849 geprägten 15 Dollars 61—66 Cents,
und die seitdem geprägten 15 „ 31—36 „
Die ersteren haben ca. 18 Prozent, die letzteren ca. 16 Procent Agio gegen die Macuquina-Valuta (Nelkenbrecher).
Kupfermünze: ganze und halbe Centajos.

Unter den fremden Münzen circulirt auch die dreifache brasilianische Pataca zu 960 Reis (f. Rio de Janeiro) und gilt als Silberpiaster.

Wechselcurse werden notirt auf

London 90 Tage Sicht ± 6 Pesos Macuquina für 1 Liv. Sterl.
Paris „ „ „ „ 425 Centimes ⎫
Hamburg„ „ „ „ 36 Schilling banco ⎬ „ 1 Pesos Macuquina.
New-York, je nach Sicht „ 100 Duros ⎭
„ 100 Doll. in New-York.

Staatspapiere. Von den durch die frühere Republik Columbien in London gemachten Anleihen hat der Freistaat Neu-Granada ca. 3 Mill. Liv. Sterl. übernommen; mit der Zahlung der Zinsen ist man aber im Rückstande.

Maaße und Gewichte sind die castilischen; f. Madrid.

Bokhara,
(Bukhara, Buchara) Handelsplatz in der Bucharei.

Münzen. Man rechnet nach Tangas oder Tjangan zu 50 Pulli oder Puls. Der Tanga ist eine Silbermünze mit persischer Schrift und ca. 21 kr. rhn. werth. Der Pulli ist eine Kupfermünze (eigentlich Messingmünze). Der Tilla, eine Goldmünze, wird zu 21 Tangas gerechnet; hiernach wäre 1 Tilla ca. 7 1/3 fl. rhn.

Gewicht. Der Batman = 127,767 Kilogramm.

Bolivia, f. Charcas.

Bologna,
Handelsplatz im Kirchenstaate.

Rechnungsart und Münzen. Man rechnet hier, wie im ganzen Kirchenstaate, nach dem Scudo zu 10 Paoli zu 10 Bajocchi, oder auch nach dem Scudo zu 100 Bajocchi zu 10 Denari (f. Rom). Früher rechnete man nach Lire zu 20 Soldi zu 12 Denari. Der Scudo wird zu 5 Lire gerechnet.

Curssystem.

Ancona 30 Tage dato ⎫ Rom desgl. ⎬	±	99	Scudi	für	100 Scudi in Ancona u. Rom.
Augsburg 90 Tage dato	„	48	„	„	100 fl. des 20-Guldenfußes.
Florenz 30 Tage dato ⎫ Livorno desgl. ⎬	„	106	Bajocchi	„	1 Francescone.
Genua desgl.	„	93	„	„	5 Lire.
London 90 Tage dato	„	470	„	„	1 Liv. Sterl.
Mailand 30 Tage dato ⎫ Benedig desgl. ⎬	„	48	Scudi	„	300 Lire *).
Neapel desgl.	„	85	Bajocchi	„	1 Ducato.
Marseille 90 Tage dato ⎰ Paris desgl. ⎱ Lyon desgl.	„	94	„	„	5 Franken.
Turin 30 Tage dato	„	94	„	„	5 Lire.
Triest 60 Tage dato ⎫ Wien desgl. ⎬	„	46	Scudi	„	100 fl.

Wechselrechtliches. Die Wechselordnung ist mit unbedeutenden Abände-

*) Die Cursnotirung auf Mailand wird jetzt eine andere sein, weil seit dem 1. Januar 1860 daselbst nach franz. Franken oder ital. Liren gerechnet wird.

rungen die französische. Italienische Wechsel haben in der Regel 8 Respecttage. Fremde Dato- oder Tagwechsel sind am Tage nach Verfall zahlbar. Wechsel, deren Verfallzeit auf einen Feiertag fällt, sind erst am nächsten Werktage einzulösen. Fremde Münzen. Von fremden Silbermünzen werden angenommen:

Toskanische Francesconi . . . . zu 1 Scudo		5	Bajocchi.
Fünffranken- oder Fünflirenstücke . . . . . „ — „		93	„
Conventionsthaler und Mailändische Sechslirenstücke „ — „		96	„
Gulden des 52½-Guldenfußes . . . . . . „ — „		40	„
Preußische Thaler . . . . „ — „		70	„
Kronenthaler . . . . „ 1 „		8	„
Neapolitanische Scudi von 120 Grani . . . . „ — „		93	„
Französische Laubthaler . . . . „ 1 „		6	„
Spanische Piaster . . . . „ 1 „		—	„

Cursnotirung der Staatspapiere und Actien. Es werden notirt: 5procentige Renten-Certificate zur Einziehung des Papiergeldes per 100 nominell. 5procentige Consolidirte römische Anleihe per 100 nominell.

3procentige Schatzscheine von 100 Scudi	„	100	„
dto.	„ 50 „	„	50 „
6procentige Communal-Schuldscheine	„	100	„
Actien der Schwefelminen zu 200 Scudi	„	200	„
Römische Bank-Actien zu 200 Scudi	„	200	„

Maaße und Gewichte. Der Piede (Fuß) zu 12 Zoll = 168,497 Parif. Linien. Der Braccio (die Elle) = 283,727 Parif. Linien.

Die Corba (Flüssigkeitsmaaß) zu 4 Quartaroli oder zu 60 Boccali; die Quartarola zu 15 Boccali zu 4 Fogliette. — 1 Corba = 78,593 Liter. Als Fruchtmaaß wird die Corba eingetheilt in 2 Staja zu 8 Quartiroli. 1 Corba = 78,593 Liter. — Die Libbra (das Pfund Handelsgewicht) zu 12 Once (Unzen) zu 16 Ferlini zu 10 Carati zu 4 Grani. 1 Libbra = 361,81 Grammen. Der Peso = 25 Libbra.

Gold-, Silber- und Münzgewicht stimmt mit der Einheit des Handelsgewichts überein, aber die Eintheilung ist eine andere, nämlich: 1 Pfund (Libbra) = 12 Once = 96 Achtel — 1920 Carati = 7680 Grani. Für Geld wird die Oncia auch in 24 Denari eingetheilt. Edelstein und Perlengewicht ist die holländische Troy-Unze zu 16 Ferlini zu 10 Carati zu 4 Grani. Weil 640 Aß auf die holländische Troy-Unze gehen, so ist also 1 Grano = 1 holl. Aß. Als Medicinalgewicht hat die Libbra 12 Unzen zu 8 Drachmen zu 3 Scrupoli zu 24 Grani; die Libra = 325,666 Grammen.

Handelsanstalten. Eine Zweigbank der römischen Bank.

Bombay,
Hauptstadt der britischen Präsidentschaft Bombay.

Rechnungsart. Man rechnet nach Rupien zu 4 Quartos oder Quarters zu 100 Reas oder Rees. Die Rupie ist die sogenannte Compagnie-Rupie und soll 165 (engl.) Grains fein Silber enthalten. Nach Chelius ist 1 (engl.) Troy-Pfund = 373,246 Grammen; da nun 12 Unzen auf das Troy-Pfund gehen, und 480 Grains auf die Unze, so gehen 46,765 Rupien auf das Zollpfund fein Silber; daher ist 1 Rupie = 1 fl. 7 kr. rhn. = 19 sgr. 2 pf. preuß. = 96 nkr. österr.

Als Rechnungsgeld ist auch die bengalische Sicca-Rupie im Gebrauche, und es sind 100 Compagnie-Rupien = 93¾ Sicca-Rupees. Daher 1 Sicca-Rupie = 1 fl. 11 kr. rhn. = 20 sgr. 3 pf. preuß. = 102⅖ nkr. österr. **Münzen** s. Calcutta und Madras.

Von fremden Münzen cursiren hauptsächlich englische Sovereigns, holländische Ducaten und spanische Piaster; die Sovereigns werden in Rupien per Stück, die Ducaten und Piaster in Rupien per 100 Stück notirt.

Papiergeld s. Calcutta.

Wechselcurse werden notirt auf

London 1 — 6 Monate nach Sicht oder Dato $\pm$ 1¹¹⁄₁₂ Schilling Sterling für 1 Silberrupie.

Paris 3—12 „ „ „ „ „ „ 208 Silberrupien für 100 Fünffrankenstücke.

Curse der Staatspapiere s. Calcutta.

Maaße und Gewichte. Der Hath, Covid oder Cubit (Längenmaaß) zu 16 Tussoos (Zoll) = 202,666 Parif. Linien. Der Guz zu 24 Tussoos = 304,007 Parif. Linien. Man bedient sich auch des engl. Yard (s. London).

Im Großhandel werden die indischen Mannfacturwaaren mehrentheils per Corge zu 20 Stück verkauft.

Der Candy (Getreidemaaß) = 8 Parahs zu 16 Pailies oder Adowlies zu 4 Seers zu 2 Tipprees. Der Candy wiegt 162,567 Kilogramm. Der Murah (Reismaaß) = 4 Candys oder 25 Parahs zu 20 Adowlies zu 7½ Seers zu 2 Tiprees. Der Candy = 6¼ Parahs. Der Candy = 97,947 Kilogramm; daher der Murah = 391,788 Kilogramm. Das Volumen des Candy = ca. 881 Liter. Der Reis wird auch per Sack verkauft, welcher 6 Bombaymahnds = 76,2 Kilogramm wiegt.

Die Anna (Salzmaaß) von 100 Körben = 26,3426 Hektoliter. Der Rash = 16 Annas = 421,4816 Hektoliter. Die Anna Salz wiegt 2540 Kilogramm.

Als Flüssigkeitsmaaß dient gewöhnlich das englische Weingallon (s. London). Für inländischen Arak und andere geistige Getränke bedient man sich des Mound zu 50 Seers; der Seer wiegt 60 Bombay-Rupien; da nun 1 Bombay-Rupie 179 engl. Troy-Grän wiegt, so wiegt 1 Seer 10740 engl. Troy-Grän, und 1 Mound 537000 Troy-Grän. Nimmt man 1 Troy-Grän zu 0,0648 Grammen an, so ist ein Mound = 34,7976 Kilogramm.

Handelsgewicht ist der Mound (Bombay-Mound) zu 40 Seers zu 30 Pice oder 72 Tanks = 12,7005 Kilogramm. Der Bombay-Candy = 20 Mounds. Es kommen auch Mounds zu 40½, 41, 42, 43½, 44 bis 46 Seers vor; auch das englische Handelsgewicht oder Avoirdupois-Gewicht ist im Gebrauche.

Die Tola (Gold- und Silbergewichtseinheit) hat 40 Walls, und wird auch in 100 Goonze oder hiesige Grän zu 6 Chows eingetheilt. Die Tola wiegt so viel wie eine Bombay-Rupie, also 179 engl. Troy-Grän oder 11,599 Grammen (s. oben). — 24 Tolas = 1 Seer.

Die Gewichtseinheit für den Handel mit Perlen ist der Tank zu 24 Rutees oder 330 Tuccas. Das Rutee wird aber auch in 4 Quarters zu 4 Annas eingetheilt. Außer diesem wirklichen Gewicht hat man noch ein bloßes Rechnungsgewicht, nach welchem die Perlen verkauft werden, nämlich den Chow, welcher in 4 Quarters zu 25 Docras zu 16 Buddams eingetheilt wird, und 330 Chows gehen auf einen Tank. Die Perlen werden wie folgt berechnet: Man quadrirt das in Tanks gefundene Gewicht, multiplicirt das Quadrat mit 330 und dividirt das Produkt durch die Anzahl der Perlen; was herauskommt sind Chows, die nun nach dem Preise berechnet werden. Wiegen z. B. 50 Perlen 5 Tanks, und werden solche zu 10 Rupien per Chow verkauft, so ist die Berechnung wie folgt: 5 mal 5 = 25; 330 mal 25 = 8250; $^{8250}/_{50}$ = 165 Chows, und 10 mal 165 Chows = 1650 Rupien.

Banken. Die im Jahr 1839 eröffnete Bank von Bombay hat ein Kapital von 5,225,000 Rupien in 5225 Actien; sie macht Depositen=, Leih= und Discontgeschäfte, und darf Noten ausgeben. Die Commercialbank von Bombay, 1846 gegründet, hat ein Kapital von 3,620,000 Rupien in 3620 Actien. Dieselbe macht ebenfalls Depositen=, Leih=, Disconto= und Zettelgeschäfte. Sodann gibt es hier eine Zweigbank der im Jahr 1842 in London gegründeten Oriental= bank=Corporation, und eine solche der im Jahr 1833 gegründeten Agrabank, welche bis 1852 in Agra ihren Hauptsitz hatte und dann nach Calcutta verlegt wurde. Letztere Bank macht Wechsel= und Discontgeschäfte, gibt Vorschüsse gegen Bürgschaft, und läßt bei längeren Terminen das Leben ihrer Schuldner versichern. Bedeutend ist die hiesige Assecuranz=Compagnie gegen Seegefahr; auch gibt es hier Privatassecurateure.

Bordeaux,
Hauptstadt des französischen Departements der Gironde.

Münzen s. Paris.

Curssystem wie in Paris; doch wird abweichend auf Amsterdam der Wechselcurs zu ± 57 fl. holl. per 120 Franken, und auf Hamburg zu ± 26 Schilling banco per 3 Franken notirt.

Maaße und Gewichte sind die neuen metrischen (s. Paris); nur für den Handel mit Wein und Spirituosen gelten noch die alten, und zwar für Wein: das Tonneau oder Faß zu 4 Barriques oder Oxhoft = 6 Tierçons = 120 Veltes. 1 Velte = 7,61 Liter. Gewöhnlich rechnet man aber 7,6 Liter, also die Barrique zu 228 Liter. Branntweinmaaß ist die vorstehende Velte.

Platzgebräuche. Im Weinhandel dürfen bei einer Partie auch Fässer (Tonneaux) mit unterlaufen, welche statt 30 nur 29 Veltes enthalten, wofern nicht die ganze Partie absichtlich danach vorgerichtet ist, und alle Fässer 1 Velte Untermaaß haben. Die Preise werden beim Wein und Weinessig per Tonneau angesetzt. Der Preis des Branntweins versteht sich für 50 Veltes. Oel wird nach dem Gewicht per 50 Kilogramm verkauft. Der Preis des Spiritus, und der Liqueure wird per Velte notirt. Der Preis des Spiritus versteht sich für die Stärke von $^3/_6$. Man unterscheidet nämlich in Frankreich 12 Stärkegrade des Spiritus, welche sich auf ein älteres Aräometer gründen, nämlich $^5/_6$, $^4/_5$, $^3/_4$, $^2/_3$, $^3/_5$, $^4/_7$, $^5/_9$, $^6/_{11}$, $^3/_6$, $^3/_7$, $^3/_8$, $^3/_9$; lese: du cinq six, du quatre cinq, du trois quatre u. s. w.) Die Differenz zwischen dem Zähler und Nenner zeigt an, wie viel Gewichtstheile Wasser zu jeder Sorte zugesetzt werden müssen, um einen 19grädigen Spiritus nach Cartier zu erhalten (eau de vie simple, preuve de Hollande, ca. 50° Tralles). Z. B. auf 3 Gewichtstheile Spiritus von $^3/_4$ kommt 1 Gewichtstheil Wasser, wenn er 19grädig werden soll. Man kann annehmen

franz.		Tralles		franz.		Tralles	
	$5/6$ =	Tralles	$54°$	franz.	$5/9$ =	Tralles	72
"	$4/5$ =	"	$56°$	"	$6/11$ =	"	73
"	$3/4$ =	"	$59°$	"	$3/6$ =	"	80
"	$2/3$ =	"	$64°$	"	$3/7$ =	"	88
"	$3/5$ =	"	$69°$	"	$3/8$ =	"	94
"	$4/7$ =	"	$71°$	"	$3/9$ =	"	100

Der Cognac (Franzbranntwein) hat 22 Grad Cartier. Weine werden von den Produzenten gewöhnlich auf 12 bis 15 Monate Credit oder gegen baare Zahlung mit 6 Procent Disconto gekauft. — Kaufmännische Papiere, welche in weniger als 30 Tagen zahlbar sind, können hier gleich Geld, zu Baarzahlungen gebraucht werden, wofern nicht Münze ausbedungen ist. Gewichtswaaren werden theils per halbes Kilogramm, theils per 50 Kilogramm (quintal) verkauft.

Für Colonial= und die meisten andern Waaren beträgt die Courtage ½ Procent; auf nordische Produkte und verschiedene Landeserzeugnisse gewöhnlich 1 Procent, auf Getreide 25 Centimes per Hektoliter; auf Wein und Spiritus 2 Procent &c.; Wechsel= und Geldcourtage ⅛ Procent; für Wechsel auf Bordeaux ¼ Procent; Courtage für Assecuranzen ⅛ Procent. Schiffsmäkler erhalten für Schiffe mit Ballast 50 Centimes per Tonne, und für Schiffe mit Ladung (en bloc, oder auf Rechnung des Rheders) 1 Frank per Tonne. — Bei der Befrachtung wird die Fracht per Tonneau (Faß) bedungen, und man rechnet für 1 Tonneau

4 Oxhoft Wein,
7 Kisten zu 50 Bouteillen Wein,
120 Veltes Branntwein,
2200 Pfund brutto Pflaumen,
850 Pfund brutto Mandeln in Schaalen,
1400 Pfund brutto Mandeln ohne Schaalen,
600 Pfund Korkholz in Ballen,
1800 Pfund Kaffee,
2000 Pfund Sirup und fast alle übrigen Waaren.

Nach den neuesten Bestimmungen sollen Schiffsbefrachtungen nach Schiffs= tonnen bedungen werden. 1 Schiffstonne = 1000 Kilogramm.

Der Verkauf von Holz zu den Wein= und Branntweinfässern geschieht nach Großtausend, worauf 1616 Stück Oxhoft= oder Pipenstäbe, oder 2424 Boden= stäbe gerechnet werden.

Handelsanstalten. Zweigbank der Banque de France (s. Paris). Erstere wurde 1818 als Departementalbank errichtet; nachdem aber diese und andere unabhängige Departementalbanken in Folge der Ereignisse des Jahres 1848 ihre Noteneinlösung eingestellt, durch Dekret vom 25. März 1848 für ihre Noten in den betreffenden Provinzen Zwangscurs erhalten hatten und auf 102 Millionen Franken beschränkt worden waren, wurden sie, kraft der Dekrete vom 28. April und 2. Mai 1848, in Comptoire der Bank von Frankreich verwandelt.

Außerdem gibt es hier eine Banque de Commerce, sowie mehrere Asse= curanz= und Rhedereigesellschaften. — Von den beiden hiesigen Messen ist die Oktobermesse (foire d'Octobre) wegen des Verkehrs in Wein die wichtigere.

Borneo,

eine der großen Sunda-Inseln mit holländischen Niederlassungen.

Rechnungsart in den niederländischen Besitzungen wie in Batavia. Es cursiren hier spanische Piaster, ostindische Rupien, und als Scheidemünze das chinesische Käsch (Pitje) (f. Batavia).

Maaße und Gewichte wie in Batavia. Man wiegt aber Gold, Silber, Diamanten, Bezoar und andere kostbare Artikel mit dem Tole (Tail) = 39,7675 Grammen. In der Hafenstadt Banjermassing wird derselbe eingetheilt in 16 Mace zu 6 Teeas zu 3 Malaboorongs; in der Hafenstadt Succadana in 4 Pahaws zu 4 Mehs zu 4 Kopangs zu 2 Busucks. Reis wird in Banjermassing Ganton verkauft. 230 Gantons machen eine Last = ca. 1391 Kilogramm. Pfeffer wird nach dem Pikol zu 100 Kattis verkauft (f. Batavia). 1 Ganton Pfeffer = 16 Kattis = 9,843 Kilogramm.

Boston,

Hauptstadt des Staates Massachusetts in den vereinigten Staaten von Nordamerika.

Münzen, Maaße und Gewichte f. New-York.

Im Jahre 1851 belief sich das Kapital von hier befindlichen 32 Banken auf 24,560,000 Dollars mit einem Notenumlauf von 7 Millionen Dollars.

Botzen,

(Bolzano) in Tirol.

Münzen und Rechnungsart f. Wien.

Wechselcurszettel werden von der Handelskammer nur zur Zeit der vier hiesigen Messen ausgegeben; außerdem richtet man sich nach den Wiener Wechselcursen.

Wechselrechtliches. Seit 1850 gilt die neue österreichische (mit einigen Aenderungen und Zusätzen die allgemeine deutsche) Wechselordnung. Da gewöhnlich auf hier nur zur Meßzeit zahlbar gezogen wird, so wird vom sechsten bis zwölften Tage der Messen acceptirt, am dreizehnten Tage scontrirt, und an den übrigen beiden Tagen werden die Wechsel eingelöst; am fünfzehnten Meßtage muß gezahlt oder protestirt werden. Die erste der hiesigen vier Messen beginnt am ersten Tage nach Oculi, die zweite am ersten Tage nach dem Frohnleichnamsfeste, die dritte nach Maria Geburt und die vierte am 1. Dezember.

Maaße und Gewichte. 1) Für Tirol im Allgemeinen:

Der Fuß = 148 Pariser Linien. — 6 Fuß = 1 Klafter. — 10 Fuß = 1 Ruthe. — Die Elle = 356 Pariser Linien. — Das Maaß (Flüssigkeitsmaaß) zu 4 Bierling zu 2 Fraggete = 0,81 Liter. — Der Korn-Staar (Getreidemaaß) = 30,6 Liter. — Das Pfund = 563 Grammen.

2) Für Botzen in's Besondere. Die Elle gleich 350 Pariser Linien. Flüssigkeitsmaaße sind der Wiener Eimer, hier Yhren genannt, und das Wiener Seidel, Ziment, sowie die Tiroler Maaße. Für Oel der Muth zu ca. 58 Kilogramm. Der Star (Getreidemaaß) = 30,75 Liter = 1,00563 Tiroler Korn-Star. — Der Saum zu 4 Centner zu 100 Pfund = 501,1 Grammen. — Gold- und Silbergewicht ist das Wiener, f. Wien.

Bourbon, Insel,

die größte der mascarenischen Inseln, Colonie der Franzosen.

Rechnungsart und Münzen. Die Rechnungen der Regierungsbehörde werden in Franken zu 100 Centimen geführt. Im Handelsverkehr rechnet man aber gewöhnlich nach spanischen und mexikanischen Piastern oder Dollars zu 100 Cents gerechnet. Nimmt man, wie in Hamburg bei der Notirung der Piaster, an, daß durchschnittlich 26 Piaster 43 Cölnische Loth Silber enthalten, so ist 1 Piaster = 2 fl. 31 $\frac{7}{8}$ kr. rhn. Von französischen Münzen cursirt hier auch der Sou marqué, eine Kupfermünze, welche 3 Colonial-Sous gilt. Es gehen 20 solcher Colonial-Sous auf 1 Colonial-Livre (eine bloße Rechnungsmünze), und im dortigen Handel wird der Piaster gewöhnlich zu 11 Colonial-Livres gerechnet, daher 1 Colonial-Livre = ca. 13 kr. rhn. = 3 $\frac{5}{7}$ Sgr. preuß. = ca. 18 $\frac{1}{2}$ nkr. österr.

Maaße und Gewichte wie in Frankreich.

Handelsanstalten. Seit der Errichtung von Colonialbanken (1851) ist auch in St. Denis, dem Hauptorte der Insel, eine solche Bank, welche alle Arten von Bankgeschäften betreibt und auch Noten von 25 bis 500 Franken ausgibt.

Brailow,

(Ibraila, Braila) Handelsplatz in der Walachei.

Rechnungsart und Münzen, s. Bukarest.

Maaße und Gewichte, s. Bukarest; während aber die Einheit für das Getreide in Bukarest (die Kile) = 3,936 Hektoliter, ist solche in Brailow = 6,525 Hektoliter, indem 2 Kile von Brailow = 3 moldauische Kile (s. den Art. Jassy).

Cursystem, s. Galacz.

Braunschweig,

Hauptstadt des gleichnamigen Herzogthums.

Rechnungsart und Münzen. Seit 1858 rechnet man in Thalern zu 30 Groschen zu 10 Pfennigen im 30-Thalerfuße; vorher nach Thalern zu 24 Gutegroschen zu 12 Pfennigen; vor 1836 nach Thalern zu 36 Mariengroschen zu 8 Pfennigen zu 2 Heller; 20 Mariengroschen waren = 1 Mariengulden, und 21 $\frac{3}{5}$ dieser Gulden gingen auf die cölnische Mark fein Silber. Braunschweig prägte bis jetzt in Gold: Wilhelmsd'or (auch doppelte) zu 35 $\frac{1}{6}$ Stück auf die cölnische Mark zu 21 $\frac{1}{2}$ Karat fein zu 5 Thaler Gold; in Silber: Stücke zu 2, 1 und $\frac{1}{6}$ Thaler im 14-Thalerfuße; in Silberscheidemünze: Stücke zu 1 Gutegroschen und zu 6 Pfennigen im 16-Thalerfuße; in Kupfer: Stücke zu 2 und 1 Pfennig. Seit 1858 ist die Ausmünzung nach der Wiener Convention. Die älteren Münzen werden eingezogen.

Papiergeld. 600,000 Thaler in Zetteln der herzogl. Leihhausanstalt zu 1, 5 und 20 Thaler. Ferner 400,000 Thaler in Darlehensbankscheinen zu 1 und 5 Thaler und Noten der hiesigen Bank zu 10 Thaler.

Die **Wechselcurse** werden wie in Leipzig und Berlin notirt; der meiste Verkehr in Wechseln beschränkt sich aber auf die hiesigen Messen.

Wechselrechtliches. Seit 1849 ist die allgemeine deutsche Wechselordnung eingeführt. Nach dem Einführungsgesetz vom 11. Januar 1849 ist in Betreff der auf einer Braunschweiger Messe zahlbaren Wechsel die Erhebung eines Protestes wegen Mangels-Annahme vor dem Montag in der ersten Meßwoche nicht zulässig. Der Verfalltag dieser Wechsel wird dagegen auf den Mittwoch in der ersten Meßwoche festgesetzt. Wegen der Amortisation verlorener Wechsel sind die Verordnungen vom 6. Januar 1818 und 24. Juni 1827 maßgebend.

Staatspapiere. Im Jahr 1834 wurde das Schuldenwesen reorganisirt. Seitdem gibt es Obligationen zu 50, 100, 500 und 1000 Thaler, zu 4, 3½ und 3 Procent verzinslich.

Maaße und Gewichte (seit 1838). Längenmaaße: Der Fuß zu 12 Zoll zu 12 Linien = 126,5 Pariser Linien. Die Elle = 2 Fuß; daher = 253 Pariser Linien. Die Ruthe = 16 Fuß wird beim Feldmessen in Zehn und Hunderttheile eingetheilt. Das Lachter beim Bergbau ist = 80 Zoll 8½ Linien Braunschweiger Maaß = 850,8 Pariser Linien. Das Lachter wird in 8 Spann, der Spann in 10 Lachterzoll, der Zoll in 10 Primen und die Prime in 10 Secunden eingetheilt. Die Meile = 1625 Ruthen = 26000 Fuß = 7419,42 Meter. Beim Garnmaaß ist die Länge des Haspelfadens 3¾ Ellen. Der Lopp hat 10 Gebind zu 90 Faden, und hat also eine Länge von 3375 Ellen.

Flächenmaaß. Die Quadratruthe = 256 Quadratfuß zu 144 Quadratzoll zu 144 Quadratlinien. 1 Quadratfuß = 0,0814316933 Quadratmeter.

Feldmaaß. Der Feldmorgen = 120, und der Waldmorgen = 160 Quadratruthen. Die Quadratruthe = 20,84652 Quadratmeter.

Körpermaaße. Der Kubikfuß zu 1728 Kubikzoll zu 1728 Kubiklinien ist = 0,0232375393 Kubikmeter. Brennholzmaaß ist der Malter zu 80 Kubikfuß; Holzkohlenmaaß ist die Karre zu 100 Kubikfuß. Erz-, Eisenstein-, Steinkohlen- und Braunkohlenmaaß ist cylinderförmig und hat den Inhalt von 2 Kubikfuß. Für Steine, Sand, Erde u. dgl. dient die Schachtruthe von 256 Kubikfuß.

Getreidemaaß. Der Wispel zu 40 Himten zu 4 Vierfaß zu 4 Metzen. Der Himten = 31,14477 Liter. Weil der Himten in Hannover (= 31,15166 Liter) nur um ein Unbedeutendes größer als der braunschweigische Himten ist, so werden im Verkehr beide als einander gleich angenommen. Frühere Eintheilung: 1 Wispel = 4 Scheffel zu 10 Himten. — Der Haferscheffel hatte 12 gestrichene Himten.

Flüssigkeitsmaaß. Der Anker = 40 Quartier, die Ohm = 160, das Oxhoft = 240, und die Tonne = 108 Quartier. Das Quartier ist die Einheit der Flüssigkeitsmaaße und ist = 0,936843 Liter.

Handelsgewicht. Seit 1858 ist das Zollpfund (s. Berlin) eingeführt. Dieses Pfund wird eingetheilt in 10 Neuloth zu 10 Quint zu 10 Halbgramm und ist ca. 7 Procent schwerer als das frühere Pfund, welches dem preußischen gleich war. — 1 Centner = 100 Pfund.

Gold-, Silber-, Münz- und Probirgewicht ist das preußische (s. Berlin).

Apotheker- und Juwelengewicht ist das preußische (s. Berlin).

Stückgüter. 1 Pack Tuch = 10 Stück zu 22 Tuch zu 32 Ellen. — 1 Last Hering = 12 Tonnen. 1 Last Salz und Butter = 18 Tonnen. Die Tonne Butter groß Band wird zu 280 Pfund, und klein Band zu 224 Pfund netto gerechnet. — Das Bund Garn = 20 Lopp zu 10 Gebinden. Der Werklopp (Hausgarn) wird zu 1000, der Kauflopp zu 900 Haspelfaden gerechnet.

Das Mandel hält 15 Ellen, die Stiege hat 20, das Schock 60, die Webe 72 Ellen.

Platzgebräuche. Preisnotirung der Gewichtswaaren per Pfund oder Centner. Tara wird gewöhnlich nach dem wirklichen Befund gerechnet, nur Hopfen wird mit der Emballage gewogen. Rüböl wird per Pipe von 820 Pfund, Baumöl per Centner verkauft; Garn nach dem Bund und der verhältnißmäßigen Schwere desselben in Pfunden, und zwar in Hamburger Bankvaluta.

Die Waarencourtage beträgt ½ Procent für den Käufer und Verkäufer.

Handelsanstalten. Die 1853 gegründete Braunschweigische Bank macht Darleih=, Discont= und Girogeschäfte; die Dauer ist auf 99 Jahre festgesetzt. Das Grundkapital besteht aus 3 Mill. Thaler in 15,000 Actien zu 200 Thaler. Die Bank ist außerdem befugt, Noten auszugeben, welche auf 10 Thaler, 25 Thaler und größere Beträge lauten; der Totalbetrag darf jedoch das eingezahlte Actienkapital nicht übersteigen. Wenn sich mehr als 4 Procent Reingewinn ergibt, so wird von dem Ueberschuß ein Zehntel zur Bildung und Erhaltung des Reserve= fonds, ein Zehntel unter die Direktoren, und der Rest als Dividende unter die Actionäre vertheilt. Zur Verwendung von überflüssigen Kassebeständen kann die Bank, jedoch nur nach jedesmaliger vorgängiger Zustimmung des Commissarius der herzogl. Landesregierung, Staatspapiere und Actien ankaufen. Die herzogl. Lan= desregierung führt die Oberaufsicht. — Das unter dem Namen „herzogl. Leih= haus" in Braunschweig bestehende Bankinstitut ist im Jahr 1765 errichtet worden, hat aber mit allmähliger Erweiterung seines Geschäftsbetriebes erst nach und nach seine jetzige Bedeutung erlangt, und ist durch das Gesetz vom 7. März 1842 unter der förmlichen Gewähr des Staates zu einem Landescreditinstitut erhoben worden. In den übrigen fünf Kreisen des Landes, nämlich zu Helmstädt, Blan= tenburg, Gandersheim, Holzminden und Wolfenbüttel bestehen Zweiginstitute mit gleichem Geschäftsbetriebe, wie das hiesige Hauptinstitut, welchem sie untergeordnet sind und womit sie in der ungetrenntesten Verbindung stehen. Die Anstalt darf Geld in Verzinsung nehmen, Gelddeposita aufnehmen und Geld gegen Verzinsung und Sicherheit ausleihen. Die Befugniß der Anstalt, Noten auszugeben, ist auf 600,000 Thaler erweitert worden. Regelmäßig sind davon 50,000 Thaler in Umlauf. — Die zwei Messen, welche jährlich hier gehalten werden, beginnen am jeweiligen Sonntage vor dem 2. Februar und 10. August, und dauern bis zum zweiten darauf folgenden Donnerstag. — Die beiden hiesigen Wollmärkte finden am 1. Juli und 7. August statt.

Bremen,
freie Hansestadt.

Rechnungsart und Münzen. Man rechnet nach Thalern zu 72 Groten zu 5 Schwaren. Dieser Thaler ist jedoch nur eine Rechnungsmünze und wurde nie geprägt. Er stellte früher ⅓ der deutschen Pistole oder des Louisd'or, wie sie in Hannover, Braunschweig, Dänemark ꝛc. geprägt wurden oder werden, vor; durch Gesetz vom 19. September 1857 ist jedoch festgesetzt worden, daß 84 Louisd'or zu 5 Thaler, also 420 Thaler Gold auf 1 Zollpfund fein Gold gehen sollen, wonach die Goldkrone einen Werth von 8,4 Thaler erhält. Nimmt man den Preis eines Zollpfundes fein Gold zu 800 fl. an, so stellt sich der Werth eines Bremer Goldthalers auf ca. 1 fl. 54 kr. rhein. = 1 fl. 63 nkr. österr. = 1 thl. 2½ sgr. preuß.

Als Ausgleichungsmittel prägt man hier Silberstücke zu 36, 12, 6 und 1 Groten; in Kupfer: Stücke zu 2½ und 1 Schwaren. 1 36=Grotenstück = 54⁴/₁₀ kr. rhein. = 15½ ſgr. preuß. = 77 nkr. öſterr.

Die 36=, 12= und 6=Grotenſtücke (reſp. ½=, ⅙= und ¹/₁₂=Thalerſtücke ſind geſetzmäßig zu 13⅓ Thaler Conv.=Curant, alſo im 20=Guldenfuße, aus=geprägt worden; die Grotenſtücke aber nach einem 15=Thalerfuße.

Wechſel= und Waarenzahlungen werden mit ſogenannten Louisd'or, d. h. mit Friedrichsd'or, Carlsd'or und andern Piſtolen von ziemlich gleichem Gehalte zu 5 Thaler gemacht; Silbermünze iſt dagegen nur ſoweit zuläſſig, als die Zah=lungen nicht in Gold gemacht werden können, und alle ausländiſchen Silberſorten werden als Waare betrachtet, welche, als ſolche, einen veränderlichen Werth haben. Bremen iſt in Deutſchland der einzige Platz, welcher (wie England) die Gold=valuta eingeführt hat. Die hieſige Goldvaluta entſtand vor etwa hundert Jahren durch den Umlauf der alten Piſtolen, wie ſie in Frankreich im 17. Jahrhundert ausgebracht, und nach welchem Fuße in Deutſchland die Piſtolen (Friedrichsd'or, Carlsd'or ꝛc.) geprägt wurden. Die preußiſchen Friedrichsd'or werden etwas höher als die übrigen Piſtolen gehalten, weil ſie, (gleich den neueren vollwichtigen ſächſi=ſchen Piſtolen) von etwas beſſerem Gehalte als jene ſind, und die preußiſche Re=gierung ſie zu 5⅔ Thaler tarifirt hat.

Curssystem.

Hamburg kurze Sicht, 2 und 3 Monat	± 138 thlr. Gold für 300 Mark banco.
Amsterdam kurze Sicht und 2 Monat	„ 129 „ „ „ 250 fl. holl.
London besgleichen	„ 615 „ „ „ 100 Liv. Sterl.
Wien 2 Monat	„ 115 thlr. in Bankvaluta (2 thlr. = 3 fl.) für 100 thlr. Gold.
Augsburg besgleichen	„ 52 thlr. Gold für 100 fl. rhein.
Frankfurt a. M. desgl.	„ 52 „ „ „ 100 fl.
Paris kurze Sicht und 2 Monate	„ 18 Grot in Gold für 1 Frank.
Berlin 2 Monat	
Cöln desgl.	
Elberfeld desgl.	
Breslau desgl.	„ 111 thlr. preuß. für 100 thlr. Gold.
Leipzig desgl.	
Dresden desgl.	
Nordamerika (New=York, New=Orleans, Baltimore ꝛc.)	„ 79 Dollar für 100 thlr. Gold.

Wechſelrechtliches. Die allgemeine deutſche Wechſelordnung gilt auch hier. Nach dem Einführungsgeſetz vom 25. April 1849 muß die Bezahlung eines Wechſels ſpäteſtens 4 Uhr Nachmittags geſchehen. Die Proteſtirung iſt nur von 9 Uhr Morgens bis 7 Uhr Abends zuläſſig. Wird ein zur Annahme über=gebener Wechſel, auf geſchehene Anforderung des Inhabers nicht noch an demſelben Tage zurückgeliefert, und bis den andern Morgen behalten, ſo iſt der Wechſel für acceptirt zu halten und der Bezogene die Zahlung auf den Verfalltag zu leiſten verbunden. (Die übrigen Beſtimmungen zur Regelung des bremiſchen Wechſel=verkehrs ſind nur für Bremen von Intereſſe). Der Wechſelſtempel beträgt bis zum Belaufe von 25 thlr. Gold . . . . . 1 Grot
„ 25 „ bis 50 thlr. Gold 2 „

von 50 thlr. Gold bis 75 thlr. Gold 3 Grote

	75	„	„	100	„	4	„
„	100	„	„	200	„	8	„
„	200	„	„	300	„	12	„

u. f. w. immer um 4 Grote steigend.

Für fremde Valuten sind zur Ermittlung der Stempelgebühr feste Curse angenommen, z. B. 600 thlr. Gold für 100 Liv. Sterl., 125 thlr. Gold für 250 fl. holl., 135 thlr. Gold für 300 Mark banco, 17 Grot für 1 Frank u. f. w. Die Wechselcourtage beträgt 1 pro Mille von beiden Seiten.

Curse der Staatspapiere und Actien. Es gibt 3½-procentige und 4½-procentige Bremer Staatspapiere, welche auf Thaler Gold lauten und von Anleihen von 1846 und 1855 herrühren; die Curse werden per 100 Thaler Gold nominell notirt; dasselbe gilt von den Actien der Bremer Discontokasse und des norddeutschen Lloyd (f. unten).

Maaße und Gewichte. Der Fuß zu 12 Zoll = 128, 268 Parif. Linien. Die Elle ist der doppelte Fuß; daher = 256,535 Parif. Linien. Wenn in einzelnen Fällen nach der Brabanter Elle gerechnet wird, so wird solche zu 1⅛ Bremer Ellen angenommen. Eine solche Brabanter Elle ist demnach = 307,84 Parif. Linien. Die Ruthe = 16 Fuß. Der Quadratfuß = 144 Quadrat-zoll oder 100 Quadrat-Decimalzoll = 0,79343 Parif. Quadratfuß. Für Weide-plätze, Wiesen, Ackerland und Gemüseländereien ist das Flächenmaaß eine unbe-stimmte Größe, die hauptsächlich von der Güte des Bodens abhängt, und von 30,000 bis 70,000 Fuß wechselt. Bei Holzungen wird die Fläche des Bodens nach Quadratruthen angegeben.

Das Brennholzmaaß ist zweierlei, nämlich der Faden und das Reep; letz-teres Maaß ist bei dem größern Brennholze gebräuchlich. Des Fadens Rahmen ist im Lichten 6 Fuß hoch und eben so weit, und die Holzlänge ist gewöhnlich 2 Fuß. Folglich hält der Faden Brennholz, welches die gewöhnliche Länge hat, 1,7442 Steren. Das Brennholz, welches nach dem Reep gemessen wird, ist gewöhnlich 4½ Fuß lang. Aus diesem Holze wird ein dichter Haufen gebildet, und dann um denselben eine 17½ Fuß lange eiserne Kette gespannt, die aber der Messende dadurch verlängert, daß er so viel noch zugibt, als er mit der Hand abspannen kann. Das Reep 4½ Fuß langes Brennholz beträgt, nach angestellten Versuchen ca. 2,45 Steren.

Wein- und Branntweinmaaß. Das Ohm hat 4 Anker oder 45 Stübchen oder 180 Quart; der Anker hat 45 Quart, das Stübchen 4 Quart, und das Quart hat 4 Mengel. Das Stübchen Weinmaaß hält 322,144 Centiliter, und das Ohm daher 144,96 Liter. Ein Oxhoft = 1½ Ohm. Wein und Brannt-wein werden nach Oxhoften zu 30 Vierteln, welche = 30 Veltes von Bordeaux sind, im Großhandel verkauft. Für die Fässer ist die Größe des Ohms ꝛc. nur ungefähr bestimmt. Ein Ohmfaß muß halten 178 bis 180 Quart, ein Halb-ohmfaß 88 bis 90 Quart, ein Viertelohm- oder Ankerfaß 44 bis 45 Quart, ein Halboxhoftfaß 133 bis 135 Quart. Sind die Fässer größer oder kleiner, so wird ihr Verfertiger gestraft.

Biermaaß. Die Tonne Biermaaß = 45 Stübchen oder 180 Quart. Das Stübchen hat 4 Quart, das Quart 4 Mengel. Die halbe Tonne muß 23, und die Vierteltonne 12 Stübchen halten. Das Stübchen hält 377,154 Centi-liter und das Quart daher 94,288 Centiliter.

Oel= und Thranmaaß. Oel und Thran werden im Großen nach Tonnen zu 216 Pfund, die feineren Oele aber per 100 Pfund verkauft. Eine Tonne hält 6 Stechkannen oder 96 Mengel, die Stechkanne 16 Mengel. Beim Detailver= kauf wird für 1 Pfund Thran ein Maaß gebraucht, welches 55,152 Centiliter hält.

Getreidemaaß. Die Last hat 40 Scheffel oder 160 Viertel oder 640 Spind; der Scheffel = 4 Viertel = 16 Spind. Der Scheffel hält 74,069 Liter.

Handelsgewicht. Der Centner hat 116 Pfund; das Pfund = 32 Loth = 128 Quentchen = 512 Ort. Das Pfund ist im Jahr 1818 durch eine Verordnung auf 498,5 Grammen festgesetzt worden. Ein Pfund schwer (oder ein Frachtcentner) hält 308 Pfund = 153,54 Kilogramm.

Die Schiffslast wird zu 4000 Pfund oder 100 Bremer Kubikfuß gerechnet.

Krämergewicht. Das Krämergewicht darf nur von Mitgliedern der Krämer= gilde bei dem Verkaufe von 1 Pfund und darunter gebraucht werden. Die Unter= abtheilungen sind wie bei dem Handelspfunde. — 100 Pfund Handelsgewicht sind gleich 106 Pfund Krämergewicht. Das Pfund des Krämergewichts wiegt dem= nach 47028,3 Centigrammen.

Der Stein Flachs hat 20 Pfund; der Stein Wolle und Federn 10 Pfund. Die Wage Eisen = 120 Pfund.

Gold=, Silber= und Münzgewicht ist die Cölnische Mark.

Probirgewicht ist das Cölnische.

Seit 1858 ist das Zollgewicht (das Zollpfund zu 500 Grammen) einge= führt. Der Centner wird in 100 Pfund, das Pfund in 10 Neuloth zu 10 Quint zu 10 Halbgrammen getheilt.

Apothekergewicht ist das Zollgewicht, wovon 6 Quint eine Unze genannt, und, wie früher, in 8 Drachmen zu 3 Scrupel zu 20 Grän getheilt werden.

Das neue Pfund ist um $\frac{3}{10}$ Procent schwerer, als das alte Pfund, und die neue Medicinalunze ist um ca. $\frac{6}{10}$ Procent schwerer als die alte.

Stückgüter. Citronen und Orangen per Kiste; Getreide, Bohnen und Erbsen per Last von 40 Scheffel; — Leinsaamen, deutscher und russischer, per Tonne, amerikanischer per Faß; — Rappssaamen per Last; — Matten per Bund von 10 Stück; — Candirter Ingwer per Topf; — Kajeputöl per Bouteille; — amerikanische Hirschfelle per Stück; — Pferdehäute, Bock= und Ziegenhäute per 10 Stück; — Ochsenhörner und Hornspitzen per 100 Stück; — schwedisches Eisenblech per Kiste; — englische Bleche per Kiste von 225 Tafeln; — die Last Heringe, Salz und Steinkohlen hat 12 Tonnen; — die Last Salz muß 4000 Pfund wiegen; — die Last Bücklinge hat 20 Stroh zu 120 Stück; — die Tonne Butter, bucket Band, hält netto 300 Pfund, schmal Band netto 220 Pfund; — der Riem Packpapier hat 2 Rieß, das Rieß 20 Buch; — das Buch graue Ma= kulatur hat 18 Bogen, weiße Makulatur und Schreibpapier 24 Bogen; — der Zehnling Felle hat 10 Stück; — der Lop oder Lopf (Stück) Leinengarn hat 10 Gebinde zu 90 Faden zu 3¾ Haspellänge.

Platzgebräuche für Gewichts= und andere Waaren. Man verkauft Rosinen per 100 Pfund, Lein= und Rappsölkuchen per 2040 Pfund, Flachs, Uelzer per Stein von 20 Pfund, archangelscher per 100 Pfund, ostin= bischer Ingwer per 100 Pfund, Lohe per Tonne von 110 Pfund, Pech und Theer per Tonne, Thran per Tonne von 216 Pfund netto, Archangel und Südseethran per 6 Stekan, grüne Seife per ¼ Tonnen, andere per 100 Pfund, Kalbfelle, Ochsen= und Kuhhäute per 1 Pfund, Castoreum, moskowit. per

Unze, canab. per Pfund, Moschus per Unze, Sardellen per Anker, Salz, englisches und preußisches per Last von 40 Scheffeln, lüneburg. und olbenburg. per 48 Scheffel, portugies. per 100 Pfund, schwedischer Stahl per Faß, bergischer Stahl per Faß und per Pfund, Stahl in Stangen per 100 Pfund, Eisen per Wage von 120 Pfund, Weizenmehl per 100 Pfund, Weine, französische per 30 Viertel gleich 1 Oxhoft, Malaga, Xeres und Ximenes per Both; Benicarlo, Corsica, Tenerifa, Madeira und Portwein per Pipe.

Bei den meisten Waaren wird die reine oder wirkliche Tara in Abzug gebracht; Gutgewicht findet bei keiner statt. Die Fakturen lauten auf Thaler und Groten Gold, gewöhnlich 3 Monat Ziel; Zucker und Tabak aber auf 4 Monat Ziel, gegen acceptirte Wechsel, und gegen baar mit einem Sconto oder Decort nach Uebereinkunft. — Waarencourtage ¼ Proc. für Käufer und Verkäufer.

Handelsanstalten. Im Jahr 1817 wurde die Disconto-Casse mit einem Aktienkapital von 300,000 Thaler Gold durch Ausgabe von 600 Actien zu 500 thlr. errichtet, und mit dieser Actienanstalt sich vereinigend, entstand im Jahr 1856 die Bremer Bank mit einem Kapital von 2½ Mill. Thaler in Actien zu 250 thlr. Sie macht Geld-, Wechsel-, Giro-, Kassir-, Darleih- und Depositen-Geschäfte und gibt Noten aus. Die kleinsten Banknoten lauten auf 5 thlr. Gold; ein Drittel des Gesammtbetrages der Noten muß in baarem Gelde oder in Barren immer vorräthig sein. — Der Creditverein, welcher im Jahr 1857 gegründet wurde, befaßt sich mit der Uebernahme der Garantie für den richtigen Eingang jeglicher gegen Bremische Staatsgenossen im Bremischen Gebiete fälligen Forderungen. Actienkapital 500,000 thlr. Gold in 200 Actien zu 2500 thlr. Auf jede Actie werden 500 thlr. baar eingezahlt, und für den Rest von 2000 thlr. wird eine notariel beglaubigte Obligation gezeichnet. — Norddeutscher Lloyd, dessen Statut im Jahr 1857 erschien; Kapital 4 Mill. Thaler Gold in Actien zu 100 thlr. Diese Anstalt entstand durch Vereinigung mehrerer Dampfschifffahrtsgesellschaften und der vereinten allgemeinen Assecuranzanstalt für die Oberweserschifffahrt; sie treibt Rhederei und versichert gegen Seegefahr. — Außerdem gibt es hier noch mehrere Versicherungsgesellschaften. In Betreff der allgemeinen Bedingungen, unter welchen die Bremer Seeversicherungsgesellschaften Versicherungen übernehmen, hat im Jahr 1854 eine Vereinbarung stattgefunden.

Brescia,
Handelsstadt in der Lombardei.

Rechnungsart, Münzen und Curssystem wie Mailand.

Maaße und Gewichte. Die bei den Behörden gebräuchlichen neuen metrischen siehe unter Mailand. — Im Verkehr gelten noch die folgenden:

Längenmaaß. Der Fuß (piede) zu 12 Zoll (dita) = 210,773 Parif. Linien. — Es gibt zweierlei Ellenmaaße, nämlich:

1) Die Tuch- (oder Wollen-) Elle (braccio da panno) = 298,836 Parif. Linien.

2) Die Seiden- und Leinwandelle (braccio da seta e tela) = 283,879 Parif. Linien.

Getreidemaaß. Die Soma zu 42 Quarte zu 48 Coppi = 1,4592 Hektoliter oder neue lombardische Some. Der Carro hat 10 Some oder Sacchi.

Flüssigkeitsmaaß. Der Carro hat 12 Zerle zu 4 Secchie zu 9 Pinte zu 2 Boccali. Die Zerla = 49,7427 Liter oder neue lombardische Pinte.

Handelsgewicht. Der Peso = 25 Libbre. Die Libbra (Pfund) zu 12 Oncie (Unzen) zu 16 Drachme = 320,812 Grammen. Der Paro = 312 Libbre. Gold- und Silbergewicht ist der Mailänder Marco.

Platzgebräuche und Handelsanstalten. Courtage bei Seide 2 Soldi oder 10 Centesimi p. Pfund für Käufer und Verkäufer. — Messe vom 6. bis 18. August.

Breslau,
Hauptstadt der preußischen Provinz Schlesien.

Münzen, Maaße und Gewichte s. Berlin.

Papiergeld. Noten der städtischen Bank zu 1, 5, 25 und 50 thlr.

Cursystem s. Berlin.

Geldcurse. Holländische und kaiserliche vollwichtige Dukaten werden in Silbergroschen (± 96) per Stück notirt; polnisches Papiergeld wird in Thaler preuß. (± 95) für 100 thlr. oder 600 poln. Gulden notirt; österreichische Banknoten in Thaler preuß. (± 96) für 150 fl. in Banknoten.

Staatspapiere, preußische, s. Berlin.

Provinzial- und städtische Papiere bestehen aus Obligationen der ständischen Provinzial-Anleihe zu 4 1/2 Procent, und aus 4 1/2 procentigen Kämmerei-Obligationen der Stadt (von 1850).

Actiencurse s. Berlin.

Aeltere (schlesische) Maaße und Gewichte, welche bisweilen noch vorkommen. Der Fuß = 127,7 Parif. Linien. — Die Elle = 2 Fuß = 255,4 Parif. Linien. — Der Eimer zu 20 Topf zu 4 Quart zu 4 Quartier-lein. Das Quart = 69,343 Centiliter. — Die Tonne = 200 Quart. — Das Malter = 12 Scheffel zu 4 Vierteln zu 4 Metzen zu 4 Mäßel. Der Scheffel = 7487 Centiliter. — Der Centner = 132 Pfund zu 32 Loth. Das Pfund = 0,4055 Kilogramm. Das gewöhnliche Breslauer Pfund wog nur 40487 Centigramm (Chelius). — Das Schiffpfund = 3 Centner.

Garnmaaß. Der Faden = 4 Breslauer Ellen = 3,455 preuß. Ellen. Das Schock = 60 Stück zu 4 Strähn zu 3 Haspel zu 20 Gebinde zu 20 Fäden.

Stückgüter. Der Ballen = 10 Tücher, der Saum = 22 Tücher oder Stück zu 32 Ellen. Das Zimmer Zobel = 20 Paar oder 40 Stück. Das Zimmer Füchse = 12 Bälge.

Handelsanstalten. Zweigbank der preußischen Bank (s. Berlin). — Städtische Bank, 1848 errichtet. Nach dem Statut vom 10. Juni des genannten Jahres haftet die Stadt, welche das erforderliche Stammkapital zu beschaffen hat, mit ihrem gesammten Vermögen für die Erfüllung aller Verpflichtungen dieser Bank. Die Geschäfte derselben bestehen im Tiscontiren von gezogenen Wechseln, deren Acceptant, sowie von eigenen Wechseln oder billets à ordre, deren Aussteller in Breslau wohnhaft ist; in Gewährung von Darleihen gegen Verpfändung inländ-ischer auf Inhaber lautenden zinstragenden Papiere, welche an inländischen Börsen Curs haben; im An- und Verkauf von edlen Metallen und fremden Münzen, so wie im Ankauf von Wechseln auf Plätze des Auslandes zum Zweck der Beziehung edler Metalle und Münzen; in Annahme von unverzinsbaren Geldkapitalien in laufender Rechnung, sowie von zinsbaren Geldkapitalien, beides jedoch ohne Verbriefung; in Besorgung von Inkasso's; im Ausgeben von Banknoten bis zu dem Betrage von einer Million Thaler. Die Bank darf keine Banknoten emittiren, für welche sie nicht den gleichen Betrag der Valuta zu wenigstens einem Drittel in baarem Gelde und den Rest in cursirenden verzinslichen Staats= papieren, Stadtobligationen oder Pfandbriefen nach ihrem Curse zur Zeit der Ein= lieferung in die Bankkasse niedergelegt hat. — Kassenverein, 1846 gegründet, für Discont= und Girogeschäfte. — Landwirthschaftlicher Creditverein. — Mehrere Eisenbahn= und Versicherungsgesellschaften. — Schauanstalt für Leinenwaaren. — Außer 2 Messen (welche zu Lätare und am Montage vor Mariä Geburt beginnen und acht Tage währen), der Frühjahrs=Wollmarkt, einer der wichtigsten in Europa (vom 7. bis 10. Juni), und der Herbstwollmarkt am 5. Oktober jeden Jahres.

Brody,
wichtigste Handelsstadt in Galizien.

Rechnungsart und Münzen. Verordnungsmäßig soll hier Buch und Rechnung wie in Oesterreich überhaupt geführt werden (s. Wien). Im gewöhn= lichen Geschäftsverkehr wird aber häufig nach polnischen Thalern zu 6 Gulden zu 30 Groschen polnisch gerechnet, und im größeren Geschäftsverkehr, wegen der Nähe der russischen Grenze, nach russischen Silberrubeln (s. Petersburg). Der Silber= rubel wird im größeren Verkehr zu 100, im kleineren zu 120 Kopeken gerechnet. Der Rubel gilt 6⅔ poln. Gulden, der poln. Gulden also 15 Kopeken. In größeren Beträgen verlieren aber die polnischen Gulden gegen Silberrubel mehrere Procente*).

Curssystem.

Amsterdam 3 Monat	$\pm$	130	Silberrubel für 250 fl. holl.	
Berdyczew kurze Sicht				
Odessa desgleichen				
Petersburg desgleichen	„	99	„	„ 100 Silberrubel auf jene
Moskau desgleichen				Plätze.
Leipzig kurze Sicht und 3 Monat	„	90	„	„ 100 thlr. im 30=Thlrfuße.
London 3 Monat	„	6½	„	„ 1 Liv. Sterl.
Marseille 3 Monat				
Paris desgleichen	„	74	„	„ 300 Franken.
Wien 2 Monat				
Augsburg desgleichen	„	62	„	„ 100 fl. des 20 fl.=Fußes.

Maaße und Gewichte. Die Maaße sollen die Lemberger sein. Bei den öffentlichen Behörden bedient man sich des Wiener Gewichts; die meisten Han= delsartikel werden aber nach russischem, und nur ausnahmsweise werden solche nach Wiener oder polnischem Gewichte verkauft. Man rechnet hier 11 russische Pfund = 8 Wiener Pfund, und ein Stein von 36 poln. Pfund = 26⁵⁶/₆₇ Wiener Pfund.

Platzgebräuche. Hanf, Honig und Wachs werden per Stein von 36 poln. Pfund verkauft; Cochenille, Safran, Vanille per 1 Wiener Pfund; Arsenik, Bleiweiß, Spiesglanz, Zinober und Häute per 100 Wiener Pfund; Hasenfelle per 100 Stück.

Messen. Vier Wochen nach jeder der drei Leipziger Messen (zu welcher Zeit die Leipziger Meßwaaren hier eintreffen) wird hier eine Messe abgehalten.

Brügge,
Hauptstadt der belgischen Provinz Westflandern.

Münzen, Curse, Maaße und Gewichte s. Brüssel. — Die alte Brügger Elle = 310,5975 Paris. Linien.

---

*) Diese Rubel sind wirkliche Silbermünzen, nicht, wie in Rußland selbst, Reichscreditbillets, und es ist von Interesse, sie trotz des Ausfuhrverbotes, hier und in Bukarest (s. dieses) wiederzufinden. —

Handelsanstalten. Die Société de commerce de Bruges, 1837 gegründet, vermittelt Ausfuhr und Einfuhr, erzielt Handelsverbindungen mit Brasilien, macht Commissionsgeschäfte, gibt Vorschüsse auf Consignationen und darf
Banknoten ausgeben. Fonds 3 Mill. Franken in Actien zu 1000 Franken. —
Actiengesellschaft der westflandrischen Eisenbahnen. — Messen am 4. Mai und
1. Oktober von je 2 Wochen Dauer.

Brünn,
Hauptstadt der österreichischen Grafschaft Mähren.

Münzen, Maaße und Gewichte s. Wien.

Die älteren mährischen Maaße und Gewichte sind folgende: Die Elle, welche
der Wiener gleich ist. — Der Metzen (Getreidemaaß) = 1,1482 Wiener Metzen.
— Die Maaß = 0,756 Wiener Maaß. — Das Pfund = 0,99992 Wiener
Pfund; wird im Verkehre dem Wiener Pfunde gleichgerechnet.

Handelsanstalten. Filial der Wiener Nationalbank. — Der Handelsverein, welcher den Zweck hat, mit überseeischen Ländern Handelsverbindungen herzustellen, und solche bereits mit Nord- und Südamerika, Ostindien und China
angeknüpft hat. — Messen, viermal im Jahre, jede 14 Tage dauernd. — Mehrere Actiengesellschaften.

Brüssel,
Hauptstadt des Königreichs Belgien.

Münzen. Belgien rechnet, wie Frankreich, nach Franken zu 100 Centimen, s. Paris.

Aeltere Rechnungsarten s. Antwerpen.

Außerdem: luxemburger Währung, nach welcher 400 Gulden Brabanter
Curant = 441 Gulden luxemburger Währung.

Gegenwärtig werden nur Silber- und Kupfermünzen geprägt, und zwar in
Silber Stücke zu 5, 2½, 2, 1, ½ und ⅓ Franken, und in Kupfer Stücke
zu 10, 5, 2 und 1 Centimen; letztere wiegen 2 Gramme, die andern nach Verhältniß.

Papiergeld. Noten der Banque nationale zu 1000, 500, 100, 50
und 20 Franken.

Maaße und Gewichte sind die französischen (s. Paris). Von den älteren Maaßen und Gewichten sind noch folgende im Gebrauche: Die Elle, welche
unter dem Namen brabanter Elle (aune de Bruxelles) bekannt ist, = 308,09
Paris. Linien. Das Fuder Wein = 6 Ohm, und die Ohm = 96 Wein-Pots
= 100 Bier-Pots. Der Wein-Pot = 135,44, der Bier-Pot = 130,02 Centiliter und also die Ohm (aime) = 130,02 Liter. Die rasière für alles Getreide, Hafer ausgenommen, = 4875,84 Centiliter; die rasière für Hafer =
5146,72 Centiliter. Das Pfund Markgewicht = 2 Mark oder 16 Unzen zu
20 Esterlins zu 4 Felins zu 8 Ais; das Pfund = 49215,18 Centigrammen,
also die Mark = 24607,59 Centigrammen. Das Pfund Handelsgewicht zu 16
Unzen zu 8 Gros zu 72 Grän = 46767 Centigrammen.

Platzgebräuche. Das Gemet zu 3 Verres = ⅔ des Weinpots wird
für Oel, Milch, Honig, Sirup ꝛc. gebraucht; Rüböl wird nach der alten Aime
verkauft, Getreide per ½ Hektoliter, Rüb- und Leinkuchen per 1215 Kilogramm.

Wenn die Preiſe in holländiſchen Gulben notirt werden, ſo rechnet man 189 ſolcher Gulben = 400 Franken.

Curſſyſtem.

Amſterdam kurze Sicht	±	½ Proc. avance ober perte, alſo z. B. im erſten
Rotterdam beſgleichen		Falle ± 100 ½ Frank. in Brüſſel für 100 Frank.

in Amſterdam und Rotterdam, ober im anderen Falle ± 99 ½ Franken in Brüſſel für 100 Franken in Amſterdam und Rotterdam, wobei 400 Frank. = 189 fl. holl. gerechnet werden.

Berlin kurze Sicht	„	375 Franken für 100 thlr. preuß.
Frankfurt a. M. beſgl.	„	212 „ „ 100 fl. rhn.
Hamburg beſgleichen	„	188 „ „ 100 Mark Banco.
London beſgleichen	„	25 „ „ 1 Liv. Sterl.
Wien beſgleichen	„	225 „ „ 100 fl. öſterreich. Währung.

Wechſelrechtliche Berhältniſſe, die von Paris.

Die Wechſelcourtage beträgt ³/₄ pro Mille für den Berkäufer allein, und gilt auch für den Berkauf von Gelbſorten, Golb= und Silberbarren durch Wechſelſenſale.

Kurönotirung ber Gold= und Silberbarren und Münzſorten. Im Barrenhandel werden die Preiſe wie in Paris notirt. Die Curſe ber Golb= und Silbermünzen ſind per Stück zu verſtehen. Die frühere Ausprägung von (belgi= ſchen) Goldſtücken zu 25 und 10 Franken iſt eingeſtellt; ebenſo iſt ſeit 1850 ber vorherige geſetzliche Curs ausländiſcher Goldmünzen (der engl. Sovereign zu 25 ½ Franken, das holländiſche Zehnguldenſtück zu 21 Franken 16 Centimen, das Fünf= gulbenſtück zu 10 Franken 58 Centimen, das franzöſiſche Zwanzig= und Bierzigfranken= ſtück zum Nennwerth) aufgehoben, ſo daß ſolche jetzt einen wechſelnden Preis haben.

Curönotirung ber belgiſchen Staatöpapiere und Actien. Per 100 Franken nominell werden notirt die 4procentigen Obligationen ber An= leihe von 30 Mill. Franken durch Subſcription vom Jahre 1836; die 3procentigen Obligationen ber Anleihe von 50 Mill. Franken bei Rothſchild vom Jahre 1838; die 5procentigen Obligationen ber Anleihe von 86 Mill. Franken bei ber Société générale (ſ. unten) und Rothſchild vom Jahre 1840, welche auf 100 Liv. Sterl. und 40 Liv. Sterl. (das Liv. Sterl. zu 25 Franken 20 Centimen gerechnet) lau= ten; die 5procentigen Obligationen ber Anleihe von 28 Mill. Franken bei Roth= ſchild, ber Société générale und ber belgiſchen Bank vom Jahre 1842; die 4 ½ procentigen Obligationen ber freiwilligen Anleihe von 84 Mill. Franken zur Deckung bes Antheils an ber niederländiſchen Schuld; die 5procentigen Obligationen ber Zwangsanleihe von 24 Mill. Franken vom Jahre 1848; die 2 ½ procentige Rente zu Gunſten ber holländiſchen Regierung, verwaltet von ber Société générale und Rothſchild, in Certificaten zu 2000 Franken; die 2 ½ procentigen Renten=Cer= tificate, welche im Jahre 1844 von ber belgiſchen Bank ausgegeben wurden und von älteren Liquidationen herrühren; die 5procentigen Obligationen ber Anleihe von 26 Millionen Franken vom Jahre 1852; die Looſe ber Lotterieanleihe ber Stadt Brüſſel vom Jahre 1853, und die Schatzlammerſcheine (bons du tréſor, bons royaux).

Bon fremben Staatöpapieren werden notirt: öſterreichiſche (ber Gul= ben zu 2 Fr. 54 Cent gerechnet), Papiere ber in engliſchem Gelbe gemachten Anleihen (1 Liv. Sterl. = 25 Franken 40 Cent.), ſpaniſche Papiere (1 Piaſter ober Duro = 5 Franken 40 Cent.), holländiſche Papiere (189 fl. holl. = 400 Fr.), neapolitanische Papiere (1 Ducato = 4 Franken 40 Cent.), römische Papiere (1 Scudo = 5 Franken 40 Cent). — Courtage 1 Procent für den Käufer und Verkäufer. **Banken.** Die Banque de Belgique; sie wurde im Jahre 1835 mit einem Actienkapital von 20 Mill. Franken in 20,000 Actien zu 1000 Franken gegründet; die Actien lauten nach Wahl des Besitzers auf den Namen oder auf Inhaber; nur die erstere Form gibt Stimme in den Generalversammlungen. Durch Beschluß der Generalversammlung vom 16. März 1841 sollte das Kapital durch Ausgabe neuer Actien erhöht werden; die alten Actien wurden von 5 Procent auf 4 Procent jährlichen Zins herabgesetzt; die neuen aber auf 5 Procent gestellt, mit Vorzugsrecht vor den alten. Die Bank macht Depositen-, Giro-, Discont-, Wechsel- und Darlehnsgeschäfte; früher gab sie auch Banknoten aus, was sie aber seit der Errichtung der Banque nationale nicht mehr darf. — Die Banque nationale zu Brüssel wurde durch Gesetz vom 5. Mai 1850 unter Mitwirkung der Banque de Belgique und der Société générale und der in Folge mit diesen beiden Gesellschaften am 15. und 18. September von der Regierung geschlossenen Uebereinkunft errichtet. Das Gesellschaftskapital beträgt 25 Mill. Franken in 25,000 Actien auf den Namen oder auf Inhaber. Der dritte Theil des Gewinns über 6 Procent vom Kapital ist das Minimum, welches jährlich zum Reservefonds bestimmt ist. Ein Sechstel des Reingewinns fällt an den Staat. Geschäfte der Bank: Wechsel-, Discont-, Depositen- und Darlehnsgeschäfte, Ausgabe von Banknoten und Geldanweisungen (mandats) auf einige Tage Sicht; die Bank besorgt ferner die Kassengeschäfte des Staats. — Die Société générale wurde im Jahre 1822 mit einem Kapitale von 50 Mill. Gulden holl. gegründet. Die Statuten derselben sind durch Nachträge vom 7. October 1850 und 6. Juli 1852 wesentlich verändert worden. Seit dem 1. Januar 1851 hat die Gesellschaft aufgehört, Kassirer des Staats zu sein, welche Function auf die Banque nationale überging; ferner darf sie keine Noten mehr ausgeben und keine Discontgeschäfte, zu welchen sie früher autorisirt war, machen. Sie besorgt Incasso-, Contocorrent-, Depositen- und Darlehnsgeschäfte, und nimmt Gelder auf kürzere oder längere Verfallzeit gegen Scheine. Die Actien sind theils actions de capital, welche 5 Procent Zinsen tragen, oder actions de reserve (part de reserve $1/3100$), welche Dividende beziehen. — Die Société de mutualité industrielle, durch die Société générale im Jahr 1836 gegründet; Kapital 25 Mill. Franken in Actien zu 500 Franken; Zweck und Geschäfte derselben: Unterstützung der Industrie im Allgemeinen und Betheiligung bei andern Unternehmungen, Ankauf ihrer Actien ꝛc. — Société des actions réunies, Industriebank; Kapital 12 Mill. Franken in Actien zu 1000 Fr. — Die Union du crédit de Bruxelles, Creditinstitut. — Außerdem gibt es noch eine Menge von industriellen, auf Actien gegründeten Unternehmungen, welche aber nicht alle im Curszettel von Brüssel vorkommen.

Handelsanstalten. Gesellschaft für die Ausfuhr der Erzeugnisse der belgischen Leinen-Industrie (Société linière de Bruxelles), Seefahrtsgesellschaft (Société maritime de Bruxelles), Assecuranzgesellschaft (Compagnie belge d'assurances générales) und viele andere Anstalten für die Ausbeutung einzelner Industriezweige.

Buenos-Ayres,
Hauptstadt der Argentinischen Republik (Freistaat La Plata).

Rechnungsart und Münzen. Man rechnet nach Piaster (Pesos oder

Dollars) zu 8 Reales be plata zu 2 Medios zu 2 Cuartillos zu 2½ Decimos. Im großen Handels- und Wechselverkehr wird der Peso oder Piaster auch in 100 Theile oder 100 Centesimos eingetheilt.

Die hiesige Währung ist außer derjenigen des gemünzten Geldes (Species), die des Papiergeldes, in welchem jetzt fast alle Waaren- und Wechselzahlungen geleistet werden. Die Papiervaluta wird durch die Noten der im Jahre 1821 errichteten Nationalbank repräsentirt; sie lauten auf 1, 5, 10, 50, 100, 200 und 500 Piaster, ursprünglich im Werthe der Silberpiaster, sind aber längst durch allerhand Staatsbedrängnisse zu einem sehr geringen und immerfort schwankenden Werthe herabgesunken. Zahlmittel der Münzwährung sind die umlaufenden Gold-quadrupel, Dublonen oder Onzas (zu 17 Silberpiaster) und die in- und auslän-dischen Silberpiaster.

Nach nordamerikanischen Untersuchungen gehen von den Onzas der argenti-nischen Republik (von 1823 bis 1832) auf 1 Zollpfund fein Gold 22,6502 Stück; wonach, weil 50 deutsche Goldkronen auf 1 Zollpfund fein Gold gehen, 1 Onza = 2,207472 Goldkronen. Nimmt man den Werth der Goldkrone zu 9 thlr. 3 sgr. preuß. an (s. Berlin), so ist 1 Onza = ca. 20 thlr. 2 sgr. preuß. = 35 fl. 8 kr. rhn. = 30 fl. 11 nkr. österr.

Nach nordamerikanischen Untersuchungen der argentinischen Piaster von 1813, 1828, 1838 und 1839 gehen durchschnittlich 21,7226 Stück auf 1 Zollpfund fein Silber; daher der argent. Piaster = ca. 2 fl. 25 kr. rhn. = 1 thlr. 11 sgr. preuß. = 2 fl. 7 nkr. österr.

Den bessern Gehalt haben die Piaster der Ausprägung von 1838 und 1839, indem von solchen 20,2135 Stück auf das Zollpfund fein Silber gehen, wonach der entsprechende Piaster = 2 fl. 35 kr. rhn. = 1 thlr. 14 sgr. preuß. = 2 fl. 22 nkr. österr. Es cursiren hier auch die leichtern und geringhaltigeren columbischen Piaster (von welchen seit 1853 auf 1 Zollpfund fein Silber 22,2222 Stück gehen sollen, wonach ein solcher Piaster = 2 fl. 21 kr. rhn. = 1 thlr. 10 sgr. preuß. = 2 fl. 2 nkr. österr.) und die gleichfalls geringeren Montevideo-Piaster (s. Montevideo) zu verhältnißmäßig niedrigeren Preisen.

Das Verhältniß der Papiervaluta zur Metallvaluta wird hauptsächlich durch den Wechselcurs von Buenos-Ayres auf London regulirt; dieser Wechselcurs ist aber so großen Schwankungen unterworfen, daß sich auch hieraus kaum ein durch-schnittlicher Werth des Papier-Dollars ermitteln läßt. Im Jahre 1857 war z. B. jener Wechselcurs ca. 3 Pence Sterling für 1 Papier-Piaster, wonach (1 Pence Sterl. zu 3 kr. rhn. gerechnet) ein solcher Piaster = 9 kr. rhn. = 2²/₇ sgr. preuß. = 12⁶/₇ nkr. österr.

Curssystem.

Amsterdam	± 18 Cents	für 1 Papierpiaster.	
Englische Plätze	„ 3 Pence Sterl.	„ 1	„
Frankreich oder Paris	„ 36 Cent.	„ 1	„
Hamburg	„ 3 Schill. Banco	„ 1	„
Montevideo	„ 14 hiesige Papierpiaster für 1 Silberpiaster in Montevideo.		
Rio-Janeiro	„ 8 hiesige Papierpiaster für 1000 Reis (1 Milrei) Papiergeld in Rio-Janeiro.		
Nordamerika (New-York ꝛc.)	„ 14 hiesige Papierpiaster für 1 Dollar Silbergeld in New-York.		

Die Wechſelcurſe auf London und einige andere Plätze werden aber auch in Metallgeld notirt; ſo z. B. auf London ± 68 Schilling Sterl. für 1 Onza, auf Paris ± 82 Franken für 1 Onza, auf Rio=Janeiro ± 100 ſpaniſche Silber=piaſter für 100 ſolcher Piaſter in Rio=Janeiro.

Wechſelrechtliches. In Wechſel= und Handelsſtreitigkeiten richtet man ſich nach dem code de commerce, und man iſt noch in Erwartung eines eigenen Handelsgeſetzbuches der Republik.

Die **Geldcurſe** werden per Stück in Papierpiaſtern notirt. Aus dem Curſe der Onzas ergibt ſich dann auch der ſehr veränderliche Handelswerth des Papierpiaſters. Im Juli 1857 ſtanden z. B. die Onzas auf ca. 340 Papier=piaſter; wonach die Onza zu 35 fl. 8 kr. rhn. gerechnet (ſ. oben), der Papierpiaſter ca. 6 kr. rhn. damals werth war.

Staatspapiere. Von argentiniſchen Staatspapieren gibt es Obligationen der 6procentigen engliſchen Anleihe und Schatzobligationen (der ſchwebenden Schuld). Seit 1827 war man mit den Zinſen erſterer Anleihe im Rückſtande, und erſt vor einigen Jahren iſt die Tilgung und Zinszahlung wieder eingetreten.

Maaße und Gewichte wie in Mexiko. Bei den hier etablirten engliſchen und nordamerikaniſchen Handelshäuſern ſind mitunter auch die engliſchen Maaße und Gewichte im Gebrauche.

Banken. Die im Jahr 1821 entſtandene Nationalbank iſt im Jahr 1837 aufgehoben worden; dagegen iſt im Jahr 1854 eine Disconto= und Depoſitenbank gegründet worden, welche prosperiren ſoll.

Platzgebräuche. Die Preiſe der meiſten Waaren verſtehen ſich in Pa=piergeld, namentlich für folgende Hauptausfuhrartikel: Ochſen= und Kuhhäute, geſalzene per Poſeda von 60 Pfund, getrocknete per Poſeda von 35 Pfund; Pferde=häute per 1 Stück, Ochſenfleiſch per Quintal (Centner), getrocknete Kalbfelle per Poſeda von 35 Pfund, Schaffelle per Dutzend, auch per 30 Pfund, Ochſen= und Kuhhörner per 1000 Stück, Pferdehaare, Talg und Wolle per Arrobe (¼ Centner), Salzfleiſch und Hautabfälle per Quintal. In Silbergeld ſind dagegen die Preiſe zu verſtehen für Chinchillafelle per Dutzend, geſalzene Pferdehäute per Stück, Ziegenfelle per Dutzend, gewaſchene Cordova=Wolle per Arroba.

Bukareſt,
(oder Bukarekſcht) Hauptſtadt der Walachei.

Rechnungsart. Man rechnet hier nach Lee oder walachiſchen (urſprünglich türkiſchen) Piaſtern zu 40 Paras (hier Paralle) zu 3 Asper (hier Bari oder Bans). Münzen werden in der Walachei nicht geprägt. Die hier curſirenden Münzen beſtehen in öſterreichiſchen Ducaten, in öſterreichiſchen und andern deutſchen Con=ventionsthalern, in ruſſiſchen Silberrubeln und in türkiſchen Gold= und Silber=münzen. Die Staatskaſſen nehmen dieſe Sorten zu einem kleinern Werthe an, als ſie im gewöhnlichen Verkehre haben; ſo ſind z. B. die öſterreichiſchen Ducaten auf 31½ Piaſter tarifirt. Nimmt man an, daß ca. 145 öſter. Ducaten auf 1 Zollpfund fein Gold gehen, und daß das Zollpfund fein Gold auf 798 fl. rhn. (Frankfurter Curszettel vom April 1860) ſteht, ſo ſtellt ſich der Zahlwerth des hieſigen Piaſters auf ca. 10 kr. rhn. = 3 ſgr. preuß. = 14 nkr. öſter. — Von Scheidemünze curſirt hier nur die öſterreichiſche.

Curssystem.

London	3 Monat	±	68	Piaster für	1 Liv. Sterl.
Paris	„ ⎱				
Marseille	„ ⎰	„	3	„ „	1 Frank.
Livorno	„	„	2	„ „	1 toskanische Lira.
Genua	„	„	2	„ „	1 sardinische Lira.
Wien	„ ⎱				
Triest	„ ⎰	„	6	„ „	1 fl. österreichisch.
Konstantinopel		„	57	„ „	100 türkische Piaster.

Der code de commerce ist mit wenig Abänderungen in der Walachei eingeführt.

Maaße und Gewichte. Es gibt hier zweierlei Ellen, nämlich die Leinwand-Elle und die für Wolltuch, Seidenwaaren ꝛc. Nimmt man (nach Neltenbrecher) an, daß die Leinwand-Elle (Endazé) = ¹⁷/₂₀ Wiener Elle, so ist die Leinwand-Elle = 293,6 Pariser Linien, weil die Wiener Elle = 345,4128 Pariser Linien. Nimmt man (nach Nellenbrecher) ferner an, daß die andere Elle (Halibin) = ⁹/₁₀ Wiener Ellen, so ist jene Elle = 310,87 Pariser Linien.

In Betreff des Getreidemaaßes gibt es in der Walachei unterschiedliche Einheiten. Das Dimerli, welches mehrentheils dabei im Gebrauche sein soll, hält 24,6 Liter. Es gehen 16 Dimerli auf das Kilo; daher 1 Kilo = 3,936 Hectoliter; auf das Kilo gehen 8 Bannizi. Die Banniza, ebenfalls ein Fruchtmaaß, ergibt sich, wenn man 11 Ola (Gewicht, s. unten) Weizen, 11 Ola Buchweizen, 11 Ola Hirse und 11 Ola Gerste zusammenmengt. Die Angaben in Betreff des Rauminhalts von jenem Gemenge (von 44 Ola oder 1 walachischen Centner) stimmen nicht miteinander überein.

Flüssigkeiten, Wein ꝛc. verkauft man nach dem Gewicht; man bedient sich aber im Kleinhandel eines der Gewichtsola an Inhalt entsprechenden Maaßes. Ein größeres Maaß ist die Biabra (der walachische Eimer) von 10 Ofen, welche einen Rauminhalt von 14,15 Liter hat; daher die Flüssigkeitsola = 1,415 Liter.

Gewichtseinheit ist die Ola von 4 Litra zu 100 Dramm (Drachmen). Die Angaben in Betreff des in franz. Grammen ausgedrückten Werths jener Gewichtseinheit weichen mehr oder weniger von einander ab; man soll sie aber im Lande selbst (Walachei) der türkischen Ola gleich rechnen, wonach sie (nach Nelly und Chelius) = 1283,032 Grammen. Der Cantar (Centner) = 44 Ola.

Cadiz.

(Cadiz) Seehandelsstadt in der spanischen Provinz Sevilla.

Rechnungsart. Man rechnete sonst nach Reales de plata zu 16 Quartos; seit 1848 aber nach Reales de vellon zu 34 Maravedis oder, im Großhandel, zu 100 Centesimos (s. Madrid). Es sind 17 Reales de plata (antiguos) oder alte Silberrealen = 32 Reales de vellon*).

Münzen s. Madrid.

---

*) D. h. von Billon, eine Silberlegirung, in welcher das Kupfer vorherrschend ist, zur Unterscheidung von den früheren schweren Reales, von welchen 8 einen alten megalanischen Piaster (Peso duro) ausmachten.

Cursystem.

Amsterdam 3 Monate dato	±	2½	fl. holl.	
Hamburg desgleichen	„	45	Schilling Banco.	für 1
Lissabon 8 Tage Sicht	„	930	Reis.	Duro (s.
London 3 Monate dato	„	50	Pence Sterl.	Madrid).
Paris 3 Monate dato oder 8 Tage Sicht	„	5½	Franken.	
Auf inländische Plätze, 8 Tage Sicht,	„	100	Duros für 100 Duros des betreffenden Platzes.	

Wechselrechtliches, s. Madrid.

Maaße und Gewichte s. Madrid. Nur das Getreidemaaß, die Fanega, ist (nach Nelkenbrecher) nahezu um 0,36 Procent größer als die castilische; es sind 100 Fanegas in Cadiz = 100,364 castilische Fanegas.

Handelsanstalten. Die hiesige Bank ist in Folge königl. Dekretes vom Jahr 1847 an die Stelle der bisher in Cadiz bestandenen verschiedenen Banken getreten. Nach dem Statut vom 30. Juli und den Reglements vom 22. November 1847 soll sie Disconto-, Noten-, Giro- und Depositenbank sein. Das Kapital, ursprünglich auf 100 Mill. Reales de Bellon in 50,000 Actien zu 2000 Realen bewilligt, besteht laut Decret vom 30. September 1851 in 5000 Actien zu 1000 Realen auf Namen. Jeder kann den dritten Theil der Actien, welche er auf Namen besitzt, in Actien auf Inhaber verwandeln lassen. Keine gerichtliche Inhibition kann die Contocorrent-Guthaben bei der Bank treffen. Gelder von Ausländern bei der Bank sollen selbst im Kriege von jeder Repressalie und Beschlagnahme frei sein. Die Contocorrente werden durch eine Einlage von 20,000 Realen eröffnet, und es kann über Einlagen, erst nachdem sie einen Tag in der Bank waren, disponirt werden. — Assecuranz-Anstalt. — Cadiz-Marseiller-Dampfschifffahrtsgesellschaft. — Handelsverein (Associacion mercantil).

Cairo,

(Kairo) Hauptstadt von Aegypten.

Münzen und Rechnungsart, s. Alexandrien.

Maaße und Gewichte, s. Alexandrien.

Cursystem, s. Alexandrien.

Die hiesige sogenannte **Wechselbank** ist im Jahr 1837 mit einem Kapital von 1 Mill. spanischen Piastern (Talari) gegründet worden. Sie schießt Gelder zu 12 Procent vor, und vergütet für die ihr geliehenen Kapitalien 10 Procent Zinsen (Nobad).

Calcutta,

(Kalkutta) Hauptstadt der britisch-ostindischen Präsidentschaft Bengalen.

Münzen und Rechnungsart. Man rechnet nach Rupien (Rupees) zu 16 Annas zu 12 Pice. — 100,000 Rupees nennt man 1 Lac, 100 Lac sind 1 Crore. — Diese Rupee ist die sogenannte Companys-Rupee. Als Rechnungsgeld hat man auch die Sicca-Rupie und die Curant-Rupie, welche nur bei Notirung einiger Waarenpreise gebraucht werden. Es sind 100 Compagnie-Rupien = 93¾ Sicca-Rupien = 108¾ Kurant-Rupien.

Die alten Goldmünzen oder Mohurs sind verschieden an Gehalt und Werth. Seit 1835 soll für alle ostindisch-englischen Besitzungen der Gold-Mohur gleichen Gehalt haben, und es gehen von dieser neueren Goldmünze 46,7652 Stück auf das Zollpfund fein Gold; daher 1 Gold-Mohur 1,06916 deutsche Goldkrone (Nelkenbrecher). Rechnet man die Goldkrone zu 15 fl. 57 kr. rhn. (f. Berlin), so ist der Mohur = ca. 17 fl. 3 kr. rhn. = 9 thlr. 22 sgr. preuß. = 14 fl. 61 nkr. österr. — Die alten Silber-Rupien sind ebenfalls verschieden an Gehalt und Werth; seit 1835 sollen für alle ostind.=englischen Besitzungen die Compagnie= Rupien gleichen Gehalt haben. Weil 46,7652 Stück der neueren Rupien auf 1 Zollpfund fein Silber gehen, so ist 1 Rupie = 1 fl. 7 kr. rhn. = 19 sgr. preuß. = 96 nkr. österr. (f. Bombay).

Man prägt auch doppelte, Zweidrittel= und Drittel=Gold=Mohurs, so wie auch halbe und Viertels=Silberrupien. Bis 1853 galt die Gold=Rupie, welche gleiches Gewicht und gleichen Feingehalt wie die Silberrupie hat, 15 Silberrupien; seit 1853 aber hat sie einen wechselnden Handelswerth.

In Kupfer werden geprägt Stücke zu 3 Pice und zu 1 Pice. Die ersteren sind als Quarter Anna bezeichnet. 1 Pice = 20 Cash.

Eine frühere, mitunter noch übliche Rechnungsart in Bengalen war die Kau= chaurechnung, nach welcher 1 Cahaun = 4 Annas = 16 Punns = 48 Pice = 320 Gundas = 1280 Cowris (Muscheln).

Papiergeld. Noten der Bank von Bengalen (f. unten) von 5 bis 10000 Compagnie=Rupien.

Curssystem.

Bombay 30 Tage nach Sicht } ± 100 Comp.=Rupien für 100 C.=Rup. auf dort.
Madras desgleichen

Canton 60 oder 90 T. n. S. „ 232 „ „ 100 Dollars.
London je nach Sicht „ 1 bis 2 Schilling Sterl. für 1 Comp.=Rupie.
Paris, Bordeaux ꝛc. „ 2½ Franken „ 1 „

Geldcurse werden in Compagnie=Rupien per 1 Stück (ausgenommen spanische Piaster oder Dollars per 100 Stück) notirt. Es kommen hier englische Sovereigns, holländische Ducaten, spanische Dublonen, französische Fünffrankenstücke Gold=Mohurs, persische Goldmünzen ꝛc. vor. Die Noten der Bank von England werden per 1 Liv. Sterl. notirt.

Cursnotirung der inländischen Staatspapiere und Actien. Statt der Curse der Staatspapiere und Actien werden die Procente angegeben, um welche sie über Pari (Premium) oder unter Pari (Discount) stehen. Z. B. Bombay=Bank 20 Procent Prämie, d. i. 1200 Comp.=Rupien für eine Actie von 1000 Comp.=Rupien (Nominalwerth); orientalische Bank 16 Procent Disconto, d. i. 840 Comp.=Rupien für eine Actie von 1000 Comp.=Rupien (Nominalwerth).

Staatspapiere des britischen Ostindien. Sie rühren von ver= schiedenen 6procentigen, 5procentigen und 4procentigen Anleihen her. Ein anderer Theil der verzinslichen Schuld besteht in den Schatzscheinen (Treasury Notes), welche den englischen Exchequer Bills (f. London) entsprechen. Inhaber der Pa= piere der 6procentigen Anleihe, die in Europa wohnen, können für den Belauf der (halbjährigen) Zinsen einen Wechsel auf das Directorium der ostindischen Compagnie, 12 Monate dato zahlbar zum Curs von 2 Schilling 1 Pence Sterling per Sicca= Rupie fordern. Für andere Papiere gibt es in diesem Falle wieder andere Bedin= gungen; so findet z. B. die Vergünstigung, die Zinsen der 5procentigen Anleihe vom Jahre 1823 in England zu beziehen nur so lange statt, als es die ostindischen Behörden für gut finden. Bei der 5procentigen Anleihe von 1825 und 1826 werden die Zinsen an alle Interessenten entweder in baarem Gelde in Ostindien, oder in Wechseln auf England zum Curs von 2 Schilling Sterl. per Sicca=Rupie bezahlt u. s. w. (Noback).

Maaße und Gewichte. Fußmaaß ist der englische Fathom oder Faden zu 4 Arms oder Cubits; der Fathom hat 6 engl. Fuß; daher 100 Cubits = 150 engl. Fuß. — Der Fathom = 2 englische Yards (s. London). Das Ellen= maaß ist der Guz, welcher der engl. Yard gleich ist. — 1 Guz von Calcutta = 1 ⅓ Guz von Bombay = 2 Cubits von Madras. — Die bengalische Meile = 1000 Fathoms. — Flächenmaaß ist das Biggah = 6400 Quadrat=Cubits = 14400 englische Quadrat=Fuß. — Getreidemaaß ist der Khahoon zu 16 So= allees zu 20 Pallies zu 4 Raiks zu 4 Koonkees zu 5 Chittacks. Der Khahoon ist an Gewicht = 40 Factory=Maunds = 1354,8 Kilogramm.

Flüssigkeitsmaaß: Alle Flüssigkeiten werden gewogen, und zwar nach dem Bazargewicht (s. unten); im Großhandel bedient man sich auch des engl. Gallons (s. London). — Handelsgewicht gibt es zweierlei, nämlich Bazargewicht und Faktorei= gewicht. Das erstere wird im gewöhnlichen Verkehre, das letztere im Großhandel und den Angelegenheiten der ostindischen Compagnie gebraucht.

1) Vom Bazargewicht hat der Mound 40 Seers zu 16 Chittacks zu 5 Siccas; diese Gewichtsart gründet sich auf das Sicca=Gewicht, d. h. dem Gewicht der alten Sicca=Rupie. 1 Bazar=Mound = 37,255 Kilogramm.

2) Vom Faktoreigewicht ist der Mound von 40 Seers zu 16 Chittacks = = 33,868 Kilogramm.

Hinlänglich genau sind

10 Bazar=Mounds	=	11 Factory=Mounds.
3 Factory=Mounds	=	8 Bombay=Mounds (s. Bombay).
300 „	=	896 Madras=Mounds (s. Madras).

Gold= und Silbergewicht. Die Sicca hat 10 Massas zu 8 Ruttees zu 4 Dhans zu 4 Punkos. — Die Sicca = 11,642 Grammen. — Die Tola hat 100 Ruttees oder 12½ Massas oder 1¼ Sicca. — Die Tola wird auch in 16 Annas eingetheilt. — 1 Anna = 6¼ Ruttees. — 1 Tola von Calcutta = 1,0037 Tolas von Bombay. — Die Bestimmung des Feingehalts ist die in England übliche.

Handelsanstalten. Die Bank von Bengalen zu Calcutta ist im Jahr 1806 gegründet worden. Das ursprüngliche Kapital bestand aus 50 Lacs (s. oben) Sicca=Rupien in 500 Actien zu 10,000 Rupien, und die ostindische Compagnie übernahm 100 Actien. Seitdem ist das Kapital verdoppelt und die Rechnungsführung von Sicca=Rupien in Compagnie=Rupien umgewandelt worden. Die Actien sind auch in Viertelsactien ausgegeben worden. Die Bank ist Noten=, Disconto=, Leih= und Depositenbank. Die Noten von 5 bis 10,000 Rupien werden bei allen Kassen in Unterbengalen an Zahlung angenommen. Die Bank muß ein Drittel ihres Notenumlaufs baar vorräthig haben, und hatte als Sicher= heit für die Noten, welche von den Regierungskassen angenommen werden, 20 Lacs in Papieren der ostindischen Compagnie beim Schatzamte zu hinterlegen. Sie be= rechnet im Contocorrent keine Provision, vergütet dagegen aber auch keine Zinsen. — Nachdem die in Calcutta bestandenen Banken von Hindostan, Calcutta und die Commercialbank schon früher eingegangen waren, hat 1847 eine andere Bank, die Union, fallirt. — Die Nordwest=Bank von Indien wurde im Jahr 1844 mit 2 Mill. Compagnie=Rupien in Marut gegründet, und scheint in neuester Zeit ihren Hauptsitz nach Calcutta verlegt zu haben (Hübner). Sie macht alle Arten Bankgeschäfte, außer Darleihen auf Grundstücke und außer Banknotenausgabe. — Außerdem gibt es hier Actiengesellschaften für Eisenbahnen, Dampfschifffahrt, Versicherung ꝛc.

Californien s. St. Franzisco.

Canton,

(Kanton) der für das Ausland wichtigste Handelsplatz China's.

Münzen und Rechnungsart. In den ältesten Zeiten war eine Art von Muscheln, Pei, das gewöhnliche Austauschmittel, und in der jetzigen Provinz Yunan ist noch heut zu Tage eine Art von Cauris (vergl. Calcutta) gangbar. Mit der Regierung des eigentlichen Gründers der chinesischen Monarchie, des Kaisers Chi aus dem Hause Tchin (246—209 vor Chr.) beginnt die gegossene runde Kupfermünze mit dem viereckigen oder auch anders gestalteten Loche in der Mitte (zum Aneinanderreihen) aufzutreten, welche Anfangs mit einigen ihren Werth aus-drückenden Charakteren, später mit den Ehrennahmen der einzelnen Regierungsepochen bezeichnet, bis auf den heutigen Tag beinahe keine Veränderung in ihrer Gestalt und Ausstattung erlitten hat. Alle Rechnungsmünzen gründen sich auf die Thei-lung der Silberunze oder das Liang. Auf das Liang gehen 10 Thsian, auf dieses 10 Fen, der Fen = 10 Li, der Li = 10 Hao, der Hao = 10 Sse. Die Benennung der Rechnungsmünzen ist auch die der Gewichte. Die Rechnungsmünzen und Gewichte haben einen doppelten Namen, nämlich einen chinesischen und einen aus dem chinesisch-portugiesischen Jargon (wie er in Canton und Macao gesprochen wird) herrührenden Namen; und zwar Cache für Li, Condorin für Fen, Mas für Thsian, Tael für Liang. Es sind auch 16 Tael = Kin (oder chinesisch-portu-giesisch Catty).

Für das Kupfer hat man dieselbe Gewichtseintheilung, und sein festgesetzter Werth ist ¹⁄₁₀₀ desselben Gewichts in Silber. Nur der 10. Theil einer Kupfer-unze, der also im Werthe dem tausendsten einer Silberunze gleich ist, wird gemünzt. Die von der gegenwärtigen Dynastie ausgegebene Kupfermünze wiegt 1 Thsian 2 Fen, zum nicht geringen Vortheile der Wechsler, denen schon die Unbequemlichkeit des gemünzten Metalles von so geringem Werthe dasselbe beständig in die Hände führen muß. Das Verhältniß der Kupfermünze zum Silberwerthe bleibt sich jedoch nicht gleich, und ist in den einzelnen Provinzen, in denen überhaupt Maaß und Gewicht nicht ganz übereinstimmen, einem beständigen Schwanken unterworfen. Die Regierung, im ausschließlichen Besitze der Kupferminen und des Münzrechts hat an der Münze keinen andern Gewinn als ihrer sichern Absatz ihrer Ausbeute, und weiß, indem sie die Emission derselben vermehrt, oder in einigen Provinzen zu Zeiten auch ganz einstellt, immer ein gewisses Verhältniß zwischen beiden Metallen zu erhalten. Durch die Versetzung des Kupfers mit Blei, Zinn oder auch Zink ist zugleich vorgebeugt, daß dasselbe nicht mit Gewinn ausgeführt oder verarbeitet werden könne. — Landesmünzen in Gold und Silber hat China nicht.

Die Silbermünze (1 Liang oder Tael Silber) wird von der englisch-ostind. Compagnie zu 6 Schilling 8 Pence Sterl. gerechnet, was ziemlich genau bei der Annahme, daß 1 Tael = 37,79 Grammen, herauskommt, wenn man das Zollpfund fein Silber zu 52½ fl. rhn., und den Sovereign (als Repräsentant des Liv. Sterl. zu 20 Schilling zu 12 Pence) zum Frankfurter Curs 11 fl. 40 kr. rhn. ansetzt.

Weil 1 Li = dem tausendsten Theile einer Silberunze gleich sein soll, so ist nach obigem Werthe der Silberunze 1 Li = $^{80}/_{1000}$ Pence = ca. ¼ kr. rhn. = $^6/_7$ pf. preuß. = $^3/_{14}$ nkr. österr. Diese Werthe sind aber zu groß, weil in der Regel mehr als 1000 Li für das Tael Silber gezahlt werden.

Nach obiger Annahme von 6 Schilling 8 Pence Sterl. per Silberunze hätte letztere einen Werth von $3^8/_9$ fl. rhn. In Canton wird aber der Werth der Silberunze immer nach dem Werthe des spanischen Piasters bemessen, und dabei angenommen, daß 717 Tael = 1000 spanische Piaster (im Theehandel 720 Tael = 1000 span. Piaster). Nimmt man nun an, daß durchschnittlich 9¾ spanische Piaster auf die Cöln. Mark fein Silber gehen, welche in 24½ fl. rhn. enthalten ist (oder sein soll), so stellt sich, wenn man mit 717 zu 1000 rechnet, der Werth der Silberunze auf 3 fl. 30 kr. rhn. = 2 thlr. preuß. = 3 fl. österr.

— Im größeren Handelsverkehre vertreten Silberbarren die Stelle des Geldes; Goldbarren dagegen werden nur als Waare betrachtet. Die Einheit für die Legirung besteht aus 100 Theilen, welche man Toques (Touches) nennt. Feines Silber nennt man Sycee-Silber; bei dem Feingehalt von 80 Toques ist der Zusatz 20, bei dem Feingehalte von 93 Toques ist der Zusatz 7 u. s. w. Weil die Barren häufig ausgebohrt und mit Blei ausgefüllt werden, so müssen sie jedesmal probirt und gewogen werden. Ebenso verfährt man mit den spanischen Piastern, welche auch zur Ausgleichung kleinerer Werthe in vier Theile zerschnitten, vorkommen, die dann ebenfalls mit einer Art Schnellwaage, welche die Kaufleute immer zur Hand haben, gewogen werden. Weil auch die Goldbarren häufig ausgebohrt und mit Blei ausgefüllt werden, so gibt man dem Blattgold den Vorzug, welches in der Größe und Form der deutschen Einthaler- oder Eingulbenscheine vorkommt und mit einer Schrift in chinesischer und englischer Sprache versehen ist, die den Feingehalt (die Anzahl der Toques) angibt. Gewöhnlich werden 50 Taels Gewicht solcher Blätter in ein Holzkästchen gepackt, und eine Beglaubigung des Goldschmieds auf Papier gedruckt und gestempelt beigelegt.

Das Sycee-Silber, welches der eigentliche Stellvertreter des Silbergeldes ist, kommt indessen nie ganz fein vor. Das im gewöhnlichen Handelsverkehr vorkommende Sycee-Silber besteht aus Stücken in der Form eines abgestumpften Kegels (welche die Engländer shoes nennen), und werden nach dem Tael gewogen und berechnet.

Cursystem.

Canton (und dort besonders Engländer und Nordamerikaner) wechselt auf:

London, 6 Monate nach Sicht ± 50 Pence Sterling für 1 spanischen Piaster oder Dollar.

Vereinigte Staaten von Nordamerika (New-York ꝛc.), 6 Monate nach Sicht ± 50 Pence für 1 Dollar.

Ostindien (Bombay, Calcutta, Madras) 30 oder 60 Tage nach Sicht ± 220 Compagnie-Rupien für 100 Dollars.

Metallcurse. Blattgold wird in Dollars per 1 Tael notirt (± 23 Dollars); Sycee-Silber, durchschnittlich zu 98 Toques, wird zu 72 Taels für 100 Dollars mit einem Agio (premium) von mehreren Procenten auf den Werth des Dollars notirt.

Spanische Piaster, 72 Tael für 100 Dollars, bald über, bald unter Pari.

Südamerikanische Piaster, mehrentheils ohne Agio oder auch mit Disconto von mehreren Procenten.

Ostindische Rupien, ± 230 Rupien für 100 Dollars.

Papiergeld. Das Papiergeld war hier schon im zweiten Jahrhundert vor unserer Zeitrechnung im Gebrauch. Da es dem Kaiser oft an Münze fehlte, so gab er Anweisungen auf den Staatsschatz, die im ganzen Lande umliefen und Geltung hatten, bis das Reich durch Bürgerkriege zerrüttet wurde. Unter der Ming-Dynastie, auf welche der gegenwärtige mandschurische Herrscherstamm folgte, suchten die Kaufleute ein Mittel, ihre Geldgeschäfte zu erleichtern, und verfielen auf ein allerdings nicht sehr ausgebildetes Bankwesen. In vielen großen Städten traten Geschäftsmänner zusammen und gaben Noten aus; da diese aber keine andere Garantie hatten, als die gute Meinung, welche man von den Ausstellern hegte, so mußte natürlich der Umlauf nur ein sehr beschränkter sein; aber allmählig entwickelte sich das Bankwesen, und jetzt zieht man das Papier dem Gelde vor. Jeder kann nach Belieben ein Bankgeschäft errichten, und es gibt deren eine große Menge. Die größeren Bankhäuser raffiniren auch das Sycee-Silber für die Steuereinnehmer. Die Regierung nimmt nämlich kein Silber unter einem bestimmten Feingehalte an; deßhalb gibt der Einnehmer das, was bei ihm als Steuer einläuft, an den Bankier, welcher das Gewicht feststellt, das Silber raffinirt und in Barren formt, und dafür haften muß, daß alles von ihm Gestempelte richtig ist. Es pflegen auch wohl größere Handelshäuser sich zu einer Art Genossenschaft zu verbinden, die dann alles anwendet, um ihre Papiere im vollen Werthe zu erhalten (Hübner). In Canton gibt es jetzt Hunderte von Banken, von welchen jedoch nur etwa 30 im Rufe der Solidität stehen; die Noten derselben stehen selten unter ihrem Nennwerthe und werden überall angenommen. Diese Bankiers halten sich Leute, welche die Märkte besuchen und über den Stand derselben berichten müssen, und diese Bankiers bestimmen auch den Preis der Noten, des Goldes und Silbers und der Dollars. — Die meisten Banknoten sind von Kupferplatten abgedruckt; die kleineren Häuser gebrauchen auch wohl Holzschnitte. Die Noten lauten entweder auf chinesische Münze, Sycee-Silber oder Dollars. Der Inhaber kann zu jeder beliebigen Zeit den Betrag in Baar und zwar ohne Abzug einfordern, denn der Bankier macht seinen Profit bei Ausgabe der Note. Fälschungen kommen nicht häufig vor.

Maaß und Gewicht. Das gebräuchlichste Längenmaaß ist der Cevid oder Cobre; derselbe wird in 10 Punts oder Theile getheilt, und ist je nach dem Gegenstande zu welchem er gebraucht wird, von verschiedener Länge; es gibt daher einen mathematischen Fuß (welcher beim mathematischen Tribunal angewendet wird), einen Baufuß (für öffentliche Arbeiten), einen Feldmesserfuß und einen Schneider- oder Kaufmannsfuß; letzterer ist = 150 Pariser Linien.

Meilenmaaß ist das Li zu 180 chinesischen Faden zu 10 Feldmesser-Covids = 575,5 Meter.

Getreide und Flüssigkeiten werden im Großhandel immer nach dem Gewicht verkauft. — Flüssigkeitsmaaße gibt es nicht.

Handelsgewicht. Der Pikol (Pecul) hat 100 Catties (Pfunde) zu 16 Tales. 1 Cattie = 604,787 Grammen.

1 Pikol oder 100 Catties sind = 4,7619 Bombay-Mounds = 1,6324 Calcutta-Bazar-Mounds = 1,7857 Calcutta-Faktorei-Mounds.

Im Theehandel und bei Schiffsbefrachtungen bedient man sich des englischen (Avoirdupois) Handelsgewichts, von welchem 400 Pfund = 3 Pikols, 4 Pfund = 3 Catties, 4 engl. Unzen = 3 Taels gerechnet werden.

Man bedient sich auch im Theehandel der europäischen Waagen; die Resultate werden aber nach obigen Gewichtsverhältnissen in chinesische Pikols und Catties ꝛc. verwandelt. — In Peking soll der Pikol nur 97 Catties haben.

Handelsusanzen. Die Preise der meisten Waaren werden in spanischen Piastern oder Dollars zu 100 Cents per Pikol, feinere per Cattie bestimmt; sodann zur Ausfuhr Nanking per 100 Stück, Bambusrohre per 1000 Stück; Messingblech und Zinnober per Kiste; — zur Einfuhr: englische Twiste und Garne per engl. Pfund oder per Pikol; Baumwollenzeuge per Stück; Wollenzeuge theils per Yard, theils per Stück; Rauchwaaren per Stück oder auch per 100 Stück; ostindisches Opium per Kiste, türkisches Opium per Pikol; schwedischer Stahl per englischen Centner, englischer Stahl per Pikol; englisches Weißblech per Kiste. Thee, Zucker, ostindische Baumwolle, rohe Canton-Seide Nr. 1 bis 4 werden per Pikol in Tales, Candiszucker und Seide Nr. 5 dagegen per Pikol in spanischen Piastern verkauft.

Commissionsgebühren: Nach einem seit 1831 bestehenden Tarife:

Für alle Käufe und Verkäufe von Waaren 5 Proc., mit Ausschluß der folgenden:

Opium, Baumwolle, Cochenille, Quecksilber, Campher, ind. Vogelnester, Edelsteine, Perlen, Schiffe und Häuser 3 Proc.;

Retouren, wenn dieselben in Waaren bestehen 2½ Proc.;

Dergleichen in Gold- und Silberwaaren, Wechsel ꝛc. 1 Proc.;

Kauf und Verkauf, oder Verschiffung von Gold- und Silberwaaren 1 Proc.;

Consignationsverkäufe ½ Proc.; für Delcredere 2½ Proc.;

Verbürgung auf Wechsel oder andere Schuldscheine 2½ Proc.;

Besorgung von Frachten und Schiffsgelegenheiten 5 Proc.;

Besorgung von Assecuranzen ½ Proc.;

Abmachung von Versicherungsangelegenheiten und Einziehung der Rückprämien 1 Proc.;

Ein- und Verkauf von Wechseln, Besorgung von Rimessen 1 Proc.;

Nicht bezahlte und notirte oder protestirte Wechsel 1 Proc.;

Kaufmännische Creditbriefe 2½ Proc.;

Empfangnahme von Geldern außer den gedachten Geschäften 1 Proc.;

Ueberladung von einem Schiffe auf ein anderes 1 Proc.;

Schroffage (Sortirung zu leichter Gold- und Silbermünzen) ½ pro mille.

Außerdem können die Commissionäre auf den Saldo abgeschlossener Rechnungen, wenn solche bis zum Ablauf des Jahres nicht geordnet sind, ihre Commissionsgebühren nochmals in Rechnung bringen; auch ist denselben gestattet, auf den ganzen Belauf einer Jahresrechnung (die Posten, welche 5 Proc. Provision tragen, ausgenommen) noch eine Extraprovision von 1 Proc. zu berechnen.

Fracht von Canton nach London ± 5 Liv. Sterl. per Schiffstonne von 50 engl. Kubikfuß Rauminhalt.

Alle offiziellen Papiere und alle Contracte müssen auf gestempeltes Papier geschrieben werden.

Handelsanstalten. Leihbanken und Leihhäuser, welche auf kurze Fristen und auf 3½, 2 und 1 Jahr Gelder vorstrecken. — Seit 1836 eine aus den fremden Kaufleuten zusammengetretene Handelskammer.

In Hongkong sind die Rechnungsverhältnisse im Allgemeinen dieselben wie in Canton, und es wird in derselben Art von Victoria*) auf London wie von Canton auf London gewechselt. Es befindet sich hier eine Zweigbank der Londoner Orientalbank.

Capstadt,

Hauptstadt des Caplands, (englische Colonie auf der Südspitze von Afrika, früher im Besitze Hollands).

Rechnungsart und Münzen. Gesetzliche Rechnungsweise ist die des Mutterlandes nach Liv. Sterl. zu 20 Schilling zu 12 Pence; früher und häufig auch noch jetzt nach Gulden zu 20 Stüber zu 16 Pfennige holländisch, oder nach Reichsthalern (Ryksdaler) zu 8 Schillingen zu 6 Stüber.

Außer kupfernen 1= und $\frac{1}{2}$=Pennystücken prägt die Colonie keine Münzen, und im Verkehre kommen mehrentheils britische Gold=, Silber= und Kupfermünzen vor. Von fremden Münzen cursiren mitunter spanische Onzas, 20=Frankenstücke, ostindische Mohurs, spanische Piaster, 5=Frankenstücke, holländische 3=Guldenstücke, portugiesische Goldsorten und Rupien. Nach dem von der Behörde für einige obiger fremden Münzen aufgestellten Tarife richtet man sich im großen Handels= verkehre nicht.

Maaße und Gewichte sind hauptsächlich die englischen, nächstdem die alten holländischen. Im Handelsverkehr nimmt man an, daß

1 Centner (100 Pfund) holl. Gewicht = 108,39 Pfund engl. Handels= gewicht.

1 Legger (Leaguer) = 126,63 Imperial=Gallons.

1 Muid (4 Shepels) = 3,06 Imperial=Bushels.

1 Ell of 27 Rhynland Inches = 27,82 Inches.

4 Amsterdamer Ellen = 3 englische Yards.

Handelsanstalten. Im Jahr 1837 wurde die Cape of good Hope Bank mit 1500 Actien zu 50 Liv. Sterl. und die Südafrikanische Bank mit 2000 Actien zu 50 Liv. Sterl. gegründet; beide sind Wechsel=, Disconto= und Depositenbanken. In Port Elisabeth, wichtigem Handelshafen des Caplandes, wurde im Jahr 1846 eine Lokalbank mit 1600 Actien zu 25 Liv. Sterling gegründet. Außerdem gibt es in Capstadt Actiengesellschaften für Dampfschifffahrt, Assecu= ranzen und für mehrere Industriezweige.

Caracas.

Hauptstadt des Freistaates Venezuela mit dem Hafen Laguayra.

Münzen, Maaße und Gewichte, s. Bogota.

Wechselcurse, s. Bogota. Man notirt hier auch auf St. Thomas, mit welcher Insel ein bedeutender Wechselverkehr stattfindet ± 125 Pesos Macu= quina für 100 Piaster Gold (wovon 16 = 1 spanische Goldbublone oder Unze).

Wechselrechtliches. Man richtet sich nach dem franz. Handelsgesetzbuch.

Papiergeld. Besteht in den Noten der hiesigen Banken.

Staatspapiere. Von der Schuld der ältern Republik Columbien über= nahm Venezuela 28½ Proc. (Neugranada 50 Proc. und Ecuador 21½ Proc.), wovon ein Theil ausländische, ein anderer inländische Schuld war, welch' letztere

---

*) Hongkong, kleine Insel in der Bai von Canton, mit der Stadt Victoriatown, seit 1842 britisches Eigenthum, ist der Stapelplatz des englischen Handels in China.

seitdem getilgt worden ist. Die ausländische Schuld wurde in active und aufge-schobene (deferred) zerlegt, und letztere sollte durch das Loos allmählig in die active oder verzinsliche Schuld einrücken. Letztere besteht in Abschnitten von 100, 150 und 500 Liv. Sterl. mit Coupons, welche in London zahlbar sind. Man ist aber sowohl mit den Zinsen der activen, wie mit denjenigen der verloosten Schuld im Rückstande.

Platzgebräuche. Die eingeführten Waaren werden auf 2 bis 6 Monate, auch noch länger, Credit verkauft; die Ausfuhrwaaren gegen baare Zahlung. — Commissionsgebühren für den Verkauf von Importen 5 Proc., für Delcredere darauf 2 ¼ Proc.; für Verkauf von Produkten 2 ½ Proc., für Einkauf von Retouren 2 ½ Proc., für Incassi 1 Proc., für deren Uebersendung 1 Proc.; für Incassi, wenn dagegen Wechsel remittirt und diese garantirt werden, 2 ½ Proc.; für Ein-kauf von Wechseln 2 ½ Proc.

Man berechnet gewöhnlich die wirkliche Tara; auf Butter und Schmalz werden 20 Proc., und wenn die Fässer Kalkböden haben, 25 Proc. Tara ange-nommen.

Der Hauptausfuhrartikel, Cacao, wird in Caracas nach der Fanega von 110 Pfund, der von Maracaibo nach der Fanega von 96 Pfund verkauft.

Handelsanstalten. Die Nationalbank von Venezuela wurde im Jahr 1841 mit einem Kapital von 2 ½ Mill. Pesos Macuquina gegründet; sie ist Disconto-, Giro-, Depositen- und Notenbank und zugleich der Schatzmeister des Staates. Außerdem gibt es hier mehrere Privatbanken.

Carvar,
Seestadt in der britisch-ostindischen Präsidentschaft Madras.

Rechnungsart. Man rechnet nach Pagoden (einer früheren Goldmünze) zu 48 Fanams zu 24 Budgerooks. Die hiesige Pagode = 3 ⅗ Rupien von Bombay; daher (s. Bombay) = 4 fl. 1 kr. rhn. = 2 thlr. 8 ⁶/₇ sgr. preuß. = 3 fl. 44 ukr. österr.

Maaße und Gewichte. Der Covid = ½ Yard = dem Cubit von Calcutta (s. Calcutta). Der Kandy (Handelsgewicht) von 20 Manuds zu 42 Seers = 235,867 Kilograms. Der Seer des Gold- und Silbergewichts hat 24 Vols zu 12 Massa und wiegt 278,376 Grammen. In Bombay ist 1 Tola (Gold- und Silbergewicht) = 11,599 Grammen; weil nun 24 Tolas = 24mal 11,599 = 278,376 Grammen, so ist der Seer von Carvar = 24 Tolas von Bombay, und das Vol von Carvar ist = der Tola von Bombay.

Cayenne,
Hauptstadt der französischen Colonie Guyana.

Rechnungsart und Münzen. Man rechnet, wie in Frankreich, nach Franken zu 100 Centimen, oder auch nach Franken zu 20 Sous de France, aber in einem andern Zahlwerthe, welchen man westindische Währung nennt, und nach welcher 185 Franken westindisch = 100 Franken französisch sind. Für die Colonie sind von Frankreich aus Glockenmetall oder Bronze Stücke zu 2 und 1 Sou (oder 10 und 5 Centimen) geprägt worden.

Außer französischem Geld cursiren hier hauptsächlich spanische Piaster und Dublonen.

Cursnotirung. Auf Paris, Havre, Marseille ꝛc. wird, obwohl selten, in langer Sicht, 6 und 9 Monate, entweder in Franken pr. 1 Dollar, oder in Colonialfranken pr. 100 französischen Franken gewechselt.

Maaße und Gewichte sind im Inlande die alten Pariser, aber im Verkehr mit dem Auslande die neuen französischen (f. Paris).

Die hier seit 1851 bestehende Colonialbank macht Leih-, Disconto-, Depositen- und Incasso-Geschäfte und gibt Noten von 25, 100 und 500 Franken aus.

Chemnitz,
Fabrikstadt im erzgebirgischen Kreise des Königreichs Sachsen.

Münzen, Maaße und Gewichte f. Leipzig.

Papiergeld. Noten zu 1 thl. der seit 1848 bestehenden Stadtbank. Zu dem Geschäftskreise der Bank gehören 1) die Annahme fremder Gelder, jedoch nicht unter dem Betrage von 200 thl. gegen Verzinsung unter angemessenen Bedingungen. 2) Das Discontiren und der Ankauf guter auf in- und ausländische Plätze gezogener Wechsel und Anweisungen, sowie deren Verkauf und Realisirung. Auf den betreffenden Papieren müssen mindestens zwei als ausreichend sicher anzuerkennende Unterschriften der Giri vorhanden sein, auch dürfen solche Papiere, insofern nicht nach dem einstimmigen Beschlusse sämmtlicher Directoren eine Ausnahme unbedenklich erscheint, nicht länger als noch 3 Monate zu laufen haben. 3) Vorschüsse gegen Verpfändung von Staatspapieren, hypothekarischen Forderungen, auf die Bank girirter Wechsel oder anderer Documente, von Gold und Silber oder anderen werthvollen, dem Verderben nicht ausgesetzten Gegenständen, Urstoffen und fabricirten Waaren. Die Bank hat, vorbehaltlich des der Staatsregierung jederzeit freistehenden Widerrufs, das Recht, Creditscheine (Noten) zu 1 thlr. auszugeben. Die Stadtgemeinde Chemnitz garantirt den Nennwerth der circulirenden Creditscheine, sowie deren stete Einlösung in Silbergeld den Inhabern gegenüber mit ihrem gesammten beweglichen und unbeweglichen Eigenthume und nimmt die Creditscheine an allen städtischen Cassen an Zahlungsstatt. Die Staatsregierung übt durch einen Commissär das Recht der Beaufsichtigung über die Bank aus. Rechnungen veröffentlicht die Bank nicht.

Chemnitzer Stadtscheine zu 4½ Proc. von der Anleihe vom Jahr 1856 von 140000 thlr.

Actien der Chemnitzer Spinnerei-Gesellschaft. Kapital 1200000 thlr. in Actien zu 100 thlr.

Cheribon, f. Batavia.

Chile,
südamerikanische Republik mit der Hauptstadt Santiago.

Rechnungsart und Münzen. Man rechnet nach dem Peso (Piaster) zu 100 Centavos, früher zu 8 Realen zu 4 Cuartillos. Der Peso soll gesetzlich 25 Grammen wiegen und $^9/_{10}$ fein sein, wonach 22²/₉ Stück auf 1 Pfund (500 Grammen) fein Silber gehen. Daher der Peso = 2 fl. 21¾ kr. rhn. = 1 thlr. 10½ sgr. preuß. = 2 fl. 2½ nkr. öster.

Seit 1851 werden in Gold geprägt:

Der Condor von	10 Pesos,	15,253 Grammen schwer		
„ Doblon von	5 „	7,626 „	„	und $^9/_{10}$ fein.
„ Escudo von	2 „	3,051 „	„	

Rechnet man das Pfund Gold zu 800 fl. rhn., so stellt sich der Werth des $\frac{1}{10}$-Condor oder Goldpeso auf 2 fl. 11 kr. rhn. = 1 thlr. 7$\frac{3}{7}$ sgr. preuß. = 1 fl. 87 nkr. öster. Wenn also der Peso in Silber = 2 fl. 21$\frac{3}{4}$ kr. rhn. und der Goldpeso = 2 fl. 11 kr. rhn., so sind 100 Pesos in Silber = circa 107$\frac{1}{2}$ Goldpesos.

In Silber zu $\frac{9}{10}$ fein werden seit 1851 geprägt:
Stücke von 1 Peso = 100 Centavos, 25 Grammen schwer,
„ „ 50 „ 12$\frac{1}{2}$ „ „
„ „ 20 „ 5 „ „
„ „ 10 „ 2$\frac{1}{2}$ „ „ (Decimo)
„ „ 5 „ 1$\frac{1}{4}$ „ „ (Medio Decimo).

Der Peso ist dem französischen Franken gleich, denn letzterer wiegt ebenfalls 25 Grammen und ist $\frac{9}{10}$ fein. — Kupfermünzen: Centavo- und $\frac{1}{2}$-Centavo-Stücke.

Den früher in Chile ausgeprägten Gold-Unzen (s. unten) hat man einen Werth von 17,248877 der neuen Münze beigelegt und sie im Umlauf gelassen. Die Gold-Unzen von fremdem Gepräge haben keinen gesetzlichen Curs; die Regierung hat sie, weil sie vielleicht nicht vollwichtig, oder durch den Gebrauch abgegriffen waren, im Jahr 1851 außer Curs erklärt. Sie sind jetzt lediglich ein Handelsartikel und werden am Platze zu 16 bis 16$\frac{1}{2}$ Pesos aufgekauft, um zu Baarsendungen nach Rio Janeiro, Montevideo und andern Orten verwendet zu werden.

Das Verhältniß der fremden Münzen zu den gegenwärtigen chilenischen, dem innern Gehalte nach, ist folgendes:

Der Peso fuerte von Bolivia, der Columnarial (Säulenpiaster) von Spanien ist = 1,085837 Pesos oder er bedingt 8$\frac{1}{2}$ Proc. Agio; der Peso (Dollar) der vereinigten Staaten = 1,06924 oder bedingt 7 Proc. Agio; der Adler der vereinigten Staaten von 10 Pesos (seit 31. Juli 1834) = 10,9606 Pesos; das französische 20 Frankenstück = 4,234 Pesos; der englische Sovereign = 5,334018 Pesos.

Aeltere Goldmünzen:

Onza oder Doblon zu 16 spanischen Silberpiastern oder 17$\frac{1}{4}$ chilenischen Curantpiastern (Hauptzahlmittel in der früheren Goldwährung) gesetzmäßig im Feingehalt von 875 Tausendtheilen, 21,1137 Stück auf ein Pfund fein = 2,36813 Goldkronen;

Onza seit 1835, im Durchschnitt nach nordamerikanischen Untersuchungen 872 Tausendtheile fein, 21,2204 Stück auf das Pfund fein = 2,35622 Goldkronen.

$\frac{1}{2}$, $\frac{1}{4}$ und $\frac{1}{16}$ Onzas nach Verhältniß.

Aeltere Silbermünzen:

Peso duro oder Silberpiaster zu 8 Reales, gesetzlich 906 Tausendtheile fein, 20,3913 Stück auf das Pfund fein, = 2 fl. 34 kr. rhn. = 1 thlr. 14 sgr. preuß. = 2 fl. 20 nkr. öster. Dergleichen Pesos bis 1839 haben nach nordamerikanischen Untersuchungen einen Feingehalt von 907 Tausendtheilen und gehen 20,5492 Stück auf das Pfund fein; daher = 2 fl. 33 kr. rhn. = 1 thlr. 13 sgr. preuß. = 2 fl. 19 kr. öster. Pesos von 1848 sind durchschnittlich 901,5 Tausendtheile fein und gehen 20,5258 Stück auf das Pfund fein. — Außerdem gibt es Viertelpiaster oder 2-Realenstücke im Feingehalt von 903 Tausendtheilen,

92,8812 Stück auf das Pfund fein, und Realenſtücke oder Achtelpiaſter nach Verhältniß der 2-Realenſtücke.

Cursſyſtem.

London 60 und 90 Tage nach Sicht ± 45 Pence Sterl. ⎰

Paris 90 Tage nach Sicht „ 5 Franken ⎱ für 1 Curantpiaſter.

Hamburg desgleichen „ 40 Schilling bco. ⎰

New-York ꝛc. 60 Tage nach Sicht „ 100 chileniſche Piaſter für 100 nordamerikaniſche Dollars in New-York und an-
dern nordamerikaniſchen Plätzen.

Wechſelrechtliches. Es ſoll hier noch die alte Ordonanz von Bilbao
gelten.

Chileniſche Staatspapiere. Sie gehören theils der auswärtigen,
theils der inländiſchen Schuld. Die auswärtige Schuld rührt von einem im Jahr
1822 in England gemachten 6procentigen Anlehen her; mit der Zahlung der
Zinſen blieb man aber ſeit 1826 15 Jahre lang im Rückſtande; vom Jahr 1840
an ſollten aber die Zinſen wieder regelmäßig gezahlt werden und für die rückſtändigen Zinſen wurden neue 3procentige Obligationen zu 100 Pfund Sterling ausgegeben, deren Verzinſung im Jahr 1847 begann (weßhalb die bis dahin in
Betreff der Verzinſung aufgeſchobenen Obligationen als deferred (différées) bezeichnet wurden. — Die inländiſche Schuld rührt von verſchiedenen Anleihen her,
die mehrentheils zu 3 Procent, aber auch zu 4, 6 und bei einer im Jahr 1851
gemachten Anleihe zu 8 Procent verzinslich waren. Ein bedeutender Theil dieſer
Schulden ſoll getilgt ſein.

Maaße und Gewichte. Durch Geſetz vom 29. Januar 1848 ſollte
das metriſche Syſtem der Maaße und Gewichte unter gleichen Benennungen wie
die in Frankreich üblichen eingeführt werden. In allen Verkaufs- und Einkaufs-
verträgen und Urkunden, welche vor der Anwendung des metriſchen Syſtems zu
vermitteln ſeien, ſollten die Maaße und Gewichte wie folgt in Meters, Liters und
Kilogrammen berechnet werden: Die Bara (Elle) = 0,836 Meter, der Fuß =
0,279 Meter, der Cuartillo (Flüſſigkeitsmaaß) = 1,1 Liter, die Fanega (Getreidemaaß) = 97 Liter, die Libra (das Pfund) = 0,46 Kilogramm. Im Verkehr ſollen. aber im Weſentlichen die ſpaniſch-kaſtiliſchen Maaße und Gewichte
(ſ. Madrid) ſowie die engliſche Yard und das alte engliſche Weingallon im Ge-
branche ſein. In der Praxis rechnet man 1 Bara = 33⁴/₅ engliſche Zoll; 100
Yards = 108 Baras; 100 Meter = 119 Baras; 100 alte Pariſer Aunes
bei Seidewaaren = 138 Baras, bei wollenen und andern Geweben = 140 Baras;
100 brabanter Ellen = 81 Baras. — Die chileniſche Wein-Arroba rechnet man
in der Praxis = 9 alte engliſche Weingallons = ca. 34 Liter. — Die Zoll-
fanega ſtimmt mit der von Valparaiſo überein und iſt = 69,02 Kilogramm;
an Raumnhalt = 97 Liter. — Steinkohlen und Guano werden häufig nach dem
engliſchen Ton verkauft.

Chriſtiania,
Hauptſtadt des Königreichs Norwegen.

Rechnungsart und Münzen. Ganz Norwegen rechnet gewöhnlich
nach Speciesthalern zu 5 Ort oder Mark zu 24 Schillingen, oder nach Species
zu 120 Schillingen. Es gehen 9¼ Species auf die Cölniſche Mark fein Silber.

Weil 27³/₄ Mark banco (ſ. Hamburg) auf dieſelbe Mark fein Silber gehen, ſo entſpricht 1 Species genau dem Werthe von 3 Mark banco in Hamburg. Wenn 9¹/₃ Species auf die Cölniſche Mark = 233,75 Grammen gehen, ſo gehen 19,777 Species auf das Zollpfund = 500 Grammen. Daher berechnet ſich ein Species auf 2 fl. 38³/₄ kr. rhn. = 1 thlr. 15⁵/₁₂ ſgr. preuß. = 2 fl. 27 nkr. öſterreichiſch.

Geprägt werden für Norwegen in Gemäßheit des Münzgeſetzes vom 13. Auguſt 1818:

In Silber ganze Speciesthaler zu 120 Schillingen (Feingehalt 14-löthig oder 875 Tauſendtheile), Werth wie oben, halbe (gleicher Feingehalt) Speciesthaler, Werth nach Verhältniß; ¹/₅ Speciesthaler zu 24 Schill. (Feingehalt 11-löthig oder 687¹/₂ Tauſendtheile) = 31³/₄ kr. rhn. = 9 ſgr. 1 pf. preuß. = 45¹/₂ nkr. öſter.; ¹/₁₅ Speciesthaler zu 8 Schill. (Feingehalt 8-löthig oder 500 Tauſendtheile) = 10 kr. rhn. = 3 ſgr. preuß. = 15 nkr. öſter.; 4-Schillingſtücke (Feingehalt 4-löthig oder 250 Tauſendtheile) = 4⁷/₁₀ kr. rhn. = 1³/₁₀ ſgr. preuß. = 7 nkr. öſter. und 2-Schillingſtücke nach Verhältniß.

Seit 1825 gibt es auch ¹/₅-Speciesthaler, welche 16-löthig ſind, und ſeit 1845 ¹/₁₀-Speciesthaler, welche dieſen Feingehalt haben.

In Kupfer gibt es 2-, 1- und ¹/₂-Schillingſtücke.

Goldmünzen ſind für Norwegen nicht angeordnet.

Papiergeld. Als ſolches circuliren die Noten der Bank von Trontheim, welche in Chriſtiania eine Filiale hat, im Nennwerthe von ¹/₅, ¹/₂, 1, 5, 10, 50 und 100 Speciesthalern. Sie haben früher bedeutend gegen Silber verloren, ſollen aber jetzt wieder pari mit demſelben ſtehen.

Cursſyſtem.

Amſterdam kurze Sicht u. 3 Mt. Sicht	±	94 thlr. Species für 250 fl. holl.			
Hamburg kurze Sicht oder 3 Mt. Dato	„	100	„	„	„ 300 Mark banco.
Copenhagen 3 Monate Dato	„	100	„	„	„ 100 däniſche Thaler Species.
Paris kurze Sicht und 3 Monate Sicht	„	21 Schill.	„	„	1 Franken.
London kurze Sicht und 3 Monate Dato	„	4 thlr.	„	„	1 Liv. Sterl.

Wechſelrechtliches. Tratten auf norwegiſche Plätze müſſen binnen 24 Stunden nach Vorzeigung acceptirt oder proteſtirt werden. — Acceptirte Wechſel ſind am Verfalltage zu bezahlen, der Inhaber kann jedoch unbeſchadet ſeiner Rechte erſt am achten Tage nachher Proteſt erheben (däniſches Wechſelrecht).

Staatspapiere. Von früheren norwegiſchen Anleihen, welche zum Theil zurückbezahlt ſind, gibt es Obligationen, welche im Handel wenig oder gar nicht mehr vorkommen. Von der Anleihe von 1848 bei C. J. Hambro und Sohn in London gibt es 4procentige Obligationen in Abſchnitten zu 1000, 500, 400, 200 und 100 Speciesthaler; ferner von der engliſchen Anleihe von 1852 im Betrage von 225,000 Liv. Sterl. zur Vollendung der Central-Eiſenbahn gibt es Obligationen, für welche die Regierung 5 Proc. Zinſen garantirt hat. Was die Eiſenbahn über 5 Proc. und bis zu 9 Proc. abwirft, behält die Regierung; wenn ſich aber die Bahn zu mehr als 9 Proc. verintereſſirt, ſo ſoll dieſer Ueberſchuß der Regierung und den Inhabern der Obligationen zu gleichen Theilen zufallen. — Obligationen der Anleihe von 1858 von 3,600,000 Species zu 4¹/₂ Proc.

Maaße und Gewichte sind die dänischen, s. Copenhagen; für den Holz=
handel finden aber abweichende Bestimmungen statt. Masten und anderes Rund=
holz wird nach Palmen zu 3⁷/₁₈ rheinländische Zoll = 39,28 Pariser Linien
gemessen. — Bretter nach der Diele von 11 Fuß Länge, 9 Zoll Breite und 1¼
Zoll Dicke. — 51¼ solcher Dielen machen eine Last aus. — Das Hundert
Dielen = 120 Dielen. — 40 Kubikfuß vierkantiges Bauholz = 1 Ton (Tonne).
— 50 Kubikfuß Bauholz = 1 Last. — 2 Last Balken oder Bauholz = 150
Dielen. — 1000 norwegische Dielen rechnet man = 21 Ton.

Handelsusanzen. Eine Schiffslast wird = 16½ Schiffspfund =
5200 Pfund gerechnet. — 1 Schiffslast Stockfisch = 2520 Pfund = 70 Bog
(s. Copenhagen). Stockfisch, Hanf und virginischer Tabak werden per Bog (Waage)
von 36 Pfund, Thran per Tonne von 88 bis 90 Hamburger Mengel, Ziegen=
und Kalbfelle per Decher von 10 Stück verkauft. Theer per Tonne von 100
dänische Pott.

Waaren=Courtage ist mit ⅚ Proc. vom Verkäufer allein zu tragen.

Commissionsgebühr für Waarenverkäufe ist 2 Proc., Delcredere 1 Proc.

Handelsanstalten ꝛc. Zweigbank der Drontheimer Bank (s. Dront=
heim). Seit 1857 norwegische Creditbank mit einem Kapital von 2 Mill. Spe=
ciesthaler. — Seeversicherungs=Compagnie.

Cleve,
im Regierungsbezirk Düsseldorf der preuß. Rheinprovinz.

Rechnungsart, Münzen, Maaße und Gewichte wie in ganz
Preußen (s. Berlin). — Früher rechnete Cleve nach Thaler Clevisch Curant zu
60 Stüber. — 10 thlr. Clevisch = 13 thlr. preuß.

Aeltere Maaße und Gewichte. Als Getreidemaaß die Last zu 15
Malter zu 4 Scheffel zu 4 Viertel oder Spints zu 4 Metzen zu 3 Kannen. —
Der Scheffel = 0,975 preuß. Scheffel = 53,6 Liter. — Die Weinkanne =
1,038 preuß. Quart. — Das Pfund war das alte Nachener Pfund. — Die
Elle war die alte Nachener Elle.

Coblenz,
Freihafen und Hauptstadt der preuß. Rheinlande.

Rechnungsart, Münzen, Maaße und Gewichte wie in ganz
Preußen (s. Berlin).

Von älteren Maaßen und Gewichten kommen noch vor:

Als Weinmaaß die Ohm zu 27 Viertel zu 4 Maaß zu 4 Schoppen. —
1 Maaß = 1,4 Liter.

Als Oelmaaß: Die Maaß zu 4 Schoppen = 1,276 Liter.

Als Getreidemaaß: Das Malter zu 8 Sömmer zu 4 Sester zu 4 Minkel,
= 3½ preuß. Scheffel = 192,37 Liter.

Als Handelsgewicht: 1 Centner = 100 Pfund zu 32 Loth zu 4 Quent=
chen. — 1 Pfund = 466,343 Grammen.

Handelsanstalten. Handelsgericht. Dreitägiger Wollmarkt, welcher
jährlich Mitte Juli abgehalten wird.

Cochinchina,
in Hinter-Indien mit der Hauptstadt Hué.

Münzen. Man rechnet nach Kwan zu 10 Mas zu 60 Sapels. Der Sapek ist eine Münze von Zink, hat als Gepräge den Namen des Regenten in chinesischer Schrift und in der Mitte ein Loch, um auf eine Schnur gereiht zu werden. Zu je 600 Stück werden die Sapeks auf diese Art vereinigt und diese Menge bildet den Kwan, als hiesige Rechnungseinheit. Andere einheimische Münzen gibt es nicht; im größeren Handelsverkehre bedient man sich der Gold- und Silberbarren, welche mit dem Stempel der Regierung versehen sind. Außerdem kursirt hier der spanische Piaster, für welchen die Regierung den Werth von 1 1/2 Kwan festgesetzt hat. Nimmt man, wie in Hamburg, an, daß 26 spanische Piaster durchschnittlich 43 Cölnische Loth fein Silber enthalten, so ist nach obigem Tarife 1 Kwan = ca. 1 fl. 40 kr. rhn. = 28 sgr. preuß. = 1 fl. 43 nkr. öster. Im gewöhnlichen Verkehr soll aber der Kwan weniger gelten.

Maaße und Gewichte. Ellenmaaß: der Covid = 168,78 Pariser Linien. Gewichte sind die unter Canton aufgeführten chinesischen.

Der Reis wird in Säcken von 50 Kättis verkauft.

Cöln,
Hauptstadt des gleichnamigen Regierungsbezirks in der preußischen Provinz Jülich-Cleve-Berg.

Rechnungsart und Münzen wie in ganz Preußen (s. Berlin). Im Großhandel wird der Thaler in 100 Cents getheilt. Die frühere Clevesche Währung (s. Cleve) galt auch hier.

Cursystem. Man wechselt auf die im Berliner Curszettel angegebenen Plätze (mit Ausschluß von Petersburg und Warschau) wie Berlin, nur notirt man Augsburg und Frankfurt per 150 fl. rhn. mit ± 85 thlr. preuß. Außerdem notirt man auf Antwerpen und Brüssel ± 80 thlr. für 300 Franken.

Die Münzcurse verstehen sich per Stück.

Wechselrechtliches wie Berlin.

Staatspapiere und Actiencurse werden wie in Berlin notirt.

Maaße und Gewichte die unter Berlin angeführten. Im Verkehre kommen jedoch noch folgende alte städtische Maaße und Gewichte vor:

Der Fuß = 127,4 Parif. Linien. — Die Elle = 254,8 Parif. Linien.

Flüssigkeitsmaaß: das Fuder = 6 Ohm, die Ohm = 26 Viertel oder 104 Maaß, Kannen oder Röbdermaaß, d. h. solche, welche sich durch das Visiren der Fässer ergeben. Auf 1 Ohm gehen auch 108 Maaß, sogenannte Zapfmaaß. 1 Maaß = 1,329 Liter.

Getreidemaaß: das Malter = 4 Sömmer oder 8 Faß (Sester) oder 16 Viertel. — 1 Malter = 143,54 Liter.

Handelsgewicht: der Centner zu 106 Pfund zu 32 Loth. Das Pfund = 467,453 Centigramme; daher der Centner = 49,550 Kilogramm. — Die (Cölnische) Mark war das halbe Pfund zu 16 Loth zu 4 Quint zu 4 Pfennige. Die Mark wurde beim Münzwesen auch in 65536 Richtpfennigtheile und zur Bestimmung der Schwere der Goldsorten in Valvationsedikten in 4020 Aße getheilt. Die Mark = 233,75 Grammen.

Probirgewicht war dieselbe Mark, welche in Deutschland allgemein gebräuchlich und beim Golde in 24 Karat zu 12 Grän, beim Silber in 16 Loth zu 18 Grän, bei beiden Metallen also übereinstimmend zu 288 Grän eingetheilt war. Handelsusanzen. Diejenigen Waaren, bei denen nicht „per comptant" bemerkt steht, sind Ziel zwei Monate zahlbar. Der Käufer hat das Recht, diese zwei Monate mit 1 Proc. zu biscontiren. Alle Waaren, bei welchen nichts Entgegengesetztes bemerkbar ist, werden Netto-Tara verkauft. Reclamationen wegen Gewichtsunterschieden in der Tara müssen innerhalb vier Tagen nach Empfang der Waare stattfinden; bei Korinthen, Pottasche, Rosinen und Zwetschen ist die Frist dazu auf sechs Wochen ausgedehnt. Gutgewicht wird bei keinem Artikel gegeben. Bei Waaren, welche in Originalverpackung verkauft werden, wird für Faß, Kiste, Korb oder Sack nichts berechnet.

Beim Verkaufe der nachfolgend bezeichneten Waaren treten die dabei bemerkten Bedingungen als Platzusanze ein.

Waaren.	Zahlung.	Besondere Bedingungen.
Fettwaaren.		
Mohnöl Ctr.		
„ Ciller „		
Provenceröl „		
Hanföl „	per comptant.	Unter Originalfässern sind nur Fässer
Olivenöl „	„	von mindestens 8 Cent. Nettogewicht
Leinöl „	„	verstanden. Bei Ablieferung von 50 Ctr.
Rüböl „	„	Netto und mehr werden auch Fässer
„ gereinigtes „	„	unter 8 Cent. nicht berechnet.
Kokosnußöl „		In Fässern unter 6 Cent. Brutto 17 Proc. Tara.
		In Fässern von oder über 6 Cent. Brutto 15 Proc. Tara.
Palmöl „		In Fässern unter 3 Cent. Btto. 20⅘ Tara.
		„ „ von 3 Ctr. bis unter 6 Ctr. 18 „ „
		„ „ „ 6 „ „ 9 „ 16 „ „
		„ „ „ 9 „ „ „ 16 „ 15 „ „
		„ „ „ 16 „ und darüber 14 „ „
Schmalz, inländisches „	„	
„ ausländisches „	„	In Originalfässern 10 Proc. Tara.
Talg, inländischer „	„	
„ ausländischer „	„	In Originalfässern 10 Proc. Tara.
Archangel-Thran „		
Hell-Thran „		
Robben-Thran „		
Südsee-Thran „		In Originalfässern 17 Proc. Tara.
„ abgeklärter „		
Berger-Thran Tonne.		Die Tonne muß Daumstich voll sein und mindestens 203 Pfund enthalten.
Fische.		
Häringe „		
Laberdan „		Die Reifen werden als Waare gewogen.
Stockfische Ctr.		
Dittlinge „		

Waaren.	Zahlung.	Besondere Bedingungen.
Früchte, Gewürze, Thee. Korinthen, Mandeln, Rosinen, Zwetschen, Pfeffer, Piement, Muskatnüsse, Muskatblüthe, Nelken, Zimmt, Thee Pfd. Kaffee „		
Getreide, Sämereien Hülsenfrüchte. Weizen 2 Ctr. Roggen „ Gerste „ Hafer „ Buchweizen „ Bohnen „ Erbsen „ Linsen „ Wicken „ Raps „ Leinsaamen „ Kleesaamen „ Reis Ctr. Rübkuchen 20 Ctr.	per comptant „ „ „ „ „ „ „ „ „ „ „ „	Nettogewicht. Ohne Sack.
Spiritus und Branntwein. Spiritus 80% Tralles 100 Ort. „ gereinigter 90 Proc. Tralles „ Branntwein 50 Proc. Tralles „	„ „ „	Unter Originalfässern sind nur Fässer von mindestens 6 Eimer verstanden. Bei Ablieferung von 50 Eimern und mehr werden auch Fässer unter 6 Eimern nicht berechnet. Ohne Faß.
Zucker Melis in Papier Ctr. Melis, nackt, und Stampfmelis „ Kandis „		Bei Originalpackung werden Fässer und Kisten nicht berechnet. Originalpackung ist nicht vorhanden, wenn bei Melis in Papier und nackt das Faß unter 12 Cent, bei Stampfmelis und Farin das Faß oder die Kiste unter 4 Cent, bei Syrup das Faß unter 5 Cent. Bruttogewicht hat. Bindfaden und Papier werden als Zucker gewogen. Das Papier zum Besetzen der Fässer und Kisten wird als Zucker gewogen. Bei Potten werden das Papier und der Bindfaden als Zucker gewogen. Bei Kißchen wird das Papier, die Reifen und die zum Befestigen der Reifen erforderlichen Nägel als Zucker gewogen.

Waaren.	Zahlung.	Besondere Bedingungen.
Farin Ctr.		Das Papier zum Besetzen der Fässer und Kisten wird als Zucker gewogen.
Verschiedene Artikel.		
Asche, amerikanische Ctr.		In Originalfässern 12 Proc. Tara.
„ rheinische und un- garische „		
„ russische „		In Originalfässern 10 Proc. Tara.
Farbhölzer, gemahlen „		Der Sack wird als Waare gewogen.
Harz „		In Originalfässern 15 Proc. Tara.
Honig „		In Originalfässern 10 Proc. Tara.
Leim „		
Metalle, excl. Edelmetalle „		
Schwefelblüthe „		
Sei.ssaamen „		} Der Sack wird als Waare gewogen.
Sumach „		
Terpentinöl, französisches „		In Fässern unter 4 Ctr. Brutto 20 Proc. Tar.
„ amerikanisches „		„ „ von oder über 4 Cent. Brutto Netto-Tara.
Theer, schwedischer Tonne.		Die Tonne muß mindestens 330 Pfd. Brutto wiegen.
Alle nicht genannten Ko- lonial-, Material-, Farb- und Drogueriewaaren.		
Werthvolle Pfd.		
Die übrigen Ctr.		

Die Usanzen beim Verkaufe von Spiritus sind wie folgt:

1) Unter der Bezeichnung „Spiritus" wird im Handel zu Cöln roher, gut-schmeckender Kartoffel-Spiritus im Gehalte von ungefähr 80 Proc. Tralles ver-standen. — Waare unter 70 Proc. ist nicht lieferbar.

2) Der Preis beim Verkaufe wird per 100 Quart zu 80 Proc. Tralles oder 8000 Proc. Tralles gestellt *). Der Alkoholgehalt wird durch einen gesetzlich giltigen Alkoholometer, oder wenn die Parteien dahin übereingekommen sind, unter Anwendung eines Instrumentes von oder nach J. C. Greiner sen. und Sohn in Berlin, Richters Skala auf Tralles reducirt, ermittelt.

3) Bei Streitigkeiten über den Procentgehalt entscheidet das hiesige König-liche Aichungsamt oder der zu diesem Zwecke von der Handelskammer auf eine bestimmte Dauer angestellte Sachverständige und, in Verhinderung desselben, sein Stellvertreter. Die Kosten trägt die im Unrecht befindlich gewesene Partei.

4) Der Preis für Spiritus versteht sich frei hier im Inlande. Bei Ver-käufen unter 360 Quart wird das Faß berechnet. Größere Quantitäten müssen in guten, dichten, bandfesten, mit ganzen Stäben, ganzen Bodenstücken und min-destens 8 eisernen Reisen versehenen Gebinden, die nicht unter 300 und nicht über 550 Quart enthalten dürfen, frei Faß geliefert werden. Oel-, Thran- und solche

---

*) Vergl. den Art. Berlin, Note, Seite 67.

Fässer, die zu Spiritus nicht benutzt zu werden pflegen, sowie diejenigen, welche Pipenform haben, sind ausgeschlossen.

Bei Verkäufen unter 3000 Quart kann in der Ablieferung eine Differenz bis zu 3 Proc., bei größeren Parthien eine Differenz bis zu 2 Proc. des ursprünglich festgestellten Quantums stattfinden; sie wird zum Preise des Ablieferungstages verrechnet.

5) Der Verkäufer ist für die Richtigkeit des angegebenen Raum=Inhaltes der Fässer während eines Monats, vom Tage der Ablieferung gerechnet, verantwortlich. Er hat den ihm innerhalb dieser Frist, nach Wahl des Empfängers durch Vermessung des hiesigen Königlichen Aichungsamtes oder des Seitens der Handelskammer zu diesem Zweck angestellten Sachverständigen und, in Verhinderung desselben, dessen Stellvertreters, nachgewiesenen Manco zum Preise des Lieferungstages, sowie die entstandenen Kosten auf diejenigen Gebinde, welche einen Manco ergeben haben, zu vergüten.

Binnen derselben Frist müssen die Gebinde zurückgegeben werden, wenn der Verkauf ausnahmsweise ohne Faß abgeschlossen sein sollte. Bei späterer oder nur theilweiser Anerbietung der zu einer Parthie Spiritus leihweise gelieferten Gebinde hat der Verkäufer das Recht, die Rücknahme der Fässer zu verweigern und mindestens 1 thlr. pro 100 Quart dafür zu berechnen. Die Rückgabe der Fässer geschieht frei in dem von dem Verkäufer anzugebenden Locale. Derselbe ist berechtigt, beschädigte Gebinde nach gemachter Anzeige auf Kosten desjenigen, dem sie gefüllt berechnet waren, ausbessern zu lassen.

6) Locowaare muß, wenn der Abschluß des Verkaufs vor 1 Uhr Mittags stattgefunden, an demselben Tage, wenn der Abschluß nach 1 Uhr Mittags stattgefunden, am folgenden Vormittage geliefert werden.

Der Lieferung von Waare, welche auf Termin verkauft ist, geht eine Kündigung Seitens des Verkäufers vorher. Der Verkäufer ist verpflichtet, diese Kündigung spätestens am letzten Werktage des Termins bis 1 Uhr Mittags zu bewerkstelligen. Fällt der letzte Tag des Termins auf einen Sonn= oder gesetzlichen Feiertag, dann ist der Verkäufer verpflichtet, an dem Werktage vorher bis 1 Uhr Mittags zu kündigen. Die Lieferung beginnt an dem durch die Kündigung innerhalb des Termins dafür festgestellten Tage, und wenn die Kündigung am letzten Vormittage des Termins stattgefunden, jedenfalls am Nachmittage des nämlichen Tages.

Kündigt oder liefert der Verkäufer in den vorstehend angegebenen Fristen nicht, so ist der Ankäufer berechtigt, die Erfüllung oder Auflösung des Vertrages mit Schadenersatz und Zinsen, von dem Tage gerechnet, an welchem die Ablieferung hätte beginnen sollen, zu beanspruchen. Der Ankäufer kann auch alle sonstigen Rechte ausüben, die ihm das Gesetz in einem solchen Falle gestattet.

7) Die Kündigung muß schriftlich geschehen und enthalten:
a) den Tag der Kündigung;
b) den Tag, an welchem, und die Bezeichnung des Lagerraumes, in dem die Ablieferung geschehen soll;
c) die Angabe des Preises und des zu liefernden Quantums.

Zu Lieferungsräumen im Sinne der Klausel „frei im Inlande", sind alle solche Locale der Stadt Cöln geeignet, die einem Fuhrwerke zugänglich sind, mit Ausnahme der Eisenbahnhöfe.

8) Parthien bis zu 3000 Quart sind ungetheilt und nur an einer Stelle lagernd zu kündigen; größere Parthien werden in Abtheilungen von ungefähr 6000 Quart angewiesen. Der Verkäufer ist nicht verpflichtet, die Verwiegung der Waare im Freien vorzunehmen.

9) Der Verkäufer ist berechtigt, vom Ankäufer über die erfolgte Kündigung ein schriftliches Anerkenntniß zu fordern. Wird dasselbe nicht sofort gegeben, so hat der Verkäufer das Recht, dem Ankäufer die Kündigung auf dessen Kosten durch Gerichtsvollzieher zustellen zu lassen.

10) Der Ankäufer ist verpflichtet, mit der Empfangnahme der vor 1 Uhr zu seiner Verfügung gestellten Waare am nämlichen Tage zu beginnen, und bis zu deren Beendigung in den gewöhnlichen Arbeitsstunden fortzufahren. Mit der Empfangnahme von Locowaare, welche nach 1 Uhr verkauft worden ist, sowie mit Terminwaare, welche nach 1 Uhr angewiesen wird, muß längstens am folgenden Vormittage begonnen werden. — Die Ablieferung geschieht nur gegen baare Zahlung.

11) Genügt der Ankäufer den in Art. 10 angegebenen Verpflichtungen nicht, so liegt die Waare auf seine Gefahr. Der Verkäufer ist berechtigt, die Erfüllung oder Auflösung des Vertrages mit Schadenersatz und Zinsen vom Tage, an welchem die Empfangnahme hätte beginnen sollen, zu beanspruchen; er hat auch das Recht, den nicht empfangenen Spiritus durch einen Makler öffentlich an der Börse verkaufen zu lassen. Der Verkauf geschieht in diesem Falle, nachdem der Makler eine darauf bezügliche Anzeige in dem Börsenlocale hat anheften lassen, unmittelbar vor oder nach Ablauf der Börsenzeit. Von diesem Verkaufe muß der Käufer vor Beginn der Börse schriftlich unterrichtet werden.

12) Bei Streitigkeiten über die Qualität des Spiritus, insofern sich dieselben nicht allein auf den Procentgehalt beziehen, oder bei Streitigkeiten über die Qualität der Fässer haben Ablieferer und Empfänger, nach geschehener schriftlicher Anzeige der einen Partei jeder einen Sachverständigen zu ernennen, welche beide unter Zuziehung des von der Handelskammer angestellten Sachverständigen oder, in Verhinderung desselben, seines Stellvertreters, als eines Obmannes, endgiltig entscheiden.

Im Falle die Parteien sich über die von ihnen als Sachverständige zu wählenden Personen nicht an dem Tage, an welchem die Ablieferung hätte beginnen sollen, einigen können, werden sämmtliche drei Sachverständige auf den Antrag einer Partei von dem Präsidenten des Königlichen Handelsgerichtes hierselbst ernannt.

Alle Kosten, sowie die Zinsen von dem Tage, an welchem die Ablieferung hätte beginnen sollen, trägt die im Unrecht befindlich gewesene Partei. Die Waare liegt vom Augenblick des Streites auch auf deren Gefahr.

13) Die in den Art. 3, 5 und 12 bezeichneten, von der Handelskammer angestellten Sachverständigen treten nur alsdann in Function, wenn die Parteien sich freiwillig und ausdrücklich den desfallsigen Bestimmungen dieser Artikel unterworfen haben. Ist dieses nicht geschehen, so kommen in dieser Beziehung die gesetzlichen Vorschriften zur Anwendung.

14) Bei jedem Geschäfte in Spiritus, welches von einem Auswärtigen hier abgeschlossen wird, hat derselbe Domizil in Cöln zu wählen. Ist kein Domizil angegeben worden, so gilt als solches die Kanzlei des Königl. Handelsgerichts hierselbst.

Handelsanstalten ꝛc. Die im Jahr 1855 auf die Dauer von 10 Jahren mit einem Actienkapital von 1 Mill. Thaler gegründete „Cölnische Privatbank" discontirt Wechsel, beleiht Werthpapiere ꝛc., kauft und verkauft Gold, Silber und fremde Münzen, treibt Wechselgeschäfte, eröffnet laufende Rechnungen mit Ab- und Zuschreibung (Girogeschäft) und gibt Noten über 10, 20, 50, 100 und 200 Thaler aus.

Der „Abraham-Schaafhausensche Bankverein", welcher Disconto-, Leih-, Depositen- und Girogeschäfte macht. Dieser Verein entstand in Folge der Zahlungs-Suspension des Handlungshauses A. Schaafhausen am 29. März 1848. Es wurde eine Uebereinkunft getroffen, derzufolge 1½ Mill. Thaler des Vermögens des Hauses Schaafhausen öffentlich versteigert, dabei liquide Forderungen der Ankäufer an Zahlung genommen, die auf diese Weise nicht bezahlten Gläubiger aber befugt wurden, mit den Theilhabern des Hauses A. Schaafhausen in das Rechtsverhältniß einer anonymen Societät unter der Firma: „A. Schaafhausenscher Bankverein" zu treten. Die Dauer der Societät ist nach dem Statut auf 20 Jahre bestimmt. Das Kapital besteht aus dem gesammten Activvermögen des Handlungshauses A. Schaafhausen und seiner Theilnehmer, welches auf 7522082 thlr. festgesetzt ist, wovon jedoch die oben erwähnten 1½ Mill. Thaler auszuschließen sind. An diesem Vermögen sind die Gläubiger für ihre Forderungen, und die Mitglieder des Hauses A. Schaafhausen für den Ueberschuß betheiligt. Jeder Gläubiger erhielt für die Hälfte seiner Forderung Actien lit. A., für die andere Hälfte Actien lit. B., und die Theilhaber des Hauses A. Schaafhausen erhielten für den Betrag ihrer vorläufig festgesetzten Betheiligung Actien, bezeichnet mit lit. C. Die Actien lit. A., welche eine feste Dividende von 4½ Procent trugen, sind durch Verloosung zurückbezahlt. Laut Generalversammlung vom 29. Sept. 1849 ist das Vermögen der Theilhaber von A. Schaafhausen auf 1212693 thlr. festgestellt und die Actien lit. C. sind in Actien lit. B. unter der Bedingung verwandelt worden, daß diese Actien während 10 Jahren, auch wenn die Actien lit. A. früher getilgt sein sollten, nicht mehr als 2 Procent Zinsen erhalten sollten. Durch Beschluß der Generalversammlung vom 28. Nov. 1850 und dessen obrigkeitlicher Gutheißung wurde festgestellt, daß für 1,987,200 thlr. (dem Betrage der zu tilgenden Actien) neue Actien lit. B. ausgegeben werden sollten, um das Geschäftskapital auf 5,187,000 thlr. zu halten, und daß den Actionären lit. A. freigestellt werden solle, innerhalb einer Präclusivfrist ihre Actien in solche lit. B., welche Dividende tragen, umzutauschen. — Sonstige Actiengesellschaften sind die Feuerversicherungsanstalt Colonia, die Transportversicherungsanstalt Agrippina, die Lebensversicherungsanstalt Concordia, eine Hagelversicherungsanstalt, die Cölnische Dampfschifffahrtsgesellschaft und mehrere Actiengesellschaften für Eisenbahnanlagen und andere Industriezweige.

Colombo,
Hauptstadt der asiat. Insel Ceylon, englische Besitzung.

Rechnungsart und Münzen s. London.

Früher und bis zum Jahre 1852 rechnete man (namentlich in den holländischen Niederlassungen auf Ceylon) nach Reichsthalern (holl. Ryksdaalders) zu 12 Fanaus oder zu 48 Pice (oder Stüber) und zu 144 Chalies (Töchelihs), also der Fanam = 4 Pice und der Pice = 3 Chalies. Der Reichsthaler ist zu

1 Schilling 6 Pence Sterl. valvirt; daher ca. 52 kr. rhn. = 14⁶/₇ ſgr. preuß. = 74 nkr. öſterr.

Für Ceylon geprägt gibt es Kupfermünze von ½ Farthing oder 1 Chalie (denn 4 Farthing = 1 Penny, 12 Pence = 1 Schilling und 1½ Schilling = 144 Chalies). Von fremden Münzen gilt hier der ſpaniſche Piaſter 4¼ Schilling Sterl., wonach, wenn wie in Hamburg 26 ſpaniſche Piaſter anf 43 Cölniſche Loth fein Silber gerechnet werden, der Werth des Liv. Sterl. ſich auf 11 fl. 40 kr. rhn. = 6 thlr. 20 ſgr. preuß. = 10 fl. öſterr. berechnet. Außerdem curſiren hier Compagnie-Rupien und Sicca-Rupien (ſ. Calcutta).

Curssyſtem.

Auf London ± 100 Liv. Sterl. für 100 Liv. Sterl. in London mit mehr oder weniger Procenten Discont, je nach der Sicht.

„ Calcutta, Madras und Bombay 1 bis 2 Schilling Sterl. für 1 Compagnie-Rupie.

„ China (Canton ꝛc.) ± 207 Sicca-Rupien für 100 ſpan. Piaſter auf China.

Maaße und Gewichte. Längenmaaße ſind die engliſchen.

Flüſſigkeitsmaaße: Der Wein-Legger zu 75 Welts zu 2 (alte engliſche) Gallons, zu 2 Canades, zu 2 Quarts, zu 16 Trams. Der Legger = 567,78 Liter. Getreidemaaß, für die Produkte der Inſel überhaupt (Reis, Kaffee ꝛc.): Die Laſt = 9⅗ Amonams zu 8 Parrahs, zu 2 Marcals, zu 12 Seers. Der Seer (ſpr. Sihr) = 1,06 Liter; daher das Amonam = 203,52 Liter. Der Garce (Gahrs) = 200 Parrahs oder 25 Amonams.

An Gewicht iſt der Parrah Kaffee 30 bis 35 Pfund, Pfeffer 27 bis 30 Pfund, Salz 52 bis 55 Pfund, Reis 42 bis 46 Pfund engl. Avoirdupoids-Gewicht. Handelsgewicht: Für fremde und einige einheimiſche Waaren bedient man ſich des engl. Avoirdupoids-Gewichts.

Der Candy (Kändi) oder Bähar = ca. 227 Kilogramm.

In der ehemaligen Reſidenz Kandi wird der Candy = 450 Amſterdamer Pfund = ca. 222 Kilogramm gerechnet.

Die eingebornen Singaleſen bedienen ſich außerdem beſonderer Maaße, über welche ſich nichts beſtimmtes angeben läßt.

Bank. Es beſteht eine Zweigbank der Londoner Orientalbank.

Constantinopel,
(oder Cospoli) Hauptſtadt des türkiſchen Reichs.

Rechnungsart und Münzen. Im ganzen türkiſchen Reiche rechnet man nach Piaſtern oder Gruſch zu 40 Para zu 3 Asper oder Minas, oder auch (die Gruſch) zu 100 derſelben Asper oder Minas gerechnet. Bei großen Zahlungen rechnet man nach Beuteln zu 500 Gruſch, und unter einem Beutel Gold verſteht man eine Summe von 30,000 Gruſch.

Der Zahlwerth der türkiſchen Piaſter iſt in Folge fortwährender Verſchlechterung der Ausmünzung ſeit 1764 von ¾ thlr. preuß. auf ca. 1 bis 2 ſgr. oder 3 bis 7 kr. rhn., oder 9 nkr. öſterr. herabgeſunken, und läßt ſich auch jetzt nicht feſtſtehend annehmen, weßhalb derſelbe nur nach den, ebenfalls großen Schwankungen unterworfenen Wechſel- und Geldcurſen bemeſſen werden kann. Die Türkei prägt in Gold Stücke von 100 und 50 Piaſter, in Silber Stücke von 20, 10, 5, 2, 1 und ½ Piaſter, und in Kupfer Stücke zu 5 und 1 Para.

Von den von 1773 bis 1840 geprägten Goldmünzen weichen die Sorten gleichen Nennwerths mehr oder weniger von einander ab. Von den ſeit 1845 geprägten 100=Piaſterſtücken ſollen geſetzmäßig, auf Zollpfund reducirt, 75,6446 Stück 1 Zollpfund fein Gold enthalten, wonach das 100=Piaſterſtück = 0,66099 (deutſche) Goldkronen = ca. 10 fl. 34 kr. rhn. = 6 thlr. 1 ſgr. preuß. = 9 fl. 50 nkr. öſterr. Nach Unterſuchungen von zwei Stück ſolcher 100=Piaſter= ſtücke vom Jahr 1845 gehen aber 75,8205 Stück auf das Zollpfund fein Gold, wonach 1 Stück = 0,65945 Goldkronen (Nelkenbrecher). Von 50=Piaſterſtücken in Gold vom Jahr 1845 ſollten (geſetzmäßig) 151,2892 Stück auf das Zoll= pfund fein Gold gehen; nach Unterſuchungen, welche mit 2 Stück dieſer Gold= münzen angeſtellt worden ſind, gehen 150,6388 Stück auf das Pfund fein.

Von neueren (1845) Silbermünzen gehen auf das Zollpfund fein Silber:

$$\begin{array}{ll}
25{,}043 & \text{Stücke zu 20 Piaſter.} \\
50{,}0881 & \text{„ „ 10 „} \\
100{,}1846 & \text{„ „ 5 „} \\
250{,}4822 & \text{„ „ 2 „} \\
501{,}1727 & \text{„ „ 1 „}
\end{array}$$

Halbe Piaſter nach Verhältniß.

Demgemäß iſt ein 20=Piaſterſtück von 1845 = fl. 2. 5 kr. rhn. = 1 thlr. 6 ſgr. preuß. = 1 fl. 79 nkr. öſterr.; ein Piaſterſtück = 6¼ kr. rhn. = 1⁸/₁₀ ſgr. preuß. = 8⁹/₁₀ nkr. öſterr.

Nicht nur die früheren Ausmünzungen, ſondern auch die Benennungen der Münzen waren ſehr verſchieden. Gegenwärtig nennt man ein Stück von 100 Piaſtern Medſchidie, ein 20=Piaſterſtück Jirmilik und ein Piaſterſtück Bir Gruſch.

Von fremden Gold= und Silbermünzen kurſiren in Conſtantinopel und den andern Städten des türkiſchen Reichs holländiſche und öſterreichiſche Dukaten (Ende Februar 1859 zu 67 Piaſtern per Stück), franzöſiſche Zwanzigfrankenſtücke (zur ſelbigen Zeit zu 114 Piaſter), engliſche Sovereigns (zu 143 Piaſter), ruſſiſche Halbimperialen (zu 115 Piaſter), Maria=Thereſiathaler, ſpaniſche Piaſter und ſpa= niſche Dublonen.

Papiergeld, Staatspapiere und Staatsſchuld. Nach Angabe der Conceſſionäre der von der türkiſchen Regierung contrahirten neuen Anleihe (ſ. unten) ſoll ſich die geſammte Staatsſchuld auf 774 Mill. Franken belaufen.

Die äußere Schuld, ſeit 1854 contrahirt, zur Beſtreitung der Koſten des Krimkrieges, repräſentirt, abzüglich der bereits vorgenommenen Amortiſation ein Kapital von . . . . 310,000,000 Franken.

Innere Schuld.

1) Essams Cjeddidés (conſolidirte Staatsſchuld)	56,000,000 „
2) Saldo des in Umlauf befindlichen Papiergeldes (Caïmes), welches eingezogen wird	14,000,000 „
3) Schuld von Galata, zu verſchiedenen Epochen rückzahlbar	127,000,000 „
4) Hazné Tahvili (Schatzſcheine)	56,000,000 „
5) Essams mamtuzés (Titel, von der Converti= rung der Rente herrührend)	15,000,000 „
6) Serghis (Obligationen, zum fünften Theil jedes	

Uebertrag . . 578,000,000 Franken.
Jahr, von 1865 an, rückzahlbar) . . . . 86,000,000 „
7) Schwebende Schuld, durch Ausgabe der verschie-
benen Ministerien repräsentirt . . . . . 110,000,000 „

Totalschuld . . 774,000,000 Franken.

Am 29. Oktober 1860 ist zwischen der türkischen Regierung und dem Hause J. Mires u. Comp. in Paris eine 6procentige Anleihe in Obligationen zu 500 Franken abgeschlossen worden. Diese Obligationen, zu 500 Franken in 36 Jahren vermittelst halbjähriger Verloosungen rückzahlbar, werden zu 312 Fr. 50 Cent. ausgegeben. Die Zinsen sind am 1. Juli und 1. Januar in Paris und London zahlbar. Als Zahlungsgarantie hat die türkische Regierung die allgemeinen Ein-künfte des Landes bestimmt *). In Folge der Verträge wurden mehreren Bank-häusern in Constantinopel 180,000 Obligationen, und den Actionären der Eisen-bahnkasse in Paris **) 25,000 Obligationen zugetheilt, und außerdem sind 250,000 Obligationen für eine öffentliche Subscription vorbehalten worden.

Curssystem.

London	± 129 Piaster für	1 Liv. Sterl.
Paris	„ 200 Para für	1 Frank.
Marseille		
Wien	„ 495 „ „	1 fl. österr.
Triest		
Amsterdam	„ 384 „ „	1 fl. holl.
Genua	„ 182 „ „	1 Lira nuova.
Livorno	„ 155 „ „	1 toskanische Lira.
Malta	„ 400 „ „	1 Scudo von 12 Tari (s. Malta).
Smyrna	„ 100 Piaster „	100 Piaster in Smyrna und Saloniki.
Saloniki		
Odessa	„ 5 Kopeken Silber für 1 türkischen Piaster.	
Petersburg ebenso.		

Die Wechselfrist ist hier bei fast allen Ziehungen auf auswärtige Plätze 31 Tage nach Sicht, auf London auch wohl 61 Tage nach Sicht; bei Wechseln von einem türkischen Platze auf den andern wird aber gewöhnlich 11 Tage nach Sicht gezogen.

Der Wechselstempel beträgt 20 Para auf 100 bis 500 Piaster, 1 Piaster auf 500 bis 1000 Piaster und von da an 1 Piaster für jedes Tausend.

Wechselrechtliches. Im Jahr 1850 ist ein Handelsgesetzbuch einge-führt worden, welches mit dem französischen Handelsgesetzbuch bis auf wenige Ab-weichungen übereinstimmt.

Oeffentliche Sensale gibt es nicht, sondern jedes größere Handelshaus hält seinen eigenen Sensal.

Maaße und Gewichte. Längenmaaße: die Elle für Seidenwaaren und Tuch, der Pik (auch Droa) = 304 Pariser Linien = ¾ engl. Yards.

Der Pik wird von den Ausländern ausschließlich als Ellenmaaß benützt. In der Praxis rechnet man gewöhnlich 108 solcher Pik = 100 Wiener Ellen.

---

*) Die türkischen Einkünfte haben übrigens schon für die 6proc. Anleihe von 3 Mill. Liv. Sterl., abgeschlossen im Jahr 1854 mit den Häusern J. C. Goldsmid und J. H. Palmer in London, als Garantie figuriren müssen.
**) Caisse générale des chemins de fer, gegründet vom (obigen) Hause J. Mires u. Comp.

Der Endaſch für alle andern Ellenwaaren = 289,235 Pariſer Linien. In der Praxis rechnet man gewöhnlich 112½ dieſer Endaſch = 100 Wiener Ellen, oder 9 Endaſch = 8 Wiener Ellen.

Meilenmaaß: die Meile (Gatſch) = 5334 Meter.

Fruchtmaaß: das Fortin zu 4 Kilos. 1 Kilo = 35,27 Liter.

Seit 1841 gilt das Kilo von Conſtantinopel als allgemeines türkiſches Fruchtmaaß, wonach die verſchiedenen Kilo von Smyrna und andern türkiſchen Städten aufgehoben ſind.

Flüſſigkeiten werden mehrentheils nach dem Gewicht verkauft; es gibt aber für die Meſſung der Flüſſigkeiten Gefäße, welche die betreffende Gewichtseinheit in Waſſer faſſen, und zwar für 1, ½, ¼ und ⅛ Oka. Ein ſolches Okenmaaß hält 1,28 Liter.

Wein und Rum werden gewöhnlich nach der venetianiſchen Barilla und nach dem alt-engliſchen Wein-Gallon verkauft.

Für Oel und einige andere Flüſſigkeiten gebraucht man die Alma oder Almud von 8 Oken Gewicht und 5,2 Liter Rauminhalt.

Handelsgewicht: der Cantar zu 44 Oken oder auch zu 100 Rottel, Rotoli oder Pfund. 1 Oka zu 400 Drachmen = 1283,032 Grammen (nach Kelly). Es werden gewöhnlich 43½ Oken = 100 Wiener Pfund gerechnet.

Bei Baumwollengarn rechnet man den Cantar zu 45 Oken.

Gold-, Silber-, Edelſtein- und Medicinalgewicht: das Chekη oder Tſcheki von 100 Derhem oder Dramen (Drachmen) zu 16 Karat zu 4 Grän. Das Chekη = 320,758 Grammen (nach Kelly).

1 Chekη Opium = 250 Drachmen = 2½ gewöhnliche Chekη.

1 Chekη Kameelhaar = 800 Drachmen = 8 gewöhnliche Chekη.

1 Teſſeh Seide von Bruſſa = 6¹⁄₁₀ Chekη.

1 Batman perſiſche Seide = 6 Oken.

Für koſtbare Waaren dient das Metikal von 1½ Drachmen.

Uſanzen im Waarenhandel. Die meiſten Waaren werden per Oka oder per Cantar von 44 Oka verkauft. Ambra und Roſenöl per Metikal. Auripigment per Kilo.

Bei Stückgütern bezeichnet das Mazzo 50 Stück.

Die Geſchäfte mit den Perſern werden gewöhnlich gegen baare Zahlung gemacht, und zwar hat die Zahlung vor Ablieferung der Waare zu geſchehen. Platzgeſchäfte macht man ebenfalls per comptant, oder, wenn creditirt wird, auf Termine von 3mal 15, oder 3mal 21, oder 3mal 31, oder 3mal 45, oder 3mal 61, bis 3mal 91 Tage, an je einem Termin der dritte Theil des Betrags zahlbar. Für ſolche Kaufverträge werden Schuldſcheine ausgeſtellt, welche man Temeſſut (Billet de Bazar) nennt und die als Wechſel formulirt werden, ohne als ſolche zu gelten. Commiſſionsgebühren rechnet man 2 Procent, Courtage 1½ bis 2 Procent, Lagerzins 1 Procent, Delcredere (Feuersgefahr und Revolution ausgeſchloſſen) 2 Procent. Außerdem gibt es verſchiedene andere Speſen, ſo daß auf einzelne Artikel 25 bis 28 Procent kommen.

Kaufmänniſche Zinſen werden bis zu 15 Procent pr. Jahr berechnet.

Kapitalzinſen dürfen laut Geſetz vom Jahr 1851 nicht über 8 Procent per Jahr ſteigen.

Handelsanſtalten. Unterm 7. December 1859 ſind von der Pforte die Statuten der „Bank der Türkey" genehmigt worden. Sie ſoll das ausſchließliche Recht zur Ausgabe von Banknoten haben, welchen im ganzen türkischen Reiche gesetzlicher Curs verliehen ist. Die Concession lautet auf 30 Jahre. Die Dividenden sind in London, Paris und Constantinopel zahlbar. Das Kapital der Bank beträgt 1 Mill. Liv. Sterl. in 50,000 Actien zu 20 Liv. Sterl. oder 22 Medjibies. — Die Regierung verpflichtet sich, kein Papiergeld irgend welcher Art auszugeben, und während der Dauer der Concession keiner andern Person oder Gesellschaft die Ausübung eines ähnlichen Privilegiums zu gestatten. Da das Papiergeld bis zum 1. April alten Stils eingezogen werden soll, so konnten, nach Obigem, die Operationen der Bank mit dem 1. Juli beginnen. — Eine Art von Handelsgericht für Streitigkeiten zwischen türkischen und fremden Kaufleuten. — Eine Börse besteht in Galata.

Copenhagen,
Hauptstadt des Königreichs Dänemark.

Rechnungsart und Münzen. Man rechnet seit 1854 nach Reichsthalern Reichsmünze zu 6 Mark zu 16 Schilling. Gesetzlich gehen 18 1/2 solcher Reichsthaler auf die bänische Münzmark fein Silber. Diese Münzmark ist die Hamburg-Cölnische Mark (s. Hamburg), welche = 233,85489 Grammen; die frühere Münzmark der deutschen Zollvereinsstaaten ist = 233,8555 Grammen; demnach ist die Hamburg-Cölnische Mark nur um 0,00061 Grammen leichter als jene, eine Differenz, welche im Verkehre nicht zu beachten ist. Hiernach gehen 39,5543 Reichsthaler Reichsmünze auf das Zollpfund fein Silber, und ein solcher Thaler ist demnach = 1 fl. 19 1/3 kr. rhn. = 22 4/7 sgr. preuß. = 1 fl. 12 6/7 nkr. österr.

Nach einer früheren Rechnungsart gehen 9 1/4 Reichsthaler Species auf die Münzmark; daher ist der jetzige Reichsthaler Reichsmünze (welcher früher Reichsbankthaler genannt wurde), von welchem 18 1/2 Stück auf die Mark gehen, gleich einem halben Reichsthaler Species.

Landesmünzen nach dem neuen Münzgesetze sind:

In Gold: Pistolen (Frederik- und Christiand'or, seit 1827), welche 21 1/2 - karatig sind (895 5/6 Tausendtheile), und von welchen 84,0312 Stück auf das Zollpfund fein Gold gehen; daher = 0,595 deutsche Goldkrone.

Doppelte Pistolen im Verhältniß. Von solchen Doppelpistolen von 1827 bis 1839 gehen laut angestellten Untersuchungen 42,0653 Stück auf das Zollpfund; sie sind also etwas leichter als gesetzmäßig, denn der Feingehalt wurde richtig befunden (Nelkenbrecher).

In Silber: (seit 1813 und nach dem Gesetz vom 10. Februar 1854) Speciesreichsthaler, welche 14löthig sind (875 Tausendtheile), und von welchen 19,7772 Stück auf das Zollpfund fein Silber gehen; daher = 2 fl. 39 1/3 kr. rhn. = 1 thlr. 15 1/2 sgr. preuß. = 2 fl. 27 1/2 nkr. österr.

Halbe Reichsthaler Species oder jetzige ganze Reichsthaler Reichsmünze nach Verhältniß (s. oben).

Halbe Reichsthaler Reichsmünze nach Verhältniß.

32-Schillingstücke oder 1/6-Speciesstücke, welche 11löthig sind (687 1/2 Tausendtheile), und von welchen 118,663 Stück auf das Zollpfund gehen = 26 1/4 kr. rhn. = 7 1/2 sgr. preuß. = 37 9/10 nkr. österr.

16-Schillingstücke oder 1/12-Speciesstücke, welche 8löthig sind (500 Tausendtheile) und von welchen 237,3260 Stück auf das Zollpfund gehen, = 13⅕ kr. rhn. = 3⁷/₁₀ sgr. preuß. = 18⁹/₁₀ nkr. öster.

8=Schillingstücke oder ¹/₂₄=Speciesstücke, welche 6=löthig sind (375 Tau= sendtheile) und von welchen 474,6521 Stück auf das Zollpfund gehen, = 6³/₅ kr. rhn. = 1⁴/₅ sgr. preuß. = 9²/₅ nkr. öster.

Silberscheidemünze seit 1836: Stücke zu 2, 3 und 4 Schillingen.

Von älteren Landesmünzen haben noch gesetzliche Geltung:

In Gold: Speciesducaten, 23½=karatig, von welchen 146,2987 Stück auf das Zollpfund fein Gold gehen, = 0,34177 deutsche Goldkrone.

Curant=Ducaten, 21=karatig, von welchen 183,2633 Stück auf das Zoll= pfund fein Gold gehen, = 0,27283 deutsche Goldkrone.

Christiand'or, 21²/₃=karatig, von welchen 82,8914 Stück auf das Zoll= pfund fein Gold gehen, = 0,6032 deutsche Goldkrone.

In Silber: außer ganzen Speciesthalern wie in neuerer Zeit ²/₃=Species= thalerstücke, 14=löthig, von welchen 29,6658 Stück auf 1 Zollpfund fein Silber gehen, = 1 fl. 46 kr. rhn. = 1 thlr. 3⁹/₁₀ pf. preuß. = 1 fl. 51³/₅ nkr. öster.

½=Speciesthalerstücke, 14=löthig, nach Verhältniß.

⅓=Speciesthalerstücke, 14=löthig, nach Verhältniß.

⅕=Speciesthalerstücke, 11=löthig = 31 kr. rhn. = 9 sgr. preuß. = 45 nkr. öster.

24=Schillingstücke dänisch Curant = 33⅘ kr. rhn. = 9³/₅ sgr. preuß. = 48 nkr. öster.

16=Schillingstücke dänisch Curant, reducirt auf 15 Schilling = 20 kr. rhn. = 5⁴/₅ sgr. preuß. = 29 nkr. öster.

12=Schillingstücke dänisch Curant, reducirt auf 10 Schilling = 13 kr. rhn. = 3⁹/₁₀ sgr. preuß. = 19⁷/₁₀ nkr. öster.

¹/₆=Thalerstücke oder 1=Markstück = 12⁹/₁₀ kr. rhn. = 3⅗ sgr. preuß. = 18²/₅ nkr. öster.

8=Schillingstücke dänisch Curant von verschiedenem Gehalte.

Papiergeld. Hauptzahlmittel ist das Papiergeld in Noten der Bank von Copenhagen zu 5, 50 und 100 Reichsthalern, welche seit 1845 zu ihrem Nenn= werthe cursiren.

Curssystem.

Copenhagen wechselt hauptsächlich mit Hamburg in kurzsichtigen (14 Tage) Wechseln oder auf 2 Monate dato, und für die Wechsel auf andere Plätze ist der Curs auf Hamburg maßgebend. Auf Hamburg gibt man ± 200 Reichsthaler für 300 Mark banco, auf Altona ebenso; auf

Amsterdam ± 190 Reichsthaler für 250 fl. holl.

London „ 8 „ „ „ 1 Liv. Sterl.

Paris „ 34 Reichsschillinge „ 1 Frank.

Wechselrechtliches. Nach der Wechselordnung vom Jahr 1825 ist die Präsentationsfrist für Sichtwechsel, welche in Dänemark gezogen sind, 3 Monate, vom Auslande kommend 6 Monate, aus Island und den Faröer=Inseln 1 Jahr, aus Ostindien 2 Jahre vom Tage der Ausstellung. Respecttage sind 8 zu Gunsten des Acceptanten gestattet, und außerdem noch 2 zu Gunsten des Präsentanten. Vor Ablauf des zehnten Tages nach dem Verfalltage muß aber gezahlt oder pro=

testirt werden. Ist der letzte Respecttag ein gesetzlicher Feiertag, so muß den Tag vorher bezahlt oder protestirt werden. Domicilirte Wechsel sind am Orte des Domiciliaten zu protestiren, der Acceptant bleibt aber verhaftet, wenn auch dabei etwas versäumt werden sollte.

Staatspapier= und Actiencurse. Die dänischen Staatspapiere, welche, Hamburg ausgenommen, im Auslande nicht vorkommen, rühren von mehreren im In= und Auslande gemachten Anleihen her, sind mehrentheils vier= procentig und werden in der Valuta der Obligation per 100 nominell notirt.

Von Actien werden notirt diejenigen der Nationalbank (s. unten), der see= ländischen Eisenbahn, der Copenhagener Mobiliar=Assecuranz=, der allgemeinen Feuer=Assecuranz= und der See=Assecuranz=Gesellschaft, so wie die mehrerer anderer, das Ausland nicht interessirenden Anstalten.

Dänische Maaße und Gewichte. Längenmaaße: der Fuß zu 12 Zoll zu 12 Linien = dem preußischen (rheinländischen) = 139,13 Pariser Linien. — 10 Fuß = 1 Ruthe. — 6 Fuß = 1 Faden, zugleich das Brennholzmaaß, indem 6 Fuß Länge und 6 Fuß Höhe bei 2 Fuß Scheitlänge 1 Faden (Klafter) bilden. — Die Elle, der doppelte Fuß = 278,26 Pariser Linien.

Flüssigkeitsmaaße: Einheit derselben ist das Pott (der Krug) zu 4 Pegel = 0,96529 Liter. — 2 Pott = 1 Kanne. — 38¾ Pott (gewöhnlicher 39) bilden einen Anker, auf welchen im Großhandel 40 Pott gerechnet werden.

1 Stückfaß Wein = 7½ Ohm oder Tierzen zu 4 Anker. — 1 Fuder Wein = 2 Pipen = 4 Orhoft = 6 Ohm = 24 Anker.

Man rechnet auch das Orhoft zu 6 Anker zu 5 Viertel zu 8 Pott = 240 Pott (also 1 Anker = 40 Pott).

Die Bier=Tonne (in Halbe, Viertel und Achtel getheilt) = 136 Pott und bildet zugleich die Norm im Handel mit Mehl, Fleisch, Butter, Seife, Talg, Thran ꝛc. — Die Theertonne = 120 Pott.

Fruchtmaaße: Einheit derselben ist die Korntonne zu 8 Scheffel zu 4 Viertel zu 2 Achtel zu 2 Sechzehntel = 144 Pott des Flüssigkeitsmaaßes = 139 Liter (Thelius).

Die Tonne Mehl soll der Biertonne gleich sein.

Für das Salz hat die Tonne 176 Pott = 169,89 Liter. — 9 Salz= tonnen werden = 11 Korntonnen gerechnet.

Handelsgewicht: Der Centner = 100 Pfund zu 16 Unzen oder 32 Loth zu 4 Quentchen zu 4 Ort zu 16 Es zu 8 Gran. — Das Pfund (genau = 499,26 Grammen) wird = dem halben Kilogramm = 500 Grammen gerech= net. — 12 Pfund werden ein Bismarpfund, 36 Pfund ein Bog oder eine Waage genannt.

Das Schiffspfund wird zu 20 Liespfund à 16 Pfund (= 320 Pfund) gerechnet

Die Last = 16¼ Schiffspfund = 52 Centner *).

---

*) Das Verhältniß der dänischen Commerzlast zu fremden Schiffslasten wurde durch Untersuchungen, welche auf Befehl der Regierung angestellt worden sind, wie folgt festgestellt, 1 dänische Kommerzlast =
2,1 englische Tons in Beziehung auf englische Schiffe mit drei Masten und Briggen,
1,99 englische Tons für englische Schoner, Galeassen, Schaluppen und derartige Fahrzeuge,
1,61 preußische Normallasten für preußische Schiffe mit drei Masten und Briggen,
1,42 preußische Normallasten für preußische Schooner, Galeassen, Schaluppen u. dgl. kleinere Fahrzeuge,

Gold- und Silbergewicht: Das Pfund zu 2 Mark zu 8 Unzen ꝛc.; wie das Handelsgewicht, steht zu diesem in dem Verhältniß von 17 zu 16, daher = 469,89 Grammen, also die Mark = 234,945 Grammen. Münzgewicht ist die Hamburg-Cölnische Mark; s. Hamburg. Medicinalgewicht ist das alte Nürnberger.

Stückgüter. 1 Wall Eier und Heringe = 80 Stück. — 1 Last spanisches Salz und 1 Last Steinkohlen = 18 Salztonnen. — 1 Last französisches Salz und 1 Last Kalk = 12 Korntonnen. — 1 Last Oel, Thran, Heringe, Butter und andere Fettwaaren = 12 Viertonnen.

Handelsusanzen. Die Waarenpreise werden außer in Silber und Papiergeld im auswärtigen Waarenhandel auch in der Hamburger Bankwährung notirt, wobei der Reichsthaler zu 24 Schilling banco gerechnet wird, denn weil 18½ Reichsthaler und 27¾ Mark banco zu 16 Schilling banco auf die Cölnische Mark fein Silber gehen, so sind 24 Schilling banco genau = 1 Reichsthaler Reichsmünze.

Waaren-Courtage: bei Beträgen unter 500 Reichsthaler ⁵/₁₂ Proc., vom Käufer und Verkäufer; bei Geschäften über 500 Reichsthaler ³/₈ Proc. desgleichen. — Courtage für Wechsel und Effecten 1 Promille.

Commissionsgebühren: Einkaufscommission gewöhnlich 2 Proc., Verkaufscommission 2 Proc. und Delcredere 1 Proc.

Die Preise der meisten Gewichtswaaren verstehen sich theils für 1 Pfund, theils für 1 Centner, mit folgenden Ausnahmen:

Bei Eisen, Fischen, Flachs, Hanf, Hopfen, Talg, Tauwerk, Wolle per Schiffspfund von 320 Pfund; — Oelkuchen per 160 Pfund; — Getreide, Alaun, Heringe, Kümmel, Pech, Salz, Steinkohlen, englischer Theer per Tonne (deren Größe verschieden ist (s. oben); — Dänischer-, Südsee- und Wallroßthran pr. ½ Oxhoft = 15 Viertel oder 120 Pott zu 1¼ Pfund; — Schwedischer Kronenthran pr. Faß von 160 Pfund; Berger Leberthran pr. Tonne von 110 bis 115 Pott; — russisches Hanföl und Leinöl, Rüböl pr. Pott zu 1¼ Pfund; — Butter pr. Tonne von netto 224 Pfund; Branntwein, Rum pr. Oxhoft; — weißer Arac pr. Bouteille, gelber Arac pr. Pott.

Die üblichen Tarasätze sind folgende: Baumwolle in Ballen ohne Stricke 2 Proc., mit Stricken 4 Proc., Bengalische Baumwolle 4 Proc.; — Butter, Kaffee in Säcken und Fässern reine Tara; — Cochenille desgleichen; — Zantische Corinthen 14 Proc.; — Mandeln reine Tara; — Olivenöl 16 bis 18 Proc. nach Uebereinkunft; — Hanf-, Lein- und Rüböl reine Tara; — Pfeffer reine Tara oder 2 bis 4 Pfund per Ballen; — französische Pflaumen in Kisten, wie darauf verzeichnet, in Fässern 10 Proc.; sinnländische Pottasche 18 Proc.; — Peters-

---

1,05 schwedische schwere Lasten für schwedische Schiffe im Allgemeinen,
1,05 holländische Lasten,
2,25 französische Tonneaux,
2,74 amerikanische Tons,
0,72 mecklenburgische Lasten,
0,75 Hamburger Lasten,
0,87 norwegische Lasten für norwegische Schiffe und Fahrzeuge über 5 norwegische Lasten,
0,65 norwegische Lasten für kleine Jachten und Deckböte von 5 norwegischen Lasten und darunter
2,52 russische Tons für russische Schiffe im Allgemeinen,
1,12 russische Lasten für russische Schiffe im Allgemeinen,
2,5 spanische Toneladas,
1,3 oldenburgische und Bremische Schiffslasten für Schiffe mit drei Masten und Briggen,
1,26 oldenburgische und Bremische Schiffslasten für Schooner, Galeassen, Schaluppen und derartige Fahrzeuge.

burger Pottasche 10 Proc.; — Caroliner Reis 10 Proc.; — Malaga Rosinen 10 Proc.; — Salpeter pr. Sack 4 Pfund; — Syrup netto; — Maryland= und Virginischer Tabak 12 Proc.; — russischer Talg 10 Proc.; — Tamarinden, nach Uebereinkunft, reine; — Thee, nach der Regulirung der asiatischen Com= pagnie pr. ¼ Kiste, gewöhnlich 20 bis 22 Pfund; — isländische Wolle keine, d. h. die Emballage wird als Waare mit bezahlt; — jütländische Wolle netto; die Emballage per Schiffspfund mit 2½ Mark banco bezahlt; — Zucker: St. Croix, St. Thomas, Portorico, in Fässern 17 Proc. und 3 Pfund Ausschlag pr. Faß, dito Havanna in Kisten 12 Proc., dito Brasil in Kisten 16 Proc., dito St. Mauritius in Säcken reine Tara (circa 4 bis 6 Pfund per Sack), dito Raffinade reine Tara.

Handelsanstalten c. Die im Jahr 1813 gegründete Reichsbank ging im Jahr 1818 mit ihrem, durch eine Auflage auf alles unbewegliche Eigenthum in den dänischen Ländern zusammengebrachte Kapital in die Nationalbank über, wodurch alle Grundeigenthümer in Dänemark, deren Beitrag (sogenannte Bank= haft) wenigstens 100 Thaler betrug, Interessenten der Bank wurden. Sie dis= contirt, macht Darleihen, nimmt Depositen an und gibt Noten aus. — Die Centralkasse, im Jahre 1829 (als Fortsetzung der aufgehobenen Ostsee-Compagnie, welche schon einige Jahre früher als Leihinstitut gewirkt hatte) von Privatinter= ressenten gestiftet, welche 400 Actien, jede zu 400 Thlr. zeichneten, und gleich darauf 100 Thlr. per Actie einlegten, welcher Gesammtbetrag von 40,000 Thlrn. im Jahr 1833 durch einen Zuschuß von 20 Thlr. per Actie um 48,000 Thlr. und durch Ausgabe neuer Actien im Jahr 1844 abermals vermehrt wurde. Die Centralkasse bewilligt Darlehen (in der Regel nicht unter 1000 Thlr.) gegen Faust= pfand in couranten, nicht leicht verderblichen Waaren oder in solchen Effecten, die gewöhnlich von einem Leihinstitut als ausreichende Sicherheit angesehen werden, und sie discontirt auch Wechsel und andere Verschreibungen, wenn dieselben nicht auf länger als drei Monate ausgestellt sind. Die Centralkasse nimmt Einlagen an zu 3, 3½ oder 4 Proc., je nachdem die Gelder länger oder kürzer beim In= stitut bleiben, doch nicht auf kürzere Zeit als drei Monate, und sie macht eben= falls, um ihr Betriebskapital zu vermehren, jeweils Anleihen bei der Nationalbank.

Von Actiengesellschaften gibt es mehrere für Dampfschifffahrt, Eisenbahnen und Versicherungen. — Ein Wollmarkt alljährlich gegen Ende Juni.

Curassao,
eine der kleinen Antillen im niederländischen Westindien mit dem Hauptort Wilhelmstadt und dem Hafen Santa Barbara.

Rechnungsart und Münzen. Man rechnet nach Gulden zu 100 Cents im niederländischen Zahlwerthe (f. Amsterdam).

Früher (was vielleicht jetzt noch zum Theil der Fall sein mag) führte man Buch und Rechnung nach Taalders oder Curantpiastern zu 8 Realen oder Schil= lingen zu 6 Stüber, den spanischen Piaster zu 11 Realen oder Schillingen der Curantvaluta gerechnet. — Außer den holländischen Münzen cursiren hier beson= ders spanische Dublonen und Silberpiaster.

Cursverhältnisse. In Curassao wird auf Amsterdam auf einige Monate nach Sicht gewechselt, und man gibt ± 100 fl. oder Cents holländisch für 100 fl. oder Cents in Amsterdam.

Maaße und Gewichte. Längenmaaß ist der Amsterdam-rheinländische

Fuß und die alte Amsterdamer Elle; man soll sich aber auch der spanischen Vara bedienen (s. Madrid). Man rechnet hier 100 Amsterdamer Ellen = 81 Varas.

Feldmaaß: der Acker = 302½ Amsterdam-rheinländische Quadratruthen = 42,9338 französische Aren.

Flüssigkeitsmaaß ist hauptsächlich das alte englische Wein-Gallon, welches = 6 alte Amsterdamer Pinten gerechnet wird. Das Wein-Gallon = 3,7852 Liter; 6 Amsterdamer Pinten sind aber nur 3,638 Liter (denn 1 Stekan oder 32 Pinten sind = 19,403 Liter, s. Amsterdam).

Handelsgewicht ist das alte Amsterdamer Handelspfund; außerdem soll auf Curaçao auch ein schweres Pfund gebraucht werden im Verhältniß von 93 zu 100 Amsterdamer Handelspfund.

Auf der Insel St. Martin, welche ebenfalls zum niederländischen West-indien gehört, soll das Amsterdamer Troypfund (s. Amsterdam) im Gebrauche sein. Man rechnet hier auch noch nach Daalders (Thalern) zu 12 Realen, den Real oder Bit zu 6 Stübern oder zu 16 holländischen Cents, wonach der Daalder = 192 holländische Cents oder = 1 fl. 92 Cents.

Cypern,
türkische Insel mit der Hauptstadt Nikosia.

Rechnungsart und Münzen, s. Constantinopel.

Maaße und Gewichte. Längenmaaß: der Pik oder die Elle = 297,814 Pariser Linien = 0,97963 türkische Pik.

Getreidemaaß: Der Medimno = 75,095 Liter.

Ueber einige andere, hier gebräuchliche Getreidemaaße sind die Angaben nicht zuverlässig.

Weinmaaß. Das Caß = 1¼ alte englische Wein-Gallon = 4,732 Liter. — Ein anderes Weinmaaß ist die Carica zu 16 Gutze zu 4 Boccali, angeblich = 10,41 Liter.

Handelsgewicht. Der Cantar (Centner) = 100 Rottel (Pfund). — Der Rottel zu 12 Unzen = 750 Tram (Drachmen) = 1⅞ Oka. — Die Oka = 400 Dramm = 1,2681 Kilogramm = 0,99189 türkische Oka. — Der Rottel = 2,377 Kilogramm. Im Handel wird auch nach dem Cantar von Aleppo gerechnet (s. Aleppo). — Oel wird per Rottel zu 1000 Dramm oder zu 2½ Oka verkauft; daher der Oelrottel = 3,1703 Kilogramm.

Damaskus,
türkische Handelstadt in Syrien.

Münzen, Maaße und Gewichte, s. Constantinopel. Außerdem aber noch anzuführen:

Der Pik (Elle) = 0,848 türkische Pik = 257,79 Pariser Linien (denn der türkische Pik = 304 Pariser Linien). — Der Cantar (Centner) = 100 Rottel. Auf den Rottel zu 600 Drachmen oder Pesi, oder zu 400 Metikal gehen gewöhnlich 1½ Oka; für manche Artikel aber auch 2 Oka; im ersten Falle ist der Rottel = 1,924 Kilogramm (weil nach Kelly die türkische Oka = 1283,032 Grammen); der andere Rottel = 2,566 Kilogramm; ersterer Rottel wird auch in 60 Unzen, und letzterer in 80 Unzen eingetheilt.

Gold- und Silbergewicht ist obige Unze von 10 Pesi oder Drachmen oder 6⅔ Metikal = 32,06 Grammen, als dem 60ten Theile von 1,924 Kilogramm. Das Gold= und Silbergewicht wird auch für Moschus und Rosenöl gebraucht.

Danzig,

Hauptstadt der Provinz Westpreußen.

Rechnungsart und Münzen sind die preußischen (s. Berlin). Früher rechnete man nach Gulden zu 30 Groschen zu 18 Pfennige, und 3 solcher Gulden wurden auf einen Thaler gerechnet. Weil hiernach der Gulden zu 10 Groschen gerechnet wurde, so entsprachen die preußischen Drittelthaler dem Danziger Gulden und sie wurden deßhalb auch Gulden genannt. Die ehemaligen Danziger Münzsorten (Dukaten, Guldenstücke und Scheidemünze) sind eingeschmolzen worden.

Curssystem.

Amsterdam kurze Sicht, 70 Tage dato	± 100 Silbergroschen für 6 fl. holl.
Berlin 8 Tage und 2 M. dato	„ 100 Thlr. für 100 Thlr. in Berlin,
Königsberg ꝛc. desgl.	Königsberg ꝛc.
Hamburg kurze Sicht und M. dato	„ 45 Silbergroschen für 3 M. banco.
London 1 und 3 Monate dato	„ 200 Silbergroschen für 1 Livre St.
Paris 3 Monate dato	„ 78 Thlr. für 300 Franken.
Warschau 8 Tage und 2 M. dato	„ 95 Thlr. für 600 polnische Gulden.
Wien kurze Sicht und 2, 3 M. dato	„ 98 Thlr. für 150 fl. in Banknoten.

Wechselrecht. Wie in ganz Preußen die allgemeine deutsche Wechselordnung.

Die Curse der Gold= und Silbersorten werden in Silbergroschen per Stück notirt.

Effecten und Actiencurse. Bei der Notirung der preußischen Staatspapiere und Actien richtet man sich nach der Berliner Börse.

Maaße und Gewichte. Gesetzlich sind die allgemeinen preußischen eingeführt, s. Berlin. Von den alten Lokalmaaßen und Gewichten sind indessen im Verkehre noch einige im Gebrauche, die man auf bequemere Verhältnisse reducirt hat; nämlich:

Getreidemaaß: 56½ Berliner Scheffel = 1 Danziger Last von 20 Danziger Scheffel.

Weinmaaß: 1 Last = 2 Fuder = 4 Loth = 8 preuß. Oxhoft = 12 preuß. Ohm.

Biermaaß: 1 Last = 6 Faß = 12 Tonnen, zu 100 preuß. Quart.

Gewicht: 1 Schiffspfund = 3 Centner = 10 große Stein zu 33 Pfund; der kleine Stein = 22 Pfund. — 1 Liespfund = ½ großer Stein.

Bei Schiffsbefrachtungen rechnet man 1 Schiffslast = 55½ preußische Scheffel Buchweizen, Leinsaat und Roggen = circa 5400 Pfund; Weizen 10 Proc. mehr, Erbsen 20 Proc. mehr als Roggen; Gerste 10 Proc. weniger und Hafer 15 Proc. weniger als Roggen.

Usanzen im Waarenhandel. Die Preise verstehen sich gewöhnlich in Danziger Gulden zu ⅓ Thlr. (s. oben), und zwar Alaun, Blei, Krapp, Farbhölzer, Galmei, Gummi, Harz, Messingdraht, Salpeter, Schwefel, Stahl, Terpentin, Weinstein, Zinn per Centner;

Flachs, Hanf, Kapern, Lorbeeren, Mandeln, Reis, Talg, Wolle per großen Stein;

Anis, Colonialwaaren, Feigen, Gallus, Ingwer, Pfeffer, Pflaumen, Oel, Syrup, Zucker per kleinen Stein;

Pottasche, Butter per Liespfund (16½ Pfund), 16 Liespfund netto auf die Tonne;

Waidasche per Tonne von circa 1 Schiffspfund, 12 Tonnen = 1 Last;

Polnisches Zink in Tafeln, per Schiffslast von 4000 Pfund;

Getreide per Schiffslast von 56½ preuß. Scheffel; — Waizenmehl per Tonne von 196 Pfund engl. Avoirdupois-Gewicht in Thalern preuß. oder auch per Last von 20 solcher Tonnen in Liv. Sterl.;

Spiritus per Ohm von 120 Quart zu 80 Proc. Tralles (vgl. Berlin);

Heringe, Honig, lüneburger Salz, Pech, Theer per Last von 12 Tonnen; schottisches, französisches und spanisches Salz, lose im Schiff per Last von 18 Tonnen, oder per Last von 16 Tonnen in Fässern verpackt;

im Holzhandel: Stab- und Klappholz, Franzholz und fichtene Dielen per Schock von 60 Stück, Masten nach dem englischen Fuß und nach Verhältniß der Dicke, eichene Planken nach dem englischen Quadratfuß und im Verhältniß zur Dicke; Brennholz, (Splittholz) nach dem Faden von 6 englischen Fuß Höhe und Breite, nach Verhältniß der Klobenlänge; fichtene Balken und eichenes Knie-holz nach dem englischen Kubikfuß.

Von Stückgütern werden hier gerechnet:

1 Tonne Heringe = 13 Wahl zu 80 Stück = 1040 Stück.

Das Sechzig Wagenschoß (die ausgesuchtesten dünnen Eichenholzbretter für Tischler und Schiffbauer) hat 60 Hundert.

Der Ring Stabholz hat 2 kleine Hundert zu 120 Stück.

Das große Hundert Klappholz (kleinere Faßdauben) hat 12 Ring zu 240 Stück = 48 Schock.

Das Schock ermeländisches Garn hat 60 Stück zu 20 Gebinde zu 40 Draden oder Haspelfaden von 3½ preußischen Ellen Länge.

Das Schock polnisches Hanf- oder Heedengarn = 4 Stück zu 20 Ellen zu 12 Gebind.

Commissionsgebühren: auf ausgeführte Holzwaaren 3 Proc., auf andere Ausfuhrartikel 2 Proc., auf Einfuhrartikel 2 Proc., Delcredere 1 bis 2 Proc.

Courtage beim Getreidehandel 1 Thlr. 7 sgr. per 60 Scheffel für Käufer und Verkäufer.

Handelsanstalten. Contor der Berliner Hauptbank mit Girobank ver-einigt. — Seit 1857 eine Privatbank, welche Noten zu 50 Thlr. ausgibt. — Actiengesellschaften für Versicherung, Rhederei und Flachsbau. — Wollmarkt, vom 27. bis 30. Juni jedes Jahres.

Darmstadt,
Hauptstadt des Großherzogthums Hessen.

Münzen und Rechnungsart. Man rechnet nach Gulden zu 60 kr. zu 4 Pfennigen im 52½-Guldenfuße, früher im 24½-Guldenfuße. Geprägt wurden: Zehnguldenstücke im Feingehalt von 21 Karat 7⅓ Grän, auf die cöl-nische Mark fein Gold 38½ Stück, oder 82,3158 Stück auf das Zollpfund; daher 1 Zehnguldenstück = 0,60742 deutsche Goldkrone.

In Silber: (ältere Münzen) Conventions-Speciesthaler zu 2 fl. 24 kr. rhn. das Stück; halbe dergleichen nach Verhältniß; Kopfstücke zu 24 kr. rhn.;

halbe und Viertelstücke nach Verhältniß. — Neuere Silbermünzen vor 1837: Kronenthaler im Feingehalt von 13 Loth 17 Grän zu 2 fl. 42 kr. rhn. — Nach den Conventionen von 1837, 1838 und 1845: $3\frac{1}{2}$-Gulden- oder 2-Thalerstücke im Feingehalt von 900 Tausendtheilen, 14,9665 Stück auf das Zollpfund fein Silber; daher $= 3$ fl. 30 $^{47}/_{100}$ kr. rhn. $= 2$ Thlr. 0,1343 fgr. preuß. $= 3^{67}/_{10000}$ fl. öster.

2-Guldenstücke von gleichem Feingehalte; 26,1914 Stück auf das Zollpfund fein Silber; daher $= 2$ fl. $^{269}/_{1000}$ kr. rhn. $= 1$ Thlr. $4^{3624}/_{10000}$ fgr. preuß. $= 1$ fl. 71 ukr. öster.

Gulden- und halbe Guldenstücke nach Verhältniß.

Nach dem Vertrag von 1857 Vereinsthaler zu $1\frac{3}{4}$ Gulden im Feingehalt von 900 Tausendtheilen, 30 Stück auf das Zollpfund fein Silber, $= 1$ fl. 45 kr. rhn. $= 1$ Thlr. preuß. $= 1\frac{1}{2}$ fl. öster.

Papiergeld. Von mehreren Emissionen gibt es Scheine von 1, 5, 10, 35 und 70 fl., welche in allen öffentlichen Kassen angenommen werden; eine Auswechslungskasse besteht aber nicht. — Noten der Darmstädter Bank (s. unten). Zu Wechselgeschäften richtet man sich nach dem Frankfurter Cursettel.

Wechselrechtliches. Seit 1849 ist die allgemeine deutsche Wechselord-nung eingeführt. Nach dem Einführungsgesetz sind für die Provinzen Starkenburg und Oberhessen als allgemeine Feiertage der Neujahrstag, der Charfreitag, der Ostermontag, der Himmelfahrtstag, der Pfingstmontag und die beiden Weihnachts-tage bezeichnet. Für die Provinz Rheinhessen sind unter allgemeinen Feiertagen die gesetzlich anerkannten christlichen Feiertage und diejenigen Tage zu verstehen, deren allgemeine Feier aus sonstigen Gründen gesetzlich festgesetzt ist. — Die Klagen aus eigenen (trockenen) Wechseln gehören auch dann vor die Handelsge-richte, wenn sie weder von Handeltreibenden unterschrieben, noch Handelsgeschäfte zur Veranlassung haben. — In Betreff des Wechselarrestes ist unter Anderem verfügt, daß derselbe nicht zulässig ist gegen Personen, welche das 70. Lebensjahr angetreten haben, und gegen beide Ehegatten zugleich; ferner, daß der verhaftete Schuldner entlassen wird 1) nach sechsmonatlicher Haft, wenn die Schuld an Hauptgeld unter 500 fl., nach einjähriger Haft, wenn die Schuld an Hauptgeld 500 fl. oder mehr, aber weniger als 1500 fl., nach achtzehnmonatlicher Dauer der Haft, wenn die Schuld an Hauptgeld 1500 fl. oder mehr, aber weniger als 3000 fl., nach zweijähriger Haft, wenn die Schuld an Hauptgeld 3000 fl. oder mehr beträgt; 2) wenn der Schuldner zum Militärdienst einberufen wird; 3) wenn der Schuldner während der Dauer der Haft das 70. Lebensjahr angetreten hat. — Der Gläubiger, welcher die Freilassung des Schuldners auf dessen An-stehen gestattet hat, ist befugt, späterhin die Wiederverhaftung zu verlangen; jedoch hat diese erneuerte Haft nur unter Einrechnung der Zeit der früher bestandenen Haft anzudauern.

Staatspapiere des Landes sind folgende:

1) 4- und $3\frac{1}{2}$procentige Staatsrenten-Obligationen zu 1000, 500 und 100 fl., zum Theil durch Convertirung älterer 5-procentiger Papiere entstanden.

2) 50-Guldenloose einer Lotterie-Anleihe vom Jahre 1825 im Betrage von $6\frac{1}{2}$ Mill. fl.; die Ziehung geht bis zum Jahr 1876.

3) 4-procentige Obligationen von Eisenbahnanleihen von 1843 und 1846.

4) 4 $1/2$=procentige Obligationen von Eisenbahnanleihen vom Jahr 1849, 1850 und 1853.

Von Privatanleihen des regierenden Hauses gibt es 25=Gulden=Loose der Lotterie=Anleihe vom Jahr 1834, Tilgung bis 1879; Obligationen der Anleihen von 1840 und 1850, und Obligationen der Anleihe des Erbgroßherzogs vom Jahr 1844.

Maaße und Gewichte. Die neuen Maaße und Gewichte für das ganze Großherzogthum Hessen sind seit dem Jahr 1821 eingeführt, und gründen sich auf die metrischen Maaße und Gewichte Frankreichs.

Längenmaaße: Der Fuß zu 10 Zoll zu 10 Linien = $1/4$ Meter = 110,824 Pariser Linien. — Die Elle = 24 Zoll = $3/5$ Meter = 265,98 Pariser Linien. — 6 franz. Meter sind = 10 neue Ellen.

Die Klafter ist = 10 Fuß = 2 $1/2$ franz. Meter. = 7,69 Pariser Fuß.

Die gewöhnliche Wegstunde wird zu 2000 Klafter oder 5000 Meter, die Meile zu 3000 Klafter angenommen.

Garnmaaß. Der Strang zu 12 Gebind zu 120 Haspelfäden von 3 Ellen Länge.

Zwirnmaaß. Dieselbe Zahl von Fäden, aber nur von 1 $1/2$ Fadenlänge.

Flächenmaaß. Die Flächenräume werden nach Quadratklaftern berechnet. Der Morgen hat 4 Viertel oder 400 Quadratklafter = 25 französische Aren oder $1/4$ Hektare (f. Paris).

Körpermaaß. Die Kubikklafter = 1000 Kubikfuß = 45,584 Pariser Kubikfuß = 15 $3/5$ Kubikmeter.

Erd= und Steinmassen werden nach Kubikklaftern berechnet.

Brennholzmaaß. Das Maaß, mit welchem das Brennholz gemessen wird, heißt Stecken, und wird in halbe und viertel Stecken eingetheilt. Der Stecken soll gesetzlich 100 Kubikfuß enthalten. Die Scheitlänge soll (bei inländischem Brennholz) entweder 40 oder 50 Zoll betragen. Bei 40 Zoll Scheitlänge muß sowohl die Breite als Höhe des Stecken=Rahmens im Lichten 50 Zoll sein; bei 50 Zoll Scheitlänge hingegen muß dieser Rahmen im Lichten 50 Zoll Breite und 40 Zoll Höhe haben. — Obgleich das Scheitholz (besonders das ausländi= sche, das auf den Markt gebracht wird), nicht immer die gesetzliche Länge hat, so darf die Holzmenge in dem vollen Stecken doch niemals mehr oder weniger als 100 Kubikfuß betragen. Um dieses zu erzielen, hat der Rahmen des Steckens dieselbe Einrichtung, wie der Meßrahmen in Frankreich (f. Paris). In den Domanial=Waldungen muß nach der bestehenden Vorschrift alles Holz entweder 5 Fuß breit, 5 Fuß hoch und 4 Fuß lang, oder aber 5 Fuß breit, 4 Fuß hoch und 5 Fuß lang aufgeschichtet werden, so daß der Stecken immer 100 Kubik= fuß enthält. Den Gemeinden hingegen ist jede beliebige Scheitlänge gestattet, jedoch nur unter der ausdrücklichen Bedingung, daß in jedem Forstrevier nur eine und dieselbe Scheitlänge bestehe, und daß der Stecken stets 100 Kubikfuß ent= halte. — 64 Stecken sind genau 100 französische Steren.

Hohlmaaße für Getreide und Flüssigkeiten: Der Kubikzoll ist die Einheit der= selben, wovon 32 das Mäschen des Getreidemaaßes, gleichwie dem Schoppen des Flüssigkeitsmaaßes ausmachen; wonach diese beiden Maaße einander gleich, und zwar = $1/2$ Liter sind.

Getreidemaaß. Das Malter hat 4 Simmer zu 4 Kumpf zu 4 Gescheid zu 4 Mäschen. — Das Malter = 128 Liter.

Kohlenmaaß. Das Kohlenmaaß ist inwendig 50 Zoll lang, 40 Zoll breit und 20 Zoll hoch, und enthält demnach 625 Liter.

Kalkmaaß. Die Kalkbütte soll viereckig, und inwendig 20 Zoll lang, 20 Zoll breit und 25 Zoll hoch sein, sie hält daher 156 ¼ Liter.

Flüssigkeitsmaaß. Die Ohm hat 80 Maaß zu 4 Schoppen. — Das Viertel hat 4 Maaß oder 16 Schoppen. — Der Schoppen = ½ Liter; die Ohm = 160 Liter.

Handelsgewicht. Der Centner hat 100 Pfund; das Pfund hat 32 Loth, das Loth 4 Quentchen, das Quentchen 4 Richtpfennige. Für seine Abwägungen wird das Loth in 10,000 Theilchen getheilt. Das Pfund soll genau 500 Grammen oder ½ Kilogramm wiegen.

Gold=, Silber= und Münzgewicht. An die Stelle der früheren Münzmark von 233,855 Grammen ist das Münzpfund von 500 Grammen getreten. — Als Probirgewicht ist ebenfalls das Münzpfund zu 1000 Tausendtheilen eingeführt. Juwelengewicht ist das englische Juwelenkarat (s. London). Medicinalgewicht ist das in Deutschland übliche Nürnberger.

Handelsanstalten ꝛc. 1) Darmstädter Bank für Handel und Industrie. Ihr Grundkapital ist auf 25 Mill. fl. im 24½ Guldenfuße festgesetzt, eingetheilt in 100,000 Actien zu 250 fl. Die Dauer der Gesellschaft ist auf 99 Jahre bestimmt, von 1853 an gerechnet. Die Actien, auf Namen lautend, können jederzeit in Actien auf den Inhaber lautend, und die Actien, auf den Inhaber lautend, jederzeit in Actien auf den Namen lautend, umgewandelt werden. Die Bank ist befugt zum Betriebe aller Bankier=Geschäfte, mithin zu solchen Geschäften, aus denen sie ihre Gelder, sobald sie deren bedarf, zu jeder Zeit leicht zurück ziehen kann; dazu gehören insbesondere Discont=, Depositen=, Leih=, Giro= und Wechselgeschäfte. Nach den Statuten darf sie ihre Thätigkeit und Mittel nachbenannten Operationen zuwenden: 1) sie discontirt die mit anerkannt soliden Unterschriften versehenen Wechsel; 2) sie erhebt, respective bezahlt Gelder für Rechnung Dritter; sie nimmt Gelder und Effecten in Verwahrung; 3) sie verzinst Gelder, stellt darüber zinstragende, auf den Namen oder auf den Inhaber lautende Schuldscheine aus, oder eröffnet dafür Conti und vereinbart im ersten Falle die Kündigungsfrist und Verfallzeit; 4) sie übernimmt die Einziehung und den Verkauf von Wechseln, Staatspapieren, Coupons und Actien; 5) sie übernimmt den Ankauf von Wechseln, Staatspapieren, Coupons, Actien und Waaren, wofür Deckung hinterlegt oder Bürgschaft geleistet ist; 6) sie gibt Vorschüsse auf Staats=, Communal= und ständische Papiere, Actien, Obligationen, solide Wechsel und sonstige Effecten, so wie auch auf Waaren, welche dem Verderben nicht unterworfen sind, sei es als Darlehen oder auf Consignation zum Verkauf; 7) sie gibt Credit in laufender Rechnung und setzt eigene Wechsel und Geld=Anweisungen in Circulation; 8) sie ist befugt, Staats=, Communal= und ständische Papiere, Actien oder Obligationen anonymer Gesellschaften, insbesondere Actien und Obligationen industrieller oder Credit=Unternehmungen, zu submissioniren oder zu erwerben, so wie die erworbenen Effecten, Actien und Obligationen wieder zu verkaufen, gegen andere zu vertauschen oder dieselben zu verpfänden; 9) sie ist befugt, alle Anleihen oder öffentlichen Unternehmungen ganz oder theilweise für eigene Rechnung zu übernehmen, sie weiter zu cediren und zu realisiren oder sich bei deren Uebernahme zu betheiligen, so wie bis zum Belaufe ihrer Uebernahme oder Betheiligung Schuldscheine, auf den Namen oder Inhaber lautend, in Umlauf zu setzen; 10) sie ist befugt, die Vereinigung oder Consolidirung verschiedener anonymer Gesellschaften, so wie die Umgestaltung von industriellen Unternehmungen in anonyme Gesellschaften zu ermitteln und zu bewirken, sowie die auf den Namen oder Inhaber lautenden Actien und Obligationen solcher neu creirten Gesellschaften zu emittiren. — Die Errichtung von Bankfilialen und Agenturen, sowie die Aufhebung und Verlegung derselben bleibt der Verwaltung überlassen. Auch ist die Bank befugt, bewährte Bankhäuser mit der Wahrnehmung ihrer Geschäfte zu beauftragen, sowie zu diesem Zwecke auswärtige Bankhäuser ganz oder theilweise zu commanditiren. Die Verwaltung setzt die Höhe des Commandit-Capitals, sowie die Befugnisse dieser Commanditen fest. — An Zinsen werden den Actionären, in so weit der nach dem Jahresabschluß sich ergebende Reingewinn dazu hinreicht, bis zu 4 vom Hundert des eingezahlten Actienkapitals entrichtet. Von dem die 4 Procent des eingezahlten Actienkapitals übersteigenden Reingewinne werden jährlich 10 Procent zur Bildung eines Reservefonds in Abzug gebracht, so lange dieser nicht ein Zehntel des Actienkapitals erreicht haben wird. — Die großherzogliche Staatsregierung übt die fortwährende Aufsicht über die Beobachtung des von ihr genehmigten Gesellschaftsstatuts von Seiten der Bank, durch Commissäre, welche sie ernennt, aus. Im Jahr 1856 hatte die Bank Filiale und Commanditen in Mainz, Frankfurt a. M., Mannheim, Heilbronn, Berlin, Breslau, Leipzig, Paris und New-York. — Die „Darmstädter Bank für Süddeutschland", eine Notenbank, wurde auf Veranlassung der Gründer der Darmstädter Bank für Handel und Industrie im Jahr 1855 errichtet. Die Dauer der Gesellschaft ist auf 25 Jahre bestimmt; das Kapital der Bank ist auf 20 Mill. fl. bestimmt und in 80,000 Actien zu 250 fl. eingetheilt. Nach den Statuten übernahm die Bank für Handel und Industrie 20,000 Actien zum Nominalwerthe im Betrage von 5 Mill. fl.; 12,000 Actien zum Nominalwerthe im Betrage von 3 Mill. fl. blieben der großherzoglich hessischen Regierung, und 16,000 Actien zum Nominalwerthe im Betrage von 4 Mill. fl. der hessischen Ludwigs-Eisenbahngesellschaft zur Verfügung vorbehalten. Die Verwaltung ist befugt, eine Erhöhung des Grundkapitals durch Emission weiterer Actien, bis auf 40 Mill. fl. mit Zustimmung der hessischen Staatsregierung eintreten zu lassen. Im Falle einer solchen Erhöhung ist der hessischen Staatsregierung, der hessischen Ludwigs-Eisenbahngesellschaft und den Gründern der Bank (zwei Bankiers in Cöln) das Vorzugsrecht vorzubehalten, die zu emittirenden Actien, und zwar der hessischen Staatsregierung 12,000 Actien, der hessischen Ludwigs-Eisenbahngesellschaft 16,000 Actien und den Gründern der Bank 52,000 Actien zum Nominalwerthe zu übernehmen. — Die Bank ist befugt, an allen Orten Filiale oder Agenturen zu errichten, so wie andere Bankinstitute und Bankhäuser mit der Wahrnehmung ihrer Geschäfte, respective Einlösung ihrer Noten zu beauftragen; ferner, Bank-Anweisungen auf Ordre und Banknoten auf den Inhaber lautend in Beträgen von 10 bis 500 fl. auszugeben. Die Gesammtausgabe von Banknoten darf ohne Genehmigung der hessischen Staatsregierung das Doppelte des jeweilig eingezahlten Actienkapitals nicht überschreiten. Außerdem sind der Bank Discont-, Depositen-, Darlehens- und Wechselgeschäfte gestattet. — Der Abdruck, die Ausfertigung der Banknoten und der Umtausch der beschädigten Noten erfolgt unter Aufsicht eines Commissärs der hessischen Staatsregierung. — Von dem 4 Procent des Actienkapitals übersteigenden Reingewinn werden jährlich 10 Procent zur Bildung eines Reservefonds in Abzug gebracht, so lange dieser nicht ein Zehntel des Actienkapitals erreicht haben wird;

die Verwaltung stellt die aus dem dann sich ergebenden Ueberschusse unter die Actionäre zu vertheilende Dividende fest. — Die hessische Staatsregierung übt die fortwährende Aufsicht über die Gesellschaft und deren Geschäftsführung durch Commissäre, welche sie ernennt, aus.

Nach dem Rechenschaftsbericht bei der Generalversammlung vom 31. Mai 1860 hatte die Direktion bis zum 31. Dezember 1859 20000 Stück eigene Actien mit einem Aufwande von 4,232,340 fl. (Durchschnittspreis 211 fl. per Stück) zurück-gekauft, wobei sich eine Differenz gegen den Nominalwerth von 767,660 fl. ergab. Diese Differenz wurde zur Tilgung entstandener Verluste verwendet.

In genannter Generalversammlung wurde diese Verfahrungsweise gebilligt und die Ermächtigung ertheilt, weitere 20000 Stück zurückzukaufen und zum No-minalwerth in die Bilanz anzunehmen; den Unterschied aber zwischen Nominalwerth und Ankaufspreis gleichfalls zur Tilgung von Verlusten oder vorkommenden Falles zur Wiederherstellung und Vermehrung des Reservefonds zu verwenden. Dieser Rücklauf von 20000 Stück Actien mit 30 Proc. Einzahlung veranlaßte nach Be-kanntmachung der Direktion vom 5. Januar 1861 einen Aufwand von 1,183,726 fl. 57 kr. und der Unterschied gegen den Nominalwerth betrug 316,273 fl. 3 kr.

Demerara,
(Demerary) britische Colonie in Guyana mit der Hauptstadt Georgetown.

Rechnungsart und Münzen. Obgleich die Rechnungswährung ge-setzlich die englische ist, so wird gleichwohl im Großhandel nach amerikanischen Dollars zu 100 Cents, und im gewöhnlichen Verkehre nach Gulden (Colonial-gulden) zu 20 Stüber, zu 16 Deute oder Pfennige gerechnet. Es gehen hier 3 solcher Gulden (von holländischer Abstammung, weil die Colonie vormals im Besitze Hollands war) auf den Dollar; daher, wenn man letztere zu 2 fl. 31 kr. rhn. rechnet, der Colonialgulden = 50 kr. rhn. = 14²/₇ sgr. preuß. = 71 nkr. österr. Nach angestellten Untersuchungen sollen aber 37 Colonialgulden auf die Cölnische Mark fein Silber gehen, und hiernach stellt sich der Werth des Colonial-gulden auf 39²/₃ kr. rhn. = 11¹/₇ sgr. preuß. = 55⁵/₇ nkr. österr. — Für die Colonie wurden von England geprägt: in Silber Stücke zu 3, 2, 1, ¹/₂ und ¹/₄ Gulden, in Kupfer ganze und halbe Stüber.

Wechselcurse werden notirt:
auf London 96 Tage Sicht ± 470 Cents für 1 Liv. Sterl.,
auf New-York 30 Tage Sicht ± 100 Dollars für 100 Dollars in New-York.

Maaße und Gewichte sind zwar die alten holländischen (s. Amsterdam), sie werden aber nach und nach von den englischen verdrängt.

Handelsanstalten. Hier bestehen die Guyanabank, welche im Jahre 1836 gegründet wurde, und eine Filiale der westindischen Colonialbank (s. London).

Dessau s. Anhalt-Dessau.

Detmold s. Lippe-Detmold.

Domingo s. Port au Prince.

Dresden,
Hauptstadt des Königreichs Sachsen.

Rechnungsart und Münzen. Das ganze Königreich Sachsen rechnet seit 1857 nach dem 30-Thalerfuße, den Thaler zu 30 Neugroschen zu 10 Pfennigen. Vor 1857 war der 14-Thalerfuß, und vor 1839 der 20-Guldenfuß, die Cölnische Mark fein Silber zu $13\frac{1}{3}$ Thaler, eingeführt. Der Thaler des letzteren Münzfußes war in 24 Groschen zu 12 Pfenningen eingetheilt. Sachsen prägt nach dem Vertrage vom Jahr 1857:

In Gold: Vereinskronen, 50 Stück auf das Zollpfund fein Gold; halbe Kronen nach Verhältniß (s. Berlin).

In Silber: Doppelthaler = 2 Vereinsthaler, ganze und Sechstelthaler (s. Berlin).

Ausnahmsweise ist es Sachsen gestattet, Drittelthaler, 60,03 Stück aus dem Zollpfund zu 667 Tausendtheilen fein, zu prägen; daher der Drittelthaler = 35 kr. rhn. = 10 sgr. preuß. = 50 nkr. österr.

Scheidemünze: 2-Neugroschen-, Neugroschen- und $\frac{1}{2}$-Neugroschenstücke im $34\frac{1}{2}$-Thalerfuße. — Kupfermünzen: Pfennig- und Zweipfennigstücke.

Von älteren Münzen sind noch im Umlauf:

In Gold: Dukaten (ältere und neuere) nach dem Reichsfuße (Feingehalt $23\frac{2}{3}$karatig, 67,944 Stück auf die Cölnische Mark fein Gold); Dukaten vom Jahr 1830 nach Berliner Probe nur $23\frac{1}{2}$karatig (nahezu 979 Tausendtheile), wonach, weil 68,71489 Stück solcher Dukaten auf die Cölnische Mark, oder 146,9417 Stück auf das Zollpfund fein Gold gehen, ein solcher Dukat = 0,34027 Goldkrone. — Augustd'or der neuern und neuesten Zeit, gesetzmäßig $21\frac{2}{3}$karatig (oder $902\frac{7}{9}$ Tausendtheile), 38,76923 Stück auf die Cölnische Mark oder 82,8914 Stück auf das Zollpfund fein Gold; daher ein Augustd'or = 0,6032 deutsche Goldkrone; doppelte und halbe Augustd'or nach Verhältniß. Nach Berliner Probe mit einer großen Anzahl doppelter Augustd'or aus älterer Zeit haben solche durchschnittlich nur einen Feingehalt von $21\frac{1}{2}$ Karaten (oder $895\frac{5}{6}$ Tausendtheile), und es gehen davon 19,6686 Stück auf die Cölnische Mark, oder 42,0545 Stück auf das Zollpfund fein Gold; daher das Stück = 1,18893 deutsche Goldkrone.

In Silber: Speciesthaler zu $1\frac{1}{3}$ Reichsthaler (bis 1838), gesetzmäßig $13\frac{1}{3}$löthig (oder $833\frac{1}{3}$ Tausendtheile), 10 Stück auf die Cölnische Mark oder 21,3807 Stück auf das Zollpfund fein Silber; daher ein Speciesthaler = 2 fl. 27 kr. rhn. = 1 thlr. 12 sgr. preuß. = 2 fl. 10 nkr. österr. Gulden oder $\frac{2}{3}$-Thalerstücke oder halbe Speciesthaler (weil ein solcher = $\frac{4}{3}$ Reichsthaler) nach Verhältniß.

Halbe Guldenstücke oder $\frac{1}{3}$-Thaler nach Verhältniß.

Halbe Guldenstücke oder $\frac{1}{3}$-Thaler seit 1827 haben nur einen Feingehalt von $708\frac{1}{3}$ Tausendtheilen ($11\frac{1}{3}$löthig), und es gehen 85,5229 Stück auf das Zollpfund fein Silber; daher das Stück = 36,8 kr. rhn. = $10\frac{1}{2}$ sgr. preuß. = $52\frac{6}{7}$ nkr. österr.

Sechstelthaler oder Viergroschenstücke im Feingehalte von $541\frac{2}{3}$ Tausendtheilen ($8\frac{2}{3}$löthig), 171,0458 Stück auf das Zollpfund fein Silber; daher 1 Stück = $18\frac{4}{5}$ kr. rhn. = $5\frac{1}{3}$ sgr. preuß. = $26\frac{3}{10}$ nkr. österr., Zwölftelthaler oder Zweigroschenstücke (7löthig) = $9\frac{1}{3}$ kr. rhn. = $2\frac{3}{5}$ sgr. preuß. = $13\frac{1}{10}$ nkr. österr.

Vierundzwanzigstelthaler- oder Groschenstücke ($5\frac{8}{9}$löthig) = $4\frac{3}{5}$ kr. rhn. = $1\frac{3}{10}$ sgr. preuß. = $6\frac{1}{2}$ nkr. österr.

Scheidemünze (4löthig oder 250-Tausendtheile): 8- und 6-Pfennigstücke.

Papiergeld gibt es in Sachsen vom Staate, von Communen und andern

Corporationen in Abschnitten von 1, 5, 10, 20 und 50 Thaler. Fremdes Papiergeld unter 10 Thaler wird nicht zugelassen, und fremde Banknoten nur dann, wenn dafür eine Auswechslungskasse in Sachsen besteht. Die zur freien Circulation nicht zugelassenen Scheine werden im Curszettel unter ihrem Nennwerthe notirt.

Wechsel- und Geldcurse s. Leipzig.

Wechselrechtliches s. Leipzig.

Staatspapiere s. Leipzig.

Maaße und Gewichte. Die nach der neuen Maaß- und Gewichtsordnung vom 12. März 1858 im inländischen Verkehre, mit Ausschluß aller localen Maaße eingeführten Dimensionsmaaße sind folgende:

Der Leipziger Fuß = 125,537 Pariser Linien, getheilt in 12 Zolle zu 12 Linien, und davon abgeleitet als Längenmaaße die Elle zu 2 Fuß, die Feldmesserruthe zu 15 Fuß 2 Zoll, die Straßenruthe zu 16 Fuß, und als ausschließliche Flächenmaaße unter Aufhebung der abweichenden Bestimmung des Mandats vom 4. Januar 1820, die Quadrat-Feldmesserruthe und der Acker zu 300 Quadrat-Feldmesserruthen. — Für den Bergbau bewendet es bei dem Gebrauche des Lachters = 2 franz. Meter.

Die Dresdener Kanne = 71,186 Kubikzoll obigen Maaßes oder 1,8683 Pfund (1 Pfund 26 Loth 5 Cent) destillirtes Wasser bei + 15° Reaumür fassend = 0,93559 Liter. — Die Kanne = 2 Nösel. — 72 Kannen = 1 Eimer; 5 Eimer = 1 Faß; 12 Eimer = 1 Fuder; 1 Oxhoft Franzwein = 3 Eimer; 1 Oxhoft Franzbranntwein = 3⅜ Eimer; 1 Ohm = 2 Eimer zu 2 Anker zu 36 Kannen. — Beim Biermaaß rechnet man 1 Gebrände = 12 Kufen = 24 Faß zu 2 Viertel, zu 2 Tonnen, zu 105 Kannen.

Der Dresdener Scheffel = 7900 Kubikzoll obigen Maaßes = 103,829 Liter, getheilt in 4 Viertel zu 4 Metzen zu 4 Mäßchen. — 12 Scheffel = 1 Malter; 2 Malter = 1 Wispel. — 2 Wispel Gerste und Hafer oder 6 Wispel Roggen und Weizen werden eine Getreidelast genannt.

Als Handelsgewicht gilt das deutsche Zollgewicht von 500 Grammen = 1 Pfund. — 100 Pfund = 1 Centner; 20 Pfund = 1 Stein; 3 Centner = 1 Schiffspfund; 40 Centner = 1 Schiffslast; 1 Pfund = 30 Loth zu 10 Quent, zu 10 Cent, zu 10 Korn. — Beim Münz- und Postwesen ist die Decimaleintheilung des Pfundes eingeführt.

Das frühere Pfund war (nach Chelius) = 466,89 Grammen; daher 107,09 alte Pfund = 100 neue Pfund; im Verkehr rechnet man aber 107 alte Pfund = 100 neue Pfund *).

Wegen Einführung der Landesgewichtseinheit auch für das Medicinalgewicht und wegen Eintheilung des letzteren wird besondere Bestimmung im Verordnungswege erfolgen. Bis dahin bewendet es bei den bestehenden Vorschriften, nach welchen das sächsische Medicinalgewicht mit dem Nürnberger übereinstimmt.

Handelsanstalten. Agentur der Leipziger Bank, Getreidebörse, mehrere Actiengesellschaften ꝛc. Vom 10. bis 12. Juni jedes Jahres ansehnlicher Wollmarkt.

---

*) In der neuen Maaß- und Gewichtsordnung vom 12. März 1858, §. 7, heißt es: Auf Privatrechtstiteln beruhende, nach Gewicht ausgedrückte Leistungen und Verbindlichkeiten sind in der bisherigen Quantität unter Anwendung des neuen Gewichts dergestalt zu erfüllen, daß sie nach dem Verhältnisse von 107 Pfund Leipziger Handelsgewicht zu 100 Pfund des neuen Landesgewichts umgerechnet werden.

Trontheim,
Hafenstadt in Norwegen.

Münzen, Maaße und Gewichte f. Christiania.
Bank. Bei der Gründung der Bank von Norwegen zu Trontheim im Jahr 1806 hatte die Regierung den Zweck, die große Masse des früheren Papiergeldes zu vermindern. Das Kapital der Bank wurde zunächst durch erzwungene Einschüsse aufgebracht, ist aber durch Staatszuschüsse, freiwillige Betheiligung und Reserve auf mehr als 3 Mill. Species gestiegen. Die Bank ist Leih-, Giro-, Disconto-, Depositen- und Zettelbank. Die Zettel (Banknoten) lauten auf ⅕, ½, 1, 10, 50 und 100 Species; sie standen lange Zeit hindurch weit unter Pari; gegenwärtig sollen sie aber wieder auf ihrem Nennwerthe stehen. Filialbanken sind in Christiania, Bergen, Christiansand, Drammen und Skeen.

Dscheddo f. Jeddo.

Dublin,
Hauptstadt des britischen Königreichs Irland.

Rechnungsart und Münzen wie in England*), f. London.
Wechselcurssystem wie in England. Der Curs von Dublin auf London ist ± 100 Liv. Sterl. für 100 Liv. Sterl. in London.
Wechselrechtliches f. London.
Staatspapier- und Actiencurse wie London.
Maaße und Gewichte sind die englischen.

Getreide und Mehl werden nach dem Gewicht verkauft, und zwar per Stone (Stein) von 14 Pfund Avoirdupoids oder 6,319 Kilogramm. Auf 1 Barrel (Fäßchen) rechnet man 20 Stone Waizen, Erbsen, Bohnen und Roggen, 16 Stone Gerste und Rübsamen, 14 Stone Hafer (in einigen Gegenden 12 Stone) und 12 Stone Malz.

Gepökeltes Ochsen- und Schweinefleisch, zur Ausfuhr bestimmt, wird nach Tierces, Barrels und Firkins (verschiedene Arten Fässer) verkauft; die Fässer sind nicht tarirt; die Stücke, welche sie enthalten, müssen aber ein bestimmtes Gewicht haben; z. B. Ochsenfleisch 304 Pfund per Tierce sind 38 Stück zu 8 Pfund schwer; oder 200 Pfund per Barrel sind 25 Stück zu 8 Pfund schwer; oder 100 Pfund per Firkin sind 25 Stück zu 4 Pfund schwer.

Butter wird per Centner von 112 Pfund Avoirdupoids verkauft und dabei außer der wirklichen Tara ein Gutgewicht von 1 Pfund per 28 Pfund bewilligt.

Käse wird ebenfalls per Centner verkauft.

Banken. Die Bank von Irland (Bank of Ireland) ist im Jahr 1783 gegründet worden; anfänglich betrug das Kapital derselben 600,000 Liv. Sterl.; seit 1821 ist es aber bis auf 3 Mill. Liv. Sterl. angewachsen. Die Einrichtung der Bank ist derjenigen der Bank von England (f. London) ähnlich; sie gibt Banknoten aus, welche dem Papiergelde der englischen Bank gleichgestellt sind, und macht Disconto-, Leih- und Depositengeschäfte; sie hat in allen größeren Städten Filiale und steht mit der Bank von England in direktem Verkehre. Außerdem sind in

---

*) Vor 1826 galt in Irland noch die irische Währung, welche sich zur englischen wie 12 zu 13 verhielt, wonach also 1 Liv. englisch = 1 Liv. 1 Schilling 8 Pence irisch, oder 1 Schilling englisch = 1 Schilling 1 Pence irisch 2c. war.

Dublin die Hibernian-Bank und die Royal-Bank (beide ohne Notenausgabe), die Nationalbank of Ireland (mit Notenausgabe) und die Contore mehrerer Provinzialbanken.

Handelsanstalten. Viele Actiengesellschaften für Versicherungen, Eisenbahnen rc.

Düsseldorf,

Hauptstadt des gleichnamigen Regierungsbezirks in der preußischen Rheinprovinz.

Rechnungsart und Münzen f. Berlin. Im Handel wird der Thaler wie in Cöln auch in 100 Cents getheilt. — Bis 1824 rechnete man, wie im Bergischen überhaupt, in Reichsthalern zu 60 Stübern zu 4 Pfennigen Clevisch, und es waren 13 Thaler Clevisch = 10 Thaler preuß.

Wechselcurssystem im Allgemeinen wie in Berlin. Auf Frankfurt a. M. notirt man ± 85 Thaler für 150 fl. rhn.; auf Berlin ± 100 Thaler für 100 Thaler in Berlin.

Staatspapier- und Actiencurse f. Berlin.

Maaße und Gewichte sind die preußischen (f. Berlin).

Die mitunter noch vorkommenden älteren Maaße und Gewichte sind: der Fuß = 127,4 Pariser Linien, die große Elle = 303,75 Pariser Linien, die kleine Elle = 261,8 Pariser Linien, die Weinmaaß = 1,2684 Liter, die Biermaaß = 1,5222 Liter, das Malter zu 4 Sümmern = 165,84 Liter; das Pfund war das Cölnische von 2 Mark.

Handelsanstalten rc. Commandite der preußischen Bank (f. Berlin). Dampfschifffahrtsgesellschaft, jetzt mit der Cölner vereinigt. Dampfschleppschifffahrtsgesellschaft. Assecuranzgesellschaft für See-, Fluß- und Landtransport. Bergwerksverein.

Edinburg,

Hauptstadt des Königreichs Schottland.

Rechnungsart und Münzen wie London.

Nach Kelly kommt auch noch die alte schottische Währung vor, nach welcher das schottische Liv. nur der 12te Theil des englischen Liv. ist; daher z. B. der schottische Schilling = 1 englischen Penny, oder 1 Liv. schottisch = 1 Schilling 8 Pence englisch. Der schottische Penny wird in 3 Blacks getheilt.

Wechselcurssystem und Wechselrechtliches wie London.

Der Curs von Edinburg auf London ist ± 100 Liv. Sterl. für 100 Liv. Sterl. in London.

Maaße und Gewichte sind die englischen, f. London.

Aeltere Gewichte und Maaße, welche noch gebraucht werden, sind das alte holländische Troygewicht für Waaren, die aus Holland und den Ostseeländern eingeführt werden; man rechnet 35 holl. Pfund = 38 engl. Pfund Avoirdupoids; ferner die schottische Elle, von welcher 30 = 31 engl. Yards (Kelly). Uebrigens gibt es in mehr als 30 schottischen Grafschaften unterschiedliche Maaße und Gewichte; eine vollständige Zusammenstellung derselben ist in Kelly's metrologischem Handbuche vom Jahr 1816 enthalten.

Banken. Die sogenannte alte Bank von Schottland ist 1695 durch eine Parlamentsacte gegründet worden. Das anfängliche Actienkapital betrug 1,200,000 schottische Liv. oder 100,000 Liv. Sterl.; im Jahr 1784 wurde das

Kapital auf 3,600,000 schottische Liv. und im Jahr 1804 auf 1½ Mill. Liv. Sterl. erhöht urd die schottische Währung für die Bankgeschäfte abgeschafft. Die Bank betreibt Discont= und Wechselgeschäfte, besorgt den Ein= und Verkauf von Staatspapieren für Rechnung Dritter, nimmt gegen Depositenscheine oder auf laufende Rechnung Gelder verzinslich an, gewährt Credit in laufender Rechnung gegen Verschreibung mit Unterpfand, und gibt Noten aus. Sie hat gegenwärtig über 30 Filiale. — Die nämlichen Geschäfte betreibt die königliche Bank von Schottland (Royal-Bank of Scotland), welche im Jahr 1727 gegründet wurde. Nach Kelly betrug das anfängliche Actienkapital 111,347 Liv. 19 Schill 10 Pence Sterl. und hat sich seitdem auf 2 Mill. Liv. Sterl. erhöht. — Zur Förderung der schottischen Leinwandmanufakturen wurde im Jahr 1746 die britische Leinwand=Compagnie (British Linen-Company) gegründet; der ursprüngliche Zweck der Gründung wurde indessen bald aufgegeben und sie wurde lediglich eine Bankanstalt; anfängliches Kapital 100,000 Liv. Sterl., jetzt 5mal mehr. Die übrigen Banken in Schottland, wie die Nationalbank, die Comercial Banking Company of Scotland, die Handelsbank zu Dundee, die zu Perth u. a. m. sind keine privilegirten; die Theilnehmer derselben sind einzeln und gemeinschaftlich mit ihrem sämmtlichen Vermögen verbindlich gemacht, für deren Firmen zu stehen.

Handelsanstalten. Mehrere Versicherungs= und viele industrielle Gesellschaften.

Elberfeld,
Fabrikstadt in der preußischen Rheinprovinz.

Rechnungsart und Münzen s. Berlin. Im Handel wird der Thaler auch in 100 Cents getheilt. Bis 1824 galt hier die bergische Währung (siehe Düsseldorf).

Wechselcurssystem wie Düsseldorf.

Maaße und Gewichte sind die preußischen (s. Berlin).

Handelsanstalten ꝛc. Commandite der preußischen Bank (s. Berlin). Feuerversicherungsgesellschaft und mehrere industrielle Actiengesellschaften.

Elbing,
Handelsstadt in der preußischen Provinz Westpreußen.

Rechnungsart und Münzen s. Berlin. Man rechnet auch wie in Danzig nach Gulden zu 10 Silbergroschen.

Maaße und Gewichte sind die preußischen (s. Berlin).

Handelsanstalten ꝛc. Commandite der preußischen Bank (s. Berlin). Wollmarkt am 22. und 23. Juni.

Emden,
Handelsstadt im Königreich Hannover.

Rechnungsart und Münzen s. Hannover.

Im gewöhnlichen Verkehr rechnet man auch noch nach Thalern des 14=Thalerfußes zu 54 Stübern.

Curssystem.

Amsterdam k. S. und 2 Monate dato ± 9½ fl. holl. für 1 Pistole zu 5 Thaler in Gold.

Bremen k. S. und 2 Monate dato ± pari bis ⅛, ⅓ und ¾ Procent Agio oder Verlust in Pistolen gegen Pistolen zu 5 Thaler in Gold.

Hamburg k. S. und 2 Monate dato $\pm$ 12 gGr. im 14-Thalerfuße (den Thaler zu 24 gGr.) für 1 Mark Banco.

London 2 Monate dato $\pm$ 6 ½ Thaler des 14-Thalerfußes für 1 Liv. Sterling.

Wechselrechtliches wie Hannover.

Maaße und Gewichte f. Hannover.

Von den alten Embder Maaßen und Gewichten sind noch anzuführen: Der Fuß = 129,5 Pariser Linien; der neue hannöversche Fuß = 129,4844 Pariser Linien; der alte Fuß ist demnach für den Verkehr dem neuen gleich zu rechnen. Die Elle = 300,9 Pariser Linien. Der Scheffel = 27,364 Liter. Die Last (Fruchtmaaß) = 15 Tonnen zu 8 Scheffel. Das alte Pfund ist das frühere Berliner. — Das Schiffspfund war = 300 alte Pfund.

Handelsanstalten. Dampfschifffahrts- und Schiffsassecuranz-Gesellschaften. Actiengesellschaften für den Heringsfang.

Erfurt,
Hauptstadt des gleichnamigen Regierungsbezirks in der preußischen Provinz Sachsen.

Rechnungsart und Münzen f. Berlin.

Maaße und Gewichte sind die preußischen (f. Berlin).

Von älteren Maaßen und Gewichten sind anzuführen: Der Fuß = 125,57 Pariser Linien, die Elle = 249,6 Pariser Linien, das Bier-Nösel = 0,51146 Liter, das Wein-Nösel = 0,42223 Liter, das Malter = 71,538 Liter, das Pfund = 2 Cölnische Mark (Ehelins).

Handelsanstalten ꝛc. Die hiesige Regierungshauptkasse fungirt auch als Zweiggeschäft der preußischen Bank (f. Berlin). Hagelversicherungs- und Feuerversicherungsgesellschaften. Eisenbahnversicherungs- und allgemeine Rückversicherungsbank.

Faröer f. Thorshaven.

Ferrara f. Bologna.

Fez f. Marokko.

Fiume,
Seestadt im österreichischen Königreiche Kroatien.

Rechnungsart und Münzen f. Wien.

Maaße und Gewichte. Längenmaaß ist das Wiener. — Das Pfund = 558,758 Grammen; weil das Wiener Pfund = 560,012 Grammen, so wird im Verkehr das Fiumer Pfund dem Wiener Pfund gleich gerechnet. — Der Metzen (Getreidemaaß) = 63,17 Liter; der Wiener Metzen = 61,49 Liter; daher der Fiumer Metzen = 1,027 Wiener Metzen. — Die Getreidepreise notirt man hier auch für den Stajo von Venedig (f. Venedig). — Die Orna (Weinmaaß) zu 32 Boccali hält 53,852 Liter = 0,92915 Wiener Eimer (Melkenbrecher). Gold- und Silbergewicht ist das Wiener.

Flensburg,
Handels- und Fabrikstadt im dänischen Herzogthum Schleswig.

Rechnungsart und Münzen gesetzlich wie Copenhagen, wirklich aber mehrentheils wie Altona.

Im Wechselverkehr richtet man sich nach Hamburg.

Wechselrechtliches. Nachdem die 1849 eingeführte allgemeine deutsche Wechselordnung im Jahr 1851 wieder abgeschafft worden, gilt hier die 1843 eingeführte Flensburger Wechselordnung. Nach dieser Wechselordnung darf der Wechsel auch an Inhaber zahlbar gestellt werden. Datowechsel sind spätestens am Tage nach der Ankunft zu präsentiren; hat der Bezogene nicht wenigstens bis 8 Uhr Abends acceptirt, so muß der Wechsel protestirt werden. Es sind 8 Respekttage zu Gunsten des Acceptanten eingeführt; der Inhaber kann aber noch 3 Tage länger auf Zahlung warten, ehe er zu protestiren verpflichtet ist. Wechsel auf Sicht sind binnen 24 Stunden nach Präsentation einzulösen, und haben keine Respekttage.

Maaße und Gewichte s. Altona.

Handelsanstalten. Filialbank der Copenhagener Bank mit einem Comptoir in Rendsburg.

Florenz,
Hauptstadt des (früheren) Großherzogthums Toskana.

Rechnungsart und Münzen. Man rechnet nach Lire zu 20 Soldi zu 12 Denari in Silber, auch nach Lire zu 100 Centesimi, welche Liren in Italien Lire toscane oder Lire fiorentine (Florentiner Liren) genannt werden. Die frühere Unterscheidung zwischen Moneta buona (gutes Geld) und Moneta lunga, welche besonders in Livorno üblich und um etwa 4 Procent geringer als die Moneta buona (die jetzige Silberwährung) war, ist außer Gebrauch gekommen.

Es sollen 62 toskanische Liren auf die Cölnische Mark fein Silber gehen, wonach 132,56 Liren auf 1 Münzpfund von 500 Grammen gerechnet werden können; daher die toskanische Lira = 23⅗ kr. rhn. = 6 sgr. 9½ pf. preuß. = 34 nkr. österr.

Nach dem Gesetz vom 1. Juli 1837 ist die Anwendung der fingirten Münzen, wie Scudo und Pezza verboten.

Geprägte Landesmünzen sind folgende:

Goldmünzen: 80=Fioriniftück zu 133⅓ Lire (seit 1826), gesetzmäßig von reinem Golde, 15,3289 Stück auf 1 Pfund fein; Werth = 3,26181 deutsche Goldkrone.

Ruspono zu 40 Lire oder 60 Paoli oder 24 Fiorini, von reinem Golde, 47,786 Stück auf 1 Pfund fein; Werth = 1,04633 deutsche Goldkrone. — Aeltere Rusponi sind nicht ganz fein (996,997, und solche des Königreichs Etrurien 998 fein).

Zecchino (Dukaten) zu 13⅓ Lire oder 20 Paoli oder 8 Fiorini, gesetzmäßig von reinem Golde, 143,3579 auf 1 Pfund fein; Werth = 0,34878 deutsche Goldkrone. Zecchinen von verschiedenen Jahren sind 997 bis 998 fein befunden worden.

Silbermünzen: Dena, 10=Lire= oder 15=Paolistück, 13,2266 Stück auf 1 Pfund fein = 3 fl. 58 kr. rhn. = 2 thlr. 8 sgr. preuß. = 3 fl. 40 nkr. österr. Halbe Dena nach Verhältniß.

Francescone, 6⅔ Lire oder 4 Fiorini oder 10=Paolistück, 19,8281 Stück auf 1 Pfund fein = 2 fl. 38 kr. rhn. = 1 thlr. 15 sgr. preuß. = 2 fl. 27 nkr. österr. — Aeltere Francesconi sind statt 916⅔ fein (gesetzmäßig) nur 913 Tausendtheile fein befunden worden.

Franceschino, $3\frac{1}{3}$ Lire oder 2 Fiorini, 5-Paolistück, 39,6562 Stück auf 1 Pfund fein = 1 fl. 19 kr. rhn. = 22 sgr. 8 pf. = 1 fl. 13 nkr. österr. Zweipaolistück (80 Quattrini), 99,1404 Stück auf 1 Pfund fein = 31 kr. rhn. = 9 sgr. preuß. = 45 nkr. österr.

Paolo und $\frac{1}{2}$-Paolo nach Verhältniß.

Fiorino zu 100 Quattrini oder $2\frac{1}{2}$ Paoli (seit 1826), 79,3123 Stück auf 1 Pfund fein = 39 kr. rhn. = 11 sgr. 3 pf. preuß. = 56 nkr. österr. Halbe und Viertel-Fiorino nach Verhältniß.

Lira s. oben; $\frac{1}{2}$- und $\frac{1}{4}$-Liren nach Verhältniß.

Crazia (stammt aus der ehemaligen Regierung der Medicis), 5 Quattrini, 2173,5126 Stück auf 1 Pfund fein = $1\frac{7}{5}$ kr. rhn. = 4,8 pf. preuß. = 2 nkr. österr.

Soldo, 3 Quattrini, 3922,9254 Stück auf 1 Pfund fein = $\frac{4}{5}$ kr. rhn. = $2\frac{7}{5}$ pf. preuß. = 1 nkr. österr.

Quattrino, 24385,747 Stück auf 1 Pfund fein = $\frac{1}{10}$ kr. rhn. = $\frac{1}{2}$ pf. preuß. = $\frac{9}{30}$ nkr. österr.

In Kupfer; Stücke zu 1, 2, 3 und 5 Quattrini.

Papiergeld. Noten der Discontobank (s. unten).

Curssystem.

Livorno 8, 30 und 60 Tage dato	±	100	toskan.	Liren	für	100 Liren in Livorno.
Rom 30 Tage dato	"	628	"	"	"	100 römische Scudi Silbergeld.
Bologna do.	"					
Ancona do.	"					
Neapel do.	"	495	"	"	"	100 Ducati di Regno.
Mailand do.	"	118	"	"	"	100 Franken.
Venedig do.	"	293	"	"	"	100 fl. österr.
Genua do.	"	118	"	"	"	100 Lire nuove.
Triest 30 und 90 Tage dato	"	270	"	"	"	100 fl. österr.
Wien do.	"	220	"	"	"	100 fl. öster. Papierg.
Augsburg do.	"	255	"	"	"	100 fl. rhn.
Amsterdam 90 Tage dato	"	255	"	"	"	100 fl. holl.
Hamburg do.	"	224	"	"	"	100 Mark Banco.
London 30 und 90 Tage dato	"	30	"	"	"	1 Liv. Sterl.
Paris do.	"	119	"	"	"	100 Franken.
Lyon 90 Tage dato.	"					
Marseille do.	"					

Wechselrechtliches. Wechselrecht ist in ganz Toskana das französische.

Staatspapier- und Actiencurse. Die Curse der 3- und 5proc. Staatsobligationen, der 5proc. Hypothekenscheine Larderel, der Actien mehrerer Eisenbahngesellschaften, der Discontokasse rc. verstehen sich in toskanischen Liren per 100 Liren nominell.

Maaße und Gewichte s. Livorno.

Handelsanstalten. Discontobank, 1827 errichtet, mit einem Kapital von $1\frac{1}{4}$ Mill. Liren; sie gibt Noten aus zu 100, 200, 300, 500 und 1000 Lire. Zahlreiche industrielle Actiengesellschaften.

Frankfurt am Main,
freie Stadt.

Rechnungsart und Münzwesen nach Gulden zu 60 Kreuzer zu 4 Heller oder Pfennige in süddeutscher Währung, und zwar von 1843 bis 1856 auf die Cölnische Mark fein Silber 24½ fl. rhn., und seit 1857 auf das Vereinspfund fein Silber 52½ fl. rhn. gerechnet. Der Unterschied der Gulden des 24½-Gulden- und 52½-Guldenfußes ist so gering, daß sie als gleichwerthig gelten (s. Einleitung).

Das sogenannte Frankfurter Wechselgeld (fingirte Valuta), nach welchen 165 fl. des 24-Guldenfußes = 92 Thaler Wechselgeld war, ist längst abgeschafft.

Wirklich geprägte Münzen Frankfurts sind:

Dukaten nach dem Reichsfuße (von früher und seit 1853 für Privaten) 23⅔karatig, 145,2685 Stück auf 1 Pfund fein, Werth = 0,34419 deutsche Goldkrone. Doppelte und halbe nach Verhältniß.

Seit der Münz-Convention vom Jahr 1837 sind geprägt worden in Silber: 3½-Guldenstücke = 2 thlr. preuß. = 3 fl. österr. Guldenstücke = 17½ sgr. preuß. = 85⁵⁄₇ nkr. österr. Zweigulden- und halbe Guldenstücke nach Verhältniß. Vereinsthaler zu 1¾ fl. = 1 thlr. preuß. = 1½ fl. österr. Scheidemünze: 1-, 3- und 6-Kreuzerstücke; in Kupfer: ¼-Kreuzer oder Heller. Papiergeld. Die Noten der hiesigen Bank (s. unten).

Wechselcurssystem. Hier werden die Curse für kurze Sicht mit Beisetzung des Discontofußes, zu welchem die längeren Sichten berechnet werden, wie folgt notirt:

Amsterdam	± 100	fl. rhn.	für	100 fl. holl.
Antwerpen Brüssel Paris Lyon	„ 93	„	„	200 Franken.
Augsburg	„ 100	„	„	100 fl. rhn.
Berlin Leipzig Cöln	„ 105	„	„	60 thlr. des 30-Thalerfußes.
Bremen	„ 95	„	„	50 thlr. Gold (L.d'or zu 5 thlr.).
Hamburg	„ 88	„	„	100 Mark Banco.
London	„ 117	„	„	1 Liv. Sterl.
Mailand	„ 93	„	„	200 ital. Lire (Franken).
Triest Wien	„ 88	„	„	100 fl. Bankvaluta.

Wechselrechtliches. Das Frankfurter Einführungsgesetz für die allgemeine deutsche Wechselordnung enthält folgende Zusätze:

Zu Art. 2 Nr. 1—3. Der Wechselarrest ist nicht zulässig:

4) gegen wirklich im Dienst stehende Frankfurter Militärpersonen;

5) gegen Verwandte des Gläubigers in auf- und absteigender Linie, ingl. gegen Geschwister desselben;

6) gegen den einen Ehegatten wegen Ansprüche des andern;

7) gegen die Ehefrau und den Ehemann zugleich wegen der nämlichen Wechselschuld;

8) gegen Personen über 70 Jahre;

9) gegen Forderungen unter 25 (Vereins-) Gulden Kapital.

(Zu Art. 18) b. Wechsel, welche auf die erste Messe zahlbar lauten, können in der Ostermesse erst am Dienstag und in der Herbstmesse erst am Montag der genannten Woche zur Annahme präsentirt und in Ermangelung derselben protestirt werden. Solche Wechsel, welche auf die Messe ohne weitere Angabe oder auf die zweite oder auf die dritte Meßwoche zahlbar lauten, können erst am Montage der zweiten Woche zur Annahme präsentirt und in deren Ermangelung protestirt werden.

(Zu Art. 29) c. Der Zeitpunkt eines Falliments oder einer Concurseröffnung bestimmt sich durch den Tag, an welchem der Schuldner seine Zahlungseinstellung angezeigt oder das Gericht die Einschreitung im Wege des Creditverfahrens verhängt hat.

(Zu Art. 35) d. Wechsel, die auf eine Messe, ohne nähere Angabe der Woche, oder auf die Zahlwoche einer Messe lauten, müssen am Samstage der zweiten Woche bezahlt oder protestirt werden. Wechsel, die auf die erste, zweite oder dritte Woche einer Messe lauten, müssen am Samstage der benannten Meßwoche bezahlt oder protestirt werden.

(Zu Art. 37) e. Diejenigen Wechsel, welche in preuß. Courant zu 105 Kreuzern oder in preuß. Thalern, wenn das Wort „effectiv" nicht beigefügt ist, auf Frankfurt ausgestellt worden, kann der Bezogene entweder in preuß. Silbergeld oder in Gulden, den preuß. Thaler zu 1 fl. 45 kr. gerechnet, bezahlen. Diejenigen Wechsel, welche in Franken, wenn das Wort „effectiv" nicht beigefügt ist, auf Frankfurt ausgestellt worden, kann der Bezogene in franz. Silbergelde oder in Gulden, den Franken zu 28 kr. gerechnet, bezahlen.

f. Die Proteste müssen Vormittags von 9—12 und Nachmittags von 2—5 Uhr durch einen der besonders ernannten Wechsel-Notare aufgenommen werden.

g. Die allgemeinen Feiertage sind außer den Sonntagen der 1. Januar, der Charfreitag, der Ostermontag, Himmelfahrt, der Pfingstmontag, der Buß- und Bettag (der Freitag vor dem 1. Adventsonntage), und die zwei Weihnachtstage.

h. Eine Wechselklage wird auch begründet:

1) durch solche Anweisungen, welche zur Einlösung eines Wechsels dem Wechselinhaber an Zahlungsstatt zugestellt werden, um an der Kasse eines Dritten den Betrag zu erheben;

2) durch acceptirte Anweisungen;

3) durch Anweisungen, welche an Ordre gestellt sind;

4) durch Schuldscheine und Zahlungsversprechen, welche an Ordre lauten (billets à ordre).

Eine solche Wechselkraft haben die Urkunden unter 2—4 aber nur dann, wenn sie die im Art. 96 der deutschen Wechselordnung unter 2—6 aufgeführten Erfordernisse haben. Zur Erhaltung dieser Wechselkraft muß der Inhaber Alles das beobachten, was der Inhaber eines Wechsels zu beobachten hat.

Wechselstempel. Dem hiesigen Wechselstempel unterliegen alle in Frankfurt und auf dessen Gebiet zahlbaren Wechsel, Anweisungen und Urkunden, welche die Stelle jener vertreten.

Dieser Stempel beträgt 3 kr. vom Hundert der Wechselsumme, so zwar, daß die Zahl nicht angeschlagen wird, welche unter 50 fl. bei einem größeren Betrage steht; hingegen wird das Mehr für volle 100 fl. gerechnet; demnach werden

alle Summen über 150 fl. für 200 fl., unter 150 fl. aber für 100 fl. gerechnet.
Die Prolongation der Verfallzeit wird wie die Ausstellung einer neuen Urkunde
angesehen und ist wiederholt stempelpflichtig, was aber bei Duplikaten oder Ab=
schriften, von welchen die Prima oder das Original schon den Stempel trägt, nicht
der Fall ist. Nicht stempelpflichtig sind alle von hier auf auswärtige Plätze, oder
von auswärtigen Plätzen auf andere fremde Orte trassirten und hier nur circuli=
renden Wechsel, sowie die hier oder im Frankfurter Stadtgebiete ohne Ordre aus=
gestellten Anweisungen. Wer den Wechselstempel unterläßt, oder einen ungestem=
pelten Wechsel ausstellt, verkauft, kauft, acceptirt, bezahlt oder quittirt, verfällt in
eine Strafe von 5 Procent des Wechselbetrags, und diese Strafe trifft jeden Ein=
zelnen insbesondere, den Aussteller, Käufer, jeden Indossanten, Acceptanten, Zah=
ler ꝛc. für den vollen Betrag der Strafe.

Protestkosten und Courtage. Die Wechselprotestspesen betragen bei
Wechseln bis incl. 1000 fl. mit Einschluß des Stempels 2 fl. 54 kr.; von 1000 fl.
und mehr 4 fl. 54 kr.; die Aufforderung einer Nothadresse und jede Interven=
tion 30 kr.

Die Wechselcourtage beträgt 1 pro Mille sowohl vom Käufer als vom
Verkäufer; für discontirte Wechsel aber nur ½ pro Mille von beiden Theilen.

Geld= und Metallcurse. Die Curse der hier vorkommenden fremden
Geldsorten werden per Stück notirt. Gold und (hochhaltiges) Silber wird per
Zollpfund (alla libbra per Analogie mit dem früheren al marco) verkauft.

Geld= und Silber=Scheideanstalt. Das Frankfurter Cursblatt
enthält auch das Verzeichniß der Preise, zu welchen die in Frankfurt befindliche
Scheideanstalt (s. Einleitung) Silbersorten ankauft, sowie auch die Preise, zu wel=
chen feines Kornsilber und ganz feines Scheidegold bei ihr zu haben ist;⸺letztere
Preise werden per Zollpfund notirt; die Ankaufspreise (für Conventionsthaler, ½=
und ¼=Brabanter, franz. Landthaler, alte Zwanziger und gemischte Dreibätzner ꝛc.)
sind pr. rauhes Zollpfund, der Preis der vor 1830 geprägten Fünffrankenstücke
ist per Stück zu verstehen.

Staatspapier= und Actiencurse. Die Curse der Frankfurter
3proc. und 3½proc. Papiere, sowie diejenigen der ausländischen Staatspapiere,
werden per 100 nominell in der Valuta des betreffenden Papiers notirt. Die
Umrechnung in die Valuta des Platzes, Gulden süddeutscher Währung, geschieht
nach folgenden festen Verhältnissen für die

auf Gulden lautenden österr. Obl. 5 fl. des 20=Guldenfußes = 6 fl. rhn.
„ österr. Lire lautenden österr. Obl. 1 österr. Lira = 24 kr. rhn.
„ Liv. Sterl. lautenden österr. Obl. 100 Liv. Sterl. = 120 fl. rhn.
Thaler des 30=Thalerfußes lautenden preußischen, hannöverschen, braunschwei=
gischen, kurhessischen und schwedischen Obligationen, der Thaler = 1 fl.
45 kr. rhn. Für
spanische Obl. der Piaster = 2 fl. 30 kr. rhn.,
holländische Obl. der fl. holl. = 1 fl. rhn.,
belgische, sardinische und eidgenössische Obl., welche auf Franken lauten, der
Frank = 28 kr. rhn.; für die
auf Liv. Sterl. lautenden sardinischen Obl. das Liv. Sterl. = 12 fl. rhn.,
„ toskanische Lire lautenden toskanischen Obligationen, die toskanische Lira =
24 kr. rhn.; für
nordamerikanische Obl. der Dollar = 2 fl. 30 kr. rhn.

Die Anlehensloose betreffend, so werden die Curse der 500-Guldenloose, der 250-Guldenloose und der verzinslichen 4proc. 250-Guldenloose in Procenten notirt, und 5 fl. des 20-Guldenfußes zu 6 fl. rhn. gerechnet. Der Curs der österr. 100-Guldenloose ist per Stück in Gulden rhn. zu verstehen.

Die übrigen auf der Frankfurter Börse vorkommenden Anlehensloose werden per Stück in der Valuta des Looses notirt, und die Umrechnung in fl. rhn. geschieht nach den im Obigen angegebenen Verhältnissen.

Die Curse der Actien betreffend, so finden sich solche unter den Rubriken: „Vollbezahlte Bankactien", „Voll einbezahlte Eisenbahn-Prioritäten und Actien" und „Diverse Actien" (nicht voll einbezahlte Actien) verzeichnet.

Der Curs der österr. Bankactien wird per Stück in fl. rhn. notirt; dasselbe gilt von den Actien der österreichischen Creditanstalt, welche auf die neue österreichische Währung lauten (6 fl. österr. = 7 fl. rhn.), sowie von den Actien der Frankfurter, bayerischen und Darmstädter Bank; die übrigen auf der Börse vorkommenden Bankactien werden in Procenten notirt. Dasselbe gilt von den voll einbezahlten Eisenbahn-Prioritäten und Actien, mit Ausnahme der Taunus-Eisenbahnactien und der Actien der österreich-französischen Staats-Eisenbahnengesellschaft; letztere lauten auf Franken, und die Umrechnung geschieht zu 28 kr. rhn. per Frank.

Die Curse der Actien überhaupt sind theils inclusive, theils exclusive Zinsen und Dividenden zu verstehen.

Maaße und Gewichte. Längenmaaße:

Der Fuß, hier Schuh oder Werkschuh genannt, zu 12 Zoll zu 12 Linien = 126,166 Pariser Linien. Es sind ziemlich genau 130 Schuh = 37 Meter. Die Elle, welche in Halbe, Viertel, Achtel ꝛc. eingetheilt wird = 242,62 Pariser Linien; ziemlich genau 148 Ellen = 81 Meter.

Die hier gebräuchliche brabanter Elle = 309,95 Pariser Linien; ziemlich genau 123 brabanter Ellen = 86 Meter.

Der hier auch gebräuchliche (französische) Stab = 523,97 Pariser Linien; es sind 100 halbe Stab = 108 Ellen, 42 Stab = 71 Frankfurt-brabanter Ellen und 11 Stab = 13 Meter.

Feldmaaß und Waldmaaß: Die Feldruthe = 12½ Werkschuh; für das Feldmessen ist die Ruthe in 10 Feldschuh zu 10 Zoll zu 10 Linien eingetheilt. 1 Feldruthe = 10,951 Pariser Fuß. — Die Waldruthe ist in den Flurbüchern zwar gleich 1,267 Feldruthen angenommen; sie ist aber (nach Chelius) = 1,26791 Feldruthen oder = 15,8489 Werkschuh. Es sind ziemlich genau 56 Waldruthen = 71 Feldruthen.

Ein Klafter der Seiler = 6 Werkschuh.

Das Reis, wonach die Schiefersteine zum Dachdecken verkauft werden, ist eine Reihe von Schiefersteinen, die 8 Werkschuh Länge hat. Die Schiefersteine müssen aufrecht und ihren breiten Seiten nach dicht neben einander gestellt sein.

Flächenmaaße: Der Morgen oder Feldmorgen = 160 Quadrat-Feldruthen oder 16000 Quadrat-Feldschuh oder 25000 Quadrat-Werkschuh; 1 Morgen = 4 Viertel = 19191,3 Pariser Quadratfuß. Eine Hube oder Hufe Land = 30 Morgen.

Der Waldmorgen = 160 Quadrat-Waldruthen oder 16000 Quadrat-Waldschuh oder 40190 Quadrat-Werkschuh. Ein Waldmorgen = 4 Viertel = 30851,86 Pariser Quadratfuß.

Kubikmaaße: Die kubische Ruthe der Maurer und Pflasterer ist 12 Werk-schuh lang, 13 Werkschuh hoch und 2 Werkschuh dick, enthält daher 312 Kubik-Werkschuh. — Die kubische Ruthe für Pflaster- und Chausseesteine ist 12 Werkschuh lang, 6 Werkschuh breit und 4 Werkschuh hoch, enthält daher 288 Kubik-Werkschuh.

Brennholzmaaße. Der Stecken ist das wirkliche Maaß zum Messen; 2 Stecken machen zusammen ein Gilbert. Das Tannen-Scheitholz für die Bäcker macht aber hierin eine Ausnahme; von diesem werden nämlich 3 solcher Stecken für ein Gilbert gerechnet. Für die gewöhnliche Scheitlänge von 3 Werkschuh ent-hält der Stecken 37,893 Kubik-Werkschuh = 25,486 Pariser Kubikfuß. Wegen der leeren Räume, die sich zwischen den Scheitern im Maaße bilden, werden jedem gemessenen Stecken einige Scheiter noch zugegeben, die Zugabescheiter genannt wer-den. Im Stadtmagazin werden 2, am Mainufer hingegen 7 Scheiter dem vollen Stecken noch zugegeben; daher der Unterschied zwischen dem sogenannten Main-Gilbert und Magazin-Gilbert. — Der in gewissen Fällen auch gebräuchliche Mainzer Stecken, eigentlich aber Aschaffenburger Stadt-Stecken, enthält 82¼ Frankfurter Kubik-Werkschuh. Mit diesem Stecken wird blos am Mainufer gemessen; dem vollen Stecken werden nur 2 Scheiter noch zugegeben, und davon muß eins am Thore abgegeben werden, so daß also nur ein Zugabescheit dem Käufer zukommt. Das Klafter ist blos im Walde und im Forstamts-Holzmagazin gebräuchlich. Das Waldklafter Brennholz zum Verkauf auf dem Platze hat seit dem Jahr 1806 6 Werkschuh Breite und 7 Werkschuh Höhe, und die gewöhnliche Scheitlänge ist 3 Werkschuh; dieses Klafter enthält daher 126 Kubik-Werkschuh. Dem vollen Klafter wird aber wegen der unvermeidlichen leeren Zwischenräume eine Lage Scheiter noch zugegeben, nämlich so viel Scheiter, als auf dem Klafter in einer Reihe neben einander liegen können. — Das Klafter Besoldungsholz ist 6 Werk-schuh breit und 6½ Werkschuh hoch, und die Holzlänge ist 4 Werkschuh; das Klafter enthält daher 156 Kubik-Werkschuh. — Ein Stoß Holz ist 4 Klafter. Das Klafter im Forstamts-Holzmagazin ist ziemlich genau = 3 Stecken oder 1½ Gilbert.

Hohlmaaße für Flüssigkeiten. Die Ohm hat 20 Viertel zu 4 Maaß zu 4 Schoppen Altmaaß oder Aichmaaß; sie hält 143,411 Liter; daher die Altmaaß = 1,792634 Liter *). Mit der alten Maaß sollen gesetzlich Oel und Brannt-wein gemessen werden. Oel, z. B. Rüböl, wird auch nach dem Gewicht verkauft, wobei die Altmaaß zu 3¹⁄₂, und daher die Ohm zu 280 Pfund Silbergewicht (altes, welches aber nur wenig vom neuen abweicht) gerechnet wird. — Für Baumöl hat man ein besonderes Maaß, welches 0,5176 Liter hält und als Pfund dient, um das Abwägen des Baumöls zu vermeiden. Dasselbe wird in Halbe, Viertel-und Achtel-Pfund eingetheilt.

Nach dem Altmaaß ist auch die Faß- oder sogenannte Wasser-Aiche **) ein-gerichtet; weniger als eine Maaß wird hier aber nicht gerechnet, außer auf be-sonderes Verlangen bei kleinen Fässern.

Ein Fuder Wein ist = 6 Ohm. — Ein Stück Wein ist = 8 Ohm, und eine Zulast ist ein halbes Stück.

Ein Oxhoft wird hier ungefähr zu 1½ Ohm gerechnet; so auch eine Piece. Nach einem andern Maaße, dem sogenannten Jungmaaße, werden im kleinen Verkehre Milch, Essig ꝛc., sowie auch alle Arten Beeren, z. B. Erdbeeren, Himbeeren, Wachholderbeeren ꝛc. gemessen. Die junge Maaß ist auch bei den Wirthen gebräuchlich; daher heißt sie auch Zapfmaaß. Es sind 9 junge Maaß = 8 alte Maaß; daher die Jungmaaß = 1,593452 Liter.

Fruchtmaaße: Das Malter hat 4 Simmer oder 16 Sechter oder 64 Gescheid zu 4 Viertelgescheid. Das Gescheid ist der Altmaaß des Flüssigkeitsmaaßes gleich. — Das Malter = 114,729 Liter. Das Fruchtmaaß dient auch zum Messen von Mehl, Welschkorn, Linsen, Erbsen, Kartoffeln ꝛc.

Weizen, Roggen und Gerste werden übrigens gewogen; weil aber die Preise per Malter angesetzt werden, so rechnet man bei der Reduktion so viele Gewichtsmengen auf jene Maaßeinheit, als der betreffenden Getreideart entsprechen; nämlich für Weizen 183, für Roggen 173 Zollpfund mit dem zu 3 Pfund angenommenen Sacke. Mehl wird gleichfalls gewogen und per Malter mit Sack zu 138, und ohne solchen zu 135 Zollpfund berechnet.

Salz wird ebenfalls nach dem Gewicht verkauft *).

Kohlenmaaß: Die Kohlenbütte hält gestrichen 121,2 Liter; die Kohlen werden aber gehäuft gemessen.

Steinkohlen werden mit dem Zollgewicht gewogen; der Steinkohlengrieß wird mit dem Malter gemessen.

Kalkmaaß: Die Kalkbütte hält gestrichen nahezu 142 Liter; der Kalk wird aber gehäuft gemessen.

Gewichtswesen. Seit 1858 ist das deutsche Zollgewicht (zu 32 Loth zu 4 Quint zu 4 Richtpfennige oder in Decimale getheilt) = 500 Grammen oder ½ Kilogramm als Handelsgewicht eingeführt, und der Gebrauch der älteren Gewichte ist bei Strafe untersagt.

Silber-, Gold- und Münzgewicht ist ebenfalls das Zollpfund.

Sogenanntes Dukatengewicht dient zur Abwägung von Gold, welches den Feingehalt der Dukaten hat, insbesondere zur Werthbestimmung der Dukaten al marco, d. h. derjenigen Dukaten oder anderer Goldsorten von gleichem Feingehalte, welche abgenutzt oder beschnitten und daher nicht mehr vollwichtig sind. Es sollen 67 Dukaten eine Cölnische Mark oder 4020 Dukaten-As, oder es soll der Dukat 60 As = 3,49037 Grammen (die Cölnische Mark zu 233,855 Grammen gerechnet) wiegen.

Medicinalgewicht ist das preußische (s. Berlin).

Juwelengewicht ist das Amsterdamer. Das in der Frankfurter Münze aufbewahrte Normaljuwelengewicht, welches im Jahr 1842 aus Amsterdam bezogen wurde, ist nach genauen Abwägungen zu 0,205894 Grammen per Karat festgesetzt worden (vgl. Amsterdam).

Handelsusanzen. Gewöhnlich wird die ermittelte wirkliche Tara in Abzug gebracht, und nur bei einigen Artikeln, deren Originalverpackung unbeschadet der Waare nicht gewogen werden kann, wird eine nach Procenten bestimmte feste

---

*) Nach Chelius wurde seiner Zeit das Malter Mehl zu 144, und das Malter Salz zu 180 Pfund Silbergewicht angenommen; das Malter Weizen wurde zu 190, Korn zu 180 und Gerste zu 160 Pfund Mehlgewicht, mit dem Sack, gerechnet (10 Pfund Mehlwaagegewicht waren = 10 Pfund 9 Loth Silbergewicht).

Tara angenommen. In Folge der Einführung des Zollgewichts als Handelsgewicht haben die hiesigen Großhändler am 27. April 1858 den Beschluß gefaßt,
bei allen Colonialwaaren, mit Ausnahme derjenigen, welche pfundweise verkauft
werden, den neuen Centner (den Zollcentner von 50 Kilogramm) als Einheit bei
den Preisbestimmungen gelten zu lassen, und diese Norm auch bei Oel, Thran
und den übrigen Fettwaaren anzuwenden, die Preise in Gulden süddeutscher Währung zu stellen, und das bisher übliche Gutgewicht wegfallen zu lassen.

Handelsanstalten ꝛc. Die „Frankfurter Bank" wurde im Jahr 1854
von dem Bankhause Grunelius u. Comp. in Frankfurt, dem Bankhause M. A.
v. Rothschild u. Söhne und der Frankfurter Vereinskasse gegründet. Nach den
Statuten besteht das Grundkapital der Actiengesellschaft in 20 Mill. fl. rhn.,
vertheilt in 40000 Actien auf den Namen, also jede von 500 fl. Diese 40,000
Actien bilden die erste Serie. Für den Beginn der Wirksamkeit der Bank sollten
vorerst 20,000 Actien emittirt werden; die Actiengesellschaft hat sich aber vorbehalten, das Actienkapital zu erhöhen. Die Dauer der Bank ist auf 28 Jahre
bestimmt. Der Wirkungskreis der Bank umfaßt das Discont-, Giro-, Beleh-
nungs-, Einkassirungs- und Verwahrungsgeschäft (nach dem Wortlaut der Statuten).
Die statutenmäßigen Bedingungen und Vorschriften in Betreff des ersten der genannten Geschäftszweige sind die gewöhnlichen. In Betreff des Belehnungsgeschäfts
sind als Pfandobjecte, außer den gewöhnlichen (Gold- und Silberbarren, Waaren,
Creditpapiere ꝛc.) auch folgende in den Statuten aufgeführt: Frankfurter gerichtliche
erste Hypotheken-Forderungen mit Eintragung des Forderungs-Pfandrechtes der
Bank in das Hypothekenbuch, sodann Niederlagescheine des Hauptsteueramtes Frankfurt, welchen die Fakturen der in der öffentlichen Niederlage befindlichen, der Bank
verpfändeten Waaren und die Policen über Versicherung derselben gegen Feuer-
schäden beigelegt sind. Der Entlehner muß in Frankfurt wohnhaft sein oder Domizil in Frankfurt erwählen. Längere Belehnungen als auf drei Monate dürfen
nur ausnahmsweise bewilligt werden. Die Bank hat außerdem das Recht, Bankscheine in Stücken von nicht unter fünf Gulden auszufertigen. Die Summe der
sämmtlichen ausgegebenen Bankscheine darf bis zur doppelten Höhe des einbezahlten
Grundkapitals steigen, so lange nicht mehr als 10 Mill. Gulden des Grundkapitals eingezahlt sind. Außerdem darf, wenn ein Mehrbetrag des Grundkapitals über die vorgedachten 10 Mill. Gulden hinaus einbezahlt sein wird, eine
diesem Mehrbetrage einfach gleichstehende Summe von Bankscheinen ausgegeben
werden. Der Gegenwerth des Gesammtbetrages der in Umlauf befindlichen Bankscheine muß stets zu Einem Drittel in baarem Gelde oder Silberbarren, und für
den Ueberrest in Gold, Wechseln oder Werthpapieren bei der Bank vorhanden sein.
Der Reservefonds wird durch folgende regelmäßige Einnahmen dotirt: 1) Von den
bei dem Jahresabschlusse sich ergebenden Reingewinne wird ein Viertel dem Reservefonds zugetheilt. 2) Wenn Actien-Emissionen zum Vortheil des Bank-Instituts
gegen höhere Einzahlungen als der Nominalbetrag jeder Actie ist, erfolgen, so wird
die hieraus nach Abzug aller Emissionskosten und Auslagen und der Nominalbeträge
der so emittirten Actien sich darstellende Mehreinnahme dem Reservefonds überwiesen.
3) Die Zinsen der Kapitalanlagen des Reservefonds fließen demselben gleichfalls
zu. Der Reservefonds soll allmählig bis auf den fünften Theil des Nominalbetrags
der emittirten Actien anwachsen. Der nach Abzug des Antheils für den Reservefonds verbleibende Rest des Reingewinnes wird als Dividende unter die Actionäre
vertheilt. Die Bank steht unter Aufsicht des Staats. Die Staatsbehörde hat

jederzeit das Recht, durch abgeordnete Commissäre von dem Geschäftsstande der Bank Auskunft zu erheben, und von den Protokollen, Büchern und Rechnungen in den Bureaur der Bank Einsicht zu nehmen.

Frankfurt an der Oder,
Hauptstadt des Regierungsbezirks Frankfurt in der preußischen Provinz Brandenburg.

Rechnungsart, Münzen, Cursverhältnisse ꝛc. wie Berlin.
Maaße und Gewichte die preußischen, s. Berlin.
Handelsanstalten ꝛc. Comptoir der Berliner Hauptbank, drei bedeutende Messen und ein Wollmarkt. Die Reminiscere-Messe beginnt am Montage nach Reminiscere (im Februar oder März), die Margarethenmesse beginnt am Montage vor Margaretha (im Juli), und die Martinimesse am Montage vor Martini (im November); jede dauert drei Wochen. Seit 1831 ist der Handel in Gewölben und Buden fremden Verkäufern nur in der eigentlichen Meßwoche gestattet; vor dem Einläuten der Messe dürfen solche bei Strafe von 2—10 Thaler keine Schilde aushängen; fremden Großhändlern ist erlaubt, Mittwoch vorher auszupacken und von Donnerstag an zu verkaufen. Früher zu beginnen, ist bei 10 bis 50 Thaler Strafe verboten. — Meßwechsel müssen, wenn ihr Verfalltag nicht näher bestimmt ist, am Dienstag der zweiten Meßwoche bezahlt werden.

Der Wollmarkt wird im Juli jeden Jahres, vom dritten bis fünften Tage der Margarethenmesse abgehalten.

Freiburg in Baden,
Hauptstadt des Oberrheinkreises.

Wie Karlsruhe. — Im Wechselgeschäft richtet man sich nach Frankfurt a. M.

Freiburg in der Schweiz,
Hauptstadt des gleichnamigen Cantons.

Münzen, Maaße und Gewichte s. Schweiz.
Im Wechselgeschäft richtet man sich gewöhnlich nach Lausanne.

Fulda,
Hauptstadt in der kurhessischen Provinz gleichen Namens.

Rechnungsart. Man rechnet entweder nach Gulden zu 60 Kreuzer süddeutscher Währung, wie Hanau, oder in Thalern des 30-Thalerfußes, wie Kassel.

Maaße und Gewichte. Längenmaaße: Der Fuß oder Schuh zu 12 Zoll = 125,4 Pariser Linien; die Werkleute bedienen sich aber gewöhnlich des Nürnberger Schuhes = 134,75 Pariser Linien. — Die Elle ist gesetzmäßig = 2 Fulder Schuh*) = 250,8 Pariser Linien. — Garnmaaße wie Kassel. — Die Ruthe = 12 Fulder Fuß.

Feldmaaß: Der Morgen = 160 Quadratruthen; die Quadratruthe = 144 Fuldaer Quadratschuh.

Holzmaaß wie Kassel.

Getreidemaaß: Das Malter hat 8 Maaß oder 32 Metzen oder 128 Köpfchen**); das Maaß hat 4 Metzen oder 16 Köpfchen. — Das Malter =

---

*) In den Maaßen und Gewichten des Kurfürstenthums Hessen herrscht eine außerordentliche Verschiedenheit, weil die verschiedenen Gebietstheile, aus welchen dieses Land nach und nach sich gebildet hat, ihre ursprünglichen Maaße und Gewichte beibehalten haben.
**) Nicht „Zölchen", wie im Nelkenbrecher u. a.

175,57 Liter *). Seit 1825 werden in der Provinz Fulda 557 Fuldaer Malter = 611 Kasseler Viertel gerechnet (s. Kassel).

Flüssigkeitsmaaß: Das Fuder hat 6 Ohm zu 2 Eimer zu 40 Maaß zu 4 Schoppen. Die Maaß = 1,7857 Liter.

Das Handelsgewicht ist das Zollgewicht (s. Berlin). Das seitherige Pfund = 509,92 Grammen; auch war das alte Frankfurter Silbergewichtspfund = = 467,914 Grammen im Gebrauche. — Für Wolle dient ein besonderer Centner von 5 Kleud (Glied) zu 21 Fulder Pfund.

Stückgüter: Der Globen Flachs hat 15 Kauten zu 6 Hände voll. — Der Dechent oder Decher Leder hat 2 Polst zu 5 Stück.

Galacz,
Handelsstadt im Fürstenthum Moldau.

Rechnungsart. Man rechnet nach Piaster oder Lee zu 40 Para oder Paralle. Weil in der Moldau keine Münzen geprägt werden, so richtet sich der Werth des Piasters nach dem Curse der fremden Münzen. Da der russische Silberrubel in Galacz 15 Piaster gilt, so ist der Piaster, wenn man den russischen Silberrubel zu 1 fl. 53 kr. rechnet, = 7 kr. 2 pf. rhn. = 2 sgr. 1 pf. preuß. = 10 nkr. österr.

In Jassy (s. Jassy) gilt der russische Silberrubel 12 Piaster, wonach 100 Piaster in Jassy = 125 Piaster in Galacz.

Wechselcurssystem. Die Curse werden für 3 Monat dato notirt wie folgt:

London	±	96	Piaster für	1 Liv. Sterl.
Amsterdam	„	8	„ „	1 fl. holl.
Hamburg	„	7	„ „	1 Mark Banco.
Leipzig	„	15	„ „	1 Thaler des 30-Thalerfußes.
Paris	„ ⎰	4	„ „	1 Frank.
Marseille	„ ⎱			
Wien	„ ⎰	9	„ „	1 fl. in Wiener Banknoten.
Triest	„ ⎱			

Handelsgesetzbuch ist das französische.

Maaße und Gewichte s. Jassy.

Banken. Commanditen der Moldauischen Bank in Jassy und der türkischen Bank in Constantinopel.

Gallipoli,
Seehandelsstadt im Königreich Neapel.

Rechnungsart und Münzen s. Neapel.

Maaße und Gewichte wie Neapel; gebräuchlich ist außerdem das alte Oelmaaß, die Salma, welche in 16 Staja zu 32 Pignatte eingetheilt ist. Die Botte oder das Faß hat 2¾ Salme; die Pipa hat 2⅖ Salme. — 1 Salma = 147 Kilo.

Der Preis des Baumöls, welches hier ein bedeutender Handelsartikel ist, wird per Botte oder per Salma angesetzt. — Bei Schiffsbefrachtungen gehen 11 Salme Oel auf die Last.

---

*) Nach einer andern Angabe (von Bierstedt, welcher das Maaß amtlich untersucht hat) hält das Maaß 22,3275 Liter; also das Malter 178,63 Liter. Chelius hat aus diesem Resultat und demjenigen der Untersuchung des weiland Professor Huberti das arithmetische Mittel genommen.

Gallipoli,

an der Dardanellenstraße der Türkei, s. Konstantinopel.

Genf,

Hauptstadt des gleichnamigen schweizer Cantons.

Rechnungsart und Münzen, s. Basel und Schweiz.

Wechselcurssystem. Die Wechselcurse werden mehrentheils für kurze
Sicht notirt, unter Angabe des Discontofußes nach welchem die Wechsel für längere
Sichten berechnet werden.

Man gibt auf

Paris				
Lyon	$\pm$	99	Franken für 100 Franken in Paris, Lyon und Marseille.
Marseille				
Turin				
Genua	„	99	„	„ 100 Lire nuove (= 100 Franken).
London	„	25	„	„ 1 Liv. Sterl.
Amsterdam	„	213	„	„ 100 fl. holl.
Hamburg	„	189	„	„ 100 Mark banco.
Frankfurt a. M.				
Augsburg	„	213	„	„ 100 fl. rhn.
Wien				
Triest	„	213	„	„ 100 fl. Bankvaluta.
Mailand	„	99	„	„ 100 Franken in Mailand.
Livorno				
Florenz	„	84	„	„ 100 toscanische Lire.
Rom				
Bologna	„	530	„	„ 100 Scudi in Silber.
Neapel	„	426	„	„ 100 Ducati di Regno.
New-York	„	525	„	„ 100 Dollars.

Ferner auf Lausanne, Bern, Neufchatel, Basel, Zürich und St. Gallen
$\pm$ 99 Franken für 100 Franken zahlbar dort.

Im Canton Genf gilt das französische Wechselrecht.

Gold- und Münzcurse. Man notirt die Preise des Schmelzgoldes
(or à la fonte) per Unze Markgewicht für den Feingehalt von $900/_{1000}$ *).

Nach dem Gewicht (al marco) werden notirt per Unze Markgewicht zu
$900/_{1000}$ Feingehalt die (nicht vollwichtigen)

20-Frankenstücke von $900/_{1000}$ fein,

englischen Sovereigns von $917/_{1000}$ fein,

lombardisch-venetianische Souveräns (Sovrani) von $900/_{1000}$ fein,

Pistolen, Louisd'or von $888/_{1000}$ fein,

Rusponi (ältere toscanische Goldmünze) von $999/_{1000}$ fein,

venetianische Ducaten (Zecchinen) von $997/_{1000}$ fein,

österreichische Ducaten von $987/_{1000}$ fein,

holländische Ducaten von $984/_{1000}$ und $982/_{1000}$ fein,

neapolitanische Ducatistücke von $996/_{1000}$ fein.

---

*) Die Unze Markgewicht (s. Paris) wiegt 30,594 Grammen. — Im Curszettel vom 15. April
1859 stand der Preis des Schmelzgoldes unter der Rubrik „demandé" auf 94 Fr. 65 Cent., was für Gold
von 1000/1000 fein 105 Fr. 16 Cent. beträgt. Den Frank zu 28 kr. rhn. gerechnet war der dem Zollpfund
von 500 Grammen entsprechende Preis circa 808 fl. rhn.

10*

Per Stück (or à la pièce) werden dagegen vollwichtige Goldmünzen notirt, namentlich 20-Frankenstücke, englische Sovereigns und Louis (sog. französische neue Louisd'ors.

Staatspapier- und Actiencurse. Von Staatspapieren werden insbesondere notirt die Genfer 3½-procentigen Obligationen per 1000 Fr. nominell, diejenigen der 5-procentigen sardinischen Anleihe in London, deren Zinsen in Genf zahlbar sind, das Liv. Sterl. zu 25 Fr. 25 Cent. gerechnet, per 100 Liv. Sterl. nominell, die 5-procentigen sardinischen Obligationen per 100 Lire nuove oder Franken nominell, und die 4-procentigen piemontesischen Obligationen per 1000 Lire nuove oder Franken nominell, die 5½-procentigen Obligationen der Stadt Turin per 500 Lire nuove oder Franken, und die 5-procentigen Obligationen der toskanischen Anleihe per 1000 Lire nuove oder Franken nominell.

Von Actien finden sich notirt diejenigen der Genfer Handelsbank, der Turiner Bank und mehrerer industrieller Gesellschaften.

Maaße und Gewichte. Längenmaaße: Der Fuß = 216,3 Pariser Linien. — Man bedient sich auch des alten Pariser Fußes (s. Paris).

Im Großhandel ist die Pariser Aune (s. Paris) im Gebrauche; im Kleinhandel die Genfer Aune = 507 Pariser Linien. Die Ruthe = 8 Fuß.

Feldmaaß: Der Morgen Land, 40 Pariser Toisen lang und 34 Toisen breit, enthält 1360 Pariser Quadrat-Toisen = 51,663 franz. Aren.

Getreidemaaß: Die Coupe oder der Sack zu 2 Bichets zu 2 große Quarts zu 4 kleine Quarts = 78,95 Liter.

Flüssigkeitsmaaß: Das Fuder oder der Char zu 12 Setiers zu 24 Quarterons zu 2 Pots. — 1 Setier = 54 Liter; der Quarteron sonach = 2¼ Liter.

Handelsgewicht: Man bedient sich häufig des französischen metrischen Gewichts (s. Paris). Außerdem gibt es hier dreierlei Handelsgewicht, nämlich:

1) Das Schwergewicht (grospoids) das Pfund oder Livre zu 18 Onces zu 24 Deniers = 550,69 Grammen.

Die Onces (Unzen) sind Unzen des alten Pariser Markgewichts (s. Paris).

2) Das Leichtgewicht (petit poids), für Seide, das Livre zu 15 Onces des Schwergewichts, = 458,91 Grammen.

3) Das Pfund poids de marc (Markgewicht); dieses ist das alte Pariser, das Pfund (livre) von 16 Unzen (onces) = 489,5058 Grammen (s. Paris). Es sind demnach 5 schwere Pfund = 6 leichte. — 8 schwere Pfund = 9 Pfund Markgewicht. — 16 leichte Pfund = 15 Pfund Markgewicht.

Branntwein und seines Baumöl werden nach dem Quintal (Centner) von 104 schweren Pfunden, ordinäres Oel nach der Charge von 230 schweren Pfunden verkauft.

Gold- und Silbergewicht ist die Mark des alten Pariser Markgewichts; s. Paris.

Probirgewicht. Man theilt die Mark beim Golde in 24 Karat zu 32 oder auch zu 24 Theilen, beim Silber in 12 Deniers zu 24 Grän.

Medicinalgewicht ist das halbe Kilogramm mit der überall gebräuchlichen Eintheilung in Unzen, Drachmen, Scrupel und Gran.

Banken. Die Handelsbank (Banque du commerce) wurde im Jahr 1846 gegründet; sie ist Disconto und Girobank und gibt Noten aus. — Die Genfer Bank (Banque de Genève) ist 1848 entstanden; sie ist Disconto-, Leih- und Girobank und gibt ebenfalls Noten aus. Das Actienkapital ist zur Hälfte von der Stabtgemeinde aufgebracht worden. Die 1856 gegründete Banque générale de crédit international, mobilier et foncier betreibt die ihrer Benennung entsprechenden Geschäfte und gibt Noten aus.

Gent,
Hauptstadt der belgischen Provinz Ostflandern.

Münzen, Maaße und Gewichte, s. Brüssel.

Handelsanstalten. Die Bank von Flandern (Banque de Flandre), im Jahr 1841 errichtet, ist Disconto= und Girobank; früher gab sie auch Noten aus, die sie aber in Folge der Errichtung der Nationalbank in Brüssel (s. Brüssel) zurückgezogen hat. — Die Phönix=Gesellschaft für die Dampfschifffahrt zwischen Gent und Antwerpen. — Mehrere industrielle Gesellschaften.

Genua,
Hauptstadt des sardinischen Herzogthums Genua.

Rechnungsart. Seit 1827 rechnet man nach Lire nuove zu 100 Centesimi (s. Turin), ganz in dem Zahlwerthe des französischen Franken. Eine ältere Rechnungsart ist die nach Lire zu 20 Soldi zu 12 Denari, sogenannte moneta buona oder fuori di banco, nach welcher 63 dieser Lire auf die Cölnische Mark gerechnet werden können. Die Waarenpreise werden zum Theil jetzt noch in solchen Liren notirt, bei der Zahlung aber mit 5 Lire nuove für 6 alte Lire berechnet.

Münzen s. Turin.

Papiergeld. Banknoten (s. unten).

Wechselcurssystem. Die Wechselcurse werden für 30, 60 und 90 Tage dato wie folgt notirt.

Amsterdam	± 215 Centesimi für		1 fl. holl.
Ancona			
Bologna	„ 540	„ „	1 römischen Scudo.
Rom			
Augsburg	„ 213	„ „	1 fl. rhn.
Frankfurt a. M.			
Barcelona	„ 275	„ „	1 Libra Catalona.
Cadix	„ 550	„ „	1 span. Piaster.
Florenz	„ 85	„ „	1 toskanische Lira.
Livorno			
Hamburg	„ 186	„ „	1 Mark banco.
Lissabon	„ 500	„ „	1 Milreis.
London	„ 2510	„ „	1 Liv. Sterl.
Lyon			
Marseille	„ 100	„ „	1 Franken.
Paris			
Genf			
Madrid	„ 550	„ „	1 span. Piaster.
Mailand	„ 100	„ „	100 Lire nuove.
Venedig	„ 248 Liren	„	100 fl. öster. Währung.
Messina	„ 1275 Centesimi	„	1 Oncia
Palermo			
Neapel	„ 425	„ „	1 Duc. bi Regno.

Triest   }   216 Lire nuove „ 100 fl. Bankvaluta.
Wien   }   ±
Turin   „ 100   „ „ 100 Lire nuove in Turin.

Die Geldcurse verstehen sich in Lire und Centesimi per Stück.

Wechselrechtliches. Seit 1843 ist das neue Handelsgesetzbuch in Kraft, welches einige Aenderungen abgerechnet, mit dem französischen code do commerce übereinstimmt.

Staatspapiere und Actien. Man notirt die sardinischen Obligationen (s. Turin) und die Actien der hiesigen Banken und industriellen Gesellschaften in Procenten (± 100 Lire für 100 Lire nominell).

Maaße und Gewichte sind seit 1850 die französischen (s. Turin).

Handelsusanzen. Bei Schiffsbefrachtungen werden gewöhnlich 44 Barili *) Wein, 26 Barili Oel, 20 Kisten Citronen oder andere Südfrüchte auf eine Schiffslast gerechnet.

Die Gewichtswaaren werden zum Theil nach der Libbra **) (Pfund), zum Theil nach dem Cantaro (Centner) von 150 Libbre verkauft.

Zucker, Farbholz, Wachs und Südfrüchte per 100 Libbre; ferner: Wein per Mezzaruola ***), Anchovis per Rubbio ****), Sumnach per Sack von 150 Rotoli †), Vanille per Oncia ††) 2c.

Die hier üblich gewesenen Tara-Usancen, Gutgewicht 2c. sind durch Verordnung vom 1. Januar 1846 abgeschafft, und es kann nur die wirkliche Tara in Anrechnung gebracht werden.

Wechselcommission ist gewöhnlich ½ Proc.; Wechselcourtage ¼ pro Mille; Waarencommission 1½ bis 2 Proc.; Waarencourtage ½ Proc., bei Leinwand und einigen andern Waaren 1 Proc.

Handelsanstalten 2c. Die im Jahr 1844 gegründete Banca di Genova wurde im Jahr 1850 mit der Turiner Disconto-Depositen-Contocorrenten- und Notenbank, welche im Jahr 1847 gegründet worden war, vereinigt. Die Statuten der vereinigten Banken, der jetzt Banca Nazionale genannten Bank, sind vom Jahr 1849 und der Hauptsitz derselben ist in Genua. Außerdem gibt es hier eine Cassa Generale, eine Cassa di Sconto und eine Cassa Industria e Commercio liberale und mehrere industrielle Gesellschaften.

Gera,

Hauptstadt der zu den reußischen Fürstenthümern gehörenden Herrschaft dieses Namens.

Rechnungsart und Münzen wie in Preußen, s. Berlin.

Papiergeld. Kassenscheine des Fürstenthum Reuß, ältere Linie, von 1 Thaler; sie haben Zwangsumlauf und Einlösungskasse in Greiz, sodann Kassenscheine des Fürstenthums Reuß jüngere Linie von 1 Thaler, welche ebenfalls Zwangsumlauf haben und bei der Sparkasse in Gera eingelöst werden.

Wechselcursverhältnisse. Man richtet sich nach den Leipziger Cursnotirungen.

Wechselrechtliches. Seit 1849 ist die allgemeine deutsche Wechselord-

---

*) Der Barile (altes Weinmaaß) = 79 Liter.
**) Die Libbra (altes Pfund) = 316,77 Grammen.
***) Die Mezzaruola = 2 Barili.
****) Der Rubbio = 25 Pfund.
†) 100 Rotoli = 1 Cantaro.
††) 12 Oncie (Unzen) = 1 Libbra.

nung eingeführt. Das fürstlich Reuß-Schleizische Einführungsgesetz enthält keine besonders erheblich abweichenden Bestimmungen, doch verordnet es, wie mehrere andere Einführungsgesetze, daß Wechsel im Concurse kein Vorzugsrecht begründen sollen.

Das fürstlich Reuß-Greizische Einführungsgesetz enthält ebenfalls keine besonderen Bestimmungen; es ist jedoch unterm 5. März 1856 durch die Gesetz-Sammlung des Fürstenthums Reuß ältere Linie ein ausführliches Gesetz verkündet, welches unter Anderem folgende Bestimmungen trifft:

Der §. 1 erklärt den Wechselarrest als unzulässig gegen ordinirte Geistliche und Schullehrer, sowie gegen active Militärs;

§. 2. Lassen es Civil-Beamte zur Wechselhaft kommen, so sollen sie ohne Anspruch auf Pension sofort entlassen werden.

§. 3. Durch den Ausbruch des Concurses über das Vermögen des Wechselschuldners wird die Anwendung des Wechselarrestes gegen denselben nicht ausgeschlossen. Der Wechselgläubiger darf gegen den Gemeinschuldner nach Wechselrecht verfahren oder seine Forderung im Concurse anmelden. Wird jedoch erstern Falls nicht durch Vermittlung eines Anderen, sondern aus den eigenen der Concursmasse noch vorbehaltenen Mitteln des Gemeinschuldners Zahlung geleistet, so muß solche zur Concursmasse abgeliefert werden. Zieht es dagegen der Gläubiger vor, seine Forderung im Concurse anzumelden, so wird sein Wechselrecht gegen den Gemeinschuldner unwirksam, und er kann sowohl während des Concurses, als nach dessen Beendigung auf Grund des Wechsels nur die, anderen nicht bevorzugten Handschrifts-Gläubigern zustehenden, Befugnisse geltend machen.

Maaße und Gewichte. Längenmaaße:

Der Fuß oder Baufuß zu 12 Zoll = 126,87 Pariser Linien. Man bedient sich auch des Leipziger Fußmaaßes. — Die in Halbe, Viertel rc. eingetheilte Elle hat 2 hiesige Fuß, ist also = 253,74 Pariser Linien.

Feld- und Waldmaaße: Die Ruthe = 16 Fuß; die hier auch gebräuchliche Leipziger Ruthe hat 16 Leipziger Fuß. — Das gewöhnliche Quadratmaaß für Feld- und Waldstücke ist der Scheffel, und dieser besteht aus 120 Quadratruthen oder 30720 Leipziger Quadratfuß = 24,5165 Aren.

Brennholzmaaß: Die Klafter ist 3 Ellen hoch und ebenso breit.

Getreidemaaß: Der Scheffel hat 4 Viertel zu 4 Maaß. Mit dem Viertel wird gemessen; es ist = 26,54 Liter; daher der Scheffel = 106,14 Liter Flüssigkeitsmaaß: Der Eimer hat 72 Kannen. — Die Kanne für Wein, Bier, Oel rc. hält 0,92147 Liter. — Das Faß Bier hat 6 Eimer.

Handelsgewicht: Der Centner hat 110 Pfund, das Pfund 32 Loth. Das Pfund ist das alte Leipziger Pfund = 467,16 Grammen. — 22 Handelspfund oder 1 Stein machen 21 Pfund Fleischgewicht der Stadtfleischer, aber nur 20 Pfund Fleischgewicht für die Dorffleischer.

Gold- und Silbergewicht wie in Leipzig (altes Gewicht).

Medicinalgewicht ist das alte Nürnberger.

Handelsanstalten. Die Geraer Bank wurde vom 17. Juli 1854 an auf 99 Jahre concessionirt; das ursprüngliche Actienkapital von 4 Mill. Thaler ist 1857 auf 5½ Millionen erhöht worden. Die Gesellschaft hat das Recht, den Ankauf, Discont und die Realisirung von Wechseln (Tratten wie eigener) vorzunehmen, insoferne diese nicht später als drei Monate nach dem Datum der Discontirung verfallen und mindestens 2 solvente Unterschriften tragen, ferner,

Wechsel und Geldanweisungen an Ordre auszustellen, in Umlauf zu setzen und für andere Rechnung einzuziehen, laufende Rechnungen zu eröffnen, Gelder und Effecten in Verwahrung zu nehmen, Vorschüsse auf Gold und Silber in Barren, so wie auf Münzen, ebenso wie auf Waaren, Wechsel, Staats- und andere Werthpapiere zu leisten, verzinsliche und unverzinsliche Capitalien anzunehmen, Credit und Darlehen gegen Unterpfand zu bewilligen, Werthpapiere aller Art, unter Zustimmung des Regierungscommissarius, insoweit dergleichen nicht durch Anordnung des Verwaltungsrathes überhaupt ausgeschlossen sind, edle Metalle oder fremde Münzen zu kaufen und zu verkaufen, und Filiale, sowie Agenturen auf anderen Handelsplätzen zu gründen. Sodann ist der Bank das Recht eingeräumt, Banknoten im Betrage von 1, 5, 10, 50, 100 Thalern oder höheren Beträgen auszugeben; die Bank ist jedoch zugleich verpflichtet, auf Grund getroffener Uebereinkunft mit der Staatsregierung, wenn und sobald diese es verlangen sollte, die Umtauschung des im Umlaufe befindlichen fürstl. Reußischen Papiergeldes und Convertirung desselben bis zu einem Betrage von 500000 thlr. zu bewirken, und diese Summe in einthälerigen Banknoten der Staatsregierung zur Verfügung zu stellen. Außerdem hatte die Bank der Staatsregierung einen offenen Credit bis zur Höhe von 150,000 thlr. zu eröffnen. — Anfangs Juni jeden Jahres wird ein Wollmarkt abgehalten.

Gibraltar,
Stadt und Freihafen an der Meerenge gleichen Namens, an der spanischen Küste, im Besitze Englands.

Rechnungsart und Münzen. Man rechnet nach Dollars oder Cobs zu 12 Realen zu 16 Cuartos. Dieser Dollar ist der spanische Piaster, welcher früher in den britischen Colonieen zu 4½ Schilling Sterling gerechnet wurde (Kelly), seit 1838 aber zu 50 Pence Sterling tarifirt ist. Rechnet man das Liv. Sterl. zu 11 fl. 42 kr. rhn., so sind 50 Pence = 2 fl. 26 kr. rhn. = 1 thlr. 11 sgr. preuß. = 2 fl. 9 kr. öster.

Bisher sind für Gibraltar nur Kupfermünzen zu ½, 1 und 2 Cuartos geprägt worden. Ein Cuarto ist = 1 engl. Farthing (von welchen 4 auf 1 Penny gehen). Die gewöhnliche Zahlungsmünze besteht aus spanischen Gold- und Silbermünzen.

Wechselcursnotirung. Man notirt, gewöhnlich für 30 Tage dato, auf
London   ± 50 Pence Sterl.

Paris   }
Marseille } „   5 Franken   } für 1 Dollar oder spanischen
Genua   „   5 Lire nuove (Franken) } Piaster.

Auf spanische Plätze wird mit mehr oder weniger Procent über oder unter Pari, je nach Sicht und Discontofuß, gewechselt.

Wechselusanzen. Wechsel auf Gibraltar in Piastern gezogen, werden in spanischen Dublonen zu 16 Piaster bezahlt.

Respekttage sind 3 verordnet, aber keine für Wechsel, die auf einen bestimmten Tag zahlbar lauten.

Maaße und Gewichte. Hier sind die englischen und die spanischen Maaße und Gewichte im Gebrauche.

Der spanische Centner von 100 Pfund wird zu 101¾ englische Pfund (Avoirdupoids) oder 46,14 Kilogramm angenommen.

Das spanische Weinmaaß ist die Pipe von Cadix = 27 Cantares (s. Madrid). Der Wein wird nach einem Gallon verkauft, welches größer als das alte englische ist; man rechnet 1 Gallon von Gibraltar = 1,094 alte englische Weingallons; weil (sehr nahe) 120 alte Weingallons = 100 Imperialgallons sind, so ist der Weingallon von Gibraltar = 0,9114 Imperialgallons = 4,141 Liter.

Im Handel wird hier die Pipe von Cadix = 116 alte englische Weingallons gerechnet *).

Getreidemaaß ist die Fanega; man rechnet 2 Fanegas gehäuft = 4 ⅛ englische Winchester-Bushels = 145,35 Liter, und 5 Fanegas gestrichen = 8 englische Winchester Bushels = 281,19 Liter.

Oelmaaß (eigentlich Gewicht) ist die Arroba = 3 ⅓ alte engl. Wein- oder Oel-Gallons = 26 Pfund Avoirdupoids = 11,79 Kilogramm, und an Rauminhalt = 12,61 Liter (100 alte englische Wein-Gallons zu 378,521 Liter gerechnet).

H a n d e l s u s a n z e n. Die reine oder wirkliche Tara gilt für Alaun, Kaffee, Cacao in Säcken; für Schwefel, Drogueriewaaren, ostindischen Indigo in Kisten, ferner für Butter, Speck, Seife, ostindischen Zucker, Cochenille, Cassia, Nelken, Muskatnuß, Tabak aus Cuba, Wachs, holl. und engl. Käse.

Auf Cacao, Mandeln, weiße Bohnen, ostindischen Reis, Pfeffer (amerikanischer Einfuhr), Sumach, brasilianischen Tabak in Rollen, wird keine Tara bewilligt, wenn diese Artikel in Säcken verpackt sind.

Für folgende Artikel wird beistehende Tara berechnet: Eisenvitriol, Carolina-Reis, weißer ostindischer Zucker, Tabak in Fässern, 10 Procent.

Levantinische Baumwolle 5 Procent.

Alle anderen Artikel in gewöhnlicher Emballage 4 Procent.

Triester Stahl, in Kisten, 7 Procent.

Soda von Alicante in einfachen Säcken 7 Pfund per Sack; in doppelten Säcken 12 Pfund per Sack.

Carracas-Indigo 14 Pfund per Serone; auf Guatemala-Indigo 18 Pfund per Serone.

Havanna-Zucker, in Kisten mit Tarabezeichnung, 4 Procent; bei ausgelöschter Bezeichnung 56 Pfund per Kiste.

Brasilianischer Zucker, die auf den Kisten bemerkte Tara.

Moskovade, in Fässern, 12 Procent.

Thee, feiner, 18 Pfund per Kiste; geringere Sorte 20 Pfund per Kiste. Thee amerikanischer Einfuhr, das Zollgewicht nach der schwarzen Marke.

Zimmt, in Farbelen, 7 Pfund per Farbel; in doppelten Ballen, 21 Pfund per Stück.

Die Preise verstehen sich in spanischen Silberpiastern (hier Dollars oder Cobs genannt). (Kelly.)

Glarus,
Hauptstadt des gleichnamigen schweizer Cantons.

M ü n z e n, M a a ß e und G e w i c h t e, s. Schweiz.

Früher rechnete man im innern Verkehr gewöhnlich in Glarner Valuta, nach

---

*) Das ziemlich genau mit den Verhältnissen: 1 Pipe = 27 Cantares, 100 Cantares = 355,173 Imperial-Gallons, 100 Imperial-Gallons = 120 alte englische Gallons, übereinstimmt.

welcher ziemlich nahe 24 Gulden zu 60 Schillingen auf die Cölnische Mark gingen, und also 48 fl. von Glarus = 49 fl. des 24½-Guldenfußes waren.

Glasgow,

die wichtigste Handels- und Fabrikstadt Schottlands.

Münzen, Maaße und Gewichte, f. Edinburg und London.

Handelsanstalten ꝛc. Die hiesigen Banken sind die Glasgower Bankgesellschaft (Glasgow Banking Company), 1809 gegründet und seit 1844 mit der Edinburger Nationalbank von Schottland vereinigt, die Schiffsbank (Ship Bank), die Distelbank (Thistle Bank), die Clydesdale-Bankgesellschaft, die Bank der Stadt Glasgow, die Glasgower Actienbankgesellschaft u. a. m., welche die gewöhnlichen Bankgeschäfte betreiben und zum Theil Noten ausgeben. — Außerdem gibt es hier für die verschiedensten Unternehmungen Actiengesellschaften.

Goa,

Haupthafenplatz im portugiesischen Gebiete gleichen Namens auf der Küste von Malabar.

Rechnungsart und Münzen. Wie in Portugal wird gesetzlich gerechnet nach Reïs oder Reas und nach Milreïs (zu 1000 Reïs) (f. Lissabon). Man rechnet aber auch nach dem

Pardo oder Pardao, der in

4 gute oder		5 schlechte		Tangas,
16 „	„	20	„	Vintems,
240 „	„	300	„	Reïs,
300 „	„	375	„	Bazarucas

eingetheilt wird.

Geprägte Münzen sind der St. Thomas, eine Goldmünze, welche ungefähr die Schwere eines Tucaten hat, und für mehr oder weniger als 11 gute Tangas (ungefähr 4 fl. rhn.) cursirt; Silbermünzen sind der Pardo Xerasin zu 5 guten Tangas und der gemeine Pardo zu 4 Tangas; Scheidemünzen sind die aus Kupfer und Zink bestehenden Bazarucas, von den Engländern Budgerooks genannt.

Nach Kelly beträgt der Werth eines guten Tanga ungefähr 7½ Pence Sterling, also (das Liv. Sterl. zu 11 fl. 42 kr. rhn. gerechnet) ca. 22 kr. rhn. Hiernach berechnet sich der Pardo Xerasin auf ca. 1 fl. 50 kr. rhn. = 1 thlr. 1 sgr. preuß. = 1 fl. 57 kr. öster.*).

Von fremden Münzen cursiren hier spanische und mexikanische Piaster; außerdem verschiedene ostindische Gold- und Silbermünzen.

Maaße und Gewichte. Längenmaaß ist das portugiesische (f. Lissabon). — Getreide- und Reismaaß ist, außer dem portugiesischen, auch der indische Candy von 20 Maunds zu 24 Medides = 14 alte Winchester-Bushels = 493,318 Liter, und dem Gewicht nach = ca. 494 Kilogramm (Kelly). — Handelsgewicht ist gewöhnlich das portugiesische; man gebraucht aber auch den indischen Candy zu 20 Maunds zu 24 Rattles = 224½ Kilogramm. Der Bahar hat 3½ portugiesische Quintales (Centner).

---

*) Nach Nelkenbrecher u. a. wird der Pardo Xerasin zu 38⅓ kr. rhn. berechnet; obige Resultate beruhen aber auf der Angabe von Kelly, der hier maaßgebend ist (f. Einleitung). Die Angabe von Nelkenbrecher gründet sich auf die Eintheilung der fraglichen Münze in 240 Reis, was aber im vorliegenden Falle nichts entscheidet.

Gotha,

Hauptstadt des zu Sachsen-Coburg gehörigen Herzogthums Gotha.

Rechnungsart und Münzen. Man rechnet nach Thalern zu 30 Groschen zu 10 Pfennigen im 30-Thalerfuße (s. Berlin). — Bis Ende 1840 bestand im Herzogthum Gotha, sowie in Sachsen, der Conventions-Münzfuß (13⅓ thlr. auf die feine Mark), dessen wirkliche Münzen in Ganzen, Halben, Viertel- und Sechstel-Species bestanden. Gesetzmäßig gingen 21,3807 Species-thaler auf 1 Pfund fein; daher der Speciesthaler = 1 thlr. 12,094 sgr. preuß. Die noch cursirenden Species sind jetzt auf 1 thlr. 10 gr. per Stück herabgesetzt. — Die nach der Convention vom 30. Juli 1838 geprägten Münzen bestehen aus Doppelthalern oder 3½-Guldenstücken (14,9665 Stück auf 1 Pfund fein) = 3 fl. 30,47 kr. des 52½-Guldenfußes, = 2 thlr. 0,1343 sgr. preuß. = 3,00671 fl. öster., aus Thalerstücken (Werth nach Verhältniß), aus Sechsteltthaler-stücken (179,5981 Stück auf 1 Pfund fein) = 17,539 kr. rhn. = 5,0112 sgr. preuß. = 25,056 nkr. öster., und aus 2-, 1- und ½-Groschenstücken. Nach dem Vertrage vom 24. Januar 1857 werden Vereinsthaler = 1 fl. 45 kr. rhn. = 1½ fl. öster. und in Kupfer 1- und 2-Pfennigstücke geprägt.

Papiergeld. Kassenanweisungen zu 1 und 5 thlr.; sie haben Zwangs-umlauf und werden durch die Hauptlandeskasse in Gotha eingelöst.

Im Wechselhandel richtet man sich nach dem Berliner und Leipziger Curszettel.

Wechselrechtliches. Seit 1849 ist hier die allgemeine deutsche Wechsel-ordnung eingeführt. Nach dem Einführungsgesetz sollen Wechselproteste nach 7 Uhr Abends nicht mehr erhoben werden, es sei denn, daß Derjenige, wider welchen der Protest erhoben wird, mit der späteren Erhebung einverstanden ist, welchenfalls solches im Proteste ausdrücklich angemerkt werden muß. — Als allgemeine Feier-tage sind zu betrachten: der Neujahrstag, Charfreitag, die beiden Oster-, Pfingst- und Weihnachtstage und der Himmelfahrtstag.

Staatspapiere gibt es von der ehemaligen herzogl. Kammeranleihe von 1837 zu 3½ Proc., sodann 3-procentige und 3½-procentige landschaftliche Schuldbriefe der Anleihen vom Jahr 1836, 1843 und 1846.

Maaße und Gewichte. Längenmaaße: Der Bau- oder Werkfuß zu 12 Zoll zu 12 Linien = 127,5 Pariser Linien. — Die Elle = 249,41 Parif. Linien. — Die Waldruthe = 16 Bau-fuß. — Die Feldruthe = 14 Baufuß. — Das Lachter ist dem ältern Freiberger oder sächsischen Lachter von 7 Dresdner Fuß gleich.

Flächenmaaß: Die Quadratwaldruthe = 256 Quadrat-Baufuß. — 160 solcher Quadrat-Waldruthen sind ein Waldacker und betragen 33,884 Aren. — Die Quadrat-Feldruthe = 196 Quadrat-Baufuß. — 140 solcher Quadrat-Feld-ruthen sind ein Feldacker und betragen 22,7 Aren. — Die Hufe hat 30 Acker und wird in ½, ¼, ⅛ ꝛc. eingetheilt.

Flüssigkeitsmaaß: Die Ohme hat 2 Eimer zu 40 Kannen zu 2 Maaß zu 2 Rößel. — Das Oxhoft Wein = 3 Eimer zu 2 Anker. — Die Feuillette = 1½ Eimer. — 1 Stück = 16 Eimer. — 1 Fuder = 12 Eimer. — 1 Muid = 3 Oxhoft. — 1 Pipe = 6 Eimer. — 1 Both = 2 Oxhoft. — Die Gothaische Kanne = 1,819 Liter.

1 Faß Branntwein enthält 110 Kannen.

Der Bier-Eimer hat ebenfalls 40 Kannen zu 2 Maaß zu 2 Nößel.

Der baierische Eimer von 60 Maaß wird = 37 ½ Gothaische Kannen gerechnet. Beim Verkauf des Oels im Kleinen wird für 1 Pfund Oel ein Maaß gebraucht, welches 0,4999 Liter hält (Chelius).

Getreidemaaß: Das Malter hat 2 Scheffel oder 4 Viertel oder 16 Metzen. Die Metze hat 4 Mäßchen zu 4 Nößel. Das Malter soll 174,647 Liter ent= halten. Die Einheit ist das Viertel. — Man rechnet hier 4 Berliner Scheffel = 5 Gothaische Viertel. — Für Holzkohlen enthält der Stoß 6 Getreide=Viertel = 261,97 Liter. Für Steinkohlen enthält der Bergscheffel 2920 Kubikzoll = 40,206 Liter.

Auch das Mehl, die Kleie, der Lein= und Rübsamen und alle andern Sä= mereien, das Salz, der Kalt, die Asche ꝛc. werden mit dem Fruchtmaaße gemessen.

Brennholzmaaß: Die Klafter Brennholz ist 6 Leipziger Fuß hoch, 6 Fuß lang und 3 Fuß breit, enthält folglich 108 Leipziger Kubikfuß = 2,4389 Kubik=Meter (Nelkenbrecher).

Handels=, Gold= und Silbergewicht ist das Zollpfund von 500 Grammen (vgl. b. Art. Berlin). Das frühere Pfund = 467,404 Grammen.

Medicinalgewicht: das alte Nürnberger.

Handelsanstalten ꝛc. Die 1856 gegründete „Privatbank zu Gotha" beruht statutenmäßig auf einem Fonds von 4 Mill. thlr., welcher bis zum Be= trage von 12 Mill. thlr. erhöht werden darf. Geschäfte und Befugnisse im All= gemeinen wie diejenigen der Geraer Bank (s. diesen Art.). Wie bei dieser hat die Staatsregierung einen offenen Credit bei der Bank, und zwar bis zur Höhe von 200,000 thlr. Die Banknoten lauten auf 10, 20 und 100 thlr. — Außerdem besteht hier eine auf Gegenseitigkeit beruhende Feuer= und Lebens= versicherungsanstalt (letztere die bedeutendste in Deutschland) und eine Landes= Creditanstalt.

Gothenburg,
Seehandelsstadt in der schwedischen Provinz gleichen Namens.

Münzen, Maaße und Gewichte s. Stockholm.

Gothenburger Pfandbriefe. Der hiesige „Schwedische Güter=Hy= potheken=Verein" hat im Jahr 1846 für eine hypothecirte 4proc. Anleihe Pfand= briefe zu 500, 1000 und 3000 Hamburger Bancomark ausgegeben, deren Cou= pons in Hamburg bei J. Berenberg, Goßler u. Comp. bezahlt werden.

Handelsanstalten ꝛc. Darlehn=Comptoir der Stockholmer Bank. — Die Gothenburger Privatbank, im Jahr 1846 gegründet. — Schwedisch=ostindische Ge= sellschaft. — Gegenseitige Seeversicherungsgesellschaft.

Granada,
Hauptstadt der gleichnamigen spanischen Provinz.

Rechnungsart und Münzen s. Madrid.

Maaße und Gewichte die castilischen (s. Madrid), mit Ausnahme der Getreide=Fanega (= 57,7 Liter), welche kleiner, und der Arroba (Flüssigkeitsmaaß = 16,42 Liter), welche größer als die unter Madrid angegebenen Maaße sind.

Gratz,

Hauptstadt des österreichischen Herzogthums Steiermark.

Rechnungsart, Münzen, Maaße und Gewichte s. Wien. Handelsanstalten ꝛc. Filiale der österreichischen Nationalbank in Wien. — Actienverein zur Belebung der Seidenzucht in Steiermark. — Eine auf Gegenseitigkeit gegründete Brandschaden-Versicherungsanstalt für Steiermark, Kärnten und Krain.

Graubünden,

schweizer Canton mit der Hauptstadt Chur.

Rechnungsart und Münzen s. Schweiz.

Bis 1851 rechnete dieser Canton nach Gulden (bündner Gulden) zu 70 Bluzgern oder 60 (fingirten) Kreuzern, oder auch zu 15 Batzen bündner Währung, nach welcher ca. 64 solcher auf 1 Pfund fein gingen, wonach der bündner Gulden = 49 kr. rhn. = 14 sgr. preuß. = 70 nkr. österr.

Wechselgeschäft. In Betreff der Wechselcursnotirung und der wechselrechtlichen Verhältnisse richtet man sich nach Zürich.

Maaße und Gewichte sind in diesem Canton sehr verschieden. In Chur sind sie wie folgt:

Längenmaaße: Der Fuß zu 12 Zoll = 133 Pariser Linien. Die Elle = 294 Pariser Linien. — Die Klafter beim Bauwesen = 6 Fuß; außerdem = 7 Fuß.

Getreidemaaß: 1 Lâbi hat 8 Mütt oder 44 Viertel zu 8 Quartanen zu 4 Mäßlein. — 1 Mütt = 164,96 Liter = 1,0997 schweizer Malter.

Flüssigkeitsmaaß: 1 Saum Wein = 90 Maaß. — 1 Fuder = 8 Zuber zu 10 Viertel zu 8 Maaß zu 4 Quärtlein. — Die Maaß = 1,329 Liter = 0,886 neue schweizer Maaß; also der Saum = 119,61 Liter = 79,74 neue schweizer Maaß.

Handelsgewicht: 1) Der Centner Leichtgewicht = 100 leichte Pfund, Ladenpfund oder Gewürzpfund zu 32 Loth, zu 4 Quentchen, zu 4 Drachmen, zu 4 Heller. — 1 leichtes Pfund = 462,602 Grammen = 0,9252 neue schweizer Pfund; daher der Centner Leichtgewicht = 46,2603 Kilogramm. — 2) Der Centner Schwergewicht hat 5 Rupp oder 75 große Krinnen oder 100 kleine Krinnen. Die große Krinne hat 48 Loth; die kleine Krinne oder das schwere Pfund (schwere Kaufhauspfund) hat 36 Loth = 520,429 Grammen = 1,04086 neue schweizer Pfund; daher der Centner Schwergewicht = 52,0429 Kilo. — Bei beiden Gewichten sind die Loth gleich; daher 8 Pfund oder Centner Schwergewicht = 9 Pfund oder Centner Leichtgewicht. — Das Fischpfund ist das schwere Pfund. — Das Fleischpfund oder Metzgerpfund = 60 Loth. Der Stein Hanf hat 4 große Krinnen. — 1 Faß Reis = 5 Centner Schwergewicht.

Grönland,

große Insel im Nordosten Amerikas mit Niederlassungen der Dänen an der Westküste, s. Copenhagen.

Guatemala,

amerikanische Republik mit der Hauptstadt Neu-Guatemala.

Rechnungsart. Man rechnet, wie in Mexico, nach Piastern oder Pesos zu 8 Realos zu 4 Quartillos.

Münzen *). Die hier curſirenden Münzen ſind außer den Piaſterſtücken der neuen ſüdamerikaniſchen Republiken (Chile, Peru ꝛc.) nordamerikaniſche Dol-lars, franzöſiſche Fünffrankenſtücke (welche im gewöhnlichen Verkehr für einen Piaſter gelten), ſpaniſche Onzas oder Dublonen und ſüdamerikaniſche Onzas. Die ſpaniſchen Säulenpiaſter (ſiehe Madrid) haben hier in der Regel ein Agio von 6 Procent.

Bei der Cursnotirung auf London, 90 Tage Sicht, wird das Liv. Sterl. zu 5 Piaſter feſt, mit mehr oder weniger Procent Agio gerechnet.

Maaße und Gewichte ſ. Mexico.

Guayaquil,

Seehandelsſtadt in der ſüdamerikaniſchen Republik Ecuador; ſ. Carracas **).

Guernſey, Jerſey und Alderney (franz. Aurigny),

zu England gehörige Inſeln im Kanal (zwiſchen Frankreich und England), von den Eng-ländern Channel Islands (Kanal-Inſeln) genannt.

Rechnungsart und Münzen. Seit 1834 rechnet man geſetzmäßig nach Pfunden zu 20 Schillingen zu 12 Pence Sterl. (ſ. London).

Auf Guernſey und Jerſey rechnete man ehemals in altfranzöſiſcher Wäh-rung (nach Livres Tournois zu 20 Sous zu 12 Deniers), welche aber ſpäter in engliſche Währung überging, wobei man man den engliſchen Schilling Silbergeld zu 13 Sous beſtimmte. Hiernach war 1 Sous = $\frac{1}{13}$ Schilling, $\frac{1}{2}$ Sous = $\frac{1}{26}$ Schilling, $\frac{1}{4}$ Sous = $\frac{1}{52}$ Schilling. Noch im Jahr 1841 ſind für die Inſel Jerſey Kupfermünzen mit der Werthbezeichnung $\frac{1}{13}$, $\frac{1}{26}$ und $\frac{1}{52}$ Schilling geprägt worden. Im Jahr 1830 ſind auch noch für die Inſel Guernſey einfache, doppelte, vier- und achtfache ſogenannte Doubles von Kupfer geprägt worden; letztere Münze entſpricht dem engl. Penny. Der einfache Double iſt (das Liv. Sterl. auf Guernſey zu 16 Livres Tournois gerechnet) das doppelte des alten franzöſiſchen Deniers.

Auf Guernſey, Alderney und Jerſey iſt außer der geſetzlichen engliſchen Rechnungsweiſe auch die franzöſiſche (nach Franken und Centimen) im Gebrauche. — Auf Guernſey gibt es auch Pfundnoten einer hieſigen Bank.

Auf der im iriſchen Kanal gelegenen Inſel Man rechnete man bis 1840 nach dem ſogenannten Manks-Kurant (Manks currency), nach welcher Währung 6 Liv. Sterl. = 7 Liv. Manks-Kurant war, welch' letzteres dieſelbe Eintheilung wie das Liv. Sterl. hatte. — Noch in neuerer Zeit ſind für die Inſel Man eigene Kupfermünzen in Stücken von 1, $\frac{1}{2}$ und $\frac{1}{4}$ Pence geprägt worden, welche den engliſchen Münzen der nämlichen Benennung gleich ſind.

Maaße und Gewichte ſind geſetzlich die engliſchen. Auf Jerſey ſoll

---

*) Aus dem ehemals ſpaniſchen Generalcapitonat Guatemala entſtand nach ſeiner Befreiung zu-nächſt die aus den fünf Föderativſtaaten Guatemala, San Salvador, Honduras, Nicaragua und Coſta Rica beſtehende Republik Centralamerika. Die vier erſteren Staaten prägten bis in die neuere Zeit ge-meinſchaftlich Piaſter von unterſchiedlichem Werthe (von 2 fl. 18 kr. bis 2 fl. 31 kr. rhn.), Onzas oder Dublonen im Werthe von ca. 2,2518 deutſche Goldkronen, Viertel-Onzas, Achtel-Onzas oder Escudos, Sechszehntel-Onzas (halbe Escudos oder Goldpiaſter) = ca. 0,126 deutſche Goldkrone.

Im Jahr 1842 haben ſich Coſta Rica und im Jahr 1851 Guatemala vom Bunde losgeriſſen; er-ſterer Staat prägt eigene Münzen (wahrſcheinlich jetzt auch Guatemala) und zwar halbe und Viertel-Onzas, ſowie Realen im Werthe von ca. 9 kr. rhn. = 2 ſgr. 7 pf. preuß. = 12 nkr. öſter.

**) Die in Quito erſcheinende Zeitung »El progreso« brachte im Jahr 1857 ein Dekret, wonach binnen 9 Jahren ſämmtliche Münzen, Maaße und Gewichte nach dem franzöſiſchen Decimalſyſtem einge-richtet werden ſollen.

jedoch noch das ältere einheimische Gewicht im Gebrauch sein, nach welchem 100 solcher Pfund = 107,77 englische Pfund Avoirdupois und (100 englische Pfund Avoirdupois = 45,359 Kilogramm gerechnet) 1 altes Pfund = 488,84 Grammen.

Guyana f. Demerary, Cayenne und Surinam.

Guinea und Senegambien,
die mittleren Küstenländer des westlichen Afrika.

1) **Guinea.** — In der britischen Colonie Sierra Leone rechnet man nach Dollars oder spanischen und mexikanischen Piastern zu 100 Cents, und es circuliren (außer englischen Silber- und Kupfermünzen) spanische, mexikanische und andere Dublonen oder Onzas (Goldmünze), Silberpiaster und Fünffrankenstücke zu festen Werthen. Im innern Theile der Küste Sierra Leone und anderwärts, wo überhaupt der Handel blos Tausch von Landesprodukten gegen europäische Waaren ist, rechnet man auch nach Barren oder eisernen Stangen von ca. 12 Pfund Gewicht und im Werthe von etwa 3 Schillingen Sterl. (oder nahezu 1 thlr. preuß. = 1 fl. 45 kr. rhn. = 1 1/2 fl. österr.); ferner nach Macutas oder Makuten, einer von Portugal, für seine Niederlassungen, geprägten Silbermünze, die im inneren Verkehre zu 2000 Kauris gerechnet wird. England hat gleichfalls für seine Colonien Silbermünzen zu 1, 2, 5 und 10 Makuten prägen lassen. 1 Makute = ca. 14 kr. rhn. = 4 sgr. preuß. = 20 nkr. öster. Auf der Pfefferküste dienen Kauris (Schlangenkopf-Muscheln, die aus Ostindien hierher kommen) als Münze; außerdem herrscht hier bloßer Tauschhandel; ebenso auf der Zahn- und Goldküste, woselbst große Zahlungen aber auch in Goldstaub, welcher zugewogen wird, gemacht werden. In den dänischen und britischen Niederlassungen auf der Zahn- und Goldküste sind die Kauris (hier auch Voß genannt) als Scheidemünze im Gebrauche. Der Rechnung, welcher die Neger sich hier bedienen, liegt der dänische Thaler, hier Mono genannt, zu Grunde. 1 Mono hat 48 Dame (Stüver), 96 Pah oder Tabo (dänische Schilling) zu 20 Voß oder Kauris, wonach 1920 Kauris auf den Mono gehen; man rechnet denselben aber 25 Procent schlechter als dänisch Curant, daher 100 solcher Thaler = 125 Thaler guineisch. Da nun 11 3/4 thlr. dänisch Curant auf die Cölnische Mark gehen, so gehen beinahe 14 1/2 thlr. guineisch auf dieselbe Mark oder 30,46 Thaler auf 1 Pfund fein; daher 1 Mono = ca. 1 fl. 43 kr. rhn. = 29 4/7 sgr. preuß. = 1 fl. 47 kr. öster.

Für ihre Niederlassungen in Nieder- oder Unterguinea haben die Portugiesen anfänglich ganze, halbe und viertel Makuten, die Makuta zu 50 Reis (s. Lissabon) in Kupfer, später in Silber Stücke zu 12, 10, 8 ꝛc. Makuten prägen lassen. 1 Silber-Makuta ist = ca. 8 kr. rhn. = 2 2/7 sgr. preuß. = 11 3/7 nkr. öster.

2) **Senegambien.** — Außer Barren von Eisen (s. oben), deren man sich als Rechnungsweise bedient, kommen hier auch spanische Piaster im Handel vor, wobei dieselben zu 1 1/4 Barre gerechnet werden sollen.

Maaße und Gewichte. Die Europäer bedienen sich gewöhnlich ihrer eigenen Maaße und Gewichte.

Inländisches Längenmaaß ist der Pik oder Covado (auch Covit, Cubit genannt), mit welchem die Ellenwaaren gemessen werden, = 256 Pariser Linien; zu gleichem Zweck dient auch der Jacktan zu 12 englische Fuß.

Goldgewicht ist die Unze, welche in 16 Theile, Ake, Akis genannt, getheilt wird, = 20,396 Grammen.

Gummi wird mit einem Gefäße, Kantar genannt, gemessen; jedes Schiff bedient sich seines eigenen Kantars, welchen die Gewinnsucht der Käufer nach und nach vergrößert hat. Die dem Rauminhalt entsprechende Gewichtsmenge soll durchschnittlich über 900 Kilogramm betragen.

Haïti, s. Port au Prince.

Halle an der Saale,
Stadt in der preußischen Provinz Sachsen.

Rechnungsart und Münzen, s. Berlin.

Maaße und Gewichte, s. Berlin.

Spiritus wird per preuß. Oxhoft von 180 Quart zu 80 Procent nach Tralles oder, wie man zu sagen pflegt, für 14400 Procent verkauft; rectificirter oder gereinigter Spiritus für 180 Quart zu 90 Procent, oder nominell für 16200 Procent (vgl. Berlin).

Handelsanstalten. Bank-Commandite der preußischen Bank in Berlin, mehrere industrielle Gesellschaften und bedeutende Getreidemärkte.

Hamburg,
freie Stadt.

Rechnungsart und Münzen. Man rechnet nach Mark zu 16 Schillingen zu 12 Pfennigen in zweierlei Währung, nämlich in Bankwährung, namentlich im großen Handelsverkehre und bei der Preisnotirung der meisten Waaren, und in Curantwährung im gewöhnlichen städtischen Verkehre, sowie auch bei der Preisnotirung mehrerer Handelsartikel. Eine ältere Währung bestand in Pfund vlämisch = 7½ Bankmark und noch eine andere in Speciesbanco, welche etwas höher als Bankgeld stand.

Die Bankwährung beruht auf der Einrichtung der hier befindlichen Girobank, welche, als solche, den Zweck hat, den Geldumlauf in der Art zu erleichtern, daß an die Stelle der Zahlung die Uebertragung von einem Conto auf das andere stattfindet. Jeder Großbürger kann sich zu dem Ende ein Conto eröffnen lassen, entweder durch Uebertragung, oder durch Einlagen von Barrensilber (mindestens 982 Tausendtheile fein), wobei die Cölnische Mark (zu 233,85555 Grammen) fein Silber zu 27¾ Bankmark angenommen und ausgegeben wird. Beim Einlegen wird dem Einbringer jedoch für Aufbewahrung und Verwaltung 1 pro Mille abgezogen*). Die Bankmark ist sonach nur ein Rechnungsgeld. Weil 27¾ Einheiten desselben auf die Cölnische Mark gehen, so gehen 59,3316 Bankmark auf das Münzpfund von 500 Grammen. Der Silber- und Zahlwerth der Bankmark ist daher = 53,09 kr. rhn. = 15,17 sgr. preuß. = 0,7585 fl. öster.

Die Curantwährung war früher durch das Grobcurant, d. h. durch Stücke von 2 Mark herab auf ⅛ Mark, von welchen 34 Mark auf die Cölnische Mark fein Silber gingen, repräsentirt. Durch die (provisorische) Münzordnung vom 30. Mai 1856 wurde aber bestimmt, daß der Thaler des 14-Thalerfußes = 2½ Curantmark gelten soll, wodurch Hamburg vom 34- zum 35-Markfuße über-

---

*) Früher wurde die Cölnische Mark fein Silber beim Einbringen zu 27 Mark 10 Schillinge, und bei der Herausnahme von Silber zu 27 Mark 12 Schillinge angerechnet.

gegangen ist*). Obige Münzordnung bestimmt ferner, daß die alten Münzstücke zu 8 und 4 Schillingen auch ferner als Theilstücke der Curantmark, und die 2=, 1= und ¼=Schillingstücke auch ferner als Scheidemünze gelten sollen, endlich, daß geprägt werden sollen:

Hamburger Zweithalerstücke zu 5 Mark (= 2 thlr. preuß.), 900 Tausend= theile fein, Hamburger Curantthaler zu 2½ Mark (= 1 thlr. preuß.), 705 Tausendtheile fein, 8=Schillingstücke, 625 Tausendtheile fein, 4=Schillingstücke, 500 Tausendtheile fein und 1=Schillingstücke im Feingehalt von 250 Tausendtheilen. Bis jetzt sind aber weder einfache noch doppelte Thalerstücke geprägt worden.

Das alte Hamburger Curant ist dem alten Curant Lübeck's gleich, und wird daher auch „lübisch" genannt.

Weil 27¾ Bankmark und 35 Curantmark auf die Cölnische Mark fein Silber gehen, so sind 100 Bankmark = 126¹⁴/₁₁₁ Curantmark; das Bankagio müßte mithin auf 26¹⁴/₁₁₁ Procent stehen; es ist aber, wie aus dem Curszettel hervorgeht (s. unten), schwankend.

Geprägte Hamburger Münzen sind:

Dukaten, 67 Stück auf die rauhe Mark (im Gewicht von einer Cölnischen Mark) und 23½=karatig (979,167 Tausendtheile fein) = 0,34177 deutsche Goldkrone.

Dukaten seit neuerer Zeit, 979 Tausendtheile fein, = 0,34171 deutsche Goldkrone.

Silbermünzen: 2=Markstücke zu 32 Schilling lübisch Curant, gesetzmäßig 36,3472 Stück auf das Münzpfund, = 1 fl. 26⅔ kr. rhn. = 24 sgr. 9⅛ pf. preuß. = 1 fl. 23⅘ nkr. öster.

Markstücke nach Verhältniß.

Halbe Markstücke, 145,3889 auf das Münzpfund, = 21⅔ kr. rhn. = 6 sgr. 2¼ pf. preuß. = 31 nkr. öster.

Viertel Markstücke, 290,7779 auf das Münzpfund, = 10,8 kr. rhn. = 3 sgr. 1 pf. preuß. = 15½ nkr. öster.

Achtel Markstücke, 581,5556 auf das Münzpfund, 5⅖ kr. rhn. = 1½ sgr. preuß. = 7,7 nkr. öster.

Scheidemünzen (seit 1840):

Schilling, 1231,5299 auf das Münzpfund, = 2½ kr. rhn. = 8,8 pf. preuß. = 3,6 nkr. öster.

½=Schilling, 2599,896 auf das Münzpfund, = 1⅓ kr. rhn. = 4,3 pf. preuß. = 1,8 nkr. öster. (Von älteren ½=Schillingstücken 2463,05945 auf das Münzpfund.)

¼=Schilling, 5199,792 auf das Münzpfund, = ⅗ kr. rhn. = 2 pf. preuß = ⁹/₁₀ nkr. öster.

Curssystem.

Amsterdam	k. S. und 3 Monat	40 Mark Banco für	±	36 fl. holl.
Antwerpen	desgl.	100	„	„	„	190 Franken.
Augsburg	3 Monat	100	„	„	„	89 fl. rhn.
Berlin } Breslau }	desgl.	300	„	„	„	150 thlr.

---

*) Das Hamburger Amt Ritzebüttel rechnet gewöhnlich nach Mark, deren 3 auf den Thaler des bisherigen 14=Thalerfußes gehen. Diese Mark wird in 16 Schillinge zu 2 Sechsling eingetheilt.

Bremen	2 Monat	300 Mark Banco für ±	140	thlr.	Gold.
Frankfurt a. M.	3 Monat	100 „ „ „	88	fl.	rhn.
Genua	desgl.	100 „ „ „	196	Lire.	
Leipzig	desgl.	300 „ „ „	150	thlr.	
Lissabon } Porto }	desgl. ±	46 Schill. Banco	1	Milreis.	
Livorno	desgl.	100 Mark Banco „ „	225	Lire.	
London k. S. und 3 Monat ±		13 „ „	1	Liv. Sterl.	
Madrid } Cadix } Bilbao }	3 Monat ±	43 Schill. Banco „	1	Peso.	
Paris k. S. und 3 Monat		100 Mark Banco „ „	190	Franken.	
Bordeaux	3 Monat	100 „ „ „	190	Franken.	
St. Petersburg desgl.		32 Schill. Banco „ „	1	Silberrubel.	
Wien } Triest } Prag }	desgl.	100 Mark Banco „ „	80	fl. öster.	

Wechselrechtliches. Das Einführungsgesetz der im Jahr 1849 in Kraft getretenen allgemeinen deutschen Wechselordnung enthält folgende Zusatz-artikel:

(Zu Art. 37.) Wenn ein Wechsel auf eine fremde Landesmünze, welche hier keinen Umlauf hat, lautet, ohne daß der Aussteller dabei das Wort „effectiv" oder ein gleichbedeutendes gebraucht, oder eine andere Bestimmung über die Art der Bezahlung getroffen hat, so ist die Wechselsumme entweder in der im Wechsel be-nannten Münze oder in Banco nach dem zur Verfallzeit notirten, oder, wenn solche Notirung nicht stattfindet, nach dem sonst geltenden kurzen Curs auf dem haupt-sächlichsten Wechselplatz des Landes, welchem seine Münze angehört, zu bezahlen.

(Zu Art. 39.) Bei einem in Banco zahlbaren Wechsel vertritt die auf denselben gesetzte Anweisung, auf welchem Banco-Conto der Betrag abgeschrieben werden soll (Bank-Indorso), die Stelle der nach Art. 39 der allg. deutschen Wechselordnung vor dem Empfang der Zahlung vorzunehmenden Quittirung des Wechsels.

(Zu Art. 24 und 43.) Ein auf Altona, zahlbar Hamburg, gezogener Wechsel gilt, wenn nicht ein bestimmter in Hamburg wohnhafter Domizilat darauf benannt ist, nicht als Domizilwechsel, und ist daher in Altona zur Zahlung zu präsentiren.

(Zu Art. 56 und 62.) Die in den Art. 56 und 62 der allg. deutschen Wechselordnung enthaltene Vorschrift der Präsentation des Wechsels an die auf den Zahlungsort lautenden Nothadressen gilt auch für Altonaische Nothadressen, welche sich auf einem auf Hamburg gezogenen, sowie für Hamburgische Nothadressen, welche sich auf einem auf Altona gezogenen Wechsel befinden. •

(Zu Art. 62 und 63.) Wenngleich ein Ehren-Acceptant nach Art. 62 und 63 der allg. deutschen Wechselordnung nur verpflichtet ist, sein Accept gegen ihm geschehene Einlieferung des vom Inhaber ordnungsmäßig erhobenen Protestes Mangels Zahlung einzulösen, so bleibt es demselben doch gestattet, nach Maaßgabe des Hamburger Gebrauchs, die Zahlung auf Verfall auch bereits vor erhobenem Protest zu leisten. — Er tritt durch solche Zahlung in die Rechte des Inhabers gegen den Honoraten, dessen Vormänner und den Acceptanten, und hat sodann die zur Ausübung dieser Rechte von der Wechselordnung vorgeschriebenen Förmlichkeiten an Stelle des Inhabers seiner Seits zu erfüllen.

(Zu Art. 92.) Verfällt ein in Banco zahlbarer Wechsel während des Bankschlusses, so ist der nächste Werktag, an welchem die Bank wieder geöffnet ist, der Zahlungstag. — Wechselproteste dürfen nur bis 7 Uhr Abends erhoben werden, es sei denn, daß der Protestat mit der späteren Erhebung sich einverstanden erklärt, was im Proteste zu bemerken ist. — Der Betrag in Disconto genommener Wechsel muß am Tage der Ueberlieferung, der Betrag gekaufter Wechsel auf auswärtige Plätze am nächstfolgenden Werktage bezahlt werden. Gegen den Säumigen findet, mit Vorbehalt eines nach den Umständen einzuleitenden Strafverfahrens, die schleunigste gerichtliche Procedur statt, und kann sofort auf die erste Citation, je nach dem Antrage des Klägers, Realexecution oder Wechselarrest, und zwar ohne Rücksicht auf etwa dawider einzulegende Rechtsmittel, verfügt werden*).

Wechselstempel. Der Stempel von Wechseln auf Hamburg und Altona beträgt:

von Mark Banco	100— 200	eine Gebühr von Mark	—	2 Schill. Curant.
" " "	201— 300	" " " "	—	3 "
" " "	301— 400	" " " "	—	5 "
" " "	401— 800	" " " "	—	10 "
" " "	801—1200	" " " "	—	15 "
" " "	1201—1600	" " " "	1.	4 "

u. s. w. immer für weitere 400 Mark Banco um 5 Schillinge Curant steigend, während Wechsel auf auswärtige Plätze stempelfrei sind.

Die **Wechselcourtage** beträgt von Wechseln auf fremde Plätze für 1000 Mark Banco 1 Mark Curant sowohl von Seiten des Käufers als Verkäufers. — Im Effectenhandel beträgt die Courtage 1‰ in Banco für beide Theile.

Gold-, Silber- und Münzcurse. Per Stück werden notirt vollwichtige Pistolen (dänische, braunschweigische, hannoversche und andere deutsche Goldstücke) oder sogenannte Louisd'or zu 5 thlr. in Gold, holländische und Hamburger Ducaten, Fünffrankenstücke, französische Goldmünzen, englische Sovereigns rc. In Procenten werden Hamburger 1- und 2-Markstücke, 4- und 8-Schillingstücke, lübisch grob Curant rc. notirt. Steht z. B. bei Hamburger Curant (1- und 2-Markstücke) die Zahl 22, so bedeutet dies, daß solches 22 Procent schlechter als Banco steht, daß also 122 Mark Curant für 100 Mark Banco angenommen werden.

Gold und Silber in Barren wird per Hamburger Münzmark oder hiesige Cölnische Mark, welche nur sehr wenig von der preußischen Münzmark (s. Berlin und Cöln) abweicht, notirt. Unter der Rubrik im Curszettel "Gold al marco", "Silber al marco" sind nicht blos Gold- und Silberbarren, sondern auch Gold- und Silbermünzen begriffen, die nach dem Gewicht verhandelt werden. — Zur

*) Hier ist der Ort, den Art. Altona in Beziehung auf Wechselrechtliches dahin zu berichtigen, daß im Jahr 1854 für das Herzogthum Holstein eine provisorische Wechselordnung erschienen ist, welche bis auf einige kleine Local-Abweichungen mit der allgemeinen deutschen Wechselordnung übereinstimmt. Das Nähere hierüber in dem Bande unserer Bibliothek über Wechsellehre von Dr. Oscar Wächter.

Berechnung der Gold- und Silbermünzen beim Verkaufe al marco nimmt man hier den Feingehalt nachstehender Sorten wie folgt an:

Holländische Ducaten	23 Karat	6	Grän.
Oesterreichische Ducaten	23	7	„
Bayerische u. a. Ducaten	23 „	6	„
Oester. Souverainsd'or	21 „	11	„
Englische Sovereigns	21 „	11 ½	„
Neue Lonisd'or	21 „	6	„
Preuß. Pistolen	21 „	7 — 7 ½	Grän.
Andere Pistolen	21 „	6 Grän.	
Franz. Goldmünzen	21 „	6	„
Franz. Fünffrankenstücke	14 Loth	5 — 6 Grän.	

Aeltere mexikanische Piaster, Säulenpiaster (Colonnaten) 14 Loth 6 Grän. Neuere südamerikanische Piaster und nordamerikanische Dollars 14 Loth 5 Grän.

Neuere mexikanische Piaster sind nach Untersuchungen, welche im Jahr 1836 angestellt wurden, durchschnittlich 13 Loth 5 Grän fein befunden worden. — Ist das einer gewissen Stückzahl entsprechende Gewicht bekannt, so ergibt sich das Gewicht der betreffenden Anzahl vollwichtiger Stücke durch Berechnung; wo nicht, so muß gewogen werden. Man nimmt hier an, daß 67 holländische, österreichische, bayerische und andere vollwichtige Ducaten 1 Cölnische Mark, 1000 englische Sovereigns 34 Mark bis 34 Mark 1 Loth, 1000 deutsche Pistolen 28 Mark 5 ½ bis 6 ½ Loth, 100 österreichische Souverainsd'or 4 Mark 12 Loth wiegen ꝛc.

Cursnotirung der Staatspapiere. Außer mehreren, im Handel wenig oder gar nicht vorkommenden Hamburger Obligationen von älteren Anleihen werden notirt die 3 ½-procentigen Obligationen der Hamburger Feuercassenanleihe von 1842, welche auf 1000 und 2000 Mark lauten, per 100 nominell, und die Loose zu 100 Mark der Staatsprämien-Anleihe für öffentliche Bauten von 1845. Die Curse der in großer Anzahl im Curszettel vorkommenden fremden Obligationen werden in Procenten, und diejenigen der Loose per Stück notirt. Die Curse der Obligationen sind in der Valuta derselben zu verstehen und die Umrechnung in die hiesige Valuta geschieht nach folgenden festen Verhältnissen:

1 Liv. Sterl.	= 14 Mark Banco		(englische Anleihe).
1 Peso (Piaster)	„ 3	„	(spanische Anleihe).
1 Dollar	„ 3	„	1 ½ Schill. (nordamerf. Anl.).
1 Thaler	„ 2	„	(Anl. in Thalern des 30-Thalerfußes).
1 Silberrubel	„ 36 Schill. Banco		(russische Anleihe).
1 Speciesthaler	„ 3 Mark Banco		(schwedische Anleihe).
186 Lire nuove	„ 100	„	(sardinische Anleihe).
35 fl. holl.	„ 40	„	(holl. Anleihe).
186 Franken	„ 100	„	(belgische Obligationen).

Für die österreichischen Obligationen geschieht die Reduction auf Bankvaluta nach dem Tagescurse auf Wien für kurze Sicht.

Maaße und Gewichte. Nach der revidirten Verordnung der Hamburgischen Maaße und Gewichte vom 8. Juli 1858 sind solche wie folgt: Längenmaaße: Der Fuß zu 12 Zoll = 127,036 Parif. Linien. — Die Elle = 2 Fuß. — Nach obiger Ordnung sind 508 brabanter Ellen = 613 Hamburger Ellen. Im Verkehr rechnet man 5 brabanter Ellen = 6 Hamburger

Ellen und 4 brabanter Ellen = 3 engl. Yards. Die Klafter = 6 Fuß. —
Die Brennholzklafter = 6⅔ Fuß hoch und eben so breit bei 2 Fuß Klobenlänge.

Feldmaaß: Der Morgen = 600 Marschquadratruthen oder 117600 Hamburger Quadratfuß = 96,577 franz. Aren.

Flüssigkeitsmaaße: Das Fuder hat 6 Ohm zu 4 Anker oder 5 Eimer oder
20 Viertel zu 2 Stübchen zu 2 Kannen zu 2 Quartier zu 2 Oesel. Das
Stübchen oder 2 Kannen = 266 Hamburger Cubikzoll = 3,61 Liter; daher die
Ohm = 144,4 Liter.

Bei französischen Weinen rechnet man 1 Oxhoft = 1½ Ohm = 6 Anker
= 30 Viertel. — 4 Oxhoft werden ein Faß oder Tonneau, die Ohm auch Tierce
genannt. — In Hamburg pflegt man auch die Velte von Bordeaux (f. d. Art.)
Viertel zu nennen; das Viertel, nach welchem in Hamburg fremde Weine, Branntwein, Rum ꝛc. verkauft werden, ist aber um ca. 5 Procent kleiner, als die Velte
von Bordeaux. — Das Rheinwein-Viertel, nach welchem deutsche Weine verkauft
werden, soll nur 7,12 Liter (anstatt 7,22 Liter) enthalten (Nelkenbrecher).

Die Biertonne = 48 Stübchen = 192 Quartier. — Die Schmaltonne
(für Bier) von 128 Quartier wird in der revidirten Verordnung nicht angeführt.

Die Essigtonne = 30 Stübchen.

Die Thrantonne enthält 8520 Hamburger Cubikzoll = ca. 116 Liter.
Die alte Thrantonne zu 6 Stechkannen (Steekan) zu 16 Mengel, wird in der
revid. Verordnung nicht angeführt. 1 Mengel wiegt 2⅓ alte Hamburger Pfund
(von 484,12 Grammen); die alte Tonne hält daher nach dem Gewicht 224 alte
Pfund. — 2 Thrantonnen = 1 Quarteel.

Getreidemaaß: Die Last hat 60 Faß; das Faß hat 2 Himten zu 4 Spint
zu 4 große Maaß zu 2 kleine Maaß. Das Faß enthält nach der revid. Verordnung 4035½ Hamburger Cubikzoll und ist gesetzlich dem preußischen Scheffel
gleich (f. Berlin). — Der Himten = 27,48 Liter. — Der Wispel bedeutet bei
Waizen, Roggen und Erbsen 20 Faß, bei Gerste und Hafer 30 Faß. — Der
Scheffel bedeutet bei Waizen, Roggen und Erbsen 2 Faß, bei Gerste und Hafer
3 Faß; es gehen daher 10 Scheffel auf den Wispel. — 1½ Last Gerste ist
1 Stock.

Die Last wird in der Praxis zu 31 bis 31½ Hektoliter gerechnet (ist aber,
den Himten zu 27,48 Liter gerechnet, = 32,97 Hektoliter).

Salzmaaß: Die Salztonne = 12100 Hamburger Cubikzoll = 164,8 Liter.

Steinkohlenmaaß: Die Steinkohlentonne enthält, gestrichen, 16438 Hamburger Cubikzoll = 223,87 Liter.

Kalkmaaß: Die Kalktonne hat 6 Himten oder 3 Faß des Getreidemaaßes.

Handelsgewicht: Nach der revid. Verordnung das Zollpfund zu 10 Neuloth
zu 10 Quint zu 10 Halbgramm, = 500 Grammen. — Der Centner wird zu
100 Pfund gerechnet. — Aeltere Gewichte: Der Centner = 112 Pfund; das
Pfund zu 32 Loth zu 4 Quentchen zu 4 Pfenniggewicht = 484,12 Grammen.
Das Schiffspfund = 20 Liespfund zu 14 Pfund = 280 Pfund. Für Wolle
und Federn der leichte Stein von 10 Pfund; für Flachs der schwere Stein =
20 Pfund. — 1 Hamburger Schiffslast oder Commerzlast = 3 Tonnen zu 2000
Pfund. — Die Befrachtungen nach England werden per englisches Ton von 2240
engl. Pfund (Avoirdupois) = 20 engl. Centner oder von 40 engl. Cubikfuß
bedungen; nach Amerika und Asien ebenfalls für das Ton von 40 Cubikfuß oder
für die Last von 80 Cubikfuß.

Bank=, Gold=, Silber=, Münz= und Probirgewicht ist nach der revidirten Verordnung die hiesige Cölnische Mark, welche = 233,703 Grammen. Die Bankmark Silber wird in 16 Lothe zu 18 Grän, das Loth in ¹/₁₆ Loth zu 256 Richtpfennige getheilt; die Bankmark Gold wird in 24 Karat zu 12 Grän getheilt. Die Anwendung des decabischen Systems besteht für die Bestimmung des Feinge=haltes der edlen Metalle und ist für deren Gewicht auf Anordnung der betreffenden Behörde zulässig.

Medicinalgewicht: Als Medicinalgewicht dient (nach der revib. Verordnung) unter Wegfall eines besonderen Medicinalpfundes die Unze in der Schwere von 6 Quint = 30 Grammen (daher das Medicinalpfund zu 12 Unzen = 360 Grammen = dem neuen Nürnberger oder bayerischen Medicinalpfund).

Juwelen und Perlengewicht: Das holländische Juwelen=Karat in der Schwere von 0,411788 Halbgrammen oder 20,5894 Centigrammen (vgl. Einleitung, S. 12).

Stückgüter. Stabholz wird verkauft pr. 100 Stück oder auch pr. Groß=tausend zu 1200 Stück, mehrentheils aber pr. Ring zu 4 Schock zu 62 Stäbe von folgenden Dimensionen: Pipenstäbe 5 Fuß; Oxhoftstäbe 4 Fuß; Faßstäbe, ganze 4¹/₂, halbe 3¹/₂ Fuß; Tonnenstäbe 2²/₃ Fuß und Bodenstäbe wenigstens 2 Fuß lang, 1 bis 1¹/₂ Zoll und darüber dick und 4 bis 5 Zoll und darüber breit. Die 2 Ueberstäbe pr. Schock sind für den etwa vorkommenden Brack oder Ausschuß. — Eichene Bohlen und Planken werden nach Schocken zu 60 Krawelen

verkauft und $\frac{2\frac{1}{2} \quad 3 \quad 3\frac{1}{2} \quad 4 \quad 4\frac{1}{2} \quad 5 \quad \text{Zoll dick}}{24 \quad 15 \quad 12 \quad 10 \quad 9 \quad 8\frac{1}{3} \; \text{Zoll lang}}$ für je 1 Krawele gerechnet.

Die Schiffslast Stabholz hat 1200 Pipen=, oder 1800 Oxhoft=, oder 2400 Ton=nen=, oder 3600 Bodenstäbe.

1 Webe Leinen = 72 Hamburger Ellen.

Die Last Lüneburger Salz und aller andern Waaren, welche nach Tonnen gemessen werden (Heringe, Thran, Theer ꝛc.) bedeutet 12 Tonnen. Die Lüneburger Tonne wird im Gewichte zu 400 Hamburger Pfund, im Rauminhalte zu 8 Himten gerechnet. — 12 Lüneburger Tonnen Salz sind in Hamburg 16 Tonnen. — Die Last spanisches, portugiesisches, englisches, französisches und anderes grobes Salz wird zu 18 Tonnen gerechnet, und im Gewicht zu ca. 4800 Pfund.

Platzgebräuche. Im Zuckerhandel gelten seit 1853 folgende Tara=Usanzen:

Zucker, roher, brasil. und westindischer, in Fässern und Quarten
　　ohne Rücksicht auf deren Größe und Gewicht (früher 18,20
　　und 22 Proc.) . . . . . . , ... 14 Procent.
Brasil., weißer, in Kisten (wie früher) . . . . 16　„
Brasil., brauner, in Kisten (wie früher) . . . . . 18　„
Havanna und Cuba, weißer, in Kisten (wie früher) . . . 65 Pfund.
Havanna und Cuba, gelber und brauner, in Kisten (wie früher) 70　„
Brasil., in Säcken (früher 12 Proc.) . . . . 4 Procent.
Bei doppelten Säcken wird das Gewicht des äußeren Sackes,
　　ermittelt nach dem Durchschnitt von 10 Säcken, gerechnet.
Java, in Körben und Kranjangs*) (wie früher) . . . . 12　„

---

*) Siehe die Note zum Art. Amsterdam.

Manilla, chinesischer und sonstiger ostindischer, in Säcken und
Matten (früher 12 Proc.) . . . . 5 Procent.

Raffinirter Zucker wird jetzt mehrentheils in Schillingen banco ohne Rabatt
verkauft; es kommt aber auch noch die ältere Notirung vor, nämlich in Grot
vlämisch (32 Grot vlm. = 1 Mark banco) per Pfund mit 8⅔ Proc. Rabatt
(auf Hundert, d. h. statt 108⅔ wird gerechnet 100, und nicht 91⅓ statt 100)
auf Rohzucker, und 4⅔ Proc. (ebenfalls auf Hundert) auf Raffinade. — Rohzucker
wird per 100 Pfund mit 1 Proc. Gutgewicht, und raffinirter pr. 1 Pfund mit
½ Proc. Gutgewicht verkauft.

Usanzen im Getreidehandel (seit 1850): Bei Geschäften in loco bedeutet
der Zusatz „circa" bei der abgeschlossenen Menge 3 Procent mehr oder weniger
zu Gunsten des Verkäufers. Bei Lieferungsgeschäften „hierher" hat das circa
dieselbe Bedeutung. Für auswärtige Lieferungsgeschäfte gelten 5 Procent mehr
oder weniger zu Gunsten des Käufers, wenn das Quantum „circa" gekauft ist.
— Auf Lieferung im Frühjahr heißt: spätestens ben 15. März disponibel. Wenn
die Schifffahrt nicht 14 Tage vor dem stipulirten Abladetermine am Abladeplatze
eröffnet ist, so wird derselbe bis 14 Tage nach daselbst wiederhergestellter Schifffahrt ausgedehnt. — Die Preise des Getreides (Saalgerste allein ausgenommen)
werden nach Gewicht notirt. Wenn das Getreide in Säcken geliefert wird, so hat
der Verkäufer die Säcke, in welchen das Getreide gewogen wird, zu liefern; wird
das Getreide aber lose geliefert, so ist der Käufer berechtigt, die Säcke zu liefern.
Die Säcke, in denen das Getreide gewogen wird, dürfen nicht über 60 Pfund
und nicht unter 45 Pfund per Last schwer sein; widrigenfalls wird, im ersteren
Falle das Mehrgewicht der Säcke dem Käufer, im letzteren Falle das Mindergewicht dem Verkäufer vergütet.

Im Butterhandel wird (seit 1852) der Preis für Butter entweder per
Hamburger Pfund netto in Schilling Curant oder per Tonne zu 224 Hamburger
Pfund netto in Thaler zu 3 Curantmark bedungen. Das Bankagio beträgt
27 Proc., der Decort (Abzug) 1 Proc. — Beim Einkauf wie beim Verkauf von
Butter gilt nur reine Tara, namentlich für dänisches, schleswig'sches, holstein'sches,
lauenburgisches und mecklenburgisches Produkt.

Usanzen für Geschäfte in rohem Rüböl (seit 1850): Es steht dem Verkäufer
frei, das in der Nota genannte Quantum, in runden 100 Centnern, in beliebigen
Parthieen zu liefern, deren jede nicht unter 100 Centner groß sein darf. Wenn
eine einzelne Parthie von 100 oder mehreren 100 Centnern Ueber- oder Unter-
gewicht liefert, so sollen 250 Pfund über oder unter nicht präjudiciren. Wird
eine Parthie geliefert, bei der die Differenz mehr oder weniger als 250 Pfund
beträgt, so hat der Käufer sich zu erklären: (bei Uebergewicht) ob er die ganze
Differenz zurückgeben oder zum Marktpreise behalten will, oder aber (bei Unter-
gewicht) ob er die ganze Differenz sofort nachgeliefert oder zum Marktpreise regulirt verlangt. — Gutes klares Rüböl muß mindestens 37½ Grad nach Stoppani
halten. — Sollte dasselbe nur 37 Grad halten, sonst aber in Qualität untadel-
haft befunden werden, so muß es zwar empfangen, aber eine, für den Minder-
fettgehalt zu tarirende Vergütung zugestanden werden. Rüböl unter 37 Grad
wiegend kann der Käufer refüsiren, andere contractmäßige Waare ist dafür indeß
sofort zu liefern oder zu empfangen.

Usanzen beim Tabakshandel (seit 1840): Die Tara für Tabak wird folgendermaaßen bestimmt:

Blätter in Fässern		reine Tara.
Stengel do.		do.
Havanna		reine Tara (nach 5
Cuba		bis 10 Colli aus
St. Domingo		jeder größern Par-
Columbischer		thie durchschnittlich
		zu reguliren.
Barinas, Rollen und Blätter in Körben	12	Pfd. pr. Korb.
Brasil, Rollen große	16	Pfd. pr. Rolle.
do. do. kleine	8	Pfd. do.
do. Blätter in Leder	5	Proc.
do. do. in Leinen	2	„
Portorico do. do.	2	„
Amerikanischer Kautabak in Fässern	16	„
do. do. in Kisten	20	„
Holländ. in Körben mit 2 Matten, bis 600 Pfd. Bto. incl.	30	Pfd.
do. do. do. über 600 Pfd. Bto.	40	„
do. in Matten	3	Proc.
do. in Leinen	2	„
Mecklenburger und Ukermarker in Leinen	2	„
do. do. in Matten	3	„
Nürnberger	2	„
Ungarischer und türkischer	4	„
Ukrainer und Saratoff	8	Pfd. pr. Packen.
Stengel amerk. in Packen, nur mit Stricken . . .	1	Proc.
do. do. do. in Leinen	2	„
do. do. do. in Leinen und Stricken .	3	„
do. do. do. mit Stricken und Stäben	4	„
do. do. do. mit eisernen Bändern und Stäben	5	„
do. spanische, französische und holländische in Seronen	20	Pfd. pr. Serone.
do. do. do. do. in Körben	40	Pfd. pr. Korb.
do. do. do. do. in Ballen mit Tau	2	Proc.
do. do. do. do. in Bündeln	1	„
do. do. do. do. in Leinen	2	„
do. do. do. do. in Leinen mit Tau	3	„

Der bei vielen Sorten früher übliche Abzug von ¹/₂ Proc. für Abschlag und ¹/₂ Proc. für Proben ist abgeschafft und ersterer wird, wie bei andern Waaren üblich, regulirt. Das Gutgewicht ist ¹/₂ Proc., wenn der Preis per Pfund, und 1 Proc., wenn derselbe per 100 Pfund bestimmt wird.

Bei Havanna-, Cuba- und Domingo-Tabak in Puppen wird für den um die Puppen gewickelten Bast 1 Proc. vergütet; bei mecklenburger Tabak ist für Bindfaden ¹/₂ Proc. vom Nettogewicht zu berechnen. — Auf alle Sorten wird 1 ¹/₂ Proc. Decort für baare Zahlung eingeräumt, und in allen Fällen, wo Tabak oder Cigarren in Curant behandelt werden, das Bankagio auf 25 Procent fest- gesetzt.

Im Theehandel sind seit 1854 die Tara-Usanzen abgeschafft, und es gilt nur die reine Tara. Die Tarirung der Kisten geschieht nach Vorschrift von besonders dazu angestellten Tarirern.

Usanzen im Baumwollhandel (seit 1855): Für Baumwolle in Ballen, Packen und Säcken aller Art beträgt die Tara 4 Proc.; für Ballen und Packen, welche mit mehr oder weniger Stricken geschnürt sind, wird für diese Stricke 1 Proc. extra gerechnet. — Super-Tara findet nicht Statt. Ausnahme: für Macedonische Baumwolle in härener Emballage beträgt die Tara 7 Proc. ohne Stricke. — Das Gutgewicht ist ½ Proc. — Bei nordamerikanischen Sorten wird dem Käufer eine feste Refactie von ¾ Proc. vergütet. — Wenn die Waare „telle quelle" oder „franco Refactie" verkauft ist, so muß der Käufer sie so empfangen, wie sie ist, ohne weiteren Abzug. — Zuerst wird vom Brutto-Gewicht die Refactie, darauf das Gutgewicht und zuletzt von dem übrigen Brutto-Gewicht die Tara abgezogen. — Zur Bezeichnung der Qualität für nordamerikanische Sorten gelten die Liverpooler Benennungen. — Der Preis wird per Pfund in Schilling banco bedungen und die Zahlung geschieht in Banco mit 1 Proc. Decort. Im Terpentinöl-Handel ist seit 1853 die Usanz von 120 Pfund Tara per Oxhoft Bayonner Terpentinöl abgeschafft, und statt dessen die französische Tara in Hamburger Gewicht angenommen worden.

Twist wird nach dem englischen Bündel von 1 engl. Pfund, Strickgarn nach dem Bündel von 10 englischen Pfund und in englischer Valuta (Schillingen und Pence Sterling) verkauft, und es wird die Kaufsumme nach dem 2-Monat-Curse auf London am Verkaufstage in Hamburger Bankvaluta reducirt. Dasselbe gilt überhaupt im Handel mit englischen Manufakturwaaren.

Spiritus wird per 30 Viertel von 80 Proc. Tralles verkauft und zwar in Thalern Curant, wobei die Curantwährung zu 27 Proc. in Bankvaluta reducirt wird. (Vergl. den Artikel Berlin, Seite 67).

Die Preise der meisten Waaren werden in Bankvaluta notirt; für diejenigen Artikel, deren Preise auf Curantvaluta lauten, wird in der Regel zu 27 Proc. in Bankvaluta reducirt; eine Ausnahme findet bei Tabak und Cigarren statt (s. oben).

Die meisten Verkäufe geschehen gegen baare Zahlung, mitunter auch auf 2 Monate Ziel (selten auf andere Zeit). Bei Käufen gegen baare Zahlung wird dem Käufer in der Regel 1 Proc. Decort gestattet. (Ausnahmen hievon s. oben).

Die Courtage wird in der Regel vom Verkäufer allein entrichtet; sie beschränkt sich aber selten auf die in der Mäklerordnung bestimmten Sätze für die einzelnen Artikel, weil gewöhnlich eine höhere beansprucht und vom Verkäufer bewilligt wird, um den Vorzug beim Absatz zu erhalten.

Die Provision bei Waareneinkäufen nach Deutschland wird in der Regel zu 1½ Proc., nach überseeischen Plätzen zu 2 Proc., Verkaufsprovision zu 2 Proc., Delcredere zu 1 Proc., Assecuranzbesorgungen zu ⅓ Proc. berechnet.

Handelsanstalten ꝛc. Die im Jahr 1619 gegründete Girobank (siehe oben) macht auch Vorschüsse auf spanische Piaster und einige andere grobe Silbersorten, sowie auch auf Gold in Barren und einige Goldmünzsorten. — Seit 1853 ist das Minimum des Feingehalts eingelieferter Silberbarren 982 Tausendtheile. — Die „Hamburger Vereinsbank" besaßt sich mit dem Discontiren und Negociren von Wechseln, dem Ein- und Verkauf von edlen Metallen in gemünztem und ungemünztem Zustande, so wie mit Belehnung von Werth-

papieren, mit Ausnahme ihrer eigenen Actien. Sie eröffnet Jedem, der darauf
anträgt, ohne Provisionsvergütung ein Conto in ihren Büchern, auf dem ihm
ein- und ausgehende Gelder zu- und abgeschrieben werden. Die Zahlungen
geschehen in gedruckten Anweisungen, den in England üblichen Checks ähnlich.
Alle diejenigen, welche ein Conto bei der Bank haben, können ihre Accepte bei
derselben zahlbar machen. Gelder, die den Kunden der Bank zugeschrieben
werden, können von ihnen noch denselben Tag anderen Kunden der Bank übertragen werden. Die Bank kann Werthgegenstände aller Art zur Bewahrung annehmen. Sie befaßt sich außerdem mit allen anderen Arten des regelmäßigen
soliden Bankgeschäfts. (Statuten). Diese Bank ist im Jahr 1856 mit einem
Kapital von 20 Mill. Bankmark in Actien zu 200 Bankmark gegründet worden.
Von dem sich aus der Jahresbilanz ergebenden Gewinn werden zunächst den Aktio-
nären bis zu 4 Procent Zinsen pro Anno gezahlt. Von den Ueberschüssen werden
dann 1) 10 Procent zum Reservefonds gelegt, bis derselbe eine Million Bankmark erreicht. Nach Eintritt dieses Zeitpunktes bestimmt die Generalversammlung
über die fernere Verwendung dieser 10 Procent. Wird der Reservefonds angegriffen, so ist er wieder bis auf 1 Mill. Bankmark zu ergänzen. 2) 10 Procent
erhält die Direktion als Honorar zur Vertheilung unter ihre Mitglieder nach
eigenem Ermessen. 3) 10 Procent der Geschäftsführer und sämmtliche Beamte
der Bank, nach Bestimmung der Direktion und 4) die übrigen 70 Procent werden
unter die Actionäre als Dividende vertheilt. — Die im Jahr 1856 gegründete
„Norddeutsche Bank in Hamburg" betreibt dieselben Geschäfte wie obige Vereinsbank, außerdem gibt sie Noten aus und ist befugt, Anleihen und Geldgeschäfte
für Staaten, Gemeinden, Korporationen oder Gesellschaften zu vermitteln oder
selbst, ganz oder theilweis zu übernehmen, sowie sich bei neu zu begründenden
Gesellschaften zu betheiligen. Vom Reingewinn werden 5 Procent zur Bildung
des Reservefonds zurück gelegt; den Ueberschuß erhalten die Actionäre bis zu 4
Procent des Actienkapitals ungeschmälert. Uebersteigt der Reingewinn die so zu
verwendende Summe, so kommt der Mehrbetrag wie folgt zur Vertheilung: Als
Tantieme werden 10 Procent dieses Mehrbetrags unter die Beamten der Bank,
und der Rest mit den 4 Procent unter die Actionäre als Dividende vertheilt.
Die Größe des Reservefonds wurde vorläufig auf den zehnten Theil des Actienkapitals von 20 Millionen Bankmark festgestellt. Die Dauer der Bank ist auf
99 Jahre bestimmt. — Außerdem gibt es hier eine Menge von Actienanstalten
für Dampfschifffahrt, Eisenbahnen, Fabrikgeschäfte, See- und Fluß-Versicherungen ꝛc.,
sowie mehrere Handelsvereine und städtische Handelsanstalten. — Ein Wollmarkt
wird jährlich im Juni abgehalten und dauert drei Tage. Die Wolle wird per
Stein von 22 Hamburger Pfund verkauft und die Zahlung muß in harten Thalern preuß. Curant geleistet werden.

Hanau,
Hauptstadt der kurhessischen Provinz Oberhessen.

Rechnungsart. Während in der Provinz Niederhessen, worin Kassel
liegt, nach Thalern des 30-Thalerfußes gerechnet wird, rechnet man in der Provinz Oberhessen in Gulden des 52½-Guldenfußes.

Im Wechselverkehr richtet man sich nach Frankfurt am Main.

Wechselrechtliches s. Kassel.

Maaße und Gewichte. Längenmaaße. Der Fuß oder Schuh zu 12 Zoll zu 12 Linien = 127,18 Pariser Linien. — Die Elle = 241,06 Pariser Linien. — Die hiesige Brabanter Elle = 307,96 Pariser Linien. Feldmaaß: Die Längenruthe wird in 10 Schuh zu 10 Zoll eingetheilt; sie ist = 1582,345 Pariser Linien. — Die Quadratruthe = 12,74133 Quadrat-Meter oder Centi-Aren. Dieselbe wird in 10 Schichtschuh zu 10 Schichtzoll eingetheilt. *) — Der Morgen hat 4 Viertel oder 160 Quadratruthen und enthält 20,386 Aren.

Holzmaaß: s. Kassel.

Flüssigkeitsmaaß: Das Fuder hat 6 Ohm, die Ohm 20 Viertel oder 80 alte Maaß, die Maaß 4 Schoppen. Das Viertel hält 746,15 Centiliter und die alte Maaß daher 186,54 Centiliter; daher die Ohm 149,23 Liter. — Mit der alten Maaß werden auch Oel und Milch gemessen. — Die junge Maaß oder Wirthsmaaß hat 4 Schoppen und hält 160,89 Centiliter. — 69 alte machen 80 junge Maaß. — 99 Hanauer alte Maaß sind = 103 Frankfurter alte Maaß. — 1 Hanauer junge Maaß = 1 Frankfurter junge Maaß.

Getreidemaaß: Das Malter hat 4 Simmer oder 16 Sechter oder 64 Gescheid. — Das Simmer = 3053 Centiliter; daher das Malter 122,12 Liter. — 94 Hanauer Malter = 100 Frankfurter (gestrichene) Malter.

Kohlenmaaß und Kalkmaaß: Die Kohlenbütte soll 5 Simmer, folglich 152,63 Liter halten. Die Kalkbütte ist am Inhalt der Kohlenbütte gleich. — 93 Hanauer Bütten = 100 Frankfurter Kalkbütten.

Gewicht: Das Handelsgewicht ist das Zollgewicht (siehe Berlin). Die seitherigen Schwermaaße sind wie folgt. Der Centner (von 100 Pfund) Hausgewicht = 108 Pfund Frankfurter Silbergewicht (das alte Frankfurter Pfund Silbergewicht oder Leichtgewicht = 467,914 Grammen). Der Centner (von 100 Pfund) Kaufmannsgewicht der Stadtwaage = 109 1/16 Pfund Silbergewicht. — Der Centner Wollgewicht hat 5 Kleuth, oder 90 Pfund Wollgewicht, welche = 112 1/2 Pfunde Silbergewicht sind. — Der Centner von 100 Pfund Heugewicht = 120 Pfund Silbergewicht. — Der Centner Fettgewicht = 118 3/4 Pfund Silbergewicht. — Der Centner Buttergewicht = 110 Pfund Silbergewicht. — Der Centner Fleischgewicht = 103 1/4 Pfund Silbergewicht. — Das Brodgewicht ist das Silbergewicht. — Das Malter Mehl wird zu 140 Pfund Mehl- oder 144 Pfund Silbergewicht gerechnet.

Apothekergewicht ist das alte Nürnberger.

Hannover,
Hauptstadt des Königreichs Hannover.

Rechnungsart und Münzen. Man rechnet seit 1858 nach Thalern zu 30 Groschen zu 10 Pfennigen im 30-Thalerfuße. — Aeltere Rechnungsarten, im Verkehr noch üblich, sind der Thaler zu 24 Gutegroschen zu 12 Pfennigen, von 1817 bis 1834 im Conventionsfuß, 13 1/3 Thaler auf die Cölnische Mark, und von 1834 bis 1857 im 14-Thalerfuße; ferner der Thaler zu 36 Mariengroschen zu 8 Pfennigen wie in Braunschweig (s. diesen Art.) **).

---

*) Der Fischen- oder Schichtschuh besteht in einer Ruthe die 10 Schuh lang und 1 Schuh breit ist, und daher 10 wirkliche Quadratschuh enthält.
**) In Wechselgeschäften kommt auch häufig die Rechnung nach Thalern Louisd'or (zu 5 Thaler), wie in Bremen, vor.

Geprägte Münzen sind:

Aeltere Tucaten zu 2⅚ Thaler Goldvaluta, Feingehalt 23 Karat 8 Grän; Werth = 0,34419 deutsche Goldkrone.

Georgd'or zu 5 Thaler Goldvaluta; Feingehalt 21 Karat 8 Grän; Werth = 0,6032 deutsche Goldkrone.

Doppelte Georgd'or von 1825, nach einer im Jahr 1831 angestellten Münzprobe, Feingehalt durchschnittlich 21 Karat 2¾ Grän; Werth = 1,17483 deutsche Goldkrone.

Doppelte Georgd'or von verschiedenen Jahren, mit Ausnahme derjenigen vom Jahr 1825 durchschnittlich befunden 21⁵⁄₁₂ karatig; Werth = 1,18565 Goldkrone.

Nach dem Gesetz vom 8. April 1834:

Pistolen (Wilhelmd'or), zu 5 Thaler Goldvaluta, Feingehalt 21 Karat 6 Grän; Werth = 0,59572 deutsche Goldkrone.

Doppelte Pistolen gesetzmäßig 21½-karatig; Werth = 1,19144 deutsche Goldkrone. Doppelte Pistolen der neueren Prägung von 1834 bis 1840 haben zufolge angestellter Münzprobe durchschnittlich 21 Karat 5,63 Grän Feingehalt. Doppelte Ernst-Augustd'or haben zufolge einer im Jahr 1840 angestellten Münzprobe durchschnittlich 21 Karat 5,76 Grän Feingehalt.

Nach Münzgesetz vom Jahr 1857:

Ganze und halbe Kronen, Vereinshandelsmünze, gesetzmäßig 900 Tausendtheile fein.

Silbermünzen nach dem Reichsfuß vom Jahr 1738:

Alter kurhannöverischer Speciesthaler, 888,8 Tausendtheile fein, = 2 fl. 43 kr. rhn. = 1 thlr. 16 sgr. preuß. = 2 fl. 33 kr. öster.

Dergleichen Gulden oder ⅔-Thalerstücke, 750 Tausendtheile fein, = 1 fl. 21 rhn. = 23 sgr. 4 pf. preuß. = 1 fl. 16 kr. öster.

Feine ⅔-Thalerstücke, 993,05 Tausendtheile fein.

Nach dem Conventionsfuße seit 1817:

Gulden oder feines ⅔-Stück, Feingehalt 993,056 Tausendtheile, = 1 fl. 13⅔ kr. rhn. = 21 sgr. preuß. = 1 fl. 5 kr. öster.

⅙-Thalerstücke, 4 Gutegroschen oder 6 Mariengroschen, 500 Tausendtheile fein, = 18 kr. rhn. = 5 sgr. 3 pf. preuß. = 26 nkr. öster.

¹⁄₁₂-Thalerstücke, 2 Gutegroschen oder 3 Mariengroschen, 437,5 Tausendtheile fein; = 9 kr. rhn. = 2 sgr. 7 pf. preuß. = 13 nkr. öster.

Nach dem Gesetz vom Jahr 1834:

Doppelthaler oder 3½-Guldenstücke, 900 Tausendtheile fein, = 3 fl. 30 kr. rhn. = 2 Thaler preuß. = 3 fl. öster.

Thaler, 750 Tausendtheile fein, = 1 fl. 45 kr. rhn. = 1 thlr. preuß. = 1 fl. 50 kr. öster.

Thaler aus feinem Silber (1834—1840), 993,056 Tausendtheile fein, = 1 fl. 45 kr. rhn. = 1 Thaler preuß. = 1 fl. 50 kr. öster.

⅙-Thaler oder 4 Gutegroschen, 520,83 Tausendtheile fein, = 17½ kr. rhn. = 5 sgr. preuß. = 25 nkr. öster.

¹⁄₁₂-Thaler oder 2 Gutegroschen nach Verhältniß.

Scheidemünze: Gute Groschen, 6-Pfennig- und 4-Pfennig-Stücke.

Nach dem Gesetz vom Jahr 1857.

Zweithalerstücke (2 Vereinsthaler), 900 Tausendtheile fein, = 3 fl. 30 kr. rhn. = 2 Thlr preuß. = 3 fl. öster.

Thaler (Vereinsthaler) nach Verhältniß.

¹⁄₆-Thaler zu 5 Groschen, 520 Tausendtheile fein, = 17½ kr. rhn. = 5 sgr. preuß. = 25 nkr. öster. — ¹⁄₁₂-Thalerstücke, nach Verhältniß.

Scheidemünze: Groschen- und halbe Groschenstücke.

In Kupfer: Pfennige und Doppelpfennige.

Papiergeld. Kassenscheine der Stadt Hannover zu 1, 5 und 10 Thaler.

Wechselcurse werden hier nicht notirt; man richtet sich theils nach dem Bremer, theils nach dem Berliner und Leipziger Curszettel.

Wechselrechtliches. Die allgemeine deutsche Wechselordnung ist seit 1849 eingeführt. Laut Einführungsgesetz ist die Personalhaft außer den im Art. 2 der deutschen Wechselordnung aufgeführten Fällen unstatthaft: 1) gegen die während der Dauer einer Versammlung der allgemeinen Stände anwesenden Mitglieder derselben; 2) gegen Militärpersonen im wirklichen Dienst, einschließlich der Auditore, Aerzte, Commissariats- und Rechnungsbeamten des Heeres; 3) gegen Civilstaatsdiener im activen Dienste, sofern sie nicht Handel oder Gewerbe treiben; 4) gegen ordinirte Geistliche. — Außerdem haben Wechselforderungen im Concurse kein Vorzugsrecht.

Münzcurse. Von fremden Münzen cursiren hier hauptsächlich braunschweigische, dänische, sächsische ꝛc. Pistolen zu 5 Thaler Gold und mit 8 bis 12 Procent Agio; preußische Friedrichs'dor, welche seltner vorkommen, werden gewöhnlich zu 5²⁄₃ Thaler berechnet; außerdem werden per Stück notirt holländische und französische Goldmünzen, österreichische Souverainsd'or und englische Sovereigns.

Staatspapiere. Hannöverische Obligationen, welche fast nur auf der Hamburger und Bremer Börse vorkommen, sind theils ältere 3½-procentige, theils neuere zu 3½, 4, 4¹⁄₃ und 5 Procent, welche von Anleihen zum Behufe der Eisenbahnbauten herrühren und theils auf Curant, theils auf Gold (Pistolen zu 5 Thlr.) und theils auch auf Liv. Sterl. lauten, wobei letzteres zu 6²⁄₃ Thlr. berechnet wird.

Maaße und Gewichte. Das im Jahr 1836 für das Königreich Hannover angeordnete gleichförmige Maaß- und Gewichtswesen ist wie folgt.

Längenmaaß: Der Fuß zu 12 Zoll zu 12 Linien = 129,4844 Pariser Linien. — Die Elle = 2 Fuß = 258,9688 Pariser Linien.

Garnmaaß: In den meisten Ortschaften das Lopp zu 10 Gebind zu 90 (auch wohl nur 82—87) Faden, zu 3³⁄₄ Ellen Haspellänge. — 20 Lopp = 1 Bund.

Die Klafter hat 6 Fuß Länge.

Die Ruthe = 16 Fuß = 4,673515 Meter. Beim Feldmessen kann dieselbe decimal eingetheilt werden.

Die hannoversche Meile = 1587½ Ruthen = 7419,206 Meter.

Feldmaaß: Der Morgen enthält 120 Quadratruthen = 26,21 Aren.

Brennholzmaaß: Die hannoversche Klafter = 144 Kubikfuß = 3,58867 Kubikmeter oder Stere. Das hannoversche oder kalenberger Malter, ein Holzmaaß auf dem Harze und auch in der Provinz Göttingen und Hildesheim vorkommend = 80 hannoversche oder kalenberger Kubikfuß = 1,9937 Kubikmeter oder Stere.

Getreidemaaß: Die Laſt zu 16 Malter zu 6 Himten zu 4 Metzen oder Spint zu 4 Sechszehntel, Mühlenköpfe oder Hoop. — 1 Malter = 186,91 Liter. — Im Verkehr wird der hannöverſche Himten dem braunſchweiger gleich gerechnet. — In denjenigen Landestheilen, wo der Vierup als Kubikmaaß einge= führt iſt (in Oſtfriesland und Meppen) darf derſelbe mit ſeinen Unterabtheilungen beibehalten werden, muß aber überall von gleicher Größe ſein. Der Vierup = 2 hannöverſche Kubikfuß = 49,843 Liter. Wo außer dem Vierup der Krug als Kubikmaaß gebräuchlich iſt (in Oſtfriesland und Meppen) darf derſelbe als Flüſſigkeitsmaaß ebenfalls beibehalten werden. Ein ſolcher Krug = 1/36 Vierup = 1,3845 Liter.

Flüſſigkeitsmaaß: Das Fuder zu 4 Orhoft zu 1 1/2 Ohm zu 4 Anker zu 10 Stübchen zu 2 Kannen zu 2 Quartier zu 2 Röſel. — 1 Quartier = 0,9734 Liter. — 1 Ohm = 155,76 Liter.

Biermaaß: Das Gebräude Bier hält 43 Faß zu 52 Stübchen oder 104 Kannen = 208 Quartier. — Die Tonne Honig hält 25 1/2 Stübchen und wiegt 300 Pfund.

Gewichtsweſen von 1836 her: Die Schiffslaſt = 4000 Pfund. Der Centner = 100 Pfund zu 32 Loth zu 4 Quentchen. — Das Pfund = dem alten preußiſchen = 467,71101 Grammen. Weil auf den alten preußiſchen Centner 110 Pfund und auf den hannöverſchen 100 Pfund gehen, ſo iſt 1 preuß. Centner = 1 1/10 hannöverſcher Centner, oder es ſind 10 preußiſche Centner = 11 hannöverſche Centner.

Die hannöverſche Mark Münz=, Gold= und Silbergewicht iſt das halbe Pfund = 233,8555 Grammen. — Das Medicinalpfund enthält 24 Loth oder 3/4 Handelspfund und ſtimmt alſo in der Schwere mit dem früheren preußiſchen Medicinalpfund überein. Taſſelbe gilt vom Juwelengewicht.

Seit 1858 iſt das Zollpfund eingeführt. Der Centner hat 100 Pfund zu 10 Neuloth zu 10 Quent zu 10 Halbgramme. Zwei Halbgramme ſind alſo = 1 Gramm. — Die Unze von 6 Quent iſt die Einheit für das Medicinalgewicht.

Handelsanſtalten ꝛc. Außer einer Landes=Credit=Anſtalt zur Ablöſung grund= und gutsherrlicher Gefälle und zur Abtragung von Schulden der Grund= eigenthümer, Gemeinden und ähnlicher Verbände, beſteht hier eine im Jahr 1856 gegründete Bank, deren anfängliches Grundkapital auf 12 Mill. Thaler in 48000 Actien von je 250 Thlr. feſtgeſetzt iſt. Die Bank iſt befugt, Aſſignations=, Disconto= und Wechſelgeſchäfte zu treiben, Gelder zur Verzinſung anzunehmen, Banknoten auszugeben, verzinsliche Darlehen auf 3 Monate zu gewähren gegen Verpfändung von edlen Metallen, Pretioſen, Staatspapieren und ähnlichen Ef= fekten, auch von Schiffen und deren Frachtgüter, wenn ſolche bei ſoliden Geſell= ſchaften verſichert ſind, ſo wie auch von Waaren, welche in öffentlichen oder freien Niederlagen lagern und gegen Feuersgefahr verſichert ſind; ferner darf die Bank Contocorrent= und Depoſitengeſchäfte treiben, edle Metalle für eigene Rechnung kaufen und verkaufen, und für eigene und fremde Rechnung raffiniren laſſen. — Die Noten der Bank lauten auf 10, 20, 50 und 100 Thlr. — Außerdem gibt es hier mehrere Verſicherungsanſtalten, ein Gewerbeverein und eine Niederlage für Garn und Leinwand. — Von Märkten werden abgehalten: ein Wollmarkt, jährlich, Anfangs Juli, von breitägiger Dauer, ein Tuch= und Ledermarkt, zweimal jähr= lich, gegen Ende Januar und Anfangs Auguſt, von breitägiger Dauer, ein Leinen= und Garnmarkt, zweimal jährlich, Anfangs März und Ende Juli oder Anfangs

August, von dreitägiger Dauer, und jährlich vor der Braunschweiger Laurentii-Messe ein dreitägiger Engrosmarkt, vorzüglich für Manufacturwaaren.

Havanna,
Hauptstadt der spanisch-westindischen Insel Cuba.

Rechnungsart. Man rechnet nach Pesos (Piastern) zu 8 Reales, welche weiter in halbe und viertel Realen (Cuartillos) getheilt werden. Im Zollwesen rechnet man den Peso zu 100 Centavos (Cents). Zahlwerth ist der altspanische Piaster (s. Madrid). Besondere Münzen werden für Cuba nicht geprägt. Die hier cirkulirenden Münzen bestehen aus spanischen und mexikanischen Piastern, alt-spanischen, mexikanischen und südamerikanischen Dublonen. Der Umlauf der seit 1844 von der Republik Ecuador geprägten Goldmünzen ist jedoch verboten und es werden solche nur nach dem Gewicht angenommen. Außerdem cirkuliren hier im kleinen Verkehr die Cuartillos (Kupfermünze).

Wechselcurssystem. Man wechselt auf London, 60 Tage nach Sicht, zu 10 bis 12 Procent Prämie auf den festen Satz von 444 Pesos oder Dollars für 100 Liv. Sterl.

Z. B. zu 10 Procent Prämie wäre der Curs 488⅘ Pesos:

Auf Paris wird als fester Satz der Dollar zu 5 Franken angenommen, und je nach Sicht circa 1 bis 2 Proc. Discont oder 1 bis 2 Proc. Prämie angerechnet, und zwar auf den in Franken lautenden Betrag, weil Havanna die feste Valuta auf Paris hat.

Auf spanische Plätze, 60 Tage nach Sicht, wird Dollar für Dollar oder Piaster für Piaster gerechnet, und hierauf die in Curs bestimmte Prämie von 4 bis 6 Proc. geschlagen.

Gleicherweise besteht der Curs auf Plätze der vereinigten Staaten, je nach Sicht, aus mehreren Procenten Prämie oder auch Discont.

Das **Wechselrecht** ist das spanische (s. Madrid).

Curs der Geldsorten. Die spanischen, mexikanischen und südamerikanischen Dublonen werden zu 16 Piaster fest mit mehreren Procenten Prämie notirt. Für Goldmünzen der Vereinigten Staaten wird der nordamerikanische Dollar dem spanischen Piaster gleichgesetzt und ein Disconto von 1 bis mehreren Procenten angerechnet. — Spanische und mexikanische Silberpiaster werden mit 1 bis 2 Procent Prämie, natürlich in geringeren Sorten, eingewechselt.

Maaße und Gewichte der Insel Cuba sind mit wenigen Ausnahmen die spanischen.

Der Fuß (Pie) ist der unter Madrid angegebene spanische; die Elle (Vara Cubana) ist dagegen etwas größer als die unter Madrid angegebene castilische Vara; man rechnet hier 108 Varas = 100 englische Yards = 160 Hamburger Ellen; 140 Varas = 100 alte Pariser Aunes; 81 Varas = 100 Brabanter Ellen. — Der Cordele hat 24 Varas oder 72 Fuß.

Feldmaaß ist im Allgemeinen das alte castilische (s. Madrid), aber auf Grundlage der größeren Vara. Die Größe der Ländereien wird aber gewöhnlich in der auch in den übrigen ehemals spanischen Colonien Amerikas gebräuchlichen Caballeria ausgedrückt, welche 18 Cordeles lang und eben so breit ist, also 186624 Quadrat-Varas = ca. 13 Hektaren enthält.

Getreidemaaß ist die Fanega von 200 Litras oder Pfunden = ca. 3 alte englische Bushels = 105,71 Liter; sie ist beinahe doppelt so groß als die castilische Fanega.

Flüssigkeitsmaaß ist das castilische (s. Madrid). Im Großhandel verkauft man nach den betreffenden Originalgebinden, als Pipe, Oxhoft 2c.; einige Artikel auch nach dem alten englischen Wein-Gallon und rechnet 4 $^{1}/_{10}$ desselben = 1 Arroba (s. Madrid).

Handelsgewicht ist das castilische (s. Madrid). In der Praxis rechnet man den Quintal (von 4 Arrobas oder 100 Libras oder Pfund) = 101 $^{1}/_{2}$ Pfund engl. Avoirdupoids = 46 Kilogramm.

Handelsgebräuche. Die Ausfuhrwaaren werden gegen baare Zahlung verkauft, die Einfuhrwaaren dagegen gewöhnlich auf 6 bis 8 Monate Ziel gegen Scheine (Pagares) oder aber gegen baar mit ca. 1 $^{1}/_{4}$ Procent Discont per Monat. — Die Verkaufs-Provision beträgt 5 Procent, einschließlich des Delcredere und der Provision für das Remittiren beläuft sie sich aber auf 10 und noch mehr Procente. Für Retouren und für Einkäufe werden in der Regel 2 $^{1}/_{2}$ Procent Provision und für Begebung der Tratten des Commissionärs und Ersatz der Wechselcourtage 2 $^{3}/_{4}$ Procent Provision angerechnet. — Zucker verkauft man gewöhnlich nach dem englischen Hundredweight (von 112 englische Pfund Avoirdupoids) und zwar in englischem Gelde nach dem Tagescurs auf London frei an Bord; Melasse in Tönnchen von 5 $^{1}/_{2}$ alten englischen Gallons per Tönnchen.

Banken. Die im Jahre 1855 errichtete Spanische Bank der Havanna (Banco Espanol de la Habaña) betreibt Disconto-, Giro-, Contocorrent-, Leih-, Incasso- und Depositengeschäfte und giebt Noten aus. — Außerdem giebt es hier mehrere Discontgesellschaften und andere Actiengesellschaften für Assecuranzen, Eisenbahnen und andere Unternehmungen.

Havre de Grace,
einer der wichtigsten Handelshäfen Frankreichs.

Rechnungsart, Münzen, Maaße und Gewichte wie in Paris.

Wechselcurssystem wie in Paris; außerdem notirt man auf New-York ± 5 Franken für 1 Dollar, 60 Tage Sicht.

Handelsusanzen. Es sind solche in Beziehung auf Ziel, Tara 2c. durch einen Tarif im Jahre 1853 festgesetzt worden. Die meisten Verkäufe geschehen auf 3 oder 4 Monate Ziel; außerdem 15 Tage zur Ablieferung. — Die Waarencourtage beträgt $^{1}/_{4}$ Proc. von beiden Theilen; die Wechselcourtage 1 pro Mille, ebenfalls sowohl vom Verkäufer als Käufer. Courtage für Besorgung von Assecuranzen 1 pro Mille von Seiten des Versicherten; die Provision dafür $^{1}/_{3}$ Proc.

Handelsanstalten. Banken: die Banque du commerce, die Caisse commerciale, das Comptoir du commerce, die Caisse Hâvraise u. m. a. Außerdem bestehen hier über 20 See-Versicherungsgesellschaften, viele Gesellschaften und Agenturen für Feuerversicherung und eine Menge anderer Gesellschaften für Dampfschifffahrt, Landtransport und industrielle Unternehmungen.

Heidelberg,
Stadt im Großherzogthum Baden, s. Carlsruhe.

Heffen-Homburg,

Landgrafschaft mit der Hauptstadt Homburg vor der Höhe.

Rechnungsart und Münzen wie Darmstadt.

Staatspapiere. Obligationen zu 3¹/₂ Proc. Zinsen im Betrage von 100, 500 und 1000 fl. von einer Anleihe vom Jahre 1829 bei Rothschild in Frankfurt a. M., rückzahlbar durch jährliche Verloosungen.

Maaße und Gewichte:

1) für das Amt Homburg.

Der Werkfuß, die Elle, das Flüssigkeitsmaaß und Fruchtmaaß sind seit 1825 wie in Frankfurt a. M.

Die Ruthe, welche bei Feld- und Waldmessungen, bei Wegen, Straßen ꝛc. gebraucht wird, hat eine Länge von 12 Werkfuß, 1,541 Zoll; daher = 3,45187 Meter. Dieselbe wird in 10 Fuß zu 10 Zoll zu 10 Linien eingetheilt. — Der Morgen hält 160 Quadratruthen = 19,0646 Aren.

Kubikmaaße: Bei Ausmessung der Erd-, Stein- und Holzmassen wird der Kubikfuß angewendet. Die Ruthe Erde, Sand- oder Bruchsteine ist 12 Fuß lang, 6 Fuß breit und 4 Fuß hoch, und enthält mithin 288 Kubikfuß. Die gefertigten Mauern werden nach dem nämlichen Maaße bestimmt.

Das Klafter Holz wird 12 Fuß weit und 3 Fuß hoch aufgesetzt, und die Scheitlänge ist 4 Fuß; dasselbe enthält daher 144 Kubikfuß = 3,32 Steren. — Alles Bau- und Nutzholz wird nach dem Kubikfuß berechnet.

Silber- und Handelsgewicht ist das Leichtgewicht in Frankfurt a. M. Das Pfund Schwergewicht für Fettwaaren hat 33 Loth Silbergewicht.

2) für das Oberamt Meisenheim.

Der Fuß (Werkfuß) wird in 10 Zoll zu 10 Linien eingetheilt. Der Fuß ist = ¹/₃ Meter = 147,765 Pariser Linien.

Die Elle = 600 Millimeter = 265,978 Pariser Linien. — Der Stab = 2 Ellen = 1,2 Meter = 531,9552 Pariser Linien.

Die Ruthe = 15 Werkschuh = 5 Meter und wird bei Flächenvermessungen in 10 Fuß zu 10 Zoll eingetheilt.

Der Morgen hält 100 Quadratruthen = 25 Aren.

Brennholzmaaß: das Klafter wird 9 Fuß weit und 3 Fuß hoch aufgesetzt und die Scheitlänge ist 3 Fuß; ihr Kubikinhalt folglich = 81 Kubikfuß = 3 Steren.

Flüssigkeitsmaaß; Die Ohm hat 3¹/₃ Lögel oder 80 Maaß; das Lögel hat 25 Maaß oder 100 Schoppen; die Maaß hat 4 Schoppen. Die Maaß = 2 Liter; daher die Ohm 160 Liter.

Getreidemaaß: Das Malter hat 4 Faß oder 16 Sester zu 4 Mäßchen und hält 100 Liter.

Gewicht: Der Centner hat 100 Pfund zu 32 Loth zu 4 Quentchen; das Pfund ist das französische halbe Kilogramm, also das deutsche Zollpfund.

Münzgewicht ist seit 1838 die frühere Münzmark der Zollvereinsstaaten von 233,855 Grammen.

Bank. Die „Landgräflich Hessische concessionirte Landesbank" ist im Jahr 1855 von einem Frankfurter Banquier gegründet worden. Das Actiencapital wurde vorläufig auf 3 Mill. fl. in Actien zu 250 fl. (von welchen der Gründer 1000 Stück übernahm) festgesetzt. Die Bank ist zum Betrieb folgender Geschäfte befugt: 1) Wechsel und Geldanweisungen zu biscontiren, solche auf andere Plätze zu ertheilen, zu acceptiren und für Rechnung Dritter einzuziehen; 2) gegen genügende Sicherheit Credit und Darlehn zu geben; 3) Gelder für Rechnung Dritter zu erheben und resp. auszuzahlen; 4) Gelder gegen Verzinsung anzunehmen; 5) laufende Rechnungen für Regierungen, öffentliche Anstalten und Privatpersonen, welche letztere jedoch von der Direction besonders zugelassen werden müssen, zu eröffnen und zu halten; 6) Gold und Silber, gemünzt und ungemünzt, Staatspapiere und Documente aller Art in Bewahr zu nehmen; 7) Wechsel, Staatspapiere, Coupons und Actien für Rechnung Dritter zu kaufen und zu verkaufen; für eigene Rechnung darf die Bank solche Werthpapiere nur kaufen, wenn und insoweit damit müßige Capitalien vorübergehend angelegt werden, nicht also zur Speculation; 8) Banknoten auszugeben.

Im Amt Homburg gilt die deutsche Wechselordnung und im Oberamt Meisenheim der Code de commerce.

Hildburghausen,
Stadt im Herzogthum Sachsen-Meiningen.

Rechnungsart und Wechselrecht s. Meiningen.

Maaße und Gewichte. Längenmaaße: Der Werkfuß (und Waldfuß) = 127,5 Pariser Linien. — Der Vermessungsfuß ist der alte Nürnberger = 134,75 Pariser Linien. — Die Ruthe = 14 Vermessungsfuß.

Getreidemaaß: Das Kornmalter für Weizen, Roggen und Hülsenfrüchte = 206,933 Liter. Das Hafermalter für Gerste, Hafer und Wicken = 239,306 Liter.

Handelsgewicht ist das alte Nürnberger.

Hohenzollern,
bestehend aus dem Fürstenthum Hechingen und dem Fürstenthum Sigmaringen; seit 1850 an Preußen abgetreten.

Rechnungsart und Münzen. Man rechnet nach Gulden des 52½-Guldenfußes zu 60 Kreuzer zu 4 Pfennigen. Geprägt wurden in beiden Fürstenthümern in Folge des Beitritts zur Münchner Münzconvention vom 25. August 1837 Vereinsmünzen zu 3½ Gulden im 24½-Guldenfuße oder zu 2 Thaler im 14-Thalerfuße; ferner Stücke zu 2, 1 und ½ Gulden im 24½-Guldenfuße und Silberscheidemünzen zu 6 und 3 Kreuzern. Nachdem die Fürstenthümer an Preußen gefallen, wurden für dieselben besonders auch weitere Stücke zu 1 und ½ Gulden im 24½-Guldenfuße und als Silberscheidemünzen Stücke zu 6 und 3 Kreuzern geprägt. In Gemäßheit des neuen preußischen Münzgesetzes vom Jahre 1857 wird der Münzfuß Hohenzollerns der 52½-Guldenfuß sein. — Vor 1838 sind im Fürstenthum Hohenzollern-Hechingen keine Münzen geprägt worden. Dagegen wurden im Fürstenthum Hohenzollern-Sigmaringen in Gold Ducaten und Karolinen, und in Silber Conventions-Speciesthaler, 10 Stück auf die Cölnische Mark fein (also das Stück = 2 fl. 27 kr. rhn. = 1 thlr. 12 sgr. preuß. = 2 fl. 10 kr. österreich.), so wie 24- und 12-Kreuzerstücke geprägt.

Wechselrechtliches. Seit 1849 Einführung der allgemeinen deutschen Wechselordnung.

Maaße und Gewichte wie in Württemberg (s. Stuttgart).

Staatspapiere. Eine Anleihe des Fürsten von Hechingen im Betrage von 260000 fl. ist zum Theil heimbezahlt und der Rest in die preußische Staatsschuld übergegangen.

Hongkong, s. Canton.

Jamaika,
die wichtigste Insel des britischen Westindien mit der Hauptstadt San Jago de la Bega, s. Kingston.

Japan, Jeddo, s. Nangasaki.

Jassy,
Hauptstadt des Fürstenthums Moldau.

Rechnungsart und Münzen. Man rechnet wie in der Walachei und Türkei nach Piastern oder Lee zu 40 Para oder Paralle, deren Zahlwerth sich durch den Curs der umlaufenden Gold= und Silbermünzen, insbesondere der Ducaten, welche hier zu 37 Piaster fest angenommen werden, bedingt. Rechnet man durchschnittlich 145 Ducaten auf das Münzpfund seines Gold und nimmt man 800 fl. rhn. für den Werth desselben an, so stellt sich der Werth des hiesigen Piasters auf ca. 9 kr. rhn. = 2 sgr. 7 pf. preuß. = 13 nkr. öster.

Es circuliren hier hauptsächlich, außer österr. Ducaten und Silbersorten, russische und türkische Münzen, so wie auch Wiener Banknoten. — Die Moldau hat keine eigenen Münzen.

Wechselcurssystem. Man notirt auf

Berlin	±	12 Piaster	für	1 Thlr.
Constantinopel	„	30 Para	„	1 türk. Piaster.
Hamburg	„	6 Piaster	„	1 Bancomark.
London	„	80 „	„	1 Liv. Sterl.
Marseille ⎫ Paris ⎭	„	4 „	„	1 Frank.
Odessa	„	100 Rubel	„	100 Rubel, wobei 1 Rubel = 12 Piaster gerechnet wird.
Wien	„	4¾ fl. östr.	„	1 Ducaten (= 37 Piaster).

Wechselrechtliches. Auch hier (wie in der Walachei) ist mit wenig Abänderungen das franz. Wechselrecht eingeführt.

Maaße und Gewichte. Längenmaaße: Die Angaben in Betreff der Länge des Fußes stimmen nicht mit einander überein. Die moldauische Klafter wird dem russischen Faden (die Saschen) gleichgesetzt; da nun solcher = 6,568 Pariser Fuß (zu 12 Zoll zu 12 Linien) und die Moldauer Klafter in 8 Fuß eingetheilt wird, so wäre der Moldauer Fuß = 118,22 Pariser Linien. — Feldmaaß ist die Praschine = 36 Quadratklafter. — Flüssigkeitsmaaß: Die Oka wird der türkischen gleichgesetzt, s. Constantinopel.

Getreidemaaß: Der Kilo = 4,35 Hectoliter.

Gewicht: Die Oka hat 4 Litra zu 100 Dramm zu 60 Grän. Der Kantar (Centner) hat 44 Oken, die man in der Praxis = 100 Wiener Pfund rechnet.

In der Praxis wird auch die moldauische Oka der walachischen und türkischen Oka gleich gerechnet.

Bank. Die im Jahre 1857 von der Dessauer Credit-Anstalt gegründete Wechsel-, Depositen-, Discont-, Leih- und Notenbank hat im Jahre 1858 ihre Zahlungen suspendirt.

Innsbruck,

Hauptstadt der österreichischen gefürsteten Grafschaft Tyrol.

Rechnungsart, Münzen, Maaße und Gewichte, s. Botzen.

Bank. Es besteht hier eine Bank-Verwechselungs-Kasse der Wiener Nationalbank.

Jonische Inseln,

nämlich Corfu, Paxo, Zante, Cephalonia, Santa-Maura, Theaki oder Ithaka und Cerigo, nebst noch einigen kleineren Inseln, ein Freistaat unter englischem Schutze stehend.

Rechnungsart und Münzen. Gesetzlich soll hier seit 1815 nach Pfunden zu 20 Schillingen zu 12 Pence Sterling gerechnet werden (s. London); im Verkehr rechnet man aber auch nach Dollars zu 100 Oboli (Cents) zu 5 Obolicci. Unter Dollar werden hier die österreichischen Speciesthaler (Levantiner Thaler) und die Maria-Theresia-Thaler (von welchen, wie auch von den Levantiner Thalern, 10 Stück auf die Cölnische Mark fein Silber gehen) verstanden. — Der (deutsche) Dollar ist zu 4 Schilling 2 Pence Sterling, und der spanische Dollar oder Piaster zu 4 Schilling 4 Pence Sterling tarifirt.

Geprägt werden von England: Silbermünzen zu 30 Obolicci = 3 Pence Sterling und Kupfermünzen zu 10 Obolicci = 1 Penny, zu 5 Obolicci = $\frac{1}{2}$ Penny, zu $2\frac{1}{2}$ Obolicci = $\frac{1}{4}$ Penny oder 1 Farthing, und zu 1 Oboliccio. Nach obiger Ausmünzung ist der deutsche Dollar = 100 Oboli und der spanische Dollar = 104 Oboli. *)

Auf der Insel Cerigo u. a. rechnet man auch nach türkischen Piastern zu 40 Para (s. Constantinopel).

Curssystem.

Man notirt auf Corfu, Zante und Cephalonia mehrentheils 30 Tage nach Sicht auf

London	± 50 Pence Sterl.	
Ancona	„ 102 Bajocchi	für 1 spanischen Piaster.
Neapel	„ 120 Grani	
Benedig	„ 6 österr. Liren **)	
Livorno	„ 16 Oboli für 1 toscanische Lira.	
Triest	„ 45 Oboli für 1 Gulden Bankvaluta.	

---

*) Nach den Ansätzen:

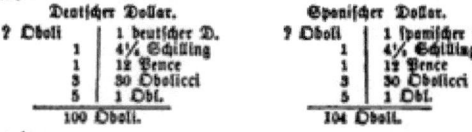

**) Oesterr. Zwanziger.

Handelsrecht ist mit einigen Abweichungen das französische.

Fremde Münzen. Von fremden Münzen cursiren außer spanischen, merikanischen und südamerikanischen Piastern so wie österreichischen Conventions-Speciesthalern (Levantiner und Maria-Theresia-Thalern), besonders österreichische Zwanziger, welche im kleinen Verkehr 16 Oboli gelten, ferner spanische Onzas oder Dublonen (s. Madrid) zu 16 Piaster, französische Fünffrankenstücke und englische Nationalmünzen.

Maaße und Gewichte sind die englischen mit italienischen Benennungen; z. B.: die Jarda Jonia = Imperial-Yard; 1 Piede (Fuß) = 1 Foot; 1 Gallone Jonio zu 8 Dicotoli = 1 Imperial-Gallon (Flüssigkeitsmaaß); 1 Barila zu 4 Metri = 16 Imperial-Gallons; 1 Centinajo (Centner) hat 100 Libbre grosse; 1 Migliajo (Meiler) hat 1000 Libbre grosse; die Libbra ist entweder grossa (jonisches schweres Pfund) = Pound Avoirdupoids, oder sottile (jonisches leichtes Pfund) = Troy pound (Troypfund).

Im Handel bedient man sich auch mitunter des türkischen Gewichts (s. Constantinopel). Die früheren Längenmaaße und Gewichte waren die Venetianischen. — Oel wird noch immer nach dem alten Barile verkauft, welcher auf Corfu, Paxos, Cephalonia, Santa-Maura und Ithaka = 18 alte englische Weingallons = 68,13 Liter; auf Zante = 17⅝ alte Weingallons = 66,71 Liter, und auf Cerigo = 14⅖ alte englische Weingallons = 54½ Liter (Kelly).

Handelsanstalten ꝛc. Es befindet sich auf Corfu eine Commandite der Jonian Bank in London, welche Noten ausgiebt; außerdem giebt es hier verschiedene Creditanstalten und Leihbanken, die von der englischen Regierung gegründet worden sind, und mehrere Versicherungsanstalten.

Iviza,
Hauptstadt der gleichnamigen spanischen Insel.

Rechnungsart. Man rechnet hier nach Libras zu 20 Sueldos zu 12 Dineros. Es werden 425 Libras de Iviza (eine Rechnungsmünze) = 16 Pesos (spanische Silberpiaster) angenommen, daher, wenn man den Peso zu 2½ fl. rhn. rechnet, 1 Libra = ca. 5 kr. rhn. = 1 sgr. 5 pf. preuß. = 7 nkr. österr.

Münzen sind die spanischen (s. Madrid).

Maaße und Gewichte wie Mallorca.

Kahira, s. Cairo.

Kalkutta, s. Calcutta.

Kanton, s. Canton.

Karlsruhe,
Hauptstadt des Großherzogthums Baden.

Rechnungsart und Münzen. Man rechnet nach Gulden zu 60 Kreuzer, der Kreuzer noch in Halbe getheilt, und in Folge der Münzconvention vom 24. Januar 1857 in dem Zahlwerthe des 52½-Guldenfußes.

Geprägt werden nach dem Vertrage vom 24. Januar 1857:

Vereinsthaler im Feingehalte von 900 Tausendtheilen, 30 Stück auf das Pfund fein; = 1 fl. 45 kr. rhn. = 1 thlr. preuß. = 1½ fl. österr.; Gulden und halbe Guldenstücke. In Kupfer: Kreuzer und halbe Kreuzerstücke.

Von Dukaten älterer und neuerer Prägung, im Feingehalte von 986 $\frac{1}{9}$ Tausendtheilen, gehen 145,2685 Stück auf das Pfund fein; daher der Dukat = 0,34419 Krone. In den öffentlichen Kassen wird derselbe zu 5 fl. 35 kr. angenommen.

Von 10-Guldenstücken (von den Jahren 1819—1827) im Feingehalt von 902 $\frac{7}{9}$ Tausendtheilen, gehen 80,5230 Stück auf das Pfund fein Gold; daher das Stück = 0,62094 Krone. — 5-Guldenstücke nach Verhältniß.

Von 500-Kreuzerstücken (vom Jahre 1828), einfachen Ludwigsd'or, im Feingehalte von 902 $\frac{7}{9}$ Tausendtheilen, gehen 48,314 Stück auf das Pfund fein Gold; daher das Stück = 1,0349 Krone. — Doppelte Ludwigsd'or nach Verhältniß.

Von Rheingold-Dukaten (von den Jahren 1832 bis 1857 und auch früher), im Feingehalte von 937 $\frac{1}{2}$ Tausendtheilen, gehen 145,2685 Stück auf das Pfund fein; daher das Stück 0,34419 Krone.

Silbermünzen aus den Jahren 1819 bis 1827 sind:

2-Guldenstücke im Feingehalte von 750 Tausendtheilen, 26,1914 Stück auf das Pfund fein; daher das Stück = 2 fl. 0,268 kr. rhn. = 1 thlr. 4 $\frac{3}{10}$ sgr. preuß. = 1 fl. 71 nkr. österr. — Guldenstücke nach Verhältniß.

Thaler zu 100 Kreuzer (aus den Jahren 1828 bis 1831), im Feingehalte von 875 Tausendtheilen, 31,488 Stück auf das Pfund fein; daher das Stück = 1 fl. 40,038 kr. rhn. = 28 $\frac{1}{2}$ sgr. preuß. = 1 fl. 43 nkr. österr. — Halbe und Viertelsthaler nach Verhältniß. — Sämmtliche Staatskassen haben die eingehenden Stücke obiger Münzen an die Münzkasse zum Einschmelzen abzuliefern.

Von Kronenthalern zu 2 fl. 42 kr., im Feingehalte von 871 $\frac{19}{36}$ Tausendtheilen, gehen 19,437 Stück auf das Pfund fein; daher das Stück = 2 fl. 42,063 kr. rhn. = 1 thlr. 16,3034 sgr. preuß. = 2 fl. 31 nkr. österr.

Von 3 $\frac{1}{2}$-Gulden- oder 2-Thalerstücken (nach den Conventionen von 1837, 1838 und 1845), im Feingehalte von 900 Tausendtheilen, gehen 14,9665 Stück auf das Pfund fein; daher das Stück = 3 fl. 30,47 kr. rhn. = 2 thlr. 0,1343 sgr. preuß. = 3,00671 fl. österr.

Von 2-Guldenstücken desselben Feingehalts gehen 26,1914 Stück auf das Zollpfund fein; daher das Stück = 2 fl. 0,269 kr. rhn. = 1 thlr. 4,0624 sgr. preuß. = 1 fl. 71 nkr. österr.

1-Guldenstücke und $\frac{1}{2}$-Guldenstücke nach Verhältniß. = Scheidemünze: 6-, 3- und 1-Kreuzerstücke.

Papiergeld. Das badische Papiergeld beträgt 3 Mill. fl. Es giebt 2-, 10-, 50- und 35-Guldenscheine; letztere sind zurückgerufen und werden bei Vorkommen eingelöst und nicht mehr ausgegeben.

Wechselhandel. Im Verkehr mit Wechseln richtet man sich hier nach Frankfurter Cursen.

Wechselrechtliches. Seit 1849 ist die allgemeine deutsche Wechselordnung im Großherzogthum eingeführt. Nach dem Einführungsgesetz vom 19. Febr. 1849 hat die Hinterlegung der Wechselsumme (Art. 25, 40, 73 der d. W. O.) auf den Grund einer vom zuständigen Gericht erfolgten Verfügung oder einer von dem zuständigen Staatsschreiber aufgenommenen Hinterlegungsurkunde nach dem Gesetz vom 3. August 1837 (Art. 3) zu geschehen.

Staatspapiere. Die badischen Anlehen und Obligationen sind folgende:

1. Lotterie-Anlehen von 1840 gegen 50-Guldenloose (ursprünglich 5 Mill. Gulden).

2. Lotterie-Anlehen von 1845 gegen 35-Guldenloose (ursprünglich 14 Mill. Gulden).

3. 3½-procent. Rentenscheine (Rest ca. 2½ Mill. fl.) in Stücken von 100 und 500 fl.

3½-procentige Eisenbahn-Obligationen von 1842 (ursprünglich 10 Mill. fl.) in Stücken von 100, 500 und 1000 fl.

4. 4½-procent. Anlehen von 1851 und 1854—56 (3½ u. 14 Mill.) in Stücken von 100, 500 und 1000 fl.

Das Anlehen von 1851 ist gekündet, resp. auf 4-procentige Obligationen in Umwandelung.

5. 4-procentige Anlehen von 1859 und 1860 (je 7 Mill.) in Stücken von 100, 500 und 1000 fl. (1860er noch nicht ausgegeben).

Die 5-procentigen Anlehen von 1848 und 1849 (freiwilliges) wurden durch das 1851er Anlehen umgewandelt. Von dem 1851er Anlehen übernahm François Blanc in Homburg vor der Höhe 1 Mill. und die betreffenden Obligationen sind ebenfalls in den Verkehr gekommen.

Maaße und Gewichte. Längenmaaße: Der Fuß von 10 Zoll zu 10 Linien zu 10 Punkte = 3 Decimeter oder 0,3 Meter = 132,9888 Parif. Linien. — Die Elle = 2 Fuß = 265,9776 Parif. Linien. — Die Ruthe = 10 Fuß ist auch das Maaß der Bergleute, statt des Lachters. — Das Klafter = 6 Fuß.

Wegmaaß: Die Wegstunde ist nahe 14815 Fuß. — Die Meile = 2 Wegstunden.

Flächen- und Feldmaaß: Die Flächenmaaße sind die Quadrate der Längenmaaße. Die Quadrat-Ruthe = 100 Quadrat-Fuß = 85,29138 Pariser Quadrat-Fuß. — Der Morgen von 4 Vierteln = 400 Quadrat-Ruthen = 36 Aren.

Brennholzmaaß: Das Klafter ist 6 Fuß hoch und breit, und die Scheitlänge ist 4 Fuß; daher das Klafter = 3,888 Steren.

Hohlmaaße: Die Einheit der Hohlmaaße ist das Meßlein (für trockene Dinge) und die Maaß (für Flüssigkeiten) von $\frac{1}{18}$ Kubikfuß = 1½ Liter = 75,61866 Parif. Kubikzoll. Die Maaße für sackfähige und flüssige Dinge haben in ihren zehntheiligen Abstufungen gleichen Inhalt und sind:

für sackfähige Dinge:		für flüssige Dinge:		Meßlein oder Maaß:
der Zuber	=	das Fuder	=	1000
das Malter	=	die Ohm	=	100
der Sester	=	die Stütze	=	10
das Meßlein	=	die Maaß	=	1
der Becher	=	das Glas	=	$\frac{1}{10}$

Zum Gebrauche sind Halbfester und Doppelfester, Halbmeßlein und Doppelmeßlein, die Halbmaaß, der Schoppen und Halbschoppen als Hälfte, Viertel und Achtel der Maaß gestattet.

Getreidemaaß: Der Zuber = 1500 Liter oder 15 Hektoliter; das Malter = 150 Liter oder 1½ Hektoliter; der Sester = 15 Liter.

Flüssigkeitsmaaß: Das Fuder = 1500 Liter; die Ohm = 150 Liter; die Stütze = 15 Liter.

Kohlen= und Erzmaaße: Die Hohlmaaße für Holzkohlen bestehen in ge=
flochtenen Gefäßen, die ein Malter halten. Auch können solche Gefäße für den
Inhalt von 2 Malter gebraucht werden. — Das Maaß für Erze und Stein=
kohlen muß bis zum Rande eben angefüllt zwei Sester des Getreidemaaßes
halten.

Gewicht: Das Pfund = ½ Kilogramm oder 500 Grammen = ein
deutsches Zollpfund. Es hat 10 Zehnlinge zu 10 Centas zu 10 Delos zu 10
As, also 10000 badische As; im Verkehr wird es aber getheilt in 2 Mark, 4
Vierlinge, 16 Unzen oder 32 Loth zu 4 Quentchen; das Quentchen hat vier
Pfennige zu 4 Karat zu 4 Gran zu 4 Gränchen zu 4 Richttheile, das Pfund
also 131072 Richttheile. — Der Stein = 10 Pfund und der Centner =
100 Pfund.

Medicinalgewicht, mit der allgemein üblichen Eintheilung, ist seit
1854 auf ¾ des Zollpfundes, also auf 24 Loth festgesetzt; daher das Medi=
cinalpfund = 375 Grammen. Das ältere war = 357,78 Grammen.

Münzgewicht ist das Zollpfund von 500 Grammen, getheilt in Tausend=
theile; die Theilung der Tausendtheile erfolgt in Decimalabstufung.

Die Gold= und Silberarbeiter so wie die Juweliere haben sich gleichfalls
des Zollpfundes zu bedienen; es ist ihnen aber gestattet, bei ihrem Verkehr mit
Ausländern, so wie auch unter sich selbst, sich des Cölnischen Markgewichtes für
ihre Waaren zu bedienen, jedoch dürfen sie die hierzu erforderlichen Waagen und
Gewichtstheile nicht im offenen Laden oder in ihren Werkstätten, soweit sie in
letzteren zugleich ihren Laden haben, gebrauchen, und sie dürfen dort nur mit
badischem Gewichte auswägen, welches letztere bei jedem Verkaufe von Gold= und
Silberwaaren an Inländer, wenn diese Waaren nach dem Gewichte zugewogen
werden, angewendet werden muß.

Juwelengewicht ist das Amsterdamer Juwelenkarat (s. Einl. S. 12 u. b.
Art. Amsterdam, S. 39).

Kassel,
Hauptstadt des Kurfürstenthums Hessen.

Rechnungsart und Münzen. Seit dem Beitritt zum Münzvertrage
vom 24. Januar 1857 rechnet man nach Thalern zu 30 Silbergroschen zu 12
Heller im 30=Thalerfuße (s. Berlin). — Die neueren Landesmünzen s. unter
Berlin.

Von früherem Gepräge gibt es noch:
In Gold: Einfache und doppelte Pistolen (Friedrich=Wilhelmsd'or), dem
preuß. Friedrichsd'or gleich zu rechnen; in Silber: Vereinsmünzen zu 2 Thaler
oder 3½ Gulden rhn., Thalerstücke (wie in Berlin) und Sechstelthalerstücke und
als Scheidemünze Stücke zu 2, 1 und ½ Silbergroschen zu resp. 24, 12 und
6 Heller im 16=Thalerfuße, besser, aber leichter im Gewicht als die preußischen;
in Kupfer: Hellerstücke, 130 auf die cölnische Mark.

Von älteren Gold= und Silbermünzen kommen auch noch vor: Ducaten und
Carolinen, einfache und doppelte Pistolen oder Wilhelmsd'or; in Silber: Conven=
tions=Species, im Werthe von 1 thlr. 12 sgr. preuß., dito von 1815 im Werthe
von 1 thlr. 10 sgr., Landgräfliche ⅑=Thalerstücke; Thalerstücke von 1819 bis
1832 im Werthe von 1 thlr. und von 29½ sgr. preuß.; Drittelstücke von

1822 bis 1828 im Werthe von 9½ fgr. preuß. und Sechstelstücke von 1823 bis 1831, werth circa 4 fgr. 8 pf. preuß.

Papiergeld. Kassenscheine zu 1, 5 und 20 Thaler.

Im Wechselgeschäft richtet man sich nach der Berliner und Leipziger Börse.

Wechselrechtliches. Die allgemeine deutsche Wechselordnung ist erst im Jahr 1859 in Kurhessen mit einigen Zusätzen und Abänderungen eingeführt worden.

Zum Art. 2 der deutschen Wechselordnung kommt eine Aufzählung derjenigen Personen, welche dem Wechselarrest nicht unterworfen sind, mit dem weiteren Zusatze, daß wegen einer und derselben Wechselschuld der Wechselarrest nicht länger als ein Jahr dauern darf, und daß einem Antrag auf Verhängung von Wechselhaft von dem Gericht erst dann stattgegeben werden kann, wenn der Impetrant die Mittel zur Unterhaltung des Schuldners bereit gestellt hat. Statt des zweiten Absatzes vom Art. 18 der deutschen Wechselordnung, nach welchem Meß- und Markt-Wechsel erst in der an dem Meß- oder Marktorte gesetzlich bestimmten Präsentationszeit zur Annahme präsentirt und in Ermangelung derselben protestirt werden können, heißt es in dem kurhessischen Gesetze, daß Meß- und Marktwechsel erst mit dem Beginne oder des Marktes zur Annahme präsentirt und in Ermangelung derselben protestirt werden können. In Betreff des Protestes ist im Art. 87 der kurhessischen Wechselordnung weiter verfügt, daß zu jeder Protestaufnahme ein Proteststempel von 15 fgr. verwendet werden müsse, und daß Aktuare und Notare daneben eine Gebühr von einem Thaler zu beziehen haben. Nach dem Art. 73 der deutschen Wechselordnung über abhanden gekommene Wechsel folgen in der kurhessischen Wechselordnung folgende Bestimmungen in Betreff des Amortisationsverfahrens: 1) Der Eigenthümer eines abhanden gekommenen Wechsels hat mit dem Antrage auf dessen Amortisation eine Abschrift des Wechsels vorzulegen oder wenigstens den wesentlichen Inhalt desselben anzugeben, auch den Besitz und Verlust glaubhaft darzuthun. Hierzu soll jedoch in Ermangelung anderer Beweismittel die Versicherung an Eidesstatt unter dem Erbieten zur demnächstigen eidlichen Bekräftigung vorläufig genügen. 2) Das Gericht theilt diesen Antrag dem Zahlungsverpflichteten zur Nachricht mit, und erläßt gleichzeitig durch Anschlag an der Gerichtsstätte, so wie durch zweimaliges Einrücken in das Provinzial-Wochenblatt und in eine oder nach Befinden mehrere andere geeignete Zeitungen eine öffentliche Aufforderung an den unbekannten Inhaber des Wechsels, innerhalb einer bestimmten, von dem auf das Datum der Verfügung, oder, wenn der Wechsel noch nicht fällig ist, auf den Verfalltag folgenden Tage an zu berechnenden Frist, welche nicht unter drei Monaten und nicht über ein Jahr betragen darf, dem Gericht den Wechsel vorzulegen, mit der Androhung, daß nach fruchtlosem Ablaufe jener Frist der Wechsel auf weiteren Antrag für kraftlos erklärt und dem Imploranten hierüber gerichtliche Urkunde ausgefertigt werde. 3) Meldet sich der Inhaber des Wechsels innerhalb der gesetzten Frist nicht, und hat der Implorant die oben unter Ziffer 1 erwähnte Versicherung durch förmlichen Eid bekräftigt, so ist auf deßhalbigen Antrag die Androhung zu verwirklichen, dem Zahlungsverpflichteten hiervon Kenntniß zu geben und zugleich die Amortisationsverfügung durch einmaliges Einrücken in eine Zeitung zu veröffentlichen. 4) Legt dagegen der Inhaber des Wechsels diesen binnen der gesetzten Frist vor, und gegen den Antrag des Imploranten Widerspruch ein, so ist

Termin anzuberaumen, in welchem der Implorant sich über die Identität des Wechsels zu erklären hat, auch wo thunlich der Streit zwischen beiden zur end= lichen Entscheidung zu bringen, so wie über die Kosten der Verhandlung zu er= kennen ist. Von dieser Entscheidung ist alsbald nach ihrer Rechtskraft dem Zah= lungsverpflichteten Nachricht zu geben. — Ergeben sich Weiterungen, welche sich in diesem Termine nicht erledigen lassen, so wird unter Aufhebung des Amorti= sations=Verfahrens und Rückgabe des Wechsels an den Inhaber der Implorant in den ordentlichen Rechtsweg verwiesen, nach dessen Ausgang auf den Antrag des einen oder andern Theils über die im obengedachten Verfahren entstandenen Kosten zu erkennen ist, soweit über solche nicht etwa das in dem ordentlichen Verfahren ergangene Erkenntniß sich verbreitet. 5) Zu den endlichen Verfügungen im Amor= tisationsverfahren, das im Uebrigen rücksichtlich der Stempel= und Aktuariatsgebühr einem sonstigen Klagverfahren gleich zu achten ist, wird ein Stempel von einem halben Procent, jedoch nicht über 3 thlr. und nicht unter 10 sgr. verwendet.

Staatspapiere. Kurhessische Staatspapiere gibt es von der Anleihe vom Jahr 1831 (350,000 thlr.), ursprünglich zu 4 Proc., später auf 3½ Procent reducirt; von der Anleihe vom Jahr 1834 (1,265,850 thlr.) zu 3½ Proc., von der Eisenbahn=Lotterie=Anleihe vom Jahr 1845 (6½ Mill. thlr.), von der Anleihe vom Jahr 1849 zu 4½ Proc. (½ Mill. thlr.), desgl. von 1850 (1 Mill. thlr.); und von 1854 (1⅓ Mill. thlr.)

Maaße und Gewichte. Dieselben sind nicht aller Orten im Lande von gleicher Größe. Diejenigen der Stadt Kassel nebst Umgebung sind die folgenden: Längenmaaß. Der kurhessische Normalfuß zu 12 Zoll zu 12 Linien = 127,536 Pariser Linien. — Die Elle = 252,857 Pariser Linien. Die Bra= banter Elle = 307,786 Pariser Linien. — Der alte Kasseler Fuß (Kataster= fuß (zu 12 Zoll zu 12 Linien, jetzt noch beim Feldmaaß im Gebrauche) ist = 126,3 Pariser Linien. Die Ruthe = 14 alte Fuß = 1766,8 Pariser Linien. — Der Acker = 150 Quadratruthen.

Flüssigkeitsmaaß: für Wein, Branntwein und Essig: Das Fuder zu 6 Ohm zu 20 Viertel zu 4 Maaß zu 4 Schoppen. Die Maaß = 194,95 Centiliter. Die Bier=Maaß hat 4 Schoppen und hält 218,45 Centiliter. — 80 Bier= Maaß = 1 Ohm Bier. Mit dem Bier=Maaß wird auch die Milch gemessen. — 8 Bier=Maaß werden 9 Wein=Maaß gleich geachtet.

Getreidemaaß. Das Viertel zu 2 Scheffel zu 8 Metzen zu 4 Mäßchen hält 160,48 Liter.

Handelsgewicht ist das Zollgewicht (s. Berlin).

Die seitherigen Gewichte sind: 1) für den Großhandel und für den Ver= kehr mit Viktualien das Schwergewicht der Centner zu 108 Pfund zu 32 Loth zu 4 Quentchen. Das Pfund Schwergewicht = 484,19 Grammen. 2) Für den Verkehr im Kleinhandel, mit derselben Eintheilung wie vorher, das Leicht= gewicht, von welchem das Pfund = 467,77 Grammen. — Es sind 57 schwere Pfund = 59 leichte Pfund.

Der Kleuder Wolle hat 21 schwere Pfund.

Gold= und Silbergewicht ist die Kasseler Mark zu ½ Pfund des Leichtgewichts. Münzgewicht, s. Berlin.

Medicinalgewicht ist das alte Nürnberger.

Holzmaaß. In dem ganzen Kurfürstenthum besteht beim Forstwesen nur ein Längenmaaß für sämmtliche Holzausmessungen, nemlich der kurhessische Normalfuß

(s. oben). Das Maaß zum Messen des Brennholzes ꝛc. heißt Klafter, und deren sind zweierlei verordnet. Die Klafter Werk-, Nutz- und Brennholz ist

1) in allen kurhessischen Forsten, mit Ausschluß der Oberforste Fulda und Hanau, 5 Fuß hoch und eben so weit, und die Scheitlänge beträgt 6 Fuß; dieselbe hat daher 3,572 Steren (s. Paris).

2) In den Forsten der Provinz Hanau und der Forst-Inspektion Fulba 6 Fuß hoch und eben so weit, und die Länge der Scheite ist 4 Fuß. Ihr Kubikinhalt beträgt demnach 3,4291 Steren. Sollte der Verbrauch des Holzes andere Längen erfordern, so muß die Klafter entweder in der Höhe oder in der Weite danach verändert werden, so daß obiger Kubikinhalt herauskommt.

Das Reiserholz wird in Wellen von 6 Fuß Länge und 3 Fuß Umfang so dicht als möglich gelegt und gebunden.

Garnmaaß. Nach der Leinenordnung vom 29. Dezember 1829 für die Provinz Niederhessen (ohne Schaumburg) und den Kreis Hersfeld müssen die Haspel eine Länge von 4 Kasseler Ellen und 3 Zoll im Umfange ergeben. Jeder Strang soll 30 Gebinde, jedes Gebinde 40 Fäden oder 20 Gebinde, jedes zu 60 Fäden enthalten.

Die Länge und Breite, welche ein Stück Leinen der folgenden Gattungen haben muß, sind folgendermaßen bestimmt:

1) hessisches Schock Leinen (Bleichtuch) roh, 60 kasseler Ellen Länge und $7/4$ bis $8/4$ Breite;

2) gebleichtes Schocktuch in Stücken zu 30 Ellen Länge und $8/4$ Ellen Breite;

3) Hede-Leinen (Segeltuch, Sacktuch), $5/4$ Ellen Breite, die Länge nach der Angabe auf den Mengezeichen;

4) Stiege-Leinen, 20 Ellen Länge und $5/4$ Breite (auf Bestellung auch $6/4$ Breite);

5) Hundert-Leinen, 25 Ellen Länge und $7/4$ Breite.

Obige Vorschriften gelten seit 1835 auch für die Kreise Fulda und Hünfeld, und seit 1837 gilt die Leinenordnung auch für die Provinz Oberhessen.

Maaße und Gewichte für die indirekten Steuern und für den Zoll. Der kurhessische Normalfuß (s. oben) ist das Längenmaaß, das Kasseler Viertel (s. oben) das Getreidemaaß. Flüssigkeitmaaß ist seit 1832 die preußische Ohm (s. Berlin für den Zoll). — Gewicht ist das Zollgewicht (s. Berlin). Für die Steuer vom inländischen Wein seit 1832 gleichfalls die preußische Ohm. Für die Steuer vom inländischen Branntwein seit 1825 die Ohm zu 20 Viertel oder 80 Maaß. Die Maaß = 1,98442 Liter, also die Ohm 158,7536 Liter. Weil die Kasseler Ohm (s. oben) = 80 × 1,9495 Liter = 155,96 Liter, so ist die Ohm für die Steuer = 1,0179 Kasseler Ohm. — Für die Steuer vom inländischen Bier hat die Ohm ebenfalls 80 Maaß, aber die Maaß hält 2,18287 Liter; das Kasseler Biermaaß (s. oben) 2,1845 Liter; daher 1 Maaß für die Biersteuer = 0,9992 Kasseler Biermaaß.

Handelsanstalten ꝛc. Landescreditkasse, welche den Zweck hat, den Grundbesitzern zu Ablösungen von Servituten, Zehnten und Grundzinsen Kapitalien zu verschaffen; sie nimmt Darlehen an, worüber sie 3½ Proc. zinstragende Obligationen aushändigt, und verleiht im Inlande gewöhnlich zu 4 Proc., ausnahmsweise auch zu 3¾, 3½ und selbst zu 3 Proc.

Zwei nicht ganz unbedeutende Messen und alljährlich Ende Juni ein dreitägiger Wollmarkt. Die kurhessische Leih- und Commerzbank, eine im Jahr 1721 auf Actien gegründete Privatanstalt, über deren Geschäfte und Verwaltung nichts veröffentlicht wurde, ist seit 1859 fallit.

Khiwa,
Hauptstadt des gleichnamigen tartarischen Khanats.

Rechnungsart und Münzen. Man rechnet nach Tillas oder Telas zu 14 Abassen zu 2 Tengas zu 40 Puls. Die Tilla ist eine Goldmünze, welche gewöhnlich zu 4 russische Silberrubel gerechnet wird; die Tenga ist eine Silbermünze und der Pul ist von Kupfer oder Messing.

Von fremden Münzen cursiren hier bokharische Goldmünzen, persische Münzen und holländische Ducaten.

Maaße und Gewichte. Außer dem Kulatsch, einem Längenmaaße, welches man dem russischen Saschen (s. Petersburg) gleichrechnet, ist kein Maaß vorhanden. Russische Kleiderstoffe werden nach der russischen Arschin (= 315,266 Pariser Linien) verkauft. Flüssigkeiten werden gewöhnlich mit den aus Rußland kommenden gläsernen Kruschkamaaßen genießen.

Gewicht ist der Batman = 1⅕ russische Pud oder 48 russische Pfund = 19,6565 Kilogramm.

Kiachta,
Stadt in Sibirien, an der Grenze der Mongolei, Verbindungsplatz des russischen Handels mit China.

Münzen, Maaße und Gewichte, s. Petersburg.

Tauschhandel. Der Handel zwischen den Russen und Chinesen ist gesetzlich ausschließlich Tauschhandel, welcher in einer Art Messe, die von Mitte März bis Ende Mai dauert, stattfindet. Der Werth der zu vertauschenden Gegenstände wird dann von einer aus Mitgliedern der russischen Kaufmannschaft von Kiachta und aus chinesischen Kaufleuten zusammengesetzten Commission in einer fingirten Geldeinheit „Tun" genannt, festgesetzt, und darauf hin werden die Waaren nur unmittelbar getauscht. Der Tun entspricht dem jeweiligen Werthe von 10 Stück Nanking. — Nur die der Kaufmannschaft von Kiachta angehörigen Kaufleuten dürfen sich an diesem Tauschhandel betheiligen.

Kiel,
Stadt im Herzogthum Holstein.

Rechnungsart und Münzen gesetzlich wie in Kopenhagen, gewöhnlich aber wie in Altona.

Im Wechselverkehr richtet man sich nach den Cursen von Altona oder Hamburg.

Wechselrechtliches. Für das Herzogthum Holstein wurde im Jahr 1854 eine Wechselordnung erlassen, welche im Wesentlichen mit der allgemeinen deutschen Wechselordnung übereinstimmt.

Maaße und Gewichte wie in Altona, mit Ausnahme der Getreidetonne von 3 Scheffeln, welche zu 118,54 Liter angegeben wird.

Messe. Die hiesige Messe, Kieler Umschlag genannt, welche vom 6. Januar bis 2. Februar dauert, unterscheidet sich von allen andern Messen dadurch, daß sie für das ganze Herzogthum Holstein als allgemeiner Zahlungstermin für Kapital-, Zins- und Pachtzahlungen dient, dergestalt, daß alle diese Geschäfte auch alljährlich zu dieser Zeit in Kiel selbst entweder persönlich oder durch Bevollmächtigte, abgemacht werden müssen. Hauptzahltage dieser Messe sind der 12. bis 15. Januar; der 15. bis 17. sind als Respecttage angenommen.

Kingston,
Haupthandelsplatz auf der britisch-westindischen Insel Jamaika.

Rechnungsart und Münzen. Man rechnet nach Pfunden zu 20 Schillingen zu 12 Pence Sterling. Die hier hauptsächlich cursirenden spanischen Silberpiaster oder Dollars haben seit 1838 (wie in allen englischen Colonien) den gesetzlichen Werth von 50 Pence Sterling; rechnet man daher den Piaster zu 2 fl. 30 kr. rhn., so stellt sich der Werth eines Pfundes auf 12 fl. rhn. = 6 thlr. 26 sgr. 8 pf. preuß. = 10 fl. 28 kr. öster. Viel geringer war die frühere Colonialwährung. Man rechnet auch nach Dollars zu 100 Cents, namentlich auf den kleineren westindischen Inseln. Die hier und im britischen West-indien überhaupt cursirenden Münzen sind die englischen Gold- und Silbermünzen (als gesetzliches Zahlmittel, und wo man nach Dollars rechnet, den Sovereign zu 4 Dollars 80 Cents tarifirt), spanische Dublonen und Pistolen, portugiesische Johannes oder Joao (Goldmünze), spanische, mexikanische, und nordamerikanische Piaster oder Dollars, französische Gold- und Silbermünzen und außerdem Viertel-, Achtel- und Sechzehntel-Dollarstücke, sowie auch kleinere Silbermünzen, welche die britische Regierung für ihre westindischen Colonien hat prägen lassen.

Papiergeld. Noten der Jamaikabank und der Londoner Colonialbank.

Wechselcursnotirung. Auf London ± 100 Liv. Sterl., je nach Sicht, für 100 Liv. Sterl. in London. Auf New-York ebenso in Dollars.

Maaße und Gewichte sind die englischen (s. London). Für Flüssig-keiten ist der alte englische Wein-Gallon (s. London) noch im Gebrauche.

Banken. Außer einer Filiale der Londoner Colonialbank (s. London) be-steht hier die Jamaika-Bank, welche Noten ausgibt.

Koburg,
Hauptstadt des Herzogthums Sachsen-Koburg-Gotha.

Rechnungsart und Münzen. Man rechnet im Herzogthum Sachsen-Koburg (s. Einleitung, Seite 17) nach Gulden zu 60 Kreuzern zu 4 Pfennigen im 52½-Guldenfuße.

Aeltere noch umlaufende Münzen sind: Ducaten, 146,2987 Stück auf 1 Pfund fein, = 0,34177 deutsche Goldkrone; Kronenthaler = 2 fl. 41,289 kr. rhn. = 1 thlr. 16 sgr. preuß. = 2 fl. 30 nkr. öster.; Speciesthaler = 2 fl. 27 kr. rhn. = 1 thlr. 12 sgr. preuß. = 2 fl. 10 nkr. öster.; Gulden = 1 fl. 13 kr. rhn. = 21 sgr. preuß. = 1 fl. 5 nkr. österr.; 20- und 10-Kreuzer-stücke nach Verhältniß.

Neuere Münzen: 3½-Gulden- oder 2-Thalerstücke, Gulden- und halbe Guldenstücke im 24½-Guldenfuße und Vereinsthaler zu 1¾ Gulden im 52½-Guldenfuße (vgl. den Art. Gotha).

Papiergeld. Kassenanweisungen zu 1 Thaler im 14-Thalerfuße. Sie werden von der Hauptlandeskasse in Koburg eingelöst.

Wechselgeschäft. Man richtet sich nach den Cursen von Frankfurt a. M.

Wechselrechtliches, s. Gotha.

Staats- und andere Creditpapiere. 4=procentige Obligationen von Staatsanleihen. — 4=procentige Schuldscheine der Grundrenten=Ablösungskasse. — Pfandbriefe der Koburg=Gothaischen Creditgesellschaft (s. unten).

Maaße und Gewichte. Längenmaaße: der Werkfuß = 134,75 Pariser Linien. — Vermessungsfuß ist der rheinländische oder preußische (s. Berlin). — Die Werkruthe = 14 Werkfuß. — Die Vermessungsruthe = 12 Vermessungs= fuß = der preußischen. — Die Elle 259,9 Pariser Linien.

Feldmaaß: Der Acker oder Feldmorgen = 160 Quadrat=Werkruthen = 28,9765 franz. Aren. — Der Vermessungsmorgen und Waldmorgen =.180 Vermessungs=Quadratruthen = 1 preuß. Morgen.

Getreidemaaß: Der Simmer = 4 Viertel zu 4 Metzen. — Der Korn= Simmer für Weizen, Roggen und Hülsenfrüchte = 88,946 Liter; der Hafer= Simmer für Gerste, Hafer und Dinkel = 110,449 Liter.

Brennholzmaaß: Die Klafter = 144 Kubik=Werkfuß = circa 4 franz.Steren.

Flüssigkeitsmaaß: Der Eimer = 80 Maaß. Die Maaß = ¹/₂₃ des Kornviertel von 22,236 Liter; daher = 0,9667 Liter; der Eimer also = 77,336 Liter.

Handelsgewicht: Das Zollpfund von 500 Grammen. — Das frühere Pfund = 477,138 Grammen. — Gold=, Silber= und Münzgewicht seit Anfang 1839 bis zur Einführung des Zollpfundes die Cölnische Mark von 233,855 Grammen. — Medicinalgewicht das alte Nürnberger.

Bank. Das Actienkapital der im Jahr 1856 gegründeten „Koburg= Gothaischen Creditgesellschaft" ist auf 10 Mill. Thlr. in Actien zu 100 Thlr. festgestellt. Zum Geschäftskreise derselben gehören: Darleihen auf bewegliches Eigenthum jeder Art, Conto=Correntgeschäfte mit Creditgewährung gegen Bürg= schaft oder andere Sicherheiten, Uebernahme oder Vermittelung von Anleihen an Staatsregierungen, Gemeinden und andere Corporationen, An= und Verkauf, Incasso und Ausstellung von Wechseln und Anweisungen, Errichtung von Vor= schußkassen für Gewerbtreibende, Gründung und Betrieb von gewerblichen und öffentlichen Unternehmungen, als Fabriken, Eisenbahnen, Bauten u. s. w., Ein= und Verkauf von Werthpapieren, Metallen und anderen Waaren für eigene und fremde Rechnung, Commissions= und Speditionsgeschäfte, Versicherungsgeschäfte, Annahme von Depositen, Gründung von anonymen und anderen Gesellschaften zur Ausführung größerer Unternehmungen oder Betheiligung bei solchen Geschäften, Aus= gabe von Annuitätsscheinen und verzinslichen Obligationen au porteur mit oder ohne Kündigung, mit oder ohne Tilgungsvertrag, mit oder ohne Ausloosung, mit oder ohne Prämie. Die in das Bankgeschäft einschlagenden Geldgeschäfte der Staatsregierung hat die Gesellschaft ohne besondere Provision zu besorgen; nament= lich ist dieselbe verpflichtet, der Staatsregierung bis zu einem Betrage von 200,000 Thaler laufende Rechnung zu eröffnen und hierbei Einzahlungen zur Verzinsung zum laufenden Discontosatz von Leipzig anzunehmen, so wie Dar= leihen gegen gleiche Verzinsung zu gewähren. Verboten ist der Gesellschaft, Bank= noten oder andere unverzinsliche Werthzeichen auszustellen, Differenzgeschäfte zu machen, eigene Actien zu kaufen, oder solche über ²/₃ ihres Tagescurses zu beleihen und Solawechsel auszustellen. (Statuten.)

Von dem Reingewinne wird zunächst den Actionären eine ordentliche Di= vidende von 4 Proc. ihres eingezahlten Kapitals gewährt. Von dem dann ver= bleibenden Ueberschusse werden vertheilt: 10 Proc. an den Verwaltungsrath, 9 Proc.

an den Direktor, die übrigen Beamten und ihren Pensionsfonds nach den Be=
stimmungen des Verwaltungsrathes, 1 Proc. an die Staatsregierung zu gemein=
nützigen Zwecken, 80 Proc. an die Actionäre, als außerordentliche Dividende
ausschließlich der Bruchtheile unter ¼ Proc., welche dem Reservefonds zufallen.
Wenn der Gewinnantheil der Actionäre einschließlich der 4 Proc. ordentliche Di=
vidende 5 Proc. ihres eingezahlten Actienkapitals übersteigt, so wird von dem
Mehrbetrage ⅓ zur Gründung eines Reservefonds verwendet, bis derselbe 10
Proc. des Actienkapitals erreicht hat, oder im Falle einmal angegriffen, wieder
auf diese Höhe gebracht ist. Im Falle dagegen ein Jahresabschluß nicht den Be=
trag der ordentlichen Dividende von 4 Proc. abwirft, so wird letztere aus dem
Reservefonds, so weit dieser ausreicht, bezahlt oder ergänzt. Die Dauer der Ge=
sellschaft ist auf neunzig Jahre festgesetzt. — Im Jahr 1857 wurde auch eine
Hypothekenbank als selbstständige Abtheilung der Creditbank gegründet. Diese
Abtheilung emittirt 4½=procentige Pfandbriefe zu 500, 200, 100, 50 und 25
Thalern, halbjährlich verzinslich. Für die Sicherheit der Pfandbriefe haftet, außer
den Pfandobjecten, das gesammte Vermögen der Gesellschaft. Die Regierung übt
die Oberaufsicht durch einen Commissär.

Königsberg,
Hauptstadt der Provinz Preußen.

Rechnungsart und Münzen. Gesetzlich und im Großhandel wie in
Preußen, s. Berlin; indessen ist hier so wie in Elbing, Memel und andern Orten
in Ostpreußen die ältere Rechnungsart nach Gulden zu 10 Silbergroschen zu 12
Pfennigen, oder auch nach Gulden zu 30 kleinen oder preußischen Groschen zu 3
Kupferschillingen mitunter noch im Gebrauche. Es gehen 42 solcher, sogenannter
preußischer Gulden auf die Cölnische Mark fein Silber; daher dieser Gulden =
⅓ Thlr. preuß. = 35 kr. rhn. = 50 nkr. öster. — Die jetzigen Münzen
sind die preußischen (s. Berlin).

Curssystem.

Amsterdam 71 Tage dato	± 100 Sgr. für	6 fl. holl.	
Berlin } 2 und 3 Monate dato	„ 100 Thlr. „	100 Thlr. in Berlin und	
Danzig }			Danzig.
Hamburg 9 Wochen dato	„ 45 Sgr. „	3 Bankmark.	
London 3 Monate dato	„ 200 Sgr. „	1 Liv. Sterl.	

Goldcurse. Dukaten, russische Halb=Imperialen, Augustd'or (d. i. nicht=
preußische Pistolen zu 5 Thlr. Gold), preußische Friedrichsd'or, russische alte und
neue Rubel werden in Silbergroschen per Stück notirt, polnisch klingend Curant
in preußischen Thalern (± 90) per 100 Thaler polnisch Curant, der polnische
Thaler zu 6 Gulden polnisch, und polnisch Papiergeld in gleicher Weise (± 94
Thaler preuß. per 100 Thaler polnisch).

Wechselrechtliches s. Berlin.

Städtische Anleihen. Aeltere Stadt=Obligationen, seit 1844 zu 3½
Proc. verzinslich. — 4=procentige Obligationen der Anleihe Behufs der Gasbe=
leuchtung, vom Jahr 1862. — 4=procentige Brau=Obligationen zu 300 Thaler;
unverzinsliche Brau=Obligationen zu 140 Thaler; ihre Tilgung erfolgt aus den
Ueberschüssen der Malz= und Braukasse, von welchen ⅔ auf die verzinslichen und
⅓ auf die unverzinslichen verwendet wird.

Die Curse obiger Papiere sowie der ost- und westpreußischen Pfandbriefe und preußischer Staatspapiere werden per 100 Thaler Nennwerth, und diejenigen der Prämienscheine der Seehandlung (s. Berlin) per 50 Thlr. Nennwerth notirt. — Notirung von Actien wie in Berlin.

Maaße und Gewichte. Im Allgemeinen und gesetzlich gelten die unter Berlin angeführten neuen preußischen; es kommen aber auch noch folgende ältere im Handel vor:

Weinmaaß: Das Both war früher $= 1\frac{1}{3}$ Pipe oder $= 2$ Oxhoft oder $= 3$ Ohm zu 4 Anker zu 5 Viertel oder Velten zu 6 Stof; später trat, bei derselben Eintheilung, das alte Berliner Quart an die Stelle des Stof. In der Provinz rechnet man das (neue) Berliner Quart $= \frac{13}{16}$ Stof, und nennt es auch häufig Stof (Nobad).

Getreidemaaß: Die Last $= 24$ Tonnen $= 56\frac{1}{2}$ Ausmaaß oder alte Berliner Scheffel $= 60$ Einmaaß oder Königsberger Scheffel. — Der Königsberger Scheffel zu 4 Vierteln oder 16 Metzen $= 51,4$ Liter $= 0,9355$ preuß. Scheffel (Nobad). Jetzt rechnet man die Last $= 56\frac{1}{2}$ neue preußische Scheffel.

Handelsgewicht: früher das alte Berliner Pfund, jetzt das Zollpfund mit Beibehaltung der alten Eintheilung der höhern Gewichtsstufen; daher das Schiffspfund $= 3$ Centner (zu 110 Pfund) $= 10$ große Stein (zu 33 Pfund) $= 16\frac{1}{2}$ kleine Stein (zu 20 Pfund) $= 20$ Liespfund (zu $16\frac{1}{2}$ Pfund) $= 330$ Pfund.

Stückgüter. 1 Spule Garn $= 2$ Stück $= 4$ Toll zu 10 Gebinde zu 40 Faden. — Die Last Flachs und Hanf $= 6$ Schiffspfund $= 60$ große Stein $= 1980$ Pfund. — Die Last (Browoz) spanisches und französisches Salz lose aus dem Schiff $= 18$ Tonnen, aus dem Speicher 16 Tonnen; man rechnet sie auch $= 60$ Centner zu 100 Pfund. — Die Last Asche, Pech, Theer, Dorsch, Heringe, Fleisch, Honig, Meth, Bier $= 12$ Tonnen. — Die Last grüne und schwarze Seife $= 3$ Tonnen oder 12 Viertel. — Die Tonne Heringe hat 13 Wahl zu 80 Stück, also 1040 Stück. — Die Tonne Meth hat 4 Viertel oder 100 Quart. — Die Tonne Butter hat 4 Viertel oder 8 Achtel. Das Achtel wird mit dem Holz zu 40 Pfund, seine Tara zu 7 Pfund, demnach sein Nettogewicht zu 33 Pfund gerechnet. — Das Zimmer Zobel und Marder hat 40 Stück.

Schiffsbefrachtungen. Bei Verladungen zur See wird die Schiffslast wie folgt angenommen: bei Roggen $= 56\frac{1}{2}$ preußische Scheffel, bei Weizen 10 Proc. mehr, bei Erbsen 20 Proc. mehr, bei Gerste 10 Proc. weniger, bei Hafer 15 Proc. weniger als bei Roggen; bei Leinsaat $= 24$ Tonnen; bei Flachs und Hanf $= 60$ große Stein oder 1980 Pfund; bei Talg $= 120$ große Stein oder 3960 Pfund; bei Hanföl $= 8$ Hanföl-Ohm zu 180 Stof; bei Matten $= 1000$ Stück. Bei Gewichtsgütern ist die Last $= 4000$ Pfund.

Handelsusanzen: Folgende Artikel werden abweichend von den gewöhnlichen Verkaufsnormen notirt: Hanföl nach der Ohm von 180 Stof $=$ circa 412 preuß. Pfund; Leinöl per Ohm von 120 Stof $=$ circa 275 Pfund. — Asche, Eisen, Stockfisch rc. per Schiffspfund. — Blei, Flachs, Hanf, Heede, gesottene Pferdehaare, Talg, Wachs, Zinn per großen Stein von 33 Pfund. Bettfedern, gezogenes Pferdehaar, Borsten, Rindshäute per 1 Pfund. — Hasenfelle per 100 Stück, Kalbfelle per 10 Stück, Matten per 5 Stück. — Königsberger Schockleinwand zu 3 Stück oder 108 preuß. Ellen. — Weißes Leinen und Drillich pr. Stück von 36 preuß. Ellen. — Hanfleinen pr. preuß. Elle. — Ermeländisch Garn pr. Bund zu 6 bis 20 Pfund; litthauisch Garn pr. Bund von 20 bis 40 Pfund. — Spiritus pr. preuß. Ohm von 120 Quart zu 80 Proc. nach Tralles, oder auch pr. 1 Proc. nach Richter und 1 Ohm.

Bei den Einkäufen, welche hier von Polen gemacht werden, gewähren letztere 4 bis 5 Proc. Gutgewicht. Auf Flachs, Hanf, Hanfwerg, Wachs und Talg werden gewöhnlich bis 10 Proc. Gutgewicht bewilligt, und zwar auf Hundert berechnet, wonach z. B. statt 110 nur 100 Pfund oder statt 33 Pfund nur 30 Pfund bezahlt werden.

Handelsanstalten. Comptoir der preußischen Bank und der Seehandlungssocietät (s. Berlin). — Die im Jahre 1856 auf die Dauer von 10 Jahren mit einem Actien-Capital von 1 Mill. Thlr. gegründete „Königsberger Privatbank" discontirt Wechsel, beleiht Werthpapiere ꝛc., kauft und verkauft Gold, Silber und fremde Münzen, treibt Wechselgeschäfte, eröffnet laufende Rechnungen mit Ab- und Zuschreibung (Girogeschäft) und gibt Noten über 10, 20, 50, 100 und 200 Thlr. aus. — Seit 1858 die Königsberger industrielle Commanditgesellschaft für Dampfschifffahrt, Bergbau und Fabrikbetrieb. — Die im Jahre 1856 gegründete „Preußische Handelsgesellschaft" soll sich wieder aufgelöst haben. — Märkte: Leinwand- und Wollmarkt, beide im Juni.

Konstanz.
Hauptstadt des badischen Seekreises, s. Karlsruhe.

Korsika,
französische Insel im Mittelmeere mit der Hauptstadt Ajaccio.

Rechnungsart ist die französische, also nach Franken zu 100 Centimen, oder, in anderer Benennung, nach Lire nuove zu 100 Centesimi, wobei die Lira auch öfter zu 20 Soldi zu 12 Denari del franco (franz. Denari) gerechnet wird.

Maaße und Gewichte sind die französischen metrischen; im Verkehre kommen aber auch noch folgende ältere korsische Maaße und Gewichte vor: Die Wein-Pipe = 425 Liter, in der Praxis auch = 9 ½ Livorneser Barili. — Die Oel-Soma = 11 ½ Liter. — Die Libbra sottile (das sogenannte leichte Pfund) = 337,759 Grammen. — Man bediente sich auch der alten Pariser Gewichte (Poids de marc), deren Pfund das hiesige schwere Pfund (die Libbra grossa) war. — Im Innern der Insel sind auch noch die alten Genueser Maaße und Gewichte im Gebrauch.

Krakau,
Hauptstadt der österreichischen Provinz Westgalizien.

Rechnungsart, Münzen, Maaße und Gewichte sind (seit 1846) gesetzlich die österreichischen (s. Wien); man rechnet jedoch, wie früher, auch nach dem polnischen Gulden zu 30 Groschen im Zahlwerthe von 86,688 Gulden auf die Cölnische Mark fein Silber. Gesetzmäßig (seit 1858) wird der polnische Gulden des Krakauer Gebietes zu ¼ fl. neuer öster. Währung (45-Guldenfuß) gerechnet. Nach dieser Tarifirung ist der Krakauer Gulden = 17 ½ kr. rhn. = 5 sgr. preuß.

Im früheren Freistaate Krakau wurden Guldenstücke im Zahlwerthe von 85,853 Stück pr. Cölnische Mark fein Silber (also etwas besser als die eigentlich polnischen Gulden) geprägt. Aus den Jahren 1835 bis 1846 gibt es Guldenstücke, gesetzmäßig im Feingehalte von 875 Tausendtheilen, 183,56 Stück auf das Pfund fein, = 17,161 kr. rhn. = 4,903 sgr. preuß. = 24,515 nkr. östr.; 10-Groschenstücke im Feingehalte von 187,5 Tausendtheilen, 902,6197 Stück auf das Pfund fein, = 3,49 kr. rhn. = 0,9971 sgr. preuß. = 4,985 nkr. östr. und 5-Groschenstücke von gleichem Feingehalte.

Wechselcursnotirung wie in Wien.

Wechselrechtliches wie in Oesterreich (s. Wien).

Cursnotirung der Staatspapiere wie in Wien.

Frühere Maaße und Gewichte. Die im Jahr 1836 für Krakau eingeführten Maaße und Gewichte, welche das metrische System zur Grundlage, aber andere Benennungen haben, sind im Verkehr noch im Gebrauche. Es sind folgende:

Längenmaaß: Der Fuß (Stopa) zu 12 Zoll zu 12 Linien; die halbe Linie ist dem französischen Millimeter gleich; daher der Fuß = 127,669 Parif. Linien = dem bisherigen polnischen Fuße (s. Warschau). — Die Klafter hat 6 Fuß; die Ruthe hat 15 Fuß, wird aber auch in 10 Ruthchen, 100 Lawek und 100 Zoll getheilt. — Die Elle = 2 Fuß = bisherige polnische Elle (s. Warschau) = 255,338 Parif. Linien.

Getreidemaaß: Der Korzek (Scheffel) hat 4 Viertel zu 8 Garnetz zu 4 Quart des Flüssigkeitsmaaßes und ist = 123 Liter.

Flüssigkeitsmaaß: Der Garnetz (Topf) zu 4 Quart zu 4 Quartiri = 3,843 Liter.

Handelsgewicht: Der Centner hat 4 Stein zu 25 Pfund; das Pfund hat 16 Unzen, die Unze 2 Loth, das Loth 4 Drachmen, 1 Drachme 3 Scrupel, 1 Scrupel 24 Gran, 1 Gran 5½ Granikow, 1 Granikow = 8 Milligramm. Das Krakauer Pfund von 9216 Gran ist demnach = 405504 Milligramm oder 405,504 Grammen = dem polnischen Pfunde (s. Warschau). Medicinalgewicht ist das alte Nürnberger.

Handelsanstalten ꝛc. Zweiganstalt der österreichischen Nationalbank (s. Wien). — Jährlich zwei Wollmärkte von zweiwöchentlicher Dauer; der erste beginnt am 16. Mai, der zweite am 16. September.

Krefeld,
Fabrikstadt in der preußischen Rheinprovinz.

Rechnungsart und Münzen s. Berlin.

Wechselcursnotirung wie Cöln.

Maaße und Gewichte sind die preußischen (s. Berlin). — Die hiesige Brabanter Elle = 306 Parif. Linien = 1,035 preuß. Ellen. — Das frühere Getreidemaaß, das Malter = 2½ (genauer = 2,502) preußische Scheffel, ist mitunter noch im Gebrauche. — Spiritus rechnet man hier und in Neuß pr. Ohm von 123 Quart zu 47 Proc. Tralles oder pr. 5781 Proc. (s. die Note Seite 67).

Handelsanstalten ꝛc. Zweiganstalt der preußischen Bank (s. Berlin). — Actiengesellschaften für Eisenbahnen, Seidenzwirnerei ꝛc.

Kroatien s. Fiume.

Kronstadt,
Haupthandelsplatz in Siebenbürgen.

Rechnungsart und Münzen s. Wien.

Maaße und Gewichte sind gesetzlich die Wiener; im Verkehr kommen aber auch noch nachstehende ältere siebenbürger Maaße und Gewichte vor.

Längenmaaß: Die siebenbürger Elle = ca. ⁴/₅ Wiener Ellen. — Die Elle in der siebenbürger Militärgrenze = ³/₄ Wiener Ellen. — Fuß und Klafter sind die Wiener.

Getreidemaaß: Der Kübel von 4 Vierteln zu 2 Ur zu 8 Maaß = 92,557 Liter (Rolack). In der Praxis rechnet man 1 Ur = 8 Wiener Maaß (s. Flüssigkeitsmaaß).

Flüssigkeitsmaaß: Der Ur oder Eimer von 8 Maaß zu 2 siebenbürger Halben zu 2 Seidel ist dem Getreide-Ur gleich. In der Praxis rechnet man die siebenbürger Maaß der Wiener Maaß gleich. — Der Eimer Honig an Gewicht = 27 Pfund.

Handelsgewicht ist das Pfund des Wiener Marktgewichts (s. Wien). — Das Gewicht der aus der Walachei kommenden Wolle wird nach walachischen Oken (s. Bukarest) gerechnet, wobei man für die Oka 2½ Wiener Pfund ansetzt. — Der Centner hat 100 Pfund; der Stein (für Hanf) 25 Pfund. — Der Erzkübel hat 3 Centner (Rolack).

Medicinalgewicht ist das Wiener.

Usanzen. Die Preise werden in Wiener Währung notirt. — Spiritus-Usanz wie in Ungarn (s. Pest), nur mit Beziehung auf den Siebenbürger Eimer.

Handelsanstalten ꝛc. In Klausenburg, Hermanstadt und Kronstadt mehrere industrielle Anstalten und Bankgesellschaften.

Laguaira s. Carracas.

Lauenburg,
Herzogthum, zu Dänemark gehörig, mit der Hauptstadt Ratzeburg und der Stadt Lauenburg.

Rechnungsart und Münzen. Seit 1850 rechnet man nach Thalern zu 48 Schillingen zu 12 Pfennigen im 14-Thalerfuße (s. Berlin). Früher und bis Ende 1849 rechnete man nach Thalern zu 48 Schillingen zu 12 Pfennigen im lübischen Münzfuße (s. Lübeck). — Für das Herzogthum Lauenburg wurden noch im Jahr 1830 Zweidrittel-Thalerstücke nach dem Leipziger 12-Thalerfuße, im Feingehalte von 750 Tausendtheilen (12-löthig), aber nur in geringer Anzahl, geprägt. Kupfermünzen: 2-, 1-, ½- und ⅓-Reichsbank-Schillinge. — Es cursirt hier hauptsächlich preußisches und außerdem dänisches, mecklenburgisches und hamburgisches Geld.

In Wechselgeschäften richtet man sich gewöhnlich nach Altona und Hamburg.

Wechselrechtliches. Die im Jahr 1858 eingeführte Wechselordnung stimmt im Wesentlichen mit der allgemeinen deutschen Wechselordnung überein.

Maaße und Gewichte. Längenmaaß ist das sogenannte Ratzeburger,

13*

b. i. das lübische (s. Lübeck); außerdem auch das Kalenberger: der Fuß = 129,9 Parif. Linien, und die Elle = 282,4 Parif. Linien (Nobad).

Getreidemaaß: Die Last hat 24 Sack zu 4 Scheffeln zu 1 ½ Himten. Der Himten ist der alte hannöverfche oder braunfchweigifche = 31,167 Liter (Chelius). Der Drömt (ebenfalls ein Maaß) hat 12 Scheffel zu 6 Spint zu 4 Metzen, also 18 Himten.

Flüffigkeitsmaaß: Das Oxhoft hat 60 Stübchen zu 2 Kannen zu 2 Quartier; die Tonne hat 33 Stübchen. Das Quartier soll dem Hamburger gleich sein.

Handelsgewicht ist das lübische (f. Lübeck).

Lausanne,
Hauptstadt des Schweizercantons Waadt.

Rechnungsart und Münzen f. den Art. Schweiz. Früher rechnete man nach schweizer Franken oder schweizer Livres zu 20 Sous zu 12 Deniers oder auch zu 10 Batzen zu 10 Rappen. Nach dem Decrete des großen Rathes vom Jahr 1850 sollen 69 schweizer Franken = 100 französischen Franken gerechnet werden, wonach 1 · schweizer Frank = ca. 40 kr. rhn. (f. übrigens den Artikel Schweiz). Nach der gewöhnlichen Annahme rechnet man 27 schweizer Franken = 40 französischen Franken, nach welcher 1 schweizer Frank = ca. 41 ½ kr. rhein.

Die Wechfelcurfe werden wie in Bafel notirt. Auf Bafel gibt man ± 100 Franken (f. den Art. Schweiz) für 100 Franken in Bafel.

Die Wechfelfrist auf Plätze außerhalb der Schweiz ist in der Regel 30 Tage dato.

Wechfelrechtliches. Das seit 1829 bestehende Wechfelrecht ist im Wesentlichen das französische.

Maaße und Gewichte. Durch Gesetz vom 27. Mai 1822 sind im Canton Waadt folgende Dimensions- und Schwermaaße eingeführt:

Längenmaaß: Der Fuß = 0,3 Meter = 132,9888 Parifer Linien wird in 10 Zoll zu 10 Linien zu 10 Striche eingetheilt und ist also dem badifchen, dem neuen schweizerischen *) und neuen naffauifchen gleich. — Der Stab, (die Aune) = 4 Fuß; die Elle = 2 Fuß = 265,97 Parif. Linien. — Die Toise (Klafter) = 10 Fuß = 1329,888 Parif. Linien.

Flächenmaaß: Das Quadrat-Klafter = 100 Quadrat-Fuß = 9 Qua-drat-Meter.

Feldmaaß: Der Fossorier hat 50 Quadrat-Klafter = 450 Quadrat-Meter = 4 ½ franz. Aren. — Die Pose (Juchart) = 10 Fossoriers = 4500 Quadrat-Meter = 45 Aren.

Brennholz- und Futtermaaß: Der Moulo, mit welchem Brennholz, Heu und dergl. gemessen werden, hat 5 Fuß Höhe, dieselbe Breite und Länge und ist daher = 125 Kubilfuß = 3,375 Kubik-Meter oder Steren.

Getreidemaaß: Die Einheit des Getreidemaaßes ist das Quarteron oder Viertel = 500 Kubikzoll = 13 ½ Liter. — Der Muid (Zuber) hat 10 Sacs zu 10 Quarterons zu 10 Emines (Immi) zu 10 Copets (Becher). — 1 Muid =

---

*) Seit 1834 eingeführt in den 12 Cantonen: Aargau, Bafel, Bern, Freiburg, St. Gallen, Glarus, Lozern, Schaffhaufen, Solothurn, Thurgau, Zug und Zürich.

9 schweizer Malter. — 1 Sac = 9 schweizer Viertel. — 1 Emine = ⁹/₁₀ schweizer Immi.

Flüssigkeitsmaaß: Die Einheit desselben ist der Pot (die Maaß) = 135 Centiliter. Der Char (Fuder) hat 16 Setiers (Eimer) zu 3 Brocs (Stützen) zu 10 Pots (Maaß) zu 10 Verres (Gläser). Der Pot wird im gewöhnlichen Verkehr in Halbe und Viertel getheilt. — 1 Broc = 9 schweizer Maaß. — Gleichen Rauminhalt haben daher:

Getreidemaaß.		Flüssigkeitsmaaß.		Inhalt.
1 Quarteron	=	1 Broc	=	13,5 Liter.
1 Emine	=	1 Pot	=	1,35 "
1 Copet	=	1 Verre	=	0,135 "

Handelsgewicht: Der Centner (quintal) hat 100 Pfund das Pfund (livre) 16 Unzen (onces) zu 8 Groß (gros) zu 72 Grän (grains), mithin 9216 Grän = ½ Kilogramm = 500 Grammen = dem schweizer Pfunde und dem deutschen Zollpfunde.

Medicinalgewicht ist das alte Nürnberger.

Bank. Im Jahre 1845 ist die Cantonalbank von Waadt (banque cantonale vaudoise) gegründet worden. Die Geschäfte bestehen außer den gewöhnlichen Wechseloperationen 1) in Vorschüssen in Conto-Corrent, unter der solidarischen Bürgschaft von zwei anerkannt zahlungsfähigen Personen; 2) im Discontiren von Wechseln und Anweisungen; 3) Vorschüssen auf Hinterlage oder Verpfändung von landwirthschaftlichen oder gewerblichen Erzeugnissen des Cantons; 4) Darleihen auf Zeit, gegen Einsatz von guten Forderungen oder Papieren; 5) Darleihen auf Hypotheken; 6) Annahme von verzinslichen Depositen; 7) Ausgabe von Banknoten bis zur Hälfte ihres Kapitals. Das Kapital der Bank ist auf 2 Millionen schweizer Franken festgesetzt, wovon der Staat die Hälfte einzuschießen sich verpflichtete, und die andere Hälfte durch Ausgabe von 2500 Actien von je 400 schweizer Franken aufgebracht werden sollte. Vom Gewinn wird die eine Hälfte an Staat und Actionäre nach Verhältniß ihrer Einlagen vertheilt, und die andere Hälfte in Reserve gelegt, bis der Reservefond 200000 schweizer Franken beträgt, worauf der ganze Gewinn vertheilt wird. Für die ersten vier Jahre hatte der Staat den Actionären ein Minimum von 3 Procent Zinsen garantirt.

Leipzig,
bedeutendste Handelsstadt des Königreichs Sachsen.

Rechnungsart und Münzen s. Dresden.

Curssystem.

Amsterdam	±	142 thlr.	für	250 fl. holl.
Augsburg	"	57	"	100 fl. rhn.
Berlin	"	100	"	100 thlr. in Berlin.
Bremen	"	109	"	100 thlr. Lsdr. zu 5 thlr.
Breslau	"	100	"	100 thlr. in Breslau.
Frankfurt a. M.	"	57	"	100 fl. rhn.
Hamburg	"	151	"	300 Mark banco.
London	"	6⅔	"	1 Liv. Sterl.
Paris	"	80	"	300 Franken.

Wien	$\pm$ 94 thlr. für 150 fl. öster. Währ.
New-York, Philadelphia New-Orleans, Cincinati ꝛc.	„ 1⅓ „ „ 1 Dollar (selten notirt).
Köln, Düsseldorf, Barmen, Elberfeld und Krefeld	„ 100 „ „ 100 thlr. in Köln, Düsseldf. ꝛc.

In Leipzig werden die Wechsel gewöhnlich nach kurzer Sicht gekauft, mit Ausnahme von London, welches in der Regel zum Drei-Monat-Curs ge- handelt wird. Der Unterschied zwischen kurzer Sicht und der längern Verfallzeit einer Devise wird zu dem beigesetzten Discontofuße regulirt. (Vergl. Einleitung Seite 23.)

Nach einer königl. Verordnung vom 19. Mai 1857 sind Zahlungsverbind- lichkeiten, welche auf Goldwährung, z. B. „Thaler Gold" lauten, wenn die Leistung in Kronen erfolgt, dergestalt zu erfüllen, daß dabei 0,6032 Krone dem Betrage einer einfachen 5-Thaler-Goldmünze nach dem durch das Gesetz vom 20. Juli 1840 bestimmten Ausmünzungsfuße, und 0,3442 Krone dem Betrage eines voll- wichtigen einfachen Dukaten gleichzuachten ist.

Wechselrechtliches. Seit 1849 gilt hier die allgemeine deutsche Wech- selordnung. Das Einführungsgesetz enthält im Wesentlichen folgende Bestimmun- gen: 1) Für Leipziger Meßwechsel sind nur solche Wechsel zu achten, welche, ohne Bezeichnung eines Monats- oder Wochentages als Verfalltags, schlechthin in einer namhaft gemachten Leipziger Messe in Leipzig zahlbar lauten. Die Frist der Präsentation zur Annahme für solche Wechsel beginnt am Tage nach Ein- läutung der Messe, in welcher nach Inhalt des Wechsels die Zahlung geschehen soll. 2) Usowechsel, welche vom Auslande aus in Sachsen zahlbar gestellt sind, verfallen am vierzehnten Tage nach der Präsentation zur Annahme. 3) Leipziger Meßwechsel verfallen in der Jubilate- und Michaelis-Messe Donnerstags nach Ausläutung der Messe, in der Neujahrs-Messe den 12. Januar, und wenn dieser auf einen Sonntag fällt, am folgenden Tage. 4) Bei Wechseln, welche in einer Leipziger Messe mit Bezeichnung einer der Meßwochen an einem bestimmten Wochentage zahlbar gestellt sind, ist unter der „ersten Meßwoche" die vor Ein- läutung der Messe oder sogenannte Böttcherwoche, unter der „zweiten" die darauf folgende (eigentliche Meßwoche), unter der „britten" die Zahlwoche, d. i. die Woche nach Ausläutung der Messe, zu verstehen. Lautet ein Wechsel schlechthin zahlbar „in der Meßwoche", so versteht man darunter die Woche zwischen Einläutung und Ausläutung der Messe. 5) Der Ausbruck „nach Curs" ohne specielle Bezeich- nung, ist von dem Curs am Verfalltage, wie er Vormittags 9 Uhr in dem letzten am Zahlorte, oder falls dieser kein Wechselplatz ist, am nächsten Wechsel- platze ausgegebenen Curszettel notirt ist, zu verstehen. Fehlt jede Beziehung auf Curs, so wird die angegebene Sorte nach ihrem Münzwerthe angenommen, z. B. der Louisb'or zu 5 Thalern, der Dukaten zu 3 Thalern im Vierzehnthalerfuße. 6) Wechselproteste können nur von früh 9 Uhr bis Abends 6 Uhr aufgenommen werden. 7) Als allgemeine Feiertage sind in Sachsen zu betrachten: der Neu- jahrstag, der 6. Januar (Fest der Erscheinung Christi), der 25. März (Mariä Verkündigung), der Char-Freitag, der Oster-Montag, der Himmelfahrtstag, der Pfingst-Montag, der 31. October (Reformationsfest), der 25. und 26. December (Weihnachtsfest), die beiden Bußtage, Freitags vor Oculi und Freitags vor dem letzten Sonntage nach Trinitatis.

Gesetz, die kaufmännischen Anweisungen betreffend: 1) Kaufmännische Anweisungen, d. i. solche Papiere, welche in ihrer Fassung (nicht blos in einer Aufschrift) als Anweisung bezeichnet und sonst in der §. 4 der deutschen Wechselordnung Nr. 2 bis 8 für Wechsel vorgeschriebenen Form ausgestellt sind, stehen,
soweit nicht in den folgenden Bestimmungen etwas Abweichendes festgesetzt ist, den
gezogenen Wechseln allenthalben gleich. 2) Anweisungen, welche in der im Einführungsgesetz der allgem. d. Wechselordnung beschriebenen allgemeinen Ausdrucks-
weise auf eine Leipziger Messe gezogen sind (Meßanweisungen), verfallen in der
Jubilate- und Michaelis-Messe Freitags nach Ausläutung derselben, in der Neujahrs-Messe regelmäßig den 13. Januar, und nur wenn dieser oder der 12. Januar auf einen Sonntag fällt, den 14. desselben Monats. 3) Auf Uso zahlbar
gestellte Anweisungen verfallen am vierzehnten Tage nach ihrer Präsentation zur
Sicht. 4) Anweisungen werden nicht zur Annahme präsentirt. Geschieht dies,
so ist der Bezogene nicht verpflichtet, sich darauf zu erklären, und der Inhaber ist
nicht befugt, wegen Verweigerung der Annahme oder einer Erklärung darüber
Protest zu erheben und Regreß zu nehmen. 5) Wird jedoch eine Anweisung acceptirt, so entsteht daraus dieselbe Verbindlichkeit, wie aus der Acceptation einer
Tratte. 6) Anweisungen mit vorstehend bezeichneten rechtlichen Wirkungen müssen
mindestens auf eine Summe von 50 Thlrn. lauten und dürfen als das weiteste
Ziel der Zahlbarkeit drei Monate nicht überschreiten. Sollten Anweisungen auf
eine niedrigere Summe oder auf eine längere Zahlungsfrist gestellt sein, so sind
dieselben in dem einen, wie in dem andern Falle als gezogene Wechsel zu betrachten, können daher sofort zum Accept präsentirt und wegen Mangel Annahme,
wie auch wegen Mangel Zahlung protestirt werden.

Der Wechselstempel ist seit dem 1. Januar 1861 abgeschafft. Dieser
Stempel wurde nicht in ganz Sachsen, sondern nur in Leipzig als Entschädigung
der Stadt für Kriegslasten bezahlt.

Wechselcourtage. Die Courtage von fremden Wechseln wird mit 1
pro Mille, die von Discontowechseln und Verwechselung von Gold- und Silbersorten mit ½ pro Mille vom Käufer und Verkäufer bezahlt.

Münz-, Gold- und Silber- und Banknoten-Notirung.
Pr. Stück werden notirt: Die Kronen (Vereins-Handels-Goldmünze), die russischen
halben Imperials (5-Rubelstücke), englische Sovereigns, französische Goldmünzen,
holländische 10-Guldenstücke, amerikanische Golddollars und 5-Frankenstücke. Nach
Agioprocenten notirt man die sächsischen Augustd'or zu 5 thlr. = ¹⁄₃₅ Mark
Brutto und zu 21 Karat 8 Grän fein (+ 109 thlr. für 100 thlr. in August-
d'or zu 5 thlr.), preußische Friedrichsd'or zu 5 thlr. = ¹⁄₃₅ Mark Brutto zu
21 Karat 8 Grän fein (+ 109 thlr. für 100 thlr. in Friedrichsd'or zu 5 thlr.),
andere ausländische Louisd'or zu 5 thlr. in Louisd'or, nach geringerem Ausmünzungsfuße (+ 108 thlr. für 100 thlr. in Louisd'or oder Pistolen zu 5 thlr.,
bestehend in braunschweigischen, hannover'schen, dänischen ꝛc. Pistolen), holländische
Dukaten zu 3 thlr. in Gold (+ 104 thlr. für 100 thlr. in Dukaten, das Stück
zu 3 thlr. fest), kaiserliche Dukaten (ebenso), Breslauer Dukaten zu 3 thlr. und
65½ As (+ 104 thlr. für 100 thlr. in Dukaten zu 3 thlr., nach dem sogenannten Breslauer Gewichtssteine 65½ Dukaten-As schwer, von welchen As
4422 eine Cölnische Mark wiegen)*), Passir-Dukaten zu 3 thlr. und 65 As

---

*) Unter Breslauer Dukaten versteht man keine in der Stadt Breslau geprägten Dukaten, son-
dern solche, welche nach dem Breslauer Stein anstatt 66 blos 65½, und unter Passirdukaten solche,

(± 104 thlr. für 100 thlr. in Passir-Dukaten zu 3 thlr. in Dukaten fest, in
Passirgewicht von 65 Dukaten-As, von welchen As 4422 eine Cölnische Mark
wiegen). Per 100 thlr. werden notirt: österreichische Silbergulden des 45-Gul-
denfußes (± 99 thlr. für 100 thlr. in Silbergulden zu 3 fl. = 2 thlr.),
Kronenthaler (± 102 thlr. für 100 thlr. in Kronenthalern zu 1½ thlrn. fest),
Vereinsgulden des 52½-Guldenfußes (± 99 thlr. für 100 thlr. in solchen
Gulden zu 7 fl. = 4 thlr.), sächsisch-polnisch Courant (± 98 thlr. für 100
thlr. in polnischen Gulden zu 1 thlr. = 6 poln. fl. fest), russisch-polnisch Courant (± 88 thlr. für 100 thlr. in russisch-polnisch Courant, zu 1 thlr. = 6 fl.
russisch-polnisch Courant fest). Von Silbersorten werden nach Agio-Procenten
notirt: die Conventions-Speziesthaler und Gulden, 20- und 10-Kreuzerstücke;
dies sind die nach dem früheren Zwanzig-Guldenfuße geprägten Zweigulden- und
Guldenstücke nebst den Drittel- und Sechstelstücken. Man rechnet in Leipzig 1
Speciesthaler = 1⅓ thlr. Courant mit einem Agio von 2 bis 3 Proc. Die
alten Conventions-Speciesstücke werden höher notirt, weil sie, wie alle älteren
Silbermünzen, etwas Gold enthalten (s. Einleitung S. 20). Per Zollpfund alte
Zwanziger notirt man ± 17⅓ thlr.; für Conventions-Speciesthaler und Gulden
gibt man ± 103 thlr. per 100 thlr. = 4⅕ Zollpfund in diesen Stücken.

Die russischen Silberrubel werden per 90 Stück notirt; für neue Silber-
rubel ± 93 thlr.; für alte Rubel, wegen der Abnutzung, etwas weniger.

Die Gold- und Silberpreise verstehen sich per Zollpfund fein; per Brutto-
Zollpfund notirt man auch außer den alten Zwanzigern (s. oben) die russischen
Imperials (s. Petersburg).

Von Banknoten werden notirt: bairische und verschiedene süddeutsche Banknoten (± 99 thlr. per 100 thlr., zu 7 fl. rhn. = 4 thlr.), ausländische
Banknoten, für welche in Leipzig keine Auswechselungskasse besteht *), ± 99 thlr.
per 100 thlr., Wiener Banknoten ± 74 thlr. per 100 fl. öster. Währung.

Papiergeld s. Dresden. Außerdem Leipzig-Dresdner Eisenbahnscheine
zu 1 thlr., welche bei allen Kassen der Leipzig-Dresdner Eisenbahngesellschaft angenommen und auf Verlangen mit baarem Gelde eingelöst werden; ferner die
Noten der Leipziger Bank im Betrage von 20, 50, 100 und 500 thlr. und
fremde Papiergeldsorten.

Staatspapiere. 1) 3-procentige Steuercredit- und Staatsschulden-
Kassenscheine, welche von älteren Schulden und von zwei Anleihen aus den Jahren
1830 und 1844 herrühren, in Abschnitten von 25 bis 1000 thlrn. 2) 3-proc.
Obligationen von 100 thlr. von 1855. 3) 4-procentige Obligationen von 500
thlr. von 1852 und 1855. 4) 4-procentige Obligationen von 100 thlr. von
1858 und 1859. 5) 3⅓-procentige K. S. Landrentenbriefe von 1000 und
500 thlr. und kleineren Beträgen. 6) 4-procentige Leipziger Stadtobligationen.
7) 3⅓-procentige K. sächsische erbländische Pfandbriefe von 25, 100 und 500
thlr. 8) 3⅔-procentige Pfandbriefe von 25, 100 und 500 thlr. 9) 4-proc.
Pfandbriefe von 25, 100 und 500 thlr. 10) 3-procentige sächsische lausitzer

---

welche nur 65 As wiegen. Zur Bestimmung der Schwere der Goldsorten in Valvationsedicten wurde die
Cölnische Mark auch in 4000 As eingetheilt; da nun nach einem Reichsgesetz vom Jahr 1524 67 Dukaten eine Cölnische Mark wiegen sollen, so muß das Stück ⁴⁰⁰⁰⁄₆₇ = 60 As wiegen. Bei der Eintheilung
der Cölnischen Mark in 4422 As muß daher das Stück ⁴⁴²²⁄₆₇ = 66 solcher As wiegen.

*) Die Dessauer, Gera'er, Gotha'er, Lübecker, Rostocker und Weimar'schen Banken wechseln (1/60)
ihre Noten in Leipzig, eventuell mit 3 Tagen Anmeldungsfrist, gegen Silbercurant aus. Die Thüringer
und Luxemburger Bank wechseln hier nicht mehr aus.

Pfandbriefe von 10, 20, 50 und 100 thlr. 11) 3½-procentige lausitzer Pfandbriefe von 50, 100, 500 und 1000 thlr. 12) 3½-procentige, nach 6-monatlicher Kündigung einlösbare lausitzer Pfandbriefe. 13) 4-procentige lausitzer Pfandbriefe von 100, 500 und 1000 thlr. 14) 4-procentige, nach zwölf-monatlicher Kündigung einlösbare lausitzer Pfandbriefe von 1000 thlr. — Außer den Cursen obiger sächsischer Staatspapiere werden auch die Curse der 4-procentigen Schuldverschreibungen der allgemeinen deutschen Credit-Anstalt in Leipzig notirt.

    Cursnotirung der Staatspapiere. Im Leipziger Curszettel finden sich nur Notirungen der inländischen Staatspapiere, der preußischen Staats-schuldscheine, der preußischen Prämien-Anleihe von 1855, der Anleihe von 1859, der öster. Metalliques, der öster. National-Anleihe von 1854, der öster. Loose zu 4 Proc. vom Jahre 1854 und der öster. Loose zu 5 Proc. vom J. 1860. Die Curse der sächsischen und preußischen Papiere verstehen sich in Thalern pr. 100 thlr. Nennwerth. Die Nationale werden in Gulden per 100 fl. Nennwerth notirt und 3 fl. östr. = 2 thlr. Conrant gerechnet. Dieselbe Notirungsart für die Metalliques, weil aber die Zinsen derselben in Banknoten bezahlt werden, so werden die Zinsen nach dem Tagescurs von Leipzig auf Wien für kurze Sicht berechnet; weil ferner die Wechseleinheit auf Wien (150) in fl. des 45-Gulden-fußes lautet und die Metalliques auf Conventionsgeld lauten, so werden die in Conventionsgeld berechneten Zinsen zum festen Verhältniß 100 fl. Conv.-Cour. = 105 fl. des 45-Guldenfußes (öster. Währung) reducirt und der entsprechende Betrag nach dem Wiener Curs in Thaler ausgeworfen. Die öster. Loose vom Jahre 1854 werden in Thalern pr. 150 fl. Conventionsgeld notirt und die Zinsen werden wie diejenigen der Metalliques berechnet. Die Loose von 1860, welche auf öster. Währung lauten, werden in Thalern pr. 150 fl. öster. Währung notirt und die Zinsen ebenfalls nach dem Wiener Wechselcurs kurzer Sicht berechnet.

    Cursnotirung der Actien. Per 100 thlr. Nennwerth werden notirt: die Prioritäts-Obligationen und Actien der bedeutendsten mittel- und norddeutschen Eisenbahngesellschaften, von welchen die Leipzig-Dresdner, die Löbau-Zittauer, die Albertsbahn und die Chemnitz-Würschnitzer die speciellen sächsischen sind, so wie die Actien der Leipziger Bank (f. unten), der Leipziger allgemeinen deutschen Creditanstalt und vieler andern auswärtigen Banken und Creditanstalten. Die Curse verstehen sich durchgängig exclusive der laufenden Zinsen. Wo keine festen Zinsen vergütet werden, vergütet man im Handel sogenannte Börsen-Zinsen, damit Derjenige, welcher Actien in der Zwischenzeit verkauft, für die ihm ent-gehende nächstfällige Dividende entschädigt wird. Die Zinsen werden auf Cöln-Mindener und oberschlesische Eisenbahn-Actien zu 3½ Procent, auf Leipziger Bank-Actien zu 3 Proc. und auf alle andere Bahn- und Bank-Actien zu 4 Proc. usanzmäßig berechnet.

    Die Courtage wird vom Käufer und Verkäufer mit 1 pro Mille bezahlt.

    Maaße und Gewichte f. Dresden. Außerdem noch folgende: Die Brabanter Elle hier, welche im Großhandel vorkommt, ist = 303,92 Parif. Linien. In der Praxis rechnet man gewöhnlich:

5 Leipzig-Brabanter Ellen	=	6 Leipziger Ellen.
4 „ „ „	=	3 englische Yards.
6 Berliner Ellen	=	7 Leipziger Ellen.
2 Leipziger Ellen	=	1 Pariser Stab.

Das Brennholzklafter ist 3 Ellen hoch und 3 Ellen breit, bei einer Scheit-länge von 1 oder 1½ Elle.

Garnmaaß: Das Stück Baumwollen- und Schafwollengarn hat 4 Strähn zu 3 Zaspel oder Zahl zu 20 Gebind zu 20 Faden, von 3 Ellen Haspellänge oder Weiflänge für Baumwollengarn, und von 4 Ellen Länge bei Schafwollen-garn. — Bei Leinengarn hat das Stück 6 Strähn zu 2 Zaspel zu 20 Gebind zu 20 Faden von 3 bis 4 Ellen Haspellänge. Es kommen aber auch Gebind von 24 Faden, und Faden von 1½ Elle Länge vor.

Steinkohlen, Braunkohlen und Kalk werden mit dem Scheffel gemessen (s. Dresden).

Handelsusanzen. Gewichtswaaren werden in der Regel per Zoll-Centner oder per Zollpfund verkauft; Wolle pr. Stein von 20 Pfund mit 3 Proc. Tara und 1 Proc. Gutgewicht. Im Getreidehandel verkauft man Weizen, Roggen und Gerste pr. Wispel von 12 Dresdner Scheffel und rechnet diesen gewöhnlich 12 preuß. Scheffeln gleich, um ein dem preuß. Wispel gleichlautendes Maaß zu erhalten, obgleich 12 Dresdner Scheffel dem preußischen Wispel nicht gleichkommen. Hafer dagegen wird nach dem Dresdner Scheffel verkauft. — Im Branntwein- und Spiritus-Handel richtet man sich nach der Berliner Usanz (s. Berlin). — Langwaaren werden theils nach Stück, theils pr. Leipziger oder Brabanter Elle oder pr. Aune (Stab) verkauft. — In den Messen (s. unten) werden Waaren aller Art theils pr. Cassa, theils zahlbar in nächster Messe, also auf 3 bis 6 Monate Ziel gegen acceptirte Wechsel oder langsichtige Rimessen, oder auch auf persönlichen Credit verkauft. — In den Messen besteht auch noch eine besondere Valuta, die sogenannte Meßzahlung, welche früher, als noch der 20-Guldenfuß existirte, um 12½ Procent (auf Hundert gerechnet) schlechter war, wonach man 8 thlr. für 9 thlr. rechnete (denn 112½ : 100 = 9 : 8); jetzt ist diese Valuta eine veränderliche, je nach der Nation der Käufer und der Art der Waaren *). Bei Zahlungen in, und zum Theil auch außer der Messe, ist es außerdem gebräuchlich, in Goldsorten (Pistolen, Dukaten ꝛc.) mit einer Curserhöhung bis auf 2 Procent zu zahlen, wonach dem Zahlenden, wenn er die Zahlung in Sorten des 30-Thalerfußes leistet, eben so viel Procente ver-gütet werden. Bei jedem Geschäfte muß übrigens die Valuta voraus bedungen werden, weil weder das Gesetz noch der Handelsgebrauch hierüber Bestimmungen getroffen hat.

Bei allen Zahlungen, welche zwischen den Buchhändlern in deren Messe geleistet werden, wird auf die Sorten des 30-Thalerfußes ein Aufgeld, sogenann-tes Meßagio, von ca. 1⅔ Proc. (100 thlr. preuß. Ct. = 101 thlr. 11 sgr. 7 pf.) vergütet. Sodann wird auch der Curs bekannt gemacht, zu welchem für die Dauer der Abrechnungszeit die Goldsorten zu berechnen sind.

Waaren-Courtage wird gewöhnlich mit ½ Proc. vom Käufer wie vom Verkäufer bezahlt. Es giebt aber auch Artikel (Früchte ꝛc.), für welche nur der Käufer nach unterschiedlichen Normen die Courtage zu tragen hat.

Handelsanstalten. Messen (weltberühmt) werden drei Mal im Jahre gehalten. 1) die Jubilate-Messe, welche am Sonntag Jubilate eingeläutet wird; 2) die Michaelismesse, welche am Sonntag nach Michaelis eingeläutet wird; 3) die Neujahrsmesse, welche am 27. December beginnt. Jede dieser Messen

---

*) Natürlich stellt der Verkäufer seine Preise um so höher im Vergleiche zum 30-Thalerfuße.

währt 3 Wochen; die erste Woche heißt Böttcherwoche, die zweite heißt Meßwoche und die letzte ist die Zahlwoche. Der Zahltag der Oster- und Michaelismesse ist der Donnerstag in der Zahlwoche; derjenige der Neujahrsmesse fällt auf den 12. Januar, oder auf den 13., wenn jener auf einen Sonntag fällt.

Die Geschäfte des Großhandels werden noch selbst vor dem Beginne der Böttcherwoche gemacht, und für russische Producte dehnt sich die Messe nicht selten noch auf eine Anzahl von Tagen weiter aus.

Gegen Ende der Ostermesse findet die jährliche großartige Buchhändlermesse Statt. — Jährlich vier Oelsaatmärkte, die Mitte Juni beginnen und auf 4 auf einander folgende Sonnabende fallen. — Jährlich ein Wollmarkt, welcher Mitte Juni fällt und 3 Tage dauert. — Mehrere Assecuranz-Anstalten für Land- und Flußtransport. — Mehrere Actien-Gesellschaften für industrielle Unternehmungen.

Banken. Die „Leipziger Bank" ist im Jahre 1839 mit einem Actien-Capital von 1500000 thlrn. in 6000 Actien zu 250 thlrn. errichtet worden. Durch einen Nachtrag zu den Statuten vom 16. Januar 1855 wurde das Actien-Capital auf 3 Mill. thlr. erhöht. Zur Vermehrung des Reservefonds sind 10 Procent der weiteren Einzahlungen als unverzinsliche Einlage demselben zugewiesen worden. Die Geschäfte der Bank sind folgende: 1) Annahme von fremden Geldern, sowohl zur Aufbewahrung als auch zur Verzinsung, insbesondere zinsbare Annahme der bei den Sparkassen im Lande eingehenden Gelder. 2) Discontiren und Ankauf von Wechseln. 3) Kauf von Bankactien und Staatspapieren souverainer deutscher Staaten zur einstweiligen nutzbaren Anlegung größerer Kassenbestände. 4) Vorschüsse gegen Pfand und Hypothek. 5) Annahme zur Aufbewahrung werthvoller Gegenstände (nicht unter 100 thlr.) gegen Provision. 6) Ausgabe von Banknoten. Sie lauten auf 20, 50, 100 und 500 thlr. — Die Zinsen (3 Proc.) werden halbjährlich, die Dividenden jährlich ausgezahlt. Vom Reinertrag wird ⅓ als Reservefonds zurückgelegt. — Die im Jahre 1856 gegründete Leipziger „Allgemeine deutsche Credit-Anstalt" gehört zu den sogenannten Mobiliar-Credit-Anstalten, deren Vorbild der Crédit mobilier in Paris ist. Von dem in den Statuten festgestellten Actien-Capital im Betrage von 20 Mill. Thaler ist vorerst nur die Hälfte aufgebracht worden. Die Bank ist befugt: 1) Vorschüsse zu gewähren gegen Verpfändung von inländischen und ausländischen Staatsschuldscheinen und Werthpapieren, Wechseln, Waaren oder anderem beweglichem Eigenthume und von hypothekarisch sichergestellten Forderungen. 2) Anleihen und Geldgeschäfte von Staaten, ihren Ständen, Bezirken, Gemeinden und andern Corporationen zu vermitteln oder selbst zu übernehmen. 3) industrielle und andere Unternehmungen für eigene Rechnung zu begründen und zu betreiben, sich bei bestehenden oder neu entstehenden zu betheiligen, bei deren Verwaltung mitzuwirken oder sie ganz zu übernehmen, die Bildung von Gesellschaften zu vermitteln und den Debit der von letzteren auszugebenden Actien und Obligationen zu übernehmen. 4) den Ein- und Verkauf von Werthpapieren, Metallen und Waaren für eigene oder fremde Rechnung zu bewerkstelligen. 5) Disconto-, Wechsel-, Giro-, Conto-Corrent-, Darlehns-, Depositen- und Incasso-Geschäfte zu betreiben. Untersagt ist der Anstalt: Banknoten oder andere unverzinsliche Werthzeichen auszugeben, Wechsel auf sich selbst auszustellen, Differenzgeschäfte zu machen und eigene Actien zu kaufen oder zu beleihen. Von dem sich ergebenden Reingewinne wird zunächst den Actionären eine ordentliche Dividende von 4 Proc.

des Nominalbetrags ihrer Actien gewährt. Von dem diese Dividende übersteigen= den Reingewinne werden 5 Procent als Reservefonds zurückgelegt, und damit alljährlich so lange fortgefahren, bis dieser Fonds den zehnten Theil des einge= zahlten Actien=Capitals erreicht hat; was davon übrig bleibt, wird in folgender Weise vertheilt: a) mit 10 Proc. Tantieme an die Verwaltungsräthe; b) mit 10 Procent dergleichen an die Beamten der Anstalt; c) mit 80 Proc. als Su= perdividende an die Actionäre, welche zugleich mit der ordentlichen Dividende am 1. Juli jeden Jahres ausgezahlt wird. Die Anstalt ist befugt, Zweiganstalten, als Filiale, Comptoire, Commanditen, Agenturen 2c. im In= und Auslande zu errichten. Die Anstalt steht unter der Oberaufsicht des Staates. Die Staats= regierung hat das Recht, die der Anstalt ertheilte Concession aufzuheben, wenn die Art der Geschäftsbetreibung derselben zu ernsten Bedenken (nach dem Wortlaut der Statuten) Veranlassung geben sollte. — Außerdem haben mehrere fremde Banken hier Filiale. In Betreff der hier befindlichen Auswechslungskassen s. die Note auf Seite 200.

Lemberg,
Hauptstadt des österreichischen Königreichs Galizien.

Rechnungsart und Münzen s. Wien. Früher rechnete man nach polnischen Gulden (s. Warschau), wie auch jetzt noch viel polnisches und russisches Geld hier im Umlauf ist.

Cursverhältnisse und **Wechselrechtliches** wie Wien.

Creditpapiere. Pfandbriefe der galizisch=ständischen Creditanstalt, zu 4 Proc. verzinslich; sie werden pr. 100 fl. Nennwerth notirt. Lieferungs= und Kriegsdarlehens=Obligationen, auf den Namen lautend, zu 2½, 2 und 1¾ Procent verzinslich, zahlbar in Lemberg. 5=procentige Grundentlastungs=Obliga= tionen von Galizien.

Maaße und Gewichte. Seit 1857 sind die niederösterreichischen oder Wiener Längen=, Hohlmaaße und Gewichte die allein gesetzlich giltigen (s. Wien). Frühere Dimensions= und Schwermaaße sind: Der Lemberger Fuß = 131,6435 Parif. Linien; die Elle = 2 Fuß. Getreidemaaß ist der (Krakauer) Korzec oder Scheffel, welcher bis zu ½₃₂ herab halbirt und letzteres mit dem Namen Garniec bezeichnet wird; der Korzec = 123 Liter. Der Viertelgarniec heißt Kwarta und dieser wird wieder in ½ und ¼ Kwarty getheilt. Flüssigkeitsmaaße sind der Garnetz und Quart des Krakauer Flüssigkeitsmaaßes (s. Krakau). Dem Han= delsgewicht liegt das Wiener Gewicht zu Grunde; 1 Lemberger Pfund = ¾ Wiener Pfund = 420 Grammen; der Centner von 100 Pfund = 75 Wiener Pfund. Medicinalgewicht ist das Wiener (s. Wien); folglich ist das Apotheker= pfund dem hiesigen (früheren) Handelspfund ganz gleich.

Bank. Filial=Disconto=Anstalt der Wiener Bank (s. Wien).

Messen. Die Dreikönigsmesse beginnt am Montage nach dem Drei= königstage und dauert 4 Wochen. Der Wollmarkt fängt am 1. Juli an und dauert 10 Tage. Vom 14. Januar bis Ende Februar währt die sogenannte Contractenzeit, während welcher, wie beim Kieler Umschlag (s. Kiel) die Geschäfte im Handel mit Gütern, Pachtzahlungen 2c. abgemacht werden.

Libau,

Haupthandelsplatz der russischen Provinz Kurland.

Münzen, Maaße und Gewichte sind im Allgemeinen die russischen (s. Petersburg). Früher rechnete man, wie in Riga, nach Albertsthalern, in welchen auch die Curse auf Amsterdam, Hamburg und London notirt wurden*).

Curssystem. Die hier vorkommenden Wechselgeschäfte werden mehrentheils über Königsberg gemacht; man notirt aber auch

Amsterdam, 65 Tage dato zu ± 130 Kopeken Silbergeld für 2 ½ fl. holl.

Hamburg, 65 Tage dato zu „ 140 „ „ „ 3 Banko-Mark.

London, 3 Monate dato zu „ 630 „ „ „ 1 Liv. Sterl.

Wechselrecht ist das russische (s. Petersburg).

Creditpapiere. 4-procentige kurländische Pfandbriefe des kurländischen adelichen Credit-Vereins in Mitau.

Die älteren kurländischen Dimensions- und Schwermaaße, welche mitunter im Verkehr vorkommen, sind folgende **):

Die Elle ist die Rigaische = 238,3189 Paris. Linien; der Fuß = ½ Elle, mithin = 119,1594 Paris. Linien; man bedient sich auch des rheinländ. oder preußischen Fußes.

Bei dem Messen des Umfangs von Schiffsmasten bedient man sich des Palms von 3,717 russischen oder englischen Zollen; beim Messen der Länge und des Durchmessers aber wird der russische oder englische Fuß angewendet. — Der Faden = 6 Fuß; der Aeußerfaden = 7 Fuß. — Die Landmesser-Elle für Kurland und Livland = 2 russische oder englische Fuß = 0,609589 Meter. — Die Meile der Ostseeprovinzen = 7 russische Werst.

Feldmaaße: Die kur- und livländische neue Tonnstelle enthält 25 Kappen = 56000 russische oder englische Quadratfuß = 52,0238 franz. Aren. — Die neue Loofstelle hat 25 Kappen oder 40000 russische oder englische Quadratfuß = 37,1599 Aren.

Getreidemaaß: Die Last Weizen, Roggen und Gerste hat 48 Loof; die Last Hafer und Malz hat 60 Loof. Die Tonne Getreide, Leinsaamen und Kalk enthält 2 Loof. — Der Loof hat 54 Stoof und enthält 0,6887 Hektoliter.

Die Libauische Salztonne hat 125 alte Stoof zu 79⁶¹⁄₉₀ engl. Kubikzoll (vgl. Riga) = 163,2 Liter.

Die Tonne Steinkohlen hat 412 Pegelstoof; der Pegel- oder Bisirstoof = 1,5303 Liter.

Flüssigkeitsmaaße: Das Oxhoft hat 3 Viertel zu 2 Anker zu 30 Stoof. Der Stoof (von 1833) enthält 1,2754 Liter.

Die Brautonne = 105 Stoof. — Das Faß Branntwein = 120 Stoof, die Tonne Bier = 90 Stoof.

Handelsgewicht: Das Libauische Pfund wiegt 417,866 Gramme; das Mitauische Pfund = 418,619 Gramme. Ursprünglich soll das Libauische o-

---

*) Nach dem Albertus- oder Burgunderfuße gingen 9¾ Albertsthaler auf die Cölnische Mark fein Silber; daher war der Albertsthaler = 2 fl. 33 kr. rhn. = 1 thlr. 13 sgr. preuß. = 2 fl. 10 nkr. österr.

Die Albertsthaler wurden ehemals in Holland zum Ostseehandel verwendet und gingen deshalb häufig nach Kurland, Livland und Preußen. Ursprünglich wurden sie in den österreichischen Niederlanden geschlagen, und das Gepräge hatte das Burgunder-Kreuz.

**) Nach Professor Paucker in Mitau.

wohl, als das Mitauische Pfund dem Rigaer (von 418,834 Grammen) gleich gewesen sein. Man bedient sich auch des Lübecker Pfundes und rechnet dann gewöhnlich 100 Lübecker Pfund = 117 Libauer Pfund. — Das Schiffspfund hat 20 Liespfund zu 20 Pfund, mithin 400 Pfund zu 32 Loth.

Die Tonne Talg wird zu 13 Liespfund, die Vierteltonne Butter zu 3 $\frac{1}{4}$ Liespfund gerechnet.

Medicinalgewicht ist das alte Nürnberger.

Platzgebräuche. Die Preise aller Waarenartikel werden in Silber-währung gestellt. Die Ausfuhrartikel werden gewöhnlich gegen baare Zahlung, die Einfuhrartikel auf 2 bis 3 Monate Zeit, Salz und Heringe aber gewöhnlich auf 6 Monate Zeit verkauft. Die Getreidepreise verstehen sich auf die im Art. Getreidemaaß oben angeführten Einheiten. Flachs, Hanf, Wachs, Talg, Ukrainer Taback, Schweinsborsten, Bettfedern, Eisen verkauft man pr. Schiffspfund, Salz pr. Last von 18 Tonnen, Heringe pr. Last von 12 Tonnen, Butter pr. Viertel-tonne (s. oben), gesalzenes Ochsenfleisch pr. Tonne von 15 bis 16 Liespfund, Ochsen- und Kuhhäute pr. Pfund, Kalb-, Bock-, Ziegen- und Schaffelle pr. 10 Stück. — Waaren=Courtage gewöhnlich 2 Procent.

Bank. Die hiesige Stadtbank (seit 1847) biscontirt Wechsel und macht Vorschüsse auf Waaren und andere Unterpfänder.

Lima,
Hauptstadt der amerikanischen Republik Peru.

Rechnungsart und Münzen. Man rechnet nach Pesos oder Piastern zu 8 Realen oder auch zu 100 Centesimos.

Laut Gesetz der peruanischen Regierung vom 2. October 1857 (Preuß. Handelsarchiv, Jahrg. 1858) werden geprägt:

in Gold:	Sonnen (Sol)	zu 20	Silberpiaster,	569	Granos schwer	
	Halbe dergl.	„ 10	„	284 $\frac{1}{2}$	„ „	
	Dublonen	„ 5	„	142 $\frac{1}{4}$	„ „	zu $\frac{9}{10}$ fein
	Escudo	„ 2	„	56 $\frac{9}{10}$	„ „	
	Halbe dergl.	„ 1	„	28 $\frac{9}{20}$	„ „	
in Silber:	der Peso fuerte	475	Granos schwer	= 100	Centesimos	
	halber Peso	237 $\frac{1}{2}$	„ „	= 50	„	
	die Peseta	95	„ „	= 20	„	zu $\frac{9}{10}$ fein
	der Dinero	47 $\frac{1}{2}$	„ „	= 10	„	
	halber Dinero	23 $\frac{3}{4}$	„ „	= 5	„	

Der obige Peso fuerte oder Duro soll die Einheit des ganzen Münz-systems bilden.

In Kupfer sollen Stücke von 1 Centesimo geprägt werden, deren Gewicht dem Werthe entsprechen soll.

Die peruanische Münzmark ist der kastilischen (s. Madrid) gleich, und wird daher in 4608 Granos eingetheilt; nach Chelius ist sie = 230,071 Grammen. Weil der Peso 475 Granos bei dem Feingehalt $\frac{9}{10}$ wiegen soll, so enthält der-selbe 427 $\frac{1}{2}$ Granos oder 21,3444 Gramme Silber, und es gehen demnach 23,4253 Pesos auf das Pfund (von 500 Grammen) fein; daher 1 Peso = 2 fl. 14,45 kr. rhn. = 1 thlr. 8,4 sgr. preuß. = 1 fl. 92 nkr. österr. Die übrigen Silbersorten nach Verhältniß; daher

½ Peso = 1 fl. 7 kr. rhn. = 19 sgr. preuß. = 96 nkr. östr.
die Peseta = 26 kr. rhn. = 7 sgr. „ = 38 nkr. „
der Dinero = 13 kr. rhn. = 3 ½ sgr. „ = 19 nkr. „
der ½ Dinero = 6 ½ kr. rhn. = 1 ¾ sgr. „ = 9 ½ nkr. „

Weil der Sol (das Sonnenstück) bei dem Feingehalt $\frac{9}{10}$ 569 Granos wiegen soll, so enthält derselbe 512,1 Granos oder 25,5684 Gramme Gold und es gehen demnach 19,5553 Stück auf das Pfund fein; weil auch 50 deutsche Goldkronen auf das Pfund fein gehen, so ist der Sol = 2,5568 Goldkronen. Die anderen Goldsorten nach Verhältniß, daher

der halbe Sol = 1,2784 Krone.
der Doblon = 0,6392 „
der Escudo (Thaler) = 0,2556 „
der ½ Escudo = 0,1278 „

Aeltere peruanische Goldmünzen sind:

Die Onza oder der Doblon (in Lima geprägt) von 1826 bis 1833 ist nach nordamerikanischen Untersuchungen 867 Tausendtheile fein und 21,3684 Stück gehen auf das Pfund fein; daher das Stück = 2,3399 deutsche Kronen.

Dergleichen Stücke in Cuzco geprägt von 1826 bis 1833 sind nach nordamerikanischen Untersuchungen 871 Tausendtheile fein und 21,2703 Stück gehen auf das Pfund fein; daher das Stück = 2,3507 deutsche Krone.

Dergleichen vom Jahr 1837 sind nach nordamerikanischen Untersuchungen 866 Tausendtheile fein und 21,3931 Stück gehen auf das Pfund fein; daher das Stück = 2,3372 deutsche Kronen.

Aeltere Silbermünzen sind:

Piaster vom Jahr 1828, befunden 900 Tausendtheile fein, 20,5896 Stück auf das Pfund fein; daher das Stück = 2 fl. 32 kr. rhn. = 1 thlr. 13 sgr. preuß. = 2 fl. 18 nkr. östr.

Dergleichen von 1831 bis 1836, befunden 900 Tausendtheile fein, 20,2048 Stück auf das Pfund fein; daher das Stück = 2 fl. 35 kr. rhn. = 1 thlr. 14 ½ sgr. preuß. = 2 fl. 22 nkr. östr.

Dergleichen von 1840 bis 1841, befunden 903 Tausendtheile fein, 20,4218 Stück auf das Pfund fein; daher das Stück = 2 fl. 34 kr. rhn. = 1 thlr. 14 sgr. preuß. = 2 fl. 20 nkr. östr.

Halbe Piaster von 1835, nach nordamerikanischen Untersuchungen 650 Tausendtheile fein, 57,0729 auf das Pfund fein; daher das Stück = 55 kr. rhn. = 15,7 sgr. preuß. = 78 nkr. östr.

Ebenfalls von unterschiedlichem Gehalte sind Piaster aus Nord-Peru vom Jahre 1837 bis 1840, und solche von Süd-Peru vom Jahre 1839 und 1840; erstere stellen sich auf ca. 2 fl. 33,7 kr. rhn. und letztere auf ca. 2 fl. 33 kr. rhn.

Aus Obigem folgt, daß der neue peruanische Piaster ca. 14 Proc. geringer als der spanische Piaster ist. Nach Art. 7 des neuen Münzgesetzes sind die geeigneten Maßregeln zu ergreifen, um die noch circulirenden Gold- und Silbermünzen nationalen Gepräges zum gesetzlichen Werth einzuziehen, indem den Inhabern dieser Werth baar ausgezahlt wird und dem Fiskus die Kosten der neuen Ausprägung zur Last fallen. Es ist den Staatskassen und Verwaltungen verboten, fremde Münzen, so wie die alten inländischen Münzen anzunehmen.

Die peruanischen Onzas (s. oben) sollen den spanischen Onzas (s. Madrid) entsprechen; sie stimmen aber weder unter sich, noch mit letzteren (welche ebenfalls von ungleichem Werthe vorkommen) überein. Der ältere peruanische Peso (s. oben) soll, wie in Spanien, der sechszehnte Theil der Onza sein; man rechnet aber in Lima die Onza zu 17 Curant-Pesos, wonach letztere (die Curant-Valuta) um 6 ¼ Procent geringer sind (oder waren) als die (alten) geprägten Pesos.

Die hier circulirenden Münzen sind, außer den inländischen, die Onzas anderer amerikanischer Freistaaten und die alten spanischen Onzas, spanische und südamerikanische Silberpiaster und kleinere Silbersorten zu ¼, ½, 1 und 2 Realen von peruanischem, spanischem, mexikanischem ꝛc. Gepräge, wobei man 8 Realen auf den Curantpiaster rechnet (oder gerechnet hat).

Wechselcursnotirung. Vor der Einführung des neuen Münzwesens notirte man für 60 bis 90 Tage nach Sicht auf London + 45 Pence Sterling, auf Paris + 5 Franken, auf Hamburg + 40 Schilling Banco für 1 Curantpiaster, auf Plätze der Vereinigten Staaten + 100 Piaster für 100 Dollars.

Staatspapiere. Die peruanischen Obligationen der ausländischen Schuld rühren zunächst von drei 6-procentigen Anleihen (aus den Jahren 1822, 1824 und 1825) im Gesammtbetrage von 1816000 Liv. Sterling bei Fry u. Chapman in London her. Von 1825 bis 1849 wurden aber die Zinsen nicht entrichtet. Nach einem Abkommen mit der Regierung sollten die Schuldscheine gegen neue umgetauscht und letztere, vorerst (im Jahr 1849) zu 4 Procent verzinslich, durch jährlichen Zuwachs von ½ Procent wieder auf den vertragsmäßigen Zinsfuß gebracht werden. Für die rückständigen Zinsen erhielten die Gläubiger Obligationen (deferred bons) der aufgeschobenen Schuld, welche erstmals zu 1 Procent und dann durch jährlichen Zuwachs von ½ Proc. bis zu 3 Proc. verzinst werden sollten. Als Garantie für Zinszahlung und allmälige Tilgung der activen und aufgeschobenen Schuld wurde die Hälfte des Reinertrags der Guano-Ausfuhr nach England verschrieben. Weil aber ein bedeutender Theil der in festen (englischen) Händen befindlichen 6-procentigen Obligationen nicht zum Umtausch hergegeben wurde, so machte die peruanische Regierung im Jahr 18⁵²/₃₃ zur Einlösung derselben, so wie auch zur Abzahlung inländischer Schulden. bei C. J. Hambro u. Sohn in London eine 4½-procentige Anleihe von 2600000 Liv. Sterling, und verwandelte die deferred bons in 3-procentige Obligationen. Weitere 4½-procentige Anleihen wurden durch J. J. Urribarren u. Comp. in Paris (1800000 Liv. Sterl.), durch Montané u. Comp. in Paris (800000 Liv. Sterl.) und Joseph Hegan in Liverpool und Lima (400,000 Liv. Sterl.) geschlossen. Am 5. April 1860 standen in London (Cursblatt S. Reuter) die 4½-procentigen Obligationen auf 91½ und die 3-procent. auf 69.

Maaße und Gewichte sind mehrentheils die kastilischen (s. Madrid). Die hiesige Vara (Elle) = 375,7 Pariser Linien (Nobad); daher 100 hiesige Varas = 101,4 kastilische Varas. Im Großhandel wird auch die englische Yard und der englische Fuß gebraucht.

Die Fanega Weizen wiegt 135 bis 140 kastilische Pfund, während die kastilische Fanega ca. 100 Pfund enthält. Reis wird nach der Carga (Last) von 15 Arrobas Gewicht verkauft.

Flüssigkeiten werden im Großhandel mehrentheils nach dem alten englischen Gallon verkauft.

Bei den Seefrachten dient außer der spanischen Tonelaba von 2000 kastilischen Pfund oder 40 Kubikfuß Rauminhalt auch das englische Ton.

Lippe-Bückeburg,

oder Schaumburg-Lippe, Fürstenthum mit der Hauptstadt Bückeburg.

Rechnungsart und Münzen. Man rechnet nach Thalern zu 30 Silbergroschen zu 12 Pfennigen im 30-Thalerfuße. Früher rechnete man nach Thalern zu 24 Gutegroschen zu 12 Pfennigen oder nach Thalern zu 36 Mariengroschen (1 Mariengroschen = 2 Mattier) zu 8 Pfennigen. Von diesen Thalern enthielten 14, noch früher 13⅓ Thaler eine Cölnische Mark fein Silber. Man prägt jetzt wie in Preußen (s. Berlin).

Aeltere Goldmünzen: Doppelte Georg-Wilhelmsd'or oder Zehnthalerstücke im Feingehalte von 895,833 Tausendtheilen, 42,0156 auf das Pfund fein, = 1,19003 deutsche Kronen. — Einfache nach Verhältniß. — Doppelte Georg-Wilhelmsd'or nach Untersuchung in Berlin nur 892,361 Tausendtheile fein, 42,209 Stück auf das Pfund fein; daher = 1,18458 deutsche Krone.

Aeltere Silbermünzen: Ganze, halbe und Viertel-Conventions-Species-Thaler wie Lippe-Detmold. — Von Silber-Scheidemünze: Mariengroschen und Mattier.

Papiergeld. Kassenscheine zu 10 Thaler vom Jahr 1857. — Noten der Niedersächsischen Bank (s. unten).

In Lippe-Schaumburg (Bückeburg) war die deutsche Wechselordnung (als Reichsgesetz) am 2. December 1848 eingeführt, ward aber (als nicht gehörig publicirt) von der Regierung nicht als Partikulargesetz anerkannt.

Staatspapiere. Prämienscheine der im Jahr 1846 mit I. Heine in Bückeburg abgeschlossenen Lotterie-Anleihe im Betrage von 1½ Mill. Thaler, welche planmäßig bis 1886 getilgt sein muß. Am 1. April findet eine Serienziehung, am 1. Juli eine Gewinnziehung und am 1. October findet die Einlösung der gezogenen Loose Statt.

Maaße und Gewichte. Längenmaaße: der Schaumburger Fuß zu 12 Zoll zu 12 Linien = 128,6 Pariser Linien. — Die Elle = 2 Fuß. — Das Lachter = 7 Fuß. — Die Ruthe zu 10 Fuß zu 10 Zoll zu 10 Linien, auch = 16 Fuß.

Feldmaaß: Der Morgen hat 120 Quadratruthen = 25,749 Aren.

Getreidemaaß: Das Fuder = 12 Malter zu 6 Himten zu 4 Metzen. Der Himten = 2333,522 Schaumburger Kubikzoll = 32,9693 Liter.

Brennholzmaaß: Das Klafter = 216 Kubikfuß = 5,28 Kubik-Meter oder Steren.

Kohlen- und Kalkmaaß: Der Balg von 2 Kubikfuß = 0,049 Kubikmeter oder 48,9 Liter.

Schachtruthe (zum Messen von Steinen ꝛc.) = 6¼ Kubikmeter.

Flüssigkeitsmaaß: Das Oxhoft (Wein) = 6 Anker zu 28 Maaß zu 4 Ort. Die Maaß = 1/20 Schaumburger Kubikfuß = 1,2207 Liter. Das Oxhoft = 205,08 Liter.

Der Dreiling Branntwein = 108 Maaß = 131,84 Liter.

Der Dreiling Bier = 168 Maaß = 1 Wein-Oxhoft.
Handelsgewicht: Früher (seit 1836) das preußische; seit 1858 das Zoll-
pfund von 500 Grammen.
Medicinalgewicht: das preußische (s. Berlin).

Bank. Die „Niedersächsische Bank" ist im Jahr 1856 von dem Prinzen
Felix zu Hohenlohe-Oehringen unter Zuziehung von mehreren Bankhäusern in
Bückeburg errichtet worden. Dauer bis zum 1. Januar 1956. Sie vereinigt
die Geschäfte der Mobiliar- und Immobiliar-Creditgesellschaften nach dem Vorbilde
der in Paris (übrigens nicht vereinigt) bestehenden Banken der Société générale
de Crédit mobilier und des Crédit foncier de France (s. Paris). Grund-
Capital der Gesellschaft 12 Mill. Thlr. in Actien zu 100 Thlr., worauf aber
im Jahr 1858 erst 10 Procent eingezahlt waren. Sie giebt Noten aus zu
10 bis 500 thlrn., zu 5 bis 500 Hamburger Bankmark, zu 5 bis 500 thlr.
in Louisd'or zu 5 thlr., zu 5 bis 500 fl. des 52 ½-Guldenfußes und eben so
viele Gulden österreichischer Währung. Zur Einlösung derselben muß ⅓ des
umlaufenden Betrags derselben in Münzen oder Gold- und Silberbarren bereit
gehalten werden; die übrigen ⅔ müssen in Wechseln oder einen Börsencurs
habenden sonstigen guten Creditpapieren am Sitze der Direction oder bei deren
Filialen und Commanditen vorhanden sein. Nach dreijährigem Bestehen der Bank
hat die Regierung das Recht, für Rechnung des Kammerfonds ein unverzins-
liches Darleihen bis zu 400000 thlrn. in jährlichen Raten von 100000 thlrn.
gegen Hinterlegung eines gleichen Betrages 4-procentiger Kammerobligationen auf
die Dauer des Bestehens der Bank zu entnehmen; die Bank hat dagegen das
Recht, für die in Kammerobligationen hinterlegten Beträge Noten auszugeben.
Vom Gewinn erhalten zunächst die Actionäre 4 Proc. Zinsen ihrer Actien; vom
Mehrbetrage kommen wenigstens 10 Proc. zum Reservefonds, bis dieser ¹⁄₁₀ des
Actiencapitals erreicht hat, und 10 Proc. an den Verwaltungsrath ꝛc.; vom
Ueberschuß wird nach dem Ermessen des Verwaltungsraths die Dividende aus-
gezahlt. Die Bank steht unter Oberaufsicht der Regierung.

Lippe-Detmold,
Fürstenthum mit der Hauptstadt Detmold.

Rechnungsart und Münzen wie in Schaumburg-Lippe (s. Lippe-
Bückeburg). Früher rechnete man nach Thalern zu 36 Mariengroschen zu 6
Pfennigen zu 2 Heller im 20-Gulden- oder 13⅓-Thalerfuße.

Aeltere Silbermünzen: Conventions-Speciesthaler im Feingehalte von 833⅓
Tausendtheilen, 21,3807 Stück auf das Pfund fein, = 2 fl. 27 kr. rhn. =
1 thlr. 12 sgr. preuß. = 2 fl. 10 nkr. östr. — Gulden oder ½-Conventions-
Speciesthaler und halbe Gulden oder ¼-Conventions-Speciesthaler nach Verhältniß. — ⅙-Thalerstücke, Feingehalt (im Durchschnitt befunden) 480 Tausendtheile, 177,1348 Stück auf das Pfund fein, = 17½ kr. rhn. = 5 sgr. preuß.
= 25 nkr. östr. — ¹⁄₁₂-Thalerstücke von 1765, befunden 370 Tausendtheile
fein, 377,4853 Stück auf das Pfund fein, = 8½ kr. rhn. = 2⅓ sgr. preuß.
= 11⁹⁄₁₀ nkr. östr.

Wechselrechtliches. Seit 1849 die allgemeine deutsche Wechselordnung.

Maaße und Gewichte. Längenmaaße: Der Fuß oder Werkfuß zu

12 Zoll zu 12 Linien = 128,34 Pariser Linien. — Die Elle = 2 Fuß. — Die Ruthe = 16 Werkfuß, wird aber in 10 Theile oder Decimalfuß eingetheilt; daher der Decimalfuß = 205,344 Parif. Linien.

Feldmaaß: Der Morgen = 120 Quadratruthen = 25,7488 franz. Aren. Der Scheffel (eine Scheffelsaat Land) = 80 Quadrat-Ruthen = 17,166 Aren. — 2 Morgen = 3 Scheffel.

Getreidemaaß: 1) Der Roggen- oder Hartkorn-Scheffel hat 6 große oder 8 kleine Metzen oder 24 Mahlmetzen; sein Rauminhalt soll 3154 lippesche Kubikzoll = 44,2917 Liter sein. 2) Der Hafer-Scheffel hat 7 große Roggen-Metzen und soll 3679⅔ lippesche Kubikzoll = 51,6737 Liter enthalten. Demnach sind 6 Hafer-Scheffel = 7 Roggen- oder Hartkorn-Scheffel.

Flüssigkeitsmaaß: Die Kanne von 4 Ort = 98 lippesche Kubikzoll = 1,3762 Liter. — Das Oxhoft (für Wein und Branntwein) hat 1½ Ohm oder 6 Anker oder 162 Kannen oder 30 Viertel-Bisirmaaß. — Die Ohm = 4 Anker = 108 Kannen = 20 Viertel-Bisirmaaß = 148,63 Liter. — Die Bier-Ohm = 100 Kannen; daher = 137,62 Liter. — Für fette Flüssigkeiten richtet sich der Inhalt der dafür bestimmten Gefäße nach dem Gewicht.

Handelsgewicht: Der Centner = 108 Pfund; das Pfund = 467,41 Grammen. — Münzgewicht: das Zollpfund von 500 Grammen. — Apotheker-gewicht: das preußische (s. Berlin).

Lissabon,
Hauptstadt des Königreichs Portugal.

Rechnungsart und Münzen. Im Königreich Portugal rechnet man nach Reïs, als kleinste Rechnungsmünze, und in größeren Summen nach Milreïs (lies Reeß und Milreeß) oder Tausenden von Rees, die dann beim Schreiben durch verschiedene Zeichen abgetheilt werden. Man trennt z. B. die Milrees von den Rees durch das Zeichen (⨁) (portug. cifrão) und die Milrees von den Millionen durch einen Doppelpunkt; also ist z. B. 24 : 375 (⨁) 716 = 24375716 Rees. — Man nennt 1000 Milrees ein Conto und 1000 Contos ein Conto de Contos. Ein Conto de Reïs bedeutet also eine Million Rees und ein Conto de Contos bezeichnet eine Billion Rees.

Die nach dem neuen Münzgesetz (s. unten) geprägten 5-Toftãoftücke zu 500 Rees sind 12½ Grammen schwer und ¹¹⁄₁₂ fein; demnach gehen 43,6363 Stück auf das Pfund fein und daher 1 Milrees = 2 fl. 24 kr. rhn. = 1 thlr. 11 1/7 sgr. preuß. = 2 fl. 6 nkr. östr.

Nach Untersuchungen, welche in der Münze zu London mit älteren portu-giesischen Silbermünzen angestellt worden, schlägt Kelly das Milrees zu 60 Pence Sterl. (12 Pence = 1 Schilling, 20 Schill. = 1 Liv. Sterl.) an; rechnet man den Sovereign (= 20 Schilling Sterling) nach einem mittleren Frankfurter Curs zu 11 fl. 40 kr. rhn., so stellt sich das Milrees auf 2 fl. 55 kr. rhn. = 1 thlr. 20 sgr. preuß. = 2 fl. 50 nkr. östr. Daher das Rees ca. ⅙ kr. rhn. = ¹⁄₂₀ sgr. preuß. = ¼ nkr. östr.

Aeltere Goldmünzen (vor 1772):

Dobrão (Dublone) zu 24000 Rees, Feingehalt 916⅔ Tausendtheile, 10,1422 Stück auf das Pfund fein; daher = 4,92992 deutsche Goldkrone.

Halbe Dobrões (der Plural von Dobrão) zu 12,000 Rees nach Ver-hältniß.

Lisboninen (⅕-Dobrões) zu 4800 Rees, Feingehalt 916⅔ Tausendtheile, 50,7108 Stück auf das Pfund fein, = 0,98598 Krone.

Halbe Lisboninen nach Verhältniß.

Milrees (¹⁄₂₀-Dobra) nach Verhältniß.

Cruzado zu 480 Rees, Feingehalt 916⅔, 507,1101 Stück auf das Pfund fein, = 0,0986 Krone. Nach Münzproben sind obige Sorten durchgehends etwas geringhaltiger.

Goldmünzen von 1772 bis 1835.

Dobras (der Plural von Dobra) zu 12800 Rees, seit 1822 auf 15000 Rees, seit 1847 auf 16000 Rees erhöht, Feingehalt 916⅔ Tausendtheile, 19,0167 Stück auf das Pfund fein, = 2,62927 Krone.

Halbe Dobras, gewöhnlich João (Johannes), auch Peça genannt, zu 8000 Rees nach Verhältniß.

¼-Dobras (½-João) zu 3200 Rees, später auf 3750 Rees, seit 1847 auf 4000 Rees erhöht, nach Verhältniß.

Escudo (¹⁄₈-Dobra) zu 1600 Rees, Feingehalt 916⅔ Tausendtheile, 152,1333 Stück auf das Pfund fein, = 0,32866 Krone.

Cruzado velho (alte Goldkrusade) zu 400 Rees, Feingehalt 916⅔ Tausendtheile, 608,5331 Stück auf das Pfund fein, = 0,08216 Krone. Nach französischer Probe nur 0,911 fein. Wird im Wechselhandel auch Wechselkrusade genannt.

Goldmünzen nach dem Gesetz vom 24. April 1835:

Corôa be ouro (Goldkrone) zu 5000 Rees; seit 1847 auf 5333 Rees erhöht, Feingehalt 916⅔ Tausendtheile, 57,0559 Stück auf das Pfund fein, = 0,87633 Krone.

Meia Corôa (½-Goldkrone) zu 2500 Rees, erhöht auf 2666 Rees, nach Verhältniß. Die ganze und halbe Goldkrone sind nach nordamerikanischen Untersuchungen nur 0,912 fein.

Nach dem Gesetz vom 29. Juli 1854 ist Portugal zur Goldvaluta übergegangen und wird von da an das Silbergeld nur als Scheidemünze geprägt. Nach diesem Gesetz ist auch das französische Grammengewicht als Münzgewicht eingeführt.

Die dem Gesetze entsprechenden neuen Goldmünzen sind:

Goldkronen,	17,735	Grammen schwer,	¹¹⁄₁₂ fein; Rennwerth:	10	Milrees.
Halbe desgl.	8,868	„	„ „ „ „	5	„
Fünftel dgl.	3,547	„	„ „ „ „	2	„
Zehntel dgl.	1,774	„	„ „ „ „	1	„

Dem Feingehalt ¹¹⁄₁₂ entsprechen 916⅔ Tausendtheile, und da 30,7558 Stück auf das Pfund fein gehen, so stellt sich der Werth der neuen Goldkrone auf 1,62571 deutsche Krone. Die übrigen Sorten nach Verhältniß.

Aeltere Silbermünzen:

Cruzado novo (neue Krusade), früher zu 400 Rees, dann auf 480 Rees erhöht, gesetzlicher Feingehalt 916⅔ Tausendtheile, 37,2559 Stück auf das Pfund fein, = 1 fl. 24 kr. rhn. = 24 sgr. preuß. = 1 fl. 20 nkr. östr.

Krusaden von 1802, 1809 und 1835 sind nach engl. und anderen Münzproben bedeutend geringhaltiger.

Halbe, Viertel- und Achtel-Krusaden nach Verhältniß der Ganzen.

6-Vintensstücke zu 120 Rees, nach Münzproben von unterschiedlichem Feingehalt, = ca. 19 kr. rhn. = 5 ½ sgr. preuß. = 27 nkr. östr.

3-Vintensstücke zu 60 Rees, Werth nach Verhältniß.

Tostão zu 100 Rees, = ca. 17 kr. rhn. = 5 sgr. preuß. = 24 nkr. östr.

Halbe Tostões nach Verhältniß.

Silbermünzen nach dem Gesetz vom 24. April 1835:

Coroa (Silberkrone) zu 1000 Rees, gesetzl. Feingehalt 916⅔ Tausendtheile, 18,4194 Stück auf das Pfund fein, = 2 fl. 51 kr. rhn. = 1 thlr. 18 sgr. preuß. = 2 fl. 44 nkr. östr. Nach nordamerikanischen Untersuchungen nur 0,912 fein.

Halbe Coroas nach Verhältniß.

2-Tostão-Stücke zu 200 Rees, ca. 34 kr. rhn. = 9 ½ sgr. preuß. = 48 nkr. östr. Tostões zu 100 Rees nach Verhältniß.

Nach dem Gesetz vom 29. Juli 1854 werden als Scheidemünze für die eingeführte Goldwährung geprägt:

5-Tostão-Stücke, 12 ½ Grammen schwer, ¹¹⁄₁₂ fein, Werth 500 Rees.

2- „ „ 5 „ „ „ „ „ „ 200 „
1- „ „ 2 ⅓ „ „ „ „ „ „ 100 „
½ „ „ 1 ⅙ „ „ „ „ „ „ 50 „

Auf das Pfund fein gehen nach Obigem 43,6363 Stück; daher das 5-Tostão-Stück = 1 fl. 12 kr. rhn. = 20 ½ sgr. preuß. = 1 fl. 3 nkr. östr. Die übrigen Tostão-Stücke nach Verhältniß.

Kupfermünzen: In der Prägung derselben ist durch das neue Gesetz nichts geändert. Seit 1835 giebt es Stücke zu 5, 10 und 20 Rees.

Nach dem neuen Münzgesetz haben die älteren Silbermünzen so wie die früher gesetzlich in Umlauf gewesenen fremden Silbermünzen mit Ausnahme der vollwichtigen ganzen und halben englischen Sovereigns, ihre Geltung als gesetzliche Münzen verloren.

Die alte portugiesische Münzmark (der Marco) ist das halbe portugiesische Handelspfund, und (nach Kelly) = 3541 ½ englische Grän. Rechnet man das Troypfund (s. London), auf welches 5760 englische Grän gehen, zu 373,246 Grammen (nach Hauschild), so ist die Münzmark = 229,48 Grammen (nach Kelly 229,46 Grammen). Zur Feingehalts-Bestimmung des Goldes war der Marco in 24 Quilates zu 4 Grãos oder in 96 Grãos zu 8 Ditavos (Achtel) und für das Silber in 12 Dinheiros zu 24 Grãos oder in 288 Graos eingetheilt.

Gesetzlich sollten die (alten) Goldmünzen 22 Quilates, und die (alten) Silbermünzen 10 Dinheiros 19 Grãos Feingehalt haben. Der gesetzliche Feingehalt der (alten) Goldmünzen in Tausendtheilen ergiebt sich also aus der Proportion:

$$24 : 22 = 1000 : x = 916⅔ \text{ Tausendtheile.}$$

Der gesetzliche Feingehalt der (alten) Silbermünzen ergiebt sich aus der Proportion:

$$12 : 10^{19}/_{24} = 1000 : x = 899,3 \text{ Tausendtheile.}$$

Die gesetzlichen Bestimmungen sind aber weder bei den Goldmünzen noch bei den Silbermünzen genau eingehalten worden, so wie dann auch in Folge mangelhafter Münztechnik und öfterer Aenderungen des Nennwerths der Münzen das ältere Münzwesen sehr verworren war.

Für die neuen Goldmünzen beträgt das Remedium am Gewicht und Feingehalt 2 Promille, für die neuen Silbermünzen 3 Promille am Gewicht und 2 Promille im Feingehalt.

Papiergeld. Scheine der Regierung in unterschiedlichen Beträgen stehen in Folge der schlechten Finanzen des Landes weit unter ihrem Nennwerthe. — Noten der Bank von Lissabon und Porto s. unten und den Art. Porto.

Alle Summen, die 2400 Rees und mehr betragen, durften bis in die dreißiger Jahre gesetzlich zur Hälfte in Papiergeld entrichtet werden; laut Gesetz vom Jahr 1846 gilt dies in Beziehung auf die Noten der Bank von Portugal (sogenannte legale Zahlung).

Fremde Münzen. Von fremden Münzen, deren Curse pr. Stück in Rees notirt werden, cursiren hier hauptsächlich spanische und mexikanische Onças, englische Sovereigns, 20-Frankenstücke, amerikanische Adler (Eagles, s. New-York), spanische und mexikanische Piaster, brasilianische Patacas (s. Rio de Janeiro), 5-Frankenstücke (Patacas, Francesas de 5 Francos) ꝛc.

Gold wird in Rees pr. Onça fein und Silber in Milrees pr. Marco fein (s. oben) notirt.

Curssystem.

Amsterdam, 3 Monat dato	±	43 Gulden holl.	für 40 Wechselkrusaden zu 400 Rees (s. oben).
Genua do.	„	520 Centesimi	„	1 Milrees.
Hamburg do.	„	48 Schilling banco	„	1 do.
Livorno do.	„	150 Rees	„	1 toskanische Lira.
London l. S., 30 od. 60 Tage nach Sicht, oder 90 T. dato	„	56 Pence	„	1 Milrees.
Madrid, 8 Tage Sicht Cadix do. Sevilla do. Barcelona do.	}	„ 936 Rees	„	1 Peso duro.
Neapel 3 Mon. dato	„	750 Rees	„	1 Ducato bi Regno.
Paris, l. S. u. 100 T. dato	„	530 Centimen	„	1 Milrees.
Wien 3 Mon. dato Triest „ Venedig „	}	„ 370 Rees	„	1 fl. östr. Währ.

Wechselrechtliches. In Portugal gilt das Handelsgesetzbuch vom Jahr 1833, dessen Wechselrecht mit dem code de commerce vielfach übereinstimmt. — Die Wechselcourtage ist ⅛ Proc.

Staatspapiere. Von portugiesischen Obligationen, die im Auslande notirt werden, sind nur diejenigen der auswärtigen Schuld hier anzuführen. Durch Dekret vom 2. November 1840 sollten die Obligationen der ganzen auswärtigen, seit 1831 bis 1837 in England contrahirten Schuld sammt dem Nominalbetrage der bis Ende 1840 davon rückständigen Zinsen in 5procentige Stocks convertirt werden. Ferner sollten die Zinsen von 1841 bis 1844 jährlich zu 2½ Proc., ebenso von 1845 bis 1848 zu 3 Proc., von 1849 bis 1852 zu 4 Proc., von 1853 bis 1860 zu 5 Proc. und von 1861 an zu 6 Procent halbjährlich bezahlt und mit letzterem Zinsfuße so lange fortgefahren werden, bis die Gläubiger dasjenige, was ihnen in den ersten 12 Jahren und bis mit 1852 weniger als die stipulirten 5 Proc. an Zinsen gegeben wird, nachbezahlt erhalten hätten. Aber schon im Jahr 1845 wurde der Versuch zu einer neuen Anleihe zur weitern Convertirung der 5-procentigen Stocks in eine 4-procentige Schuld gemacht. Diese Convertirung gelang indessen nur zum Theil und der Rest der Schuld verblieb unter den vorigen Bedingungen. Die Zinsen wurden aber nur mit Abzügen, auch mehrmals gar nicht bezahlt und für die rückständigen Zinsen wurden dann wieder 3-procentige Certificate ausgegeben. Im Jahr 1852 abermals eine Conversion, nämlich Umwandlung der gesammten innern und äußeren Schuld in neue 3-procentige Obligationen, und zwar unter sehr complicirten Bedingungen, welchen die Regierung wahrscheinlich eben so wenig wie ihren früheren Verpflichtungen nachkommen wird. Gleichwohl ist im Jahr 1853 wieder eine 6-procent. Anleihe von 3 Mill. Franken, welche durch 20 jährliche Verloosungen getilgt werden soll, in Paris, und eine weitere Anleihe im Jahr 1855 und 1856 für Eisenbahnbauten in London contrahirt worden. — Nach G. Fr. Kolb soll sich die portugiesische Staatsschuld auf mehr als 190 Millionen Thaler belaufen. — Die Hauptbörsen für die portugiesischen Fonds sind London, Amsterdam und Paris. Für die auf Liv. Sterl. lautenden Obligationen wird das Liv. Sterl. in Amsterdam zu 12 fl. holl. und in Paris zu 25½ Fr. gerechnet. Im April 1860 standen die 3-procentigen portugies. Obligationen im Londoner Cursblatt (S. Reuter) auf ca. 42 Liv. Sterl. per 100 Liv. Sterl. Nennwerth.

Maaße und Gewichte. Längenmaaße: Der Pé (Fuß) hat 1½ Palmo (Spanne) oder 12 Polegadas (Daumen, Zoll) zu 12 Linhas (Linien) zu 10[*]) Puntos (Puncte) und ist = 146,2877 Parif. Linien. Das Normalmaaß ist der Palmo (de Craveira) = 97,525 Parif. Linien. — Die Vara (Elle) hat 5 Palmos de Craveira = 487,625 Parif. Linien = 1,1 Meter. Ein anderes Ellenmaaß, der Covado oder Cubit (d. h. die Länge des Arms vom Ellbogen bis zum Ende des mittelsten Fingers) hat 3 Palmos und ist daher = 292,575 Parif. Linien. Ein Covado, mit welchem im Kleinhandel gemessen wird, hat 3 Palmos de Craveira avantejados (gutes Maaß), = 24¾ Polegadas, daher = 301,717 Parif. Linien.

Jedes dieser Maaße wird auch in Terças (Drittel), Quartas (Viertel), Sexas (Sechstel) und Oitavas (Achtel) eingetheilt.

Im Handel wird auch das englische Yard gebraucht und man rechnet 5 Varas = 6 Yard und 27 Covados = 20 Yard.

Die Braça (Klafter) hat 10 Palmos oder 80 Polegados = 2,2 Meter.

Der Passo geometrico (Feldmesser-Schritt) hat 1½ Varas oder 60 Polegados oder 5 portug. Fuß.

Das Estadio (Stadium) hat 117 1/30 Braças.

Die Milha (kleine Meile) hat 8 Estadios oder 9389⅓ Palmos = 2065,66 Meter. Die Legoa (große Meile) hat 3 Milhas (kleine Meilen), also 24 Estadios oder 28168 Palmos = 6196,96 Meter. Gewöhnlich rechnet man 54 Milhas oder 18 Lagoas auf einen geographischen mittleren Grad.

Flächenmaaße: Man bedient sich zum Vermessen der Ländereien gewöhnlich

---

[*]) Nicht 12 Puntos, wie Nobad angibt (Kelly).

ber Quabrat=Bara = 1,21 Quabrat=Meter, in einigen Gegenben aber auch der Quabrat=Braça = 4,84 Quabrat=Meter. — 4840 Quabrat=Baras machen eine Geira ober einen Morgen Lanbes aus. In einigen anberen Gegenben beſtimmt man die Größe der Länbereien nach der erforberlichen Ausſaat.

Getreibemaaß: Getreide, Salz unb anbere trockene Gegenſtänbe werden mit dem Mojo gemeſſen, der in 15 Fanegas, 60 Alqueires, 120 Meyos, 240 Quartas, 480 Oitavas ober Salaminas ober 960 Maquias eingetheilt wird. Nach Kelly enthält der Mojo 8,1395 Hektoliter, der Alqueire alſo 13,566 Liter. Man rechnet 100 Alqueires, Fanegas etc. von Liſſabon = 79 ¼ Alqueires, Fanegas etc. von Porto.

Getreide unb Salz werden beim Meſſen geſtrichen. 2 Mojos altes Salz (welches ſchwerer als neues iſt) rechnet man = 1 engl. Schiffs=Tonne. Vom Salz liefern 4 bis 4 ½ Mojos eine Laſt in Hamburg, 1 Mojo ca. 4 Tonnen in Bergen.

Es liefern hier in der Regel: 1 Hektoliter Getreibe 7 bis 7 ¼, ein ruſſiſches Tſchetwert 14 bis 14 ½, 1 Trieſter Staro 5 ¾ bis 6, 1 Cabirer Fanega 4, 1 Danziger Laſt 210 bis 214, 1 Hamburger Laſt 234 bis 236 Alqueires.

Kohlenmaaß: Steinkohlen werden nach der Pipa (Pipe) verkauft; 8 gehäufte Alqueires machen eine Fanega unb 6 Fanegas eine Pipe aus. Holzkohlen werden nach Säcken von 43 Polegabas Höhe unb 27 Polegabas Umfang gemeſſen.

Kalkmaaß: Gelöſchter Kalk wird nach Mojos von 50 Alqueires, roher Kalk nach Mojos von 30 Alqueires verkauft.

Flüſſigkeitsmaaße: Das Maaß für Flüſſigkeiten iſt die Almuba zu 2 Alqueires ober Patas zu 6 Canabas zu 4 Quartilhos. Die Almuba ſoll 16,74 Liter enthalten.

Beim Wein machen 18 Almubas einen Barril, 26 Almubas eine Pipa, und 2 Pipas ober 52 Almubas eine Toneſaba (Tonne) aus.

Die Wein=Pipa von Liſſabon giebt gewöhnlich 58 bis 62 Pariſer Beltes aus.

Die Almuba (für Flüſſigkeiten) und der Alqueire (für trockene Sachen), ſind nicht aller Orten von gleichem Inhalte. Nach Kelly iſt die Almuba von

Liſſabon = 4,37 alte engliſche Wein=Gallons (ſ. London).
Dporto = 6 ⅝ 〃 〃 〃
Faro = 4 ½ 〃 〃 〃
Figueira = 5 ¾ 〃 〃 〃
Vianna = 6 ½ 〃 〃 〃

Der Alqueire von
Liſſabon = 3,07 Wincheſter Gallons (ſ. London).
Dporto = 3 ⅞ 〃 〃
Faro = 3 ⅓ 〃 〃
Figueira = 3 ¼ 〃 〃
Vianna = 3 ⅞ 〃 〃

Man rechnet im Handel 66 Almubas von Porto = 100 Almubas von Liſſabon, was mit obigen Verhältniſſen: Liſſabon 4,37 und Dporto 6 ⅝ ziemlich genau übereinſtimmt *).

---

*) Nach Reilenbrecher (Art. Liſſabon, 18. Aufl.) ſollen 81 Almubas von Porto = 100 Almubas von Liſſabon ſein; dagegen ſteht im Art. Porto (richtig) 66 Almubas von Porto = 100 Almubas von Liſſabon.

Beim Oel enthält die Pipa 30 Almudas, und die Almuda wiegt 33 bis 34 portugiesische Pfund.

Als Normalmaaß zur Regelung der Schiffsfrachten nach den Colonien für alle flüssigen und trockenen Waaren wurde im Jahr 1756 von der Handelscorporation (Junta do commercio) ein Palmo (der sogenannte Palmo da Junta) eingeführt, welcher um 9 Proc. kleiner als der Palmo de Craveira ist, indem 91 der letztern = 100 Palmos da Junta sind.

Handelsgewicht. Der Quintal (Centner) hat 4 Arrobas zu 32 Arratels zu 2 Meios Arratels (halbe Ar.) zu 2 Quartas zu 4 Onças zu 8 Ditavas zu 8 Scropulos zu 24 Grãos. — Die Gewichtseinheit ist das Arratel oder die Libra (Pfund) = 458,976 Grammen (Kelly). — Es machen 54 Arrobas oder 13½ Quintals eine Tonelada aus.

Gold- und Silbergewicht ist der Marco oder das halbe Handelspfund = 229,48 Grammen. Der Marco wird eingetheilt in 8 Onças zu 8 Ditavas zu 3 Escrupulos zu 24 Grãos.

Münzgewicht ist jetzt das französische Grammengewicht. Das ältere siehe oben.

Juwelengewicht ist der Quilat (Karat) von 4 Grãos = 4,132 Grãos Markgewicht = 3,1756 englische Gräns = 20,57 Centigrammen. (Vgl. Einleitung S. 12.) Die Diamantenhändler rechnen 151 Quilates = 1 Unze engl. Troy-Gewicht = 31,103 Grammen.

Medicinalgewicht. Dasselbe ist dem Gold- und Silbergewicht gleich; das Pfund wird aber zu 1½ Marcos gerechnet, wonach auf das Apothekerpfund 12 Onças, 96 Ditavas, 288 Escrupulos oder 6912 Grãos gehen, und das Pfund = 344,25 Grammen.

Platzgebräuche. Die Waarenzahlungen geschehen, wie schon erwähnt, in gesetzmäßiger oder legaler Baluta (½ in Papier- und ½ in Metallgeld); Schafwolle ist aber davon ausgenommen und muß in Metallgeld bezahlt werden. — Die Waarencourtage ist ½ Proc. von Seiten des Käufers und Verkäufers. — Der übliche Ansatz für Provision bei Waarenverkäufen ist 2½ Procent; das Delcredere 2½ Proc. Wechselprovision ⅓ bis ½ Proc. — Provision für das Landen von Gütern bei Schiffsausbesserungen 1 Proc. des Werths. — Provision auf Auslagen für Schiffe 5 Proc.

Gewichtswaaren werden in der Regel per Arroba oder per Arratel oder Libra verkauft. Ausnahmsweise notirt man: Flachs und Hanf per Sack (Castal) von 5 Arrobas; Osnabrücker-, Weser- und Heede-Leinen per Vara, andere Leinen per Stück; Mandeln per Alqueire von ca. 12½ Pfund; Südfrüchte per Kiste; Feigen per Korb; Kopaiva-Balsam per Fäßchen von 4 Almudas; Pech und Theer per Tonne; Ochsenhörner, Hornspitzen, trockene Häute per 1000 Stück; Hasenfelle, gesalzene Häute per Stück; ostindische Nankings per Stück; Melasse per Barril (Faß); englische Steinkohlen per Tonelada.

Getreide, Sämereien, Früchte, Schiffsbauholz und Wolle verstehen sich frei in's Schiff geliefert.

Feststehende Tara-Usanzen sind: 2 Pfund per Ballen brasilianische Baumwolle; 10 Proc. von Minas-Novas in Seronen; 14 Pfund per Pack von bengalischer Baumwolle. Bei Cacao, Kaffee, Ingwer, Pfeffer, Reis, Sago 1 Pfund per Sack. Von Thee 19 Pfund per Viertelkiste. Roher Brasilzucker erhält außer der auf den Kisten bemerkten Originaltara 16 Pfund Gutgewicht per Kiste. Für alle andern Waaren wird in der Regel die wirkliche Tara in Abrechnung gebracht und kein Gutgewicht gewährt.

Bei Schiffsbefrachtungen nach dem Auslande rechnet man 4 Kisten Zucker oder 4 Pipen Oel oder 4000 Pfund Tabak oder 3000 Pfund Sumach auf die Last. Im Küstenverkehr und bei Befrachtungen nach den Colonien bestimmt man die Fracht nach Toneladas (Tonnen), welche bei flüssigen Waaren = 52 Almudas und bei trockenen Waaren = 64 Arrobas sind.

Handelsanstalten ꝛc. Im Jahr 1822 wurde in Lissabon eine sogenannte Nationalbank mit einem Kapital von 2500 Milrees (später auf 5000 Milrees erhöht) errichtet. Sie machte alle Arten von Bankgeschäften und gab Noten aus. In Folge erzwungener Anleihen der Regierung mußte sie den Belauf ihrer Bankscheine vermehren; hierdurch in ihrem Credit erschüttert, konnte sie dem großen Andrange von Bankscheininhabern Behufs der Einlösung nicht genügen, so daß sie im Jahr 1828 ihre Zahlungen einstellen mußte. Nach Befund der Untersuchung der Bank ergab sich indessen die Möglichkeit des Fortbestandes derselben, und durch neu getroffene Maßregeln wurde der Credit einigermaßen wieder hergestellt. Durch Dekret vom 24. Juli 1834 wurde sie autorisirt, ihre Noten mit 80 Proc. einzulösen.

Durch Vereinigung mit der später errichteten Confiança-Bank (Companhia confiança nacional) wurde sie im Jahre 1846 zur nunmehrigen Bank von Portugal erweitert und macht Disconto-, Leih-, Conto-Corrent-, Wechsel- und Zettelgeschäfte. Weiteres hierüber ist hier um so überflüssiger, als sie in Folge wiederholter Eingriffe der Regierung (welche der Verwaltungsrath der Bank schon öffentlich der Verletzung aller Rechtsregeln angeklagt hat) ohnehin, im Einklang mit den allgemeinen Zuständen des Landes, auf schwachen Füßen steht. — Der im Jahre 1835 entstandene Handelsverein (União commercial) hat mehrere industrielle Actienanstalten (Fisch-Compagnie von Lissabon, Nationalgesellschaft des Seidenhandels, Ackerbaugesellschaft ꝛc.) gegründet. Die Unfähigkeit der heutigen Portugiesen auf diesem Felde hat sich indessen durch den geringen Erfolg ihrer Unternehmungen wieder erwiesen.

Liverpool,

zweite Handels- und Hafenstadt Englands. S. London.

Livorno,

Handels- und Hafenplatz im (früheren) Großherzogthum Toskana.

Rechnungsart und Münzen wie Florenz.

Curssystem.

Amsterdam	90 Tage dato	± 247 toskanische Liren für 100 fl. holl.
Ancona	30 „ „	„ 618 „ „ „ 100 römische Scudi
Augsburg	30 und 90 Tage dato	„ 247 „ „ „ 100 fl. rhn.
Barcelona	30 Tage dato	„ 330 „ „ „ 100 catalonische Libras.
Bologna	do.	„ 616 „ „ „ 100 römische Scudi.
Corfu } Zante }	do.	„ 600 „ „ „ {100 span. Säulen- piaster.

Florenz	30 und 90 Tage dato	±	100	toskanische Liren für	100	toskan. Liren in Florenz.
Genua	do.	do.	„	118	„	„ „	100	Lire nuove. (Franken.)
Hamburg	90 Tage dato		„	218	„	„ „	100	Mark Banco.
Paris Marseille Lyon	} 30 und 90 Tage dato		„	116	„	„ „	100	Franken.
London	do.		„	28	„	„ „	1	Liv. Sterl.
Mailand	do.		„	116	„	„ „	100	Lire nuove. (Franken.)
Malta	30 Tage dato		„	240	„	„ „	100	Scudi.
Messina Palermo	} do.		„	15	„	„ „	1	Oncia.
Neapel	do.		„	504	„	„ „	100	Ducati bi Regno.
Odessa Petersburg	} 90 Tage dato		„	450	„	„ „	100	Silberrubel.
Rom	30 Tage dato		„	616	„	„ „	100	röm. Scubi.
Triest Wien Benedig	} 30 u. 90 Tage dato		„	280	„	„ „	100	fl. östr. Währ.
Turin	do.		„	116	„	„ „	100	Lire nuove. (Franken.)

Der Curszettel enthält außerdem neben jeder Devise die Discontoprocente, zu welchen Wechsel von andern Verfallzeiten als diejenigen, auf welche die Curse lauten, berechnet werden. (Vergl. Einleit. S. 23.)

Cursnotirung der Gold- und Silbersorten wie Florenz.

Wechselrecht wie Florenz.

Staatspapiere und Actiencurse s. Florenz.

Maaße und Gewichte. Die Einheit der Längenmaaße ist der Braccio da Panno (Tuch-Elle), welcher in 20 Soldi zu 12 Denari zu 12 Punti eingetheilt wird und = 258,73 Pariser Linien ist. Der Braccio wird auch in 12 Crazie, und der Soldo in 3 Quattrini zu 4 Denari eingetheilt.

Der Passetto oder die Doppelelle = Braccia.

Die Canna oder Percha (Ruthe für Feldmesser) = 5 Braccia = 1293,65 Pariser Linien; die im Verkehr gebräuchliche Canna = 4 Braccia = 1034,92 Pariser Linien.

Der Miglio oder die toskanische Meile = 2833 $\frac{1}{3}$ Braccia = 0,2232 deutsche oder geographische Meilen.

Feldmaaß: Der Quadrato zu 100 Tavole zu 100 Quadrat-Braccia ist = 10000 Quadrat-Braccia = 34,0646 franz. Aren.

Getreidemaaß: Der Stajo zu 2 Mine zu 2 Quarti zu 8 Mezzette zu 2 Quartucci ist = 24,362862 Liter. — Der Sacco hat 3 Staja.

Salz wird nach dem Gewicht verkauft.

Flüssigkeitsmaaß: Der Barrile da vino oder Wein-Barile hat 2 Mezzi Barili (halbe Barili) zu 10 Fiaschi (Flaschen) zu 2 Boccali zu 2 Mezzette zu

2 Quartucci und ist = 45,584 Liter. — Die Pipa = 9⅔ Barili.

Oelmaaß: Der Barile do olio oder Oel-Barile hat 2 Mezzi Barili zu 8 Fiaschi. — Eintheilung des Fiasco wie beim Weinmaaß. — Der Oel-Barile wird zu netto 88 toskan. Pfund Gewichtsinhalt gerechnet.

Handelsgewicht: Die Libbra oder das Pfund hat 12 Once (Unzen) zu 24 Denari zu 24 Grani und ist = 339,542 Grammen. — Der Cantaro (Centner) hat 100 Libbre. Der Migliajo hat 1000 Libbre. — Die Tonelaba oder Schiffslast = 5600 Libbre.

Gold-, Silber- und Münzgewicht ist dem Handelsgewichte gleich.

Als Probirgewicht wird die Libbra für das Gold in 24 Carati zu 8 Ottavi, und für das Silber in 12 Once zu 24 Denari eingetheilt.

Apothekergewicht ist dieselbe Libbra, welche in 12 Once zu 8 Dramme zu 3 Scrupoli zu 24 Grani eingetheilt wird.

Juwelengewicht: Der Carate von 4 Grani, welcher in ½, ¼, ⅛ u. s. w. eingetheilt wird. — Nach Kelly ist der Carate = 3⁷⁄₂₁₆ oder 3,032407 engl. Troy-Grän; daher das Carate = 0,196498 Grammen, wenn man nach Chelius annimmt, daß 1 Troy-Pfund (auf welches 5760 Troy-Grän gehen) = 373,246 Grammen ist. Das holländische Juwelenkarat wiegt nach Untersuchungen von Chelius 0,205894 Grammen; daher in Beziehung auf das Juwelenkarat von Livorno ein Unterschied von 0,009396 Grammen.

Schiffslast: Bei Schiffsbefrachtungen rechnet man auf die Last: 20 Kisten Früchte, 26 Barili Oel, 44 Barili Wein, 40 Sacchi Getreide, brutto 5600 Libbre (Pfund) Alaun, Kaffee und andere Gewichtswaaren.

Platzgebräuche. Im Großhandel wird häufig nach dem französischen Gewicht verkauft, und es werden die Preise theils für 50, theils für 1 und theils für ½ Kilogramm gestellt.

Durch Gesetz vom 1. Januar 1837 sind folgende Usanzen als allgemein bindend festgestellt:

Es darf kein Waaren- oder Wechselgeschäft in anderer Münzsorte, als der wirklichen Florentiner Lira (Lira toscana) bedungen werden. Dabei ist es freigestellt, die Bücher und Rechnungen in Lire und Centesimi oder in Lire, Solbi und Denari zu führen. Die Zahlungen werden auch fernerhin in Franceschini und Ruspone (zu 42⅓ Lire) geleistet, obgleich sie in Lire bedungen sind. — Es existirt nur eine Gattung von Cantaro (Centner), nämlich der von 100 Libbre. — Für alle Zukunft sind abgeschafft: alle früher bestandene Taren, Supertaren, Usanzen und Supernsanzen, Cortesie, Rabatt irgend einer Art, und es darf vom Bruttogewicht oder Maaß nichts abgerechnet werden, als allein die Stricke, Bindfaden rc., welche wirklich zum Wägen gedient haben, so wie die Tara der Umhüllung (Kiste, Faß, Emballage rc.); es steht dabei den Käufern und Verkäufern allezeit frei, die im Tarif aufgeführte Tara auf ihre Richtigkeit zu prüfen, und darauf die sich ergebende Vergütung zu rechnen, wenn solche nicht als vertragsgemäß und bindend zwischen den Contrahenten erfunden wird. — Allgemeine Preisnormen. Es verstehen sich die Preise der verschiedenen Waaren: a) Nach dem Migliajo von 1000 Libbre (Pfund) bei Soda, Asche, Bimsstein, Blei, Bleiglanz, Bleiglätte, Buchsbaumholz, Blauholz (Campeche-Holz) und andern Farbe- und andern ausländischen Nutzhölzern, Eichenrinde, Kork, Knoppern, Schwefel, Vitriol. b) Nach dem Centinajo (Centner) von 100 Pfund: Alaun, Alizzari (Krapp), Anis, Arsenik, Badeschwämme, Baumwolle und baumwollenes Garn,

Bleimunition, Boraxſäure, Bronce, Kaffee, Cacao, Campecheholz (auch per Migliajo), Canthariden, Caſſia, Citronenſchalen, Coloquinthen, Corinthen, Cremor-
tartari, Curcuma, Eiſen, Elfenbein, Feigen, geſalzene Fiſche, Flachs, geſalzenes
Fleiſch, Galläpfel, Gewürznelken, Grünſpan, Gummi aller Art, Häute, Hanf,
Ingwer, Käſe, Kameelhaare, Kaviar, Kreuzbeeren, Lakrizenſaft, Lazurſtein, Leim,
leinen Garn, Lumpen, Mandeln, Manna, Menning, Orleans, Pech, Pfeffer,
Piment, Pomeranzenſchalen, Pottaſche, Reis, Roſenwaſſer, Roſinen, Safran (auch
per Pfund), Saſſaparille, Schmack, Seife, Sennesblätter, Speck, Stahl, Stock-
fiſch, Tabak, Talg, Tauwerk, Terpentin, Thunfiſch in Oel, Wachs, Weinſtein,
Wolle, Zimmt (auch per Pfund), Zinn, Zucker. c) Nach der Libbra (Pfund):
Chinarinde, Cochenille, Eſſenzen, Indigo, Ipecacuanha, Kermesbeeren, Muskat-
blüthen und Nüſſe, Opium, Queckſilber, Rhabarber, Safran, Scammonium,
Seide, Straußfedern, Thee, Banille, Zimmt. d) Nach der Unze (Oncia) Roſenöl.
e) Nach 100 Stück: Weißbleche, Haſen-, Lamm- und Ziegenfelle. f) Nach dem
Collo, der üblichen Packung, wobei aber jedes einzelne Collo oder Frachtſtück in
ſeinem urſprünglichen Gewicht, Maaß, Umfang, Tara unverändert ſein muß:
Nankings, Anchovis in Tonnen, Sardellen in Tönnchen, Heringe in Tonnen,
Papier in Ballen von mehr oder weniger Ries, je nach dem Fabrikgebrauch und
Qualität, Theer in Fäſſern, Wachholderbeeren in Ballen von 6 Stari, Bleiweiß
in Kiſten, amerikaniſches Mehl in Tonnen, Oel in ganzen und halben Krügen
(Coppi), ſardiniſche Paſteten in Terrinen, in Tönnchen verpackt, Ischia-Wein in
neapolitaniſchen Gebinden, Malaga-Wein in Arroben, Marſalla-Wein in Fäſſern
von 112 Gallons, Portwein in portugieſiſchen Gebinden, ſpaniſche Weine in ſpaniſchen Pipen. g) Nach dem Sack (Sacco von 3 Staja): Getreide jeder Art
und Leinſamen, mit 5% Tara, wo eine ſolche bisher gebräuchlich war. h) Nach
dem Barile von beſtimmtem Inhalt: Branntwein, Spiritus und Rum nach dem
Barile zu 120 Libbre Gewicht gerechnet; Oel nach dem Barile von 88 Pfund;
Wein nach dem Barile von 133⅓ Pfund. i) Manufakturwaaren, welche bisher
nach der Canna verkauft wurden, werden es auch ferner, aber nur in effectiven
Lire toscane ohne allen Discont zahlbar.

Die Waaren-Courtage beträgt ½ bis 1 Procent, vom Käufer und Verkäufer zu entrichten.

Handelsanſtalten ꝛc. Im Jahre 1837 wurde die Banca di Livorno
mit einem Actienkapital von 2 Mill. toskaniſchen Liren auf 20 Jahre gegründet.
Geſchäfte der Bank: Ausgabe von Noten im Betrage von 200, 300, 500,
1000 und 2000 tosk. Liren, Discontiren von Wechſeln und Ein- und Verkauf
von ausländiſchen Gold- und Silbermünzen. Nach Ablauf des Privilegiums
(Ende 1858) ſollte die Bank mit der zu errichtenden (oder ſchon errichteten?)
Banca nazionale verſchmolzen werden. — Außerdem beſtehen hier ein Comptoir
der Florenzer Casſa di Sconto, ſo wie mehrere Seeverſicherungsanſtalten und
Actiengeſellſchaften für induſtrielle Unternehmungen.

London,
Hauptſtadt des britiſchen Reichs.

Rechnungsart und Münzen. In Großbritannien und Irland rechnet man nach Pounds (Pfunden) oder Livres zu 20 Shillings (Schillingen) zu
12 Pence (Pfennigen) Sterling in Goldwährung, indem Niemand gehalten iſt,

für mehr als 40 Schillinge in Silber oder als 12 Pence in Kupfergeld in Zahlung anzunehmen. Als gesetzliches Zahlmittel für Zahlungen, die mehr als
5 Pfund betragen, gelten auch die bei Präsentation zahlbaren Promissory-Notes
der Bank von England. Der Zusatz Sterling dient zur Unterscheidung der
britischen Valuta von derjenigen in den Colonien.

Seit 1816 besteht das Pfund Sterling aus einem Goldmünzstück, welches
Sovereign genannt wird.

Das Gold-, Silber-, Münz- und Probirgewicht ist das Troygewicht. Das
Troypfund (Imperial-Troy-Pound) hat 12 Unzen (Ounces) zu 20 Pfenniggewicht (Pennyweight) zu 24 Grän (Grains), enthält also 5760 Troygrän. Als
Probirgewicht wird das Troypfund beim Golde in 24 Karat zu 4 Grän zu
4 Quarts, beim Silber in 12 Unzen zu 20 Pfenniggewicht eingetheilt.

Der gesetzliche Feingehalt der Goldmünze ist 22 Karat oder auch $^{22}/_{24}$
oder $^{11}/_{12}$ oder 916$^2/_3$ Tausendtheile und das gesetzliche Gewicht des Sovereigns
ist 5 Pfenniggewicht 3$^{17}/_{623}$ Grän oder 123$^{17}/_{623}$ Grän; daher enthält der
Sovereign gesetzlich 113$^1/_{623}$ Grän fein Gold. Nach Hauschild ist das Troy-
pfund oder sind 5760 Troygrän = 373,246 Grammen; daher gehen auf das
deutsche Zollpfund oder 500 Grammen 68,283 Sovereigns. Weil 50 deutsche
Goldkronen 500 Grammen fein Gold enthalten, so ist 1 Sovereign = 0,73224
Krone. Rechnet man das Pfund fein Gold zu 800 fl. rhn., so ist der Sovereign
oder das Pfund Sterling = 11 fl. 42,9 kr. rhn. = 6 Thlr. 20,9 sgr. preuß. =
10 fl. 5 nkr. östr.

Gold vom Feingehalte des Münzgoldes (nämlich $^{11}/_{12}$ oder 916$^2/_3$ Tausendtheile) wird Standard-Gold (Gold vom Normalgehalt) genannt.

In einem Troypfund oder 240 Pfenniggewicht Münzsilber sollen 11 Unzen
2 Pfenniggewicht oder 222 Pfenniggewicht fein Silber enthalten sein; das Standardsilber ist daher $^{222}/_{240}$ oder $^{37}/_{40}$ oder 925 Tausendtheile fein. Gesetzlich
müssen 5½ Schilling 1 Troy-Unze oder es muß der Schilling 3 Pfenniggewicht
und 15$^3/_{11}$ Grän wiegen, daher 1 Schilling (nach obigen Gewichtsverhältnissen)
35,6 kr. rhn. = 10½ sgr. preuß. = 50$^5/_7$ nkr. östr.

Weil 5½ Schillinge aus 1 Troyunze Standardsilber geprägt werden und
12 Pence auf den Schilling gehen, so wird die Troyunze zu 66 Pence ausgebracht; früher (vor 1816) wurde sie zu 62 Pence ausgebracht; bem jetzigen
Preise des Silbers (61 bis 62 Pence per Unze) entspricht daher ein Schlagschatz
von ca. 6 Proc.

Das vom Münzgesetz von 1816 gestattete Remedium beträgt für die Goldmünze am Gewicht 12 Grän auf das Troypfund und am Feingehalt ½ Grän;
für die Silbermünze am Gewicht 24 Grän auf das Troypfund und am Feingehalt 1 Pfenniggewicht. Abgenutzte Münzstücke werden unentgeltlich gegen neue
umgetauscht. Gegen Einlieferung von Gold in Barren, fremde Goldmünzen ec.
läßt die Regierung unter Abzug einer Kostenvergütung britische Goldmünzen für
Rechnung von Privaten prägen. Gegen eingeliefertes Silber gewährt sie per
Troypfund Standardsilber nur 62 Schillinge neues Silbergeld; daher ein
Abzug von 4 Schillingen, weil das Troypfund zu 66 Schillingen ausgebracht
wird.

Die Guinea (Guinee) von 21 Schillingen ist die ältere, jetzt seltene Haupt-
goldmünze (s. unten). Veraltet sind die Marks, Angels (halbe Pfunde) und
Nobles (Drittelpfunde).

Die Einführung eines gleichförmigen Decimalsystems in Münze, Maaß und Gewicht ist jetzt in Aussicht gestellt. *)

Geprägt werden nach dem Gesetz vom 22. Juni 1816 in Gold: Sove-reigns zu 20 Schillingen = 0,73224 deutsche Goldkrone; fünffache, doppelte und halbe Sovereigns nach Verhältniß (s. oben). Nach Münzproben haben die einfachen Sovereigns durchschnittlich einen Feingehalt von 915 Tausendtheilen (statt $916^2/_3$) und gehen 68,4534 Stück (statt 68,283) auf das Zollpfund fein. (Nelkenbrecher.)

Silbermünzen nach dem Gesetz vom 22. Juni 1816: Kronen (Crowns) zu 5 Schillingen Sterling im Feingehalte von 925 Tausendtheilen, 19,1168 St. auf das Pfund fein = 2 fl. 44 kr. rhn. = 1 thlr. 17 sgr. preuß. = 2 fl. 35 nkr. östr. — Halbe Kronen nach Verhältniß.

Schillingstücke s. oben; halbe Schillingstücke (Sixpence-Stücke) nach Verhältniß.

Groats oder Fourpences zu 4 Pence Sterling, im Feingehalte von 925 Tausendtheilen, wie alle übrigen Silbermünzen, 286,7525 Stück auf das Pfund fein, = 11 kr. rhn. = 3 sgr. preuß. = 15 nkr. östr.

Halbe Sixpence-Stücke (Half-Sixpences) oder Threepences zu 3 Pence Sterling, 382,3367 Stück auf das Pfund fein, = 8 kr. rhn. = 2 1/3 sgr. preuß. = 11 nkr. östr.

Halbe Groats (Half-Groats) oder Twopenny-Pieces zu 2 Pence Sterl., 573 1/2 Stück auf das Pfund fein, = 5 kr. rhn. = 1 1/2 sgr. preuß. = 7 4/5 nkr. östr.

Penny-Stücke, 1147 Stück auf das Pfund fein, = $2^7/_{10}$ kr. rhn. = $9^3/_{10}$ pfenn. preuß. = $3^9/_{10}$ nkr. östr.

Seit 1849 Zweischillingstücke, Florins (Gulden), 47,7921 Stück auf das Pfund fein, = 1 fl. 6 kr. rhn. = 18 4/5 sgr. preuß. = 94 nkr. östr.

In Kupfer prägt man: Stücke zu 2 Pence (Twopence), zu 1 Penny (Penny), zu 1/2 Penny (Halfpenny) und zu 1/4 Penny; letztere Stücke heißen Farthings.

Für einige Colonien werden auch halbe und viertel Farthings geprägt. — Das Avoirdupois-Pfund (s. unten) Kupfer wird zu 24 Pence ausgebracht.

Bei Zahlungen braucht man nicht mehr als 12 Pence in kupfernen Penny- und 2-Pencestücken, und nicht mehr als 6 Pence in 1/2-Penny- und Farthing-Stücken anzunehmen.

Ueber die als Modelle geprägten Mischlingsmünzen s. Einleitung S. 14.

Aeltere englische Münzen (bis 1816) sind: 1) in Gold: Guineas (Guineen) zu 21 Schillingen Sterling im Feingehalte von $916^2/_3$ Tausendtheilen, 65,0328 Stück auf das Pfund fein, = 0,76884 Goldkrone. Fünffache, doppelte, halbe, viertel und drittel nach Verhältniß.

2) in Silber: Kronen (Crowns) zu 5 Schillingen Sterling, im gesetzlichen Feingehalte von 925 Tausendtheilen, 17,9582 Stück auf das Pfund fein, = 2 fl. 55 kr. rhn. = 1 thlr. 20 sgr. preuß. = 2 fl. 50 nkr. östr. Nach mehreren Münzproben sind die Kronen zu 916 1/2 und 916 Tausendtheilen fein befunden worden. Halbe Kronen zu 2 1/2 Schillingen nach Verhältniß der einfachen.

―――――――――

*) In Betreff des Münzwesens hat ein desfalls gewähltes Comité des Unterhauses die Einthei-lung des Pfunds Sterling oder Sovereigns in 10 Florins (= 20 Schillinge) zu 10 Cents zu 10 Mills mit vorläufiger Beibehaltung des Schillings und halben Schillings (Sixpence = 25 Mills) und die Prä-gung von Silberstücken zu 1 Cent oder zu 10 Mills oder zu 20 Mills, so wie diejenige von Kupferstücken zu 1 Mil, 2 und 5 Mills in Vorschlag gebracht.

Schillinge zu 12 Pence-Sterling, 89,7912 Stück auf das Pfund fein, = 35 kr. rhn. = 10 fgr. preuß. = 50 nkr. östr. ½, ⅓, ¼, ⅙ u. $\frac{1}{12}$ Schilling nach Verhältniß.

Banktthaler vom Jahre 1801 zu 5 Schillingen, im Feingehalte von 895,83 Tausendtheilen befunden, 20,7642 Stück auf das Pfund fein (Nelkenbrecher), = 2 fl. 31 kr. rhn. = 1 thlr. 13 fgr. preuß. = 2 fl. 14 nkr. östr.

Banktokens zu 3 Schillingen Sterl. von 1812 und 1813, im Feingehalte von 894 Tausendtheilen befunden, 38,1385 Stück auf das Pfund fein (Nelkenbrecher), = 1 fl. 22 kr. rhn. = 23½·fgr. preuß. = 1 fl. 17 nkr. östr.

Dergleichen zu 1½ Schillingen Sterl. nach Verhältniß.

Eine neue Broncemünze (vgl. Einleitung S. 15), welche die alten schweren Kupferpence ersetzen soll, ist schon häufig im Verkehr zu finden *).

Papiergeld. Als gesetzliches Papiergeld dienen die Noten der englischen Nationalbank (s. unten).

Gold-, Silber- und Geldcurse. Die Preise des Goldes und Silbers verstehen sich per Troy-Unze Standard-Gold und Silber. Gold und Silber von anderem Feingehalte wird auf Standard-Gehalt reducirt und dann zum Preise des Standard-Goldes und Standard-Silbers berechnet.

Das Standard-Gold ist $\frac{11}{12}$ fein oder (s. oben) es enthält das Troypfund (von 24 Karat) 22 Karat fein Gold. Jeden höhern oder geringern Feingehalt des Goldes in Münzen oder Barren drückt man in dem Abstand gegen Standard aus, indem man bei höherm Gehalte angiebt, wie viel derselbe besser als Standard ist und dies durch den Buchstaben M (more, mehr) oder auch durch den Buchstaben B (better, besser) anzeigt, während man bei geringerm Gehalte angiebt, wie viel derselbe schlechter als Standard ist, und dies durch den Buchstaben W (worse, schlechter) andeutet. Z. B. Gold im Gehalte von 23 Karat und 1½ Grain wird bezeichnet durch B. 1 Karat 1½ Grain, denn Standard-Gold hat 22 Grain fein Gold.

In einem Troypfund (von 12 Unzen) Standard-Silber sind enthalten 11 $\frac{1}{10}$ Unze oder, weil 20 Pfenniggewicht (dw) auf die Unze gehen, 222 dw fein Silber. Silber im Feingehalte von 216 dw 15 Grain (von welch' letztern 24 auf das dw gehen) wird also bezeichnet durch W. 5 dw 9 Grain **).

Wenn in goldhaltigem Silber mehr als 5 Grän fein Gold per Troypfund enthalten sind, so wird der Mehrgehalt an Gold gewöhnlich zu 4 Liv. 4 Schill. 7 Pence Sterl. per Unze feinen Goldes berechnet.

Die Curse der fremden Goldmünzen (russische Halbimperialen, spanische Dublonen, columbische und andere südamerikanische Dublonen, Eagles zu 10

---

*) Die Firma Boulton u. Watt in Birmingham, welche die Prägung übernahm, hat sich verpflichtet, davon in den nächsten britthalb Jahren 3600 Centner abzuliefern, d. h. in diesem Zeitraume täglich 400,000 Stück fertig zu machen.

**) Zur Erläuterung einige Beispiele. 1) Man kauft 5 Pfund Gold zu M. 1 Karat. Wie viel Gold ist darin enthalten? — Das Standard-Gold ist 22 Karat fein; das obige hat also 23 Karat; es fehlt also 1 Karat per Troy-Pfund zu gänzlicher Feinheit; daher fehlen 5 Karat oder 2½ Unzen an 5 Pfund; demnach enthält obige Parthie Gold 5 Pfund weniger 2½ Unzen, d. i. 57½ Unzen oder 4 Pfund 9½ Unzen fein Gold. — 2) Wie viel Standard-Gold ist in obiger Parthie enthalten? — Im Troypfund Standard-Gold sind enthalten 11 Unzen fein Gold; im obigen Golde sind enthalten 23 Karat oder 11½ Unzen; im Verhältniß von 11¼ zu 11 ist daher mehr Standard-Gold darin enthalten; daher

$$11 : 11½ = 5 : x = 5\frac{5}{22} \text{ Pfund.}$$

Daher enthalten 5 Pfund Gold zu M. 1 eben so viel Gold wie 5 $\frac{5}{22}$ Pfund Standard-Gold, und es kann daher für jeden Feingehalt der Preis per Standard-Gold angesetzt werden. — In gleicher Weise wird das Silber berechnet.

Dollars der vereinigten Staaten von Nordamerika ꝛc.) werden gewöhnlich in Schillingen und Pence statt in Liv. Sterling per Troy-Unze an Gewicht in solchen Münzen notirt. Dasselbe gilt von fremden Silbermünzen, z. B. neuen mexikanischen und andern Piastern. — Auch Platina wird per Troy-Unze, Quecksilber dagegen per Troy-Pfund notirt.

Curssystem.

Amsterdam } Rotterdam }	3 Tage n. Sicht u. 3 Mt. dato	±	11⅘ Guld. holl.	für	1 Liv. Sterl.
Antwerpen } Brüssel }	3 Monate dato	„	25½ Franken	„	1 do.
Berlin	do.	„	6⅘ Thlr.	„	1 do.
Frankfurt a. M.	do.	„	118 fl. rhn.	„	10 do.
Genua	do.	„	25½ Lire	„	1 do.
Gibraltar	do.	„	50 Pence	„	1 Peso duro od. Doll.
Hamburg } Altona }	do.	„	13 Mark Banco	„	1 Liv. Sterl.
Lissabon } Porto }	do.	„	50 Pence	„	1 Milrees.
Livorno	do.	„	29 Lire	„	1 Liv. Sterl.
Madrid Cadix Bilbao Barcelona }	do.	„	50 Pence	„	1 Peso duro.
Mailand	do.	„	25 Lire (Franken)	„	1 Liv. Sterl.
Messina } Palermo }	do.	„	125 Pence	„	1 Oncia.
Neapel	do.	„	40 do.	„	1 Ducato di Regno.
Newyork Philadelphia }	60 Tage Sicht	„	50 do.	„	1 Dollar.
Paris Lyon Marseille }	3 Tage Sicht	„	25 Franken	„	1 Liv. Sterl.
Bordeaux	3 Tage Sicht und 3 Monate dato	„	25 do.	„	1 do.
Petersburg	3 Monate dato	„	35 Pence	„	1 Silberrubel.
Rio-Janeiro Bahia }	60 Tage Sicht	„	27 do.	„	1 Milrees.
Triest } Wien }	3 Monate dato	„	13 fl. Bankvaluta	„	1 Liv. Sterl.
Calcutta, Bombay u. Madras, für Wechsel von Kaufleuten (House-Bills), 60 T. n. S. Für Tratten der ostind. Compagnie auf vorben. Plätze, 60 Tage nach Sicht }		„	2 Schillinge oder auch 24 Pence	„	1 Compagnie-Rupie.
Canton, 60 Tage n. Sicht		„	48 Pence	„	1 alt. span. Silberpiast.

Wechselrechtliches. In England ist das Wechselrecht in vielen Usanzen, Parlamentsakten und gerichtlichen Entscheidungen enthalten, und erst in neuerer Zeit ist für die Feststellung des Wechselrechts die gesetzgebende Gewalt thätiger geworden. Derselbe Zustand, wie in England, besteht in Schottland und Irland *).

Wechselstempel. Die Akte vom 9. August 1854 zur Abänderung der Gesetze über die Stempelabgaben setzt folgenden Tarif fest, welcher mit dem 10. October 1854 für das vereinigte Königreich in Kraft getreten ist:

1) Auf Inland-Bills oder inländische Wechsel **), Tratten oder Anweisungen zur Zahlung, an den Inhaber oder an Ordre, zu jeder Zeit oder auf Sicht:

					Liv. Sterl.	Schillinge.	Pence.
Nicht über 5 Liv. Sterling			. . . .		—	—	1
Ueber	5	und nicht über	10	Liv. Sterl.	—	—	2
„	10	„	25	„	—	—	3
„	25	„	50	„	—	—	6
„	50	„	75	„	—	—	9
„	75	„	100	„	—	1	—
„	100	„	200	„	—	2	—
„	200	„	300	„	—	3	—
„	300	„	400	„	—	4	—
„	400	„	500	„	—	5	—
„	500	„	750	„	—	7	6
„	750	„	1000	„	—	10	—
„	1000	„	1500	„	—	15	—
„	1500	„	2000	„	1	—	—
„	2000	„	3000	„	1	10	—
„	3000	„	4000	„	2	—	—
„	4000 Liv. Sterl.				2	5	—

2) Fremde Wechsel innerhalb des vereinigten Königreichs gezogen, aber auswärts zahlbar:

Wenn einfach oder anders als in drei oder mehr Exemplaren gezogen, dieselbe Abgabe, wie von inländischen Wechseln von gleichem Betrag und Inhalt;

wenn in drei oder mehr Exemplaren, für jedes einzelne Exemplar, wo die darauf zahlbare Summe nicht übersteigt:

					Liv. Sterl.	Schillinge.	Pence.
25 Liv. Sterl.			. . . .		—	—	1
über	25	und nicht über	50	Liv. Sterl.	—	—	2
„	50	„	75	„	—	—	3
„	75	„	100	„	—	—	4
„	100	„	200	„	—	—	8
„	200	„	300	„	—	1	—
„	300	„	400	„	—	1	4

---

*) Ausführliches hierüber in dem Bande unserer Bibliothek über Wechsellehre von Dr. Oscar Wächter. — Eine Uebersetzung von Story's engl. und nordamerikanischem Wechselrecht hat G. K. Treitschke (Leipzig 1845) geliefert.
**) Man unterscheidet Inland- und Foreign-Bills; die ersteren sind in England gezogen und in England zahlbar; Wechsel, die vom Auslande, wozu Schottland und Irland gerechnet werden, oder auf dasselbe gezogen sind, gelten als fremde Wechsel.

				Liv. Sterl.	Schillinge.	Pence.
über	400	und nicht über	500 Liv. Sterl.	—	1	8
„	500	„	750 „	—	2	6
„	750	„	1000 „	—	3	4
„	1000	„	1500 „	—	5	—
„	1500	„	2000 „	—	6	8
„	2000	„	3000 „	—	10	—
„	3000	„	4000 „	—	13	4
	4000 Liv. Sterl.				15	—

3) Fremde Wechsel, außerhalb des vereinigten Königreichs gezogen und innerhalb desselben zahlbar, dieselbe Abgabe, wie von inländischen Wechseln von gleichem Betrag und Inhalt;

4) Fremde Wechsel, außerhalb des vereinigten Königreichs gezogen und außerhalb desselben zahlbar, aber innerhalb desselben indossirt oder negozirt, dieselbe Abgabe, wie von fremden, innerhalb des vereinigten Königreichs gezogenen und außerhalb desselben zahlbaren Wechseln.

5) Eigene oder trockene Wechsel (Promissory Notes) zu Geldzahlungen, in anderer Weise als an den Inhaber auf Sicht, in Beträgen

				Liv. Sterl.	Schillinge.	Pence.
nicht über 5 Liv. Sterl.				—	—	1
über	5 und nicht über	10 Liv. Sterl.		—	—	2
„	10	„	25 „	—	—	3
„	25	„	50 „	—	—	6
„	50	„	75 „	—	—	9
„	75	„	100 „	—	1	—

6) Eigene oder trockene Wechsel (Promissory Notes) zu Geldzahlungen, entweder an den Inhaber auf Sicht, oder in anderer Weise als an den Inhaber auf Sicht, in Beträgen

				Liv. Sterl.	Schillinge.	Pence.
über	100	und nicht über	200 Liv. Sterl.	—	2	—
„	200	„	300 „	—	3	—
„	300	„	400 „	—	4	—
„	400	„	500 „	—	5	—
„	500	„	750 „	—	7	6
„	750	„	1000 „	—	10	—
„	1000	„	1500 „	—	15	—
„	1500	„	2000 „	1	—	—
„	2000	„	3000 „	1	10	—
„	3000	„	4000 „	2	—	—
„	4000 Liv. Sterl.			2	5	—

Die Stempelung kann auch durch den Stempelpflichtigen mittelst Aufklebung bezüglicher Stempelmarken, welche käuflich zu haben sind, geschehen.

Dem Stempel von 1 Penny unterliegen auch die Quittungen in allen Formen über Beträge von 2 Liv. Sterl. und darüber, daher auch diejenigen Briefe nach dem In- und Auslande, in welchen der Empfang von Geld, Wechseln und andern Werthpapieren bescheinigt wird.

Die Wechselcourtage beträgt 1 pro Mille für den Käufer und Verkäufer.

15*

Inländische Staatspapiere. In England bestehen die öffentlichen Fonds hauptsächlich aus Inscriptionen auf den Büchern der Bank. Die entspre=chende Staatsschuld ist die sogenannte funbirte Schuld, für deren Zinszahlung und Rückzahlung im Budget Vorsorge getroffen ist. Auch die Erhebung von Kapitalien gegen Zeitrenten wurde in England in Verbindung mit verzinslichen, von Seiten des Staats aufkündbaren Anlehen häufig in Anwendung gebracht, indem den Darleihern neben den bis zum Rückkauf oder bis zur Heimzahlung des Schuldkapitals fortlaufenden Zinsen eine Annuität auf eine bestimmte Anzahl von Jahren, auf 20, 30 bis 100 Jahre (daher die Unterscheidung in short und long annuities) bewilligt wurden. Im Londoner Curszettel kommen übrigens auch die verzinslichen Papiere (Stocks) unter der Benennung annuities vor, und für die eigentlichen Zeitrenten wird jener Benennung die Zahl der Jahre, auf welche die Zeitrente lautet, beigefügt *).

In England werden häufig Anlehen durch den Verkauf verschiedener Fonds erhoben. Der Gesammtbetrag der Papiere oder Stocks, welche für je 100 Liv. Sterl. eingezahltes Capital gegeben werden, heißt Omnium, und die einzelnen Gat=tungen dieser Papiere nennt man Scrip. Wenn der Curswerth des Omnium mehr wie die eingezahlte Summe beträgt, so wird der Mehrbetrag Bonus ge=nannt. Im Jahr 1815 wurde z. B. ein Anlehen von 36 Mill. Liv. Sterl. ge=schlossen, und das Omnium bestand in 130 Liv. Sterl. 3=procentiger reducirter Renten, 44 Liv. Sterl. 3=procentiger Consols und 10 Liv. Sterl. 4=procentiger Renten für je 100 Liv. Sterl. Subscription oder Unterzeichnung. Zur Zeit der Contrahirung dieses Anlehens waren die Curse der genannten Stocks wie nachsteht, und lieferten daher für das Omnium folgenden Werth:

		Liv. Sterl.		
Liv. Sterl. 130 rebucirte Stocks zu 54		Liv. Sterl. 70.	4.	—
„ 44 Consols zu 55		„ 24.	4.	—
„ 10 4=procentige Renten zu 70		„ 7.	—	—
	zusammen Liv. Sterl. 101.	8.	—	

woraus sich ein Bonus (oder eine Prämie) von 1 Liv. Sterl. 8 Schillinge oder 1⅖ Proc. ergibt.

Im Jahr 1813 wurde ein Anlehen von 27 Mill. Liv. Sterl. geschlossen, und man gab

60 Liv. Sterl.	für	110 Liv. Sterl. (Nennwerth) in 3=proc. rebuc. Renten,
34 „	„	60 „ in 3=proc. Stocks,
6 „	„	8 Schill. 6 Pence Annuitäten auf 46¾ Jahre.
100 Liv. Sterl.		

Für eine 46¾=jährige Annuität von je 8½ Schillinge gab man 6 Liv. Sterl., also für 1 Annuität von 1 Liv. Sterl. 14²/₁₇ Liv. Sterl. — Für eine 47=jährige Annuität von 1 Liv. Sterl. beträgt aber das Capital

---

*) Bei der Capitalaufnahme gegen Zeitrenten wird für das dargeliehene Capital eine jährliche, gleichbleibende Rente für eine gewisse Anzahl von Jahren entrichtet, nach deren Ablauf die Schuld getilgt ist. So ist z. B. zu 5 Proc. Zinsen berechnet eine Schuld von 20 fl. (genauer 20,0004284 fl.) nach 31 Jah=ren getilgt, wenn jedes Jahr für Zins und Capitalabtrag (Zeitrente) 1 fl. gezahlt wird. — Anderes Bei=spiel: In 25 Jahren wird durch jährliche Zahlung von je 1 fl.

zum Zinsfuß 3 berechnet das Capital	17,413 fl.	
„ „ 4 „ „ „	15,622 fl.	getilgt.
„ „ 5 „ „ „	14,093 fl.	
„ „ 6 „ „ „	12,783 fl.	

zu 3 Proc. berechnet 25,0247 Liv. Sterl.

„ 4 „   „   21,0429 „

„ 5 „   „   17,9810 „

„ 6 „   „   15,5890 „

Bevor die Fonds von der Regierung ausgeliefert werden, ertheilt sie gegen die von den Darleihern gemachten theilweisen Einzahlungen Recipisse, welche mit Gewinn oder auch mit Verlust an der Börse verkauft werden. Der nachherige Inhaber tritt alsdann in die Rechte der ursprünglichen Subscribenten. Sind sämmtliche Raten der Einzahlung geleistet, so tritt die definitive Obligation an die Stelle des Scrip. Im Curszettel werden die Scrips unter dem Namen der entsprechenden Fonds aufgeführt, z. B. Consol-Scrip, Reduced-Scrip ꝛc. Auch die Interimsobligationen ausländischer Staatsanleihen werden Scrip genannt; so hießen z. B. die 5-procentigen dänischen Papiere von 1849 vor der vollen Einzahlung „Danish 5 per cent scrip." Die voll eingezahlten definitiven Obligationen werden dagegen Bonds genannt, und man versteht insbesondere unter Bonds die an den Inhaber lautenden Papiere, während die auf den Namen lautenden Papiere in England Stocks genannt werden. Den größten Theil der Staatsschuld machen 1) die 3-procentigen Consols (Consolidated annuities) aus; sie sind der wichtigste Gegenstand des Effectenhandels, und wenn von englischen Fonds ohne weiteren Zusatz die Rede ist, so sind jene Papiere gemeint. Die Benennung „Consols" rührt von einer im Jahr 1751 stattgefundenen Consolidation oder Vereinigung mehrerer vorher getrennter 3-procentiger Fonds her. Die Zinszahlungen und die Umschreibungen (transfers) auf neue Besitzer finden in London bei der Bank von England, in Dublin bei der Bank von Irland statt. Neue Anlehen werden gewöhnlich gegen Consols gemacht. Im Jahr 1853 soll der Nominalbetrag in diesen Fonds über 370 Mill. Liv. Sterl. ausgemacht haben. Im Jahr 1855 wurde eine neue Anleihe von 16 Mill. Liv. Sterl. bei dem Hause Rothschild gemacht; sie wurde al pari abgeschlossen, außerdem aber wurde den Gläubigern eine 30-jährige (den 5. April 1885 ablaufende), halbjährlich zahlbare Annuität von 14 Schill. 6 Pence für je 100 Liv. Sterl. bewilligt. Weitere Anlehen gegen Consols fanden im Jahr 1856 bei Rothschild statt; die eine von 5 Mill. Liv. Sterl. zu 111 Liv. 2 Schill. 2 Pence Sterl. für 100 Liv. Sterl. Geld; die andere gleichfalls von 5 Mill. Liv. Sterl. zu 107 Liv. 10 Schill. 7 Pence für 100 Liv. Sterl. Geld. Sodann wurde auch in demselben Jahre ein Betrag von 3 Mill. Liv. Sterl. in Schatzkammerscheinen (s. unten) in Consols umgewandelt; auch diese Convertirung übernahm das Haus Rothschild zu den nämlichen Bedingungen, wie bei der ersten Anleihe vom Jahr 1856. — Die Consols standen am 5. April 1860 auf 94½ Liv. Sterl. (Angebot) per 100 Liv. Sterl. Nennwerth. — Die übrigen Fonds sind:

2) Dreiprocentige reducirte Annuitäten (Reduced annuities). Sie entstanden im Jahr 1757 durch Herabsetzung der Zinsen verschiedener anderer Fonds. Die Bedingungen dieser Fonds sind übrigens denjenigen der Consols völlig gleich. Dennoch weichen, schon wegen der verschiedenen Zeit der Zinszahlung, die Curse dieser Papiere mehr oder weniger von einander ab.

3) Bank-Annuitäten vom Jahr 1726 zu 3 Proc. verzinslich; sie entstanden durch Anlehen bei der Bank von England, als die Civilliste König Georgs I. in Rückstand gekommen war, und zwar zur Tilgung der Schatzkammerscheine, welche

vorher zur Deckung jenes Rückstandes ausgegeben worden waren. Ueber die Con=
vertirung dieser Papiere s. unten.

4) Neue 3¼=procentige Annuitäten. Sie entstanden in Folge eines im
Jahr 1844 veröffentlichten Reductionsplans, wodurch die bis dahin 3½=procen=
tigen Papiere 10 Jahre lang zu 3¼ Proc., dann aber nur zu 3 Proc. verzins=
lich sein sollten.

5) Neue 5=procentige Annuitäten. Dieselben wurden bei der Convertirung
von neuen 4=procentigen Annuitäten in 3½=procentige in der Art geschaffen, daß
jeder Inhaber von 4=procentigen Fonds auch solche neue 5=procentige Annuitäten
erlangen konnte, wenn er 70 Liv. Sterl. derselben für je 100 Liv. Sterl. der
4=procentigen Renten nahm.

6) Neue 3½=procentige Annuitäten. Sie entstanden aus den in Nro. 5
angeführten 4=procentigen Renten. Es stand den Inhabern derselben frei, die=
selben gegen neue 3½=procentige Renten umzutauschen oder zu einem neuen 5=pro=
centigen Capital zu unterzeichnen (s. Nro. 5), wobei denselben für je 100 Liv.
Sterl. der 4=procentigen Renten 70 Liv. Sterl. in neuen 5=procentigen gewährt
wurden.

7) Neue 2½=procentige Annuitäten vom Jahr 1853.

8) Südsee=Annuitäten, alte und neue. Sie entstanden durch Vorschüsse
großer Summen an die Regierung von Seiten der ihrer Zeit berüchtigten Südsee=
Compagnie, welche im Jahr 1711 zum Betriebe des Wallfischfanges und zur
Lieferung von Sclaven an die spanischen Colonien gegründet worden war. Sie sind
zu 3=proc. verzinslich. Seit 1748 trieb die Gesellschaft keinen Handel mehr und
beschäftigte sich nur mit der Verwaltung ihres Capitals. Im Jahr 1855 be=
schloß sie ihre Liquidation, die Vertheilung ihres Capitals an die Actionäre, und
ihre Verwandlung in eine Depositen=Gesellschaft. Diejenigen Actionäre, welche
derselben nicht beitreten wollten, erhielten ca. 117 Liv. Sterl. für je 100 Liv. Sterl.
ihres Actiencapitals (Noback).

9) Im Jahr 1853 beschloß das Parlament die Convertirung oder auch
Amortisirung der alten und neuen Südsee=Annuitäten (Nro. 8), und der Bank=Annui=
täten (Nro. 3), im Gesammtwerthe von ca. 11 Mill. Liv. Sterl. unter folgenden
Bedingungen: Den Inhabern solcher Papiere ist die Wahl gelassen, entweder
a) für je 100 Liv. Sterl. eine neue 3½=procentige Obligation zu 82½ Liv. St.
zu nehmen, oder b) für je 100 Liv. Sterl. eine neue 2½=procentige Obligation
zu 110 Liv. Sterl. zu nehmen (wobei festgesetzt wurde, daß beide Arten neuer
Papiere bis zum Jahr 1894 keiner neuen Convertirung ausgesetzt sein würden),
oder c) für je 100 Liv. Sterl. eine neue Schatzkammer=Obligation (Exchequer
Bond, welche 10 Jahre lang zu 2¾ Proc. und während der folgenden 30 Jahre
zu 2½ Proc. verzinslich sein sollten) oder d) den Werth ihrer Papiere al pari
baar zu erheben. Auch den Inhabern der übrigen 3=procentigen Stocks wurde es
freigestellt, an der Convertirung Theil zu nehmen.

Im Jahr 1808 wurde den Inhabern der 3=procentigen Consols und der.
3=procentigen reducirten Annuitäten freigestellt, dieselben in Leibrenten (Life an=
nuities) auf ein oder mehrere Leben *) umzuwandeln. Im Jahr 1849 soll sich
der Betrag solcher Renten auf ca. 886,000 Liv. Sterl. belaufen haben (Noback).

---

*) Die Zahlung der Leibrenten kann nicht nur an die Dauer des Lebens von einem Menschen
(einfache Leibrente) geknüpft sein, sondern sie kann auch von der Existenz mehrerer, beim Leibrentenvertrag
betheiligten Personen auf verschiedene Arten abhängen. Mit dem Verkauf einer einfachen Leibrente ver=

10) Die unfundirte oder schwebende Schuld beruht, als solche, auf der Ausgabe zinstragender und in kürzeren Fristen einlösbarer Creditpapiere, durch welche die Regierung alljährlich zum Voraus erhebt, was sie zu den laufenden Staatsausgaben bedarf. Zu den Papieren dieser Art gehören insbesondere die Schatzkammerscheine (Exchequer Bills), welche auf 100, 200, 500 und 1000 Liv. Sterl. lauten. Der Zinsfuß wird je nach dem Stand des Geldmarktes festgesetzt, und zwar in Pence per Tag für je 100 Liv. Sterl. Gewöhnlich werden sie nach einem Jahre vom Tage ihrer Ausgabe einberufen, und der Inhaber hat die Wahl, den Betrag nebst Zinsen zu erheben, oder sich einen neuen Schatzkammerschein dafür geben zu lassen. Die zur Rückzahlung angekündigten Schatzkammerscheine werden advertised genannt. Die Schatzkammerscheine werden übrigens auch häufig zur fundirten Schuld geschlagen. Die Bank von England macht der Regierung auf diese Papiere Vorschüsse und die zwischen der Bank und Regierung stattfindenden Geschäfte werden mehrentheils in Schatzkammerscheinen gemacht. Die Summe, welche in diesen Papieren ausgegeben werden darf, wird jährlich durch Parlamentsacte bestimmt. Auch die besonderen Centralverwaltungen geben solche Scheine aus, die nach den verschiedenen Zweigen des öffentlichen Dienstes bezeichnet werden. So gibt z. B. die Marine-Verwaltung Navy Bills aus, wenn die vom Parlament angewiesenen Einkünfte nicht zureichen; jene Scheine tragen aber nicht Tageszinsen, sondern sind halbjährlich verzinslich. Dergleichen Scheine sind ferner die Ordonance Bills oder Debentures der Artillerie-Verwaltung ꝛc.

Die im Jahr 1853 entstandenen 3½-procentigen Exchequer Bonds, welche, als solche (als Bonds), auf Inhaber lauten, unterscheiden sich dadurch von den Schatzkammerscheinen, daß sie nach Verlauf einer größeren Anzahl von Jahren rückzahlbar sind.

Im Londoner Cursszettel werden auch die Schuldscheine der englisch-ostindischen Compagnie (s. unten), die IndiaBonds, welche zu 2½ Proc. verzinslich sind, notirt *).

Cursnotirung der Staatspapiere. Die englischen Consols und Annuitäten werden in Liv. Sterl. per 100 Liv. Sterl. Nennwerth notirt. Der

pflichtet sich die Leibrentenanstalt (im Obigen die Regierung) gegen den Käufer derselben zur jährlichen Auszahlung einer bestimmten Summe Geldes während seiner Lebzeit. Der Werth der Leibrente ist also nicht nur von dem gegenwärtigen Werthe dieser jährlichen Zahlungen nach dem angenommenen Zinsfuße mit Berücksichtigung der Zinseszinsen abhängig, sondern auch von dem Alter des Käufers oder von der wahrscheinlichen Anzahl der Jahre, während welcher ihm die Leibrente gezahlt werden dürfte, und hierüber ist die mittlere Lebensdauer der betreffenden Altersklasse maaßgebend. Die sogenannte mittlere Lebensdauer ergibt sich für jedes Alter aus der Durchschnittszahl der sämmtlichen Jahre, welche die Mitglieder derselben Altersklasse, der betreffenden Sterblichkeitstabelle zufolge, zusammen zu durchleben haben, vorausgesetzt, daß man annimmt, daß die Sterbefälle zu Ende jedes Jahrgangs stattfinden; man nimmt aber, weil die Sterbefälle zu verschiedenen Zeiten des Jahres stattfinden, die Mitte des Jahrgangs als den gemeinschaftlichen Zeitabschnitt der Sterbefälle an. Nach französischen Sterblichkeitstabellen (d. h. die durch Erfahrung und Berechnung vermittelst Sterberegistern gefertigten Tabellen, welche die den verschiedenen Altersstufen entsprechenden Verhältnißzahlen des Absterbens nachweisen) kann man z. B. annehmen, daß für das Alter von 45 Jahren die mittlere Lebensdauer 20 Jahre ist; der Käufer der Leibrente wird sie also 19mal beziehen. Es ist zwar möglich, daß er früher oder später stirbt, allein, im Ganzen genommen, werden seine Altersgenossen, wenn ihre Anzahl derselben eine große ist, doch so nach einander vor und nach dem ihm entsprechenden mittleren Alter wegsterben, daß man sich nach den Regeln der Wahrscheinlichkeit an diese Durchschnittszahl halten muß, und was der Geber der Leibrente an dem längern Leben des Einen zu kurz kommt, das bringt die kürzere Lebensdauer des Andern wieder ein. Die Leibrente für eine Person, welche 45 Jahre alt ist, entspricht also nach obiger Annahme einer 19-jährigen Zeitrente (s. die Note Seite 228).

Wenn die Leibrente von der Existenz mehrerer bei dem Leibrentenvertrag betheiligten Personen abhängt, so ist die Leibrente entweder eine solche, die so lange ausbezahlt wird, als diese Personen zusammen leben, oder eine solche, die bis zum gänzlichen Aussterben der Betheiligten ausbezahlt wird. Die Leibrentenanstalten gewähren außer der Leibrente auf einen Kopf gewöhnlich nur Leibrenten auf zwei Köpfe und im letztern Falle zahlbar bis zum Aussterben derselben.

*) Scherrer, der Herausgeber des Aktionärs, veranschlagt (1859) die englische Staatsschuld auf 803 Mill. Liv. Sterl.

Curs der Zeitrenten wird in Liv. Sterl. per 1 Liv. Sterl. jährliche Rente notirt. Im Jahr 1860 waren mehrere 30jährige Renten erloschen; dagegen kommen noch 30jährige Zeitrenten im Curszettel vor, welche am 5. Januar 1880 erlöschen (vergl. das Beispiel S. 228).

Die Curse der India Bonds und Schatzkammerscheine werden in der Art notirt, daß man angibt, um wie viel Procente die genannten Papiere über oder unter Pari stehen. Sind z. B. die India Bonds zu 10 Schill. P. (Prämie) notirt, so haben 100 Liv. Sterl. Nennwerth auf 100 Liv. 10 Schill. Sterl. gestanden. Der Curs kann aber auch auf einem kleinen Disconto (D.) oder Verlust stehen.

Die französischen Renten werden in Franken per 100 Franken Nennwerth notirt und der auf Franken lautende Betrag wird nach dem Curs für kurze Sicht von London auf Paris (3 Tage Sicht) auf englische Valuta reducirt. In gleicher Weise werden die belgischen Papiere notirt; der auf Franken lautende Betrag wird aber zu 25 Franken per 1 Liv. Sterl. in engl. Valuta verwandelt.

Die holländischen Obligationen und Certificate werden in Gulden holl. per 100 fl. holl. Nennwerth notirt und das Liv. Sterl. wird zu 12 fl. holl. gerechnet.

Von fremden Staatspapieren, welche notirt werden, rühren die meisten von englischen Anleihen her, deren Zinsen in London bezahlt werden, und die Curse sind in Liv. Sterl. per 100 Liv. Sterl. zu verstehen. — Die in London verzinslichen österreichischen Metalliques werden in Gulden Conventionsmünze per 100 fl. Nennwerth notirt, und das Liv. Sterl. wird zu 10 fl. Conv.-Münze gerechnet.

Die nordamerikanischen Papiere (Bonds und Stocks) werden in Dollars per 100 Dollar Nennwerth notirt, und der Dollar wird zu 4½ Schilling Sterl. gerechnet.

Die laufenden Zinsen sind in der Regel im Curs mitbegriffen; Ausnahmen finden z. B. bei den India Bonds, den französischen Renten, den russischen Metalliques ꝛc. statt, indem die Zinsen vom Käufer besonders vergütet werden; dasselbe gilt von den Schatzkammerscheinen, bei welchen die Zinsen vom Tage der Ausstellung an laufen.

Die Courtage im Effectenhandel beträgt ⅛ Proc. für Stocks, ½ pro Mille für India-Bonds und Schatzkammerscheine, und für alle übrigen Papiere, deren Zinsen vertragsgemäß bezahlt werden, ¼ Proc.

Cursnotirung der Actien. Von Actien werden notirt diejenigen der englischen Bank und der engl.-ostindischen Gesellschaft in Liv. Sterl. per 100 Liv. Sterl. Nennwerth; außerdem diejenigen einer Menge von Versicherungsgesellschaften, Gasbeleuchtungs- und Eisenbahn-Gesellschaften und vielen andern industriellen Unternehmungen. Die Curse lauten in der Regel in Liv. Sterl. per Actie; diejenigen der Eisenbahnactien der nordamerikanischen Staaten werden in Dollars notirt und der Dollar wird dabei zu 4½ Schillinge Sterl. gerechnet.

Maaße und Gewichte. Eine Parlamentsakte vom 17. Juni 1824 verordnete die Einführung neuer Maaße und Gewichte unter der Benennung „Imperial-Measures" für die drei vereinigten Königreiche, in welchen dieselben früher verschieden waren. *)

Längenmaaße: Die Einheit derselben ist das Yard (s. Einleitung, S. 9) = 405,3425 Parif. Linien. Der Fuß (Foot) ist der dritte Theil dieses Yards und ist daher = 135,1142 Parif. Linien. Der Fuß wird in 12 Zoll (Inches) zu

---

*) Man beabsichtigt jetzt die Anwendung des französischen Metersystems auf Münz-, Maaß- und Gewichtswesen.

3 Gerstenkörner (Barley Corns) eingetheilt; in der Praxis wird aber auch der Zoll in 10 Linien und auf den für Handwerker bestimmten Maaßstäben wird solcher auch in 8 Theile (Parts) eingetheilt.

Auf den deutschen Messen rechnet man 8 Yards = 11 preuß. Ellen, 5 Yards = 8 Leipziger Ellen, 3 Yards = 5 Frankfurter Ellen = 4 Frankfurt = brabanter Ellen.

Im Langwaarenhandel wird das Yard in 4 Quarters zu 4 Nails eingetheilt. Das Nail = 2¼ Zoll. Außerdem sind folgende Maaße im Gebrauche: 1) Das English Ell (engl. Elle) von 5 Quarters oder 20 Nails = 1¼ Yard = 506,678 Paris. Linien. — 4 engl. Ellen = 5 Yards.

2) Die vlämische oder brabanter Elle von 3 Quarters oder 12 Nails = ³⁄₄ Yard = 304 Pariser Linien. — 4 vlämische oder brabanter Ellen = 3 Yards.

3) Das French Ell (franz. Elle) von 6 Quarters oder 24 Nails = 1½ Yard = 608,014 Paris. Linien. — 2 franz. Ellen = 3 Yards.

Garnmaaß: 1) Für Baumwollengarn: Der Haspelumfang oder die Länge des Fadens (Thread) ist 1½ Yards oder 54 Zoll. Das Hank oder Number (Strehn, Strähn, Schneller, Zahl) hat 7 Leas (Gebinde) zu 80 Threads (Haspelfäden); daher das Lea = 120 Yards und das Hank = 840 Yards. Man rechnet auch nach Spindeln und versteht unter 1 Spindle: 18 Hanks = 15120 Yards. — 2) Für Wollengarn: Bei Einschlaggarn ist der Faden (Thread) = 1 Yard; bei Kettengarn ist der Faden = 2 Yards. — 3) Für Leinengarn und Hanfgarn hat das Lea oder Gebinde 300 Yards. — Beim Baumwollen= und Wollengarn gibt dessen übliche Feinheitsnummer die Anzahl von Hanks der betreffenden Qualität an, welche 1 Pfund Avoirdupoids-Gewicht wiegen; beim Leinen= und Hanfgarn gibt sie dagegen die Anzahl der Leas an, welche auf ein solches Pfund gehen.

Das Fathom (der Faden, die Klafter) ist = 2 Yards oder 6 Fuß und dient auch als Bergwerksmaaß.

Das Geometrical Pace (der Feldmesserschritt) = 5 Fuß.

Die Ruthe (Rod, Pole oder Perche) = 5½ Yards oder 16½ Fuß.

Die Holzland=Ruthe (Woodland-Pole) = 6 Yards.

Die Wald=Ruthe (Forest-Pole) = 7 Yards.

Die Kette (Chain) bei Länderei=Vermessungen = 4 Ruthen oder 22 Yards. Die Kette hat 100 Ringe (Links).

Das Furlong = 40 Ruthen oder 220 Yards.

Aeltere Maaße sind das Palm = 3, das Hand (die Hand) = 4, das Span (die Spanne) = 9, und das Cubit = 18 Zoll.

Wegemaaß: die gesetzmäßige englische Meile (Statute Mile) enthält 1760 Yards oder 5280 Fuß = 1609,3 Meter. Die gewöhnliche englische oder Londoner Meile enthält dagegen nur 5000 Fuß = 1523,97 Meter. — Auf einen Grad des Aequators rechnet man 69,114 gesetzmäßige Meilen und 72,924 (gewöhnlich 73) Londoner Meilen. Die See=Meile oder englische geographische Meile (Sea-Mile) ist die allgemein übliche, nämlich ¹⁄₆₀ Aequatorgrad = 2028,651 Yards = 1854,965 Meter.

Flächenmaaß: Das Quadrat=Yard (Square Yard) hat 9 Quadrat=Fuß = 144 Quadrat=Zoll = 0,83609715 Quadrat=Meter; der Quadrat=Fuß = 0,09289969 Quadrat=Meter. Die Quadrat=Ruthe (Square Pole, Square Rod oder Square Perch) = 30¼ Quadrat=Yards = 25,29194 Quadrat=Meter.

Pflasterarbeit, Zimmerwände, Fußböden (Flooring) ꝛc. werden nach dem Square of Flooring = 100 Quadratfuß berechnet.

Backsteinarbeit (Mauern ꝛc.) wird gewöhnlich nach dem Rod of brikwork von 272 $\frac{1}{2}$ Quadratfuß von 1 $\frac{1}{2}$ Ziegelsteindicke gemessen.

Feldmaaß: Das Acre oder Acre of land (Morgenland) hat 4 Roods *) oder 160 Quadrat-Rods oder 4840 Quadrat-Yards = 40,4671 französische Aren. 30 Acres sind = 1 Yard of land (eine Hufe Landes). — 100 Acres = 1 Hide of land. — 640 Acres = 1 Mile of land (die gesetzmäßige britische Quadrat-Meile).

10 der im Obigen angeführten Meßketten in der Länge und 1 in der Breite machen 1 Acre.

Dielenmaaß: Das Load oder die Last Planken, Dielen und Bretter enthält 600 Quadratfuß zu 1 Zoll, 400 Quadratfuß zu 1 $\frac{1}{2}$ Zoll, 300 Quadratfuß zu 2 Zoll, 240 Quadratfuß zu 2 $\frac{1}{2}$ Zoll, 200 Quadratfuß zu 3 Zoll, 170 Quadratfuß zu 3 $\frac{1}{2}$ Zoll, und 150 Quadratfuß zu 4 Zoll Dicke.

Körpermaaß: Das Kubik-Yard = 27 Kubikfuß zu 1728 Kubikzoll = 0,76451342 Kubik-Meter. Der Kubikfuß = 1728 Kubikzoll = 0,0283153119 Kubik-Meter.

Das Load oder Ton (Last) behauenes Schiffs-Krummholz hat 50, die Last unbehauenes 40 Kubikfuß.

Bei Befrachtungen ist die Schiffstonne = 42 Kubikfuß.

Brennholzmaaß: Die dickere Sorte des Brennholzes (Cord wood, Klafterholz) wird nach einer Klafter (Cord) oder Schnur (Line) gemessen, von welcher zweierlei Maaß vorkommt, nämlich 1) das eine von 14 Fuß Länge, 3 Fuß Breite und 3 Fuß Höhe, also 126 Kubikfuß Inhalt = 3,56773 franz. Steren. 2) Das andere von 8 Fuß Länge, 4 Fuß Breite und 4 Fuß Höhe, also 128 Kubikfuß Inhalt = 3,62436 franz. Steren. — 1 Quintal Holz bedeutet 100 Pfund Avoirdupoids-Gewicht. — 10 Hundredweight oder Centner (= 1120 Pfund) machen 1 Cord.

Hohlmaaße: 1) Neue oder jetzige Hohlmaaße. Die Einheit aller Hohlmaaße für Flüssigkeiten und trockene Dinge ist das Reichs-Gallon (Imperial-Standard-Gallon), welches bei 62 Grad Fahrenheit und bei 30 englische Zoll Barometerstand in der Luft 10 Pfund Avoirdupoids-Gewicht oder 70000 Troy-Grän (s. unten) destillirtes Wasser enthalten kann; und da 252,458 Troy-Grän destillirtes Wasser einen englischen Kubikzoll ausfüllen, so beträgt der Rauminhalt des Gallons 277,274 englische Kubikzoll = 4,543458 Liter.

Das Gallon hat folgende Ober- und Unterabtheilungen:

Quarter.	Combs.	Bushels.	Pecks.	Gallons.	Pottles.	Quarts.	Pints.	Gills.
1	2	8	32	64	128	256	512	2048
	1	4	16	32	64	128	256	1024
		1	4	8	16	32	64	256
			1	2	4	8	16	64
				1	2	4	8	32
					1	2	4	16
						1	2	8
							1	4

---

*) Nicht mit den Rods und Quadrat-Rods, d. i. den Ruthen und Quadrat-Ruthen, zu verwechseln.

Getreidemaaß oder Maaß für trockene Dinge: Getreide, Sämereien, Mehl, Salz ꝛc. werden nach dem Imperial-Quarter von 8 Bushels verkauft. — Das Boll oder Bolo hat 6 Bushels oder ¾ Quarters; das Strike hat 2 Bushels oder ¼ Quarter. — Das Quarter von 64 Gallons = 290,7813 Liter; das Bushel = 36,34766 Liter. — Das Load oder die Last Getreide hat 2 Weys oder 10 Quarter. Die Last Rapssaat ebenfalls 10 Quarter.

An einigen Orten wird das Getreide auch nach dem Gewicht verkauft; Hafer, Kartoffeln z. B. nach dem Stone (Stein) von 14 Pfund Avoirdupoids-Gewicht.

Steinkohlen werden ebenfalls nach dem Gewicht verkauft.

Bleierz wird nach dem Oredish (die Erzschüssel) verkauft, welches = 1073,5 englische Kubikzoll = 17,59 Liter.

Flüssigkeitsmaaß: Das neue Maaß für alle Flüssigkeiten ist, wie oben angeführt, das Reichsgallon. Die Ober- und Unterabtheilungen desselben für Wein, Branntwein, Bier ꝛc. sind folgende:

Tun.	Pipes oder Butts.	Punchoons.	Hogsheads.	Tierces.	Rundlets.	Gallons.	Quarts.	Pints.	Gills.
1	2	3	4	6	14	252	1008	2016	8064
	1	1½	2	3	7	126	504	1008	4032
		1	1⅓	2	4⅔	84	336	672	2688
			1	1½	3½	63	252	504	2016
				1	2⅓	42	168	336	1344
					1	18	72	144	576
						1	4	8	32
							1	2	8
								1	4

Das Pint (die Pinte) wird auch in Halbe (Halfpints) zu 2 Quaterns eingetheilt. — Das Hogshead (Oxhoft) ist = 286,238 Liter.

Für Ale und Bier hat das Hogshead nur 54 Gallons (statt 63).

Für Branntwein dient auch das Anker zu 10 Gallons. — Das Ton (Last) Oel ist 250 Gallons. Das Ton Wein ist an Gewicht 20 Hundredweight oder Centner.

Beim Oel rechnet man das Gallon Olivenöl zu 9¼ und das Gallon Leinöl zu 9⅜ Pfund Avoirdupoids-Gewicht.

2) Alte Hohlmaaße. Obgleich dieselben abgeschafft sind, so müssen sie dennoch hier angeführt werden, weil sie in den britischen Colonien und in den vereinigten Staaten von Nordamerika gültig sind, und namentlich das alte Wein-Gallon auf manchen europäischen und außereuropäischen Handelsplätzen noch nicht außer Gebrauch gekommen ist.

Die Eintheilung der alten Hohlmaaße stimmt mit derjenigen der neuen überein. Die Einheit ist das alte oder sogenannte Winchester-Bushel, welches 2150,42 engl. Kubikzoll enthält und daher = 0,9694477 jetzige Imperial-Gallons = 0,121181 Imperial-Quarter = 35,23716 Liter. Ziemlich genau sind 131 Winchester-Bushels = 127 Imperial-Bushels, oder etwas weniger genau, 33 Winchester Bushels = 32 Imperial-Bushels.

Für Wein, Branntwein, Oel und andere Flüssigkeiten, Ale und Bier ausgenommen, war das Gallon die Einheit. Das alte sogenannte Wein-Gallon ist

= 231 engl. Kubikzoll = 3,7852 Liter = 0,8331114 Imperial-Gallon. In der Praxis rechnet man 6 alte Wein-Gallons = 5 Imperial-Gallons. — Das Anker hatte 9 Gallons.

Für Ale und Bier ist die Einheit zwar ebenfalls das Gallon, es ist aber größer als das Wein-Gallon. Das alte Bier-Gallon enthält nämlich 282 engl. Kubikzoll = 4,6209 Liter, während das alte Wein-Gallon (wie oben) nur = 3,7852 Liter. In der Praxis kann man 59 alte Bier-Gallons auf 60 Imperial-Gallons rechnen.

Gewichtswesen. Es gibt zweierlei Gewicht, nämlich das Troy-Gewicht, welches als Gold-, Silber-, Platin-, Münz- und Medicinal-Gewicht dient, und das Avoirdupois-Gewicht, welches für alle andere Dinge im Gebrauche ist.

1) Troy-Gewicht: Das Troy-Pfund (Troy-Pound) hat 12 Unzen oder 240 Pfenniggewicht: die Unze (Ounce, Oz) hat 20 Pfenniggewicht oder 480 Grän, das Pfenniggewicht (Pennyweight, dw) hat 24 Grän (Grains), also das Pfund 5760 Grän. Die Eintheilung des Grän in 20 Mites zu 24 Doits zu 20 Periots zu 24 Blanks kommt selten in Anwendung. — Das Troy-Pfund wiegt 373,246 genaue oder 373,202 Kelly'sche tolerirte Gramme (s. Einleitung, S. 11). Das Troy-Grän ist daher = 0,0648 genaue Gramme.

Probirgewicht: Als Probirgewicht wird das Troy-Pfund für das Gold in 24 Karat zu 4 Grän zu 4 Quarts, für das Silber in 12 Unzen zu 20 Pfenniggewicht eingetheilt.

Edelsteingewicht: Der Karat, welcher in 4 Grän oder in $\frac{1}{2}$, $\frac{1}{4}$, $\frac{1}{8}$, $\frac{1}{16}$, $\frac{1}{32}$, $\frac{1}{64}$ eingetheilt wird, und 20,53 Centigramme wiegt (siehe Einleitung, Seite 12).

Perlengewicht ist das Troy-Pfenniggewicht (Pennyweight), welches aber in 30 Grän (statt 24 Grän, s. oben) eingetheilt wird; daher die Unze = 600 Grän Perlengewicht, 4 Grän Troy-Gewicht = 5 Grän Perlengewicht und 1 Perlen-Grän = 0,05184 Grammen.

Als Medicinalgewicht wird die Troy-Unze in 8 Drachmen zu 3 Skrupel zu 20 Grän eingetheilt.

2) Avoirdupois-Gewicht: Es ist dieses das eigentliche englische Handelsgewicht und das Pfund desselben wird in 16 Unzen zu 16 Drachmen zu 3 Skrupel zu 10 Grän, also in 7680 Grän eingetheilt.

Das Avoirdupois-Pfund ist = 7000 Troy-Grän = 453,598 Grammen (Hauschild). Weil 7000 Troy-Grän = 7680 Avoirdupois-Grän, so ist 1 Troy-Grän = 1,097143 Avoirdupois-Grän. Ferner:

144 Avoirdupois-Pfund	= 175	Troy-Pfund,
192 „	= 175	„ Unzen,
1 „	= 437 $\frac{1}{2}$	„ Grän,
1 „ Drachme	= 27 $\frac{11}{32}$	do.

Die Ober- und Unterabtheilungen des Avoirdupois-Pfundes sind folgende:

Ton. (Centner.)	Hundredweight.	Quarters.	Stone. (Stein.)	Poands. (Pfund.)	Ounces. (Unzen.)	Drams. (Drachmen.)
1	20	80	160	2240	35840	573440
	1	4	8	112	1792	28672
		1	2	28	448	7168
			1	14	224	3584
				1	16	256
					1	16

Der Centner (Hundredweight) = 50,803 Kilogrammen. — Der Stone oder Stein ist bei allen Artikeln = 14 Pfund Avoirdupoids.

Seit dem 1. Januar 1836 sind die Gewichte aus Blei und Zinncomposition (Zinn mit Blei) oder irgend einer Mischung beider verboten; doch dürfen diese Metalle den messingenen, kupfernen oder eisernen Gewichten als Füllung dienen, wenn auf diesen dem gesetzlichen Stempel die Marke „cased" (d. h. überzogen) beigefügt ist.

Seit 1834 dürfen Kohlen jeder Art nur nach dem Gewicht verkauft werden.

Besondere Verkaufseinheiten mit ihren Benennungen sind folgende:

Das Peck Mehl und Salz ist 14 Pfund.

Das Bushel Salz bedeutet bei Salz in Stücken 65 Pfund, bei gestoßenem 56 Pfund, bei fremdem 84 Pfund. — 42 Bushels Salz machen ein Ton aus.

Das Barrel ist bei Seife 256 Pfund, Lichtern 120 Pfund, Pottasche 200 Pfd., Butter 224 Pfd., Sardellen 30 Pfd., Rosinen 112 Pfd., Schießpulver 100 Pfd.

Das Wey Butter und Käse ist in Suffolk 42, in Essex 32 Cloves zu 8 Pfund.

Das Firkin ist bei Butter 56 Pfd., bei Seife 64 Pfd.

Von gepökeltem Ochsenfleisch werden verkauft: Mess Beef (das beste, für Kauffahrteischiffe) und Navy (für die Flotte bestimmt) in Tierces zu 304 Pfd., India (für Ostindienfahrer) in Tierces zu 336 Pfd., Cargo (eine geringere Sorte, für Kauffahrteischiffe) in Barrels zu 200 Pfd.

Das Truss (Bund) Stroh ist 36 Pfd., altes Heu 56 Pfd., neues oder frisches Heu muß das Bund bis zum 4. September 60 Pfd. wiegen. Das Heu wird nach dem Load (der Last) von 36 Trusses (Bund) verkauft.

Stückgüter. Das große Dutzend (long dozen) ist 13, das große Hundert (long Hundred) 120, das große Tausend 1200 Stück. — Das Dutzend ist 12 Stück, das Gross ist 12 Dutzend, das große Gros (great Gross) 12 Gross. — Das Score ist 20 Stück.

1 Hundred Stockfisch, Klippfisch u. dergl. ist 124 Stück.

1 Load (Last) Heringe und Laberdan ist = 12 Barrels (Faß, Fäßchen) zu 10 Hundreds zu 120 Stück. — Das Key dergl. = 60 Stück.

1 Load Mehl, Seife, Pottasche, Pech und Theer = 12 Barrels.

1 Load Salz = 18 Barrels; 1 Hundred Salz = 7 Loads.

1 Load Bier = 12 Barrels.

1 Load Schießpulver = 24 Barrels zu 100 Pfd.

1 Load Backsteine = 500 Stück. — 1 Load Ziegel = 1000 Stück.

1 Load gemeine Häute = 20 Dickers (Decher) zu 10 Stück.

1 Load Häute = 12 Dozen (Dutzend) oder 144 Stück.

1 Timbor (Zimmer) Rauchwerk = 40 Stück.

1 Hundred Häute = 5 Scores zu 20 Stück.

1 Dicker (Decher) Handschuhe = 10 Paar.

1 Roll (Rolle) Pergament = 5 Dutzend oder 60 Stück Felle.

1 Bale (Ballen) Papier = 10 Reams (Ries) zu 20 Quires (Buch) zu 24 und 25 Sheets (Bogen).

1 Barrel Cement = 5 Bushels.

Das Ton of shipping wird zu 42 engl. Kubikfuß Rauminhalt (s. oben) und zu 2000 Pfd. Avoirdupoids-Gewicht angenommen. Man rechnet indessen auch nach dem gewöhnlichen Ton von 20 Hundredweight zu 112 Pfb. = 2240 Pfund, wofür man in Petersburg 63 russische Pud rechnet *).

Platzgebräuche. Dem Käufer einer Waare wird gewöhnlich 14 Tage Zeit gelassen, sie in Empfang zu nehmen. — Waaren-Courtage zu ½ Proc. zahlt der Käufer; in Auctionen zahlt der Käufer ebenfalls ½ Proc. und außerdem 1 Proc. für Garantie ꝛc. — Die Creditfristen sind sehr verschieden und beruhen zum Theil auf besonderer Verabredung. — Eine Aufzählung aller Tara- und Gutgewichtssätze würde hier zu weit führen, und es gibt überhaupt nur wenige Artikel, für welche allgemeingültige Normen eingeführt sind.

Banken. Das größte aller Bankinstitute ist die Bank of England. Sie entstand aus einer zu 8 Proc. verzinslichen Anleihe von 1200000 Liv. Sterl. für den öffentlichen Dienst; die Darleiher vereinigten sich zu einer Gesellschaft, deren erster Freibrief (Charter, Privilegium) vom 27. Juli 1694 datirt und vorerst auf 11 Jahre ertheilt war. Seitdem sind die Privilegien der Gesellschaft, in Folge wiederholter Vorschüsse an den Staat, zu verschiedenen Malen erneuert worden. Die durch die sogenannte Peelsakte im Jahr 1844 in ihrer jetzigen Verfassung reformirte Bank ist Disconto-, Wechsel-, Leih-, Depositen- und Notenbank mit einem Grundkapital von 14148750 Liv. Sterl. (Scherer). Die Bank verwaltet außerdem die Staatsschuld, indem sie die Negozirung, Umschreibungen (Transfers) und Zinszahlungen der Staatsschulden besorgt; sie verwaltet ferner die Münzprägung und macht dem Schatzamt je nach Bedarf auf längere oder kürzere Fristen Vorschüsse. Die Dividende betrug seit einer Reihe von Jahren ca. 7 Proc. Der Rechenschaftsbericht der Bank muß wöchentlich veröffentlicht werden. — Nach der oben erwähnten Bankakte Rob. Peels muß die Banknotenausgabe, wenn sie mehr als den durch die Staatsschuld gedeckten Betrag ausmacht, Baardeckung im Noten-Ausgabe-Departement (Issue-department) haben. Diese Bestimmung hätte übrigens die Bank i. J. 1847 und 1857 unfähig gemacht, ihre großen Baarvorräthe der Geschäftswelt zuzuwenden, weßhalb das Gesetz zur Zeit jener großen Handelskrisen suspendirt werden mußte. — Die Noten der Bank lauten von 5 bis 1000 Liv. Sterl.; sie sind gesetzliches Zahlmittel, und nur die Bank selbst und ihre Zweiganstalten haben das Recht, an Stelle der Noten Geld in Zahlung zu verlangen. — Die Actien der Bank von England kommen im Curszettel unter der Benennung Bank-Stocks vor.

Außer der Bank von England bestehen in London und England überhaupt noch viele andere Banken, nämlich sogenannte Privatbanken oder Bankgeschäfte, welche von einzelnen Bankiers oder mehreren Theilhabern (deren früher nicht mehr als sechs sein durften) geführt werden, und sogenannten Joint-Stock-Banks oder Banken größerer Gesellschaften. Beide Arten von Banken sind aber keine privilegirten; die Theilhaber derselben müssen einzeln und gemeinschaftlich mit ihrem sämmtlichen Vermögen für die Verbindlichkeiten der Bank haften.

Von Joint-Stock-Banks in London sind besonders anzuführen: die Bank of Australasia mit Filialen in den australischen Städten Sydney, Melbourne, Adelaide u. m. a.; die Bank of British North America mit Filialen in Montreal, Quebec, Kingston, Toronto, Hamilton (sämmtlich in Canada), St. Johns in Neufundland und Agenturen in Dundas, Bytown (sämmtlich in Canada) und New-York; die Oriental Bank Corporation (ursprünglich in Bombay unter dem Namen

---

*) 2240 Pfund Avoirdupoids-Gewicht genauer = 62,027 Pud; denn 90,282 engl. Pfund = 100 russ. Pfund, und 40 russ. Pfund = 1 Pud; bei Schiffslasten ist die Berechnung oft ungenau.

Bank of Western India errichtet) mit Filialen in Calcutta, Bombay, Madras, Singapore, Bankok (in Siam) Hongkong (in China), Melbourne (in Australien) und auf Mauritius; die South Australian Banking Company; Sitz der Bank in Adelaide; die Colonial Bank mit Filialen in fast allen Colonien; die Union Bank of Australia mit Filialen in den australischen Städten Sydney, Bathurst, Hobart-Town, Melbourne u. m. a.; die Jonian Bank (für die jonischen Inseln); Sitz der Bank in Corfu und eine Filiale in Zante.

Handelsanstalten rc. Außer einer Menge von Anstalten für den Handel und vielen Actiengesellschaften für Eisenbahnen, Dampfschifffahrt, Versicherungen und industriellen Unternehmungen aller Art, sind insbesondere anzuführen: 1) Trinity-House, eine im Jahr 1515 unter König Heinrich VIII. incorporirte Gesellschaft, welche durch Erbauung von Leuchtthürmen und andern Sicherheits-anstalten, Beaufsichtigung von Lootsen u. s. w. zur Förderung des Handels und der Schifffahrt wesentliche Dienste leistete. Die sehr bedeutenden Einkünfte der Gesellschaft bestehen aus den Leuchtthurm-Gebühren, Lootsengeldern rc. 2) Lloyd, eine Gesellschaft für Assecuranz und Seewesen, die in allen bedeutenden Seeplätzen Agenten hat, welche über alle darauf Bezug habende Ereignisse Bericht erstatten, wodurch die Anstalt im Besitz der wichtigsten Nachrichten ist, welche sie (nament-lich was das Assecuranzwesen betrifft) in ihrer täglich erscheinenden Zeitung „Lloyd's List" veröffentlicht. Die Assecurabörse des Lloyd unterzeichnen die Assecuranzen Jeder in seinem eigenen Namen, aber die Auseinandersetzungen der Havarien ge-schehen gemeinschaftlich und durch Vermittlung der durch das Gesellschafts-Comite dazu ermächtigten Personen. — Außerdem bestehen auch sogenannte Clubs, deren Mitglieder gegenseitige Seeversicherung zum Zweck haben. 3) Clearing-house, das Local, in welchem für Wechselzahlungen und Zahlungen aus Staatspapier-geschäften kontrirt wird, also in Beziehung auf Ersteres durch gegenseitige Ab-rechnung der auf die betreffenden Häuser gezogenen Wechsel. Eine ähnliche An-stalt ist für die Eisenbahnverwaltungen im Railway-Clearing-house gegründet worden. 4) Die Börsen, namentlich die Royal-Exchange, Börse für Waaren, Wechsel und Rhederei, die Stock-Exchange, Börse für Staatspapiere und Actien, die Corn-Exchange, Kornbörse, und Coal-Exchange, Kohlenbörse *).

---

*) Die englisch-ostindische Compagnie ist durch eine Handelsgesellschaft entstanden. Im Jahr 1599 traten mehrere Londoner Kaufleute zur Betreibung von Geschäften nach Ostindien in eine Corporation zusammen, und erhielten hierzu unterm 31. December 1600 ein Privilegium auf 15 Jahre, laut welchem es keinen andern englischen Kaufleuten gestattet sein sollte, östlich vom Cap der guten Hoff-nung und westlich von der Magelhaensstraße ohne Erlaubniß der Gesellschaft Handel zu treiben, und so entstand die erste englisch-ostindische Compagnie mit einem Kapital von nur 72000 Liv. Sterl. Dieses Privilegium wurde später erneuert und erweitert, und unter Begünstigung der Regierung dehnte die Ge-sellschaft ihre Operationen mit jedem Jahre weiter aus. Im Jahr 1698 wurde vom Parlament eine zweite, die „neue ostindische Compagnie" patentirt, und zwar für den Handel nach den Ländern, wo die erste Compagnie noch keine Faktoreien angelegt hatte. Mit einem zu 8 Proc. verzinslichen Darlehen von 2 Mill. Liv. Sterl. an die Regierung wurde dieses Privilegium erkauft. Im Jahr 1708 wurden beide Compagnieen unter dem Namen „Vereinigte ostindische Compagnie" vereinigt, und im Jahr 1732 wurde die Erneuerung des Privilegiums durch ein abermaliges Darlehen von 1 Mill. Liv. Sterl. an die Regie-rung erkauft. Unterdessen waren aber auch die Franzosen, namentlich in Pondichery, als Concurrenten aufgetreten; hieraus entspann sich ein Kampf mit der engl. Compagnie, in welchem diese den Sieg davon trug und gegen ihren Willen zu einer wirklichen Territorialherrschaft in Indien gelangte. Wegen dieser Erfolge hatte sich die indische Regierung von dem Directorium in London fast ganz unabhängig gemacht; durch kostspielige Kriege war sie aber auch in die Nothwendigkeit versetzt worden. Anleihen zu machen. Im Jahr 1784 wurde ein von der Krone abhängiges und dem Ministerium einverleibtes Bureau der ost-indischen Angelegenheiten (Board of Control) errichtet, und seitdem gehörten sämmtliche Geschäfte zum Ressort des Ministeriums. In der Folge hatte die Compagnie wieder Kriege zu führen, um fortwährende Angriffe abzuwehren; durch ihre Siege entstanden aber stets neue Gebietsvergrößerungen, so daß das eng-lische Ostindien zu einer ungeheuren Ausdehnung gelangte. Im Jahr 1814 wurde das Privilegium auf 20 Jahre verlängert, ihr Hauptmonopol aber auf China beschränkt, und bei der abermaligen Verlängerung auf 20 Jahre wurde der ostindische Handel völlig frei gegeben. Hierdurch erlosch aber ihre Eigenschaft als Handelsgesellschaft, und die Actionäre begaben sich aller Ansprüche auf Gewinn, mit Ausnahme einer festen

Lucca,

Stadt im früheren Großherzogthum Toscana.

Rechnungsart und Münzen. Obgleich seit 1847 das Herzogthum Lucca dem (früheren) Großherzogthum Toskana einverleibt worden, rechnet man noch nach der Lira di Lucca, entweder zu 20 Soldi zu 12 Denari oder auch zu 100 Centesimi. Diese lucchesische Lira ist = ³/₄ französischen Franken. Seit 1847 ist die gesetzliche Währung die toskanische Lira (s. Florenz), an deren Stelle aber jetzt die Lira nuova (= dem französischen Franken, s. Turin) voraussichtlich treten wird.

Geprägte Münzen sind: Gold-Doppien (aus älterer Zeit) im Feingehalte von 914 Tausendtheilen, 99,0307 Stück auf das Pfund fein; daher = 0,50489 deutsche Krone.

Aeltere Silbermünzen: Scudi zu 7¹/₂ Lire im Feingehalte von 913 Tausendtheilen, 20,7157 Stück auf das Pfund fein (nach engl. Probe), daher = 2 fl. 32 kr. rhn. = 1 Thlr. 13 sgr. preuß. = 2 fl. 17 nkr. österr. — Von gleichem Feingehalte ¹/₂, ¹/₃ und ¹/₅ Scudi. Barboni zu 12 Soldi im Feingehalte von 661 Tausendtheilen, 263,8303 Stück auf das Pfund fein; daher = 11 kr. rhn. = 3²/₁₀ sgr. preuß. = 15⁵/₇ nkr. östr. Halbe Barboni oder Grossi nach Verhältniß.

Aus den Jahren 1805 bis 1808 Stücke zu 5 Franchi oder Franken und zu 1 Frank nach dem französischen Münzfuße.

Aus den Jahren 1833 bis etwa 1840 Stücke zu 5 Lire, zu 2 Lire, zu 1 Lira und zu ¹/₂ Lira nach dem franz. Münzfuße.

Seit etwa 1840 Stücke zu 5 Lire nuovo lucchesi, die Lira gesetzmäßig = ³/₄ französische Franken. Nach demselben Fuße Stücke zu 2, 1 und ¹/₂ Lire nuove.

Nach dem Gesetz des letzten Herzogs von Lucca (Karl Ludwig) vom 26. Oct. 1846 und nach dem toskanischen Erlaß vom 23. Dec. 1847 werden 100 toskanische Lire = 112¹/₂ lucchesi Lire, oder 8 toskanische Lire = 9 lucchesi Lire, und demnach der lucchesi Scudo von 7¹/₂ lucchesi Lire = dem toskanischen Francescone (s. Florenz) gerechnet (Mobach).

Wechselgeschäfte werden durch Livorno vermittelt.

Wechselrecht in italienischer Uebersetzung das französische (auch schon vor dem Anschluß an Toskana).

Staatspapiere. Zu 4 Proc. verzinsliche Obligationen von zwei Anleihen, welche durch das Frankfurter Haus Rothschild vermittelt und von Toskana übernommen worden sind. Die Anleihe von 1,050,000 fl. rh. rührt von 1836 und die andere im Betrage von 1,120,000 fl. rhn. rührt von 1843 her.

Maaße und Gewichte sind noch folgende, vor dem Anschluß an Toskana eingeführten:

Längenmaaße: Der Piede (Fuß) = 216,5 Pariser Linien.

Dividende von 10¹/₂ Proc., welche noch heute so viel beträgt und aus den Einkünften Ostindiens entrichtet wird. Von 1874 an kann die Regierung die Actionäre mit 200 Liv. Sterl. per 100 Liv. Sterl. ein für alle Mal abfinden. Nach Bewältigung des großen Aufstandes in neuerer Zeit hat eine Umgestaltung der Regierungs- und Verwaltungsverhältnisse in Ostindien stattgefunden, wodurch die Königin an die Stelle der ostindischen Compagnie getreten ist. — Die Actien der früheren Handelscompagnie haben unter der Benennung India-Stocks Curs an der Londoner Börse, sowie auch die Obligationen (India-Bonds) derselben.

Ellenmaaße gibt es zweierlei, nämlich der Braccio del panno oder die Tuch-Elle = 268,47 Paris. Linien und der Braccio da seta oder die Seiden-Elle = 256,09 Paris. Linien (Nelkenbrecher). Seidenwaaren werden im Großhandel nach dem Gewicht verkauft.

Getreidemaaß: Der Sacco hat 3 Staji und ist = 74 Liter; daher der Stajo = 24²/₃ Liter.

Weinmaaß: Der Wein-Barile hat 30 Boccali = 35 Liter.

Oelmaaß: Der Coppo (Krug), welcher gewöhnlich zu 264 Pfund Handels-gewicht = 88,308 Kilogrammen angenommen wird; der Rauminhalt des Coppo wird zu 99,81 Liter angegeben (Nelkenbrecher).

Das feine Tafelöl wird gewöhnlich nach der Kiste von 30 Flaschen verkauft.

Gewicht: Die Libbra wird in 12 Once zu 12 Denari zu 24 Grani eingetheilt. Es gibt zweierlei Pfunde, nämlich 1) das Pfund Handelsgewicht, wo-mit Seidenwaaren, Gold, Silber, sowie auch Fettwaaren ꝛc. gewogen werden, = 334,5 Grammen; 2) die Libbra della commissione oder das schwere Pfund = 341 Grammen, jetzt aber nur noch selten im Gebrauche.

Medicinalgewicht: Das Pfund desselben ist dem Pfunde Handelsgewicht gleich; ersteres wird aber in 12 Once zu 8 Dramme zu 3 Scrupoli zu 24 Grani eingetheilt (Löhmann).

Bank. Seit 1850 eine Discontobank.

Lübeck,
freie Hansestadt.

Rechnungsart und Münzen. Man rechnet nach Mark zu 16 Schil-lingen zu 12 Pfennigen. — 3 Mark sind = 1 Thaler.

Früher gingen 11¹/₃ Thaler oder 34 Mark lübisch Curant auf die cölnische Mark fein Silber, wie früher auch in Hamburg (s. diesen Art.). Später ist durch Valvirung des preußischen Thalers auf 2½ Mark oder 40 Schillinge faktisch ein 35-Markfuß (oder 14-Thalerfuß) entstanden und im Jahr 1856 gesetzlich ein-geführt worden.

Die Curant-Mark ist daher = 42 kr. rhn. = 12 Silbergr. preuß. = 60 nkr. öster.

Das Münzgesetz vom 15. December 1856 verordnet die Prägung folgender Münzen:

1) Als Curantmünzen nur Stücke von 2½ Mark oder Thalerstücke, ganz wie bis in das Jahr 1857 in Preußen (s. Berlin).

2) Als „Theilungsmünzen" Stücke zu 8 und 4 Schillingen (= ¹/₅ und ¹/₁₀ Thaler); von den Stücken zu 8 Schillingen 72 Stück aus der feinen Mark, bei 10 Loth Feingehalt; von den Stücken zu 4 Schillingen 144 Stück aus der feinen Mark, bei 8 Loth Feingehalt.

3) Einschillingstücke (nur diese vom Gesetz als Scheidemünze bezeichnet), 640 Stück aus der feinen Mark, bei 4 Loth Feingehalt.

Von fremden Münzen sollen gesetzlich bis auf Weiteres die andern deutschen nach dem 14-Thalerfuße gemünzten einfachen und doppelten Thaler als Lübeckisches Curant gelten. — Die Circulation besteht hauptsächlich in preußisch Curant; außer-dem kommen hier dieselben fremden Münzen vor wie in Hamburg.

Lübecker Goldmünzen (seit 1801 nicht mehr geprägt) sind die Speciesdukaten im Feingehalte von 979⅙ Tausendtheilen, 146,2987 Stück auf das Pfund fein; daher = 0,34177 deutsche Kronen. Doppelte ꝛc. nach Verhältniß.

Lübecker Silbermünzen (seit 1797 nicht mehr geprägt) sind: Speciesthaler zu 3¾ Mark Curant im Feingehalt von 888⅘ Tausendtheilen, 19,2427 Stück auf das Pfund fein; daher = 2 fl. 43 kr. rhn. = 1 Thlr. 16 sgr. preuß. = 2 fl. 33 nkr. öster.

Curantthaler oder 3-Markstücke im Feingehalt von 750 Tausendtheilen, 24,2315 Stück auf das Pfund fein; daher = 2 fl. 9 kr. rhn. = 1 Thlr. 7 sgr. preuß. = 1 fl. 85 nkr. öster.

2- und 1-Markstücke von demselben Feingehalt.

Sodann 8-, 4-, 2- und 1-Schillingstücke.

Im Wechselgeschäfte richtet man sich nach Hamburg. Lübecker Wechsel werden gewöhnlich in Banko-Mark gezogen und bei Hamburger Handelshäusern domicilirt.

Wechselrechtliches. Seit 1849 ist die deutsche Wechselordnung eingeführt.

Zu den im Art. 92 der deutschen Wechselordnung neben den Sonntagen erwähnten allgemeinen Feiertagen werden im Freistaate Lübeck die folgenden Tage gezählt: der Neujahrstag, der Charfreitag, der Ostermontag, der Himmelfahrtstag, der Pfingstmontag, der Johannistag, der Michaelistag, der erste und zweite Weihnachtstag.

Die Wechselhaft ist ausgeschlossen gegen des Schuldners nahe Verwandte, welche das Gesetz benennt, bei Personen, welche das siebenzigste Jahr vollendet haben, und gegen Personen, über deren Vermögen Concurs eröffnet ist, wegen der vor dem Concurse contrahirten Schulden. (Die weiteren Bestimmungen des Einführungsgesetzes hierüber gehören nicht hieher.)

Die Dauer von drei Jahren darf die Haft selbst bei den größten Beträgen nicht übersteigen. Für geringere Summen sind nur kurze Fristen zulässig.

Wechselstempel. Derselbe beträgt 8 Schillinge auf je 1000 Mark.

Lübecker Staatspapiere. Von der Anleihe vom Jahr 1850 für die Trave-Correction und Betheiligung des Staats an der Lübeck-Büchener Eisenbahn giebt es 4½ procentige Obligationen.

Maaße und Gewichte. Längenmaaße: Der Fuß zu 12 Zoll zu 12 Linien = 127⅝ Parif. Linien. — Der bei Ausmessung der Schiffe gebräuchliche Fuß ist = 129½ Parif. Linien. — Die Elle ist = 2 Fuß = 255¼ Par. Linien (Chelius). — Die Ruthe = 16 Fuß. Die lübische Meile ist die deutsche oder geographische.

Feldmaaß: Dasselbe wird nach Lasten zu 96 Scheffeln Aussaat gerechnet. Zu einem Scheffel sind 60 bis 80 und mehr Quadratruthen erforderlich, je nach der größeren oder geringeren Güte des Bodens.

Holzmaaß: Der Stadt-Faden ist 6 Fuß 7½ Zoll breit und eben so hoch, wird aber gewöhnlich zu 6 Fuß 8 Zoll angenommen. Der Forst-Faden ist 14 Fuß breit und 4 Fuß hoch. Gewöhnlich ist die Scheitlänge 3 Fuß; dabei wird aber 1 bis 1½ Zoll zugegeben.

Getreidemaaß: Die Last hat 8 Drömt zu 3 Tonnen zu 4 Scheffel zu 4 Faß, also = 384 Faß. Es giebt zweierlei Maaße, nämlich:

1) Der Roggen- oder Waizenscheffel, womit auch Gerste und Erbsen gemessen werden, = 35,58 Liter (Chelius).

2) Der Haferscheffel, womit auf dem Markte alle Früchte, soweit thunlich, gestrichen gemessen werden sollen, = 39,63 Liter (Chelius).

Es wird auch nach der holsteinischen Aepfeltonne gekauft, welche 4 gehäufte Haferscheffel enthält.

Malz wird nach dem Gewicht verkauft, und zwar nach dem Schiffspfund von 280 Pfund.

Salzmaaß: Die Tonne enthält ca. 39 Stübchen des Flüssigkeitsmaaßes. Das Salz wird gehäuft gemessen.

Steinkohlenmaaß: Die Tonne enthält 38 Stübchen des Flüssigkeitsmaaßes. Steinkohlen werden gehäuft gemessen.

Kalkmaaß: Zum Messen des Kalks bedient man sich gewöhnlich der holsteinischen halben Tonne (s. oben).

Weinmaaß: Das Fuder hat 6 Ohm oder 4 Oxhoft. Das Oxhoft hat 1 ½ Ohm oder 6 Anker oder 30 Viertel. Die Ohm hat 4 Anker oder 20 Viertel oder 160 Quartier. Der Anker hat 5 Viertel, 10 Stübchen oder 40 Quartier. Das Viertel hat 2 Stübchen zu 2 Kannen zu 2 Quartier, also 8 Quartier. Das Quartier (die Bouteille) hat 2 Plank zu 2 Ort. Das Quartier = 0,9363 Liter; die Kanne = 1,8726 Liter; die Ohm = 149,808 Liter (Chelius).

Branntweinmaaß für den Großhandel: Das Faß = dem Oxhoft Weinmaaß hat 30 Viertel zu 2 Stübchen zu 4 Quartier = 240 Quartier.

Biermaaß für den Großhandel: 1 Faß Bier = 1 Ohm = 80 Kannen = 160 Quartier; also dieselbe Eintheilung wie die Wein-Ohm. Die Kanne ist aber = 1,8627 Liter (Nelkenbrecher).

Flüssigkeitsmaaß des Kleinverkehrs für Wein, Bier, Oel ic.: Die Kroß oder das Quartier = 0,94096 Liter.

Handelsgewicht. Am 1. Januar 1861 ist das metrische Gewicht im Freistaate Lübeck eingeführt worden. Das Pfund von 500 franz. Grammen ist = 1,031548 Pfund des früheren Lübeckischen Pfundes (= 484,708 Grammen). Das Pfund wird in 10 Zehntel (Neuloth), das Zehntel in 10 Hundertstel (Quint), das Hundertstel in 10 Tausendstel (Halbgramm, Oertgen) getheilt. Kleinere Theile werden ohne besondere Benennung durch Decimalbruchtheile des Tausendstel bezeichnet. — 100 Neupfund machen einen Centner aus.

Als Medicinalgewicht, jedoch nur für die ärztliche Receptur und für die Bereitung verordneter Arzneimittel in den Apotheken, sowie für den Handverkauf aus den Officinen der Apotheken, bleibt bis auf Weiteres das Medicinalpfund von 360 Grammen (= 72 Hundertstel des neuen metrischen Gewichts) in Anwendung. Das Medicinalpfund wird in 12 Unzen zu 8 Drachmen zu 3 Scrupel zu 20 Gran getheilt, so daß die Unze 30 Grammen, die Drachme 3,75 Grammen, der Scrupel 1,25 Grammen, der Gran 0,0625 Grammen beträgt.

Für den Juwelen- und Perlenhandel bildet das holländische Juwelenkarat die Einheit.

Münzgewicht ist nach dem neuen Münzgesetz vom Jahr 1856 die frühere Münzmark der Zollvereinsstaaten, welche aber das Gesetz zu 233,855 Grammen statt zu 233,8555 Grammen annimmt. Die hiesige Cölnische Mark war (nach Hauschild) = 233,69 Grammen.

Frühere Gewichtseintheilung: Der Centner = 8 Liespfund = 112 Pfund (von 484,708 Grammen); daher das Liespfund = 14 Pfund. Das Pfund = 32 Loth zu 4 Quentchen.

Das Schiffspfund zur Fuhre hat 20 Liespfund zu 16 Pfund, mithin 320 Pfund; es wird aber auch zu 23 gewöhnlichen Liespfund zu 14 Pfund, mithin zu 322 Pfund gerechnet.

Wolle wird per Stein zu 22 Pfund, Flachs per Stein zu 20 Pfund ver= kauft. Der Stein Federn hat 10 Pfund.

Die Tonne Butter bucket Band, Lüneburger Salz und Honig hat netto 1 Schiffspfund oder 280 Pfund.

Die Tonne Butter schmal Band hat netto 2 Centner oder 224 Pfund.

Die Pipe Oel wird zu netto 820 Pfund gerechnet.

Die Commerzlast hat 6000 Pfund; die Schiffslast von 4000 Pfund ist nicht gebräuchlich.

Das Schiffspfund = $2\frac{1}{2}$ Centner oder 20 Liespfund zu 14 Pfund.

Stückgüter: Eine Kiepe Schollen hat 30 Stiegen zu 20 Stück; eine Rolle Stock= oder Rundfisch 180 Stück; ein Wall Fische 80 Stück; ein Gros hat 12 Dutzend oder 144 Stück; ein Zimmer hat 40, ein Decher 10 Stück. Ein Hundert Bretter oder Dielen hat 10 Zwölfer zu 12 Stück, mithin 120 Stück.

Usanzen im Waarenhandel. Die in der Versammlung der Kauf= mannschaft vom 7. August 1860 genehmigten allgemeinen Usanzen beim Waaren= handel sind im Wesentlichen folgende:

1) Für Geschäfte in loco. a) Ein fest bestimmtes Quantum ist ganz zu liefern und ganz zu empfangen. „Circa" bedeutet 3 Procent mehr oder weniger zu Gunsten des Verkäufers. b) Ein Verkauf auf Besicht oder auf Probe ist auf= gehoben, wenn der Käufer nicht bis Ein Uhr Mittags des nächsten Börsentages die Genehmigung desselben erklärt hat. c) Ist die auf Besicht oder Probe ver= laufte Waare dem Käufer zum Zweck der Probe oder Besichtigung. bereits über= geben, so gilt das Geschäft als anerkannt, wenn nicht der Käufer bis Ein Uhr Mittags des nächsten Börsentages erklärt hat, daß er die Waare nicht acceptirt. d) Bei einem Verkaufe nach Probe ist der Käufer verpflichtet, die gekaufte Waare alsbald zu untersuchen und bis Ein Uhr Mittags des nächsten Börsentages seine Erklärung abzugeben, wenn er die Waare nicht acceptirt. Erfolgt diese Erklärung bis Ein Uhr Mittags des nächsten Börsentages nicht, so ist das Geschäft als anerkannt zu betrachten. Nur wenn die Art und Weise der Lagerung eine genaue Untersuchung nicht zuläßt, hat der Käufer ausnahmsweise das Recht, die specielle Prüfung bis zum Empfange sich vorzubehalten. Fällt bei der Untersuchung die Waare nicht nach Probe, so ist der Käufer berechtigt, den Handel aufzuheben, kann jedoch eine Entschädigung vom Verkäufer nicht in Anspruch nehmen. e) Bei einem unbedingten Verkaufe hat der Käufer das Recht, die Untersuchung der Waare und Anerkennung des Geschäfts bis zum Empfange auszusetzen. Kann der Ver= käufer die Waare in vertragsmäßer Beschaffenheit nicht liefern, so ist der Käufer berechtigt, eine angemessene Entschädigung zu fordern. f) Der Käufer ist ver= pflichtet, die Waare drei Tage nach dem Datum der Schlußnota zu empfangen.

2) Für Lieferungsgeschäfte hierher gelten auch die obigen, für Geschäfte in loco festgesetzten Usanzen. Ein Verkauf »tel quel« oder „es falle, wie es wolle" ohne Nebenbestimmung, verpflichtet den Käufer, die Waare so, wie sie ist, zu empfangen. — Ein Verkauf mit Aufgabe des Schiffes verpflichtet den Verkäufer, den Namen des Schiffes oder Schiffers rechtzeitig aufzugeben, widrigenfalls der Vertrag als ein unbedingter Verkauf zu betrachten oder zu behandeln ist. Ist die Aufgabe rechtzeitig erfolgt, so sind bei eintreffendem Totalverlust des Schiffes oder

der Waare beide Contrahenten des Vertrags entbunden. Trifft dagegen die Waare mit nur theilweiser See- oder Flußbeschädigung ein, so ist der Vertrag nur für den beschädigten Theil erloschen, die gesunde Waare aber zu liefern und zu empfangen. — Ist «tel quel» verkauft, so hat der Käufer die gelieferte Waare, inclusive Beschädigung zu empfangen.

Die im Waarenhandel übliche Vergütung für Gutgewicht hat mit dem 1. Januar 1861 aufgehört.

Usanzen beim Getreidehandel. 1) Für Geschäfte in loco. a) „Circa" bedeutet 3 Procent mehr oder weniger zu Gunsten des Verkäufers. Dasselbe gilt für Lieferungsgeschäfte hierher. Von — bis (z. B. von 40 bis 50 Last) bedeutet mindestens das kleinste, höchstens das größte Quantum zu Gunsten des Verkäufers. Das holländische Gewicht ist bei der Lieferung zu reguliren und zwar bei jedem Fahrzeug für sich allein. Zur Ermittelung von Gewichtsdifferenzen dient die Normalwaagschale auf dem Bureau der Handelskammer. 2) Für auswärtige Lieferungsgeschäfte. Unter „frei an Bord und frei aus" ist zu verstehen, daß die Waare frei von allen Kosten auf flottem Wasser an Bord geliefert wird, so daß das Schiff in See gehen kann. Wenn nicht Anderes ausbedungen worden, ist die Lichtergefahr für Rechnung des Verkäufers. Sendet der Verkäufer zur Abnahme ein Schiff, welches größer als das gekaufte Quantum ist, so treffen denselben alle daraus erweislich hervorgehenden größeren Kosten und Nachtheile. Ist das Quantum „circa" gekauft, so gelten 5 Proc. plus oder minus nach Schiffsgröße zu Gunsten des Käufers auch dann, wenn die Schiffsräumte eine größere Differenz ausweist. Ein Quantum von — bis — ist gleichfalls zu Gunsten des Käufers nach Größe des Schiffes. Wenn bei Ablauf der Lagerungszeit kein Schiff rechtzeitig aufgegeben und abgegangen ist, so gilt das mittlere Quantum, falls der Käufer kein specielles bestimmt. Auf Lieferung im Frühjahre heißt spätestens den 15. März disponibel. Wenn eine Schifffahrt nicht 14 Tage vor Abnahmetermin am Abladeplatze eröffnet ist, so wird derselbe bis 14 Tage nach daselbst wieder hergestellter Schifffahrt ausgedehnt. Da, wo Lagerung verabredet ist, gelten 15 Tage und weniger für einen halben Monat, darüber für einen ganzen Monat. Wenn Getreide nach Gewicht verkauft wird, so dürfen die Säcke, in denen das Getreide gewogen wird, nicht über 60 Pfund und nicht unter 50 Pfund per Last schwer sein, widrigenfalls wird im ersten Falle das Mehrgewicht der Säcke dem Käufer, im letztern das Mindergewicht dem Verkäufer vergütet. Wenn das Getreide in Säcken geliefert wird, so hat der Verkäufer die Säcke, in denen das Getreide gewogen wird, zu liefern; wird das Getreide aber lose geliefert, so ist der Käufer berechtigt, die Säcke zu liefern.

Tara-Usanzen. Seit dem 1. Januar 1861 wird im hiesigen Waarenhandel in allen Fällen, wo keine anderweitige Verabredung unter den Parteien stattgefunden hat, die Tara nach folgender Usanz vergütet:

Alaun, englisch	reducirte Tara.
„ schwedisch	30 Pfd. per Faß.
Anis, russ. für einfache Matte ohne Tau	4 Pfd.
„ „ „ doppelte „ . . . . „ . . .	8 „
„ „ in lein. Säcken bis 150 Pfd.	2 „
„ „ „ „ über 150 Pfd. . . .	3 „
Baumwolle in Ballen, Packen und Säcken	4 Proc.
„ „ „ mit Stricken	1 Proc. extra.

Butter . . . . reine Tara.

Anmerk. Bei dänischer, schleswigischer, holsteinischer, lauenburgischer, mecklenburgischer Butter in ¹/₁, ¹/₂ und ¹/₃ Tonnen wird je das fünfte Gebinde, in ¹/₄ Tonnen je das zehnte Gebinde tarirt. Der Käufer ist berechtigt, die Nummer auszuwählen, mit welcher begonnen werden soll.

Blauholz-Extr. in Kisten	rebucirte Tara.		
Cacao, in baumwoll. und lein. Säcken . . .	2 Pfd.		
„ in Rappersäcken	3 „		
Caffee, in lein. Säcken	2 „		
„ in Rappersäcken bis 150 Pfd. . . .	2 „		
„ in „ über 150 Pfd. . . .	3 „		
„ Mocca, in ganzen Ballen	14 Pfd. per Ballen		
„ „ in halben „	8 „ per halbe Ballen.		
Caneel, Java und Ceylon, in ganzen Farbelen	8 „ per Farbele.		
„ „ „ „ in halben „	5 „ per halbe Farbele.		

(Doppelte Emballage ist extra zu vergüten.)

Cardamom, in einfachen Rappersäcken . . .	2 Pfd.		
„ in doppelten	4 „		
Corinthen, in schwerem Holz:			
a) in Fässern bis 607 Pfd.	18 Proc.		
b) „ „ von 608 bis 1010 Pfd. . .	16 „		
c) „ „ über 1010 Pfd.	14 „		
Corinthen, in leichtem Holz	rebucirte Tara.		
Feigen, Malaga, in ganzen Körben	2 Pfd. per Korb.		
„ „ in halben „	1 „ „ „		
„ „ in Fässern	10 Proc.		
„ Smyrna, in Trommeln, Kisten u. Fässern	12 „		
Fett (Schweinefett) wie Hanföl.			
Flachs, in Matten und geschnürt	2 ¹/₂ „		
Glätte, engl.	rebucirte Tara.		
„ Goslarische	20 Pfd. per Faß.		
Guano in Säcken	gilt Brutto für Netto.		
Harz, amerikan., in Fässern	10 Proc.		
Hopfen	wird Brutto für Netto verkauft.		
Ingwer, in Rappersäcken	2 Pfd. per Sack.		
„ in kleinen Beuteln	1 „ „ Beutel.		
„ candirter in Töpfen	2 ¹/₂ „ „ Topf.		
Kreide	gilt Brutto für Netto.		
Lakritzensaft in Kisten rebuc. Tara u. 2 Proc. Blätter-Abschlag vom Netto.			
Lorbeer-Blätter, in Ballen zu 200 Pfd. . . .	3 Pfd. per Ballen.		
„ „ „ über 200 Pfd. . .	6 „ „ „		
Mandeln, Avurla, Bari, Porto, Sicilian. . .	3 „ „ „		
„ Krack-, in Matten von ca. 300 Pfd.	10 „ „ „		
„ „ in Ballen	3 „ „ „		
„ Berberice, in Seronen	10 „ per Serone.		
„ Valence, in ganzen Ballen . . .	5 „ per Ballen.		
„ „ in halben „ . . .	3 „ per halbe Ballen.		
Menige, engl.	rebucirte Tara.		

Oel, Baum=, in Gebinden
    a) bis 606 Pfd. . . . . 18 Proc. ⎫ mit Kalfböden
    b) von 607—1010 Pfd. . . . . . 16 „ ⎬ 2 Proc. mehr.
    c) über 1011 Pfd. . . . . 14 „ ⎭
Oel, Hanf=, ruff. . . . . rebucirte Tara.
  „   „   außerdem für Kalfböden . . . 20 Pfd. per Faß.
  „   „   „   Kalfränder . . . 10 „   „
  „ Lein=, engl. und ruff. . . . . . . rebucirte Tara.
  „ Sonnenblumen=, wie Hanföl.
  „ Vitriol=, in Ballons . . . . . ist der Netto=Inhalt aufzugeben.
  „   „ Nordhäufer, in Kruken bis 50 Pfd. Kr. 6 Pfd. per Kruke.
Olein, ruff., wie Hanföl.
Pfeffer, in Säcken . . . . 2 Pfd. per Sack.
  „   „ Ballen von ca. 300 Pfd. . . . 6 „ per Ballen.
Pflaumen, französische, in Fässern . . . . ⎫ rebucirte Tara.
  „ Catharinen=, in Kisten und Fässern ⎭
Piment, in Säcken . . . . 2 Pfd. per Sack.
Pomeranzen, trocken, in Ballen . . . . . 3 „ per Ballen.
Pottasche, Petersburg. . . . . 10 Proc.
  „ Finnländ. in Gebinden bis 200 Pfd. 20 „
  „   „   „   über 200 Pfd. 18 „
Reis, in einfachen Säcken . . . . 2 Pfd. per Sack.
  „ in doppelten Säcken . . . . 3 „ „ „
Rosinen, Malaga u. Valence, in Fässern, Kisten,
    Körben . . . . 10 Proc.
  „ von Corinth, Elemé, Smyrna, in
    Kisten und Fässern . . . . . . 12 „
  „ Sultanina, in Trommeln, Kisten . 12 „
Sago, in Säcken . . . . 2 Pfd. per Sack.
Salpeter, engl. raff. in Fässern . . . . . rebucirte Tara.
Schalen, getrocknete Citronen= und Orangen=, in
    Ballen . . . . 6 Proc.
Schwefel, franz., Triester, in Kisten und Fässern 10 „
Seife, fremde, in Kisten . . . . rebucirte Tara.
  „   „ in Blöcken . . . . 3 Pfd. per Block.
Semen cynae . . . . rebucirte Tara.
Sirop, engl., franz., belg. u. ostind., in Gebinden
    bis 1000 Pfd. 12 Proc.
  „   „   „   „ in Gebinden
    über 1000 Pfd. 10 „
Soda . . . . rebucirte Tara.
Stearin, in Kisten und Fässern . . . . . rebucirte Tara.
Succade, Genuesische, in Schachteln und Kisten, 4 Pfd. pr. Schachtel ob. Kiste
    von ca. 40 Pfd. Brutto.
Süßholz . . . . rebucirte Tara.
Talg, ruff., alle Sorten (Querhölzer abzuschlagen) 10 Proc.
  „ finnländischer . . . . reine Tara.
Vitriol, grüner, in Fässern . . . . 10 Proc.

Zittwersaat . . . . reducirte Tara.
Zucker, roher in Säcken . . . . 2 Pfd. per Sack.
   „   raffinirter, in Broben . . . . . . gilt Brutto für Netto.
   „   Candis, belg., holländ., in Kisten bis 55 Pfd. br. . . . 5 Pfd.
   „   „   „   „   „   „ 80   „ . . 7
   „   „   „   „   in Kisten u. Fässern über 80 Pfd. reduc. Tara.
Alle nicht benannten Waaren sind mit reiner Tara abzuliefern.
Bei der Reduction fremder Gewichte werden gerechnet:
1 Pud oder   40 Pfd. russisches Gewicht = 33 Pfd. hiesigen Gewichts.
1 Ctr. „ 112 „ englisches „ = 102 „ „ „
100 Pfd. schwedisches Gewicht   = 84 „ „ „
50 Kilogrammen oder niederländ. Pfd. = 100 „ „ „

Handelsanstalten &c. Nach erfolgter Liquidation der im Jahr 1820 errichteten „Privat-Disconto- und Darlehen-Kasse" ist im Jahr 1856 die „Lübecker Privatbank" gegründet worden. Das anfängliche Actienkapital von 500,000 Mark (1000 Actien zu 200 Thlr. des 14-Thalerfußes) ist im Jahr 1857 auf 1 Mill. Mark erhöht worden. Die Bank beschäftigt sich mit der Discontirung, sowie mit dem An- und Verkauf von Wechseln; sie hat die Befugniß, gemünztes Gold und Silber, sowie Papiergeld und Banknoten anzukaufen und zu verkaufen; es ist ihr ferner der An- und Verkauf von Staatspapieren, Obligationen und Actien gestattet; die Actien der Bank selbst dürfen aber nicht angekauft werden; sie leistet verzinsliche Vorschüsse gegen Verpfändung von Wechseln und andern Creditpapieren, Gold und Silber im gemünzten und ungemünzten Zustande, sowie gegen Waaren; sie ist befugt, den städtischen Behörden, gesetzlich anerkannten Corporationen &c. gegen hypothekarische Verschreibungen verzinsliche Darlehen zu machen, Contocorrent, aber ohne Blancocredit, zu eröffnen, und Banknoten, jedoch nicht in Appoints unter 10 Thlr., zu emittiren; die Summe der ausgegebenen Banknoten darf jedoch den zweifachen Betrag des eingezahlten Actienkapitals nicht übersteigen, und es muß jederzeit mindestens ein Viertheil des Betrags der im Umlauf befindlichen Banknoten durch Baarvorrath gedeckt sein und die Bank ist verpflichtet, die Banknoten an jedem Werktage von 10 bis 1 Uhr ohne vorgängige Anmeldung im Bureau der Bank einzulösen. — Bei allen Zahlungen, welche die Bank in Thalern nach dem 14-Thalerfuße leistet und empfängt, wird der Thaler zum festen Werthe von 2 Mark 8 Schillinge berechnet. — Die Actionäre erhalten für ihre baaren Einschüsse 3 Proc. Zinsen per Jahr; von dem sich nach Abrechnung dieser Zinsen ergebenden Reingewinne werden zunächst 25 Proc. zum Reservefonds abgesetzt, bis der letztere die Höhe von einem Fünftheil des Actienkapitals erreicht hat; der hiernach verbleibende Reingewinn kommt in folgender Weise zur Vertheilung:

1) 10 Proc. werden der der Gesellschaft auferlegten Verpflichtung gemäß an die Stadtkasse entrichtet.

2) Als Tantieme erhalten:
    a) jedes Mitglied der Direction 1 Proc.
    b) die beiden ersten Beamten der Bank zusammen 2 Proc.

3) Der Rest wird unter die Actionäre als Dividende vertheilt.

Die Dauer der Bank ist vorläufig bis zum Ablaufe des Jahres 1865 festgesetzt.

Im Jahr 1856 ist die „Credit- und Versicherungs-Bank" durch die Leipziger

Credit-Anstalt (s. Leipzig), den Dr. J. C. Böse und vier Lübecker Handelshäuser gegründet worden. Das Actienkapital ist auf drei Millionen Thaler preuß. Curant, in 15,000 auf Inhaber lautenden Actien zu 200 Thlr. festgestellt. Der Wirkungskreis der Gesellschaft erstreckt sich auf folgende Geschäfte:

1) Wechsel zu kaufen und zu verkaufen.

2) Verzinsliche Vorschüsse zu gewähren gegen Verpfändung von Creditpapieren.

3) Anleihen und Geldgeschäfte von Staaten, Eisenbahn- und industriellen Gesellschaften und Corporationen zu vermitteln oder selbst zu übernehmen.

4) Werthpapiere für eigene oder fremde Rechnung zu kaufen und zu verkaufen.

5) Mit soliden Firmen in Geschäftsverbindung und laufende Rechnung zu treten.

6) Industrielle Unternehmungen für eigene Rechnung zu begründen und zu betreiben, sich bei solchen zu betheiligen, die Bildung von Gesellschaften zu vermitteln und den Debit der von denselben auszugebenden Actien zu übernehmen.

7) Versicherungen gegen See- und Feuersgefahr für eigene Rechnung direct oder durch dazu von dem Verwaltungsrathe angestellte Agenten zu betreiben oder betreiben zu lassen.

8) Noten auszugeben, deren Gesammtbetrag das Aktienkapital, also 3 Mill. Thaler, nicht übersteigen darf und von welchem ein Drittheil durch Baarvorrath gedeckt sein muß.

Untersagt ist der Gesellschaft, Differenzgeschäfte zu machen und eigene Actien zu kaufen oder Vorschüsse darauf zu gewähren.

Hinsichtlich der Versicherungen gegen Seegefahr unterwirft sich die Bank der Hamburgischen Assekuranz-Ordnung.

Der Abschluß der Jahresrechnung wird auf den 31. December jeden Jahres festgesetzt, doch ist der Gewinn erst nach dem 31. März des folgenden Jahres zu berechnen. So lange nämlich wird das laufende Seerisiko noch für Rechnung des abgelaufenen Jahres offen gehalten und fallen die bis dahin angedienten und in Erfahrung gebrachten Seeschäden für im verflossenen Jahre geschlossenen Versicherungen noch jenem Jahre zur Last. Das Seerisiko, welcher am 1. April noch aus dem verflossenen Jahre offen steht, wird mit der dafür empfangenen Prämie dem nächsten Jahre resp. zu Last und zu Gute gebracht.

Von dem, nach Abzug eines von dem Verwaltungsrathe zu bestimmenden liberalen Anschlags der noch nicht regulirten Versicherungsschäden, zu berechnenden Gewinn wird zunächst eine ordentliche Dividende von vier Procent für die Actionäre in Abrechnung gebracht und von dem übrigen Reingewinne ein Zehntel zu Gunsten öffentlicher Wohlthätigkeits- und gemeinnütziger Anstalten in Lübeck abgegeben. Nach fernerem Abzuge der Tantieme für die Mitglieder des Verwaltungsrathes werden zwei Drittel dann als weitere Dividende an die Actionäre vertheilt und aus dem letzten Drittel ein Reservefonds gebildet, bis derselbe die Größe von einem Drittel des Aktienfonds erreicht hat. — Die Dauer der Gesellschaft erstreckt sich bis zum 31. December 1906.

Außerdem giebt es hier mehrere Actiengesellschaften für Dampfschifffahrt, Versicherung gegen See- und Feuersgefahr, ferner die „Deutsche Lebensversicherungsgesellschaft" und mehrere industrielle und den Handel fördernde Anstalten. — Ein Wollmarkt wird jährlich gegen Ende Juni abgehalten und dauert drei Tage.

Lüttich,
Hauptstadt der belgischen Provinz Lüttich.

Rechnungsart und Münzen, s. Brüssel.

Städtische Papiere. Lotterieanleihe der Stadt Lüttich vom Jahr 1853, bestehend in 90000 Obligationen zu 80 Franken verzinslich mit 2½ Proc., rückzahlbar mittelst 66 Verloosungen.

Maaße und Gewichte sind die französischen (s. Paris). Aeltere (lütticher) Dimensions- und Schwermaaße sind folgende: Der Fuß zu 10 Zoll zu 10 Linien zu 10 Punkte. Der St. Lambertsfuß für Flächenvermessungen = 129,35 Parif. Linien; der St. Hubertsfuß für Zimmer- und Mauerarbeiten = 130,64 Parif. Linien. — Die Elle = 290,8 Parif. Linien.

Flüssigkeitsmaaß: Die Tonne zu 80 Pots zu 2 Pinten oder 4 Schoppen. Der Pot = 1,242 Liter.

Fruchtmaaß: Die Last zu 12 Muids zu 8 Setiers zu 4 Quartes (Vierteln) zu 6 Pots; der Muid = 238,51 Liter.

Gewicht: Das Pfund zu 16 Unzen zu 8 Gros zu 72 Grän = 467,09 Grammen. (Sämmtliche Angaben nach Chelius).

Handelsanstalten ꝛc. Die lütticher Bank und Sparkasse (Banque Liégeoise et Caisse d'épargnes), im Jahr 1835 vorläufig auf 40 Jahre mit einem Actienkapitale von 4 Mill. Franken gegründet, macht Darlehen gegen hypothekarische Sicherheit, nimmt Gelder in Depositum und verbindet, wie die Firma besagt, mit ihrem Geschäftsbetriebe eine Sparkasse. Bis 1850 gab sie auch Noten aus. — Außerdem eine Filiale der Brüsseler Bank von Belgien und mehrere Actiengesellschaften für technische Gewerbe, namentlich für Fabrikation von Waffen, für Bergwerksbetrieb und Maschinenbau.

Lugano,
einer der Hauptorte des schweizer Kantons Tessin.

Rechnungsart und Münzen, s. Schweiz. Früher rechnete man nach Lire zu 20 Soldi zu 4 Quattrini oder zu 12 Denari.

Es gab zweierlei Währung, nämlich 1) die alte Mailänder Valuta (Valuta milanese), in welcher 2 Lire (sogenannte Kassen-Lira, lira di cassa) = 1 bisherigen schweizer Franken gerechnet wurden.   2) Die Tessiner Cantonalwährung (Valuta cantonale ticinese), nach welcher gesetzmäßig 6 Lire (cantonali) = 5 Lire di cassa (Mailänder Valuta) gerechnet wurden. Nach einem Gesetz vom Jahr 1852 über Umrechnung der älteren Valuten in das neue (französische) Geld, sollen gerechnet werden:

$$100 \text{ neue (französische) Franken} = 70 \text{ Schweizer Franken.}$$
$$= 140 \text{ Lire di cassa.}$$
$$= 168 \text{ Lire cantonali.}$$

Geprägte Münzen: Vom Jahr 1814 Neuthaler zu 4 früheren schweizer Franken; vom Jahr 1813 halbe und viertel Neuthaler oder Stücke zu 2 und 1 schweizer Franken; vom Jahr 1813 und 1835 Stücke zu ½ schweizer Franken oder 5 Batzen; vom Jahr 1835 Stücke zu ¼ schweizer Franken. Die Einfrankenstücke von 1813 haben (nach Neubauer) einen Feingehalt von 908 Tausendtheilen und 73,5845 Stück gehen auf das Pfund fein; daher das Stück = 42⁴/₅ kr. rhn. = 12 ¹/₅ ſgr. preuß. = 61 nkr. öſter.

In Wechſelgeſchäften richtet man ſich nach den Curſen von Mailand. Wechſelrechtliches. Der Canton Teſſin hat im Weſentlichen das fran= zöſiſche Wechſelrecht.

Maaße und Gewichte. Der Fuß (Brazetto) zu 12 Unzen zu 12 Punkten = ¹/₂ Meter = 221,648 Par. Linien = 1²/₃ neue ſchweizer Fuß (ſ. Schweiz).

Der Braccio (die Elle) zu 12 Oncie zu 12 Punti zu 12 Atomi = 277,06 Pariſ. Linie = 1,0417 neue ſchweizer Ellen. Dies iſt der Teſſiner Braccio (Braccio ticinese). In den Bezirken Lugano und Menbriſio giebt es zweierlei Ellenmaaße, nämlich 1) der Braccio lungo (lange Elle) oder Braccio da panno (Tuch=Elle) = 294,6 Par. Linien; 2) der Braccio corto (kurze Elle) oder Braccio da seta (Seiden=Elle) = 228,1 Par. Linien.

Feldmaaß: Die Ruthe (Pertica) = 360 Quadrat=Trabucchi = 22 ¹/₂ franz. Aren = 0,625 ſchweizer Juchart.

Getreidemaaß: Der Moggio ticinese zu 8 Staji = 138,3784 Liter = 0,9225 neue ſchweizer Malter. Der Stajo daher = 17,297 Liter. — In Lu= gano iſt der Moggio von 8 Staji zu 16 Quartine = 153,51 Liter (Noback). — Der Sacco hat 6 Staji. — Die Somma (Laſt) = 12 Staji.

Flüſſigkeitsmaaß: Die Pinta (Pinte) zu 2 Boccali = 1,722 Liter = 1,14776 neue ſchweizer Maaß. — Die Brenta (der Eimer) hat 6 Staji zu 8 Pinten. — Der Barilo (das Lägel) hat 30 Pinten.

Handelsgewicht: Es giebt zweierlei Pfund, nämlich: 1) Die Libbra grossa (ſchwere Pfund) von 32 Unzen (Oncie) = 860,818 Grammen. 2) Die Lirotta (das leichte Pfund) von 12 Unzen = 322,807 Grammen = 0,645613 neue ſchweizer Pfund. Daher 3 ſchwere = 8 leichte Pfund. — Die Oncia (Unze) hat 24 Denari zu 24 Grani. — Der Centinajo (Centner) hat 10 Rubbia oder 100 Pfund.

Außerdem gibt es noch folgende beſondere Gewichte (nach Nelkenbrecher):

1 Pfd. in Lugano von 30 Unzen = 763,287 Grammen = 1,526574 neue ſchw. Pfd.
1 „ in Locarno „ 30 „   = 839,422   „   = 1,678844 „   „
1 „   „   „ (leichteres) = 787,782   „   = 1,575564 „   „
1 „ in Bellinzona v. 30 „ = 779,189   „   = 1,558378 „   „

Meſſe. Eine ſtark beſuchte Meſſe mit Viehmarkt Anfangs October.

Luxemburg,
Hauptſtadt des niederländiſchen Großherzogthums Luxemburg.

Rechnungsart und Münzen. Man rechnet in franz. Franken oder auch nach Thalern des 14=Thalerfußes und rechnet den Thaler = 3³/₄ Franken.

Im Jahr 1854 iſt für das Großherzogthum Luxemburg eine eigene Kupfer= münze zu 10 Centimen mit franzöſiſcher Inſchrift geprägt worden.

Die hier kurſirenden Münzen ſind vorzüglich die belgiſchen und franzöſiſchen und die Sorten des deutſchen 14=Thalerfußes; in geringerem Maaße die nieder= ländiſchen Münzen.

Wechſelrecht iſt das franzöſiſche.

Wechſelſtempel. Derſelbe iſt im Jahr 1857 erhöht worden und beträgt

1 Franken für einen Betrag von 1000 bis 2000 Franken; 2 Franken für einen Betrag von 3000 bis 4000 Franken u. s. w.

Maaße und Gewichte sind die niederländischen (s. Amsterdam). — Im Zollwesen gilt das deutsche Zollgewicht (Zollpfund von 500 Grammen).

Bank. Im Jahr 1856 ist die „Internationale Bank in Luxemburg" (Banque internationale à Luxembourg) auf die Dauer von 99 Jahren gegründet worden. Das Actienkapital wurde vorläufig auf 40 Mill. Franken in 8000 Actien zu 500 Franken festgestellt. Die Bank ist befugt, Bank-Anweisungen auf Ordre und Banknoten auf den Inhaber lautend: 1) in Beträgen von 25 bis 1000 Franken; 2) in Beträgen von 5 bis 500 fl. in holländisch Curant; 3) in Beträgen von 10 bis 500 Thalern preußisch Curant auszugeben. Die Banknoten müssen auf Verlangen am Sitze der Gesellschaft jederzeit baar eingelöst werden; bei den Filialen und Delegirten der Bank, soweit es deren jeweilige Baarbestände gestatten. Die Bank hat ferner die Befugniß, Wechselgeschäfte zu betreiben, für Rechnung von Privaten, öffentlichen Anstalten oder Behörden Einkassirungen zu besorgen, laufende Rechnungen mit Creditbewilligung gegen Sicherheit zu eröffnen, Vorschüsse zu leisten gegen Creditpapiere und Waaren, Effekten, welche in den deutschen Bundesstaaten emittirt sind, und andere Creditpapiere zu kaufen und zu verkaufen. Die Verwaltung der Bank ist befugt, mit anderen Banken Verträge über gänzliche oder theilweise Verschmelzung der Interessen abzuschließen. Sie rechnet und zahlt in Franken. Von dem 4 Proc. des Actienkapitals übersteigenden Reingewinn werden jährlich 10 Proc. zum Reservefonds verwendet, so lange dieser nicht ein Zehntel des Actienkapitals beträgt. Die Dividenden sind jährlich am 1. April zahlbar. — Nach Titel XII. der Statuten verpflichtet sich die internationale Bank, denjenigen luxemburgischen Grundbesitzern, welche das Eigenthumsrecht der zum Unterpfande zu bestellenden Immobilien nachweisen, Capitalien darzuleihen. Die Bedingungen sind im Wesentlichen folgende:

1) Die Abtragung der Schuld findet durch Jahresrenten Statt, welche neben der Verzinsung zugleich die allmählig wachsenden Tilgungsbeträge enthalten. Die Jahresrenten betragen mindestens ½ Proc. über die Zinsen des Capitals hinaus.

2) Die Jahresrenten müssen halbjährlich entrichtet werden.

3) Der Bank ist gestattet, bis zum Betrage der von ihr dargeliehenen Kapitalien auf Inhaber lautende, verzinsliche, nicht einforderbare Obligationen mit Zinscoupons auszugeben.

4) Die von den Hypothekarschuldnern auf Tilgung von Capitalien eingezahlten Beträge müssen zur Einziehung von Obligationen (durch Verloosung) verwendet werden.

5) Von der Buchführung der übrigen Geschäftszweige der Bank ist die Buchführung der Hypothekenkasse getrennt zu halten.

Luzern,
Hauptstadt des gleichnamigen schweizer Cantons.

Rechnungsart und Münzen, s. Schweiz. Früher (bis etwa 1825) rechnete man nach Gulden zu 40 Schillingen zu 6 Angster oder auch nach Gulden zu 60 Kreuzern und dann nach schweizer Franken zu 10 Batzen oder zu 100 Rappen bis zur Einführung des französischen Franken (1850). Man rechnete 3 Lu-

zerner Gulden = 4 schweizer Franken. In Uebereinstimmung mit diesem Verhältniß sollen nach dem Reductionsdecret vom 7. Juni 1851 21 Luzerner Gulden
= 28 alte schweizer Franken = 40 französische oder neue schweizer Franken
(s. übrigens den Art. Schweiz) gerechnet werden.

Geprägte Münzen des Kantons Luzern (übrigens wenig mehr im Umlauf)
sind (nach Neubauer):

Doppelte Dukaten (vom J. 1714) im Feingehalt von 980 Tausendtheilen,
73,9555 Stück auf das Pfund fein Gold; daher = 0,67608 deutsche Krone.

Pistolen (vom J. 1794) im Feingehalte von 884 Tausendtheilen, 74,2762
Stück auf das Pfund fein; daher = 0,67316 deutsche Krone. Nach französischer
Probe soll der Feingehalt 901 Tausendtheile sein, und sollen 73,0664 Stück auf
das Pfund fein gehen, wonach das Stück = 0,68431 deutsche Krone.

Doppelte Pistolen nach Verhältniß.

Silbermünzen: Neuthaler zu 40 Batzen (vom J. 1796), nach schweizer
Probe im Feingehalte von 900 Tausendtheilen, 19,9481 Stück auf das Pfund
fein; daher = 2 fl. 46 kr. rhn. = 1 Thlr. 17 sgr. preuß. = 2 fl. 37 nkr. öster.

Dergleichen vom J. 1814 nach schweizer Probe im Feingehalte von 903
Tausendtheilen, 19,6996 Stück auf das Pfund fein; daher 2 fl. 39 kr. rhn. = 1 Thlr.
15 sgr. preuß. = 2 fl. 28 nkr. öster.

Schweizer Thaler zu 40 Batzen (vom J. 1817) im Feingehalte von 882
Tausendtheilen, 19,2766 Stück auf das Pfund fein; daher = 2 fl. 43 kr. rhn. =
1 Thlr. 16 sgr. preuß. = 2 fl. 33 nkr. öster.

Halber Thaler zu 20 Batzen vom J. 1795 nach französischer Probe im Feingehalte von 833 Tausendtheilen, 39,2391 Stück auf das Pfund fein; daher =
1 fl. 20 kr. rhn. = 23 sgr. preuß. = 1 fl. 14 nkr. öster.

Viertel-Neuthaler zu 1 schweizer Franken oder 10 Batzen vom J. 1812 nach
schweizer Probe im Feingehalte von 897 Tausendtheilen, 79,0139 Stück auf das
Pfund fein; daher = 39 7/8 kr. rhn. = 11 1/3 sgr. preuß. = 57 nkr. öster. (Noback).

Außerdem giebt es von anderen Jahrgängen Luzerner Franken, welche im
Werthe um 1 bis 2 Kreuzer von einander differiren.

Im Wechselgeschäft richtet man sich gewöhnlich nach den Cursen von
Zürich oder auch nach denen von St. Gallen.

Luzern gehört zu den schweizer Kantonen, welche keine Wechselgesetzgebung
haben und welche, da ein gemeines schweizerisches Recht nicht besteht, ganz und
gar ohne Wechselrecht sind.

Maaße und Gewichte sind seit 1838 gesetzlich die neuen Schweizer-
oder Concordats-Maaße und Gewichte. — Das alte Luzerner Pfund war das
alte Pfund Schwergewicht der Stadt Zürich = 528,568 Grammen (Chelius).

Lyon,
Hauptstadt des Rhone-Departements.

Münzen, Cursystem und Wechselrecht, wie Paris.

Maaße und Gewichte sind die französischen metrischen (s. Paris).
Aeltere Maaße und Gewichte, welche noch vorkommen, sind folgende:

Der Fuß (pied) = 151,5 Par. Linien. — Die Toise = 7 1/2 Fuß. — Die
Elle oder der Stab = 520,5 Par. Linien = 1,174 Meter.

Getreidemaaß: Die Asnée von 6 Bichets oder Boisseaux = 205,664 Liter.

Flüssigkeitsmaaß: Die Asnée von 88 Pots (oder Pariser Pinten) = 81,956 Liter.

Handelsgewicht war zweierlei: 1) Stadtgewicht (Poids de ville oder Poids de table), von welchem das Pfund = 420,975 Grammen; 2) das Seidengewicht (Poids de soie), von welchem das Pfund = 458,911 Grammen. Beide Pfunde wurden in 16 Unzen (Onces) eingetheilt.

Gold- und Silbergewicht war das alte Pariser Markgewicht.

Platzgebräuche. Die Seidenwaaren werden gegen baare Zahlung mit 10 bis 12 Proc. Disconto verkauft. Die Seidenmakler erhalten vom Verkäufer ³/₄ Proc. aus der Verkaufssumme vor Abzug des Disconto, und vom Käufer gewöhnlich 3 Franken per Ballen.

Für andere Waaren erhalten die Makler ½ Proc. vom Käufer und Verkäufer.

Handelsanstalten ꝛc. Eine Filiale der Bank von Frankreich (s. Paris). — Mehrere Versicherungsgesellschaften und Handelsvereine. — Eigenthümliche Anstalten hier und in St.-Etienne sind die sogenannte Conditions des Soies, worin der Seide die überflüssige Feuchtigkeit genommen, und hierauf deren Gewicht festgesetzt wird. Nach dem im Jahr 1841 bekannt gemachten Regulativ soll das nach der Austrocknung ermittelte Gewicht der Seide mit einem Aufschlage von 11 Proc. das Handelsgewicht derselben ausmachen. Die Kosten der Austrocknung werden tarifmäßig erhoben. — Jährlich werden hier vier bedeutende Messen gehalten, jede dauert fünfzehn Tage und sie beginnen an folgenden Tagen:

1) Die Dreikönigsmesse (foire des Rois) am Montage nach dem Dreikönigstage (im Januar);
2) die Ostermesse (foire des Pâques) am Montage nach Quasimodogeniti;
3) die Augustmesse (foire d'Août) am 4. August;
4) die Allerheiligenmesse (foire de Toussaints) am Hubertstage, d. i. am 3. November.

Macao,
portugiesische Hafenstadt auf einer Insel im Meerbusen von Canton, s. Canton.

Macassar,
Hauptstadt der holländischen Besitzung auf der ostindischen Insel Celebes, s. Batavia.

Madeira,
portugiesische Insel im Nordwesten von Afrika, mit der Hauptstadt Funchal.

Rechnungsart und Münzen. Man rechnet wie in Portugal (siehe Lissabon) nach Reïs und Milreïs; der Zahlwerth ist aber von dem portugiesischen verschieden, indem man hier den spanischen Piaster zu 1000 Reïs rechnet. Nach einem Dekret der Königin vom 7. December 1836 sollen die mexikanischen, peruanischen, columbischen, bolivischen, chilenischen, Buenos-Ayres'schen Dollars, so wie Unzen (Onzas), halbe, Viertel- und Achtel-Unzen spanischen Goldes zum allgemeinen Umlaufe auf den Inseln Madeira und Porto Santo zugelassen, und zwar die Dollars (Piaster) zu 1000 Reïs und die Onza zu 16 Dollars (die Unterabtheilungen nach Verhältniß) gerechnet werden. Das Milreïs wird auch allgemein zu 5 Schilling 6 Pence Sterling gerechnet.

Das auf Madeira umlaufende Geld besteht hauptsächlich aus den alten Zwanzig-Cent-Stücken, Cruzados genannt, welche zu 5 Cruzados per Dollar oder Piaster curfiren (Nobad). Außerdem curfiren hier spanische Piaster zu 1000 Reis oder 10 Bits (eine Rechnungsmünze zu 100 Reis), ferner Pistareens zu 200 Reis oder 2 Bits, sowie Halbe und Viertel nach Verhältniß, spanische Onzas und portugiesische Münzen.

Im Jahr 1842 sind auch für Madeira besonders Zehn-Reis-Stücke in Kupfer geprägt worden.

Curssystem. Dasselbe, wie in Lissabon. Da der Handel fast ausschließlich in englischen Händen ist, so kommt besonders der Wechselcurs auf London in Betracht. Nach obiger tarifmäßiger Annahme des Milreis zu 5 Schilling 6 Pence Sterling gehen 66 Pence Sterling auf das Milreis; daher wird von hier auf London zu 66 Pence Sterl. per 1 Milreis fest mit mehreren Procenten Prämie oder auch Verlust gewechselt.

Maaße und Gewichte. Längen- und Flächenmaaß wie Lissabon.

Getreidemaaß: Eintheilung wie in Lissabon. Man rechnet 2 1/2 hiesige Alqueires = 1 engl. altes Winchester-Bushel = 35,2383 Liter; 1 hiesige Alqueire = 1,018 Lissaboner Alqueires (Kelly).

Flüssigkeitsmaaß wie in Portugal. Man rechnet hier 23 1/2 Almudes = 1 Pipe von 110 alten engl. Wein-Gallons, wonach die hiesige Almude = 17,718 Liter = 1,058 Lissaboner Almudes.

Handelsgewicht: Eintheilung wie in Lissabon. Man rechnet 100 Pfund von Madeira = 101,09 (englische) Pfund Avoirdupoids oder 45,85 Kilogramm (Kelly); daher der Arratel oder die Libra = 458,5 Grammen = 0,999 portugiesische Pfund.

Der Quintal (Centner) von Madeira zu 128 Arratels = 58,688 Kilogramm.

Gold- und Silbergewicht ist der Marco oder das halbe Pfund, mit derselben Eintheilung wie in Lissabon. Daher der Marco von Madeira = 229,25 Grammen.

Probirgewicht ist derselbe Marco mit der Eintheilung wie in Lissabon.

Madras,

Hauptstadt der britisch-ostindischen Präsidentschaft gleichen Namens.

Rechnungsart und Münzen. Man rechnet nach Compagnie-Rupien zu 16 Annas zu 12 Pice wie in Calcutta (s. d. Art.).

Neuere Silbermünzen, seit 1835, für alle englischen Besitzungen sind außer den im Art. Calcutta angeführten Compagnie-Rupien, die doppelten, die 1/2- und 1/4-Compagnie-Rupien in verhältnißmäßigen Werthen.

Neuere Goldmünzen, seit 1835, für alle englischen Besitzungen sind außer dem im Art. Calcutta angeführten Gold-Mohur, der doppelte, vor 1853 zu 30 Silber-Rupien, der 2/3-Gold-Mohur, vor 1853 zu 10 Silber-Rupien, der 1/3-Gold-Mohur, vor 1853 zu 5 Silber-Rupien, in verhältnißmäßigen Werthen.

Aeltere Gold- und Silbermünzen sind folgende:

1) In der Präsidentschaft Bengalen:

Der Mohur oder Gold-Rupie, nach dem Gesetz von 1793 im Feingehalte von 993 Tausendtheilen, 40,6832 Stück auf das Pfund fein; daher = 1,22901 deutsche Krone. Halbe und Viertelstücke nach Verhältniß.

Gold=Rupie, nach dem Gesetz von 1818, im Feingehalte von $916\frac{2}{3}$ Tau=
fendtheilen, 41,1237 Stück auf das Pfund fein; daher = 1,21584 deutsche Krone.
Halbe und Viertelstücke nach Verhältniß.

Silbermünzen: Die Sicca=Rupie (f. Bombay, S. 73); die Lucknow=Rupie
vom J. 1803 im Feingehalte von $954\frac{31}{36}$ Tausendtheilen, 46,7147 Stück auf
das Pfund fein; daher = 1 fl. 7 kr. rhn. = 19 sgr. preuß. = 96 nkr. öster. Die
Benares=Rupie, vom J. 1812, im Feingehalte von 986 Tausendtheilen, 45,6949
Stück auf das Pfund fein; daher = 1 fl. 8 kr. rhn. = 19 sgr. preuß. = 98 nkr.
öster.; die neue Furrudabad=Rupie vom J. 1819, im Feingehalte von $916\frac{2}{3}$
Tausendtheilen, 46,7105 Stück auf das Pfund fein; daher = 1 fl. 7 kr. rhn. =
19 sgr. preuß. = 86 nkr. öster. — Die halben und Viertelstücke obiger Sorten nach
Verhältniß.

2) In der Präsidentschaft Bombay:

Gold=Mohur, vom J. 1824, im Feingehalte von $916\frac{2}{3}$ Tausendtheilen,
46,7652 Stück auf das Pfund fein; daher = 1,06916 deutsche Krone. — 5=Mohur=
Stücke, $\frac{1}{2}$ und $\frac{1}{4}$=Stücke nach Verhältniß.

Silbermünzen: Rupie seit 1800 im Feingehalte von 920 Tausendtheilen,
46,8537 Stück auf das Pfund fein; daher = 1 fl. 7 kr. rhn. = 19 sgr. preuß. =
96 nkr. öster. Halbe und Viertelstücke nach Verhältniß.

Rupien vom J. 1824 von nahezu gleichem Werthe wie die obigen.

3) In der Präsidentschaft Madras:

Arcot=Pagoden nach englischer Probe im Feingehalte von 791 Tausend=
theilen, 184,9446 Stück auf das Pfund fein; daher = 0,27035 deutsche Krone.

Neue Gold=Rupie oder Mohur, seit 1818, gesetzmäßig im Feingehalte von
$916\frac{2}{3}$ Tausendtheilen, 46,7652 Stück auf das Pfund fein; daher = 1,06916
deutsche Krone; $\frac{1}{2}$=, $\frac{1}{3}$= und $\frac{1}{4}$=Stücke nach Verhältniß.

Rupien vom J. 1833 = 1,06388 deutsche Krone.

Silbermünzen: Alte Arcot=Rupie im Feingehalte von $944\frac{4}{9}$ Tausendthei=
len, 46,609 Stück auf das Pfund fein; daher = 1 fl. 8 kr. rhn. = $19\frac{1}{2}$ sgr. preuß.
= 97 nkr. öster.

Arcot=Rupie, seit 1818 gesetzmäßig im Feingehalte von $916\frac{2}{3}$ Tausend=
theilen, 46,7652 Stück auf das Pfund fein; daher = 1 fl. 7 kr. rhn. = 19 sgr.
preuß. = 96 nkr. öster. Halbe und Viertelstücke nach Verhältniß.

Curssystem wie in Calcutta *).

Cursnotirung der Staatspapiere wie Calcutta. Beim Verkehr
in den noch auf Sicca=Rupien lautenden Staatspapieren rechnet man 100 Sicca=
Rupien = $106\frac{1}{2}$ Compagnie=Rupien.

Maaße und Gewichte. Längenmaaße: Man bedient sich gewöhnlich
des englischen Fuß= und Ellenmaaßes (f. London); man gebraucht aber auch den
Cubit (Elle), welcher, wie in Calcutta (f. b. Art.) = $\frac{1}{2}$ Yard ist.

Feldmaaß: Der Ground oder Mauney ist 60 engl. Fuß lang und 40 Fuß
breit, daher = 222,96 Quadratmeter. — Der Cawney hat 24 Mauney's (Kelly).

---

*) Im Wechselgeschäft unterscheidet man folgende Arten von Tratten:
1) Private=Bills mit Documenten. Wenn nämlich einer Tratte Connossement und Assecuranz=Police
auf die Waare, für deren Betrag der Wechsel gezogen worden, beigegeben ist, hat sie einen
größeren Werth.
2) Agency=Bills, gewöhnliche kaufmännische Tratten, welche zu einem etwas niedrigeren Curse als
die Document=Bills notirt werden.

Getreidemaaß: Das Garce hat 80 Parahs zu 5 Marcals zu 8 Pubbies zu 8 Ollucks. Es sind (nach Kelly) 43 Marcals = 528,574 Liter; daher das Parah = 61,46 Liter.

Wenn das Getreide nach dem Gewicht verkauft wird, so rechnet man das Garce zu 18 Candys 12⅘ Mounds = 9256½ engl. Pfund Avoirdupoids (Kelly).

Flüssigkeitsmaaß: Wein und Spirituosen werden nach den alten englischen Maaßen (s. London), Oel, Milch rc. nach dem Pubby des Getreidemaaßes verkauft.

Handelsgewicht: Der Candy hat 20 Mounds zu 8 Vis zu 5 Seers zu 8 Pollams zu 10 Pagodas. Das Candy von Madras ist = 500 engl. Pfund Avoirdupoids = 226,772 Kilogramm (Kelly).

Gold- und Silbergewicht ist für die Europäer das englische Troy-Gewicht (s. London); die Eingebornen bedienen sich dagegen des Stern-Pagoden-Gewichts, welches = 52,56 engl. Troy-Grän (also = 3,405 Grammen) gerechnet wird.

Diamantengewicht: Das englische Juwelenkarat (s. London).

Perlengewicht: Perlen werden mitunter nach zweierlei Gewichten berechnet, nämlich nach einem wirklichen und einem ideellen. Die Einheit des wirklichen Gewichts ist der Mangelin, welcher in 16 Theile getheilt wird und 6 engl. Grän oder 0,3888 Grammen wiegt. Das ideelle Gewicht ist der Chow, welcher in 64 Theile getheilt wird. Um die Zahl der Chows, nach welchen der Preis der Perlen angesetzt wird, zu finden, quadrirt man die Zahl der Mangelins (das Gewicht) und dividirt ⅔ des Resultats durch die Anzahl der Perlen: der Quotient ist die gesuchte Zahl der Chows. (Kelly.)

Probirgewicht ist das englische (s. London), welches aber auch, wie in China, in 10 Touches zu 10 Theilen getheilt wird *).

Platzgebräuche. Commissionsgebühren für Ein- und Verkauf von Waaren 5 Proc., mit folgenden Ausnahmen: für Diamanten, Perlen und Juwelen 2½ Proc., für Gold, Silber und Barren 1 Proc., für die zum Auctions- oder Commissionsverkauf gestellten Güter ½ Proc.

Ferner: Für das Einziehen von Rimessen, oder für den Einkauf und Verkauf von Wechseln 1 Proc., für ertheilte Creditbriefe 2½ Proc., für Intervention nicht bezahlter Wechsel 1 Proc., für Delcredere bei Verkäufen, Wechseln, Verträgen wegen Waaren oder bei andern Verpflichtungen 2½ Proc., für Vorschüsse auf Schiffe 2½ Proc., für Besorgung von Assecuranzen ½ Proc., für Aufmachung großer oder particulärer Havarien und die Bezahlung der Prämien 2 Proc., für Herbeischaffung von Bodmerei-Geldern 2 Proc. (Mac Culloch.)

Bank. Die Bank von Madras steht unter Aufsicht der Regierung; sie giebt Noten aus, welche von den öffentlichen Cassen in Madras angenommen werden, discontirt Wechsel und nimmt Depositen an. Außerdem ist hier ein Filial der Orientalbank in London.

---

*) In Beziehung auf die Artikel Bombay, Calcutta und Madras (die Hauptstädte der drei Präsidentschaften) ist nachträglich zu bemerken, daß sich die Behörden des neuen Bazar-Gewichts oder des britisch-ostindischen Normal-Gewichts (Standard Weight) bedienen. Der Mound dieses neuen Gewichts ist = 37,324 Kilogramm und weicht also von dem Mound von Calcutta, welcher = 37,255 (s. diesen Art.), nur um 0,069 Kilogramm ab. In der Praxis hat man, wegen dieses geringen Unterschieds, das alte Verhältniß: 10 Bazar Mounds = 11 Factorei-Mounds von Calcutta (für 33,864 : 37,247) beibehalten.

Madrid,

Hauptstadt des Königreichs Spanien.

Rechnungsart und Münzen. Nach dem Münzgesetz von 1848 rechnet man in Spanien nach Realen. Weil 175 Stück 1 Marco (= 230,071 Grammen) wiegen und 194 $\frac{4}{9}$ Stück auf den Marco fein gehen sollen, so gehen 422,57 Stück auf das deutsche Münzpfund von 500 Grammen; daher der Real = (nahezu) 7 $\frac{1}{2}$ kr. rhn. = 25 $\frac{5}{7}$ Pfg. preuß. = 10 $\frac{5}{7}$ nkr. öfter.

Im Großhandel wird der Real in 100 Cents, im gewöhnlichen Verkehr in 34 Maravedis eingetheilt.

Nach dem erwähnten Gesetze soll der Gehalt aller künftighin zu prägenden Gold- und Silbermünzen $\frac{9}{10}$ fein sein, mit einem Remedium von 2 Tausendtheilen ($\frac{2}{1000}$) bei den Gold- und 3 Tausendtheilen ($\frac{3}{1000}$) bei den Silbermünzen im Mehr oder Weniger. Es sollen geprägt werden:

1) In Gold: der Doblon de Isabel (Doblon Isabellino) von 100 Realen Nennwerth, 27 $\frac{6}{10}$ Stück auf die rauhe spanische Mark.

2) In Silber: der Duro von 20 Realen Nennwerth, 8 $\frac{3}{4}$ Stück auf die rauhe spanische Mark; der halbe Duro oder der Escudo von 10 Realen; die Peseta von 4 Realen; die halbe Peseta von 2 Realen und der (obige) Real, als Münzeinheit.

Die Verordnung in Betreff der zu prägenden Kupfermünzen ist seitdem wieder geändert worden. Seit 1854 giebt es Cuartillos ($\frac{1}{4}$ Real) und Decimas ($\frac{1}{10}$ Real).

Auf den neuesten Duros (spanische Piaster, im Handel auch unter dem Namen „Dollar" vorkommend), sowie auch auf den halben Duros oder Escudos finden sich nun wieder, wie auf den alten spanisch-mexikanischen Piastern, neben dem königlichen Wappen die Säulen des Herkules mit der Devise «Plus ultra», weil sie mit diesem Gepräge als sogenannte Säulenpiaster, Colonnati, in Ostindien, China, in der Levante und Afrika von Alters her bekannt sind. Weil, nach dem Münzgesetz, 8 $\frac{3}{4}$ Duros $\frac{9}{10}$ Marco fein Silber enthalten sollen, so gehen 21,1287 [*]) Stück auf das deutsche Münzpfund fein; daher der Duro = 2 fl. 29 kr. rhn. = 1 Thlr. 12 $\frac{4}{7}$ sgr. preuß. = 2 fl. 12 $\frac{6}{7}$ nkr. öfter.

Die frühere Ausmünzung des spanischen Piasters kann, besonders nach englischen Untersuchungen, zu ca. 20,85 Stück per deutsches Münzpfund gerechnet werden, wonach die neuen Piaster um mehr als 1 Proc. geringer als die früheren sind. Außer der gesetzlichen Währung, welche die castilische heißt, giebt es noch mehrere Provinzialwährungen, wie z. B. die aragonische, die catalonische, die valencianische, die Währung von Navarra zc., welche aber, so wie auch die älteren Rechnungsmünzen, der Ducato di cambio (Wechselducat), die Wechselpistole und der Wechselpiaster, welche drei Einheiten in 20 Sueldos zu 12 Dineros eingetheilt waren, und zur Bestimmung der Wechselcurse dienten, mehrentheils außer Gebrauch gekommen sind.

Die früher geprägten Münzen Spaniens sind folgende:

Goldmünzen (von 1730 bis 1772): Quadrupel (vierfache Pistole) gesetzmäßig im Feingehalte von 916 $\frac{2}{3}$ Tausendtheilen, 20,154 Stück auf das Pfund fein; daher = 2,48089 deutsche Kronen. Die Quadrupeln von 1756 bis 1762

---

[*]) Nicht 21,3966 Stück, wie im Nelkenbrecher, 18. Aufl. — Nach Nobac 21,13, weil dort der Marco zu 230,0465 Grammen angenommen ist; nach Kelly ist aber, wie oben, 230,071 anzunehmen.

sind nach französischen Proben 917 Tausendtheile fein; dagegen giebt es Qua=
drupel von 1740, 1751, 1756, 1761 und 1767, welche nur einen Feingehalt
von 909 Tausendtheilen haben, und Quadrupel von 1772, welche nach englischer
Angabe nur 901 Tausendtheile fein sind.

Pistole, gesetzmäßig im Feingehalte von 916⅔ Tausendtheilen, 80,6161
Stück auf das Pfund fein; daher = 0,62022 deutsche Krone; aber nach gewöhn=
licher Annahme nur im Feingehalte von 906 Tausendtheilen, 81,8108 Stück auf
das Pfund fein; daher nur = 0,61117 deutsche Krone.

Halbe Pistole nach Verhältniß.

Escudillo de oro (Goldpiaster) oder Vintems im Feingehalte von 896
Tausendtheilen, 318,3318 Stück auf das Pfund fein; daher = 0,15707 deutsche
Krone.

Nach dem Gesetz vom 29. Mai 1772: Quadrupel, vierfache Pistole, im
Feingehalte von 895⅚ Tausendtheilen, 20,6227 Stück auf das Pfund fein; daher
= 2,42451 deutsche Krone. Nach französischen Proben nur 0,893 fein und
= ca. 2,409 deutsche Krone.

Doppelte Pistole nach Verhältniß.

Escudillo de oro (¼ = Pistole) nach englischer Probe 885 Tausendtheile
fein, 322,9576 Stück auf das Pfund fein; daher = 0,15482 deutsche Krone.

Goldmünzen von 1786 bis 1848: Onza de oro, Quadruple, gesetzmäßig
im Feingehalte von 875 Tausendtheilen; 21,1137 Stück auf das Pfund fein;
daher = 2,36813 deutsche Krone.

½ = Onza de oro, Dublone, Doppelpistole, ¼ = Onza de oro, Pistole zu
2 Escudo de oro oder 4 Piaster, und ⅛ = Onza de oro, Escudo de oro, zu 2 Pia=
ster nach Verhältniß. 1/16 = Onza de oro, Escudillo de oro, Coronilla, Peso
duro de oro, Goldpiaster im Feingehalte von 848²³/₂₄ Tausendtheilen, 337,0641
Stück auf das Pfund fein; daher = 0,14834 deutsche Krone.

Obige Sorten sind, nach französischen und englischen Proben, mitunter be=
deutend geringhaltiger.

Neuere Goldmünzen, nach dem Gesetz vom 15. April 1848: Doblon de
Isabel zu 100 Reales (5 Duros) im Feingehalte von 900 Tausendtheilen, 66,6532
Stück auf das Pfund fein; daher = 0,75015 deutsche Krone.

Nach dem Gesetz vom 19. August 1853 und Dekret vom 3. Febr. 1854:
Doblon de Isabel zu 100 Reales im Feingehalte von 900 Tausendtheilen, 66,2426
Stück auf das Pfund fein; daher = 0,7548 deutsche Krone.

Silbermünzen. Aeltere von 1728 bis 1772: Peso duro, Piaster, zu 8 Reales
de Plata mexicana, im Feingehalte von 916⅔ Tausendtheilen, 20,154 Stück auf
das Pfund fein; daher = 2 fl. 36 kr. rhn. = 1 Thlr. 14 4/7 sgr. preuß. = 2 fl.
22 6/7 nkr. öster. ½ =, ¼ =, ⅛ = und 1/16 = Piaster nach Verhältniß.

Geringhaltiger (0,906) sind nach französischen Proben die Piaster mit zwei
Globen von 1740 und 1765. Noch geringhaltiger (0,902) die peruanischen
Piaster von 1744.

Aeltere Provinzialmünzen seit 1707 sind die Pezeta provinzial zu 4 Reales
de Vellon *) (⅕ = Piaster) im Feingehalte von 833⅓ Tausendtheilen, 97,8061
Stück auf das Pfund fein; daher = 32 kr. rhn. = 9 sgr. preuß. = 46 nkr. öster.

Die Pezeta provincial von 1770 ist nach französischer Probe nur 0,813 fein.

---

*) D. h. von Billon, geringhaltiges Silber. Gewöhnlich wird aber unter Billon eine Legirung
verstanden, in welcher das Kupfer den vorherrschenden Bestandtheil ausmacht.

$^1/_2$=Pezeta provincial, Real de Plata nueva zu 2 Reales de Vellon ($^1/_{10}$=Piaster), $^1/_4$=Pezeta oder 1 Real de Vellon nach Verhältniß (die Pezeta zu 4 Realen).

Silbermünzen nach dem Gesetz vom 29. Mai 1772: Peso duro zu 8 Reales de Plata mexicana oder zu 20 Reales de Vellon, gesetzmäßig im Feingehalte von 902 $^7/_9$ Tausendtheilen, 20,4641 Stück auf das Pfund fein; daher = 2 fl. 33 kr. rhn. = 1 Thlr. 13 sgr. preuß. = 2 fl. 19 nkr. öster.

Piaster von 1778, 1788, 1798, 1800 und 1801 sind nach französischen und englischen Proben, geringhaltiger (von 0,901 bis 0,892).

$^1/_2$=Piaster, Escudo, zu 4 Reales de Plata oder 10 Reales de Vellon, $^1/_4$=Piaster, Pezeta columnaria (mexicana) zu 2 Reales de Plata oder 5 Reales de Vellon, $^1/_8$=Piaster, $^1/_2$=Pezeta columnaria zu 1 Real de Plata oder 2 $^1/_2$ Reales de Vellon und $^1/_{16}$ Piaster, $^1/_4$ Pezeta columnaria zu $^1/_2$ Reales de Plata oder 1 $^1/_4$ Reales de Vellon nach Verhältniß (des obigen Peso duro).

Silbermünzen nach dem Gesetz vom 15. April 1848: Duro zu 20 Reales, gesetzmäßig im Feingehalte von 900 Tausendtheilen, 21,131 Stück auf das Pfund fein; daher = 2 fl. 29 kr. rhn. = 1 Thlr. 12 $^3/_7$ sgr. preuß. = 2 fl. 12 $^6/_7$ nkr. öster.

$^1/_2$=Duro, Escudo, zu 10 Reales, Pezeta zu 4 Reales, Media Pezeta zu 2 Reales und Stücke zu 1 Real nach Verhältniß.

Silbermünzen nach dem Gesetz vom 3. Febr. 1854: Duro zu 20 Reales, f. oben Seite 258.

Escudo, $^1/_2$=Duro zu 10 Reales, Pezeta zu 4 Reales, Media Peteza zu 2 Reales und Stücke zu 1 Real nach Verhältniß.

Kupfermünzen nach dem Gesetz vom 9. August 1853: Stücke zu $^1/_4$=Real (Cuartillo), zu $^1/_{10}$=Real (Décima) und zu $^1/_{20}$=Real (Media Décima).

Von fremden Münzen cursiren in Spanien fast ausschließlich nur die französischen. Die Fünffrankenstücke sind gesetzlich auf 19 Realen tarifirt.

Papiergeld. Vales reales, königliche Schatzscheine, und die Noten der Bank von San Fernando (f. unten).

Curssystem. Nach dem Decret vom 18. Februar 1847 sollen die Wechselcurse von Spanien auf das Ausland per 1 Peso duro von 20 Realen regulirt werden für eine veränderliche Anzahl von Franken ($\pm$ 5 $^1/_4$) auf Belgien und Frankreich, von Bajocchi ($\pm$ 100) auf die päpstlichen Staaten, von Lire nuove (Franken) ($\pm$ 5 $^1/_4$) auf die sardinischen Staaten, von Grooten *) ($\pm$ 90) auf Hamburg, von Gulden und Cents ($\pm$ 240 Cents) auf Holland, von Grani ($\pm$ 123) auf Neapel, von Reïs ($\pm$ 900) auf Portugal, von Kopeken ($\pm$ 135) auf Rußland, und von Pence ($\pm$ 50) auf England.

Obwohl Madrid im Wechselverkehr mit Amsterdam, Genua, Hamburg, Livorno, Lissabon, Rom ꝛc. steht, so finden sich auf den officiellen Madrider Curszetteln gewöhnlich nur Notirungen auf London und Paris. Dagegen werden auf viele spanische Plätze Curse notirt und zwar bis zu 1 Proc. Verlust (Daño) oder Gewinn (Beneficio).

Wechselrechtliches. Die spanische Wechselordnung vom Jahr 1829 ist zum Theil dem französischen Wechselrecht nachgebildet. — Der Uso von Wechseln, die im Innern des Landes von einem Ort auf einen andern gezogen werden, beträgt 2 Monate. Bei Wechseln vom Auslande auf spanische Plätze gezogen, ist der Uso wie folgt: von Frankreich 30 Tage, von England, Holland und Deutsch-

---

*) 1 Schilling = 2 Groot; in Grooten wird aber nicht notirt, sondern in Schillingen banco.

land 2 Monate, von Italien und irgend einem ausländischen Hafen des mittelländischen und adriatischen Meeres 3 Monate. Für alle übrigen Plätze gilt in
Betreff der Verfallzeitbestimmung die dort bestehende Usanz.

Wechselstempel. Der Stempel auf Wechsel, Zahlungsanweisungen und
Creditbriefe beträgt 1 Real auf den Belauf von 2000 Realen, 12 Realen auf
20,000 Realen, 20 Realen auf 50,000 Realen, 60 Realen auf 100,000 Realen,
80 Realen auf 200,000 Realen u. s. w.; der höchste Stempel beträgt 120 Realen
auf 250,000 Realen und darüber.

Wechselcourtage 1 pro Mille.

Staatspapiere. Unter Carl IV. soll die spanische Schuld durch Anleihen begonnen haben. Dahin gehören bis 1834 z. B. die Anleihe von 30 Mill.
holländische Gulden bei Hope u. Cie. in Amsterdam, die Anleihe von 1 1/2 Mill.
Liv. Sterling bei Haldimond u. Söhne in London, die Anleihen der Cortes (1821
und 1822) bei Lafitte u. Cie., Ardoin und Andern in Paris im Betrage von
15 Mill. Piastern, die königliche Anleihe von 1823 bei Guebhard u. Cie. in Paris
im Betrage von 16,700,000 Piaster, die Ausgabe von 40 Mill. Piaster in immer-
während Rentenpapieren ꝛc. Als der König nach Abschaffung der Cortes lange
Zeit hindurch die Anleihe derselben nicht anerkannte, so wurden keine Zinsen mehr
bezahlt, und ein später versuchtes Abkommen mit den Gläubigern (s. unten) ver-
half ihnen eben so wenig zur Befriedigung ihrer Ansprüche auf Capital und rückständigen Zins. Eben so schlimm erging es den Besitzern der Obligationen der
holländischen Anleihe (bei Hope u. Cie.), denn diese, während der kurzen Regierung
Jos. Napoleons im Jahr 1807 von demselben gemachte Anleihe, wurde erst im
Jahr 1830 von der Regierung anerkannt.

Durch das Finanzgesetz vom Jahr 1834 wurde die im Auslande contrahirte
Schuld zu 2/3 in eine 5-procentige active *) und zu 1/3 in eine passive oder
unverzinsliche Schuld eingetheilt. Letztere sollte nach und nach in die active Schuld
übergehen, und zu dieser sollten alle künftigen Anleihen gehören. Einen besondern
Theil der passiven Schuld bildete die sogenannte aufgeschobene Schuld (dette differée)
für rückständige Zinsen. Eine weitere Art aufgeschobener Schuld entstand aus dem
von der Regierung versuchten Abkommen mit den Besitzern der Cortesobligationen,
darin bestehend, daß man solche zu 1/3 gegen 3-procentige Obligationen und zu
4/5 des Betrags der Schuld gegen unverzinsliche Schuldscheine, die aber allmälig
in eine 3-procentige Schuld übergehen sollten, austauschen wollte, auf welchen
Tausch aber so Wenige eingingen, daß ca. 4/5 des Gesammtbelaufs der Cortesobligationen in Circulation blieb. Weitere 3-procentige Obligationen entstanden
aus der den Gläubigern der 5-procentigen activen Schuld gewährten Entschädigung
für Zinsrückstände aus den Jahren 1836 bis 1840 (welch' letztere Operation als
„Capitalisirung verfallener Coupons" bezeichnet wurde) und aus der im Jahr 1841
erfolgten Convertirung der 5-procentigen activen Schuld in 3-procentiges Papier **).

Nach dem Finanzgesetz vom 1. August 1852 zerfällt die spanische Schuld
1) in die immerwährende 3-procentige Rente, 2) in die ablösbare Schuld.

Die immerwährende Rente besteht aus der consolidirten und aus der aufgeschobenen Schuld. Die consolidirte besteht aus der gegenwärtigen, sowohl auslän-

---

*) Die Papiere der activen Schuld wurden Ardoins genannt, weil das Haus Ardoin in Paris
die Ausgabe besorgte.
**) Dies sind die im Pariser Cursblatt notirten Espagne dette extérieure 1841 3 Proc. Sie
standen im März 1861 auf ca. 46 Piaster per 100 Piaster Nennwerth, den Piaster zu 5 Frc. 40 Cent.
gerechnet.

bischen als inländischen 3=procentigen Schuld. Hierher gehört auch die 1857 bei der Caisse générale des chemins de fer (J. Mirès *) u. Cie.) gemachte Anleihe von 3 Mill. Realen **).

Die aufgeschobene Schuld entstand aus der Convertirung der 5=procentigen Schuld bei Arboin; anfänglich (von 1851 bis 1855) wurde sie zu 1 Proc. ver= zinst und von da an sollte je nach 2 Jahren der Zins ¼ Proc. mehr betragen, bis die Obligationen (im Jahr 1869) in die 3=procentigen Obligationen ein= rücken ***). Der Zinsfuß steht demnach auf

$$1\tfrac{3}{4} \text{ Proc. vom 1. Juli } 1859 \text{ bis } 30. \text{ Juni } 1861$$
$$2 \quad \text{„ „ „ } 1861 \quad \text{„ „ } 1863$$
$$2\tfrac{1}{4} \quad \text{„ „ „ } 1863 \quad \text{„ „ } 1865$$

u. s. w.

Nach dem angeführten Gesetze wurde die ablösbare Schuld in zwei Klassen getheilt. Die erste begreift die laufende Schuld des 5=procentigen Papiers, die nicht consolidirten Bales (s. unten) und die Theile der provisorischen Schuld (!), welche Kraft dieses Gesetzes in einer andern Kategorie nicht berücksichtigt werden. Die zweite Klasse begreift die unverzinslichen Passiven †). Die Regierung bestimmt monatlich eine Summe zur Einlösung an Diejenigen, welche die größte Nominal= summe dafür geben.

Die spanischen Papiere lauten durchgängig auf Piaster in verschiedenen Be= trägen, 50, 150, 200, 300, 600, 800, 1200, 2400 und 4800. In Paris werden die Zinsen zu 5 Frs. 40 Cent. und in London zu 4 Schilling 3 Pence per Piaster ausgezahlt.

Zur sogenannten schwebenden Schuld gehören die Schatzscheine oder Bales, welche im Jahr 1780 zuerst ausgegeben wurden. Diese anfänglich zu 4 Proc. verzinslichen Scheine wurden im Jahr 1818 in zwei Klassen getheilt, indem ⅓ des Belaufs 4 Proc. Zins behielt (consolidirte Bales), ⅔ aber zinslos wurden. Im Jahr 1831 sind die 4=procentigen Bales in 4=procentige Obligationen der innern Schuld umgewandelt worden; später gab es auch wieder 5=procentige Bales und im Jahr 1853 wurde der Staatsschatz ermächtigt, für 300 Mill. Realen unverzinsliche Schatzscheine auszugeben.

Im Obigen sollte nur der Ursprung der auf deutschen und andern Börsen vorkommenden spanischen Papiere nachgewiesen werden; denn es ist hier um so weniger der Ort, ausführlicher auf diesen Gegenstand einzugehen, als es kaum möglich wäre, in das beispiellose Gewirre von endlosen Anleihen, die durch Con= vertirungen und künstliche Manöver wortbrüchiger Machthaber selbst wieder eine Masse neuer Papiere erzeugten, einiges Licht zu bringen. Gegenwärtig ist der Finanzzustand des Landes geordneter und die Zinsen der 3=procentigen Fonds

---

*) Derselbe Mirès, welcher seit dem Abdruck des Art. Constantinopel (s. S. 115) in Paris hinter Schloß und Riegel sitzt.

**) Dies sind die im Pariser Cursblatt notirten Espagne 3 Proc. 1856—1857. Sie standen im März 1861 auf ca. 46 Piaster per 100 Piaster Nennwerth. (Piaster = 5⅖ Fr.)

***) Dies sind die im Pariser Cursblatt notirten Espagne, differés convertl. Sie standen im März 1861 auf ca. 41.

† Im Pariser Cursblatt unter der Benennung Passives nouvelles notirt (im Gegensatz zu den Passiven des Gesetzes von 1851. Sie standen im März 1861 auf ca. 17 Piaster per 100 Piaster Nennwerth. Die aus der ablösbaren Schuld erster Klasse entstandenen 3=procentigen Papiere werden im Pariser Cursblatt unter der Benennung Espagne, dette intérieure 3 Proc. notirt; der Zusatz «petites coupures» (p. c.) bezeichnet die kleinen Abschnitte. Der Curs differirt in der Regel nicht viel vom Curs der Papiere der dette extérieure 3 Proc. 1851.

Im Londoner Cursblatt werden außer den im Obigen aufgezählten spanischen Papieren auch Cer= tificate über verfallene (span.) Coupons notirt (gegenwärtig zu ± 4 Piaster per 100 Piaster Nennwerth.)

werden regelmäßig bezahlt; gleichwohl wird es der Regierung unmöglich bleiben, die alten Gläubiger für ihre Verluste zu entschädigen *).

Maaße und Gewichte. Nach dem Gesetz vom 19. Juli 1849 sollte das französische metrische Maaß= und Gewichtssystem für ganz Spanien mit dem 1. Jan. 1859 in Gebrauch kommen. Die spanischen Benennungen der neuen Maaße und Gewichte sind den französischen so ähnlich, daß die Bedeutung derselben sich von selbst ergiebt. Der Quintal métrico oder metrischer Centner hat 100 Kilogramm, die Tonelada de peso oder Gewichtslast (Tonne, Schiffslast = 10 Quintales métricos oder 1000 Kilogramm.

Die alten Maaße und Gewichte sind in allen Provinzen des Landes mehr oder weniger von einander abweichend. Am verbreitetsten sind diejenigen von Ca= stilien, welche auch, bis auf einige kleine Unterschiede, die in Madrid üblichen, und außerdem im ehemals spanischen Amerika und auf Cuba, nur hier und da mit einigen Abweichungen, im Gebrauche sind.

Die castilischen Maaße und Gewichte sind folgende:

Längenmaaße: Der Pié (Fuß) hat 12 Pulgadas (Zoll) zu 12 Lineas zu 12 Puntos oder 16 Dedos (Finger) und ist (nach Kelly) = 0,2826 Meter oder 125,3 Par. Linien. Dieser in ganz Spanien gebräuchliche Fuß wird Pié de Bur= gós genannt, weil der Etalon (das Mustermaaß) in Burgos aufbewahrt wurde **).

Die Vara (Elle) von Burgos hat 4 Palmos (oder Cuartos) oder 3 Fuß und ist daher = 375,9 Par. Linien ***).

Der Palmo (auch Palmo mayor, großer Palmo) hat 9 Pulgadas, der zum Messen der Masten 2c. dienende Palmo menor (kleiner Palmo) oder Palmo di Ribeira hat nur 3 Pulgadas.

Der Codo ist = ½ Vara.

Die Braza, der Estado oder die Toesa (die Klafter, der Faden) hat 2 Varas oder 6 Fuß.

Der Passo (Schritt) hat 5 Fuß. — Der Estadal hat 4 Varas. — Die Cuerda (die Schnur) hat 8¼ Varas.

Meilenmaaß: Die neue Legua, auch Legua real (königliche Legua) hat 8000 Varas = 24000 span. Fuß = 6782 Meter. — Die span. geographische Legua ist = 6/7 deutsche geographische Meilen. — Die Seemeile (Legua mari= tima) ist = ¾ deutsche geographische Meilen.

Flächenmaaße: Felder werden nach Fanegadas, Weinberge nach Aranzadas gemessen. Die gesetzliche Grundlage für Flächeninhaltsbestimmungen ist der Qua= drat=Estadal, welcher = 16 Quadrat=Varas. Die Quadrat=Vara = 0,7 Quadrat= Meter; daher der Estadal = 11,2 Quadrat=Meter.

Die Fanega Land oder Fanegada zu 12 Celemines zu 4 Cuartillos hat gesetzlich 576 Quadrat=Estadales = ca. 64 franz. Aren; sie kommt aber in den Provinzen und selbst in Castilien von unterschiedlicher Größe vor. — Die Yugada hat 50 Fanegas. — Das Flächenmaaß für Weinberge, die Aranzada, soll überall in Spanien von gleicher Größe sein und ist (nach Kelly) = 48400 Quadratfuß = 38,69 franz. Aren.

---

*) G. Fr. Kolb veranschlagt die spanische Staatsschuld auf 1050 Mill. Thlr. preuß.
**) Das Normalmaaß für trockne Dinge wurde in Avila, dasjenige für Flüssigkeiten in Toledo, und der Etalon für Gewichte in Madrid aufbewahrt.
***) Nach Reitenbrecher 370,152 Par. Linien und nach Nobod 370,533 Par. Linien: obige Zahl gründet sich aber auf die Angabe von Kelly (der Fuß oder ⅓ Vara = 0,2486 Meter, und den Meter zu 443,296 Pariser Linien gerechnet).

Gebreidemaaß: Das castilische Grundmaaß für trockene Waaren ist die Fanega, welche (nach Kelly) = 56,3 Liter. *) — Die Fanega hat 12 Celemines zu 4 Cuartillos. — 12 Fanegas machen einen Cahiz aus.

Flüssigkeitsmaaß: Die Arroba oder Cantara Wein, Branntwein c. hat 4 Cuartillas zu 2 Azumbres zu 4 Cuartillos zu 4 Capos (also die Cuartilla = 8 Cuartillos). Die Wein-Arroba wird auch Arroba mayor (große Arrobe) genannt; sie soll in ganz Spanien gleich und nach dem Etalon von Toledo angenommen sein; ihr Inhalt ist = 1237 1/3 spanische Kubikzoll = 16,17 Liter (Kelly). — Der Moyo hat 16 Arrobas majores oder Cantares. — Die Bota (das Both) Wein wird zu 30 Cantares gerechnet.

Die Arroba Oel, Arroba menor (kleine Arroba) soll ebenfalls in ganz Spanien von gleichem Inhalte = 12,63 Liter sein. Sie wird in 100 Cuarterones oder Panillas eingetheilt. — Die Pipa Oel hat 34 1/2 Oel-Arrobas. Honig wird gewöhnlich nach dem Gewicht verkauft.

Handelsgewicht: Der Quintal (Centner) hat 4 Arrobas oder 100 Libras (Pfund); es giebt aber auch ein Quintal macho (große Centner) von 6 Arrobas oder 150 Libras. Die Libra hat 16 Onzas zu 8 Drachmas zu 3 Escrupulos zu 24 Granos und ist (nach Kelly) = 460,142 Grammen. Demnach ist die Arroba = 11,50356, der gewöhnliche Quintal = 46,01423, der große Quintal = 69,021345 Kilogramm.

Die Tonelada oder Schiffslast = 20 Quintal.

Gold- und Silbergewicht ist der Marco = 1/2 Pfund Handelsgewicht, welcher in 8 Onzas zu 8 Ochavas (Achtel) zu 2 Adarmes zu 3 Tomines zu 12 Granos, also in 4608 Granos eingetheilt wird und 230,071 Grammen wiegt.

Probirgewicht ist ebenfalls die castilische Münzmark, welche für das Gold in 24 Quilates (Karat) zu 4 Granos (Grän) zu 8 Theile, also in 768 Theile, und für das Silber in 12 Dineros (Pfennige) zu 24 Granos, also in 288 Granos eingetheilt wird.

Juwelen- und Perlengewicht ist die castilische Onza von 140 Quilates oder Karat zu 4 Granos = 560 Granos = 20,542 Centigrammen (vergl. Einleitung, Seite 12).

Medicinalgewicht ist die castilische Mark, aber mit einer andern Eintheilung, nämlich die Mark = 8 Onzas zu 8 Drachmas zu 8 Escrupulos zu 2 Obolos zu 3 Caracteres zu 4 Granos = 4608 Granos.

Stückgüter. 1 Millar bedeutet 1000 Piezas oder Stück. — Die Gruessa (das Gros) hat 12 Dozavas (Tuzend) zu 12 Piezas.

Handelsanstalten c. Im Jahr 1782 wurde unter Carl IV. in Madrid die spanische National- oder St. Carlos-Bank mit einem Capital von 300 Mill. Realen (ca. 15 Mill. Piaster) errichtet. Die Geschäfte derselben bestanden im Disconütren von Wechseln und Schatzscheinen, Besorgung von Zahlungen für Rechnung des Staats gegen 1 Proc. Provision, Herbeischaffung der Bedürfnisse des spanischen Heeres gegen eine Provision von 10 Proc. und Ausgabe von Noten. Die Forderungen der Bank an die Regierung beliefen sich im Jahr 1829 auf 309 Mill. Realen, und die Actien wurden zu jener Zeit in Madrid mit mehr als 80 Proc. Verlust ausgeboten, ohne Käufer zu finden. Im genann-

---

*) Nach neueren Untersuchungen soll die Fanega von Avila (s. d. Note S. 263) nur 54,8 Liter enthalten.

ten Jahre ward ein Bergleich abgeschlossen, nach welchem die Bank auf alle For=
berungen an ben Staat gegen Zahlung von 40 Mill. Realen verzichtete. Diese
Summe bildete bas Grundcapital einer neuen Bank, welche unter bem Namen
„Spanische Bank von San Fernando" gegründet unb mit einem Fonbs von
60 Mill. Realen ausgestattet wurde. Der gefährliche Verkehr mit ber verkehrten
Finanzverwaltung bereitete aber auch ber reorganisirten Bank wieder Verlegen=
heiten, unb nun wurde abermals reorganisirt. Das Decret vom 4. Mai 1849
bestimmt im Wesentlichen: 1) baß die Bank ein Capital von 200 Mill. Realen
haben soll, 2) baß sie bas ausschließliche Recht haben soll, Noten auszugeben bis
zum Belauf ber Hälfte ihres Capitals, 3) baß die Bank Disconto=, Leih=, Conto=
corrent=, Incasso= unb Depositen=Geschäfte machen barf, ohne jemals in De=
couvert zu sein. Die neuen Statuten wurden indessen erst burch Decret vom
18. Febr. 1852 veröffentlicht, unb letzteres enthielt weitere Bestimmungen in Be=
treff ber Zweigbanken. Die Handelskrisis vom Jahr 1848 brachte sowohl die
Fernandobank als auch die inzwischen entstandene neue Bank, bie Banco de Isa-
bella II., in große Verlegenheiten, welche man nur burch Vereinigung beider
Banken zu beseitigen glaubte. Zu biesen unb andern, burch Regierungsmaaß=
regeln herbeigeführten Calamitäten gesellte sich auch noch die Entbeckung eines
großartigen Betrugs au ben Fonbs ber Bank. Im Jahr 1849 wurde jedoch
bas Vertrauen wieder einigermaaßen hergestellt, obgleich die Bank ihre Geschäfte
mit ber Regierung nicht aufgab. Ein Gesetz vom 28. Jan. 1856 betrifft bas
gesammte Bankwesen Spaniens unb verfügt die Reorganisation ber Fernandobank,
welche jetzt „Bank von Spanien" heißt unb eine Reihe von Filialen in ben Pro=
vinzen errichten barf. Die reorganisirte Bank behält bas vorherige Capital von
120 Mill. Realen nnb barf basselbe bis 200 Mill. erhöhen. Der Curs ber Bank=
actien steht jetzt über Pari.

In Madrid sind im Jahr 1856 gegründet worden:

1) Die allgemeine spanische Mobiliarcreditgesellschaft (Sociedad general de
crédito moviliaro Español); projectirtes Capital 456,000,000 Realen (120,000,000
Franken ober 4,800,000 Liv. Sterl. zum Curs 19 Realen per 5 Franken ober
95 Realen per 1 Liv. Sterl.) in 240,000 auf Inhaber lautenben Actien von
1900 Realen (500 Fr. ober 20 Liv. Sterl.). Nach Courtois *) waren im Jahr
1859 vorerst nur 120,000 Actien ausgegeben worden; Einzahlung 30 Proc. Dauer
ber Gesellschaft 99 Jahre vom 22. März 1856 an. Der Gründer dieser Bank
ist ber Pariser Banquier Pereire; bie Ermächtigung bazu war eine Belohnung
für bie von ber spanischen Regierung mit bemselben im Jahr 1855 abgeschlossene
6=procentige Anleihe von 6 Mill. Franken!

2) Die spanische Handels= unb Industrie=Gesellschaft (Sociedad Española
mercantil e industrial); Gründer Rothschild unb Andere in Paris. Projectirtes
Capital 304,000,000 Realen in 160,000 auf Inhaber lautenben Actien von
1900 Realen. Im Jahr 1859 waren, nach Courtois, erst 64,000 Actien aus=
gegeben worden. Dauer ber Gesellschaft 99 Jahre, vom 2. April 1856 an.

3) Die allgemeine Credit=Gesellschaft in Spanien (Compañia general de
crédito en España); Gründer derselben sind die Banquiers Prost in Paris unb
Guilhou in Madrid. Projectirtes Capital 399,000,000 Realen (105 Mill. Frcs.
ober 4,200,000 Liv. Sterl.) in 210,000 auf Inhaber lautenben Actien von 1900

---

*) Des opérations de bourse etc. (Paris 1859.)

Realen (500 Fr. oder 20 Liv. Sterl.). Im Jahr 1859 waren erst 70,000 Actien ausgegeben worden. Dauer der Gesellschaft 99 Jahre, vom 26. April 1856 an. — Die Banken in Barcelona, Cadiz 2c. haben Contore in Madrid. Außerdem giebt es hier noch mehrere Handels= und industrielle Gesellschaften, sowie auch Versicherungs= und Eisenbahngesellschaften.

Magdeburg,
Hauptstadt der preußischen Provinz Sachsen.

Rechnungsart, Münzen und Cursverhältnisse wie Berlin. Maaße und Gewichte sind die preußischen; s. Berlin. Handelsusanzen (seit dem 1. Januar 1861). Einwendungen gegen die Qualität von Waaren und Produkten, sowie gegen die Qualität der Emballagen und Fastagen werden von der Vergleichs=Deputation resp. von Sachverständigen entschieden. — Sendungen, die, per Eisenbahn oder Fuhre eintreffend, gekauft sind, hat Verkäufer die Pflicht, dem Käufer frei an das Haus oder an die ihm vom Käufer bezeichnete Stelle innerhalb der Stadt zu ebener Erde über die Schaale zu liefern, wo Besichtigung und Uebergabe stattfinden kann; wenn der Raum zur Uebergabe resp. Vermessung höher gelegen sein sollte, fallen die weiteren Kosten dem Käufer zur Last. — Für das Laden und Löschen von Wasserfahrzeugen sollen acht Werktage für jede fünfzig Normal=Lasten Zeit gegeben werden, vorbehältlich des durch steueramtliche Abfertigung oder andere höhere Bestimmungen und Gewalt bedingten längeren Verzuges. Die freie Liegetage beginnen am Tage nach der wirklich erfolgten Meldung und Ankunft. — Tara nach Faktura mit usanzmäßiger Reduction (s. weiter unten): a) In Fässern: Chlorkalk, Harzöl, Kaffee, Karobbe, Korinthen, überseeisches Leinöl, Mandeln, Nelken, trockene Pflaumen, russische, toskanische und österreichische Pottasche, Reis, Speiseöl, Soda, raffinirter Schwefel, ungarisches und russisches Schweineschmalz, Syrup, französisches und amerikanisches Terpentinöl, Wagenfett. b) In Kisten: Cassia lignea und Flores, Farbeholz=Extract, Ingwer, Kaffee, Schellack, raffinirter Schwefel, Succus, Thee. c) In Ballen und Säcken: Anis, Ingwer, Kümmel, Leim, französische Luzerne, Nelken, ostind. Salpeter, Süßholz. d) Alle Artikel, die in den nachstehenden Bestimmungen einer besonderen Tara=Vergütung nicht unterworfen sind. — Tara per 100 Pfund Brutto: Baumwolle in Ballen, amerikanische und ostindische, 4 Pfund; Baumöl in Gebinden von incl. 1000 Pfund Brutto und darüber 14 Pfund, von incl. 500 Pfund und darüber 15 Pfund, unter 500 Pfund 16 Pfund; Hanf in Matten=Emballage 2 Pfund; Hanf= und Clain= Del in Fässern mit ganz begypften Böden 16 Pfund, mit begypften Kimmungen 15 Pfund, ohne Gyps 14 Pfund; Harz in Fässern 14 Pfund; Kokosnußöl wie Palmöl; Landhonig 10 Pfund, Palmöl, gebleichtes und ungebleichtes, in Fässern von 1000 Pfund Brutto und darüber 14 Pfund, von 800 Pfund Brutto und darüber 15 Pfund, von 600 Pfund Brutto und darüber 16 Pfund, von 400 Pfund und darüber 18 Pfund, von 300 Pfund und darüber 20 Pfund, von 200 Pfund und darüber 24 Pfund, darunter 28 Pfund; Pottasche, amerikanische, 10 Pfund; Terpentin, amerikanischer, dicker, in Fässern von 200 bis 300 Pfund Brutto 14 Pfund, dicker, französischer in Oxhoften 18 Pfund; Rosinen in Fässern und Kisten 10 Pfund, Orangen= und Citronen=Schaalen, in Ballen 6 Pfund; Talg in Fässern 10 Pfund; Thran, Südsee= und englischer Robben, in Fässern von incl. 1000

Pfund Brutto und darüber 14 Pfund, von 500 Pfund Brutto und darüber 15 Pfund, unter 500 Pfund 16 Pfund, astrachan. Robben= und Fischthran und Sonnenblumenöl mit ganz begypsten Böden 16 Pfund, mit begypsten Kimmingen 15 Pfund; Schweineschmalz, amerikanisches, in Tiercen und Barrels 16 Pfund. — Tara **per Sack oder Ballen:** Kaffee, Brasil=, Lagnayra=, Domingo=, **Portorico=, Cuba=,** Havannah= und andere brasilianische und westindische Sorten in einfacher leinener Emballage 1 Pfund, in einfacher Bast=Emballage 2 Pfund; Java=, Sumatra=, **Padang=** und andere ostindische Sorten in einfacher leinener Emballage 1½ Pfund, in einfacher Bast=Emballage 2 Pfund; Gewürze, Pfeffer bis 2 Centner Brutto in einfacher Emballage 2 Pfund, in doppelter 3 Pfund; Piment in leicht leinener Emballage 1 Pfund, in schwerer 2 Pfund; Klee= und Timothee=Samen in einfacher Leinen=Emballage von ca. 2 Centner Brutto 2 Pfund; Mandeln in einfacher Emballage 2 Pfund, in doppelter 4 Pfund, in Seronen, per **Serone** 10 Pfund; Reis in einfacher leinener Emballage 1½ Pfund, in Bast=Emballage 2 Pfund, in doppelter Emballage 3 Pfund. — Tara nach Ermittelung: Kaffee in Säcken und Ballen, mit Ausnahme der oben genannten Sorten; feine Gewürze in Fässern, Kisten und Säcken; Kanehl, Kardamom, Macis, Vanille, Käse in Kisten, Rüböl, Leinöl, Landtalg; alle vorstehend genannten Waaren, deren Verpackungsart oder Emballagen von den speciell bezeichneten abweichen; bei flüssigen Waaren ist bei einer Differenz bis ½ Proc. gegen das Original=Netto=Gewicht keine Einsprache zu erheben. — Tara=Vergütung findet nicht statt bei: Hanf in Bunden ohne Emballage, Schlemmkreide, Archangel= Pech, Finnisches Pech; Dividivi, Guano, Karden für Tuchmacher, Karobbe, Knoppern, Lorbeerblättern, Moos, Nüssen, trockenen Pomeranzen, Chili=Salpeter, Schmack, Seegras, Terra catechu und japonica, in Säcken und Ballen; bei allen Waaren, deren Werth nicht nach einem bestimmten Gewicht behandelt wird. — Die ufanzmäßige Reduction fremder Gewichte wird berechnet von:

Bremen, Dänemark, Hamburg, 100 Pfd. . . . . =	100	Pfd. preuß.
Schweden, 100 Pfd. . . . . =	85	" "
Rußland, 1 Pud oder 40 Pfd. . . . . =	33	" "
England, Nordamerika, St. Jago de Cuba, 112 Pfd. =	101½	" "
Spanien, 100 Pfd. . . . . =	92	" "
Portugal, Rio de Janeiro, Bahia, 1 Arobe . . . =	29	" "
Frankreich, Belgien, Holland, 1 Kilo od. niederl. Pfd. =	2	" "
Wien, 100 Pfd. . . . . =	112	" "
Sicilien, 1 Cantar . . . . =	159	" "
Venedig, 100 Pfd. . . . . =	95	" "
Neapel, 100 Rottoli . . . . =	178	" "
Livorno, 100 Pfd. . . . . =	68	" "
Smyrna, 44 Oken . . . . =	112	" "
Jonische Inseln, 123 Pfd. . . . . =	112	" "
Gallipoli, 1 Salm . . . . =	288	" "

Alle Tara= und Werthberechnungen geschehen nach Zollgewicht. Bei Reductionen von fremdem Gewicht und bei Tararechnungen nach Procenten werden für jedes Collo kleine Beträge, wenn sie ein halbes Pfund oder mehr bis zu einem Pfund ausmachen, als ein volles Pfund berechnet, dagegen bleiben sie ganz außer Ansatz, wenn sie weniger als ein halbes Pfund betragen. — Bei Waarenverkäufen in Original=Colli findet keine Emballagen= und Fastagenberechnung statt, wie auch der Käufer zu einer Rückgabe derselben nicht verpflichtet ist. — Für sämmtliche Getreidesorten findet die Rechnungsart nach Gewicht statt, und zwar gilt als Norm für die Berechnung: bei Weizen pro 2100 Pfund, bei Roggen und Oelsaaten 2000 Pfund, bei Gerste 1800 Pfund, bei Hafer 1200 Pfund *), bei allen andern Getreidesorten in der Weise, daß das Gewicht durch 100 theil= bar ist. — Ist (bei Getreide oder Saaten) Frühjahrs= oder Herbstlieferung be= dungen, so gelten die Monate April und Mai, beziehungsweise September und October als Lieferungszeit. — Beim Spiritushandel findet die Berechnung nach 100 Quart zu 80 Proc. Tralles statt. — Wenn bei Verkäufen von Spiritus über die Gebinde vertragsmäßig nichts festgesetzt ist, so versteht sich der Ver= kauf ohne Faß und ist Verkäufer verpflichtet, seine Fastagen in natura zurück= zunehmen. Die Fastagen müssen am Ort der Uebergabe in unversehrtem Zu= stande franco binnen 4 Wochen, vom Tage der Uebergabe an gerechnet, zurück= gegeben werden. Wird Spiritus mit Faß verkauft, so muß derselbe in guten, dichten, bandfesten Gebinden von 300 bis 500 Quart Inhalt mit ganzen Stäben und ganzen Bodenstücken geliefert werden; Piepenform ist ausgeschlossen. Der Käufer hat diese Gebinde bei der Uebernahme zu bezahlen, und zwar eisenbändige Spiritusfässer mit 1 1/3 Thaler pro 100 Quart Inhalt, holzbändige mit 3/4 Thlr. Spiritus muß mindestens 80 Proc. Tralles durchschnittlich stark geliefert werden; mehr als 80 Proc. durchschnittliche Stärke ist der Käufer verpflichtet anzunehmen und zu bezahlen. Unter einem Minimum von 76 Proc. Tralles darf der Ver= käufer keine Gebinde Spiritus liefern. Was der Verkäufer über 80 Proc. Tralles durchschnittlich liefert, hat Käufer zu dem durch Sachverständige festzustellenden Werthe zu vergüten, der an dem Tage der Uebernahme besteht. Nachvermessungen müssen binnen 4 Wochen bewirkt sein. — Alle Thran= und Oelgattungen, die entweder per Tonne gehandelt werden, oder bei denen eine Taravergütung nach bestimmten Procenten stattfindet, müssen bis zwei Zoll incl. Spundstab voll ge= liefert werden. Rüböl darf nicht unter 37 Grad nach der Fischer'schen Waage geliefert werden. — Der Handel mit Häringen findet nur in Originalverpackung statt. Sind für eine Sendung Häringe, die nicht franco hier verkauft sind, meh= rere Empfänger und die Tonnen nicht besonders bezeichnet, so müssen die Käufer die latlosen Tonnen pro rata der Ladung resp. der betreffenden Partie abnehmen, ohne die Verböttcherung oder Belakung der Tonnen vom Verkäufer verlangen zu können. — Als Lagergeld, mit Ausschluß der Niederlage am Packhof, wird be= rechnet per Centner für den ersten Monat 6 Pf., für jeden der folgenden 3 Pf. — Für Ein= und Verkauf von Waaren in Commission wird exclusive Delcredere, Courtage und sonstige baare Auslagen eine Provision mit 1 1/2 Proc. berechnet.

Handelsanstalten ꝛc. Im Jahr 1856 wurde die „Magdeburger Privatbank" mit einem Stammcapital von 1 Mill. Thlr. in 2000 auf Namen des Inhabers lautenden Actien zu 500 Thlr. vorläufig auf zehn Jahre gegründet. Die Bank ist befugt, 1) gezogene und trockne Wechsel, die im Inlande zahlbar sind, zu discontiren und Wechsel auf Plätze des Auslandes zu kaufen; 2) Credit

---

*) Auf allen bedeutenden Getreidemärkten hat man in neuerer Zeit das Gewichtssystem ange= nommen, und angefangen, für ein gewisses Maaß ein gewisses Gewicht herzustellen, wonach die Getreide= preise normirt und berechnet werden. In Magdeburg ist die Grundlage obiger Gewichte der abusive Wispel von 25 Scheffel (s. Berlin) und dessen festgestelltes Normalgewicht bei Weizen 84 Pfund (25.84 = 2100 Pfd.), bei Roggen 80 (25.80 = 2000 Pfd.), bei Gerste 72 (25.72 = 1800 Pfd.) und bei Hafer 48 (25.48 = 1200 Pfd.).

und Darlehen zu bewilligen, jedoch nicht auf längere Zeit als 3 Monate und nur gegen Verpfändung von Urstoffen und Waaren, die im Inlande lagern, ferner von inländischen Staats-, Communal- und andern unter Autorität des Staats von Corporationen oder Gesellschaften ausgegebenen Geldwerthen, auf den Inhaber lautenden Papieren, sowie von Wechseln auf Plätze des Auslandes, desgleichen von ungemünztem oder gemünztem Gold und Silber. Inländische Papiere, die auf den Namen lauten, dürfen in der Regel nicht beliehen werden. Die Beleihung der eigenen Actien oder der Actien anderer Privatbanken ist der Gesellschaft untersagt; 3) Effecten obiger Art, sowie edle Metalle oder fremde Münzen zu kaufen und zu verkaufen; 4) das Inkasso von Wechseln, Geld-Anweisungen, Rechnungen und Effecten, die in der Provinz Sachsen zahlbar sind, zu besorgen, unverzinsbare Capitalien ohne Verbriefung, jedoch gegen Empfangsbescheinigung, die nur auf den Namen des Einzahlenden lauten dürfen, anzunehmen und mit den Eigenthümern solchergestalt einlassirter oder angenommener Gelder und Effecten in Giro-Verkehr zu treten; 5) unverzinsbare, auf Inhaber lautende Noten in Beträgen von 10, 20, 50, 100 und 200 Thlrn., aber nicht mehr als 1 Mill. Thlr. auszugeben. — Die Bank ist verpflichtet, ihre Noten auf Verlangen der Inhaber bei der Präsentation sofort in Magdeburg gegen Curantgeld einzulösen. — Vom Reingewinn erhält zunächst der Verwaltungsrath die demselben statutenmäßig zustehende Tantieme; vom Rest werden 20 Proc. zum Reservefonds geschlagen und die übrig bleibende Summe wird als Dividende unter die Actionäre vertheilt. Mit der Ansammlung des Reservefonds ist so lange fortzufahren, bis dieser Fonds den vierten Theil des Stammcapitals erreicht.

Im Jahr 1856 ist die „Magdeburger Handels-Compagnie" entstanden. Dieselbe betreibt außer dem commissionsweisen Ein- und Verkauf von Waaren aller Art, Leistung von Vorschlüssen, Beleihung von Waaren und Werthpapieren, Discontiren von Wechseln, auch die Geschäfte eines Waaren-Credit-Contors nach dem Bonnard'schen System *) und Geschäfte für eigene Rechnung, wie solche vom Verwaltungsrath für gut befunden werden. Die Gründer des Geschäfts sind: J. C. Bode, G. Brieger, A. Falckenberg, J. Heinrich, Th. Heinrichshofen, G. Lohse, L. G. Schmidt, F. A. Schmidt und C. H. Siegfried in Magdeburg. Die Gebrüder L. G. und F. A. Schmidt sind als Inhaber des Geschäfts erwählt, als welche sie die Firma „Magdeburger Handels-Compagnie" führen und unterzeichnen, daher auch sie allein für alle Verbindlichkeiten desselben verantwortlich sind. Die übrigen Unterzeichneten der Statuten sind stille Gesellschafter, und ihre Verbindlichkeit für das Geschäft erstreckt sich nur bis auf die von ihnen eingeschossenen Capitalien, und ihr sonstiges Vermögen kann niemals für die Verbindlichkeiten des Geschäfts in Anspruch genommen werden. Der Betriebsfonds des Geschäfts ist auf 5 Millionen Thaler angesetzt; die Erhöhung desselben bis auf 10 Mill. Thaler kann vom Verwaltungsrathe, und eine weitere Erhöhung nur von der Generalversammlung beschlossen werden. Die Dauer der Association ist auf fünfzig Jahre festgesetzt. Die von den Gründern des Geschäfts übernommenen Antheilscheine (oder Actien) über 100 Thlr. können an Andere cedirt werden, ohne daß

---

*) Im Jahr 1849 hat Bonnard in Marseille eine „Tauschbank" („Banque d'échange") gegründet, welche im Jahr 1853 nach Paris verlegt worden ist und auf ersterem Platze ein Filial besitzt. Anfänglich sollte der Geschäftsbetrieb hauptsächlich im Austausche von Waaren gegen Waaren und im Umsatz von Tauschbons, zahlbar in Waaren, bestehen; jetzt werden aber auch Darlehens-, Depositen- und Agenturgeschäfte gemacht. Die Commanditgesellschaft ist als „Comptoir central" bezeichnet, und die Gesellschaftsfirma ist B. C. Bonnard u. Cie.

dies der Genehmigung der Firma bedarf und ohne daß der bisherige Besitzer irgend eine Verbindlichkeit aus denselben behält. Der neue Besitzer tritt in alle Rechte eines stillen Gesellschafters ein, und bedarf es der Einzeichnung seines Namens in die Handlungsbücher nur, wenn derselbe sein ihm nach den Statuten zustehendes Stimmrecht ausüben oder bei Emission weiterer Antheilscheine solche al pari beanspruchen will. In diesem Falle wird die Eintragung in die Bücher von der Firma auf dem Antheilschein selbst attestirt.

Der Gewinn kommt wie folgt zur Vertheilung: 1) Die Geschäftsinhaber erhalten zusammen 5 Proc. desselben; 2) die Mitglieder des Verwaltungsraths erhalten zusammen ebenfalls 5 Proc. des Gewinnes, und zwar die beiden in der Direction fungirenden Mitglieder 2½ Proc., der Vorsitzende und dessen Stellvertreter zusammen 1 Proc. Der Rest von 1½ Proc. wird auf die übrigen Mitglieder vertheilt, und zwar die Hälfte auf dieselben nach der Kopfzahl, die andere Hälfte unter nach Ausweis der Protokolle in den Sitzungen gewesenen Mitglieder, nach Verhältniß dessen, wie oft sie in den Sitzungen anwesend waren; 3) 5 Proc. des Gewinns kommen in den Reservefonds, und 4) der Rest wird gleichmäßig auf sämmtliche Geschäftsantheile vertheilt.

Außer obiger Bank und der Commanditgesellschaft befindet sich hier ein Contor der preußischen Bank (s. Berlin).

Von sonstigen Actiengesellschaften giebt es solche für Fabrikwesen, Versicherungen, Dampfschifffahrt, Eisenbahnen, Gasbeleuchtung ꝛc. — Die sogenannte Heermesse wird jährlich im September und ein namhafter Wollmarkt vom 15. bis 17. Juni abgehalten.

Mailand,

früher Hauptstadt der Lombardei, jetzt Sardinien einverleibt.

Rechnungsart und Münzen. Von 1823 bis 1858 rechnete man in der Lombardei nach Lire austriache zu 100 Centesimi im Zahlwerthe des 20-Guldenfußes, der Gulden oder Fiorino zu 3 öster. Liren gerechnet, wonach 60 öster. Liren auf die cölnische Mark fein Silber gingen und daher die Lira = 1 Zwanziger war. Nach dem öster. Münzgesetz vom Jahr 1858 sollten 100 Liren = 35 Gulden des 45-Guldenfußes sein, wonach 1 öster. Gulden des 45-Guldenfußes = 2⁶⁄₇ Lire, 1 Lira = 7 Silbergroschen im 30-Thalerfuße = 24½ kr. im 52½-Guldenfuße. Seit der sardinischen Herrschaft rechnet man, wie in Sardinien, nach französischen Franken (s. Turin); was indessen im Handelsverkehr auch früher häufig der Fall war, wobei, gesetzlich, 87 Franken oder italienische Liren = 100 öster. Liren gerechnet wurden. Außerdem war im Kleinhandel auch die Lira corrente zu 20 Soldi zu 12 Denari im Gebrauche, und es soll in der Provinz noch häufig in dieser abusiven Valuta gerechnet werden, von welch' letzterer 113⁹⁄₃₂ Liren gesetzlich = 100 öster. Liren sind. Die Curantlira ist = ca. 6 sgr. 1 Pf. preuß. = 30½ nkr. öster. = 21½ kr. rhn. — Eine abusive Währung ist auch diejenige nach der Lira corrente piccola (Venetianische oder Kleincurant-Lira zu 20 Soldi zu 12 Denari. Nach dem Gesetz vom 1. November 1823 werden 169⁵⁹⁄₆₄ Venetianische Liren = 100 öster. Liren gerechnet.

Aeltere Goldmünzen des ehem. Lombardisch-Venetianischen Königreichs:

1) Goldmünzen für das Herzogthum Mailand unter Oesterreich:

Zecchine, durchschnittlich nach verschiedenen Proben, im Feingehalte von

989 Tausendtheilen, 145,9251 Stück auf das Pfund fein; daher = 0,34264 deutsche Kronen.

Doppia oder Pistole, nach franz. Probe, im Feingehalte von 905 Tausendtheilen, 87,4187 Stück auf das Pfund fein, = 0,57196 deutsche Krone.

2) Für den ehemaligen Freistaat Venedig:

Scudo d'oro, Goldkrone, nach franz. Probe im Feingehalte von 994 Tausendtheilen, 12,003 Stück auf das Pfund fein, = 4,16564 deutsche Krone. Halber Scudo gesetzlich nach Verhältniß.

Osella d'oro vom Jahr 1783, nach franz. Probe im Feingehalte von 995 Tausendtheilen, 35,9734 Stück auf das Pfund fein, = 1,38991 deutsche Krone.

Zecchine (bis 1823 geprägt) nach franz. Probe im Feingehalte von 997 Tausendtheilen, 145,2794 Stück auf das Pfund fein, = 0,34416 deutsche Krone. Halbe und Viertel-Zecchinen gesetzlich nach Verhältniß.

Ducato d'oro, Gold-Ducat, nach franz. Probe im Feingehalte von 996 Tausendtheilen, 230,4904 Stück auf das Pfund fein, = 0,21693 deutsche Krone.

Doppia oder Pistole, nach franz. Probe im Feingehalte von 906 Tausendtheilen, 81,8201 Stück auf das Pfund fein, = 0,6111 deutsche Krone.

3) Für das Königreich Italien unter Napoleon I.:

40-Lirastück im Feingehalte von 900 Tausendtheilen, 43,0555 Stück auf das Pfund fein, = 1,16129 deutsche Krone. — 20-Lirastücke nach Verhältniß.

Neuere Goldmünze nach dem Gesetz vom 1. Nov. 1823:

Sovrano, Souverainb'or zu 40 öster. Liren, im Feingehalte von 900 Tausendtheilen, 49,0281 Stück auf das Pfund fein, = 1,01982 deutsche Krone. — Halber Sovrano nach Verhältniß.

Neueste Münze seit 1858:

Krone und halbe Krone, Vereinshandelsmünze, wie in Oesterreich.

Aeltere Silbermünzen:

1) Für das Herzogthum Mailand unter Oesterreich:

Scudo zu 6 öster. Liren von 1778 bis 1785, nach franz. Proben im Feingehalte von 896 Tausendtheilen, 24,1522 Stück auf das Pfund fein; daher = 2 fl. 10 kr. rhn. = 1 Thlr. 7 sgr. preuß. = 1 fl. 86 nkr. öster. — Halber Scudo nach Verhältniß.

Lira nuova von 1780 nach franz. Probe im Feingehalte von 549 Tausendtheilen, 146,5637 Stück auf das Pfund fein, = 21 kr. rhn. = 6 sgr. preuß. = 30 nkr. öster.

2) Für den ehemaligen Freistaat Venedig:

Scudo della croce zu 12²/₅ Liren, nach franz. Proben im Feingehalte von 947 Tausendtheilen, 16,8196 Stück auf das Pfund fein, = 3 fl. 7 kr. rhn. = 1 Thlr. 23½ sgr. preuß. = 2 fl. 67 nkr. öster.

Ducatone oder Giustina zu 11 Liren, nach engl. Probe im Feingehalte von 947 Tausendtheilen = 2 fl. 42 kr. rhn. = 1 Thlr. 16 sgr. preuß. = 2 fl. 31 nkr. öster. — Halber Ducatone nach Verhältniß.

Osella zu 3⁹/₁₀ Liren, nach franz. Probe im Feingehalte von 944 Tausendtheilen, = 58 kr. rhn. = 16¹/₇ sgr. preuß. = 83 nkr. öster.

Ducato d'argento zu 8 Liren, nach franz. Proben im Feingehalte von 816 Tausendtheilen, = 1 fl. 56 kr. rhn. = 1 Thlr. 3 sgr. preuß. = 1 fl. 66 nkr. öster. — Halbe und Viertel-Ducato nach Verhältniß.

Talaro zu 10 Lire corrente, nach franz. Proben im Feingehalte von

830 Taufendtheilen, = 2 fl. 29⁹/₁₀ kr. rhn. = 1 Thlr. 12⁴/₅ fgr. preuß. = 2 fl. 14 nkr. öfter. — Halber, viertel und achtel Talaro nach Verhältniß.

Lirazza zu 30 Soldi vom Jahr 1778, nach franz. Probe im Feingehalte von 388 Taufendtheilen, = 18 kr. rhn. = 5 fgr. preuß. = 25 nkr. öfter.

3) Für die cisalpinifche Republik: Scudo vom Jahr 8, nach franz. Probe im Feingehalte von 896 Taufend= theilen, = 2 fl. 10 kr. rhn. = 1 Thlr. 7 fgr. preuß. = 1 fl. 86 nkr. öfter.

30=Soldi=Stück vom Jahr 9, nach franz. Probe im Feingehalte von 684 Taufendtheilen, = 31 kr. rhn. = 9 fgr. preuß. = 45 nkr. öfter.

5=Franken=Stück vom Jahr 10, nach fchweizer Proben im Feingehalte von 899 Taufendtheilen, = 2 fl. 21 kr. rhn. = 1 Thlr. 10 fgr. preuß. = 2 fl. 1 nkr. öftr.

4) Für das Königreich Italien unter Napoleon I.: 5=Lira ital.-Stück im Feingehalte von 900 Taufendtheilen, = 2 fl. 21³/₄ kr. rhn. = 1 Thlr. 10¹/₂ fgr. preuß. = 2 fl. 2 nkr. öfter.

2=, 1=, ³/₄=, ¹/₂= und ¹/₄=Liraftück nach Verhältniß. Neuere Silbermünzen nach dem Gefetz vom 1. Nov. 1823: Scudo zu 6 öfter. Liren (= 1 Conventions=Speciesthaler) im Feingehalte von 900 Taufendtheilen, 21,3807 Stück auf das Pfund fein; daher = 2 fl. 27 kr. rhn. = 1 Thlr. 12 fgr. preuß. = 2 fl. 10 nkr. öfter.

Halber Scudo zu 3 öfter. Liren (= 1 Conventions=Gulden), die öfter. Lira (= 20 kr. Conventionsgeld) und halbe öfter. Lira zu 50 Centefimi (= 10 kr. Con= ventionsgeld) nach Verhältniß.

Neuefte Münzen, f. Wien.

Curssystem.

Die Wechfelcurfe werden für 30 und 90 Tage dato notirt wie folgt:

Hamburg	± 188 Franken für	100 Banko=Mark.
Amfterdam	„ 212 „	„ 100 fl. holl.
Augsburg	„ 213 „	„ 100 fl. rhn.
Ancona } Bologna }	„ 520 „	„ 100 Scubi.
Florenz	„ 80 „	„ 100 toskan. Liren.
Frankfurt a. M.	„ 213 „	„ 100 fl. rhn.
Genua	„ 99 „	„ 100 ital. Liren (Franken)
Lyon } Paris }	„ 100 „	„ 100 Franken.
Livorno	„ 80 „	„ 100 toskk. Liren.
London	„ 25 „	„ 1 Liv. Sterl.
Neapel	„ 424 „	„ 100 Ducati di Regno.
Rom	„ 520 „	„ 100 Scubi.
Turin	„ 100 „	„ 100 ital. Liren (Franken).
Trieft } Wien }	„ 190 „	„ 100 fl. Bankvaluta.
Venedig	„ 245 „	„ 100 fl. öfter. Währung.

Wechfelrechtliches. Im Jahr 1850 wurde die deutfche Wechfelordnung mit wenig Abänderung eingeführt; feit der Annexion zu Sardinien gilt aber das dortige Handelsrecht, welches mit dem franzöfifchen faft ganz übereinftimmt.

Nach der im Jahr 1850 eingeführten Stempeltaxe betrug solche bis zu 120,000 Lire 5 Centesimi per Hundert, jedoch in ungleichmäßiger Steigerung.

Münzcurse. Per Stück werden notirt: lombardische Sovrani, Dublonen (Doppia) von Genua, mexikanische, spanische, savoyische, parmesanische und römische Dublonen, Zwanzig-Franken- und Fünf-Frankenstücke.

Effectencurse. Von Staatspapieren werden notirt: Die 5-procentige lombardisch-venetianische Rente (f. unten), die 5-procentigen, per Conversione, d. h. durch Convertirung öfter. Obligationen entstandenen Papiere, die 5-procentigen, durch Einziehung der früheren Schatzscheine entstandenen Papiere, die Papiere der 5-procentigen Anleihe von 1850, die Obligationen der 5-procentigen (öfter.) Nationalanleihe von 1854 und 5-procentige Obligationen städtischer Anleihen. — Die Rent-Urkunden des lombardisch-venetianischen Monte rühren aus den Jahren 1820 und 1822 her, als zur Ausmittlung und Liquidirung der Staatsschuld des lombardisch-venetianischen Königreichs eine besondere Staatscreditanstalt unter der Benennung „Monte des lombardisch-venetianischen Königreichs" errichtet wurde. Für jede auf diese Anstalt übergehende Forderung wurden dem Gläubiger auf seinen Namen lautende Schuldscheine ausgestellt, in welchen nicht das Capital, sondern die demselben entsprechende 5-procentige Rente verschrieben wurde, weshalb sich auch die Curse dieser Rentenurkunden in Gulden (zu 3 Liren) für je 5 fl. Rente verstehen. Es werden 40½ fl. öfter. Währung = 100 italienische Liren (Franken) gerechnet. Die Zinsen (godimento, Genuß, im Franz. jouissance) sind im Curse begriffen. Die kleinsten Stücke lauten über 10 fl. jährliche Rente (d. i. 200 fl. Capital).

Actiencurse. Von Actien werden diejenigen der Wiener Nationalbank und einiger Eisenbahnen notirt.

Maaße und Gewichte. Seit 1803 ist hier das französische metrische System eingeführt (f. Einleitung), nur mit andern Benennungen.

Der Metro = dem Meter = 443,296 Par. Linien.

1 Metro = 10 Palmi (Decimeter) = 100 Diti (Centimtr.) = 1000 Atomi (Millimtr.)
$\quad$ 1 $\,_{\text{"}}$ $\quad = 10 \;_{\text{"}}$ $\quad = 100 \;_{\text{"}}$
$\quad$ 1 $\,_{\text{"}}$ $\quad = 10 \;_{\text{"}}$

1 Miglio = 1000 Metri = 1 Kilometer = 0,56028 alte lombard. Miglia.
Die Lega metrica = 10 Miglia = 1 Myriameter.

1 □ Metro = 100 □ Palmi = 10000 □ Diti = 1000000 □ Atomi.
$\quad$ 1 $\,_{\text{"}}$ $\quad = 100 \;_{\text{"}}$ $\quad = 10000 \;_{\text{"}}$
$\quad$ 1 $\,_{\text{"}}$ $\quad = 100 \;_{\text{"}}$

1 Tornatura (Hektare) = 100 Tavole (Aren) zu 100 □ Metri = 15,2784 alte □ Pertiche.

1 Kubik-Metro = 1000 Kubik-Palmi = 1000000 Kubik-Diti etc.
1 Soma (Hektoliter) = ¹⁄₁₀ Kubik-Metro = 100 Kubik-Palmi.
1 Soma = 10 Mine (Dekaliter) = 100 Pinte (Liter) = 1000 Coppi (Deciliter) und ist = 0,68383 Mailänder Getreide-Moggia = 1,20023 venetianische oder Triester Staja = 1,32355 Mailänder Wein-Brente = 1,553135 venetianische Wein-Barille.
1 Libbra = 1000 Grammen.

1 Libbra = 10 Once (Hektogramm) = 100 Grossi(Dekagramm) = 1000 Denari (Gr.)
= 10000 Grani (Decigramm).
1 „ = 10 „ = 100 Denari =
1000 Grani.
1 „ = 10 Denari =
100 Grani.
1 Denaro = 10 Grani.
1 Quintale = 100 Libbre. — 1 Rubbo = 10 Libbre. — Die Tonnellata
(Last) oder der Migliajo = 1000 Libbre metrice. — Die Libbra = 3,06004
Mailänder Libbre piccole = 1,31145 Mailänder Libbre grosse = 4,25537
Mailänder Marchi = 2,09644 Benetianische Libbre grosse = 3,31973 Benetianische Libbre sottili = 4,19288 Benetianische Marchi.

Zollgewicht früher wie in Wien; doch war es gestattet, bie Waaren im
lombarbisch-benetianischen Königreiche nach bem metrischen Gewichte zu beclariren.

Probirgewicht: Die Feinheit bes Golbes unb Silbers wird wie in Frankreich (unb ben Zollvereinsstaaten) in Millesimi ober Tausenbtheilen ausgebrückt.

Die im Berkehr noch vorkommenden alten Localmaaße sind: Der Piede
(Fuß) zu 12 Pollici (Zoll) = 192,916 Par. Linien = 0,4351 Meter. — Der
Trabucco = 6 Piedi. — Der Braccio (Elle) hat 12 Once zu 12 Punti zu
12 Atomi unb ist = 263,73 Par. Linien = 0,5949 Meter.

Der Miglio lombardo ober bie alte lombarbische Meile = 3000 Braccia
= 1784,8 Meter = 1,7848 neue Miglia = 0,241 beutsche Meilen. Auf ben
Grad gehen ca. 62¼ alte Meilen.

Feldmaaß: Die Quabrat-Pertica (Ruthe) hat 24 Tavole zu 4 Quabrat-
Trabucchi = 6,54518 franz. Aren ober neue Tavole.

Brennholzmaaß: Der Carro (bie Fuhre) ist 4 Braccia lang unb breit, unb
1 Braccio hoch, = 3,3692 Steren ober Cubik-Meter. Das Brennholz wird aber
gewöhnlich nach bem Gewicht verkauft.

Kohlenmaaß: Der Moggio wird gehäuft und enthält 225,103 Liter ober
neue Pinte.

Getreibemaaß: Die Mina hat 28 Moggia zu 8 Staja zu 4 Quartari. —
Der Moggio = 146,23 Liter ober neue Pinte = 2,37762-Wiener Metzen. —
Die Soma Reis hat 12 Staja unb wiegt ca. 230 Libbre grosse.

Flüssigkeitsmaaß: Die Brenta (ber Eimer) hat 6 Mine zu 8 Pinte zu
2 Boccali. Die Pinta = 1,574 Liter, bie Brenta = 75,553 Liter = 1,33476
Wiener Eimer. — Oel wird nach bem Gewicht verkauft (s. unten).

Handelsgewicht: 1) Für bie meisten Handelswaaren bas Peso piccolo ober
Peso sottile (Leichtgewicht), bie Libbra zu 12 Once zu 24 Denari zu 24 Grani
= 326,793 Grammen ober neue Denari. — 2) Das Peso grosso (Schwergewicht) für Seide, Victualien ꝛc., beffen Pfund (Libbra) = 28 Once sottile =
2⅓ Libbre sottili = 762,44 Grammen (Chelius). — 3) Oelgewicht: Die Libbra
da olio ober bas Oelpfund = 32 Once sottili = 2⅔ Libbre sottili = 1¹/₇ Libbre
grosse = 871,448 Grammen. — 1 Rubbio = 25 Libbre da olio.

Golb- unb Silbergewicht: Der Marco zu 8 Once zu 24 Denari zu 24 Grani
= 234,997 Grammen ober neue Denari.

Probirgewicht: Als solches wird ber (obige) Marco für Golb in 24 Carati
zu 24 Particole (Theilchen), für Silber in 12 Denari zu 24 Grani eingetheilt.

Juwelen-, Perlen- unb Mebicinalgewicht wie in Wien.

Handelsusanzen. Die Seiden-Usanzen sind wie in Turin (s. d. Art.). Für die meisten Waaren wird die reine (wirkliche) Tara angenommen; ausnahms-weise rechnet man bei levantischer und ostindischer Baumwolle 6 Libbre sottili per Ballen über 300 Libbre oder 4 Libbre per Ballen unter diesem Gewicht als Tara, und außerdem auf das Nettogewicht noch 7 Proc. Gutgewicht, und zwar auf Hundert (107 für 100). Wolle und Leinwand erhält 2 Proc., in grober Emballage 4 Proc., gewaschene wallachische 8 Proc., Kameelhaar 6 Proc., Agosto-Wolle 20 Libbre per Ballen Tara.

Per Libbra sottile werden die Preise von folgenden Waaren notirt: Blei, Cacao, Kaffee, Galläpfel, Gewürznelken, Kupfer, Muscatnüsse, Pfeffer, Safflor, Safran und Zucker. Per 100 Libbre sottili werden notirt: Baumwolle, Blei von Carinzia, Farbhölzer, Melasse, Pottasche, Seife und Wolle. Außerdem notirt man Talg per Libbra grossa; Käse per 100 Libbre grosse, Knoppern, Spiri-tus, trockene russische und amerikanische Felle per Rubbio (von 10 Libbre metriche), Hasenfelle per 100 Stück, engl. Baumwollengarne per Bündel von 10 Pfund Avoirdupoids = 14 Libbre sottili gerechnet; inländisches Baumwollengarn per Bündel von 5 Pfund Avoirdupoids oder 7 Libbre sottili der Nr. 10, und fest-stehend um 7 Soldi per Bündel für jede höhere Nummer bis Nr. 20 im Preise steigend; gezwirntes Garn (Organzino) per Bündel von 10 Pfund engl. (= 14 leichte Pfund) für Nr. 10, und feststehend um 14 Soldi für jede höhere Nummer bis Nr. 20 im Preise steigend.

Handelsanstalten ꝛc. Der Monte di Milano oder die Mailänder Leih-bank leistet, als solche, Vorschüsse gegen Unterpfand in Seide, Gold, Silber, Staatspapiere ꝛc.; sie besorgte auch unter der öster. Herrschaft die Geldgeschäfte der Regierung und verwaltete die lombardische Schuld (s. oben). — Seit 1837 besteht hier eine auf Actien gegründete Handelsanstalt unter dem Namen Monte delle sete (Seiden-Leihbank), deren Zweck es ist, den Verkauf der Seide, vor-züglich der italienischen, zu betreiben und Vorschüsse auf Seidenconsignationen zu machen. Den Statuten gemäß beträgt das Gesellschaftscapital 12 Mill. öster. Liren, welches in 10,000 Actien zu 500 Liren, 800 Actien zu 5000 Liren und 300 Actien zu 10,000 Liren vertheilt ist. — Im Jahr 1857 ist die Banca commerciale di Milano, mit einem Stammkapital von 30 Mill. Liren in Actien zu 1500 Liren auf die Dauer von 25 Jahren gegründet worden. Sie macht Discont-, Darlehens- und Depositen-Geschäfte und darf Bons ausgeben. Die Bons haben eine bestimmte Verfallzeit, jedoch nicht unter 14 Tage, und dürfen auf nicht weniger als 100 fl. neue öster. Währung lauten.

Mainz,
deutsche Bundesfestung im Großherzogthum Hessen.

Rechnungsart und Münzen wie in Darmstadt.
Cursnotirung wie in Frankfurt (s. d. Art.).
Wechselrechtliches wie in Darmstadt (s. d. Art.).
Maaße und Gewichte sind gesetzlich die großherzoglich hessischen; im Verkehr kommen aber auch noch folgende alte Mainzer Maaße und Gewichte vor: Der Werkschuh zu 12 Zoll = 129,13 Par. Linien. — Der Cameralschuh zu 12 Zoll = 127,36 Par. Linien. — Die Elle = 244,17 Par. Linien.
Brennholzmaaß: Der Stecken ist im Lichten 4⅓ Cameralschuh breit und

eben so hoch, die Scheitlänge 3, 3¹/₂ und 4 Schuh; daher der Stecken 3-, 3¹/₂- und 4-schuhiges-Brennholz beziehlich 1,3387, 1,5618 und 1,7849 franz. Steren.

Getreidemaaß: Das Malter = 4 Biernsel zu 4 Kümpfe zu 4 Gescheid, = 109,06 Liter.

Weinmaaß, auch für Essig und Branntwein: Die Ohm von 20 Vierteln zu 4 Maaß zu 4 Schoppen = 135,58 Liter.

Biermaaß: Dasselbe war größer als das Weinmaaß, aber eben so einge= theilt. Die Ohm = 150,856 Liter.

Handelsgewicht: Der Centner = 106 leichte oder 100 schwere Pfund. Das leichte Pfund = 32 Loth, das schwere = 33²³/₂₅ Loth, wofür man im Kleinhandel 34 Loth rechnet. — Das leichte Pfund = 470,639 Grammen; daher der Cent= ner = 49,888 Kilogrammen. Der Centner Krahnengewicht = 114 leichte Pfund = 53,653 Kilogrammen.

Handelsusanzen. Spiritus wird nach der neuen hessischen Ohm zu 50 Proc. Alkoholgehalt nach Tralles, Rum wird per alte Ohm notirt. — Die Gewichtswaaren werden zum Theil nach dem alten Gewicht verkauft, theils per Centner, theils per schweres oder leichtes Pfund. Nach dem schweren Pfunde be= rechnet man gewöhnlich Kaffee, Cichorien, Gewürze, Nudeln, Sago ꝛc.; nach dem leichten Pfunde Hausenblase, Thee ꝛc. Getreide und Sämereien werden entweder per neues Malter (von 128 Liter) oder per 100 Kilogramm, Hülsenfrüchte und Mehl per altes Malter (von 109,06 Liter) verkauft. — Inländischer weißer Wein wird per Stückfaß zu 7¹/₂ Ohm, rother per Zulast zu 4 Ohm notirt. Es sind 100 hiesige Ohm = 84,734 Darmstädter Ohm. Andere Verkaufsnormen: Vitriolöl per 100 Kilogramm, Rüböl per 280 leichte Pfund mit Faß; rohes Rüböl auch per 290 Pfund ohne Faß; Provencer- und Mohnöl per 50 Kilogramm oder einen neuen Centner; heller Thran und Südseethran per 440 leichte Pfund; Berger Thran per Tonne; Häringe per Vierteltonnen, Laberdan per Tonne: Salzburger Vitriol und weißer Weinstein per Fäßchen; rother Weinstein per Centner.

Handelsanstalten ꝛc. Zweigbank der Darmstädter „Bank für Handel und Industrie." — Mehrere Dampfschifffahrts- und Eisenbahn-Gesellschaften. — Zwei Messen, 4 Wochen vor Ostern und Montag vor Mariä Himmelfahrt be= ginnend; starker wöchentlicher (Freitag) Fruchtmarkt.

Makassar,
Hauptstadt der holländischen Besitzung auf der ostindischen Insel Celebes.

Rechnungsart und Münzen wie Batavia.

Von fremden Münzen circuliren besonders spanische Piaster, Rupien und englische Münzen. Es giebt hier auch eine Art Mace (oder Mas, vergl. Can= ton), von welchen 7 gleich einem spanischen Piaster gerechnet werden.

Maaße und Gewichte wie Batavia, mit folgenden Ausnahmen: Der Gantam (Reismaaß) der Eingebornen wiegt 7²/₃ Amsterdamer Troypfund; der Gantam der niederländischen Compagnie wiegt dagegen 11¹/₂ Amsterdamer Troy= pfund oder 5,669 Kilogramm; wonach 31 solcher Gantams = 46 Gantam der Eingebornen.

Gold- und Silbergewicht ist der Tale von 16 Mace = 39,91 Grammen.

Malaga,

spanischer Freihafen in der Provinz Granada.

Rechnungsart und Münzen gesetzlich wie in Madrid und Spanien überhaupt. Man theilt hier auch den Real in 8½ Quartos, 17 Achavos, 34 Maravedis, 68 Blancos, 136 Cornados und 340 castilische Dineros, wovon jedoch der Maravedi die wirklich geprägte Münze ist.

Aeltere Rechnungsmünzen, wie der Wechselpiaster u. a., sind auch noch im Gebrauche. Es werden nämlich Wein, Oel, Mandeln, Südfrüchte, Rosinen ac. theils in Pesos (Wechselpiaster à 15 Ron, d. h. Real. de vellon), theils in Ron selbst notirt, dagegen Branntwein, auch einige Sorten Wein bisweilen, sowie manche Einfuhrartikel z. B. schwedische Planken, jetzt noch stets in $, d. h. Peso duro, à 20 Ron notirt, und pflegt die Bezeichnung der gemeinten Münze jedesmal genau zu geschehen.

Wechselcurssystem wie Madrid. Die Curse der auf inländische Plätze gezogenen Wechsel werden zu $\pm$ 1 Proc. Verlust (Daño) oder Gewinn (Beneficio), nach Maaßgabe des Wechselplatzes und der Wechselfrist, notirt. Die ausländischen Plätze, auf welche Curse notirt werden, sind insbesondere Hamburg 45 à 46 β Bco. für 1 $ (Peso duro) (früher zu $\pm$ 90 Grot vlämisch *) für 1 Peso), Paris (zu $\pm$ 5½ Franken für 1 Peso) und London (zu $\pm$ 50 Pence Sterling für 1 Peso), Amsterdam $\pm$ 2 fl. 55 c. für 1 $, alles 3 Mt. Papier.

Wechselrechtliches, s. Madrid.

Maaße und Gewichte, s. Madrid. Die im Verkehr noch vorkommenden alten Maaße sind (nach Kelly) folgende:

Längenmaaß: Das castilische; s. Madrid.

Getreidemaaß: Die Fanega von 12 Celemines zu 4 Cuartillos zu 4 Raciones ist = 58,49 Liter (Kelly).

Flüssigkeitsmaaß: Die Arroba oder Cantara zu 8 Azumbres zu 4 Cuartillos ist = 15,85 Liter.

Die Pipa Malaga-Wein enthält 35 Arrobas; sie wird jedoch nur zu 34 Arrobas gerechnet. — Die Bota (das Both) Pedro-Ximenes-Wein enthält 53½ Arrobas.

Oel wird nach dem Gewicht verkauft. Die Bota Oel enthält 43 Arrobas und die Pipe Oel ca. 34 Arrobas. Die Pipe Oel wiegt ca. 390 Kilogramm.

Handelsgewicht: Das castilische (s. Madrid).

Handelsusanzen. Die Carga Rosinen enthält 2 Körbe oder 7 Arrobas. Das Faß Mandeln enthält 3 Quintales (Centner) oder 300 Libras (Pfund). Die Ausfuhrartikel werden gewöhnlich frei an Bord gekauft, namentlich: Wein und Oel per Pipe; Rosinen per Quintal; Feigen per Faß von netto 112½ Pfund; Orange-Schalen in Viertel-Ballen von 3 Quintales und trockene Pomeranzenschaalen per Quintal; Citronen per Kiste; Mandeln per Faß; Schmack per Sack von 1 Quintal; Seife per Kiste zu 1 Quintal.

Bei Schiffsbefrachtungen rechnet man auf 1 Last (Tonelada) 4 Both oder 5 Pipen Wein oder Oel, 44 Fässer oder 88 halbe Fässer Rosinen, 50 Körbe oder 160 Töpfe Trauben (Rosinen), 20 Kisten Citronen oder Pomeranzen, 4 Ballen

---

*) Die Mark banco = 59 Grot vlämisch; letztere eine fingirte Baluta, welche nicht mehr im Gebrauche ist.

Pomeranzenschaalen, 10 Fässer Mandeln.   Bei andern Gewichtswaaren ist die **kleine Last** 6200, **die große Last** 8800 Pfund.

Bank. Eine Notenbank mit einem Grundkapital von 20 Mill. Realen besteht hier seit 1856.

Malakka,

Hafenstadt auf der Südwestküste der gleichnamigen Halbinsel in Hinterindien, früher holländische, jetzt britische Besitzung.

Reismaaß: Der Gangtang = 2,948 Kilogramm (Kelly).

Zinngewicht ist der Kip von 15 Bedoors oder 30 Tampangs = 18,453 Kilogramm (Kelly).

Mallorca (Majorka),

die größere der zu Spanien gehörigen balearischen Inseln im Mittelmeere, mit der Hauptstadt Palma.

Rechnungsart und Münzen. Man rechnet gewöhnlich nach der Libra zu 20 Sueldos zu 12 Dineros, oder auch nach der Libra zu 10 Reales. Man rechnet 289 Libras von Mallorca = 192 spanische Piaster; rechnet man letztere zu ca. 2½ fl. rhn., so ist die Libra = 1 fl. 39 kr. rhn. = 28³/₁₂ sgr. preuß. = 1 fl. 42 nkr. öster.

Der Curant- oder Wechselpiaster (Peso de plata antigua), welcher ebenfalls in 20 Sueldos zu 12 Dineros oder auch in 8 Reales getheilt wird und von welchem 85 auf 64 span. Piaster gehen, ist wenig mehr im Gebrauch.

Die hier circulirenden Münzen sind die unter Madrid aufgeführten einheimischen. Früher wurden auch eigene Münzen (Duros und Pesatas von Silber und Sueldos von Kupfer) für die balearischen Inseln geschlagen.

Wechselgeschäft. In Palma wird auf Amsterdam, London und Paris gewechselt; weil es aber gewöhnlich an Nehmern fehlt, so werden die Tratten nach Barcelona oder nach Madrid zum Negoziren remittirt.

Wechselrechtliches, s. Madrid.

Maaße und Gewichte. Die Canna (Elle) von Palma hat 8 Palmos zu 4 Cuartillos und ist = 759,366 Par. Linien (Kelly).

Getreidemaaß: Die Cuartera von Palma zu 6 Barcellas zu 6 Almudes ist = 70,47 Liter (Kelly).

Weinmaaß: Der Cuartin hat 6½ Cuarteras zu 4 Cuartas und ist = 27,131 Liter. — 26 Cuarteras machen eine Carga (Fuder) aus, welche in 4 Cuartines getheilt wird (Kelly).

Branntweinmaaß: Der Cuartin des Weinmaaßes.

Oelmaaß: Der Cuartan oder Cortan, welcher dem catalonischen Oel-Cortan (s. Barcelona) fast ganz gleich ist.

Handelsgewicht: Der Quintal oder Cantaro (Centner) hat 4 Arrobas zu 26 Rotolos (Pfund), also 104 Rotolos. Gebräuchlicher aber ist der Barbaresker Cantaro zu 100 Rotolos (mithin die Arroba = 25 Pfund). Der Rotolo hat 12 Onzas (Unzen) und ist (nach Kelly = 6174 engl. Troy-Grains) = 400,0752 Grammen *).

---

*) Nach Nelkenbrecher = 408 und nach Nobad = 407 Grammen.

Malta,

Insel im Mittelmeere, unter britischer Herrschaft, mit der Stadt La Valetta.

Rechnungsart und Münzen. Man rechnet nach Livres Sterling zu 20 Schillingen zu 12 Pence; im innern Verkehr auch nach der Oncia oder Pezza zu 2 1/2 Scudi zu 12 Tari zu 20 Grani, wobei der Scudo zu 20 Pence Sterling gerechnet wird, und wonach sich für den Scudo ein Werth von ca. 58 kr. rhn. ergiebt, wenn man den Sovereign, welcher das Pfund Sterling repräsentirt, nach einem mittleren Frankfurter Curs, zu 11 2/3 fl. rhn. rechnet.

Nach dem neuen Tarife gilt der Sovereign 12 Scudi 6 Tari, das französische Fünffrankenstück 2 Scudi 5 3/8 Tari. Nach dem Tarife des Sovereigns ist, wenn man letztern zu 11 2/3 fl. rhn. rechnet, der Scudo = ca. 56 kr. rhn. Nach dem Tarife des Fünffrankenstücks ist, wenn man letzteres zu 2 1/3 fl. rhn. rechnet, der Scudo = ca. 57 kr. rhn. = 16 1/4 sgr. preuß. = 81 nkr. öster. — Aus andern Tarifsätzen ergeben sich wieder andere, übrigens nur wenig von einander abweichende Werthe des Scudo, welcher jetzt nur eine inländische Rechnungsmünze ist.

Frühere, unter den Malteser-Rittern, den ehemaligen Besitzern der Insel, bis etwa 1800 geprägte, aber seit 1827 zum Theil eingezogene Münzen, sind:

1) In Gold: Doppien oder Pistolen der letzten Großmeister, gesetzmäßig im Feingehalte von 854 Tausendtheilen (nach englischen Proben nur 0,843 fein), 71,2274 Stück auf das Pfund fein; daher = 0,70198 deutsche Krone. — Doppelte und halbe Pistolen nach Verhältniß.

2) In Silber: Oncien zu 30 Tari, gesetzmäßig im Feingehalte von 833 1/3 Tausendtheilen, 20,2146 Stück auf das Pfund fein; daher = 2 fl. 35 kr. rhn. = 1 Thlr. 14 2/7 sgr. preuß. = 2 fl. 22 nkr. öster.

Oncien aus den Jahren 1759, 1781 und 1798, nach englischen Proben beziehlich im Feingehalte von 736, 830 und 833 Tausendtheilen. Scudo zu 12 Tari, nach englischen Proben im Feingehalte von 736 Tausendtheilen, 56,0314 Stück auf das Pfund fein; daher 56 kr. rhn. = 16 sgr. preuß. = 80 nkr. öster. 24-, 6-, 4-, 2- und 1-Taristücke nach Verhältniß.

3) In Kupfer prägte man Stücke zu 1/8, 1/4, 1/2 und zu 1 Taro (oder 20-Grani-Stück).

Im Jahr 1844 wurden in London für Malta Thirdsfarthings-Stücke (Drittel-Farthings oder 1/12 Pence engl.) geprägt. Der Drittel-Farthing ist genau = 1 Grano.

Von fremden Münzen circuliren hier besonders spanische Quadrupel oder Dublonen, spanische und mexikanische Piaster sowie solche der südamerikanischen Freistaaten; sicilianische Oncien und Scudi, französische Gold- und Silbermünzen und englische Silber- und Kupfermünzen.

Papiergeld. Die Noten der hiesigen Banken (s. unten).

Curssystem.

Wechselziehungen geschehen fast nur auf eine gewisse Anzahl Tage nach Sicht und zwar: auf die Türkei und Levante 31, auf London 30 oder 60, auf Palermo und Messina 21 und auf alle übrigen Plätze 30 Tage nach Sicht. Der Regierungscommissär in Malta war bisher angewiesen, zu jeder Zeit Wechsel auf das Schatzamt in London abzugeben, und zwar zum festen Curs 103 Liv. Sterl. im hiesigen

Silbergelde für je 100 Liv. Sterl. in London, und dabei, außer britischem Gelde, spanische Piaster zum laufenden Curse anzunehmen. Die Cursnotirung der Kaufleute ist ± 50 Pence Sterl. in London für 1 Pezza di Malta oder 1 malteser Wechselpiaster von 30 Tari. Außerdem notirt man auf folgende Plätze:

Constantinopel } Smyrna	± 400	Paras	für 1 Scudo bi Malta.
Genua	„ 6	Tari	„ 1 Lira nuova.
Livorno	„ 5	„	„ 1 Lira toscana.
Marseille	„ 6	„	„ 1 Franken.
Messina } Palermo	„ 100	Pezze di Malta	„ 100 sicilianische Scudi.
Neapel	„ 24	Tari	„ 1 Ducato bi regno.
Triest	„ 12	„	„ 1 fl. Bankvaluta.
Venedig	„ 90	Grani	„ 1 öster. Lira (jetzt zahlbar in Wiener Banknoten).

Wechselrechtliches wie London.

Maaße und Gewichte. Ursprünglich die sicilianischen, bie, für Malta, ein gesetzliches Verhältniß zu den englischen erhalten haben. Längenmaaß: Der Piede (Fuß) = 11 ⅙ engl. Zoll = 125,731 Parif. Linien. — Die Canna (Elle) von 8 Palmi zu 12 Once = 81,9 engl. Zoll = 922,12 Parif. Linien (Kelly). Im Handel rechnet man 3 ½ Palmi = 1 engl. Yard.

Getreidemaaß: Die Salma gestrichenes Maaß (Salma rasa) enthält 8,221 alte engl. Winchester-Bushels oder 289,6 Liter (Kelly). Nach dieser Salma verkauft man Waizen und Gerste. Die Salma colma (gehäufte Salma), nach welcher Bohnen, Erbsen, Linsen, Mais, Leinsamen, Hanssamen, Salz und Holzkohlen verkauft werden, ist ca. 16 Proc. größer als die gestrichene Salma.

Wein und Branntwein wird entweder nach dem alten englischen Wein-Gallon (s. London) oder nach dem einheimischen Maaße verkauft, und zwar nach dem Barilo zu 4 Quartare zu 9 ½ Quartucci oder 38 Terzi zu 2 Pinte, = 42,027 Liter. — Die Pipa = 11 Barile, bie Botta = 2 Pipe.

Oelmaaß ist der Oel-Barile zu 2 Caffisi, = 39,756 Liter.

Handelsgewicht: Der Cantaro (Centner) hat 100 Rotoli zu 2 ½ Libbre oder 30 Once. Der Rotolo = 791,528 Grammen. Der Cantaro ist = 174 ½ Pfund Avoirdupois (s. London); bie Kaufleute rechnen ihn aber gewöhnlich = 175 englische Pfund Handelsgewicht.

Die (obige) Libbra, womit Gold und Silber, ätherische Oele und einige andere feine Waaren gewogen werden, wird eingetheilt in 12 Once zu 16 Parti (Theile) zu 2 Trapesi zu 18 Grani und wiegt 316,61 Grammen.

Schiffslasten: Die Tonnellata wird bei Gewichtswaaren zu 1250 Rotoli, bei Getreide zu 5 Salme, bei flüssigen Waaren zu 21 Barili und bei sogenannten Maaßgütern zu 40 englische Kubikfuß gerechnet.

Banken. Zwei kleine Banken, die Banco Anglo-Maltese und bie Banco Maltese, machen Discontgeschäfte und geben Noten aus, welche auf Scudi lauten.

Manchester,

englische Fabrikstadt, Hauptsitz der Baumwollenmanufaktur in der Grafschaft Lancaster; wie London.

Manilla,

Hauptstadt der zu Spanien gehörenden Philippinischen Inseln.

Rechnungsart und Münzen. Man rechnet nach spanischen Piastern zu 8 Reales zu 12 Granos oder 40 Cuartos; im Großhandel aber nach Piastern zu 100 Centavos. — Für Manilla werden Kupfermünzen in Stücken zu 1, 2 und 5 Cuartos geprägt. Außer spanischen Münzen circulirt hier auch chinesische Scheidemünze, das Li (f. Canton).

Wechselcurse werden wie folgt notirt:

Auf London, 6 Monate Sicht, ± 4 Schilling Sterling für 1 Piaster;

„ Spanien (Madrid ⁊c.), 3 Monate nach Sicht, ± 100 Piaster für 100 Piaster in Spanien.

„ Canton und Amoy, 30 Tage nach Sicht, Pari bis ± 6 Proc. Prämie, d. h. ± 106 Piaster für 100 Piaster in Canton und Amoy.

„ Singapore und Honkong, 30 Tage nach Sicht, ± 100 Piaster für 100 Piaster in Singapore und Honkong.

„ Calcutta, Bombay und Madras, 30 Tage nach Sicht, ± 230 Compagnie-Rupien für 100 Piaster.

Hamburger Wechsel werden über London berechnet, indem man die Hamburger Valuta nach dem Curse auf London in Sterling-Valuta umrechnet und den Wechsel als zahlbar in Banco nach dem am Acceptationstage stattfindenden Curse für kurze Sicht von Hamburg auf London bezeichnet.

Maaße und Gewichte. Gesetzlich sind die spanisch-castilischen (f. Madrid); im Großhandel gebraucht man indessen für Ellenwaaren den englischen Yard, für flüssige Waaren den alten englischen Wein-Gallon (f. London) und als Gewicht den chinesischen Pikol zu 100 Catties zu 10 Tales, welcher aber hier schwerer ist als der genaue chinesische (welcher = 60,47 Kilogramm, f. Canton), indem derselbe = 137½ spanische Pfund gerechnet wird (= 63,2685 Kilogramm), während der chinesische Pikol nur 131⅓ spanische Pfund wiegt. — Für Wachs ist ein besonderer schwerer Quintal im Gebrauch, auf welchen 110 Pfund gehen.

Für kleinere Quantitäten wird das Gewicht nach dem mexikanischen Piaster regulirt, welchen man an Gewicht = 1 spanischen Onza (Unze) rechnet, während sein wirkliches Gewicht nur ca. 0,94 Onza's beträgt. Demnach rechnet man 16 Piaster = 1 spanische Libra (Pfund). Von solchen Piastern oder Onzas rechnet man

8	Onzas	= 1 Marco Silber,
9	„	= 1 Punto Gold- oder Silberfaden,
10	„	= 1 Tale Goldgewicht,
11	„	= 1 „ Seide,
22	„	= 1 chinesisches Cattie (f. oben).

Reismaaß ist der Caban (oder Cavan) von 25 Gantos = 98,28 Liter = 1,7935 spanisch-castilische Fanegas. — Der Caban Reis wiegt 126 bis 128 spanische Pfund. Im Großhandel wird der Reis nach dem Gewicht, und zwar nach dem Pikol, verkauft.

Cocosnußöl wird nach der Tinaja verkauft, welche 12 englische Gallons enthält und an Gewicht ca. 67 spanische Pfund ausmacht.

Die Tonelada (Schiffslast) ist hier das englische Ton von 2240 Pfund Avoirdupois.

Die Corja bei Manufakturwaaren ist = 20 Stück.

Handelsusanzen. Einfuhrwaaren werden in neuerer Zeit nicht über 1 bis 2 Monate Credit verkauft. Käufe von Landeserzeugnissen werden gegen baare Zahlung gemacht. — Bei Einfuhren trägt der Verkäufer Zoll und Landungskosten, bei Ausfuhren trägt der Käufer Zoll und Verschiffungskosten. — Verkaufscommission beträgt gewöhnlich 5 Proc., Einkaufscommission eben so viel; Delcredere 2½ Proc.

Verkaufsnormen: 1) für Einfuhrwaaren: Ellenwaaren theils nach dem Stück, theils nach der Corja von 20 Stück, theils nach dem englischen Yard. Strümpfe, Porzellan und Steingut, Spielkarten in Packeten, feine französische Weine, Bier und Olivenöl in Fäßchen nach dem Dutzend; holländischer Genever per 15 Flaschen; Anisette nach dem Korbe von 12 Bouteillen; Oliven in Flaschen oder Krügen; Xeres-Weine erster Qualität, gewöhnliche rothe Weine, Malaga und spanischer Branntwein von 36 Grad per Pipe; französische rothe Weine auch per Barrique, Muskatwein, spanischer Branntwein von 28 Grad per Baril (Fäßchen); Leinöl und Terpentinöl per Gallon; schwarze, weiße und grüne Schiffsfarbe, Theer per Faß; gesalzenes Ochsen- und Schweinefleisch per Faß; Messerwaaren, Kristall, Sonnenschirme in Papier, Parfümerien, ordinäre Seife, chinesisches Schreibpapier per Kiste; europäisches Papier per Kiste; Zinn in Tafeln, Opium, Quincaillerien per Kiste; Eisen, Blei (in Blöcken und in Tafeln), Zinn, Zink, schwedischer Stahl, Salpeter, Pottasche, indianisches Rohr, Seile aus Cocusfasern, Pfeffer, Sago per Pikol; Kupfer in Tafeln, kupferne und eiserne Nägel, Anker, Ketten, Kabel ꝛc., Kalksteine per spanischen Quintal; Butter, Baumwollengarn, unächter Gold- und Silberdraht per Libbra oder span. Pfund; feiner Gold- und Silberdraht per Onza; Hülsenfrüchte u. dergl. per Arroba. 2) Ausfuhrwaaren: Zucker, theils nach dem Pilon von 141 bis 145 span. Pfund, theils nach dem Pikol; Indigo nach dem Quintal; flüssiger Indigo (geringere Farbe) und Cocusnußöl nach der Tinaja; Reis nach dem Caban, welcher je nach der Qualität und je nachdem der Reis enthülset ist oder nicht, 90 bis 133 spanische Pfund an Gewicht enthält; gelbes Wachs per 110 spanische Pfund; Cigarren per Kiste von 100 Stück; Schildpatt und Vogelnester nach dem Cantle oder auch per span. Pfund; Goldstaub per Tale *) und per Onza; Segeltuch per Stück von 40 spanischen Varas; Damhirschfelle per 100 Stück.

Frachtusanzen. 1) Nach London, in Liv. Sterl. für Zucker, Sepanholz und rohe Häute per Ton von 20 engl. Hundredweight (s. London), für Hanf per Ton von 50 engl. Kubikfuß, für Cassia lignea per Kiste von ½ Pikol, für Cocusnußöl per engl. Tun von 252 Gallons. 2) Nach Singapore, in Realen, für Cigarren per 1000 Stück, für andere Waaren per Pikol Gewicht.

Mannheim,
Hauptstadt des badischen Unterrheinkreises.

Rechnungsart und Münzen wie Karlsruhe.
Maaße und Gewichte sind gesetzlich die badischen, s. Karlsruhe.

---

*) S. oben und den Art. Canton.

Von ältern Maaßen sind hier anzuführen: Das Malter für glatte Frucht = 111,08 Liter; das Malter für rauhe Frucht = 124,96 Liter. — Die kleine Ohm von 12 Vierteln zu 4 Maaß zu 4 Schoppen = 95,712 Liter; die große Ohm zu 20 Viertel zu 4 Maaß zu 4 Schoppen = 159,52 Liter.

Mantua,
Stadt in der gleichnamigen Delegation in der Lombardei.

Rechnungsart und Münzen. Seit 1858 rechnet man nach Gulden oder Fiorini zu 100 Soldi (Soldi austriaci) in der neuen österreichischen Währung oder dem 45-Gulbenfuße. Daher 1 Fiorino = 1 fl. 10 kr. rhn. = 20 ſgr. preuß.

Früher (von 1823 bis 1858) rechnete man nach österreichischen Liren (siehe Mailand). Im ehemaligen Herzogthum Mantua bestand auch eine Lira, die nur den britten Theil der Mailänder Curantlira (f. Mailand) ausmachte.

Maaße und Gewichte. Seit 1803 die metrischen (f. Mailand); im innern Verkehr gelten aber noch folgende Localmaaße: Der Piede (Fuß) zu 12 Pollici (Zoll) = 0,46686 Meter = 206,957 Par. Linien. — Der Braccio (die Elle) = 0,63797 Meter = 282,81 Par. Linien. — Der Cavezzo = 6 Fuß.

Getreidemaaß: Der Sacco zu 3 Staja zu 4 Quarti = 103,8155 Liter ober neue Pinte = 1,038155 Hektoliter oder lombardische Some (f. Mailand).

Weinmaaß: Der Soglio zu 60 Boccali = 54,682 Liter oder lombardische Pinte.

Oelmaaß: Der Moggio ist an Gewicht = 320 hiesige Pfund und an Rauminhalt = 117 Liter oder lombardische Pinte.

Handelsgewicht: Die Libbra (das Pfund) zu 12 Once (Unzen), zu 12 Donari zu 24 Grani = 310,529 Grammen oder neue Denari. — Der Rubbo = 25 Libbre = 7,763225 Kilogramm der metrischen Libbra.

Gold- und Silbergewicht wie in Mailand.

Messe. Sie findet jährlich von der Mitte Mai bis zum 25. Juni statt.

Marokko,
Hauptstadt des gleichnamigen Barbareskenstaats.

Rechnungsart und Münzen. Man rechnet nach dem Mitskal zu 4 Uckien zu 4½ Musunen *) zu 6 Quartos zu 4 Flus zu 4 Kirat. Der Mitskal ist gesetzlich dem halben spanischen Piaster gleich (f. Madrid). Im Großhandel rechnet man nach dem spanischen Piaster (hier Rial genannt) zu 100 Cents.

Geprägte Landsmünzen sind:

In Gold: Die Dublone (auch Mabribia genannt, weil sie auf Rechnung des Kaisers von Marokko in Madrid geprägt wurde) von 10 Rials oder spanischen Piastern, übrigens selten vorkommend.

Der Butaca oder Benboki von 2 Rials oder spanischen Piastern, und der halbe Benboki von 1 Rial.

Der Metbu'o oder Gold-Ducat von 1½ Rials.

Der halbe Mitskal, Rusf (d. i. halber) genannt, von ½ Rial.

---

*) Von den Spaniern „Blanquillos", von den Engländern „Blankeels" genannt.

In Silber: Der Rial (in runden und viereckigen Stücken ausgeprägt) im Werthe von 1 spanischen Piaster, übrigens fast gar nicht mehr im Umlauf.

Die Ukkia oder Unze, auch Dirhem (Drachme) genannt, nach Kelly im Werthe von ca. 11 kr. rhn. = 3½ sgr. preuß. = 15 nkr. öster.

Die Musune (Blanquillo, Blankeel), nach Kelly = ca. 2⁴/₅ kr. rhn. = 9³/₅ Pf. preuß. = 4 nkr. öster.

In neuerer Zeit prägt man in Kupfer Quartos (⅙ Musune). — Es sollen 100 Pfund Kupfer gesetzlich den Werth von 150 Ukkias, von 14,000 Flussen und von 57,600 Kiraten geben.

Maaße und Gewichte. Das Längenmaaß, die Dhra'à, von den Christen Codo (nämlich Arm oder Elle) genannt, wird in 8 Tomi (d. h. Achtel) eingetheilt und ist = 0,571 Meter.

Getreidemaaß: Der Muhd oder die Almuda ist in den Häfen = ca. 14 Liter. Der Sahh hat 4 Muhd. Außer diesen einheimischen sind auch die Fanega und andere spanische Maaße im Gebrauch, deren Inhalt, wie Kelly bemerkt, zur Zeit ihrer Einführung wahrscheinlich der richtige war, aber jetzt je nach dem Ort so verschieden ist, daß man keinen sichern Maaßstab dafür annehmen kann.

Oelmaaß: Die Cula ist = ca. 15 Liter. — Die übrigen Flüssigkeiten werden nach dem Gewicht verkauft.

Handelsgewicht: Der gewöhnliche Centner oder Kintar hat 100 Artal, Rotal oder Pfund, und stimmt mit dem englischen Centner von 112 engl. Pfund (s. London) überein. Ein Artal = 508 Grammen (genauer 508,03 Grammen, den engl. Centner zu 50,803 Kilogramm gerechnet). Nach Kelly gibt es noch ein anderes Pfund, welches nach dem Gewicht von 20 spanischen Piastern regulirt wird, wonach 100 solcher Pfund = ca. 54 Kilogramm (wenn man durchschnittlich 18½ span. Piaster auf 1 Zollpfund oder 500 Grammen Brutto rechnet). Nach diesem Pfunde soll die Verzollung von Wolle, Oel, Leder ꝛc. berechnet werden.

Marseille,

Hauptstadt des Departements der Rhonemündungen.

Rechnungsart und Münzen wie Paris.

Curssystem.

Barcelona	30 Tage dato ±	5 ¼ Franken für	1 Peso duro.
Constantinopel } Smyrna	„ „ „	185 Paras „	1 Frank.
Malta	kurze Sicht	„ 205 Centimen „	1 malteser Scudo.
Rom	„ „ „	5 Franken „	1 röm. Scudo.
Gibraltar	„ „ „	5 ¼ „ „	1 Peso duro.

Die übrigen Cursnotirungen sind von derselben Art wie diejenigen im Pariser Cursblatt, mit Ausnahme von Antwerpen, Augsburg, Berlin, Frankfurt am Main, Lissabon, Porto und Petersburg, auf welche Plätze hier keine Curse notirt werden. Auf die französischen Plätze wird der Curs in Procenten über oder unter Pari, je nach der Sicht des Wechsels, notirt.

Münzcurse. Von fremden Münzen notirt man spanische Quadrupel und spanische Piaster.

Gold und Silber in Barren notirt man wie in Paris.

Fondscurse. Von städtischen Schuldscheinen notirt man 4 ½-procentige ältere Obligationen zu 1000 Franken, 5-procentige Obligationen von 1000 Franken Nennwerth der Lotterie-Anleihe vom Jahr 1849, 5-procentige Obligationen von 1000 Franken Nennwerth der Anleihe vom Jahr 1854, und 5 ¼-procentige Obligationen von 1000 Franken Nennwerth der Anleihe vom Jahr 1854 und 1857. Im Effectenhandel richtet man sich nach Paris.

Maaße und Gewichte sind die im ganzen Lande eingeführten metrischen (f. Paris); doch sind einige der alten Marseiller Maaße und Gewichte mitunter noch im Gebrauche, und zwar folgende:

Getreidemaaß: Die Charge (Last) zu 8 Pansux zu 4 Civadiers zu 2 Piootins = 160 Liter.

Weinmaaß: Die Millerolle zu 4 Escandaux zu 15 Pots zu 4 Quarts ist nach Kelly = 64,33 Liter, wird aber gewöhnlich nur zu 64 Liter gerechnet.

Oelmaaß: Die Oel-Millerolle zu 4 Escandaux zu 40 Quarterons ist = 64 Liter und an Gewicht 58 bis 59 Kilogramm.

Handelsgewicht: Das Livre Poids de table zu 16 Onces zu 8 Gros zu 72 Grains ist = 407,93 Grammen. — 100 solcher Livres = 1 Quintal. — 3 Quinteaux = 1 Charge (Last). — 6 Pfd. Poids de table = 5 Livres Poids de marc (f. Paris).

Gold- und Silbergewicht war das alte Pariser Markgewicht, Poids de marc.

Platzgebräuche. Die Gewichtswaaren werden per ½ Kilogramm, oder per '50 Kilogramm und mitunter per 100 Pfund Poids de table verkauft; französische Weine per Barrique (oder Oxhoft) von Bordeaux *) zu 30 Veltes zu 8 Pintes (f. Bordeaux), welche man hier zu 29 bis 30 Veltes und = 224 Liter rechnet; Rothwein für Brasilien und Portwein per Pipe von 70 bis 72 Veltes; Madeira per Pipe von 60 Veltes; Muskatwein per Kistchen von 12 Bouteillen oder auch per Barrique; Tarragona, Benecarlo, catalonischer und korsikanischer Wein per Originalpipe; Malaga per spanische Arroba; Rum per Velte; Branntwein, Sprit per 5 Veltes; Cognac per 5 Veltes oder per Pipe von 60 Veltes; Spirituosen verkauft man jetzt auch per Hektoliter; Oel per Millerolle von 64 Liter, Provencer Oel aber per 50 Kilogramm; Oliven theils per 50 Kilogramm, theils per Fäßchen von 72 Kilogramm; Salz per Last von 2000 Kilogramm; Malagarosinen per Kistchen von 1 span. Arroba; Rosenöl per Unze Pariser Markgewicht; Citronen per Kiste von 490 Stück; Getreide und Hülsenfrüchte per Charge; Korkstöpsel per 1000 Stück in Ballen von 3000 Stück incl. Emballage; Felle per 50 Kilogramm oder auch per Dutzend, Hasenfelle aber per 100 Stück; Theer per Tonne; Bretter per Dutzend; Pipenstäbe per 100 Stück; Masten, Balken und Schiffplanken per alten Pariser Kubikfuß.

Alle Ausfuhrartikel verstehen sich frei an Bord oder auf die Fuhre; die Preise der Einfuhrwaaren aber im Entrepot; die des Getreides insbesondere entweder im Entrepot oder verzollt.

Tara-Usanzen. Gewöhnlich finden folgende Usanzen statt, wofern die Betheiligten nicht die wirkliche Tara annehmen: Baumwolle, Mako (ägyptische

---

*) Daher auch blos Bordelaise genannt.

ober alexandrinische Baumwolle) 4 Proc., nordamerikanische 6 Proc., mit Stricken 8 Proc.; Cacao in Säcken 1 Proc.; Caffee, Brasil. und Haiti in Säcken 1 Proc., Havanna 1 ½ Proc.; Canehl von Ceylon (Zimmt), einfach verpackt 2 ½ Kilogr., doppelt verpackt 5,3 Kilogramm per Curle; Citronensaft in Fässern 10 Proc.; Corinthen von Lipari in Fäßchen 5 Kilogramm per Faß; dito Zante in ganzen Fässern 8 Proc., in halben 10 Proc.; Gelbbeeren in Säcken 1 Proc.; Gummi aller Art in Säcken 1 Proc.; Jalappe in Seronen 5,3 Kilogramm per Serone; Indigo, Guatimala, Carac. in Seronen von 40 bis 50 Kilogramm 6 ½, von 50 bis 66 Kilogramm 7,4, von 66 bis 82 Kilogramm 9 Kilogramm per Serone; Ingber in Säcken 1 Proc.; Kameelhaare 5 bis 6 Proc.; Krappwurzeln von Cypern 4 Proc.; Nelken in Ballen 2,2 Kilogramm per Ballen; Orlean in Fässern 17 Proc. und 4 Proc. vom Netto für Blätter; Pfeffer in Säcken 1 Proc. und 1 ½ Proc. für Staub; Piment in Säcken 1 Proc.; Quercitron in Fässern 10 Proc.; Safflor, span. in Säcken 1 Proc., ägyptischer in Kaffa's 36,8 Kilogramm per Kaffa; Siena-Erde in Fässern 10 Proc.; Tabak in Fässern 12 Proc., in Ballen 2 Proc.; Umbra-Erde in Fässern 10 Proc.; Zucker, Brasil. in Kisten 18 Proc.; Havanna 14 Proc.

Mit der Emballage (Brutto für Netto) berechnet man: Citronenschaalen, Feigen, Galläpfel, Korkholz, Lavendelblumen, Mandeln in Säcken, Pomeranzen, Früchte und Schalen, Rosinen, Sumach und Wau.

Die Waaren-Courtage wird sowohl vom Käufer als vom Verkäufer bezahlt, und beträgt bei Summen über 1200 Franken ⅓ Proc., bei Summen unter 1200 Franken ½ Proc.

Bei Schiffsbefrachtungen rechnet man die Last zu 2040 Kilogrammen, bei Wein, Branntwein und andern Spirituosen aber auch zu 240 Veltes, sowie bei Oel zu 28 Millerolles. Die Fracht wird auf leichte Güter (die viel Platz einnehmen) höher bedungen als auf schwere; so rechnet man für Droguen gewöhnlich das Doppelte, und Korkstöpsel werden häufig in drei- bis vierfacher Last verladen.

Banken. Die ehemalige Banque de Marseille ist im Jahr 1848 eine Filiale der Bank von Frankreich (s. Paris) geworden. Die Banque d'échange von C. Bonnard u. Cie. ist nach Paris verlegt worden (vergl. den Art. Magdeburg). — Eine Société du crédit foncier ist nach dem Muster der gleichnamigen Pariser Gesellschaft gegründet worden. Außerdem gibt es hier mehrere andere Actiengesellschaften für Wechselgeschäfte, Versicherungen ꝛc.

Martinique,
französische Insel in Westindien mit der Hauptstadt Fort-Royal.

Rechnungsart und Münzen. Man rechnet, wie in Frankreich, nach Franken zu 100 Centimen; im gewöhnlichen Verkehr wird aber auch nach Colonial-Livres zu 20 Sous zu 12 Deniers gerechnet und 180 solcher Livres sind = 100 Franken.

Auf Guadeloupe, nächst Martinique die wichtigste der französischen Antillen, sollen 185 Colonial-Livres = 100 Franken gerechnet werden.

Die Waarenpreise werden auch mitunter in spanischen Piastern, die man hier Dollars oder Gourdes nennt, angesetzt.

Außer den französischen Münzen curfiren hier besonders spanische, amerikanifche, portugiefifche und englifche Gold= und Silbermünzen. Im Jahr 1826 find für die französifchen Colonien Bronze=Stücke zu 5 und 10 Centimen (1 und 2 Sous) geprägt worden.

Wechfelcurfe werden gewöhnlich nur auf Paris und französifche See= plätze notirt, und zwar mit mehr oder weniger Procenten Agio oder Discont, je nach Sicht. Auf New=York verfteht fich der Curs in Franken per 1 Dollar.

Maaße und Gewichte find gefetzlich die französifchen (f. Paris); im Handelsverkehr find aber auch die alten Parifer Maaße und Gewichte und das alte englifche Wein=Gallon wie nachftehend im Gebrauch.

Die Aune = 1,191 Meter. — Für Hülfenfrüchte dient der Baril (das Faß) zu 4 Frequins = 55 alte Parifer Pots = 102,445 Liter. — Auf Gua= beloupe foll der Baril nur 52 Pots haben. — Flüffigkeitsmaaß ift die Barrique (das Oxhoft) zu 100 alten Parifer Pots zu 2 Pintes = 186,26 Liter.

Das alte englifche Wein=Gallon wird = 2 Pots gerechnet.

Für Syrup ꝛc. dient der Baril von 30 Gallons, der Tierçon von 65 Gal= lons, der Boucaut von 105 Gallons. — Der Boucaut für Rum = 114 Gallons.

Die Barrique Zucker = 1000 Pfund altes Parifer Marktgewicht = 489,5 Kilogramm.

Die Schiffslaft = 2000 Pfund.

Bank. In St. Pierre befteht feit 1852 eine Bank, welche gleichen Ur= fprungs wie diejenigen für die Infeln Guadeloupe und Réunion (Isle de Bourbon) und für das französifche Guyana ift. Die Statuten diefer von der Regierung verordneten Banken find durch Gefetze vom Jahr 1851 vorgefchrieben. Das Capital jeder der erften drei Banken ift auf 3 Mill. Franken (dasjenige der Bank von Guyana auf 700,000 Fr.) feftgefetzt worden. Der Fonds von 3 Millionen Franken war zu einem Achtel von der französifchen Regierung als Entfchädigung für die Sclaven=Freigebung und der Reft durch Actienzeichnungen zu befchaffen. Jede obiger Banken ift in ihrer Colonie ausfchließlich berechtigt, Noten von 500, 100 und 25 Franken auszugeben, welche von den öffentlichen Caffen an Zahlungs= ftatt angenommen werden müffen. Die Bank von Guadeloupe hat ihren Sitz in Pointe-à-Pitre, die von der Infel Réunion in St. Denis; und die in der Guyana in Cayenne (f. diefen Art.).

Diefe Banken dürfen 1) Wechfel, fowie Tratten auf den öffentlichen Schatz oder von demfelben, auf Minifterien und öffentliche Caffen biscontiren; 2) ver= läufliche oder nicht verläufliche Obligationen, verbürgt durch Niederlagsfcheine, durch Ceffion der Ernten, durch Uebertrag von Renten oder durch Hinterlegung von Barren, Geldern und andern Gegenftänden, von Gold= und Silber biscontiren; 3) den Einzug von Geldern für Rechnung von Privaten und öffentlichen Anftalten übernehmen; 4) gegen Aufbewahrungsgebühr Depofiten von Werthpapieren, Bar= ren, Gold und Silber übernehmen. Die Dauer derfelben ift vorläufig auf 20 Jahre feftgefetzt. Sie können auf fpecielle Ermächtigung der Regierung Zweig= banken (Succursales) oder Contore (Comptoirs) und Agenturen (Agences) in ihren Colonien errichten. Eine Centralagentur (Agence centrale) der Colonial= banken befteht in Paris. Der Centralagent vertritt die Banken in ihren Ge= fchäften mit Paris. Eine vom Minifter der Marine und der Colonie bezeichnete öffentliche Creditanftalt vollzieht auf das Vifa des Centralagenten die betreffen=

ben Einkassirungen und Zahlungen für jede Bank, und jene Anstalt führt für jede der Banken eine getrennte laufende Rechnung *).

Maulmain,

Handelsplatz im britischen Hinterindien.

Rechnungsart und Münzen wie Calcutta (s. d. Art.). Außer der Compagnie=Rupie circuliren hier spanische, mexikanische und südamerikanische Piaster (Dollars), spanische und mexikanische Dublonen und englische Sovereigns.

Maaße und Gewichte. Längenmaaß ist im Großhandel das englische Yard (s. London).

Teakholz wird nach dem englischen Ton von 50 englischen Kubikfuß verkauft.

Maaß für Reis: 1) für geschälten und halbgeschälten Reis: der Korb (Basket) entspricht einem Gewicht von 65 engl. Pfund Avoirdupois = ca. 30 Kilogramm. 2) Für ungeschälten Reis, Reis en paillo (in Stroh) liefert der Korb ein Gewicht von 45 bis 50 engl. Pfund. Der Preis des Reises versteht sich per 100 Körbe.

Handelsgewicht ist der Bazar=Mound von Calcutta (s. d. Art.). Außerdem ist der chinesische Pikol (s. Canton) und als kleineres Gewicht der birmanische Bis im Gebrauch; letzterer ist = ca. 1½ Kilogramm; von der bengalischen Faktorei wird derselbe = 3⅓ engl. Pfd. Avoirdupois gerechnet. — Der Stocklack wird per 100 Bis verkauft.

Mauritius,

vormals Isle de France, eine der maskarenischen Inseln unter britischer Herrschaft, mit der Hauptstadt Port Louis.

Rechnungsart und Münzen. Im Großhandel wird, wie in England, nach Pfunden, Schillingen und Pence Sterling (s. London) gerechnet. Im gewöhnlichen Verkehr ist aber auch der sogenannte Colonialpiaster oder Curantdollar zu 100 Cents und der Colonialfran zu 20 Colonialsous noch im Gebrauche. Keine dieser Rechnungsmünzen ist geprägt. Man rechnet 1 Curantpiaster = 10 Coloniallivres und 2 Coloniallivres = 1 Frank, wonach der Curantpiaster 5 Franken gilt. Die Regierung rechnet den spanischen Piaster = 4 Schillinge 4 Pence.

Unter französischer Regierung (bis etwa 1810) prägte man für die Colonie Silberstücke zu 10 Coloniallivres oder Colonialfranken und Kupferstücke, Sous marqués genannt, zu 3 Colonialsous oder 1½ Cents.

Unter der englischen Regierung sind in London für die Colonie geprägt worden ganze, ½=, ¼=, ⅛= und 1/16=Piaster, beziehlich zu 100, 50, 25, 12½ und 6¼ Cents, angeblich im Zahlwerthe der spanischen Piaster.

Von fremden Münzen cursiren hier, außer den englischen, besonders indische Rupien (s. Calcutta), spanische, französische und österreichische (Conventions=

*) Durch Gesetz vom 30. April 1849 ist den Colonisten in Martinique, Guadeloupe, Guyana, Réunion, Senegal Goë-bé und Ste. Marie eine Entschädigung für die durch Gesetz vom 4. März und 27. April 1848 freigewordenen Sclaven bewilligt worden. Diese Entschädigung wird (oder ist) geleistet (worden) durch eine auf dem Großbuche Frankreichs eingetragene 5-procentige Rente im Betrage von 6 Mill. Franken und durch eine Baarzahlung von 6 Mill. Franken. Alle Schwarzen in den Colonien und die auf Zeit engagirten im Senegal, befreit durch diese Gesetze, gaben ihren bisherigen Eigenthümern Anspruch auf Entschädigung, und nur diejenigen sind davon ausgenommen, welche nach dem Gesetze vom 4. März 1831 Sclaven in die Colonie eingeführt hatten.

Speciesthaler) Münzen. Der Sovereign wird zu 5 Curantpiaster fest und mit
veränderlichem Agio notirt.

Papiergeld, s. unten.

Wechselcurse notirt man auf London für 90 oder 60 Tage nach Sicht
mit mehr oder weniger Proc. Prämie (Aufgeld) oder Disconto (Verlust). Auf
Paris wird in Franken gegen Franken gewechselt, wobei die Fünffrankenstücke zu
einem Curantpiaster mit ± Proc. Prämie gerechnet werden.

Maaße und Gewichte. Im Handel sind die alten französischen Maaße
und Gewichte noch im Gebrauche; beim Zollwesen dagegen nur die englischen.

In der Praxis rechnet man 15 Pariser Fuß = 16 englische Fuß und
7 Aunes = 9 engl. Yards.

Flüssigkeitsmaaß: Das Faß (Cask) oder Oxhoft (Barrique) hat 30 Pariser
Veltes, und man rechnet die Velte = 2 alte englische Weingallons.

Handelsgewicht ist das alte Pariser Markgewicht (Poids de marc). Man
rechnet 100 Pfd. Markgewicht = 108 engl. Pfund Avoirdupoids. — Das Ton
hat 20 Quintals (Quintaux) oder 2000 Pfd.

Kaffee wird per Sack von 100 Pfd. oder auch per 160 Pfd., Baumwolle
per Ballen von 250 Pfd. Markgewicht verkauft.

Auf eine Schiffslast rechnet man 2000 Pfd. Markgewicht oder 2160 engl.
Pfd. Avoirdupoids für Gewichtswaaren.

Bank. Die im Jahr 1831 mit einem Capital von 500,000 Piastern
gegründete Commercialbank macht hauptsächlich Discontgeschäfte. Seit 1849 gibt
sie keine eigenen Noten mehr aus, soll aber in Folge eines Vertrags mit der
Regierung 100,000 Liv. Sterling in Regierungsnoten (Papiergeld der Colonialregierung) erhalten haben, wogegen sie die Geldgeschäfte der Colonialregierung
kostenfrei zu besorgen hat. Die Noten lauten über 5 und 10 Rupien und werden
auf Verlangen bei der Bank zu 1 ⁵⁄₁₆ Schill. Sterl. per Rupie eingelöst (Noback).

Mecklenburg, s. Neu-Strelitz, Rostock und Schwerin.

Meiningen,
Hauptstadt des Herzogthums Sachsen-Meiningen-Hildburghausen.

Rechnungsart und Münzen. Man rechnet nach Gulden zu 60 Kreuzer
zu 4 Pfennigen, früher zu 24 ½ Gulden per Cölnische Mark fein Silber, jetzt
im 52 ½-Guldenfuße. Im kleinen Verkehr theilt man den Gulden rhn. auch in
12 Batzen zu 5 Kreuzer. Früher rechnete man bei Mieth- und Dienstverträgen,
Zinsen, Verkauf von Grundstücken ꝛc. nach fränkischen Gulden zu 15 Batzen oder
zu 20 guten Groschen zu 12 guten Pfennigen, den Gulden = 1 ¼ fl. rhn. Bei
öffentlichen Cassen rechnete man auch nach Thalern zu 24 guten Groschen oder
zu 18 Batzen, den Thaler = 1 ½ fl. rhn.

Aeltere und neuere Landesmünzen sind:

Speciesthaler im Feingehalte von 833 ⅓ Tausendtheilen, 21,3807 Stück
auf das Pfund fein, = 2 fl. 27 kr. rhn. = 1 Thlr. 12 sgr. preuß. = 2 fl.
10 nkr. öster.

Saalfelder Ausbeute-Gulden vom Jahr 1829 im Feingehalte von 989 ⁷⁄₁₂
Tausendtheilen, 42,7615 Stück auf das Pfund fein, = 1 fl. 13 kr. rhn. = 21 sgr.
preuß. = 1 fl. 5 nkr. öster. — Gulden, seit 1830, im Feingehalte von 750 Tau-

sendtheilen, 51,9552 Stück auf das Pfund fein, = 1 fl. 2½ Pf. = 17 sgr. 3⅓ Pf. = 86 nkr. öster.

3½ = Guldenstücke oder 2 = Thalerstücke, seit 1841, im Feingehalte von 900 Tausendtheilen, 14,9665 Stück auf das Pfund fein, = 3 fl. 30 kr. 1⁴⁄₅ Pf. = 2 Thlr. 1³⁄₅ Pf. preuß. = 3 fl. öster. — Zwei-Guldenstücke, Guldenstücke und halbe Gulden nach Verhältniß.

Vereinsthaler zu 1¾ Gulden rhn. nach dem Vertrag von 1857.

Goldmünzen sind früher nicht geprägt worden.

Papiergeld. Cassenanweisungen zu 1 Thaler (im alten 14-Thalerfuße) vom Jahr 1849 und solche zu 10 Thaler vom Jahr 1856. Sie haben Zwangs- umlauf, aber keine Einlösungscasse. — Banknoten (s. unten).

Inländische Staatspapiere. 3½-procentige Staatsschuldbriefe, im Jahr 1857 im Gesammtbetrage von ca. 3 Mill. Gulden.

In Wechselgeschäften richtet man sich nach den Cursen von Frank- furt a/M. Die allgemeine deutsche Wechselordnung ist seit 1848 eingeführt.

Maaße und Gewichte. Der Werkfuß = 125,52 Paris. Linien. — Vermessungsfuß ist der alte Nürnberger, = 134,75 Paris. Linien. — Die Elle = 281,9 Paris. Linien.

Feldmaaß: Der Acker hat 160 Quadrat-Ruthen = 28,9765 Aren.

Brennholzmaaß: Die Klafter von 126 Kubik-Werkfuß = 2,8604 Kubik- Meter oder Steren.

Getreidemaaß: Das Malter hat 4 Metzen zu 2 Maaß; das Maaß = 20,888 Liter, oder das Malter 167,1 Liter *).

Flüssigkeitsmaaß: Die Ohm oder Tonne zu 2 Eimer zu 32 Schenkmaaß = 65,45 Liter; daher die Schenkmaaß = 1,02266 Liter.

Handelsgewicht: Seither das alte Nürnberger Gewicht (s. Nürnberg); die Einführung des deutschen Zollpfundes bevorstehend oder schon erfolgt.

Gold-, Silber- und Medicinalgewicht: Das alte Nürnberger.

Münzgewicht: Das Zollpfund.

Bank. Im Jahr 1856 ist die „mitteldeutsche Creditbank in Meiningen" gemeinschaftlich von mehreren Häusern in Frankfurt a/M., einem Hamburger, einem Leipziger und einem Meininger Hause in der Art des Pariser Crédit mobilier gegründet worden. Actien-Capital 8 Mill. Thlr. in 80,000 Actien zu 100 Thlr. Dauer der Gesellschaft bis zum 1. Jan. 1956. Zum Geschäftskreise der Bank gehören die gewöhnlichen Bank- und Wechselgeschäfte; außerdem darf sie anonyme Gesellschaften zum Behufe der Ausführung oder des Ankaufs von Eisenbahnen oder sonstiger Verkehrsmittel, von mercantilen und industriellen Unternehmungen für sich allein oder in Gemeinschaft mit Andern bilden oder andere derartige für sich bereits bestehende, oder in der Entstehung begriffene Societäten und Etablisse- ments Einzelner zu einer Gesammtgesellschaft vereinigen oder fusioniren und Noten, jedoch nicht in Stücken unter 10 Thlr., ausgeben. — Vom Reingewinn werden zunächst Zinsen bis zu 4 Procent bestimmt; sodann wird ¹⁄₁₀ des Restes dem Reservefonds überwiesen. Vom Rest erhalten die Gründer für die ersten zwanzig Jahre eine Tantieme von 10 Proc.; der Verwaltungsrath und die Direction eine Tantieme von ebenfalls 10 Proc., und 80 Proc. werden als Dividende, nebst den obigen Zinsen an die Actionäre vertheilt. — Seit 1849 besteht hier auch eine Landes-Creditanstalt.

---

*) Das Getreidemaaß ist aber in den verschiedenen Ortschaften von unterschiedlicher Größe.

Melbourne,

Hauptstadt der britischen Colonie Victoria in Australien.

Rechnungsart und Münzen, s. London.

Der Wechselcurs auf London wird gewöhnlich für 30 Tage nach Sicht al pari, d. h. 100 Liv. Sterl. hier für 100 Liv. Sterl. auf London, und für je weitere 30 Tage der Sicht zu ± 1 Proc. Disconto notirt.

Maaße und Gewichte, s. London.

Der Preis des Goldes wird in Schillingen Sterl. per Troy-Unze (s. London) und die Fracht für Gold in Pence Sterl. per Unze berechnet.

Banken. Es gibt hier mehrere Banken; die bedeutendste derselben ist die Bank of Australasia mit einem Fonds von 22,500 Actien zu 40 Liv. Sterl. Diese und die übrigen Banken pflegen hauptsächlich zwischen dem Mutterlande und der Colonie den Verkehr zu vermitteln, Creditbriefe und Wechsel diesseits und jenseits des Oceans auszustellen und Incasso's für überseeische Rechnung in England und für englische Rechnung über See zu besorgen. Sie stellen Noten aus, welche nur in der Colonie cursiren und haben an verschiedenen Plätzen Filiale (Hübner).

Memel,

Kreisstadt in Preußen, an der Mündung des kurischen Haffs in die Ostsee.

Rechnungsart und Münzen, Maaße und Gewichte, s. Berlin und Königsberg.

Menorca,

oder Minorca, die kleinere der spanischen balearischen Inseln, s. Mallorka.

Messina,

Handelsstadt auf der Insel Sicilien, s. Palermo.

Mexico,

Hauptstadt der vereinigten mexicanischen Freistaaten.

Rechnungsart und Münzen. Man rechnet nach Pesos (Piastern, Dollars) zu 8 Reales zu 4 Cuartillos zu 3 Granos, oder auch zu 100 Cents. Der Real zu 12 Granos = 70⅚ Dineros. Die Granos und Dineros sind Rechnungsmünzen, also nicht geprägt.

Aeltere und neuere mexicanische Münzen sind folgende:

Onza de oro oder Doblone zu 8 Escudos de oro oder zu 16 Pesos (wie in Spanien seit 1786), gesetzmäßig im Feingehalte von 875 Tausendtheilen, 21,1137 Stück auf das Pfund fein; daher = 2,36813 deutsche Krone.

Onza des Kaisers Augustinus von 1823, nach Münzproben im Feingehalte von 865 Tausendtheilen, 21,3857 Stück auf das Pfund fein; daher = 2,33801 deutsche Krone.

Onza der Republik von 1827, befunden im Feingehalte von 864 Tausendtheilen, 21,4055 Stück auf das Pfund fein; daher = 2,33585 deutsche Krone.

Onza von 1831, befunden im Feingehalte von 868 Tausendtheilen, 21,2994 Stück auf das Pfund fein; daher = 2,34748 deutsche Krone.

Onzas aus verschiedenen Jahren und verschiedenen Münzstätten, nach Untersuchungen in Philadelphia, durchschnittlich im Feingehalte von 866 Tausendtheilen, 21,3929 Stück auf das Pfund fein; daher = 2,33722 deutsche Krone (Noback).

Die Onzas werden auch in Stücken zu $^1/_2$, $^1/_4$, $^1/_8$ und $^1/_{16}$ Onza geprägt.

Silbermünzen: Peso, Piaster oder Dollar zu 8 Reales de Plata mexicana (wie in Spanien seit 1772) gesetzmäßig im Feingehalte von 902$^7/_9$ Tausendtheilen, 20,4641 Stück auf das Pfund fein, = 2 fl. 33$^3/_{10}$ kr. rhn. = 1 Thlr. 13$^9/_{10}$ sgr. preuß. = 2 fl. 19 nkr. öster.

Piaster von Kaiser Augustinus vom Jahr 1823, befunden im Feingehalte von 896 Tausendtheilen, 20,5813 Stück auf das Pfund fein, = 2 fl. 33 kr. rhn. = 1 Thlr. 13$^7/_{10}$ sgr. preuß. = 2 fl. 18$^6/_{10}$ nkr. öster.

Piaster der Republik vom Jahr 1826, befunden im Feingehalte von 900 Tausendtheilen, 20,6015 Stück auf das Pfund fein; = 2 fl. 32$^7/_{10}$ kr. rhn. = 1 Thlr. 13 sgr. preuß. = 2 fl. 18 nkr. öster *).

In Guadalaxara sollen 1833 und 1834 Piaster geprägt worden sein, welche im Schrot und Korn bedeutend schlechter sind. Das Münzzeichen der Münzstätte in Guadalaxara ist G^A.

Halbe Pesos sollen angeblich nicht mehr geprägt werden; dagegen werden Viertel-Pesos oder Pesados zu 2 Reales de plata in Menge geprägt (nach Nelkenbrecher) im Werthe von 37 kr. rhn. = 10$^7/_{10}$ sgr. preuß. = 53 nkr. öster.

Kupfermünzen: Die hier geprägten Cuartillos oder Viertel-Realen, sowie die Tlacos oder Clacos oder Achtel-Realen sind zum vierfachen Werthe des Metalls ausgebracht. — Kupfergeld soll im Großhandel nicht gezählt, sondern gewöhnlich in Säcken von 100 Pesos Nennwerth in Zahlung gegeben werden, verliert aber 50—55 Proc.

Die spanischen und mexicanischen Onzas werden zu 16 Piastern oder zu 16 Piastern fest mit einem kleinen Agio ausgebracht; die Onzas der süd- und mittelamerikanischen Freistaaten, besonders die columbischen, stehen dagegen unter 16 Piaster.

Wechselcurse. Mexico wechselt gewöhnlich auf

London,	60 Tage nach Sicht zu ±	45 Pence für 1 Peso.
Hamburg,	dto.	„ 45 Schilling (banco) für 1 Peso.
Paris u. Bordeaux,	dto.	„ 475 Centimen für 1 Peso.
Newyork,	30 Tage nach Sicht	„ 4 Proc. Prämie, d. h. ± 104 hiesige Piaster für 100 Dollars in Newyork.
Veracruz,	k. Sicht	„ 4 bis 10 Proc. Prämie, d. h. 104 bis 110 Piaster für 100 Piaster in Veracruz.
Havanna,	60 Tage nach Sicht	wie auf Veracruz.
Amsterdam,	dto.	„ 2½ fl. holl. für 1 Piaster.

Auf inländische Plätze wird mit mehr oder weniger Proc. Prämie oder Discont gewechselt.

---

*) Nach neueren Untersuchungen der mexicanischen Piaster in Newyork soll das durchschnittliche Gewicht derselben 416½ engl. Grai s und der Feingehalt durchschnittlich 896 Tausendtheile betragen. Nach Hanptgeld gehen 573,246 Grammen auf das (engl.) Troyfund (welches = 5760 Grains); daher das durchschnittliche Gewicht des Piasters = 16,9 ss Grammen, und der durchschnittliche Gehalt an fein Silber = 24,255224 Grammen; folglich gehen durchschnittlich 20,63 Piaster auf das Pfund fein (von 500 Grammen): daher der Piaster = 2 fl. 32 8/100 kr. rhn. = 1 Thlr. 13 4/100 sgr. preuß. = 2 fl. 18 5/10 nkr. öster.

Wechſelrechtliches. Nach einer Verordnung vom 15. Nov. 1841 haben ſich die Gerichte nach den früheren Handels- und Wechſelgeſetzen von Bilbao zu richten, inſoweit dieſe nicht aufgehoben ſind.

Staatspapiere. Die auswärtige oder engliſche Schuld wurde in den Jahren 1823, 1824 und 1825 zu 5 Proc. und 6 Proc. in London contrahirt. In Folge rückſtändiger Zinſen fanden unter Capitaliſirung derſelben mehrmalige Converſionen ſtatt. Durch die Converſion vom Jahr 1850 entſtanden die drei-procentigen Obligationen. Obgleich 30 Proc. der Einfuhrzölle zur Zahlung der Zinſen angewieſen werden ſollten, ſo iſt man, in Folge der unverhältnißmäßig großen Schuldenlaſt *) und ſchlechten Finanzlage des Landes, dennoch damit wieder im Rückſtande geblieben. Im April 1861 wurden die 3-procentigen Obligatio-nen in London zu ca. 23 Proc. notirt.

Maaße und Gewichte ſind im Allgemeinen die ſpaniſch-caſtiliſchen. Die Vara (Elle) ſoll etwas größer als die unter Madrid angegebene caſti-liſche Vara ſein. Man rechnet hier, wie in Havanna, 108 Varas = 100 engl. Yards = 160 Hamburger Ellen; 140 Varas = 100 alte Pariſer Aunes; 81 Varas = 100 brabanter Ellen, 67 Varas = 100 Leipziger Ellen.

Beim Getreidemaaß hat die Carga oder Laſt 12 Fanegas zu 12 Almudas. Man bedient ſich auch des alten engliſchen Wincheſter-Buſhels (ſ. London).

Cacao verkauft man nach der Fanega von 110 Libras oder Pfund, mit Ausnahme des Maracaibo-Cacao, welcher nach der Fanega von 96 Pfund ver-kauft wird.

Wein und Branntwein verkauft man mehrentheils nach dem Baril (Faß) von 19 bis 20 alten engl. Gallons.

Handelsgewicht wie in Havanna. Den Quintal von 100 Pfund rechnet man hier = 95 Hamburger Pfund.

Vanille verkauft man per Millar von 1000 Schoten.

Minden,
Hauptſtadt des gleichnamigen Regierungsbezirks der preußiſchen Provinz Weſtphalen.

Rechnungsart, Münzen, Maaße und Gewichte, ſ. Berlin.
Garnmaaß: Der Garn-Haſpelumfang = 2 Ellen. — Das Stück feines Garn hat 20 Gebinde zu 60 Faden = 2400 preuß. Ellen. — Das Stück Molt-garn zu 20 Gebinde zu 50 Faden = 2000 preuß. Ellen.

Mitau,
Hauptſtadt des ruſſiſchen Gouvernements Kurland.

Rechnungsart, Münzen, Maaße und Gewichte, ſ. Libau.
Früher rechnete man im Handelsverkehr nach Albertsthalern, wie in Libau (vergl. d. Art.).

Seit 1830 beſteht hier der kurländiſche adeliche Creditverein. Gegen Be-leihung der Güter werden 4-procentige kurländiſche Pfandbriefe zu 100, 500,

---
*) Nach H. Scherer beträgt die innere Schuld 75,615,992 Piaſter,
die äußere 52,744,704 -
die nicht regulirte 5,163,546 -
zuſammen 133,524,242 Piaſter.

1000 und 5000 Silber-Rubel ausgestellt, welche theils auf Namen, theils auf Inhaber lauten und an der Rigaer und Hamburger Börse Curs haben.

Markt. Stark besuchter Markt zur Zeit der sogenannten Johannis-contrakte, 4 Wochen dauernd.

Modena,
Hauptstadt des früheren Herzogthums Modena.

Rechnungsart und Münzen. Seit 1808 rechnet man nach Lire nuove di Modena zu 100 Centesimi in dem in Frankreich geltenden Münzfuß; also die Lira = dem franz. Franken. Vor 1808 rechnete man nach Lire zu 20 Soldi zu 12 Denari modenesi, welche Rechnungsart noch nicht außer Gebrauch gekommen ist. Es werden 33 jetzige Liren (Franken) = 86 alte modenesische Liren gerechnet, daher eine solche Lira = 10 kr. rhn. = 2⁶/₇ sgr. preuß. = 14²/₇ nkr. öster.

Münzen des (frühern) Herzogthums Modena sind:

In Gold: Stücke zu 20 und 40 Lire nuove oder italiane, in der französischen Ausmünzungsart (s. Paris).

Silbermünzen: Scudo zu 15 Lire di Modena vom Jahr 1739, nach französischen Münzproben im Feingehalte von 868 Tausendtheilen, 20,0096 Stück auf das Pfund fein; daher = 2 fl. 37 kr. rhn. = 1 Thlr. 14⁷/₁₀ sgr. preuß. = 2 fl. 24⅘ nkr. öster.

Scudo zu 15 Lire di Modena vom Jahr 1782 etwas besser als der vorhergehende und = 2 fl. 39 kr. rhn. = 1 Thlr. 15½ sgr. preuß. = 2 fl. 27 nkr. öster.

Scudo vom Jahr 1796 nur = 1 fl. 57 kr. rhn. = 1 Thlr. 3½ sgr. preuß. = 1 fl. 67 nkr. öster.

Scudo nuovo zu 5 Lire nuove, Stücke zu 1 Lira nuova, zu 2 Lire nuove, sowie zu ½ und zu ¼ Lira nuova, nach französischer Ausbringung.

In Kupfer: Stücke zu 1 Centesimo, zu 2 und 5 Centesimi.

In Wechselgeschäften richtet man sich nach den Cursen von Genua und Turin.

Wechselrechtliches. Seit der sardinischen Herrschaft gilt das sardinische Wechselrecht, welches fast durchaus mit dem französischen übereinstimmt. Vorher hatte Modena für Massa und Carrara ein Regolamento cambiale vom 12. November 1782, während Modena selbst ohne Wechselrecht war.

Maaße und Gewichte sind gesetzlich die französisch-metrischen. Von älteren Maaßen und Gewichten kommen noch folgende vor:

Die Elle oder Braccio di Modena = 287,3 Pariser Linien *).

Getreidemaaß: Der Stajo oder Staro von 4 Quarti, = 70,24 Liter.

Flüssigkeitsmaaß für Wein: Der Barile zu 20 Fiaschi zu 2 Boccali, = 41,6 Liter.

Oelmaaß ist der Coppo di Lucca (s. b. Art.).

Handelsgewicht: Der Quintal hat 100 Libbre (Pfund) zu 12 Once zu 16 Ferlini. Die Libbra = 340,457 Grammen.

Gold-, Silber- und Seidengewicht ist das von Bologna (s. b. Art.).

---

*) Obige Angabe nach Gerhardt. Nach Kelly soll der Braccio = 0,6175 Meter, also = 273,735½ Parif. Linien sein.

Mokka,

Handelsplatz in Arabien.

Rechnungsart und Münzen. Man rechnet nach Land- oder Curant-Piastern (auch Mokkathalern) zu 80 Caveers oder Cabirs. Man rechnet 121 ½ solcher Mokkathaler, welche eine ideale Münze sind, = 100 spanische Piaster (Kelly); wonach der Mokkathaler = 2 fl. 3 ½ kr. rhn. = 1 Thlr. 5 ½ sgr. preuß. = 1 fl. 76 ³/₇ nkr. öster.

Geprägte Landesmünzen sind die Commassees, welche nur sehr wenig Silber enthalten, und der Carat oder Corrath, wovon 7 = 1 Commassee sind. Man rechnet durchschnittlich 60 Commassees = 1 Mokkathaler; ihr Werth ist sehr veränderlich und kann um mehr als 30 Procent steigen oder fallen.

Von fremden Münzen cursiren hauptsächlich spanische Piaster, Maria-Theresia-Thaler vom Jahr 1780, venetianische Zecchinen und holländische Dukaten.

Maaße und Gewichte. Längenmaaß: Der Guz = 281,49 Pariser Linien. — Der Cobido oder Covid = 213,93 Parif. Linien.

Maaß für trockene Dinge: Der Toman oder Teman zu 40 Mecmebas oder Kella's. Der Mecmeba = 1,419 Liter. Der Toman Reis wiegt ca. 76 Kilogramm (Kelly).

Flüssigkeitsmaaß: Der Cubbi oder Gubba hat 8 Nussias zu 16 Bakias und enthält (nach Kelly) ca. 2 alte englische Wein-Gallons oder 7,57 Liter.

Handelsgewicht: Der Bahar hat 15 Farzils zu 10 Mahnds zu 40 Bakias. Nach Kelly ist der Bahar = 18 Mahnds von Madras (s. d. Art.); daher = ca. 204 Kilogramm. Das Gewicht ist übrigens in Mokka, und noch mehr im Innern des Landes sehr verschieden.

In den Bazars bedient man sich des Rattel oder Rotolo, welcher 15 Bakias enthält. Beim Kaffee soll derselbe nur 14 ½ Bakias haben. Der Bazar-Mahnd = 2 Rattels = ¹/₁₀ Bazar-Farzil. — 4 Bazar-Farzils = 3 Handels-Farzils.

Gold- und Silbergewicht ist die Bakia, Wakea oder Unze zu 10 Koffalas zu 16 Karat. — Der Miscal = 24 Karat und 1 ¹/₁₂ Bakias oder 15 Koffalas = 1 Beak (Bikl). — 100 spanische Piaster sollen 87 Bakias wiegen; daher die Bakia = ca. 31 Grammen.

Platzgebräuche. Der Kaffee wird per Ballen von ca. 274 Mokka-Pfund netto gegen baar verkauft, wobei 460 Mokka-Pfund = 1 Bahar gerechnet werden. Die Tara des doppelt emballirten Kaffee's soll ca. 18 Wiener Pfund betragen. = Häute werden per 20 Stück, Schildkrötenschaalen per 1 Stück verkauft. — Baumwolle verkauft man nach dem Haraff, einer Rechnungsmünze, welche zu 1 ¹¹/₄₀ Mokkathaler gerechnet wird, so daß 10 Haraffs = 12 ³/₄ Mokkathaler.

Molukken,

auch Gewürzinseln genannt, mehrentheils unter niederländischer Herrschaft.

Rechnungsart und Münzen, s. Batavia.

Maaße und Gewichte. Längenmaaß: Der Covid = 204 Par. Linien.

Flüssigkeitsmaaß: Die Kanne von Batavia (s. d. Art.).

Handelsgewicht ist das alte holländische, das chinesische und englische.

Auf Amboina wiegt der Bahar (von 50 Barotti) Gewürznelken ca. 270 Kilogramm. — Der Cohang Reis enthält 25 Pikols zu 100 Kättis (holl. Catjes) oder ca. 1476 Kilogramm.

Auf Banda ist der Bahar von 100 Kättis — ca. 276 Kilogramm = ca. 562 ½ holl. Troypfund. Der Sukel (Sokel) Muskatblüthe = 28 Kättis. Der Preis dieser Waare wird per 6 holl. Troypfund notirt (Noback) und Muskatnüsse verkauft man daselbst ebenfalls nach dem holl. Troypfund.

Auf Ternate sind der Pikol und Kätti die nämlichen, wie auf Amboina. Der Bambu (Bamboe) Reis wiegt hier 1 ½ holl. Troypfund = ca. 738 Grammen.

Gold- und Silbergewicht: 1) Auf Amboina: Das Catti, Kätti (Catje) von 20 Thels (Tales) zu 16 Mehs (Mace) zu 4 Kaubang (Coubang) = 590,6 Grammen. 2) Auf Ternate die holl. Troymark, die man in 9 Realen eintheilt. Diamantengewicht ist der Karat von 4 Gräu; es gehen 2500 dieser Karat auf 1 holl. Troypfund; daher der Karat = 0,19687 Grammen = 0,95617 holländische Juwelenkarat (letzteres zu 20,5894 Centigramme gerechnet (vgl. Einleit.).

Montevideo,
Hauptstadt des südamerikanischen Freistaats Uruguay.

Rechnungsart und Münzen. Man rechnet nach dem Peso corriente oder Curant-Piaster zu 8 Reales zu 100 Centésimos oder brasilische Reïs (von der früheren brasilischen Herrschaft her). Dieser Curant-Piaster wird nicht mehr geprägt und ist also jetzt nur eine Rechnungsmünze. Nach dem Münzgesetz vom Jahr 1854 ist der Werth des spanischen und alten mexicanischen Piasters oder des sogenannten Patacon, sowie auch des brasilischen Patacon (s. Rio de Janeiro) auf 1 ¼ Curant-Piaster festgesetzt, wonach 4 spanische Piaster = 5 Curant-Piaster und letzterer (den spanischen Piaster durchschnittlich zu 2 ½ fl. rhn. gerechnet) = 2 fl. rhn. = 1 Thlr. 4 ²/₇ sgr. preuß. = 1 fl. 71 ³/₇ nkr. öster.

Früher wurde der spanische Piaster zu 960 Reïs gerechnet (jetzt zu 1000 Reïs), wonach 5 spanische Piaster = 6 Curant-Piaster waren; der Werth des Curant-Piasters war daher früher = 2 fl. 5 kr. rhn. = 1 Thlr. 5 ⁵/₇ sgr. preuß. = 1 fl. 78 nkr. öster.

Ein weiteres Gesetz vom Jahr 1854 verordnete die Prägung von Silbermünzen zu 5, 2 ½ und 1 ¼ Realen im Feingehalte von 13 ⅓ Loth oder 833 ⅓ Tausendtheilen; vom 5-Realenstück müssen 46,1171 Stück auf das Pfund fein gehen; daher das 5-Realenstück = 1 fl. 8 ¼ kr. rhn. = 19 ½ sgr. preuß. = 97 ³/₅ nkr. öster. Der Werth der anderen Stücke nach Verhältniß.

In Gold sollten geprägt werden Stücke zu 1 Escudo oder Patacon, zu 2 Escudos oder Patacones und zu 4 Patacones im Feingehalt von 21 Karat oder 875 Tausendtheilen. Es müssen auf Zollpfund reducirt 339,6569 Stücke zu 1 Patacon auf das Pfund fein Gold gehen; daher der Patacon = 0,14721 deutsche Krone. Der Werth der anderen Stücke nach Verhältniß. — Kupfermünzen sollten geprägt werden in Stücken von 40, 20 und 5 Centésimos.

Von fremden Münzen cursiren, außer spanischen Piastern, hier hauptsächlich die Gold und Silbermünzen der übrigen südamerikanischen Staaten, die Dollars der vereinigten Staaten von Nordamerika, englische Goldmünzen, portugiesische und französische Gold- und Silbermünzen.

Wechselcurse werden wie folgt notirt:

London, 60 Tage nach Sicht, ± 42 Pence Sterl. für 1 Curant-Piaster.
Paris, dto. „ 515 Centimen „ 1 „
oder auch „ 84 Franken für 1 span. Onza oder den
Doblon in Gold.

Auf Rio de Janeiro wechselt man entweder al pari, Pesos oder Piaster (auch Patacons genannt) gegen dieselbe Münze, wobei es Bedingung ist, daß der Patacon zu 1920 Reis gerechnet wird.

Wechselrechtliches. Wechselrecht ist das französische.

Staatspapiere. Die Obligationen einiger im Auslande gemachten Anleihen werden weder in London noch in Amsterdam (den Hauptbörsenplätzen für südamerikanische Papiere) notirt.

Maaße und Gewichte sind die spanisch-castilischen (s. Madrid).

Banken. Durch das Münzgesetz vom Jahr 1845 (s. oben) ist auch die Errichtung einer Nationalbank mit 2 Mill. Patacones Kapital angeordnet worden, und im Jahr 1857 hat die Regierung die Genehmigung zur Gründung einer Discont-, Depositen- und Noten-Bank ertheilt.

Montpellier,
Hauptstadt des französischen Departements Hérault.

Rechnungsart und Münzen wie Paris.

Maaße und Gewichte sind die französisch-metrischen. Von den alten Dimensions- und Schwermaaßen kommen noch vor:

Weinmaaß: Der Muid zu 18 Setiers zu 1⅓ Barals zu 24 Pots. 1 Pot = 1,058 Liter. — Die Velte wie in Bordeaux (s. d. Art.).

Getreidemaaß: Der Setier zu 4 Quarts ist = 1½ alte Winchester-Bushel (s. London) = 52,855 Liter.

Handelsgewicht ist das alte poids de table (s. Marseille). 100 Pfund poids de table = 1 Quintal oder Centner, welcher also 40,795 Kilogramm schwer ist; derselbe soll aber = 40,8 Kilogramm gerechnet werden.

Handelsusanzen. Branntwein wird per Quintal, Cognac per Stück von 31 bis 32 Veltes verkauft. Man rechnet 20½ Pfund Branntwein oder 20 Pfund Sprit auf 1 Velte. — Die Preise der Ausfuhrwaaren verstehen sich gewöhnlich frei an's Schiff in Cette. Bei Schiffsbefrachtungen rechnet man hier auf eine Last: 4800 alte hiesige Pfund oder 2000 Kilogramm.

Handelsanstalten. Discont-Contor der Bank von Frankreich (s. Paris). — Jährlich zwei Messen, deren jede 14 Tage dauert; die erste beginnt am 10. März, die andere am 15. September oder am folgenden Tage, wenn einer dieser Tage auf einen Sonn- oder Feiertag fällt.

Montreal,
Stadt im britischen Unter-Canada.

Münzen, Maaße und Gewichte, s. Quebeck.

Banken. Die Bank of Montreal, die Banque du peuple und die City Bank machen Disconto-, Wechsel-, Leih- und Depositengeschäfte und dürfen Noten

von 1 Dollar an ausgeben; ihre Bilanzen müssen sie dem canadischen Parla=
mente einreichen. Außerdem bestehen hier Zweigbanken der Bank of British North
America und mehrerer anderer Banken.

Moskau,

oder Moskwa, die alte Hauptstadt des russischen Reichs.

Münzen, Maaße und Gewichte, s. Petersburg.
Handelsanstalten. Contore der Petersburger Reichscommerzbank und
der russisch=amerikanischen Compagnie (s. Petersburg).

Mozambik,

Hauptstadt der portugiesischen Colonie gleichen Namens an der Ostküste Afrika's.

Rechnungsart und Münzen. Man rechnet, wie in Portugal, nach
Milreïs zu 1000 Reïs oder auch nach Crusaden zu 4 Testöns (s. Lissabon). Von
fremden Münzen cursiren hier hauptsächlich spanische Piaster, welche zu 6 Crusa=
den gerechnet werden. Nimmt man für den durchschnittlichen Werth des spanischen
Piaster 2 fl. 31 kr. an, so stellt sich der Werth des hiesigen Milreïs auf 1 fl.
3 kr. rhn. = 18 sgr. preuß. = 90 nkr. öster.
Handelsgewicht. Der Bahar von 20 Frasils = 240 engl. Pfund
Avoirdupoids = 108,86 Kilogramm.

München,

Hauptstadt des Königreichs Bayern.

Rechnungsart und Münzen. Man rechnet nach Gulden zu 60 Kreuzer
zu 4 Pfennigen im 52½=Guldenfuße (52½ fl. auf das Zollpfund fein Silber),
früher nach Gulden des 24½=Guldenfußes (24½ fl. auf die cölnische Mark
fein Silber) und vor 1837 nach dem 24=Guldenfuße.

Aeltere, selten gewordene Landesmünzen in Gold sind:

Karolin, früher zu 11 Gulden, Feingehalt 770⅚ Tausendtheile Gold und
152⁷⁄₉ Tausendtheile Silber, 66,5692 Stück auf das Pfund fein Gold; daher
in Beziehung auf letzteres das Stück = 0,7511 deutsche Krone; der Silberwerth
= ca. 9 kr. rhn. = 2⁴⁄₇ sgr. = 13 nkr. öster. — Halbe Karolin nach Ver=
hältniß.

Maxd'or, früher zu 7⅓ Gulden, im Feingehalte von 770⅚ Tausendtheilen
Gold und 166⅔ Tausendtheilen Silber, 99,8538 Stück auf das Pfund fein
Gold; daher in Beziehung auf letzteres das Stück = 0,50073 deutsche Krone;
der Silberwerth = ca. 6,8 kr. rhn. = 1,9 sgr. preuß. = 9 nkr. öster. — Dop=
pelter Maxd'or nach Verhältniß.

Goldgulden der Stadt Würzburg, Feingehalt 770⅚ Tausendtheile Gold
und 104⅙ Tausendtheile Silber, 199,7076 Stück auf das Pfund fein Gold;
daher in Beziehung auf Letzteres = 0,25037 deutsche Krone; der Silberwerth
= ca. 2 kr. rhn. = ⁴⁄₇ sgr. preuß. = 3 nkr. öster.

Ducaten im Feingehalte von 986⅑ Tausendtheilen, 145,2685 Stück auf
das Pfund fein Gold (nach Neubauer); daher = 0,84419 deutsche Krone.

Krone und halbe Krone (nach dem Münzvertrag vom Jahr 1857), beziehlich 50 und 100 Stück auf das Pfund fein Gold.

Aeltere und neuere Silbermünzen: Conventions-Speciesthaler (auch Geschichts-
thaler) im Feingehalte von 833⅓ Tausendtheilen, 21,3807 Stück auf das Pfund
fein; daher = 2 fl. 27 kr. rhn. = 1 Thlr. 12 sgr. preuß. = 2 fl. 10 nkr. öster.
Halber und Viertel-Conventions-Speciesthaler nach Verhältniß.

Kronenthaler (1809 bis 1837) im Feingehalte von 871¹⁹⁄₃₆ Tausendtheilen, 19,4215 Stück auf das Pfund fein; daher = 2 fl. 42,191 kr. rhn. =
1 Thlr. 16,34 sgr. preuß. = 2 fl. 31 nkr. öster.

Vereins-3½-Guldenstück oder 2-Thalerstück (nach den Conventionen vom
Jahr 1837, 1838 und 1845) im Feingehalte von 900 Tausendtheilen, 14,9665
Stück auf das Pfund fein; daher = 3 fl. 30,47 kr. rhn. = 2 Thlr. 1,6 Pf. preuß.
= 3 fl. öster.

Zwei-Guldenstück im Feingehalte von 900 Tausendtheilen, 26,1914 Stück
auf das Pfund fein; daher = 2 fl. 0,269 kr. rhn. = 1 Thlr. 4,3624 sgr. preuß.
= 1 fl. 71 nkr. öster. — Gulden und halber Gulden nach Verhältniß.

Vereinsthaler (nach dem Vertrag vom Jahr 1857) zu 1¾ Gulden =
1 Thlr. preuß. = 1½ fl. öster.

Scheidemünze: 6-, 3- und 1-Kreuzerstücke; in Kupfer 2-, 1- und
½-Pfennigstücke.

Papiergeld. Noten der bayerischen Hypotheken- und Wechsel-Bank
(s. unten).

Wechselcursnotirung. Man richtet sich nach den Cursen von Augsburg und Frankfurt a/M.

Wechselrechtliches. Durch Gesetz vom 25. Juli 1850 ist die deutsche
Wechselordnung eingeführt. Das Einführungsgesetz enthält folgende Bestimmungen:
1) Wechselarrest ist gegen diejenigen Personen unzulässig, welche nach besondern
Provinzialgesetzen davon ausgenommen sind. 2) Bei den vom Ausland eingesand-
ten Usowechseln wird die Verfallzeit auf 14 Tage, vom Tage der Präsentation
der Wechsel an, festgesetzt. 3) Die Vorschrift des Art. 92 der Wechselordnung
findet auf diejenigen Tage Anwendung, welche nach den Gesetzen oder dem Her-
kommen eines jeden Orts als christliche Feiertage im Wechselgeschäft gegolten
haben. 4) Für Augsburg werden der Montag und Donnerstag als allgemeine
Zahltage bestimmt. 5) Das Vorzugsrecht der Wechselforderungen im Concurse
wird aufgehoben.

Bayerische Staatspapiere. 1) 3½-procentige, sogenannte Mobi-
lirungs-Obligationen, welche theils von der Conversion früherer Obligationen, theils
aus der Anleihe für den Eisenbahnbau von 1843 und 1846 herrühren. Ein
Theil dieser Papiere ist auch aus der Entschädigung entstanden, welche in Folge
der Uebernahme des Ludwigs- oder Donau-Main-Canals von Seiten des Staats
den Actionären im Jahr 1852 verwilligt wurde. 2) 4-procentige Obligationen,
von der sogenannten Arrosirungsanleihe des Jahrs 1848 herrührend, einer Anleihe, bei welcher die Einzahlung zur Hälfte in 3½-procentigen Obligationen geschehen konnte, die dann auf 4 Procent erhöht wurden. Im Jahr 1850 wurde
die Arrosirungs-Anleihe in der Art fortgesetzt, daß für jedes baare Darlehen zu
4 Procent dem Darleiher gleichzeitig der doppelte Betrag desselben in den von ihm
eingereichten älteren 3½-procentigen Obligationen in 4-procentige eingetauscht
ward. Ferner 4-procentige Obligationen von Einzeldarlehen für den Eisenbahnbau.

3) 5=procentige Obligationen von mehreren Eisenbahn= und Subscriptions=An=
lehen. 4) 4½=procentige Obligationen seit 1852 von verschiedenen Anlehen; seit
1855 von Militär= und Kriegs=Anlehen. 5) 4=procentige Grundrenten=Ablösungs=
scheine werden seit 1849 von der Grundrenten=Ablösungskasse in Abschnitten zu
1000, 500, 100 und 25 fl. ausgegeben; Verzinsung auch bei Rothschild in
Frankfurt. —

Maaße und Gewichte. Die seit dem Jahr 1811 im Königreich
Bayern, den Rheinkreis ausgenommen, bestehenden Dimensions= und Schwermaaße
sind die folgenden:

Längenmaaße: Der Fuß zu 12 Zoll zu 12 Linien = 129,38 Par. Linien.
— Die Elle = 2 Fuß 10¼ Zoll = 369,27 Par. Linien. — Die Ruthe =
10 Fuß. — Die Meile ist nach amtlicher Annahme = 25421,6 bayerische Fuß.
— Das Lachter (Bergwerksmaaß) ist das alte Freiberger von 3½ Freiberger
Ellen = 861,12 Par. Linien.

Feldmaaß: Das Tagewerk, der Morgen oder Juchart hat 400 Quadrat=
Ruthen = 34,0727 franz. Aren.

Brennholzmaaß: Die Klafter ist 6 Fuß hoch und eben so breit bei 3½
Fuß Scheitlänge; daher der Kubikinhalt = 126 Kubikfuß = 3,1325 Kubik=
Meter oder Steren.

Getreidemaaß: Das bayerische Schäffel oder Schaff hat 6 Metzen zu
2 Viertel zu 2 Maaßel zu 4 Dreißiger und hält 208 Maaßkannen des Flüssig=
keitsmaaßes. Der Metzen = 37,059 Liter. — Das Getreide wird gestrichen
gemessen.

Kalkmaaß: Dasselbe ist dem Getreidemaaße gleich. Es machen 6 Metzen
ein Schäffel, und 24 Metzen machen eine Muth. — Der Metzen wird bei dem
Messen gehäuft gefüllt.

Flüssigkeitsmaaß: Die Einheit für Flüssigkeiten ist die Maaßkanne =
1,06903 Liter. Der Schenk=Eimer, das gewöhnliche Wein= und Handelsmaaß,
hat 60 Schenkmaaß oder Maaßkannen zu 2 Seidel zu 2 Quartel.

Der Visir=Eimer hat 64 Maaß und ist zugleich Bier=Eimer.

Das Faß Bier hat 24 Eimer.

Handelsgewicht: Das seitherige Pfund von 32 Loth zu 4 Quentchen ist
= 560 Grammen. Die Annahme des Zollpfundes als Einheit des Landesge=
wichts mit der Eintheilung in 32 Loth zu 4 Quentchen steht bevor.

Münzgewicht ist in Folge des Wiener Münzvertrags vom Jahr 1857 das
Zollpfund von 500 Grammen. Als Probirgewicht ist ebenfalls das Zollpfund
zu 1000 Tausendtheilen eingeführt.

Apothekergewicht: Das Apothekerpfund ist = 360 Grammen; daher 9 Han=
delspfund = 14 Apothekerpfund. Eintheilung wie in Berlin (s. d. Art.).

Rheinbayerische Maaße und Gewichte.

In Rheinbayern sind theils die französisch=metrischen, theils die auf diese
gegründeten erlaubten Maaße und Gewichte (mesures et poids usuelles, s. Paris)
im Gebrauch. Nur das Brennholzmaaß macht eine Ausnahme.

Längenmaaß: Der Fuß = ⅓ Meter. — Die Elle = 1⅕ Meter oder
die Aune usuelle.

Das Getreide=Hectolitre wird auch in 4 Biernsel zu 2 Simmer zu 4 Vier=
ling getheilt.

Handelsgewicht: Der Quintal oder Centner = 100 Kilogramm = 2 deutsche Zollcentner. Das Pfund = 500 Grammen = 1 deutsches Zollpfund.

Brennholzmaaß: Die Klafter enthält 144 bayerische Kubikfuß = 3,58 Kubik-Meter oder Steren.

Handelsanstalten rc. Die bayerische Hypotheken- und Wechselbank ist im Jahr 1835 mit einem Actiencapital von 10 Mill. Gulden, welches im Jahr 1852 auf 20 Mill. Gulden erhöht wurde, gegründet worden. Die Dauer der Bank ist auf 99 Jahre festgesetzt. Die Bank hat das ausschließliche Privilegium, Banknoten in Umlauf zu setzen, deren Betrag nicht unter 10 fl. sein darf. Einlösungskassen sind (außer München) in Augsburg, Lindau, Landshut und Straubing, ferner bei der königl. bayerischen Bank zu Nürnberg und deren Filialen zu Ansbach, Bamberg, Bayreuth, Hof, Ludwigshafen, Regensburg, Schweinfurt, Passau und Würzburg. Die Bank steht unter der Oberaufsicht der Staatsregierung. Der zur Beaufsichtigung ernannte Commissär hat namentlich, unter specieller Verantwortlichkeit, über den Vollzug der rücksichtlich der Banknoten gegebenen Bestimmungen zu wachen und die Banknoten vor ihrer Emission mit Unterschrift oder Stempel zu unterfertigen *).

Die Bank umfaßt folgende Geschäftszweige: Darlehen auf hypothekarische Sicherheit, das Discont-, Leih-, Giro- und Depositengeschäft, Lebensversicherungs-, Leibrenten- **) und andere dergleichen Geschäfte und Uebernahme von Geldern, sowohl von dem Staate als von Privaten gegen mäßige Zinsvergütung. Die Bank gibt ihre Darlehen nur bis zur Hälfte des ermittelten Werthes eines Hypotheken-Objectes in der Regel nur auf erste Hypothek. Die Tilgung einer Hypotheken-schuld findet durch Annuitäten-Zahlung statt ***), doch steht dem Schuldner zu jeder Zeit das Recht zu, seine Schuld durch weitere Abschlagszahlungen oder durch volle Rückzahlung des noch schuldigen Capitals zu tilgen. Auch eine Mobiliar-Feuerversicherung und eine Sparkassen-Tontine hat die Bank in ihren Wirkungskreis gezogen. Als feste Dividende werden 3 Procent gezahlt; außerdem aus ¾ des Reingewinns eine (veränderliche) Superdividende und der Rest kommt zum Reservefonds bis dieser zur Höhe von 7½ Procent des Kapitalstocks gelangt ist; derselbe muß stets in dieser Stärke erhalten, darf aber nicht über dieselbe vergrößert werden. Sobald der Reservefonds die bezeichnete Höhe erreicht hat, wird auch das vierte Viertel in der Superdividende mitvertheilt. — Von Versicherungs-anstalten ist namentlich die München-Aachener Feuerversicherungs-Gesellschaft anzuführen. — Jährlich werden hier zwei bedeutende Märkte (sogenannte Dulten) gehalten, welche am Dreikönigs- und am Jakobitage beginnen und 14 Tage währen. — Im Juli ein Wollmarkt und im November ein Hopfenmarkt.

---

*) Es gibt falsche Noten der bayerischen Bank. Die Kennzeichen sind folgende: 1) Das Papier fühlt sich viel weicher an als das bei den ächten Noten, und ist häufig absichtlich beschmutzt, um das Ansehen einer lang currirenden Note zu bekommen. Das Wasserzeichen in demselben ist an vielen Stellen auffallend dünn, selbst löcherig, ohne die Klarheit des ächten zu erreichen. 2) In dem Worte „Zehn" in der vierten Werthbezeichnung steht hinter dem Z ein kleiner schwarzer Punkt. 3) In der ersten Schriftzeile unterhalb des Stempels in dem Worte „heim" fehlt über dem (der Punkt. 4) In der folgenden Zeile, bei der Jahreszahl „1834" sind die Ziffern 3 und 4 kleiner, die letztere auffallend. 5) Die arabischen Ziffern der laufenden Nummer sind viel schmaler in Form und stehen sehr enge an einander. 6) Bei neuenweise ziemlicher Dentlichkeit mangelt dem Trockenstempel die durchgehende gleichmäßige Schärfe der Ausprägung. 7) Die auf rothem Grunde befindliche weiße Werthbezeichnung „Zehn Gulden Bank Valuta" ist schlecht geformt, und sind die Buchstaben breiter als an den ächten Noten. 8) Bei andern Falsifikaten sind die unter 2, 3 und 4 angegebenen Merkmale verbessert, jedoch ist das Format derselben nur einige Linien kleiner als das der ächten Noten (J. Villein, Teutschlands Papiergeld).

**) Vergl. die Note, S. 228.

***) Desgl. Note, S. 231.

Münster,

Hauptstadt des gleichnamigen Regierungsbezirks in der preußischen Provinz Westphalen.

Rechnungsart und Münzen wie Berlin. Im Wechselgeschäft richtet man sich nach den Cursen von Elberfeld, Düsseldorf und Cöln.

Maaße und Gewichte sind die preußischen (s. Berlin). — Beim Garn=maaß hält der Haspel 3 Ellen, das Stück hat 40 Gebinde zu 50 Fäden, also 6000 Ellen (Noback). — Die alte Münsterische Elle = 356,487 Parif. Linien (Gerhardt).

Bank. Contor der preußischen Bank (s. Berlin).

Nancy,

Hauptstadt des französischen Departements Meurthe.

Rechnungsart und Münzen wie Paris. Früher rechnete man, wie in ganz Frankreich, nach Livres zu 20 Sous zu 12 Deniers; der Zahlwerth der lothringer Baluta war aber um 29 1/6 Proc. schlechter als französische Tournois=Baluta (Gerhardt).

Maaße und Gewichte sind die französisch=metrischen. — Die hiesige alte Aune (Elle) war = 278,59 Par. Linien (Gerhardt).

Nangasaki,

Hafenplatz auf der japanischen Insel Kiou-Siou.

Rechnungsart und Münzen. Man rechnet nach Tails (Thels) zu 10 Moeme oder Mas zu 10 Pun oder Condorins zu 10 Sen (engl. cash). Nach einer Angabe in den Verhandelingen van het Bataviaasch Genootshap wurde ehemals in den Büchern der holl.=ostindischen Compagnie der Tail zu 33 Stüber holl. (= ca. 1 fl. 37 kr. rhn. = 28 sgr. preuß. = 1 fl. 40 nkr. öster. *) gerechnet. Der Werth dieser Rechnungsmünze läßt sich nicht genau bestimmen.

Die wirklichen japanischen Münzen aus Gold, Silber, Kupfer und Eisen bestehen eigentlich nur aus runden, länglich runden oder viereckigen unförmlichen Platten. Auf den Gold= und Silbermünzen finden sich außer dem Gepräge auch kleine Stempel, welche von Kaufleuten zum Zeichen der geprüften Aechtheit an Gewicht und innerem Werth darauf angebracht worden sind.

Goldmünzen sind der Kobang (alter und neuer Prägung) und der Itzebu. — Der Itakane, von den Holländern «Schuit» (kleines Schiff) genannt, besteht aus einer länglichten, an beiden Enden abgerundeten und auf der einen Seite aus=gehöhlten Platte von geringhaltigem Silber.

Die (verschiedenen) Seni von Kupfer und Eisen werden von den Holländern Pitges, von den Engländern Cash und von den Chinesen Tsian genannt.

Wegen des eröffneten Handelsverkehrs mit Japan ist jetzt die genaue Kenntniß der japanischen Münzverhältnisse besonders wichtig. Dem Journal des Débats

---

*) Nach der in Reisebeschreibungen zu findenden Annahme des spanischen Piasters zu 1600 Cash, von welchem 1000 auf das Tail gehen, hat letzteres, wenn man den spanischen Piaster durchschnittlich zu 2 fl. 31 kr. rhn. rechnet, den Werth von 1 fl. 34 kr. rhn. (Kellenbrecher).

sind hierüber von einem Correspondenten aus Nangasaki unter dem 22. September 1859 folgende Notizen zugegangen: „Die wichtige Frage wegen der japanischen Münzverhältnisse, von deren Lösung die Handelsbeziehungen des Westens zu Japan zunächst abhängen, ist bisher falsch beurtheilt worden, und eine genaue Darlegung der thatsächlichen Verhältnisse würde, wenn auch nicht zu ihrer Lösung, so doch hingereicht haben, sie im rechten Lichte zu sehen. Es gibt in Japan Gold-, Silber-, Kupfer- und eiserne Münzen. Ein Kobang von Gold ist = 4 Itzibu's von Silber, 1 Itzibu = 18 Mas von Kupfer und 1 Mas = 100 Cash von Eisen. Da jedoch der Itzibu einen schwankenden Curs hat, so ist seine vorstehende Werths-bestimmung keine dauernde, sondern nur nach dem Tagescurse angesetzt. Nach der Analyse von Berzelius hat der alte Kobang einen Werth von 12 fl. 40 kr. rhn. Siebold nimmt ihn zu 12½ fl. holländisch an. Im Jahrbuch des Längenamtes (Bureau des longitudes) für 1848 wird der alte Kobang auf den Werth von 51 Fr. 24 Cent. und der neue auf 39 Fr. 69 Cent. geschätzt. Der alte Kobang befindet sich aber schon lange nicht mehr im Umlauf; der neue Kobang ist weniger rein und hat nach den Analysen, welche von der Bank von England bewirkt wor-den, nur einen Werth von 11 Gulden. Um ihn nicht zu hoch zu schätzen, setze ich ihn auf 10 Gulden, d. h. 21 Franken, so daß der Itzibu, ¼ Kobang = 5 Fr. 25 Cent. anzunehmen. Zieht man dem gegenüber das Verhältniß fremder Münzen in Betracht, so hat der amerikanische Dollar einen innern Werth von 5 Fr. 30 Cent. und ein Gewicht von etwas über 3 Itzibu's von Silber. Nun ist im Art. 5 des Vertrags zwischen Japan und den vereinigten Staaten gesagt, die japanischen Geldstücke sollen bei dem Handelsverkehre nach dem Gewichte gegen die fremden Münzen derselben Gattung angenommen werden. Demgemäß verlangen die Amerikaner gegenwärtig 3 Itzibu's gegen 1 Dollar, d. h. sie setzen den Dollar, der nur 5 Fr. 30 Cent. gilt, auf 15 Fr. 75 Cent. Befolgte man den Vertrag buchstäblich, so würden mit 100,000 Dollars, die nur einen Werth von 530,000 Fr. haben, 300,000 Itzibu's bezahlt werden, welche, zu ¼ Kobang, 1,475,000 Fr. ausmachen, und es würden sehr bald alle Dollars der Erde nach Japan fließen, und alle Kobangs von dort herausgezogen werden. Dem wider-setzte sich die japanische Regierung mit Recht. Aber der Wortlaut des Vertrages ist da und derselbe ist unausführbar, bevor nicht grundsätzliche Abänderungen in dem japanischen Münzsystem herbeigeführt sind, welches überdies unter den gegen-wärtigen Umständen der Falschmünzerei einen weiten Spielraum bietet. Die Maaß-nahmen, welche die japanische Regierung zur Abhülfe dieser schweren Uebelstände getroffen hat, sind bis jetzt ganz unzureichend. Es ist ein Papiergeld geschaffen und jedem Europäer gestattet worden, täglich höchstens 2 Dollar gegen 6 Itzibu's in Papier umzuwechseln, aber selbst für den gewöhnlichen Verkehr ist diese Ein-richtung fast von gar keinem Vortheil. Seitdem hat die japanische Regierung vor-geschlagen, eine neue Silbermünze in Umlauf zu setzen, die den wahren Werth eines Itzebu, 5 Fr. 25 Cent., hätte und einem Dollar, 5 Fr. 30 Cent., gleich gälte.“

Maaße und Gewichte. Das Ellenmaaß heißt Ink und ist nach Kelly = 1,9 Meter.

Handels-, Gold- und Silbergewicht ist der Pikul von 100 Catties zu 16 Tales zu 10 Mas zu 10 Condorins. Der Pikul ist nach Kelly = 58,96 Ki-logramm. Nach neueren Angaben heißt das japanische Pfund Kin und hat 160 Monme = 280 Grammen. Die Monme, welche die Einheit der Gewichte ist, soll also 1¾ Gramme wiegen und nach dem Decimalsystem eingetheilt werden.

Nanking, s. Canton.

Nantes,

französische Seehandelsstadt im Departement Nieder-Loire.

Rechnungsart, Münzen und Cursverhältnisse wie Paris.

Maaße und Gewichte sind die französisch-metrischen (s. Paris). Die noch vorkommende Velte (Flüssigkeitsmaaß) wird hier = 7,7 Liter gerechnet. — Die Barrique = 30 Veltes.

Handelsusanzen. Die meisten Gewichtswaaren werden per 50 Kilogramm verkauft; amerikanischer Tabak per 100 Kilogramm; Getreide und Leinsaat per Hektoliter; amerikanisches Mehl per Baril (Fäßchen); spanische Weine und Madeira per Velte; Bordeaux- und andere Weine aus dem südlichen Frankreich per Bordeaux-Barrique von 228 Liter; andere inländische Weine per Barrique von 231 Liter; einheimische Weine und Bordeaux-Weine, Branntwein 2c. aber auch per Velte, gewöhnlich gegen baar; Nüsse per Schachtel von 23½ Liter Rauminhalt. — Waaren-Courtage ¼ Proc. von beiden Seiten.

Handelsanstalten 2c. Nachdem die Departementalbanken in Folge der Ereignisse des Jahres 1848 ihre Notencinlösung eingestellt, durch Dekret vom 25. März 1848 für ihre Noten in den betreffenden Provinzen Zwangscurs erhalten hatten, wurden sie, und so auch die im Jahr 1818 gegründete Bank von Nantes, in Comptoire der Bank von Frankreich (s. Paris) verwandelt. Der Uebergang der Departementalbanken an die Bank von Frankreich ist dadurch bewerkstelligt worden, daß die Actionäre der betreffenden Banken Actionäre der Bank von Frankreich wurden, wodurch das Capital dieser Bank um 23,350,000 Fr. vergrößert worden ist (Hübner). — Außerdem bestehen hier mehrere See-Assecuranzgesellschaften und der Lloyd Nantais, ein Assecuranzverein.

Nassau, s. Wiesbaden.

Naumburg,

Stadt in der preußischen Provinz Sachsen.

Rechnungsart, Münzen, Maaße und Gewichte, s. Berlin.

Messe. Die jährliche Petri-Pauli-Messe beginnt am 29. Juni und dauert drei Wochen. Zahltag ist der Donnerstag der dritten Woche. Die jährliche Holzmesse (für Langholz, Bretter 2c.) im naheliegenden Kösen beginnt am Palmsonntage und geht vor dem Charfreitage zu Ende.

Neapel,

Hauptstadt des (früheren) Königreichs beider Sicilien.

Rechnungsart und Münzen. Das Königreich Neapel oder „Sicilien diesseits der Meerenge" rechnet seit 1818 nach Ducati di Regno (neue Silber-Ducati) zu 100 Grani zu 10 Cavalli; auch 1 Ducato = 10 Carlini zu 10 Grani zu 10 Cavalli. Das Königreich „Sicilien jenseits der Meerenge", die Insel Sicilien, dagegen rechnet größtentheils nach Oncie zu 30 Tari zu 20 Grani oder

Bajocchi zu 10 Piccioli, obgleich die gesetzliche Rechnung für das ganze Königreich die obige ist. Nach dem Gesetz vom Jahr 1848 soll der Ducato 515 Grani
wiegen und ⁵⁄₆ Feingehalt oder einen Feingehalt von 833⅓ Tausendtheilen haben;
da nun (s. unten) 7200 Grani auf die Libbra (Pfund) gehen, und letztere =
320,76 Grammen (offiziell), so enthält der Ducato gesetzlich ¹⁰³⁄₁₇₂₈ Libbra fein
Silber; daher der Ducato = (nahezu) 2 fl. rhn. = 1 Thlr. 4²⁄₇ sgr. preuß. = 1 fl.
71³⁄₇ ustr. öster. Der Ducato gilt in Italien 4¼ italienische Liren (oder Franken).
Der (neapolitanische) Grano wird noch in 2 Tornesi getheilt, und dieser Tornese
entspricht genau dem sicilischen Grano.

Neuere Goldmünzen nach dem Gesetz vom 20. April 1818 für das gesammte Königreich sind:

10-Oncette-Stück zu 30 Ducati im Feingehalte von 996 Tausendtheilen,
13,257 Stück auf das Pfund fein; daher = 3,77159 deutsche Krone. Nach
österreichischer Probe ist der Feingehalt nur 995 Tausendtheile und gehen 13,3055
Stück auf das Pfund fein; daher = 3,75785 deutsche Krone. 5-Oncette-Stück
zu 15 Ducati, 2-Oncette-Stück zu 6 Ducati und Oncetta zu 3 Ducati nach Verhältniß der 10-Oncette-Stücke.

Aeltere Goldmünzen vom Königreich Neapel sind:

6-Ducati-Stück von 1767, nach französischer Probe im Feingehalte von
845 Tausendtheilen, 67,1032 Stück auf das Pfund fein; daher = 0,74512
deutsche Krone.

6-Ducati-Stück von 1768 und 1772 nach französischer Probe im Feingehalte von 846 Tausendtheilen, 67,4368 Stück auf das Pfund fein; daher =
0,74143 deutsche Krone.

6-Ducati-Stück von 1783, nach französischer Probe im Feingehalte von
893 Tausendtheilen, 63,4963 Stück auf das Pfund fein; = 0,78745 deutsche
Krone.

4-Ducati-Stück von 1767 und 1770, nach französischer Probe im Feingehalte von 846 Tausendtheilen, 100,2573 Stück auf das Pfund fein; daher =
0,49872 deutsche Krone.

2-Ducati-Stück von 1762, nach französischer Probe im Feingehalte von
846 Tausendtheilen, 206,0727 Stück auf das Pfund fein; daher = 0,24263
deutsche Krone.

Goldmünzen unter König Joachim 1809 bis 1813:

40-Liren-Stück, gesetzmäßig im Feingehalte von 900 Tausendtheilen,
43,0555 Stück auf das Pfund fein; daher = 1,16129 deutsche Krone. —
20-Lirenstück nach Verhältniß.

Aeltere Goldmünzen von Sicilien sind:

Doppel-Oncia vom Jahr 1753, nach französischer Probe im Feingehalte von
855 Tausendtheilen, 65,9221 Stück auf das Pfund fein; daher = 0,75847
deutsche Krone. — Dergleichen vom Jahr 1758 etwas geringhaltiger und =
0,75804 deutsche Krone.

Oncia von 1734 und 1741, nach französischer Probe im Feingehalte von
893 Tausendtheilen, 127,0214 Stück auf das Pfund fein; daher = 0,39363
deutsche Krone. — Dergleichen von 1751, nach französischer Probe im Feingehalte von 859 Tausendtheilen, 132,049 Stück auf das Pfund fein; daher =
0,37865 deutsche Krone.

Neuere Silbermünzen nach dem Gesetz vom 20. April 1818 für das ge=
sammte Königreich sind:

Scudo oder Piaster zu 12 Carlini oder 120 Grani, im Feingehalte von
833 $\frac{1}{3}$ Tausendtheilen, 21,793 Stück auf das Pfund fein; daher = 2 fl. 24 $\frac{1}{2}$ kr. rhn.
= 1 Thlr. 11 $\frac{3}{10}$ sgr. preuß. = 2 fl. 6 nkr. öster.

$\frac{1}{2}$=Scudo zu 6 Carlini nach Verhältniß.

Ducato di Regno zu 10 Carlini (f. oben) = 2 fl. rhn. = 1 Thlr.
4 $\frac{2}{7}$ sgr. preuß. = 1 fl. 71 $\frac{3}{7}$ nkr. öster.

2=Carlini=Stück zu 20 Grani im Feingehalte von 833 $\frac{1}{3}$ Tausendtheilen,
130,7578 Stück auf das Pfund fein; daher = 24 kr. rhn. = 6 $\frac{4}{5}$ sgr. preuß.
= 34 nkr. öster.

Carlino zu 10 Grani nach Verhältniß.

Aeltere Silbermünzen:

Ducato zu 100 Grani von 1784, nach französischer Probe im Feingehalte
von 840 Tausendtheilen, 26,1839 Stück auf das Pfund fein; daher = 2 fl. rhn.
= 1 Thlr. 4 $\frac{3}{10}$ sgr. preuß. = 1 fl. 71 $\frac{4}{5}$ nkr. öster.

$\frac{1}{2}$=Ducato zu 50 Grani von 1784, nach französischer Probe im Fein=
gehalte von 840 Tausendtheilen, 52,6108 Stück auf das Pfund fein; daher =
59 $\frac{4}{10}$ kr. rhn. = 17 sgr. preuß. = 85 nkr. öster.

Scudo zu 12 Carlini von den Jahren 1791, 1805 und 1807 haben, nach
verschiedenen Proben, einen durchschnittlichen Feingehalt von 833 Tausendtheilen
und einen Werth von ca. 2 fl. 24 kr. rhn. = 1 Thlr. 11 sgr. preuß. = 2 fl. öster.

Unter König Joachim 1809 bis 1813:

5=Lirenstück im Feingehalte von 900 Tausendtheilen, 22,2222 Stück auf
das Pfund fein; daher = 2 fl. 21 $\frac{7}{10}$ kr. rhn. = 1 Thlr. 10 $\frac{1}{2}$ sgr. preuß. =
2 fl. 2 $\frac{1}{2}$ nkr. öster.

1=Lirastück nach Verhältniß.

Aeltere Silbermünzen der Insel Sicilien:

12=Tari=Stück von 1785 und 1798 nach französischer Probe im Feinge=
halte von 826 Tausendtheilen, 22,1723 Stück auf das Pfund fein; daher =
2 fl. 22 kr. rhn. = 1 Thlr. 10 $\frac{1}{2}$ sgr. preuß. = 2 fl. 2 nkr. öster. — 6=Tari=Stück
nach Verhältniß.

Die seit 1818 geprägten Kupfermünzen sind Stücke zu 10, 5, 3, 2, 1
und $\frac{1}{2}$ Tornese.

Papiergeld. Noten der Bank (f. unten).

Von fremden Münzen cursiren hier mehrentheils spanische Piaster und
spanische, englische und französische Goldmünzen, welche per Stück notirt werden.

Cursystem.

Amsterdam	90	Tage dato	±	46	Grani für	1 fl. holl.
Ancona	30	„	„	114	„ „	1 Scudo romano.
Augsburg	75	„	„	46	„ „	1 fl. rhn.
Florenz	35	„	„	18	„ „	1 Lira tosc.
Frankfurt a/M.	75	„	„	46	„ „	1 fl. rhn.
Genua	40	„	„	21	„ „	1 Lira ital.
Hamburg	90	„	„	41	„ „	1 Bancomark.
Livorno	35	„	„	18	„ „	1 Lira tosc.
London	90	„	„	545	„ „	1 Liv. Sterl.

Mailand	40 Tage dato früher	$\pm$	18	Grani	für	1 öster. Lira.
		jetzt	"	22	"	" 1 Lira in Mailand.
Messina } Palermo }	30	"		" 119	"	" 1 Scudo von 12 Tari.
Paris Lyon } Marseille }	80	"		" 22	"	" 1 Frank.
Petersburg	90	"		" 84	"	" 1 Silberrubel.
Rom	30	"		" 116	"	" 1 Scudo romano.
Triest	60	"		" 52	"	" 1 fl. Bank-Valuta.
Venedig	40	"		. " 18	"	" 1 öster. Lira.
Wien	70	"		" 52	"	" 1 fl. Bank-Valuta.

Für Gold in Barren notirt man $\pm$ 21 Ducati per Unze feinen Goldes, und für Silberbarren $\pm$ 16 Ducati per Libbra Silber zu ⁵⁄₆ (833 ⅓ Tausendtheile) Feingehalt.

Wechselrechtliches. Hier gilt der am 26. März und 31. Mai 1819 publicirte Codice per lo regno delle Due Sicilie, welcher im Wesentlichen nur eine Bearbeitung des franz. Handelsgesetzbuchs ist.

Die **Wechselcourtage** beträgt, incl. Wechselstempel, ¼ Procent.

Inländische Staatspapiere. Die vormalige 5-procentige Rente (Inscriptionen auf das Großbuch) wurde im Jahr 1844 in eine 4-procentige verwandelt; den nicht darauf Eingehenden aber der Betrag al pari zurückgezahlt. Im Jahr 1849 entstand durch ein Anlehen von 12 Mill. Ducati eine neue 5-procentige Rente. Für die 4-procentige und 5-procentige Rente gibt es Amsterdamer, Pariser, und Neapolitanische Certificate. Die Amsterdamer Certificate der 5-procentigen Rente lauten theils auf 25 Lire Rente (= 500 Lire Capital), theils auf 12 ½ Ducati Rente (= 250 Ducati Capital), und diejenigen der 4-procentigen Rente lauten auf 20 Lire Rente (= 500 Lire Capital), wobei der Ducato zu 2 Gulden 20 Cents holl. und die Lira nuova (= dem franz. Franken, f. b. Art. Genua) zu 50 Cents holl. gerechnet wird. Die Pariser Certificate (sogenannte Récépissés définitifs, vom Hause Rothschild) der 5-procentigen Rente lauten auf 25 Ducati oder 110 Franken Rente (= 500 Ducati oder 2200 Fr. Capital), den Ducato zu 4 Fr. 40 Cent. gerechnet. Die Neapolitanischen Certificate der 5-procentigen Rente lauten auf 12 ½ Ducati Rente (= 500 Ducati Capital). Die Staatsschuld der Insel Sicilien im Betrage von ca. 20 Mill. Ducati ist in eine consolidirte 5-procentige Schuld convertirt worden*).

Maaße und Gewichte. Für das „Königreich dießseits der Meerenge" sind solche seit dem Jahr 1840 wie folgt:

Die Einheit der Längenmaaße ist der Palmo, welcher = 117,274 Pariser Linien und in 10 Decimo zu 10 Centesime, im gewöhnlichen Verkehre aber auch wie früher in 12 Once zu 5 Minuti zu 2 Punti eingetheilt wird.

Die Canna (Elle) ist = 1172,74 Pariser Linien und wird in 10 Palmi eingetheilt.

Der Passo (Schritt) ist = 7 Palmi = 820,918 Par. Linien.

Die Catena (Kette) zu Ländereivermessungen = 5 Palmi.

Der Miglio (die Meile) = 1000 Passi oder 7000 Palmi = 1851,852 Meter.

---

*) H. Scherer gibt die Staatsschuld des Festlandes zu 101,754,000 Ducati an.

Flächenmaaß: Die Einheit desselben ist die Quadrat-Canna = 6,9986 Quadrat-Meter.

Feldmaaß: Der Moggio = 100 Quadrat-Canne = 6,999 franz. Aren. Körpermaaß: Die Einheit desselben ist die Canna cuba (Cubit-Canue) von 1000 Cubit-Palmi = 18,515 Cubit-Meter.

Brennholzmaaß: Die Canna da legna (Holzcanne) = 256 Cubit-Palmi = 4,7398 Cubit-Meter oder Steren.

Getreidemaaß: Ter Tomolo von 2 Mezzotomoli, Mezzette oder Halben zu 2 Quarto (Biertel) zu 6 Misure (Maaß) zu 4 Quartarole ist = 55,5451 Liter. — 36 Tomoli sind 1 Carro.

Wein- und Branntweinmaaß; Die Einheit desselben ist der Barile (Faß) zu 60 Caraffo = 2,3562 Kubit-Palmi = 43,625 Liter; die Caraffa demnach = 0,727 Liter. — 12 Barili sind 1 Botte (Both); 2 Botti = 1 Carro.

Delmaaß ist die Salma von 16 Staja zu 16 Quarti zu 6 Misurelli; ihr Raumiuhalt beträgt 161,574 Liter, und die Salma Oel wiegt 165 ¼ Rotoli (s. unten) = 147,31 Kilogramm. Im Großhandel wird das Oel nach dem Gewicht verkauft.

Handelsgewicht: Die Einheit der Schwermaaße überhaupt ist die Libbra zu 12 Once (Unzen) = 320,76 Grammen (officiell).

Handelsgewicht ist hauptsächlich der Rotolo zu 10 Decime oder 1000 Trappesi oder 33 ⅓ Oneo oder 2 ⅞ Libbra, wonach 9 Rotoli = 25 Libbre und 36 Rotoli = 100 Libbre; daher der Rotolo = 891 Grammen.

Der Cantaro grosso oder Cantajo grosso (schwere Centner) hat 100 Rotoli = 89,1 Kilogramm. Der Cantaro piccolo (kleine Ceutner) hat 100 Libbre = 32,076 Kilogramm. Nach diesem Leichtgewicht werden die feineren Waaren gewogen.

Gold-, Silber- und Münzgewicht ist die obige Libbra, welche iu 12 Once zu 10 Dramme zu 3 Trappesi oder Scrupoli zu 2 Oboli zu 10 Grani oder Acini eingetheilt wird, wonach 7200 Grani oder Acini auf die Libbra gehen.

Probirgewicht: Die Feinheit des Goldes und Silbers wird, wie in Frankreich und Deutschland in Tausendtheilen (Millesimi) ausgedrückt, oder es wird noch, wie früher, beim Golde die Oncia in 24 Carati zu 100 Parti (Theile), und beim Silber die Libbra in 12 Denari zu 100 Parti getheilt.

Juwelengewicht: Der Carato von 4 Grani zu 16 Sedicesimi (Sechzehntel) = ¹⁄₁₃₀ Oncia Goldgewicht = 0,205615 Grammen.

Medicinalgewicht ist ebenfalls obige Libbra, eingetheilt in 12 Once zu 10 Dramme zu 3 Scrupoli zu 20 Grani.

Schiffslast: Die Tonnellata rechnet man zu 1140 Rotoli Gewichtswaaren, 5 ½ Salme Oel oder 25 Tomoli Getreide.

Handelsusanzen. Die Preise der meisten Gewichtswaaren verstehen sich für den Cantaro von 100 Rotoli; dagegen werden Seide, ätherische Oele oder Essenzen, Gewürze, Safran, Opium, Gummata, Cremor Tartari, spanische Fliegen, Kameelhaar, russische Hasenfelle, Juchten, Fischbein, Wachs und Kupfer in Platten per Libbra verkauft. Weingeist wird nach dem Cantaro piccolo von 100 Libbre verkauft; Wein, Branntwein, Weinessig, Citronensaft nach der Botta von 12 Barili; Wallnüsse und Haselnüsse nach dem Tomolo; Citronen, Pomeranzen und Apfelsinen nach der Kiste von ca. 330 Stück; eingemachte Oliven, Kapern und feines Tafelöl nach der Kiste von 12 Bouteillen; schwedisches Pech, schwedischer und russischer Theer nach der Originaltonne, Olivenöl per Salma, ausgenommen calabrisches Olivenöl, welches per Botte von 2¾ Salme berechnet wird. — Bei den meisten Artikeln wird die wirkliche Tara in Abzug gebracht. — Die Waaren-Courtage beträgt gewöhnlich ½ Procent. — Jeder Abschluß von Getreideläufen, welcher nicht binnen 24 Stunden von einem öffentlichen Sensalen vidimirt und in das betreffende Register eingetragen worden, ist ungiltig. — „Getreide-Wechsel" sind giltig, sofern sie den Vorschriften des Handelsgesetzes gemäß abgefaßt sind und die Angaben über Qualität, Gewicht und Ursprung enthalten. (Noback).

Handelsanstalten 2c. Die hier bestehenden Banken sind: 1) Die Bank beider Sicilien (Banca delle due Sicilie), im Jahr 1810 mit einem Capital von 1 Mill. Ducati gegründet; sie macht Disconto-, Depositen- und Leihgeschäfte, gibt Noten (Polizze) aus und macht Zahlungen für die Regierung, welche Anweisungen auf die Bank ausstellt. Außerdem stellt die Bank Anweisungen auf sich selbst gegen deponirte Gelder an die Ordre bezeichneter Personen aus und diese Papiere circuliren durch Blancoindossament gleich baarem Gelde. Sie hat Zweigbanken in Palermo und Messina. 2) Die Banca fruttuaria oder Rentenbank, welche im Jahr 1824 mit einem Actiencapital von 600000 Ducati gegründet wurde. Sie macht Leih-, Depositen- und kaufmännische Geschäfte. 3) Die Banca di circolazioue a garantia, welche im Jahr 1833 mit einem Capital von 400,000 Ducati gegründet wurde, ist eine Girobank. 4) Die Compagnia sebezia promotrice delle industrie nazionali, auch Banca sebezia genannt, ist im Jahr 1833 mit einem Capital von 1 Mill. Ducati gegründet worden; sie macht Leih- und Wechselgeschäfte und übernimmt Versicherungen. Sie hat ein „belgisches Bûreau" in Brüssel (Noback). — Außerdem gibt es hier mehrere See- und andere Versicherungsgesellschaften, mehrere Dampfschifffahrts- und Eisenbahngesellschaften und industrielle Actienanstalten. — Jährlich werden zwei Messen von 14tägiger Dauer gehalten; die erste beginnt am 19. September und die zweite am 20. October.

Neuchâtel,
Hauptstadt des schweizer Cantons gleichen Namens.

Rechnungsart und Münzen. Man rechnet nach neuen schweizer Franken zu 100 Rappen oder Centimes (s. Schweiz). Früher rechnete man nach Neuchâteler Livres zu 20 Sous zu 12 Deniers. Nach dem großräthlichen Dekrete vom 25. September 1850 werden für die Reduction der ältern Währung in die jetzige schweizerische (s. b. Art. Schweiz) 29 Neuchâteler Livres = 40 neue schweizer Franken (oder französische Franken) gerechnet. In älterer Zeit rechnete man im gewöhnlichen Verkehre nach Livres faibles oder Livres Lausannais zu 12 Sous zu 12 Deniers faibles. Nach dieser Rechnungsart waren 2½ Livres faibles = 1 Neuchâteler Livre. Bei Wechselgeschäften bediente man sich auch der alten französischen Tournois-Valuta (das Livre tournois zu 20 Sous zu 12 Deniers tournois) und rechnete 24 Livres tournois = 16⅔ Neuchâteler Livres.

Wirklich geprägte Landesmünzen sind:

Pistolen oder Friedrichs'or vom Jahr 1712, nach älterer Angabe im Feingehalte von 911 Tausendtheilen, 82,6577 Stück auf das Pfund fein; daher = 0,6049 deutsche Krone (Neubauer).

Thaler (Écu blanc) nach französischer Probe im Feingehalte von 860 Tausendtheilen, 21,1321 Stück auf das Pfund fein; daher = 2 fl. 29 kr. rhn. = 1 Thlr. 12 ½ sgr. preuß. = 2 fl. 13 nkr. öster.

Kleiner Thaler (Petit écu) oder 21=Batzenstück von den Jahren 1796 und 1799 durchschnittlich im Feingehalte von 795 Tausendtheilen, 41,1144 Stück auf das Pfund fein; daher = 1 fl. 16 ½ kr. rhn. = 21⁴/₅ sgr. preuß. = 1 fl. 9 ½ nkr. öster.

Stücke von 14, 10 ½ und 7 Batzen nach Verhältniß.

Im Wechselgeschäfte richtet man sich nach den Notirungen von Genf und Basel.

Wechselrechtliches. In Neuenburg gilt französisches Wechselrecht (Gesetz vom 3. Juni 1833 sur quelques matières commerciales).

Städtische Schuldpapiere. Im Jahr 1857 hat die Stadt Neuchâtel eine Lotterie=Anleihe von 1,250,000 Fr. in 125,000 Loosen zu 10 Fr. gemacht, welche in 99 Ziehungen bis zum Jahr 1907, jährlich zwei mal, getilgt werden soll. Die Loose werden in Frankfurt a. M. notirt.

Maaße und Gewichte. Die neuen schweizer Dimensions= und Schwermaaße (s. d. Art. Schweiz). Zugelassene besondere Maaße für den Canton sind (nach Nobach):

1) Für den Kalk: Die Bosse von 20 neuen Boissaux = 300 Liter.

2) Für den Torf: Die Bauche von 120 neuen Knbikfuß = 3,24 Kubik=Meter oder Steren.

3) Für den Most: Die Gerle (Karrenbütte) von 66 neuen Pots (Maaße) = 99 Liter.

Die älteren Maaße und Gewichte sind:

Der Fuß (Pied du pays, Landfuß) zu 12 Zoll zu 12 Linien zu 12 Punkten = 130 Par. Linien. — Der Pied de champ (Feldfuß) = 127,292 Pariser Linien. — Die gemeine Klafter (Toise) hat 10 Landfuß. — Die Feldruthe (Perche de champ) hat 16 Feldfuß. — Die Rebenruthe (Perche de vigne) für Weinbauländereien hat 16 Landfuß.

Feldmaaß: Die Faux (der Juchart oder Morgen) von 2 Pauses zu 8 Perches zu 16 Pieds = 54,0372 franz. Aren.

Weinländereienmaaß ist der Ouvrier von 16 Pieds oder Quadrat=Landruthen = 3,5226 franz. Aren.

Brennholzmaaß: Die Holzklafter (Toise de bois) von 10 Landfuß Breite, 5 Landfuß Höhe und 3 Landfuß Tiefe (Scheitlänge) = 150 Kubik=Landfuß = 3,783 Kubik=Meter oder Steren.

Getreidemaaß: 1) Für alle trockenen Dinge, ausgenommen Hafer: Der Muid von 3 Sacs zu 8 Emines zu 24 Copets = 192 Pots des Flüssigkeits=maaßes = 365,6241 Liter. 2) Für Hafer: der Muid zu 200 Pots des Flüssig=keitsmaaßes = 380,8584 Liter.

Flüssigkeitsmaaß: Der Pot oder die Maaß = 1,90429 Liter. — Die Bosse von 24 Brandes = 480 Pots = 914,06 Liter. — Der Muid hat 12 Setiers (Eimer) zu 2 Brochets (Stützen) zu 8 Pots, also 192 Pots.

Handelsgewicht: Das Pfund zu 2 Marcs zu 8 Onces zu 8 Gros zu 3 Deniers zu 24 Grains, = 520,1 Grammen. Der Quintal = 100 Pfund.

Gold= und Silbergewicht: Das alte Markgewicht von Paris (s. d. Art.). Man rechnet 17 Pfund Handelsgewicht (Poids de fer) = 16 Pfd. Markgewicht.

Probirgewicht: Der Feingehalt der Gold- und Silberlegirungen wird in Tauſendtheilen (Millièmes) beſtimmt.

Handelsanſtalten ꝛc. Im Jahr 1854 iſt die Neuchâteler Kantonal-bank (Banque cantonale Neuchâteloise) mit einem Grundcapital von 1 Mill. Franken, in Actien zu 500 Franken, von welchen der Staat für 250,000 Franken übernommen hat, auf die Dauer von 20 Jahren gegründet worden. Die Bank hat im Canton das ausſchließliche Recht zur Notenausgabe. Die Noten lauten auf 500, 100, 50 und 20 Franken. Sie ſtellt auch an Ordre lautende An-weiſungen (Mandats à ordre) mit feſter Verfallzeit auf die Schweiz und das Ausland aus. Außerdem betreibt ſie Discont-, Incaſſo-, Depoſiten- und Giro-geſchäfte. Wenn der jährliche Gewinn 4 Proc. überſchreitet, ſo kommen vom Mehr-betrage 30 Proc. an den Staat, 20 Proc. zum Reſervefonds bis dieſer 1/3 des Capitals erreicht haben wird, und 50 Proc. an die Actionäre. Iſt der Reſerve-fonds auf 1/3 des Capitals angewachſen, ſo erhalten vom Mehrbetrage der Staat 30 Proc., und die Actionäre 70 Proc. Wenn der Gewinn weniger als 4 Proc. beträgt, ſo wird das daran Fehlende aus dem Reſervefonds genommen. Wenn während drei auf einander folgender Jahre keine Dividende zur Vertheilung kommen kann, ſo kann durch Beſchluß der Generalverſammlung die Geſellſchaft aufgelöst werden. — Im Jahr 1856 iſt eine Mobiliarcredit-Geſellſchaft (nach dem Muſter des Crédit mobilier in Paris (ſ. d. Art.) gegründet worden (Nobad). — Die ſeit 1852 hier beſtehende Hypothekencaſſe dient zur Unterbringung der aus Ab-löſungen von Kirchen- und Feudallaſten eingehenden Gelder. Werden die Gelder zu hypothekariſchen Darleihen angelegt, ſo gibt die Bank 3-procentige Cédules, die auf den Namen lauten, mit feſter Verfallzeit aus. — Außerdem gibt es hier mehrere zur Hebung des Uhrengeſchäfts gegründete Actiengeſellſchaften.

Neuſtrelitz,
Hauptſtadt des Großherzogthums Mecklenburg-Strelitz.

Rechnungsart und Münzen. Man rechnet nach Thalern zu 24 Gro-ſchen zu 2 Schillingen oder nach Thalern zu 48 Schillingen zu 12 Pf., oder auch nach Mark zu 16 Schillingen zu 12 Pf.; daher 1 Thaler = 3 Mark. Der Gul-den = 2 Mark oder 2/3 Thaler. Der Groſchen = 2 Schillinge. Die Valuta iſt der 14 Thalerfuß (14 Thlr. = 1 Cöln. Mark fein Silber) oder der 21-Gulden-fuß oder 42-Markfuß. Mecklenburg iſt dem Münzvertrage vom 24. Januar 1857 nicht beigetreten. Eine Verordnung vom Jahr 1858 ſtellt aber den 30-Thalerfuß der norddeutſchen Münzvereinsſtaaten und ſeine Münzen dem 14-Thalerfuße gleich, indem bei allen Zahlungen und Verbindlichkeiten zwiſchen beiderlei Münzfüßen und ihren gleichnamigen Münzen ein Unterſchied nicht gemacht werden darf. — Größere Geſchäfte werden auch in Goldvaluta, die Piſtole oder der ſogenannte Louisd'or zu 5 Thaler, wie in Bremen (ſ. d. Art.) abgeſchloſſen.

Geprägte Münzen des Großherzogthums Mecklenburg-Strelitz ſind:

Piſtole aus früherer Zeit, geſetzmäßig im Feingehalte von 902 7/8 Tauſend-theilen, 82,8914 Stück auf das Pfund fein; daher = 0,6032 deutſche Krone.

Von früherer Ausmünzung im 20-Guldenfuße:

1/6-Thaler oder Stück zu 4 Groſchen (= 8 Schilling) im Feingehalte von 500 Tauſendtheilen, 171,0458 Stück auf das Pfund fein; daher = 18 1/3 kr. rhn. = 5 1/3 ſgr. preuß. = 26 nkr. öſter.

$\frac{1}{18}$-Thaler im Feingehalte von 437$\frac{1}{2}$ Tausendtheilen, = 13$\frac{1}{5}$ kr. rhn. = 3$\frac{11}{12}$ sgr. preuß. = 19$\frac{7}{10}$ nkr. öster. — $\frac{1}{12}$-Thlr. nach Verhältniß.

Scheidemünzen von 1846 bis 1848:

4-Schillingstück oder $\frac{1}{12}$-Thaler im Feingehalte von 375 Tausendtheilen, 410,5099 Stück auf das Pfund fein; daher = 7$\frac{3}{5}$ kr. rhn. = 2$\frac{1}{3}$ sgr. preuß. = 11 nkr. öster.

1-Schillingstück oder $\frac{1}{48}$ Thaler = 1$\frac{7}{10}$ kr. rhn. = $\frac{2}{3}$ sgr. preuß. = 2 nkr. öster.

Münzen nach der Verordnung vom 16. Febr. 1848: s. Schwerin.

Im **Wechselgeschäfte** richtet man sich nach den Cursen von Hamburg und Berlin.

Wechselrechtliches. Seit 1849 ist die deutsche Wechselordnung in Mecklenburg-Strelitz eingeführt. Nach dem Einführungsgesetz sind die im Art. 91 der allgemeinen deutschen Wechselordnung bezeichneten Acte *), außer dem Falle eines beiderseitigen Einverständnisses, nur zwischen 9 Uhr Morgens und 7 Uhr Abends vorzunehmen. Zu den im Art. 92 neben den Sonntagen erwähnten allgemeinen Feiertagen sind zu zählen: der Neujahrstag, der Charfreitag, der Oster-montag, der Himmelfahrtstag, der Pfingstmontag, die beiden Weihnachtstage und die Bet-Tage. Die im Art. 94 **) erwähnte notarielle Beglaubigung erfordert zu ihrer Gültigkeit die Gegenwart zweier solcher Zeugen, welchen der Aussteller von Person bekannt ist.

Maaße und Gewichte. Längenmaaß: Der Fuß beim Feldmessen ist der mecklenburg-schweriner Vermessungsfuß (s. Rostock). Der Bau- oder Werkfuß ist der preußische oder rheinländische Fuß (s. Berlin).

Die Elle = 307,245 Par. Linien.

Es gibt drei verschiedene Ruthen: 1) die beim Feldmessen = 16 mecklenburg-schweriner Fuß = 4,656031 Meter. Sie wird in 10 Fuß zu 10 Zoll einge-theilt; daher der Fuß = 0,4656031 Meter = 206,4 Par. Linien. 2) Die Bau-Ruthe = 12 rheinländische Fuß = der preußischen Ruthe (s. Berlin). 3) Die Ruthe bei Grabenarbeiten zu 16 rheinländische Fuß.

Feldmaaß: Der Scheffel Aussaat wird durchschnittlich zu 100 Quadrat-Feldruthen angenommen; der Flächeninhalt wird bei genaueren Bestimmungen in Quadrat-Feldruthen ausgedrückt. Bei Domänen-Ländereien wird der Morgen zu 100 Quadrat-Feldruthen = 21,6786 franz. Aren angenommen.

Brennholzmaaß: Der Faden ist 6 Fuß hoch und breit, bei 4 Fuß Scheit-länge = 144 Kubikfuß. In den großherzoglichen Waldungen dient dabei der Feld-fuß als Grundlage; wonach der Faden = 3,54854 Kubik-Meter oder Steren; bei Privaten bisweilen der Werkfuß oder rheinländische Fuß, wonach der Faden = 4,45188 Kubik-Meter oder Steren.

Getreidemaaß: Die Last hat 4 Wispel zu 2 Drömt zu 12$\frac{1}{2}$ (gestrichenen) Scheffeln zu 16 Metzen; daher der Wispel = 25 Scheffel; bei Hafer aber 27 Scheffel (2 Scheffel Zugabe). Der Strelitzer Scheffel ist dem im Artikel Schwerin angegebenen großen Parchimer oder dem alten Berliner Scheffel gleich;

---

*) Ort und Zeit für die Präsentation und andere im Wechselverkehr vorkommende Handlungen.
**) Der Art. 94 erfordert bei Wechselerklärungen, welche statt des Namens mit Kreuzen oder andern Zeichen vollzogen sind, behufs der wechselrechtlichen Gültigkeit die gerichtliche oder notarielle Beglaubigung jener Zeichen.

im Verkehr wird er dem neuen preußiſchen Scheffel gleich gerechnet. Im Verkehr rechnet man 5 ſtrelitzer Scheffel = 7 Roſtocker Scheffel.

Flüſſigkeitsmaaß: Wie Roſtock und Schwerin (ſ. d. Art.).

Handelsgewicht: Vom 1. Juni 1861 an wie Preußen (ſ. Berlin).

Das ſeitherige Pfund zu 32 Loth zu 4 Quentchen iſt dem alten preußiſchen Pfunde gleich. Der Centner hat 5 ſchwere Stein, 10 leichte Stein, oder 110 Pfund; der ſchwere Stein hat alſo 22 und der leichte Stein 11 Pfund. — Das Liespfund hat 14 Pfund.

Newcaſtle (upon Tyne),
Hafen- und Fabrikſtadt in England.

Rechnungsart und Münzen, ſ. London.

Maaße und Gewichte ſind die engliſchen (ſ. London).

Steinkohlen werden jetzt, wie in London, nach dem Gewicht verkauft.

Die Gewichtseinheit beruht auf urſprünglichen Raummaaßen *). 1 Keel Steinkohlen hat 8 Newcaſtle-Chaldrons und wiegt 21 ⅓ Tons **). — 1 Keel Cinders hat 16 Imperial-Chaldrons ***) und wiegt ca. 11 Tons. — 1 Imperial-Chaldron Cinders iſt an Rauminhalt = ca. ½ Newcaſtle-Chaldrons Stein-kohlen. — 1 Keel Steinkohlen liefert: in Copenhagen ca. 140 Tonnen, in Stock-holm ca. 160 Tonnen, in Roſtock ca. 11 Laſt, in Stettin ca. 7 Laſt, in Hamburg ca. 120 Tonnen, in Bremen ca. 4 Laſt, in Königsberg ca. 3 Laſt, in Petersburg ca. 1250 Pud (Nelkenbrecher).

Bei Seefrachten rechnet man 1 Keel = 26 Chaldrons Schleifſteine, 21 Tons ſchwere Güter, 100 Tons Kohlentheer, 100 Gros Bouteillen, 28 Körbe Steinzeug, 20 Oxhoft oder 120 Säcke Kienruß, 7000 Stück feuerfeſte Steine.

1 Laſt in Amſterdam	. . . .	liefert hier 10 ¹/₁₄	Quarters.
1 „ Bremen	. . . .	ca. 10 ¹/₄	„
1 „ Danzig, Königsberg und Elbing	. . .	„ 10 ³/₈	„
1 „ Hamburg	. . . .	„ 11 ¹/₈	„
1 „ Libau und Riga Roggen	. . . . .	„ 11 ¹/₈	„
1 „ do. do. Hafer	. . . . .	„ 14	„
1 „ Oldenburg	. . . . . .	„ 11	„
21 Tonnen in Kopenhagen	. . . .	„ 10	„
1 Laſt in Roſtock und Wismar	. . . . . .	„ 13	„
1 „ Stralſund, Wolgaſt, Greifswald u. Demmin	„ 14	„
1 „ Stettin	. . . .	„ 13 ½	„
100 Tſchetwert in Petersburg	. . . .	„ 70	„

---

*) | Ship Load (Schiffsladung). | Scores. | Keels. | Newcaſtle Chaldrons. | London Chaldrons. | Pfund Avoirdupois. |
|---|---|---|---|---|---|
| 1 | 16³⁵/₄₄ | 20 | 160 | 353¹/₃ | 949760 |
| | | 1 | 1¹⁵/₄₄ | 8¹⁵/₄₄ | 17¹¹/₂₄ | 56448 |
| | | | 1 | 8 | 17¹/₂ | 47488 |
| | | | | 1 | 2³/₄₄ | 5936 |
| | | | | | 1 | 2688 |

**) 1 Keel = 47488 Pfd. [f. *)] und 1 Ton = 20 Centner zu 112 Pfd. = 2240 Pfd.; daher
1 Keel = $\frac{47488}{2240}$ = 21¹/₅ Tons.

***) 1 Imperial-Chaldron = 4 Quarters.

Handelsusanzen. Die Preise der meisten Gewichtswaaren verstehen sich per Hundredweight (Centner zu 112 Pfd. Avoirdupoids); bei Eisen, Zink, Cement, Eichenrinde, Flachs, Hanf, Knochen, Tauwerk, Leinkuchen und Rapskuchen per Ton von 20 Centnern; bei Kupfer und Vitriol per Pfund Avoirdupoids; bei Leinöl per Centner einschließlich Faßlage; Amboße, Anker und Ankerketten per Centner; Bleche per Kiste von 225 Tafeln; Bouteillen per Groß von 12 Dutzend; Fensterglas per Korb von 12 Tafeln; Wallfischthran per Ton von 252 Imperial-Gallons; Mühlsteine per Stück, Wetzsteine per Dutzend; Ziegenfelle per Dutzend; Pferdehäute per Stück, andere Häute und Felle per Pfund Avoirdupoids; Dielen 1 er Fuß; Splittholz per Fathom; Balken, Planken und Krummholz; per Load von 50 Kubikfuß; schwedischer und archangeler Theer per Originaltonne. Der Preis der Potasche und der Soda versteht sich in Pence Sterling für je 1 Proc. des Kali- und Natrongehalts und für 1 Centner von 112 Pfd. Avoirdupoids. Schleifsteine verkauft man per Chaldron. Beim Maaße der Schleifsteine rechnet man 8 Zoll auf den Fuß und rechnet für den Chaldron: 36 Stück 1-füßige, 30 Stück 1 1/2-füßige, 27 Stück 2-füßige, 21 Stück 2 1/2-füßige, 18 Stück 3-füßige, 12 Stück 3 1/2-füßige, 9 Stück 4-füßige, 6 Stück 4 1/2-füßige, 5 Stück 5-füßige, 3 Stück 6-füßige, 1 1/2 Stück 7-füßige, 1 Stück 8-füßige.

Commissionsgebühr gewöhnlich 2 Proc.

New-Orleans,
Hauptstadt des nordamerikanischen Staates Louisiana.

Rechnungsart, Münzen, Maaße und Gewichte, s. New-York.

Wechselcursnotirung. Gewöhnlich wird 60 Tage dato auf Paris, London und auf New-York und andere inländische Plätze, und in kurzer Sicht auf Havanah gezogen. Auf Paris und London notirt man die Curse in derselben Art wie in New-York. Auf New-York ꝛc. wird für 60 Tage dato mit 1 oder mehreren Procenten Discont und für kurze Sicht mit 1 oder mehreren Procenten Prämie gewechselt. Auf Havannah wechselt man für kurze Sicht gewöhnlich mit 1 oder mehreren Procenten Discont.

Staatspapiere. Sie bestehen aus 6-procentigen, auf Inhaber lautenden Bonds. Im Jahr 1858 betrug die Staatsschuld von Louisiana 10,700,000 Dollars (Scherer).

Handelsusanzen. Gemäß der Bestimmung der Handelskammer vom Jahr 1852 sind die Commissionsgebühren auf das fremde nördliche und westliche Geschäft wie in Folgenden festgesetzt: Für den Verkauf von Zucker, Melassen, Baumwolle, Tabak und Blei 2 1/2 Proc.; für den Verkauf von allen andern Produkten und Waaren 5 Proc.; für Delcredere der Verkäufe, nicht über 6 Monate Ziel hinaus, 2 1/2 Proc., für jeden Monat länger 1/2 Proc.; für Einkauf und Verschiffung von Produkten und Waaren 2 1/2 Proc.; für Verkäufe von Staatspapieren 1 Proc.; für Einkassirung und Uebermachung von Dividenden 1 Proc., und mit Wechselgarantie 2 1/2 Proc.; für Verkäufe von Segel- und Dampfschiffen 2 1/2 Proc.; für Einkäufe von solchen 5 Proc.; für Frachtbesorgung 5 Proc.; für Einkassirung von Frachtgeldern 2 1/2 Proc.; für Schiffsausrüstung und gemachte Auslagen 2 1/2 Proc.; für Assecuranzbesorgung bis zu 10 Proc. Prämie, auf den versicherten Betrag 1/2 Proc.; für 10 Proc. von der Prämie 5 Proc.; für Schlichtung und Einkassirung von Assecuranzen ohne Proceß 2 1/2 Proc., mit Proceß

5 Proc.; für Einkauf und Uebermachung von Wechseln, oder für Empfang oder Zahlung von Geldern, wo keine andere Provision berechnet wird, 1 Proc.; für Garantie der remittirten Wechsel 2½ Proc., wenn Wechsel zum Incasso protestirt werden, 1 Proc.; für Landen, Verschiffen ꝛc. von Waaren aus havarirten Schiffen 2 Proc.; für große Havarie 5½ Proc. Zurückgenommene Waaren bezahlen volle Commission von dem gemachten Vorschuß und ½ Proc. vom Facturawerthe der zurückgenommenen Waaren. In vorstehenden Ansätzen sind Courtage und andere Kosten nicht mitbegriffen.

Für europäische Geschäfte und Geschäfte mit andern Ländern gelten folgende Ansätze: Für die Netto-Erträge von Verkäufen in nicht garantirten Wechseln 1½ Proc., in garantirten Wechseln 2 Proc.; für Entnehmen, Indossiren oder Negoziren von Wechseln auf Europa, als Zahlung für Netto-Erträge 2½ Proc.; für desgleichen auf atlantische Staaten 1 Proc.; für Empfangen, Einklariren, Wiederverschiffen von Waaren nach einem fremden Hafen, auf den Facturabetrag 1 Proc., mit Vorschuß und Verbindlichkeit außerdem noch 2½ Proc. — Die Courtage bei Geschäften in Baumwolle wird mit ½ Proc. in Anrechnung gebracht. — Auf Baumwolle wird keine Tara gerechnet.

Banken. Im Jahr 1855 gab es hier neun Banken mit einem Gesammt-kapital von ca. 15 Mill. Dollars und mit einer Notencirculation von ca. 7 Mill. Dollars. Durch ein Gesetz vom Jahr 1853 ist die Ausgabe und Annahme von Banknoten unter 5 Dollars Nennwerth verboten (Nelkenbrecher). Die neue Ver-fassung von Louisiana vom Jahr 1852 verlangt volle Sicherstellung der Bank-noten des Staats durch Silbervorrath in den Bankkassen, und es darf nach der-selben die Suspension der Zahlung bei einer Noten ausgebenden Anstalt nie ge-stattet werden.

New-York,
Hauptstadt des Staates gleichen Namens.

Rechnungsart und Münzen. Man rechnet hier und in den Ver-einigten Staaten von Nordamerika überhaupt nach Dollars zu 100 Cents, ursprüng-lich nach Dollars zu 10 Dimes zu 10 Cents zu 10 Mills.

Vor 1783 rechnete man nach Colonial- oder Curant-Pfunden zu 20 Schil-lingen zu 12 Pence, und es waren 4 Curant-Pfund = 3 Pfund Sterling. Die Dollars bestanden Anfangs in Papiergeld, welches den Werth des spanischen Pia-sters repräsentiren sollte, später in Silbermünzen, die 416 (englische) Troy-Grän wogen und 371¼ Troy-Grän fein Silber enthielten und folglich einen Feingehalt von 892,427 Tausendtheilen hatten. Da 1 Troy-Grän = 0,0648 Grammen (s. London), so stellt sich der Werth des damaligen Dollars auf 2 fl. 31 kr. rhn. = 1 Thlr. 13½ sgr. preuß. = 2 fl. 16 nkr. öster. Dieser Dollar wurde zu 4½ Schilling Sterl. tarifirt.

Im Jahr 1853 ist man zur Goldwährung übergegangen. Der neue Gold-Dollar ist gesetzmäßig 25⅘ Troy-Grän schwer, bei einem Feingehalte von 900 Tausendtheilen; daher gehen 1,504656 Grammen fein Gold auf den Dollar, und nimmt man den durchschnittlichen Werth des Zollpfundes (von 500 Grammen) fein Gold zu 800 fl. rhn. an, so stellt sich der Werth des Gold-Dollars auf ca. 2 fl. 24 kr. rhn. = 1 Thlr. 11½ sgr. preuß. = 2 fl. 5⅝ ukr. öster.

Nach dem Gesetz vom 21. Februar 1853 werden geprägt:
3=Dollar=Stücke in obigen Feingehalt, 110,7701 Stück auf das Pfund fein; daher = 0,45138 deutsche Krone.

Aeltere Goldmünzen der Vereinigten Staaten:

Eagle (Adler) zu 10 Dollars (von 1786) im Feingehalte von 916$^2/_3$ Tausendtheilen, 31,3354 Stück auf das Pfund fein; daher = 1,59564 deutsche Krone.
Halbe Eagles nach Verhältniß.

Nach dem Gesetz vom 2. April 1792:
Eagle zu 10 Dollar im Feingehalte von 916$^2/_3$ Tausendtheilen, 31,1768 Stück auf das Pfund fein; daher = 1,60376 deutsche Krone.
Halbe und Viertel=Eagles nach Verhältniß.

Nach dem Gesetz vom 28. Juni 1834:
Eagle zu 10 Dollars im Feingehalte von 899$^{29}/_{129}$ Tausendtheilen, 33,2597 Stück auf das Pfund fein; daher = 1,50332 deutsche Krone.
Halbe und Viertel=Eagles nach Verhältniß.

Nach dem Gesetz vom 18. Januar 1837:
Eagles zu 10 Dollars im Feingehalte von 900 Tausendtheilen, 33,2311 Stück auf das Pfund fein; daher = 1,50462 deutsche Krone.
Halbe und Viertel=Eagles nach Verhältniß.

Nach dem Gesetz vom 3. März 1849:
Doppelte Eagles zu 20 Dollars im Feingehalte von 900 Tausendtheilen, 16,6151 Stück auf das Pfund fein; daher = 3,00926 deutsche Krone.
Ein=Dollar=Stücke nach Verhältniß.

Wegen der für und in Californien geprägten Goldmünzen, s. San Francisco.

Silbermünzen der Vereinigten Staaten.

Seit Einführung der Gold=Valuta werden keine ganzen Dollars mehr geprägt, sondern, als Scheidemünze, halbe Dollars zu 50 Cents, Viertel=Dollars zu 25 Cents, Times zu 10 Cents und halbe Dimes zu 5 Cents, sämmtlich im Feingehalte von 900 Tausendtheilen..

Vom halben Dollar gehen gesetzlich 44,6542 Stück auf das Pfund fein, wonach derselbe = 1 fl. 10 $^1/_2$ kr. rhn. = 20 $^1/_{10}$ sgr. preuß. = 1 fl. $^7/_{10}$ ufr. öster.
Nach Verhältniß:

$^1/_4$ Dollar = 35 $^1/_4$ kr. rhn. = 10 $^1/_{20}$ sgr. preuß. = 50$^7/_{20}$ nfr. öster.
Time zu 10 Cents = 14 $^1/_{10}$ „ = 4 $^1/_{50}$ „ = 20$^7/_{50}$ „
$^1/_2$ Time zu 5 Cents = 7 $^1/_{20}$ „ = 2 $^1/_{100}$ „ = 10$^7/_{100}$ „

Außer den im Eingang dieses Artikels angeführten Dollars vom Jahr 1786 gibt es folgende ältere Dollars und Theilstücke derselben:

Dollars nach dem Gesetz vom 2. April 1792 im Feingehalte von 892$^{89}/_{208}$ Tausendtheilen, 20,7845 Stück auf das Pfund fein; daher = 2 fl. 31 $^1/_2$ kr. rhn. = 1 Thlr. 13$^3/_{10}$ sgr. preuß. = 2 fl. 16 $^1/_2$ nfr. öster.
Nach Verhältniß:

$^1/_2$ Dollar = 1 fl. 15 $^7/_{10}$ kr. rhn. = 21 $^3/_5$ sgr. preuß. = 1 fl. 8 $^1/_5$ nfr. öster.
$^1/_4$ Dollar = 37 $^4/_5$ kr. rhn. = 10$^4/_5$ sgr. preuß. = 54 $^1/_{10}$ nfr. öster.
Time zu 10 Cents = 15$^3/_{10}$ kr. rhn. = 4 $^3/_{10}$ sgr. preuß. = 21 $^4/_5$ nfr. öster.
$^1/_2$ Time zu 5 Cents = 7 $^3/_5$ kr. rhn. = 2 $^1/_{10}$ sgr. preuß. = 10$^9/_{10}$ nfr. öster.

Dollar nach dem Gesetz vom 18. Januar 1837 im Feingehalte von 900

Tausendtheilen, 20,7845 Stück auf das Pfund fein; daher = 2 fl. 31 ½ kr. rhn.
= 1 Thlr. 13 ³/₁₀ sgr. preuß. = 2 fl. 16 ½ nkr. öster.

Nach Verhältniß:

½ Dollar = 1 fl. 15 ⁷/₁₀ kr. rhn. = 21 ³/₅ sgr. preuß. = 1 fl. 8 ⅓ nkr. öster.
¼ Dollar = 37 ⁴/₅ kr. rhn. = 10 ⁴/₅ sgr. preuß. = 54 ¹/₁₀ nkr. öster.
Dime zu 10 Cents = 15 ³/₁₀ kr. rhn. = 4 ⁴/₁₀ sgr. preuß. = 21 ⁴/₅ nkr. öster.
½ Dime zu 5 Cents = 7 ³/₅ kr. rhn. = 2 ¹/₁₀ sgr. preuß. = 10 ⁹/₁₀ nkr. öster.

In den drei ersten Münzperioden gehen durchschnittlich 41,4081 halbe Dollars und nach dem neuen Münzgesetz 44,6542 solcher Stücke auf das Pfund fein, wonach die neuen halben Dollars und die Theilstücke derselben um ca. 7 Procent schlechter als die alten Silbermünzen sind und daher letztere mit Agio gegen jene umgesetzt werden (s. weiter unten die Münzcurse).

Das Silbergeld des neuen Münzfußes ist nur für Summen bis zu einschließlich 5 Dollars gesetzliches Zahlmittel.

Im Staate New-York rechnet man im kleinen täglichen Verkehr mitunter nach Schillingen zu ⅛ Piaster = 12 ½ Pence. Der ⅛-Dollar wird durch den alten spanischen und mexikanischen Silber-Realen (Achtel-Piaster) repräsentirt, welcher gewöhnlich in einzelnen Stücken nur zu 12 Cents angenommen wird, während 2 Stück 25 Cents, 4 Stück 50 Cents ꝛc. gelten. Das 2-Realen-Stück gilt im täglichen Verkehr 25 Cents, das 4-Realen-Stück 50 Cents. Die im Werthe geringeren Theilstücke der südamerikanischen Piaster haben eine verhältnißmäßig geringere Geltung (Noback).

Eigentliche Scheidemünze der Vereinigten Staaten sind, außer den Cent- und halben Centstücken aus Kupfer *) und seit 1857 auch aus einer Legirung von Nickel, die Stücke zu 3 Cents im Feingehalte von 750 Tausendtheilen, 831,3804 Stück auf das Pfund fein Silber; daher = 3 ⁷/₁₀ kr. rhn. = 1 ²/₂₅ sgr. preuß. = 5 ²/₅ nkr. öster.

Münzstätten der Vereinigten Staaten. Außer den National- münzstätten in Philadelphia, New-Orleans und einigen andern Städten des Lan- des gibt es auch Privat-Münzstätten, namentlich in Californien (s. San Francisco). Private dürfen aber nur Gold- und Silbermünzen, und zwar im gesetzlichen Ausmünzungsfuße prägen. Außerdem dürfen auch Private gegen eingeliefertes Gold Nationalgoldmünzen in den Münzstätten des Landes prägen lassen; dagegen werden Silbersorten nur für Rechnung der Regierung geprägt. Gegen eingelie- fertes Gold und Silber werden auch beziehlich Gold- und Silberbarren für Rech- nung von Privaten gefertigt. Die Gold- und Silberbarren müssen entweder be- ziehlich von ganz feinem Golde und Silber sein, oder den Gehalt der National- Gold- und Silbermünze (⁹/₁₀) haben. Barren von ganz feinem Golde dürfen nicht weniger als 10 Unzen (s. unten) wiegen; kleinere Barren (von 1 bis 5 Unzen) dürfen nur in der Feinheit der Nationalmünzen (⁹/₁₀) geliefert werden. Wenn der Besteller für eingeliefertes Gold Goldmünzen verlangt, so hat er außer den Scheidungskosten 50 Cents für je 100 Dollars, und wenn er Barren verlangt, dafür 6 Cents für je 100 Dollars Werth zu entrichten. Dasselbe gilt für die Anfertigung von Silberbarren. Für das in dem zu reinigenden Golde enthaltene Silber zahlt die Münze entweder dessen volles Gewicht in einem glei-

---

*) Die neuen Centstück haben in der Mitte ein Loch; doch werden sie auch in der älteren gewöhn- lichen Form geprägt.
Seit 1849 gibt es auch einfache Gold-Dollars, welche in Ringform geprägt sind.

chen Gewichte Silber-Dollars aus, oder 1 Dollar 21 Cents in Nationalgoldmünze für jede Unze Silber (Noback).

Wechselcursnotirung. Die Curse werden für 60 Tage nach Sicht und mitunter auch für kurze Sicht notirt. Man gibt für Wechsel auf

Amsterdam	±	42	Cents für	1 fl. holl.
Antwerpen	„	5	Franken „	1 Dollar.
Basel und Zürich	„	5	„ „	1 dto.
Berlin	„	74	Cents „	1 Thaler preuß. Curant.
Bremen	„	80	„ „	1 Thaler in Louisd'or zu 5 Thaler.
Frankfurt a/M.	„	40	„ „	1 fl. rhn.
Hamburg	„	38	„ „	1 Bancomark.
Köln und Leipzig	„	74	„ „	1 Thaler preuß. Curant.
Livorno	„	14	„ „	1 toskan. Lira.
London	„	109 Dollars in New-York für 100 Dollars zu 4½ Schilling *).		
Paris	„	5 Franken für	1 Dollar.	
Cadix, Madrid u.				
a. span. Plätze	„	102 Dollars „	100 spanische Piaster.	
Triest	„	40 Cents „	1 fl. Bankvaluta.	

Auf inländische Plätze wechselt New-York mit veränderlichem Disconto, zuweilen auch mit Prämie gegen Wechsel auf diese Plätze.

Wechselrechtliches. Das hier und in den Vereinigten Staaten überhaupt geltende Wechselrecht ist wesentlich englisches (s. London) **).

Curs notirung der Münzen, Gold- und Silbersorten. Die älteren, bis 1834 geprägten Goldmünzen der Vereinigten Staaten werden mit ± 6 Proc. Prämie gegen neuere, seit 1834 geprägte Goldmünzen gewechselt, weil jene einen höheren Gehalt (gesetzlich 916⅔ Tausendtheile) als letztere (von 900 Tausendtheilen) haben; also ± 106 neue Gold-Dollars = 100 alte.

Californische Goldmünzen (s. San Francisco) werden pari oder auch mit 1 bis mehreren Procenten Verlust notirt.

Per Stück notirt man spanische Dublonen, patriotische Dublonen (d. h. solche der süd- und mittelamerikanischen Freistaaten), englische Sovereigns, englische Guineen, Napoleond'or, deutsche und dänische Doppelpistolen und holländische Goldmünzen.

Die älteren Silbermünzen der Vereinigten Staaten werden mit ± 4 Proc. Prämie gegen neue Dollars (s. oben den Art. Silbermünzen) umgesetzt; also ± 104 neue Dollars = 100 alte. — Im New-Yorker Curszettel notirt man die halben Dollars (Halves) zu 1 Dollar und ± 4 Cents für 1 Dollar in fol-

---

*) S. die Erklärung hierüber im Art. Baltimore, Note, S. 52.

**) Einem revidirten Gesetz des Staates New-York zufolge sind nachstehende Vergütungen auf Wechsel, die in diesem Staate trassirt oder negocirt und Mangel Zahlung protestirt worden sind (außer den gewöhnlichen Verzugszinsen) gestattet, nämlich:
1) auf Wechsel, gezogen auf die Staaten von Maine, Neu-Hampshire, Vermont, Massachusetts, Rhode-Island, Connecticut, Neu-Jersey, Pennsylvania, Ohio, Delaware, Maryland, Virginia, District von Columbia, 3 Procent;
2) auf Nord-Carolina, Süd-Carolina, Georgia, Kentucky oder Tennessee 5 Procent;
3) auf jeden andern Staat und jedes Territorium der Vereinigten Staaten, oder jeden andern Platz auf diesem Continent, oder an demselben grenzend, und nördlich vom Aequator, oder jede britische oder sonstige fremde Besitzung in Westindien, oder sonst in dem westlichen atlantischen Ocean, oder einem Hafen oder Handelsplatz in Europa, 10 Procent.

chen Stücken (d. i. für 2 halbe Dollars) und in gleicher Weise notirt man Viertel=
Dollars (Quarters) zu 1 Dollar und ± 4 Cents für 4 Viertel=Dollars.

Dimes und halbe Dimes notirt man zu 1 Dollar und ± 4 Cents für
1 Dollar in solchen Stücken.

Per Stück notirt man spanische Piaster (Spanish Dollars), mexikanische
Piaster (Mexican Dollars), preußische Thaler, süddeutsche Gulden und französische
Silbermünzen.

Spanische Viertel=Piaster (spanische Quarters) notirt man per Stück zu
1 Dollar ± 8 Cents oder 8 Proc. Prämie in Uebereinstimmung mit der Notirung
per Stück.

Außerdem notirt man auch die Noten der Bank von England, Irland und
Schottland in Dollars per 1 Livre Sterling Nennwerth und die Noten der Bank
von Frankreich in Dollars per 1 Franken Nennwerth.

Gold= und Silberbarren, sowie Goldstaub aus Californien notirt man in
Dollars per (engl.) Troy=Unze nach Maaßgabe des Feingehalts.

Papiergeld. Dasselbe besteht in den Vereinigten Staaten von Nord=
amerika aus den Noten der zahlreichen Privatbanken. Die Noten der außerhalb
des Staates New=York befindlichen Banken cursiren in New=York zu mehr oder
weniger Procenten unter ihrem Nennwerth. Dasselbe gilt auch von andern ame=
rikanischen Plätzen in Betreff der Notenausgabe der nicht auf dem Platze selbst
bestehenden Banken. Im gewöhnlichen Verkehre nimmt man nur die Noten der
in der Nähe befindlichen bekannten Banken an.

Als Papiergeld circuliren übrigens auch die Schatzscheine oder Schatzbons
der Unionsregierung, welche an den Zollkassen an Zahlungs Statt angenommen
und auf diese Weise nach und nach eingezogen werden (s. unten).

Anlehenspapiere. Die Obligationen der Vereinigten Staaten von
Nordamerika überhaupt sind solche

    1) der Gesammtregierung (United-States Stocks),
    2) der einzelnen (souveränen) Staaten (State-Bonds),
    3) von einzelnen Grafschaften (County-Bonds),
    4) von Städten (City-Bonds).

Die von der Regierung der Vereinigten Staaten ausgegebenen Schuldscheine
nennt man auch Government Securities und diejenigen der einzelnen Staaten
State Securities.

Hierher gehören auch die Obligationen amerikanischer Eisenbahnen (Rail-
Road-Bonds). Die Eisenbahnunternehmungen beruhen mehrentheils auf einem
nicht zulänglichen Actienkapital, weßhalb durch Hilfe von Anleihen gebaut wird.
Die dafür ausgegebenen Obligationen oder Bonds sind:

    1) entweder hypothekarische (Mortgage-Bonds), für deren Sicherheit die Eisen=
      bahnen nebst Zubehör haften, oder
    2) nichthypothekarische, die andern Schulden gegenüber kein anderes Vorzugs=
      recht haben, als daß sie anerkannt sind und nicht leicht beanstandet werden
      können.

Unter den nichthypothekarischen Bonds gibt es übrigens auch solche, welche
Income Bonds genannt werden und welche vor andern den Vorzug haben, daß
ihnen die Bahn-Einnahmen speciell verpfändet sind, daß also die Besitzer der Obli=
gationen auf die Einnahme der Bahn Beschlag legen können, wenn die Zinsen
nicht regelmäßig bezahlt werden. Bei den hypothekarischen und andern Bonds kann

es auch vorkommen, daß sie innerhalb eines gewissen Zeitraums «convertible» sind, d. h. daß sie zu ihrem Nominalwerth gegen Actien umgetauscht werden können» (Scherer).

Weil diejenigen Obligationen, welche einen bestimmten Einlösungstermin haben, vor Eintritt desselben nicht gekündigt werden können, so geschieht die Amortisirung der Anleihe durch Rückkauf der Obligationen zum Börsencurs, wenn schon vor dem Einlösungstermine die Mittel zur Verminderung der Schuld vorhanden sind.

Bei dringenden Geldbedürfnissen griff die Regierung der Vereinigten Staaten auch zu dem Mittel, Schatznoten oder Schatzkammerscheine auszugeben, welche man bei den Landeskassen bei Zahlungen für Zölle, Taxen oder Steuern und für den Kauf von Ländereien anwenden konnte. Gewöhnlich wurden diese Schatzkammerscheine nach Jahresverlauf sammt Zinsen zurückbezahlt und durch den Tilgungsfonds gelöscht *).

Eine Uebersicht der im Handel vorkommenden Papiere der Unionsregierung und einzelner Staaten geben folgende Notirungen vom 19. Juni 1861 **). Die Curse sind in Dollars für 100 Dollars Nennwerth zu verstehen. Die mit Coupons versehenen Obligationen sind Bonds; die nicht als solche bezeichneten Effecten sind Stocks, welche auf Namen lauten und durch Inscription übertragbar sind.

	%	Rückzahlbar.	New-Yorker Notiz.		Frankfurter Notiz.	
			Geld.	Briefe.	Geld.	Briefe.
Ver. Staaten (Bearer***)	6	1868	83	90	—	91
dto.	5	1874	75 1/2	77	—	79
dto.	5	1871	75	76 1/2	—	—
dto.	6	1881	88 1/2	90	—	—
Californien (neue Emission)	7	1877	73	74	—	—
Indiana (Obligationen)	5	—	75	85	—	—
Louisiana (Coupons)	6	—	—	—	—	—
Maryland dto.	6	1870—90	—	100	—	—
Missouri dto.	6	1872—86	35 1/2	40	—	—
Nord-Carolina dto.	6	1873	53	55	—	—
Tenessee dto.	6	—	45	46	—	—
Virginia dto.	6	1886	42 1/2	45	—	—

Zur Zeit der Finanzkrisis konnten mehrere Staaten ihren Verpflichtungen nicht nachkommen und mußten ihre Zinszahlungen einstellen. Gegenwärtig haben aber alle bis auf Mississippi, Arkansas und Florida (1859) ihre Zahlungen wieder aufgenommen (Scherer).

Der New-Yorker Curszettel enthält außer den Notirungen der Papiere der Grafschaften und Städte auch diejenigen der Actien amerikanischer Banken und eine Menge von Actiengesellschaften für Eisenbahnen und deren Prioritäten, Asse-

---

*) Nach einer Nachricht aus New-York vom 1. Juni 1861 (im Actionär) wird die Regierung in Ermanglung acceptabler Gebote für 6-procentige Stocks der beabsichtigten Kriegsanleihe von ca. 14 Mill. Dollars Schatzkammerscheine ausgeben.
Die Staatsschuld der Unionsregierung betrug (nach Scherer) im Jahr 1859 ca. 64 Mill. Dollars und diejenige des Staates New-York ca. 30 Mill. Dollars.
**) Aus dem von Dr. H. Scherer in Frankfurt a. M. wöchentlich erscheinenden „Actionär", welcher als Beilage einen Anzeiger für amerikanische Papiere enthält.
***) D. h. an Inhaber.

curanzen und industrielle Unternehmungen. Die Curse lauten in Dollars für 100 Dollars Nennwerth.

Maaße und Gewichte der Vereinigten Staaten. Längen- und Flächenmaaße sind bis auf nachstehende Ausnahmen die englischen.

Beim Längenmaaße hat die Ruthe (Rod, Perch) 5 Yards oder 15 Fuß (anstatt 5 ½ Yards wie in England).

Das vom Staate zum Verkauf gestellte Urland (sogenanntes Congreßland) wird in Townships oder Stadtgebiete von 36 englischen Quadratmeilen oder eben so viel Sectionen zu 640 Acres englischen Maaßes (s. London) eingetheilt; auf letztere gehen wieder 2 Sectionen zu 320 Acres, und letztere Sectionen werden wieder in Quadrate von 40 oder 80 Acres Inhalt abgetheilt.

Die Hohlmaaße für Flüssigkeiten und trockene Dinge sind die alt-englischen (s. London).

Das Maaß für Steinkohlen ist das alte Londoner Kohlen-Bushel von 1 ¹/₃₂ Winchester-Bushel Inhalt. Die Kohlen werden gehäuft gemessen, während in England die Häufungsmaaße überhaupt abgeschafft sind. Im Großhandel werden übrigens die Steinkohlen nach dem Gewicht verkauft und zwar per Ton von 2000 Avoirdupoids-Pfund (s. unten).

Das Maaß für Branntwein und Oel, das alte englische Wein-Gallon (s. London) ist nicht in allen Staaten und Städten von ganz gleichem Inhalte.

Brennholzmaaß ist das Cord = 128 engl. Kubikfuß.

Handelsgewicht ist das englische (s. London). An einigen Orten, z. B. zum Theil in New-York, in Massachusetts, Connecticut, in Texas theilt man aber das Hundredweight oder den Centner in 100 Pfund (anstatt in 112 Pfund wie in England); daher das Quarter = 25 Pfund und das Ton von 20 Hundredweight = 2000 Pfund.

Schiffslast. Nach Beschluß der New-Yorker Handelskammer soll zur Gleichstellung mit einem Ton (Schiffslast) schwerer Gegenstände das Quantum, welches von nachstehenden Artikeln für ein Ton zu rechnen ist, betragen: 1568 Pfund Kaffee in Fässern, 1830 Pfd. bto. in Säcken; 1120 Pfd. Cacao in Fässern, 1307 Pfd. bto. in Ballen; 952 Pfd. Piment in Fässern, 1110 bto. in Ballen; 8 Fäßchen Mehl, jedes zu 196 Pfd.; 6 Faß Rindfleisch, Schweinefleisch, Talg, gepöckelte Fische, Pech, Theer und Terpentin; 20 Centner Zungen- und Stangeneisen, Potasche, Zucker, Blauholz, Gelbholz, Nicaraguaholz und andere schwere Farbhölzer, Reis, Honig, Kupfererz und alle übrigen schweren Güter; 16 Centner Kaffee, Cacao und Stockfische in Haufen und 12 Centner Stockfische in Fässern von jeder Größe; 6 Centner Schiffszwieback in Fässern, 7 Centner dto. in Säcken und 8 Centner in Haufen; 200 Gallons von Oel, Wein, Branntwein oder jeder andern Flüssigkeit, den Gehalt der Fässer immer für voll gerechnet; 22 Bushels Getreide, Erbsen oder Bohnen in Fässern; 36 Bushels dto. in Haufen; 36 Bushels europäisches Salz; 31 Bushels Salz aus Ostindien; 29 Bushels Seekohlen; 40 Fuß (Kubikmaaß) Mahagoniholz, viereckiges Zimmerholz, eichene Planken, tannene und andere Bretter, Biberfelle und andere Pelzwaaren, Bienenwachs, Baumwolle, Wolle und Verpackungen in Ballen von aller Art; 1 Oxhoft Tabak und 10 Centner getrocknete Häute; 8 Centner chinesische rohe Seide, 10 Centner Netto Bohea und 8 Centner grünen Thee (Mac Culloch).

Gesetzliche Tarasätze.

Baumwolle, in Ballen	2	Proc.
„ in Seronen	6	„
Cacao, in Säcken	1	„
„ in Fässern	4	„
Chocolade, in Kisten	10	„
Indigo, in Seronen	10	„
Kaffee, in Säcken	2	„
„ in Ballen	3	„
„ in Fässern	12	„
Käse, in Packkörben oder Körben	10	„
„ in Kisten	20	„
Lichter, in Kisten	8	„
Nägel, in Fässern	3	„
Pfeffer, in Säcken	2	„
Piment, in Säcken	3	„
Glaubersalz, in Säcken	8	„
Schrot, in Fässern	3	„
Seife, in Kisten	10	„
Thee, jede ganze Kiste Bohea-Thee	70	Pfd.
„ „ halbe „ „	36	„
„ „ viertel „ „	20	„
„ „ ganze „ Hahsan- oder anderer grüner Thee von 70 Pfd. oder mehr	20	„
„ „ „ „ andern Thee's zwischen 50 und 70 Pfd.	18	„
„ „ „ „ dto. von 80 Pfd.	20	„
„ „ „ „ dto. von 80 Pfd. und darüber	22	„

Obiges schließt Seile, Packtuch und andere Emballagen mit ein; auf alle andere Theekisten wird die Tara nach der Factura oder nach dem wirklichen Gewichte in Abrechnung gebracht.

Zucker, anderer als Brodzucker, in Fässern	12	Proc.
„ „ „ „ in Kisten	15	„
„ „ „ „ in Matten oder Säcken	5	„
Candis, in Kisten	10	„

Handelsusanzen. Ausfuhrartikel werden gewöhnlich gegen baar oder 30 bis 90 Tage Ziel verkauft, und Einfuhrartikel verkaufte man seither auf 4, 6 bis 8 Monate Ziel gegen acceptirte oder eigene, bei einer Bank zahlbare Wechsel.

Commissionsgebühren bei auswärtigen Geschäften, nach den Bestimmungen der Handelskammer von New-York, wenn nicht ein anderes Uebereinkommen deshalb getroffen worden ist: Vom Commissionsverkauf von Waaren 5 Procent, vom Verkauf und Einkauf von Staatspapieren 1 Proc.; vom Incasso von Contanten ½ Proc.; vom Einkauf und von Verschiffung von Waaren gegen dazu gemachte Anschaffungen vom Betrag der Facturen 2½ Proc.; für besorgte Verladungen 5 Proc.; für Ein- und Verkauf von Schiffen 2½ Proc.; für Einziehung oder Besorgung von Frachten im Durchschnitt 2½ Proc.; für Abmachungen oder Zahlungen bei Anschaffung der dazu erforderlichen Gelder 2½ Proc.; für Besorgung der Versicherung gegen Seegefahr in allen vorkommenden Fällen, wenn die Versicherungsprämie 10 Proc. nicht übersteigt, von der versicherten Summe ½ Proc., wenn die Prämie 10 Proc. übersteigt, von dem Betrag der Prämie 5 Proc.; für Einkassirung alter und streitiger Schuldposten 5 Proc.; für Erhebung und Einziehung von Versicherungsgeldern 2½ Proc.; für Erhebung und Wieder-auszahlung von Geldern, für welche keine anderweitige Provisionen berechnet werden, 1 Proc.; für Uebermachung von Geldern in allen andern Fällen nur ½ Proc.; für das Löschen und Wiederverschiffen der Ladung, wenn Fahrzeuge havarirt worden sind, 2½ Proc. vom Werthe; für das Empfangen und Lagern von unverzollten Gütern und Waaren 1 Proc. vom Werthe und 2½ Proc. für die für dieselben übernommene Verantwortlichkeit.

Commissionsgebühren bei inländischen Geschäften: Vom Commissions-verkauf von Waaren 2½ Proc.; von Einkauf und Verschiffung, oder von der Annahme zum Verkauf gesandter Waaren, wenn die dazu erforderlichen Anschaf-fungen nicht gemacht sind, 2½ Proc.; von Ein- und Verkauf von Staatspapieren 1 Proc.; vom Einziehen oder der Verwechselung von Baarschaften ½ Proc.; von Einziehung oder von Begebung gemachter guter Wechsel ½ Proc.; von Verwechselung von Banknoten oder Papieren auf Nebenplätze ½ Proc.; für Ziehungen, für die Begebung von Tratten und deshalb geleistetem Indossament 2½ Proc.; für Kauf und Verkauf von Schiffen 2½ Proc.; für Abschluß von Certepartien nach andern Häfen 2½ Proc.; für Verschiffung oder Besor-gung der Verladungen 2½ Proc.; für Abmachungen 2½ Proc.; für Ein-ziehung der Havariegelder 2½ Proc.; für Besorgungen von Versicherungen für Seegefahr wie oben; für Einziehungen von Dividenden und Zinsen von Staats-papieren ½ Proc.; für Incasso von Wechseln, für Zahlungen, sowie überhaupt von jedem Incasso oder gemachten Zahlungen, auf welche andere Provision nicht berechnet ist, ½ Proc.; von Annahme und Lagern von Waaren ¼ Proc. vom Werthe, sind dieselben aber zu verzollen, ist Rückzoll darauf zu erheben, 1 Proc.; für zu machende Rimessen ½ Proc. — Bei allen diesen Bestimmungen ist keine Rücksicht genommen auf Delcredere bei Käufen und Verkäufen, auf Lagermiethe, Mäklerlohn und andere wirkliche Unkosten. Die Gefahr für Feuerschaden, wo die Versicherung nicht besonders vorgeschrieben ist, sowie für gewaltsamen Einbruch, Diebstahl und andere ungewöhnliche Zufälle, sobald nur die nöthige Vorsicht nicht verabsäumt worden ist, trägt der Eigenthümer der Waaren. Für Wechsel, welche zum Incasso eingesandt worden sind, die aber wegen Nichtannahme oder Nichtbe-zahlung mit Protest zurückgehen, wird dieselbe Provision berechnet, als wenn die-selben bezahlt worden wären. Werden in Consignation gesandte Waaren zurück-genommen oder zurückverschifft, so wird für Auslagen und übernommene Verant-wortlichkeit dennoch die volle, für den Werth derselben aber nur die halbe Provision berechnet.

Banken der Vereinigten Staaten. Die erste Bank in den Ver-einigten Staaten war die von Pennsylvanien, welche im Jahr 1780 zur Verpro-viantirung der Armee errichtet worden war; sie ging indessen bald wieder ein und an ihre Stelle trat in Philadelphia die „Bank von Nordamerika", deren Mittel aber zu gering waren, um dem Hauptzweck des Stifters, Aufbesserung der Finanz-lage des Landes, zu entsprechen. Es hatten nämlich die Länder, welche heut zu

Tage die Vereinigten Staaten von Nordamerika bilden, gleich Anfangs als eng= lische Colonien Papiergeld ausgegeben. So gab z. B. Massachusets zur Bestrei= tung eines erfolglosen Eroberungskrieges gegen Quebeck im Jahr 1690 große Summen in Papiergeld aus, und diesem Beispiele folgten alsbald die anderen Colonien, so daß bald ein bedeutendes Agio auf Silber entstand. Sodann ver= anlaßte der amerikanische Befreiungskrieg den Congreß im Jahr 1775 zur Aus= gabe von 3 Mill. Dollars in Papiergeld, welche bis in's Jahr 1779 auf 160 Mill. Dollars stiegen. Nach Maaßgabe der Vermehrung des Papiergeldes nahm aber auch die Entwerthung desselben zu, so daß es im Jahr 1780 selbst nicht mehr zur Steuerzahlung angenommen wurde. Inzwischen hatte aber auch die Bank von Nordamerika, durch ihre Verbindung mit der Regierung und deren Geldverlegen= heiten veranlaßt, die Notenausgabe bis in's Ungeheure vermehrt. Die Noth, welche daher im Geldverkehr mit allen ihren Folgen (Creditlosigkeit, Bankerotte, wucherische Erpressungen zc.) fortdauerte, veranlaßte den Staatsfekretär für die Finanzen (Hamilton), dem Congreß die Gründung einer Nationalbank anzuem= pfehlen. In Folge der Congreßacte vom 25. Februar 1790 wurde daher die „Bank der Vereinigten Staaten", eine Depositen=, Disconto= und Notenbank mit einem Actiencapital von 10 Mill. Dollars, von welchen 8 Mill. Dollars von Pri= vaten und 2 Mill. Dollars von der Regierung der Vereinigten Staaten über= nommen wurden, in Philadelphia errichtet. Die Banknoten, welche nicht unter dem Belauf von 5 Dollars sein durften, waren zahlbar nach Verlangen bei Vor= weisung derselben in Gold= und Silbermünze, und mußten bei allen Zahlungen in den Vereinigten Staaten zu ihrem Nominalwerthe angenommen werden. Der Charter (das Privilegium) der den Handel und Geldverkehr fördernden und außer= dem bedeutende Dividenden abwerfenden Nationalbank war im Jahr 1811 abge= laufen. In Folge der für die Actionäre günstigen Resultate derselben entstanden nun viele Provinzialbanken, welche sich in Schwindeleien einließen und übergroße Summen in Banknoten ausgaben, die sie zuletzt nicht mehr einlösen konnten und dann fallirten. Zur Abhülfe solcher Nothstände wurde im Jahr 1816 eine neue „Bank der Vereinigten Staaten" mit einem Actiencapital von 37 Mill. Dollars in 350,000 Actien zu 100 Dollars gegründet; 70,000 Actien übernahm die Regierung der Vereinigten Staaten und 280,000 Actien übernahm das Publikum: die Concession wurde bis 3. März 1836 bewilligt. Im Jahr 1832 stellte aber Präsident Jackson nicht allein die Nützlichkeit der Bank, sondern auch ihre Zah= lungsfähigkeit in Frage, worauf der Staatsschatz seine Depositen von der Bank zurückzog. Die Nationalbank und die andern Banken sahen sich hierdurch und durch andere Ereignisse veranlaßt, ihre Creditgewährung zu beschränken, was un= zählige Fallimente wegen Mangel an Bankhilfe zur Folge hatte. Das Privi= legium der Nationalbank wurde nicht mehr erneuert; aber zur Erhaltung der Wirk= samkeit der Bankanstalt wurde im Jahr 1836 eine „Bank von Pennsylvanien" errichtet, auf welche das Capital und die Geschäfte der alten Bank übertragen wurden. Die neue Bank machte bis in's Jahr 1839 glänzende Geschäfte; in Folge der damaligen großen Handelscrisis brach aber auch dieses Institut zusam= men und mit ihm die letzte Spur der Nationalbank der Vereinigten Staaten *) (Hübner).

---

*) Von 1811 bis 1830 suspendirten oder fallirten nicht weniger als 165 Banken mit einem Capital von 30 Mill. Dollars. In den vier großen Crisen suspendirten (1814) 90 Banken, (1830) 165 Banken, (1837) 618 Banken, (1839) 959 Banken und Zweigbanken (Hübner).

Die bisher so oft gefährdete Sicherheit der Banken wird jetzt durch die in Geltung stehende Bankacte befestigt, nach welcher

1) Banken von jeder Vereinigung von Individuen errichtet werden dürfen, wofern das Capital nicht weniger als 100,000 Dollars beträgt;

2) jeder Actionär für das Doppelte seines Actienbetrags verbindlich ist;

3) der volle Betrag der Noten durch bei der Regierung deponirte 5 = procentige United Stocks oder New-York State Securities (s. S. 319) gedeckt sein muß;

4) die Noten vom Staats=Controleur unterzeichnet und Platten und Stempel von der Regierung in Verwahrung genommen werden müssen.

Die meisten Staaten sind diesem Free Bank law beigetreten. — Bis zum Jahr 1838 bedurfte es in New-York wie in den meisten Staaten der Union eines besondern Gesetzes, eine Bank zu incorporiren, d. h. ihre Actionäre von der Verantwortlichkeit über ihre Actien hinaus zu befreien. Theilhaber nichtincorporirter Banken müssen einzeln und gemeinschaftlich mit ihrem sämmtlichen Vermögen für die Verbindlichkeiten der Bank haften.

Alle amerikanischen Banken discontiren; sehr ausgebreitet ist ferner das Giro= geschäft durch Aufnahme von Depositen und Einlösung der dagegen gezogenen Cheques (Anweisungen), wie in London.

Am 1. Januar 1854 betrug die Zahl sämmtlicher Banken und Zweigbanken der Union, von welchen das Schatzamt Nachricht erlangte, 1208, ihr eingezahltes Capital über 301 Mill. Dollars und ihr Notenumlauf über 204 Mill. Dollars. Im Staate New-York bestanden im December 1852 312 Banken mit ca. 58 Mill. Dollars Actiencapital und ca. 27 Mill. Dollars Notenumlauf. Im Jahr 1854 hatte New-York 57 Banken. Außer den Filialen benachbarter Banken haben auch Agenturen ausländischer Banken in New-York ihren Sitz.

Handelsanstalten. Im Jahr 1853 ist ein Clearinghouse nach dem Muster desjenigen in London (s. S. 239) errichtet worden. — Das Stock and Exchange Board, eine Anstalt für den Umsatz von Staatspapieren, Actien, Wechseln ꝛc. — Außerdem eine Menge von Actien=Anstalten jeder Art.

Niederlande, s. Amsterdam.

Niederländisch=ostindische Colonien, s. Batavia, Sumatra, Molukken.

Niederländisch=westindische Colonien, s. Curassao.

Nischnei-Nowgorod,
Hauptstadt des gleichnamigen russischen Gouvernements.

Rechnungsart, Münzen, Maaße und Gewichte, s. Petersburg.

Messen. Die hiesige Peter=Paul=Messe, welche den Handelsverkehr zwischen dem europäischen und asiatischen Rußland vermittelt und eine der größten aller Messen ist, beginnt am 29. Juni und dauert 6 bis 8 Wochen. Vom 15. Juli bis 25. August unterhält die Petersburger Commerzbank hier eine Agentur. Für die auf Credit gekauften Waaren gibt der Käufer Wechsel, welche auf die nächste Messe zahlbar lauten.

Nizza,
früher sardinische Hasenstadt, jetzt unter französischer Herrschaft.

Rechnungsart und Münzen, s. einstweilen noch Turin.

Maaße und Gewichte, ebenso. Aeltere Nizzaer Dimensions= und Schwermaaße, welche im Verkehr mitunter noch vorkommen, sind:

Der Pan oder Palmo (Fuß) von 12 Once = 117,074 Par. Linien.

Der Raso (die Elle) = 243,3 Par. Linien.

Die Charge (Getreidemaaß) von 4 Setiers = 159,96 Liter.

Die Charge (Flüssigkeitsmaaß) von 12 Rubbi zu 10 Pinte = 94,29 Liter.

Die Libbra (Pfund) von 12 Once zu 8 Ottavi zu 3 Denari = 309,612 Grammen.

Der Rubbo = 25 Libbre, der Quintale (Centner) = 6 Rubbi = 150 Libbre.

Norwegen, s. Christiania.

Nürnberg,
Stadt im Königreich Bayern.

Rechnungsart und Münzen, s. München.

Wechselcurssystem wie in Frankfurt a. M.

Wechselrechtliches. Seit 1851 gilt die allgemeine deutsche Wechsel= ordnung.

Münzcurse. Man notirt per Stück Pistolen, holländische Zehngulden= stücke, französische Gold= und Silbermünzen und Ducaten, und richtet sich dabei nach den Cursen von Frankfurt a. M.; ausnahmsweise notirt man auch öster= reichische Souverainsd'or, lombardisch=benetianische Sovrani und Conventions= Speciesthaler.

Cursnotirung der Effecten und Actien, s. Augsburg.

Maaße und Gewichte sind gesetzlich die bayerischen; s. München.

Von den älteren, zum Theil weithin maaßgebenden Dimensions= und Schwermaaßen sind anzuführen:

Der Stadtschuh zu 12 Zoll zu 12 Linien = 134,75 Par. Linien; die Elle = 291 Par. Linien.

Das Pfund Handelsgewicht zu 32 Loth zu 4 Quentchen = 509,996 Grammen.

Das Pfund Silbergewicht = 477,138 Grammen.

Die Nürnberger Cölnische Mark = 233,832 Grammen.

Von dem bekannten Nürnberger Medicinal= und Apothekergewicht, welches in vielen Ländern eingeführt war, ist das Pfund = ¾ Pfund des alten Nürn= berger Silbergewichts, also = 357,854 Grammen. Dieses Apothekerpfund wird hier und in ganz Deutschland eingetheilt in 12 Unzen (℥) zu 8 Drachmen (ʒ) zu 3 Scrupel (Э) zu 20 Grane (gr.).

Stückgüter. Der Wurf oder das Spießlein = 5 Stück; das Klüppet = 4 Stück. Die Tonne Honig = 99 Maaß oder 3 Centner; die Ahm Honig = 64 Maaß.

Platzgebräuche. Die meisten Verkäufe geschehen „per ordinär Contant", worunter 4 Wochen Ziel verstanden wird. Spiritus wird per 64 Maaß zu

90 Procent nach Tralles, also per 5760 % verkauft (vergl. b. Art. Berlin, S. 67).

Für Landesprodukte, welche an den hiesigen Markt kommen, wird ein Gut= gewicht von 1 Proc. bewilligt.

Die Waaren=Courtage beträgt ½ Proc. sowohl von Seiten des Verkäufers als des Käufers.

Bank. Die seit 1780 hier bestehende, sogenannte königl. bayerische Bank ist Staatsanstalt. Ihr Fonds besteht aus dem vom Staate gegebenen Stamm= kapitale, aus den Cautionsgeldern der Bankbeamten, aus den gerichtlichen und administrativen Depositen des ganzen Landes und aus den Einstandskapitalien. Sie betreibt die gewöhnlichen Bankiergeschäfte, gewährt Darlehen auf Staats= papiere und Waaren, sowie auf Hypotheken, macht Vorschüsse an Gemeindekassen und nimmt auch Depositen verzinslich an. Vom Reinertrag erhält der Staat die eine Hälfte und die andere wird zu Tantiemen an die Bankbeamten und zur Ver= mehrung des Reservefonds verwendet. Die Bank hat Filialen in Ansbach, Bai= reuth, Bamberg, Hof, Ludwigshafen und Regensburg.

Wollmarkt. Derselbe beginnt am 1. Juli und dauert 8 Tage.

Odessa,
Freihafen in Südrußland.
Rechnungsart und Münzen, s. Petersburg.

Wechselcurssystem.

Genua, 75 Tage dato,		± 395 Lire nuove	für	100 Silber=Rubel.
Marseille } Paris	3 Monate bato	„ 395 Franken	„	100 „
London,	dto.	„ 630 Kopeken Silb.	„	1 Liv. Sterl.
		oder 38 Pce. Sterl.	„	1 Silber=Rubel.
Wien } Triest	dto.	„ 203 fl. Bant=Baluta	„	100 „
Konstantinopel, 5 ob. 21 T. u. S.		„ 17½ Piaster	„	1 Silber=Rubel.
Petersburg } Moskau	je nach Sicht,	„ 100 Silber=Rubel	„	100 Rubel gleicher Baluta in Petersburg oder Moskau.

Münzcurse. Per Stück werden in Papier Silber=Rubeln und auch in wirklich geprägten Silber=Rubeln gewöhnlich ganze und halbe russische Imperialen (s. Petersburg), österreichische und holländische Ducaten und spanische Piaster notirt.

Wechselrechtliches ꝛc. s. Petersburg.

Maaße und Gewichte, s. Petersburg. Im Getreidehandel soll man sich bisweilen auch des Kilo, welches = 9 Wiener Metzen gerechnet wird, be= dienen; daher (s. Wien) = 553,9505 Liter; das gewöhnliche Maaß ist aber der Tschetwert, wie in Petersburg.

Handelsanstalten. Contor der Petersburger Commerzbank. — Be= deutende Messe, welche am 14. September, dem Tage der Kreuzerhöhung, beginnt.

Ofen, s. Pesth.

Oldenburg,
Hauptstadt des gleichnamigen Großherzogthums.

Rechnungsart und Münzen. Seit 1857 rechnet man nach Thalern zu 30 Groschen zu 12 Schwaren im 30-Thalerfuße (s. Berlin); früher rechnete man nach Thalern zu 72 Groten zu 5 Schwaren im 14-Thalerfuße. Im Fürstenthum Birkenfeld rechnet man nach Gulden des 52½-Guldenfußes und im Fürstenthum Lübeck gilt die Währung der freien Stadt Lübeck.

Früher rechnete man entweder in Gold, die Pistole zu 5 Thaler, oder in Thalern Curant (oldenburgisch Kleincurant), die Pistole zu 5 Thlr. 50 Grot Curant *).

Landesmünzen sind: Pistolen oder 5-Thalerstücke, nach dem Münzgesetz vom Jahr 1846 im Feingehalte von 895⅚ Tausendtheilen, 83,9318 Stück auf ein Pfund fein; daher = 0,59572 deutsche Krone. Doppelte und halbe nach Verhältniß.

Ausmünzung der ganzen und halben (Gold-) Kronen nach dem Münzvertrag vom Jahr 1857 (s. Berlin).

Silbermünzen: Nach dem Gesetz vom Jahr 1846 Thalerstücke zu 72 Groten im Feingehalte von 750 Tausendtheilen, 29,933 Stück auf das Pfund fein; daher = 1 fl. 45,235 kr. rhn. = 1 Thlr. 0,0671 sgr. preuß. = 1 fl. 50,336 nkr. öster. — Halbe Thaler nach Verhältniß.

⅓-Thalerstücke zu 24 Groten im Feingehalte von 687½ Tausendtheilen, 89,799 Stück auf das Pfund fein; daher = 35,078 kr. rhn. = 10,0224 sgr. pr. = 50,112 nkr. öster.

⅙-Thalerstücke zu 12 Groten im Feingehalte von 520⅚ Tausendtheilen, 179,5981 Stück auf das Pfund fein; daher = 17,539 kr. rhn. = 5,0112 sgr. pr. = 25,056 nkr. öster.

Silberscheidemünze im 16-Thalerfuße: Stücke zu 6, 4, 3, 2 und 1 Groten. Nach dem Gesetz vom Jahr 1857: Vereinsthaler, Doppelthaler, ⅙-Thalerstücke (s. Berlin).

Scheidemünze nach dem Gesetz vom Jahr 1857; 2½-, 1- und ½-Groschenstücke.

Kupfermünze seit 1857: 3-, 2- und 1-Schwarenstücke.

Im Wechselverkehr richtet man sich nach den Cursen von Bremen und Berlin.

Wechselrechtliches. Seit 1849 gilt die allgemeine deutsche Wechselordnung. Das Einführungsgesetz vom 31. März 1849 enthält nur Bestimmungen über die Vollstreckung des Wechselarrestes.

---

*) Die Goldwährung ist übrigens noch nicht ganz außer Gebrauch gekommen, namentlich in den nördlichen Landestheilen. Durch das Münzgesetz vom 15. Juni 1857 ist es den öffentlichen Cassen und Anstalten gestattet, auch fernerhin Verpflichtungen „in Gold" zu übernehmen und zu erfüllen. Die in „Thalern Gold" oder in Pistolen („Louisd'or") zu 5 Thaler zu leistenden Zahlungen dürfen auch in neuen deutschen Kronen berichtigt werden und es soll dabei die Krone zu 8¼ Thaler Gold angenommen werden, und diejenigen Beträge, welche nicht durch ganze oder halbe Kronen, oder nicht durch doppelte, einfache und halbe Pistolen ausgeglichen werden können, sind durch Zahlung des entsprechenden Belaufes in Silber mit einem nach dem Cassencurse der Goldmünzen zu berechnenden Aufgelde zu erfüllen.

Staatspapiere. Von mehreren Anleihen 4=procentige und 3 ½=procentige Obligationen *).

Maaße und Gewichte. Längenmaaße: Der Fuß zu 12 Zoll zu 12 Linien = 131,162 Par. Linien. Im Holzhandel, namentlich in den Küsten= gegenden, gilt häufig der Hamburger Fuß (f. Hamburg), im Kreise Jever der preuß. Fuß. — Die Elle = 257,5 Par. Linien. — Die Ruthe = 18 Fuß; die Ruthe Katastermaaß = 10 Fuß; die alte Ruthe = 20 Fuß.

Feldmaaß: Das Jück neuen Maaßes = 160 neue Quadratruthen zu 324 Quadratfuß = 51840 Quadratfuß = 45383 franz. Aren. Das Jück alten Maaßes von 64000 Quadratfuß, eingetheilt in 640 Quadrat=Kataster= Ruthen zu 100 Quadratfuß, ist = 56028 franz. Aren. — Der Bau = 40 alte Jück. — Der Morgen = 350 alte Quadratruthen.

Getreidemaaß: Die Last hat 12 Molt (Malter) zu 1 ½ Tonne zu 8 Scheffel zu 16 Kannen zu 4 Ort.

Der gewöhnliche, im Kleinhandel gebräuchliche Scheffel = 22,8027 Liter. — Der Stauscheffel der vereideten Messer hat 16 ⅛ Kannen; daher 129 gemeine Scheffel = 128 Stauscheffel.

Wein= und Branntwein=Maaß: Das Oxhoft hat 1 ½ Ohm oder 6 Anker zu 40 Quartier oder zu 26 Weinkannen zu 4 Ort, also 240 Quartier oder 156 Weinkannen = 213,52 Liter; die Weinkanne = 1,369 Liter.

Biermaaß: Die Tonne hat 4 Heutemann zu 28 Bierkannen; die Bier= kanne = 1,425 Liter. — Mit der Bierkanne wird auch Salz genessen.

Handelsgewicht: Seit dem 1. Jan. 1858 das Zollpfund (von 500 Gram= men) zu 10 Neuloth zu 10 Quint zu 10 Halbgrammen. Das frühere Pfund zu 32 Loth zu 4 Quentchen zu 4 Pfennige zu 16 Aß = 480,367 Grammen.

Die Schiffslast = 4000 neue Pfund. — Das Bündel Oldenburger Flachs muß 2 ½ neue Pfund wiegen.

Gold=, Silber=, Münz= und Probirgewicht wie in Berlin (f. d. Art.).

Medicinalgewicht ist das preußische (f. Berlin).

Das Fürstenthum Birkenfeld hat die preußischen Maaße (f. Berlin). Gewicht wie im Herzogthum Oldenburg.

Im Kreise Jever ist der Fuß dem preußischen gleich. Die Jever'sche Elle = 1,159 Oldenburger Ellen. Man kann 44 Jever'sche Ellen = 51 Olden= burger Ellen rechnen.

Ueber die Größe des Jever'schen Scheffels stimmen die Angaben nicht genau mit einander überein; man kann aber füglich 31 Liter dafür annehmen.

In der Stadt Delmenhorst und Umgegend gilt Bremer Längenmaaß.

Der Delmenhorster Scheffel = 26 Liter.

Im Fürstenthum Lübeck ist das Längenmaaß, Flüssigkeitsmaaß und Schwer= maaß wie in Hamburg; Getreidemaaß ist das dänische (f. Copenhagen).

Oporto, f. Porto.

---

* Gesammtschuld (1861) ca. 4 Mill. Thaler (Scherer).

Osnabrück,

Hauptstadt der hannover'schen Landdrostei gleichen Namens.

Rechnungsart und Münzen wie Hannover.

Maaße und Gewichte sind gesetzlich die hannover'schen (s. Hannover). Von Ellen kommen außer der hannover'schen noch folgende vor: Die Osnabrücker Legge=Elle *) = 541,6, die Leinwand=Elle = 283, die gewöhnliche Handels= Elle = 258,968, die Calenberger Legge=Elle = 259,2, die Calenberger Handels= Elle = 282,4 und die hiesige brabanter Elle = 306,5 Par. Linien.

Außerdem ist auch die alte Pariser Aune oder der Stab in Gebrauch, wel= cher = 526,4 Par. Linien; für Seidenwaaren ist aber der Stab = 528 und für Leinenwaaren = 524 Par. Linien.

Die alten Flüssigkeits= und Fruchtmaaße sind nur im innern Verkehr noch im Gebrauche.

Märkte. Bedeutende Viehmärkte sind Ende Mai und im October; ein Pferdemarkt am Mittwoch nach Oculi.

Ostende,

Seehandelsstadt in der belgischen Provinz Westflandern.

Rechnungsart, Münzen, Maaße und Gewichte, s. Brüssel.
Bank. Die Banque nationale (s. Brüssel) hat hier ein Contor.

Padang, s. Sumatra.

Padua,

Hauptstadt der Delegation gleichen Namens im Gouvernement Venedig.

Rechnungsart und Münzen, s. Venedig.

Maaße und Gewichte sind die metrischen (s. Mailand); im Verkehr sind aber noch folgende ältere Dimensions= und Schwermaaße im Gebrauche: Längenmaaß: Der Fuß (Piede) von 12 Zoll (Once) = 158,4314 Par. Linien. — Der Cavezzo = 6 Piedi. — Der Braccio (Elle) für Seide = 282,607 Par. Linien. — Der Braccio für Wolle = 301,876 Par. Linien.

Getreidemaaß: Der Moggio zu 12 Staja zu 4 Quartaruole = 3,478 Hektoliter.

Flüssigkeitsmaaß: Der Mastello zu 72 Bozze = 71,2755 Liter.

Handelsgewicht: Die Libbra grossa (das schwere Pfund) zu 12 Once (Unzen) = 486,5387 Grammen. — Die Libbra sottile (das leichte Pfund) zu 12 Unzen = 338,8834 Grammen.

Messen. Jährlich zwei Messen; die erste, Antoniusmesse, beginnt am 10. Juni und dauert 3 Wochen; die zweite währt vom 7. bis 31. October.

---

*) Leggen oder Legge-Anstalten heißen im Königreich Hannover die Schauanstalten für Leinengarn und für Leinengewebe. Das zur Legge gebrachte Flachs- oder Halbflachsleinen wird zuerst (mit der Legge-Elle) gemessen, dann fabrikmäßig zusammengelegt oder gerollt, classificirt, taxirt und nummerirt mit Nro. 0—5, oder, wenn es die vorgeschriebene Breite nicht hat, mit S. B. (Schmalband) bezeichnet und end- lich gestempelt nach dem Namen des Leggeorts und der Ellenzahl. Die älteste Legge war die zu Osna- brück, welche schon im 15ten Jahrhundert bestand. Eine eigentliche Leggeordnung ist aber erst unter dem 21. Mai 1816 erschienen.

Palermo,
Hauptstadt der Insel Sicilien.

Rechnungsart und Münzen. Auf der Insel Sicilien rechnet man nach der Oncia zu 30 Tari zu 20 Grani, obgleich nach dem Münzgesetz vom Jahr 1818 auch auf der Insel Sicilien wie im Königreich Neapel nach Ducati (f. Neapel) gerechnet werden sollte. — Für die Notirung der Wechselcurse theilt man den Grano in Centesimi (Hunderttheile des Grano).

Nach der alten Eintheilung der neapolitanischen Währung ist 1 Ducato = 2 Patacas = 5 Tari = 10 Carlini = 40 Cinquini = 66⅔ Publicas = 100 Grani oder sicilische Bajocchi = 200 Tornesi = 300 Quatrini = 600 Piccioli = 1200 Cavalli.

Nach der alten Eintheilung der sicilischen Währung ist 1 Ducato = 2 Patacas = 10 Tari = 20 Carlini = 100 Bajocchi = 150 Ponti = 200 Grani = 1200 Piccioli = 2400 Cavalli (oder Calli).

Aus obiger Zusammenstellung folgt, daß die sicilischen Tari, Carlini, Grani, Piccioli und Cavalli durchgehends die Hälfte der neapolitanischen Rechnungsstufen gleichen Namens sind; daher 2 sicilische Tari, Carlini, Grani zc. = 1 neapolit. Taro, Carlino, Grano zc.

Die Oncia ist = 3 Ducati di Regno; daher (f. Neapel) = ca. 6 fl. rhn. = 3 Thlr. 12⁶/₇ sgr. preuß. = 5 fl. 14²/₇ nkr. öster.

Die goldene Onzetta zu 3 Ducati (f. Neapel) entspricht der sicilischen Oncia. Sie soll auch (nach Nelkenbrecher) von 1785 an eine Zeitlang in Silber geprägt worden sein.

Papiergeld. Als solches dienen die Noten der Bank beider Sicilien (f. Neapel).

Fremde Münzen, f. Neapel.

Wechselcurssystem.

Amsterdam, 90 Tage dato,	± 96	ficil. Grani	für 1 fl. holl.
Augsburg, dto.	„ 96	„	„ 1 fl. rhn.
Catania, 20 Tage dato,	„ 100	Oncie	„ 100 Oncie in Catania.
Frankfurt a/M., 90 Tage dato	„ 96	ficil. Grani	„ 1 fl. rhn.
Genua, 45 Tage dato,	„ 44	„	„ 1 Lira nuova.
Hamburg, 90 Tage dato,	„ 86	„	„ 1 Marc banco.
Livorno, 45 Tage dato,	„ 39	„	„ 1 toscan. Lira *).
London, 90 Tage dato,	„ 56	Tari	„ 1 Livre Sterl.
Malta, 30 Tage dato,	„ 100	ficil. Oncie	„ 100 Oncie bi Malta.
Messina, 20 Tage dato,	„ 100	„	„ 100 ficil. Onc. in Messina.
Neapel, 30 Tage dato,	„ 198	ficil. Grani	„ 1 Ducato.
Paris, 90 Tage dato, Lyon und Marseille, 80 und 60 Tage dato,	„ 46	„	„ 1 Franken.
Rom, 30 Tage dato,	„ 250	„	„ 1 röm. Scudo.
Triest, 60 Tage dato Wien, 90 Tage dato	„ 100	„	„ 1 fl. Bankvaluta.
Venedig, 60 Tage dato,	„ 36	„	„ 1 öster. Lira.

---

*) Jetzt wird wohl die sardinische Lira die Wechseleinheit sein.

Wechselrechtliches. In Sicilien galt seither dasselbe Recht wie in Neapel (s. d. Art.).

Staatspapiere. Fünfprocentige Obligationen der Staatsschuld der Insel Sicilien im Betrage von ca. 20 Mill. Ducati (Scherer).

Maaße und Gewichte der Insel Sicilien (seit 1811). Längenmaaß: Der Palmo oder Fuß zu 12 Once zu 12 Linee zu 12 Punti = 114,414 Pariser Linien. — Die Canna oder Elle zu 8 Palmi ist = 915,31 Parif. Linien. — Die Mezzacanna (halbe Elle) = 4 Palmi. Die Catena (Meßkette) = 4 Canne oder 32 Palmi. Der Passetto = 2 Palmi, die Corda (Schnur) = 4 Catene oder 128 Palmi. Der Miglio (die Meile) = 45 Corde oder 5760 Palmi = 1486,6 Meter.

Getreidemaaß: Die Salma zu 4 Bisacce zu 4 Tomoli zu 4 Mondelli zu 4 Carozzi zu 4 Quarti zu 4 Quartigli. — Der Tomolo ist gesetzlich = 1 Cubit-Palmo = 17,193 Liter. Im Handel rechnet man aber 16 sicilische Tomoli = 5 neapolitanische Tomoli, und da der neapolitanische Tomolo = 55,5451 Liter, so ergibt sich hieraus für den sicilischen Tomolo ein Rauminhalt von 17,357 Liter. — Für manche Artikel bezeichnet die Salma ein größeres Maaß als obige Salma generale von 16 Tomoli, und es gibt auch solche Salme, welche nach dem Gewicht bestimmt werden. So hat z. B. in Messina die Salma für Gerste 20 Tomoli (in Palermo ebenfalls), die Salma für Haselnüsse 22 Tomoli (= 200 Rotoli Gewicht), die Salma für Leinsamen 20 Tomoli (= 320 Rotoli Gewicht), die Salma für Kastanien 20 Tomoli (314 Rotoli Gewicht). Eine Salma von 20 Tomoli heißt Salma grossa zur Unterscheidung von der Salma generale oder legale von 16 Tomoli.

Flüssigkeitsmaaß: Die Botte (Both) hat 4 Salme zu 4 Barili zu 2 Quartari zu 20 Quartucci zu 2 Caraffe zu 2 Bicchieri. Gesetzlich ist der Quartaro = 1 Kubik-Palmo = 17,193 Liter, also der Quartuccio = 0,8596 Liter, der Barile = 34,386 Liter und die Salma = 275,088 Liter.

Die Salma Citronensaft rechnet man zu 101 Rotoli an Gewicht.

Oel wird in Palermo per Cantaro oder Cantaïo (Centner, s. unten) verkauft; an manchen Orten der Insel wendet man auch ein Maaß hierzu an, den sogenannten Cafiso, welcher aber nicht überall von gleicher Größe ist, und einem unterschiedlichen Gewicht in alten sicilischen Rotoli entspricht. Dem Cafiso entsprechen an Gewicht 20,047 Kilogramm in Palermo, 11,026 Kilogr. in Messina, 11,126 Kilogr. in Catania und 10,023 Kilogr. in Syracus. Weil die Oel-Salma in Neapel (s. d. Art.) einem Gewicht von 147,31 Kilogr. entspricht, so ist die Oel-Salma von Neapel = 7,348 Cafisi in Palermo, = 13,362 Cafisi in Messina, = 13,24 Cafisi in Catania, = 14,697 Cafisi in Syracus.

Gewicht. Die Einheit ist der Rotolo von 30 Once (Unzen) = 793,88 Grammen. Der Cantaïo oder Cantaro (Centner) = 100 Rotoli.

Gold-, Silber- und Medicinalgewicht ist die Libbra zu 12 Once, also = ²/₅ Rotoli = 317,552 Grammen. Die Libbra wird eingetheilt in 12 Once zu 8 Dramme zu 3 Scrupoli oder Dinari zu 20 Grani oder Cocci zu 8 Ottavi (Achtel).

Bei Befrachtungen rechnet man auf die Schiffslast für Gewichtswaaren 25 Centner Brutto, für Wein und andere Flüssigkeiten 4 Pipen; auf Südfrüchte wird die Fracht per Kiste angesetzt.

Handelsusanzen. Die Ausfuhrwaaren werden gewöhnlich frei an Bord gegen baare Zahlung, die Einfuhrwaaren dagegen zollfrei und auf 4 bis 6 Monate Ziel verkauft.

Aetherische Oele, rohe Seide, Vanille, Cochenille (und in Messina die Manna) verkauft man per Libbra zu 12 Once, Johannisbrod per 100 Cantari, Manna theils per Libbra, theils per Rotolo, Pistazien per Rotolo (in Messina per Cantaro), Citronensaft per Salma (s. oben) oder auch per Pipa zu 129 alten engl. Gallons, Schmack per Cantaro oder auch per Salma von 280 Rotoli Gewicht, Krachmandeln per Cantaro (in Messina per Salma von 20 Tumoli), Citronen per Kiste von ca. 380 Stück, Pomeranzen und Apfelsinen per Kiste von ca. 230 Stück, gepöckelte Limonien per Faß von 700—800 Stück, gepöckelte Citronen per Faß von 3000 bis 3500 ganzen oder 6000 bis 7000 halben, Sardellen per Barile von 80 Rotoli, Orangeblüthwasser per Cantaro, Schwefel per Cantaro oder per Carico (Last) von 118 Rotoli, Lammfelle und Ziegenfelle per 100 Stück (in Messina per 1000 Stück), Häute per Cantaro, weiße Weine per Pipe von 112 alten engl. Weingallons, rothe Weine per Pipe von 126 alten engl. Gallons, Weingeist und Branntwein per Salma, welche zu 21½ alten engl. Gallons berechnet wird.

Bei den Ausfuhrwaaren wird die ermittelte Tara in Abrechnung gebracht. — Bei Mandeln und trockenen Pomeranzen wird 2 Proc. Gutgewicht gewährt. Bei Lakritzensaft vergütet man 2 Proc. für Lorbeerblätter. — Waaren-Courtage ½ Proc., Wechsel-Courtage ⅛ Proc.

Handelsanstalten. Filiale der Bank beider Sicilien in Neapel. — Der sicilische Lloyd, eine Seeversicherungsgesellschaft *). — Die Christinen-Messe.

Pamplona,
Hauptstadt der spanischen Provinz Navarra.

Rechnungsart und Münzen, s. Madrid. Aeltere Rechnungsarten sind diejenigen nach Reales flojos (d. h. schwachen oder geringen Realen) zu 36 Maravedis oder 16 Quartos und nach Ducados und Libras de Navarra, beide zu 20 Sueldos zu 12 Dineros. Man rechnet 8 Pesos duros oder Silberpiaster = 85 Reales flojos; daher der Real flojo = ca. 14 kr. rhn. = 4 sgr. preuß. = 20 ntr. öster.

Cursverhältnisse und Wechselrechtliches, s. Madrid.

Maaße und Gewichte sind gesetzlich die neuen spanischen. Von alten sind hier anzuführen:

Der Robo (Getreidemaaß = ca. 0,55 castilische Fanegas; daher = ca. 30,14 Liter (s. Madrid).

Das hiesige Pfund soll dem von Bilbao gleich sein; daher = 488,9 Grammen (s. b. Art. Bilbao und Madrid); man bedient sich aber auch des castilischen Gewichts (s. Madrid).

Paris,
Hauptstadt von Frankreich.

Rechnungsart und Münzen. In Frankreich und seinen Colonien rechnet man seit 1803 nach Francs (Franken) zu 100 Centimes; früher rechnete

---

*) Nach Noback soll dieselbe im Jahr 1860 noch bestanden haben.

man nach Livres tournois zu 20 Sous zu 12 Deniers, und wegen des geringen Unterschieds beider Rechnungsmünzen (man rechnet 81 Livres = 80 Franken) theilt man auch noch jetzt den Franken in 20 Sous zu 5 Centimes. Nach dem Gesetz vom Jahr 1803 prägt man aus einem Kilogramm Münzsilber von $^9/_{10}$ Pfund fein oder im Feingehalt von 900 Tausendtheilen 200 Franken, und folglich gehen $222^2/_9$ Franken in Silber auf 1 Kilogramm fein Silber; daher der Frank = $28^7/_{20}$ kr. rhn. = $8^1/_{10}$ sgr. preuß. = $40^1/_2$ nkr. öster.

Im größeren Handelsverkehr Frankreichs werden in neuerer Zeit die Zahlungen mehrentheils in Gold (franz. Goldmünzen) gemacht, so daß dort factisch die Goldwährung besteht.

Nach dem Gesetz vom Jahr 1803 sollen aus einem Kilogramm Münzgold im Feingehalte von 900 Tausendtheilen 3100 Franken in Gold geprägt werden.

Man prägt Stücke zu 100 und zu 50 Franken (seit 1854), zu 20 Franken (seit 1803), zu 10 Franken (seit 1848) und zu 5 Franken (seit 1854). Die Prägung von 40 Frankenstücken ist (1854) eingestellt worden. Hiernach gehen auf das Kilogramm Münzgold oder auf 900 Grammen fein Gold 31 Stücke zu 100, 62 Stücke zu 50, 155 Stücke zu 20, 310 Stücke zu 10 und 620 Stücke zu 5 Franken; daher das Stück zu 5 Franken = 0,14516 deutsche Krone. — Die 100=, 50=, 20= und 10=Frankenstücke nach Verhältniß.

Das Remedium ist für den Feingehalt der Goldmünzen $^2/_{1000}$ in Plus und Minus; beim Gewicht für die Stücke zu 100, 50, 20 und 10 Franken $^2/_{1000}$, für die Stücke zu 5 Franken $^3/_{1000}$ in Plus und Minus.

Aeltere französische Goldmünzen sind (nach Neubauer):

		Tausendtheilen,	deutsche Krone.
Alte Louisd'or von 1640—1709, gesetzmäßig, aber mit Benutzung des Remediums in Minus . . . . . . im Feingehalte von	906¼	=	0,61002
und nach gewöhnlicher Annahme . „	„	„ 906⅓	= 0,60552
Louisd'or von 1665—1709 nach franz. Proben im Durchschnitt . . . . „	„	„ 903	= 0,60429
Louisd'or von 1709—1716, Sonnen-Louisd'or, nach franz. Probe . . . „	„	„ 902	= 0,73306
Louisd'or von 1716—1718, Noailles mit 4 Wappen, nach franz. Probe . „	„	„ 902	= 1,0971
Louisd'or von 1718—1720, Malthesertreuz, nach franz. Probe . . . „	„	„ 904	= 0,88357
Louisd'or von 1720—1723, LL, franz. Probe . . . . „	„	„ 892	= 0,87184
Louisd'or von 1723—1726, Mirlitons, franz. Probe . . . . . . „	„	„ 896	= 0,58061
Louisd'or von 1726—1785, Schild-Louisd'or, gesetzmäßig, aber mit Benutzung des Remediums in Minus „	„	„ 901¹/₂₄	= 0,73511
Dieselben Louisd'ors nach franz. Proben „	„	„ 896	= 0,72818
Louisd'or von 1785—1792 (neueSchild-Louisd'or, gesetzmäßig, aber mit Benutzung des Remediums in Minus „	„	„ 901¹/₂₄	= 0,68695

Doppelte und halbe nach Verhältniß.

Neuere Silbermünzen nach den Gesetzen vom Jahr 1803 und 1848 sind: 5-Frankenstücke, im Feingehalte von 900 Tausendtheilen, 22,2222 Stück auf das Pfund fein, daher = 2 fl. 21¾ kr. rhn. = 1 Thlr. 10½ sgr. preuß. = 2 fl. 2½ nkr. öster.

Die 2-, 1-, ½-, ¼- und ⅕-Frankenstücke nach Verhältniß.

Die ¼-Frankenstücke werden nicht mehr geprägt und sind auf 20 Centimen devalvirt.

Das Remedium für den Feingehalt der Silbermünzen ist ³/₁₀₀₀ in Plus und Minus (also von ⁸⁹⁷/₁₀₀₀ bis ⁹⁰³/₁₀₀₀); beim Gewicht für die 5-Franken-stücke ³/₁₀₀₀, für die 1- und 2-Frankenstücke ⁵/₁₀₀₀, für die Stücke zu 50 Centimen ⁷/₁₀₀₀ und für die Stücke zu 20 Centimen ¹⁰/₁₀₀₀ in Plus und Minus.

Aeltere Silbermünzen, welche noch vorkommen, sind:

Laubthaler, 6-Livresthaler, von 1726—1796, gesetzmäßig im Feingehalte von 916⅔ Tausendtheilen, 18,5702 Stück auf das Pfund fein; daher = 2 fl. 49⅗ kr. rhn. = 1 Thlr. 18⅖ sgr. preuß. = 2 fl. 42 nkr. öster.

Dergleichen Laubthaler gesetzlich, aber mit Benutzung des Remediums, im Feingehalte von 906¼ Tausendtheilen, 18,8574 Stück auf das Pfund fein; daher = 2 fl. 47 kr. rhn. = 1 Thlr. 17⁷/₁₀ sgr. preuß. = 2 fl. 38 nkr. öster.

Dergleichen ältere Laubthaler, nach mehreren Proben, im Feingehalte von 906¼ Tausendtheilen *), 19,1099 Stück auf das Pfund fein; daher = 2 fl. 44⁸/₁₀ kr. rhn. = 1 Thlr. 17 sgr. preuß. = 2 fl. 35 nkr. öster.

Neuere Laubthaler, durchschnittlich nach mehreren Proben, im Feingehalte von 899³/₁₀ Tausendtheilen **), 19,1625 Stück auf das Pfund fein; daher = 2 fl. 44³/₁₀ kr. rhn. = 1 Thlr. 16⁹/₁₀ sgr. preuß. = 2 fl. 34 nkr. öster.

Die Scheidemünze besteht nach dem Gesetz vom Jahr 1852 aus Stücken zu 1, 2, 5 und 10 Centimen aus Bronce (s. Einleitung, S. 15).

Die früheren Kupfermünzen zu 1, 5 und 10 Centimen, sowie die kupfer-nen und broncenen zu 1 und 2 Sous sind in Folge des Gesetzes vom Jahr 1852 eingezogen worden.

Silberscheidemünze ist in Frankreich nicht mehr im Gebrauche. Früher prägte man 10-Centimen-Stücke aus Billon im Feingehalte von 200 Tausendtheilen.

Papiergeld. Als solches circuliren die Noten der Bank von Frankreich (s. unten).

Fremde Münzen. Von fremden Münzen und von fremdem Papier-geld cursiren und werden gewöhnlich per Stück notirt: spanische Quadrupel (Onzas), Quadruples indépendants, d. h. Quadruples der unabhängigen neueren ameri-kanischen Freistaaten, englische Sovereigns, holländische und österreichische Ducaten, nordamerikanische Goldadler zu 5 Dollars (Aigles d'Amérique), spanische Säulen-piaster, mexikanische Piaster, englische Banknoten und englische Post-Noten (Post-Bills).

Metallcurse. Die Preise des Goldes und Silbers in Barren werden in der Art bestimmt, daß das Kilogramm fein Gold und fein Silber zum Tarif-werth fest angesetzt und hierauf so und so viel pro Mille Verlust (perto) oder Agio (prime) in Abzug gebracht oder aufgerechnet wird. Im Juli 1861 war z. B. im offiziellen Pariser Curs;ettel die Notirung für Gold 3 bis 4 pro Mille

---

*) Nach der Kapellenprobe (vgl. Einleitung, S. 18).
**) Desgleichen.

Prime auf den alten Tarifwerth 3434 Fr. 44 C. (für 1 Kilogramm fein Gold oder Gold zu 1000/1000) und für Silber 11 bis 13 pro Mille Prime vom alten Tarifwerth 218 Fr. 89 C. (für 1 Kilogramm fein Silber oder Silber zu 1000/1000). Es gibt indessen auch Pariser Curszettel, welche nach dem neuen Tarif notiren (vgl. Einleitung, S. 24—25).

Wechselcurssystem. Die Wechselcurse werden durchgängig für kurze Sicht (courts jours) und 90 Tage dato wie folgt notirt:

Amsterdam	±	212	Franken für	100 fl. holl.
Antwerpen	„	100	„ „	100 Franken in Antwerpen.
Augsburg	„	212	„ „	100 fl. rhn.
Berlin	„	375	„ „	100 Thlr.
Bilbao } Cadix	„	520	„ „	100 span. Silberpiaster.
Frankfurt a/M.	„	212	„ „	100 fl. rhn.
Genua	„	100	„ „	100 Lire nuove.
Hamburg	„	185	„ „	100 Mark Banco.
Lissabon, effectiv	„	552	„ „	100 Milreis, effectiv oder in baarem Gelde zahlbar.
Livorno	„	100	„ „	100 Lire nuove.
London	„	25	„ „	1 Livre Sterling.
Madrid	„	520	„ „	100 span. Silberpiaster.
Mailand	„	100	„ „	100 Lire nuove.
Messina	„	13	„ „	1 sicilische Oncia von 3 Ducati.
Neapel	„	425	„ „	100 Ducati.
Palermo	„	13	„ „	1 sicilische Oncia von 3 Ducati.
Petersburg	„	360	„ „	100 Silberrubel.
Porto, effectiv	„	552	„ „	100 Milreis, effectiv oder in baarem Gelde zahlbar.
Triest } Wien	„	176	„ „	100 fl. Bankvaluta.
Venedig	„	250	„ „	100 fl. im 45-Guldenfuße.

Auch auf Genf und Lausanne kommen manchmal Notirungen vor und zwar, je nach Sicht zu ± 100 Franken für 100 Franken dort.

Auf inländische Plätze wechselt Paris je nach der Verfallzeit in Procenten unter Pari.

Wechselrechtliches. In Frankreich gilt die im Code de commerce enthaltene Wechselordnung. Außerdem sind einige Verordnungen seither ergangen, welche in dem Bande unserer Bibliothek über Wechsellehre von Dr. Oscar Wächter angeführt sind.

Wechselcourtage. Für den Käufer und Verkäufer ⅛ Proc.

Wechselstempel. Alle in Frankreich zur Acceptation präsentirten Wechsel müssen mit dem Wechselstempel versehen sein. Seit 1850 beträgt derselbe für Wechsel und Handelsbillets ½ pro Mille, wenn sie gleich bei der Ausstellung gestempelt werden, oder das Dreifache, wenn dies erst später geschieht.

Französische Staatspapiere. Die franz. Staatspapiere nennt man Renten, weil der Handel in diesen Papieren nicht nach dem Nominalbetrag derselben, sondern nach dem Betrag der Rente geschieht. Die Staatsschuld Frankreichs besteht größtentheils aus sogenannten Renten-Inscriptionen in das Großbuch der öffentlichen Schuld.

Als in Folge der französischen Revolution von 1789 die Staatsgläubiger ihre Ansprüche verloren hatten, so wurde durch eine Ordonnanz vom 29. Septbr. 1798 die ganze Staatsschuld, unter Beseitigung aller Forderungen der Emigranten und Verbannten auf ⅓ ihres Nominalbetrags reducirt, weßhalb die nunmehrige anerkannte Schuld das consolidirte Drittel (Tiers consolidé) genannt wurde. Für dieses Drittel ihrer Forderungen wurde den Gläubigern eine jährliche 5-procentige Rente in das Großbuch der öffentlichen Schuld eingeschrieben. Der Gesammtbetrag der Renten belief sich damals auf ca. 46 Mill. Franken, wurde aber in der Folge der Zeit durch Anleihen bedeutend erhöht. Durch ein Decret vom Jahr 1852 sollte die 5-procentige Schuld in eine für die Dauer von 10 Jahren unkündbare und unconvertible 4½-procentige Rente verwandelt werden, und es wurde den Inhabern der 5-procentigen Papiere freigestellt, entweder den Nominalbetrag zu erheben oder sich die Conversion al pari gefallen zu lassen. Letzteres fand zum größten Theile statt. Aber die erste 4½-procentige Rente war schon in den Jahren 1825 bis 1829 entstanden, als damals den Inhabern der alten 5-procentigen Rente deren Conversion in 3- und 4½-procentige Renten gestattet wurde. Weitere 4½-procentige Renten entstanden in den Jahren 1854 und 1855, als bei den damaligen Anleihen die Unterzeichner die Wahl zwischen 4½- und 3-procentigen Renten hatten. Die Zeichnungen vertheilten sich ungefähr zu gleichen Theilen auf die 4½-procentige und 3-procentige Rente. Im Jahr 1855 wurde eine weitere (Kriegs-) Anleihe im Betrage von 780 Mill. Franken gegen 4½- und 3-procentige Renten geschlossen.

In den Jahren 1825 bis 1829 war auch die 3-procentige Rente entstanden, als zur Entschädigung der im Jahr 1789 (s. oben) übergangenen Emigranten und Verbannten ein Capital von 1000 Millionen Franken aufgenommen wurde. Seitdem sind mehrmals Anleihen gegen 3-procentige Renten geschlossen worden. Die 4-procentigen Renten entstanden seit dem Jahr 1828 durch mehrere Anleihen.

Die 3-procentige Rente ist das wichtigste Papier auf der Pariser Börse, indem die Notirungen desselben für alle andern Börsen mehr oder weniger maaßgebend sind *).

Zur schwebenden Schuld (dette flottante) des Staats gehören die Schatzscheine (Bons du trésor), welche vom Finanzministerium zur Bestreitung augenblicklicher Bedürfnisse ausgegeben werden. Im Jahr 1852 wurde verfügt, daß der Betrag der umlaufenden Schatzscheine künftig 150 Mill. Franken nicht überschreiten dürfe; aber schon im Jahr 1854 wurde durch ein kaiserliches Decret vom 2. Februar vorgenanntes Maximum auf 250 Mill. Franken erhöht. Zu Ende des Jahres 1858 schätzte man die schwebende Schuld auf mehr als 1000 Mill. Franken (Scherer). — Die Bons lauten auf verschiedene Verfallzeiten, nämlich von 1 bis 5 Monate, von 6 bis 11 Monate und für Jahresfrist. Für jede dieser drei Kategorien in Betreff der Rückzahlungstermine wird ein besonderer Zinsfuß festgesetzt und jeweils durch den Moniteur bekannt gemacht.

Im Jahr 1857 vertheilte sich die Staatsschuld auf die einzelnen Renten wie folgt:

---

*) Am 18. Juli 1861 stand die 3-procentige Rente auf 67 Fr. 75 Cent., die 4-procentige auf 85 Fr. und die 4½-procentige auf 97 Fr. 70 Cts.

3=procentige Rente	Fr.	4,136,414,866.	66 Cent.
4= „ „	„	58,839,200. —	„
4 1/2= „ „ (1825)	„	19,656,888. 88	„
4 1/2= „ „ (1852)	„	3,817,081,511. 11	„

Fr. 8,031,992,466. 65 Cent. [*]

Einschließlich der schwebenden Schuld von 1000 Mill. Franken kann also die Gesammtschuld Frankreichs wenigstens auf 9000 Mill. Franken veranschlagt werden [**]).

Die Erhebung der Renten findet jährlich zweimal statt, und zwar für die 4 1/2= und 4=procentige Rente am 22. März und 22. September, und für die 3=procentige Rente am 22. Juni und 22. December.

Die laufenden Zinsen (jouissance) sind im Curse mitbegriffen, ausgenommen bei den 4 1/2= und 4=procentigen Renten während des Zeitraums vom 7. bis 22. März und bei den 3=procentigen Renten während der Zeit vom 7. bis 22. Juni und vom 7. bis 22. December, indem der Verkäufer in diesen Zwischenzeiten den nächstfälligen Coupon (Coupon détaché) zurückbehält.

Städtische Papiere von Paris. Die wichtigsten Munizipalanlehen Frankreichs sind diejenigen der Stadt Paris. Es sind folgende:

Anleihe vom Jahr 1852: 50,000 Obligationen zu 1000 Franken zu 5 Proc., rückzahlbar mittelst 37 Ziehungen mit Prämien. Letzte Ziehung am 2. November 1870.

Anleihe vom Jahr 1855: 15,000 Obligationen, emittirt mit 400 Franken, verzinslich mit 15 Franken jährlich, rückzahlbar zum Betrag von 500 Franken mittelst 80 Ziehungen mit Prämien (Courtois).

Andere Munizipalanleihen Frankreichs. 1) Bordeaux: 4800 Obligationen zu 1000 Franken, zu 4 Proc. verzinslich, rückzahlbar in 25 Jahren mittelst 50 Ziehungen. 2) Lyon: Anlehen vom Jahr 1854 in 10,354 Obligationen emittirt mit 1000 Franken, zu 5 Proc. verzinslich, rückzahlbar zum Betrage von 1250 Franken mittelst 50 jährlichen Ziehungen. Anlehen vom Jahr 1856 in 4100 Obligationen zu 1000 Franken, zu 5 Proc. verzinslich, rückzahlbar zum Betrage von 1250 Franken mittelst 48 jährlichen Ziehungen. Anlehen vom Jahr 1858 in 889 Obligationen zu 1000 Franken, verzinslich zu 5 Proc., rückzahlbar mittelst 20 jährlichen Ziehungen. Anlehen von Marseille und Toulouse sind in den nächsten Jahren abgelaufen.

Anleihen des Departements der Seine vom Jahr 1857: 254,682 Obligationen zu 225 Franken, emittirt zu 205 Franken, Jahreszinsen 9 Franken, rückzahlbar mittelst halbjährlichen Ziehungen vom 1. Mai 1857 bis 1. Mai 1888 [***]).

Obligationen der Civilliste sind Schuldscheine des Kaisers, also keine Staatsobligationen.

Certificate. Für die 3=procentige Rente gibt es auch Certificate des Hauses Rothschild zu 120 Franken Rente oder 4000 Franken Capital, welche zu jeder Zeit gegen Inscriptionen umgetauscht werden können.

Cursnotirung der französischen Effecten. Bei den Renten ver= stehen sich die Curse in Franken per 100 Fr. Nominalcapital, dagegen bei den Obligationen der französischen Städte, des Seine=Departements und der Civilliste per Stück.

Die Rubrik im Curszettel mit der Aufschrift «Clôture précédente» ent= hält die letzten Curse des vorhergehenden Börsentages und zwar für die Käufe gegen baar (comptant) und für die Käufe auf Lieferung (à terme).

Ueber die Bedeutung der unter der Rubrik «reports» vorkommenden Noti= rungen f. Einleitung, S. 27.

Die Rubrik mit der Ueberschrift «comptant» enthält, mit dem bei der Er= öffnung der Börse bewilligten Curse beginnend, die verschiedenen Curse für Comp= tantgeschäfte.

Die unter den Rubriken «Premier Cours», «Plus haut», «Plus bas», «Dernier Cours» notirten Curse sind diejenigen der Zeitkäufe.

Die unter der Rubrik «Terme» vorkommenden Abkürzungen bezeichnen die verschiedenen Arten der Zeitkäufe. Fin ct. (fin courant) bedeutet feste Lieferung auf Ende des Monats; pr. fin ct. (primo fin courant) bedeutet bedingter Lie= ferungskauf auf Ende des Monats, wobei es dem Käufer frei steht, den Vertrag gegen Zahlung der Prämie aufzuheben. An der Pariser Börse wird beim Prämien= geschäft (f. Einleitung, S. 26) nur dem Käufer der Rücktritt zugestanden und die Notirung der Curse für solche Geschäfte geschieht einschließlich der Prämie. Am 29. Mai 1861 war z. B. die 3=procentige Rente für Ende des laufenden Mo= nats im Prämiengeschäft mit 69. 25 d. 50 (d. i. dont 50 Centimes de prime) unter der Rubrik «Dernier Cours» notirt, wonach der Curs von 69 Fr. 25 Cent. für 100 Franken Rentencapital 50 Cent. Prämie enthielt, die der Käufer vorab zu entrichten hatte und die er in jedem Falle opferte *).

An der Pariser Börse gibt es auch sogenannte kleine Prämien zu 10 Cen= timen auf 1 Tag Lieferungszeit (Petites primes de 10 Centimes pour le len= demain).

Pr. fin p. (prime fin prochaine) bedeutet Prämienkauf auf Ende des nächsten Monats.

Die Bezeichnungen «au 31», «pr. 31» sind gleichbedeutend mit fin cou= rant, prime fin courant.

Privatcurslisten enthalten auch die Liquidationscurse (Cours de compensa= tion), d. h. diejenigen Curse, zu welchen die Lieferungsgeschäfte liquidirt werden **).

---

*) Die Prämie wird theils, wie in Paris, für das Recht des Rücktritts gezahlt, so daß der Be= rechtigte sie in jedem Falle zahlt, theils aber, wie in Berlin, nur im Falle des wirklichen Rücktritts ent= richtet, weshalb dort die Benennung „Reugeld" dafür üblich ist. Wo die Prämie eine Vergütung für das Rücktrittsrecht ist, wird sie gewöhnlich gleich beim Geschäftsabschluß gezahlt, wie in Paris, Frankfurt a. M. und an einigen andern Börsen.

**) Folgendes zur Erläuterung. Die Contrahenten im Lieferungsgeschäft haben nicht immer die Absicht, die bezüglichen Papiere wirklich zu liefern und sich liefern zu lassen, sondern sie haben es dabei nur auf Cursdifferenz abgesehen. Die Cursdifferenz ist zu Gunsten des Verkäufers, wenn der Curs ge= fallen ist, und zu Gunsten des Käufers, wenn der Curs gestiegen ist. Man verkauft z. B. 10,000 Franken in irgend einem Papier zum Curs 89; steht nun am Lieferungstage das Papier auf 88, so zahlt der Käufer dem Verkäufer 100 Frks.; steht aber der Curs auf 90, so hat der Verkäufer dem Käufer 100 Frks. zu zahlen. Um aber allen Streitigkeiten vorzubeugen, wird der Curs des Erfüllungstages, also der Tage= curs (im obigen Beispiele 89 im einen, und 90 im andern Falle) als sogenannter Liquidationscurse von der Börsenbehörde festgestellt. Wenn aber die Lieferung und Abnahme wirklich beabsichtigt ist, so ist die

22*

Der Curs der französischen Schatzscheine (Bons du trésor) ist der Fuß, zu welchem sie discontirt werden. Ist z. B. die Notirung: «Bons du trésor 5 mois 5%», so ist dieß so zu verstehen, daß man beim Kaufe solcher Papiere mit 5-monatlicher Umlaufszeit 5 Proc. Jahres-Discont in Abrechnung bringt.

Courtage für Geschäfte in Staatspapieren. Laut Beschluß der Syndikatskammer vom 6. Januar 1858 beträgt das Minimum der Courtage ⅛ Proc. vom Nennwerth der Papiere für franz. Renten, Schatzscheine, Muni-zipal- und Departemental-Obligationen, Obligationen der Civilliste und für aus-ländische Effecten, mit Ausnahme der haïtischen Obligationen (Emprunt d'Haïti), der Obligationen der preußischen Anleihe von 1832, der spanischen Obligationen und der österreichischen Loose, für welche die Courtage ¼ Proc. beträgt, und eben so viel beträgt solche für öffentliche oder Privateffecten, deren Verkauf in Folge eines Urtheilsspruchs, eines Familienrathsbeschlusses oder eines die Wiederanlegung vorschreibenden authentischen Akts stattfindet. In Prämiengeschäften mit Prämie dont 10 Cent. (s. oben) wird im Falle des gewählten Rücktritts keine Courtage bezahlt *).

Auf alle Verkäufe französischer Papiere wird seit 1850 eine Steuer von 5 Centimen per 100 Franken Capital also ½ pro Mille erhoben.

Cursnotirung der fremden Staatspapiere. Von fremden Staats-papieren werden gewöhnlich notirt:

Sardinische Papiere per 100 Lire nuove (= Franken) Nennwerth.

Toskanische Papiere in Franken für 100 toskanische Liren Nennwerth.

Römische Papiere in Scudi per 100 Scudi Nennwerth, wobei der Scudo = 5 Fr. 40 Cent. gerechnet wird.

Neapolitanische Papiere in Franken für 100 Franken Capital. Für die auf Ducati lautenden Obligationen und Certificate wird der Ducato zu 4 Frkn. (hier sogenannten Liren) 40 Cent. gerechnet.

Spanische Papiere in Franken per 100 Franken Nennwerth. Für die auf Piaster lautenden Obligationen wird der Piaster zu 5 Fr. 40 Cent. gerechnet.

Portugiesische, auf Livre Sterling lautende Papiere, in Livre Sterling per 100 Livre Sterling Nennwerth, wobei das Livre Sterling zu 25½ Fr. gerechnet wird. Die auf Franken lautenden Obligationen in Franken per 100 Franken Nennwerth.

Belgische Papiere in Franken per 100 Franken Nennwerth.

Niederländische Papiere in Gulden holl. per 100 fl. holl. Capital.

Oesterreichische Loose in Franken per 1 Loos; österreichische Obligationen in Gulden des 20-Guldenfußes per 100 fl. Conv. Nennwerth, wobei der Gulden Conv. zu 2 Fr. 60 Cent. gerechnet wird.

Russische, auf Livre Sterl. lautende Papiere in Livre Sterl. per 100 Livre Sterling Nennwerth, wobei das Livre Sterl. zu 25½ Fr. gerechnet wird.

Griechische Papiere vom Jahr 1833 bei Rothschild in Paris in Franken

Feststellung des Liquidationscurses um so nöthiger, als die auf Lieferung gekauften Papiere öfters vor dem Lieferungstage (oder sogenannten Stichtage) weiter verkauft werden, oder auch der Verkäufer seine Verpflichtung an einen Dritten durch Cession überträgt, so daß die bei der Liquidation Betheiligten nur mittelbar durch den ursprünglichen Vertrag verpflichtet sind. Der von der Börsenbehörde (Chambre syn-dicale des agents de change) festgestellte Liquidationscurs wird an der Pariser Börse (und andern fran-zösischen Börsen) angeschlagen, übrigens aber nicht im amtlichen Curszettel, sondern nur in Privatcurs-zetteln notirt.
*) Obige Angaben nach Courtois (3te Aufl. 1859). Nach Noback (Börsen- und Comptoirhandbuch, 1861) soll bei Lieferungsgeschäften in franz. Renten (und Actien der Bank von Frankreich) die Courtage ¼ pro Mille betragen; bei Lieferungsgeschäften in andern Papieren und bei allen Tagesgeschäften ⅛ Proc. Das Minimum der Courtage für jedes einzelne Geschäft ist 1 Frank (nach Courtois nur 50 Centimen)..

per 100 Fr. Nennwerth; sie lauten über je 1024 Franken oder 40 Livre Sterl., also das Livre Sterling zu 25 Fr. 60 Cent. gerechnet.

Türkische Papiere vom Jahr 1854, welche auf Livre Sterling lauten, in Franken per 100 Fr. Nennwerth, das Livre Sterl. zu 25 Fr. gerechnet.

Haïtische, auf Franken lautende Obligationen in Franken per 100 Franken Nennwerth.

Cursnotirung französischer und anderer Actien. Die französischen Actien werden per Stück (Nominalwerth) oder auch per 100 Fr. Nennwerth notirt; in gleicher Weise mehrere, auf Franken lautende fremde Actien, wie z. B. die Actien der österreichischen Staatseisenbahn-Gesellschaft.

Die volle Einzahlung der Actien wird durch den Zusatz: «tout payé» oder «libérées» bezeichnet.

Courtage. Wie für die Staatspapiere (s. .S. 340).

Maaße und Gewichte. Die Grundlage der jetzigen französischen Dimensions- und Schwermaaße ist der Meter (s. Einleitung, S. 8), welcher gesetzlich = 443,296 alte Pariser Linien (s. unten). Sämmtliche Eintheilungen der neuen Maaße und Gewichte sind nach dem Decimalsystem festgesetzt.

Der Meter wird in 10 Decimeter, der Decimeter in 10 Centimeter, der Centimeter in 10 Millimeter eingetheilt. Der Decameter = 10 Meter, der Hectometer = 100 Meter, der Kilometer = 1000 Meter, der Myriameter = 10,000 Meter.

Weg- und Meilenmaaß: Die neue französische Lieue oder Meile ist der Myriameter, von welchem 11 1/9 auf einen Grad des Aequators gehen. — Der Myriameter = $1^7/_{20}$ deutsche oder geographische Meilen. — Die Seemeile, 20 auf 1 Grad gerechnet, ist = 5555 5/9 Meter.

Nautisches Maaß: Die Encablure (Kabellänge) = 200 Meter.

Garnmaaß: Für Baumwollengarn, welches roh in den Handel kommt, besteht gesetzlich der Strahn (écheveau) aus 10 Gebinden, und das Gebinde (échevette) muß 100 Meter lang sein. Die (metrische) Nummer des Garns gibt die Anzahl der Strahne an, welche 1/2 Kilogramm wiegen. Dieses Maaß kommt auch mitunter beim Leinen- und Wollengarn vor, die Feinheit wird aber verschieden bestimmt.

Flächenmaaß: Als solches dienen die Quadrate der obigen Längenmaaße und sie werden nach diesen benannt, wie Quadrat-Meter, Quadrat-Kilometer ꝛc.

Feldmaaß: Die Einheit desselben ist 1 Quadrat-Decameter oder 100 Quadratmeter und wird Are genannt. Diese Einheit zerfällt in Unterabtheilungen oder steigt nach Decimalen. Der Flächeninhalt wird nach Aren oder Hektaren (= 100 Aren) bestimmt. .

Körpermaaß: Als solches dienen die Würfel der Längenmaaße und sie werden nach diesen benannt, wie Cubik-Meter, Cubik-Kilometer ꝛc.

Die Einheit des Holzmaaßes ist der Cubik-Meter und heißt Stère. Der Stère = 10 Décistères, der Décastère = 10 Stères ꝛc.

Holzkohlen verkauft man im Großen nach der Voie (Fuhre) = 1/5 Cubik-Meter; Steinkohlen nach dem Gewicht, im Kleinen nach der Voie (Fuhre) im Gewicht von 1000 bis 1150 Kilogramme.

Hohlmaaße: für trockene und flüssige Dinge ist die Einheit der Cubik-Decimeter und heißt Litre. Der Liter hat 10 Deciliter zu 10 Centiliter zu 10 Milliliter. Der Kiloliter hat 10 Hectoliter zu 10 Decaliter zu 10 Liter.

Getreide und andere trockene Waaren werden gewöhnlich nach dem Hektoliter (= 100 Liter), und zwar gestrichen, gemessen; gehäuft werden dagegen Gegenstände gemessen, welche im Gefäße größere Zwischenräume bilden, wie Kartoffeln,
Obst 2c. An Gewicht beträgt durchschnittlich der Hektoliter Weizen 75, Roggen
70, Gerste 60, Mais 66, Hafer 42 Kilogramm. Früchte und Sämereien werden auch nach dem Gewicht verkauft, z. B. Weizen per Sack von 120 oder auch
100 Kilogramm.

Oel wird theils nach dem Gewicht, theils nach dem Maaße, und zwar im
Großhandel per Hektoliter, verkauft.

Handels-, Gold-, Silber-, Münz- und Apotheker-Gewicht: Die Einheit
desselben ist der tausendste Theil des Gewichts eines Liter destillirten Wassers
(s. Einleitung, S. 8) und heißt Gramme. Die Decimalsteigerungen und Unterabtheilungen sind wie folgt:
10 Grammen = 1 Dekagramm, 100 Grammen = 1 Hektogramm, 1000
Grammen = 1 Kilogramm, 10 Kilogramm = 1 Myriagramm, 100 Kilogramm
= 1 Quintal métrique (metrischer Centner), 1000 Kilogramm = 1 Millier
métrique oder neue Schiffstonne.

1 Gramm = 10 Decigrammen, 1 Decigramm = 10 Centigrammen, 1 Centigramm = 10 Milligrammen.

Die Schwermaaße werden in der Regel per Kilogramm und dessen Unterabtheilungen bestimmt.

Probirgewicht: Die Feinheit des Goldes und Silbers wird durch Millièmes
(Tausendtheile) ausgedrückt. Die französischen Gold- und Silbermünzen z. B.
haben 900 Tausendtheile oder $^{900}/_{1000}$ oder $^9/_{10}$ Feingehalt (s. oben).

Juwelengewicht: Ausnahmsweise das alte (s. unten).

Frühere (bis 1840) gebräuchliche Maaße und Gewichte (Mesures et poids usuelles) für den Kleinhandel.

Die Mesures et poids usuelles, welche als Uebergangsstufen zum neuen
metrischen System dienten, kommen mitunter noch vor und sind:

Die Toise usuelle = 2 Meter = 6 Pieds oder Fuß: daher der Fuß
zu 12 Zoll (Pouces) zu 12 Linien (Lignes) = $^1/_3$ Meter. — Die Aune usuelle
= 1 $^1/_5$ Meter.

Flüssigkeitsmaaß: Die Pinte usuelle = 1 Liter, eingetheilt in Halbe,
Viertel und Achtel.

Hohlmaaß für trockene Dinge: Der Boisseau usuel (gebräuchliche Scheffel),
in Halbe, Viertel und Achtel eingetheilt, = $^1/_8$ Hektoliter oder 12 $^1/_2$ Liter.

Handelsgewicht: Die Livre usuelle (das gebräuchliche Pfund) zu 4 Quarterons zu 4 Onces zu 8 Gros, = $^1/_2$ Kilogramm.

Alte Pariser Maaße und Gewichte,

welche in mehreren französischen Colonien und im Verkehr der Provinzen zum
Theil noch gebraucht werden und auf welche bei wissenschaftlichen Gegenständen in
andern Ländern zum Theil Bezug genommen wird.

Längenmaaße: Der Pied oder Pied de roi zu 12 Pouces zu 12 Lignes
zu 12 Points (Punkte), = 324,8394 Millimeter. — Die Toise (Klafter) =
6 Fuß. — Die Perche (Ruthe) = 18 Fuß beim Feldmaaß, bei Vermessungen
von Staatsdomänen (Perche des eaux et forêts) = 22 Fuß, und für das Land-

maaß einiger Provinzen = 20 Fuß. — Die Elle (Aune de Paris) = 526⁵⁄₆ Linien = 1,18845 Meter.

Meilenmaaß: Die Lieue zu 25 auf den Grad = 4444⁴⁄₉ Meter. Die Lieue marine zu 20 auf den Grad = 5555⁵⁄₉ Meter. — Der Mille marin = ¹⁄₃ der Lieue marine. — Die Lieue de poste wurde von der Verwaltung zu 2200 Toisen gerechnet.

Nautisches Maaß: Die Brasse oder der Faden = 5 Fuß = 1,6241 Meter.

Flächenmaaß: Die Quadratruthe (Perche carrée) war nach Maaßgabe der verschiedenen Ruthen (s. oben)

1) für Feldmessungen = 18 mal 18 = 324 Quadratfuß,
2) für Staatsdomänen-Vermessungen = 22 mal 22 = 484 Quadratfuß,
3) für einige Provinzial-Landmaaße = 20 mal 20 = 400 Quadratfuß.

Feldmaaß: Der Arpent hatte 100 Quadrat-Ruthen; nach Maaßgabe der unterschiedlichen Größen der Quadrat-Ruthen war aber

1) der Arpent von Paris = 100 Quadrat-Ruthen zu 324 Quadratfuß = 32400 Quadratfuß,
2) der Arpent d'ordonnance = 100 Quadrat-Ruthen zu 484 Quadratfuß = 48400 Quadratfuß,
3) der Arpent commun = 100 Quadrat-Ruthen zu 400 Quadratfuß = 40000 Quadratfuß.

Hohlmaaß für trockene Dinge: Der Boisseau (Scheffel) zu 16 Litrons = 13,0083 Liter. — Der Setier = 12 Boisseaux; ausnahmsweise war der Setier für Hafer = 24 Scheffel, für Salz = 16 Scheffel und für Holzkohlen = 32 Scheffel. — Der Muid = 12 der verschiedenen Arten von Setiers.

Flüssigkeitsmaaß: Der Muid zu 2 Feuillettes zu 2 Quartants zu 9 Setiers oder Veltes zu 8 Pintes zu 2 Chopines, also = 288 Pintes. Die Pinte = 0,9313178 Liter. — Der Muid (auch) Poinçon) = 3 Tierçons. — Die Queue = 3 Feuillettes = 1¹⁄₂ Muids.

Die Pinte = 0,9313178 Liter, daher die Velte = 7,45 Liter.

Gewicht: Die Gewichtseinheit für Gold, Silber und Münzen war die Mark (Marc) und diejenige für alle anderen Gegenstände, Juwelen ausgenommen (s. unten), das Pfund (Livre), welches unter dem Namen Poid de marc bekannt war. Das Pfund ist = 2 Marcs zu 8 Onces (Unzen) zu 8 Gros oder Dragmes zu 3 Deniers (Pfennige) oder Scrupules (Scrupel) zu 24 Grains (Grän), = 489,506 Grammen, also die Mark = 244,753 Grammen (Chelius). — Der Millier zu 3¹⁄₃ Charges (Last) zu 3 Quintaux = 10 Quintaux (Centner). — Der Centner = 100 Pfund. — Der Tonneau de mer (die Schiffstonne) = 2 Milliers = 2000 Pfund.

Probirgewicht: Die Mark wurde beim Golde in 24 Carats zu 32 Parties oder Grains, und beim Silber in 12 Deniers zu 24 Grains eingetheilt.

Für Juwelen und Perlen ist noch jetzt das Karat zu 4 Grän die Gewichtseinheit. Das Karat ist = 3,876 alte Pariser Grän, folglich = 20,5873 Centigramm.

Handelsusanzen. Solcher gibt es so viele, daß hier auf das officielle Tableau derselben verwiesen werden muß.

Banken. 1) Die „Bank von Frankreich" (Banque de France) ist im Jahr 1800 mit einem Capital von 30 Mill. Franken gegründet worden; dieses

Capital wurde später erhöht und durch Umwandlung der frühern Departementalbanken in Filiale (oder sogenannte Comptoirs) der Bank von Frankreich stieg das
Capital der letzteren auf ca. 91,250,000 Fr.; gegenwärtig (1861) beläuft sich
dasselbe auf 182,500,000 Fr. (aus 182,500 eingezahlten Actien zu 1000 Fr.).
Die Bank gibt Noten und eigene, auf Sicht lautende Wechsel (Billets à ordre)
von 5000 und 10,000 Fr. und über Einzahlungen von beliebigem Betrage Wechsel
auf Sicht aus, welche auf Namen lauten und nur gegen Bescheinigung des Gläubigers eingelöst werden. Anfänglich durften die Noten nicht auf weniger als
500 Franken lauten; im Jahr 1847 wurde aber das Minimum auf 200 Fr.,
im Jahr 1848 auf 100 Fr. und im Jahr 1857 auf 50 Fr. herabgesetzt. Die
jetzigen Beträge der Noten sind 100, 200, 500, 1000 und 5000 Fr.; Noten
zu 50 Fr. sind nicht ausgegeben worden. Die Banknotenausgabe darf statutenmäßig das Vierfache des Capitals nicht überschreiten; laut Gesetz vom Jahr 1849
wurde der Betrag auf 525 Mill. Fr. fixirt, aber schon öfter von der Bank überschritten. Die Operationen der Bank bestehen außerdem im Discontiren, in Leih-
geschäften auf französische Staatspapiere, Actien und Obligationen der Eisenbahnen,
Obligationen der Stadt Paris, Obligationen des Crédit foncier (f. unten), edle
Metalle und (seit 1848) auf Niederlagscheine (Warrants) *), ferner Aufbewahrung von Depositen gegen Vergütung, Giro- und Contocorrentgeschäft. Die Bank
hat auch dem Staatsschatze einen Credit eröffnet, welcher seither häufig benutzt
worden ist. Das Privilegium der Bank ist mehrmals verlängert worden und geht
jetzt bis zum 31. December 1897. Die Dividende wird halbjährlich (1. Januar
und 1. Juli) vertheilt und besteht aus 6 Proc. festen Zinsen und dem Antheil
am Reingewinn **). — Die Bank sollte, den Statuten vom 16. Januar 1808
gemäß, Filiale in den größeren Städten des Landes errichten, was auch für
Lyon (1808), Rouen (1808) und Lille (1810) geschah; diese Filiale gingen aber
wegen Mangel an Geschäften wieder ein; seit dieser Zeit entstanden in den größeren Städten des Landes Localbanken, und die Errichtung von Filialen der Bank
von Frankreich wurde auf die Städte zweiten Rangs ꝛc. beschränkt. Die Stadt
Algier wollte beide Systeme vereinigen, nemlich eine Filiale der Bank von Frankreich besitzen und eine davon unabhängige Localbank errichten. Die Zweigbank
kam nicht zu Stande, dagegen wurde durch Gesetz vom 4. August 1851 für
Algier eine selbstständige Bank (Banque de l'Algérie) geschaffen. Das statuten-
mäßige Actiencapital beträgt 3 Mill. Franken in Actien zu 500 Franken. Außerdem wurde der Schatz ermächtigt, dieser Bank 1 Mill. Franken zu leihen. Die
Bank betreibt das Discont- und Depositengeschäft und hat die für die Colonie
ausschließliche Ermächtigung zur Ausgabe von Noten; dieselben lauten auf 50,
100, 500 und 1000 Franken. Zweigbanken können mit Genehmigung der Regierung in allen Städten der Colonie errichtet werden.

    2) Bodencreditgesellschaft oder Grundbesitzbank (Crédit foncier de France).
Sie wurde privilegirt durch Decret vom 28. März 1852 auf 99 Jahre. Anfänglich führte sie die Firma: Banque foncière de Paris, und, als solche, beschränkte sich ihre Wirksamkeit auf die Departements, welche zum Ressort des
Appelhofes von Paris gehören; durch Decret vom 10. December desselben Jahres

---

*) In Paris gibt es Entrepots für Waaren (die auf Actien gegründeten Docks Napoleon), worauf
die Deponenten einen Niederlagschein (récépissé, consignation de dépôt) zu erhalten haben, welcher durch
bloßes Indossament übertragbar ist.
  **) Die Actien der Bank standen Ende Mai 1861 auf ca. 2895 Fr. per 1000 Fr. Nennwerth.

wurde sie aber ermächtigt, ihre Operationen auf alle Departements, wo noch keine ähnlichen Anstalten gegründet waren, auszudehnen. Da zwei solcher Anstalten, die in Nevers und Marseille, mit derjenigen in Paris vereinigt wurden, so ist letztere die einzige Hypothekarbank in Frankreich. Als solche ist sie ermächtigt, auf Hypotheken zu leihen, und zwar gegen Annuitäten *), welche die Tilgung und Verwaltungskosten decken, und für einen Betrag in der Höhe der gemachten hypothekarischen Darleihen zinstragende Obligationen auszugeben, welche durch das Loos mit oder ohne Prämien zur Zurückzahlung berufen werden und den Namen «obligations foncières» führen. Das Grundcapital beträgt, mit Vorbehalt der Erhöhung auf das Doppelte, statutenmäßig 30 Mill. Franken; in 60,000 Actien zu 500 Fr. auf den Inhaber lautend; einbezahlt sind bis jetzt 250 Fr. per Actie. Im Betrage der gewährten Darleihen (200 Mill. Franken) gibt die Gesellschaft folgende Obligationen aus:

Ganze zu 1000 Fr. mit 3 Proc. verzinslich und mit 1200 Fr. rückzahlbar.

Halbe zu	500	„	„	3	„	„	„ „	600 „ „
Halbe zu	500	„	„	4	„	„	„ „	pari „
Zehntel zu	100	„	„	3	„	„	„ „	120 „
Zehntel zu	100	„	„	4	„	„	„ „	pari „

Die Verzinsung geschieht halbjährlich am 1. Mai und 1. November. Sämmtliche Kategorien participiren verhältnißmäßig an Gewinnziehungen, welche vierteljährlich am 22. Mai, 22. Juni, 22. September und 22. December stattfinden. Je zwei Obligationen zu 500 Fr. und je 10 Obligationen zu 100 Fr., welche gleichen Zinsfüßen entsprechen, haben gleiche Nummern. Wenn nun bei einer Ziehung eine Nummer herauskommt, so gehört der ganze Gewinn einer Obligation von 1000 Fr., der halbe einer Obligation von 500 Fr. und ¹/₁₀ des Gewinns einer Obligation von 100 Fr. Auf einen Theil der Obligationen von 1000 Fr. ist erst ¹/₅ mit 200 Fr. eingezahlt; daher werden die entsprechenden Obligationen im Curszettel als Promessen bezeichnet. Die Gesellschaft hat außerdem 5-procentige Obligationen zu 500 Franken ausgegeben, welche in 50 Jahren getilgt sein sollen; diese Obligationen werden aber auf der Börse nicht umgesetzt und bei den Ziehungen sind sie nicht betheiligt. Der Betrag eines Darlehens darf die Hälfte des Werths des verhypothecirten Grundstücks nicht überschreiten und nicht unter 300 Fr. sein. Die Summe der Darlehen an einen und denselben Schuldner darf nicht über 1 Mill. Franken hinausgehen. Der Schuldner leistet die Abzahlung baar durch Annuitäten, durch welche die Schuld in nicht weniger als 20 und nicht mehr als 50 Jahren getilgt ist. Die Schuldner haben übrigens das Recht, die Rückzahlung früher und zwar mit dem ganzen Schuldbetrage oder Theilen desselben zu bewirken, dieß auch durch Zahlung vermittelst Obligationen der Gesellschaft. Die Annuitäten sind zur Hälfte am 30. Juni, zur Hälfte am 31. December zahlbar. Durch Decret vom 26. Juni 1854 wurde der Gesellschaft die Bestimmung des Fußes der Annuität überlassen; durch jenes Decret wurde die Gesellschaft auch ermächtigt, auf gewöhnliche Hypotheken Darlehen auf kurze Zeit ohne Annuität zu gewähren; sie darf aber keine Obligationen dafür in Umlauf setzen **).

3) Allgemeine Mobiliar-Credit-Gesellschaft (Société générale de crédit mobilier). Sie wurde durch Decret vom 18. November 1852 auf 99 Jahre ge-

---

*) Vergl. den Art. London, S. 228.
**) Die Actien des Crédit foncier standen Ende Mai 1861 auf ca. 987 Fr. per 500 Fr. Rennwerth.

gründet. Capital 60 Mill. Franken in 120,000 Actien auf den Inhaber zu 500 Fr., welche vollständig eingezahlt sind. Operationen: 1) Zeichnung und Er= werbung von öffentlichen Effecten, sowie von Actien und Obligationen industrieller Unternehmungen, namentlich der Eisenbahnen, Kanäle, Bergwerke und anderen öffent= lichen Arbeiten. 2) Ausgabe ihrer eigenen Obligationen (s. unten) im Betrage jener Zeichnungen und Erwerbungen. 3) Verkauf oder Verpfändung (gegen An= leihen) der erworbenen Effecten, Actien und Obligationen, und Umtausch derselben gegen andere Papiere. 4) Uebernahme von Anleihen jeder Art und Cession der= selben, sowie Uebernahme öffentlicher Arbeiten jeder Art. 5) Gewährung von Darlehen und Credit in laufender Rechnung gegen Hinterlegung von Staats= papieren, Actien und Obligationen. 6) Annahme von Geldern in laufender Rech= nung (Girogeschäft). 7) Geldeinzug für Rechnung der oben angeführten Actien= gesellschaften, Auszahlung ihrer Zins= und Dividenden=Coupons und sonstigen Verfügungen. 8) Führung einer Depositencasse für alle Werthpapiere solcher Ge= sellschaften. Alle anderen Geschäfte sind der Gesellschaft untersagt, ausdrücklich sind ungedeckte Verkäufe *) und Prämiengeschäfte verboten. Noten gibt die Bank nicht aus, auch macht sie keine Discontgeschäfte mit Wechseln; dagegen discontirt sie Staatspapiere und Actien, und die Reportgeschäfte **) sollen, wie der Prospectus besagte, ein Hauptzweig ihrer Geschäfte sein. Die Obligationen der Gesellschaft lauten auf 1000 und 5000 Fr. Der Ertrag wird wie folgt verwendet: 5 Proc. Zinsen an die Actionäre, 5 Proc. vom Reingewinn zum Reservefonds, vom Rest ¹/₁₀ den einzelnen Mitgliedern des Verwaltungsraths, ⁹/₁₀ den Actionären als Dividende, welche, wie die Zinsen, halbjährlich am 1. Januar und 1. Juli be= zahlt werden ***).

3) Comptoir d'Escompte. Diese Anstalt wurde in der kritischen Zeit von 1848 im Interesse des kleinen Handelsstandes gegründet, hat aber seither, nament= lich in Betreff des Gesellschaftscapitals, viele Aenderungen erlitten. Die Actien lauten auf 500 Franken und die Dauer der Gesellschaft ist von 1857 an auf 30 Jahre festgesetzt. Die Geschäfte der Bank bestehen außer dem Discontgeschäfte im Darleihen, Einkassiren, Annahme von Depositen u. a. m. Ein Decret vom 24. März 1848 verordnete auch die Errichtung von Unter=Contoren (Sous= comptoirs de garantie), deren Capital durch Actien aufgebracht werden und jedenfalls 100,000 Franken betragen sollten. In Folge dessen wurden sieben Unter=Contore für verschiedene Geschäftszweige errichtet, vier derselben sind aber wieder eingegangen und es bestehen nur noch diejenigen für Metalle, Eisenbahnen und Bauunternehmungen. Die Functionen der Unter=Contore bestehen darin, den Kaufleuten, Industriellen und Landwirthen gegen Verpfändung von Waaren, Nieder= lagsscheinen, Werthpapieren ec. das Disconiren von Wechseln beim Hauptcontor entweder direct oder durch Bürgschaft oder Indossament zu vermitteln. Im Jahr 1852 hat das Discontcontor auch das Contocorrentgeschäft in seinen Wirkungs= kreis gezogen. Es verzinst die gemachten Einlagen zwar nur zu 2 Proc., be= rechnet dagegen keine Provisionsgebühren. Für die Einlagen leistet sie gegen An= weisungen (Bons) und ohne weitere Förmlichkeiten Zahlung.

---

*) Z. B. Staatspapiere, die man noch nicht besitzt (à découvert) auf Lieferung zu verkaufen.
**) S. Einleitung, S. 27.
***) Die Actien des Crédit mobilier (welcher sich im großartigsten [Pariser!] Style bei franzö= sischen Staatsanleihen und industriellen Unternehmungen seither betheiligt und seine Thätigkeit selbst auf das Ausland ausgedehnt hat, wie z. B. durch Erwerbung österreichischer Staatsbahnen, Gründung von Eisenbahngesellschaften in der Schweiz ec.) standen Ende Mai 1861 auf ca. 700 Fr. per Stück.

4) Société générale de crédit industriel et commercial. Diese im Jahr 1859 auf 30 Jahre gegründete Gesellschaft biscontirt, gibt Vorschüsse auf Niederlagsscheine (Warrants), französische Renten, und auf Actien und Obligationen von Industrie- und Handelsunternehmungen im Betrag von ⅔ ihres Curswerthes und auf 90 Tage Verfallzeit, gewährt französischen Handels- und Industriegesellschaften Wechselcredit auf 6 Monate, betreibt Incasso- und Depositengeschäfte und concurrirt in den übrigen Geschäftszweigen mit dem Crédit mobilier. — Das Actiencapital beträgt 60 Mill. Fr. in 120,000 Actien zu 500 Fr., wovon vorläufig 80,000 Stück ausgegeben werden. Bisher sind 125 Fr. per Actie einbezahlt worden *).

5) Kleinere, auf Actien gegründete Banken sind u. a. die Caisse commerciale, Commanditgesellschaft unter der Firma Béchet, Dethomas et Cie. (seit 1846), Société Lehideux et Compagnie (seit 1849), Comptoir central, Commandite unter der Firma V. C. Bonnard et Cie. **), Caisse générale des chemins de fer, Commandite unter der (früheren) Firma J. Mirès et Cie. ***), Caisse centrale de l'industrie, Commandite unter der Firma Vergniolle et Cie. (seit 1853), Union financière et industrielle, Commandite unter der Firma Saint-Paul et Cie. u. m. a.

6) Agence centrale des cinque banques coloniales. Die Centralagentur der Colonialbanken vertritt dieselben in ihren Geschäften mit Paris. Auch gibt es daselbst eine Aufsichtscommission für die Colonialbanken (Commission de surveillance des cinq banques coloniales).

Handelsanstalten. Eine Aufzählung aller hierher gehörigen Gegenstände würde zu weit führen. Ausführliches hierüber gibt das Annuaire de la bourse von de Birieux (Paris).

Parma,
Hauptstadt des (früheren) Herzogthums Parma, jetzt sardinisch.

Rechnungsart und Münzen. Man rechnet nach der Lira italiana, auch Franco genannt, zu 100 Centesimi, im kleinen Verkehr auch zu 20 Soldi zu 12 Denari, nach dem französischen Münzsystem. Die alte Lira (vor 1809) ist tarifmäßig = ⅕ der neuen Lira oder = 20 Centesimi italiane.

Geprägt wurden im früheren Herzogthum Parma:

Achtfache Pistole, seit 1786, tarifmäßig im Feingehalt von 880 Tausendtheilen, 9,9419 Stück auf ein Pfund fein Gold; daher = 5,0292 deutsche Krone.

Vierfache Pistole von gleichem Feingehalt, 19,9013 Stück auf das Pfund fein; daher = 2,5124 deutsche Krone.

Doppelte Pistole von gleichem Feingehalt, 39,8724 Stück auf das Pfund fein; daher = 1,254 deutsche Krone.

---

*) Ende Mai 1861 standen die Actien auf ca. 560 Fr. per 500 Fr. Nennwerth.
**) Vergl. d. Art. Magdeburg. Note, S. 269.
***) Gelegentlich des türkischen Anlehens (s. b. Art. Constantinopel, Note, S. 115) wurde Mirès als dabei Betheiligter angeführt, und es ist derselbe in einer Note zum Art. Madrid (S. 263) obermals zur Sprache gekommen. Durch Urtheil vom 11. Juli 1861 wurde dieser Mirès zu 5 Jahren Gefängniß, 3000 Fr. Geldbuße und zu den Kosten verurtheilt. Er wurde des Betrugs (escroquerie) wegen einer vorgeblichen Execution (G. Einleitung, S. 26) von 563 Clienten, nachdem die Titel schon früher verkauft gewesen; ferner des Mißbrauchs des Vertrauens beim Verkaufe von 21,000 Actien der Eisenbahncasse durch die Géranten, und endlich der Vertheilung nicht vorhandener Dividenden für schuldig erklärt. Mirès hat den Recurs ergriffen; das Urtheil ist aber in der Hauptsache bestätigt worden.

Einfache Piftole von gleichem Feingehalt, 79,466 Stück auf das Pfund fein; daher = 0,6292 deutfche Krone.

Zecchinen (Dukaten) tarifmäßig im Feingehalte von .990 Taufendtheilen, 146,3914 Stück auf das Pfund fein; daher = 0,34155 deutfche Krone.

Goldmünzen feit 1815:

40 = Lire italiane = Stück gefetzmäßig im Feingehalte von 900 Taufend=theilen, 43,0555 Stück auf das Pfund fein; daher = 1,16129 deutfche Krone. 20 = Lire italiane = Stück nach Verhältniß.

Aeltere Silbermünzen:

Ducato, tarifmäßig im Feingehalte von 896 Taufendtheilen, 21,7558 Stück auf das Pfund fein; daher = 2 fl. 24$^7/_{10}$ kr. rhn. = 1 Thlr. 11$^3/_{10}$ fgr. preuß. = 2 fl. 6 nkr. öfter.

$^1/_2$=, $^1/_4$= und $^1/_8$=Ducato nach Verhältniß.

Stücke zu 3 alten Lire von Parma, tarifmäßig im Feingehalte von 826 Taufendtheilen, 170,5146 Stück auf das Pfund fein; daher = 18$^1/_2$ kr. rhn. = 5$^1/_3$ fgr. preuß. = 26$^4/_{10}$ nkr. öfter.

Stücke zu 5, 2, 1, $^1/_2$ und $^1/_4$ ital. Liren nach dem gegenwärtigen fran=zöfifchen Münzfuße (f. Paris).

Aus Kupfer Stücke zu 5 und 3 Centefimi und 1 Centefimo.

Papiergeld. Noten der Bank (f. unten).

Im Wechfelgefchäfte richtet man fich nach Turin und Genua.

Wechfelrechtliches. In Parma (mit Piacenza und Guaftalla) gilt fchon von früher her im Wefentlichen das franzöfifche Wechfelrecht.

Staatspapiere. Sie beftehen aus 5=procentigen Obligationen der An=leihen von 1827, 1849 und 1854 *).

Maaße und Gewichte. Längenmaaß: Der Braccio da legno e ter-reno (die Holz= und Landmaaß=Elle) zu 12 Once zu 12 Punti zu 12 Atomi = 241,667 Par. Linien. — Die Pertica (Ruthe) = 6 folcher Braccia. — Der Piede (Fuß) beim Feldmeffen wird in 10 Once eingetheilt. — Ellenmaaße find: 1) der Braccio da panno oder die Elle für Wollen=, Baumwollen= und Leinenzeuge = 283,488 Par. Linien;

2) der Braccio da seta oder die Elle für Seidenwaaren = 260,547 Par. Linien.

Feldmaaß: Die Biolca zu 6 Staja zu 12 Tavole zu 4 Quadrat=Pertiche = 30,8144 franz. Aren.

Getreidemaaß: Der Stajo oder Staro zu 2 Mine zu 8 Quartarole = 48 Liter.

Flüffigkeitsmaaß: Die Brenta zu 72 Boccali = 72 Liter.

Handels= und Medicinalgewicht: Die Libbra (Pfund) zu 12 Once zu 24 Denari zu 24 Grani = 328 Grammen (Löhmann). — Der Quintale = 100 Libbre. — Der Rubbo = 25 Libbre.

Gold=, Silber= und Münzgewicht ift der alte Mailänder Marco.

Handelsanftalten ꝛc. Die Banca parmesana (feit 1854) mit einem Capital von 3 Mill. ital. Liren in Actien zu 6000 Liren gibt Noten zu 100,

---

*) Nach Scherer betrug die Gefammtfchuld des Herzogthums Parma im Jahr 1859 über 11 Mill. ital. Liren (Fr.).

250, 500 und 1000 Liren aus, die auch bei den Staatscassen angenommen werden. Ein Decret der Herzogin Regentin vom 13. April 1858 hat auch eine Actiengesellschaft zur Gründung einer Bank für das Herzogthum unter dem Namen: „Bank für die parmensischen Staaten" ermächtigt. — Bedeutender Seidenmarkt im Juni.

Patna,
Handelsstadt in der britisch-ostindischen Präsidentschaft Bengalen.

Rechnungsart und Münzen. Im Allgemeinen rechnet man wie in Calcutta; eine besondere Rechnungsmünze ist aber die Patna-Rupie, welche um etwa 5½ Proc. geringer als die Sicca-Rupie sein soll. Da 100 Compagnie-Rupien = 93¾ Sicca-Rupien und 1 Compagnie-Rupie = 1 fl. 7 kr. rhn. (siehe den Art. Calcutta), so stellt sich der Werth der Patna-Rupie auf ca. 1 fl. 8 kr. rhn. = 19³/₇ sgr. preuß. = 97 ¹/₇ ukr. öster.

Maaße und Gewichte. Längenmaaß: Das Maaß für Tuch und Teppiche = 371,56 Par. Linien; für feines Tuch = 478,53 Par. Linien. Handelsgewicht: Der Mound zu 42 Seers = 36,566 Kilogramm, daher der Seer = 870,618 Grammen *).

Flüssigkeiten werden nach dem Gewicht verkauft.

Gold- und Silbergewicht ist das Tola = 13,543 Grammen, das Massa = 1,1988 Grammen und das Rütee = 0,1976 Grammen.

Patras,
Handelsstadt im Königreich Griechenland.

Rechnungsart, Münzen, Maaße und Gewichte, f. Athen. **Handelsusanzen.** Der Preis der Korinthen wird in Colonnaten oder spanischen Piastern angesetzt; dasselbe gilt von den Knoppern, welche aber auch nach Drachmen facturirt werden. Korinthen und Knoppern werden nach dem Millar oder Meiler von 1000 Pfund Venediger Schwergewicht oder 8½ Kantar verkauft, Knoppern auch per Oka; Feigen per Millar von 1000 Kränzen (vergl. d. Art. Athen), wobei der Preis sich nach dem Gewicht von ca. 13 bis 14 Kantar richtet; Oel per Venediger Barile, aber auch per Oka; Weizen, Seide, Schwämme ꝛc. per Oka.

Bank. Filiale der Athener Nationalbank.

Pavia,
Stadt in der Lombardei, jetzt sardinisch.

Rechnungsart und Münzen, f. Mailand.
Maaße und Gewichte. Die neuen metrischen, bei den Behörden gebräuchlichen Maaße und Gewichte f. unter Mailand. Im Privatverkehr kommen noch folgende Localmaaße und Gewichte vor: Der Piede (Fuß) zu 12 Once = 209,215 Par. Linien. — Der Trabucco = 6 Fuß. — Der Braccio (die Elle) ist die alte Mailänder.

---

*) Noback, Reitenbrecher und ihre Abschreiber führen sieben verschiedene Arten von Seers ohne Benennung derselben an. Obige Angabe ist von Kelly, und die betreffende Gewichtseinheit wird wohl die im Handel mit den Europäern gebräuchliche sein.

Getreidemaaß: Der Sacco zu 6 Mine zu 2 Quartari = 122,2633 Liter oder neue lombardische Pinte.

Flüssigkeitsmaaß: Die Brenta (Eimer) zu 96 Boccali = 71,4427 Liter oder Pinte.

Handelsgewicht: 1) Vom Peso sottile oder Leichtgewicht ist die Libbra sottile oder das leichte Pfund zu 12 Once zu 24 Denari zu 24 Grani = 318,725 Grammen oder neue Denari. 2) Vom Peso grosso ist die Libbra zu 28 Once = 743,6917 Grammen.

Gold =, Silber = und Probirgewicht sind die alten Mailänder.

Peking, s. Canton.

Pernambuco,
Hauptstadt der Provinz gleichen Namens in Brasilien.

Rechnungsart und Münzen, s. Rio=Janeiro.

Wechselcursnotirung wie in Rio=Janeiro. Auf letzteren Platz wechselt man zu 15 Tagen nach Sicht mit ± 1 Proc. Aufgeld.

Maaße und Gewichte, s. Rio=Janeiro.

Bank. Filiale der Banco do Brazil (s. Rio=Janeiro). Seit 1852 eine Disconto= und Depositenbank.

Persien, s. Teheran.

Pesth,
Haupthandelsstadt Ungarns.

Rechnungsart und Münzen, s. Wien.

Papiergeld ist das österreichische.

Wechselcurse wie Wien.

Wechselrechtliches. In Ungarn ist dasselbe Recht wie in Oesterreich; doch blieben einige ungarische Gesetzesbestimmungen von 1840 und 1844 in Kraft *).

Maaße und Gewichte sind die österreichischen (s. Wien). Von ungarischen Dimensions= und Schwermaaßen kommen folgende mitunter im Verkehr vor: Längenmaaß: Der Fuß ist der Wiener, wird aber gewöhnlich in 8 Achtel eingetheilt. — Die Elle ist die Wiener; im Leinwandhandel wird aber außerdem die kleine Elle = ⅘ Wiener Ellen gebraucht. In Oberungarn und jenseits der Drave ist die Elle oder Arsin = ¾ Wiener Ellen. — Für grobes Tuch ist der Stab = 5 Wiener Fuß.

Feldmaaß: Das ungarische Joch ist gewöhnlich 1100, 1200 bis 1300 Quadratklafter groß. In einigen Gespanschaften gilt das Wiener Joch = 1600 Quadratklafter, in andern ist für Aecker und Rebengelände das Joch = 2000, für Wiesen = 1000 Quadratklafter rc.

---

*) In neuester Zeit beabsichtigt man in Ungarn das alte Wechselrecht wieder einzuführen.

Getreidemaaß: Im größten Theile des Landes der ungarische oder Preßburger Metzen. Derselbe enthielt von 1808 bis etwa 1838 64 Halbe, später aber wieder wie vor 1808 75 Halbe = 1,01648 Wiener Metzen = 62½ Liter. In Pesth, Carlstadt und einigen andern Städten und Gebieten dient der Pesther Metzen von 3 Dritteln = 1½ Preßburger Metzen. In Pesth werden Getreide und Sämereien auch nach dem Kübel von 2 Preßburger Metzen verkauft.

Flüssigkeitsmaaß: Der ungarische oder Preßburger Eimer von 64 Preß-burger Halben (s. oben); es gibt aber noch andere Maaße, wie z. B. der Oeden-burger Eimer von 84 Preßburger Halben, das oberungarische Faß oder Tokaier Weinfaß von 2¾ Preßburger Eimern oder 176 Preßburger Halben, das Erlauer Faß von 1½ Preßburger Eimern ꝛc.

Bei Branntwein und Spiritus, sowie beim Wein ohne Hefe wird der Preßburger Eimer zu 60 Halben gerechnet.

Gewicht ist, wie schon früher, das Wiener. Im Banat, in Slavonien und Croatien ist auch eine Oka von 2⅓ Wiener Pfund im Gebrauch. — Bei Schiffs-befrachtungen ist die Tonne oder Tonnellata = 20 Centner oder 2000 Pfund. Die Schiffslast = 20 Tonnen.

Handelsusanzen. Spiritus wird in Ungarn theils in Gulden für den Preßburger Eimer, je nach der Stärke, verkauft, theils wird der Preis in Kreu-zern für je 1 Grad Alkoholgehalt *) des Preßburger Weineimers notirt. — Knoppern werden in Pesth mit dem Kübel von ca. 188½ Liter gemessen und per entsprechendem Gewicht von 120 Wiener Pfund notirt; in mehreren Gegenden werden sie auch per Centner verkauft. Uebrigens gelten hier im Allgemeinen die Wiener Usanzen.

Handelsanstalten ꝛc. Zweigbank der österreichischen Nationalbank. — Die im Jahr 1842 gegründete „Pesther ungarische Commercialbank", welche Disconto-, Giro-, Depositen- und Leihgeschäfte betreibt. — Pesther Lloyd, kauf-männische Actiengesellschaft nach dem Muster des Londoner und Triester Lloyd. — Assecuranzanstalten und mehrere Actiengesellschaften für industrielle Unternehmungen. — Fünf sehr besuchte vierzehntägige Messen oder sogenannte Märkte, von welchen jeder an einem Montag beginnt: 1) der Januarmarkt, im Januar, 2) der Josephi-markt im März, 3) der Medardi- oder Johannismarkt im Mai und Juni, 4) der Augustmarkt im August, 5) der Leopoldimarkt im November. — Ein Wollmarkt Anfangs Juli.

St. Petersburg,
Hauptstadt des Kaiserthums Rußland.

Rechnungsart und Münzen. In Rußland rechnet man nach Silber-Rubeln zu 100 Kopeken. Eine weitere Eintheilung ist folgende: 1 Rubel = 2 Poltinen = 10 Griwen = 33⅓ Altinen = 100 Kopeken = 200 Dengas oder Denuschken = 400 Poluschken. (Gesetzlich sollen 100 Silberrubel 5⁶⁄₉₆ russische Pfund wiegen und 1 Pfund (= 96 Solotnik) soll 83⅓ Solotnik Silber enthalten; folglich enthalten 100 Silberrubel 421⁷⁄₉ Solotnik Silber. Da (nach Paucker) das russische Pfund = 409,531 Grammen, so gehen 27,782 Silber-

*) Nach Wagners Alkoholometer. Es sind zwei Grade des Wagner'schen oder alten österreichischen Alkoholometers = 6 Grade des Tralles'schen oder neuen öster. Alkoholometers (s. Wien).

Rubel auf das deutsche Münzpfund (von 500 Grammen) Silber; daher der Silberrubel = 1 fl. 53⁵³¹⁷/₁₃₈₉₁ kr. rhn., wofür man 1 fl. 53 ¹/₃ kr. rhn. = 1 Thlr. 2 sgr. 4 Pf. preuß. = 1 fl. 61⁶/₇ nkr. öster. setzen kann.

Von russischen Münzen sind hier anzuführen:

Goldmünzen nach Ukas vom 18. Dec. 1763 und 14. Febr. 1817:

Imperial zu 10 Rubel im Feingehalte von 916²/₃ Tausendtheilen, 41,6757 Stück auf das Pfund fein; daher = 1,19974 deutsche Krone. Halber Imperial nach Verhältniß.

1000 halbe Imperiale vom Jahr 1836, befunden im Feingehalte von 915 Tausendtheilen, 83,5582 Stück auf das Pfund fein; daher = 0,59838 deutsche Krone (Neubauer).

Goldmünzen nach Ukas vom 1. Mai 1834:

Rubel-Imperial, zu 3 Rubel oder 20 poln. Gulden im Feingehalte von 916²/₃ Tausendtheilen, 138,919 Stück auf das Pfund fein; daher = 0,35993 deutsche Krone.

Ducaten mit gleichem Gepräge wie die holländischen Ducaten *) im Feingehalte von 979 ¹/₆ Tausendtheilen, 146,2987 Stück auf das Pfund fein; daher = 0,34177 deutsche Krone.

Russische Nationalducaten von 1810—1814 theils von gleichem, theils von etwas geringerem Gehalte.

Silbermünzen: Rubel von 1762—1797 im Feingehalte von 750 Tausendtheilen, 27,7949 Stück auf das Pfund fein, daher = 1 fl. 53³/₁₀ kr. rhn. = 1 Thlr. 2³/₁₀ sgr. preuß. = 1 fl. 61⁹/₁₀ nkr. öster.

¹/₂=, ¹/₄=, ¹/₅=, ³/₂₀= und ¹/₁₀=Rubelstück nach Verhältniß.

Rubel von 1797 und 1798 gesetzmäßig im Feingehalte von 868¹/₁₈ Tausendtheilen, 19,7045 Stück auf das Pfund fein; daher = 2 fl. 39⁴/₃ kr. rhn. = 1 Thlr. 15³/₅ sgr. preuß. = 2 fl. 28³/₁₀ nkr. öster. Halbe und Viertel-Rubel nach Verhältniß **).

Rubel von 1798 gesetzmäßig im Feingehalte von 868¹/₁₈ Tausendtheilen, 27,7949 Stück auf das Pfund fein; daher = 1 fl. 53³/₁₀ kr. rhn. = 1 Thlr. 2³/₁₀ sgr. preuß. = 1 fl. 61⁹/₁₀ nkr. öster.

Neuere Silbermünzen nach Ukas vom 20. Juni und 29. August 1810:

Rubel zu 100 Kopeken (sog. Bankmünze) im Feingehalte von 868¹/₁₈ Tausendtheilen, 27,7838 Stück auf das Pfund fein; daher = 1 fl. 53³/₁₀ kr. rhn. = 1 Thlr. 2³/₁₀ sgr. preuß. = 1 fl. 62 nkr. öster.

¹/₂=, ¹/₄=, ¹/₅=, ¹/₁₀= und ¹/₂₀=Rubel nach Verhältniß.

Neue Rubel von verschiedenen Jahren, befunden im Feingehalte von 872 Tausendtheilen, 27,8636 Stück auf das Pfund fein; daher = 1 fl. 53 kr. rhn. = 1 Thlr. 2³/₁₀ sgr. preuß. = 1 fl. 61¹/₂ nkr. öster. (Neubauer).

Russisch-polnische Münzen s. unter Warschau.

In Rußland hat man im Jahr 1828 den Anfang gemacht, auch das Platin zu Münzen zu verwenden, und es wurden im genannten Jahre Dreirubelstücke, im Jahr 1829 Sechsrubelstücke, und im Jahr 1830 Zwölfrubelstücke geprägt. Nach der Ukase vom 22. Juni 1845 ist aber die Ausprägung von Platinmünzen eingestellt und sind die umlaufenden zurückgezogen worden.

---

*) In Folge besonderer Uebereinkunft mit der holländischen Regierung.
**) Längst aus dem Verkehr verschwunden.

In Kupfer werden Stücke zu 5, 3 (genannt Altinen), 2, 1, ½ (genannt Denuschken) und ¼ (genannt Poluschken) Kopeken geprägt.

Früher (von 1803 bis 1833) wurden für russisch Georgien oder Grusien in Tiflis sogenannte Abassen (auch doppelte und halbe) zu 40 Kopeken im Werthe von ca. 36 kr. rhn., und für Liefland und Esthland (1757) Livonesen (auch Theilstücke derselben) zu 96 Kopeken im Werthe von ca. 2 fl. geprägt).

Das Remedium der Goldmünzen beträgt per Stück 1 Dola (f. unten) an Gewicht; am Feingehalt ist kein Remedium gestattet. Das Remedium der Silbermünzen beträgt an Gewicht für Rubel 4 Doli, für halbe Rubelstücke 3 Doli, für 25- und 20-Kopekenstücke 2 Doli, für 10- und 5-Kopekenstücke 1½ Doli. Am Feingehalt ist kein Remedium gestattet. (96 Doli = 1 Solotnik.) Im Jahr 1860 sind die 20, 15, 10 und 5 Kopekenstücke für Scheidemünze erklärt und zu einem geringeren Feingehalte (⁷²⁄₉₆, also 12löthig oder zu ⁷⁵⁰⁄₁₀₀₀) ausgeprägt worden.

Im Jahr 1857 ist die im Jahr 1854 verbotene Ausfuhr der russischen Goldmünzen und deren Wiedereinfuhr freigegeben worden; auch das Verbot der Ausfuhr von Silber in Barren und Münzen, sowie deren Wiedereinfuhr besteht nur noch für obige Scheidemünze, à ⁷²⁄₉₆ Solotnik im Pfund, wobei es sich von selbst versteht, daß im Auslande geprägte, also falsche Silberrubel (oder halbe und viertel Rubel) nicht zur Einfuhr zugelassen werden, sofern man weder das Regale des Prägeschatzes aufgeben, noch schlechteres Geld zulassen will.

Seit dem 11. April 1861 ist es den Kaufleuten in Kiachta (an der chinesischen Grenze) gestattet, den Handel mit China durch Waarentausch oder mit Gold und Silber, unbeschränkt, zu betreiben.

Fremde Münzen. Von fremden Münzen curfiren hauptsächlich holländische Ducaten. Für die Annahme dieser und anderer ausländischen Münzen existirt folgender kaiserlicher Tarif vom Jahr 1839 und 1840:

Französische 40-Frankenstücke . . .	zu 9 Rubel	84	Kopeken.
Dergl. 20-Frankenstücke und sardinische 20-Lirenstücke	„ 4	92	„
Preußische 10-Thalerstücke (doppelte Friedrichsd'or)	„ 10	23½	„
Dergl. 5-Thalerstücke	„ 5	11½	„
Hannöverische u. sächsische 10-Thalerstücke	„ 10	17¾	„
Dergl. 5-Thalerstücke	„ 5	8½	„
Spanische Dublonen (Quadrupel) . .	„ 19	92½	„
Oesterreichische Souverainb'or . . .	„ 8	69¾	„
Vollwichtige holl. Ducaten	„ 2	93½	„
Holländische Thaler (Albertsthaler) *) .	„ 1	33½	„
(kommen wohl nicht mehr vor).			
Französische Fünffrankenstücke . . .	„ 1	24	„
Preußische Thaler	„ —	91¼	„
Sächsische und bayerische Speciesthaler	„ 1	27¾	„
Schwedische Speciesthaler	„ 1	41½	„
Neuere schwedische Speciesthaler von 1832	„ 1	40¾	„
Dänische Speciesthaler	„ 1	38¼	„

---

*) S. die Note zu Art. Libau.

Brabanter Thaler	zu 1 Rubel	39	Kopeken.
Oesterreichische Speciesthaler . . .	„ 1 „	28¼	„
Spanische Piaster	„ 1 „	33	„
20=Kreuzerstücke	„ — „	17¾	„

Es versteht sich aber von selbst, daß Niemand an diesen Tarif gebunden und im Handel Alles der freien Uebereinkunft überlassen ist.

Papiergeld. Anfänglich bestand das russische Papiergeld aus den auf Kupfergeld lautenden Noten oder sogenannten Bankassignationen der damaligen Reichsbanken des Landes. Dieses Papiergeld verlor aber im Laufe der Zeit immer mehr an Werth, bis im Jahr 1839 die Assignaten=Valuta gegen Silber in der Art festgestellt wurde, daß 1 Banco=Rubel zu ²/₇ Silber=Rubel gerechnet werden sollte. Im Jahr 1843 wurde die Einziehung der Bank=Assignationen gegen Reichscreditbillets, das neue Papiergeld (und Hauptzahlungsmittel Rußlands), welches auf Silber lautet, angeordnet und durchgeführt, aber dennoch ist die Bankvaluta oder die Rechnung nach Banco=Rubel mitunter noch im Gebrauche, und zwar in demselben Verhältniß von 3½ zu 1 oder 7 zu 2 Banco=Rubel gegen Silber= Rubel. Die Reichscreditbillets bestehen in Stücken zu 50, 25, 5, 3 und 1 Silber=Rubel *). Die sogenannten Depositenscheine oder Quittungen von Depo- sitenbanken in Petersburg und Moskau über bei denselben hinterlegte Gelder von 1, 3, 5 bis 100 Rubel sind eingezogen worden. — Mit den Reichscreditbillets sind die Reichsschatzbillets (s. unten) nicht zu verwechseln.

Russisches Papiergeld darf seit neuester Zeit ein= und ausgeführt werden. Es hat diese Maßregel aber noch nicht den erwünschten Erfolg, Hebung des Curses, gehabt.

Wechselcursnotirung. Offizielle Cursnotirungen finden regelmäßig nur für nachbenannte Devisen statt, obgleich auch mit andern, namentlich inlän- dischen Plätzen, mitunter eben so stark gewechselt wird.

Amsterdam, 65 Tage bis 3 Monate dato, ± 176 Cents holl. für 1 Silberrubel.
Hamburg, desgleichen,   „ 30 Schilling banco „ 1 do.
London, 3 Monate dato,   „ 34 Pence Sterling „ 1 do.
Paris, 70 Tage und 3 Monate dato, „ 376 Centimen „ 1 do.

Curse auf andere Plätze des Auslandes verstehen sich in ± der fremden Valuta für 1 oder auch 100 Silber=Rubel fest; auf Constantinopel gibt man 1 Silber=Rubel für ± türkische Piaster.

Auf inländische Plätze, wie Archangel, Moskau, Odessa, Riga, Libau u. a. gibt man nach Maaßgabe der Wechselfrist ± 100 Silberrubel für 100 Silber- rubel in den betreffenden Orten.

Wechselrechtliches. In Rußland gilt die Wechselordnung vom 25. Juni 1832, welche indeß seither durch mehrere Verordnungen ergänzt worden ist. Finn- land hat am 1. Januar 1859 eine Wechselordnung erhalten, welche in den wesent- lichen Grundsätzen mit der deutschen Wechselordnung übereinstimmt.

Bei ausländischen Wechseln **) gilt die neue, bei inländischen Wechseln die alte Zeitrechnung oder die nach dem julianischen Kalender (alter Stil), welche im

---

*) Von diesen Reichscreditbillets sollen im Jahr 1860 für mehr als 689 Mill. Silberrubel in Circulation gewesen sein (Scherer).
**) Doch werden die Wechsel auf's Ausland bisweilen auch nach altem oder beiden Stilen (z. B. 5/17. August) ausgestellt.

19. Jahrhundert gegen den neuen oder gregorianischen Kalender (neuer Stil) um 12 Tage zurücksteht. Seit dem 1. Januar 1852 ist auch im Königreich Polen die russische Zeitrechnung amtlich eingeführt worden.

Wechselstempel. Alle auf inländische Plätze gezogenen Wechsel zahlen an Stempelgebühren:

auf	1— 150 Silb.-R.	— R. 30 Kop.	auf	4501— 6000 Silb.-R.	12 R.	— Kop.
„	151— 300 „	— „ 90 „	„	6001— 7500 „	15 „	— „
„	301— 900 „	1 „ 80 „	„	7501— 9000 „	18 „	— „
„	901—1500 „	3 „ — „	„	9001—10000 „	21 „	— „
„	1501—2000 „	4 „ 20 „	„	10001—12000 „	24 „	— „
„	2001—3000 „	6 „ — „	„	12001—13000 „	27 „	— „
„	3001—4500 „	9 „ — „	„	13001—15100 „	30 „	— „

Secunda- und Tertiawechsel zahlen ohne Rücksicht auf ihren Betrag 15 Kopeken Stempel.

Wechsel auf ausländische Plätze haben nur die Hälfte obiger Stempelsätze zu entrichten.

Wechselproteste müssen auf dazu bestimmtes Stempelpapier geschrieben werden.

Wechselcourtage. Die Wechselcourtage beträgt 1/4 Proc., bei Discontgeschäften 1/4 Proc., bei Tratten auf Moskau 1/8 oder auch 1/10 Proc., und zwar vom Verkäufer zu entrichten.

Russische Staatspapiere. Rußland hat, wie Frankreich und England, das System der Inscriptionen, nach welchem die dargeliehenen Summen unter Angabe des Darleihers in das Großbuch der öffentlichen Schuld eingetragen werden. Weil aber die Zinsen nur im Lande selbst bezahlt werden, auch die Documente über die Inscription zum Theile keine Coupons haben, so hat man, um die russischen Staatspapiere den ausländischen Börsen zugänglich zu machen, das System der sogenannten Certificate eingeführt, welche die Stelle der Inscriptionsdocumente vertreten, auf Inhaber lauten, mit Zinscoupons versehen sind, und auch wieder gegen Inscriptionen umgetauscht werden können. Diese Certificate für russische Effecten sind von Handelshäusern ausgestellt, mit welchen die russische Regierung ihre Anlehen abgeschlossen hat.

Die Papiere der im Auslande gemachten Anleihen lauten fast ausschließlich auf Silber-Rubel, während bei der innern Schuld die Inscriptionen größtentheils auf Papier-Rubel lauten, daher werden die Papiere der ersten Art auch Silber-Inscriptionen oder Metalliques genannt.

Die russischen Staatspapiere entstanden durch folgende Anleihen: 1) Anleihen von 1810, 1817 und 1818 in 6-procentigen Inscriptionen theils in Silber, theils in Papier, die größtentheils getilgt sind. 2) Anleihe von 1820 von 40 Mill. Silber-Rubel zu 5 Proc. in London und Amsterdam. 3) Englische Anleihe von 1822 von 43 Mill. Silber-Rubel zu 5 Proc. in Obligationen, die auf Inhaber lauten und in Petersburg auf den Namen umgeschrieben werden können, auf Livre Sterling und Silber-Rubel (der Rubel zu 37 Pence Sterling) lautend. 4) Holländische Anleihe von 1831 von 20 Mill. Silber-Rubel zu 5 Proc. 5) Holländische Anleihe von 1832 von 20 Mill. Silber-Rubel zu 5 Proc.; die Obligationen lauten auf 500 Silber-Rubel oder 1000 fl. holl., und es existiren dafür Hamburger Certificate. 6) Russische Anleihe (bei Stieglitz u. Cie. in Petersburg) von 1854 von 50 Mill. Silber-Rubel zu 5 Proc.; die Obligationen lauten auf 500, 1000, 2000, 3000, 4000 und 5000 Silber-Rubel.

7) Holländische Anleihe vom Jahr 1828 und 1829 von 42 Mill. Gulden holl. in 5-procentigen Inscriptionen. 8) Holländische Anleihe von 1840 von 25 Mill. Silber-Rubeln zu 4 Proc. in Obligationen zu 500 Silber-Rubeln oder 1000 Gulden holl. 9) Russische Anleihe von 1842 von 8 Mill. Silber-Rubeln zu 4 Proc. in Obligationen zu 500 Silber-Rubeln. 10) Russische Anleihe von 1843 von 8 Mill. Silber-Rubeln zu 4 Proc. in Obligationen zu 500 Silber-Rubeln. 11) Russische Anleihe von 1844 von 12 Mill. Silber-Rubeln zu 4 Proc. 12) Russische Anleihe von 1847 von 14 Mill. Silber-Rubeln zu 4 Proc. 13) Englische Anleihe von 1850 von 5½ Mill. Livre Sterl. zu 4½ Proc., in Obligationen zu 100 bis 1000 Livre Sterl. 14) Finnländische Canal-Anleihe in 3⁴/₅-procentigen Inscriptionen und finnische Kriegsanleihe von 1855 in 4-procentigen Obligationen. 15) Russische Anleihe von 1855 von 50 Mill. Silber-Rubeln zu 5 Proc. 16) Englische Anleihe von 1859 von 12 Mill. Livre Sterl. zu 3 Proc. 17) Von einer im Jahr 1815 von Rußland übernommenen alten holländischen 5-procentigen Schuld sollen im Jahr 1854 noch ca. 32 Mill. Gulden holl. im Rückstand gewesen sein.

Für die 5- und 4-procentigen Anleihen soll die jährliche Tilgung 1 bis 2 Proc. betragen.

Zu den sogenannten Terminschulden Rußlands gehören die verzinslichen Schatzbillets, welche zu einer bestimmten Zeit wieder eingezogen werden; sie lauten auf 50 Silber-Rubel und tragen monatlich 18 Kopeken in Silber, also jährlich 2 Rubel 16 Kopeken Silbergeld oder 4⁸/₁₅ Proc. Zinsen. Die Billets werden in den Staatscassen bei allen Zahlungen mit Aufrechnung der darauf für volle Monate haftenden Zinsen angenommen *).

Cursnotirung der Staatspapiere. Die Curse der russischen Effecten sind in Silber-Rubel per 100 Silber-Rubel Nennwerth zu verstehen. Fremde Staatspapiere werden nicht notirt.

Die Actiencurse sind in Silber-Rubeln per Stück oder auch per Nennwerth zu verstehen. Notirungen von Actien ausländischer Gesellschaften kommen nicht vor.

Maaße und Gewichte. Längenmaaße: Der Fuß zu 12 Zoll zu 10 Linien ist der englische = 135,1142 Par. Linien. Der rheinländische (preußische) Fuß ist ebenfalls gebräuchlich. Die Grundlage des russischen Längenmaaßes ist der Faden (Saschen) von 7 englischen Fuß. — Die Arschin (Elle) zu 16 Werschok = 315,2665 Par. Linien. — Der Faden = 3 Arschin = 945,7994 Par. Linien.

Wegmaaß: Die Werst (oder russische Meile) = 500 Saschen oder 3500 Fuß = 1066,78 Meter. — 1 mittlerer geographischer Grad = 104,1555 Werst. — 1 deutsche Meile = ca. 7 Werst.

Feldmaaß: Die Einheit desselben ist die Dessätin = 2400 Quadrat-Saschen = 109¼ franz. Aren. — Die Dessätin der Landgüter in den russischen Gouvernements hat 3200 Quadrat-Saschen.

Brennholzmaaß: Gesetzlich ist die Einheit desselben der Kubik-Saschen von

---

*) Anfangs August 1861 standen die 5-procentigen Papiere auf ca. 103 und die 4½- und 3-procentigen auf ca. 90 per 100 Nennwerth.
Nach Scherer stand im Jahr 1860 die russische Staatsschuld wie folgt:

Holländische Anleihe . . . . . . 49,470,000 fl. holl.
Innere Terminschulden . . . . 150,074,672 Silber-Rubel.
Aus- und inländische Rentenschulden 312,220,643 "
Eisenbahnschulden . . . . 4,840,000 Liv. Sterling.
Schatzbillets im Umlauf . . . . . 93,000,000 Silber-Rubel.

343 Kubikfuß. In Petersburg gilt die dreibrändige Saschen von ³/₄ Kubik-Saschen, und in Moskau gilt die dreibrändige Saschen von ⁵/₆ Kubik-Saschen.

Getreidemaaß: Der Tschetwert zu 8 Tschetwerik zu 8 Garnez (früher in 2 Osmin oder 4 Pajok eingetheilt) = 209,9 Liter. Der Garnez = 3,2797 Liter. Im Getreidehandel rechnet man den Gewichtsinhalt des Tschetwert bei Weizen zu 380, Roggen zu 354, Gerste zu 290 und bei ungedörrtem Hafer zu 240 Pfund.

Der Kul oder Sack, welcher einen Tschetwert enthalten soll, wird gesetzlich mit dem Sack an Gewicht angenommen: bei Roggenmehl zu 300 (ohne Sack 290), Grütze 320 (ohne Sack 310), Roggen 360, Gerste 260, Hafer 220, ungedörrtem Hafer 237 Pfund. — Die Last Getreide und Sämereien = 16 Tschetwert.

Beim Bauwesen ist das Maaß für Kalk, Bausteine, Sand ꝛc. die Kubik-saschen. Der Kalk wird gewöhnlich nach dem Gewicht und zwar per Kalltonne von 10 Pud oder 400 Pfund verkauft.

Flüssigkeitsmaaß: Der Wedro (Eimer) zu 10 Kruschka oder 8 Stoof = 12,299 Liter. — Die Botschka (Faß) = 40 Wedro. — Die Pipe = 2 Oxhoft zu 1½ Ohm oder Aam. — Die Aam = 4 Anker zu 2 Steekan zu 1½ Wedro. — Das Viertel oder die russische Belte hat 6 Kruschka.

Auf dem Zollamt rechnet man das Faß = 400, die Pipe = 360, das Oxhoft = 180, die Aam = 120, das Anker = 30 und die Steekan = 15 Stoof.

Handelsgewicht: Das Pfund zu 96 Solotnik zu 96 Doli = 409,531 Grammen. — Das Pud = 40 Pfund. — Der Berkowetz oder das Schiffspfund = 10 Pud oder 400 Pfund.

Gold-, Silber-, Probir- und Münzgewicht ist übereinstimmend mit dem Handelsgewicht.

Apothekergewicht: Das Apothekerpfund = ⅞ Handelspfund. Die Eintheilung desselben ist die in Deutschland übliche.

Juwelengewicht ist das holländische Karat (s. Amsterdam) *).

Handelsusanzen. Die meisten Gewichtswaaren werden per Pud verkauft, man notirt aber Flachs, Hanf, Potasche, Strohasche und Talg per Berkowetz von 10 Pud oder 400 Pfund, Castoreum, Opium und kabardinischen (oder sibirischen) Moschus per Pfund, orientalischen Moschus per Medicinalunze, Kapern, Oliven per Faß von 100 Pfund, Weißblech per Kiste von 450 Platten, Bretter per 12 Stück oder 240 Fuß, Häute und Pelzwerk per Stück, Hasenfelle und Hermelin per 1000 Stück, Segeltuch und Raventuch per 50 Arschin, Tauwerk per Saschen.

Für Ausfuhrwaaren bestehen in Betreff der Tara zum Theil feste Abzüge.

---

*) Im Jahr 1835 wurde eine Commission zur Feststellung des russischen Maaß- und Gewichts-wesens ernannt und zugleich beauftragt, die russischen Dimensions- und Schwermaaße mit den aus dem Auslande verschriebenen und von den Regierungen desselben gesetzlich anerkannten Etalons von Maaßen und Gewichten zu vergleichen und darüber Tabellen zum Gebrauche für die Zollbehörden und den Handels-stand anzufertigen. Die Einheit des Längenmaaßes blieb der seitherige englische Fuß; die Eintheilungen und gegenseitigen Verhältnisse der Maaße für flüssige und schüttbare Körper blieben ebenfalls dieselben; der Inhalt derselben ist aber folgendermaaßen bestimmt: Das Garnez (der 64ste Theil vom Tschetwert) enthält 8 Pfund destillirtes Wasser bei 13½ Grad Réaumur oder 200,15148 Kubikzoll (= 3,2797 Liter). Die Wedro enthält 30 Pfund destillirtes Wasser bei 13½ Grad Réaumur oder 750,57 Kubikzoll (= 12,299 Liter). Das als Grundeinheit angenommene Pfund ist dem Gewichte von 25,019 Kubikzoll destillirten Wassers bei 13½ Grad Réaumur gleich und stimmt mit dem im Jahr 1747 gefertigten goldenen Pfund-gewichte des Petersburger Münzhofes genau überein.

Hauschild hat in seiner Gewichtstabelle das russische Pfund zu 409,5 genauen Grammen, nachträg-lich aber, nach den Untersuchungen des Professor Paucker in Mitau, wie oben angegeben.

Für Blättertabak in Matten per Pack 3 Pfund, für Flachs in Matten und in Packen von 100 bis 600 Pfund, je nach der Umschnürung mit Stricken 2½ bis 12½ Pfund, Getreide per Kul (s. oben) 5 Pfund, per Sack 3 bis 5 Pfund; Häute und Felle aller Art haben die wirkliche Tara, da die Taue, mit welchen sie umschnürt sind, vorher gewogen werden; Hanf hat keine Tara, weil derselbe nur mit Hanfsträngen geschnürt wird; Potasche und Waidasche in Fässern 10 Proc.; Thran, Hanföl und Leinöl die wirkliche Tara, welche durchschnittlich 17 Proc. beträgt.

Entgewicht und andere Vergütungen auf das Gewicht werden nicht gewährt. Ausfuhrwaaren werden gewöhnlich gegen baar verkauft; beim Kaufe auf Zeit wird dagegen 1 Proc. per Monat der Zahlungsfrist Disconto für frühere Zahlung gestattet.

Die Spesen stellen sich bei den Ausfuhrwaaren für den Committenten in der Regel auf 4 Proc., nemlich Provision 2 Proc., Extrakosten 1 Proc., Waaren-courtage ½ Proc., Courtage und Stempel auf die Tratte ½ Proc. Beim Com-missionsverkaufe sind die Spesen in der Regel folgende: Provision 3 Proc., Cour-tage ½ Proc., Delcredere für langen Credit ⅓ Proc., für kurzen Credit ½ Proc. monatlich, Disconto-Courtage ⅓ Proc.

Die Schiffslast zu 2 Tonnen, wird nach dem Gegenstande der Befrachtung bemessen; sie beträgt z. B. bei Potasche, Borsten, Talg, Thran 120 Pud, bei Eisen, Kupfer und Tauwerk 120 Pud, bei Pech, Theer, grüner Seife in Fässern, Waidasche in Fässern, Wachs in Matten 100 Pud, bei Mehl und weißer Seife in Blöcken 100 Pud, bei Anis, Kümmel, Talglichtern, Wachslichtern 80 Pud, bei Hausenblase, Leim, Pferdehaar, Rhabarber, Sternanis 60 Pud, bei Flachs, Hanf, Tabaksblättern in Fässern 60 Pud, bei Flachs- und Hanfheede (Werg oder Werk) 40 Pud, bei Hopfen 40 Pud, bei Getreide und Sämereien 16 Tschetwert, bei Juchten 60 Rollen, bei Juchten nach Italien 88 Pud, bei Hasenfellen 3 Pack oder 3150 Stück, bei Pelzwerk 6 Pack oder Tonnen ꝛc. — Nach England be-frachtet man nach dem englischen Ton, für welches, je nach dem Frachtgut, wieder andere Zahlen gelten.

Banken. Die ersten russischen Banken waren die im Jahr 1754 im Interesse des Petersburger und Moskauer Adels gegründeten Reichsbanken, welche Darleihen gegen Verpfändung von Gütern gewährten. Eine für den allgemeinen Verkehr wichtigere Staatsanstalt war die im Jahr 1768 gegründete Assigna-tionsbank, welche Papiergeld, sogenannte Reichsassignationen emittirte, und bei welcher solche auch gegen Kupfer eingewechselt werden konnten. Dieses Papier-geld sollte die Stelle des zu größeren Zahlungen untauglichen Kupfers vertreten. Die Assignationen lauteten auf 100, 75, 50, 25, 10 und 5 Rubel. In Folge allzu großer Vermehrung derselben verloren sie aber im Verlaufe der Zeit immer mehr gegen Silber, bis durch Ukas vom 1. Juli alten Stils 1839 der Preis eines Rubels in Bankassignation, wie im Vorhergehenden bereits bemerkt, auf 3½ für einen Silber-Rubel festgesetzt wurde. Im Jahr 1843 wurde die Er-richtung einer Expedition der Reichscreditbillete angeordnet, welche die Assignatio-nen gegen ihre auf Silber lautenden Reichscreditbillete eintauschte (s. oben den Art. Papiergeld).

Die im Jahr 1786 gegründete Reichsleihbank wurde anfänglich mit der Assignationsbank in Verbindung gesetzt, sie erhielt ihren Sitz zu Petersburg und ward mit einem Capital von 33 Mill. Rubel ausgestattet, wovon ⅔ oder

22 Mill. Rubel für Darlehen gegen Hypothek an den Adel und ⅓ oder 11 Mill. Rubel für die Städte (zur Förderung des Handelsverkehrs) bestimmt waren. Nach Aufhören der Assignationsbank wurde die Reichsleihbank im Jahr 1848 neu orga= nisirt. Sie leiht (nicht unter 1000 Rubel) gegen 5 Proc. Zinsen auf eine unter= schiedliche Anzahl von Jahren, und nach Maaßgabe derselben wird jährlich ein tarifmäßiger Betrag für Zins und Tilgung abgezahlt. Die Reichsleihbank nimmt auch Gelddepositen mit 4 Proc. Verzinsung an und discontirt Wechsel.

Die Reichs=Commerzbank, Staatsanstalt, wurde im Jahr 1818 gegründet. Sie macht Depositen=, Giro=, Disconto= und Leihgeschäfte und hat Contore in Moskau, Archangel, Odessa, Riga, Kiew, Charkow, Jekaterinburg und während der Messen zu Nischnij=Nowgorod und Irbit und zeitweilig auch in Rybinsk.

Durch einen Ukas vom Jahr 1857 wurde die unumschränkte Befugniß zur Gründung städtischer Banken gewährt. Sie dürfen Depositen=, Leih= und Dis= contgeschäfte machen; zum Grundcapital werden aber mindestens 10000 Silber= Rubel erfordert.

Handelsanstalten rc. Russisch=Amerikanische Compagnie, im Jahr 1799 für den Pelz= und Theerhandel gegründet; Actiencapital 1,121,600 Rubel in Actien zu 150 Rubel. — Gesellschaft der russischen Eisenbahnen, im Jahr 1857 unter Theilnahme der ersten Bankhäuser in Petersburg, London, Amsterdam und Paris (Crédit mobilier) gegründet. Der Gesellschaftsfonds ist 303 Mill. Silber= Rubel in Actien zu 125 Silber=Rubel (in Paris 500 Franken, in London 20 Liv. Sterl., in Amsterdam 236 fl., in Berlin 134 Thaler), deren Verzinsung zu 5 Proc. vom Staate verbürgt ist. Dauer der Concession 95 Jahre von 1857 an. Nach 20 Jahren hat die Regierung das Rückkaufsrecht. Das Bahnnetz hat eine Ausdehnung von 550 deutschen Meilen. — Außerdem gibt es hier mehrere Actienunternehmungen zur Begründung von Manufacturen, für Dampfschifffahrt und Eisenbahnen, sowie mehrere Versicherungsgesellschaften. — Hier und in andern russischen Häfen besteht die sogenannte Brake, eine Aufsichtsanstalt für die wich= tigsten Ausfuhrartikel *).

Philadelphia,
Hafenstadt im nordamerikanischen Unionsstaate Pennsylvanien.

Rechnungsart, Münzen, Maaße und Gewichte, s. New=York.

Staatspapiere. Die Staatsschuld Pennsylvaniens besteht aus 4=, 4½=, 5= und 6=procentigen Bonds **).

Maaße und Gewichte, s. New=York.

---

*) Die Ausfuhrartikel Rußlands bestehen größtentheils aus Naturprodukten und eine strenge Sonderung derselben nach den einzelnen Sorten ist so wichtig, daß die Regierung für gut befunden hat, durch eine strenge Sortirung möglichen Betrügereien und Verfälschungen im Interesse des russischen Han= dels vorzubeugen. Die Personen, welche von der Regierung angestellt sind, die Aufsicht (Brake) auf die reelle Lieferung untadelhafter Waaren zu führen, werden Braker genannt. Die Vergütung, welche sie für ihre Bemühung erhalten, wird, nach Umständen per Berkowez, per Pud, per Last, per 1000 Stück rc. be= rechnet, worüber eine besondere Taxe besteht. Die betreffenden Waaren sind aber nicht unbedingt der Brake gesetzlich unterworfen. So ist z. B. in Folge einer Verordnung vom 18. Januar 1860 über die Waaren= brake die dem Petersburger Handelsstande ertheilte Erlaubniß, bis zum Jahr 1860 Hanf, Flachs, Heede, Talg, Hasenfelle, Thran und Fischtritt mit oder ohne Brake, je nach dem Wunsche des Verkäufers, in's Ausland zu versenden, auch für die Zukunft in Kraft gelassen. An manchen Orten ist man bagegen nicht für die Abschaffung der Brake. So hat sich z. B. die Riga'sche Kaufmannschaft bisher veranlaßt gesehen, für dieses Institut einzutreten und die Erhaltung desselben sich angelegen sein zu lassen, namentlich wegen der Hauptausfuhrartikel: Flachs, Hanf und Leinsaat. Nach einem uns zugegangenen Schreiben von Archangel sind diese Artikel auch dort einer strengen Brake unterworfen und es stehen solche deshalb im Auslande in besonders gutem Rufe.

**) Sie betrug im Jahr 1857 über 39 Mill. Dollars (Scherer).

Banken. Im Jahr 1855 gab es hier etwa 16 als „gut" bezeichnete Banken (Nelkenbrecher). — Die „Bank der Vereinigten Staaten" (Bank of the United States), auf welche im Jahr 1836 das Capital und die Geschäfte der im Jahr 1816 gegründeten Bank (s. d. Art. New-York) übertragen worden waren, ist insolvent; die Actien derselben werden aber noch notirt; sie stehen auf 1 bis 3 Dollars per 100 Dollars Nennwerth. Von dieser Bank rühren mehrere Anleihen her, deren Obligationen in Amsterdam Curs haben; namentlich die 5-procentigen Obligationen der Anleihe bei Hope u. Comp. und die 6-procentigen, auf Livre Sterling lautenden Rothschild'schen Obligationen.

Philippinische Inseln, s. Manilla.

Piacenza,
Stadt im (früheren) Herzogthum Parma.

Rechnungsart und Münzen, s. Parma.

Maaße und Gewichte. Längenmaaße: Der Piede (Fuß) = 208,3 Par. Linien. — Der Cavezzo = 6 Piede. — Der Braccio (die Elle) = 292,2 Par. Linien.

Feldmaaß: Die Pertica (Ruthe) zu 24 Tavolo zu 4 Quadrat-Cavezzi = 7,6304 franz. Aren.

Getreidemaaß: Der Stajo zu 2 Mine = 35 Liter.

Weinmaaß: Die Brenta zu 96 Boccali = 76 Liter.

Handelsgewicht: Die Libbra (das Pfund) zu 12 Once zu 24 Denari zu 24 Grani = 317,5 Grammen. — Der Quintale (Centner) = 100 Libbre.

Gold- und Silbergewicht ist der Mailänder Marco.

Plymouth, wie London.

Pointe-à-pitre, s. Martinique.

Pondichery,
Hauptstadt des französischen Ostindien.

Rechnungsart und Münzen. Man rechnet 1) theils nach Stern-Pagoden zu 24 Fanams oder Fanons *) zu 60 Cash, 2) nach Pondichery-Rupien zu 8 Fanons zu 18 Cash.

Die hiesige Rupie cursirt hier gewöhnlich zu 2 Franken 40 Cent. (= ca. 1 fl. 7 kr. rhn.) und die Pagode zu 8 Franken 40 Cent. (= 3 fl. 55 kr. rhn.).

Alte Pagoden von Pondichery, sogenannte Mond-Pagoden, sollen einen Feingehalt von 800 Tausendtheilen haben und 183,4994 Stück derselben auf das Pfund fein Gold gehen; daher eine solche Pagode = 0,27243 deutsche Krone.

Neuere Pagoden von Pondichery haben nach britisch-französischen Untersuchungen einen Feingehalt von 708,333 Tausendtheilen, und gehen 207,4948 Stück auf das Pfund fein; daher = 0,24097 deutsche Krone (Noback).

---

*) Nach Kelly; nach Andern zu 28 Fanons.

Neue Rupien von Pondichery haben gesetzlich einen Feingehalt von 958,333 Tausendtheilen und 45,7249 Stück gehen auf das Pfund fein Silber; daher = ca. 1 fl. 8 kr. rhn. = 19⅔ fgr. preuß. = 98 nkr. öfter.

Neue Fanous von Pondichery haben gesetzlich einen Feingehalt von 908,333 Tausendtheilen und sollen 372,0541 Stück auf das Pfund fein gehen; daher = ca. 8 kr. rhn. = 2⁵/₁₂ fgr. preuß. = 12 nkr. öster. — Doppelte Fanous nach Verhältniß.

Hiesige Kupfermünze ist das Cash (f. oben).

Die hier curfirenden Münzen bestehen hauptsächlich aus ostindischen Münzen und spanischen Piastern.

Handels- und Wechselrecht. Das französische, wie in den französischen Colonien überhaupt.

Maaße und Gewichte. Längenmaaße: Der Fuß (L'empan, Spanne) zu 12 Doigts (Zoll) = 115,2 Par. Linien. — Die Coudée (Elle) oder Hât'h = 2 Fuß. — 1 Astamo oder Guez = 4 Fuß. — Der Vilcadé = 4 Coudées.

Getreidemaaß: Der Gallon zu 12 Markals zu 2 Packas zu 2 Maaß = 35,895 Liter. — Die Garce = 125 Gallons. — Getreide wird auch nach dem Gewicht verkauft.

Flüssigkeitsmaaß: Der Legger (Lègre) = 70 bis 75 alte Pariser Veltes.

Handelsgewicht: Der Barro oder Candi zu 20 Tolams oder Mounds = 234,963 Kilogramm. — Nach dem Candi werden Tauwerk und die im Großhandel vorkommenden Lebensmittel verkauft. — Der Tolau = 11,748 Kilogramm dient im Großhandel für Zucker und Gewürze. — Der Serre zu 8 Paloms Goldgewicht = 271,9 Grammen wird im Kleinhandel gebraucht. — Der Touque = 50 Paloms.

Gold- und Silbergewicht: Der Palom zu 10 Viraganidés zu 10 Panavadés zu 16 Relikörner (unenthülster Reis) = 33,993 Grammen.

Probirgewicht: Die betreffende Gewichtseinheit wird für das Gold in 10 Toques zu 128 Theilen und für das Silber in 10 Toques zu 100 Theilen getheilt.

Perlengewicht: Der Calanchi zu 20 Manchadis = 0,14 Grammen.

Stückgüter: Die Courge (der Ballen) = 20 Stück. — Die Kiste Korallen = 10⁸/₉ Kilogramm, wenn die Korallen in Zweigen sind; = 45,36 Kilogramm, wenn sie in Körnern sind, und 90,75 bis 113,4 Kilogramm, wenn sie aus kleinen Bruchstücken bestehen. — Das Pack indianisches Rohr 25, 50 oder 100 Stück.

Port-au-Prince,
Hauptstadt des früheren Kaiserthums Haiti *).

Rechnungsart und Münzen. Im Verkehr mit dem Auslande rechnet man nach Gourdes oder Dollars zu 100 Centimes, Cents oder Sous, und zwar in einer Valuta, die sehr veränderlich ist, weil auf Haiti nur Kupfermünze und Papiergeld curfirt und letzteres gegen ausländische Münzen immer mehr verliert. Während man z. B. im Jahr 1825 für den spanischen Piaster noch 1 bis 2 Gourdes zahlte, so stand derselbe im Juli 1857 auf 15 ½ Gourdes. Nach dieser Notirung stellte sich der Werth des haiti'schen Papierpiasters (den spanischen Piaster zu 2 ½ fl. rhn. gerechnet) auf ca. 10 kr. rhn. = 2⁶/₇ fgr. preuß. = 14 nkr. öster.

---

*) Republik seit 1859. Seit Errichtung derselben wird die Hauptstadt Port républicain genannt.

Die aus früheren Jahren hier vorkommenden haity'schen Silbermünzen, Stücke zu 7 ½, 15 und 30 Sous, zu 12 und 25 Centimen (sogenannte Gourdins) ꝛc. sind in Betreff der Ausbringung so ungleich, daß sie sich nicht genau angeben lassen.

Die Kupfermünze besteht aus Stücken zu 1 und 2 Centimen. Das Papiergeld besteht aus Billets oder Bons zu 1, 2 und 10 Gourdes.

Cursverhältnisse. Wechselcurse werden nicht notirt, es finden dagegen regelmäßig Notirungen von spanischen, mexikanischen und südamerikanischen Gold- und Silbermünzen statt.

Handelsrecht. Das im Jahr 1826 publicirte Handelsrecht ist dem Code de commerce nachgebildet.

Staatspapiere. Die im Jahr 1825 vom damaligen Freistaate Haity mit C. Ternaux und J. Gandolphe u. Cie. in Paris geschlossene Anleihe betrug 30 Mill. Franken in sogenannten Annuitäten zu 1000 Franken, anfänglich zu 6 Proc., aber vom Jahr 1839 an nur zu 3 Proc. verzinslich. Die 6-procentigen Zinsen wurden bis in's Jahr 1828 bezahlt; von da an bis 1838 blieben sie aber aus; von 1839 bis 1844 wurde der 3-procentige Zins entrichtet, dann aber unterblieb wieder die Zinszahlung. Nach Uebereinkommen vom 12. Februar 1848 und 1. October 1854 sollten die rückständigen Zinsen von 1844 bis 1848 zu 1 ½ Proc. in 10 Jahren nachgezahlt werden, unbeschadet der jährlichen Entrichtung der 3-procentigen Zinsen und der innerhalb 23 Jahren (von 1855 bis 1877) zu erfolgenden Amortisirung des Capitals (Courtois). Die Papiere werden in Paris notirt.

Maaße und Gewichte von Haity sind die alten Pariser (s. Paris), mit folgenden Ausnahmen:

Flüssigkeitsmaaß ist das alte englische Wein-Gallon. Man rechnet das Gallon = 2 Pariser Pots, den Tierçon = 60 Gallons. Einige Gewebe werden per brabanter Elle (s. Brüssel) und in Hamburger Bankvaluta oder auch per engl. Yard in englischem Gelde berechnet.

Als Getreidemaaß dient außer dem Pariser Boisseau auch das Winchester Bushel (s. London).

Porto,
Oporto, Seehandelsstadt im Königreich Portugal.

Rechnungsart und Münzen, s. Lissabon.

Maaße und Gewichte sind, besonders bei den Behörden, wie in Lissabon; die im Handel gebräuchlichen Hohlmaaße haben zwar gleiche Benennungen und zum Theil dieselben Eintheilungen, wie die Lissaboner, sie sind aber größer als letztere.

Getreidemaaß: Die Fanega zu 4 Alqueires ist = 68,47 Liter (vergl. d. Art. Lissabon).

Flüssigkeitsmaaß: Die hiesige Wein-Pipa enthält 21 Almudas, während solche in Lissabon 26 Almudas enthält. Man rechnet 66 hiesige Almudas = 100 Almudas von Lissabon (s. d. Art.); daher die Almuda von Porto = 25,36 Liter.

Salz wird hier nach dem Milheiro von 336 Razas verkauft.

Die Raza = 44,075 Liter; daher der Milheiro = ca. 148 Hektoliter.

Die Wein=Pipa dient auch als Oelmaaß. — Die Almuda Oel wiegt ca. 50 Arratels oder portug. Pfund.

Handelsusanzen. Im Allgemeinen wie in Lissabon.

Banken. Filiale der Bank von Portugal (s. Lissabon). — Die im Jahr 1835 gegründete Handelsbank von Porto (Banco commercial do Porto), welche Wechsel discontirt und Noten zu 10, 20, 30 und 100 Milreis ausgibt.

Porto-Plata, s. Puerto-Plata.

Portorico, s. Puorto-Rico.

Portugal, s. Lissabon und Porto.

Portsmouth,
Hauptstation der britischen Seemacht; wie London.

Posen,
Hauptstadt der preußischen Provinz gleichen Namens.

Rechnungsart, Münzen und Curswesen wie Berlin.

Provinzial= und städtische Obligationen. Fünfprocentige Obligationen zu 100 bis 500 Thaler der Provinzial=Anleihe von 1857. — Obligationen der städtischen Anleihe von 1853. — Posener Pfandbriefe (s. Berlin). — **Maaße und Gewichte** sind die preußischen. — Die alte Posener Elle = 263,37 Par. Linien. — Das alte Posener Pfund Leichtgewicht = 398,35 Grammen. Das Pfund Schwergewicht = 417,81 Grammen (Noback).

Handelsusanz. Spiritus wird per Ohm von 120 Quart zu 80 Proc. Tralles verkauft.

Handelsanstalten ꝛc. Filiale der preußischen Bank (s. Berlin). — Jährlich drei Messen, von welchen die sogenannte Johannis=Versur die besuchteste ist. — Wollmarkt vom 12. bis 14. Juni.

Potsdam,
Hauptstadt des gleichnamigen Regierungsbezirks in der preußischen Provinz Brandenburg.

Rechnungsart, Münzen, Maaße und Gewichte wie Berlin.

Städtische Obligationen der Anleihe von 1850, welche anfänglich zu 5 Proc. verzinslich waren und im Jahr 1852 in 4=procentige Obligationen convertirt wurden. Sie lauten auf 1000, 500, 100, 50 und 25 Thlr.

Prag,
Hauptstadt von Böhmen.

Rechnungsart und Münzen Böhmens wie in Wien. Früher rechnete man nach Schock böhmische Groschen = 2 Reichsthaler = 3 Gulden zu 20 Böhmen zu 1²/₇ weiße Groschen oder zu 3 Kreuzer zu 1 ¹/₃ Groschel zu 2 ¹/₄ weiße Pfennige zu 1 ¹/₃ gewöhnliche Pfennige. Oder 1 Species = 1 ¹/₃ Thaler

= 2 Gulden = 40 Böhmen = 120 Kreuzer = 160 Gröschel = 360 weiße oder 480 gewöhnliche Pfennige.

Wechsel- und Geldcurse. Sie werden wie in Wien notirt, von wo sie hierher telegraphirt werden. Auf Berlin und Breslau wird in kurzer Sicht oder auch 2 Monate dato zu ± 112 Thaler (zu 1 ½ Gulden) Bankvaluta per 100 Thlr. preuß. Courant, und auf Wien per 100 Gulden Bankvaluta gewechselt.

Wechselrecht, s. Wien.

Böhmische Obligationen, s. Wien.

Staatspapiercurse, wie solche von Wien hierher telegraphirt werden.

Maaße und Gewichte Böhmens sind die niederösterreichischen oder Wiener Dimensions- und Schwermaaße (s. Wien).

Aeltere Maaße, welche noch vorkommen, sind folgende: Die Elle = 263,84 Par. Linien. In der Praxis rechnet man 21 böhmische = 16 Wiener Ellen.

Getreidemaaß: Der Strich zu 4 Vierteln zu 4 Metzen zu 3 Pint zu 4 Seidel = 93,389 Liter. In der Praxis rechnet man 2 Strich = 3 Wiener Metzen.

Flüssigkeitsmaaß für Wein und Bier: Das Faß zu 4 Eimer zu 32 Pinten zu 4 Seidel. Die Pinte = 1,91043 Liter. Man rechnet im Verkehr 20 Pinten = 27 Wiener Maaß.

Handelsgewicht: In den Eisenwerken und im Eisenhandel gebraucht man noch das alte böhmische Pfund zu 32 Loth = 514,354 Grammen. — 1 Centner = 6 Stein zu 20 Pfund, also = 120 Pfund. Man rechnet im Verkehr 49 böhmische = 54 Wiener Centner zu 100 Pfund.

Handelsanstalten ꝛc. Filiale der Wiener Nationalbank und der öster. Credit-Anstalt (s. Wien). — Mehrere auf Actien gegründete Anstalten für industrielle Geschäfte, Dampfschifffahrt, Eisenbahnen, Versicherungswesen ꝛc.

Preßburg,
Stadt im Königreich Ungarn.

Rechnungsart, Münzen, Maaße und Gewichte wie Pesth.

Prince-of-Wales-Island,
Prince-Wales-Insel oder Pulo Pinang (d. i. Betelnuß-Insel), unter britischer Herrschaft an der Nordwestküste von Malacca, mit der Hauptstadt Georgstown.

Rechnungsart und Münzen. Man rechnet hier gewöhnlich nach spanischen oder mexikanischen Piastern zu 100 Cents. Der Piaster wird auch in 10 Copangs zu 10 Pices eingetheilt.

Außer den spanischen und mexikanischen Piastern cursiren hier die britisch-ostindischen Compagnie-Rupien.

Wechselcurse. Man notirt auf London, 6 Monate Sicht, ± 4 ½ Schillinge Sterl. für 1 Piaster oder Dollar. Calcutta und Madras, 60 Tage Sicht, ± 228 Compagnie-Rupien per 100 Piaster.

Maaße und Gewichte. Außer der inländischen Elle (Hasta) = ½ Yard = 202,6712 Par. Linien, ist das englische Yard im Gebrauche.

Getreide- und Flüssigkeitsmaaß ist das Gantang = 1 ¼ alte engl. Wein-

Gallon (f. London). Im Großhandel dient auch das engl. Reichs-Gallon (f. London) als Flüssigkeitsmaaß.

Handelsgewicht ist der Pecul oder Picul = 100 Catties zu 16 Tales. Es gibt zweierlei Piculs, nemlich das chinesische (f. Canton) und das malaiische Pikul. Das malaiische Cattie soll so viel wie 24 span. Piaster, das chinesische Cattie 22 ½ Piaster wiegen; daher sind 15 malaiische Pikuls, Catties = 16 chinesische Piculs, Catties. — Der Bahar = 3 malaiische Piculs.

Gold- und Silbergewicht ist der Buncal, welcher in 16 Miams getheilt wird und ungefähr so viel wie 2 spanische Piaster wiegt.

Auf mehreren Plätzen im Osten der Halbinsel Malakka soll das Gold- und Silbergewicht um ca. 10 Proc. leichter sein. Auch auf der Prinz-Wales-Insel wird Goldbraht nach einem leichtern Cattie, auf welches 20 Buncals gehen, verkauft; ein solches Cattie wiegt mithin so viel wie 36 spanische Piaster (Roback).

Providence,

Hauptstadt des nordamerikanischen Unionsstaates Rhode-Island; wie New-York.

Puorto Cabello,

Hafenplatz des columbischen Freistaates Venezuela; wie Caracas.

Pyrmont, f. Waldeck.

Puerto Plata,

(Porto Plata) Hafenplatz der Republik Santo Domingo, auf der ostindischen Insel Haity, jetzt unter spanischer Herrschaft.

Rechnungsart und Münzen. Im Großhandel rechnet man nach spanischen Piastern (Pesos) zu 100 Cents (Centésimos), im gewöhnlichen Verkehr nach Dollars oder Piastern zu 100 Cents Papiergeld, welches seither außerordentlich entwerthet war, so zwar, daß der dominicanische Papier-Piaster noch viel geringer als der des früheren Kaiserthums Haity ist.

Münzen werden hier nicht geprägt. Es circuliren spanische und amerikanische Gold- und Silbermünzen.

Maaße und Gewichte wie in Port-au-Prince.

Puortorico,

(Portorico) eine der großen Antillen mit der Hauptstadt San Juan de Puerto rico.

Rechnungsart und Münzen. Man rechnet nach spanischen Silberpiastern zu 8 Reales zu 12 Dineros oder zu 16 Cuartos; im Großhandel auch nach Piastern zu 100 Centesimos.

Es cursiren hier mehrentheils spanische und amerikanische Gold- und Silbermünzen.

Eine frühere Baluta nach Macuquina-Piastern ist seit 1857 abgeschafft. Die Macuquina-Münze *) bestand aus unregelmäßigen Platten, die weder im

---

*) Moneda macuquina oder sencilla, d. i. geschlagene, ausgeschnittene, gespaltene Münze.

Gewicht noch im Feingehalte dem Nennwerthe entsprachen. Es gab Stücke von 5 Realen, 2½ Realen ꝛc. in so unproportionirten Dimensionen, daß z. B. die 5=Realenstücke mitunter kleiner wie die 2½ = Realenstücke waren. Diese Münzen waren in den vormals spanischen Besitzungen im innern Verkehre im Gebrauche und drangen, nachdem sich die meisten spanischen Colonien vom Mutterlande los= gerissen hatten, massenweise nach den nichtinsurgirten Provinzen, und besonders nach Portorico. Zur Abhülfe der vielen Nachtheile, welche diese Münze dem Handel und sonstigen Verkehre brachte, hat die spanische Regierung die Einziehung, Einschmelzung und Abschaffung des Macuquina=Geldes angeordnet.

Wechselcurse. Weil die Ausfuhr hiesiger Produkte mehrentheils über St. Thomas geht, so wird, außer auf St. Thomas, auf ausländische Plätze nur ausnahmsweise gewechselt. Man notirt auf

St. Thomas, 30 Tage nach Sicht, ± 8 Proc. Prämie, d. h. ± 108 Dollars für 100 Dollars in St. Thomas.

London, 3 und 6 Monate nach Sicht, ± 5 Dollars für 1 Livre Sterl.

Paris, 6 Monate nach Sicht, ± 5½ Franken für 1 Dollar oder Piaster.

New=York (u. a. amerik. Plätze), 60 Tage nach Sicht, ± 108 Piaster oder hiesige Dollars für 100 nordamerikanische Dollars [*]).

Wechselrecht wie Madrid.

Maaße und Gewichte wie Havanna.

Handelsusanzen. Weil die Produkte der Insel mehrentheils von St. Thomas aus dirigirt werden, so bestimmt man die Preise gewöhnlich in der dortigen Baluta und nach dänischem Gewicht, wobei 100 dänische Pfund = 109 castilische Pfund gerechnet werden. — Einkaufsprovision 5 Proc.

Pulo Pinang, s. Prince-of-Wales-Island.

Quebeck,
Hauptstadt des britischen Nordamerika.

Rechnungsart und Münzen. In sämmtlichen Theilen des britischen Nordamerika rechnet man

1) wie in Großbritannien nach Pfunden (Pounds) zu 20 Schillingen zu 12 Pfennige (Pence).

2) Nach Dollars zu 100 Cents.

3) Nach canadischer Provinzialwährung, Halifax=Baluta oder hiesigem Cou= rant (Currency). Diese Währung beruht auf der Werthsbestimmung der spani= schen, mexikanischen und nordamerikanischen Piaster, hier insgesammt Dollars genannt.

In der Curant=Baluta wird nach Pfunden zu 20 Schillingen zu 12 Pence gerechnet, dabei aber ein solches Pfund = 4 spanische Piaster oder Dollar, mit= hin der Piaster oder Dollar zu 60 Courant=Pence oder 5 Courant=Schillinge an= genommen. Gesetzlich gilt der Piaster und Dollar 50 Pence in britischem Ster= lingsgelde; daher sind 5 Pfund engl. = 6 Pfund Halifax= oder Courant=Baluta.

Außer kupferner Scheidemünze werden keine besonderen Münzen für Canada

---

[*]) In ähnlicher Weise finden in Mayaguez, dem wichtigsten Handelsplatz auf der Insel Portorico, Notirungen auf St. Thomas, England, Frankreich und die nordamerikanischen Staaten statt.

geprägt. Es curfiren hier britische, nordamerikanische, spanische und merikanische und französische Münzen, theils zu veränderlichen, theils aber auch zu tarifirten Preisen.

Papiergeld. Dasselbe besteht in Provinzial- oder Treasury-Noten (Schatzkammerscheinen) und in Promissory-Notes und Noten der in den meisten Provinzen bestehenden Banken (s. unten).

Wechselcurse. Man notirt auf
London, 6 Monate nach Sicht, ± 122 Livre Courant für 100 Livre Sterling.
New-York, in kurzer Sicht, „ 100 Dollars für 100 Dollars in New-York.
Wechselrecht wie in England.

Canadische Staatspapiere. Vierprocentige Obligationen der von England garantirten Schuld von 1½ Mill. Livre Sterl. — 6=procentige Obligationen von Anleihen, die zu Eisenbahnbauten gemacht worden und 1874 rück= zahlbar sind. — Behufs der Eisenbahnbauten sind auch Actien (Shares) zu 25 und 100 Livre Sterl. ausgegeben worden, welche 3 Proc. Zins und eine Dividende genießen (Nelkenbrecher).

Maaße und Gewichte sind gesetzlich die englischen; in Untercanada sind indessen die alten Pariser zum Theil noch im Gebrauch, wie folgt:
Längenmaaß: Der Fuß ist der alte Pariser (s. Paris); für Länderei= vermessungen auch der englische.
Ellenmaaß ist das engl. Yard, oder auch die englische Elle von 1¼ Yard.
Feldmaaß ist gewöhnlich der alte Pariser Arpent (s. Paris).
Getreidemaaß ist gewöhnlich der alte Pariser Minot (von 3 Boisseaux) = 39,025 Liter. In der Praxis rechnet man 90 Minots = 100 Winchester=Bushels. — Das Getreide wird aber gewöhnlich nach dem Gewicht verkauft.
Flüssigkeitsmaaß ist das alte engl. Wein=Gallon (s. London).
Gewichte sind die englischen (s. London).

Banken. Die Quebec Bank macht hauptsächlich Discont= und Leihge= schäfte und gibt Noten aus. — Filiale der Londoner Bank of British North America (s. London), sowie der Bank of Montreal, der Banque du peuple und der City Bank in Montreal (s. d. Art.). — In Canada überhaupt gab es im Jahr 1858 acht Banken, welche Noten von 1 Dollar an ausgeben und Discont=, Leih=, Depositen= und Wechselgeschäfte machen. Sie müssen ihre Bilanzen dem canadischen Parlamente einreichen. — Den sogenannten incorporirten Banken, welche als Garantie ihrer Zahlungsverbindlichkeiten Provinzial=Obligationen hinter= legt haben, sind durch das sogenannte neue Bankgesetz besondere Privilegien er= theilt worden.

Quito,

Francisco de Quito, Hauptstadt des südamerikanischen Freistaates Ecuador.

Rechnungsart, Münzen, Maaße und Gewichte wie Caracas.

Staatspapiere der Republik. Im Jahr 1831 hat Ecuador von der 6=procentigen (englischen) Schuld der früheren Republik Columbien 1,424579 Livre Sterl. nebst dem Betrage der bis 1853 rückständig gewordenen Zinsen über= nommen. Im Jahr 1853 wurden diese Zinsrückstände capitalisirt und es wur= den die alten Bonds gegen neue umgetauscht. Sie werden an der Londoner Börse notirt (Nelkenbrecher).

Ragusa,

Hafenstadt im österreichischen Königreich Dalmatien.

Rechnungsart und Münzen wie Wien.

In der ehemaligen Republik rechnete man nach Ducati zu 40 Grossetti zu 6 Soldi. Im Jahr 1797 konnte man durchschnittlich $21\frac{3}{16}$ Ducati auf die cölnische Mark fein Silber rechnen, wonach (letztere zu 233,855 Grammen gerechnet) der Ducato = ca. 1 fl. 8 kr. rhn. = $19\frac{3}{5}$ sgr. preuß. = 97 nkr. öster. war. Die spätern Ducati wurden 1808 von den Franzosen zu 1 Frank 53 Cent. tarifirt. Es gab übrigens Ducati von verschiedenem Feingehalte; ebenso auch die Tallari (Thaler), von welchen 14,6578 bis 13,31067 Stück auf die cölnische Mark fein Silber gingen.

Maaße und Gewichte sind gesetzlich die Wiener; im Handel und gewöhnlichen Verkehre gebraucht man aber noch die dalmatischen Dimensions- und Schwermaaße, welche aber nicht aller Orten von gleicher Größe sind. Diejenigen der Stadt Ragusa sind folgende:

Längenmaaß: Der Braccio (di Ragusa) = $\frac{3}{4}$ Benediger Wollen-Ellen (Braccio da lana) = 227,21 Par. Linien = 0,65778 Wiener Ellen.

Getreidemaaß: Der Stajo di Ragusa zu 6 Cupelli oder 16 Bagas = $1\frac{1}{3}$ Benediger Stajo = 111,0896 Liter = 1,8062 Wiener Metzen.

Flüssigkeitsmaaß: Die Benediger Barila zu 6 Secchi zu 14 Cuttli = 64,3859 Liter. In der Praxis rechnet man 1000 Barile = 1136 Wiener kleine Eimer (zu 40 Maaß, s. Wien), oder $1108\frac{3}{10}$ Wiener Eimer zu 41 Wiener Maaß.

Das Olivenöl wird nach der Benediger Barila gemessen, welche, je nach der Reinheit des Oeles, 105 bis 107 Wiener Pfund enthält.

Handelsgewicht: Im gewöhnlichen Verkehre bedient man sich, mit wenig Ausnahmen, des Benediger Gewichts und rechnet 100 Pfund Wiener Gewicht = 185 Benediger Pfund peso sottile (s. Benedig) oder $117\frac{1}{2}$ Beneb. Pfund peso grosso. — Gewöhnlich setzt man 100 Pfd. peso grosso = 158 Pfd. peso sottile. Im Großhandel wird in Dalmatien überhaupt (so auch in Ragusa) nach der Oka verkauft. Es gibt deren zweierlei, nämlich die Occa grossa und die Occa commune; erstere ist, außer andern Plätzen, in Ragusa im Gebrauche; letztere z. B. in Zara, im Kreise Cattaro zc. Man rechnet: 43 Occa grossa = 100 Pfund Wiener Gewicht, oder auch 100 Occa grossa = 234 Pfund $1\frac{17}{47}$ Loth Wiener Gewicht und 100 Occa commune = 226 Pfd. 30 $\frac{19}{47}$ Loth Wiener Gewicht.

Bei den Mauthäntern, sowie bei dem Verkaufe von Salz und Tabak (Staatsmonopol) bedient man sich des Wiener Gewichts.

In Ragusa gebraucht man außer den vorgenannten Gewichten auch das Ragusaner Pfund zu 12 Unzen. Man rechnet 100 Pfund in Ragusa = $67\frac{2}{3}$ Wiener Pfund.

Schiffsfrachten werden in Dalmatien noch häufig nach der alten französischen Schiffslast oder Tonne von 2000 Pfund altes Pariser Markgewicht (s. Paris) geschlossen.

Rangun,

Seehandelsstadt des britischen, früher zum hinterindischen Kaiserthum Birma gehörigen Landes Pegu.

Rechnungsart und Zahlungsmittel. In Ermanglung wirklich ge=
prägter Landesmünzen bedient man sich im größeren Handel abgewogener Massen
Silbers von unterschiedlichem Feingehalte. Die dabei gebräuchliche Gewichtseinheit
ist der Tical, von den Eingebornen Kyat genannt. Der Tical ist = 255 ½ engl.
Troy=Grän (s. London) oder = 16,556 Graammen. Die gestempelten Stücke
Silbers (in Klumpen, Kuchen oder Platten) kommen in der Schwere von 4 bis
20 Ticals vor. Für die Untersuchung des Gewichts und Feingehalts der Stücke
gibt es besondere Probirer, welche für ihre Angaben einzustehen haben. — Dem
Eigenthümer soll die Silberprobe auf 2 ½ Proc. zu stehen kommen, nemlich
1 ½ Proc. als Gebühr für den Probirer und 1 Proc. als Verlust bei der Unter=
suchung (Nobad).

Je nachdem Zahlungen an die Regierung, in Handelsgeschäften oder im
gewöhnlichen Verkehr gemacht werden, ist, dem Gebrauch zufolge, der Feingehalt
der Silberstücke ein anderer. Bei Zahlungen an die Regierung ist der Feingehalt
ca. 96 Hundertheile oder 9⁶/₁₀ Zehntheile, in Handelsgeschäften ca. 90 Hundert=
theile oder 9 Zehntheile und im gewöhnlichen Verkehr 75 Hunderttheile oder
7 ½ Zehntheile.

Bei kleineren Zahlungen bedient man sich des ebenfalls jedesmal zugewoge=
nen Bleimetalls. — Gold dient nur ausnahmsweise als Zahlungsmittel.

Birmanische Maaße und Gewichte. Längenmaaß: Das Taong,
Taim oder die Elle = 19¹/₁₀ engl. Zoll = 215,057 Par. Linien. — Das
Lan (Klafter) = 4 Taongs. — Das Ta oder Bambus = 7 Taongs.

Feldmaaß: Das Peh von 30625 Quadrat=Taongs = ca. 72 franz. Aren.

Getreidemaaß: Das Ten (bei den Engländern Basket, Korb) von 4 Saits
ist an Gewicht = 26,49 Kilogrammen. Im Handel wird dasselbe = ½ engl.
Hundredweight (s. London) oder = 56 engl. Pfund Avoirdupoids angenommen.
Dieses Maaß gilt auch für Salz, Natron und Kalk; andere schüttbare und alle
flüssige Waaren werden nach dem Gewicht verkauft.

Handels=, Gold= und Silbergewicht: Das Paiktha (bei den Engländern
Vis genannt) zu 100 Kyats (bei den Engländern Ticals genannt) = 1,6556 Ki=
logramm; daher der Tical (wie oben) = 16,556 Grammen. — Das Candy
= 150 Paikthas.

Der Tical wird eingetheilt in 4 Mat'hs zu 2 Mu-s zu 2 Bais zu 4 große
Kwehs zu 2 kleine Kwehs.

Probirgewicht: Die Feinheit wird in Zehntheilen ausgedrückt (s. oben).

Regensburg,

Hauptstadt des bayerischen Oberpfalzkreises.

Rechnungsart und Münzen wie München.

Maaße und Gewichte sind die bayerischen (s. München). Die mit=
unter noch vorkommenden alten Dimensions= und Schwermaaße sind folgende:
Längenmaaß: Der Fuß zu 12 Zoll = 139 Par. Linien. — Die Elle =
359,083 Par. Linien.

Getreidemaaß: Der Metzen zu 22 Köpfel = 18,3288 Liter (Chelius).
— Das Schaff für Korn, Weizen und Gerste hatte 4 Mäß oder Muth zu vier
Bierling zu 2 Metzen, also 32 Metzen. Das Schaff für Hafer aber hatte
56 solcher Metzen, so daß 4 Haferschaff = 7 Kornschaff waren.

Flüssigkeitsmaaß: Der Eimer zu 60 (Getreide-) Köpfel zu 2 Seideln zu
2 Quartl zu 2 Achtelln = 49,98798 Liter. — Der Bisir-Eimer (der gebräuchlichste unter allen) hatte 64 Köpfel = 1¹⁄₁₅ des vorigen Eimers.

Handelsgewicht: Das Kram- oder Handelspfund = 566,917 Grammen.

Réunion, Isle de Réunion, der jetzige Name für die Insel Bourbon; s. d. Art.

Reuß, s. Gera.

Reval,
Hauptstadt der russischen Ostseeprovinz Esthland.

Rechnungsart und Münzen, s. Petersburg und Riga.

Esthländische Pfandbriefe. Die seit 1802 hier bestehende esthländische
adelige Creditcasse gibt gegen Darlehen auf Landgüter Pfandbriefe in Abschnitten
zu 100, 200, 500 und 1000 Silberrubel, deren 4-procentige Zinsen in Reval,
Riga, Berlin und Dresden bezahlt werden. Es gibt auch Pfandbriefe, welche bei
Stieglitz in Petersburg verzinst und nach diesem Hause benannt werden, weil sie
von einem Anlehen bei demselben behufs der Zinsreduction der esthländischen
Pfandbriefe (welche früher zu 5 Proc. verzinslich waren), herrühren.

Maaße und Gewichte sind gesetzlich die russischen. Aeltere Dimensions-
und Schwermaaße, welche zum Theil noch gebraucht werden, sind folgende:

Längenmaaß: Der Fuß zu 12 Zoll = 142,11 Par. Linien. — Die Elle
= 238,308 Par. Linien.

Getreidemaaß: Die Last zu 24 Tonnen zu 3 Loof zu 3 Külmit zu
12 Stoof. — Der Loof = 42,373 Liter.

Salzmaaß: Die Last hat 18 Tonnen Seesalz zu 4 Loof.
Die Last Leinsamen und Kalk = 12 Tonnen.

Flüssigkeitsmaaß: Der Stoof = 1,1757 Liter. — Das Oxhoft Wein =
1¹⁄₂ Ohm = 6 Anker zu 32 Stoof zu 4 Quartier. — Das Faß Bier oder
Branntwein hat 130 Stoof.

Handelsgewicht: Das Pfund zu 32 Loth zu 4 Quentchen = 429,394
Grammen (Paucker in Mitau). — Das Schiffspfund = 20 Liespfund zu
20 Pfund. — Die Tonne = 2 Centner zu 120 Pfund.

Riga,
Hauptstadt der russischen Ostsee-Provinz Livland.

Rechnungsart und Münzen. Man rechnet, wie in Rußland, nach
Rubeln zu 100 Kopeken (s. Petersburg). — Früher rechnete man, wie in Libau,
nach Albertsthalern *).

---

*) S. die Note zum Art. Libau.

Wechselcursnotirung, s. Petersburg.

Wechselstempel, s. Petersburg.

Wechselcourtage ist 1 pro Mille.

Livländische Pfandbriefe. Die seit 1802 hier bestehende livländische adelige Creditcasse gibt gegen Darlehen auf Landgüter Pfandbriefe in Abschnitten zu 100, 500 und 1000 Silber-Rubel (zum Theil auch von 1000 Albertsthalern, die = 1260 Silber-Rubel gerechnet werden), welche 4 Proc. Zinsen tragen. Auch hier gibt es sogenannte Stieglitz'sche Pfandbriefe (vergl. den Art. Reval).

Cursnotirung der Staatspapiere ꝛc. Die Curse der russischen Inscriptionen und Obligationen, sowie auch der esthländischen, livländischen und kurländischen Pfandbriefe werden in Silber-Rubeln per 100 Silber-Rubel Nennwerth notirt.

Maaße und Gewichte sind gesetzlich die russischen. Aeltere Dimensions- und Schwermaaße, welche zum Theil noch gebraucht werden, sind folgende: Längenmaaß: Das holländische Fuß- oder Palm-Maaß. Der Palm = 41,8516 Par. Linien. — Die Elle = 238,32 Par. Linien. — Die Landmesser-Elle = 271,297 Par. Linien.

Die Meile der Ostsee-Provinzen ist gesetzlich = 7 russische Werst.

Feldmaaß: Die Tonnstelle zu 35 Kappen zu 400 Quadrat-Landmesser-Ellen = 52,024 franz. Aren. — Die Loofstelle von 25 Kappen = ⁵/₇ Tonnstellen.

Brennholzmaaß: Der Faden von 9 russischen oder englischen Fuß Breite, 8 Fuß Höhe und 2 Fuß Scheitlänge = 4,0774 franz. Steren.

Getreidemaaß: Die Rigaische Getreide-Tonne zu 2 Loof zu 6 Külmet zu 9 Stoof = 137,726 Liter = 0,6561 Tschetwert (s. Petersburg). In der Praxis rechnet man 3 Loof = 1 Tschetwert.

Flüssigkeitsmaaß: Der alte Stoof = 1,3053 Liter. — Der neue Stoof = 1,2752 Liter. Man rechnet 211 alte = 216 neue Stoof. — Der neue Pegelstoof oder Visirstoof = 1⅕ neue Rigaer Stoof. — Das Oxhoft zu 4 Anker zu 5 Viertel oder Velten zu 6 neue Rigaer Stoof zu 4 Quartier = 1½ Ohm. — Die Kanne = 2 neue Rigaer Stoof.

Handelsgewicht: Das Pfund zu 32 Loth zu 4 Quentchen = 418,834 Gramm *). — Das Schiffspfund = 20 Liespfund zu 20 Pfund. — In der Praxis rechnet man das Pud (s. Petersburg) = 39 Rigaer Pfund.

Probirgewicht: wie Berlin.

Medicinalgewicht: Das alte Nürnberger.

Schiffslasten sind: Für Eisen und Kupfer 12 Schiffspfund; grüne Seife 10 Schiffspfund, für Butter, Oel, weiße Seife, Talg, Borsten, Tauwerk, Thran, Wachs in Matten Netto 8 Schiffspfund; Flachs, Hanf, Wachs in Fässern Brutto 6 Schiffspfund; Flachsheede und Hanfheede Netto 4 Schiffspfund; Federn und Wolle Netto 2½ Schiffspfund; Weizen 40½ Loof, Roggen 45, Buchweizen, Gerste, Grütze, Hanfsamen, Leinsamen 48, Hafer 50, Erbsen 36 Loof; Säleinsamen in Tonnen 12 Tonnen; Mehl 15 russische Kuhl (Säcke) oder 4500 russische Pfund; Waidasche 4 Fässer; Branntwein 8 Oxhoft; fläm. Leinen und leichtes Raventuch 120, schweres Raventuch 80, Segeltuch 60 Stück; dünnrändige Matten 800, dickrändige Matten 600 Stück; Hasenfelle 3000 Stück (Roback).

---

*) Nach Pauder. G. Hauschild, Vergleichungstafeln ꝛc. S. 118.

24 *

Stückgüter im Holzhandel. Beim Stab= und Faßholz ist das Groß=
tausend = 1200 Stück, das ordinäre Tausend = 1000 Stück, der Ring =
240 Stück, das Großhundert = 120 Stück, das Kleinhundert = 100 Stück,
das Schock = 60 Stück, die Reige = 20 Stück. Das gewrackte Schock = 60 Stück,
das ungewrackte Schock = 62 Stück.

Bei Franz= und Klopphölz, Fichtenbrettern, Sperr= und Bohlhölzern ist
das gewrackte Schock = 60 Stück, das ungewrackte Schock = 64 Stück. — Das
Schock eichene Bohlen oder Planken hält 60 Kravelen. Eine Kravele ist bei 2½
Zoll Dicke 24 Fuß lang, bei 3 Zoll Dicke 15 Fuß lang, bei 3½ Zoll Dicke
12 Fuß lang, bei 4 Zoll Dicke 10 Fuß lang, bei 4½ Zoll Dicke 9 Fuß lang.

Handelsusanzen. Die Preise der meisten Gewichtswaaren werden per
Schiffspfund von 400 Pfund notirt; diejenigen anderer Ausfuhrartikel wie folgt:
Schweinborsten, Juchten, getrocknete Ruder= und Pferdehäute, Roggen= und
Weizenmehl, Zucker= und Syrup per 100 Pfund; Butter per 1 russisches Pud;
Heu per 600 Pfund; Kümmel, Gersten= und Buchweizengrütze per Loof; Weizen
und Gerste per 48 Loof; Roggen per 45 Loof = 1 Last; Hafer und Erbsen per
60 Loof = 1 Last; Leinsamen und Hanfsamen per Tonne; Oelkuchen per 1000
Stück; Kalbfelle, Bockfelle und Ziegenfelle per 10 Stück, Schaffelle und Hasen=
felle per 100 Stück; Federposen per 1000 Stück; Matten per 1000 Stück;
Segeltuch, Raaentuch, vlämisch Leinen per 1 Stück; Bootmasten und Wagenschoß
per 1 Stück; Pipenstäbe per 60 Stück; Bretter per 600 Stück; englische Brussen
per 600 Fuß, holländische Brussen und Zimmerbrussen per 100 Stück; Splittholz
per 4 Fuß; eichenes Schiffsholz, Planken, fichtene Balken, Masten per Cubikfuß;
Mahagonyholz per Quadratfuß bei 1 Zoll Dicke; Wolle per Pud (s. Petersburg).

Waarencourtage ½ Proc.; auf Salz beträgt sie 12 Kopeken Silber
(früher 4 Kopeken) per Last, wovon der Käufer die eine, und der Verkäufer die
andere Hälfte zu entrichten hat.

Courtage für die Besorgung von Schiffsfrachten 1 Silber=Rubel per
Schiffslast.

Handelsanstalten ꝛc. Contor der Petersburger Commerzbank. —
Jährlicher Wollmarkt Anfangs August.

Rio Grande,

Seehandelsplatz der brasilischen Provinz Rio Grande do Sul.

Rechnungsart, Münzen, Maaße und Gewichte wie Rio de Janeiro.
Wechselcursnotirung wie Rio de Janeiro. Auf letzteren Platz notirt
man ± 110 Milreis per 100 Milreis.
Bank. Zweigbank der Bank von Brasilien (s. Rio de Janeiro).

Rio de Janeiro,

(oder Rio) Hauptstadt des Kaiserthums Brasilien.

Rechnungsart und Münzen. Man rechnet, wie in Portugal, nach
Reis, als kleinste Rechnungsmünze, und in größern Summen nach Milreis oder
Tausenden von Reis, die, wie in Portugal (s. Lissabon), durch verschiedene Zei=
chen abgetheilt werden.
Die brasilische Münzwährung ist in Folge des Gesetzes vom 28. Juli 1849

die Goldvaluta. Nach diesem Gesetze wird aus 5 Oitavas $1\frac{1}{12}$ feinen Goldes das 20-Milreis-Stück, aus $2\frac{1}{2}$ Oitavas solchen Goldes das 10-Milreis-Stück geprägt. Da der Marko = 64 Oitavas (Gold- und Silbergewicht, welches dem portugiesischen Gold- und Silbergewicht gleich ist) = 229,48 Grammen (s. Lissabon), so gehen 30,426620 Milreis-Stücke auf das deutsche Münzpfund (von 500 Grammen) fein Gold. Es gehen auch gesetzlich 68,283 Stück Sovereign's (welche das Livre Sterling repräsentiren, s. London) auf das deutsche Münzpfund, wonach sich das Milreis auf $26^{1415229}/_{152133}$ oder nahezu 27 Pence Sterl. stellt. Dieser Werth entspricht dem seitherigen mittlern Wechselcurs von Rio auf London für kurze Sicht. Rechnet man den Sovereign oder das Livre Sterl. zu 11 fl. 50. (mittlerer Curs neuerer Zeit in Frankfurt a. M.), so ergibt sich für das Milreis ein Werth von 1 fl. $19\frac{7}{8}$ kr. rhn. = ca. $22^6/_7$ sgr. preuß. = 1 fl. $14^1/_7$ nkr. öster.

Weil 30,4266 Stück 20-Milreis-Stücke auf das deutsche Münzpfund fein Gold gehen (s. oben), so ist das 20-Milreis-Stück = 1,6433 deutsche Goldkrone. — Die 10-Milreis-Stücke nach Verhältniß.

Die neue Silbermünze nach dem Gesetz vom 28. Juli 1849 dient nur noch als Scheidemünze. Man ist nicht gehalten, mehr als für 20 Milreis in derselben bei Zahlungen anzunehmen. Diese Silbermünzen bestehen aus $\frac{1}{2}$-Milreis-, 1-Milreis- und 2-Milreis-Stücken und haben einen Feingehalt von $916^2/_3$ Tausendtheilen. Es gehen 42,7874 Milreis-Stücke auf das Pfund fein; daher das Stück = 1 fl. $13^3/_5$ kr. rhn. = 21 sgr. preuß. = 1 fl. 5 nkr. öster. — Die $\frac{1}{2}$- und 2-Milreis-Stücke nach Verhältniß.

Seit 1832 werden Kupfermünzen nicht mehr geprägt. Früher prägte man Stücke zu 80, 40, 20, 10 und 5 Reis. Die Stücke von 80 und 40 Reis wurden im Jahr 1836 auf die Hälfte herabgesetzt; die übrigen sollen außer Curs gesetzt worden sein.

Die Stücke zu 20 Reis (ehemals nach dem Nennwerthe 40 Reis) heißen Vintems, und die Stücke zu 40 Reis (ehemals nach dem Nennwerthe 80 Reis) heißen Dois Vintems oder doppelte Vintems; man bezeichnet letztere Stücke auch durch die Benennung hum Cobre (d. i. ein Kupfer). — Die Pataca (eine ältere Silbermünze von jetzt höherem Werthe) = 320 Reis oder 16 Vintems. — Hier bedeutet, wie in Portugal, ein «Conto» oder ein «Conto do Reis» 1000 Milreis oder eine Million Reis.

Gold- und Silbermünzen früherer Ausmünzung:

1) Aeltere Goldmünzen, welche fast ganz aus dem Verkehr verschwinden, sind: der Dobra zu 12800 Reis, später erhöht 32000 Reis, gesetzlich im Feingehalte von $916^2/_3$ Tausendtheilen = 2,62934 deutsche Krone; der Meia Dobra oder João (Johannes) zu 6400 Reis, später erhöht auf 16000 Reis, gesetzlich von gleichem Feingehalte = 1,31467 deutsche Krone; der Moëda d'ouro (d. i. Goldmünze) zu 4000 Reis, später erhöht auf 9000 Reis, gesetzlich von gleichem Feingehalte, = 0,73948 deutsche Krone.

2) Neuere Goldmünzen (seit 1833 und 1846): Moïdas de ouro (Goldstücke) zu 16000 Reis, gesetzlich im Feingehalte von $916^2/_3$ Tausendtheilen, 38,0333 Stück auf das Pfund; daher das Stück = 1,31467 deutsche Krone.

Aeltere Silbermünzen sind: 1) Umgestempelte spanische Piaster, als Doppel-Crusados oder dreifache Patacas, ursprünglich 960 Reis geltend, bezeichnet. Die 960-Reis-Stücke bestehen außerdem aus übergestempelten mexikanischen, süd- und mittelamerikanischen Piastern. 2) Doppel-Patacas zu 640 Reis, nach Münzproben von verschiedenem Feingehalte (von ca. 896 bis 916 Tausendtheilen) im Werthe von ca. 1²/₃ fl. rhn. = 28⁴/₇ fgr. preuß. = 1 fl. 42 nkr. öfter. 3) Einfache, halbe und Viertel-Patacas nach Verhältniß der doppelten.

Silbermünzen seit 1834 und 1846: 1) Neue Crusados zu 480 Reis, nach französischer Probe im Feingehalte von 894 und 896 Tausendtheilen und im Werthe von ca. 1 ⅓ fl. rhn. = 22⁶/₇ fgr. preuß. = 1 fl. 14 nkr. öfter. 2) Stücke zu 1200, 800, 400, 200 und 100 Reis. Nach Münzproben sind die Ausmünzungen gleichnamiger Stücke nicht genau übereinstimmend.

Nach Untersuchungen in der Münze zu Philadelphia sind die Stücke
zu 1200 Reis vom J. 1837 891 Tausendtheile fein und werth ca. 2 fl. 37 kr. rhn.

„ 800 „ „ „ 1838 891 „ „ „ „ „ „ 1 fl. 40 „ „

„ 400 „ „ „ 1837 886 „ „ „ „ „ „ — 49⁹/₁₀„ „

„ 200 „ „ „ 1837 886 „ „ „ „ „ „ — 24⁹/₁₀„ „

„ 100 „ „ „ 1837 886 „ „ „ „ „ „ — 12⁴/₁₀„ „

Silbermünzen nach den Gesetzen vom 8. October 1833 und 11. Sept. 1846: 1920-Reis-Stück, Patacão, im Feingehalte von 917 Tausendtheilen, 20,2771 Stück auf das Pfund fein; daher = 2 fl. 35³/₁₀ kr. rhn. = 1 Thlr. 14 fgr. preuß. = 2 fl. 22 nkr. öfter.

1280-Reis-Stück, Doppel-Patacas von gleichem Feingehalte, 30,4156 Stück auf das Pfund fein; daher = 1 fl. 43¹/₂ kr. rhn. = 29¹/₂ fgr. preuß. = 1 fl. 48 nkr. öfter.

640-Reis-Stücke, Patacas, 320-Reis-Stücke, halbe Patacas, 160-Reis-Stücke, Viertel-Patacas nach Verhältniß.

Papiergeld. Das Staatspapiergeld soll im Jahr 1857 ca. 42000 Contos (s. oben) betragen haben (Nelkenbrecher). Dasselbe hat in neuerer Zeit pari mit der neuen Goldvaluta gestanden; die neue Bank von Brasilien ist übrigens dazu berufen, das Papiergeld allmählig einzulösen, wonach die ebenfalls gut stehenden Banknoten derselben dessen Stelle vertreten werden *).

Fremde Münzen. Von fremden Münzen circuliren hauptsächlich spanische Onzas, Doblones oder Quadrupel, süd- und mittelamerikanische (sogenannte patriotische) Onzas, portugiesische alte Stücke zu 6400 Velhas (d. i. alte Reis) und zu 4000 Velhas Nennwerth, englische Sovereigns, spanische und südamerikanische (sogenannte patriotische) Piaster. Man notirt diese Münzen in Reis per Stück.

Wechselcursnotirung. Rio de Janeiro wechselt auf
London, 60 u. 90 Tage nach Sicht, zu ± 27 Pence Sterl. für 1 Milreis.

Hamburg, dto. dto. „ „ 650 Reis für 1 Mark Banco.

Paris, dto. dto.
Marseille, dto. dto.
Havre, dto. dto. } „ „ 355 Reis für 1 Franken.
Antwerpen, dto. dto.

Lissabon, dto. dto. } „ „ 100 Proc. Aufgeld, d. h. ± 200
Porto, dto. dto. } brasilische Reis für 100 portugiesische Reis (vergl. vorstehende Note).

Amsterdam, dto. dto. } „ „ 730 Reis für 1 fl. holl.
Rotterdam, dto. dto. }

*) Vormals war der Werth eines Milreis dem portugiesischen gleich. Das Papiergeld, früher Hauptzahlungsmittel, wurde aber im Verlaufe der Zeit so entwerthet, daß man bei der Regulirung des Münzwesens auf den früheren Werth nicht zurückkommen konnte.

Auf die inländischen Plätze (Bahia, Pernambuco, Rio Grande) wechselt man je nach Sicht in Procenten Verlust oder Aufgeld.

In derselben Weise wie in Rio werden in Bahia, Pernambuco und Rio Grande Wechselcurse auf London, Hamburg und Paris notirt.

Wechselrecht. Brasilien hat ein Handelsgesetzbuch vom 25. Juni 1850; dasselbe legt das an den Code de commerce sich anlehnende spanische und portugiesische Handelsgesetzbuch, und zwar vorzugsweise das letztere zu Grunde. Es handelt in Titel 16, Art. 354—427 von Wechseln.

Wechselcourtage ⅛ Procent.

Wechselstempel. Nach dem Stempelgesetz vom 21. October 1843 gilt für die inländischen Wechsel folgender Tarif:

Von	50 bis	200	Milreis)		(100 Reis Stpl.)			160 Reis Stpl.
„	200 „	500	„	für 2 Mt. Papier	160 „ „	f. 3 Mt. u. länger	320	„ „
„	500 „	2000	„		(400 „ „)		1000	„ u. s. w.

Auf Wechsel, die vom Auslande kommen, ist nur die Hälfte der betreffenden Stempelgebühr zu entrichten.

Brasilische Staatspapiere. Von der auswärtigen oder englischen Schuld 1) 5-procentige Obligationen zu 100, 200, 500 und 1000 Liv. Sterl. der Anleihen von 1824 und 1825 mit den Häusern Rothschild und Wilson u. Cie. in London. Jährliche Tilgung wenigstens 1 Proc. und im Jahr 1854 hätte die Schuld getilgt sein sollen; die Tilgung ist aber mit Einwilligung der Interessenten auf das Jahr 1864 verlegt worden (Noback). 2) 5-procentige Obligationen von 100 bis 2000 Liv. Sterl. der Anleihen von 1829 und 1839 mit mehreren englischen Häusern. 3) 5-procentige Obligationen von 100 bis 1000 Livre Sterl. der Anleihe von 1842 mit Goldsmid in London. 4) 4½-procentige Obligationen der Anleihen von 1852 und 1858 mit Rothschild in London. Im Jahr 1859 betrug die auswärtige Schuld 5,839,900 Livre Sterl. (Scherer). Die Obligationen haben an der Londoner Börse Curs. Im April 1860 standen die 5-procentigen Papiere auf ca. 98, und die 4½-procentigen auf 90 Livre Sterl. per 100 Livre Sterl. Nennwerth.

Die innere Schuld, welche sich im Jahr 1859 auf 8,815,900 Liv. Sterl. belief (Scherer) besteht aus 4-, 5- und 6-procentigen Staatsschuldscheinen (Apolices) und aus Schatzscheinen der Regierung (Billetés do Thesouro), welche theils wieder eingelöst, theils in verzinsliche Apolices convertirt werden. Außerdem gibt es 6-procentige Apolices provinciales.

Die brasilischen Staatsobligationen werden in Rio de Janeiro in Milreis per 100 Milreis Nennwerth notirt.

Außerdem notirt man die Actien der hiesigen Banken und Actiengesellschaften (s. unten) in Procenten über oder unter 100.

Brasilische Maaße und Gewichte sind ursprünglich und im Wesentlichen die portugiesischen (s. Lissabon).

Der Fuß, der Covado und die Bara (Elle) stimmen mit den entsprechenden Maaßgrößen in Portugal überein. Im Handel mit Manufakturwaaren sind indessen auch das englische Yard und der Meter gebräuchlich. In der Praxis rechnet man 100 Pariser Aunes = 128 Yards = 106 Baras = 172 Covados = 170 brabanter Ellen. Ferner rechnet man 4 Covados = 3 Yards; — 5 Baras = 6 Yards = 8 brabanter Ellen; — 20 Yards = 27 Covados = 26 brabanter Ellen; — 23 Baras = 44 Hamburger Ellen; — 11 Covados = 13 Hamburger Ellen; — 148 Covados = 100 Meter.

Maaß für Getreide und Salz ist der Alqueire, der aber in Brasilien von verschiedenem Inhalte ist. Der Alqueire von Rio de Janeiro ist = ca. 40 Liter. In der Praxis rechnet man 1 Alqueire von Rio de Janeiro = 3 Alqueires von Lissabon. — In Bahia wird der dortige Alqueire = 2 ¼ Alqueires von Lissabon gerechnet.

Flüssigkeitsmaaß: Die Pipa zu 180 Medidas zu 4 Quartilhos = 144 alte englische Wein-Gallons = 545,06 Liter *), (das Gallon zu 3,7852 Liter gerechnet).

Handelsgewicht ist das portugiesische (s. Lissabon).

Bei Schiffsbefrachtungen und im Steinkohlenhandel ist die Tonelaba von 70 Arrobas im Gebrauche.

Handelsusanzen. Die Preise werden in Papiergeld gestellt. — Man verkauft fremdes Baumöl, Thran, Genever und Spiritus per altes engl. Gallon; portugiesisches Baumöl, Wein, Rum, Branntwein und Essig per Pipa; Bordeaux-Wein und franz. Weinessig per Barrique; Champagner und Muskateller per Dutzend Bouteillen; Bleche, Talglichter, Fensterglas, Mandeln, Rosinen per Kiste; Mehl, Colophonium, Pech, Theer, Ochsenfleisch, Schweinefleisch per Tonne; ge-pöckeltes Ochsenfleisch per Arroba; Ochsen- und Kuhhörner und Glasflaschen per 100 Stück; Ale, Porter und Genever in Krügen; Häute, schwedisches Stabholz per Dutzend; amerikanisches Stabholz per Fuß; Matrosenflaschen, holl. Käse, Genever in Matrosenflaschen per Stück; Raventuch und Segeltuch per Stück; Reis, Mais, Maismehl und Tapioca per Sacco von 2 Alqueires.

Commissionsgebühren für den Verkauf von Waaren 5 Proc., Delcredere 2 ½ Proc., für Retouren in Tratten 1 Proc., Garantie dieser Tratten 1 Proc., für Retouren in Metallen 1 Proc., für den Einkauf von Waaren 2 ½ Proc., für den Ein- und Verkauf von Schiffen 2 ½ Proc., für den Verkauf verurtheilter Schiffe 5 Proc., für Vorschüsse bei Haverei 5 Proc., für Vorschüsse auf Güter aus Europa, die nach einem andern Hafen weiter segeln, 1 Proc. per Monat, bei einigen Häusern 9 Proc. jährlich, für Empfangnahme und Beförderung weiter gehender Waaren 2 ½ Proc., für das Empfangen und Auszahlen von Geldern, auf welche keine andere Commission berechnet ist, 1 Proc., Bankprovision 1 Proc., für Tratten auf Europa, deren Ertrag nicht zum Einkauf von Waaren bestimmt ist, 2 Proc., für Tratten, welche als Deckung für Waarengeschäfte erfolgen, 1 Proc., für den Ein- und Verkauf von baarem Gelde ½ Proc., für Besorgung von Schiffsfrachten 2 ½ Proc., für Deckung der Fracht 3 Proc., für den Betrag der Assecuranzprämie 3 bis 5 Proc., für das Einbringen von Waaren in's Magazin bis zu 1 Proc., für das Aus- und Einladen von Schiffen in Haverei 2 ½ Proc. vom Fakturbetrage. Zinsen im Contocorrent gewöhnlich 6 Procent.

Tara ist gewöhnlich die wirkliche; bei Tabak in kleinen Rollen 8, in großen Rollen 20 Libras. — Waaren-Courtage ½ Proc.

Banken. Nach einem vergeblichen Versuche im Jahr 1816, durch Grün-dung einer Notenbank dem Handel ein neues Circulationsmittel zu verschaffen, entstanden in den Jahren 1838 und 1851 die auf Actien gegründete Handels-bank (Banco commercial) und die Bank von Brasilien (Banco do Brazil), welche mit der von der Regierung im Jahr 1853 auf 30 Jahre und mit einem Actien-

---

*) Nach Nelkenbrecher = 479,167 Liter, nach Noback = 500 Liter.

capital von 30000 Contos gegründeten neuen Bank von Brasilien (Banco do Brazil) vereinigt wurden. Diese Bank ist Disconto-, Leih-, Giro-, Depositen- und Notenbank, und es ist ihr die Verpflichtung auferlegt, das Papiergeld des Staates, welches von früher her wegen übertriebener Ausgabe in Mißcredit gekommen war, nach und nach einzuziehen. Seit 1857 steht auch die Regierung mit der Bank in laufender Rechnung und erstere kann bei letzterer die in der Hauptstaatscasse und in den Provinzialkassen verfügbaren Gelder hinterlegen. Eintretenden Falles darf die Bank den dreifachen Betrag des Depositums in Banknoten in Umlauf setzen. — Seitdem hat die Regierung die früher zu Gunsten der Bank von Brasilien stets verweigerte Erlaubniß zur Gründung neuer Notenbanken ertheilt, jedoch mit der Beschränkung, daß den Noten derselben die Eigenschaft als gesetzliches Zahlungsmittel, selbst bei den Staatscassen abgeht, wonach also den Noten der Bank von Brasilien das ausschließliche Privilegium in dieser Eigenschaft belassen ist. — Eine zur Förderung landwirthschaftlicher Interessen auf Actien zu 400 Milreis gegründete Bank ist die Banco rural. — Filiale der Bank von Brasilien sind in Pernambuco, Bahia und Rio Grande.

Handelsanstalten rc. Actiengesellschaften für Dampfschifffahrt, Eisenbahnen, Feuerversicherung, Versicherung gegen Flucht der Sclaven, gegen Sterblichkeit der Sclaven und für industrielle Unternehmungen. — Centralverein für die Colonisation des Reiches.

Rom,
Hauptstadt des Kirchenstaats.

Rechnungsart und Münzen. Man rechnet im Kirchenstaate nach Scudi romani oder römischen Piastern zu 100 Bajocchi zu 5 Quattrini. Man theilt den Scudo auch in 10 Paoli zu 10 Bajocchi. Noch andere Bruchtheile des Scudo sind: der Testone = $^3/_{10}$ Scudo, der Papeto = $^1/_5$ Scudo, der Grosso = $^1/_{20}$ Scudo. — In Bologna wird der Papeto auch Lira und der Bajocco auch Bolognino oder Soldo genannt.

Der römische Piaster oder Scudo soll nach dem Gesetz vom 10. Januar 1835 bei einem Feingehalte von 900 Tausendtheilen 26,898 Grammen wiegen, wonach 20,6542 Stück auf das Pfund fein Silber gehen; daher das Stück = 2 fl. 32½ kr. rhn. = 1 Thlr. 13½ sgr. preuß. = 2 fl. 17⅘ nkr. öster.

Andere, nach dem angeführten Gesetze geprägte Silbermünzen:

½-Scudo zu 5 Paoli oder 50 Bajocchi, nach Verhältniß.

Testone, $^3/_{10}$-Scudo, von gleichem Feingehalte, 68,8472 Stück auf das Pfund fein; daher = 45$^7/_{10}$ kr. rhn. = 13 sgr. preuß. = 65¾ nkr. öster.

Papeto, $^1/_5$-Scudo, von gleichem Feingehalte, 103,2708 Stück auf das Pfund fein; daher = 30½ kr. rhn. = 8$^7/_{10}$ sgr. preuß. = 43½ nkr. öster.

Paolo, $^1/_{10}$-Scudo, von gleichem Feingehalte, 206,5416 Stück auf das Pfund fein; daher 15$^1/_5$ kr. rhn. = 4$^3/_{10}$ sgr. preuß. = 21$^7/_{10}$ nkr. öster.

½-Paolo, $^1/_{20}$-Scudo, von gleichem Feingehalte, 413,0832 Stück auf das Pfund fein; daher = 7$^3/_5$ kr. rhn. = 2$^1/_{10}$ sgr. preuß. = 10$^4/_5$ nkr. öster. *).

Der ältere Scudo und die Theile desselben (½-Scudo, Testone etc.) ent-

---

*) Im Jahr 1849, zur Zeit der Republik, sind aus sehr geringhaltigem Silber Stücke zu 40, 16, 8 und 4 Bajocchi geschlagen worden.

sprechen durchschnittlich nahezu den Werthen der neuern, nach dem angeführten Gesetze geprägten Münzen.

Zu den ältern Silbermünzen gehört außerdem der halbe Grosso, im Feingehalte von 916⅔ Tausendtheilen, 825,5655 Stück auf das Pfund fein; daher das Stück = 3⅘ kr. rhn. = ca. 1 sgr. preuß. = 5½ nkr. öster.

Für Bologna prägte man:

Madonna-Thaler, nach Mailänder Proben im Feingehalte von 833 Tausendtheilen, 20,6852 Stück auf das Pfund fein; daher = 2 fl. 32 kr. rhn. = 1 Thlr. 13½ sgr. preuß. = 2 fl. 17½ nkr. öster.

Neuere Goldmünzen, nach dem Gesetz vom 10. Januar 1835:

10-Scudo oder 100 Paoli-Stück, im Feingehalte von 900 Tausendtheilen, 32,0464 Stück auf das Pfund fein; daher = 1,56024 deutsche Krone.

5-Scudo- und 2½-Scudo-Stücke nach Verhältniß.

Scudo oder 10-Paoli-Stück (seit 1853) nach Verhältniß.

Aeltere Goldmünzen:

Zecchinen, römische und Bologneser, nach Mailänder Proben, durchschnittlich im Feingehalte von 995⅗ Tausendtheilen, 146,9742 Stück auf das Pfund fein; daher = 0,3402 deutsche Krone.

Zehnfache, fünffache, doppelte und halbe Zecchinen nach Verhältniß.

Doppien oder Pistolen, römische und Bologneser, nach Mailänder Proben, durchschnittlich im Feingehalte von 909 72/100 Tausendtheilen, 100,7177 Stück auf das Pfund fein; daher = 0,49644 deutsche Krone.

Vierfache, doppelte und halbe nach Verhältniß.

Zecchinen, seit 1818 gesetzlich von ganz feinem Golde, 145,9863 Stück auf das Pfund; daher = 0,3425 deutsche Krone.

Halbe nach Verhältniß.

In Kupfer werden nach dem Gesetz vom 10. Januar 1835 Stücke zu 1 und ½ Bajocco und zu 1 Quattrino geprägt. Aus neuerer Zeit gibt es auch Stücke zu 2 und 5 Bajocchi.

Fremde Münzen. Von fremden Münzen circuliren besonders italienische, spanische, französische und deutsche Sorten.

Papiergeld. Päbstliche Schatzscheine zu 5, 10 und 50 Scudi. — Noten der Bank des Kirchenstaats zu 5, 10, 20, 50 und 100 Scudi (s. unten).

Wechselcurssystem.

Amsterdam, kurze Sicht u. 90 T. dato	± 40 Scudi für	100 fl. holl.
Ancona, 30 Tage nach dato	„ 100 Scudi für	100 Scudi auf Ancona.
Augsburg, kurze Sicht u. 90 T. dato	„ 40 Bajocchi für	1 fl. rhn.
Bologna, 30 Tage nach dato	„ 100 Scudi für	100 Scudi auf Bologna.
Florenz } Livorno } dto.	„ 15 Bajocchi für	1 tosk. Lira.
Genua dto.	„ 18 „ „	1 Lira nuova.
Hamburg, kurze Sicht u. 90 T. dato	„ 35 „ „	1 Mark banco.
Lissabon, 90 Tage nach dato	„ 930 Reis für	1 Scudo.
London, kurze Sicht u. 90 Tage dato	„ 460 Bajocchi für	1 Liv. Sterl.
Lyon } Marseille } kurze Sicht u. 75 T. dato	„ 18 „ „	1 Frank.
Mailand, 30 Tage nach dato	„ 18 „ „	1 Lira nuova.

Neapel, 30 Tage nach dato	±	80	Bajocchi für 1 Ducato di regno.
Paris, kurze Sicht u. 90 T. dato	„	18	„ „ 1 Frank.
Benedig, 30 Tage nach dato	„	48	„ „ 1 fl. öster. W.
Wien } Trieft } kurze Sicht u. 90 Tage dato	„	32	„ „ 1 fl. Bankvaluta.

Wechselrechtliches. Im Kirchenstaat wurde 1821 das provisorische Handels-Reglement eingeführt, welches den Codo de commerce mit wenigen Aenberungen wiedergibt.

Römische Staatspapiere. Die in den Jahren 1831, 1832, 1833 und 1837 in Paris, London und Rom geschlossenen Anleihen sind später zu einer Schuld (im Gesammtbetrage von 10 Mill. Scubi) consolidirt worden, woraus die 5-procentigen consolidirten Obligationen entstanden sind. Es gibt dafür auch Antwerpener und Amsterdamer Certificate. Fünfprocentige Obligationen rühren ferner her: 1) Von den in den Jahren 1844, 1845, 1846 und 1848 gemachten Anleihen im Gesammtbetrage von 5,400,000 Scubi. 2) Von der im Jahr 1850 bei Rothschild in Paris gemachten Anleihe von 40 Mill. Franken. 3) Von einer sogenannten freiwilligen Anleihe von 2½ Mill. Scubi zur Einziehung von Papiergeld. 4) Von einem im Jahr 1853 zu demselben Zweck bei Rothschild in Paris gemachten Anlehen von 26 Mill. Franken. 5) Von dem im Jahr 1854 mit demselben Hause gemachten Anlehen von 4 Mill. Scubi oder 21 Mill. Franken. 6) Von einer alten in Genua gemachten Anleihe, deren Zinsen dort auch bezahlt werden *).

Maaße und Gewichte. Im Jahr 1848 wurde die Einführung des franz. metrischen Maaß- und Gewichtssystems beschlossen, aber bis jetzt noch nicht zur Ausführung gebracht, weßhalb die alten Dimensions- und Schwermaaße noch ihre Geltung haben.

Längenmaaß: Der Piede (Fuß) = 131,919 Par. Linien. — Der Passo oder Schritt = 5 Piedi. — Die Canna mercantile von 8 Palmi mercantili zu 3 Parti (Theile) = 883,326 Par. Linien. — Die Canna architettonica von 10 Palmi arch. zu 12 Once (Zoll) zu 5 Minuti zu 2 Decimi = 989,393 Par. Linien. — Die Canna d'ara (Altar-Canna) zu 9 Palmi d'ara oder Palmi sacri = 498,708 Par. Linien.

Der Braccio da mercante (Handels-Elle) = 297 Par. Linien. — Der Braccio per le tele (Leinwand-Elle) = 281,5 Par. Linien. — Der Braccio d'ara (Altar-Elle) = 332,472 Par. Linien. — Die Catena (Meßkette) zu 10 Stajole = 5¾ Canna architettonica.

Wegemaaß: Der Miglio (die Meile) zu 1000 Passi = ca. 1488 Meter.

Feldmaaß: Der Rubbio von 4 Quarte zu 4 Scorzi zu 2 Quartucci zu 7 Quadrat-Catene = ca. 184 franz. Aren.

Getreidemaaß: Der Rubbio von 2 Rubbiatelle zu 2 Quarte zu 2 Quartarelle = 294½ Liter. — Die Quarta wird auch in 3 Staja, oder auch in 4 Starelli, der Stajo in 4 Decine, und der Rubbio in 22 Scorzi zu 4 Quartucci eingetheilt.

Beim Salzmaaß wird der Getreide-Rubbio in 2 Quarte zu 6 Scorzi zu 4 Quartucci eingetheilt.

---

*) Stand der Schuld im Jahr 1859 (nach Scherer): Fundirte Schuld ca. 58 Mill. und schwebende Schuld ca. 4 Mill. Scubi.

Kalt wird nach der Getreide-Decina gemessen.

Wein= und Branntwein=Maaß: Der Barile (das Faß) zu 32 Boccali (Becher) zu 4 Fogliette zu 4 Quartucci = 58,3416 Liter. — Die Botta (das Both) hat 16 Barili.

Oelmaaß: Der Barile zu 28 Boccali zu 4 Fogliette zu 4 Quartucci = 57,4806 Liter. — Im Großhandel bedient man sich der Soma, welche 80 Boccali oder 2⁶/₇ Barile enthält und in 2 Pelli oder Mastelli, oder 20 Cugnatelle zu 4 Boccali eingetheilt wird.

Handelsgewicht: Die Libbra (das Pfund) zu 12 Once (Unzen) zu 24 Denari (Pfennige) zu 24 Grani = 339,161 Grammen (Kelly). — Die Decina = 10 Libbre. — Der Centinajo (Centner) oder Cantaro piccolo (kleine Centner) = 100 Libbre; der Migliajo oder Cantaro grosso (großer Centner) = 1000 Libbre. — Nach Kelly gibt es noch zwei andere Cantari, den einen zu 160, den andern zu 250 Libbre.

Die Libbra oder das Pfund ist dem des Gold= und Silbergewichts gleich.

Münzgewicht: Seit 1835 das französische Grammengewicht (s. Paris).

Probirgewicht beim Münzwesen: das französische (s. Paris). Im Verkehr wird aber die Einheit beim Golde in 24 Carati, beim Silber in 12 Once zu 24 Denari eingetheilt.

Apothekergewicht ist die Libbra des Handelsgewichts, welche aber in 12 Once zu 8 Dramme zu 3 Scrupoli zu 24 Grani eingetheilt wird.

Schiffsbefrachtungen werden nach dem Getreide=Rubbio bemessen, welcher an Gewicht bei Salz zu 600 Libbre, bei Erbsen, Bohnen ꝛc. zu 720 Libbre, bei Getreide zu 640 Libbre gerechnet wird.

Handelsusanzen. Auf alle Waaren, welche auf der öffentlichen Wage gewogen werden, gewährt man 4 Proc. Gutgewicht, wovon 2 Proc. dem Käufer, die andern 2 Proc. aber der Handelskammer zu gute kommen. — Die Waaren= Courtage beträgt 1 Proc. und wird nur vom Verkäufer entrichtet.

Bank. Die im Jahr 1834 gegründete Banca romana, welche Discont=, Leih=, Depositen= und Notenbank war, ging in Folge der Ereignisse des Jahres 1848, durch welche die Sistirung ihrer Noteneinlösung herbeigeführt wurde, im Jahr 1850 in ein neues Bankinstitut, in die Banca dello Stato Pontificio (Bank des Kirchenstaates) auf. Die Actien zu 200 Scudi sind auch zum Theil in Partiale oder sogenannte halbe Actien zu 100 Scudi getheilt. Das Actiencapital soll ca. 1 Mill. Scudi betragen. Die Bank betreibt Wechsel=, Giro= und Leih=Geschäfte, gibt Noten zu 5, 10, 20, 50 und 100 Scudi aus, und darf industrielle Unternehmungen machen. Mit der Einlösung der in übergroßer Menge ausgegebenen Noten ist es zeitweise schlecht bestellt gewesen, so daß sie, wie auch das Papiergeld der Regierung, Zwangscurs haben. — Die Bank erhielt Filiale in Bologna und Ancona; erstere ist aber im Jahr 1855 von der Hauptbank getrennt und eine selbstständige Bank geworden *).

Handelsanstalten. Actiengesellschaften für See= und andere Versicherungen, Dampfschifffahrt, Eisenbahnen und industrielle Unternehmungen.

---

*) Dieß zur Berichtigung des Art. Bologna, S. 72, woselbst die Bank als Filiale der römischen Bank bezeichnet ist.

Rostock,

Handelsplatz des Großherzogthums Mecklenburg-Schwerin.

Rechnungsart und Münzen, s. Schwerin.

Noch aus der neuern Zeit gibt es, nach dem Reichsfuße geprägte, Ducaten (zu 2¾ Thlr. Gold) der münzberechtigten Stadt Rostock.

Maaße und Gewichte sind überhaupt diejenigen des Großherzogthums; mehrere Landesmaaße werden aber auch nach der Stadt Rostock benannt und sind Localmaaße derselben. Dahin gehören:

Der Rostocker Fuß = ½ Rostocker Elle = 127,636 Par. Linien. — Die Rostocker Ruthe = 16 Rostocker Fuß.

Das alte Rostocker Pfund Stadtgewicht oder Waagegewicht (für gröbere Waaren) = 508,229 Grammen. Jetzt gilt das deutsche Münzpfund von 500 Grammen (s. Schwerin).

Das Landes- oder Rostocker Getreidemaaß, s. Schwerin.

Usanzen im Holzhandel. Hier ist das Rostocker Fuß- oder Ellenmaaß gebräuchlich und in der Praxis soll dasselbe gleich dem Hamburger angenommen werden. Man verkauft Eichenholz zum Schiffsbau nach dem hiesigen Kubikfuß; eichene Bohlen oder Planken nach der Elle, je nach der Breite und Dicke; Masten per Stück; Eichen und Fichtenholz zum Bauwesen nach der Elle, je nach der Dicke; eichene Bohlen und Bretter zum Bauwesen per Quadratfuß; fichtene Planken und Bretter per Zwölfter oder Tult von 12 Stück; eichenes Stabholz per Ring (zu 4 Schock) von 240 Stück. Eichene Bohlen oder Planken werden auch per Schock zu 60 Kravelen, wie in Hamburg (s. d. Art.), und eichenes Schiffsbauholz, fichtene Balken und Masten nach dem rheinländischen oder preußischen Kubikfuß verkauft.

Schiffslast. Bei Schiffsbefrachtungen hat die Last 2 Tonnen zu 20 Centner zu 100 Pfund = 4000 Pfund; es wird aber auch nach der Roggenlast zu 6000 Pfund verfrachtet und auch die Tragfähigkeit der Schiffe nach derselben bemessen.

Bank. Die „Rostocker Bank" wurde im Jahr 1850 auf die Dauer von 10 Jahren, welche aber bis auf 1885 verlängert worden sind, gegründet. Das Actiencapital von 1 Mill. Thaler in 5000 Actien zu 200 Thlr. (wovon anfänglich nur 2500 Actien ausgegeben werden sollten) kann auf 2 Mill. Thlr. erhöht werden. Geschäftskreis der Bank: 1) Annahme von fremden Geldern, sowohl zur Aufbewahrung als auch zur Verzinsung. 2) Discontgeschäfte. 3) Ankauf von Wechseln, Staatspapieren und Pfandbriefen deutscher Staaten, Hypothekenscheinen, sowie von Prioritäts-Actien rentabler Eisenbahnen, höchstens bis zum Betrage von ⅓ des Actiencapitals. 4) Darlehen gegen bewegliche und unbewegliche Unterpfänder. 5) Aufbewahrung werthvoller Gegenstände gegen Provision. 6) Creditgewährungen gegen eigene Wechsel und Notenausgabe. Die Banknoten müssen in folgenden Verhältnissen zum Stammcapital creirt werden: ²/₁₀ zu 10 Thlr., ⁴/₁₀ zu 20 Thlr., ²/₁₀ zu 50 Thlr., ²/₁₀ zu 100 und 200 Thlr. Die Zweigbanken oder Bank-Contore sind zur sofortigen baaren Auswechselung nur verpflichtet, insoweit es deren baarer Cassenbestand erlaubt, jedenfalls aber binnen 72 Stunden nach Vorzeigung *). Die Realisationsmittel für die Noten müssen bestehen 1) zu ⅓ aus baarem Gelde oder theilweise Gold- und Silberbarren; 2) zu ⅓ aus discontablen acceptirten Wechseln; 3) aus guten Staats- und Communalpapieren, wohin auch Pfandbriefe der mecklenburgischen Ritterschaft gehören. Der Betrag der Noten darf nicht größer sein als das Stammcapital; mit der Abminderung des Letzteren sind auf den gleichen Betrag Noten einzuziehen. — Die Actien tragen zunächst 4 Proc. feste Zinsen, welche halbjährlich bezahlt werden; vom übrigen beim Jahresabschlusse sich ergebenden reinen Gewinn wird ¼ zum Reservefonds zurückgelegt und der Rest als Dividende vertheilt. Die Actien werden an der Berliner Börse notirt.

Credit-Verein. Der „Ritterschaftliche Credit-Verein für die Großherzogthümer Mecklenburg" gewährt den Mitgliedern der mecklenburgischen Ritterschaft auf Landgüter Darlehen in den von ihm ausgestellten Pfandbriefen, welche auf 25 bis 1000 Thaler mit 3½ Proc. Zinsen lauten. Sie werden an der Hamburger und Berliner Börse notirt.

Handelsanstalten 2c. Mehrere See-Versicherungsgesellschaften, Actiengesellschaften für Dampfschifffahrt und Eisenbahnen und mehrere Vereine zu kaufmännischen Zwecken. — Jährlich gegen Ende Juni ein Wollmarkt.

Rotterdam,

zweite Handelsstadt in Holland, s. Amsterdam.

Rouen,

Hauptstadt des franz. Departements der Nieder-Seine.

Rechnungsart, Münzen, Cursverhältnisse 2c., s. Paris.

Maaße und Gewichte sind die französischen metrischen; s. Paris.

Aeltere Dimensions- und Schwermaaße:

Die Aune für Wollen- und Seidenwaaren = 512,1 Par. Linien.

Die Aune für Leinenwaaren = 619 Par. Linien.

Getreidemaaß: Der Setier = 1⅙ alte Par. Setiers = 14 alte Pariser Boisseaux = 182,116 Liter.

Flüssigkeitsmaaß: Die Barrique (das Oxhoft) von 120 Pots = 223⅕ alte Pariser Pintes = 207,87 Liter.

Handelsgewicht: Der Quintal = 100 Livres zu 16 Onces. — Von dem gebräuchlichsten Gewicht, dem Poids de Vicomté war das Pfund = 516,584 Grammen **).

Rudolstadt,

Hauptstadt des Fürstenthums Schwarzburg-Rudolstadt.

Rechnungsart und Münzen im Fürstenthum. Man rechnet im Fürstenthum Schwarzburg-Rudolstadt Oberherrschaft nach Gulden zu 60 Kreuzer im 52½-Guldenfuße und im Fürstenthum Schwarzburg-Rudolstadt Unterherrschaft nach Thalern zu 30 Silbergroschen zu 12 Pfennigen im 30-Thalerfuß.

*) Die Rostocker Banknoten werden in Leipzig bei der Agentur der Anhalt-Dessauer Landesbank eingelöst (Villain). Seit 1852 werden die Noten bei den landesherrlichen Cassen in Zahlung angenommen.

**) Obige Angaben nach Paucton (Métrologie etc.), nach welchem das Pfund = 10748 holl. As.

Für die Oberherrschaft werden vertragsgemäß die Münzen des 52½-Guldenfußes (s. Frankfurt a. M.) und für die Unterherrschaft diejenigen des 30-Thalerfußes (s. Berlin) geprägt.

Aeltere Münzen:

Ducaten im Feingehalte von 979⅙ Tausendtheilen, 146,2987 Stück auf das Pfund fein; daher = 0,34177 deutsche Krone.

Speciesthaler gesetzlich im Feingehalte von 833⅓ Tausendtheilen, 21,3807 Stück auf das Pfund fein; daher = 2 fl. 27 kr. rhn. = 1 Thlr. 12 sgr. preuß. = 2 fl. 10 nkr. öster. — Halbe Speciesthaler oder Gulden nach Verhältniß.

⅙-Thalerstück oder ⅛-Speciesthaler im Feingehalte von 541⅔ Tausendtheilen, 171,0458 Stück auf das Pfund fein; daher = 18⅖ kr. rhn. = 5¼ sgr. preuß. = 26³/₁₀ nkr. öster.

Außerdem gibt es 2-, 1- und ½-Guldenstücke im 24½-Guldenfuße, sowie Thaler und ⅙-Thaler im 14-Thalerfuße.

Kupfermünzen: 1- und ¼-Kreuzerstücke für die Oberherrschaft, und 1-, 2- und 3-Pfennigstücke für die Unterherrschaft.

Papiergeld. Besteht aus Cassenscheinen zu 1 und 10 Thaler, welche Zwangsumlauf haben und durch die Hauptlandescasse in Rudolstadt eingelöst werden.

Im Wechselgeschäfte richtet man sich in Rudolstadt nach den Cursen von Frankfurt a. M., und in Frankenhausen (in der Unterherrschaft) richtet man sich nach den Berliner und Leipziger Cursen.

Wechselrechtliches. Seit 1849 ist die allgemeine deutsche Wechselordnung eingeführt. Für die Schwarzburgischen Fürstenthümer (Rudolstadt und Sondershausen) existiren keine besonderen Einführungsgesetze.

Maaße und Gewichte.

1) In der Oberherrschaft (mit Rudolstadt).

Längenmaaß: Der Fuß zu 12 Zoll = 125,098 Par. Linien. — Die Ruthe = 16 Fuß. — Die Elle ist die Leipziger.

Feldmaaß: Der Anker von 160 Quadratruthen = 32,619 franz. Aren.

Getreidemaaß: Der Scheffel hat 8 Achtel zu 2 Metzen zu 24 Nössel. Das Nössel des Trockenmaaßes = 0,48769 Liter. — Das Rudolstadter Raths-Achtel hat 48 Nössel = 23,41 Liter.

Flüssigkeitsmaaß: Der Eimer hat 72 Maaß zu 2 Nössel. Das Nössel des Flüssigkeitsmaaßes = 0,41785 Liter; daher der Eimer = 60,17 Liter.

Gewicht: Seit 1859 wie in Preußen (s. Berlin). — Das frühere Pfund war das alte Leipziger Pfund = 466,89 Grammen.

2) In der Unterherrschaft (mit Frankenhausen):

Längenmaaß: Der Werkschuh ist der preußische (s. Berlin). Vermessungsfuß ist der Leipziger. — Die Ruthe = 16 Vermessungsfuß. — Die Elle ist die Leipziger.

Feldmaaß: Der Acker von 160 Quadratruthen = 40960 Quadrat-Vermessungsfuß = 32,69 franz. Aren.

Getreidemaaß: Der Marktscheffel hat 12 Scheffel zu 4 Vierteln zu 2 Metzen zu 2 Mäßchen. — Der gewöhnliche Scheffel = 45,632 Liter.

Flüssigkeitsmaaß: Der Eimer hat 36 Kannen oder 72 Maaß zu 2 Nösseln und ist = 1 Dresdner Eimer (s. Dresden).

Branntwein wird nach dem Faß zu 54 Stäbchen zu 4 Maaß (oder Dresdener Kannen) verkauft; Bier nach der Ohmkanne zu 8 Maaß.

Gewicht: Seit 1859 wie in Preußen. — Das frühere Pfund wie in der Oberherrschaft; man bediente sich auch des preußischen Gewichts.

Landescreditanstalt. Sie dient zur Vermittelung der Ablösung grundherrlicher Lasten, gewährt Darleihen und besorgt die Verzinsung und Tilgung der Landesschuld *).

Sandwich-Inseln,

eine zu Australien gehörige Gruppe von 12 Inseln, und Königreich mit der Hauptstadt Honolulu.

Rechnungsart und Münzen. Man rechnet nach Dollars oder Piastern zu 100 Cents oder auch (im gewöhnlichen Verkehr) zu 8 Realen. Die cursirenden Münzen bestehen außer spanischen, mexikanischen und südamerikanischen Piastern, nordamerikanischen Silber-Dollars und franz. Fünffrankenstücken, welche Münzen alle einander gleich, d. h. für einen Piaster oder Dollar der hiesigen Valuta gelten, in Dublonen (spanischen und südamerikanischen Onzas oder Quadrupel), nordamerikanischen Eagles (Goldadler), californischen Goldstücken von Privatmünzstätten (s. d. Art. San Francisco), englischen Sovereigns, französischen, holländischen, deutschen, dänischen und russischen Goldmünzen, englischen Silbermünzen und englisch-ostindischen Compagnie-Rupien.

Wechselcursnotirung. Man wechselt auf die Vereinigten Staaten (New-York 2c.) zu 10 bis 20 Proc. Prämie. London, 30 Tage nach Sicht, zu ± 50 Pence Sterl. für 1 Piaster. Hamburg, dto. „ „ 48 Schilling banco für 1 Piaster.

Maaße und Gewichte sind gesetzlich die nordamerikanischen; das Hundredweight wird aber nicht in 112, sondern in 100 Pfund eingetheilt; daher das Ton von 20 Hundredweight) = 2000 Pfund.

San Sebastian,

Hauptstadt der spanischen Provinz Guipuzcoa.

Rechnungsart und Münzen, s. Madrid.

Maaße und Gewichte, s. Madrid. Frühere Maaße:

Längenmaaß: Die Vara = 371 Par. Linien = 0,986 castilische Varas.

Getreidemaaß: Die Fanega = 55,3 Liter = 0,982 castilische Fanegas (oder = 1,009 castilische Fanegas, wenn die Fanega von Avila, s. S. 264, zu 54,8 Liter angenommen wird).

Flüssigkeitsmaaß: Die Azumbre zu 4 Cuartillos = 2,52 Liter = 0,1558 castilische Cantaras.

Handelsgewicht: Die Libra (das Pfund) = 492 Grammen = 1,0692 castilische Libras.

---

*) Die Obligationen derselben (nach Scherer im Jahre 1859 im Betrage von ca. 1½ Mill. fl.) sind schriftliche, auf beliebige Summen gestellte Schuldscheine.

Santiago oder San Jago de Chile,
Hauptstadt der südamerikanischen Republik Chile.

Rechnungsart und Münzen. Man rechnet nach Pesos oder Piastern zu 100 Centavos oder auch (im gewöhnlichen Verkehr) zu 8 Reales zu 4 Cuartillos. Nach dem Münzgesetz vom 9. Januar 1851 soll der Peso 25 französische Grammen wiegen und ⁹/₁₀ Feingehalt haben, wonach der Peso genau dem französischen Fünffrankenstück entspricht. Der hiesige Peso wird daher, wie früher, zur Unterscheidung vom bisherigen spanischen, mexikanischen und südamerikanischen Silberpiaster Peso corriente (Curantpiaster) genannt. Die Silbermünze entspricht nach diesem Gesetz der französischen Silbervaluta, während die Goldwährung wesentlich davon abweicht.

Außer dem Peso (= dem franz. Fünffrankenstück) gibt es nach dem angeführten Münzgesetz im verhältnißmäßigen Werthe halbe Pesos zu 50 Centavos (12 ½ Grammen schwer), Fünftel Pesos zu 20 Centavos (5 Grammen schwer), Stücke zu 10 Centavos (Decimo, 2 ½ Grammen schwer) und zu 5 Centavos (Medio Decimo, 1 ¼ Grammen schwer).

In Gold werden nach dem angeführten Gesetz im Feingehalte von 900 Tausendtheilen geprägt:

Der Condor zu 10 Pesos, 15,253 Grammen schwer, = 1,37261 deutsche Krone; der Doblon zu 5 Pesos, 7,626 Grammen schwer, = 0,6863 deutsche Krone; der Escudo zu 2 Pesos, 3,051 Grammen schwer, = 0,27453 deutsche Krone.

Unterm 28. Juli 1860 ist ein Gesetz über Prägung neuer Gold- und Silbermünzen erlassen worden, nach welchem Goldmünzen im Werthe von 1 Piaster oder Peso mit einem Feingehalte von 900 Tausendtheilen und im Gewicht von 1,525 Grammen geprägt werden sollen. Das Remedium im Feingehalt und Gewicht hat der Präsident der Republik nach den Resultaten der Fabrikation festzusetzen. Ferner kann die Münzanstalt bis zum Betrage von 500,000 Piastern Silbermünzen von 20, 10 und 5 Centavos im Feingehalte von 900 Tausendtheilen prägen lassen. Die 20-Centavos-Stücke sollen 4,6 Grammen, die 10-Centavos-Stücke 2,3 Grammen und die 5-Centavos-Stücke 1,15 Grammen wiegen (also weniger als die gleichen Stücke nach dem Gesetz vom Jahr 1851).

Aeltere Goldmünzen:
Onza oder Doblon zu 16 spanischen Silberpiastern, gesetzlich im Feingehalte von 875 Tausendtheilen, 21,1137 Stück auf das Pfund fein; daher = 2,36813 deutsche Krone.

Halbe, Viertel und Sechzehntel Onzas nach Verhältniß.

Onzas seit 1835 sind nach nordamerikanischen Untersuchungen etwas geringhaltiger (Neubauer).

Aeltere Silbermünzen:
Peso duro oder Silberpiaster zu 8 Reales, gesetzlich im Feingehalte von 906 Tausendtheilen, 20,3913 Stück auf das Pfund fein; daher = 2 fl. 34 ⅔ kr. rhn. = 1 Thlr. 14 ¹/₁₀ sgr. preuß. = 2 fl. 20³/₃ nkr. öster.

Viertel- und Achtel-Piasterstücke nach Verhältniß.

Kupfermünzen: Stücke zu 1 und ½ Centavo.

Vor der Einführung des neuen Münzsystems war die Baluta eine Gold=währung; die Onza oder der Doblon wurde zu 17 ¼ Pesos corrientes gerech=net, zu welchem Werthe die älteren Onzas jetzt noch curſiren ſollen.

Fremde Münzen. Außer den ſpaniſchen Gold= und Silbermünzen cur=ſiren hier engliſche Sovereigns, franzöſiſche Fünffrankenſtücke, ſowie die Gold= und Silbermünzen der Vereinigten Staaten.

Wechſelcurſe. Man wechſelt auf

die Vereinigten Staaten (New=York ꝛc.), 60 Tage nach Sicht zu ± 6 Procent Prämie, d. h. ± 106 chileniſche Peſos (Pesos corrientes für 100 nord=amerikaniſche Dollars.

Paris, 90 Tage nach Sicht, zu ± 5 Franken für 1 Peſo.

Hamburg, bto. „ „ 40 Schillinge banco für 1 bto.

London, 60 u. 90 Tage n. Sicht „ „ 45 Pence Sterl. für 1 bto.

Wechſelrechtliches. In Chile gilt als Handelsrecht noch die alte Wechſelordnung der Stadt Bilbao.

Chileniſche Staatspapiere. Von der auswärtigen Schuld gibt es 6=procentige Obligationen einer in London gemachten Anleihe, ſowie 3=procentige Obligationen, welche von einer im Jahr 1840 vorgenommenen Capitaliſirung rückſtändiger Zinſen herrühren. Die 6=procentigen Zinſen wurden nämlich wäh=rend einer Reihe von 15 Jahren nicht entrichtet; es wurde daher ein Abkommen getroffen, nach welchem mit 1840 die Zinszahlung wieder begann und für die rückſtändigen Zinſen 3=procentige Obligationen ausgegeben wurden, deren Ver=zinſung im Jahr 1847 begonnen hat.

Von der inländiſchen Schuld gibt es 3=, 4= und 6=procentige Obli=gationen *).

Chileniſche Maaße und Gewichte. Die im Jahr 1848 beſchloſſene Einführung des franzöſiſchen metriſchen Syſtems iſt (mit Ausnahme des Münz=gewichts) noch nicht zur Ausführung gekommen und es iſt daher bei den folgenden bisherigen Dimenſions= und Schwermaaßen geblieben.

Längenmaaß: Die Bara ꝛc. wie in Lima (ſ. d. Art.). Im Handel und bei der Zollerhebung gebraucht man auch das engliſche Yard und den engliſchen Fuß. In der Praxis rechnet man 100 Yards = 108 Baras; 100 Meter = 119 Baras; 100 alte Pariſer Aunes bei Seidenwaaren = 138 Baras, bei wolle=nen und anderen Geweben = 140 Baras; 100 brabanter Ellen = 81 Baras.

Flüſſigkeiten werden gewöhnlich nach dem alten engliſchen Weingallon ver=kauft. — Die chileniſche Wein=Arroba rechnet man in der Praxis = 9 alte eng=liſche Wein=Gallons.

Getreidemaaß: Die Fanega = ca. 97 Liter. Dieſelbe iſt übrigens nicht aller Orten von gleicher Größe, hat aber überall dieſelbe Eintheilung wie in Spanien. Obige Fanega iſt zugleich die bei der Zollerhebung gebräuchliche.

Handelsgewicht wie in Lima (ſ. d. Art.).

Mit Ausnahme des Münzgewichts (ſ. oben) ſind die übrigen Maaßgrößen die ſpaniſch=caſtiliſchen (ſ. Madrid).

---

*) Im Jahr 1857 ſoll die auswärtige Schuld 6,850,500 Livre Sterl. und die inländiſche 1,960,400 Livre Sterl. betragen haben (Scherer).

San Francisco,

Hauptstadt von Obercalifornien, einem Staat der nordamerikanischen Union.

Rechnungsart und Münzen sind diejenigen der Vereinigten Staaten.

Vor 1852 wurden in Californien von mehreren Handelshäusern und Gesellschaften Privatmünzen geprägt, welche nicht nur geringer als die Nationalmünzen der Vereinigten Staaten im Feingehalte, sondern auch unter der Angabe des eigenen Stempels sind, und auch ein zu geringes Gewicht haben, weshalb sie allmälig aus der Circulation verschwinden.

Von Seiten der Regierung werden für Californien Fünfzig-Dollarsstücke (achteckig und nur mit Silber legirt) geprägt, welche im Jahr 1851 zuerst in Umlauf kamen. Sie werden durch das Haus Moffat und Comp., laut Vertrag mit demselben, verfertigt und in Umlauf gesetzt und haben den Stempel des Goldmünzwardeins der Vereinigten Staaten für Californien: August Humbert.

Seit 1852 läßt die Regierung durch das Haus Moffat u. Comp. auch 10= und 20=Dollarsstücke, wie sie schon als Nationalmünze für die Union bestehen, prägen. Seit Ende 1852 werden von dem Staatswardeinamte in San Francisco, jetzt der Staatsmünzstätte, auch Goldstücke (Barren) im Feingehalte von 900 Tausendtheilen zu 90 Dollars geprägt. In Californien kommen nämlich auch gestempelte Goldbarren vor, welche als Geld circuliren. Sie sind mit der Firma der Ausgeber, dem Feingehalt und Gewicht, sowie mit dem Nennwerth bezeichnet. Die Barren von Moffat und Comp. z. B. kommen in verschiedenen Formen und in Nennwerthen von 9 bis 260 Dollars vor. Ein weiteres Zahlmittel ist auch der Goldstaub (Gold dust). Die Masse der ausgewaschenen Körner ist gewöhnlich im Feingehalte von ca. 860 bis 900 Tausendtheilen und enthält etwas Silber und Eisen; die auf den Curszetteln notirten Curse verstehen sich per Troy-Unze (f. unten). Reiner Goldstaub (clean gold dust) stand im Jahr 1852 auf $17\frac{1}{4}$ bis $17\frac{1}{2}$ Dollars per Troy-Unze (Nobad).

Fremde Münzen. Notirt werden die verschiedenen Privat-Goldmünzen von Californien mit $\pm$ 8 Proc. Disconto oder Verlust, d. h. $\pm$ 92 Dollars in Nationalmünzen für 100 Dollars Nennwerth in solchen Privatmünzen; spanische Onzas zu $\pm$ 3 Proc. Prämie, d. i. $\pm$ 103 Dollars Nationalmünze für 100 spanische Piaster (Dollars) in vollwichtigen spanischen und mexicanischen Onzas, das Stück zu 16 spanische Piaster fest gerechnet, oder auch zu $\pm$ 16 Dollars per Stück; auch andere (columbische, chilenische ꝛc.) Onzas zu $\pm$ 16 Dollars per Stück, ferner englische, französische, holländische, deutsche und dänische Goldmünzen per Stück; spanische und mexicanische Silberpiaster zu $\pm$ 3 Proc. Prämie, d. h. $\pm$ 103 Dollars Nationalmünze für 100 spanische Silberpiaster.

Die Silbermünzen der Vereinigten Staaten, besonders die kleineren Sorten, cursiren hier selten und erhalten gewöhnlich ein Aufgeld von 1 bis 2 Procent gegen Gold.

Wechselcursnotirung. Man wechselt auf

London, bei Sicht, 10 u. 60 Tage nach Sicht, zu $\pm$ 45 Pence Sterl. für 1 Dollar.
Paris, bto. „ „ 480 Centimen „ 1 bto.
Hamburg, bto. „ „ 42 Schill. banco „ 1 bto.

Auf amerikanische und westindische Plätze werden die Curse, je nach Sicht, mit mehr oder weniger Procenten Prämie notirt.

Obligationen des Staates Californien ꝛc. Alle früheren, zu 7, 10, 12 bis 36 Proc. verzinsliche Anleihen sollen in eine einzige Emission von 3,900,000 Dollars in 7-procentigen Bonds verwandelt werden, und es sollten gegen solche bis zum 1. Januar 1859 alle ausstehenden Schuldverschreibungen ausgetauscht sein. Außer den Obligationen der Staatsanleihe (State Bonds) werden die städtischen Obligationen (City Bonds) von San Francisco und Sacramento und die Graffschaftsobligationen (County Bonds) mit mehr oder weniger Procenten Disconto oder Verlust, oder auch, wie bei den Actien, in Dollars per 100 Dollars Nennwerth notirt.

Maaße und Gewichte sind diejenigen der Vereinigten Staaten von Nordamerika (s. New-York).

Handelsusanzen. Laut Beschluß der Handelskammer vom 8. December 1851 beträgt die Commissionsgebühr für Waarenverkäufe mit oder ohne Delcredere 10 Proc.; für Einkauf und Verladung von Waaren mit Geldern in Händen 5 Proc., dto. ohne Gelder in Händen 10 Proc.; für Ein- und Verkauf von Contanten, Goldstaub oder Goldbarren 1 Proc.; für Einkassirung und Uebermittelung verzögerter oder bestrittener Forderungen, sowie für protestirte Wechsel 10 Proc.; für Annahme, Auszahlung oder Uebermittelung von Geldern, wobei keine andere Commission zu berechnen ist, 2½ Proc.; für Indossirung von Wechseln 2½ Proc.; für An- und Verkauf, Befrachtung und Verfrachtung von Schiffen, Einkassirung von Frachtgeldern, Ausrüstung von Schiffen oder Vorschuß 5 Proc.; für Besorgung von Versicherungen 1 Proc. auf die Versicherungssumme; für Empfangnahme, Einklarirung und Spedition von Gütern 2½ Proc. vom Fakturawerthe. Bei Geschäften innerhalb des Staates Californien rechnet man die nämlichen Sätze, sowie ferner: für Verkauf von Wechseln 1 Proc.; für Verkauf und zugleich Indossirung von Wechseln 3½ Proc.

Die Tara wird nach der New-Yorker Usanz gerechnet. Lagermiethe entweder 2½ Dollars für die Tonne von 40 Cubikfuß, oder 2 Dollars per Tonne von 2240 Pfund. Der angefangene Monat wird dabei als ein ganzer gerechnet. Der Consignatar ist befugt, nach Belieben per Maaß oder per Gewicht zu rechnen.

Usanzen in Betreff der Frachtgüter, Frachtgelder ꝛc.: Wenn in den Connossementen kein besonderer Vorbehalt gemacht ist, so müssen die betreffenden Güter frei an's Land geliefert werden. Die Frachtgelder müssen vor Ablieferung der Güter entweder bezahlt oder dem Capitän oder Correspondenten des Schiffes genügend gesichert werden. Frachtgüter sind in 10 Tagen nach der Anzeige, daß das Schiff zum Löschen bereit liegt, in Empfang zu nehmen, es sei denn, daß die betreffenden Connossemente andere Stipulationen enthalten. — Nachdem verkaufte Güter dem Käufer abgeliefert, sind Ansprüche wegen Beschädigung, Mangel oder andere Ursachen Seitens des Käufers nur innerhalb dreier Tage zulässig; durchaus unzulässig sind solche Ansprüche aber, wenn die verkauften und abgelieferten Güter bereits außerhalb der Stadt sind.

Handelsanstalten ꝛc. Mehrere Privatbanken. Einige Actiengesellschaften für Dampfschifffahrt, Eisenbahnen und Seeversicherung. Zweigmünzstätte der Vereinigten Staaten und mehrere Privatmünzstätten.

Santa-Cruz,
Hauptstadt der spanischen Insel Teneriffa.

Rechnungsart und Münzen. Im Handelsverkehr rechnet man, wie in Spanien, nach Realen zu 34 Maravedis; im gewöhnlichen Verkehr nach Pesos corriente (Curantpiastern) zu 8 Reales de Plata zu 16 Cuartos *). — Der Peso corriente = $\frac{3}{4}$ Peso duro (zu 20 Realen, vergl. Madrid) = 15 Realen. Rechnet man den Peso duro zu ca. 2 fl. 31 kr. rhn., so stellt sich der Werth des Peso corriente auf ca. 1 fl. 53 kr. rhn. = 1 Thlr. 2⅞ sgr. preuß. = 1 fl. 61½ nkr. öster. = Der Peso corriente wird hier im Wechselverkehr = 1 Thaler Gold, und es werden 90 Realen = 1 Liv. Sterl. von 6 Thlr. Gold gerechnet.

Wechselcoursnotirung. Man wechselt, gewöhnlich langsichtig, auf
Yondon,   zu ± 40 Pence per 1 Curantpiaster,
Paris,   „ „ 400 Centimen per 1 dto.
Hamburg, „ „ 34 Schilling banco per 1 dto.
In Wechselgeschäften wird auch über Cadix operirt.
Wechselrecht wie in Spanien.

Maaße und Gewichte, s. Madrid. Die seitherigen Dimensions- und Schwermaaße, übrigens nicht auf allen Inseln von übereinstimmender Größe, sind auf Teneriffa folgende:

Längenmaaß: Die Vara (Elle) = 373¼ Par. Linien. — In der Praxis rechnet man 11 hiesige Varas = 10 englische Yards.

Getreidemaaß: Die Fanega zu 12 Almudes zu 4 Cuartillos = 62,66 Liter = 1,129 castilische Fanegas. — In der Praxis rechnet man 4½ gestrichene Fanegas von Santa-Cruz = 8 alte engl. Winchester Bushels, und 1 gehäufte Fanega = 2½ Winchester Bushels.

Flüssigkeitsmaaß: Die Pipa hat 12 Bariles zu 8 Arrobas oder 40 Cuartillos zu 4 Cuartos. Die Arroba von Santa-Cruz = 5,08 Liter. Im Verkehr rechnet man die Pipa = 120 alte engl. Wein-Gallons. Gewicht ist das castilische.

Santander,
Hafenstadt der spanischen Provinz gleichen Namens.

Rechnungsart und Münzen, s. Madrid.
Maaße und Gewichte. Längenmaaß ist das castilische (s. Madrid).
Getreidemaaß: Die Fanega = 54,84 Liter = 0,98809 castilische Fanegas (vergl. Madrid).
Flüssigkeitsmaaß: Die Cantara = 15,8 Liter = 0,97936 castilische Wein-Cantaras.
Gewicht ist das castilische (s. Madrid).

St. Gallen,
Hauptstadt des gleichnamigen schweizer Cantons.

Rechnungsart und Münzen, s. Schweiz.
Bis 1850 rechnet man im Canton St. Gallen nach Gulden zu 60 Kreu-

---

*) Eine ältere Kupfermünze. Dieselbe soll nach folgendem Tarife umgewechselt werden: 1 Real für 8½ Cuartos; eine halbe Peseta für 17 Cuartos; eine Peseta für 34 Cuartos; einem Escudo für 85, einen Duro für 170 Cuartos (vergl. Madrid).

zern zu **4 Pfennigen oder 8 Heller**, oder auch nach **Gulden zu 10 Schillingen** zu 6 Kreuzern oder zu 15 Batzen zu 4 Kreuzern, und zwar ursprünglich im 24-Guldenfuße, aber vom Jahr 1837 an im 24½-Guldenfuße. Es wurden 33 solcher Gulden = 70 (damaligen) neuen schweizer (oder französischen) Franken gerechnet.

Papiergeld. Privatpapiergeld sind die Noten der Bank von St. Gallen (s. u.).

Wechselcursnotirungen fanden seither statt auf Amsterdam, Augsburg, Frankfurt a. M., Genua, Hamburg, London, Mailand, Wien, wie bei Genf (s. d. Art.).

Wechselrechtliches. St. Gallen hat eine erneuerte und vermehrte Wechselordnung vom Jahr 1784.

Maaße und Gewichte, s. Schweiz. — Das alte Pfund Schwergewicht zu 40 Loth = 577,548 Grammen; das Pfund Leichtgewicht zu 32 Loth = 465,003 Grammen (Chelius).

Die alte Leinwand-Elle = 326 Par. Linien; die alte Wollen-Elle = 270,8 Par. Linien. — Der Stab soll der Pariser Stab sein; er ist aber nur = 522,66 Par. Linien (Chelius).

Banken. 1) Die im Jahr 1837 mit einem Capital von 1 Mill. Gulden gegründete „Bank in St. Gallen", welche Discont-, Leih-, Giro-, Incasso- und Depositengeschäfte treibt und außerdem Noten, sogenannte „Anweisungen", an den Vorzeiger zahlbar, und an Ordre gestellte „Kassascheine", welche auf einen bestimmten Zahltag lauten, ausgibt. 2) Die sogenannte Directorialcasse, welche Discont-, Wechsel-, Leih- und Depositen-, sowie andere, die Industrie des Landes fördernde Geschäfte betreibt. Das Geschäftscapital ist nach und nach aus Vermächtnissen entstanden, welche seit einer Reihe von Jahren zu gemeinnützigen Zwecken gemacht worden sind. Der Disponent ist das aus den incorporirten Kaufleuten gewählte Directorium, ohne daß ein Eigenthumsrecht durch dieselben anzusprechen oder vom Staate zu erlangen wäre. Mit dieser Casse ist seit 1835 eine Ersparnißanstalt verbunden. 3) Die „Deutsch-schweizerische Creditbank", welche im Jahr 1856 gegründet worden ist. Actiencapital 25 Millionen Franken in 50,000 Actien zu 500 Franken. Laut Statuten sollten zunächst nur 20,000 Actien ausgegeben werden. Geschäfte der Bank: Die Betreibung aller in das Bankgeschäft einschlagenden Commissions-, Discont-, Giro- und Wechselgeschäfte; die Uebernahme und Ausleihung von Geldbeträgen und die Gewährung von Crediten in laufender Rechnung; die Gewährung von Vorschüssen auf Rohprodukte und Waaren, sowie die Discontirung von Verkaufsrechnungen; Gewährung verzinslicher Darleihen; Uebernahme von Anleihen von Staatsregierungen, Corporationen, Gesellschaften und Privaten, oder Betheiligung bei solchen; Eincassirung und Auszahlung von Interessen- und Dividenden-Coupons, sowie die Einbringung von Forderungen für Rechnung Dritter; Annahme von Effekten und Werthpapieren jeder Art zur Aufbewahrung in ihren Depositencassen; Aufnahme von Geldern gegen Zinsvergütung mit bestimmter Verfallzeit oder gegen Aufkündigung; Betrieb des Effektenhandels mit Vermeidung reiner Differenzgeschäfte. Die Bank ist befugt, Filiale zu errichten, sowie auch zur Bildung von und Betheiligung bei Actiengesellschaften, die den Betrieb industrieller oder sonstiger Handelsunternehmungen zum Zwecke haben.

In St. Gallen ist die Gründung einer Feuerversicherungsanstalt unter der Firma: „Helvetia, schweizerische Feuerversicherungsgesellschaft" beschlossen worden. Actiencapital 10 Mill. Franken in 2000 Actien zu 500 Fr. Die Einladung zur Actienzeichnung ist unterm 18. November 1861 erfolgt.

St. Louis,

Handelsstadt des nordamerikanischen Unionsstaates Missouri.

Rechnungsart, Münzen, Maaße und Gewichte wie New-York. Man notirt Wechselcurse auf Frankfurt a. M. und Stuttgart zu $\pm$ 40 Cents für 1 fl. rhn.

Die einzigen, in Deutschland ziemlich verbreiteten Grafschaftspapiere (s. New-York) sind die 6-procentigen St. Louis County-Bonds; es haben übrigens in den letzten Jahren die Counties ihre Zinsen nicht regelmäßig bezahlt.

St. Thomas,

Hauptstadt der dänisch-westindischen Insel gleichen Namens.

Rechnungsart und Münzen. Man rechnet nach Pesos duros (spanischen Silberpiastern) zu 8 Realen oder auch zu 100 Cents. — Es werden 16 Pesos auf eine spanische Gold-Dublone gerechnet.

Im innern Verkehr rechnet man nach Thalern dänisch-westindisch Curant (sonst ebenfalls Pesos genannt) zu 96 Schillingen.

Für das dänische Westindien werden seit 1816: 20-, 10- und 2-Schilling-stücke geprägt. Es gehen 76⅔ 20-Schillingstücke im Feingehalt von 625 Tausendtheilen auf die cölnische Mark fein Silber; also gehen 15 Thaler zu 96 Schillingen auf diese Mark; daher der Thaler = 1 fl. 31⅞ kr. rhn. = 26²⁄₇ sgr. preuß. = 1 fl. 31³⁄₇ ukr. öster.

Rechnet man den spanischen Piaster zu ca. 2½ fl. rhn., so sind 100 spanische Piaster = ca. 163 Thaler dänisch-westindisch Curant oder Curant-Piaster.

Papiergeld. Besteht aus den Noten der hiesigen Bank (s. unten).

Wechselcursnotirung. Man wechselt, gewöhnlich 3 bis 4 Monate nach Sicht, auf

London zu $\pm$ 490 spanische Piaster für 100 Liv. Sterl.

Paris und Bordeaux zu $\pm$ 500 Centimen für 1 spanischen Piaster.

Hamburg zu $\pm$ 40 Schillinge banco für 1 span. Piaster.

Copenhagen zu $\pm$ 6 Proc., d. h. $\pm$ 106 span. Piaster für 200 dänische Reichsthaler.

New-York zu $\pm$ 1 Proc. Disconto oder Verlust, d. h. $\pm$ 99 spanische Piaster
für 100 Dollars auf New-York.

Amsterdam zu $\pm$ 40 Cents von St. Thomas (Piaster-Cents) für 1 fl. holl.

Wechselrecht ist das dänische.

Wechselstempel. Derselbe beträgt ¼ Proc.

Maaße und Gewichte sind die dänischen; man bedient sich aber auch des englischen Yard, mitunter auch der alten Amsterdamer Elle, und des alten englischen Wein-Gallons.

Farbholz wird per Tonne zu 2000 dänische Pfund verkauft.

Handelsanstalten ꝛc. Bank von St. Thomas, gegründet im Jahr 1837; sie discontirt und gibt Noten aus. — Filial der Londoner Colonial-Bank (siehe London). — Seeversicherungsanstalt und mehrere Agenturen von ausländischen Gesellschaften.

Saragoſſa,
Hauptſtadt der ſpaniſchen Provinz gleichen Namens.

Rechnungsart und Münzen, ſ. Madrid. Die frühere aragoniſche Valuta war die Libra Jaquesa *) zu 10 Reales zu 2 Sueldos zu 16 Dineros. — Es ſind 17 ſolcher Libras = 16 Pesos duros oder Silberpiaſter.

Wechſelcoursnotirung wie in Madrid.

Wechſelrecht, ſ. Madrid.

Maaße und Gewichte ſind geſetzlich die neuen ſpaniſchen (ſ. Madrid). Frühere Dimenſions= und Schwermaaße: Die Vara (Elle) = 341,78 Par. Linien.

Getreidemaaß: Der Cahiz zu 8 Fanegas zu 3 Cuartales zu 4 Celomines oder Almudes. — Die Fanega = 22,55 Liter.

Weinmaaß: Der Nietro oder die Carga zu 16 Cantaros oder Arrobas zu 8 Azumbres zu 4 Cuartillos. — Der Cantaro = 9,95 Liter.

Oelmaaß: Die Arroba = 13,36 Liter (im Handel ſo angenommen).

Handelsgewicht: Man rechnet 4 aragoniſche Libras (Pfund) = 3 caſtiliſche Libras; daher (letztere zu 460,142 Grammen gerechnet) die aragoniſche Libra = 345,1 Grammen.

Sardinien, die Inſel,
mit der Hauptſtadt Cagliari.

Rechnungsart und Münzen, ſ. Turin. Im gewöhnlichen Verkehr iſt aber auch noch die ältere Rechnungsweiſe, nach ſardiniſchen Lire (Lire di Sardegna, Lire Sarde) zu 20 Soldi zu 12 Denari, oder nach derſelben Lira zu 4 Reali zu 5 Soldi zu 12 Denari gebräuchlich. Man rechnet hier die ſardiniſche Lira = 1 Lira 92 Centesimi nuovi oder piemonteſiſch (ſ. Turin). Hiernach iſt die ſardiniſche Lira = 53³⁄₄ kr. rhn. = 15⁵⁄₁₄ ſgr. preuß. = 77 ktr. öſter.

Fremde Münzen. Von fremden Münzen circuliren beſonders franzöſiſche, neapolitaniſche, genueſer und öſterreichiſche Goldmünzen, ſowie franzöſiſche, neapolitaniſche, genueſer und römiſche Silbermünzen.

Papiergeld. Daſſelbe beſteht in Scheinen zu 20, 10 und 5 Scudi **) oder 50, 25 und 12½ ſardiniſchen Liren.

Wechſelgeſchäft. Bei Wechſelgeſchäften richtet man ſich in Cagliari nach den Curſen von Genua. — Wechſelrecht, ſ. Turin.

Maaße und Gewichte. Längenmaaß: Der Palmo = 116,365 Par. Linien. — Der Trabucco = 12 Palmi. — Die Canna (Elle) = 8 Palmi = 930,32 Par. Linien. — In Saſſari hat die Canna 10 Palmi.

Getreidemaaß: Der Starello oder Moggio von Cagliari iſt = 49,175 Liter. Der Starello in Saſſari iſt halb ſo groß.

Wein= und Branntweinmaaß: Der Quartiere zu 5 Pinte zu 2 Mezzette = 5,0266 Liter. — Die Botte (das Both) = 100 Quartieri. — Die Quartana von 12 Quartucci iſt = 4,2 Liter.

---

*) Dieſe Beibenennung der aragoniſchen Libra ſoll von der alten Stadt Jaca herrühren.
**) Der ſardiniſche Scudo war = 3½ Lire.

Delmaaß: Der Barile (das Faß) zu 2 Giarri zu 4 Quartane zu 12 Quartacci zu 2 Misure (Maaß) = 33,6 Liter.

Handelsgewicht ist das sogenannte Peso di ferro (Eisengewicht). — Die Libbra (Pfund) von 12 Once zu 4 Quarti zu 2 Ottavi zu 2 Sediceni ist = 405,77 Grammen. — Der Cantaro (Centner) hat 100 Libbre. — Der Cantarello = 4 Rubbi zu 26 Libbre.

In Saffari kommen 2 Cantari vor; nämlich der Cantaro piccolo oder kleine Cantaro von 4 Rubbi und der Cantaro grosso oder große Cantaro von 6 Rubbi.

Schaffhausen,
Hauptstadt des gleichnamigen schweizer Kantons.

Rechnungsart und Münzen, s. Schweiz.

Früher rechnete man wie im Kanton St. Gallen (s. d. Art.).

Seither sind nur Silber-Scheidemünzen geprägt worden, nämlich Batzen, im Feingehalte von 172 Tausendtheilen und halbe Batzenstücke im Feingehalte von 94 Tausendtheilen. Der Batzen = ca. 2³⁄₁₀ kr. rhn. = 8 Pfennige preuß. = 3¹⁄₃ nkr. öster.

Im Wechselgeschäft richtet man sich nach den Cursen von Zürich und Basel.

Maaße und Gewichte, s. Schweiz.

Die alte Elle = 264,03 Par. Linien. — Das alte Malter für glatte Frucht = 2 Mütt, das Malter für rauhe Früchte = 4 Mütt. Der Mütt = 4 Viertel zu 4 Vierling zu 4 Mäßlein. Diese Unterabtheilungen aber sind für beide Getreidegattungen verschieden. Das Viertel für glatte Frucht = 22,603 Liter. Das Viertel für rauhe Früchte = 25,474 Liter.

Das frühere Pfund Leichtgewicht = 459,972 Grammen; das Pfund Schwergewicht = 574,965 Grammen.

Die Schweiz.

Rechnungsart und Münzen. Man rechnet nach Franken zu 100 Rappen oder Centimen. Laut Bundesgesetz vom 30. Januar 1860 ist die Goldwährung eingeführt. Die französischen Goldmünzen, welche in dem Verhältnisse von einem Pfund fein Gold zu 15½ Pfund fein Silber ausgeprägt sind, werden für so lange, als sie in Frankreich zu ihrem Nennwerthe gesetzlichen Curs haben, ebenfalls zu ihrem Nennwerthe als gesetzliches Zahlungsmittel anerkannt. Diese Bestimmung gilt auch für die von andern Staaten in vollkommener Uebereinstimmung mit den entsprechenden französischen Münzsorten ausgeprägten Goldmünzen. Laut Bundesrathsbeschluß vom 2. März 1860 sind als gesetzliches Zahlungsmittel angenommen: 1) französische Goldmünzen zu 100, 50, 40, 20, 10 und 5 Franken. Ausgenommen hievon sind die 20-Frankenstücke von Ludwig dem Achtzehnten, von den Jahrgängen 1814 und 1815, welche nicht das Zeichen des Graveurs (unten am Abersbild) tragen, so wie die 10- und 5-Frankenstücke mit der Jahreszahl 1854, die in Frankreich selbst außer Curs gesetzt sind. 2) Die sardinischen Goldmünzen zu 100, 80, 50, 40, 20 und 10 Franken.

Die 2-Franken-, 1-Franken- und ½-Frankenstücke werden fortan als bloße Silberscheidemünze ausgeprägt; sie erhalten wie die früheren Stücke (nach dem Bundesgesetz vom 7. Mai 1850, s. unten) so vielmal das Gewicht von fünf Grammen, als ihr Nennwerth es ausspricht; dagegen sollen sie nur 8 Zehntheile feines Silber enthalten *).

Von den 2-Frankenstücken im Feingehalte von 800 Tausendtheilen gehen demnach 62½ Stück auf das Pfund fein; daher das Stück = 50²/₃ kr. rhn. = 14²/₃ sgr. preuß. = 72 nkr. öster.

Stücke zu 1 und ½ Franken nach Verhältniß.

Für die Silber-Scheidemünzen sollte ein neuer Aversstempel mit dem eidgenössischen Kreuz gefertigt werden; derselbe ist aber mißlungen und daher der alte Stempel beibehalten worden **).

Die nach dem Münzgesetz vom 7. Mai 1850 ausgeprägten Silbermünzen von 2-, 1- und ½-Frankenstücken (nach dem franz. Münzfuße, s. unten) werden zurückgezogen. Es müssen aber die 5-Frankenstücke, die im Jahr 1850 geprägt worden sind, auch jetzt noch bei größeren Zahlungen (auch bei Kapitalzahlungen) angenommen werden ***).

Schon nach dem Bundesgesetz vom 7. Mai 1850 sollten auch die älteren abgenutzten schweizer Münzen eingezogen, eingeschmolzen und durch neue ersetzt werden.

Von 1850 bis zur Einführung der Goldwährung rechnete man nach Franken des französischen Silbermünzfußes zu 100 Rappen oder 100 Centimen, welche Rechnungsart im Kanton Genf schon seit 1839 eingeführt war. Die Stücke zu 5, 2, 1 und ½ Franken wurden in Paris, und die 20-, 10- und 5-Rappenstücke (aus Silber, Kupfer, Zink und Nickel bestehend, s. Einleitung), so wie die 2- und 1-Rappenstücke (aus Kupfer- und Zinn bestehend) wurden in Straßburg geprägt. Jetzt hat die Schweiz ihre eigene Münze in Bern. Goldmünzen werden nicht geprägt.

Bis zur Einführung des französischen Franken (1850) wurde (abgesehen von den in den einzelnen Kantonen gebräuchlich gewesenen Währungen [s. die Art. Aarau, Appenzell, Bern, Glarus, Graubünden, Lausanne, Luzern, Neuchâtel, Schaffhausen, Schwyz, Solothurn und Zürich]), in den Staatscassen der meisten Kantone und im Handelsverkehr nach schweizer Franken gerechnet, aber in einem Zahlwerthe, welcher nicht in allen Theilen der Schweiz ganz gleiche Grundlage hatte. Nach dem Bundesgesetz vom 13. Dezember 1850 sollten 10,000 Franken schweizer Währung = 14,597 Franken der französischen Währung gerechnet werden, wonach der frühere schweizer Frank = 1 Frank 45,97 Rappen oder Centimen = 40⅓ kr. rhn. = 11 sgr. 7⁶/₇ pf. preuß. = 58²/₇ nkr. öster. war.

Frühere Prägung von Gold- und Silbermünzen.

1) Schweiz, als helvetische Republik.

Pistolen oder Dublonen zu 16 früheren schweizer Franken vom Jahr 1800 gesetzlich im Feingehalte von 901,042 Tausendtheilen, 72,5519 Stück auf das Pfund fein; daher = 0,68916 deutsche Krone.

---

*) Niemand ist gehalten, mehr als 20 Franken an Werth in Silber-Scheidemünzen anzunehmen.
**) Dies zur Berichtigung der dem Gesetz entlehnten Angabe in der Einleitung, Seite 15, Nr. 13.
***) Nach einem uns zugegangenen Schreiben aus Zürich werden voraussichtlich neue Prägungen des Fünffrankenthalers nicht stattfinden.

Doppelte Piſtolen von 1800 nach Verhältniß.

Piſtolen nach dem Geſetz vom Jahr 1818 im Feingehalte von 900 Tau=
ſendtheilen, 72,6346 Stück auf das Pfund ſein; daher = 0,68836 deutſche
Krone.

Doppelte Piſtolen von 1818 nach Verhältniß.

Silbermünzen nach dem Geſetz vom Jahr 1803: Vierfrankenſtücke zu 40
Batzen, im Feingehalte von 900 Tauſendtheilen, 18,488 Stück auf das Pfund
ſein; daher = 2 fl. 50 kr. rhn. = 1 thlr. 18³/₅ ſgr. preuß. = 2 fl. 43²/₅ nkr. öſter.

2= und 1=Frankenſtücke nach Verhältniß.

Von geringerem Feingehalte und Werthe ſind die 40=, 20= und 10=Batzen=
ſtücke von 1798 und 1799.

2) Die einzelnen Kantone der Schweiz.

a) Aargau.

Neuthaler oder 40=Batzenſtücke, 20=Batzenſtücke und 10=Batzenſtücke von
nahezu gleichem Werthe wie die gleichnamigen Stücke der helvetiſchen Republik.

b) Appenzell.

Neuthaler oder 40=Batzenſtücke, 20=Batzenſtücke und 10=Batzenſtücke theils
von etwas geringerem, theils höherem Werthe wie die gleichnamigen Stück= des
Kantons Aargau.

c) Baſel.

Piſtolen oder Dublonen zu 16 früheren Schweizerfranken von 1795, ge=
ſetzmäßig wie die helvetiſchen (ſ. oben) von 1818.

Thaler von 1795 nach franzöſiſcher Probe im Feingehalte von 840 Tau=
ſendtheilen, 23,0587 Stück auf das Pfund ſein; daher = 2 fl. 16³/₅ kr. rhn.
= 1 thlr. 9 ſgr. preuß. = 1 fl. 95 nkr. öſter.

Von nahezu gleichem Werthe ſind die Thalerſtücke zu 30 Batzen oder zwei
Gulden vom Jahr 1756; von geringerem Werthe dagegen die von 1763 (= ca.
2 fl. rhn. = 1¹/₇ thlr. preuß. = 1⁵/₇ fl. öſter.).

d) Bern.

Goldmünzen von 1814 bis 1830: Dublonen oder Piſtolen oder Louisd'or
zu 16 früheren ſchweizer Franken, im Feingehalte von 902⁷/₉ Tauſendtheilen,
72,4116 Stück auf das Pfund ſein; daher = 0,6905 deutſche Krone.

Doppelte und halbe Dublonen nach Verhältniß.

Dukaten im Feingehalte von 979 Tauſendtheilen, 147,931 Stück auf das
Pfund ſein; daher = 0,333 deutſche Krone.

Doppelte und vierfache Dukaten nach Verhältniß.

Neuthaler oder 40=Batzenſtücke, 20=Batzenſtücke und 10=Batzenſtücke von
nahezu gleichem Werthe wie die gleichnamigen Stücke der helv. Republik.

e) Freiburg.

Schweizer Franken zu '10 Batzen (von 1811 und 1812) geſetzmäßig im
Feingehalte von 900 Tauſendtheilen, 73,9514 Stück auf das Pfund ſein; daher
= 42³/₅ kr. rhn. = 12¹/₆ ſgr. preuß. = 60⁹/₁₀ nkr. öſter. (Nobak); nach Münz=
proben nur = 41⁴/₅ kr. rhn. = 11 ſgr. 11³/₈ pfg. preuß. = 59⁷/₁₀ nkr. öſter.

Neuthaler zu 40 Batzen von 1813 geſetzmäßig im Feingehalte von 900 Tau=

sendtheilen, 18,5536 Stück auf das Pfund fein; daher = 2 fl. 49³/₄ kr. rhn. = 1 thlr. 18½ sgr. preuß. = 2 fl. 42½ nkr. öster.

f) Genf.

Nur in geringer Menge wurden in Gold 20- und 10-Frankenstücke geprägt. Aeltere Goldmünzen wenig mehr im Umlauf; dasselbe gilt von den älteren Silbermünzen. Scheidemünzen wurden 1839 bis 1844 geprägt.

g) Glarus.

Nur Scheidemünze (15- und 3-Schillingstücke von 1809 und 1814).

h) Graubünden.

Viertel-Neuthaler zu 1 früheren schweizer Franken = 42 kr. rhn. = 12 sgr. preuß. = 60 nkr. öster. Außerdem Scheidemünze.

i) Luzern.

S. b. Art. Luzern.

k) Neuchâtel.

S. b. Art. Neuchâtel.

l) St. Gallen.

Dukaten von 1781, nach französischer Probe im Feingehalte von 949 Tausendtheilen, 155,0075 Stück auf das Pfund fein; daher = 0,82257 deutsche Krone.

Conventions-Speciesthaler von 1776, 1777 und 1780, wie in Deutschland, gesetzmäßig im Feingehalte von 833⅓ Tausendtheilen, 21,3807 Stück auf das Pfund fein; daher = 2 fl. 27³/₁₀ kr. rhn. = 1 thlr. 12 sgr. preuß. = 2 fl. 10²/₅ nkr. öster.

Halbe- und Viertel-Conventions-Speciesthaler nach Verhältniß.

m) Schaffhausen.

Nur Scheidemünze.

n) Schwyz.

Dukaten von 1781, nach französischer Probe im Feingehalte von 938 Tausendtheilen, 154,4174 Stück auf das Pfund fein; daher = 0,3238 deutsche Krone.

Gulden zu 40 Schillingen von 1785 und 1797 im Feingehalte von 750 Tausendtheilen, 60,3427 Stück auf das Pfund fein; daher = 52⅛ kr. rhn. = 14¹¹/₁₂ sgr. preuß. = 74³/₅ nkr. öster. (Robad).

Halbe- und Viertel-Gulden nach Verhältniß.

o) Solothurn.

S. b. Art. Solothurn.

p) Tessin.

Neuthaler (Scudi nuovi) zu 4 schweizer Franken (von 1814), nach Untersuchung im Feingehalte von 904,514 Tausendtheilen, 18,4676 Stück auf das Pfund fein; daher = 2 fl. 50⁵/₉ kr. rhn. — 1 thlr. 18²/₃ sgr. preuß. = 2 fl. 43⁷/₁₀ nkr. öster.

Halbe- und Viertel-Neuthaler nach Verhältniß.

q) Thurgau.

Nur Scheidemünze.

r) Unterwalden.

Nur Scheidemünze.

s) Uri.

Dukaten von 1720, nach französischer Probe im Feingehalte von 967 Tausendtheilen, 152,1221 Stück auf das Pfund fein; daher = 0,32868 deutsche Krone.

t) Waadt.

Neuthaler zu 4 schweizer Franken oder 40 Batzen von 1812, nach Untersuchung im Feingehalte von 895,833 Tausendtheilen, 19,0368 Stück auf das Pfund fein; daher = 2 fl. 45 1/2 kr. rhn. = 1 thlr. 17 1/4 sgr. preuß. = 2 fl. 36 2/5 nkr. öster. (Noback).

u) Wallis.

Nur Scheidemünze.

v) Zug.

Keine eigenen Münzen.

w) Zürich.

Dukaten von 1810 im Feingehalte von 981,771 Tausendtheilen, 147,533 Stück auf das Pfund fein; daher = 0,33891 deutsche Krone (Noback).

Dukaten von 1775 und 1776, nach Untersuchung im Feingehalte von 979,167 Tausendtheilen, 147,9364 Stück auf das Pfund fein; daher = 0,33798 deutsche Krone.

Doppelte und halbe Dukaten nach Verhältniß.

Neuthaler zu 4 schweizer Franken oder 40 Batzen von 1812 bis 1828 im Feingehalte von 875 Tausendtheilen, 19,5427 Stück auf das Pfund fein; daher = 2 fl. 41 1/5 kr. rhn. = 1 thlr. 16 sgr. preuß. = 2 fl. 30 3/10 nkr. öster.

Halbe- und Viertel-Neuthaler nach Verhältniß.

Thaler zu 2 Gulden von 1783 im Feingehalte von 833 1/3 Tausendtheilen, 23,8301 Stück auf das Pfund fein; daher = 2 fl. 12 1/5 kr. rhn. = 1 thlr. 7 3/4 sgr. preuß. = 1 fl. 88 4/5 nkr. öster.

Halbe-Gulden und Viertel-Gulden (Ortsgulden oder Oertli) von geringerem Feingehalte.

Wechselrechtliches. Hinsichtlich der Wechselgesetzgebung befindet sich die Schweiz noch in einer Periode der Entwickelung. Ein schweizer Wechselrecht ist schon 1854 im Entwurf ausgearbeitet, aber noch nicht eingeführt.

Basel hat eine Wechselordnung, welche am 1. Februar 1809 in Kraft trat.

In Bern gilt seit 1. Januar 1860 (jedoch mit Weglassung der Bestimmungen über die Execution) der schweizer Concordatsentwurf.

Im Kanton Freiburg gilt im Wesentlichen das französische Wechselrecht.

St. Gallen hat eine erneuerte und vermehrte Wechselordnung vom 18. Brachmonat 1784.

In Genf gilt das französische Wechselrecht.

In Lausanne gilt ebenfalls das franz. Wechselrecht.

In Neuenburg gilt (nach dem Gesetz vom 13. Juni 1833 sur quelques matières commerciales Art. 28—86) gleichfalls französisches Wechselrecht.

Der Kanton Solothurn hatte seither die Baseler Wechselordnung, neuerdings den schweizer Concordats-Entwurf *).

*) S. den Nachtrag „Schweiz" in der Schlußlieferung der Wechsellehre von Dr. Oscar Wächter.

Der Kanton Tessin hat im Wesentlichen französisches Wechselrecht.
Waadtland hat eine Wechselordnung vom 4. Juni 1829.

In Wallis gilt (im Wesentlichen übereinstimmend mit dem Wechselrecht des Code de commerce) eine Wechselordnung vom 20. November 1856.

Der Kanton Zürich erhielt unterm 16. Mai 1805 durch seinen großen Rath ein „Gesetz, betreffend eine Wechselordnung, den schnellen Rechtstrieb und die gerichtliche Behandlung kaufmännischer Streitigkeiten.“

Die übrigen Cantone sind ohne Wechselrecht.

Staatspapiere. Es gibt 5- und 4½-procentige Obligationen der Kriegsanleihe von 1856, welche zum Theil zurückbezahlt ist, so daß für circa 8 Mill. Franken noch im Umlauf sind (Scherer). Von weiteren Anleihen sind anzuführen das Lotterie-Anlehen der Stadt Neuchâtel (s. d. Art. Neuchâtel) und das Lotterie-Anlehen des Kantons Freiburg vom Jahr 1860 von 6 Millionen Franken in 400,000 Obligationen zu 15 Fr., rückzahlbar während 53 Jahren *).

Maaße und Gewichte. Nach dem Bundesgesetz vom 23. December 1851 sind für die gesammte Schweiz folgende Dimensions- und Schwermaaße eingeführt:

Längenmaaß: Der Fuß (pied) zu 10 Zoll (pouces) zu 10 Linien (lignes) zu 10 Strichen (traits) ist = 0,3 Meter = 1 bisheriger waadtländischer oder badischer Fuß. — Der Stab (die Aune) hat 4 Fuß. — Die Elle (brache, demi-aune) hat 2 Fuß = 1 badische oder hessen-darmstädtische Elle. — Die Klafter (Toise) hat 6 Fuß. — Die Ruthe (Perche) hat 10 Fuß.

Wegmaaß: Die Wegstunde (lieue itinéraire) von 16,000 Fuß = 4800 Meter = 0,647 deutsche (geographische) Meilen. — 23,148 Wegstunden = 1 geogr. mittlerer Grad.

Feldmaaß: Die Juchart (der arpent) von 40,000 Quadratfuß = 36 franz. Aren = 1 badischer Morgen.

Brennholzmaaß: Das Klafter (moule) hält im Lichten 36 Quadratfuß; die Bestimmung der Schnittlänge ist den einzelnen Kantonen überlassen.

Flüssigkeitsmaaß: Der Saum oder die Ohm (der muid) zu 100 Maaß oder 4 Eimer ist = 150 Liter = 1 badische Ohm. — Die Maaß (der pot) von 2 halben Maaß zu 2 Viertelmaaß oder Schoppen ist = 1½ Liter = 1 badische Maaß = ¹/₁₀ Getreide-Viertel. — Der Eimer (setier) hat 25 Maaß.

Getreidemaaß: Das Viertel oder der Sester (der quarteron oder boisseau) von 10 Immi (émines) ist = 15 Liter = 1 badisches Sester. Das Viertel wird auch in 4 Vierling zu 4 Mäßlein getheilt. — Das Malter (der sac) von 10 Vierteln ist = 1 badisches Malter.

Handelsgewicht: Der Centner zu 100 Pfund zu 32 Loth zu 2 Halbloth. Das Pfund = ½ Kilogramm = 1 deutsches Zollpfund.

Beim Gold-, Silber- und Probirgewicht wird dasselbe Pfund in 10 Decigrammen zu 10 Centigrammen zu 10 Milligrammen eingetheilt.

Die Feinheit bei Gold und Silber wird in Tausendtheilen (millièmes) der Mischung ausgedrückt.

Medicinalgewicht ist in allen Kantonen das alte Nürnberger.

Durch ein Concordat vom 17. August 1835 waren zwölf Kantone: Zürich, Bern, Luzern, Freiburg, Solothurn, Basel (Stadt und Landschaft), Schaffhausen,

---

*) Außerdem gibt es 4½- und 5-procentige Obligationen von schweizer Eisenbahn-Anleihen.

St. Gallen, Aargau, Thurgau, Zug und Glarus zu einem gleichen Maaß- und Gewichtssystem vereinigt. Die Concordatsmaaße waren dieselben, welche jetzt als allgemeine schweizer Maaße und Gewichte giltig sind, bis auf den Unterschied, daß das Concordats-Maaßsystem noch ein besonderes Getreidemaaß, den Mütt oder Sack von 4 Vierteln, hatte, hingegen der Eimer von 25 Maaß nicht einge- führt war.

Schwerin,
Hauptstadt des Großherzogthums Mecklenburg-Schwerin.

Rechnungsart und Münzen. Man rechnet nach Thalern zu 48 Schil- lingen zu 12 Pfennigen, oder auch nach Mark zu 16 Schillingen zu 12 Pfennigen; daher 1 Thaler = 3 Mark. — Der Gulden = 2 Mark = ²/₃ Thaler.

Die Valuta ist der 14-Thalerfuß (14 Thlr. = 1 Cöln. Mark fein Silber), oder 21-Gulden- oder 42-Markfuß. Mecklenburg ist dem Münzvertrage vom 24. Januar 1857 nicht beigetreten. Eine Verordnung vom Jahr 1858 stellt aber den 30-Thalerfuß der norddeutschen Münzvereinsstaaten und seine Münzen dem 14-Thalerfuße gleich, indem bei allen Zahlungen und Verbindlichkeiten zwi- schen beiderlei Münzfüßen und ihren gleichnamigen Münzen kein Unterschied ge- macht werden soll. Größere Geschäfte werden auch in Goldvaluta, die Pistole oder der sogenannte Louisd'or zu 5 Thaler, wie in Bremen (s. d. Art.), abgeschlossen.

Eine frühere, von 1829 bis 1848 giltige Währung des Großherzogthums war der sogenannte Leipziger oder Reichsfuß von 1736, nach welchem schon vor der Einführung desselben die Neuen Zweidrittelstücke zu 32 Schillingen und Drittelstücke zu 16 Schillingen besonders für den Handel mit Hamburg ge- prägt wurden. Gesetzmäßig gingen 18 Neue Zweidrittelstücke, und 36 Drittel- stücke auf die Cöln. Mark fein Silber. Man rechnete nach Thalern und Mark mit der noch jetzt gesetzlichen Eintheilung; daher gingen 12 Thaler oder 36 Mark auf die Cöln. Mark fein Silber, und 1 solcher Thaler war = 1 ¹/₆ Thaler des 14-Thalerfußes.

Bis zum Jahr 1829 rechnete man im Großherzogthum nach dem Lübischen Curantfuße, nach welchem 17 Gulden oder 34 Mark Curant auf die Cöln. Mark fein Silber gingen.

Geprägte Münzen des Großherzogthums Mecklenburg-Schwerin sind:

Friedrich-Franzd'or, Pauld'or oder Pistolen, gesetzlich im Feingehalte von 895⁵/₆ Tausendtheilen, 83,1244 Stück auf das Pfund fein; daher = 0,59657 deutsche Krone.

Doppelte und halbe Pistolen nach Verhältniß.

Goldmünzen der Stadt Rostock, s. d. Art.

Silbermünzen nach der Verordnung vom 12. Januar 1848:

Thaler zu 48 Schillingen im Feingehalte von 750 Tausendtheilen, 29,933 Stück auf das Pfund fein; daher = 1 fl. 45 ¹/₅ kr. rhn. = 1 thlr. ⁶/₁₀₀ sgr. preuß. = 1 fl. 50³/₁₀ nkr. öster., wofür beziehlich 1 fl. 45 kr. rhn. = 1 thlr. preuß. = 1 ¹/₂ fl. öster. zu rechnen ist.

Drittel-Thalerstücke zu 16 Schillinge im Feingehalte von 666²/₃ Tausend- theilen, 89,799 Stück auf das Pfund fein; daher = 35 kr. rhn. = 10 sgr. preuß. = 50 nkr. öster.

Sechstel-Thalerstücke zu 8 Schillingen, im Feingehalte von 520⁵/₆ Tausendtheilen, 179,5981 Stück auf das Pfund fein; daher = 71 1/2 kr. rhn. = 5 sgr. preuß. = 25 nkr. öster.

Silber-Scheidemünze:

Zwölftel-Thalerstücke oder 4-Schillingstücke im Feingehalte von 500 Tausend-theilen, 410,5099 Stück auf das Pfund fein; daher = 7 2/3 kr. rhn. = 2 sgr. 2 1/4 pfg. preuß. = 11 nkr. öster.

1/48 = Thaler- oder 1-Schillingstück im Feingehalte von 208 1/3 Tausend-theilen, 1847,2944 Stück auf das Pfund fein; daher = 1 7/10 kr. rhn. = 5 5/6 pfg. preuß. = 2 2/3 nkr. öster.

Frühere Silbermünzen bis 1848:

Neue 2/3 = Thalerstücke oder Gulden, seit 1789, gesetzlich im Feingehalte von 750 Tausendtheilen, 38,4853 Stück auf das Pfund fein; daher = 1 fl. 21 4/5 kr. rhn. = 23 3/10 sgr. preuß. = 1 fl. 17 nkr. öster.

Halbe Gulden nach Verhältniß.

Neue Zweidrittelstücke, seit 1840, gesetzlich aus sogenanntem feinem Silber, 38,4853 Stück auf das Pfund fein; daher = 1 fl. 21 4/5 kr. rhn. = 23 sgr. 4 5/8 pfg. preuß. = 1 fl. 16 9/10 nkr. öster.

Aeltere Silbermünzen von 1763 ꝛc. bis 1829 sind:

2-Markstücke zu 32 Schillingen, im Feingehalte von 750 Tausendtheilen, 36,3472 Stück auf das Pfund fein; daher = 1 fl. 26 3/10 kr. rhn. = 24 7/10 sgr. preuß. = 1 fl. 23 4/5 nkr. öster.

1-Markstücke nach Verhältniß.

Ferner 12=, 8=, 4= und 2=Schillingstücke im Feingehalte von 437 1/2 bis 562 1/2 Tausendtheilen, beziehlich im Werthe von

31 1/10 kr. rhn.	= 8 9/10 sgr. preuß.	= 44 1/2 nkr. öster.	
21 3/5 „	= 6 1/10 „	= 31 „	
10 4/5 „	= 3 9/100 „	= 15 2/3 „	
5 2/5 „	= 1 1/2 „	= 7 7/10 „	

In Kupfer werden Stücke zu 3 Pfennigen, sogenannte Witten, zu 2 und 1 Pfennige geprägt.

Papiergeld. Privatpapiergeld sind die Noten der Bank von Rostock (s. d. Art.).

Im Wechselgeschäfte richtet man sich hauptsächlich nach den Cursen von Hamburg.

Wechselrechtliches. Seit 1849 ist die deutsche Wechselordnung in Mecklenburg-Schwerin eingeführt. Das im Art. Neustrelitz angeführte Einfüh-rungsgesetz gilt auch für Mecklenburg-Schwerin.

Staatspapiere des Großherzogthums. 1) Die 4= und 3 1/2=pro-centigen Obligationen der Reluitions=Cassen=Schuld von 1837, und die neuen 3 1/2=procentigen Obligationen dieser Schuld vom Jahr 1844 lauten auf 200, 300, 500 und 1000 Thaler, zum Theil in Neuen Zweidritteln, zum Theil in solchen zu 500 und 1000 Thalern in Goldvaluta (s. oben). Erstere werden durch halbjährliche Verloosungen, jährlich mit ca. 100,000 Thlr., letztere durch jährliche Ausloosungen mit 1 Proc. amortisirt. 2) 3 1/2=procentige Obligationen der im Jahr 1843 in Hamburg abgeschlossenen Eisenbahn-Anleihe von 3,750,000 Bank-mark in Abschnitten zu 500, 1000 und 2000 Mark. 3) 4=procentige Obliga-tionen einer Anleihe von 600,000 Thlrn. vom Jahr 1849. 4) 4=procentige Obligationen von einer im Jahr 1850 in Hamburg abgeschlossenen Anleihe von

600,000 Bankmark.) 5) 4½-proc. Obligationen einer freiwilligen Anleihe von 750,000 Thlr. Curant. Die Obligationen sind von beiden Seiten·halbjährlich aufkündbar, und lauten nicht unter 200 Thlr. (Noback). Gemeinschaftlich mit Mecklenburg-Strelitz sind die größtentheils 3½-proc. Obligationen der sogenannten Schuld des Landkastens, d. h. der Casse der ständischen Corporationen der Ritterschaft und Landschaft der beiden Großherzogthümer*).

Maaße und Gewichte des Großherzogthums. Längenmaaß: 1) Im Handelsverkehr die Hamburger Elle = 254,072 Par. Linien und die Rostocker Elle = 255,072 Par. Linien. 2) Bei Landesvermessungen der sogenannte Lübecker Fuß = 129 Par. Linien. — Auch der rheinländische Fuß (s. Berlin) ist im Großherzogthum im Gebrauch; desgleichen der Rostocker Fuß (= ½ Rostocker Elle) = 127,536 Par. Linien. Als Bau- und Werkfuß dient der Hamburger Fuß (s. Hamburg). — Die mecklenburger Ruthe hat 16 Fuß. — Die mecklenburger Meile ist der preußischen gleich (s. Berlin).

Feldmaaß: 1) Der Scheffel Aussaat wird zu ca. 60 mecklenburger Quadratruthen angenommen. 2) Der Morgen wird gewöhnlich zu 300 mecklenburger Quadratruthen, aber auch zu 200 und 400 Quadratruthen gerechnet. — Die Last Aussaat = 10 Scheffel Aussaat, die Hufe = 10 Last. Die katastrirte Hufe = 600 Scheffel Aussaat. — Forstland wird zu 100 mecklenburger Quadratruthen per Morgen gerechnet.

Brennholzmaaß: Der sogenannte normirende Faden hat bei 3 Hamburger Fuß Scheitlänge 7 Fuß Höhe und Breite; mithin an Rauminhalt 147 Kubikfuß = 3,4595 Kubikmeter oder Steren. Außerdem gibt es noch Faden von 8 Hamburger Fuß Breite und 7 Fuß Höhe, bis 7 Fuß Breite und 6 Fuß Höhe bei einer Scheitlänge von 2 bis 6 Fuß.

Getreidemaaß: Die Last hat 8 Drömt zu 12 Scheffeln zu 4 Faß oder Vierteln zu 4 Spint oder Metzen. — Der Sack = 6 Scheffel.

Als allgemeiner Landesscheffel gilt der Rostocker Kornscheffel, welcher = 38,8892 Liter. Nur den Städten Parchim, Grabow und Dömitz ist es bei ihrem Verkehr mit dem Auslande gestattet, sich des großen oder Parchiner Scheffels, welcher = dem alten Berliner Scheffel = 54,728 Liter, zu bedienen. — Im Verkehr rechnet man 5 Parchimer Scheffel = 7 Rostocker Scheffel = 1 preußischem Scheffel. — In Boitzenburg wird das Getreide gewöhnlich nach dem lauenburger Maaße (s. d. Art.) gekauft und die (lauenburger) Last von 24 Sack = 104 Rostocker Scheffel gestrichenes Maaß gerechnet (Noback).

Salz und Steinkohlen verkauft man per Last von 12 Tonnen zu 6 Rostocker Getreidescheffeln.

Flüssigkeitsmaaß: Gesetzlich wie in Hamburg; die Maaße sind aber etwas kleiner und überdies in den Städten nicht mit einander übereinstimmend. Die Biertonne hat 4 Viertel zu 16 Kannen.

Handelsgewicht: Seit dem 1. Juni wie in Preußen. — Das frühere (Lübecker) Pfund = 484,708 Grammen wurde dem (alten) Hamburger Pfund gleichgerechnet. —

Der Stein = 20 Pfund. — Das gewöhnliche Liespfund = 14 Pfund;

---

*) Im Jahr 1859 betrug die Gesammtschuld vom Gr. M.-Schwerin 11,500,000 Thaler und vom Gr. M.-Strelitz 1,850,000 Thaler (Scherer).

das „Schiffspfund zu Land“ zu 20 Liespfund zu 16 Pfund = 320 Pfund; das „Schiffspfund zu Wasser = 336 Pfund; das Schiffspfund für Eisen, Stahl ꝛc. = 280 Pfund.

Gold-, Silber- und Probirgewicht wie in Hamburg.

Juwelengewicht wie in Amsterdam.

Stückgüter. Man rechnet die Last Heringe, Steinkohlen, Thran, Theer zu 12 Tonnen; die Last spanisches und anderes Seesalz zu 18 Tonnen, im Gewicht zu ca. 4000 Pfund; die Tonne ohne Holz zu 19 Liespfund; die Last Lüneburger Salz zu 12 Tonnen, die Tonne zu 1 Schiffspfund Gewicht; die Last Hallisches Salz zu 60 Scheffel, den Scheffel zu 54 Pfund; die Rolle Stockfisch zu 180 Stück.

Schwyz,
Hauptort des gleichnamigen schweizer Kantons.

Rechnungsart und Münzen, s. Schweiz. Früher rechnete man nach Gulden zu 40 Schillingen zu 6 Angster. Die Valuta war aber nicht in allen Bezirken des Cantons die nämliche. Nach der in den Bezirken Schwyz, Gersau, Küßnacht und Einsiedeln üblichen Währung wurde der Kronenthaler zu 3 Gulden 7½ Schillingen gerechnet; daher, wenn man den alten schweizer Franken = ca. 40 kr. rhn. rechnet, der Gulden schwyzer Währung = ca. $1^{69}/_{255}$ alte schweizer Franken und nahezu 13 Gulden schw. W. = 16 alte französische Franken..

Maaße und Gewichte, s. Schweiz.

Serbien, s. Belgrad.

Sevilla,
Hauptstadt der gleichnamigen spanischen Provinz.

Rechnungsart und Münzen, s. Madrid.

Maaße und Gewichte sind gesetzlich die neuen spanischen (s. Madrid). Die ältere Fanega (Getreidemaaß) ist = 54,267 Liter = 0,9903 castilische Fanegas.

Siam, s. Bangkok.

Sicilien, das Königreich beider Sicilien, s. Neapel.

Sicilien, die Insel, s. Palermo.

Siebenbürgen,
österreichisches Großfürstenthum mit der Hauptstadt Klausenburg und den Städten Hermannstadt und Kronstadt.

Rechnungsart und Münzen, s. Wien.

Maaße und Gewichte sind die Wiener. Von älteren Dimensions- und Schwermaaßen kommen mitunter im Verkehr noch folgende vor:

Getreidemaaß: Der Kübel zu 4 Viertel zu 2 Ur zu 8 Maaß = 92½ Liter oder in der Praxis = 1½ Wiener Metzen.

Flüssigkeitsmaaß: Der Ur (Eimer) zu 8 Maaß zu 2 Halbe zu 2 Seidel = ¹⁄₈₀ des Getreidekübels = 11,56 Liter. In der Praxis rechnet man die siebenbürger Maaße (1,445 Liter) = der Wiener Maaß (1,415015 Liter).

Handelsgewicht: Das Pfund des Wiener Marktgewichts (s. Wien) = 561,288 Grammen = 1,00227 Wiener Pfund. — Die walachische Ola von 4 Litra (s. Bukarest) wird für die aus der Walachei kommende Wolle = 2½ Wiener Pfund gerechnet.

Singapore,
britisch-hinterindische Handelsstadt auf der Insel gleichen Namens.

Rechnungsart und Münzen. Man rechnet nach spanischen Thalern, Dollars, zu 100 Cents. Dies ist auch die Silbermünze, welche hier allgemein im Umlauf ist; nämlich der spanische, bolivianische, mexikanische und chilenische Piaster. Peruanische Piaster und brasilianische Milreis nimmt man nur zu ca. 78 Cents an. Von den cursirenden Kupfermünzen (copper tokens) gehen 660 bis 680 auf den Piaster*).

Wechselcursnotirung. In Singapore wird gewechselt auf London, 6 Monate Sicht, zu ± 5 Schilling Sterl. für 1 Piaster.

Calcutta, Madras und Bombay, 60 Tage nach Sicht, zu ± 225 Compagnie-Rupien für 100 Piaster.

China (Canton, Schanghai, Amoy, Hongkong), 30 Tage nach Sicht, Piaster gegen Piaster mit Procenten Verlust oder Prämie.

Batavia, wie auf China.

Australien, wie auf London.

Wechsel auf Frankreich, Hamburg ꝛc. sind (oder waren wenigstens früher) selten zu begeben**).

Maaße und Gewichte wie auf Pulo Pinang (Prince of Wales' Island). Salz und Reis werden nach dem Cojang von 40 Picul verkauft, Java-Tabak nach dem Corge von 40 Körben, bengalisches Getreide und bengalischer Reis nach dem Sack von 2 bengalischen Mahnds, indische Zeuge nach dem Corge von 20 Stück.

Platzgebräuche. Producte der Insel werden nur gegen baare Zahlung gekauft; europäische und amerikanische Importe aber auf 3 Monate Credit, und indische, sowie chinesische Artikel auf 2 Monate Credit verkauft. — Courtagen sind nicht zu bezahlen.

Schiffsfrachten. Frachten nach England werden notirt, ohne Primage: für Antimon, Zinn, Gambier***) in Körben, Sagomehl per 20 engl. Hundredweight; für Caffee und weißen Pfeffer per 18 Hundredweight; für Gambier in Ballen, Sago und Maaßgüter per 50 engl. Cubikfuß.

---

*) Koplitsch, kaufmännische Berichte, gesammelt auf einer Reise um die Welt ꝛc.
**) Ebendaselbst.
***) Falsches Catechu.

Sinigaglia,
Seehandelsstadt im Kirchenstaate.

Rechnungsart, Münzen und Cursnotirungen, s. Ancona und Rom.
Maaße und Gewichte. Längenmaaß: Der Piede (Fuß) = 247,583
Par. Linien. — Der Braccio da seta e da panno (die Seiden- und Wollen-
Elle) = 294,3 Par. Linien. Der Braccio da tele (Leinwandelle) = 346,7
Par. Linien.

Getreidemaaß: Wie in Ancona *).

Flüssigkeitsmaaß: Die Soma zu 50 Boccali = 118 Liter.

Handelsgewicht: Die Libbra (Pfund) = 337 Grammen (Robak).

Messe. Die stark besuchte Messe (Freimesse, Fiera franca), welche hier
jährlich gehalten wird, beginnt am 14. Juli und dauert bis zu Ende des Monats, nach Umständen, mit Bewilligung der Behörde, auch wohl 5 bis 10 Tage
länger. Alle Waaren, welche zu Lande oder seewärts eingehen und als Meßgüter
declarirt sind, kommen in das Entrepot und sind von Abgaben frei; sie bleiben
zollfrei, wenn sie wieder zur See ausgehen, und nur die Waaren, die von der
Messe zu Lande weggehen, unterliegen einer Transitabgabe. Güter, welche sich
nach Ablauf eines Monats nach beendigter Messe noch im Entrepot befinden, zahlen täglich 3 Bajocchi per 1000 Pfund als Lagergebühr.

Meßzahlungen, sowie auch Wechsel, welche in der Messe zahlbar lauten,
müssen bis Mittag den 22. Juli bezahlt oder protestirt werden; im letztern Falle
muß am gleichen Tage die Klage gegen den Schuldner oder Bezogenen eingereicht
werden, worauf das Meßtribunal solche sofort vorladen läßt und bei beharrlicher
Weigerung auf Güter- und Personalarrest erkennt.

Smyrna,
Haupthandelsplatz in der Levante (Kleinasien).

Rechnungsart und Münzen, s. Constantinopel.

Wechselcursnotirung. Die Wechselcurse werden in Beschlikgeld (worunter man die türkischen Fünfpiasterstücke versteht, welche im Handelsverkehr die
gangbarste Münze ist) oder auch in österreichischen Conventions-Species-Thalern
nach dem Tagescurs derselben notirt. Man wechselt auf

Amsterdam	zu ±	385 Paras		in Beschliks oder in Conv.-Species zu ±		Paras für 1 fl. holl.
Hamburg	„ „	330	„	„ „	oder in Conv.-Species zu ±	Paras für 1 Mark banco.
Marseille } Paris }	„ „	180	„	„ „	{ oder in Conv.-Species zu ± { Paras für 1 Frank.	
Wien	„ „	450	„	„ „	oder in Conv.-Species zu ±	Paras für 1 fl. Bankvaluta.

---

*) Im Art. Ancona ist der Rubbio (Getreidemaaß) nach Kelly zu 286 Liter (= 8,119 Winchester
Bushels) angenommen; nach Kruse ist derselbe = 273,028 Liter; nach Robak = 281 Liter.
   Im Art. Ancona (S. 42) beruht die Annahme der Soma (Weinmaaß) zu 70 Liter auf der Angabe
von Paucton (Métrologie ec.), nach welchem die Soma = 3561 Par. Kubikzoll. — Nach Kelly ist die
Soma = 22,698 engl. Gallons = 85,917 Liter.

Genua	zu ± 180 Paras	in Beschlik oder in Conv.-Species zu ± Paras für 1 piem. Lira.
Constantinopel	„ „ 100 „	„ „ oder in Conv.-Species zu ± Paras für 100 Paras in Constantinopel.
London	„ „ 115 türk. Piaster	„ „ oder in Conv.-Species zu ± Paras für 1 Liv. Sterl.
Berlin	„ „ 16 dto.	„ „ oder in Conv.-Species zu ± Paras für 1 Thlr. preuß.

Wechselrechtliches, s. Constantinopel.

Maaße und Gewichte wie in Constantinopel, mit folgenden Ausnahmen: Von fremden Ellenmaaßen rechnet man die alte Pariser Aune = 1¾ Pik; das engl. Yard = 1⅓ Pik; die brabanter Elle = dem Pik.

Getreidemaaß: Es soll dasselbe gesetzlich das Kilo von Constantinopel sein (s. d. Art): man rechnet aber das Kilo von Smyrna = 1½ Kilo von Constantinopel, wonach ersteres = 52,9 Liter*).

Handelsgewicht: Der Cantaro, Kantar, Kintal oder Centner = 45 Oken. Die Oka = 1284,825 Grammen (Kelly), wonach der Kantar = 57,818 Kilogramm. Der Kantar wird auch in 100 Rotoli, Rottel oder Lodra eingetheilt; das Rottel = 180 Drachmen, wonach die Oka = 400 Drachmen. Im Kleinhandel hat die Oka 1½ Drachmen mehr; daher = 401½ Drachmen. In benachbarten Provinzen hat der Kantar, wie in Constautinopel, 44 Oken (Kelly).

Platzgebräuche. Einfuhrwaaren werden gewöhnlich auf 2 mal bis 6 mal 15 Tage Zeit verkauft; Zahlungsweise wie in Constantinopel. An die Kleinhändler im Bazar geschehen die Verkäufe auf Credit gegen Schuldscheine, auf welche Abschlagszahlungen geleistet werden und wofür nach Maaßgabe derselben auf der Rückseite des Schuldscheius quittirt wird. Die Schuldscheine können auch an Geldwechsler übertragen werden, welche die Verpflichtung zur Eintreibung der Gelber gegen Provision übernehmen, oder auch den Betrag derselben theilweise oder ganz gegen Vergütung hoher Zinsen vorschießen.

Sourabaja,

(Surabaja) Hauptstadt der Provinz gleichen Namens auf der Insel Java, wie Batavia.

Solothurn,

Hauptstadt des gleichnamigen schweizer Kantons.

Rechnungsart und Münzen, s. Schweiz.

Früher rechnete man wie im Canton Bern. Seit 1851 rechnete man 70 alte Franken Curantwährung = 100 franz. Franken.

Frühere Münzen des Cantons Solothurn:

Pistolen oder Dublonen, von 1804 bis 1813, gesetzmäßig im Feingehalte

---

*) Die Angabe des Kilo von Constantinopel zu 35,27 Liter (S. 116) beruht auf der Angabe von Pancton (Métrologie ıc.), nach welcher 1 Kilo = 2,795 Par. Boisseaux. Nach Kelly ist das Kilo von Constantinopel = 33,148 Liter und das Kilo von Smyrna = 51,321 Liter, wonach 1 Kilo von Smyrna = ca. 1,54 Kilo von Constantinopel.

von 900 Tausendtheilen, 72,6346 Stück auf das Pfund fein Gold; daher = 0,68838 deutsche Krone. Halbe und doppelte Pistolen nach Verhältniß.

Neuthaler zu 4 schweizer Franken oder 40 Batzen von 1813, im Feingehalt von 904,482 Tausendtheilen, 18,548 Stück auf das Pfund fein; daher = 2 fl. 49 $^{4}/_{5}$ kr. rhn. = 1 Thlr. 18 $^{1}/_{2}$ sgr. preuß. = 2 fl. 42 $^{1}/_{2}$ nkr. österreichisch.

Halbe Neuthaler zu 20 Batzen von 1798, nach franz. Proben im Feingehalte von 833 Tausendtheilen, 39,6512 Stück auf das Pfund fein; daher = 1 fl. 19 $^{2}/_{15}$ kr. rhn. = 22 $^{3}/_{5}$ sgr. preuß. = 1 fl. 13 $^{2}/_{15}$ nkr. öster.

Viertel Neuthaler zu 10 Batzen von 1812, nach schweizer Proben 75,0976 Stück auf das Pfund fein; daher = 42 kr. rhn. = 11 sgr. 11 $^{4}/_{5}$ pfg. preuß. = 59 $^{9}/_{10}$ nkr. öster.

In Wechselgeschäften richtet man sich nach den Cursen von Basel.

Wechselrechtliches. Der Canton Solothurn hatte seither die Baseler Wechselordnung, neuerdings den schweizer Concordatsentwurf*).

Maaße und Gewichte sind gesetzlich die neuen schweizer, s. Schweiz.

Frühere Dimensions- und Schwermaaße:

Die Elle = 242 Par. Linien. — Das Getreideviertel = 105,95 Liter. Das Pfund = 518,4 Grammen (Chelius).

Sondershausen,

Hauptstadt des Fürstenthums Schwarzburg-Sondershausen.

Rechnungsart und Münzen. Seit 1858 rechnet man nach Thalern zu 30 Silbergroschen zu 12 Pfennigen im 30-Thaler-Fuße (vergl. Berlin). Bis 1840 rechnete man nach Thalern zu 24 Groschen zu 12 Pfennigen im 13 $^{1}/_{3}$-Thaler-Fuße oder 20-Gulden-Fuße.

Die früheren Silbermünzen des Fürstenthums bestanden in Stücken zu 1, $^{1}/_{2}$ und $^{1}/_{4}$ Speciesthaler, $^{1}/_{6}$- und $^{1}/_{12}$-Thalerstücken des 20-Guldenfußes, wie im Königreich Sachsen. Goldmünzen sind früher nicht geprägt worden.

Silbermünzen nach der Münzconvention von 1838: Doppelthaler, Thaler und Sechsteltthaler wie in Preußen (s. Berlin).

Silbermünzen nach dem Vertrag von 1857: Vereinsthaler und Silberscheidemünze wie in Preußen (s. Berlin).

Papiergeld. Cassenanweisungen zu 10 Thaler (Privatpapiergeld des fürstlichen Hauses). Einlösungscasse ist die Staatscasse in Sondershausen.

Im Wechselgeschäfte richtet man sich gewöhnlich nach den Leipziger Cursen.

Wechselrechtliches. Seit 1854 gilt die deutsche Wechselordnung.

Staatspapiere. Zu 3 und 4 Proc. verzinsliche Obligationen der Landesschuld und 3 $^{1}/_{2}$-proc. Obligationen der Kammerschuld des Fürsten**).

Maaße und Gewichte sind die preußischen (s. Berlin).

Bank. Die im Jahr 1856 mit einem Actiencapital von 3 Mill. Thalern gegründete „Thüringische Bank," welche zur Notenausgabe und den gewöhnlichen

*) Vgl. den Nachtrag „Schweiz" in der Schlußlieferung des Bandes unserer Bibliothek über Wechsellehre von Dr. Oskar Wächter.

**) Gesammtschuld im Jahr 1859 1,550,000 Thaler (Scherer).

Geschäften anderer Notenbanken befugt ist, hat, wie schon mehrere ihrer deutschen Schwestern, seither Fiasco gemacht; nach dem Geschäftsbericht von 1859 schließt die Bilanz mit einem Verlust von mehr als einer halben Million Thaler.

Stettin,

Hauptstadt der preußischen Provinz Pommern.

Rechnungsart und Münzen, f. Berlin.

Papiergeld. Noten der ritterschaftlichen Privatbank in Pommern (f. unten).

Wechselcursnotirung.

Berlin } kurze Sicht und 2 Mt. Dato ± 100 Thlr. für { 100 Thlr. in Ber-
Breslau } lin u. Breslau.

Hamburg „ „ 150 „ „ 300 Mark banco.

Amsterdam „ „ 140 „ „ 250 fl. holl.

Bremen, kurze Sicht und 3 Mt. Dato „ 110 „ „ 100Thlr.Louisb'or.

Bordeaux } 3 Mt. Dato „ 80 „ „ 300 Franken.
Paris }

London, kurze Sicht und 3 Mt. Dato „ 6⅔ „ „ 1 Liv. Sterl.

Wien, 2 Mt. Dato , „ 95 „ „ 150 fl. Bankvaluta.

Wechselcourtage. 1 Promille vom Käufer und Verkäufer.

Cursnotirung der preußischen Staats= und anderer Papiere. Man notirt in Thalern per 100 Thlr. Nennwerth die Curse preußischer Staats= Obligationen, der Pommerschen Pfandbriefe und Rentenbriefe, der Stettiner 3½ und 4½=proc. Stadtobligationen, der Stettiner Börsenhaus= und Schauspielhaus= Obligationen, so wie auch in Thalern per 100 Thlr. Nennwerth oder in Thalern per Actie die Curse der unter der Rubrik „Handelsanstalten" angeführten Actien= gesellschaften.

Maaße und Gewichte sind die preußischen (f. Berlin).

Handelsusanzen. Die im Jahr 1858 veröffentlichten Usanzen der Stettiner Börse betreffen zunächst die Tara=Vergütungen und die Reduction frem= der Gewichte. Die usanzmäßigen Verhältnisse sind folgende: (§. 7.) Bremen }
Dänemark } 100 Pfd. . . . . = 100 Pfd. preuß.
Hamburg }

Schweden 100 Pfd. . . . . = 85 „

Rußland 1 Pud oder 40 Pfd. . . . . = 33 „

England }
Nordamerika } 112 Pfd. . . . = 101½ „
St. Jago de Cuba }

Spanien 100 Pfd. . . . . = 92 „

Portugal }
Rio de Janeiro } 1 Aroba . . . . = 29 „
Bahia }

Frankreich }
Belgien } 1 Kilo oder niederl. Pfd. . = 2 „
Holland }

Wien 100 Pfd.	. . . .	= 112	Pfd. preuß.
Sicilien 1 Cantar.	. . . .	= 159	„
Benedig 100 Pfd.	. . . .	= 95	„
Neapel 100 Rotoli	. . . .	= 174	„
Livorno 100 Pfd.	. . . .	= 68	„
Smyrna 44 Oken	. . . .	= 112	„
Jonische Inseln 123 Pfd.	. . . .	= 112	„
Gallipoli 1 Salm	. . . .	= 228	„

Weitere Usanzen:

(§. 10.) Alle Tara- und Werthberechnungen verstehen sich nach Zollgewicht. Tara wird ½ Pfund und darüber für 1 Pfund, was unter ½ Pfund wird gar nicht gerechnet.

(§. 11.) Die Zahlungszeit bei Waaren ist drei Monat Accept pari oder per Casse mit Abzug eines Disconto, der nach dem bei der Königl. Bank zur Zeit des Abschlusses bestehenden Zinsfuß für Wechsel zu berechnen ist. Es hängt die Bewilligung jedoch von der Wahl des Käufers ab. — Im Producten-, Wechsel- und Werthpapierhandel verstehen sich die Preise per Casse ohne Abzug. Bei Verkäufern per Casse ist der Verkäufer berechtigt, sofort nach Ablieferung eines Theils der Waaren oder Producte, Zahlung des Kaufgeldes zu fordern, sobald das Kaufgeld für den abgelieferten Theil die Summe von 100 Thlr. erreicht, und bis zur erfolgten Zahlung die weitere Ablieferung auf Kosten des Käufers zu sistiren.

(§. 12.) Den Wechselstempel bei Acceptgeschäften trägt der Verkäufer.

(§. 13.) Wo eine Taravergütung nach Factura berechnet wird, ist der Käufer berechtigt, die Vorlage der Originalfactura zu fordern. — Ebenso ist bei Ein- und Verkäufen von calc. Soda Verkäufer verpflichtet, dem Käufer auf Verlangen Originalfactura vorzulegen.

(§. 14.) Beim Handel mit Heringen, welcher sich stets nur in Originalverpackung versteht, muß Käufer die Heringe wie selbige auf dem Stapel liegen, oder wie solche vom Bord kommen, im letztern Falle laklose à rata der Ladung resp. der betreffenden Parthie abnehmen, ohne die Verböttcherung oder Belakung der Tonnen von seinem Verkäufer verlangen zu können.

(§. 15.) Alle anderen Waaren in Fässern oder sonstigen Emballagen, sie mögen vom Bord des Schiffes oder aus dem Lager zu empfangen sein, müssen dem Käufer kostenfrei zugewogen und in dichten und bandfesten Faslagen oder in guten Emballagen überliefert werden. — Unter der Bezeichnung „vom Bord empfangen" wird die freie Ueberlieferung auf dem Bollwerk oder am Lande verstanden. Bis diese erfolgt ist, gehen die Waaren für Rechnung und Gefahr des Verkäufers.

(§. 16.) Artikel, die durch äußere Einwirkung oder durch innern Verderb beschädigt sind, ist Käufer zwar berechtigt zu refüsiren, er kann aber für den wegen Beschädigung durch äußere Einwirkung oder innern Verderb nicht abgenommenen Theil einer Parthie keinerlei Schadenersatz verlangen, sobald die Empfangnahme vom Bord des Schiffes erfolgt.

(§. 17.) Ergibt sich bei Ankunft eines Schiffes, aus dem Waaren oder Producte frei hierher zu liefern verkauft sind, daß die Auslieferung in Folge großer Leccage, Havarie, Ueberbordwerfen, oder durch Umstände, deren Abwendung nicht in der Macht des Verkäufers gelegen, es diesem unmöglich macht, das auf

Grund seiner im Original vorzulegenden Factura verkaufte, bei einer gewöhnlichen Auslieferung, d. i. unter gewöhnlichen Verhältnissen, zu erwartende Quantum zu liefern, so ist der Verkäufer nur zur Lieferung einer solchen Rate verpflichtet, welche in dem Verhältniß zu dem wirklich erhaltenen Theil der Ladung steht, wie das verkaufte Quantum zu dem bei gewöhnlichen Auslieferungen zu erwartende Quantum. — Zur Ermittelung und Feststellung einer gewöhnlichen Auslieferung werden die im §. 7 verzeichneten Gewichts-Reductionen zur Basis genommen.

(§. 18.) Hat ein Verkauf von Waaren und Producten, frei hierher zu liefern, nach einer bestimmten Qualitäts-Bezeichnung oder Probe stattgefunden, und es ergibt sich bei Ankunft der Waare, daß solche der Benennung oder dem Muster nicht entspricht, so hat der Verkäufer den durch die vereidigten kaufmännischen Taxatoren festzustellenden Minderwerth dem Käufer zu vergüten; Letzterer ist dann aber verbunden, die Waare abzunehmen. — Die Kosten dieses Taxverfahrens trägt der unterliegende Theil.

(§. 19.) Ein Kaufgeschäft in Waaren oder Producten aus einem bestimmten Schiffe, frei hierher zu liefern, ist aufgehoben: 1) wenn nachgewiesen wird, daß das Schiff auf seiner Reise von dem Abladeplatz nach hier verloren gegangen; 2) wenn beim Ausbruch eines Krieges das Schiff durch feindliche Macht aufgebracht, unter Embargo gelegt und in Folge von Kriegsmolesten in einen andern Hafen einläuft, oder durch Blokade verhindert wird, seine Reise nach hier fortzusetzen.

(§. 20.) Bei Abnahme vom Bord des Schiffes hat der Verkäufer das Gewicht nach der Zollwage zu acceptiren, wie solches durch die vereidigten Wagearbeiter oder den Königl. Steuerbeamten ermittelt und aufgezeichnet ist. Erfolgt die Anmeldung Vormittags bis 10 Uhr und in den Monaten September bis incl. März Nachmittags bis 3 Uhr, in den übrigen Monaten bis 4 Uhr schriftlich in dem Comptoir des Käufers oder an dessen Spediteur, so treffen, wenn durch die unterlassene Abnahme Bewachungskosten entstehen, solche den Käufer, wie die Kosten des Transports, Lagergeldes ꝛc., falls die Waaren zu Lager genommen werden müssen. — Käufer ist verpflichtet, die einzelnen Collis abzunehmen, auch wenn das zu empfangende Quantum noch nicht vollständig entlöscht ist.

(§. 21.) Wenn bei einem Kaufgeschäft dem Käufer, entweder gegen Vergütung eines bestimmten Avances, oder gegen Zulage auf die Facturen, oder aber zu dem Werthe derselben, die auf das Geschäft Bezug habenden Papiere, als Originalfactura, Connoissement, Assecuranzrechnung und Police übergeben werden, so tritt Käufer damit ganz in die Rechte und Verbindlichkeiten seines Verkäufers, muß demselben aber, außer dem regulirten Facturenwerth, dessen erweislichen baaren Auslagen, wie Assecuranz und Acceptprovision baar ohne Abzug bezahlen. — Ist dagegen der Preis mit Uebergabe des Connoissements frachtfrei hier ausbedungen, so hat der Verkäufer seinem Käufer außer der Fracht auch diejenigen Unkosten zu vergüten, welche in Verbindung mit derselben der Waare etwa noch zur Last fallen. — Enthält der Abschluß nur die Klausel: „frei hier zu liefern," so muß Verkäufer den Käufer vollständig in die Lage versetzen, daß ihm die Waare hier am Lande nicht über den ausbedungenen Preis zu stehen kommt.

(§. 22.) Ist bei einem Abschluß „frei hier zu liefern" nicht vorgeschrieben, ob sich der behandelte Preis versteuert oder unversteuert versteht, so wird bei allen Waaren, die unter 1 Thlr. per Zoll-Ctr. Steuer geben, der Preis als versteuert, bei allen Artikeln aber, die 1 Thlr. per Zoll-Ctr. und mehr Steuer zahlen, als unversteuert angenommen.

(§. 23.) Alle Thran- und Oelgattungen, die entweder per Tonne gehandelt werden, oder bei denen eine Tara-Vergütung nach bestimmten Procenten stattfindet, müssen bis zwei Zoll incl. Spundestab voll geliefert werden. Leinsaamen in vollen Originaltonnen und Originalpackung.

(§. 24.) Bei Cessionen aus Privatlagern unter Packhofsverschluß ist Käufer berechtigt, die Waaren von der Zollwage zu empfangen, und Verkäufer verpflichtet, die Kosten des Transports dahin allein zu tragen. — Beim Empfang von versteuerten Waaren muß Käufer es sich gefallen lassen, wenn die Verwiegung vermittelst der Schnellwage geschieht. Bei entstehendem Streit über die Richtigkeit derselben entscheidet auf Kosten des Unrechthabenden die hiesige Rathswage. Ergibt sich danach eine Differenz, so ist der Verkäufer verpflichtet, dem Käufer, auf sein Verlangen, die sämmtlichen übrigen Collis durch die Rathswage kostenfrei zuwiegen zu lassen.

(§. 25.) Bei Waarenverkäufen in Originalcollis findet keine Emballagen- und Fastagenberechnung statt, wie auch der Käufer zu einer Rückgabe derselben nicht verpflichtet ist.

(§. 26.) Producte werden excl. Fastage und Emballage gehandelt und sind dem Käufer zu vergüten:

für Oelfastagen mit 12 1/2 sgr. per Netto Ctr.;

für Spiritusfastagen eisenbändige zu 1 1/3 Thlr. per 100 Quart und holzbändige zu 1 Thlr. per 100 Quart;

für Klee- und Thymotheesaat Emballage von ca. 2 Ctr. Inhalt mit 10 sgr. per Sack;

Nur bei Luzernsaat in Originalballen findet keine Emballagenberechnung statt.

(§. 27.) Wenn bei einem Waarenquantum die Bezeichnung „circa“ gebraucht wird, so hängt es von der Convenienz des Verkäufers ab, bis incl. zwei Procent vom Gewicht mehr oder weniger zu liefern, was Käufer sich zu dem behandelten Preise gefallen lassen muß. — Beträgt die Differenz mehr oder weniger wie 2 Procent, so hat Käufer das Recht, wenn der augenblickliche Preis niedriger ist als der Einkaufspreis, den Gewichtsunterschied über oder unter zwei Procent nach den bestehenden Preisen zu reguliren und dem Verkäufer bei der Zahlung in Abzug zu bringen, während er entgegengesetzt dem Letztern einen stattfindenden Preisunterschied nicht zu vergüten hat. Als Marktpreise gelten die im Börsenprotocollbuche vermerkten Notirungen.

Getreide wird seit 1858 nach folgenden Normen gehandelt: Weizen per Scheffel von 85 Pfund Zollgewicht (zu 500 Grammen), Roggen per Scheffel von 77 Pfund, Gerste per Scheffel von 70 Pfund, Hafer per Scheffel von 50 Pfund. — Spiritus wird per 100 Quart zu 80 Proc. Tralles, oder per 8000 Proc. (f. d. Art. Berlin) notirt. — Rum und Arak wird im Großhandel per 30 Viertel (= 1 Oxhoft oder 1 Bordeaux-Barrique), welche = 192 preuß. Quart gerechnet werden, verkauft; Jamaika-Rum auch nach dem engl. Imperial-Gallon, welches = 4 Quart gerechnet wird, und Batavia-Arak per franz. Liter, wobei 563 Liter = 490 Quart gerechnet werden. — Wein, präparirte Branntweine und Liqueure, verkauft man nach Oxhoften zu 6 Ankern zu 42 bis 44 Flaschen (zu 3/4 Quart), Rheinwein auch nach der Ohm zu 2 Eimern zu 2 Ankern.

Die Schiffsfracht wird nach der holländischen Schiffslast angesetzt, und man rechnet 4 hiesige Schiffslast = 5 holländische. Auf eine holländische Last rechnet man bei Eisen und andern schweren Gütern 4000 Pfund, für Hanf und andere leichte Güter 2000 Pfund; ferner: 56½ Scheffel Getreide, 13 Tonnen Heringe, 8 Oxhoft Wein, 5 Schod (zu 60 Stück) Pipenstäbe, 7 Schod Oxhoftstäbe, 12 Schod Oxhoftbodenstäbe, 1⅓ Schod Tonnenstäbe, 14 bis 16 Schod Tonnen= bodenstäbe ꝛc., 65 Kubikfuß eichen Schiffsholz oder Planken, 70 Kubikfuß sichtene Balken, 350 große und 400 kleine Candisttsten. Bei Schiffsfrachten nach Groß= tausend rechnet man auf 1 Großtausend:

5 Schod Franzholz, 10 Schod Klappholz, 20 Schod Pipenstäbe, 40 Schod Tonnenstäbe, 30 Schod Oxhoftstäbe, 60, 80 bis 120 Schod Bodenstäbe, 260 Kubikfuß Eichenholz, 260 Kubikfuß Fichtenholz.

Die Courtage im Waarenhandel beträgt ⅓ Procent vom Käufer und Verkäufer, auf Sommerkorn aber ½ Procent von jeder Seite.

Banken. 1) Die auf je 10 Jahre concessionirte „Ritterschaftliche Privat= bank in Pommern" wurde 1825 mit einem Actiencapital von 1 Mill. Thalern gegründet und im Jahr 1833 reorganisirt und zwar mit der Berechtigung, das Capital auf das Doppelte zu erhöhen. Die Wirksamkeit der Bank erstreckt sich auf Discont=, Leih= und Depositengeschäfte und Notenausgabe. Die Noten lau= ten auf 10, 50 und 100 Thaler. Zur Deckung derselben muß eine besondere Casse gehalten werden und es muß ein Drittel der Circulation baar vorhanden sein. 2) Die Rentenbank, eine der im Jahre 1850 entstandenen sieben Rentenban= ken (die andern in Berlin, Breslau, Königsberg, Magdeburg, Münster und Po= sen). Die zu 4 Proc. verzinslichen Rentenbriefe lauten auf 1000, 500, 100, 25 und 10 Thaler. 3) Contor der preuß. Bank (s. Berlin).

Handelsanstalten ꝛc. Actiengesellschaften für See=, Strom= und Feuer= versicherung (Preuß. National=Versicherungsgesellschaft, Preuß. See=Assecuranz= Compagnie, Stettiner Strom=Versicherungsgesellschaft, Pommerania, See= und Fluß=Versicherungsgesellschaft), für Dampfschifffahrt (Stettin=Swinemünder Dampf= schifffahrtsgesellschaft, Stettiner Dampfschleppschiff=Actiengesellschaft, Stettiner Dampfschiff=Verein, Neue Dampfer=Compagnie, anfänglich „Stettiner Lloyd" ge= nannt), Actiengesellschaften für Fabriken ꝛc. (Pommersche Provinzial=Zuckersiederei, Neue Stettiner Zuckersiederei, Stettiner Walzmühle, Stettiner Portland=Cement= fabrik, Stettiner Speicher=Actiengesellschaft, Stettiner Vereins=Speicher=Actienge= sellschaft), Berlin=Stettiner Eisenbahngesellschaft ꝛc.

Wollmarkt vom 18. bis 20. Juni.

Stockholm,
Hauptstadt des Königreichs Schweden.

Rechnungsart und Münzen. Man rechnet seit 1855 nach Reichs= thalern Reichsmünze (Riksdaler Riksmynt) zu 100 Oere; früher zu 48 Schil= lingen (Skillingar) zu 4 Stüber (Styfver), und noch früher zu 48 Schillingen zu 12 Rundstücken (Rundstycken). Der Thaler Reichsmünze war vor 1830 nur durch Papiergeld (in den ehemaligen Reichsschuldzetteln) vertreten und es ent= spricht der damalige Reichsthaler Reichsschuld vollkommen dem heutigen Reichs= thaler Reichsmünze, welcher in Folge der Münzgesetze von 1830 und 1845 in

Silber ausgeprägt wird. Der gesetzliche Feingehalt desselben ist 750 Tausend-theile (12 löthig) und es sollen 50 Thaler Reichsmünze 1 Schalpfund Victualien-gewicht (= 425,34 Grammen *) wiegen; also enthalten 50 solcher Thaler 319,005 Grammen fein Silber und gehen 78,368 Thaler auf das Münzpfund (von 500 Grammen) fein Silber; daher der Reichsthaler Reichsmünze = 40 ⅓ kr. rhn. = 11 sgr. 5 pfg. preuß. = 57 ³/₇ nkr. öster.

Frühere Rechnungseinheiten waren der Reichsthaler Species = 4 Reichs-thaler Reichsgeld, und der Reichsthaler Bankgeld oder Bankthaler zu 1 ½ Reichs-thaler Reichsschuld. Die Bankvaluta entstand zur Zeit, als die auf Silber lau-tenden Zettel der reichsständigen Bank (s. unten) von derselben nicht eingelöst werden konnten und dadurch entwerthet wurden, bis ihnen endlich ein gesetzlicher Werth von 18 (anstatt 48 nominell) Schillingen beigelegt wurde. Daher 1 Spe-ciesthaler = 2 ⅔ Bankthaler oder 8 Bankthaler = 3 Speciesthaler oder 12 Reichsthaler Reichsmünze oder Reichsschuld und folglich 1 Bankthaler = 1 ½ Reichsthaler Reichsmünze.

Wirklich geprägte schwedische Münzen sind:

In Gold, nach dem Gesetz vom 9. Mai 1835 und 23. Mai 1845:

Dukaten, im Feingehalte von 975 ²⁵/₄₁ Tausendtheilen, 147,0554 Stück auf das Pfund fein; daher = 0,34001 deutsche Kronen.

Zwei- und Vierdukatenstücke nach Verhältniß.

Aeltere Dukaten im Feingehalte von 975 ²⁵/₃₆ Tausendtheilen, 147,2269 Stück auf das Pfund fein; daher = 0,33961 deutsche Kronen.

Aeltere 2- und 4-Dukatenstücke nach Verhältniß.

Silbermünzen nach dem Gesetz vom 3. Februar 1855:

Stücke zu 4 Reichsthalern Reichsmünze oder 400 Oere, den bisherigen Speciesthalern gleich, im Feingehalte von 750 Tausendtheilen, 19,6074 Stück auf das Pfund fein; daher = 2 fl. 40 ³/₅ kr. rhn. = 1 Thlr. 15 ⁹/₁₀ sgr. preuß. = 2 fl. 29 ½ nkr. öster.

Stücke zu 2 Reichsthalern Reichsmünze oder 200 Oere, den bisherigen halben Speciesthalern gleich, nach Verhältniß.

Stücke zu 1 Reichsthaler Reichsmünze oder 100 Oere, den bisherigen Viertelspeciesthalern gleich, nach Verhältniß.

Stücke zu ½ Reichsthaler Reichsmünze oder 50 Oere, den bisherigen Achtelspeciesthalern gleich, nach Verhältniß.

Stücke zu ¼ Reichsthaler Reichsmünze oder 25 Oere, den bisherigen Sechzehntelspeciesthalern gleich, nach Verhältniß.

Stücke zu ¹/₁₀ Reichsthaler Reichsmünze oder 10 Oere, nach Verhältniß.

Silbermünzen nach den Gesetzen vom 25. Juni 1830, 9. Mai 1835, 23. Mai 1845 und 4. Mai 1852:

Speciesthaler zu 48 Schilling Spec. oder 4 Reichsthaler Reichsschuld in gleicher Ausbringung wie die Stücke zu 4 Reichsthalern Reichsmünze von 1855.

½-Speciesthaler zu 24 Schilling Spec. oder 2 Reichsthaler Reichsschuld, nach Verhältniß.

¼-Speciesthaler zu 12 Schilling Spec. oder 1 Reichsthaler Reichsschuld, nach Verhältniß.

---

*) Nach Hauschild (Vergleichungstafeln und Nachweisungen ꝛc.)

$\frac{1}{8}$=Speciesthaler zu 6 Schilling Spec. oder $\frac{1}{2}$ Reichsthaler Reichsschuld, oder 24 Schilling, nach Verhältniß.

$\frac{1}{12}$=Speciesthaler zu 4 Schilling Spec. oder $\frac{1}{3}$ Reichsthaler Reichsschuld oder 16 Schilling, nach Verhältniß.

$\frac{1}{16}$=Speciesthaler zu 3 Schilling Spec. oder $\frac{1}{4}$ Reichsthaler Reichsschuld oder 12 Schilling, nach Verhältniß.

$\frac{1}{32}$=Speciesthaler zu 1$\frac{1}{2}$ Schilling Spec. oder $\frac{1}{8}$ Reichsthaler Reichsschuld oder 6 Schilling (seit 1852 gleich 4 Schilling banco) nach Verhältniß.

Aeltere Silbermünzen seit 1777:

Reichsthaler=Species, im Feingehalte von 878$\frac{17}{36}$ Tausendtheilen, 19,4603 Stück auf das Pfund fein; daher = 2 fl. 41$\frac{4}{5}$ kr. rhn. = 1 Thlr. 16$\frac{1}{3}$ sgr. preuß. = 2 fl. 31$\frac{1}{5}$ nkr. öster.

$\frac{2}{3}$=Speciesthaler zu 32 Schilling, im Feingehalte der Thalerstücke, = 1 fl. 47$\frac{9}{10}$ kr. rhn. = 1 Thlr. $\frac{4}{5}$ sgr. preuß. = 1 fl. 54 nkr. öster.

$\frac{1}{3}$=Speciesthaler zu 16 Schilling, im Feingehalte der Thalerstücke, = 53$\frac{9}{10}$ kr. rhn. = 15$\frac{2}{3}$ sgr. preuß. = 77 nkr. öster.

$\frac{1}{6}$=Speciesthaler zu 8 Schilling, im Feingehalte von 690$\frac{35}{36}$ Tausendtheilen, 116,7323 Stück auf das Pfund fein; daher = 26$\frac{9}{10}$ kr. rhn. = 7$\frac{7}{10}$ sgr. preuß. = 38$\frac{1}{2}$ nkr. öster.

4=Schillingstücke = 13$\frac{2}{3}$ kr. rhn. = 3$\frac{4}{5}$ sgr. preuß. = 19$\frac{1}{5}$ nkr. öster
2=Schillingstücke = 6$\frac{4}{5}$ „ = 1$\frac{9}{10}$ „ = 9$\frac{1}{2}$ „

Kupfermünzen nach dem Gesetz vom 25. Juni 1830 und seit 1849: Stücke zu 4, 2, 1, $\frac{2}{3}$, $\frac{1}{3}$ und $\frac{1}{6}$ Schilling banco.

Münzen aus Kupfer (95 Proc.), Zinn (4 Proc.) und Zink (1 Proc.) nach dem Gesetz vom 3. Februar 1855: Stücke zu 5, 2, 1 und $\frac{1}{2}$ Oere.

Papiergeld. Staatspapiergeld sind die Bankzettel (Banco-Sedlar) der reichsständigen Bank in Stockholm, welche Staatsanstalt ist (s. unten). Die Zettel lauten auf $\frac{2}{3}$, 2, 6$\frac{2}{3}$, 10, 16$\frac{2}{3}$, 33$\frac{1}{3}$, 100 und 500 Reichsthaler banco, beziehlich = 1, 3, 10, 15, 25, 50, 150 und 750 Reichsthaler Reichsmünze (1 Reichsthaler banco = 1$\frac{1}{2}$ Reichsthaler Reichsmünze, s. oben). Privatpapiergeld sind die Noten der Provinzialbanken. — Im gewöhnlichen Verkehr ist Papiergeld das Hauptcirculationsmittel.

Fremde Münzen. Von fremden Münzen, welche in Reichsthalern und Deren per Stück notirt werden, circuliren holländische Dukaten, deutsche Pistolen, französische Gold= und Silbermünzen, preußische Thaler (Silber oder Papier), englische und russische Münzen.

Wechselcursnotirung: Man wechselt seit 1. Januar 1858 in Reichsthalern Reichsmünze auf

Amsterdam, kurze Sicht, 70 und 90 Tage dato, zu $\pm$ 150 Thaler für 100 fl. holl.

Berlin, kurze Sicht, zu $\pm$ 270 Thaler für 100 Thlr. preuß.

Hamburg, kurze Sicht und 3 Monate dato, zu $\pm$ 134 Thlr. für 100 Mark banco.

London, kurze Sicht und 3 Monate dato, zu $\pm$ 18 Thlr. für 1 Liv. Sterling.

Paris, kurze Sicht und 3 Monate dato, zu $\pm$ 70 Thlr. für 100 Franken.

Lübeck, 67 Tage dato, zu ± 108 Thlr. für 100 Mark Curant.

Copenhagen, 8 Tage dato, zu ± 200 Thlr. für 100 bän. Reichsthaler.

Petersburg, kurze Sicht und 30 Tage dato, zu ± 280 Thlr. für 100 Silberrubel.

Wechselrechtliches. In Schweden gilt die neue Wechselordnung vom 23. August 1851, welche der allgemeinen deutschen Wechselordnung nachgebildet ist. Wechselcourtage: ⅛ Proc. für Käufer und Verkäufer.

Wechselstempel: Bis 100 Reichsthaler 20 Oere, von 101 bis 400 Reichsthaler 40 Oere, von 401 bis 1000 Reichsthaler 75 Oere, darüber 1½ Reichsthaler.

Staatspapiere. Bis vor wenigen Jahren hatte Schweden keine eigentliche Staatsschuld, abgesehen vom circulirenden Papiergelde im Belauf von mehr als 20 Mill. Thaler (Scherer). Eine eigentlich fundirte Anleihe ist 1857 zum Bau von Eisenbahnen im Betrage von 8,190,000 Thalern mit mehreren deutschen Bankinstituten (Bank für Handel und Industrie in Darmstadt, Mitteldeutsche Creditbank in Meiningen und dem Bankhaus Raphael Erlanger in Frankfurt a. M.) abgeschlossen worden. Die 4½-proc. Obligationen lauten auf 100, 200, 500 und 1000 Thaler.

Obligationen von schwedischen Hypothekenvereinen. Diese Obligationen rühren von zahlreichen Anleihen schwedischer Grundbesitzer und Bergwerksinhaber her, welche zu diesem Behufe Vereine gebildet haben, die gewöhnlich nach Provinzen, wo sie bestehen, benannt sind. Die Güter- und Bergwerkshypotheken-Anleihen sind übrigens nicht von der Regierung garantirt. Die Obligationen werden an der Hamburger Börse notirt, weil der größte Theil der betreffenden Anleihen in Hamburg negocirt worden ist. Obligationen dieser Art sind die Obligationen der Hypothekenkasse der schwedischen Bergwerksbesitzer von 1835 und 1839; diejenigen des Gütervereins in Wermland von 1850, des ostgothländischen Hypothekenvereins von 1846, des örebro'schen Güterhypothekenvereins von 1851, des gothenburger Güterhypothenvereins von 1851, des Wexiö-Güterhypotheken-Vereins von 1849 und des Mälare-Güterhypothenvereins. Der Zinsfuß ist durchgängig 4 Procent und das Capital wird durch jährliche Auslosungen amortisirt. Die Grundbesitzer der Provinz Smaland haben im Jahr 1858 auch eine Lotterie-Anleihe von 10 Mill. Mark banco mit Berliner Bankhäusern abgeschlossen.

Maaße und Gewichte. (Die Maaße und Gewichte Norwegens sind die unter Copenhagen aufgeführten dänischen Dimensions- und Schwermaaße.) Nach dem Gesetz vom 31. Januar 1858 soll beim seitherigen Maaß- und Gewichtswesen die Decimaleintheilung eingeführt werden; das Gesetz hat aber erst mit dem 1. Januar 1863 verbindliche Kraft, so daß bis dahin das alte System beibehalten werden kann.

1) Seitheriges System.

Längenmaaß: Der Fuß (Fot) zu 12 Zoll (Tum) zu 12 Linien (Linier) und beim königl. Landmessercontor zu 10 Zoll zu 10 Linien zu 10 Punkte ist = 131,615 Par. Linien. Der Faden (Famn) = 6 Fuß; derselbe wird auch als Bergwerks- oder Lachtermaaß gebraucht.

Die Elle (Aln) hat 2 Fuß = 263,23 Par. Linien.

Die Meile = 600 Faden = 36,000 Fuß = 10,688 Kilometer.

Feldmaaß: Die geometrische Tonne Landes oder Aussaat (Tunnland) hat 14,000 Quadratellen = 49,3641 franz. Aren.

Maaß für Getreide, Malz, Salz, Steinkohlen, Kalk: Die Tonne (Tunna) hat 2 Spann zu 2 Halbspann zu 2 Viertel (Fjerdingar) zu 4 Kappen (Kappar). Der Kappe hat 1 ¾ Kannen (Kannor) des Flüssigkeitsmaaßes; daher die Tonne = 56 Kannen, welche, letztere wie bei dem Flüssigkeitsmaaß, in 2 Stop zu 4 Quart (Qvarter) zu 4 Jungfrau (Jungfrur) eingetheilt wird. Die für obige Dinge bestimmte Tonne enthält 146,563 Liter.

Bei allen Waaren, die es zulassen, wird mit gestrichenem Maaße gemessen; man vergütet dagegen für jede Tonne bei Getreide- und Hülsenfrüchten 4, bei Malz 6, bei Kalk und Salz 2 Kappen. Das dadurch vergrößerte Maaß heißt festes Maaß. Weil 32 Kappen auf die Tonne gehen, so ist, nach obigen Zugaben, die Tonne festes Maaß bei Getreide und Hülsenfrüchten = 36 Kappen, bei Malz = 38 Kappen, bei Kalk und Salz = 34 Kappen.

Die Last (Läst) Steinkohlen enthält 12 Tonnen festes Maaß oder 432 Kappen oder 756 Kannen. — Holzkohlen werden nach demselben Maaße gemessen.

Mehl, Erdfrüchte, gesalzenes Fleisch, Fische (ausgenommen frische Heringe), Thran, Theer, Pech, Braunroth, Oder ꝛc. werden nach einer besondern kleineren Tonne zu 48 Kannen (obigen Maaßes für Getreide ꝛc.) = 125,625 Liter gemessen.

Das Maaß für frische Heringe ist die Tonne von 80 obiger Kannen = 209,3751 Liter.

Brennholzmaaß: Der Faden (Famn) hat 4 Ellen Höhe und 3 Ellen Breite; Scheitlänge 1½ oder 1¼ Elle = 18 Kubikellen = 3,76875 Kubikmeter oder Steren. — Das Stafrum (die Klafter) für Stammholz hat 7,06641 Steren.

Flüssigkeitsmaaß: Die Kanne (Kanna), die Einheit der Hohlmaaße, wird in 2 Stop zu 4 Quart (Qvarter) zu 4 Jungfrau (Jungfrur) (s. oben) eingetheilt und enthält ¹⁄₁₀ Kubikfuß = 2,617,188 Liter.

Das Fuder (Foder) hat 2 Pipen (Pipor) zu 2 Orhoft (Oxhufouden) zu 1½ Ohm (Am) oder Faß (Fat). Die Ohm hat 4 Anker (Ankare) zu 15 Kannen, also 60 Kannen = 157,0313 Liter.

Gewichte: In Schweden sind mehrere Gattungen von Gewichten im Gebrauche: 1) Das Viktualien- oder Schalgewicht (Viktualie-vigt), das eigentliche Handels- und zugleich Gold-, Silber- und Münzgewicht. Das Schalpfund (Skålpund) von 32 Loth (Lod) zu 4 Quentchen (Qvintin) oder von 8848 schwedischen As (Aß) ist = 425,34 Grammen. — Das Schiffpfund (Skeppund) hat 20 Liespfund (Lispund) zu 20 Schalpfund, also 400 Schalpfund. — Der Centner hat 100, der Stein (Sten) 32 Schalpfund. — 2) Stapelstädtergewicht (Stapelstads-vigt) für alles von den Stapelstädten auszuführende Eisen und Gartupfer (ausgenommen Gesle, woselbst das Landstädter Gewicht im Gebrauche ist). Das Schiffpfund zu 20 Einspfund hat 320 Schalpfund oder 1 Mark stapelstädter Gewicht = ⅘ Schalpfund Viktualiengewicht. — 3) Landstädter Gewicht (Uppstads-vigt) für die landstädter Eisenniederlagen und die Stadt Gesle. Die Mark landstädter Gewicht = 0,842 Schalpfund Viktualiengewicht. — 4) Bergwerksgewicht (Bergs-vigt) für Stabeisen ꝛc. in den Eisenwerken und Bergwerksdistrikten. Das Schiffpfund = 442 Mark stapelstädter Gewicht. Die Mark Bergwerksgewicht = 0,884 Schalpfund Viktualiengewicht. — 5) Roheisengewicht

(Tackjerns-vigt) für Roheisen und Erze. Das Schiffpfund = 520 Mark Berg-werksgewicht = 459,68 Schalpfund Viktualiengewicht. — 6) Rohkupfergewicht (Råkoppars-vigt). Die Mark = 0,887545 Schalpfund Viktualiengewicht. — 7) Medicinalgewicht. Das Medicinalpfund ist = 356,437*) Grammen und hat dieselbe Eintheilung wie das Nürnberger.

2) Maaße und Gewichte nach der Decimaleintheilung.

Längenmaaß: Der Fuß = 10 Zoll zu 10 Linien. — Die Stange (Stång) = 10 Fuß. — Die Schnur oder Corde (Ref) = 10 Stangen. — Der Fuß ist der bisherige.

Wegmaaß ist die bisherige Meile von 36,000 Fuß.

Flächenmaaße sind die Quadrate der Längenmaaße. Daher die Quadrat-schnur oder Quadratcorde (Qvadratref) = 100 Quadratstangen zu 100 Quad-ratfuß zu 100 Quadratzoll zu 100 Quadratlinien. — Die Quadratschnur 8,81502 franz. Aren (in Uebereinstimmung mit der geometrischen Tonne Landes von 56,000 Quadratfuß = 49,3641 franz. Aren).

Die Einheit der Hohlmaaße ist jetzt der Kubikfuß von 10 Kannen; daher ist die Kanne (= ¹⁄₁₀ Kubikfuß) = der bisherigen Kanne des Flüssigkeitsmaaßes und also der Kubikfuß = 26,17188 Liter (s. oben).

Weil 1 Getreidetonne festes Maaß = 36 Kappen und 1 Kappe = 1³⁄₄ Kanne (s. oben), so sind 10 bisherige Getreidetonnen = 63 Kubikfuß = 1648,82844 Liter oder 100 Kubikfuß = 2617,19 Liter (oder 26,1719 Hek-toliter).

Holzkohlenmaaß bleibt das bisherige.

Gewicht: Das Pfund (bisheriges Schalpfund Viktualiengewicht, s. oben) hat 100 Ort zu 100 Korn. — Der Centner = 100 Pfund. — Die Last (Nyläst) = 100 Centner.

Medicinalgewicht bleibt das bisherige (s. oben).

Handelsusanzen. Ausfuhrartikel werden gewöhnlich gegen baar, die Einfuhrwaaren dagegen auf 3 bis 9 Monate Credit verkauft. Die meisten Waaren werden nach der reinen (wirklichen) Tara berechnet. — Gutgewicht ist nicht gebräuchlich. Die Waarencourtage ist ¹⁄₄ Proc. von beiden Seiten.

Bei Schiffsbefrachtungen rechnet man die Last

bei Eisen und anderen Metallen zu 15 Schiffpfund.

„ Alaun, Pech, Theer, Vitriol zu 13 Tonnen.

„ Braunroth (engl. Roth) zu 15 bis 18 Tonnen.

„ Balken zu 116²⁄₃ Kubikfuß.

„ Bretter, 3zöllige, 7 Ellen lange, zu 3¹⁄₃ Tolft (Dutzend).

„ bto. 2 „ bto. „ 5 bto.

„ bto. 1¹⁄₂ „ bto. „ 6²⁄₃ bto.

„ bto. 1 „ bto. „ 10 bto.

„ Weizen, Roggen und Erbsen zu 24, bei Gerste zu 27, bei Malz zu 30,

„ Hafer zu 32, bei Salz zu 18 Tonnen.

Schwedische Banken. 1) Die Reichsständige Bank. Sie führt ihren Ursprung auf das Jahr 1656 zurück, zu welcher Zeit ein Commissär des Han-delscollegiums, Namens Johann Palmstruch, ein anschließliches Privilegium auf

---

*) Nach Hauschild (Vergleichungstafeln und Nachweisungen dd).

30 Jahre zur Gründung von Leihbanken in Stockholm und anderen Städten des Landes und zugleich ein solches zur Errichtung einer Depositen- und Girobank erhielt; aber schon im Jahr 1668 wurde, in Folge von Unterschleifen des Unternehmers, den Reichsständen die Verwaltung derselben übertragen. Nach vielen Trangsalen und theilweiser Insolvenz dem entwertheten Papiergelde gegenüber wurde die Bank in den Jahren 1845 und 1851 wesentlich umgestaltet und das Grundkapital auf 10 Mill. Thaler banco festgestellt. Sie macht Discont-, Leih-, Giro- und Depositengeschäfte, gibt Noten aus (s. oben) und hat Darlehencontore in Gothenburg, Malmö und Wisby.

2) Privatbanken in den Provinzen sind die schonensche, die smålandische, ostgothlandische, wermländische, örebro'sche und großkupferbergische oder dalekarlische. Sie betreiben die gewöhnlichen Bankgeschäfte und geben Noten aus. — Durch das Gesetz vom 19. August 1845 wurde in Betreff der Privatbanken bestimmt, daß solche künftig nur unter solidarischer Verantwortlichkeit ihrer Interessenten concessionirt werden und keine Noten unter 6 Thlr. 32 Schill. ausgegeben werden sollen.

Handelsanstalten ꝛc. Eisencontor des Bergwerksvereins und Hypothekencasse desselben (s. oben). Seeversicherungs-Obergericht. Mehrere Actiengesellschaften für Dampfschifffahrt, Seeversicherung ꝛc.

Stralsund,
Hauptstadt des gleichnamigen Regierungsbezirks in der preußischen Provinz Pommern.

Rechnungsart und Münzen, wie Berlin.
Maaße und Gewichte sind die preußischen, s. Berlin.
Handelsusanzen. Waarencourtage ½₆ Proc. von jeder Seite.
Im Getreidehandel beträgt die Courtage 6 sgr. per Last von 3 Wispeln für Käufer und Verkäufer. Wechselcourtage ⅛ Proc. von jeder Seite.
Handelsanstalten ꝛc. Commandite der preußischen Bank, s. Berlin.
Wollmarkt in der ersten Hälfte des Juni.

Straßburg,
Hauptstadt des französischen Departements Niederrhein.

Rechnungsart, Münzen, Maaße und Gewichte wie Paris.
Handelsanstalten ꝛc. Actiengesellschaften für Dampfschifffahrt und Eisenbahnen. Jährlich zwei Messen: die Johannismesse (foire de St. Jean), welche den Tag nach Johanni, und die Weihnachtsmesse, welche am 26. Dec. beginnt.

Stuttgart,
Hauptstadt des Königreichs Württemberg.

Rechnungsart und Münzen. Man rechnet hier, wie in Württemberg überhaupt, nach Gulden zu 60 Kreuzern zu 4 Pfennigen im 52½-Guldenfuße (vgl. Frankfurt a. M.); vor 1857 rechnete man nach dem 24½-Guldenfuße. Der Unterschied der Gulden beider Währungen ist so gering, daß sie gesetzlich als gleichwerthig gelten (s. Einleitung).

Aeltere und neuere Ausmünzungen.

In Gold: Karolin zu $9\frac{5}{6}$ fl., nach Münzproben im Feingehalt von 770 Tausendtheilen, 67,8991 Stück auf das Pfund fein; daher = 0,73639 deutsche Krone. — Halber Karolin nach Verhältniß. — Friedrichsd'or oder neuer Karolin zu 11 fl. (von 1810), im Feingehalte von $895\frac{5}{6}$ Tausendtheilen und im Werthe von 0,68314 deutsche Krone (Noback).

Dukaten, nach dem Reichsfuße, zu 5 fl. 45 kr., im Feingehalte von $986\frac{1}{9}$ Tausendtheilen, 145,2685 Stück auf das Pfund fein; daher = 0,34419 deutsche Krone.

Zehn-Guldenstücke (von 1824 und 1825), nach Münzproben im Feingehalte von 893 Tausendtheilen, 83,8613 Stück auf das Pfund fein; daher = 0,59622 deutsche Krone (Neubauer). — Fünf-Guldenstücke nach Verhältniß. Von diesen Goldmünzen kommen die Dukaten, im festen Werthe von $5\frac{3}{4}$ fl. Silber, am meisten im Verkehr vor.

Silbermünzen von 1801 bis 1837: Conventions-Speciesthaler (zuletzt 1818) zu 2 Conventionsgulden oder 2 fl. 24 kr. im 24-Guldenfuß, Kopfstücke zu 24 kr. im 24-Guldenfuße und halbe Kopfstücke.

Kronenthaler zu 2 fl. 42 kr. im 24-Guldenfuße (seit 1809) und geprägt in einem $24\frac{2}{3}$-Guldenfuße; daher = 2 fl. $41\frac{1}{5}$ kr. rhn. = 1 thlr. 16 sgr. $\frac{4}{5}$ pfg. preuß. = 2 fl. $30\frac{3}{10}$ nkr. österr.

Gulden des $24\frac{1}{2}$-Guldenfußes im Feingehalte von 750 Tausendtheilen, 52,3828 Stück auf das Pfund fein; daher = 1 fl. $\frac{1}{10}$ kr. rhn. = $17\frac{1}{10}$ sgr. preuß. = $85\frac{9}{10}$ nkr. österr. — Zweiguldenstücke nach Verhältniß.

Neuere Silbermünzen: Vereinsthaler (nach dem Vertrag von 1857) zu $1\frac{3}{4}$ fl. rhn. = 1 thlr. preuß. = $1\frac{1}{2}$ fl. österr. (s. Einleitung).

Zweiguldenstücke, Gulden- und halbe Guldenstücke wie in Bayern (siehe München).

Scheidemünzen zu 6, 3, 1 und $\frac{1}{2}$ Kreuzer. In Kupfer: Stücke zu $\frac{1}{2}$ und $\frac{1}{4}$ Kreuzer.

Papiergeld. Cassenscheine des Staats zu 10 fl. Einlösungscassen sind die Staats-Hauptcasse und alle Cameralämter; die Scheine werden bei den Staats- und Steuererhebungscassen in Zahlung angenommen. Dagegen ist den öffentlichen Cassen die Annahme der neuerer Zeit auch in Preußen, Sachsen, Bayern &c. verbotenen fremden Papiergelder untersagt.

Wechselcursnotirung. Man notirt Curse auf Amsterdam, Augsburg, Berlin, Bremen, Cöln, Hamburg, Leipzig, London, Paris und Wien für die in Frankfurt a. M. üblichen Wechseleinheiten. Für die Cursnotirung auf Frankfurt a. M. ist die Wechseleinheit 100 fl. rhn. Außerdem enthält der Curszettel neben den betreffenden Devisen den Discontofuß, zu welchem die Wechsel für längere Sichten nach dem Curs für kurze Sicht berechnet werden. — Geldsorten-Notirung wie in Frankfurt a. M.

Wechselrechtliches. Seit 1849 ist die deutsche Wechselordnung eingeführt. Das Einführungsgesetz enthält Bestimmungen über den Wechselarrest in Beziehung auf den Militärstand und Beamte, die legalen Wechselfeiertage u. s. w.

Württembergische Staatspapiere. 1) $3\frac{1}{2}$-procentige Obligationen. Sie sind theils durch Convertirung älterer, höher verzinslicher Papiere, theils durch die Anleihe vom Jahr 1845 von 7 Mill. Gulden mit der württem-

bergischen Hofbank, den Häusern Rothschild in Frankfurt a. M. und den Gebrü-
dern Benedict in Stuttgart entstanden. Die Stücke lauten auf 1000, 500, 300
und 100 fl. und sind nach Wahl theils auf Inhaber, theils auf den Namen
ausgestellt. 2) 4-procentige Obligationen. Sie rühren von 2 Eisenbahnanleihen
im Gesammtbetrag von ca. 3 Mill. Gulden vom Jahr 1846, einer Anleihe von
5 Mill. Gulden vom Jahr 1860 und einer Anleihe von 7 Mill. Gulden vom
Jahr 1861 her; sie lauten auf 1000, 500, 300 und 100 fl. und sind ebenfalls
nach Wahl theils auf den Inhaber, theils auf den Namen ausgestellt. 3) 4½-
procentige Obligationen, welche auf 1000, 500, 300 und 100 fl. lauten, und
nach Wahl theils auf den Inhaber, theils auf den Namen ausgestellt sind. Sie
sind entstanden durch die Eisenbahnanleihe von 1847 bei Rothschild ꝛc. im Betrage von 12 Mill. Gulden, durch die Eisenbahnanleihe von 1849 bei Rothschild ꝛc. im Betrage von 3 Mill. Gulden, durch die Anleihe vom Jahr 1852
bei Rothschild ꝛc. im Betrage von 4 Mill. Gulden, durch eine solche vom Jahr
1855 bei Rothschild ꝛc. im Betrage von ca. 3 Mill. Gulden und durch die
Kriegsanleihe vom Jahr 1859 durch Subscription im Betrage von 5700000 fl.

Cursnotirung württembergischer und fremder Papiere.
Außer den obigen inländischen Papieren werden in gleicher Weise wie in Frankfurt a. M. österreichische, preußische, bayerische, badische, groß. hessische, nassauische, braunschweigische und schweizer Papiere notirt. Dasselbe gilt von Anlehens-
loosen und Actien.

Württembergische Maaße und Gewichte. Längenmaaß: der Fuß
zu 10 Zoll zu 10 Linien = 127 Pariser Linien. Die Elle = 2,144 Fuß
= 272,288 Paris. Linien. — Die Ruthe = 10 Fuß = 1270 Parif. Linien.
— Die Meile = 26000 Fuß = ca. 1,005 deutsche Meile, also der letzteren
beinahe gleich.

Feldmaaß: der Morgen zu 4 Vierteln = 384 Quadrat-Ruthen = 31,51746
franz. Aren. — Die Jauchert, Mannsmahd oder das Tagewerk = 1½ Morgen.

Brennholzmaaß: das Klafter oder Meß ist 6 Fuß hoch und breit bei 4
Fuß Scheitlänge; daher = 144 Kubikfuß = 3,386 Kubikmeter oder Steren.
Das Meß wird in Viertel, Achtel und Ecklein (Sechzehntel) eingetheilt.

Getreidemaaß: der Scheffel hat 8 Simri zu 4 Vierling zu 8 Ecklein zu
4 Viertelein. Der Vierling wird auch in 4 Meßlein eingetheilt. Das Simri
ist = 22,1533 Liter, also der Scheffel = 177,226 Liter.

Für Getreide und Mehl wird das Maaß mit dem Strichbrett abgestrichen;
Früchte von unregelmäßiger Form werden dagegen gehäuft. Getreide wird seit
1860 meist nach dem Gewicht verkauft.

Hohlmaaße für andere trockene Dinge: der Karren oder Kasten Sand =
8 Kubikfuß. — Der gebrannte Kalk wird in Zübern oder Kufen gemessen, welche
40 Helleichmaaß des Flüssigkeitsmaaßes enthalten. Ein solches Zubermaaß heißt
Kalk-Scheffel. Der Kalk wird gestrichen gemessen. — Der Kasten Mörtel von
24 Kübeln ist = 96 Helleichmaaß. — Mörtel wird übrigens gewöhnlich nach
dem Gewicht verkauft.

Flüssigkeitsmaaß: das Fuder hat 6 Eimer zu 16 Imi zu 10 Maaß zu
4 Quart oder Schoppen. Es gibt dreierlei Flüssigkeitsmaaße. 1) Helleichmaaß
oder lautere Eichmaaß = 1,83705 Liter; daher der Eimer zu 160 Maaß =
293,928 Liter. Nach der Helleiche wird der alte, sowie auch neuer Wein, bei
welchem die stärkste Gährung vorüber ist, gemessen. 2) Trübeichmaaß = 1,91742

27*

Liter. Der Eimer = 167 Helleichmaaß = 306,786 Liter. Nach der Trüb-
eiche wird der Most unter der Kelter und der noch in starker Gährung stehende
Wein, so lange er trüb ist, bis er sich ziemlich abgeklärt hat, gemessen. 3) Schenkmaaß = ¹⁰/₁₁ Helleichmaaß = 1,67005 Liter. Die Schenkmaaß findet nur bei
Wirthen statt, welche den zehnten Theil des ausgeschenkten Getränks als Umgeld geben.

Handelsgewicht: das Pfund wie in Preußen (s. Berlin), aber eingetheilt in
32 Loth zu 4 Quentchen zu 4 Richtpfennigen; seit 1860 ist dieses Pfund (Zollgewicht) in 500 Gramme und das Gramm weiter in Zehntheile (Decigramm),
Hunderttheile (Centigramm) und Tausendtheile (Milligramm) eingetheilt. — Der
Centner = 100 Pfund.

Das normale Gewicht eines Bundes Heu, Oehmd und Stroh soll 20 Pfd.
betragen, ohne Unterschied, ob die Lieferung vor oder nach Martini erfolgt*).

Münzgewicht wie Preußen (s. Berlin).

Gold- und Silbergewicht: die württemberger Cölnische Mark, eingetheilt wie
früher in Preußen, = ½ früheres leichtes Pfund = 233,8555 Grammen, in
Uebereinstimmung mit der bis 1857 in den deutschen Zollvereinsstaaten üblich
gewesenen Mark.

Probirgewicht: beim Münzwesen wie Preußen. Im Verkehr das frühere
preußische.

Apothekergewicht: das Pfund = 357,6476 Grammen, eingetheilt wie in
Preußen.

Juwelengewicht wie in Teutschland überhaupt (s. Frankfurt a. M.).

Vorige Gewichte: das leichte Pfund von 32 Loth zu 4 Quentchen war dem
früheren preußischen beinahe gleich. Der Centner = 104 leichte Pfund oder =
100 schwere Pfund **).

Banken und andere Handelsanstalten. 1) Die Königl. württembergische Hofbank, seit 1802 gegründet, ist von dem Könige von Württemberg garantirt. Sie befaßt sich mit Bank- und Wechselgeschäften und hat sich
vornehmlich die Aufgabe gestellt, den heimathlichen Handel durch Gewährung von
Crediten in größerem Maaßstabe zu unterstützen. Nach Sphäre und geschäftlicher
Stellung übrigens im Wesentlichen einer Privatbank gleich, ist das Institut aber auch
angewiesen, Gelder, die in öffentlicher oder pflegschaftlicher Verwaltung stehen, verzinslich
anzunehmen. 2) Kapitalisten-Verein. Der in Gemäßheit des §. 12 der Statuten
der hier seit 1853 bestehenden Lebensversicherungs- und Ersparnißbank constituirte
Kapitalisten-Verein hat den Zweck, die von den Theilnehmern eingelegten Kapitalien
für gemeinschaftliche Rechnung ausleihen und verwalten zu lassen. Der Verein ist mit
der Lebensversicherung und Ersparnißbank in der Weise verbunden, daß die letztere
durch ihre statutenmäßigen Organe die Verwaltung des Vereins führt und denselben
gegenüber von Dritten in allen rechtlichen und administrativen Angelegenheiten
vertritt. Die Verbindung des Kapitalisten-Vereins mit der Lebensversicherungs-
und Ersparnißbank ist bis zum 35sten Jahre unwiderruflich und erst von dieser
Zeit an gegenseitig kündbar. Einlagen von weniger als 100 fl. werden nicht

---

*) Früher mußte das Bund vor Martini 21 Pfund und nach Martini 20 Pfund wiegen.
**) Aeltere Dimensionsmaaße in Heilbronn: Die Elle = 261 Par. Linien = 0,9606
württemb. Ellen. — Getreidemaaß: Das Malter von 8 Simri zu 4 Impsel zu 4 Vierteln war zweierlei,
nämlich: das Kernmalter für alle Früchte außer Hafer = 160½ Liter = 0,9655 württemb. Scheffel, und
das Hafermalter = 200½ Liter = 1,3315 württemb. Scheffel.
    Aeltere Dimensionsmaaße in Ulm: Die Elle = 252 Par. Linien = 0,9255 württemb.
Ellen. — Getreidemaaß: Das Imi von 4 Mitteln zu 6 Metzen zu 4 Vierteln = 229,8 Liter = 1,297
württemb. Scheffel. — In Rottenburg am Neckar und Umgegend war das alte Malter (namentlich für
Gerste) = 8½ württ. Scheffel.

angenommen; höhere Summen können von jedem Betrage eingelegt werden. Die Theilhaber des Vereins erhalten für ihre Einlagen Vereinsscheine in Beträgen von 100, 300, 500 und 1000 fl. rhn., welche auf den Inhaber oder auch auf den Namen lauten und mit Zinscoupons versehen sind. Der Zinsfuß für die jährliche Verzinsung der Einlagen richtet sich nach dem Zinsertrag, welcher aus den hingeliehenen Kapitalien des Vereins erzielt wird, und beträgt (1858) bis auf Weiteres 4 1/4 Procent *). Der Ueberschuß der Kapitalerträgnisse, welcher sich bei dem jährlichen Rechnungsabschluß nach Abzug der an die Vereinsmitglieder auszubezahlenden Zinse und der Verwaltungskosten ergibt, bildet den Gewinn der Gesellschaft, welcher zur Hälfte dem Reservefonds und zur Hälfte dem Dividendenfonds zufällt. An dem Dividendenfonds, nach Abzug der ihm obliegenden Leistungen **) wird der Lebensversicherungs- und Ersparnißbank ein Zehntel überlassen; die weiteren neun Theile desselben kommen von 5 zu 5 Jahren nach dem Loos unter die Inhaber derjenigen Vereinsscheine zur Vertheilung, welche mindestens drei Jahre vor dem der Verloosung nächst vorausgehenden Rechnungstermine ausgestellt worden und noch in Kraft sind. Von dem verfügbaren Dividendenfonds wird je auf 10000 fl. der an der Verloosung theilnehmenden Einlage-Kapitalien Eine gleiche Prämie berechnet und je auf 500 fl. Einlage-Kapital Ein Ziehungsloos bestimmt, so daß von 20 solcher Loose Eines gewinnt. Einlage-Kapitalien von weniger als 500 fl. werden je zu einem Ganzen von diesem Betrage zusammengeschrieben und theilen sich in die auf die vereinigte Nummer fallende Prämie nach Verhältniß ***). Die Vereinsmitglieder haben das Recht, ihre Einlagen zu jeder Zeit zu kündigen und sind ihnen solche innerhalb 6 Monaten von der Kündigung an heimzubezahlen. In der Regel sollen die Gelder des Vereins an Gemeinden oder Grundbesitzer auf Hypotheken in Beträgen von nicht unter 200 fl. gegen Annuitäten ausgeliehen werden. Die Tilgungszeit soll in der Regel 35 Jahre nicht übersteigen. Der Zinsfuß richtet sich nach den jeweiligen Verhältnissen des Geldmarktes, und es dürfen (1855) für die nächste Zeit Gelder nicht unter 5 Proc. ausgeliehen werden. 3) Württembergischer Credit-Verein. Derselbe besteht aus einer Verbindung von Grundeigenthümern zu Kapitalaufnahmen auf gemeinschaftliche Rechnung mit der Bestimmung, die aufgenommenen Kapitalien zu Anlehen an seine Mitglieder zu verwenden, und mittelst der von diesen zu bezahlenden Renten zu tilgen. Auf den Grund der von den Vereinsmitgliedern ausgestellten hypothekarischen Verschreibungen werden den Gläubigern mit Zinscoupons versehene Vereins-Schuldurkunden auf den Inhaber zu 100, 200, 500 und 1000 fl. ausgestellt. Die Sicherheit der Vereinsschuld wird dadurch bewirkt, daß die einzelnen Mitglieder für die Anlehen, welche sie aus der Vereinskasse erhalten, Hypotheken bestellen. Zur Deckung etwaiger Verluste wird ein gemeinschaftlicher Assecuranz- oder Reservefonds gebildet, welcher in dem zwanzigsten Theil des Betrags der jeweiligen Vereinsschuld zu bestehen hat. Darlehen gegen Renten werden (1861) unter Zugrundlegung eines Zinsfußes von 4 Proc. gegeben. Die kleinste Summe eines Vereinsdarlehens beträgt 1000 fl. und es darf die Dauer

---

*) Die Jahresberichte von 1859 und 1860 geben die Zinsgewährung nicht an.
**) Nach §. 6 der Statuten leistet der Verein zur Bestreitung der mit der Begründung des Vereins verbundenen außerordentlichen Kosten einen Beitrag von 500 fl., welcher dem Dividendenfonds belastet und in den nächsten zehn Jahren in gleichmäßigen Raten abgetragen wird. Aus dem Dividendenfonds wird auch der zur Controle der Vereinsverwaltung bestellte Syndikus besoldet.
***) Gesetzt, der im Jahr 1861 zur Verloosung kommende Dividendenfonds betrage 5000 fl., welche unter die Inhaber von Einlagscheinen im Gesammtbetrage von einer Million Gulden zu vertheilen wären, so werden 5000/50 = 100 Prämien im Betrag von je 50 fl. gebildet.

der ordentlichen Rente 50 Jahre nicht übersteigen. Ausnahmsweise werden auch Kapitalanlehen gegen jährliche Verzinsung und gegenseitige ¼=jährliche Kündigung auf gute zweifache Hypothek oder gegen Faustpfandsbestellung von Credits=Vereins= obligationen sowohl an Mitglieder, als an Dritte, welche jedoch hierdurch nicht Mitglieder des Vereins werden, in der Art bewilligt, daß die Pfandsicherheit zwar für eine bestimmte Creditsumme ausgedrückt und begränzt wird, die Schuld selbst aber innerhalb dieser Creditsumme, als auf laufende Rechnung dargeliehen, durch Abzahlungen und neue Vorschüsse fallen und steigen kann. 4) **Württember= gische Handelsgesellschaft in Stuttgart.** Dieselbe wurde 1853 mit Unter= stützung der königl. Centralstelle für Gewerbe und Handel gegründet, und sie hat den Zweck, den Absatz württembergischer Gewerbserzeugnisse außerhalb des Landes anzubahnen und zu vermitteln. Der Maximalbetrag des Actienkapitals wurde auf 250000 fl. in 1000 Actien zu 250 fl. festgesetzt und die Constituirung der Gesellschaft durch Zeichnung von 400 Actien bedingt. Für die ersten drei Jahre wurde das Maximum der Dividende auf 4 Proc. festgesetzt und der sich etwa ergebende weitere Geschäftsgewinn zum Voraus als zum Reservefonds ge= hörig bestimmt. Die Gesellschaft befaßt sich hauptsächlich mit Geschäften auf feste Bestellung und macht dieselben auf eigene Rechnung sowohl im Ein= als im Ver= lauf, ohne jedoch Commissionsgeschäfte für Rechnung der Einsender auszuschließen. Sie sucht Absatz für württembergische Erzeugnisse überall außerhalb des Landes, besonders aber strebt sie den überseeischen Absatz an. Die königl. Centralstelle für Gewerbe und Handel machte sich Behufs der Unterstützung der Gesellschaft zur Gewährung von 30,000 fl. anheischig, welche nach Maaßgabe der Einzahlun= gen des Actienkapitals ꝛc. in mehreren Raten verabreicht werden sollten. 5) **Wür= tembergischer Handelsverein.** Derselbe wurde 1843 aus Mitgliedern des Handels= und Fabrikantenstandes in Württemberg gegründet. Für seine Zwecke, welche in der Berathung der gemeinschaftlichen Interessen des Handels und der Fabrikindustrie und in der schiedsrichterlichen Entscheidung von Handelsstreitigkeiten bestehen, sollte derselbe theils in Generalversammlungen, theils in Bezirksversamm= lungen, theils in Privathandelskammern thätig sein. Der Handelsverein besteht noch provisorisch bis zur Einführung des allgemeinen Handelsgesetzbuches, weil seine ganze Wirksamkeit nur noch darin besteht, daß die Mitglieder gehalten sind, sich den Entscheidungen der Schiedsgerichte mit Verzicht auf Appellation zu unter= werfen. Die übrige Wirksamkeit des Vereins ist auf die Handelskammern, welche amtlichen Charakter haben, übergegangen[*]. 6) **Industrie=Börse.** Die Zeit der Zusammenkunft ist je der 1. Montag im Monat, der Beginn 1 Uhr Mit= tags. Ein Ausschuß, bestehend aus 5 Mitgliedern und auf die Dauer eines Jahres gewählt, ist zur Führung der Vereinsangelegenheit unbedingt ermächtigt. 7) **Landesprodukten=Börse.** Sie findet wöchentlich einmal statt und es wer= den auf derselben bedeutende Schlüsse in Getreide, Mehl und Oelsaat gemacht. 8) **Württembergisches Musterlager.** Dasselbe enthält eine bedeutende Samm= lung von Mustern aus allen Fächern der Industrie und steht unter der Leitung der Centralstelle für Gewerbe und Handel. 9) **Allgemeine Rentenanstalt** (Kapital= und Rentenversicherungen, Lebens= und Ueberlebungsversicherungen). 10) **Feuer= und Hagelversicherungsgesellschaften.** 11) **Handwerker= bank,** ein Verein, welcher seinen Mitgliedern die zu ihrem Geschäftsbetrieb erfor=

---

[*] Die werthvollen Jahresberichte der vier Handelskammern: Stuttgart, Reutlingen, Ulm und Heilbronn, geben ein klares Bild der Handels= und Industrieverhältnisse von Württemberg.

derlichen Geldmittel zu verschaffen und diesen Zweck theils durch regelmäßige Bei=
träge der Mitglieder, theils durch Anlehen zu erreichen sucht, die unter solidari=
scher Haftung sämmtlicher Mitglieder aufgenommen werden.

Messen und Märkte. Die Maimesse und die Christmesse. — Drei=
tägige Tuchmesse im August, in welcher aber nicht im Detail verkauft werden
darf. — Im April großer Pferdemarkt. — Im Juni die sogenannte süddeutsche
Buchhändlermesse (für Abrechnungen der süddeutschen Buchhändler).

Sumatra,

eine der vier großen hinterindischen Sunda=Inseln, zum Theil unter niederländischer Herr=
schaft; Hauptstadt der niederländischen Besitzung und Haupthandelsplatz der Insel ist
Padang.

Rechnungsart und Münzen. Gesetzlich soll, wie in den andern nieder=
ländisch = ostindischen Besitzungen, nach niederländischen Gulden zu 100 Cents
(s. Batavia u. Amsterdam) gerechnet werden; im großen Handelsverkehr rechnet man
aber auch nach Reichsthalern (Rijksdaalders) zu 48 Stübern indisch und die
Waarenpreise werden mehrentheils in spanischen Silberpiastern notirt. Der Piaster
gilt gewöhnlich 1¼ obiger Reichsthaler; daher (den Piaster zu ca. 2½ fl. rhn.
gerechnet) der Werth desselben = 2 fl. rhn. = 1 Thlr. 4²/₇ sgr. preuß. =
1 fl. 71³/₇ nkr. öster.

Außer spanischen Piastern und holländischen Münzen cursiren hier ostindische
Rupien und im gewöhnlichen Verkehr die aus Zinn und Blei gefertigten, soge=
nannten Kippings oder (nach holländischer Benennung) Pitjes, welche in der Mitte
ein Loch haben und zu 500 Stück auf Schnüre gereiht werden. Man rechnet 16
Schnüre, also 8000 Stück, auf den spanischen Piaster (Kelly). Auch Goldstaub
dient als Circulationsmittel.

In andern Theilen Sumatras wird gewöhnlich nach spanischen Piastern oder
Dollars, auch Reals genannt, gerechnet, wie in Benkulen, wo solche zu 5 Schil=
ling Sterling gerechnet werden (Kelly). In Palembang rechnet man wie in Padang.

In Atschin, der Hauptstadt des gleichnamigen Landes auf der Insel Su=
matra, rechnet man nach Tails zu 4 Pardows = 16 Mace = 64 Kapangs.
Nach Kelly ist das Mace eine Goldmünze im Gewicht von 9 engl. Troy=Grän
= 0,583 Grammen und im Werthe von 14 Pence Sterl. = ca. 41½ kr. rhn.
= 11⁶/₇ sgr. preuß. = 59²/₇ nkr. öster. — Scheidemünze, aus Blei oder Zinn,
ist das Cash, von welchen gewöhnlich 2500, aber auch mehr oder weniger
Stück auf das Mace gerechnet werden.

Maaße und Gewichte. Ellenmaaße sind die alte Amsterdamer Elle,
die brabanter Elle (nach der Amsterdamer Annahme, s. Amsterdam) und das eng=
lische Yard.

Handelsgewicht ist theils das chinesische, theils das batavische (s. Batavia)
und für Pfeffer mitunter das englische.

In Atschin ist der Bahar zu 200 Catties die Gewichtseinheit und man
rechnet in der Praxis 1 hiesiges Cattie = 1½ chinesische Catties.

Flüssigkeiten werden theils nach dem Gewicht, theils nach dem Getreidemaaß,
dem Coyang, verkauft, welch' letzteres aber nicht aller Orten von gleichem Inhalt
ist. In Padang, als dem Haupthandelsplatz der Insel, ist das Getreidemaaß
von Batavia im Gebrauche.

Surabaya,

Hauptstadt der Provinz gleichen Namens auf der Insel Java, s. Batavia.

Surate,

Seehandelsstadt in der britisch-ostindischen Präsidentschaft Bombay.

Rechnungsart und Münzen wie in Bombay. Früher rechnete man nach Rupien (Rupees) zu 16 Annas zu 4 Pice.

Wechselcursnotirung. Die Curse auf ausländische Plätze werden wie in Bombay und Calcutta notirt. Auf Bombay und Calcutta wechselt man in kurzer Sicht zu ± 98 Compagnie-Rupien für 100 Compagnie-Rupien dort; für längere Sichten wird in Folge des hohen Disconto noch zu verhältnißmäßig größerem Verluste gewechselt.

Wechselrecht ist das englische (s. London).

Maaße und Gewichte. Längenmaaße: 1) Im Großhandel gebraucht man das englische Yard. Inländisches Längenmaaß der Tuchhändler ist das Guz zu 24 Tustoos = ⅔ Yards = 270,228 Par. Linien. Getreide und Flüssigkeiten werden nach dem Gewicht verkauft.

Handelsgewicht: Die Einheit desselben ist das Sihr (engl. Seer) = 424,5605 Grammen. Gewichtswaaren werden nach dem Maund verkauft, welcher aber, je nach der Gattung der Waare, verschieden ist. Für Getreide rechnet man auf den Maund 40 Sihrs; für Spirituosen, Oel, Baumwolle und Kokosnüsse 42, für andere Waaren 40 bis 46 Sihrs. Auf das Candy rechnet man gewöhnlich 20, bei einigen Waaren 21 bis 22 Maunds. Z. B. Pfeffer und Sandelholz wird nach dem Candy von Bombay zu 21 Maunds von Bombay, und Baumwolle nach dem Candy von Surate zu 21 Maunds von Surate verkauft (Kelly). In der Praxis rechnet man 3 gewöhnliche Maunds von Surate = 4 Bombay-Maunds.

Getreidemaaß ist das Parah von 20 Pallies; dasselbe entspricht einem Gewicht von ca. 34 Kilogramm.

Gold- und Silbergewicht ist das Sihr von 35 Tolas zu 12 Massas zu 8 Rutees = 424,5605 Grammen.

Surinam,

niederländische Colonie in Guyana, mit der Hauptstadt Paramaribo.

Rechnungsart und Münzen. Man rechnet nach Gulden zu 100 Cents oder auch im innern Verkehr nach Gulden zu 20 Stüber zu 16 Pfennigen zu 8 Deuten in der niederländischen Valuta.

Außer den gröbern niederländischen Münzen und Kupferdenten circuliren hier spanische und amerikanische Piaster oder Dollars.

Wechselcursnotirung. Man wechselt auf Amsterdam und Rotterdam, gewöhnlich 90 Tage dato oder nach Sicht zu ± 100 fl. holl. für 100 fl. holl. in Amsterdam ꝛc.

Maaße und Gewichte sind im Inlande die alten Amsterdamer; im Verkehr mit dem Auslande aber gewöhnlich die neuen niederländischen Dimensions- und Schwermaaße.

Sydney,

Hauptstadt der britischen Besitzungen auf dem Festlande Australiens.

Rechnungsart und Münzen. Man rechnet, wie in Großbritannien, nach Pfunden zu 20 Schilling zu 12 Pence Sterling. Der spanische und mexikanische Silberpiaster oder Dollar gilt hier gesetzlich 50 Pence Sterling; hiernach stellt sich der Werth des in Piastern (zu 2½ fl. rhn.) berechneten Pfundes Sterl. auf ca. 12 fl. rhn. = 6 Thlr. 25⅗ sgr. preuß. = 10 fl. 28⁴⁄₇ nkr. öster. — Nach der frühern, sogenannten australischen Curantwährung wurde der Piaster zu 60 Pence Sterl. gerechnet, wonach 5 Liv. Sterl. = 6 Liv. Sterl. Curant waren.

In der im Jahr 1855 von den Localbehörden (nicht von der engl. Regierung) errichteten Münzanstalt werden goldene Sovereigns im englischen Zahlwerthe mit den Aufschriften: «Sydney Mint» und «Australia» geprägt. Von Privaten sind auch kleinere Münzen (Penny und Halfpenny Tokens) in Umlauf gesetzt worden. — Australischer Goldstaub dient ebenfalls als Zahlungsmittel.

Von fremden Münzen circuliren hier, außer den spanischen, mexikanischen und andern Piastern, die Gold- und Silbermünzen der Vereinigten Staaten von Nordamerika, die britisch-ostindischen Compagnie-Rupien und die ältern ostindischen Sicca-Rupien.

Papiergeld. Als solches dienen die Noten der verschiedenen Banken der Colonie (s. unten), sowie diejenigen der Bank von England, welch' letztere aber nicht gesetzliches Zahlungsmittel sind und hier mehr oder weniger unter ihrem Nennwerthe circuliren.

Wechselcursnotirung.

London, 30, 60 und 90 Tage nach Sicht, zu 2 bis 5 Proc. Prämie, d. h. 102 bis 105 Liv. Sterl. für 100 Liv. Sterl. in London.

Irland und Schottland (resp. dortige Banken), 1 Tag nach Sicht, ebenfalls zu mehreren Procenten Prämie.

Hongkong, Canton und Singapore, 30 Tage nach Sicht, zu ± 5 Schilling Sterl. für 1 spanischen Piaster.

Mauritius, 30 Tage nach Sicht, zu ± 5 Schilling Sterl. für 1 Curant-Dollar (welcher auf Mauritius zu 4 Schilling gerechnet wird).

Bombay, Calcutta und Madras, 30 Tage nach Sicht, zu ± 2 Schilling Sterl. für 1 Compagnie-Rupie.

Melbourne und Adelaide, 15 Tage nach Sicht, zu ± 1 Proc. Prämie in Liv. Sterl.

Plätze der Ver. Staaten von Nordamerika, 3 Tage nach Sicht, zu ± 4 Dollars für 1 Liv. Sterl.

Die Wechselcurse werden gewöhnlich in Gold zahlbar notirt.

Wechsel der Regierung, auf das königl. Schatzamt gezogen, werden höher als diejenigen der in Sydney bestehenden Banken, und letztere Wechsel wieder etwas höher als solche, welche von Handelshäusern gezogen sind, bezahlt.

Goldbarren werden zu ± 4 Liv. Sterl. per Troy-Unze Standard-Gold (¹¹⁄₁₂ Feingehalt, s. London) notirt, und Goldstaub wird ebenfalls, je nach der Feinheit, per Troy-Unze berechnet.

Actiencurse. Von Actien werden diejenigen der hiesigen Banken (siehe unten), Dampfschifffahrts-, Versicherungs-, Bergwerks- und anderer Gesellschaften per Stück notirt.

Maaße und Gewichte sind die englischen (s. London).

Handelsusanzen. Verkäufe werden auf 3 bis 6 Monate Ziel abgeschlossen. Waaren werden auch häufig im Wege der Auction verkauft; die Auctions-
gebühr beträgt 2½ Proc. — Courtage für alle Kaufgeschäfte 1 Proc.; Rück-
wechselunkosten für das Ausland 20 Proc.; Commissionsgebühren bei Import-
Verkäufen 5 Proc.; bei Exporten 2½ Proc.; für den Ein- und Verkauf von
Gold, Geld- und Wechseln 1 Proc.: für Geldeinziehungen 2½ Proc.; für Assecuranzbesorgung ½ Proc.; für Besorgung von Bodmerei und Responbentia *)
2½ Proc.; für Schiffsfrachten 5 Proc.

Handelsanstalten ꝛc. Banken (die Bank of New South Wales, die
Commercial Banking Compagny of Sydney, die Bank of Australasia u. m. a.),
welche Discont-, Depositen- und Leihgeschäfte machen und Noten ausgeben. Außerdem gibt es hier Filiale der in London bestehenden Colonialbank und Orientalbank (s. London) und Actiengesellschaften für Dampfschifffahrt, Eisenbahnen und
industrielle Unternehmungen.

Tacna,
Handelsstadt in Südperu; wie Lima.

Tahiti,
oder Otaheiti, Hauptinsel der zu Australien gehörigen Gesellschaftsinseln, mit der
französischen Niederlassung Papete.

Rechnungsart und Münzen. Man rechnet nach Piastern oder Dollars
zu 100 Cents.

Die hier circulirenden spanischen, mexikanischen und anderen Piaster werden
ohne Unterschied den französischen Fünffrankenstücken gleich gerechnet. Rupien gelten
gewöhnlich ½ Piaster und englische Sovereigns 5 Piaster.

Wechselcurse. Wechsel von Walfischjägern werden auf die Vereinigten
Staaten, 15 bis 30 Tage nach Sicht, zu 15 bis 20 Procent Prämie auf den
Dollar und auf England zu gleicher Prämie mit fester Reduction von 4 Schil-
lingen Sterl. per nordamerikanischen Dollar abgegeben.

Maaße und Gewichte sind die französischen, englischen und nordamerikanischen. — Ein Ton wird zu 2000 engl. Pfund gerechnet **).

Täbris,
Handelsstadt in Persien; wie Teheran.

Teheran,
Hauptstadt des Königreichs Persien.

Rechnungsart und Münzen. Man rechnet nach Tomans zu 10 Keran zu 2 Banabat zu 10 Schahi, wonach 200 Schahi auf den Toman, eine
Goldmünze, gehen. Da der russische Halbimperial (von welchem gesetzlich 83,3513

---

*) Bodmerei ist ein Darlehen auf das Schiff; Respondentia ein solches auf die Güter der
Schiffsladung.
**) Obige Angaben nach Noplitsch, kaufmännische Berichte, gesammelt auf einer Reise um die
Welt ꝛc.

Stück auf das deutsche Zollpfund von 500 Grammen fein Gold gehen sollen) in Teheran zu 17 ¼ Keran gerechnet wird *), so sind ca. 144 (genauer 143,789) Tomans auf das Zollpfund fein Gold zu rechnen, wonach sich, letzteres zu circa 800 fl. rhn. angesetzt, für den Toman ein Werth ergibt von 5 fl. 33 kr. rhn. = 3 thlr. 5 ⅐ sgr. preuß. = 4 fl. 75 nkr. öster. Genau läßt sich der Werth dieser Münze nicht bestimmen, denn in Folge der schlechten und nachlässigen Prägung der Goldmünzen weichen die einzelnen Stücke sehr häufig vom gesetzlichen Gewicht ab, weshalb dieselben bei den Geldwechslern und bei größeren Zahlungen lediglich nach dem Gewicht und nicht nach dem Nennwerth genommen werden.

Die gegenwärtig geprägten und dem Handel als Rechnungsmünze dienenden Münzsorten sind folgende:

In Gold: der Toman = 10 Keran = 50 türk. Piaster effectiv, der halbe Toman = 5 Keran = 25 türk. Piaster.

In Silber: der Keran = 20 Schahi oder 5 türk. Piaster, der Banabat = 10 Schahi = 2 ½ türk. Piaster.

In Kupfer: der Schahi = 2 Nimschahi = 10 türk. Paras, der halbe (Nim) Schahi = 5 türk. Paras, der Pul = ⅓ Schahi = 3 ⅓ türk. Paras.

Außerdem kommen im Handel auch bloße Rechnungsmünzen, wenigstens jetzt nicht mehr geprägte Münzen in Anwendung, z. B. der Abbassi = 4 Schahi, der Bisti = ⅕ Schahi (2 Paras) und der Dinar = $^1/_{50}$ Schahi. Diese Rechnungsmünzen sind namentlich bei den unteren Ständen gang und gäbe.

Alte Gold- und Silbermünzen (persische Ducaten, persische Silberrupien ꝛc.) werden beim Wechsler zum Metallwerth angebracht und pflegen meistens in die Münze oder ins Ausland zu wandern.

Im Obigen wurde zugleich das Verhältniß des persischen zum türkischen Geld aufgestellt, weil namentlich in Täbris die Verrechnung mit Käufern und Verkäufern aus der Türkei häufig vorkommt.

Die jetzigen Goldmünzen sollen einen Feingehalt von 916 ⅔ Tausendtheilen, und die Silbermünzen einen solchen von 880 Tausendtheilen haben.

Der Werth des Keran stellt sich auf ca. 32 ⅓ kr. rhn. = 9 ⅓ sgr. preuß. = 46 $^5/_7$ nkr. öster., und der des Schahi auf ca. 1 ⅔ kr. rhn. = 5 ⅗ pfg. preuß. = 2 $^8/_{21}$ nkr. öster.

Von fremden Münzen ist russisches Gold vorwiegend das Zahlungsmittel im persischen Großhandel; es wird von den Persern auch wegen seines Feingehaltes gern genommen und wird im Geschäftsverkehr mehrentheils nach dem Gewicht (der Imperial muß 34 Nohud, s. unten, wiegen) gegeben und genommen. Außer russischem Golde nimmt Persien auch einen Theil des aus den türkischen Grenzgebieten, namentlich von Bagdad her abfließenden türkischen Goldes auf. Doch wird es, wie auch das englische, weniger gern als das russische genommen, da das türkische stärker legirt ist, und darum bei eventuellem Einschmelzen der Verlust größer sein würde. Endlich ist noch zu erwähnen, daß auch holländische Dukaten, namentlich solche, die in Rußland geprägt sind (s. Petersburg) auf den persischen Bazars umlaufen; sie werden dem Toman gleich gerechnet. Dadurch ist auch die aus dem früheren Meßverkehr mit Leipzig via Odessa datirende Eigenheit zu erklären, daß die meisten Fakturen von deutschen Häusern, die nach Persien direkt

*) In Täbris wird der Halbimperial zu 18 Keran, in Ghilan und Masanderan zu 17 ½ Keran gerechnet.

arbeiten, die Rimessen in holländischen Dukaten bedingen, und ihre Preise sogar nicht selten in dieser Währung ansetzen. In den östlichen und südlichen Provinzen kommt auch, bald mehr, bald weniger, indisches Geld von der britischen Compagnie u. s. w. zum Vorschein. Andere fremde Valuten kommen in Persien nicht vor. Papiergeld gibt es in Persien nicht. Es existiren weder Staats= noch Privatpapiere.

Maaße und Gewichte. Längenmaaße: Das Längenmaaß in Persien heißt Arschin oder Göß. Es gibt im Handel Arschine verschiedener Länge. Eigentlich persische Arschine sind der große königliche (Schahi) und der kleinere (Mokäsär), letzterer in Schiras und Teheran mehr gebräuchlich als in Täbris, während hier und in anderen Städten der Provinz Adherbeidschan auch der türkische Arschin (Endasch genannt, s. Constantinopel) vielfach üblich ist. Das Verhältniß dieser Maaße unter einander und zu europäischen wird verschieden angegeben. Vermittelst der üblichen kaufmännischen Verhältnisse, wonach in Täbris der große Arschin = ⁵⁄₁₃ berliner Ellen, der kleine dagegen = 1 Meter gerechnet wird, wonach der letztere auch Meter von Irak heißt, ergeben sich zunächst folgende zwei Werthe:

1 Arschin Schahi	= 1,11	Meter		192,058	Par. Linien.
1 dto. Moläsär	= 1,027	dto.	=	455,264	„
oder 1 dto. Schahi	= 1,08	dto.	=	478,759	„
1 dto. Moläsär	= 1	dto.	=	443,296	„

Nach andern Angaben (von Göbel und Hübner) sind beide Maaße resp. etwas größer und etwas kleiner. Am richtigsten scheint sich das Verhältniß her= auszustellen, wenn man annimmt, daß 3 Arschin = 5 preußische Ellen sind, da nach genauer Messung

1 Arschin Schahi	= 1,12	Meter	= 496,491 Par. Linien.
1 dto. Moläsär	= 1,025	dto.	= 454,378

Die Eintheilung des Arschin ist folgende: 1 Arschin hat 4 Viertel (Tscheharek), 1 Tscheharek = 4 Ghire, 1 Ghire = 2 Bar.

Meilenmaaß ist der Färsäng, welcher 6000 königliche Arschin haben soll, aber im gemeinen Leben sehr verschiedene Distanzen bezeichnet.

Sämmtliche Längenmaaße dienen auch zur Bestimmung der Flächenmaaße; es gibt daher Quadrat=Arschin, Quadrat=Ghire ꝛc.

In Täbris sind auch das Yard und die schweizer Elle bekannt.

Getreide und Flüssigkeiten werden nach dem Gewicht verkauft; nur findet dabei in einigen Gegenden eine andere Eintheilung des Batmans dafür statt.

Handelsgewicht: Das gewöhnliche Handelsgewicht wird in Täbris Bat= man genannt. Unter dieser Benennung werden aber verschiedene Gewichts= größen (s. unten) verstanden. Die gemeinschaftliche Einheit derselben ist der Mis= kal oder Metikal, eine in Asien und der europäischen Türkei übliche Gewichts= einheit, welche = 1½ türkische Drachmen oder = 3,20758 Grammen (die türk. Oka oder 400 Drachmen nach Kelly zu 1283,032 Grammen gerechnet, s. Constantinopel) ist. Es enthält

ein kleiner Batman, auch Batman von Teheran oder Ataria genannt 640 Miskal.

„ Batman von Täbris	. . . .	1000	„
„ dto. „ Meragha	. . . .	1250	„
„ dto. „ Schiraz oder Rescht (Man Schah)	. . . .	1280	„
„ dto. Karawanenlast	. . . .	1600	„

ein Batman von Karabagh . . . . 1740 Miskal.
  dto. „ Rei, kleiner . . . . 2560 „
  „ dto. „ großer . . . . 3000 „

Der kleine Batman ist auch in ganz Abherbeidschan im Kleinhandel üblich; im großen Verkehr werden nach demselben hauptsächlich Produkte der mittleren und östlichen Provinzen, als Safflor, Galläpfel, Safran ꝛc., verkauft, wonach dieser Batman nicht in Täbris heimisch ist und daher mit Unrecht von Einigen als Batman von Täbris bezeichnet wird. Auch ausländische Handelsartikel, als Kaffee, Zucker, Eisen werden nach diesem Batman notirt. Der Batman von Täbris oder Abherbeidschan wird hauptsächlich für Produkte dieser Provinz, als Salz, Kreuz= beeren, Wachs, Ziegenhaar ꝛc. gebraucht. Der Batman Weizen von Abherbeidschan muß usuell 1062 ½ Miskal wiegen, was nur als eine, die Tara ausgleichende Modification des Normalgewichts von 1000 Miskal anzusehen ist.

Der Batman zu 1280 Miskal ist besonders im Rohseidenhandel gebräuch= lich. Der Batman von Karabagh von 1740 Miskal ist nur im Seidenhandel dieses Districtes üblich.

Der Karawanen=Batman ist der in ganz Kleinasien und der Türkei übliche Batman, welcher im Geschäftsverkehr = 6 türkische Ola gerechnet wird. Hier= nach sind auch die 30 Batman, welche einen Karawanen=Cantar ausmachen, = 180 Oken.

Die Batmans von Rei kommen im Täbriser Handel weniger häufig vor, sie sind dagegen im Binnenhandel von Irak und Farsistan beim Produktengeschäft üblich. Anscheinend repräsentirt die eine Zahl (2560 M.) das Nettogewicht, die größere (3000 M.) dagegen das Bruttogewicht der üblichen Ballen.

Von größeren Gewichten kennt man die folgenden:
1 Halvar = 100 Teheraner Batmans, 1 Cantar = 30 Karawanen= Batmans, 1 Artaba = 7 Täbriser Batmans.

Mannigfaltig sind auch die kleineren Gewichtstheile in Persien.

Der Teheraner Batman wird gewöhnlich in Halbe, Viertel, Achtel, Vierzig= stel getheilt;

  ¹⁄₄₀ heißt ein Sir = 16 Miskal.
  ¹⁄₆₄₀ „ „ Miskal = 1 dto.
  ¹⁄₁₅₃₆₀ „ „ Nohud = ¹⁄₂₄ dto.
  ¹⁄₆₁₄₄₀ „ „ Bogda = ¹⁄₉₆ dto.

Der Teheraner Batman wird auch nach türkischer Art und besonders in den türkisch=persischen Grenzprovinzen in 6 Rotoli zu 160 Drachmen oder Dramm eingetheilt. In Chorasan und andern östlichen Gegenden zerfällt der Batman in 8 Sir zu 80 Miskal.

Das Verhältniß des Batmans zu europäischen Gewichten wird verschieden angegeben. Maaßgebend dürfte die in europäischen Häusern zu Täbris übliche Reduction sein, nach welcher 1000 Miskal = 10 engl. Pfund Avoirdupois gerechnet werden, so daß 640 Miskal = 2,903 Kilogramm, 1000 Miskal = 4,536 Kilogramm und 1280 Miskal = 5,806 Kilogramm. Nimmt man das arithmetische Mittel aus den Resultaten einiger andern, auf handelsüblichen Ge= wichtsverhältnissen beruhenden Berechnungen, so kann man zur Umrechnung persischer Gewichte annehmen, daß

640 Miskal	(der Batman von Tehran)	=	6 Zollpfund	=	3	Kilogramm.
1000 dto.	(der Batman von Täbriś)	=	9 ⅓ „	=	4,666	„
1280 dto.	(der Batman von Schiraz)	=	12 „	=	6	„
1740 dto.	(der Batman von Karabagh)	=	16 ⅓ „	=	8,166	„
3000 dto.	(der gr. Batman von Rei)	=	28 „	=	14	„ *).

Handelśusanzen. Im Großhandel werden Platzgeschäfte sowohl durch öffentliche Makler als auch durch Privatmakler vermittelt. Größere Handlungs= häuser haben gewöhnlich ihre eigenen Makler (Dellal). Die gesetzliche Cour= tage ist 1 Proc. vom Käufer und Verkäufer.

Alle zweiseitigen Verträge über kaufmännische Geschäfte zwischen Europäern und persischen Unterthanen müssen, um auf Grund derselben klagbar werden zu können, von dem resp. Consulat des europäischen Kaufmanns und der persischen Behörde vidimirt sein, widrigenfalls sie vor Gericht als null und nichtig betrachtet werden. Einseitige Zahlungsverpflichtungen sind gewöhnlich als „Bons an In= haber zahlbar“ ausgestellt. Die üblichsten Zahlungsfristen sind: bei Wollen= und Seidenzeugen europäischer Herkunft 6 Monate; bei Tuchen 10 bis 12 Monate, wenn sie durch Europäer importirt sind; dagegen bis zu 40 Monaten, wenn sie durch Armenier und Perser zu Markte gebracht werden, wobei die Preise so ge= stellt zu werden pflegen, daß das darin angelegte Capital sich zu 12 Proc. jähr= lich verzinst; bei Baumwollenmanufacten in europäischen Händen 2 bis 3 Monate, in armenischen Händen 6 bis 9 Monate; bei allen anderen Waaren, als Colonial=, Metall= und verschiedenen andern Waaren 6 bis 9 Monate; alle häufig auch so vereinbart, daß Theile der schuldigen Summe in näheren, der Rest in größeren Terminen zahlbar ist.

In dem geringen Umfang, den das Commissionsgeschäft in Persien hat, ist eine Commissionsgebühr bis zu 5 Proc. üblich.

Temeśvar,
Hauptstadt der ungarischen Gespannschaft gleichen Namens.

Münzen, Maaße und Gewichte, s. Pesth.
Bank. Filial=Discontobank der öster. Nationalbank (s. Wien).

Teneriffa, s. Santa=Cruz.

Ternate, s. Molukken.

Texas,
nordamerikanischer Unionsstaat mit der Hauptstadt Austin und der Seehandelsstadt Galveston.

Rechnungsart und Münzen, früher wie Mexiko, jetzt wie New=York.
Maaße und Gewichte sind die der Vereinigten Staaten. An der Grenze Mexiko's kommen auch mexikanische Maaße vor (s. Mexiko).

---

*) Obige Notizen über persische Maaße, Gewichte und Münzen sind der im Jahr 1858 erschiene= nen Schrift von Dr. Otto Blau: „Commerzielle Zustände Persiens, aus den Erfahrungen einer Reise im Sommer 1857“ entnommen.

Thorshaven,

Hauptstadt der dänischen Insel Strömöe (einer der Faröer).

Rechnungsart und Münzen wie in Dänemark; früher rechnete man nach faröer Gulden zu 80 Schilling dänisch Curant (= ca. 1 thlr. preuß. = 1³/₄ fl. rhn. = 1½ fl. öster) *).

Maaße und Gewichte sind die dänischen (f. Copenhagen). Talg und Federn werden nach dem Bog (der Waage) von 36 dänischen Pfund, Felle nach dem Klipper oder Zimmer von 40 Stück verkauft.

Thurgau,

schweizer Kanton mit der Hauptstadt Frauenfeld.

Rechnungsart, Münzen, Maaße und Gewichte, f. Schweiz.
Bank. Die im Jahr 1851 in Frauenfeld errichtete „Thurgauische Hypothekenbank" gibt auch Noten aus.

Tiflis,

Hauptstadt des russisch-asiatischen Gouvernements Grusien oder Georgien.

Rechnungsart und Münzen wie Petersburg. Früher rechnete man nach persischer Valuta, d. h. nach Abassen, und es hatte Rußland doppelte, einfache und halbe Abassen nach dem persischen Münzfuße prägen lassen.

Die Abassen haben einen Feingehalt von 916²/₃ Tausendtheilen, und es gehen 174,1168 Stück einfache Abassen auf das Pfund fein Silber; daher das Stück = nahezu 18 kr. rhn. = 5¹/₁₀ sgr. preuß. = 25⁴/₅ nkr. öster. (Neubauer). Doppelte und halbe Abassen nach Verhältniß. Der Nennwerth der einfachen Abassen ist 20 Kopeken.

Maaße und Gewichte sind gesetzlich die russischen (f. Petersburg).
Getreide verkauft man nach der Koba = 80 russische Pfund = 2 Pud (f. Petersburg).
Handelsanstalten. Agenturen von Petersburger Actiengesellschaften für den hiesigen Waarenhandel.

Timor,

eine der kleineren hinterindischen Sunda-Inseln, theils unter niederländischer Herrschaft (mit der Hauptstadt Kupang), theils im Besitz der Portugiesen (mit der Hauptstadt Delly).

Rechnungsart und Münzen wie auf den Molukken.
Maaße und Gewichte wie Batavia.

Tirol, f. Innsbruck.

Tobolsk,

Hauptstadt des Gouvernements gleichen Namens in Sibirien; wie Petersburg.

---

*) Früher rechnete man auch nach Schaffellen und den hiesigen Rechnungsgulden zu 4 solcher Felle.

Tokaj,

Marktflecken in Oberungarn; wie Pesth.

Toskana, s. Livorno und Florenz.

Toulouse,

Hauptstadt des französischen Departements Haute-Garonne.

Rechnungsart, Münzen, Maaße und Gewichte, s. Paris.
Das alte Pfund Tafelgewicht (poids de table) war = 413,6 Grammen.
Bank. Contor der Pariser Bank von Frankreich..
Jährlich zwei Wollmärkte, am 25. Juni und am 25. August.

Trankebar,

Freihafenstadt in der britisch-ostindischen Präsidentschaft Madras, vor 1845 dänisch.

Rechnungsart, Münzen, Maaße und Gewichte, s. Madras.
Früher rechnete man nach Reichsthalern, dänisch-ostindisch Curant zu 12 Fanums zu 80 Cashes oder nach Rupien zu 8 Fanums zu 80 Cashes, wonach 1 Reichsthaler = 1½ Rupie. Auf die Cöln. Mark fein Silber sind (nach Gerhardt) 13⁵/₁₂ Reichsthaler oder 20⅛ Rupien zu rechnen; daher der Reichsthaler = ca. 1 fl. 48½ kr. rhn. = 1 thlr. 1 sgr. preuß. = 1 fl. 55 nkr. öster., und die Rupie = 1 fl. 13 kr. rhn. = 20⅝ sgr. preuß. = 1 fl. 4 nkr. öster.

Trebisonde,

Trapezunt, Handelsstadt in der türkisch-asiatischen Provinz Natolien.

Rechnungsart und Münzen wie in Constantinopel.
Von fremden Münzen sind hauptsächlich russische goldene Halbimperiale und Silberrubel in Umlauf.
Maaße und Gewichte wie in Constantinopel.
Beim Gewicht hat der Batman 6 Oken, und es wird z. B. Kaffee nach demselben verkauft. Der für Frachten gebräuchliche Karawanen-Cantar ist = 30 Batman oder 180 Oken (vgl. den Art. Teheran).

Trier,

Hauptstadt des gleichnamigen Regierungsbezirks in der preußischen Rheinprovinz.

Rechnungsart und Münzen, s. Berlin.
Früher rechnete man nach Reichsthalern zu 54 Petermännchen; 16⅔ solcher Thaler gingen auf die Cölnische Mark fein Silber; daher der Werth des Thalers = 1 fl. 28⅓ kr. rhn. = 25⅕ sgr. preuß. = 1 fl. 26 nkr. öster.
Maaße und Gewichte sind die preußischen (s. Berlin). Aeltere Dimensionsmaaße: Die Elle = 250,54 Pariser Linien.
Getreidemaaß: Dreierlei Malter zu 8 Birnzel zu 4 Sester oder Vierling zu 4 Quart oder Mäßchen, nämlich: das Korn- oder Roggen-Malter = 3,87908 preuß. Scheffel = 213,2 Liter, Gersten-Malter = 4,311565 preuß. Scheffel = 236,97 Liter, Hafer-Malter = 5,99875 preuß. Scheffel = 329,7 Liter.

Flüſſigkeitsmaaß: Das Fuder hat 6½ Ohm zu 30 Seſter zu 4 Maaß zu 4 Schoppen. Die Ohm = 2,26093 preuß. Eimer = 155,33 Liter. In der Praxis rechnet man 8 Trier. Maaß = 9 preuß. Quart.

Trieſt,

Hauptſtadt des gleichnamigen Kreiſes und Gouvernements im öſter. Königreich Jllyrien.

Rechnungsart und Münzen wie Wien.

Privatpapiergeld ſind die Kaſſen=Anweiſungen, welche die Trieſter Commerzialbank (ſ. unten) ausgeben darf. Dieſelben dürfen nicht unter 100 fl. lauten und müſſen eine beſtimmte Verfallzeit von wenigſtens 14 Tagen haben.

Von fremden Münzen werden in Gulden Bankvaluta per Stück notirt: öſter. Dukaten, deutſche Kronen, franzöſiſche und ſardiniſche 20 = Frankenſtücke, Genueſer Doppien (96=Lirenſtücke), engl. Sovereigns, Maria = Thereſia = Thaler, deutſche Vereinsthaler, ſpaniſche und mexikaniſche Silberpiaſter (vor 1848 geprägt) oder Colonnati, neapolitaniſche Ducati (Thaler oder Talleri), und franzöſiſche, ſardiniſche, belgiſche und ſchweizer 5=Frankenſtücke.

Wechſelcursnotirung. Die Wechſelcurſe verſtehen ſich für längere Sichten; die Wechſelreductionen für kürzere Friſten geſchehen nach dem im Curs= blatt beigefügten Disconto der betreffenden Deviſen (vgl. Einleitung, S. 23, Note).

Man notirt für 3 Monate dato auf

Amſterdam	± 112 fl.	Bankvaluta für	100	fl. holl.
Antwerpen	„ 53	„	„ 100	Franken.
Augsburg	„ 112	„	„ 100	fl. rhn.
Barcelona	„ 154	„	„ 100	cataloniſche Libras *).
Berlin	„ 200	„	„ 100	Thlr. preuß.
Frankfurt a/M.	„ 112	„	„ 100	fl. rhn.
Genua	„ 53	„	„ 100	Lire nuove (Franken).
Hamburg	„ 100	„	„ 100	Mark banco.
Livorno	„ 53	„	„ 100	Lire nuove (Franken).
London	„ 134	„	„ 10	Liv. Sterl.
Lyon	„ 53	„	„ 100	Franken.
Mailand	„ 53	„	„ 100	Lire nuove (Franken).
Marſeille	„ 53	„	„ 100	Franken.
Paris	„ 53	„	„ 100	dto.
Petersburg	„ 190	„	„ 100	Silber=Rubel.
Venedig	„ 130	„	„ 100	fl. öſter. in Silbergeld.
Wien	„ 100	„	„ 100	fl. Bankvaluta.

Für 60 Tage dato notirt man auf

Meſſina ⎱ Palermo ⎰	± 680 fl. Bankvaluta für 100 Oncie zu 3 Ducati di Regno.		

Für 1 Monat dato auf

Ancona	± 276 fl.	Bankvaluta für	100	Scudi effectiv (d. h. in Silbergeld).
Bologna	„ 276	„	„ 100	dto.
Rom	„ 276	„	„ 100	dto.
Neapel	„ 228	„	„ 100	Ducati di Regno.

*) Von welchen 119 = 64 alte ſpaniſche Silberpiaſter.

Für 31 Tage nach Sicht auf

Corfu ⎫
Zante ⎭ ± 266 fl. Bankvaluta für 100 Talleri (Maria-Thereſia-Thaler).

Malta „ 112 „ „ 100 Malteſer Scudi.

Conſtantinopel „ 10 „ „ 100 türk. Piaſter.

Smyrna „ 10 „ „ 100 dto.

Wechſelrechtliches, ſ. Wien.

Wechſelcommiſſion ⅓ bis ½ Procent.

Wechſelcourtage 1 oder auch nur ½ Promille.

Städtiſche Anleihe. Lotterie-Anleihe vom Jahr 1855 im Betrage von 2,400,000 fl. in Obligationen zu 100 fl. rückzahlbar in 46 Jahren, alſo bis 1901. Die Looſe werden zu 4½ Proc. verzinst, jährlich am 1. Juli. Die niedrigſten Gewinnſte betragen ſtets 100 fl.

Staatspapiere und Actien-Curſe, ſ. Wien.

Maaße und Gewichte ſind ſeit 1858 die niederöſterreichiſchen oder Wiener Dimenſions- und Schwermaaße. Das Verhältniß nachſtehender älterer Maaße und Gewichte zu den niederöſterreichiſchen iſt geſetzlich wie folgt beſtimmt:

Längenmaaß: Die Benediger Wollen-Elle (Braccio di Venezia da lana) = 0,8789 Wiener Ellen; die Benediger Seiden-Elle (Braccio di Venezia da seta) = 0,8214 Wiener Ellen.

Flüſſigkeitsmaaß: Die Barila = 1⅙ Wiener Eimer (zu 40 Wiener Maaß); der Conzo = 1½ Wiener Eimer.

Gewicht: Das Benediger ſchwere Pfund (Libbra grossa di Venezia) = 0,85169 Wiener Pfund.

Aeltere Maaße und Gewichte in Illyrien:

Ellenmaaß: Das Benediger, ſ. oben.

Getreidemaaß: Das Benediger; der illyriſche Stajo ſoll jedoch etwas kleiner geweſen ſein (angeblich = 82,61 Liter, während der Benediger Stajo = 83,3172 Liter).

Flüſſigkeitsmaaß: Für illyriſchen Spiritus die Orna (der Eimer) zu 12 Scudele zu 3⅓ Boccali oder (Wiener) Maaß = dem Wiener Eimer. — Für fremden Spiritus, Wein und Olivenöl der Barile (das Faß), die alte Trieſter Orna zu 36 alte Boccali, 14 Scudele oder 46⅔ neue Boccali oder Wiener Maaß = 1⅙ jetzige Orna oder Wiener Eimer = 66,0394 Liter. — An Olivenöl enthält der Barile 107 Pfund oder (nahezu) 60 Kilogramm. Provencer und Genueſer Olivenöl verkauft man mitunter nach dem Gewicht; andere Oele nur nach ſolchem.

Handelsgewicht war theils früher ſchon das Wiener, beſonders im Verkehr mit Deutſchland, theils das venetianiſche.

Schwergewicht: Nach der amtlichen Feſtſetzung (ſ. oben) kann man 17 Wiener Pfund = 20 venet. Schwerpfund rechnen.

Gold- und Silbergewicht war die venet. Mark, aber auch die Wiener-Cölniſche Mark.

Schiffslaſt. Die Tonne oder Tonnellata rechnet man zu 2000 Pfund altes Pariſer Markgewicht (= ca. 1746 Wiener Pfund) oder auch zu 1800 Wiener Pfund. Bei Kauffahrteiſchiffen wird der Tonnengehalt gewöhnlich nach dem Getreide-Stajo beſtimmt, und man rechnet die Tonne oder Tonnellata = 16 oder auch 17 Staja, oder auch 59 Tonnellate = 1000 Staja. Außerdem rechnet man auch die Tonnellata = 40 alte Parifer Cubikfuß (= ca. 43 Wiener Cubikfuß).

Handelsuſanzen. Rum und Arak wird nach dem alten engliſchen Wein-Gallon (16 Gallons = 43 hieſige Maaß gerechnet), engliſcher Twiſt nach dem engl. Pfunde Avoirdupoids in Originalverpackung, Malaga-Wein nach der Arroba (= 10 hieſige Maaß gerechnet) verkauft. — Im Großhandel bedient man ſich, außer der Wiener Elle, der Parifer Aune, des engl. Yard und der brabanter Elle, welche hier = ⅞ Wiener Ellen gerechnet wird.

Verkäufe geſchehen auf 3 bis 6 Monate Ziel oder baar gegen 2 bis 3 Proc. Disconto. Die Commiſſionsgebühr beträgt gewöhnlich auf Einkäufe 2 Proc., auf Verkäufe ½ Proc., das Delcredere gewöhnlich extra. Für die Beſorgung von Frachten und anderen Schiffsangelegenheiten werden 2 Proc. Commiſſions-gebühren berechnet.

Die Waaren-Courtage beträgt ½ bis 1 Proc.; die Courtage für Befrach-tung eines Schiffes oder Beſorgung einer Certepartie 2 Proc., für Schiffsbefrach-tung durch Stückgüter 3 Proc., für Beſorgung von Aſſecuranzen 1 Promille.

Tara. Mit Ausnahme nachbenannter Artikel wird die wirkliche Tara be-rechnet: Antimonium crudum 30 Pfund per Barile; Krapp 4 Proc.; braſilia-niſche Baumwolle 2 Proc.; Minas Bro. in Seronen 10 Proc., andere Sorten 4 Proc.; Citronenſäure 12 Proc., Colophonium 10 Proc.; Smyrnaer Feigen in Kiſten 6 Proc.; andere Sorten 10 Proc.; Flachs 4 Proc.; Hanf 2 Proc.; Honig 10 Proc.; Kameelhaar und Wickelwolle 4 bis 6 Proc.; Kapern 12 Proc.; Kaviar 14 Proc.; Lakritzenſaft die auf der Verpackung angemerkte Tara; man rechnet bei ſiciliſchem 100 Rotoli = 150 hieſige Pfund, bei cala-breſer 100 Rotoli = 160 hieſige Pfund, bei abruzzer 170 Libbre = 100 hieſige Pfund; Lorbeeröl 14 Proc.; ſiciliſche Manna bie auf der Verpackung be-merkte Tara, wobei 100 Rotoli = 150 hieſige Pfund gerechnet werden; Potaſche 10 Proc. oder auch bie wirkliche Tara; Quercitron 10 Proc.; rothe und ſchwarze Roſinen 10 Proc.; Sultan-Roſinen in Kiſten 6 Proc.; raffinirter Schwefel in Kiſten 10 Proc.; Stockfiſch 2 Proc.; Storax 14 Proc.; Tabak: ſzegediner 14 Pfund per Ballen, fünfkirchner 16 Pfund, Drama 2 Pfund per Ballen, Canada 4 Proc., Ginye 2 Proc., virginiſcher 10 Proc., Maryland 12 Proc., Argos 4 Proc.; Terpentin 10 Proc.; Wachs: die wirkliche Tara und eine Supertara von 2 Proc. bei levantiſchem, bosniſchem, ägyptiſchem, banater, ungariſchem, moldauer, wallachi-ſchem, amerikaniſchem und afrikaniſchem; ſiciliſche Weinbeeren 10 Proc; Angora-Ziegenhaar 4 Proc.; Zucker: Havanna, Santiago und Trinidad 50 Pfund per Kiſte, Braſil in kurzen Kiſten von 89½ Wiener Zoll und darunter 216 Pfund, in Baſtardkiſten von 89½ bis 93¾ Zoll 243 Pfund, in langen Kiſten 270 Pfd. per Kiſte, in Fäßchen zum Gewicht von 501 bis 700 Pfund zu 136 Pfund Tara, von 301 bis 500 Pfund zu 109 Pfd. Tara, unter 300 Pfund und darunter zu 82 Pfund Tara per Fäßchen, Santos in Säcken 3 Proc., Bour-bon, Bengal, Siam und Manilla in Farbeln (Farbi) 5 Proc., weißer in Fäſſern (Botti) und Fäßchen (Barili) und geſtoßener 12 Proc., Moscovade 14 Proc.; Wolle: ungewaſchene 2 bis 4 Proc., gefalte 4 bis 6 Proc.

Geſalzene Sardellen, gewaſchene Wolle, Sultan-Roſinen in Schachteln und Sumach werden nach dem Bruttogewicht verkauft, b. h. die Verpackung für Waare gerechnet.

Banken. Filial-Discont-Anſtalt und Verwechſelungskaſſe der Wiener

Nationalbank. — Der Monte civico commerciale, im Jahr 1843 gegründet, betreibt Discont- und Leihgeschäfte. — Triester Commercialbank, im Jahr 1857 auf 25 Jahre concessionirt; Kapital 10 Mill. Gulden in Actien zu 500 fl., auf welche (1861) nur 20 Proc. eingezahlt gewesen sein sollen. Geschäfte der Bank: Wechselbiscontirung, Darleihen auf bewegliches Unterpfand, Kauf und Verkauf von Staatspapieren, Depositengeschäft, Girogeschäft und die gewöhnlichen Wechselge- schäfte; außerdem ist sie zur Ausgabe von Kassen-Anweisungen mit einer bestimm- ten Verfallzeit von wenigstens 14 Tagen und in Beträgen von nicht weniger als 100 fl. ermächtigt.

Handelsanstalten. Der österreichische Lloyd, im Jahr 1833 nach dem Plan des Londoner Lloyd (s. London) errichtet, dessen eine Section eine große Dampfschifffahrts-Gesellschaft bildet, durch welche Triest mit den bedeutendsten Häfen der jonischen Inseln, Griechenlands, des Archipels, der Türkei, Egyptens und anderer in dieser Richtung gelegenen Länder in Verbindung gebracht ist. Die Gesellschaft hat im Jahr 1852 eine zu 5 Proc. verzinsliche Anleihe von 3 Mill. Gulden in Obligationen zu 1000 und 500 fl. in 20 Serien, wovon jährlich eine getilgt wird, und im Jahr 1855 eine solche Anleihe von 2 Mill. Gulden ge- macht. Actienverein zur Förderung der Waarenspedition nach dem Innern der Monarchie. — Außerdem gibt es hier viele Seeassecuranz- und andere, das Ver- sicherungswesen betreffende Gesellschaften, und mehrere auf Actien gegründete An- stalten.

Messe vom 1. bis 20. August.

Tripoli,

Tripolis, Hauptstadt des gleichnamigen türkischen Vasallenstaates in der Berberei.

Rechnungsart und Münzen. Man rechnet im Staate Tripoli nach Piastern zu 40 Para in der türkischen Valuta. — 20 Piaster gehen auf einen Mahbub, in welchem die Rechnungen gewöhnlich gestellt werden, die Preise werden aber in Piastern angesetzt. Im innern Handel mit den Arabern wird auch noch nach einem alten Tripoli-Piaster zu 100 türk. Para gerechnet, welcher = 2½ türkische Piaster. Die europäischen Kaufleute daselbst rechnen mehrentheils nach levantiner Thalern (Maria-Theresia-Thalern) oder auch nach spanischen Piastern. Früher theilte man den Piaster in 13 Grimellini zu 4 Asper, sowie auch in 30 Medini zu 3 Asper.

Neuere Landesmünzen, aus Silber-Billon bestehend, sind:

Piaster oder Gersch, unter Jussuf Pascha (1832), im Feingehalte von 244 Tausendtheilen, 206,6927 Stück auf das Pfund fein; daher = 15⅓ kr. rhn. = 4³/₁₀ sgr. preuß. = 21⁷/₁₀ nkr. öster.

Halber Gersch unter demselben, im Feingehalte von 241 Tausendtheilen, 410,4825 Stück auf das Pfund fein; daher = 7³/₅ kr. rhn. = 2¹/₁₀ sgr. preuß. = 10⁹/₁₀ nkr. öster.

Viertel- und Achtel-Stücke nach Verhältniß (Neubauer).

Utchlik von 120 Para, unter Nedschib Pascha (1835), im Feingehalte von 245 Tausendtheilen, 138,744 Stück auf das Pfund fein; daher = 22⁷/₁₀ kr. rhn. = 6⅖ sgr. preuß. = 32⅔ nkr. öster.

Altmich zu 60 Para, unter Nedschib Pascha (1835), im Feingehalte von

262 Tausendtheilen, 253,8908 Stück auf das Pfund fein; daher = 12⅖ kr. rhn. = 3½ sgr. preuß. = 17⁷/₁₀ nkr. öster.

Bautelsihn zu 30 Para, unter Redschib Pascha (1835), im Feingehalte von 241 Tausendtheilen, 561,7129 Stück auf das Pfund fein; daher = 5⅗ kr. rhn. = 1³/₃ sgr. preuß. = 8 nkr. öster.

Stücke zu 15 und 7½ Para nach Verhältniß.

Von fremden Münzen cursiren zu veränderlichen Preisen Maria = Theresia = Thaler, spanische Piaster, spanische Onzas, venetianische Zecchinen, holl. Dukaten, franz. Münzen und besonders die neueren Piaster von Tunis.

Maaße und Gewichte. Längenmaaße: Der türkische Pik oder Draß für Seiden = und Baumwollzeuge, ausländische Tuche ꝛc. = 297,5 Par. Linien. — Der arabische oder kleine Pik für Bänder, inländische Leinen und Tuche = 214,3 Par. Linien.

Getreidemaaß: Der Ueba zu 4 Temen zu 4 Orbah = 107,3 Liter. — Der Casiso zu 20 Tiberi (auch ein Getreidemaaß) = 40,665 Liter (Kelly).

Wein = und Branntwein = Maaß: Der Barile von 24 Bozze = der venetianischen Barila.

Oelmaaß: Der Mattaro, welcher an Gewicht 42 Rottel oder hiesige Pfund = ca. 20½ Kilogramm enthält (Kelly). — Ein anderes Oelmaaß ist das arabische, der Krug (Arbage oder Harbeha, ital. Giarra, franz. Jarre), welcher an Gewicht = 8½ Olen (s. unten) und an Rauminhalt = 11,64 Liter, so daß 5½ Krüge = 1 Millerolle von Marseille (Nobad). — Oel wird von der Regierung nach der Gewichts=Oka verkauft.

Handelsgewicht: Der Rottel zu 16 Uckie oder Unzen zu 10 Derhem (Drachmen) zu 16 Kharub zu 4 Getreideförner = 507,9 Grammen (Kelly). Nach Untersuchungen in London = 497,66 Grammen. Der Cantar (Centner) von 100 Rotteln oder 40 Olen = 50,79 Kilogramm (nach der Angabe von Kelly) oder = 49,766 (nach Untersuchungen in London).

Gold und Perlen werden nach dem Metikal gewogen. Es gibt zweierlei Metikal. Für verarbeitetes Gold und Münzen gebraucht man den Metikal Mu=mehni von 24 Kharubs = 4,7615 Grammen (nach Kelly). Für unverarbeitetes Gold und Goldstaub gebraucht man den Metikal Abdehsi = 21⅓ Kharubs = 4,232 Grammen (nach Kelly).

Goldfäden, Goldtressen und Silber werden nach der Unze verkauft.

Tunis,

Hauptstadt des gleichnamigen türkischen Vasallenstaates in der Berberei.

Rechnungsart und Münzen. Man rechnet nach Piastern (Sbiglien) zu 16 Karruben zu 3¼ Asper oder 39 Burbinen; wonach der Asper = 12 Burbinen. Der Asper ist auch = 2 Burben oder Flus (Einzahl: Fels). Im Handel wird aber auch, wie in der europäischen Türkei, der Piaster in 40 Para getheilt.

Der Zahlwerth des tunesischen Piasters hat sich, wie der des türkischen, allmälig sehr verschlechtert, und in Folge ungleicher Ausprägung läßt sich ein genauer Werth desselben nicht bestimmen. Gegenwärtig soll derselbe von den Franzosen zu ca. 62 Centimen gerechnet werden, wonach der Piaster = ca. 17½ kr. rhn. = 5 sgr. preuß. = 25 nkr. öster.

Geprägt werden in Silber: Stücke zu 5, 1, ¹/₂, ¹/₄, ¹/₈ und ¹/₁₆ Piaster; in Kupfer: Stücke zu 2 und 1 Karrube, zu 1 und zu ¹/₂ Asper.

Bis 1831 wurden in Gold Mahbubs oder Sultaninen geprägt, deren Werth ebenfalls nicht genau angegeben werden kann. In Marseille sollen sie im Jahr 1831 zu ca. 6³/₁₀ Franken gerechnet worden sein (Nobac); daher der damalige Werth = ca. 2 fl. 56 kr. rhn. = 1 thlr. 20²/₇ sgr. preuß. = 2 fl. 51 nkr. öster. Früher wurden auch halbe und ganze Zecchinen, letztere im Werthe von ca. 3 ¹/₂ fl. rhn. = 2 thlr. preuß. = 3 fl. öster. geprägt.

Von fremden Münzen curfiren besonders französische Gold- und Silbermünzen, italienische Münzen, spanische Colonnati oder Silberpiaster, holländische Ducaten und Maria-Theresia-Thaler zu sehr veränderlichen Cursen.

Papiergeld. Staatspapiergeld sind die Noten der Staatsbank in Tunis (s. unten) zu 1, 2 und 8 Piastern.

Wechselcursnotirung. Man wechselt 2 bis 3 Monate dato auf

Genua } zu ± 15 Solbi für 1 tunesischen Piaster.
Livorno }

London „ „ 7 Pence Sterl. für 1 dto.

Messina „ „ 17 tunes. Piaster für 1 Oncia.

Marseille, 50 Tage nach Sicht, zu ± 15 Sous (= 75 Cent.) für 1 tunes. Piaster.

Maaße und Gewichte. Längenmaaß: Es gibt dreierlei Ellenmaaße, Draä oder Pik genannt, deren jedes in 16 Theile getheilt wird, von welchen die beiden an den Enden befindlichen Sechzehntel jedesmal etwas größer als die vierzehn inneren sein sollen (also eine Plus-Toleranz). 1) Der Draä Endaseh für Tuch und Wollenzeuge überhaupt ist = 298,3 Par. Linien. 2) Der Draä Stambuli, Pik Stambuli oder türkische Pik für Seidenzeuge, Borten und Tressen ist = 282,3 Par. Linien. 3) Der Draä A'rabry, Pik A'rabry oder arabische Pik für Leinen- und Baumwollenzeuge ist = 216,5 Par. Linien.

Wegemaaß: Die Entfernungen der Orte werden, wie im ganzen Orient, gewöhnlich nach Tagereisen ausgedrückt; doch bedient man sich auch noch der Meile als Wegmaaß, welches aber nicht im ganzen Lande gleiche Länge hat, und z. B. in Biserta kürzer, in Sufa aber länger ist, als in Tunis. Die Meile von Tunis kann zu ca. 1500 Meter angenommen werden.

Getreidemaaß: Der Kafis oder Cafiz (ital. Cafiso) hat 16 Houebas zu 12 Saä. Man schätzt den Cafiz = 3 ¹/₃ bis 3 ¹/₂ Charges oder Lasten von Marseille, wonach der Inhalt des Cafiz = ca. 5,465 Hectoliter. Nach Kelly ist der Cafiz = 15 Winchester-Bushel = 5,28 Hectoliter. Auch für Salz und Soda wird der Cafiz gebraucht.

Als Weinmaaß dient die Marseiller Millerole (s. diesen Art.).

Ein einheimisches Maaß ist der Mettar (Mattaro, Mitre). Nach Kelly sind 6 ¹/₂ Mitre = 1 Marseiller Millerole.

Oel, Essig, Milch ꝛc. werden mit dem Saä, einem Gefäße aus Steingut in der Form eines stumpfen Kegels gemessen, welches zum Gewichtsinhalt von zwei hiesigen Pfund Oel geschätzt wird; daher der Rauminhalt = 1,26 Liter. — Der Mettar oder Mitre hat 2 Kolleh zu 8 Saä.

Der Mettar ist übrigens nicht in allen Häfen des Landes, wo Oel verschifft wird, gleich. Es sind z. B. 100 Mettars von Tunis = 125 Mettars von Sufa, von welchem Platze die meiste Ausfuhr von Oel stattfindet; im Handel mit dem Auslande wird aber immer nach dem Mettar von Tunis gerechnet (Kelly).

Der Mettar, als Oelmaaß, liefert in Marseille 3⅓ Milleroles aus, wonach der Oel-Mettar von Tunis = ca. 20 Liter.

Man rechnet 2 Wein-Mettar = 1 Oel-Mettar; daher, nach Obigem, der Wein-Mettar = ca. 10 Liter.

Gewicht: Es gibt dreierlei Arten von Rottel oder Pfunden; nämlich 1) der Rottel Attari oder Krämerpfund zu 16 Udien oder Unzen, für Droguen, Metalle und Juwelen; 2) der Rottel Sudi zu 18 Udien oder Unzen, für Fleisch, Oel, Seife, Honig und Früchte aller Art; 3) der Rottel Khabbari zu 20 Udien oder Unzen, für alle Arten frischer Kräuter (Gemüse ꝛc.).

Nach Untersuchungen, welche in der Münze zu London angestellt worden sind, wiegt die Udie oder Unze 485,8 englische Grän oder 31,479 Grammen; daher

        der Rottel Attari   = 503,664 Grammen,

    „   Rottel Sudi   = 566,622   „

    „   Rottel Khabbari = 629,58   „

Nach neueren Untersuchungen ist

        der Rottel Attari   = 506,88   Grammen,

    „   Rottel Sudi   = 568,445   „

    „   Rottel Khabbari = 639,453   „

Der Kantar Attari (Centner) = 100 Rottel Attari. Für rohe Baumwolle wird aber der Kantar zu 110, für Baumwollengarn und Eisen = 150 Rottel gerechnet.

Handelsusanzen. Die Einkaufscommission beträgt gewöhnlich 1½ Proc., Courtage ½ Proc.

Bank. Die im Jahr 1847 errichtete Staatsbank gibt Noten zu 1, 2 und 8 Piastern aus, welche Zwangsumlauf haben, jetzt aber nur mit mehreren Procenten Abzug bei der Bank umgewechselt werden können.

Turin,
Hauptstadt des Königreichs Sardinien.

Rechnungsart und Münzen. Im festländischen Sardinien rechnet man seit 1827 nach Lire nuove oder Franchi zu 100 Centesimi, ganz in dem Zahlwerthe des französischen Franken.

Früher rechnete man nach Lire zu 20 Soldi zu 12 Denari, und man rechnet 85 solcher piemontesischen Liren = 100 Lire nuove (oder franz. Franken), wonach die frühere piemontesische Lira = ca. 34 kr. rhn. = 9⁵/₇ sgr. preuß. = 48⁴/₇ nkr. öster.

Man rechnet auch 87 Lire nuove = 100 österreichische Liren (f. Mailand).

In Gold werden nach dem Münzgesetz vom 8. Juni 1832 geprägt: Stücke zu 10, 20, 50 und 100 Lire nuove wie in Frankreich (f. Paris).

Silbermünzen nach dem Münzgesetz vom 26. October 1826 nach dem französischen Münzfuße:

Scudi oder Stücke zu 5, 2, 1, ½ und ¼ Lire nuove oder Franken.

Frühere Goldmünzen nach dem Münzgesetz vom 26. October 1826:

Einfache Doppie zu 20 Lire nuove, wie die franz. 20-Frankenstücke.

Zweifache Doppie zu 40 Lire nuove, wie die franz. 40-Frankenstücke.

Vierfache Doppie (Quadrupuli) zu 80 Lire nuove, im Feingehalt von

900 Tausendtheilen, 21,5277 Stück auf das Pfund fein; daher = 2,32258 deutsche Krone.

Doppie zu 20 Lire nuove, seit 1827, nach Münzproben im Feingehalte von 895,833 Tausendtheilen, 86,8592 Stück auf das Pfund fein; daher = 0,57564 deutsche Krone.

Stücke zu 40 und 80 Lire nuove, seit 1827, nach Verhältniß (Noback).

Carolinen (Carlini) oder 5=Doppienstücke, seit 1786, nach dem Münzgesetz vom 8. Januar 1786, im Feingehalte von 906 $\frac{1}{4}$ Tausendtheilen, 12,1043 Stück auf das Pfund fein; daher = 4,13076 deutsche Krone.

Halbe Carolinen zu 2½ Doppien, Stücke zu 1 Doppia, zu ½ und ¼ Doppia nach Verhältniß.

Carolinen oder 5=Doppienstücke von 1786, nach französischen Proben im Feingehalte von 904 Tausendtheilen, 12,1509 Stück auf das Pfund fein; daher = 4,11492 deutsche Kronen.

Halbe Carolinen zu 2½ Doppien von 1786, nach französischen Proben im Feingehalte von 904 Tausendtheilen, 24,3302 Stück auf das Pfund fein; daher = 2,05506 deutsche Krone.

Doppie oder Pistole von 1786 und 1797, nach französischen Proben im Feingehalte von 905 Tausendtheilen, 60,8264 Stück auf das Pfund fein; daher = 0,82201 deutsche Krone.

Halbe Doppien von 1786 und 1797 nach französischen Proben im Fein= gehalte von 904 Tausendtheilen, 122,5293 Stück auf das Pfund fein; daher = 0,40806 deutsche Krone.

Genuesische Goldmünzen: Zecchini oder Golddukaten zu 13½ Lire moneta buona (s. den Art. Genua), im Feingehalte von 994 $\frac{3}{4}$ Tausendtheilen, 145,0482 Stück auf das Pfund fein; daher = 0,34471 deutsche Krone.

Halbe Zecchini nach Verhältniß.

Alte Doppien oder Genovinen zu 100 Lire von 1753 und 1758, nach französischen Proben im Feingehalte von 906 Tausendtheilen, 19,6042 Stück auf das Pfund fein; daher = 2,55048 deutsche Krone.

Halbe Genovinen zu 50 Lire vom Jahr 1753, nach französischen Proben im Feingehalte von 911 Tausendtheilen, 38,8637 Stück auf das Pfund fein; daher = 1,28655 deutsche Krone.

Viertel=Genovine zu 25 Lire vom Jahr 1758 nach französischen Proben im Feingehalte von 906 Tausendtheilen, 78,1252 Stück auf das Pfund fein; daher = 0,64 deutsche Krone.

Genovine zu 96 Lire vom Jahr 1793 und 1795, nach französischen Proben im Feingehalte von 909 Tausendtheilen, 21,8475 Stück auf das Pfund fein; daher = 2,28859 deutsche Krone.

Halbe Genovine zu 48 Lire vom Jahr 1792, nach französischen Proben im Feingehalte von 911 Tausendtheilen, 43,6008 Stück auf das Pfund fein; daher = 1,14677 deutsche Krone.

Viertel=Genovine zu 24 Lire vom Jahr 1792, nach französischen Proben im Feingehalte von 911 Tausendtheilen, 87,5774 Stück auf das Pfund fein; daher = 0,57092 deutsche Krone.

Vierfache Pistolen oder 96=Lire=Stück der ligurischen Republik von 1798, nach französischen Proben im Feingehalte von 908 Tausendtheilen, 21,8716 Stück auf das Pfund fein; daher = 2,28607 deutsche Krone.

Doppelte Pistolen oder 48=Lire=Stück ber ligur. Republik nach französischen Proben im Feingehalte von 908 Tausendtheilen, 43,7449 Stück auf das Pfund fein; daher = 1,14299 deutsche Krone.

Frühere National=Goldmünzen der Insel Sardinien vom Jahr 1773: Carlini, nach französischen Proben im Feingehalte von 890 Tausendtheilen, 36,0226 Stück auf das Pfund fein; daher = 1,42765 deutsche Krone.

Halbe Carlini nach Verhältniß.

Doppiette vom Jahr 1773, nach französischen Proben im Feingehalte von 890 Tausendtheilen, 175,7266 Stück auf das Pfund fein; daher = 0,28453 deutsche Krone.

Aeltere Silbermünzen:

Piemontesischer Scudo zu 6 Lire vom Jahr 1755, nach französischen Proben im Feingehalt von 903 Tausendtheilen, 15,7716 Stück auf das Pfund fein; daher = 3 fl. 19$\frac{7}{10}$ kr. rhn. = 1 thlr. 27 sgr. preuß. = 2 fl. 85 nkr. öster.

Piemontesischer Scudo vom Jahr 1773, nach französischen Proben im Fein= gehalt von 906 Tausendtheilen, 15,7194 Stück auf das Pfund fein; daher = 3 fl. 20$\frac{3}{10}$ kr. rhn. = 1 thlr. 27$\frac{1}{5}$ sgr. preuß. = 2 fl. 86 nkr. öster.

Piemontesischer halber Scudo zu 3 Lire von 1770, nach französischen Proben im Feingehalte von 903 Tausendtheilen, 31,59 Stück auf das Pfund fein; daher = 1 fl. 39$\frac{7}{10}$ kr. rhn. = 28$\frac{2}{3}$ sgr. preuß. = 1 fl. 42$\frac{2}{5}$ nkr. öster.

Piemontesischer halber Scudo vom Jahr 1800, nach französischen Proben von gleichem Feingehalt, aber etwas schwerer; daher das Stück = 1 fl. 40 kr. rhn. = 28$\frac{1}{2}$ sgr. preuß. = 1 fl. 42$\frac{4}{5}$ nkr. öster.

Piemontesische $\frac{1}{4}$= und $\frac{1}{8}$=Scudi nach Verhältniß.

Piemontesische 20=Soldi=Stücke von 1794 bis 1796, im Feingehalte von 284 Tausendtheilen, 336,6184 Stück auf das Pfund fein; daher = 9$\frac{3}{10}$ kr. rhn. = 2$\frac{3}{5}$ sgr. preuß. = 13$\frac{3}{10}$ nkr. öster.

Stücke zu 10 Soldi nach Verhältniß.

Genuesischer Scudo zu 8 Lire von 1796, nach französischen Proben im Feingehalte von 889 Tausendtheilen, 16,9152 Stück auf das Pfund fein; daher = 3 fl. 6$\frac{1}{5}$ kr. rhn. = 1 thlr. 23$\frac{1}{5}$ sgr. preuß. = 2 fl. 66 nkr. öster.

Halber=, Viertel= und Achtel=Scudo nach Verhältniß.

Ligurisch=republikanischer Scudo vom Jahr 1798, nach französischen Proben im Feingehalte von 885 Tausendtheilen, 16,9916 Stück auf das Pfund fein; daher = 3 fl. 5$\frac{3}{10}$ kr. rhn. = 1 thlr. 22$\frac{9}{10}$ sgr. preuß. = 2 fl. 64$\frac{4}{5}$ nkr. öster.

Sardinischer Scudo vom Jahr 1773, nach französischen Proben im Fein= gehalte von 896 Tausendtheilen, 23,7695 Stück auf das Pfund fein; daher = 2 fl. 12$\frac{1}{2}$ kr. rhn. = 1 thlr. 7$\frac{4}{5}$ sgr. preuß. = 1 fl. 89$\frac{3}{10}$ nkr. öster.

Halber= und Viertel= (sard.) Scudo nach Verhältniß.

Neue Scheidemünze: Stücke zu 1 Centesimo, 2 und 5 Centesimi, welche aus $\frac{960}{1000}$ Gewichtstheilen Kupfer und $\frac{40}{1000}$ Gewichtstheilen Silber be= stehen *).

Bis 1860 prägte man Stücke zu 1 Centesimo, 3 und 5 Centesimi aus Kupfer.

Papiergeld. Staatspapiergeld hat nur die Insel Sardinien (s. diesen Art.). Privatpapiergeld sind die Noten der Nationalbank in Turin zu 20 bis 1000 Lire.

---

*) Scheidemünzen wurden im Jahr 1861 in den Münzstätten von Birmingham für Sardinien geprägt.

Fremde Münzen. Man notirt per Stück sardinische und genueser Doppien, österreichische alte und neue Souverainsb'or, spanische Dublonen, französische Goldmünzen, österreichische Conventions-Speciesthaler (Talleri), toscanische Francesconi, französische 5-Frankenstücke, spanische Silberpiaster 2c.

Wechselcursnotirung. Man notirt für kurze Sicht und 3 Monate dato auf Augsburg, Frankfurt a. M., Hamburg, London, Lyon und Paris, wie in Genua. Auf Mailand und Genua wird al pari mit Abzug von ± 6 Proc. Jahres-Disconto für die betreffende Wechselfrist gewechselt.

Wechselrechtliches. Im Königreich Sardinien gilt seit 1. Juli 1842 ein Handelsgesetzbuch, welches fast durchaus mit dem französischen übereinstimmt.

Wechselcommission und Wechselcourtage. Die Wechselcommission beträgt gewöhnlich ⅓ bis ½ Proc. Wechselcourtage 1 Promille.

Wechselstempel. Derselbe ist seit 1850 auf alle in Sardinien zahlbaren Handelseffecten festgesetzt wie folgt: Bis 500 Lire Nennwerth: 25 Centesimi; über 500 bis 1000 Lire: 50 Centesimi; über 1000 bis 2000 Lire: 1 Lira u. s. w., für je weitere 1000 Lire: 50 Centesimi. Die Wechsel müssen innerhalb 14 Tagen nach der Ausstellung gestempelt sein.

Sardinische Staatspapiere und Anleihen. 1) 5-procentige Rente von mehreren Anleihen bis 1855 im Betrage von ca. 513 Mill. Liren (Scherer). 2) 3-procentige Rente im Betrage von ca. 65 Mill. Liren (Scherer). Zur Tilgung derselben soll jährlich ½ Proc. des Nominalcapitals bestimmt sein. 3) Lotterie-Anleihe vom Jahr 1834 von 27 Mill. Liren in Loosen zu 1000 Liren, die zunächst 4 Proc. Zinsen tragen und durch halbjährliche Ziehungen am 30. April und 30. October getilgt werden. Letzte Ziehung 1869. 4) 4-procentige Lotterie-Anleihe vom Jahr 1849 im Betrage von 20 Mill. Lire, unter gleichen Modalitäten wie bei der vorhergehenden. 5) 4-procentige Lotterie-Anleihe vom Jahr 1850 im Betrage von 18 Mill. Lire, unter gleichen Modalitäten wie bei den vorhergehenden. 6) 4-procentige englische (Kriegs-) Anleihe von 2 Mill. Livre Sterling vom Jahr 1855. 7) Weitere (Kriegs-) Anleihe von 30 Mill. Lire vom Jahr 1856. 8) 5-procentige Anleihe vom Jahr 1858 von 40 Mill. Lire. 9) Am Schluß des Jahres 1859 wurde eine Subscription auf 5-procentige Rente eröffnet.

Im Jahr 1845 wurde eine Lotterie-Anleihe des Königs von Sardinien mit Gebrüder Bethmann in Frankfurt a. M. auf 3,600,000 Lire, rückzahlbar durch 24 jährliche Ziehungen abgeschlossen. Die Loose lauten auf 36 Liren. Die Zahlungen geschehen durch genanntes Haus zu 28 fr. per Lira. Als hypothekarische Sicherheit dienen die liegenden Güter des Königs, für ihn und seine Erben im Werth von 6½ Mill. Lire. Die Loose werden an der Frankfurter Börse notirt. Für die sardinischen Staatsobligationen ist Paris der Hauptmarkt.

Zur schwebenden Schuld gehören die Schatz-Anweisungen (Boni del tesoro), welche von Zeit zu Zeit emittirt werden.

Im Jahr 1858 hat der jährliche Zinsbedarf 33,221651 Fr. betragen (Scherer).

Es gibt auch 4- und 5½-procentige Obligationen der Stadt Turin.

Cursnotirung von Staatspapieren und Actien. Man notirt die Curse der inländischen Obligationen gewöhnlich in Promille, d. h. in Lire für 1000 Lire Nennwerth; die Curse der Rente dagegen in Procenten. Die Curse der Actien der Nationalbank in Turin, der Turiner Creditanstalt für Handel und

Induſtrie, der Bank von Savoyen in Annecy (ſ. unten), ſowie mehrerer inlän=
diſcher Eiſenbahngeſellſchaften und anderer inländiſcher Actien=Unternehmungen wer=
den per Stück notirt.

Maaße und Gewichte des Feſtlandes von Sardinien ſind ſeit
1850 die franzöſiſchen (ſ. Paris), und die Benennungen der Maaßgrößen ſind den
franzöſiſchen analog, wie z. B. metro = mètre, ora = are, litro = litre,
stero = stère, gramma = gramme. Das ſeitherige Medicinalgewicht ſoll
indeſſen vorerſt noch beibehalten ſein. Die Seemeile iſt die allgemein giltige (ſiehe
London, Paris) *).

Frühere Dimenſions= und Schwermaaße: Der Fuß = 227³⁄₄ Par. Linien.
— Der Raso (die Elle) = 1¹⁄₆ Fuß. In der Praxis rechnete man die Elle
= ¹⁄₂ alte Pariſer Aune. — Der Sacco (Getreidemaaß) zu 5 Emino zu 8 Coppi
zu 24 Cucchiari = 115,0278 Liter. — Der Carro (Flüſſigkeitsmaaß) zu
10 Brente zu 36 Pinte zu 2 Boccali zu 2 Quatrini = 492,85 Liter.

Handelsgewicht: Die Libbra (das Pfund) zu 12 Once zu 8 Ottavi zu
3 Denari = 368,8445 Grammen. Der Rubbo = 25 Pfund.

Gold= und Silbergewicht: Der Marco (die Mark) zu 8 der obigen Once
zu 8 Ottavi zu 3 Denari zu 24 Grani zu 12 Granotti = ²⁄₃ Handelspfund
= 245,8963 Grammen.

Münzgewicht iſt ſchon ſeit Einführung des franzöſiſchen Münzfußes das
Grammengewicht.

Juwelengewicht: Der Carato zu 4 Grani Goldgewicht = 0,21345 Grammen.

Medicinalgewicht: Die Libbra deſſelben = 12 Once (Unzen) zu 8 Dramme
(Trachmen) zu 3 Scrupoli zu 20 Grani = 307,3704 Grammen (nach Chelius).
Nach Löhnau weichen die alten Medicinalgewichte von einander ab. Nach einer
auf Befehl der franzöſiſchen Regierung im Jahr 1808 vorgenommenen Vergleichung
ſoll das Medicinalpfund von Turin 331,961 Grammen wiegen. Das Medicinal=
pfund von Coni wurde dagegen 307,36 Grammen ſchwer befunden.

Handelsuſanzen. Alle Tara=, Supertara=, Gutgewichts= und Rabatt=
Uſanzen in den ſardiniſchen Häfen ſind ſeit 1846 abgeſchafft und darf nur die
wirkliche Tara angerechnet werden.

Der Preis des Seidengarns wird durch gleichzeitige Berückſichtigung von
Länge und Gewicht beſtimmt. Das Gebinde hat eine Länge von 450 Meter, und
die Nummerirung der Seide gibt das Gewicht eines ſolchen Gebindes in halben
Decigrammen **). Früher (vor 1854) war der Haſpelumfang (Faden) einer alten
Pariſer Aune gleich, und die Nummerirung gab das Gewicht von 400 Faden
(welche Anzahl die Probe, il probino, heißt) in alten Denari (von welchen 288
auf das alte Pfund gehen, ſ. oben), und die Preiſe verſtanden ſich per altes ſar=
diniſches Handelspfund. Die Bezeichnung im Preiscurant, wie z. B. „Den. 20/21“,
bedeutet, daß 400 Faden 20 bis 21 Denari wiegen. Der Preis der rohen Seide
oder Grezſeide iſt ebenfalls durch die Feinheit derſelben bedingt und letztere wird
mitunter blos nach der Zahl der zugleich abgeſponnenen Cocons bemeſſen ***).
Cocons werden noch per Rubbo von 25 alten Handelspfund verkauft.

---

*) Die liene do marino zu 20 auf den Grad = 5564,9 (nicht 5555½) Meter (ſ. Paris). Die eng=
liſche Seemeile zu 60 auf den Grad = $\frac{5564,9}{3}$ = 1854,965 Meter (ſ. London).

**) Letztere werden im Verkehr falſchlich auch noch Denari genannt.

***) In Frankreich nimmt man zur Nummerirung ſtatt der urſprünglichen 400 Pariſer oder Lyoner
Aunes die Länge von 476 Meter an (ſtatt 475,38 Meter, welche auf 400 Aunes gehen), und das Gewicht

Banken. 1) Im Jahr 1847 wurde die Banca di Torino vorläufig auf 20 Jahre mit einem Capital von 4 Mill. Lire nuove gegründet und im Jahr 1850 mit der Bank von Genua (s. diesen Art.) vereinigt. Die Operationen der Turiner Bank bestanden im Discout-, Giro-, Depositen- und Leihgeschäft, und sie gab Noten aus. Die durch die Vereinigung der Turiner mit der Genueser Bank entstandene Nationalbank (Banca nazionale) wurde auf 30 Jahre concessionirt. Nach den Statuten derselben kann die Regierung bei der Bank Gelder bis zu einem gewissen Belaufe gegen 3 Proc. jährlicher Zinsen und Hinterlegung des Werths in sardinischen Staatspapieren erheben. Im Jahr 1852 ist das Capital der Bank auf 32 Mill. Lire erhöht worden. Die Noten der Bank lauten auf 100, 250, 500 und 1000 Lire *). 2) Die im Jahr 1855 gegründete Disconto- und Leihbank ist durch Beschluß ihrer Generalversammlung im Jahr 1856 in eine Mobiliar-Creditgesellschaft (nach dem Vorbilde des Pariser Crédit mobilier, vergl. d. Art. Paris) umgestaltet worden. Das Actiencapital wurde zu diesem Zweck von 16 auf 40 Mill. Lire (in Actien zu 250 Lire) erhöht **).

     Handelsanstalten. Conditionirungsanstalt für Seide (vergl. den Art. Lyon). Actiengesellschaften für Eisenbahnen und mehrere Fabrikunternehmungen.

Ulm,
Hauptstadt des württembergischen Donaukreises. — Wie Stuttgart.

Ungarn, s. Pesth.

Unterwalden, s. Schweiz.

Uri, s. Schweiz.

Uruguay, s. Montevideo.

Valencia,
Hauptstadt der spanischen Provinz gleichen Namens.

     Rechnungsart und Münzen gesetzlich wie in Madrid und Spanien überhaupt. Früher rechnete man in Valencia und in der Provinz Valencia im gewöhnlichen Verkehr entweder nach Libras (Pesos) zu 20 Sueldos zu 20 Dineros, oder nach Reales de plata nuevos zu 24 Dineros valencianischer Währung. Man rechnet 85 Libras = 64 Silberpiaster; daher die Libra, den Silberpiaster zu ca. 2 fl. 30 kr. rhn. gerechnet, = 1 fl. 53 kr. rhn. = 1 thlr. 2²/₇ sgr. preuß. = 1 fl. 61 nkr. öster. — Es gehen 10 Reales de plata nuevos auf obige Libra; daher der Real = 11³/₁₀ kr. rhn. = 3¹/₃ sgr. preuß. = 16¹/₁₀ nkr. öster.

---

wird in Grän (= ¹/₂₄ Gewichts-Deniers = 0,0531148 Grammen) ausgedrückt, aber die Anzahl von Grän, welche ein Strehn von 476 Meter wiegt, „Deniers" genannt. Die Seidentrocknungsanstalt in Lyon (siehe diesen Art.) nimmt dagegen zum Nummeriren der Seide ein Strehn von 500 Meter an. Diese Art der Nummerirung wird nouveau titre, zur Unterscheidung der auf der Strehnlänge von 476 Meter beruhenden Nummerirung (ancien titre) genannt. — Eine Feinheit (titre) von z. B. 10 Deniers ist also eine solche, bei welcher 476 Meter der betreffenden Seide 10 alte Grän oder 0,531148 Grammen wiegen.
   **) Sitz der Gesellschaft Turin und Genua. Filiale in Nizza, Vercelli und Alessandria.
   **) Die im Jahr 1851 gegründete Bank von Savoyen, mit dem Sitz in Annecy und Chambery ist Disconto-, Leih- und Notenbank. Capital 2 Mill. Lire. Notenausgabe von 1000 bis 50 Lire.

Wechselcurssystem wie Madrid.

Wechselrechtliches, s. Madrid.

Maaße und Gewichte. Seit 1859 die neuen spanischen (s. Madrid). Aeltere Dimensions- und Schwermaaße: Die Vara (Elle) = 401,626 Pariser Linien. — Der Fuß = ⅓ Vara = 133,875 Par. Linien. — Der Cahiz (Getreidemaaß) zu 12 Barchillas zu 4 Celemines zu 4 Cuarterones = 205,25 Liter (Kelly).

Der Cantaro (Wein- und Branntweinmaaß), in Halbirungen getheilt, = 11,786 Liter (Kelly). — Die Pipa = 42 Cantaros. — Oel wird nach dem Gewicht verkauft (früher nach der Arroba von 30 Handelspfund, an Rauminhalt = ca. 12 Liter.

Handelsgewicht: Die Libreta (Libra satil, Libra menor, d. h. kleine Libra), die eigentliche Handelsgewichtseinheit, ist = 355,35 Grammen (Kelly). — Die Libra gruesa (Libra mayor, d. h. schwere Libra) = 1½ Libretas. — Die Carga = 3 Quintales (Centner) zu 4 Arrobas. Die schwere Arroba = 36 Libretas; die kleine Arroba = 30 Libretas.

Gold- und Silbergewicht: Der Marco = 237,492 Grammen (nach der Annahme, daß 31 valencianische Marcos = 32 castilische Marcos zu 230,071 Grammen).

Handelsusanzen. Valencianische Weine werden gewöhnlich per 40 Cantaros (s. oben) verkauft. — Die Schiffslast für Flüssigkeiten enthält 2 Pipas.

Banken. 1) Die valencianische Aufmunterungsgesellschaft (Sociedad Valenciana de fomento), im Jahr 1846 vorerst auf 30 Jahre gegründet, macht Discont-, Contocorrent-, Giro- und Depositengeschäfte. Die Bank betheiligt sich außerdem an bestehenden oder im Entstehen begriffenen Unternehmungen, übernimmt öffentliche Arbeiten auf ihre Rechnung, erwirbt und veräußert Liegenschaften ꝛc. Das ursprüngliche Capital von 10 Mill. Realen soll im Jahr 1856 auf 15 Mill. Realen erhöht worden sein. 2) Eine Zweigbank der Bank von Spanien (siehe Madrid) ist hier projectirt oder schon errichtet.

La Valetta, s. Malta.

Valparaiso,

Haupthandelsplatz der südamerikanischen Republik Chile.

Rechnungsart und Münzen, s. Santiago de Chile.

In neuerer Zeit ist neben der Silberwährung auch eine Goldwährung aufgekommen, indem die chilenischen Goldmünzen gesetzlich zu ihrem Nennwerthe cursiren müssen und wegen Ausfuhr der ohnehin nicht in großer Menge geprägten neuen Silbermünzen alle größeren Zahlungen in Goldmünze gemacht werden, in welcher sich auch die Wechselcurse verstehen.

Wechselcursnotirung. Man wechselt auf

London, 60 u. 90 Tage nach Sicht, zu ± 45 Pence Sterl. für 1 Curantpiaster.

Paris, 90 Tage nach Sicht, zu ± 4¾ Franken für 1 Curantpiaster.

Hamburg, 90 Tage nach Sicht, zu 40 Schillinge banco für 1 Curantpiaster.

Vereinigte Staaten von Nordamerika (New-York ꝛc.), 60 Tage nach Sicht, zu ± 6 Proc. Prämie oder Aufgeld, d. h. ± 106 chilenische Pesos oder Curantpiaster für 100 nordamerikanische Dollars.

Wechselrechtliches, s. Santiago de Chile.

Fremde Münzen. Von fremden Münzen notirt man namentlich spanische Silberpiaster zu ± 8 Proc. Prämie oder Aufgeld, d. h. ± 108 chilenische Piaster oder Curantpiaster für 100 spanische Silberpiaster und fremde Dublonen in Curantpiaster per Stück.

Außerdem werden besonders Silberbarren zu ± 10 Curantpiaster (in Gold) per castilischen Marco (s. Madrid) fein Silber notirt; in gleicher Weise die Plata piña, ein durch den Amalgamationsproceß erhaltenes, noch nicht in Barren geschmolzenes und in Brodform vorkommendes Silber.

Handelsusanzen. Landesprodukte werden gegen baare Zahlung und oft mit Vorschuß gekauft. Einfuhrwaaren werden gewöhnlich auf 6 Monate oder noch längeres Ziel und zwar gegen Wechsel, welche zu 1 Proc. per Monat discontirt werden können, verkauft. Die Preise der Ausfuhrwaaren verstehen sich einschließlich der Exportausgaben frei an Bord, die der Einfuhrwaaren „unverzollt." — Die Verkaufsprovision beträgt 5 Proc., die Einkaufsprovision gewöhnlich 2 bis 5 Proc., aber auch wohl nur 2 bis 3 Proc., wenn der Commissionär Deckung erhalten hat. — Delcredere 2½ Proc. Courtagen werden nicht berechnet.

Vandiemensland, s. Sydney.

Venedig,
Hauptstadt der zu Oesterreich gehörenden italienischen Provinz Venedig.

Rechnungsart und Münzen. Man rechnet nach Gulden (Fiorini) zu 100 Neukreuzer (Soldi austr.) des 45=Guldenfußes (s. Wien). Im Jahr 1861 wurde die Banknotenwährung eingeführt; aber laut Verfügung vom April desselben Jahres gilt wieder die Silberwährung. Früher rechnete man nach österreichischen Liren zu 100 Centesimi (im Verkehr auch zu 20 Soldi zu 5 Centesimi) im 20=Guldenfuße, der Gulden zu 3 österreichischen Liren gerechnet. Von älteren venetianischen Währungen kommt noch die Moneta corrente piccola (venetianische oder Kleincurant=Lira) oder die Moneta di piazza (Platzmünze) vor. Nach dem Gesetz vom 1. Januar 1823 werden 169⁵⁹⁄₆₄ venetianische Liren = 100 österreichische Liren gerechnet; daher jene Lira = 58,8506 österreichische Centesimi. Während der französischen Herrschaft rechnete man nach der italienischen Lira zu 100 Centesimi in der französischen Währung (1 ital. Lira = 1 Franken).

Die Gold= und Silbermünzen der ehemaligen Republik Venedig und die neueren venetianischen Gold= und Silbermünzen sind unter Mailand verzeichnet. Außerdem wurden Provinzialmünzen im Feingehalte von 236 bis 246 Tausendtheilen geprägt. In Kupfer (seit 1852): Stücke zu 5 und 3 Centesimi und 1 Centesimo.

Wechselcursnotirung. Auf nachbenannte Plätze sind die Wechselcurse für 3 Monate dato in Gulden (Fiorini) und Neukreuzern (Soldi austr.) österreichischer Währung in Silbergeld zu verstehen:

Amsterdam	±	85 fl.	für	100 fl. holl.
Ancona	„	209	„	„ 100 Scudi.
Augsburg	„	86	„	„ 100 fl. rhn.
Bologna	„	209	„	„ 100 Scudi.
Florenz	„	40	„	„ 100 Lire nuove.

Frankfurt a. M.	±	86 fl.	für	100 fl. rhn.
Genua	„	40 „	„	100 Lire nuove.
Hamburg	„	76 „	„	100 Bankmark,
Lissabon	„	220 „	„	1 Milreis.
Livorno	„	40 „	„	100 Lire nuove.
London	„	10 „	„	1 Livre Sterl.
Lyon	„	40 „	„	100 Franken.
Mailand	„	40 „	„	100 Lire nuove.
Malta	„	80 „	„	100 Malteser Scudi.
Marseille	„	40 „	„	100 Franken.
Messina	„	510 „	„	100 Oncie zu 3 Ducati.
Neapel	„	170 „	„	100 Ducati di regno.
Palermo	„	510 „	„	100 Oncie zu 3 Ducati.
Paris	„	40 „	„	100 Franken.
Rom	„	209 „	„	100 Scudi.
Triest	„	75 „	„	100 fl. Bankvaluta.
Turin	„	40 „	„	100 Lire nuove.
Wien	„	75 „	„	100 fl. Bankvaluta.

Auf nachbenannte Plätze sind die Curse 31 Tage nach Sicht wie folgt zu verstehen:

Athen	±	205 fl.	für	100 spanische Piaster.
Corfu	„	208 „	„	100 Talleri oder Maria-Theresia-Thaler.
Constantinopel	„	205 „	„	100 spanische Piaster.
Zante	„	208 „	„	100 Talleri oder Maria-Theresia-Thaler.

Außerdem enthält der Curszettel neben jeder Devise den jeweiligen Discontofuß, zu welchem andere Sichten als diejenigen, für welche die Wechselcurse zu verstehen sind, berechnet werden (s. Einleitung, S. 23).

Wechselrechtliches, s. Wien.

Wechselusanzen. Provision für inländische Wechsel gewöhnlich ½ Proc., für fremde Wechsel 1 Proc. — Wechselcourtage ½ Promille.

Fremde Münzen werden in Silbergeld österreichischer Währung per Stück, österreichische oder Wiener Banknoten per 100 fl. Nennwerth dieses Papiergeldes notirt.

Von Staatspapieren werden nur diejenigen einiger österreichischen Anleihen notirt.

Staatspapiere des früheren lombardisch - venetianischen Königreichs, s. Mailand.

Maaße und Gewichte sind die unter Mailand aufgeführten neuen metrischen. Mit Ausnahme des Zollgewichts (das Zollpfund von 500 Grammen) und des Probirgewichts (nach welchem der Feingehalt des Goldes und Silbers wie in Frankreich in Tausendtheilen, Millesimi, angegeben wird, sind aber folgende alte venetianische Dimensions- und Schwermaaße im Verkehr noch gebräuchlich:

Längenmaaß: Der Fuß (Piede) zu 12 Zoll (Once) zu 12 Linien (Linee) zu 10 Zehnteln (Decimi) = 154,1495 Par. Linien. — Der Passo (Schritt) = 5 Fuß; die Pertica grande (große Ruthe) oder der Cavezzo = 6 Fuß; die Pertica piccola (kleine Ruthe) oder der Chebbo = 4½ Fuß.

Ellenmaaß ist zweierlei: 1) Die Braccia da seta oder die Seiden-Elle

= 283,143 Par. Linien. 2) Die Braccia da lana oder die Wollen-Elle (auch Braccia da panno, Tuch-Elle) für Wollen-, Baumwollen- und Leinenwaaren = 302,947 Par. Linien. Jede dieser Braccie wird in 12 Zoll eingetheilt.

Wegemaaß: Die venetianische Meile (Miglio Veneto) = 1000 Passi = 5000 Piedi = 1738,67 Meter. Die Seemeile (Miglio marino) ist die allgemein übliche (s. London).

Feldmaaß: Der Migliajo von 1000 Quadrat-Passi = 30,23 französische Aren.

Getreidemaaß: Der Moggio = 4 Staja oder Stari. Der Stajo oder Staro zu 2 Mezzeni zu 2 Quarte zu 4 Quartaroli = 83,317 Liter. — Der Sacco = 1 ½ Staja.

Weinmaaß: Die Barilla zu 6 Secchi zu 4 Bozze zu 4 Quartucci = 64,386 Liter. Die Barilla wird auch in 64 Boccali (Becher) getheilt. — Der Mastello = 7 Secchi. — Die Anfora = 4 Biconcie zu 2 Mastelli = 56 Secchi. — Die Botta (das Both) = 1 ¼ Anfora.

Oelmaaß: Die Botta = 2 Migliaja zu 40 Miri. Der Miro = 15,79 Liter. — Oel wird sowohl nach dem Maaß als auch nach dem Gewicht verkauft.

Handelsgewicht: 1) Peso grosso oder Schwergewicht für die meisten Waaren. 2) Peso sottile oder Leichtgewicht für Gewürze, Farbwaaren ꝛc. Die Libbra oder das Pfund hat 12 Once (Unzen). Der Centinajo (Centner) = 100 Pfund, der Migliajo (Meiler) = 1000 Pfund. Die Libbra grossa oder das schwere Pfund zu 12 Once zu 192 Carati zu 4 Grani = 476,999 Grammen. In der Praxis rechnet man 20 Libbre grosse = 17 Wiener Pfund. — Der Miro = 25 Pfund. Die Libbra sottile oder das leichte Pfund zu 12 Once = 1455 Carati des Schwergewichts ist = 301,2297 Grammen. In der Praxis rechnet man 13 Libbre sottile = 7 Wiener Pfund. — Die Carica (Last) = 400 leichte Pfund. — 12 Libbre grosso oder schwere Pfund sind = 19 Libbre sottile oder leichte Pfund.

Außer diesen beiden Gewichten gibt es noch ein drittes für den Seidenhandel. Das Pfund desselben zu 12 Once zu 6 Sazi ist = 1485 Carati des Schwergewichts = 307,4406 Grammen.

In neuerer Zeit ist auch das Wiener Gewicht im Gebrauche.

Gold-, Silber- und Juwelengewicht: Der Marco zu 8 Once zu 4 Quarti zu 6 Denari zu 6 Carati zu 4 Grani = ½ Libbra grossa = 238,499 Grammen.

Für Gold und Silber gebraucht man auch das metrische Gewicht, dessen Pfund, das Kilogramm (die Libbra nuova ital.), in 10 Once zu 10 Grosse zu 10 Denari (Grammen) zu 10 Grani (Decigrammen) eingetheilt wird. Auch die Behörden bedienen sich des neuen Pfundes.

Medicinalgewicht: Die Libbra sottile (das leichte Pfund), welche dieselbe Eintheilung wie in Deutschland hat.

Handelsusanzen. Die Ein- und Verkaufs-Provision beträgt gewöhnlich für Colonialwaaren 2 Proc. und für Manufacturwaaren 3 Proc., worin bei letzterer die Courtage von 1 Proc. mitbegriffen ist. Die Waarenpreise werden theils in Fiorini (öster. Gulden), theils in Ducati correnti piccoli, und mitunter per Wiener Gewicht notirt.

Für manche Waaren wird bei baarer Zahlung ein unterschiedlicher Disconto bewilligt, z. B. für Olivenöl 6 Proc., für Mandeln 9 Proc. ꝛc. — Der gesetzliche Zinsfuß bei Handelsgeschäften ist 6 Proc. Taravergütungen: Baumwolle, Fernambuk und Bahia 2 Proc., ostindische Baumwolle 4 Proc., Bimstein 10 Proc., italienischer Hanf 2 Proc., Krapp 4 Proc., ungarische Pottasche 10 Proc., Zucker: Brasil 15 bis 18 Proc., Jamaika und Moskowade 14 Proc., Bourbon (brauner und gelber) und ostindischer von allen Farben 5 Proc., raffinirter, gestampfter, 12 Proc. Auf die meisten übrigen Artikel wird gewöhnlich die reine (wirkliche) Tara in Abzug gebracht.

Banken. Im Jahr 1853 ist das „Benetianische Handelsinstitut" (Stabilimento mercantile di Venezia), eine für die vorläufige Dauer von 20 Jahren auf Actien errichtete Bank eröffnet worden. Die Actien im Betrage von 1000 österreichischen Liren lauten auf Namen und sind übertragbar. Das Gesellschaftscapital sollte 10 Millionen Liren betragen, es sind aber erst ca. 3 Mill. Liren voll einbezahlt worden. Geschäfte der Bank: 1) Annahme von Waaren in einfaches Depositum, 2) Vorschüsse auf Waaren, 3) Wechseldiscontirung. Bei der Annahme von nicht verderblichen Waaren in einfaches Depositum gegen Gebühren erhält der Deponent einen Empfangschein (Ricevuta di deposito), welcher durch Indossament übertragbar ist. Vorschüsse auf Waaren gewährt die Bank in der Art, daß sie dem Deponenten oder seinem Cessionar gegen jenen Empfangschein an Inhaber lautende Creditbillets (Biglietti di credito) ertheilt, deren Betrag den Vorschuß ausmacht und welche bei der Gesellschaftscasse auf Sicht zahlbar sind. Zu Ende des vierten Monats muß der Besitzer des Empfangscheins den 5-procentigen Zins entrichten und die etwa gewünschte Verlängerung des Vorschusses auf weitere vier Monate nachsuchen. Zu Ende jedes Gesellschaftsjahres wird die Dividende festgestellt. Beträgt der Reingewinn mehr als 6 Proc., so wird vom Mehrbetrag $\frac{1}{3}$ zum Reservefonds genommen, bis derselbe hierdurch und durch Zinsen den Betrag von 10 Proc. des Actiencapitals erreicht hat. — Im Jahr 1855 wurde die Gründung einer Hypothekenbank (Banca fondiaria) projectirt.

Handelsanstalten rc. Benediger Handelsgesellschaft (Società Veneta commerciale), im Jahr 1840 vorläufig auf 30 Jahre mit einem Gesellschaftscapital von 15 Mill. österreichischen Liren in 10,000 Actien zu 1500 Liren errichtet. Den Statuten zufolge bezweckt die Gesellschaft den directen Ein- und Ausfuhrhandel für eigene und fremde Rechnung mittelst eigener und fremder Schiffe, und andere für angemessen erachtete Handelsoperationen. — Mehrere Versicherungs- und andere (für Dampfschifffahrt, industrielle Unternehmungen rc.) auf Actien gegründete Gesellschaften. — Entrepot für inländische Waaren.

Die hiesige, am Himmelfahrtstage beginnende Messe dauert 14 Tage.

Venezuela, s. Caracas.

Vera-Cruz,
Haupthandelshafen der Republik Mexiko.

Rechnungsart und Münzen, s. Mexiko.

Maaße und Gewichte. Der mexikanische Zolltarif vom Jahr 1856 enthält folgenden Reductionstarif für Längenmaaße und Gewichte *).

---

*) Nachträglich zum Art. Mexiko.

Längenmaaße :

100 franz. Aunes . . .	= 141,82	mexik. Baras.
100 brabanter Ellen . .	= 82,51	„
100 Arschinen	= 84,89	„
100 Bremer Ellen . .	= 69,02	„
100 Hamburger Ellen .	= 68,38	„
100 Leipziger Ellen . .	= 67,46	„
100 Berliner Ellen . .	= 79,58	„
100 chinesische Covid .	= 44,31	„
100 Genuesische Palmi .	= 29,81	„
100 Meter	= 119,33	„
100 Yards	= 109,11	„
100 spanische Baras . .	= 99,75	„

Gewichtstarif:

100 spanische Pfund . .	= 100	mexik. Pfund.
100 chinesische Catties .	= 130,64	„
100 engl. Pf. Avoirdupoids	= 98,53	„
100 Kilogramm . . .	= 217,35	„
100 Pfd.Gennes. peso sottile	= 68,94	„
100 Rottoli d°. peso grosso	= 113,74	„
100 russische Pfund . .	= 88,89	„
100 Wiener Pfund . .	= 121,73	„

Verona,

Hauptstadt der Delegation gleichen Namens im Gouvernement Benedig.

Rechnungsart und Münzen, s. Benedig und Mailand.

Maaße und Gewichte. Die bei den Behörden gebräuchlichen neuen metrischen s. unter Benedig. Aeltere Dimensions- und Schwermaaße, welche im Berkehr noch vorkommen: Längenmaaße: Der Piedo (Fuß), zu 12 Once (Zoll) = 152,013 Par. Linien. — Der Cavezzo = 6 Fuß. — Die lange Elle (Braccio lungo) für Wollen-, Baumwollen- und Leinenwaaren = 287,695 Par. Linien. Die kurze Elle (Braccio corto) für Seidenwaaren = 284,795 Par. Linien. Getreidemaaß: Der Sacco zu 3 Minali zu 4 Quarte = 114,6535 Liter. — Der Carico = 8 Sacca. Flüssigkeitsmaaß: Der Brento zu 4 Secchi oder 16 Basse oder 72 Inghistare = 70,5111 Liter. In der Praxis rechnet man 17 Brenti = 1200 Liter. — Die Botta (das Both) = 12 Brenti. — Oelmaaß wie Benedig. Handelsgewicht: Die Libbra (das Pfund) hat 12 Once (Unzen) zu 16 Mezzotte. Die Libbra sottile oder Libbra piccola (das leichte Pfund für feinere Waaren) = 333,1757 Grammen. Die Libbra grossa (das schwere Pfund für gröbere Waaren) = 1½ leichte Pfund. — Gold- und Silbergewicht wie Benedig *).

*) In den übrigen Städten Benetiens weichen die Handelsgewichte mehr oder weniger von einander ab. In Udine ist dasselbe wie in Benedig, in Bassano und Bierenza wie in Padua (s. Padua); in Treviso ist das schwere Pfund = 516,7486 Grammen, das leichte Pfund wie in Padua; in Bellano ist das schwere Pfund wie in Treviso und das leichte Pfund wie in Benedig 2c.

Waadt, Waadtland, f. Laufanne.

Wallachei, f. Bukareft.

Waldeck und Pyrmont,

deutfches Fürftenthum in zwei Haupttheilen: das eigentliche Fürftenthum Waldeck und das Fürftenthum Pyrmont. Hauptftadt ift Korbach.

Rechnungsart und Münzen. Man rechnet nach Thalern zu 30 Silbergrofchen zu 12 Pfennigen, früher im 14-Thalerfuße, feit 1857 aber im 30-Thalerfuße (f. Berlin). Bor 1843 rechnete 1) das Fürftenthum Waldeck nach Thalern zu 36 Mariengrofchen zu 7 Pfennigen, und zwar feit 1693 in breierlei Münzfüßen, nämlich erft im 18-, fpäter im 20-, dann im 22-Guldenfuße und zulezt in einer edictmäßigen Währung, beftehend aus ²/₃ des 20- und ¹/₃ des 22-Guldenfußes, alfo durchfchnittlich im 20²/₃-Guldenfuße. 2) Das Fürftenthum Pyrmont nach Thalern zu 36 Mariengrofchen zu 8 Pfennigen im 20-Guldenfuße.

Seit 1843 find die Ausprägungen den preußifchen gleich. Geprägte Münzen früherer Zeit waren:

Speciesthaler (vom Jahr 1811) im Feingehalte von 833¹/₃ Taufendtheilen, 21,3807 Stück auf das Pfund fein; daher = 2 fl. 27³/₁₀ kr. rhn. = 1 thlr. 12 fgr. preuß. = 2 fl. 10²/₃ nkr. öfter.

Kronenthaler (vom Jahr 1813) im Feingehalte von 868¹/₁₈ Taufendtheilen, 19,5142 Stück auf das Pfund fein; daher = 2 fl. 41²/₅ kr. rhn. = 1 thlr. 16¹/₁₀ fgr. preuß. = 2 fl. 30 nkr. öfter.

Kronenthaler oder Palmenthaler (vom Jahr 1824) im Feingehalte von 868¹/₁₈ Taufendtheilen, 19,5527 Stück auf das Pfund fein; daher = 2 fl. 41¹/₁₀ kr. rhn. = 1 thlr. 16 fgr. preuß. = 2 fl. 30 nkr. öfter.

Drittelthaler (vom Jahr 1824), nach Proben im Feingehalte von 620 Taufendtheilen, 91,6543 Stück auf das Pfund fein; daher = 34³/₁₀ kr. rhn. = 9⁸/₁₀ fgr. preuß. = 49 nkr. öfter.

Papiergeld. Caffenfcheine des Staats zu 10 Thlr. Es find davon 350,000 Thlr. emittirt worden, und es wurden 375,000 Thlr. in Rentenbriefen zur Sicherftellung hinterlegt. Diefes Papiergeld wird jezt wieder zurückgezogen und jeden Mittwoch und Sonnabend Vormittags bei der Staatskaffen-Verwaltung zu Arolfen eingelöft.

Staatspapiere. 1) Bierprocentige Obligationen zu 1000 und 500 Thaler von einer Anleihe vom Jahr 1835 bei Rothfchild im Betrage von 700,000 Thaler. 2) Obligationen zu 1000, 500 und 100 Thaler von einer 4¹/₂-procentigen Anleihe von 850,000 Thlr. vom Jahr 1854. In Folge der Zurückziehung der Caffenfcheine (f. oben) find dagegen die bei der Emiffion jener Anleihe zurückbehaltenen Obligationen im Betrage von 300,000 Thlr. jezt (1861) ausgegeben worden.

Wechfelrecht ift feit 1849 die allgemeine deutfche Wechfelordnung. Das Einführungsgefez enthält im Wefentlichen Beftimmungen in Betreff des Wechfelarreftes.

Maaße und Gewichte. Längenmaaße: Der Fuß zu 12 Zoll = 129,6 Par. Linien. — Die Ruthe = 16 Fuß. — Die Elle = 2 Fuß. — Bei öffentlichen Bauten und Vermessungen gebraucht man den rheinländischen Fuß = 139,128 Par. Linien.

Feldmaaß: Der Morgen von 120 Quadratruthen = 26,257 franz. Aren.

Getreidemaaß: Die Mütte zu 4 Scheffel, welcher aber nicht aller Orten gleichen Inhalts ist. In Arolsen ist der Roggen-Scheffel (für alle Früchte und Sämereien) = 51,416 Liter, der Hafer-Scheffel = 56,638 Liter. Im Fürstenthum Pyrmont hat das Fuder 12 Malter zu 6 Himpten oder zu 4 Scheffeln. 6½ Himpten = 1 waldecker Roggen-Mütte (Noback).

Flüssigkeitsmaaß: Die waldecker Ohm zu 16⅔ Eimer zu 6 Maaß zu 4 Schoppen zu 4 Glas = 142,82 Liter. Im Verkehr rechnet man die hiesige Ohm der von Frankfurt a. M. gleich.

Handelsgewicht war vor 1858 fast ausschließlich das frühere preußische; seitdem ist auch hier das neue preußische Pfund von 500 Grammen eingeführt (s. Berlin).

Apothekergewicht ist das alte Nürnberger.

Wallis,
schweizer Kanton mit der Hauptstadt Sitten (französisch Sion).

Rechnungsart und Münzen, s. Schweiz. Früher rechnete man wie im Kanton Waadt (s. Lausanne), und man rechnete wie dort nach dem Dekrete des großen Rathes vom Jahr 1850 69 schweizer Franken = 100 französische Franken.

Bei Wechselgeschäften richtet man sich nach den Cursen von Lausanne.

Maaße und Gewichte. Die neuen schweizer Maaße und Gewichte, s. Schweiz. Die früheren waren diejenigen des Kantons Waadt.

Warschau,
Hauptstadt des Königreichs Polen.

Rechnungsart und Münzen. Seit 1841 rechnet man im Königreich Polen nach Silber-Rubeln zu 100 Kopeken im russischen Münzfuße. Vor 1841 rechnete man nach Gulden (Slote) zu 30 Groschen (Groszy) polnisch. Nach dem gesetzlichen polnischen, im Jahr 1815 eingeführten Münzfuße gingen 86 86/125 polnische Gulden auf die cölnische Mark fein Silber, also 185,345 Gulden auf das Zollpfund von 500 Grammen; daher der polnische Gulden = 17 kr. rhn. = 4 6/7 sgr. preuß. = 24 2/7 ntr. öster.

Da 27,782 Silber-Rubel auf das Zollpfund fein Silber gehen (s. Petersburg), so ist 1 poln. Gulden = 14,99 Kopeken Silber. Im Verkehr rechnet man den poln. Gulden zu 15 Kopeken.

Aeltere polnische Goldmünzen: Ducaten (seit 1766), gesetzlich im Feingehalte von 982 23/36 Tausendtheilen, 145,7818 Stück auf das Pfund fein; daher = 0,34298 deutsche Krone.

Ducaten (vom Jahr 1812), nach älteren Proben im Feingehalte von 975 25/36 Tausendtheilen, 146,8194 Stück auf das Pfund fein; daher = 0,34055 deutsche Krone.

Neuere Goldmünzen nach dem Ukas vom 19. November 1815:

Stücke zu 50 polnische Gulden oder Slote, gesetzlich im Feingehalte von

916²/₃ Tausendtheilen, 55,5899 Stück auf das Pfund fein; daher = 0,8944 deutsche Krone.

Stücke zu 25 poln. Gulden nach Verhältniß.

Nach Münzproben haben Stücke zu 50 und 25 poln. Gulden vom Jahr 1819 nur einen Feingehalt von 915 bis 916 Tausendtheilen.

Ducaten mit holländischem Gepräge, während der Insurrection im Jahr 1831 geprägt, haben nach Münzproben einen Feingehalt von 981 Tausendtheilen, 146,0253 Stück auf das Pfund fein; daher = 0,34241 deutsche Krone.

Russisch-polnische Goldmünzen nach dem Ukas vom 1. Mai 1834: Imperialducaten oder Rubel-Imperial zu 20 poln. Gulden oder 3 Rubel, gesetzlich im Feingehalte von 916²/₃ Tausendtheilen, 138,9189 Stück auf das Pfund fein; daher = 0,35992 deutsche Krone.

Goldmünzen von 1842 an wie Rußland.

Aeltere polnische Silbermünzen: Von 1766 bis 1787 Speciesthaler zu 8 Gulden im Werthe von ca. 2 fl. 27 kr. rhn. = 1 thlr. 12 fgr. preuß. = 2 fl. 10 nkr. öster. Von 1787 bis 1794 Speciesthaler zu 8 Gulden im Werthe von ca. 2 fl. 21 kr. rhn. = 1 thlr. 10 fgr. preuß. = 2 fl. 2 nkr. öster. Von 1794 bis 1795 Thaler zu 6 Gulden im Werthe von ca. 1 fl. 45 kr. rhn. = 1 thlr. preuß. = 1½ fl. öster.

Von 1807 bis 1815 (für das Herzogthum Warschau) Thaler zu 6 Gulden nach Münzproben im Werthe von ca. 1 fl. 44 kr. rhn. = 29⁹/₁₀ fgr. preuß. = 1 fl. 48½ nkr. öster.

Drittel-Thaler zu 2 fl. von verschiedenem Feingehalte. Die Stücke von 1811 und 1814 im Werthe von 34 kr. rhn. = 9⁷/₁₀ fgr. preuß. = 48⁹/₁₀ nkr. öster. Dergleichen Stücke von 1813 bis 1814 im Werthe von 33¹/₁₀ kr. rhn. = 9⁴/₁₀ fgr. preuß. = 47¹/₅ nkr. öster.

Geringhaltige Stücke zu 10 und 5 Groschen (Groszy).

Neuere Silbermünzen nach dem Ukas vom 19. November 1815: Zehn-Guldenstücke im Feingehalte von 968¹/₁₈ Tausendtheilen, 18,535 Stück auf das Pfund fein; daher = 2 fl. 49⁹/₁₀ kr. rhn. = 1 thlr. 18½ fgr. preuß. = 2 fl. 42⁷/₁₀ nkr. öster.

Stücke zu 5 poln. Gulden nach Verhältniß.

Zwei-Guldenstücke im Feingehalte von 593³/₄ Tausendtheilen und im Werthe von 34 kr. rhn. = 9⁷/₁₀ fgr. preuß. = 48½ nkr. öster.

Silbermünzen nach dem Ukas vom 15. October 1832 und 27. Jan. 1833: Zehn-Guldenstücke oder Stücke zu 1½ Rubel, gesetzlich im Feingehalte von 868¹/₁₈ Tausendtheilen, 18,5225 Stück auf das Pfund fein; daher = 2 fl. 50 kr. rhn. = 1 thlr. 18½ fgr. preuß. = 2 fl. 42⁹/₁₀ nkr. öster.

Stücke zu 5, 2 und 1 poln. Gulden (= 15 Kopeken) nach Verhältniß.

Kupfermünzen: Stücke zu 3 und 1 Groschen. Seit 1842 wie in Rußland.

Papiergeld. Die Noten der Bank von Polen (f. unten).

Wechselcursnotirung. Man wechselt auf Amsterdam, 2 Monate dato, ± 142 Rubel in poln. Banknoten für 250 fl. holl.

Berlin							
Breslau	dto.	dto.	„ 102	bto.	bto.	„ 100 Thlr. preuß.
Danzig							
Hamburg,	dto.	dto.	„ 150	bto.	bto.	„ 300 Bankmark.
Leipzig,	dto.	dto.	„ 102	bto.	bto.	„ 100 Thlr. preuß.

London,   3 Monate dato, ± 7 Rubel in poln. Banknoten für 1 Liv. Sterl.

Moskau   } 1 Mt. bato und

Petersburg }   auf Sicht,   „ 100   dto.   dto.   „ 100 Silberrubel, zahlbar in Creditbillets.

Paris,   2 Monate dato, „ 81   dto.   dto.   für 300 Franken.

Wien,   dto.   dto.   „ 68   dto.   dto.   „ 150 fl. Bankvaluta.

Geldcursnotirung. Außer russischen Halbimperialen notirt man neue holländische Ducaten und preußische Friedrichsd'or per Stück, sowie preußisch Silbercurant und preußische Cassenanweisungen per 100 Thaler Nennwerth, Wiener Banknoten für 100 fl. Nennwerth und poln. Banknoten für 100 Silberrubel Nennwerth.

Wechselrechtliches. Der seit 1812 eingeführte Code de commerce (in polnischer Uebersetzung) gilt noch bis jetzt.

Wechselstempel ist derselbe wie in Rußland (s. Petersburg).

Wechselcommission ⅓ bis ½ Proc. — Courtage gewöhnlich 1 Promille, oder ¹/₁₀ bis ⅛ Proc.

Polnische Staatspapiere und Pfandbriefe. 1) Obligationen zu 500 poln. Gulden von der im Jahr 1835 bei S. A. Fränkel und Jos. Epstein in Warschau gemachten Anleihe von 150 Mill. poln. Gulden. Während der ersten 10 Jahre war die Rückzahlung durch jährliche Verloosungen mit Gewinnsten verbunden. Seit 1846 ist die Anleihe eine zu 4 Proc. verzinsliche und gleichzeitig mit der Einlösung der Coupons findet eine stufenweise fortschreitende jährliche Amortisirung statt. Die Nummern der jeweils abzuzahlenden Obligationen werden zwei Monate vorher durchs Loos bestimmt. Mit jeder Obligation ist eine Prämie von 200 fl. verbunden, so daß für je 500 fl. ursprüngliches Capital der Obligation 700 poln. Gulden abbezahlt werden. Die Zahlung der Gelder wird durch die Casse der polnischen Bank in Warschau in Silber geleistet. Im Jahr 1876 soll die Anleihe getilgt sein. Im Jahr 1837 wurde der Bank von Polen die Befugniß ertheilt, über jene Obligationen gegen Deponirung derselben bis zur Höhe von 50 Mill. poln. Gulden Certificate auszugeben. Gegen jede Obligation stellte die Bank zwei Certificate aus: das eine unter Lit. A. über 300 poln. Gulden, das andere unter Lit. B. über 200 poln. Gulden. Das Certificat über 300 fl. wirft jährlich 5 Proc. Zinsen ab, gerechnet vom 1. Januar 1838 bis die von der Bank zu bewirkende Auszahlung der 300 fl. durch halbjährliche Verloosungen getilgt sein wird. Das Certificat A. hatte keine Ansprüche auf die während der ersten Jahre stattgefundenen Gewinnziehungen (s. oben). Das Certificat B., welches ursprünglich nicht verzinslich und bei den früheren Gewinnziehungen betheiligt war, rückt durch jährliche Verloosung in die Verzinsung zu 5 Proc. ein. — 2) Vierprocentige Schatzobligationen; sie sind im Jahr 1844 durch Conversion einer früheren 5-procentigen Anleihe entstanden, indem den Inhabern der 5-procentigen Schatzobligationen freigestellt wurde, solche gegen neue 4-procentige Obligationen auszutauschen, oder den Capitalbetrag dafür baar anzunehmen. Die 4-procentigen Obligationen sollen mittelst halbjährlicher Verloosungen zum vollen Nominalwerthe laut Ukas vom 29. Februar 1844 im Laufe von 61 Jahren amortisirt sein. Die Obligationen lauten auf 500, 150 und 100 Silberrubel. Die fälligen Coupons werden für Rechnung der Bank von Polen bei Rothschild in Frankfurt a. M. ausbezahlt. — 3) Polnische Pfandbriefe. Im Jahr 1825 emittirte der landschaftliche Creditverein in Warschau (s. unten) Pfandbriefe, welche 4 Proc. Zinsen tragen und theils auf polnische Gulden, theils auf Silber-Rubel lauten. Seitdem die Pfandbriefe erster Emission getilgt worden, gibt es Pfandbriefe zweiter Emission vom Jahr 1838 zu 20,000, 5000, 1000, 500 und 200 poln. Gulden, welche durch halbjährliche Verloosungen (bis 1866) getilgt werden. Die Obligationen sind theils von gelber, theils von weißer Farbe; da letztere bei den Verloosungen einen Vorzug haben, so bedingt man sich im Handel stets die weißen Pfandbriefe aus und notirt nur für diese den Curs. Die Pfandbriefe dritter Emission lauten auf 3000, 750, 150, 75 und 20 Silber-Rubel. Ziehung und Tilgung wie bei den Pfandbriefen zweiter Emission.

Maaße und Gewichte sind gesetzlich die russischen (s. Petersburg); im Verkehr gelten aber die Preise noch häufig für folgende ältere Dimensions- und Schwermaaße:

Längenmaaß: Der Fuß (Stopa) zu 12 Zoll (Calów) zu 12 Linien (Liniow) zu 2 Millimeter (Milimetrów). Der Millimeter ist der französische; daher der Fuß = 127,669 Par. Linien. — Die Elle (Lokjéc) zu 4 Viertel (Cwierni) zu 6 Zoll (Cole) zu 12 Linien = 2 Fuß = 255,338 Par. Linien. — Die Klafter (Saazén) = 6 Fuß. — Die Ruthe (Pret) = 15 Fuß. — Die Schnur (Sznur) oder Kette = 10 Ruthen. — Das Lachter = 7 Fuß. — Die Meile (Mila) = 8 russische Werst.

Getreidemaaß: Der Scheffel (Korzec) *) zu 2 Halbscheffel (Pól korcow) zu 2 Vierteln (Cwierci) zu 8 Garnitzen (Garcy) **) zu 4 Quart (des Flüssigkeitsmaaßes) zu 4 Quartchen. Das Quart (Kwarta) ist dem franz. Liter gleich; daher der Scheffel = 128 Liter. — Die Last (Laszt) = 30 Scheffel.

Flüssigkeitsmaaß: Das Faß oder die Tonne (Beczka) = 25 Garnitzen zu 4 Quart (Kwart) zu 4 Quartchen (Kwaterek), also = 100 Quart oder = 100 Liter (s. oben). — Die Kanne (Konew) = 5 Garnitzen, das Oxhoft = 60 Garnitzen.

Handelsgewicht: Der Centner (Centnar) = 4 Stein (Kamieni) zu 25 Pfund (Funtów) = 100 Pfund. Das Pfund (Funt) = 16 Unzen (Uncyi) zu 2 Loth (Lutów) zu 4 Drachmen oder Quentchen (Drachma) zu 3 Skrupeln (Skrupulów) zu 24 Gran (Granów) zu 5 ½ Granchen (Graników) zu 8 Milligrammen (Miligramów). Die Milligrammen sind französische; daher das Pfund = 405,504 Grammen.

Handelsanstalten rc. 1) Die Nationalbank von Polen, im Jahr 1828 in Warschau gegründet, ist Staatsanstalt und von der Regierung mit 30 Mill. poln. Gulden dotirt worden. Seit 1851 hat sie ihre Selbstständigkeit verloren und steht als „Bank von Polen" unter dem russischen Finanzministerium. Die Bank ist mit der Verwaltung der polnischen Staatsschuld betraut, betreibt Depositen-, Giro- und Leihgeschäfte, befaßt sich mit dem Ein- und Verkaufe von Staatspapieren und Wechseln und gibt Noten aus. Die Banknoten, welche früher auf polnische Gulden lauteten, bestehen in Abschnitten zu 1, 3, 5, 10, 25, 50 und 100 Silber-Rubel und werden von allen öffentlichen Cassen des Königreichs zum Nennwerthe angenommen. 2) Landschaftlicher Creditverein. Derselbe wurde auf Veranlassung des Kaisers Alexander im Jahr 1825 auf dem im Mai des genannten Jahres in Warschau abgehaltenen Reichstage gegründet und zugleich das

---

*) Mehrzahl: Korcy.
**) Einzahl: Garniec.

Statut festgestellt, nach welchem er bis jetzt verfährt. Derselbe besteht aus der Generaldirection, welche in Warschau ihren Sitz hat und aus 8 Specialdirectoren in den 8 Hauptstädten der früheren Woiwodschaften. Der Verein bezweckt, als solcher, die baare Beleihung ländlicher Grundstücke. Die Darlehen müssen binnen 25 Jahren vom Entlehner in der Weise zurückgezahlt werden, daß derselbe außer 3 Proc. jährlicher Zinsen weitere 4 Proc. jährlich zur Tilgung der Schuld einzuzahlen hat. Die Documente über die Darleihen sind die im Art. Staatspapiere (s. oben) angeführten Pfandbriefe. 3) Mehrere Actiengesellschaften für Dampfschifffahrt, Assecuranzwesen ꝛc. — Jährlich zwei Messen, die eine vom 15. Juni bis 15. Juli, die andere im November, am Montage nach Allerheiligen, und drei Wochen dauernd; beide ohne Bedeutung für den ausländischen Verkehr; bedeutend ist dagegen der hiesige Wollmarkt, welcher Mitte Juni abgehalten wird und 4 bis 6 Tage dauert.

Weimar,

Hauptstadt des Großherzogthums Sachsen-Weimar.

Rechnungsart und Münzen wie in Preußen (s. Berlin). Vor 1841 rechnete man nach Thalern zu 24 Groschen zu 12 Pfennigen; der Zahlwerth war bei allen Landescassen der 20-Guldenfuß; im Geschäftsverkehr wurde aber der Conventions-Speciesthaler zu 1 Thaler 10 Groschen, das Kopfstück oder Conventions-20-Kreuzerstück zu 5⅓ Groschen gerechnet, so daß in der damaligen Rechnungswährung 14⅙ Thaler auf die cölnische Mark oder 30,289 Thlr. auf das jetzige Pfund fein Silber gingen.

Frühere Ausmünzungen (bis 1824):

Conventions-Speciesthaler, im Feingehalte von 833⅓ Tausendtheilen, 21,3807 Stück auf das Pfund fein; daher = 2 fl. 27³⁄₁₀ kr. rhn. = 1 thlr. 12 sgr. preuß. = 2 fl. 10⅖ nkr. öster.

Gulden oder halbe Conventions-Speciesthaler zu 16 Groschen, und halbe Guldenstücke oder ¼-Speciesthaler nach Verhältniß.

Sechstel-Thalerstücke zu 4 Groschen von 1763 im Feingehalte von 437½ Tausendtheilen, 171,0458 Stück auf das Pfund fein; daher = 18⅖ kr. rhn. = 5⅕ sgr. preuß. = 26³⁄₁₀ nkr. öster.

Sechstel-Thalerstücke zu 4 Groschen von 1763 und den folgenden Jahren im Feingehalte von 541⅔ Tausendtheilen, 171,0458 Stück auf das Pfund fein; daher der Werth wie oben.

Zwölftel-Thalerstücke zu 2 Groschen, im Feingehalte von 437½ Tausendtheilen, 342,0915 Stück auf das Pfund fein; daher = 9⅕ kr. rhn. = 2⅗ sgr. preuß. = 13¹⁄₁₀ nkr. öster.

Silber-Scheidemünze: Ganze und halbe Groschen.

Goldmünzen sind nicht geprägt worden.

Münzen nach der Münzconvention von 1838: Vereinsmünzen zu 2 Thalern, und Ein-Thalerstücke; nach dem Münzvertrag von 1857: Thaler (Vereinsthaler) und Vereins-Zweithalerstücke. Sechstel-Thalerstücke sind nicht geprägt worden.

Silber-Scheidemünze im 16-Thalerfuße, nämlich ganze und halbe Silbergroschen wie bis 1857 in Preußen.

In Kupfer: Stücke zu 3 Pfennigen und 1 Pfennig.

Papiergeld. Cassen-Anweisungen zu 1 und 5 Thaler vom 20. April 1859. Diejenigen vom 27. August 1847 sind einberufen worden; Ende Mai 1861 sollten sie nicht mehr gegen neue umgetauscht werden können. Die neuen Cassen-Anweisungen werden von allen öffentlichen Cassen des Landes in Zahlung angenommen und durch die Hauptstaatscasse eingelöst. In Folge einer besondern Uebereinkunft ist das Papiergeld folgender Länder bei ihnen gegenseitig zugelassen: Sachsen-Weimar, Sachsen-Koburg-Gotha, Sachsen-Altenburg, Sachsen-Meiningen, Schwarzburg-Rudolstadt, Schwarzburg-Sondershausen, Reuß älterer und jüngerer Linie. — Nach einer im preußischen Staatsanzeiger publicirten Verordnung vom 19. December 1859 ist in Preußen die Zahlungsleistung mit obigen Cassen-Anweisungen bis auf Weiteres zulässig.

Privatpapiergeld sind die Noten der weimarischen Bank (s. unten) zu 10, 20, 50 und 100 Thaler.

Im Wechselgeschäft richtet man sich nach den Leipziger und Berliner Cursen.

Wechselrechtliches. Seit 1849 gilt die allgemeine deutsche Wechselordnung. Nach dem Einführungsgesetz verfallen Uso-Wechsel, welche vom Auslande aus im Großherzogthum zahlbar ausgestellt sind, am 14. Tage nach der Präsentation zur Annahme. Unter dem Ausdruck „Ausland" sind solche Länder und Orte zu verstehen, in welchen die Allg. deutsche Wechselordnung nicht gilt. Als allgemeine Feiertage gelten die gewöhnlichen und der Bußtag im December. Das Gesetz über kaufmännische Anweisungen stimmt ganz mit dem Königl. sächsischen Gesetz vom Jahr 1849 überein (s. Leipzig). Wenn aus Anweisungen auf Zahlung oder Rembours geklagt wird, findet der Wechselproceß statt. Wechselhaft wird jedoch nur gegen den Acceptanten einer Anweisung verhängt.

Staatspapiere. Es existiren 3½- und 4-procentige Obligationen, welche aber im auswärtigen Handel nicht notirt werden *).

Maaße und Gewichte. Längenmaaß: Der Fuß zu 12 Zoll zu 12 Linien zu 10 Punkten = 125 Par. Linien. — Die Elle = 2 Fuß. Die Klafter = 6 Fuß. Die Ruthe = 16 Fuß. Die Meile = 1632 Ruthen = 0,994 deutsche (geogr.) Meilen.

Feldmaaß: Der Acker von 140 Quadrat-Ruthen = 28,497 franz. Aren. Beim Feldmaaß findet die zehntheilige Eintheilung der Ruthe statt.

Brennholzmaaß: Im weimarischen Kreise hat die Klafter 6 Fuß Höhe, 6 Fuß Breite und 3½ Fuß Scheitlänge; daher = 2,825 franz. Steren.

Getreidemaaß: Es bestehen in den verschiedenen Landestheilen sechzehn verschiedene Gattungen des Getreidemaaßes, deren Inhalt offiziell im weimarischen Wochenblatt vom 10. Juni 1831 bestimmt ist.

Der weimarische Scheffel zu 4 Viertel, 16 Metzen, 80 Trockenmaaß oder 160 Rösel enthält 75,29396 Liter.

Der Jenaer Scheffel zu 4 Viertel, 16 Maaß, 32 Metzen, 160 Kannen oder 320 Rösel enthält 160,11927 Liter.

Das Eisenacher Malter zu 4 Viertel, 8 Scheffel, 32 Metzen, 128 Mäßchen oder 512 Rösel enthält 304,68682 Liter.

Der Apoldaer Scheffel zu 4 Viertel, 16 Metzen oder 96 Kannen, enthält 86,77702 Liter.

Flüssigkeitsmaaß: Es gibt zwei Arten desselben: Ohmmaaß und Schenk-

---

*) Nach Scherer soll sich die Staatsschuld im Jahr 1858 auf 5632000 Thaler belaufen haben.

maaß; mit ersterem wird das Oel, mit dem andern werden Wein, Bier und andere Flüssigkeiten gemessen. Der Eimer, welcher bei beiden Maaßen derselbe ist, hat 72 Ohmmaaß (oder Kannen zu 2 Nösel) oder 80 Schenkmaaß und enthält 71,70773 Liter (nach Chelius aber 73,30016 Liter). — 9 Ohmmaaß sind = 10 Schenkmaaß.

Gewicht: Wie in Preußen (s. Berlin). Früher war das Pfund == dem alten cölnischen = 2 cölnische Mark.

Medicinalgewicht: Das preußische (s. Berlin).

Bank. Die „Weimarische Bank" ist auf die Dauer von 99 Jahren, vom 1. Januar 1854 an gerechnet, gegründet worden. Das Grundcapital der Gesellschaft besteht nach den Statuten aus 5 Mill. Thalern in 25,000 Actien, jede zum Betrage von 200 Thalern, aber in zwei Partial=Actien, Lit. A. und B., das Stück zu 100 Thlr. getheilt. Beide genießen gleiche Rechte. Von den das Grundcapital bildenden Actien blieb der Betrag von 500,000 Thlr. zum Renn= werthe der Regierung dergestalt vorbehalten, daß dieselbe innerhalb dreier Mo= nate nach Eröffnung der Bank wegen Uebernahme des ganzen oder theilweisen Betrags sich zu erklären und die diesfallsigen Verbindlichkeiten zu erfüllen hatte. Von diesem Rechte hat sie Gebrauch gemacht. Wirkungskreis der Bank: 1) Sie ist befugt, gezogene und trockne (eigene) Wechsel, welche in Staaten, in denen das allgemeine deutsche Wechselrecht gilt, zahlbar sind, zu biscontiren. 2) Wechsel und Anweisungen auszustellen und abzugeben, zu acceptiren und für fremde Rech= nung einzuziehen. 3) Kredit und Darlehen zu bewilligen, in der Regel jedoch nicht auf länger als drei Monate und nur gegen Verpfändung von Urstoffen, Waaren und Staatspapieren. 5) Geldcapitalien, zinsbar und unzinsbar anzu= nehmen. 6) Gold= und Silber, gemünzt und ungemünzt, Pretiosen, Staats= papiere und Documente aller Art, so wie verschlossene Pakete ohne Kenntnißnahme des Inhalts gegen Ausstellung von Depositenscheinen und gegen Gebühr in Ver= wahrung zu nehmen. 7) Noten auszugeben, welche auf nicht kleinere Beträge als 10 Thaler lauten und an dem Sitze der Bank jederzeit baar einzulösen sind. 8) Laufende Rechnung zu eröffnen mit Kreditbewilligung gegen angemessene Sicher= heitsbestellung. Die Bank ist verpflichtet, der Regierung die in das Bankgeschäft einschlagenden Angelegenheiten derselben unentgeldlich zu besorgen, mit derselben in laufende Rechnung einzutreten und Geld bis zum Betrage von 150,000 Thlrn. gegen 4=procentige jährliche Verzinsung sowohl von derselben abzunehmen, als auch ohne weitere Sicherstellung ihr darzuleihen.

Die Bank ist außerdem verpflichtet, denjenigen Grundbesitzern im Groß= herzogthum Sachsen=Weimar=Eisenach und im Fürstenthum Reuß älterer Linie, welche grundherrliche Abgaben und Leistungen oder sonstige gesetzlich ablösbare Ver= pflichtungen ablösen, so wie Gemeinden die erforderlichen Ablösungscapitalien gegen Sicherheit, welche landesgesetzlich für die Ausleihung von Mündelgeldern verlangt wird, darzuleihen. Die Bank ist berechtigt, Grundbesitzern des Großherzogthums auch zu andern Zwecken als zur Ablösung Kapitalien vorzustrecken. Den Actio= nären gebührt der Reingewinn, welchen die Geschäfte der Bank ergeben, bis zu 4 Proc. ungeschmälert. Beträgt aber der Reingewinn mehr als 4 Proc. des ein= gezahlten Actiencapitals, so sind von dem Ueberschusse $\frac{1}{10}$ zur Bildung eines Reservefonds zu verwenden und $\frac{1}{10}$ den Mitgliedern der Direction und des Ver= waltungsrathes zu überlassen, während nur die übrigen $\frac{8}{10}$ unter die Actionäre als Dividende zur Vertheilung kommen. Filiale können nur mit Genehmigung der Regierung errichtet werden; es bestehen solche gegenwärtig in Leipzig, Dresden, Chemnitz, Greiz, Pösneck und Kassel.

Wollmarkt. Ein solcher wird jährlich Mitte Juni gehalten und dauert drei Tage.

Wien,

Hauptstadt des österreichischen Kaiserstaates.

Rechnungsart und Münzen. In sämmtlichen österreichischen Staaten wird in Folge des Beitritts zur Münzconvention vom Jahr 1857 (s. Einleitung, S. 17) nach Gulden zu 100 Neukreuzern gerechnet. In Venetien wird der Gulden »Fiorino«, der Neukreuzer »Soldo austriaco« genannt. Die sogenannte österreichische Währung ist der 45-Guldenfuß, nach welchem 45 Gulden 1 deutsches Münzpfund fein Silber enthalten. Vor 1858 rechnete man nach Gulden zu 60 Kreuzern zu 4 Pfennigen des 20-Guldenfußes, indem 20 Gulden 1 Wiener cölnische Mark (s. unten) fein Silber enthielten.

Nach folgendem Tarife sind ältere Verbindlichkeiten in der neuen Währung zu leisten:

100 fl. des 20-Guldenfußes mit	105	fl. öster. Währung		*),
100 fl. sogenannte Wiener Währung mit . . .	42	„	dto.	**),
100 fl. sogenannte Reichswährung (24-Guldenfuß) mit	87 ½	„	dto.	***),
100 Lire austriache mit	35	„	dto.	†),
100 fl. polnische Währung mit	25	„	dto.	††).

Nach der österreichischen Währung ist 1 fl. derselben = 1 ⅙ fl. rhn. = ⅔ thlr. preuß.

Die dem Münzvertrage von 1857 entsprechenden neuen Münzen sind folgende:

1) In Gold: Kronen und halbe Kronen, als „Vereinshandelsmünzen“ wie in Preußen (s. Berlin).

2) In Silber: a) Curantmünzen: Vereinsthaler zu 1 ½ fl. öster. Währung und Zwei-Vereinsthalerstücke (Doppelthaler) zu 3 fl. öster. Währung, wie in Preußen (s. Berlin). Ferner als „Landesmünzen“: Stücke von 2, 1 und ¼ Gulden öster. Währung. Die Stücke zu ¼ Gulden haben, wie die neuen Sechstelthaler Preußens und der übrigen norddeutschen Vereinsstaaten, den Feingehalt von

---

*) Die Wiener-cölnische Mark ist = 233,87 Grammen (officiell); daher sind 100 fl. des 20-Guldenfußes = 105,2415 fl. öster. Währung.

**) Unter Wiener Währung versteht man die Einlösungs- und Anticipationsscheine. Die Einlösungsscheine sind an die Stelle der früheren Wiener Stadt-Banco-Zettel getreten, welche im Jahr 1811 auf ⅕ ihres Nominalwerths reducirt und zu Ende des Jahres 1813 ganz außer Curs gesetzt wurden; jene bestehen in Abschnitten von 1, 2, 5, 10, 20 und 100 fl.; die Anticipationsscheine wurden durch den Krieg von 1813 verursacht, in welchem Jahre für 45 Mill. Gulden dieses Papiergeldes ausgegeben wurden, welches mit den Einlösungsscheinen gleichen Nennwerth und Curs hat. Seit 1820 ist der Preis dieser Papiere von der Wiener Nationalbank auf ⅖ ihres Nennwerthes in Banknoten festgesetzt, d. h. auf 5 fl. Wiener Währung für 2 fl. Bankvaluta. Seitdem übrigens die Wiener Banknoten unter ihrem Nennwerthe stehen, steht auch die Wiener Währung verhältnißmäßig niedriger. Nach Obigem sind 100 fl. Wiener Währung = 40 fl. (des 20-Guldenfußes) Bankvaluta; also = 42,0966 fl. öster. Währung.

***) Da nach obigem Tarif 100 fl. des 20-Guldenfußes = 105 fl. öster. Währung gerechnet werden, so sind 100 fl. des 24-Guldenfußes = $\frac{5}{6}$. 105 = 87½ fl. öster. Währung. Genau sind aber 100 fl. des 24-Guldenfußes (die Wiener-cölnische Mark = 233,87 Grammen gerechnet) = 87,70125 fl. österreichische Währung.

†) Da die Lira austr. = ⅓ fl. des 20-Guldenfußes, so sind dem Tarif gemäß 100 Lire austr. = [illegible] fl. öster. Währung.

††) Weil 86 [illegible] poln. Gulden auf die cölnische Mark oder 186,345 poln. Gulden auf das Münzpfund von 500 Grammen fein Silber gehen (s. Warschau), so sind 100 poln. Gulden = 24,279 fl. öster. Währung.

520 Tausendtheilen, wiegen eben so viel und sind daher auch im Werthe demselben gleich. Für sämmtliche Curantmünzen beträgt das Remedium im Mehr oder Weniger im Feingehalt 3 Tausendtheile, dagegen im Gewicht für die Vereinsthaler 4, für die Zwei-Vereinsthaler 3, für die Zweiguldenstücke 3, für die Einguldenstücke 4 und für die Viertelguldenstücke 10 Tausendtheile ihres Gewichts.

Ausnahmsweise hat sich Oesterreich vorbehalten, bis zum Schlusse des Jahres 1865 Dukaten in bisheriger Weise als Handelsmünze (im Feingehalte von 23 Karat 8 Grän = 986 $\frac{1}{9}$ Tausendtheilen, 145,2685 Stück auf das Pfund fein, daher = 0,34419 deutsche Krone) zu prägen und fernerhin die Ausmünzung des sogenannten Levantiner Thalers mit dem Bildnisse der Kaiserin Maria Theresia (daher gewöhnlich Maria-Theresia-Thaler genannt) und mit der Jahreszahl 1780, als Handelsmünze beizubehalten.

Der Levantiner Thaler hat gesetzlich einen Feingehalt von 833 $\frac{1}{3}$ Tausendtheilen, 21,3807 Stück gehen auf das Pfund fein; daher der Werth desselben = 2 fl. 27 $\frac{3}{10}$ kr. rhn. = 1 thlr. 12 sgr. preuß. = 2 fl. 10 $\frac{2}{3}$ nkr. öster.

Scheidemünze: Stücke zu 10 und zu 5 Neukreuzern in einem 50-Guldenfuße, so daß 500 Stücke zu 10 Neukreuzern und 1000 Stücke zu 5 Neukreuzern ein Münzpfund fein Silber enthalten. Die Stücke zu 10 Neukreuzern haben einen Feingehalt von 500 Tausendtheilen und die Stücke zu 5 Neukreuzern einen solchen von 375 Tausendtheilen. Das Remedium der Silber-Scheidemünze darf im Feingehalt nicht 5 Tausendtheile und im Gewicht nicht 10 Tausendtheile ihres Gewichts überschreiten.

In Kupfer: Stücke zu 3 Neukreuzern, zu 1 Neukreuzer und zu $\frac{1}{2}$ Neukreuzer. Aus dem Münzpfunde Kupfer werden 150 Neukreuzer (daher 50 Dreikreuzerstücke und 300 Halbekreuzerstücke) geprägt.

In Betreff der neuen Goldmünzen enthält das kaiserliche Patent vom 19. September 1857 nachfolgende Bestimmungen: „Die Vereinsgoldmünze hat nicht die Eigenschaft eines die gesetzliche Silberwährung vertretenden Zahlmittels; daher ist Niemand verpflichtet, sie anstatt der gesetzlichen Silbermünzen anzunehmen. Als vollwichtig werden nur solche Vereinsgoldmünzen gelten, welche das Normalgewicht von $\frac{1}{45}$, beziehungsweise $\frac{1}{90}$ des Pfundes mit der gestatteten Gewichtsabweichung von 2 $\frac{1}{2}$ Tausendstel (Passirgewicht) haben, vorausgesetzt, daß auch diese zugestandene Gewichtsabweichung nicht durch den gewöhnlichen Umlauf entstanden ist. Vereinsgoldmünzen, die von dem Normalgewichte um mehr als 2 $\frac{1}{2}$ Tausendstel desselben abweichen, dürfen von unsern Kassen und von unter besonderer Aufsicht des Staates stehenden öffentlichen Anstalten, namentlich von Geld- und Creditanstalten, sowie Banken, nicht wieder ausgegeben, sondern müssen zum Umschmelzen an unsere Münzämter abgegeben werden. Bei Annahme solcher nicht vollwichtigen Goldstücke werden die Staatskassen für jedes an dem Normalgewichte von $\frac{1}{45}$, beziehungsweise $\frac{1}{90}$ Pfund fehlende $\frac{1}{10}$ Tausendtheil des Pfundes (Aß) einen entsprechenden Werthabzug mit Zuschlag eines Betrages von $\frac{1}{2}$ Proc. des Kassencurses für Umprägungskosten eintreten lassen. Vereinsgoldmünzen, bei denen mehr als 5 Tausendtheil von dem Normalgewichte von $\frac{1}{45}$, beziehungsweise $\frac{1}{90}$ Pfund abgehen, werden, sobald sie bei den Staatskassen zum Vorschein kommen, entweder gegen Erstattung des Goldwerthes unter Abzug von $\frac{1}{2}$ Proc. für die Umprägungskosten zurückgehalten, oder den Betheiligten nur zurückgegeben, nachdem sie durch Einschnitt oder auf andere Weise zum Umlauf als Münzen unfähig gemacht worden sind. Zur Erleichterung der Rechnung nach

Kronenwerth wird die Krone in 10 Theile unter der Benennung „Kronzehntel" mit weiterer decimaler Abstufung eingetheilt."

Nach dem kaiserl. Patent vom 27. April 1858 sind die von den Staaten, welche dem Münzvertrage beigetreten sind, ausgeprägten Vereinsmünzen, ferner die von den Staaten des Zollvereines ausgeprägten älteren 2-Thaler- und 3 1/2-Guldenstücke, so wie das nach dem 14-Thalerfuße ausgeprägte Thalerstück in Oesterreich den Landesmünzen und die von den Vereinsstaaten ausgeprägten Kronen und halben Kronen den Vereinsgoldmünzen inländischen Gepräges gleich zu achten.

Von den noch vorhandenen älteren Landesmünzen haben bis zu ihrer Einziehung die nachbenannten folgende Werthe:

Das 2-Guldenstück oder der Scudo	2 fl.	10	Neukreuzer.
„ 1-Guldenstück (1/2 Scudo)	1 „	5	„
„ 1/3-Guldenstück oder Zwanziger neueren Gepräges, 9/10 fein, und die Lira austriaca	— „	35	„
„ 1/3-Guldenstück oder Zwanziger älteren Gepräges, 9 1/3 Loth fein	— „	34	„
„ 1/6-Guldenstück oder 10-Kreuzerstück und die halbe Lira	— „	17	„
„ 1/12-Guldenstück oder 5-Kreuzerstück und die 1/4-Lira	— „	8 1/2	„
„ 1/20-Guldenstück oder 3-Kreuzerstück	— „	5	„
Der Kronenthaler	2 „	30	„
„ halbe Kronenthaler	1 „	12	„
„ 1/4-Kronenthaler	— „	55	„
Silber-Scheidemünzen:			
Das 6-Kreuzerstück mit der Jahreszahl 1848, 1849	— „	10	„
„ 2-Kreuzerstück	— „	3	„
„ 1-Kreuzerstück	— „	1 1/2	„
„ 3-Centesimistück	— „	1	„
„ 1/2-Kreuzer- und 1-Centesimostück	— „	1/2	„

Insoweit die auf Silbermünze nach dem Conventions- (20-Gulden-) Fuße lautenden Noten der österreichischen Nationalbank nach den bestehenden Gesetzen statt baaren Geldes angenommen werden müssen, sollen sie bis zu ihrer Einziehung für den Betrag, auf welchen sie lauten, zu 105 fl. öster. Währung für 100 fl. des 20-Guldenfußes Geltung in öster. Währung haben.

Ganz außer Curs gesetzt sind die Stücke zu 30, 17, 15 und 7 Kreuzer, die von mehreren älteren Ausprägungen herrühren; ferner von Kupfermünzen die Stücke zu 6, 3, 2, 1 und 1/2 Kreuzer Wiener Währung (s. oben), die Stücke zu 3 Kreuzer Conventions-Münze mit dem Gepräge des Jahres 1851 und die 1/4-Kreuzerstücke, sodann die polnischen Münzen zu 1, 1/3 und 1/6 polnischen Gulden.

Papiergeld. 1) Münzscheine, auf den Betrag von 10 Neukreuzern lautend, sind laut kaiserl. Verordnung vom Jahr 1860, angeblich um dadurch dem dringenden Bedürfniß des Kleinverkehrs abzuhelfen, emittirt worden. Die Gesammtsumme dieser Scheine sollte 12 Mill. Gulden nicht überschreiten. Die öffentlichen Kassen nehmen sie bei allen Zahlungen unter 1 Gulden, welche in Banknoten geleistet werden dürfen, an. Von den Landeskassen, auch in Ungarn von den Filial-Landeskassen, sollen den Parteien, bei denen sich größere Mengen von Münzscheinen gesammelt haben, auf Verlangen gegen Einlieferung derselben Banknoten verabfolgt werden. Das alte Papiergeld der Wiener Währung, die

Einlösungs= und Anticipationsscheine, so wie die ungarischen Münzscheine zu 10 Kreuzer sind seit 1858 außer Umlauf gesetzt. 2) Die neuen, auf österreichische Währung lautenden Noten der Wiener Nationalbank, welche jetzt das Haupt=umlaufsmittel des Staates sind. Sie können in Folge der finanziellen Beziehun=gen der Regierung zur Bank als Staatspapiergeld betrachtet werden. Nach einer Verordnung vom Jahr 1858 darf die Nationalbank nur auf österreichische Wäh=rung lautende Noten zu 1000, 100 und 10 fl. ausgeben; später wurde die Bank auch zur Ausgabe von Noten zu 5 und 1 fl. ermächtigt. Die alten Noten zu 1000, 100, 50, 10, 5, 2 und 1 fl. Conventionsmünze sind gegen neue, auf öster=reichische Währung lautende Noten zu 105 fl. öster. Währung per 100 fl. Con=ventionsgeld einzuziehen. Die Bank sollte gesetzlich ihre Noten, welche Zwangs=umlauf haben, auf Verlangen der Inhaber gegen Silbermünze einlösen; seit Jahren ist sie aber dieser Verpflichtung überhoben, und die Noten stehen aus bekannten Ursachen tief unter ihrem Nennwerth. Im Cursblatt des Gremiums der k. k. Börsen=Sensale vom 15. Februar 1861 waren die Banknoten zu 147 notirt, d. h. 100 fl. in Silber = 147 fl. in Banknoten. In Frank=furt a. M. stand Ende December 1861 der Wechselcurs auf Wien für kurze Sicht auf ca. 82 fl. rhn. für 100 fl. Bankvaluta; daher (6 fl. öster. Wäh=rung = 7 fl. rhn. gerechnet) 100 fl. öster. Währung in Silber = ca. 142¼ fl. Bankvaluta.

Gold= und Silber=Einlösung im k. k. Hauptmünzamte. An Prägekosten wird bei der Einlösung von Bruch= und Pagament=Gold im Fein=gehalte von wenigstens 986 $\frac{1}{9}$ Tausendtheilen für Ducaten und von wenigstens 900 Tausendtheilen für Kronen ½ Proc. abgezogen; bei dem unter diesen Fein=gehalten gegen Ducaten oder Kronen gelieferten Golde wird außerdem von jedem rauhen Münzpfunde 1 fl. öster. Währung an Scheidekosten in Abzug gebracht *). Für das feine Münzpfund Bruch= und Pagament=Silber werden 45 fl. in öster. Währung vergütet, wovon für die Prägekosten abgezogen werden:

für k. k. Levantiner Thaler . . 1½ ⎫
„ Vereinsthaler und Guldenstücke 1 ⎬ Proc. **).
„ Viertel=Guldenstücke . . . . 2½ ⎭

---

*) Es werden z. B. dem Münzamte 3,06 Pfund $^{986}/_{1000}$ feines Gold übergeben, um daraus Ducaten prägen zu lassen. Nach dem angegebenen Feingehalte enthalten 3,06 Pfund rauhes Gold 3,0385 Pfund feines Gold. Das Münzamt rechnet das Pfund feines Gold zum 15fachen Preis des Pfundes feines Silbers (45 fl.), also zum Betrage von 675 fl.; daher betragen obige 3,0385 Pfund zu 675 fl.

fl. 2050. 98.
hiervon ab: an Prägekosten ½ Proc. . . . . fl. 10, 25.
an Probirgebühr . . . . . . „ — 50.
_____
„ 10 75.
_____
bleiben fl. 2040. 23.

? fl. öster. Währ.		
67	1	Ducat.
24	1	cöln. Mk. rauh Gold.
1	23⅓	cöln. Mk. fein Gold.
1	15	cöln. Mk. fein Silber.
1	233,87	Grammen f. S.
500	1	Pfd. f. Silber.
1	45	fl. öster. Währ.

Da das Werthverhältniß vom Silber zum Golde vom Münzamte wie 1 zu 15 angenommen ist, so muß der Ducat nach nebenstehendem Ansatze zu 4,6468582 fl. öster. Währung gerechnet werden; demnach erhält man für obigen Betrag von fl. 2040. 23 fr. öster. Währung 439 Stück, und da diese im Preise von 4,6468582 fl. öster. Währung gerechnet nur fl. 2039. 97 fr. ausmachen, so müssen noch in Silbermünze 26 fr. vergütet werden.

**) Es werden z. B. dem Münzamte 372,89 Pfund Silber in alten Zwanzigern zur Umprägung in Gulden öster. Währung übergeben. Die Zwanziger sind 9½=löthig oder sie haben einen Feingehalt von 583 Tausendtheilen; mithin enthält die Masse 217,394 Pfund feines Silber. Weil das Pfund fein Silber zu 45 fl. öster. Währung gerechnet wird, so erhält man . . . . fl. 9782. 73.
Hiervon gehen ab: an Prägekosten . . . . fl. 97. 82.
an Probirgebühr . . . . „ — 30.
_____
„ 98. 12.
_____
bleiben fl. 9684. 61.

Wechselcursnotirung. Die Curse werden für drei Monate dato (ausgenommen Constantinopel und Bukarest für 31 Tage nach Sicht) mit Angabe des
Disconts der betreffenden Plätze, nach welchen die kürzeren Fristen berechnet werden, wie folgt notirt:

Amsterdam	± 128 fl.	Bankvaluta	für	100 fl. holl.
Augsburg	„ 128 „	„	„	100 fl. rhn.
Berlin	„ 224 „	„	„	100 Thlr. preuß.
Breslau	„ 224 „	„	„	bto.
Frankfurt a. M.	„ 128 „	„	„	100 fl. rhn.
Genua	„ 60 „	„	„	100 Lire nuove (Franken).
Hamburg	„ 113 „	„	„	100 Bankmark.
Leipzig	„ 224 „	„	„	100 Thlr. im 30-Thalerfuß.
Livorno	„ 50 „	„	„	100 tosc. Liren.
ober	„ 60 „	„	„	100 Lire nuove (Franken).
London	„ 149 „	„	„	10 Livre Sterling.
Lyon	„ 60 „	„	„	100 Franken.
Mailand	„ 60 „	„	„	100 bto.
Marseille	„ 60 „	„	„	100 bto.
Paris	„ 60 „	„	„	100 bto.
Prag	„ 98 „	„	„	100 fl. Bankvaluta.
Triest	„ 98 „	„	„	100 fl. bto.
Venedig	„ 149 „	„	„	100 fl. öster. Währung in Silber.
Bukarest	„ 24 „	„	„	100 wallachische Piaster.
Constantinopel	„ 15 „	„	„	100 türkische Piaster.

Das officielle Cursblatt enthält sowohl für Devisen als auch für die notirten Staatspapiere die Curse der „vorgefallenen Schlüsse," den „Durchschnittscurs" und die „letzten Curse" unter den Rubriken „Geld" und „Waare"; außerdem auch den Disconto der Nationalbank und den Zinsfuß derselben für Vorschüsse. Hier bedeutet die Notiz „Geld", abweichend von andern Börsen, wie
offerirt ist, und „Waare", wie gesucht wird.

Geldcursnotirung. Von Münzen werden gewöhnlich notirt: Kronen,
20-Frankenstücke, russische Imperialen, Vereinsthaler, kaiserl. Münzbucaten und
Randbucaten. Unter Münzbucaten versteht man neu geprägte, durch die Circulation noch nicht abgenützte Ducaten, welche um einige Kreuzer per Stück höher
als die Randbucaten stehen, welche durch die Circulation schon etwas abgenützt
sind; jedoch darf dem Gewicht nach bei 1000 Stück Ducaten nicht mehr als
höchstens 1 Ducat fehlen. Ducaten al marco werden nach dem Gewicht verkauft.
Werden z. B. 1000 Stück Ducaten al marco zu fl. 7. 01 gekauft, so sind die
1000 Stück abzuwiegen *), und fehlen etwa vom Gewicht derselben 2½ Ducaten,
so werden für obige 1000 Ducaten nur 997½ Stück zu fl. 7. 01 kr. öster. Währung in Banknoten gerechnet.

Der officielle Curszettel enthält außerdem auch den Durchschnittscurs der
Kronen vom vorigen Monate und den Curs der Kronen bei den k. k. Kassen.
In den nicht officiellen Cursblättern finden sich noch andere Sorten, preußische
Cassenscheine, Coupons vom National-Anlehen, das Silber-Agio (z. B. 47 Proc.,

*) Der Ducat (als Gewicht) hat 60 Gran (Ducaten-Gran) und entspricht dem gesetzlichen Ge-
wicht des gemünzten öster. Ducaten = 3,490597 Grammen. — 67 Ducaten wiegen 1 Wiener-cölnische
Mark. — 80⅞ Ducaten wiegen 1 Wiener Mark (= 280,644 Grammen)

d. h. 147 fl. öster. Währung Bankvaluta für 100 fl. öster. Währung in Silber), Gold al marco (f. oben) 2c. notirt.

Wechselrechtliches. In Oesterreich gilt die allgemeine deutsche Wechsel= ordnung mit wenigen Abänderungen als Gesetz vom 25. Januar 1850 und über das Wechsel=(Proceß=)Verfahren ein Gesetz von demselben Tage. Einzelne Punkte sind noch in mehreren weiteren Verordnungen weiter ausgeführt. Dieselben Ge= setze gelten in Kroatien, Slavonien, der serbischen Wojwodschaft und dem Temeser Banat, ebenso in Siebenbürgen, Krakau, der Militärgrenze und Ungarn. In neuester Zeit beabsichtigt man aber in letzterem Lande, das alte Wechselrecht wieder einzuführen. Das Einführungsgesetz vom 25. Januar 1850 verfügt in Betreff der Meß= und Marktwechsel für diejenigen Kronländer, in denen das allgemeine bürgerliche Gesetzbuch gilt, daß Wechsel, welche auf inländische Messen oder Märkte zahlbar gestellt sind, nicht vor dem Anfang des Marktes, und wenn er 8 Tage oder länger dauert, nicht vor der zweiten Hälfte desselben zur Acceptation präsen= tirt werden dürfen; ferner, daß solche Wechsel, wenn der Markt oder die Messe nur einen Tag dauert, an diesem Tage fällig werden, sodann, daß die Verfallzeit an dem Tage vor dem gesetzlichen Schlusse des Marktes oder der Messe eintritt, wenn der Markt mehrere, jedoch nicht über 8 Tage dauert; endlich, daß Wechsel, welche auf Märkte von mehr als achttägiger Dauer lauten, am dritten Tage vor dem gesetzlichen Schlusse des Marktes verfallen.

Wechselstempel.

		Gebührensatz.		Außerordentl. Zusatz.		Ueberhaupt.	
		fl.	nkr.	fl.	nkr.	fl.	nkr.
Bis zum Belaufe von	100 fl.:	—	5	—	2	—	7
über 100 bis	200 „	—	10	—	3	—	13
„ 200 „	300 „	—	15	—	4	—	19
„ 300 „	500 „	—	25	—	7	—	32
„ 500 „	1000 „	—	50	—	13	—	63
„ 1000 „	1500 „	—	75	—	19	—	94
„ 1500 „	2000 „	1.	—	—	25	1.	25
„ 2000 „	4000 „	2.	—	—	50	2.	50
„ 4000 „	6000 „	3.	—	—	75	3.	75
„ 6000 „	8000 „	4.	—	1.	—	5.	—
„ 8000 „	10000 „	5.	—	1.	25	6.	25
„ 10000 „	12000 „	6.	—	1.	50	7.	50
„ 12000 „	16000 „	8.	—	2.	—	10.	—

Bis zu je 4000 fl. mehr Wechselbetrag sind immer weitere 2 fl. Stempel und 50 Nkr. Zuschlag, also 2 fl. 50 Nkr., zu zahlen; über 4000 fl. Wechsel= betrag hinaus aber von je 2000 fl. eine Mehrgebühr, sammt Zuschlag, von 1 fl. 25 Nkr., wobei ein Restbetrag unter 2000 fl. für voll angenommen wird. — Der Stempelpflicht wird durch die ordnungsmäßige Aufklebung von Stempelmarken des betreffenden Betrags genügt; eine Stempelgebühr von mehr als 20 fl. Größe aber wird unmittelbar entrichtet.

Die obige Gebührenscala findet Anwendung: a) auf im gebührenpflichtigen Inlande ausgestellte und spätestens in 6 Monaten nach dem Ausstellungstage zahlbare Wechsel; dasselbe gilt von in Triest ausgestellten und in das gebühren=

pflichtige Inland übertragenen und dort zahlbaren Wechseln; b) auf im Auslande ausgestellte, ins Inland übertragene und nicht später als 12 Monate nach dem Ausstellungstage im Inlande zahlbare Wechsel; im Auslande oder in Triest ausgestellte und auch daselbst zahlbare Wechsel sind unbedingt stempelfrei; c) auf Wechsel auf Sicht, zu deren Präsentation keine Frist oder doch ein Zeitraum von nicht mehr als 6 Monaten für die im Inlande, oder von nicht mehr als 12 Monaten für die im Auslande ausgestellten Wechsel bedungen ist. Wird jedoch ein solcher Wechsel binnen dieser Frist zur Zahlung nicht präsentirt, so ist nach Ablauf dieser Frist derjenige Betrag, um welchen die Gebühr nach der Scala für Rechtsurkunden überhaupt höher wäre, zu entrichten. Wird ein Wechsel prolongirt, so ist für jede Prolongation, welche nach der Ausstellung des Wechsels im Inlande oder Auslande 6 oder 12 Monate nicht überschreitet, immer wieder dieselbe Gebühr zu entrichten; erfolgt die Prolongation auf eine längere Zeit, so ist die Gebühr nach der (höhern) Scala für Rechtsurkunden überhaupt zu bezahlen. Ist die durch den Wechsel begründete wechselmäßige Verpflichtung erloschen, oder wird ein Wechsel zur Erlangung eines Hypothekarrechts intabulirt oder pränotirt, und wurde für denselben die Gebühr blos nach der obigen Scala entrichtet, so tritt mit dem Erlöschen der wechselmäßigen Verpflichtung oder vor Ueberreichung des Intabulations- oder Pränotationsgesuchs die Verpflichtung ein, denjenigen Betrag, um welchen die Gebühr für den Wechsel nach der Scala für Rechtsurkunden überhaupt höher entfallen würde, nachträglich zu entrichten. Ausländische oder im gebührenfreien Inlande (Triest) ausgestellte und im gebührenpflichtigen Inlande zahlbare Wechsel müssen, wenn ein Giro, ein Accept oder ein anderes Indossament aufgetragen, die Zahlung eingehoben oder Protest erhoben werden soll, ehe solches geschieht, und jedenfalls vor Ablauf von 30 Tagen nach der Uebertragung in das gebührenpflichtige Inland der Gebührenentrichtung unterzogen werden. — Secunda- und Tertia-Wechsel zahlen die Gebühr des ersten Wechsel-Exemplars, so auch Copien, welche indossirt werden. — Im Auslande ausgestellte und dort zahlbare Wechsel sind gebührenfrei. — Stempelgefälls-Uebertretungen werden mit dem drei- bis vierfachen Betrage bestraft.

Wechselusanzen. In Wien zahlbare, auf eine fremde Währung lautende Wechsel, welche nicht in derselben eingelöst werden, sind am Vormittage ihres Verfalltages zum Durchschnittscurse, oder wenn ein solcher nicht notirt worden wäre, zum Mittel zwischen „Briefe" und „Geld" des letzten Curses vom vorhergehenden Tage nebst Zuschlag des betreffenden Disconto des fremden Platzes für 90 Tage in östr. Währung einzucassiren. Die Provision ist ⅓ bis ½ Proc., Wechselcourtage gesetzlich ½ Promille vom Verkäufer. Geldcourtage gesetzlich eben so viel vom Verkäufer.

Oesterreichische Staatspapiere und Anleihen. Die Obligationen der älteren Schuld (bis 1811) lauten mehrentheils auf den Namen mit Zinszahlung gegen Quittung und zum kleinsten Theile auf den Inhaber mit Zinszahlung gegen Coupons. Die in Wiener Währung (f. oben) zahlbaren Zinsen dieser Papiere wurden im Jahr 1811 auf die Hälfte herabgesetzt. Diese ältere Schuld wird durch Verloosung gegen neue, sogenannte verloste Obligationen seit 1818 allmählig wieder auf ihren ursprünglichen Zinsfuß zurückgeführt. Die Papiere der neueren Schuld (seit 1815) sind:

1) diejenigen Obligationen, welche Metalliques genannt werden. Die Zinsen der früheren Obligationen wurden in Papiergeld der Wiener Währung entrichtet und man gab daher den Papieren der nachfolgenden Anleihen, deren

Zinsen vertraggemäß in Metallgeld bezahlt werden sollten, obige Benennung. Später wurden aber auch die Zinsen der Metalliques vertragswidrig in Papiergeld (den entwertheten Noten der Wiener Nationalbank) bezahlt; weil indessen später wieder Obligationen entstanden, deren Zinsen in Silber zahlbar sind, so ist für die eine Art von Metalliques die Benennung Papier=Metalliques, und für die andere die Benennung Silber=Metalliques entstanden.

Von Papier=Metalliques gibt es solche, welche zu 5, 4½, 4, 3, 2½ und 1 Proc. verzinslich sind.

Fünfprocentige, auf Conventionsgeld lautende Obligationen sind zuerst entstanden durch die freiwillige Anleihe vom Jahr 1816, ferner durch solche Anleihen im Jahr 1818 und 1823. Die Einzahlung der ersten Emission durfte in Obligationen der älteren Anleihen und in Papiergeld (also durch Arrosirung) gemacht werden. Weitere 5=procentige, auf Conventionsgeld lautende Anleihen sind: a) die vom Jahr 1823 von 25 Millionen Gulden bei N. M. von Rothschild, Gebrüder Paring u. Comp. und Reid Irving u. Comp. in London; b) die vom Jahr 1831 von 36 Mill. Gulden bei Geymüller u. Comp., M. A. von Rothschild u. Söhne, S. G. Sina und Arnstein und Eskeles in Wien, für welch' letztere Obligationen auch Certificate existiren, an den Inhaber lautend, gegen welche man die Original=Obligation sowohl bei der Wiener Bank als auch bei Gebrüder Rothschild in Paris (den Gulden fest zu 2 Fr. 20 Cent. gerechnet) beziehen kann; c) die vom Jahr 1841 von 40 Mill. Gulden bei Arnstein und Eskeles, S. M. von Rothschild und S. G. Sina in Wien; d) die vom Jahr 1843 von 43,600,000 fl., die vom Jahr 1847 von 80 Mill. Gulden bei den vorigen Häusern; e) Ausstellung von 32 Mill. Gulden Obligationen an die Wiener Bank, zur Sicherung ihrer Forderungen an den Staat. — Hierher gehören noch die Entschädigungs=Staatsschuldverschreibungen, seit 1840 für Entschädigungen wegen entzogener Consumtionsgefälle. Die Obligationen lauten auf den Namen, und die Zinsen werden gegen gestempelte Quittungen erhoben.

4½=procentige Papier=Metalliques sind durch die freiwillige Anleihe vom Jahr 1849 von 71 (thatsächlich 72) Mill. Gulden Conventionsmünze entstanden.

4=procentige Papier=Metalliques durch die Anleihen vom Jahr 1829 und 1830 im Gesammtbetrage von 43,256,000 fl.; 4=procentige Papier=Metalliques entstanden ferner im Jahr 1830 im Gesammtbetrage von 40 Mill. Gulden durch Conversion höher verzinslicher Staatspapiere verschiedener Art, sodann durch Ablösung des Actiencapitals der Krakau=Oberschlesischen Bahn mit 1,792,900 Thaler preuß. Curant in Obligationen auf Inhaber zu 100 Thaler preuß. Curant; von 1891 an tragen dieselben nur noch 3½ Proc. Zinsen; Rücklosung in 60 Jahren von 1851 bis 1910; endlich durch Ablösung des Actiencapitals der Ofen=Pesther Kettenbrückengesellschaft.

3=procentige Papier=Metalliques sind durch die Anleihe vom Jahr 1835 von 40 Mill. Gulden, 2½=procentige Papier=Metalliques durch Anleihe vom Jahr 1815 von 50 Mill. Gulden Wiener Währung oder 20 Mill. Gulden Conventionsgeld, und 1=procentige Papier=Metalliques durch die Anleihe vom Jahr 1816 im Betrage von 34,882,700 fl. Conventionsgeld entstanden. Die Obligationen der beiden letzteren Anleihen sind größtentheils getilgt.

Silber=Metalliques, oder Schuldverschreibungen, deren Zinsen wirklich in Metallgeld bezahlt werden, sind durch folgende Anleihen entstanden. a) 5=pro-

centige freiwillige Anleihe vom Jahr 1851 von 85 Mill. Gulden, zur Verminderung des Papiergeldes bestimmt und fast ausschließlich im Inlande gezeichnet.
Die Obligationen sind in zwei Serien eingetheilt: Serie A. ist bei der Universal-
Staatsschulden-Casse in Wien und bei den Filial-Credit-Cassen in den Provinzen
verzinslich, Serie B. (sogenannte holländische Coupons) in Amsterdam bei Hope
u. Comp. zu 1 fl. 23 3/5 Cts. holl. per 1 fl. Conventionsgeld, Frankfurt a. M.
bei M. A. von Rothschild zu 1 fl. 12 kr. rhn. per 1 fl. Conventionsgeld, Brüssel
bei H. L. Richtenberger und Paris bei Gebrüder Rothschild zu 2 Fr. 60 Cent.
per 1 fl. Conventionsgeld. Tilgung der Serie A. wenigstens 1 Proc., der Serie B.
durch Rückkäufe, wenn der Curs unter Pari ist. b) Sogenannte Silber-Anleihe
vom Jahr 1852 von 35 Mill. Gulden Conventionsmünze oder 3 1/2 Mill. Livre
Sterl. bei N. M. Rothschild u. Sohn in London und Grunelius u. Comp. in
Frankfurt a. M.; das erste Haus übernahm 2 1/4 Mill., das letztere 1 1/4 Mill.
Liv. Sterl. Die halbjährlichen Zinsen werden in Frankfurt a. M. bei dem genannten Hause zu 121 fl. rhn. per 10 Liv. Sterl. und in Paris bei Gebrüder
v. Rothschild zu 25 1/2 Fr. per 1 Liv. Sterl. bezahlt. Jährliche Tilgung 1 Proc.
durch halbjährliche Rückloosung al pari vom Jahr 1853 an. Der Tilgungsfonds
darf nach 1862 bis auf 5 Proc. des Nominalbetrags der Anleihe erhöht werden.

Silber-Metalliques entstanden auch, als im Jahr 1849 den Besitzern verfallener österreichischer Zinscoupons oder gezogener Lotterie-Anleihens-Obligationen
freigestellt wurde, statt der Auszahlung der Zinsen und Rückzahlung der gezogenen
Loose 5-procentige Metalliques, verzinslich in Frankfurt a. M., oder in Amsterdam in Conventions-Silbermünze, anzunehmen. Am 1. September wurde diese
Umwandlung wieder eingestellt.

2) Weitere Anleihen, welche in Silbergeld verzinslich sind: a) 5-procentige
sogenannte Bankvaluta-Anleihe, eine freiwillige Anleihe vom Jahr 1852
von 80 Mill. Gulden, welche angeblich zur Verminderung der Schuld an die
Bank, zur Verminderung des Papiergeldes, zu Eisenbahnzwecken und zu allgemeinen Erfordernissen contrahirt wurde. Die Obligationen lauten an den Inhaber; auf Verlangen konnte der Einzeichner auch auf den Namen lautende Obligationen erhalten, worauf die Zinsen nur gegen Quittung erhoben werden, während
die auf den Inhaber lautenden Obligationen Zinscoupons haben. Tilgung vom 1. November 1853 an jährlich 1 Proc. durch Rückkauf, sofern der Börsencurs nicht über
Pari ist. b) National-Anleihe vom Jahr 1854, als freiwillige Anleihe angeordnet zur Wiederherstellung der Metallgeldwährung, zur Verminderung der Schuld
des Staates an die Bank und zu außerordentlichen Staatsbedürfnissen. Die Subscription erreichte 611,571,300 fl. *). Die Obligationen lauten auf den Inhaber
und über 20, 100, 500, 1000, 5000 und 10,000 fl. Der Einzeichner konnte
auf Verlangen auch auf den Namen lautende Obligationen von jedem Betrage,
der nicht unter 20 fl. war, erhalten, deren Zinsen aber nur gegen Quittung zu
erheben sind. Vertragsgemäß soll die Verzinsung in Silber- oder Goldmünze ge-

*) Durch einen Erlaß des Finanzministeriums vom 10. October 1859 wurde bekannt gemacht, daß
das Nationalanlehen, welches nach dem kaiserlichen Patent vom 26. Juni 1854 auf 350 bis höchstens 500
Millionen festgestellt war, obige Summe betragen habe; also um 111½ Mill. Gulden überschritten worden sei!

Seit 1858 werden auch die Steuern von dem Einkommen aus Staatsobligationen nicht mehr auf
Grund freiwilligen Bekenntnisses, sondern durch Abzug an dem Coupons erhoben. Der Abzug beträgt
5 Proc. Die auf Conventionsgeld lautenden Coupons werden in österreichischer Währung bezahlt, was
einem Abzug von 5 Proc. gleichkommt. Hiervon sind nur einige ältere Papiere ausgenommen, welchen
schon ursprünglich Steuerbefreiung zugesichert war.

schehen, wobei das Gold nicht mit einem höheren Werthe als dem 15 ½ fachen des Silbers angenommen wird. c) 5=procentige Anleihe vom Jahr 1859 von 6 Mill. Gulden öster. Währung bei N. M. von Rothschild u. Sohn in London. Die Coupons und die zur Rückzahlung kommenden Obligationen der Anleihe werden zu 116⅔ fl. rhn. per 10 Liv. Sterl. (oder 10 fl. öster. Währung per 1 Liv. Sterl.) eingelöst. 3) Lotterie=Anleihen. a) Lotterie=Anlehen vom Jahr 1839 von 30 Mill. Gulden Conventionsmünze in 6000 Serien von je 20 Loosen zu 250 fl., also 120,000 Loose, von denen jedes wieder in 5 Theilloose zu 50 fl. zerfällt. Amortisirung in 36 Ziehungen bis 1. Juni 1879. Die Verloosungen werden in der Art vorgenommen, daß vom 1. Juni 1840 bis 1. Dezember 1845 zwölf Ziehungen, jede nach 6 Monaten, vom 1. Dezember 1846 bis 1. Dezember 1851 6 Ziehungen, jede nach 12 Monaten, und vom 1. Juni 1853 bis 1. Dezember 1878 18 Ziehungen, jede nach 18 Monaten, erfolgen. Die geringste Prämie ist gleichmäßig 500 fl. b) Lotterie=Anlehen vom Jahr 1854 von 50 Millionen Gulden in 4000 Serien zu 50 Loosen zu 250 fl. Die Loose tragen zunächst 4 Proc. Zinsen, welche jährlich am 1. April ausgezahlt werden. Ziehung der Gewinnste am 1. April und 1. October. Die letzte Ziehung findet im Jahr 1904 statt. Die geringste Prämie ist durch alle Ziehungen 300 fl. c) Lotterie=Anlehen vom Jahr 1860 von 200 Mill. Gulden. Die Loose lauten auf 500 fl.; auch wurden ⅕=Loose zu 100 fl. ausgegeben. Die Loose tragen zunächst 5 Procent Zinsen, welche am 1. Mai und 1. November gegen Coupons ausgezahlt werden. Gewinnziehung am 1. Mai und 1. November. Die letzte Ziehung findet im Jahr 1917 statt. d) Die von der Monza=Como=Eisenbahngesellschaft bei Arnstein und Eskeles gemachte Lotterie=Anleihe von 2,016,000 fl. oder 6,048,000 Lire, welche im Jahr 1851 vom Staate gegen Abtretung der Eisenbahn übernommen wurde. Die über das Capital ausgefertigten 144,000 Rentenscheine zum Nominalbetrage von 42 Lire oder 14 fl. Conventionsmünze sind in 40 Serien, jede in 3600 Rentenscheine eingetheilt, wovon jährlich (am 2. Januar) 1 Serie gezogen wird. Bei diesen Ziehungen ist der niedrigste Treffer 14 fl. oder 42 Lire.

Zur Vereinfachung des Staatsschuldenwesens ist in letzter Zeit eine freiwillige Convertirung aller Staatsobligationen, welche nicht in Silber, mit weniger als 5 Proc. verzinslich und nicht verloosbar sind, in Staatsobligationen auf österreichische Währung mit 5 Proc. Verzinsung eröffnet worden.

Von den im Wiener Cursblatt unter der Rubrik „Oeffentliche Schuld der Kronländer" notirten Papieren sind hier die 5=procentigen Obligationen der lombardisch=venetianischen Anleihe vom Jahr 1850 von 120 Mill. Lire = 40 Mill. Gulden, die 5=procentigen Obligationen der venetianischen Anleihe vom Jahr 1859 und die 5=procentigen Grundentlastungs=Obligationen anzuführen.

Sardinien hat ungefähr die Hälfte der noch rückzuzahlenden Obligationen der lombardischen Anleihe vom Jahr 1850 (deren Gesammtheit 17 Serien bilden) übernommen, und zwar kommen auf dessen Antheil die Serien 2, 5, 8, 13, 20, 21, 22, 24, 25, und auf die österreichischen die Serien 1, 3, 7, 9, 11, 12, 14, 23. Sowohl Obligationen sardinischen als österreichischen Antheils sind bei M. A. v. Rothschild u. Söhne in Frankfurt a. M., wenn solche von diesem Bankhause abgestempelt sind, zahlbar; ist dies jedoch nicht der Fall, so sind die Obligationen österreichischen Antheils bei dem Monte in Verona und Venedig, und diejenigen sardinischen Antheils bei der Centralcasse in Mailand oder deren Succursalen zahlbar. In Frankfurt a. M., woselbst der Umsatz in diesem Papiere übrigens unbedeutend ist, wird die Lira zu 24 kr. rhn. gerechnet. Die Obligationen sardinischen Antheils stehen (1862) 3 bis 4 Proc. besser als die österreichischen.

Die Grundentlastungsobligationen dienen zur Entschädigung der durch die Ablösung der Grundlasten in verschiedenen Kronländern (Nieder-Oesterreich, Ungarn, Temeser Banat, Kroatien und Slavonien, Galizien, der Bukowina, Siebenbürgen u. s. w.) in Verlust gekommenen Berechtigten. Die Obligationen Lit. A. lauten auf Namen; sie können nur mit Wissen der Entlastungs-Casse übertragen werden und die Zinsen sind gegen Quittung zahlbar; die Obligationen Lit. B. lauten ebenfalls auf Namen, sie können aber durch Indossament übertragen werden und haben Coupons. Die Obligationen werden in 40 Jahren durch Verloosung getilgt; übrigens ist die Einlösung binnen eines kürzeren Zeitraums vorbehalten. Der Betrag der Obligationen ist sehr verschieden; von 50 bis 10,000 fl. *).

Von Pfandbriefen gibt es in Oesterreich solche der Nationalbank und der galizisch-ständischen Creditanstalt. Im Jahr 1856 wurde mit der österreichischen Nationalbank eine Bank für Hypothekar-Credit in Verbindung gebracht. Die Pfandbriefe tragen 5 Proc. Zinsen und werden jährlich ausgeloost. Seit 1858 werden die Hypothekar-Darleihen gegen Rückzahlung in Annuitäten, welche den Zeitraum von 32 Jahren nicht überschreiten dürfen, bewilligt (früher gab es auch 12monatliche, 6- und 10jährige, auf Conventionsmünze lautende Pfandbriefe). — Der Creditverein in Lemberg gewährt den Besitzern von Grundstücken Darleihen von wenigstens 1000 fl., welche ihm hypothekarisch versichert werden. Die Pfandbriefe tragen 4 Proc. Zinsen und werden jährlich zweimal ausgeloost.

Im Wiener Cursblatt werden außerdem folgende Loose notirt: a) Vom Anlehen der Creditanstalt für Handel und Gewerbe (s. unten) vom Jahr 1858 von 42 Mill. Gulden öster. Währung in 420,000 Loosen. Tilgung binnen 66 Jahren durch 198 Ziehungen. In den ersten 22 Jahren wird jährlich viermal, in den nächsten 22 Jahren jährlich dreimal, und in den letzten 22 Jahren jährlich zweimal gezogen. Der niederste Treffer beträgt in den ersten 6 Ziehungen 120 fl., steigt hierauf jährlich um 5 Gulden, bis derselbe 1875 den höchsten Betrag von 200 fl. erreicht, welcher bis zur letzten Ziehung 1909 auf dieser Höhe stehen bleibt. b) Vom Anlehen der österreichischen Dampfschifffahrts-Gesell-

*) Von älteren österreichischen Papieren werden im Wiener Cursblatt auch die Obligationen der Tiroler, Salzburger und Krainer Landesschuld und die ständischen Domestical-Obligationen notirt. Letztere Papiere sind durch Anleihen für ständische und städtische Bedürfnisse entstanden; sie unterscheiden sich dadurch von den sogenannten Aerarial-Obligationen, welche für Staatsbedürfnisse ausgegeben worden sind. Von der Aufzählung einer Menge anderer alter Papiere wird hier Umgang genommen, weil sie im auswärtigen Börsenverkehr nicht vorkommen und weil ohnehin eine klare Uebersicht des österreichischen Staatsschuldenwesens bei dem Mangel sicherer Quellen nicht möglich ist.
Die Staatsschulden-Commission hat über den Stand der Staatsschulden zu Ende des Verwaltungsjahres 1860 Folgendes veröffentlicht: Die Hauptsumme, reducirt auf 5 Proc. Capital in österreichischer Währung, beträgt 2352,704,731 Gulden. Darunter beträgt die Summe der schwebenden Staatsschuld 363½ Millionen, wovon 115¼ Mill. unverzinslich. Die Grundentlastungsschuld (s. oben) beträgt 483 Millionen. Im Vergleich zu dem ersten Semester des verflossenen Verwaltungsjahres hat sich die Hauptsumme der Staatsschuld um 18½ Mill. Gulden vermehrt. — Aus dem detaillirten Berichte ergibt sich, daß die Umwechslung älterer, auf Conventionsmünze lautender Obligationen gegen neue in öster. Währung in äußerst bedeutenden Summen stattgefunden hat und noch fortwährend vom Publikum begehrt wird. Dadurch vermehrt sich jedoch unwillkürlich die consolidirte Staatsschuld, da bei den Theilbeträgen Zuzahlungen stattfinden müssen, um Obligationen in runden Summen ausgestellt zu erhalten. Die Staatsschulden-Commission hat daher den Antrag gestellt, daß diese Convertirung ohne Vermehrung der Staatsschuld ausgeführt werde und für die Theilbeträge Theil-Obligationen ausgestellt werden.

schaft vom Jahr 1857 von 6 Mill. Gulden Conventionsmünze in 60,000 Loosen, zu 4 Proc. verzinslich, Tilgung durch 48 Verloosungen innerhalb 44 Jahren bis 1902. Niederster Treffer in allen Ziehungen 100 fl. Die Zinsen werden jährlich am 1. Juli gegen Coupons bezahlt. c) Von der Triester Stadt-Anleihe vom Jahr 1855 von 2,400,000 fl. Conventionsmünze in 24,000 Loosen. Feste Zinsen 4½ Proc. zahlbar am 1. Juni. Tilgung in 46 Verloosungen; letzte am 1. Juni 1901. Niedrigster Treffer durch alle Ziehungen 100 fl. d) Von der Ofener Stadt-Anleihe vom Jahr 1859 von 2 Mill. Gulden öster. Währung in 50,000 Obligationen zu 40 fl. Tilgung in 50 Jahren. 1860 finden drei Ziehungen statt, von 1861 bis 1863 jährlich 2 Ziehungen, von 1864 bis 1909 jährlich 1 Ziehung. Auszahlung 6 Monate nach der Ziehung in Wien. Der niedrigste Gewinn 60 fl. und allmählig bis auf 80 fl. steigend. e) Sogenannte Cavalier-Loose von folgenden Anleihen: 1) Des Fürsten Esterhazy vom Jahr 1836 von 7 Mill. Gulden Conv.-M. in 175,000 Loosen zu 40 fl. Tilgung innerhalb 32 Jahren von 1837 an durch 64 Verloosungen. Niedrigster Treffer 50 fl., in den späteren Jahren bis 72 fl. steigend. Die Auszahlung der Gewinnste erfolgt 6 Monate nach der Ziehung bei S. G. Sina in Wien. 2) Des Fürsten Salm Reifferscheid vom Jahr 1856 von 4 Mill. Gulden Conv.-M. in 100,000 Loosen zu 40 fl. Rückzahlung bis 1912 durch 120 Verloosungen. Niedrigster Treffer bis 1905 60 fl.; von da steigend bis auf 100 fl., Zahlung 6 Monate nach der Ziehung bei C. Lämel in Prag, C. Wiener in Wien, B. H. Goldschmidt in Frankfurt a. M. 3) Des Fürsten Anton Palffy vom Jahr 1855 von 3,720,000 Gulden Conv.-M. in 39,000 Loosen zu 40 fl. Tilgung durch Verloosung; letzte Ziehung 1911. Niedrigster Gewinn bis 1900 60 fl., dann je um 5 fl. bis in die letzten zwei Ziehungen auf 80 fl. steigend. Zahlung 6 Monate nach der Ziehung bei M. L. Biedermann u. Comp. in Wien. 4) Des Fürsten Clary vom Jahr 1856 von 1,680,000 fl. Conv.-M. in 42,000 Loosen zu 40 fl. Tilgung in 87 Ziehungen. Niedrigster Treffer 60 fl. 5) Des Grafen St. Genois d'Aneaucourt vom Jahr 1855 von 3,200,000 fl. Conv.-M. in 80,000 Loosen zu 40 fl. Tilgung durch 58 Verloosungen; letzte 1904. Zahlung 6 Monate nach der Ziehung bei S. M. v. Rothschild in Wien oder M. A. v. Rothschild u. Söhne in Frankfurt a. M.; bei letzteren in süddeutscher Währung nach dem Tagescurs auf Wien. Niedrigster Treffer von 65 bis 80 fl. steigend. 6) Des Fürsten Windischgrätz vom Jahr 1846 von 2 Mill. Gulden Conv.-M. in 100,000 Loosen zu 20 fl. Tilgung von 1847 innerhalb 47 Jahren durch 20 halbjährliche und 37 jährliche Verloosungen. Zahlung 6 Monate nach der Ziehung bei Tedesco's Söhne in Wien. Niedrigster Treffer durch alle Ziehungen 36 fl. 7) Des Grafen Waldstein Wartemberg vom Jahr 1847 von 2,070,000 Gulden Conv.-M. in 103,500 Loosen zu 20 fl. Tilgung innerhalb 52 Jahren durch 94 Ziehungen; letzte Ziehung am 15. Juli 1900. Niedrigster Treffer 30 fl. Zahlung 6 Monate nach der Ziehung bei S. G. Sina in Wien. 8) Des Grafen Keglevich vom Jahr 1847 von 670,000 fl. Conv.-M. in 67,000 Loosen zu 10 fl. Tilgung innerhalb 44 Jahren durch 10 halb- und 39 jährliche Verloosungen. Niedrigster Treffer 10 fl. Zahlung 6 Monate nach der Ziehung bei Wodianer u. Sohn in Pesth.

Cursnotirung der Staatspapiere ꝛc. In den Wiener Cursblättern finden sich nur Notirungen der inländischen Papiere. Die Curse sind in Gulden öster. Währung Bankvaluta zu verstehen und werden unter den Rubriken: „Vorgefallene Schlüsse," „Durchschnittscurs," „Letzter Curs," und letzterer unter den Rubriken „Geld" und „Waare" notirt. Hier bedeutet aber die Notiz „Geld," abweichend von andern Plätzen, wie offerirt ist, und „Waare" wie gesucht wird. Die Curse der Obligationen und Pfandbriefe verstehen sich in Procenten, die Curse der österreichischen Anlehensloose für je 100 fl. des Nennwerths derselben, die Curse der übrigen Loose (diejenigen der Credit-Anstalt, der Donau-Dampfschifffahrts-Gesellschaft, der Triester und Ofener Stadt-Anleihe und der sogenannten Cavalierloose) per Stück. Von Actien werden notirt: diejenigen der österreichischen National-bank, der Creditanstalt für Handel und Gewerbe, der niederösterreichischen Escompte-Gesellschaft, der Staats-Eisenbahngesellschaft (s. unten), des öster. Lloyd in Triest (s. diesen Art.) und mehrerer Eisenbahnen und Actiengesellschaften für industrielle Unternehmungen. Die Curse dieser Actien, sowie auch diejenigen mehrerer Prio-ritäts-Obligationen werden per Stück notirt. Der Curs der Actien gilt nur für den wirklich eingezahlten Betrag, während auf anderen Plätzen, wie z. B. Frank-furt a. M., der Curs für den vollen Nennwerth der Actie notirt und berechnet, das noch nicht Eingezahlte nachher in Abzug gebracht und der Zins aus dem ein-gezahlten Betrage vergütet wird. Die laufenden Zinsen vergütet der Käufer; die laufenden Dividenden sind im Curse mitbegriffen.

Was die Zinsen beim Verkaufe der Bank-Actien betrifft, so werden solche, da die Actien nicht auf einen bestimmten Nennwerth lauten, zu 5 kr. Conv.-M. für 1 Stück und 1 Tag, also zu 30 fl. Conv.-M. für 1 Stück und 1 Jahr oder 360 Tage vergütet. In Wien pflegt man die Zinsen zu 3 Proc. vom sin-girten Nennwerthe 1050 fl. öster. Währung zu berechnen, was auf dasselbe hin-ausläuft.

Die gesetzliche Courtage zu ½ Promille vom Curswerthe zahlt der Ver-käufer. — Provision ⅓ bis ½ Proc.

Maaße und Gewichte. In ganz Oesterreich, mit Ausnahme Venetiens, sind jetzt gesetzlich die niederösterreichischen oder Wiener Dimensions- und Schwer-maaße im Gebrauche.

Längenmaaße: Der Fuß zu 12 Zoll zu 12 Linien = 140,1269 Pariser Linien (Chelius). — Die Elle = 2,465 Fuß = 315,4128 Par. Linien. — Die Klafter = 6 Fuß. Die Ruthe (Werkruthe) = 12 Fuß. Die Ingenieur-Ruthe = 20 Decimalfuß oder ebenfalls = 12 Fuß; denn die halbe Ingenieur-Ruthe = 1 Klafter wird in 10 Decimalfuß zu 10 Decimalzoll zu 10 Decimal-linien eingetheilt. Das Lachter beim Bergbau ist = 1 Klafter und hat wie die halbe Ingenieur-Ruthe die Decimal-Eintheilung. — Die Postmeile = 4000 Klafter = 7586 Meter. Die Seemeile im Küstenlande ist die allgemeine (siehe London).

Feld- und Waldmaaß: Das Joch = 1600 Quadratklafter = 57,5543 franz. Aren. — Auf das Joch werden 3 Metzen Aussaat gerechnet.

Körpermaaß: Der Kubikfuß von 1728 Kubikzoll zu 1728 Kubiklinien = 0,0316 Kubikmeter. Die Kubikklafter von 216 Kubikfuß = 6,8229 Kubikmeter.

Brennholzmaaß: Der Stoß = 2 Klafter. Bei der Klafter werden die Scheite, welche eine Länge von 36, 30 oder 24 Zoll haben, 1 (Längen-) Klafter breit und 1 Klafter hoch aufgeschichtet. Die Waldklafter hingegen ist 6½ Fuß hoch. Je nach Verschiedenheit der Scheitlänge wird die Klafter als eine 36-zöllige oder 30-zöllige oder 24-zöllige oder 2-schuhige bezeichnet. Die erste ist = 3,42 Kubikmeter oder Steren, die zweite ist = 2,85 Steren, und die dritte = 2,28 Steren.

Getreidemaaß (auch für Mehl, Hülsenfrüchte, Sämereien, Kartoffeln, Kohle und Kalk im Gebrauch): Der Metzen zu 2 Halben zu 2 Vierteln zu 2 Achteln zu 2 halben Achteln oder Müllermaßeln zu 2 großen Maßeln zu 2 kleinen Maßeln zu 2 Bechern = 61,4994 Liter (Chelius). Der Metzen und seine Unterabtheilungen sind Streichmaaße und jede andere Messungsart ist verboten. — Der Muth (ein bloßes Rechnungsmaaß) hat 30 Metzen; als Mehlmaaß enthält er aber 31 Strich. Der Strich ist je nach dem Mehl von verschiedenem Gewicht; z. B. beim Semmelmehl wiegt der Strich 36 Pfd., beim Roggenmehl 32 Pfd. ꝛc.

Der Reps wird noch nach dem ungarischen Kübel von 2 alten Preßburger Metzen, den man = 2 Wiener Metzen rechnet, verkauft.

Das Müthel Kalk = 2½ Metzen. — Das Stübich Holzkohlen = 2 Metzen.

Flüssigkeitsmaaß: Die Maaß oder Kanne zu 2 Halbe oder 4 Seidel = 1,415015 Liter (Chelius). — Die ⅜=Maaß = 1½ Seidel heißt Großseidel. — Der Eimer von 40 Maaß, welcher ein bloßes Rechnungsmaaß ist, hält 56,6006 Liter. — Der Wein-Eimer (ein wirklich vorhandenes Maaß) hat 41 Maaß = 58,01562 Liter. — Das Faß Wein = 10, das Fuder = 32, der Dreiling = 24 Eimer. — Der Bier-Eimer = 42½ Maaß = 60,138 Liter. — Das Faß Bier = 2 Bier-Eimer.

Handelsgewicht: Das deutsche Münz- und Zollpfund bevorstehend oder schon eingeführt. Das seitherige Pfund von 32 Loth zu 4 Quentchen (Quintel) zu 2 Achteln zu 2 Sechzehnteln oder Pfennigen = 560,012 Grammen. — 1 Centner = 100 Pfund. — Der Stein = 20 Pfd.; der Saum = 275 Pfd. — Der Saum steirischer Stahl = 2 Lägel zu 125 Pfd., also = 250 Pfd. — Die Bürde Stahl = 1 Centner von 100 Pfd. — Der Karch = 4 Centner. — Der Meiler (im Eisen-Großhandel) = 10 Centner. — Schiffslast im Küstenlande (s. Triest).

Chokoladengewicht: Das Pfund desselben ist ⅞ Pfund oder 28 Loth des (seitherigen) Handelsgewichts.

Zollgewicht ist das des deutschen Zollvereins (das Zollpfund von 500 Grammen); die Waaren durften aber seither nach dem Wiener Gewicht bellarirt werden.

Münzgewicht: Wie in Preußen (s. Berlin). Bis 1857 war es die Wiener Mark des Silbergewichts zu 16 Loth zu 4 Quentchen zu 4 Pfennigen zu 2 halben Pfennigen oder Hellern zu 4 Viertelpfennigen zu 64 Richtpfennigen = 280,644 Grammen (offiziell). Die noch gebräuchliche Wiener-Cölnische Mark (mit der nämlichen Eintheilung wie die Wiener Mark) = 233,87 Grammen (offiziell). — 5 Wiener Mark sind genau = 6 Wiener-Cölnische Mark.

Goldgewicht: Der Dukat (als Gewicht) hat 60 Gran (Dukaten-Gran) und entspricht dem gesetzlichen Gewicht des österreichischen Dukaten = 3,490597 Grammen. — 67 Dukaten oder 4020 Dukaten-Gran = 1 Wiener-Cölnische Mark.

Juwelengewicht: Das Juwelen-Karat wird in Halbe, Viertel, Achtel u. s. w. eingetheilt und wiegt 0,206085 Grammen.

Medicinalgewicht: Das Pfund desselben = ¾ Pfund Handelsgewicht mit der gewöhnlichen Eintheilung = 420,009 Grammen.

Handelsusanzen. Gesetzlich soll die Tara in keinem Falle in die Waare eingerechnet werden, sondern je nach Vorkommen entweder die reine oder wirkliche Tara oder die bezeichnete Originaltara vergütet werden; es wird aber dennoch bei manchen Artikeln (Reis, Sumach, Sämereien ꝛc.) Brutto für Netto gerechnet.

Das hier und da gebräuchliche Ola-Gewicht wird = 2¼ Wiener Pfund gerechnet (was ziemlich genau mit dem im Art. Constantinopel als dort gebräuchliches Verhältniß des Ola-Gewichts zum Wiener Gewicht übereinstimmt).

Für Seidenwaaren ist auch der Stab oder die Aune im Gebrauch; sie sollte, wie früher, = 1½ Wiener Ellen gerechnet werden *), wird aber jetzt bis zu 10 Proc. kleiner angenommen, so daß sie gar kein bestimmtes Maaß mehr ist.

Im Spiritushandel ist neben dem gesetzlich eingeführten Tralle'schen Alkoholometer **) auch noch die ältere 40-theilige Skala des früheren Wagner'schen Alkoholometers gebildet ***) und nach dieser wird die Stärke des Spiritus angegeben. Man verkauft nämlich den Spiritus per 1 Grad der alten (= 2½ Grad der neuen 100-theiligen) Skala und dabei per 1 Eimer. Ist also z. B. der Preis des Spiritus 65 Nkr., so wird je 1 Grad per Eimer mit 65 Nkr. bezahlt; für einen Spiritus von 30 Grad (oder 75-procentig) zahlt man daher 19½ fl. per Eimer.

Im deutschen Oesterreich ist die Courtage gesetzlich für die nicht orientalischen Waaren ½ Proc. von jeder Seite; für die orientalischen Waaren bei weniger als 1000 fl. (oder bei türkischer Schafwolle weniger als 30 Centner) 1 Proc.; bei größeren Summen ½ Proc. vom Verkäufer allein †).

Provision für den Commissions-Ein- und -Verkauf gewöhnlich 2 Proc.

Banken. 1) Die „Privilegirte österreichische Nationalbank", im Jahr 1816 gegründet. Die Regierung, welche der Bank besondere Vorrechte verlieh, hatte die Absicht, durch Vermittlung derselben das vorhandene Papiergeld aus dem Umlaufe zu ziehen und die Geldcirculation auf die Grundlage conventionsmäßig geprägter Metallmünze zurückzuführen. Statutenmäßig wurde die Anzahl der Actien auf 50,000 festgesetzt, aber im Jahr 1817 auf 100,000 erhöht. Das Actiencapital betrug bis zum Jahr 1853 30,372,600 fl. Conv.-M., vertreten durch 50,621 Actien zu 600 fl. Conv.-M.; welche ursprünglich mit je 1000 fl. Wiener Währung (damaliges Papiergeld und = 500 fl. Conv.-M.) ††) und 100 fl. Silber eingezahlt wurden. Erst in genanntem Jahre wurde von der Befugniß der Bank, die Anzahl der Actien auf 100,000 zu erhöhen, Gebrauch gemacht und die Einzahlung der Actien geschah mit 800 fl. in Banknoten oder 600 fl. Conv.-M. nach dem damaligen Curs 75 der Banknoten gegen Silber. Im Jahr 1856 wurde mit der Nationalbank eine Bank für Hypothekar-Credit in Verbindung gebracht, wodurch weitere 50,000 Actien mit 700 fl. Silbergeld

---

*) Die Aune zu 526⅔ und die Wiener Elle zu 345,4128 Par. Linien gibt genauer 1 Aune = 1,53 Wiener Ellen.

**) Derselbe weicht nur um ein Geringes von dem im deutschen Zollverein üblichen Tralle'schen ab, indem die Normaltemperatur in Oesterreich auf + 12 Grad Réaumur festgesetzt ist (beim Tralle'schen Alkoholometer + 12½ Grad).

***) Auf dem Instrumenten muß aber auch die 100-theilige Scala enthalten sein.

†) Seit dem 1. April 1860 ist ein sehr ausführliches Gesetz über Waarenbörsen und Waarensensale in Wirksamkeit getreten. Der Waarensensal hat ein Sensalbuch und daneben ein Handbuch (dieses zur vorläufigen Notirung der aufgetretenen und abgeschlossenen Geschäfte) zu führen, und jedesmal einen Schlußzettel auszufertigen. Die Wirksamkeit eines von ihm vermittelten Geschäfts beginnt, sobald die Parteien das Sensalenbuch oder den Schlußzettel unterzeichnet haben. Jenes Buch und der Schlußzettel haben volle Beweiskraft. Der Betrag der Courtage wird für jeden Ort besonders vom Finanzministerium festgesetzt und der Sensal darf über diesen Punkt nichts in Anspruch nehmen. Die Handelskammer ernennt, die politische Landesstelle bestätigt die Waarensensale. Winkelmäkler verfallen in eine Geldstrafe von 25 bis 100 fl., resp. Arreststrafe von 5 bis zu 40 Tagen.

††) Das Verhältniß von 5 fl. Wiener Währung = 2 fl. Conv.-M. wurde erst im Jahr 1820 festgesetzt.

Einzahlung emittirt wurden. Die Actien, welche auf den Namen lauten, aber durch Indossament übertragbar sind, haben zunächst einen festen Zins von 30 fl. per Stück *). Geschäfte der Bank, welche auf den bedeutendsten Plätzen des Landes Filialen hat: Discontiren, Aufbewahrung von Depositen gegen Vergütung, Ausgabe von Anweisungen der Hauptbankcasse in Wien auf die Filial-Verwechslungscassen in den Provinzen und umgekehrt, Leihgeschäft, Girogeschäft und Notenausgabe. Die Banknoten bestanden anfänglich in Stücken zu 1000, 100, 50, 10, 5, 2 und 1 fl. Conv.-M. In Folge der Einführung der österreichischen Währung ist auch die Einziehung der alten Banknoten gegen solche auf die neue Währung lautend angeordnet worden. Durch eine Verordnung vom Jahr 1858 sollte die Bank nur Noten zu 1000, 100 und 10 fl. öster. Währung ausgeben; später ist sie aber ermächtigt worden, auch Ein- und Fünfgulden-Noten auszugeben, ohne daß dieselben durch Baarvorrath gedeckt sein müssen, was nicht im Einklang mit dem Art. 22 des Wiener Münzvertrags steht, nach welchem in den betreffenden Staaten kein mit Zwangscurs umlaufendes Papiergeld existiren soll, welches nicht jederzeit gegen vollwerthige Silbermünzen auf Verlangen der Inhaber umgewechselt werden kann. Die Bank, welche sich durch Darleihen an den Staat zu tief mit demselben eingelassen hat (ihre Forderung an denselben betrug Ende 1859 über 300 Mill. Gulden), kann aber schon seit 1848 ihre Noten nicht mehr in Silber einlösen; ein Versuch hierzu im Jahr 1859 mußte wegen des bald darauf ausbrechenden Krieges wieder aufgegeben werden.

2) **Discont-Gesellschaft.** Die im Jahr 1853 eröffnete „Nieder-österreichische Escompte-Gesellschaft" hat nach dem Wortlaut der Statuten zum Zweck, dem Handel und den Gewerben Niederösterreichs durch Disontiren von Wechseln Geldmittel zu verschaffen. Wer das Recht erlangt hat, bei der Gesellschaft Credit anzusprechen (Creditinhaber) ist nur Theilnehmer an derselben. Jeder Actionär kann zugleich Creditinhaber, und jeder Creditinhaber Actionär werden; Actiencapital 10 Mill. Gulden Conv.-M. in 20,000 Actien zu 500 fl., oder auch in halben Actien zu 250 fl.; anfänglich sollten aber nur 10,000 Actien ausgegeben werden. Die Dauer der Gesellschaft ist vorläufig bis zum Jahr 1878 festgesetzt. Die Actien lauten auf den Namen und sind übertragbar. Die halbjährigen Coupons tragen 4 Proc. Vom übrigen jährlichen Reinertrage werden 80 Proc. als Dividende vertheilt, von dem Reste von 20 Proc. sind 5 Proc. zum Reservefonds, welcher Eigenthum der Gesellschaft ist, bestimmt; die übrigen 15 Proc. werden zur Bildung eines Reservefonds für die Creditinhaber verwendet; letzterer hat die Bestimmung, Zahlungsrückstände und Verluste zu decken, welche entstehen, wenn Creditinhaber ihre Verbindlichkeiten gegen die Gesellschaft nicht erfüllen. Geschäfte der Bank: Disontiren, Verkauf, Incasso von Wechseln, Uebernahme von Geldern in laufender Rechnung oder auf längere bestimmte Termine, Ankauf von Effecten der schwebenden Staatsschuld, welche auf Verlangen oder höchstens auch nach drei Monaten rückzahlbar sind. Die dem Discontgeschäft gewidmete Summe darf den fünffachen Betrag des Actienfonds nicht überschreiten. Es ist dagegen der Gesellschaft nicht gestattet, Darlehen auf Gold oder Silber oder auf Wechsel in ausländischer Valuta zu geben. Zur Theilnahme als Creditinhaber werden nur Personen, welche in

---

*) Wie die Zinsen beim Verkaufe der Actien vergütet werden, ist S. 471 erklärt worden.

Niederösterreich ansäßig sind, aufgenommen. Durch diese Aufnahme wird das Recht erworben, einen bestimmten Credit insbesondere durch folgende Wechselgeschäfte zu beanspruchen: 1) Durch Discontiren von gezogenen Wechseln und eigenen Wechseln, welche auf keinen geringeren Betrag als 50 fl. lauten, nicht mehr als 6 Monate zu laufen haben und in Wien oder auf Plätzen, wo eine Filiale der österreichischen Nationalbank oder eine Agentur der Discontgesellschaft besteht, zahlbar sind. 2) Durch Discontiren von nicht länger als 4 Monate laufenden Tratten, welche die Discontgesellschaft auf Creditinhaber gezogen und die von denselben acceptirt und durch Deponiren von Waaren gedeckt sind. 3) Durch Discontiren eigener, die Verfallzeit von 4 Monaten nicht überschreitender Wechsel der Creditinhaber ohne Deckung. Diese Art der Creditgewährung kann jedoch nur für höchstens den vierten Theil der Creditbetheiligung stattfinden und nach Ablauf der Verfallzeit nicht sogleich erneuert werden. Dagegen hat jeder Creditinhaber vom Tage seines Eintritts an der Haftung für die sämmtlichen Verbindlichkeiten der übrigen Creditinhaber gegen die Gesellschaft bis zur Höhe seiner Creditbetheiligung statutenmäßig Theil zu nehmen. Der niedrigste Betrag, für welchen eine Creditbewilligung stattfindet, ist 300 fl. Der höchste Betrag, für welchen eine Creditbetheiligung gewährt werden kann, darf 2 Proc. des jeweilig baar eingezahlten Actienfonds nicht überschreiten, kann aber in besonderen Fällen erhöht werden. Jeder zugelassene Theilnehmer ist bei seiner Aufnahme verpflichtet, 5 Proc. des ihm ursprünglich zugesprochenen Credits, und im Falle einer Crediterweiterung weitere Procente baar einzuzahlen. Die von den Theilnehmern baar eingezahlten Beträge bilden einen Sicherheitsfonds, welcher Eigenthum der einzelnen Theilnehmer im Verhältniß ihrer Einzahlung ist, aber mit seiner Gesammtheit für die Verbindlichkeiten aller Theilnehmer gegen die Gesellschaft haftet. Diese Einzahlungen werden gleichfalls zu den statutenmäßigen Geschäften verwendet und mit 4 Proc. in halbjährigen Raten verzinst. Wenn der Sicherheitsfonds angegriffen werden muß, so ist derselbe sofort durch Zuzahlung aller Creditinhaber nach Maaßgabe ihrer Creditbetheiligung zu ergänzen, so daß er stets in der statutenmäßigen Höhe aller Creditbetheiligungen erhalten wird. Die zur Ergänzung des Sicherheitsfonds von den Creditinhabern eingezahlten Zuschüsse werden ihnen aus dem Reservefonds der Creditinhaber sammt 4 Proc. Zinsen zurückerstattet; soweit letztere hierzu ausreichen. Jeder Creditinhaber hat das Recht, seine Creditbetheiligung aufzugeben und sein Verhältniß zur Gesellschaft aufzulösen. Vom Tage der desfalls zu machenden Anzeige an hat der Creditinhaber nicht mehr das Recht, von seinem Credit Gebrauch zu machen, bleibt aber noch bis zu dem 6 Monate vom Tage seiner Kündigung nachfolgenden Bilanz-Abschlusse in der Haftung eines Creditinhabers. Zur Ausübung der Rechte der Creditinhaber und zur Erfüllung ihrer Verbindlichkeiten wird ein größerer und engerer Ausschuß (Comité) aus der Zahl der Creditinhaber gebildet. Alle Creditinhaber von nicht weniger als 2500 fl. Creditbetheiligung bilden den größeren Ausschuß. Jedes Mitglied dieses Ausschusses ist stimmfähig, hat aber nur eine Stimme. Die Mitglieder des engeren Ausschusses (Comité) werden von der Zahl der stimmfähigen Creditinhaber vom größeren Ausschusse gewählt. Ihre Zahl richtet sich alljährig nach dem Umfang der Geschäfte, darf aber nicht unter 18 und nicht über 36 sein und von diesen muß wenigstens der dritte Theil aus Industriellen und Gewerbetreibenden bestehen. Die Regierung übt ihre Ueberwachung durch einen Commissär aus. — Der seitherige Cursstand der Actien zeigt, daß die Anstalt gedeiht.

3) **Creditanstalt.** Die „k. k. privilegirte österreichische Creditanstalt für Handel und Gewerbe" ist im Jahr 1855 auf die Dauer von 90 Jahren gegründet worden. Die Gesellschaft ist zu folgenden Geschäften befugt: a) Verzinsliche Vorschüsse zu geben auf österreichische Staatspapiere und Grundentlastungs-Obligationen, auf Actien und Obligationen inländischer Unternehmungen, auf Rohstoffe und Waaren; b) österreichische Staatsanleihen, Creditoperationen einzelner Kronländer, Bezirke oder Gemeinden zu übernehmen oder sich daran zu betheiligen und an Dritte zu überlassen; c) industrielle Unternehmungen und sonstige Unternehmungen aller Art innerhalb der österreichischen Monarchie zu errichten; d) alle Arten von österreichischen Staatspapieren, von inländischen Industrie-Papieren, sowie Privatschuldverschreibungen zu kaufen und zu verkaufen, zu verpfänden und gegen andere Werthgegenstände zu vertauschen; e) Effecten und Werthpapiere jeder Art in ihre Depositencassen aufzunehmen und aufzubewahren; f) die Einkassirung und Auszahlung von Interessencoupons und von Dividenden, sowie die Einbringung von anderen Forderungen für Rechnung Dritter zu besorgen; g) Geldbeträge in laufende Rechnung zu übernehmen und Bankgeschäfte zu betreiben. Die Creditanstalt ist außerdem berechtigt, eigene verzinsliche Schuldverschreibungen mit nicht kürzerer Verfallzeit als auf 1 Jahr auszugeben *). Statutenmäßiges Grundkapital 100 Mill. Gulden in 500,000 Actien zu 200 fl.; vorerst sollten aber nur 300,000 Actien ausgegeben werden; das jetzige Capital beträgt angeblich 60 Mill. Gulden. Die Actien haben zwei Dividenden-Scheine, einen pro ultimo December und den andern pro 1. Juli. Der Gewinn, der sich aus der ultimo December zu ziehenden Bilanz herausstellt, wird folgendermaaßen vertheilt: Zuerst kommen 5 Proc. an die Actionäre, sodann 5 bis 20 Proc. in den Reservefonds, 10 Proc. an die Mitglieder des Verwaltungsraths, 10 Proc. an die Directoren und Beamten der Anstalt, der Rest als weitere Dividende an die Actionäre. Diese Superdividende wird am 1. Juli fällig; es darf jedoch der Verwaltungsrath, nachdem er von den Resultaten des abgelaufenen Jahres hinreichend Kenntniß erlangt hat, den Actionären an jedem 1. Januar eine Abschlagszahlung verabfolgen lassen. Der Reservefonds soll auf 20 Proc. des Capitals gebracht werden. Wenn die Reinerträgnisse nicht hinreichen, so wird das Fehlende aus dem Reservefonds genommen. — Die seitherigen Dividenden waren gering (pro 1859 6 Proc.).

Handelsanstalten &c. Börse für Getreidegeschäfte; besondere Börse für den Verkehr in Münzsorten und Werthpapieren und Börsenkammer derselben; Börse für Staatspapiere und Actien; Niederösterreichische Handels- und Gewerbekammer, welche zugleich als Schiedsgericht fungirt; permanente Musterausstellung von Erzeugnissen inländischer Industrie; technisches Kabinet (Mustersammlung);

---

*) In der Generalversammlung der Actionäre der Creditanstalt vom 26. November 1861 wurde folgender Antrag angenommen: Roherzeugnisse und Waaren für fremde und eigene Rechnung zu kaufen und zu verkaufen, Schuldverschreibungen kürzer als auf Jahresfrist auszustellen, Verkäufe auf Prämie zu machen. Die Generalversammlungen sind berechtigt mit drei Vierteln Stimmenmehrzahl eine zeitweilige Kapitalverminderung vorzunehmen. Abgelehnt wurde der Antrag auf Immobiliarerwerb. Wohl das größte Geschäft, das die Anstalt gemacht hat und dessen hier Erwähnung geschehen muß, weil die betreffenden Papiere häufig im Verkehr vorkommen, ist das Lotterie-Anlehen über 40 Millionen Gulden öster. Währung, welches diese Anstalt gegen 420,000 Stück Antheilscheine oder Loose à 100 fl. öster. Währung im März 1858 für drei große Eisenbahnen und die Dampfschifffahrts-Gesellschaft des österreichischen Lloyd vermittelt hat. Die Verloosung findet bis 1880 vier Mal jährlich je am 1. Januar, April, Juli und Oktober, dann bis 1898 drei Mal jährlich, je am 1. Januar, Mai und September, dann bis 1923 je am 1. Januar und Juli, und endlich im Jahr 1924 findet eine einzige und letzte Verloosung am 1. Januar statt. Die größten, bei jeder Ziehung vorkommenden Gewinne steigern sich bis 250,000 fl. öster. Währung, während auch die geringsten noch eine Verzinsung ergeben, die von 1875 an aber sehr geringfügig ist, da von da ab der geringste Gewinn stets nur 100 fl. öster. Währung beträgt.

Seiden- und Wolltrocknungsanstalt (auf Actien errichtet); Centralverein zur Hebung der Flachs- und Hanfkultur (auf Actien); mehrere Eisenbahngesellschaften und andere auf Actien gegründete Anstalten zu industriellen Unternehmungen, sowie Actiengesellschaften für die meisten Arten von Versicherungen. **Märkte.** Jährlich zwei große Märkte von 14tägiger Dauer: 1) der Frühjahrsmarkt (Jubilaten-Markt), welcher am Montag nach Jubilate beginnt; 2) Herbstmarkt (Allerheiligen-Markt), welcher am 2. November beginnt. — Ein kleinerer Jahrmarkt wird in der Leopoldstadt gehalten, welcher am Margarethentage beginnt und ebenfalls 14 Tage dauert. — Jährlich zwei Wollmärkte im Januar und Juli.

Wiesbaden,
Hauptstadt des Herzogthums Nassau.

Rechnungsart und Münzen. Man rechnet nach Gulden zu 60 Kreuzern zu 4 Pfennigen im 52 1/2-Guldenfuße und prägt vertragsmäßig wie sämmtliche süddeutsche Staaten (f. Frankfurt a. M.).

Früher prägte man Dukaten nach dem Reichsfuße, also im Feingehalte von 986 1/9 Tausendtheilen, 145,2685 Stück auf das Pfund fein; daher = 0,34419 deutsche Krone.

Papiergeld. Die Noten der Nassauischen Landesbank in Wiesbaden (f. unten). Sie werden bei allen öffentlichen Kassen zum Neunwerthe angenommen; außerdem besteht eine Einlösungskasse bei M. A. v. Rothschild u. Söhne in Frankfurt a. M.

Im Wechselgeschäfte richtet man sich nach Frankfurt a. M.

Wechselrechtliches. Seit 1848 gilt die allgemeine deutsche Wechselordnung. Das Einführungsgesetz enthält vorzüglich nur Bestimmungen über die Amortisation verlorner Wechsel, welche im Wesentlichen mit denen des preußischen Einführungsgesetzes (f. Berlin) übereinstimmen. Allgemeine Feiertage sind: Der Neujahrstag, der Charfreitag, der Ostermontag, das Fest der Himmelfahrt, der Pfingstmontag, der Frohnleichnamstag und die beiden Weihnachtstage.

Staatspapiere. 1) 3 1/2-procentige Obligationen der Landes-Credit-Kassen-Anleihe bei M. A. v. Rothschild und Söhne in Frankfurt a. M. zur Gründung der Landes-Creditkasse (f. unten) vom Jahr 1840 von 3 Millionen Gulden zu 1000, 500, 400, 300, 200 und 100 Gulden. 2) 4-procentige Obligationen des Anlehens von 1851 bei obigem Hause von 1 Mill. Gulden zu 1000, 500, 300 und 100 fl.; die Tilgung soll bis zum Jahr 1893 erfolgt sein. 3) 4 1/2-procentige Obligationen des Anlehens vom Jahr 1858 von 4 Mill. Gulden bei obigem Hause zu 1000, 500, 300, 200 und 100 fl. Tilgung innerhalb 50 Jahren. 4) 5-procentige Obligationen des Anlehens vom Jahr 1859 von 2 Mill. Gulden bei obigem Hause zu 1000, 500, 300, 200 und 100 fl. Tilgung innerhalb 40 Jahren vom Jahr 1864 an durch Verloosungen. 5) 4 1/2-procentige Obligationen des Anlehens vom Jahr 1860 von 600,000 fl. bei obigem Hause. Tilgung von 1870 an in 50 halbjährlichen Ziehungen. 6) 3-procentige Obligationen eines Anlehens vom Jahr 1835 von 2,400,000 fl.; werden jetzt nicht mehr notirt. 7) Domänen-Obligationen: a) 3 1/2-procentige Obligationen der Domanial-Kassen-Anleihe vom Jahr 1837 von 4 1/2 Mill. Gulden bei M. A. v. Rothschild und Söhne in Frankfurt a. M. zu 1000,

500, 200, 100, 50 und 25 fl. b) 25-Guldenloose der Lotterie-Anleihe vom Jahr 1837 für das herzogliche Haus von 2,600,000 fl. bei demselben Bankhause. Letzte Ziehung im Jahr 1887. Der niedrigste Treffer steigt von 34 bis 50 fl. *).

Maaße und Gewichte. Die Grundlage des neuen, seit 1853 geltenden Maaß- und Gewichtssystems ist der Meter.

Längenmaaße: 1) Der Werkfuß zu 10 Zoll zu 10 Linien = $3/10$ Meter = 132,9888 Par. Linien. — Der Feldschuh, ausschließlich für Feldmessung bestimmt, ist = $1/2$ Meter und wird in 10 Theile (Feldzoll) eingetheilt. — Die Werkruthe = 10 Werkfuß. — Die Feldruthe = 10 Feldschuhe. — Die Elle, in halbe, viertel u. s. w. eingetheilt, ist = 2 Werkfuß = $6/10$ Meter = 265,9776 Par. Linien.

Das bisherige **Lachtermaaß** beim Bergbau = 80 rheinländische Zoll bleibt im Gebrauche.

Feldmaaß: Der Morgen = 100 Quadratfeldruthen = 2500 Quadrat-Meter oder 25 franz. Aren.

Brennholzmaaß: Die Klafter = 144 Kubikwerkfuß = 3,868 Kubikmeter oder Steren.

Getreidemaaß: Das Malter zu 10 Zehntel zu 10 Liter = 100 Liter oder 1 Hektoliter. Die zum Messen anzuwendenden Gefäße sollen folgenden Inhalt haben: Das Malter, das Halbmalter, das Viertel (Viertelmalter), das Zehntel (= 10 Liter), das Zwanzigstel, das Hundertel (= 1 Liter), das Halbhundertel oder Mäßchen (= $1/2$ Liter oder 1 Schoppen Flüssigkeitsmaaß). Das trockene Maaß wird abgestrichen.

Andere Trockenmaaße: Der Wagen Holzkohlen zu 10 Bütten = 200 Kubikwerkfuß. Das Maaß für Eisenstein, Braunstein, Blei-, Silber- und andere Erze und für Schwerspath soll 2 Kubikfuß Rauminhalt haben.

Das besonders beim Eisenstein gebräuchliche **Fuder** hat 30 solcher Maaße = 60 Kubikwerkfuß. Der **Zain** für Braunkohlen hat 20 Kubikwerkfuß und wird in halbe und Viertelzain eingetheilt. Das **Ries** Dachschiefer hat eine Länge von 10 Werkfuß und wird in halbe und Viertelries eingetheilt.

Flüssigkeitsmaaß: Die Ohm zu 80 Maaß zu 2 Flaschen zu 2 Schoppen = 160 Liter; daher die Maaß = 2 Liter und die Flasche = 1 Liter. — Das Stück Wein = $7\frac{1}{2}$ Ohm.

Handelsgewicht: Das Pfund zu 32 Loth zu 4 Quentchen zu 4 Richtpfennigen = $1/2$ Kilogramm = dem deutschen Münzpfunde. — Der Centner = 100 Pfund.

Münzgewicht: Wie in Preußen (s. Berlin). Die früher gebräuchliche nassauer-cölnische Mark = 233,957 Grammen (Chelius).

Probirgewicht: Beim Münzwesen wie in Preußen; im Verkehr das vorige preußische (s. Berlin).

Medicinalgewicht ist das alte Nürnberger.

Das frühere Handelspfund war = 470,686 Grammen = dem alten Mainzer Pfund Leichtgewicht. Auch die Dimensionsmaaße (mit Ausnahme der alten Elle = 246,25 Par. Linien) waren die alten Mainzer.

Bank. „Die „Herzoglich nassauische Landesbank" ist im Jahr

---

*) Gesammtschuld (1856) 16 Mill. Gulden (Scherer).

1849 als Staatsanstalt an die Stelle der im Jahr 1840 gegründeten Landes-Creditcasse getreten. Sie macht Darlehen gegen hypothekarische Sicherheit, gewährt Credit in laufender Rechnung an Handel- und Gewerbtreibende des Landes, so wie auch Darlehen an solche gegen Waaren oder sonstige Sicherheit, befaßt sich mit Discont-, Depositen-, Incasso- und Girogeschäften, ist zugleich allgemeine Sparcasse und gibt Noten aus. Die Landescreditcassenscheine zu 5, 10 und 25 fl. der früheren Landescreditcasse, so wie alle Activen und Passiven derselben sind auf die Landesbank übergegangen. — Der aus dem Geschäftsverkehr der Landesbank hervorgehende Gewinn ist Eigenthum des Staates und für alle Verbindlichkeiten der Landesbank haftet derselbe.

Der hier bestehende Vorschuß-Verein hat den Zweck, durch den gemeinschaftlichen Credit seiner Mitglieder denselben die zu ihrem Geschäftsbetriebe erforderlichen baaren Geldmittel zu beschaffen.

Mit diesem Vorschußverein ist im Jahr 1861 eine Sparcasse verbunden worden.

Wilna,
Hauptstadt des russischen Gouvernements gleichen Namens in Lithauen. Wie Petersburg.

Wismar,
Handels- und Hafenstadt im Großherzogthum Mecklenburg-Schwerin.

Rechnungsart, Münzen und Cursverhältnisse, s. Schwerin.

Maaße und Gewichte wie in Schwerin, mit folgenden Ausnahmen: Die Wismarsche Elle = 2 (sogenannte) Lübecker Fuß (s. Schwerin) = 258 Par. Linien. — Der Wismarsche Scheffel = 38,284 Liter = 0,9844 Rostocker Scheffel (s. Schwerin). — 64 Wismarsche Last = 63 Rostocker Last.

Würzburg,
Hauptstadt der baierischen Provinz Unterfranken und Aschaffenburg.

Rechnungsart und Münzen, s. München.

Maaße und Gewichte sind die baierschen; s. München. Aeltere Dimensions- und Schwermaaße: Der Fuß zu 12 Zoll = 130,2 Par. Linien. Die Elle = 2 Fuß = 0,7052 baiersche Ellen. — Das Kornmalter von 8 Kornmetzen = 172,81 Liter = 0,7772 baiersche Scheffel. Das Hafermalter von 12 Hafermetzen = 400,33 Liter = 1,8004 baiersche Scheffel. — Das Fuder = 12 Eimer zu 8 Achteln zu 8 Maaß zu 4 Schoppen. Die Maaß oder Aichmaaß = 1,17 Liter = 1,0944 baiersche Maaß. Der Eimer = 74,88 Liter.

Die Schenkmaaß (bei den Wirthen) = 1,039 Liter. Man rechnet 9 Schenkmaaß = 8 Aichmaaß. — Handelsgewicht: Das im Großhandel dienende Schwergewicht war das alte Nürnberger Handelsgewicht; im Detailhandel bediente man sich des alten Nürnberger Silbergewichts.

Bank. Zweigbank der K. baierschen Bank in Nürnberg.

Zante, s. Jonische Inseln.

Zollvereins-Staaten.

Zum deutschen Zollverein gehören die deutschen Bundesstaaten, mit Ausnahme von Oesterreich, Liechtenstein, Holstein, Mecklenburg-Schwerin, Mecklenburg-
Strelitz, Hamburg, Lübeck, Bremen.

Innerhalb der deutschen Zollvereinsstaaten, mit Ausnahme des Großherzogthums Luxemburg, wird nach dem 30-Thaler- und dem 52½-Guldenfuß gerechnet.
Zollgewicht ist das Zollpfund zu 30 Zollloth = ½ Kilogramm oder 500
Grammen. Der Zollcentner = 100 Zollpfund = 50 Kilogrammen. Das
Zollgewicht ist zugleich Postgewicht des deutschen Postvereins und Zollvereinseisen-
bahngewicht (für die Frachten) und (bis 1852) österreichisches Zollgewicht. — Wechselrecht ist, mit Ausnahme Luxemburgs, die allgemeine deutsche Wechselordnung.

Zug,
Hauptstadt des gleichnamigen schweizer Kantons.

Rechnungsart und Münzen, s. Schweiz. Früher rechnete man nach
Gulden zu 40 Schillingen zu 6 Angster oder 3 Rappen oder auch nach Gulden
zu 15 Batzen. Nach der früheren Annahme des süddeutschen Gulden zu 15 Batzen
entsprach der Zahlwerth dem 24½-Guldenfuß.

Im Wechselgeschäft richtet man sich nach Zürich.

Der Canton Zug gehört zu den schweizer Cantonen, welche keine Wechselgesetzgebung haben (s. den Art. Schweiz).

Maaße und Gewichte sind die neuen schweizer (s. Schweiz).

Zürich,
Hauptstadt des gleichnamigen schweizer Cantons.

Rechnungsart und Münzen, s. Schweiz. Früher rechnete man nach
Gulden, welche im größern Handelsverkehr in 60 Kreuzer zu 8 Heller, im Kleinhandel dagegen in 40 Schillinge zu 4 Rappen oder 12 Heller eingetheilt wurden. Bei den Staatsanstalten rechnete man nach schweizer Franken (s. den Art.
Schweiz) zu 10 Batzen zu 10 Rappen oder nach schweizer Franken zu 100 Rappen. Zufolge großräthlichen Beschlusses vom Jahr 1851 sollten bei der Reduction in die (damalige) neue schweizer Währung der Züricher Gulden = 2⅓
damalige neue schweizer Franken (d. h. französische Franken) gerechnet werden.

Münzen des Cantons Zürich, s. den Art. Schweiz.

Papiergeld. Die Noten der Züricher Bank (s. unten).

Wechselcursnotirung. Man notirt für kurze Sicht und 3 Monate
Dato die Curse in der neuen Valuta auf Amsterdam, Antwerpen, Augsburg,
Berlin, Frankfurt a. M., Genua, Hamburg, Leipzig, London, Lyon (und andere
französische Plätze), Mailand, Triest, Turin, Wien, Bern, Genf und andere schweizer
Plätze in derselben Art wie in Basel, nur mit dem Unterschied, daß in Basel
die Wechsel für längere Sichten aus dem Curse für kurze Sicht und dem Disconto des betreffenden Platzes berechnet werden, während das Züricher Cursblatt,
wie oben bemerkt, die Curse für kurze Sicht und 3-Monatpapier enthält. Von
Geldsorten werden besonders französische Goldmünzen und süddeutsche Gulden
notirt.

Wechselrechtliches, s. Schweiz.

Actiencurse von schweizer Banken und Eisenbahnen werden per Stück notirt. Die laufenden Zinsen und Dividenden sind im Curse mitbegriffen.

Maaße und Gewichte des Cantons sind die neuen schweizer (s. Schweiz). Das alte Pfund Schwergewicht war = 528,568 Grammen, das alte Pfund Leichtgewicht (für Seide) = 469,838 Grammen (Ferr in Zürich).

Banken. 1) Die „Bank in Zürich," im Jahr 1836 gegründet mit einem Actiencapital von 1 Mill. Gulden oder 2 1/3 Mill. Franken (s. oben) in Actien zu 500 fl. oder 1166 2/3 Franken. Im Jahr 1855 wurde das Capital auf 4 Mill. Franken erhöht und die Actien in Stücke zu 1000 Franken umgewandelt, und im Jahr 1856 wurde das Capital auf 6 Mill. Franken erhöht. Zum Geschäftskreis der Bank gehören: Disconto-, Leih-, Giro- und Incassogeschäfte, Aufbewahrung von Depositen gegen Vergütung, Annahme verzinslicher Gelder und Ausgabe von Noten, sogenannten Cassascheinen, welche jetzt auf Frankenwährung lauten. Die Bank gibt außerdem an Ordre gestellte und auf beliebige Sicht zahlbar lautende eigene Wechsel aus. Die Dividenden der Bank werden halbjährlich bestimmt und sollen zunächst aus 4 Proc. per Jahr vom Nominalwerth der Actien bestehen; der Ueberschuß wird Ende des Jahres zu 3/4 unter die Actionäre vertheilt und 1/4 kommt zum Reservefonds.

2) Hypothekenbank. Die Hypothekenbank unter der Gesellschaftsfirma Leu u. Comp. wurde im Jahr 1857 mit 9,754,000 Franken Capital auf Actien zu 500 Franken gegründet.

3) Die „Schweizerische Creditanstalt," eine dem Pariser Crédit mobilier nachgebildete Anstalt, gegründet im Jahr 1856. Gesellschaftscapital 30 Mill. Franken in Actien zu 500 Franken, wovon aber erst die Hälfte ausgegeben ist. Die Bank hat die Befugniß: 1) Vorschüsse zu gewähren gegen Verpfändung von inländischen und ausländischen Staatsschuldscheinen und Werthpapieren, Wechseln, Waaren oder anderem beweglichem Eigenthum, sowie von grundversicherten Forderungen; 2) Anleihen und Geldgeschäfte von Staaten, Gemeinden und Corporationen ꝛc. zu vermitteln oder selbst zu übernehmen; 3) industrielle und andere Unternehmungen für eigene Rechnung zu begründen und zu betreiben, sich bei bestehenden oder neu entstehenden zu betheiligen, bei deren Verwaltung mitzuwirken oder sie ganz zu übernehmen, die Bildung von Gesellschaften zu vermitteln, und den Debit der von letzteren auszugebenden Actien und Obligationen zu übernehmen; 4) den Ein- und Verkauf von Werthpapieren, Metallen und Waaren für eigene oder fremde Rechnung zu bewerkstelligen; 5) Disconto-, Wechsel-, Giro-, Contocorrent-, Leih-, Depositen- und Incassogeschäfte zu betreiben; 6) mit Genehmigung des Regierungsraths verzinsliche, auf den Inhaber lautende Schuldverschreibungen auszugeben, deren Betrag unter keinen Umständen das Actiencapital übersteigen darf; 7) Zweiganstalten, Filiale, Contore, Commanditen, Agenturen ꝛc. im In- und Auslande zu errichten. — Von dem beim jährlichen Bücherschlusse sich ergebenden Reingewinn erhalten die Actionäre zunächst 5 Proc. des Nominalbetrags der Actien, vom Rest kommen 5 Proc. zum Reservefonds, bis derselbe 1/10 des eingezahlten Actiencapitals erreicht hat, vom weiteren Rest erhalten die fünfzehn Verwaltungsräthe als Tantième 10 Proc., die Beamten der Anstalt 10 Proc. und die Actionäre 80 Proc. als Superdividende. Die Dauer der Gesellschaft ist vorerst auf 20 Jahre festgesetzt. Ergibt sich beim Jahres-

abschluß ein Verlust von einem Viertel des eingezahlten Actiencapitals, so muß der nächsten Generalversammlung die Frage über Fortbestand der Anstalt vorgelegt werden.

Zurzach,
Stadt im schweizer Canton Aargau.

Rechnungsart, Münzen, Maaße und Gewichte, s. Aarau und Schweiz. Das alte Zurzacher Pfund = 528,459 Grammen (offiziell) = 1,057 neue schweizer Pfund. Der Centner = 100 Pfund.

Messen. Zwei Messen: 1) die Pfingstmesse, welche am Sonnabend vor Pfingsten beginnt und am Montage der Woche nach Pfingsten endigt; 2) die St. Verena-Messe, welche am Sonnabend vor dem letzten Montage des Monats August beginnt und am ersten Montage des September endigt. Die Geschäfte in Leder werden am Montage der Meßwoche abgemacht; die übrige Meßzeit ist für den Kleinhandel bestimmt. Acht Tage vor der eigentlichen Messe beginnen die Geschäfte in Tuchwaaren rc.

Zwickau,
Stadt im gleichnamigen Kreisdirectionsbezirk im Königreich Sachsen.

Rechnungsart, Münzen, Maaße und Gewichte, s. Dresden. Steinkohlen werden per Karren von 5 Dresdener Scheffel verkauft.

Cursnotirung von Actien und Prioritätsobligationen. Actien von einer großen Anzahl hiesiger Steinkohlenbau-Vereine werden in Thalern per Stück und Prioritätsobligationen solcher Actiengesellschaften in Procenten notirt. Es erscheint hier wöchentlich ein Curszettel der Steinkohlen-Actien.

Tabellen

zur Vergleichung

der

Ellenmaaße, Flüssigkeitsmaaße, Fruchtmaaße und Handelsgewichte.

---

31 *

Die Ellenmaaße, Flüssigkeitsmaaße, Fruchtmaaße und Handelsgewichte sind diejenigen Dimensions- und Schwermaaße, deren Vergleichung für den Handelsverkehr besonders wichtig ist. Es würde indessen zu weit führen, für jedes Land oder für jede Stadt die Verhältnisse ihrer Maaßgrößen zu denjenigen aller andern Länder und Städte aufzustellen; hier können nur die bedeutenderen Handelsplätze je nach ihrer Wichtigkeit Berücksichtigung finden, wobei dann auch die Richtung ihrer commerciellen Thätigkeit in Betreff der Auswahl der aufzustellenden Größenverhältnisse maaßgebend ist.

Nachdem so große und erfolgreiche Schritte geschehen sind, um Deutschland im Zollwesen, im Postwesen, in der Handelsgesetzgebung und im Münzwesen zu einigen oder der völligen Einigung näher zu führen, nachdem selbst in Ansehung des Zollgewichts ein Gleiches größtentheils erreicht ist, so ist in neuester Zeit auch eine Einigung im Maaß- und im allgemeinen Gewichtswesen angebahnt worden. Am 28. Januar 1860 haben Oesterreich, Baiern, Königreich Sachsen, Hannover, Württemberg, Baden, Kurhessen, Großherzogthum Hessen, die großherzoglich und herzoglich sächsischen Häuser, Nassau, Mecklenburg-Schwerin und Mecklenburg-Strelitz, Oldenburg, Anhalt, Schwarzburg, Lichtenstein, Schaumburg-Lippe und die vier freien Städte sich mit der Berufung einer Commission zur Ausarbeitung eines Gutachtens über Einführung gleichen Maaßes und Gewichtes in den deutschen Bundesstaaten einverstanden erklärt. Die Commission, bestehend aus Bevollmächtigten von Oesterreich, Baiern, Sachsen, Hannover, Württemberg, Baden, Großh. Hessen, Oldenburg, Lübeck, Bremen und Hamburg hat am 12. Januar 1861 am Sitze der Bundesversammlung ihre Arbeiten begonnen und am 30. April 1861 zu Ende geführt. Wir geben im Nachfolgenden eine kurze Uebersicht der Resultate jener Arbeiten, und zwar um so mehr, als der erzielten Einigung wohl nur die Schwierigkeiten, welche mit Maaß- und Gewichtsreformen verknüpft sind, vorerst noch im Wege stehen werden.

*   *   *

Die Grundlage des Maaß-Systems ist das Meter, eine Längengröße, welche mit dem in Frankreich gesetzlich geltenden Mètre übereinstimmt. Aus dem Meter werden sämmtliche Längen-, Flächen- und Raum- oder Körpermaaße entwickelt oder hergeleitet.

Längenmaaß.

Die Einheit des Längenmaaßes ist das Meter, welches decimal eingetheilt wird und in 10 Decimeter, 100 Centimeter, 1000 Millimeter zerfällt.

Für den gewöhnlichen Gebrauch kann, mit Ueberspringung des Zehntels und unter Anwendung abgekürzter Benennungen, das Meter in 100 Cent, das Cent in 10 Mill getheilt werden.

Als Maaß für sogenannte Langwaaren hat das Meter (welches in dieser Anwendung an die Stelle aller bisher gebräuchlichen Ellenmaaße tritt) die Eintheilung in 100 Centner oder Cent; daneben soll gestattet sein, es mit einer zweiten Theilung nach dem Halbirungssystem, also in Halbe, Viertel, Achtel, Sechzehntel, zu versehen.

Eine Länge von 2 Meter darf als Maaß im Bergwerkswesen unter dem Namen Lachter gebraucht werden; eine Länge von 5 Meter beim Feldmessen ꝛc. unter der Benennung Ruthe (Neuruthe).

Als Wegmaaß ist nach Befinden das Kilometer (1000 Meter) oder das Myriameter (10,000 Meter) zu gebrauchen.

Außerdem wird die Meile (metrische Meile) von 7500 Meter zugelassen.

Flächenmaaß.

Grundlage des Flächenmaaßes und nach Bedarf selbstständig angewendete Maaßgrößen sind das Quadratmeter, Quadratdecimeter, Quadratcentimeter (oder Quadratcent) und Quadratmillimeter (oder Quadratmill).

Für das Land= oder Feldmaaß stellt das System zunächst folgende Größen auf:

Das Quadratmeter   =   1 ⬜ Meter.
Das Ar . . . .   =   100   „
Das Dekar . . .   =   1000   „
Das Hektar . .   =   10000   „

Sofern es wünschenswerth erscheinen möchte, sollen aber auch zulässig sein:

Die Quadratruthe   =   25 ⬜ Meter.
Der Morgen . . .   =   2500   „
Das Joch . . . .   =   5000   „

Raum= oder Körpermaaße.

Das Kubikmeter, Kubikdecimeter, Kubikcentimeter (Kubikcent) und Kubikmillimeter (Kubikmill), welche von selbst aus dem Längenmaaße folgen, bilden die Grundlage.

Die Klafter als Brennholzmaaß wird auf 4 Kubikmeter bestimmt.

Erd= und Steinmassen im Bauwesen können nach der Schachtruthe von 25 Kubikmeter gemessen oder berechnet werden.

Für Bau= und Werkholz wird neben dem Kubikmeter als kleinere Einheit das Hundertel desselben unter dem Namen Scheit zugelassen (= 10 Kubikdecimeter).

Im Hohlmaaße ist die Einheit das Liter (= 1 Kubikdecimeter); größere Quantitäten der zu messenden Gegenstände sind nach dem Hektoliter (= 100 Liter) zu messen und zu berechnen.

Das Hektoliter darf in seiner Anwendung zum Messen trockener Waaren mit dem Namen Scheffel (Neuscheffel), als Flüssigkeitsmaaß mit dem Namen Ohm (Neuohm) bezeichnet werden.

Die Untertheilung des Liter geschieht nach dem Halbirungssysteme. Das halbe Liter als Flüssigkeitsmaaß kann den Namen Schoppen führen.

Gewicht.

Die Einheit des deutschen Handelsgewichts ist das Pfund, gleich der Hälfte des Gewichts eines Kubikdecimeter (Liter) Wasser bei der Temperatur zu + 4° C. = ½ Kilogramm. 100 Pfund = dem Centner. 4000 Pfund sind die Schiffslast.

Bezüglich des Medicinal- oder Apothekergewichts erscheint es wünschenswerth, dasselbe in ein thunlichst einfaches Verhältniß zum Handelspfunde zu setzen, jedenfalls aber erforderlich, in jedem Staate, wo dies noch nicht geschehen sein sollte, die Größe des geltenden Medicinalgewichts nach Grammengewicht oder nach Theilen des deutschen Pfundes (halben Kilogramms) gesetzlich zu declariren.

Das Münzgewicht ist im deutsch-österreichischen Münzvereine auf's Voll- kommenste regulirt.

Hinsichtlich des Juwelen- und Perlengewichts würde die Abschaffung oder Veränderung des jetzt im Juwelenhandel gebräuchlichen holländischen Karat eher störend als von irgend einem Nutzen sein. Es genügt völlig, zum Behufe etwaiger Vergleichungen den Betrag des Karat gesetzlich zu beklariren (es wird zu 0,205894 Grammen angenommen).

Mit dem Maaßwesen zusammenhängende Nebengegenstände.

a) Maschinenpferdekraft.

Wenn in Contracten über Lieferung von Motoren, als Wasserrädern, Dampf- maschinen und Luftmaschinen (sogenannten kalorischen Maschinen) die Leistungs- fähigkeit derselben nach einer bestimmten Anzahl von Pferdekräften ausgedrückt wird, so können Streitigkeiten über die Frage: ob das vom Maschinenbauer Verspro- chene und mit dem bedungenen Preise zu Bezahlende erfüllt sei, nicht gehörig ent- schieden werden, falls der Begriff der „Pferdekraft" nicht gesetzlich feststeht. Der Fall ist dann völlig dem Waarenverkauf nach Maaß oder Gewicht analog.

Die Maschinenpferdekraft wird nach der in der Mechanik überhaupt gebräuch- lichen Sprache ausgedrückt durch Angabe einer Gewichtgröße, gehoben in einer Secunde oder in einer Minute auf eine der Einheit des Längenmaaßes gleiche Höhe. So ist es in England allgemein üblich, die Pferdekraft = 550 Fuß- pfund pro Secunde (33000 Fußpfund pro Minute) zu verstehen, d. h. als eine Pferdekraft diejenige Arbeitsleistung gelten zu lassen, welche gleich ist dem Erheben einer Last von 550 (33,000) englische Pfund auf 1 engl. Fuß Höhe in 1 Se- cunde (Minute). In Frankreich hat man dafür 75 Meterkilogramm pro Secunde, d. h. 75 Kilogramm auf 1 Meter Höhe in 1 Secunde erhoben, ange- nommen. In Oesterreich besteht seit 1860 die gesetzliche Bestimmung der Pferdekraft zu 430 Fußpfund pro Secunde. Für den preußischen Staat wurde durch Circularverfügung des Handelsministeriums vom 6. Januar 1858 die Größe der Pferdekraft festgestellt auf 480 Fußpfund pro Secunde, wobei als Fuß der preußische und als Pfund das halbe Kilogramm zu verstehen ist. In Württemberg ist die Pferdekraft zu 525 Fußpfund festgesetzt, mit Zugrunde- legung des Pfundes von 500 Grammen und des württembergischen Fußes.

Wenn nun Deutschland das Meter als Längenmaaß-Einheit erhält, so wird mit Zugrundelegung desselben und des deutschen Pfundes von 500 Grammen die Pferdekraft durch eine Anzahl Meterpfund pro Secunde ihren Ausdruck bekommen müssen. Führt man die vorstehend mitgetheilten Bestimmungen auf diesen Maaßstab zurück, so ergibt sich die Pferdekraft in

England = 152,08 Meterpfund pro Secunde.
Frankreich = 150 „ „ „
Oesterreich = 152,24 „ „ „
Preußen = 150,65 „ „ „
Württemberg = 150,41 „ „ „

Es kann hiernach nicht zweifelhaft sein, daß die Zahl 150 gewählt werden muß.

b) Garnhaspelung.

Durch die Aufstellung des neuen Maaßsystems soll ein Zwang zu Abänderung in den jetzt bestehenden Arten der Garnhaspelung nicht ausgeübt werden. Es wird hier genug gethan sein, wenn in Fällen, wo es erforderlich ist, der Umfang der Garnhaspel in Metermaaß festgestellt und diese Feststellung bekannt gemacht wird.

c) Gaszähler.

Der Verkauf des Leuchtgases nach dem Maaße findet mittelst der sogenannten Gaszähler, Gasmesser oder Gasuhren statt. Diese geben auf dem Zifferblatte ihres Zählwerks die durchgeflossene Gasmenge nach Kubikeinheiten irgend eines bekannten Maaßes an, welches nicht immer das Landesmaaß ist. So gebraucht man vieler Orten in Deutschland Gasmesser, welche den Consum nach englischem Kubikfuß angeben. Eine Umänderung der Gasmesser auf Kubikmeter würde zu große Störungen und Kosten zur Folge haben; daher dürfte nur allgemein zu fordern sein, daß das Verhältniß des den Gasmessern zu Grunde liegenden fremden Maaßes zum Kubikmeter genau ermittelt, amtlich bekannt gemacht und auch auf jedem neu zu eichenden oder neu aufzustellenden Gasmesser selbst angegeben werde.

I. Ellenmaaße.

Aachen, s. Berlin.

Aarau, s. Schweiz.

Abo, s. Petersburg.

Abyssinien.

Der Pik = 0,686 Meter.

Acapulco, s. Mexiko.

Achem, s. Sumatra.

Acre, s. Aleppo.

Adelaide, s. Sydney.

Aleppo.

Der Pik = 0,677 Meter.

Alessandria, s. Turin.

Alexandrien.

100 Pik Stambuli oder türkische Pik
= 67 Meter.
116,963 Hamburger Ellen.
100,458 Berliner   „
73,273 engl. Yards.
56,375 Par. Stab.

Das gewöhnliche ägyptische Ellen-maaß, der Pik Belledi oder die Landes-elle = 0,5 Meter.
Der Pik Endaseh für importirte Ma-nufacturwaaren = 0,695 Meter.

Algier, s. Paris.

Alicante.

100 Baras = 90,5 Meter.
98,97 engl. Yards.
135,69 preußische E.
116,15 Wiener E.

Altenburg.

100 Ellen = 56,5 Meter.
94,167 bad., darmst.,
nassauer u. schweizer E.
67,826 baierische E.
99,755 Leipziger E.
61,79 engl. Yards.
103,234 Frankfurter E.
98,633 Hamburger E.
72,516 Wiener E.
84,715 preußische E.
91,984 württemberg. E.

Altona, s. Hamburg.

Amsterdam.

Die alte Elle = 0,6878 Meter.
Die neue Elle = 1 Meter.
1,6667 bad., darmst.,
nassauer u. schweizer E.
1,2004 baierische E.
u. s. w. wie Paris.

Ancona.

100 Braccia = 64,33 Meter.
96,465 Berliner E.
70,367 engl. Yards.
53,614 Par. Stab.
112,283 Hamburg. E.
113,806 Leipziger E.
82,57 Wiener E.

Angostura, s. Madrid.

Anhalt-Bernburg, s. Berlin.

Anhalt-Dessau, s. Berlin.

Anhalt-Köthen, s. Berlin.

Ansbach, s. München.

Antwerpen, s. Paris.

Appenzell, s. Schweiz.

Archangel, s. Petersburg.

Arnstadt, s. Berlin.

Astrachan, s. Petersburg.

Athen.

Die Piki (neue) Elle = 1 Meter.
100 große Piki (altes Maaß) für Leinen-
und Wollenwaaren
= 68,58 Meter.
75 engl. Yards.
125,3038 Frankfurter E.
119,7192 Hamburger E.
121,3783 Leipziger E.
102,826 preußische E.
88,0126 Wiener E.
100 kleine Piki (altes Maaß) oder En-
baseh für Seidenstoffe
= 63,5 Meter.
69,4444 engl. Yards.
116,022 Frankfurter E.
110,8511 Hamburger E.
112,3873 Leipziger E.
95,2092 preußische E.
81,4932 Wiener E.

Augsburg, s. München.

Azorische Inseln, s. Lissabon.

Bagdad, s. Bassora.

Bahia, s. Rio de Janeiro.

Baireuth, s. München.

Baltimore, s. New-York.

Bamberg, s. München.

Bangkok oder **Baukasai.**

Der Faden = 1,98 Meter.
6,31 preuß. Fuß.
6,23 Wiener Fuß.

Barbadoes, s. London.

Barcellona.

Die Elle = der halben Canna; die
Preise werden aber nach der ganzen
Canna notirt.

100 Canna = 185,868 castil. Baras.
169,732 engl. Yards.
283,574 Frankfurter E.
270,936 Hamburger E.
130,591 Par. Stab.
232,705 preuß. E.
199,181 Wiener E.

Basel, s. Schweiz.

Bassano, s. Mailand.

Bassora.

Viererlei Ellen:
Die Elle v. Bagdad = 0,8026 Meter.
0,877 engl. Yards.
Der Guz od. Cubit = 0,94 Meter.
1,028 engl. Yards.
Der Pik v. Aleppo = 0,6773 Meter.
0,7407 engl. Yards.
Die Elle v. Habbeb = 0,8686 Meter.
0,949 engl. Yards.

Batavia.

100 alte Amsterdamer Ellen
= 68,781 Meter.
103,123 preuß. E.
120,139 Hamburg. E.
75,228 engl. Yards.
88,274 Wiener E.

Bayonne, s. Paris.

Beaucaire, s. Paris.

Beirut, s. Aleppo.

Belgrad, s. Konstantinopel.

Benares, s. Calcutta.

Berbice, s. Demerara.

Bergamo, s. Mailand.

Bergen, s. Christiania.

Berlin.

100 preuß. Ellen
= 66,694 Meter.
111,157 bad., darmst., nassauer
und schweizer E.
80,064 baierische E.
116,429 Hamburger E.
114,165 hannoverische E.
85,594 Wiener E.

100 preuß. Ellen
= 116,925 Kasseler E.
118,043 Leipziger E.
96,048 Amsterdam-Brabanter Ellen.
56,119 Pariser Stab.
115,248 Bremer E.
73,939 engl. Yards.
108,581 württembergische E.
114,812 oldenburger E.
116,858 braunschweiger E.
121,86 Frankfurter E.
95,386 Frankf.-brabanter E.
115,941 Lübecker E.
25,21 neapolitanische Canne.
66,964 niederländische E.

Bern, s. Schweiz.

Betelfaki.
Der Covid = 0,45719 Meter.
Der große eiserne Covid = 0,68579 Meter.
Der Guz oder Göß = 0,63499 Meter.

Bielefeld, s. Berlin.
Bilbao, s. Madrid.
Birkenfeld, s. Berlin.
Bogota, s. Madrid.

Bokhara.
Der Hazé = 1,067 Meter.
1,1666 engl. Yards.

Bolivia, s. Lima.

Bologna.
100 Braccia = 64 Meter.
69,996 engl. Yards.
95,966 preußische E.
32,169 römische Canne.
82,141 Wiener E.

Bombay.
Der Covid = 0,45719 Meter = ½ engl. Yard.
Der Guz oder Göß = 0,68579 Meter = ¾ engl. Yard.

Bordeaux, s. Paris.
Borneo, s. Batavia.

Boston, s. New-York.

Botzen.
Die tiroler Elle = 0,804165 Meter.
1,20576 preußische E.
1,03205 Wiener E.
Die Botzner Elle = 0,7904 Meter.
0,18484 preußische E.
1,01415 Wiener E.
0,98265 tiroler E.

Bourbon, Insel, s. Paris.

Brailow, s. Bukarest.

Braunschweig.
100 Ellen = 57,073 Meter.
95,121 bad., darmst., nass. sauer u. schweizer E.
104,28 Frankfurter E.
68,511 baierische E.
97,695 hannoverische E.
98,622 Bremer E.
99,632 Hamburger E.
62,416 engl. Yards.
85,574 preußische E.
92,916 württemberg. E.
73,246 Wiener E.
101,013 Leipziger E.

Bremen.
100 Ellen = 57,87 Meter.
98,45 bad., darmst., nass. sauer u. schweizer E.
69,471 baierische E.
105,737 Frankfurter E.
82,766 Frankf.-brabanter Ellen.
48,959 Frankfurter Stab.
100,97 Hamburger E.
63,289 engl. Yards.
86,769 preußische E.
94,215 württemberg. E.
74,269 Wiener E.
99,06 hannoverische E.
101,4 braunschweiger E.
102,424 Leipziger E.
5 Bremer-brabanter Ellen = 6 Bremer Ellen.

Brescia.

100 Tuch-Ellen (Braccia da panno)
= 67,412 Meter.
73,724 engl. Yards.
113,31 Mailänder E.
101,077 preußische E.
85,515 Wiener E.

100 Seiden- und Leinwand-Ellen (Braccia da Seta e Tela)
= 64,038 Meter.
70,034 engl. Yards.
107,638 Mailänder E.
96,018 preußische E.
82,185 Wiener E.

Breslau, f. Berlin.

Brody, f. Lemberg und Wien.

Brügge, f. Brüssel.

Brünn, f. Wien.

Brüssel, f. Paris.

Buenos-Ayres.

100 Baras = 86,8 Meter.
151 Hamburger E.
125,2 Brabanter E.
129,8 preußische E.
150 Bremer E.

Bukarest.

100 Leinwand-Ellen (Endaseh)
= 66,231 Meter.
72,433 engl. Yards.
99,306 preußische E.
93,128 russische Arschin.
96,577 türkische Pik.
85 Wiener E.

100 Wollentuch- und Seidenwaaren-Ellen (Halebi)
= 70,127 Meter.
76,964 engl. Yards.
105,148 preußische E.
98,606 russische Arschin.
102,258 türkische Pik.
90 Wiener E.

Cadiz, f. Madrid.

Cairo, f. Alexandrien.

Calcutta.

Das bengalische Guz
= 1 engl. Yard.
1 ⅓ Guz von Bombay.
2 Covids von Madras.

Californien, f. New-York.

Canton.

Im Handel mit dem Auslande dient das engl. Yard, hier Ma genannt. Das chinesische Längenmaaß für Handelssachen, in den Hafenplätzen Covid genannt, ist = ca. 0,37 Meter *).

Capstadt.

Die alte Amsterdamer Elle (f. Batavia) und das engl. Yard (f. London).

Caracas, f. Bogota.

Carvar.

Der Covid = ½ Yard = dem Covid von Calcutta.

Cayenne.

Das Meter und die Pariser Aune (Par. Stab) (f. Paris).

Chemnitz, f. Leipzig.

Cheribon, f. Batavia.

Chile.

Die Bara gesetzlich = 0,836 Meter. In der Praxis rechnet man:

100 Yards   = 108 Baras.
100 Meter   = 119 „
100 Par. Stab = 138 „
100 Brab. Ellen = 81 „

Christiania, f. Copenhagen.

Cleve, f. Berlin.

Coblenz, f. Berlin.

Cochinchina.

Der Covid = 0,381 Meter.

---

*) Stimmt bis auf zwei Decimalstellen überein mit den im mexikanischen Zolltarif (von 1851) angenommenen Verhältnissen: 100 chinesische Covids = 44,51 mexikanische Baras und 119,33 solcher Baras = 100 Meter.

Cöln, s. Berlin.

Colombo, s. London.

Constantinopel.

100 Pik = 75 engl. Yards.
118,505 Bremer E.
125,304 Frankfurter E.
68,579 Meter.
119,719 Hamburger E.
121,378 Leipziger E.
57,705 Pariser Stab.
102,826 preußische E.
96,429 russische Arschin.
88,013 Wiener E.

Copenhagen.

100 Ellen = 62,771 Meter.
75,354 baierische E.
114,692 Frankfurter E.
109,984 Braunschweig. E.
111,099 Leipziger E.
108,469 Bremer E.
68,648 engl. Yards.
104,618 bad., darmst., nassauer u. schweizer E.
102,194 württemberg. E.
94,118 preußische E.
107,449 hannoverische E.
80,559 Wiener E.
109,58 Hamburger E.
109,121 Lübecker E.
88,262 russische Arschin.

Curassao.

Die Bara, s. Havanna.
Die alte Amsterdamer Elle, von welcher
100 = 118,8543 Bremer E.
75,2212 engl. Yards.
125,6733 Frankfurter E.
120,0067 Hamburger E.
121,7363 Leipziger E.
103,1292 preußische E.
88,2698 Wiener E.
68,781 Meter oder nieder-
ländische E.

Cypern.

Der Pik = 0,97963 türkische Pik (siehe
Constantinopel).

Damaskus.

Der Pik = 0,848 türkische Pik.

Danzig, s. Berlin.

Darmstadt.

100 Ellen = 60 Meter.
100 bad., nassauer und
schweizer E.
72,028 baierische E.
106,195 Leipziger E.
109,629 Frankfurter E.
50,761 Pariser Stab.
103,681 Bremer E.
105,189 Kasseler E.
65,618 engl. Yards.
89,963 preußische E.
97,682 württemberg. E.
77,003 Wiener E.
102,706 hannoverische E.
105,13 Braunschweig. E.
84,366 russische Arschin.
104,743 Hamburger E.

Demerara.

Die alte Amsterdamer E. (s. Curassao).
Das engl. Yard (s. London).

Dessau, s. Anhalt-Dessau.

Detmold, s. Lippe-Detmold.

Domingo, s. Port-au-Prince.

Dresden.

100 Leipziger Ellen
= 56,638 Meter.
94,397 bad., darmst., nassauer u. schweizer E.
67,992 baierische E.
99,238 Braunschweiger E.
97,871 Bremer E.
61,941 engl. Yards.
103,486 Frankfurter E.
98,821 Hamburger E.
96,951 hannoverische E.
47,657 Pariser Stab.
51,489 portugies. Baras.
84,922 preußische E.
79,638 russische Arschin.
95,382 schwedische E.

100 Leipziger Ellen
= 67,757 spanisch = kastilische
Baras.
82,587 türkische Pik.
72,686 Wiener E.
92,209 württemberg. E.
Der (sächsische) Stab = 2 Leipziger E.

Drontheim, s. Christiania.

Dschedda, s. Jeddo.

Dublin, s. London.

Düsseldorf, s. Berlin.

Edinburg, s. London.

Elberfeld, s. Berlin.

Elbing, s. Berlin.

Emden, s. Hannover.

Erfurt, s. Berlin.

Faröer, s. Thorshaven.

Ferrara, s. Bologna.

Fez, s. Marokko.

Fiume, s. Wien.

Flensburg, s. Altona.

Florenz, s. Livorno.

Frankfurt a. M.
100 Ellen = 54,73 Meter.
91,217 bad., darmst., nas=
sauer u. schweizer E.
65,701 baierische E.
95,896 Braunschweig. E.
94,574 Bremer E.
59,855 engl. Yards.
78,275 Frankfurt=braban=
ter Ellen.
46,303 FrankfurterStab.
95,491 Hamburger E.
93,685 hannoverische E.
95,95 Kasseler E.
82,061 preußische E.
76,934 russische Arschin.
96,631 Leipziger E.
70,237 Wiener E.
89,103 württemberg. E.

100 Frankfurt=brabanter Ellen
= 76,467 engl. Yards.
127,754 Frankfurter E.
59,154 Frankfurter Stab.
69,92 Meter.
104,837 preußische E.
89,732 Wiener E.
100 Frankfurter Stab
= 129,267 engl. Yards.
215,969 Frankfurter E.
169,05 Frankf. = brabanter
Ellen.
118,2 Meter.
177,227 preußische E.
151,696 Wiener E.
141,895 baierische E.
192,434 württemberg. E.
202,332 hannoverische E.
197 bad., darmst., nassauer
und schweizer E.

Frankfurt a. d. O., s. Berlin.

Freiburg in Baden, s. Karlsruhe.

Freiburg in der Schweiz, s. Schweiz.

Fulda.
100 Fuldaer Ellen = 99,186 Kasseler
Ellen (s. Kassel).

Galacz, s. Jassy.

Gallipoli, s. Constantinopel.

Genf, s. Schweiz.
100 alte Ellen = 190,62 neue schweizer
Ellen.

Gent, s. Brüssel.

Genua, s. Turin.

Gera.
100 Ellen = 57,3 Meter.

Gibraltar.
Das engl. Yard, s. London.
Die spanisch=kastilische Vara, s. Madrid.

Glarus, s. Schweiz.

Glasgow, s. London.

Goa, s. Lissabon.

Gotha.

100 Ellen = 56,264 Meter.
93,773 bad., darmst., nas=
sauer u. schweizer E.
67,543 baierische E.
109,629 Frankfurter E.
61,532 engl. Yards.
84,362 preußische E.
91,6 württemberg. E.
72,208 Wiener E.
98,581 braunschweig. E.
96,311 hannoverische E.

Gothenburg, s. Stockholm.

Granada, s. Madrid.

Gratz, s. Wien.

Graubünden, s. Schweiz.

Grönland, s. Kopenhagen.

Guatemala, s. Mexiko.

Guayaquil, s. Caracas.

Guernsey, Jersei, Alderney (Kanal=
Inseln), s. London.

Guyana, s. Demerara, Cayenne und
Surinam.

Haiti, s. Port=au=Prince.

Halle an der Saale, s. Berlin.

Hamburg.

100 Ellen = 57,283 Meter und nieder=
ländische E.
82,85 Hamburg=braban=
ter Ellen.
95,472 bad.,darmst., nas=
sauer u. schweizer E.
99,04 Bremer E.
68,766 baierische E.
85,889 preußische E.
98,056 hannoverische E.
62,647 engl. Yards.
104,665 Frankfurter E.
93,259 württemberg. E.
73,516 Wiener E.
100,424 braunschweig. E.

100 Hamburg=brabanter Ellen oder so=
genannte lange Ellen
= 120,635 Hamburger E.
119,477 Bremer E.
75,615 engl. Yards.
98,886 Frankfurt=braban=
ter Ellen.
121,146 braunschweig. E.
69,141 Meter.
116,354 hannoverische E.
103,669 preußische E.
88,732 Wiener E.

Hanau.

100 Hanauer Ellen = 54,38 Meter.
95,337 Kassel.E.
100 Hanau=brabanter E.
= 69,47 Meter.
121,792 Kasseler E.
Für die Praxis ist die Hanau=braban=
ter E. der Kassel=brabanter E. gleich=
zurechnen; denn erstere ist = 0,6947
und letztere = 0,6943 Meter; daher
der Unterschied nur = 0,0004 Meter.

Hannover.

100 Ellen = 97,365 bad., darmst., nas=
sauer u. schweizer E.
102,36 braunschweiger E.
70,13 baierische E.
63,889 engl. Yards.
100,949 Bremer E.
106,74 Frankfurter E.
83,551 Frankfurt = bra =
banter Ellen.
49,424 Frankfurter Stab.
58,419 Meter.
101,928 Hamburger E.
84,492 Hamburg=braban=
ter Ellen.
85,208 Leipzig=brabanter
Ellen.
49,156 Pariser Stab.
53,108 portugies. Varas.
87,593 preußische E.
82,142 russische Arschin.
103,144 Leipziger E.
98,381 schwedische E.

100 Ellen = 69,887 spanisch-kastilische
          Baras.
      85,183 türlische Pik.
      74,972 Wiener E.
      95,108 württemberger E.

Havanna.
100 Baras = 101,015 spanisch-kasti-
          lische Baras (siehe
          Madrid).
In der Praxis rechnet man:
108 Baras = 100 engl. Yards.
         = 160 Hamburger E.
140 Baras = 100 Pariser Stab.
81 Baras = 100 brabanter E.

Havre de Grace, s. Paris.

Hessen-Homburg.
1) Im Amte Homburg.
Die Elle wie in Frankfurt a. M.
2) Im Oberamte Meisenheim.
Die Elle wie in Darmstadt.

Hildburghausen, s. Meiningen.

Hohenzollern.
Die Elle wie in Stuttgart.

Hongtong, s. Canton.

Jamaika, s. Kingston.

Japan, Jeddo, s. Nangasaki.

Jassy.
100 Leinwand-Ellen (Eubaseh)
    = 63,14 Meter.
    94,68 preußische E.
    81,05 Wiener E.
100 Wollenwaaren-Ellen (Halebi)
    = 67,13 Meter.
    100,655 preußische E.
    86,15 Wiener E.

Innsbruck, s. Bozen.

Jonische Inseln.
Das engl. Yard (s. London).

Iviza, s. Mallorca.

Karlsruhe, s. Darmstadt.

Kassel.
100 Kasseler Ellen
    = 57,040 Meter.
    68,474 baierische E.
    95,067 bad., darmst., nas-
        sauer u. schweizer E.
    62,381 engl. Yards.
    104,221 Frankfurter E.
    82,153 Kassel-brabanter E.
    85,525 preußische E.
    73,202 Wiener E.
100 Kassel-brabanter Ellen
    = 69,431 Meter.
    83,349 baierische E.
    115,719 bad., darmst., nas-
        sauer u. schweizer E.
    75,932 engl. Yards.
    99,301 Frankfurt-braban-
        ter Elle.
    121,723 Kasseler E.
    104,104 preußische E.
    89,104 Wiener E.

Kiachta, s. Petersburg.

Kiel, s. Altona.

Kingston, s. London.

Koburg.
Die Elle = 0,58629 Meter.

Königsberg, s. Berlin.

Konstanz, s. Karlsruhe.

Korsika, s. Paris.

Krakau, s. Wien.
Die (alte) polnische Elle = 0,576 Meter
    = 0,64705 Wiener E.

Krefeld, s. Berlin.
Die hiesige brabanter Elle
    = 1,035 preußische Ellen.
Für Seidenzeuge ist das Meter im Ge-
brauche.

Kroatien, s. Fiume.

Kronstadt, s. Wien.
Die (alte) siebenbürger Elle
    = ca. 4/5 Wiener E.

Laguaira, f. Caracas.

Lauenburg.
Die Elle = 0,637 Meter.

Lausanne, f. Schweiz.

Leipzig, f. Dresden.

Lemberg, f. Wien.

Libau, f. Petersburg.

Lima.
Die Bara = 0,8475 Meter.
  1,014 spanisch-castilische Baras.
Im Großhandel bient das engl. Yard (f. London).

Lippe-Bückeburg.
Die Elle = 0,5802 Meter
  0,86994 preußische E.

Lippe-Detmold.
Die Elle = 0,57902 Meter
  0,86818 preußische E.

Lissabon.
100 Baras = 110 Meter.
  120,3 engl. Yards.
  164,93 preußische E.
  141,18 Wiener E.
Der Covado = 0,66 Meter.

Liverpool, f. London.

Livorno, f. Turin.
Der Braccio (die alte Elle)
  = 0,58365 Meter.
  0,6383 engl. Yards.
  1,0183 Hamburger E.
  1,8751 preußische E.
  0,7491 Wiener E.

London.
100 Yards = 152,397 bab., darmst., nassauer u. schweizer E.
  91,438 Meter u. niederländische E.
  109,768 baierische E.
  160,214 braunschweig. E.
  153,006 Bremer E.
  167,072 Frankfurter E.

100 Yards = 130,776 Frankfurt-brabanter Ellen.
  91,438 Meter u. niederländische E.
  159,538 Hamburger E.
  132,249 Hamburg-brabanter E.
  156,522 hannoverische E.
  133,37 Leipzig-brabanter Ellen.
  76,939 Pariser Stab.
  83,126 portugief. Baras.
  137,102 preußische E.
  128,571 russische Arschin.
  161,443 Leipziger E.
  153,988 schwedische E.
  109,388 spanisch-castil. Baras.
  133,333 türkische Pik.
  117,347 Wiener E.
  148,865 württemberg. E.

Lucca, f. Turin.

Lübeck.
100 Ellen = 57,52 Meter u. niederländische E.
  62,91 engl. Yards.
  100,365 Hamburger E.
  86,251 preußische E.
  73,823 Wiener E.
  95,873 bab., darmst., nassauer u. schweizer E.
  69,056 baierische E.
  105,105 Frankfurter E.
  98,468 hannoverische E.
  93,651 württemberg. E.
  100,791 braunschweig. E.

Lüttich, f. Paris.

Lugano, f. Schweiz.

Luxemburg, f. Amsterdam.

Luzern, f. Schweiz.

Lyon, f. Paris.
Die (ältere) Aune oder der Stab =
  1,17416 Meter = 0,988 Par. Stab.

Macao, f. Canton.

I. Ellenmaaße.

Macaſſar, ſ. Batavia.

Madeira, ſ. Liſſabon.

Madras.

Das engl. Yard (ſ. London).

Der Cubit (wie in Calcutta) = ½ Yard.

Madrid.

100 Baras = 84,75 Meter.

92,734 engl. Yards.

127,15 preußiſche E.

108,82 Wiener E.

Magdeburg, ſ. Berlin.

Mailand.

Der Metro = 1 Meter.

1,6667 bad., darmſt=, naſ=
ſauer u. ſchweizer E.

1,2004 baieriſche E.

u. ſ. w. wie Paris.

Mainz, ſ. Darmſtadt.

Makaſſar, ſ. Batavia.

Malaga, ſ. Madrid.

Mallorca.

Die Canna = 1,7138 Meter.

Malta.

Die Canna = 2,09 Meter

= 2⁷/₇ engl. Yards.

Manchester, ſ. London.

Manilla, ſ. Madrid.

Im Großhandel dient das engl. Yard
(ſ. London).

Mannheim, ſ. Karlsruhe.

Mantua, ſ. Mailand.

Marokko.

Die Draä (von den Chriſten Cobo ge=
nannt) = 0,571 Meter.

Marſeille, ſ. Paris.

Die Canne (altes Maaß)
= 2,0127 Meter.

Martinique, ſ. Paris.

Die (alte) Aune oder der Pariſer Stab
(ſ. Paris).

Maulmain.

Das engl. Yard (ſ. London).

Mauritius.

Die (alte) Aune oder der Pariſer Stab
(ſ. Paris). In der Praxis rechnet man
7 Aunes = 9 engl. Yards.

Mecklenburg, ſ. Neu=Strelitz, Roſtock
und Schwerin.

Meiningen.

100 Ellen = 63,5 Meter.

95,349 preußiſche E.

112,49 Leipziger E.

Melbourne, ſ. London.

Memel, ſ. Berlin.

Menorca, ſ. Mallorka.

Meſſina, ſ. Palermo.

Mexico.

Im mexikaniſchen Zolltarif von 1856
ſind in Folge von Unterſuchungen, welche
die Regierung hat anſtellen laſſen, fol=
gende Reductionsverhältniſſe feſtgeſtellt:

100 ſpaniſch=kaſtiliſche Baras
= 99,75 mexikan. Baras.

100 Pariſer Stab (alte Aune)
= 141,82 mexikan. Baras.

100 brabanter Ellen
= 82,51 mexikan. Baras.

100 ruſſiſche Arſchin
= 84,89 mexikan. Baras.

100 Bremer Ellen
= 69,02 mexikan. Baras.

100 Hamburger E.
= 68,38 mexikan. Baras.

100 Leipziger E.
= 67,46 mexikan. Baras.

100 Berliner E.
= 79,58 mexikan. Baras.

100 chineſiſche Covid
= 44,31 mexikan. Baras.

100 genueſiſche Palmi
= 29,81 mexikan. Baras.

100 Meter = 119,33 „ „

100 engl. Yards
= 109,11 mexikan. Baras.

Minden, f. Berlin.

Mitau, f. Petersburg.

Modena, f. Turin.

Mokka.

Der Covid = 0,4826 Meter.

Molukken.

Der Covid = 0,46058 Meter.

Montevideo.

Die Bara = 0,86 Meter
  = 1,028825 spanisch-kastilische Baras.

Montpellier, f. Paris.

Montreal, f. Quebeck.

Moskau, f. Petersburg.

München.

100 baierische Ellen
  = 83,3015 Meter u. niederländische E.
  69,418 pfälzer od. rheinbaierische E.
  138,836 bad., darmst., nassauer u. schweizer E.
  145,957 braunschweig. E.
  143,946 Bremer E.
  91,101 engl. Yards.
  152,204 Frankfurter E.
  119,138 Frankfurt-brabanter E.
  70,475 Frankfurter Stab.
  145,342 Hamburger E.
  120,48 Hamburg-brabanter E.
  142,593 hannoverische E.
  103,313 Leipziger E.
  121,502 Leipzig-brabanter Ellen.
  70,093 Pariser Stab.
  75,72 portugies. Baras.
  124,901 preußische E.
  117,13 russische Arschin.
  147,074 Leipziger E.
  140,288 schwedische E.
  99,654 spanisch-kastilische Baras.

100 baierische Ellen
  = 121,466 türkische Pik Halebi.
  106,905 Wiener E.
  135,618 württemberg. E.

Rheinbaiern.

Die Elle = $1\frac{1}{5}$ Meter = der Aune usuelle (f. Paris).

Münster, f. Berlin.

Nancy, f. Paris.

Nangasaki.

Das Tsune fast = 0,379 Meter.
  0,5683 preußische E.
  0,4864 Wiener E.
Ein größeres Ellenmaaß ist (nach Kelly) das Inck, Icke oder Tsjov
  = 1,9 Meter.
  6,028 preußische Fuß.
  6,039 Wiener Fuß.

Nanking, f. Canton.

Nantes, f. Paris.

Nassau, f. Wiesbaden.

Naumburg, f. Berlin.

Neapel, f. Turin.

Die alte Canna = $\frac{4}{5}$ neue Canna (seit 1840).
Die Canna (seit 1840)
  = 2,6455 Meter.
  1,28125 sicilische Canne.
  2,89321 engl. Yards.
  3,96664 preußische E.
  3,39509 Wiener E.

Neuchâtel, f. Schweiz.

Neustrelitz.

100 Ellen = 69,3093 Meter.
  120,928 Hamburger und mecklenburg-schweriner Ellen.
  120,455 Rostocker E.
  103,922 preußische E.

Newcastle, f. London.

New-Orleans, f. New-York.

32*

New-York, f. London.

Niederlande, f. Amsterdam.

Niederländisch-ostindische Colonien, f. Batavia, Sumatra, Molukken.

Niederländisch-westindische Colonien, f. Curassao.

Nischnei-Nowgorod, f. Petersburg.

Nizza, f. Paris.

Norwegen, f. Christiania.

Nürnberg, f. München.

Odessa, f. Petersburg.

Ofen, f. Pesth.

Oldenburg.

100 Oldenburger Ellen
 = 58,088 Meter.
   87,095 preußische E.
   74,546 Wiener E.
   69,732 baierische E.
   101,778 braunschweig. E.
   100,376 Bremer E.
   99,433 hannoverische E.
   102,559 Leipziger E.

100 jeversche Ellen
 = 99,625 Oldenburger E.

Oporto, f. Porto.

Osnabrück, f. Hannover.

Aeltere Ellenmaaße:

1) Osnabrücker.

Osnabrücker Handels-Elle (die alte hannoverische)
 = 0,584 Meter = 0,9997 neue
   hannov. E.

Die hiesige brabanter Elle
 = 0,6914 Meter = 1,1835 neue
   hannov. E.

Der Stab (ursprüngl. der Pariser)
 = 1,1875 Meter = 2,0327 neue
   hannov. E.

Die Aune zu Seidenwaaren
 = 1,191 Meter = 2,0389 neue
   hannov. E.

Die Aune zu Linnen
 = 1,182 Meter = 2,0234 neue
   hannov. E.

Die Osnabrücker Legge-Elle
 = 1,2209 Meter = 2,0899 neue
   hannov. E.

Die Leinwand-Elle
 = 0,6384 Meter = 1,0928 neue
   hannov. E.

2) Kalenberger:

Die Kalenberger Handels-Elle
 = 0,637 Meter = 1,0905 neue
   hannov. E.

Die Kalenberger Legge-Elle
 = 0,5847 Meter = 1,0009 neue
   hannov. E.

Nur die Osnabrücker Legge-Elle ist gesetzlich gültig.

Ostende, f. Brüssel.

Padang, f. Sumatra.

Padua.

Die Wollen-Elle (Braccio da panno)
 = 0,68098 Meter.

Die Seiden-Elle (Braccio da seta)
 = 0,63751 Meter.

Palermo.

100 sicilische Canne
 = 78,049 neapolitanische Canne.
   206,48 Meter.
   179,368 engl. Yards.
   309,591 preußische E.
   264,983 Wiener E.

Pamplona, f. Madrid.

Paris.

Der Meter = 1 niederländische Elle.
   1,66667 bad., darmstädt.,
     nassauer u. schweizer E.
   1,20046 baierische E.
   1,75216 braunschweig. E.
   1,72801 Bremer E.
   1,09363 engl. Yards.
   1,82715 Frankfurter E.
   1,43021 Frankfurt-bra-
     banter E.
   1,74477 Hamburger E.
   1,45397 Hamburg-bra-
     banter E.
   1,71177 hannoverische E.

Der Meter = 1,45858 Leipzig-brabanter Elle.
1,76560 Leipziger E.
0,841435 Pariser Stab.
0,90909 portugies.Baras.
1,49939 preußische E.
1,4061 russische Arschin.
1,68406 schwedische E.
1,19631 spanisch - kasti-
lische Baras.
1,45818 türk. Pik Halebi.
1,28335 Wiener E.
1,62804 württemberg. E.

Parma, s. Turin.

Frühere Ellenmaaße:
1) Der Braccio da panno (die Wollen-
Elle = 0,6395 Meter.
2) Der Braccio da seta (die Seiden-
Elle = 0,58775 Meter.

Patna.
Das Maaß für Tuch und Teppiche
= 0,8382 Meter.
Das Maaß für feines Tuch
= 1,0795 Meter.

Patras, s. Athen.

Pavia, s. Turin.

Früheres Ellenmaaß:
Der Braccio von Mailand
= 0,5949 Meter.

Peking, s. Canton.

Pernambuco, s. Rio-Janeiro.

Persien, s. Teheran.

Pesth, s. Wien.

Im Leinwandhandel war früher noch
die kleine Elle = ⅘ Wiener Ellen im
Gebrauch.

St. Petersburg.
100 Arschin = 71,119 Meter u. niederländische E.
118,531 bad., darmst.,
nassauer u. schweizer E.
85,375 baierische E.
122,894 Bremer E.

100 Arschin = 113,299 dänische E.
77,778 engl. Yards.
129,945 Frankfurter E.
101,71 Frankfurt - bra-
banter E.
124,085 Hamburger E.
123,47 polnische Lokinć.
106,635 preußische E.
125,567 Leipziger E.
104,63 Leipzig-braban-
ter Ellen.
119,768 schwedische E.
103,704 türk. Pik Ha-
lebi.
91,27 Wiener E.
115,784 württemb. E.

Philadelphia, s. New-York.

Philippinische Inseln, s. Manilla.

Piacenza, s. Turin.

Früheres Ellenmaaß, s. Parma.

Plymouth, s. London.

Pointe-à-Pitre, s. Martinique.

Pondichery.
Die Coudée = 0,519744 Meter.

Port-au-Prince (jetzt Port républicain).
Die alte Pariser Aune (s. Paris).

Porto, s. Lissabon.

Porto-Plata, s. Puerto-Plata.

Portorico, s. Havanna.

Portsmouth, s. London.

Posen, s. Berlin.
Die alte Posener Elle
= 0,59412 Meter.

Potsdam, s. Berlin.

Prag, s. Wien.
Die frühere böhmische Elle
= 0,59518 Meter.
0,76382 Wiener E.

Preßburg, s. Pesth.

Prince-of-Wales-Island.
Die inländische Elle (Hasta)
= ½ engl. Yard.
Außerdem ist auch das engl. Yard im
Gebrauche.

Providence, s. New-York.

Puerto Cabello, s. Caracas.

Pyrmont, s. Waldeck.

Puerto Plata, s. Port-au-Prince.

Puortorico, s. Havanna.

Pulo Pinang, s. Prince-of-Wales-
Island.

Quebeck, s. London.
Als Ellenmaaß ist auch die englische
Elle = 1¼ Yard im Gebrauche.

Quito, s. Caracas.

Ragusa, s. Wien.
Aelteres Ellenmaaß: Der Braccio
= ¾ venetianische Wollen-Elle
(s. Benedig) = 0,51255 Meter.
= 0,65778 Wiener E.

Rangun.
Das Taong, Taim oder die Elle
= 0,48513 Meter.
0,7274 preußische E.
0,6226 Wiener E.
0,8565 Leipziger E.

Regensburg, s. München.
Die alte Elle = 0,81003 Meter.
0,97241 baierische E.

Réunion, Isle de Réunion, der jetzige
Name für die Insel Bourbon, s. d. Art.

Neuß, s. Gera.

Reval, s. Petersburg.
Die frühere Elle
= 0,75589 russische Arschin.
0,53758 Meter.

Riga, s. Petersburg.
Die frühere Elle
= 0,75593 russische Arschin.
0,53761 Meter.

Rio Grande, s. Rio-Janeiro.

Rio de Janeiro, s. Lissabon.
Im Gebrauch auch das engl. Yard
(s. London), der Meter und der Pariser
Stab (s. Paris).

Rom.
Die Canna mercantile (Handelscanne)
= 1,99263 Meter.
2,17921 engl. Yards.
2,98773 preußische E.
2,55723 Wiener E.
Der Braccio de mercante (Kaufmanns-
Elle) = 0,67 Meter.
0,7328 engl. Yards.
1,005 preußische E.
0,8595 Wiener E.
Der Braccio per le tele (Leinwand-E.)
= 0,635 Meter.
0,6946 engl. Yards.
0,9525 preußische E.
0,8149 Wiener E.

Rostock.
Die Rostocker Elle
= 0,5754 Meter.

Rotterdam, s. Amsterdam.

Rouen, s. Paris.
Die (alte) Aune für Wollen- und Seidenwaaren = 1,155 Meter.
Die (alte) Aune für Leinenwaaren
= 1,396 Meter.

Rudolstadt.
Die alte Leipziger Elle = 0,565 Meter.

Sandwich-Inseln, s. New-York.

San Sebastian, s. Madrid.
Die (alte) Vara = 0,837 Meter
= 1,0013 kastilische Varas.

Santiago, s. Chile.

San Francisco, s. New-York.

Santa Cruz, s. Madrid.

Santander, s. Madrid.

St. Gallen, s. Schweiz.

St. Louis, s. New-York.

St. Thomas, s. Copenhagen.

Im Gebrauche auch das engl. Yard (s. London) und die alte Amsterdamer Elle (s. Amsterdam).

Saragossa, s. Madrid.

Die alte Bara = 0,772 Meter
= 0,92355 kastilische Baras.

Sardinien, die Insel.

Die Canna = 2,1 Meter. — In Sassari ist die Canna = 1¼ Landescanna.

Schaffhausen, s. Schweiz.

Die frühere Elle = 0,5956 Meter.

Schweiz, s. Darmstadt.

Schwerin, s. Hamburg.

Schwyz, s. Schweiz.

Serbien, s. Belgrad.

Sevilla, s. Madrid.

Siam, s. Bangkok.

Siebenbürgen, s. Wien.

Singapore, s. Prince-of-Wales-Island.

Sinigaglia.

Der Braccio da panno e da seta (Wollen- und Seiden-Elle)
= 0,664 Meter.

Der Braccio da tele (Leinwand-Elle)
= 0,782 Meter.

Smyrna, s. Constantinopel.

Sourabaja, s. Batavia.

Solothurn, s. Schweiz.

Die alte Elle = 0,546 Meter.

Sondershausen, s. Berlin.

Stettin, s. Berlin.

Stockholm.

100 Ellen = 59,3802 Meter u. niederländische Ellen.
98,967 bad., barmstädt., nassauer u. schweizer E.
71,2835 baierische E.
64,9402 engl. Yards.

100 Ellen = 89,034 preußische E.
76,2053 Wiener E.
96,6734 württemberg. E.

Stralsund, s. Berlin.

Straßburg, s. Paris.

Stuttgart.

100 Ellen = 61,4235 Meter u. niederländische E.
102,3725 bad., barmst., nassauer u. schweizer E.
73,736 baierische E.
107,624 braunschweig. E.
106,14 Bremer E.
67,175 engl. Yards.
112,23 Frankfurter E.
87,848 Frankfurt - brabanter E.
51,966 Frankfurter Stab.
107,17 Hamburger E.
88,838 Hamburg-brabanter Ellen.
105,143 hannoverische E.
108,449 Leipziger E.
89,591 Leipzig - brabanter Ellen.
51,684 Pariser Stab.
55,839 portugies. Baras.
92,098 preußische E.
86,367 russische Arschin.
103,441 schwedische E.
73,481 spanisch-kastilische Baras.
89,565 türk. Pik Halebi.
78,828 Wiener E.

Sumatra.

Die alte Amsterdamer Elle (s. Amsterdam), die Amsterdam-brabanter Elle und das englische Yard (s. London).

Surabaja, s. Batavia.

Surate.

Das engl. Yard (s. London) und das Guz = ⅔ engl. Yards.

Surinam.

Die alte und neue Amsterdamer Elle (s. Amsterdam).

Sydney, f. London.

Tacna, f. Lima.

Tahiti.
Der Meter und das Yard (f. Paris und London).

Täbris, f. Teheran.

Teheran.
Der Arschin Schahi = 1,12 Meter.
Der Arschin Maläsär = 1,025 Meter.

Temesvar, f. Pesth.

Teneriffa, f. Santa-Cruz.

Ternate, f. Molukken.

Texas, f. New-York.

Thorshaven, f. Copenhagen.

Thurgau, f. Schweiz.

Tiflis, f. Petersburg.

Timor, f. Batavia.

Tirol, f. Bozen.

Tobolsk, f. Petersburg.

Tokaj, f. Pesth.

Toulouse, f. Paris.

Trankebar, f. Madras.

Trebisonde, f. Constantinopel.

Trier, f. Berlin.
Die alte Elle = 0,5652 Meter
= 0,84743 preuß. E.

Triest, f. Wien.
Der Braccio di Venezia da lana (Venetianische Wollen-Elle)
= 0,8789 Wiener E.
Der Braccio di Venezia da seta (Venetianische Seiden-Elle)
= 0,8214 Wiener E.

Tripoli.
Der türkische Pik oder Draá ist hier
= 0,671 Meter.
Der arabische oder kleine Pik
= 0,483 Meter.

Tunis.
Der Pik oder Draá Endaseh
= 0,6728 Meter.
Der Pik oder Draá Stambuli
= 0,637 Meter.
Der arabische Pik oder Draá
= 0,4883 Meter.

Turin, f. Paris.
Der Raso (die frühere Elle)
= 0,599394 Meter
(und in der Praxis = 1/2 alte Pariser Aune oder Pariser Stab).

Ulm, f. Stuttgart.

Unterwalden und Uri, f. Schweiz.

Uruguay, f. Montevideo.

Valencia, f. Madrid.
Die (alte) Vara = 0,906 Meter
= 1,083855 kastilische Varas.

La Valetta, f. Malta.

Valparaiso, f. Chile.

Vandiemensland, f. Sydney.

Venedig.
Der Braccio da lana (Wollen-Elle)
= 0,683396 Meter.
0,747384 engl. Yards.
1,024673 preußische E.
0,877035 Wiener E.
1,2065 Leipziger E.
Der Braccio da seta (Seiden-Elle)
= 0,638721 Meter.
0,698527 engl. Yards.
0,957691 preußische E.
0,8197 Wiener E.
1,1277 Leipziger E.

Venezuela, f. Caracas.

Vera-Cruz, f. Mexiko.

Verona.
Der Braccio longo (lange Elle)
= 0,648991 Meter.
Der Braccio corto (kurze Elle)
= 0,642449 Meter.

Walbeck und **Pyrmont.**

Die Elle = 0,5848 Meter.

Wallis, f. Schweiz.

Warschau, f. Petersburg.

Die alte Elle (Lokjeć)
= 0,8099 ruffifche Arfchin.

Weimar.

Die Elle = 0,56396 Meter.

Wien.

100 Ellen = 77,921 Meter u. nieder-
ländifche Ellen.
129,869 bab., barmft.,
naffauer u. fchweizer E.
93,541 baierifche E.
136,531 braunfchweig. E.
134,649 Bremer E.
85,217 engl. Yards.
142,374 Frankfurter E.
111,444 Frankfurt = bra-
banter E.
65,923 Frankfurter Stab.
135,954 Hamburger E.
112,699 Hamburg = bra-
banter E.

100 Ellen = 133,384 hannoverifche E.
113,654 Leipzig=braban-
ter Ellen.
137,578 Leipziger E.
65,566 Parifer Stab.
70,838 portugief. Baras.
116,834 preußifche E.
109,565 ruffifche Arfchin.
131,224 fchwedifche E.
93,319 fpanifch=kaftilifche
Baras.
113,623 türk. Pik Halebi.
126,859 württemberg. E.

Wiesbaden, f. Darmstadt.

Wilna, f. Petersburg.

Wismar.

Die Elle = 0,582 Meter.

Würzburg, f. Baiern.

Die alte Elle = 0,5874 Meter
= 0,7052 baierifche E.

Zante, f. Jonifche Infeln.

Zug, Zürich, Zurzach, f. Schweiz.

II. Flüssigkeitsmaaße.

Aachen, f. Berlin.

Aarau, f. Schweiz.

Abo, f. Petersburg.

Abyssinien.
Der Kuba = 1,01 Liter.

Acapulco, f. Mexiko.

Achem, f. Batavia.

Adelaide, f. Sydney.

Alessandria, f. Turin.

Algier, f. Paris.

Alicante, f. Madrid und Valencia.

Altenburg.
Der Dresdener Eimer (f. Dresden).

Altona, f. Hamburg.

Amsterdam.
Das Bat (Faß) = 1 Hektoliter.
Altes Weinmaaß:
Das Bat = 4 Oxhoofden
= 931,344 Liter.
Altes Branntweinmaaß:
Das Oxhoofd = 225 Liter.
Altes Thranmaaß:
Das Kwarteel = 2 Schmaltonnen
= 1 Oxhoofd Weinmaaß.

Ancona.
Wein- und Branntweinmaaß:
Die Soma = 70 Liter.
15,4068 engl. Imperial-
Gallons.
1,0189 preuß. Eimer.
1,2366 Wiener Eimer.

Delmaaß:
Der Metro = ¼ Wein-Soma
= 17 ½ Liter.

Angostura, f. Madrid.

Anhalt-Bernburg, f. Berlin.

Anhalt-Dessau-Köthen, f. Berlin.

Ansbach, f. München.

Antwerpen, f. Paris.

Appenzell, f. Schweiz.

Archangel, f. Petersburg.

Arnstadt, f. Berlin.

Astrachan, f. Petersburg.

Athen.
Die Litre = 1 franz. Liter.
Früheres Wein- und Branntweinmaß:
Der venetianische Barile (f. Venedig).
Delmaaß: Derselbe Barile.

Augsburg, f. München.

Azorische Inseln, f. Lissabon.

Bahia.
Die Canada = 5 ¼ Canadas von Lissabon.

Baireuth, f. München.

Baltimore, f. New-York.

Bamberg, f. München.

Barbadoes, f. London.

Barcelona, f. Madrid.
Altes Wein- und Branntweinmaaß:
Die Carga = 120,56 Liter.
Altes Delmaaß:
Die Carga = 123,6 Liter.

Basel, f. Schweiz.

Batavia.

Die Kan (Kanne)
= 1,491 Liter oder neue niederländische Kannen.
1,3 preußische Quart.
1,05 Wiener Maaß.
0,393 alte engl. Wein-
Gallons.

Bayonne, f. Paris.

Altes Weinmaaß:
Das Belte = 7,6 Liter.

Beaucaire, f. Paris.

Belgrad.

Branntweinmaaß:
Der ungarische Eimer (f. Pesth).

Benares, f. Calcutta.

Berbice, f. Demerara.

Bergamo, f. Turin.

Früheres Flüssigkeitsmaaß:
Die Brenta = 70,69 Liter.
61,7368 preuß. Quart.
49,9533 Wiener Maaß.

Bergen, f. Christiania.

Berlin.

100 Eimer = 45,801 badische Ohm und
schweizer Saum.
107,11 baierische Schenk-
Eimer.
45,833 braunschweigische
Ohm.
47,892 Bremer Ohm.
42,939 Darmstädt. Ohm.
101,989 Dresdn. Eimer.
1512,104 engl. Imperial-
Gallons.
1815,01 engl. alte Wein-
Gallons.
47,906 Frankfurter Ohm.
68,702 Hektoliter u. nie-
derländische Bat.
31,609 Hamburg. Oxhoft.
44,108 hannov. Ohm.
44,051 Kasseler Ohm.

100 Eimer = 47,218 Lübecker Ohm.
558,6 russische Wedra.
43,751 schwedische Ohm.
121,37 Wiener E.
23,374 württemb. Eimer.

Bern, f. Schweiz.

Bielefeld, f. Berlin.

Bilbao, f. Madrid.

Birkenfeld, f. Berlin.

Bogota, f. Madrid.

Bologna.

Die Corba = 78,593 Liter.
17,2978 engl. Imperial-
Gallons.
1,3884 Wiener Eimer.

Bombay.

Das englische Wein-Gallon (f. London).

Bordeaux, f. Paris.

Das im Verkehr noch gebräuchliche
Tonneau (Faß) = 120 Beltes; die
Barrique = 30 Beltes; das Belte =
7,61 Liter wird gewöhnlich zu 7,6 Liter
gerechnet, wonach der Barrique = 228
Liter.

Boston, f. New-York.

Bozen.

Der Wiener Eimer (f. Wien).

Bourbon, Insel, f. Paris.

Braunschweig.

100 Quartier = 29,0815 Bremer Stübchen.
98,518 Dresdn. Kannen.
20,6196 engl. Imperial-
Gallons.
24,7501 engl. alte Wein-
Gallons.
52,2608 Frankfurter
Aichmaaß.
102,3108 Hamburger
Quartier.
96,2357 hannoverische
Quartier.
81,8182 preuß. Quart.
66,2019 Wiener Maaß.

Bremen.

Wein- und Branntweinmaaß:
100 Stübchen = 70,903 engl. Imperial-Gallons.
     85,105 englische alte Gallons.
     179,704 Frankfurter Aichmaaß.
     355,691 Hamburger Quartier.
     330,917 hannoverische Quartier.
     281,341 preuß. Quart.
     227,643 Wien. Maaß.

Brescia.

Die Zerla = 49,7427 Liter.

Breslau, f. Berlin.

Altes Flüssigkeitsmaaß:
Der Eimer = 0,80745 preuß. Eimer.

Brody, f. Lemberg.

Brügge, f. Brüssel.

Brünn, f. Wien.

Die (alte) Maaß
     = 0,756 Wiener Maaß.

Brüssel, f. Paris.

Altes Weinmaaß: Das Foudre(Fuder) = 6 Aimes (Ohm), die Ohm = 96 Wein-Pots, der Wein-Pot = 1,3544 Litre.

Buenos-Ayres.

Das Barile (Faß) = 76 Liter. Die Pipa catalana (catalonische Pipe) = 6 Bariles = 456 Liter. Das alte englische Wein-Gallon (f. London).

Cadix, f. Madrid.

Calcutta.

Das engl. alte Wein-Gallon und das engl. Imperial-Gallon (f. London).

Capstadt.

Das alte Amsterdamer Flüssigkeitsmaaß (f. Amsterdam), das englische alte Wein-Gallon und beim Zoll das englische Imperial-Gallon (f. London).

Caracas, f. Madrid.

Carvar.

Das engl. alte Wein-Gallon (f. London).

Cayenne, f. Paris.

Im inländischen Verkehr das alte Pariser Flüssigkeitsmaaß.

Chemnitz, f. Dresden.

Cheribon, f. Batavia.

Chile.

Gesetzlich das Liter. Der frühere Quartillo gesetzlich = 1,1 Liter zu rechnen; außerdem das engl. alte Wein-Gallon (f. London).

Christiania, f. Copenhagen.

Cleve, f. Berlin.

Coblenz, f. Berlin.

Die (alte) Ohm = 151,2 Liter.

Cöln, f. Berlin.

Die (alte) Ohm = 138,216 Liter.

Colombo.

Der Wein-Legger = 567,78 Liter.

Constantinopel.

Für Wein und Rum die venetianische Barilla und das engl. alte Wein-Gallon.

Copenhagen.

Der Pott = 0,96612 Liter.
     0,21264 engl. Imperial-Gallons.
     0,84375 preuß. Quart.
     0,68271 Wiener Maaß.
     0,13344 Hamburg. Viertel.
Die Ohm von 155 Pott
     = 149,7486 Liter.

Curassao.

Das engl. alte Wein-Gallon, welches = 6 alten Amsterdamer Pinten gerechnet wird.

Cypern.

Das Caß = 1 1/4 engl. alte Wein-Gallon (f. London).
Die Carica = 10,414 Liter.

Danzig, s. Berlin.

Die Last = 12 preußische Ohm =
4⁴/₅ spanische Weinpipen.

Für Franzbranntwein rechnet man
32 franz. Veltes = 1 preuß. Oxhoft
von 180 Quart.

Das Danziger Doppelbier wird in
sogenannten Achteln versandt, von welchen
80 auf eine Schiffslast gerechnet werden.
Ein solches Achtel = 15 preuß. Quart.

Darmstadt.

Die Ohm zu 80 Maaß = 160 Liter.
100 Darmstädter Maaß
= 100 nassauer Maaß.
200 Liter.
133,333 badische Maaß.
187,086 baierische Maaß.
111,552 Frankfurt. Eich-
maaß.
102,723 hannov. Kannen.
110,803 Hamb. Kannen.
102,59 Kasseler Maaß.
103,507 Kopenhagener
Kannen.
44,019 engl. Imperial-
Gallons.
174,668 preuß. Quart.
108,87 württembergische
Helleichmaaß.
141,341 Wiener Maaß.
213,47 Braunschweiger
Quartier.
106,803 Lübecker Kannen.

Demerara.

Das alte holländische Flüssigkeitsmaaß
(s. Amsterdam) und die englischen (siehe
London).

Dresden.

100 sächsische Eimer
= 44,908 badische Ohm und
schweizer Saum.
105,021 baierische Schenkmaaß.
44,94 Braunschweig. Ohm.
46,468 Bremer Ohm.
42,101 Darmstädter und
nassauer Ohm.

100 sächsische Eimer
= 1482,623 engl. Imperial-
Gallons.
46,972 Frankfurt. Ohm.
67,352 Hektoliter u. nie-
derländische Vat.
30,991 Hamburg.Oxhoft.
43,248 hannov. Ohm.
43,192 Kasseler Ohm.
46,297 Lübecker Ohm.
98,05 preuß. Eimer.
547,709 russische Wedra.
42,897 schwedische Ohm.
119,004 Wiener Eimer.
22,918 württemb. Eimer.

Drontheim, s. Christiania.

Dublin, s. London.

Düsseldorf, s. Berlin.

Die alte Weinmaaß
= 1,10774 preuß. Quart.

Edinburg, s. London.

Elberfeld, Elbing, s. Berlin.

Emden, s. Hannover.

Der Krug (die Kanne)
= ¹⁶/₄₅ hannov. Stübchen.

Erfurt, s. Berlin.

Altes Weinmaaß:
Der Wein-Eimer = 1,0325 preußische
Eimer.

Faröer, s. Copenhagen.

Fez, s. Marokko.

Flensburg, s. Hamburg.

Florenz, s. Livorno.

Frankfurt a. M.

100 Altmaaß
= 119,509 badische Maaß.
167,688 baierische Maaß.
55,647 Bremer Stübchen.
89,632 Darmstädter und
nassauer Maaß.
191,605 Dresdn. Kannen.
39,455 engl. Imperial-
Gallons.

100 Altmaaß
= 179,263 Liter.
24,742 Hamburg. Viertel.
91,954 Kasseler Maaß.
156,558 preuß. Quart.
126,676 Wiener Maaß.
97,582 württemb. Maaß.

Frankfurt a. d. O., f. Berlin.

Freiburg in Baden, f. Karlsruhe.

Freiburg in der Schweiz, f. Schweiz.

Fulda.
100 Fuldaer Maaß
= 178,57 Liter (n. Chelius).
89,285 Darmstädter und
nassauer Maaß.
167,039 baierische Maaß.
99,599 Frankf. Altmaaß.
91,598 Kasseler Maaß.
119,047 badische Maaß.
97,205 württembergische
Helleichmaaß.
155,952 preuß. Quart.
126,197 Wiener Maaß.

Galacz, f. Constantinopel.

Gallipoli, f. Neapel.

Genf, f. Schweiz.

Vom alten Flüssigkeitsmaaß sind
100 Quarterons
= 225 Liter.
49,522 engl. Imperial-
Gallons.
196,501 preuß. Quart.
150 schweizer Maaß.
158,996 Wiener Maaß.

Genua, f. Turin.

Gera.
Der Eimer zu 72 Kannen
= 66,346 Liter.

Gibraltar.
Weinmaaß:
Das Gallon = 1,094 engl. alte Wein-
Gallons.
0,9114 engl. Imperial-
Gallons.
4,141 Liter.

Alte Pipe von Cadix
= 27 kastilische Cantaras
(f. Madrid).
435,59 Liter.
95,87 engl. Imperial-
Gallons.
116 englische alte Wein-
Gallons.

Glarus, f. Schweiz.

Glasgow, f. London.

Gotha.
Der Eimer zu 40 Kannen
= 72,77 Liter.

Gothenburg, f. Stockholm.

Granada, f. Madrid.
Altes Flüssigkeitsmaaß:
Die Arroba = 16,42 Liter.

Graz, f. Wien.

Graubünden, f. Schweiz.
Altes Flüssigkeitsmaaß:
Der Saum = 119,61 Liter
= 0,7974 neue schweizer Saum.

Guatemala, f. Mexiko.

Guayaquil, f. Madrid.

Guernsey, Jersey und **Alderney**
(Kanal-Inseln), f. London.

Guyana, f. Demerara, Cayenne und
Surinam.

Haïty, f. Port au Prince.

Halle a. d. Saale, f. Berlin.

Hamburg.
Wein- und Branntweinmaaß:
Die Ohm zu 20 Viertel
= 144,91 Liter.
100 Viertel = 483 badische Maaß.
362,25 Darmstädter und
nassauer Maaß.
224,914 Bremer Stüb-
chen.
159,47 engl. Imperial-
Gallons.

100 Viertel = 191,52 engl. alte Wein-
　　　　　　Gallons.
　　404,123 Frankfurter
　　　　　　Altmaaß.
　　99,594 Lübecker Viertel.
　　632,775 preuß. Quart.
　　512 Wiener Maaß.
Die Thrantonne = ca. 116 Liter. Die
alte Thrantonne = 117,6 Liter.

Hanau.

Die Ohm zu 20 Viertel oder 80 alte
Maaß = 149,23 Liter = 0,95685
Kasseler Ohm. — Die junge Maaß
oder Wirthsmaaß zu 4 Schoppen =
1,6089 Liter. — 69 alte Maaß =
80 junge Maaß.

Hannover.

100 Ohm = 103,839 badische Ohm
　　　　　　und schweizer Saum.
　　242,835 baierische Schenk-
　　　　　　Eimer.
　　103,912 braunschweiger
　　　　　　Ohm.
　　107,446 Bremer Ohm.
　　97,349 Darmstädter und
　　　　　　nassauer Ohm.
　　231,224 Dresdn. Eimer.
　　3428,189 engl. Imperial-
　　　　　　Gallons.
　　4114,89 engl. alte Wein-
　　　　　　Gallons.
　　108,61 Frankfurter Ohm.
　　155,758 Hektoliter u. nie-
　　　　　　derländische Vat.
　　71,658 Hamburg. Oxhoft.
　　99,87 Kasseler Ohm.
　　107,05 Lübecker Ohm.
　　226,716 preußische Eimer.
　　1266,436 russische Wedra.
　　99,189 schwedische Ohm.
　　275,166 Wiener Eimer.
　　52,992 württemb. Eimer.

Havanna, f. Madrid.

Das englische alte Wein-Gallon (siehe
London).

Havre de Grace, f. Paris.

Heidelberg, f. Karlsruhe.

Hessen-Homburg, f. Darmstadt.

Früheres Flüssigkeitsmaaß war im Amt
Homburg das Frankfurter.

Hildburghausen, f. Meiningen.

Hohenzollern, f. Stuttgart.

Hongkong, f. Canton.

Jamaika, f. Kingston.

Jassy, f. Constantinopel.

Innsbruck, f. Botzen.

Jonische Inseln.

1 Gallone Jonio
　　= 1 engl. Imperial-Gallon.

Iviza, f. Mallorca.

Karlsruhe.

100 badische Ohm
　　= 100 schweizer Ohm oder
　　　　　　Saum.
　　233,858 baierische Schenk-
　　　　　　Eimer.
　　93,75 Darmstädter und
　　　　　　nassauer Ohm.
　　104,595 Frankfurt. Ohm.
　　150 Hektoliter.
　　218,335 preuß. Eimer.
　　264,993 Wiener Eimer.
　　51,032 württemb. Eimer.

Kassel.

100 Kasseler Ohm
　　= 243,152 baierische Schenk-
　　　　　　Eimer.
　　97,476 Darmstädter und
　　　　　　nassauer Ohm.
　　3432,661 engl. Imperial-
　　　　　　Gallons.
　　155,9615 Hektoliter.
　　227,012 preuß. Eimer.
　　108,708 Frankfurt. Ohm.
　　275,525 Wiener Eimer.

Kingston.

Das engl. Imperial-Gallon und das
engl. alte Wein-Gallon (f. London).

Coburg.

Die Maaß (von welcher 80 auf den Eimer gehen)
= 0,9667 Liter.
0,907 baierische Schenk-maaß.
0,032 Dresdner Kannen.
0,843 preußische Quart.
0,68 Wiener Maaß.

Königsberg, s. Berlin.

Altes Weinmaaß: Der Stoof (von welchem 360 auf das Both gehen) = 1,2508 preußische Quart *). In der Praxis rechnet man 13 Stoof = 16 preuß. Quart.

Konstanz, s. Karlsruhe.

Korsika, s. Paris.

Alte Weinmaaße: Der Barile = 63,2 Liter. Die Pipe = 425 Liter.

Krakau, s. Wien.

Früheres Flüssigkeitsmaaß:
Der Garnetz = 2,717 Wiener Maaß.
3,125 russische Kruschki.
3,357 preuß. Quart.
0,846 engl. Imperial-Gallons.

Krefeld, s. Berlin.

Kronstadt, s. Wien.

Altes Flüssigkeitsmaaß:
Der Ur oder Eimer = 0,20439 Wiener Eimer.
In der Praxis rechnet man die siebenbürger Maaß, von welcher 8 auf den Ur oder Eimer gehen, der Wiener Maaß gleich.

Lauenburg.

Das Oxhoft = 60 Stübchen zu 2 Kannen zu 2 Quartier. Stübchen, Kanne und Quartier sind die Hamburger.

Lausanne, s. Schweiz.

Früheres Flüssigkeitsmaaß (seit 1822):

Der Pot (die Maaß), von welchem 480 auf den Char (Fuder) gehen = 1,35 Liter. 10 Pots = 9 (neue) schweizer Maaß.

Leipzig, s. Dresden.

Lemberg, s. Wien.

Früheres Flüssigkeitsmaaß wie Krakau (s. d. Art.).

Libau, s. Petersburg.

Früheres Flüssigkeitsmaaß: Der neue Rigaer Stoof (von welchem 120 auf das Oxhoft gehen)
= 1,2754 Liter.
1,0369 russische Kruschki.

Lima, s. Madrid.

Außerdem das engl. alte Wein-Gallon (s. London).

Lippe-Bückeburg.

Das Oxhoft = 205,08 Liter.

Lippe-Detmold.

Die Ohm zu 108 Kannen
= 148,63 Liter.
Die Bier-Ohm zu 100 Kannen
= 137,62 Liter.

Lissabon.

Die Almuda = 16,74 Liter.
0,2436 preuß. Eimer.
0,2957 Wiener Eimer.
3,6846 engl. Imperial-Gallons.
4,4224 engl. alte Wein-Gallons.
2,31168 Hamb. Viertel.

Liverpool, s. London.

Livorno, s. Turin.

Seitheriges Wein- und Branntwein-Maaß: Der Barilo da vino
= 45,584 Liter.
0,31445 Bremer Ohm.
0,20982 Hamburger Oxhoft.

---

*) Der Stoof = 72½ und das preuß. Quart = 57,723 franz. Cubikzoll.

Der Barilo da vino
= 0,66351 preußische Eimer.
0,8053 Wiener Eimer.
10,0329 engl. Imperial=
Gallons.
12,0426 engl. alte Wein=
Gallons.
Der Barile da olio (der Oel=Barile)
= 33,4289 Liter.

London.

100 Imperial=Gallons
= 302,897 bad. u. schweizer
Maaß.
425,009 baierische Maaß.
484,975 braunschweiger
Quartier.
141,038 Bremer Stübchen.
227,173 darmstädter und
naffauer Maaß.
485,626 Dresdn. Kannen.
253,452 Frankf. Altmaaß.
454,346 Liter und nieder=
ländische Kannen.
501,66 Hambrg. Quartier.
466,719 hannov. Quartier.
233,055 Kasseler Maaß.
124,906 Lübecker Stübchen.
396,798 preußische Quart.
369,419 russische Krujchka.
173,601 schwed. Kannen.
321,063 Wiener Maaß.
247,324 württemb. Maaß.
120,031 engl. alte Wein=
Gallons.
100 alte Wein=Gallons
= 2,52347 badische Ohm und
schweizer Saum.
2,61112 Bremer Ohm.
2,3657 darmst. u. naffauer
Ohm.
2,63942 Frankfurter Ohm.
1,7423 Hamburg. Oxhoft.
5,50961 preußische Eimer.
6,68703 Wiener Eimer.
83,31114 Imp.=Gallons.

Lucca, f. Turin.
Früheres Wein=Maaß:
Der Barile = 35 Liter.

Lübeck.

100 Ohm *)
= 103,344 Bremer Ohm.
3297,26 engl. Imperial=
Gallons.
3957,73 engl. alte Wein=
Gallons.
149,808 Hektoliter.
103,74 Hamburger Ohm.
218,06 preußische Eimer.
258,22 Wiener Eimer.
1218,05 russische Wedro.
95,4 schwedische Ohm.
100,12 dänische Ohm.

Lüttich, f. Brüssel.

Altes Maaß:
Die Tonne zu 80 Pots
= 99,36 Liter **).

Lugano, f. Schweiz.

Früheres Maaß:
Die Pinta = 1,722 Liter = 1,148 neue
schweizer Maaß.

Luxemburg, f. Amsterdam.

Luzern, f. Schweiz.

Lyon, f. Paris.

Altes Flüssigkeitsmaaß:
Die Asnée = 81,956 Liter.

Macao, f. Canton.

Macassar, f. Batavia.

Madeira.

Die hiesige Almude = 17,718 Liter
= 1,058 Lissaboner Almudes.

Madras.

Englisches altes Wein=Gallon, f. London.

Madrid.

Französisches Flüssigkeitsmaaß (Litro).
Frühere Wein=Arroba = 16,17 Liter.

---

*) Nach Chelius die Ohm zu 149,808 Liter gerechnet. — **) Nach Chelius.

Frühere Wein-Arroba
= 3,5589 englische Imperial-
Gallons.
4,2719 engl. alte Wein-
Gallons.
14,122 preußische Quart.
11,427 Wiener Maaß.
Die frühere Oel-Arroba
= 12,63 Liter.
0,7810 Wein-Arrobas.

Magdeburg, f. Berlin.

Mailand.

Französisches Flüssigkeitsmaaß (die Pinta
oder das Liter).

Mainz, f. Darmstadt.

Aelteres Weinmaaß:
Die Ohm = 135,58 Liter = 0,847
darmstädter u. nassauer Ohm.

Makassar, f. Batavia.

Malaga, f. Madrid.

Noch im Gebrauche die Arroba
= 15,85 Liter.
3,4885 englische Imperial-
Gallons.
4,1873 engl. alte Wein-
Gallons.
0,10937 Hamburger Ohm.
0,10934 Bremer Ohm.
0,105802 Lübecker Ohm.

Mallorca, f. Madrid.

Altes Weinmaaß:
Der Cuartin = 27,131 Liter.

Malta.

Englisches altes Wein-Gallon (f. London).
Das Barile = 42,027 Liter.
11,102 engl. alte Wein-
Gallons.
9,2501 engl. Imperial-
Gallons.

Manchester, f. London.

Manilla.

Das engl. alte Wein-Gallon (f. London).

Mannheim, f. Karlsruhe.

Mantua.

Der Soglio = 54,682 Liter oder lombardische Pinte.

Marseille, f. Paris.

Altes Weinmaaß:
Die Millerolle = 64,33 Liter (in der
Praxis = 64 Liter gerechnet).

Martinique.

Die Barrique zu 100 Pots
= 186,26 Liter.
Das englische alte Wein-Gallon (siehe
London) hier = 2 Pots (statt 2,03 Pots)
gerechnet.
Der Boucaut für Rum
= 114 engl. alte Wein-Gallons.

Mauritius.

Die Barrique = 30 Pariser Veltes
(f. Paris), letztere hier = 2 englische
alte Wein-Gallons gerechnet.

Mecklenburg, f. Neu-Strelitz, Rostock
und Schwerin.

Meiningen.

Die Ohm = 65,45 Liter.
1,02 baierische Schenk-
Eimer.
0,97 Dresdner Eimer.
0,95 preußische Eimer.

Melbourne, f. London.

Memel, f. Berlin.

Menorca, f. Mallorka.

Messina, f. Palermo.

Mexico.

Das Baril (Faß) von 19 bis 20 englischen alten Wein-Gallons. Von 1862
an das französische Flüssigkeitsmaaß.

Minden, f. Berlin.

Mitan, f. Libau.

Modena, f. Turin.

Früheres Weinmaaß:
Der Barile = 41,6 Liter.
Oelmaaß:
Der Coppo di Lucca = 99,81 Liter.

Mokka.
Der Cubbi = ca. 2 engl. alte Wein-
Gallons.

Moluken.
Die Kanne von Batavia = 1,491 Liter.

Montevideo.
Das engl. alte Wein-Gallon (f. London).
Die Pipa catalana (= 128 engl. alte
Wein-Gallons im Verkehr gerechnet
= 180,76 Frascas (Flaschen)
= 476,247 Liter.

Montpellier, f. Paris.
Altes Weinmaaß:
Der Muid = 609,408 Liter
160,99 engl. alte Wein-
Gallons.

Montreal.
Das engl. alte Wein-Gallon (f. London).

Moskau, f. Petersburg.

München.
100 Schenk-Eimer
= 64,1418 Hektoliter und
niederländische Bat.
42,761 badische Ohm und
schweizer Saum.
42,791 braunschweig.Ohm.
44,246 Bremer Ohm.
40,088 barmst. u. nassauer
Ohm.
95,122 Dresdner Eimer.
1411,734 engl. Imperial-
Gallons.
1694,5 engl. alte Wein-
Gallons.
29,509 Hamburger Oxhoft.
41,18 hannoverische Ohm.
41,127 Kasseler Ohm.
42,981 Hanauer Ohm.
44,726 Frankfurter Ohm.
44,083 Lübecker Ohm.
93,362 preuß. Eimer.
521,521 russische Wedro.
40,846 schwedische Ohm.
113,314 Wiener Eimer.

100 Schenk-Eimer
= 21,822 württemb. Eimer.
93,54 baiersche Bier-Eimer.

Münster, f. Berlin.

Nancy, f. Paris.

Rangasaki.
Das Sjoo (von den Holländern Gantang genannt) = 1,7386 Liter.

Nantes, f. Paris.
Die (noch gebräuchliche) Velte
= 7,7 Liter.

Naumburg, f. Berlin.

Neapel.
Der Barile = 43,625 Liter.
1,25 sicilische Barili.
0,6350 preuß. Eimer.
0,7707 Wiener Eimer.
0,2008 Hamburger
Oxhoft.
9,6018 engl. Imperial-
Gallons.
11,625 engl. alte Wein-
Gallons.

Neuchâtel, f. Schweiz.
Der frühere Pot (die Maaß)
= 1,90429 Liter.
1,26953 schweizer und
badische Maaß.
0,95214 barmstädter und
nassauer Maaß.

Neustrelitz.
Flüssigkeitsmaaß gesetzlich wie in Hamburg; die Maaße sind aber etwas kleiner.

Newcastle, f. London.

New-Orleans, f. New-York.

New-York.
Das engl. alte Wein-Gallon (f. London).

Niederländisch-ostindische Colonien,
f. Batavia, Sumatra, Moluken.

Niederländisch-westindische Colonien,
f. Curaçao.

Nischnei-Nowgorod, f. Petersburg.

Nizza.
Die Charge = 94,29 Liter.

Norwegen, f. Christiania.

Nürnberg, f. München.

Odessa, f. Petersburg.

Ofen, f. Pesth.

Oldenburg.
Das Oxhoft = 213,52 Liter.
1,4729 Bremer Ohm.
1,4734 Hamburg. Ohm.
1,4253 Lübecker Ohm.
3,108 preußische Eimer.

Oporto, f. Porto.

Osnabrück, f. Hannover.

Padang, f. Sumatra.

Padua.
Der Mastello = 71,2755 Liter.

Palermo.
Der Barile = 34,386 Liter.
0,5005 preußische Eimer.
24,301 Wiener Maaß.
0,2372 Hamburg. Ohm.
7,568 engl. Imperial-
Gallons.
9,0843 engl. alte Wein-
Gallons.

Pamplona, f. Madrid.

Paris.
100 Hektoliter (oder 10,000 Liter)
= 66,667 badische Ohm und
schweizer Saum.
155,905 baierische Schenk-
Eimer.
66,713 braunschweig. Ohm.
68,982 Bremer Ohm.
62,5 darmstädter u. naffauer
Ohm.
148,451 Dresdner Eimer.
2200,967 engl. Imperial-
Gallons.

100 Hektoliter (oder 10,000 Liter)
= 2641,604 engl. alte Wein-
Gallons.
69,73 Frankfurter Ohm.
46,006 Hamburger Oxhoft.
64,202 hannoverische Ohm.
64,118 Kaffeler Ohm.
68,728 Lübecker Ohm.
100 niederländische Vat.
145,556 preußische Eimer.
813,078 russische Wedro.
63,682 schwedische Ohm.
176,676 Wiener Eimer.
34,021 württemb. Eimer.

Parma.
Die Brenta = 72 Liter oder neue lombardische Pinte.

Patras, f. Athen.

Pavia.
Die Brenta = 71,4427 Liter oder neue
lombardische Pinte.

Pernambuco.
Die Canada = 6,056 Liter = 1³/₅ engl.
alte Wein-Gallons.

Pesth, f. Wien.
Der frühere Preßburger Eimer
= 53,33 Liter.
0,9422 Wiener Eimer.
0,7762 preußische Eimer.

St. Petersburg.
100 Wedro = 12,299 Hektoliter und
niederländische Vat.
8,1993 bad. Ohm und
schweizer Saum.
19,1747 baier. Schenk-
Eimer.
8,4841 Bremer Ohm.
8,2131 dänische Ohm.
18,2579 Dresdn. Eimer.
270,6955 engl. Impe-
rial-Gallons.
324,9233 englische alte
Wein-Gallons.
8,576 Frankfurt. Ohm.

100 Wedro = 5,6582 Hamburg.Oxhoft.
8,4528 Lübecker Ohm.
12,2989 polnische Beczka.
17,9019 preuß. Eimer.
7,8322 schwedische Ohm.
21,7276 Wiener Eimer.
4,1843 württemb. Eimer.

Philadelphia, f. New-York.

Philippinische Inseln, f. Manilla.

Piacenza.

Die Brenta = 76 Liter oder neue lom=
bardische Pinte.

Pondichery.

Der Lègre = 70 bis 75 alte Parifer
Veltes (f. Paris).

Port=au=Prince.

Das engl. alte Wein=Gallon (f. London).

Porto.

Die Almuda = 25,36 Liter = 1,515
Almudas von Liffabon.

Pofen, f. Berlin.

Prag, f. Wien.

Die alte Pinte = 1,91043 Liter
1,35 Wiener Maaß.

Prince-of-Wales-Island.

Das Gantang = 1,25 englische alte
Wein=Gallons.
Das engl. Imperial=Gallon (f. London).

Puerto Plata, f. Port=au=Prince.

Puortorico, f. Havanna.

Quebeck.

Das engl. alte Wein=Gallon (f. London).

Quito, f. Caracas.

Ragufa, f. Wien.

Früher die Venediger Barila
= 64,8859 Liter.

Regensburg, f. München.

Der (alte) Eimer = 49,988 Liter
= 0,9375 (alte) Vifir=Eimer.

Reval, f. Petersburg.

Noch gebräuchlich:
Der Stoof = 1,1757 Liter
= 0,09559 ruffische Wedro.

Rheinbaiern.

Die Ohm = 100 Liter.
66⅔ badische Maaß.
93½ baierifche Maaß.
106¾ braunschweiger
Quartier.
31 Bremer Stübchen.
55¾ Frankfurter Maaß.
14 Hamburger Viertel.
51⅖ hannoverifche Kannen.
50 Darmftädter Maaß.
52 Kaffeler Maaß.
2 Homburger Lögel.
14 Holftein=Hamburger
Viertel.
73 Lippe=Detmold.Kannen.
2¾ Lübecker Wein=Anker.
14 Mecklenburg=Hambur=
ger Viertel.
69(Naffau)Mainzer Maaß.
50 neue naffauer Maaß.
70⅔ Wiener Maaß.
18¾ Oldenburger
Quartier.
87⅓ preußische Quart.
109 (Reuß=Greiz=Schleiz=)
Geraer Kannen.
107 neue Dresdn. Kannen.
90 Altenburger Kannen.
104 Coburger Maaß.
104 Meininger Maaß.
112 Weimarer Schenkmaaß.
82 Bückeburger Maaß.
107 Schwarzburg=Rudol=
stadter Maaß.
70 Waldecker Maaß *).

Riga, f. Petersburg.

Noch gebräuchlich:
Der neue Stoof = 1,2752 Liter
0,10368 Wedro.

---

*) Obige Verhältniffe find die im Handel üblichen.

Rio be Janeiro.

Die Pipa = 545,06 Liter
144 englische alte Wein-
Gallons.

Rom.

Der Barile = 58,3416 Liter.
0,8492 preuß. Eimer.
1,0307 Wiener Eimer.
12,8408 engl. Imperial-
Gallons.
15,413 engl. alte Wein-
Gallons.
Delmaaß:
Der Barile = 57,4806 Liter.
Im Großhandel:
Die Soma = 2⁶/₇ Oel-Barili.

Rostock, s. Schwerin.

Rotterdam, s. Amsterdam.

Rouen, s. Paris.

Altes Maaß:
Die Barrique (Oxhoft) = 207,87 Liter.

Rudolstadt.

Der Eimer = 60,17 Liter.
In der Unterherrschaft (mit Frankenhausen) des Fürstenthums Schwarzburg-
Rudolstadt ist im Jahr 1861 das preußische Flüssigkeitsmaaß (s. Berlin) eingeführt worden.

San Sebastian, s. Madrid.

Altes Maaß:
Die Azumbre = 2,52 Liter
0,1558 castilische
Cantaras.

San Jago de Chile.

Das engl. alte Wein-Gallon (s. London).
Die chilenische Wein-Arroba (in der Praxis) = 9 engl. alte Wein-Gallons.

San Francisco, s. New-York.

Santa Cruz.

Die Pipa (in der Praxis)
= 120 englische alte Wein-
Gallons.

Santander, s. Madrid.

Die frühere Cantara = 15,8 Liter
= 0,97936 castilische
Cantaras.

St. Gallen, s. Schweiz.

St. Louis, s. New-York.

St. Thomas.

Außer dem dänischen Flüssigkeitsmaaß
(s. Copenhagen) das engl. alte Wein-
Gallon (s. London).

Saragossa, s. Madrid.

Der frühere Cantaro = 9,95 Liter.

Sardinien, die Insel.

Der Quartiere = 5,0266 Liter.
Die Botte (das Both) = 100 Quartieri.
Delmaaß:
Der Barile = 33,6 Liter.

Schaffhausen, s. Schweiz.

Die Schweiz.

Der Saum oder die Ohm
= 150 Liter
1 badische Ohm.

Schwerin.

Gesetzlich wie in Hamburg; die Maaße
sind aber etwas kleiner und überdies in
den Städten des Großherzogthums Mecklenburg-Schwerin nicht mit einander übereinstimmend.

Schwyz, s. Schweiz.

Serbien, s. Belgrad.

Sevilla, s. Madrid.

Siebenbürgen, s. Wien.

Aelteres Flüssigkeitsmaaß:
Der Ur (Eimer) zu 8 Maaß
= 11,56 Liter.
Die Siebenbürger Maaß wird in der
Praxis der Wiener Maaß gleich ge-
rechnet.

Singapore, s. Prince-of-Wales-Island.

Sinigaglia.

Die Soma = 118 Liter.

Sourabaja, f. Batavia.

Solothurn, f. Schweiz.

Sondershausen, f. Berlin.

Stettin, f. Berlin.

Stockholm.

100 schwedische Ohm
= 157,0313 Hektoliter.
228,6 preußische Eimer.
72,24 Hamburger Oxhoft.
108,32 Bremer Ohm.
104,86 dänische Ohm.
1276,78 russische Wedro.
3456,21 engl. Imperial-Gallons.
4148,5 engl. alte Wein-Gallons.

Stralsund, f. Berlin.

Straßburg, f. Paris.

Stuttgart.

Der Eimer Helleiche
= 1,95951 badische Ohm und schweizer Saum.
4,58247 baierische Schenk-Eimer.
1,96089 braunschweiger Ohm.
2,02758 Bremer Ohm.
1,83704 darmstädter und nassauer Ohm.
4,36338 Dresdner Eimer.
64,6924 engl. Imperial-Gallons.
77,6519 engl. alte Wein-Gallons.
2,04955 Frankfurt. Ohm.
2,93928 Hektoliter und niederländische Vat.
1,35223 Hamburg. Oxhoft.
1,88707 hannover. Ohm.
1,88461 Kasseler Ohm.
2,02011 Lübecker Ohm.
4,2783 preußische Eimer.
23,89858 russische Wedro.
1,87178 schwedische Ohm.
5,19258 Wiener Eimer.

Surabaja, f. Batavia.

Surinam.

Das alte Amsterdamer Flüssigkeitsmaaß und im Verkehr mit dem Auslande das neue niederländische Flüssigkeitsmaaß (f. Amsterdam).

Sydney, f. London.

Tacna, f. Lima.

Tahiti.

Französische und englische Flüssigkeitsmaaße.

Temesvar, f. Pesth.

Teneriffa, f. Santa-Cruz.

Ternate, f. Molukken.

Texas, f. New-York.

Thorshaven, f. Copenhagen.

Thurgau, f. Schweiz.

Tiflis, f. Petersburg.

Timor, f. Batavia.

Toulouse, f. Paris.

Trankebar, f. Madras.

Trier, f. Berlin.

Altes Flüssigkeitsmaaß:
Die Ohm = 155,33 Liter
2,26093 preuß. Eimer.
In der Praxis rechnet man 8 Trierer Maaß = 9 preußische Quart.

Triest, f. Wien.

Aelteres Flüssigkeitsmaaß:
Die Barila (gesetzlich) = 1 1/6 Wiener Eimer.
Der Conzo = 1 1/4 Wiener Eimer.

Tripoli.

Der Barile = der venetianischen Barila (f. Venedig).

Tunis.

Die Marseiller Millerole (f. Marseille).

Turin.

Französisches Flüssigkeitsmaaß (f. Paris).

Aelteres Flüssigkeitsmaaß:
Der Carro = 492,85 Liter.

Ulm, f. Stuttgart.

Balencia, f. Madrid.
Aelteres Flüssigkeitsmaaß:
Der Cantaro = 11,786 Liter
= 0,7288 castilische Cantaras.

La Baletta, f. Malta.

Balparaiso, f. San Jago de Chile.

Benedig.
Die Barila = 64,386 Liter.
1,13745 Wiener Eimer.
0,93718 preuß. Eimer.
14,17112 engl. Imperial-Gallons.
17,009 engl. alte Wein-Gallons.

Benezuela, f. Caracas.

Bera-Cruz, f. Mexiko.

Berona.
Der Brento = 70,5111 Liter.

Walbeck und Pyrmont.
Die Walbecker Ohm = 142,82 Liter; im Verkehr rechnet man sie der Frankfurter Ohm gleich.

Wallis, f. Schweiz.
Das frühere Flüssigkeitsmaaß wie im Canton Waadt.

Warschau, f. Petersburg.
Noch gebräuchlich das Faß oder die Tonne (Beczka) = 100 Quart oder Liter = 8,1307 russische Wedro.

Weimar.
Der Eimer von 80 Schenkmaaß = 73,30016 Liter = 1 Eimer von 72 Ohm-

maaß für Oel; daher 9 Ohmmaaß = 10 Schenkmaaß.

Wien.
100 Wiener Eimer
= 37,737 badische Ohm und schweizer Saum.
88,251 baierische Schenk-Eimer.
37,763 braunschweig. Ohm.
39,048 Bremer Ohm.
35,378 Darmstädter und nassauer Ohm.
84,031 Dresdner Eimer.
1245,863 engl. Imperial-Gallons.
1495,29 engl. alte Wein-Gallons.
39,471 Frankfurter Ohm.
56,6 Hektoliter und niederländische Vat.
26,042 Hamburg. Oxhoft.
36,341 hannov. Ohm.
36,294 Kasseler Ohm.
38,904 Lübecker Ohm.
82,393 preußische Eimer.
460,245 russische Wedro.
36,047 schwedische Ohm.
19,258 württemb. Eimer.

Wiesbaden, wie Darmstadt.

Wilna, f. Petersburg.

Wismar, f. Schwerin.

Würzburg, f. München.
Der alte Würzburger Eimer
= 74,88 Liter
1,167 baier. Schenk-Eimer.

Zug, Zürich, Zurzach, f. Schweiz.

Zwickau, f. Dresden.

III. Fruchtmaaße.

Aachen, f. Berlin.
Das alte Aachener Malter
= 148,2683 Liter.
Das Müdt für Gerste und Hafer zu
6 Maaß = 234,9456 Liter. Das Maaß
= 0,7125 preußische Scheffel.

Aarau, f. Schweiz.

Abo, f. Petersburg.

Abyssinien.
100 Arbeb in Gondar = ca. 8 Berliner
Scheffel.
100 Arbeb in Massuah = ca. 19 Berliner
Scheffel.

Achem, f. Batavia.

Acre.
Der Arbeb (Reismaaß) enthält an
Gewicht ca. 750 toskan. Pfund = 254,66
Kilogramm = 509,32 Zollpfund.

Abelaide, f. Sydney.

Aleppo.
Der Mokuk (Getreidemaaß)
= ca. 756 Liter.
Gewicht = 250 Rotoli.

Alessandria, f. Turin.

Alexandrien.
Der hiesige Arbeb = 271 Liter.

Algier, f. Paris.

Alicante, f. Madrid.
Noch gebräuchlich der Cahiz
= 246,2812 Liter.
0,847 englische Imperial=
Quarters.

Der Cahiz = 4,481 Hamburger Faß.
4,4942 kastilische Fanegas.
4,481 preußische Scheffel.
4,0043 Wiener Metzen.
1,1733 russische Tschetwert.

Altenburg.
Der Altenburger Scheffel
= 146,97 Liter.
1,415 Dresdner Scheffel.
2,674 preußische Scheffel.
0,505 englische Imperial=
Quarters.
2,389 Wiener Metzen.

Altona, f. Hamburg.

Amsterdam.
Die Last = 30 Hektoliter; die Ver=
hältnisse des Hektoliters zu andern Frucht=
maaßen wie für Paris.
Altes Amsterdamer Getreidemaaß:
Die Last zu 108 Schepels
= 30,039 Hektoliter.

Ancona.
Der Rubbio = 286 Liter (Kelly).
5,2037 Berlin. Scheffel.
3,8594 Bremer Scheffel.
5,2037 Hamburger Faß.
5,2709 Lissab. Fanegas.
0,9853 Lond. Quarters.
1,3625 russ. Tschetwert.
5,2189 span. Fanegas.
4,6504 Wiener Metzen.

Anhalt=Bernburg, f. Berlin.

Anhalt=Dessau, f. Berlin.

Anhalt=Köthen, f. Berlin.

Ansbach, f. München.

Antwerpen, f. Brüssel.

Getreide wird jetzt gewöhnlich nach dem Gewicht verkauft. In Antwerpen sind unter andern folgende Reductionsverhältnisse üblich:

16 Arbeb von Alexandrien = 29¾ Hektoliter.
288 engl. Imperial-Quarters = 290 Hektoliter.
40⅘ Malter in Cöln = 30 Hektoliter.
55¾ Faß in Hamburg = 30 Hektoliter.
222 Alqueires in Lissabon = 30 Hektoliter.
1 Charge in Marseille = 160 Liter.
24 Malter in Mainz = 26¼ Hektoliter.
22 Tonnen in Norwegen und Riga für Leinsaat = 30—32 Hektoliter.
1 Last in Oldenburg = 29—30 Hektoliter.
20 Tomoli in Neapel = 11¼ Hektoliter.
56½ preußische Scheffel = 30 Hektoliter.
20 schwedische Tonnen = 33 Hektoliter.
360 Staja in Triest = 296 Hektoliter.

Altes Getreidemaaß:
Die Rasière für alles Getreide, außer Hafer = 77 Liter.
Die Rasière für Hafer = 96¼ Liter.

Appenzell, f. Schweiz.

Das frühere Malter = 1,477 Hektoliter = 0,984 neue schweizer Malter.

Archangel, f. Petersburg.

Arnstadt, f. Berlin.

Altes Getreidemaaß:
Das Maaß = 149,033 Liter.

Astrachan, f. Petersburg.

Athen.

Der königl. Kilo = 100 Liter 3,0157 alte Kilos.
Der Kilo (altes Getreidemaaß) = 33,148 Liter.
0,44753 Bremer Scheffel.
0,114 engl. Quarters.
0,62959 alte Hamburger Faß.

Der Kilo (altes Getreidemaaß) = 0,33148 niederländische Mudden.
0,60311 preuß. Scheffel.
0,539 Wiener Metzen.

Augsburg, f. München.

Azorische Inseln, f. Lissabon.

Bahia.

1 Alqueire von Bahia = 2¼ Alqueires von Lissabon 31,142 Liter.

Baireuth, f. München.

Baltimore, f. New-York.

Bamberg, f. München.

Barbadoes, Insel, f. New-York.

Barcelona, f. Madrid.

Noch gebräuchlich:
Die Salma oder Tonelada zu 4 Cuarteras.
1 Cuartera = 71 Liter.
1,29 preuß. Scheffel.
1,15 Wiener Metzen.
0,68 Dresdn. Scheffel.

Basel, f. Schweiz.

Altes Fruchtmaaß:
Das Bienzel = 273,28 Liter.

Bassora.

Getreide wird nach dem Gewicht verkauft.

Batavia.

Der Kojang Reis an Gewicht = 1661,067 Kilogramm.
Der Timbang an Gewicht = 307,605 Kilogramm.

Bayonne, f. Paris.

Beaucaire, f. Paris.

Beirut, Belgrad, f. Constantinopel.

Benares, f. Calcutta.

Berbice, f. Demerara.

Bergamo.

Die Soma = 171,3 Liter.

Die Soma = 3,116 preußische Scheffel.
2,785 Wiener Metzen.

Bergen, ſ. Chriſtiania.

Berlin.
100 preußiſche Scheffel
= 54,9615 Hektoliter und
niederländiſche Mudden.
36,641 badiſche u. ſchweizer
Malter.
24,718 baieriſche Scheffel.
176,471 braunſchweiger
Himten.
74,168 Bremer Scheffel.
39,506 dän. Korntonnen.
42,939 Darmſt. Malter.
52,935 Dreßdner Scheffel.
18,901 engliſche Imperial-
Quarters.
47,905 Frankfurt. Malter.
100 Hamburger Faß.
176,432 hannov. Himten.
68,386 Kaſſeler Scheffel.
152,235 Konſtantin. Kilo.
158,419 Lübecker Roggen-
u. Weizen-Scheffel.
54,96 naſſauer Malter.
141,328 Roſtocker Scheffel.
26,184 ruſſiſche Tſchetwert.
33,334 ſchwediſche Getreide-
Tonnen.
95,967 benetian. Staja.
85,362 Wiener Metzen.
31,012 württemb. Scheffel.

Bern, ſ. Schweiz.
Früheres Fruchtmaaß:
Der Mütt = 168,132 Liter = 1,1208
neue ſchweizer Malter.

Betelfaki, ſ. Mokka.

Bielefeld, ſ. Berlin.

Bilbao, ſ. Madrid.

Birkenfeld, ſ. Berlin.

(Santa Fé de) Bogota.
Die kaſtiliſche Fanega = 54,8 Liter.

Bologna.
Die Corba = 78,593 Liter.
0,2705 engliſche Imperial-
Quarters.
1,4309 preuß. Scheffel.
0,2671 römiſche Rubbi.
1,2787 Wiener Metzen.

Bombay.
Der Candy an Gewicht
= 162,567 Kilogramm.

Bordeaux, ſ. Paris.

Borneo, ſ. Batavia.

Boſton, ſ. New-York.

Botzen.
Der Botzener Star
= 30,75 Liter.
0,14 baieriſche Scheffel.
0,556 preußiſche Scheffel.
0,4972 Wiener Metzen.
1,0049 tyroler Korn-Star.

Bourbon, Inſel, ſ. Paris.

Braunſchweig.
100 braunſchweiger Himten
= 31,1447 Hektoliter und
niederländiſche Mudden.
20,7631 badiſche Malter.
84,04 baieriſche Metzen.
42,0483 Bremer Scheffel.
29,9963 Dreßbn. Scheffel.
10,7107 engl. Imperial-
Quarters.
108,593 Frankf. Simmer.
56,6665 Hamburger Faß.
99,9779 hannov. Himten.
31,145 naſſauer Malter.
56,6665 preuß. Scheffel.
50,6422 Wiener Metzen.
140,587 württemb. Simri.

Bremen.
100 Scheffel
= 74,1038 Hektoliter und
niederländiſche Mudden.
49,402 badiſche Malter.

100 Scheffel
= 199,96 baierische Metzen.
237,934 braunschweiger Himten.
57,893 Darmst. Malter.
25,485 engl. Imperial-Quarters.
64,59 Frankfurt. Malter.
134,829 Hamburger Faß.
237,881 hannov. Himten.
134,829 preuß. Scheffel.
35,304 russische Tschetwert.
120,485 Wiener Metzen.
41,813 württemb. Scheffel.

Brescia.
Die Soma = 1,4592 Hektoliter oder neue lombard. Some.

Breslau, s. Berlin.
Aelteres Fruchtmaaß:
Das Malter = 8,984 Hektoliter.

Brody, s. Wien.
Der frühere Korzec (Scheffel)
= 123 Liter.
2 Wiener Metzen.
0,586 russische Tschetwert.

Brügge, s. Brüssel.

Brünn, s. Wien.
Der frühere Metzen
= 1,1482 Wiener Metzen.

Brüssel, s. Paris.
Getreide wird jetzt gewöhnlich nach dem Gewicht verkauft.
Altes Getreidemaaß:
Die Rasière für alles Getreide, Hafer ausgenommen = 48,7584 Liter.
Die Rasière für Hafer
= 51,4672 Liter.

Buenos-Ayres.
Die Fanega = 137,2 Liter
2½ kastilische Fanegas.

Bukarest.
Das Dimerli = 24,6 Liter.

Cadiz, s. Madrid.
100 alte Fanegas
= 100,9673 kastil. Fanegas.
33,886 badische u. schweizer Malter.
24,8837 baierische Scheffel.
74,6656 Bremer Scheffel.
19,0281 engl. Imperial-Quarters.
55,3301 Hektoliter.
100,6706 Hamburg. Faß.
100,3674 kastil. Fanegas.
100,6706 preuß. Scheffel.
26,36 russische Tschetwert.
66,409 venetian. Staja.
89,9610 Wiener Metzen.

Cairo.
Der Ardeb = 179 Liter.

Californien, s. St. Franzisco.

Canton.
Getreide wird nach dem Gewicht verkauft.

Capstadt.
Altes Amsterdamer und englisches Fruchtmaaß.
Die Mudde (holl.) wird im Verkehr
= 3,06 Imperial-Bushels gerechnet.

Caracas, s. Bogota.
Gesetzlich gilt das metrisch-französische Fruchtmaaß.

Cayenne, s. Paris.
Im Verkehr das alte Pariser Fruchtmaaß.

Chemnitz, s. Dresden.

Cheribon, s. Batavia.

Chile.
Gesetzlich das metrisch-französische Fruchtmaaß.
Die frühere Fanega wird = 97 Liter (gesetzlich) gerechnet.

Christiania, s. Copenhagen.

Cleve, s. Berlin.
Altes Getreidemaaß:
Der Scheffel = 53,6 Liter
0,97535 preuß. Scheffel.

Coblenz, s. Berlin.
Altes Getreidemaaß:
Das Malter = 192,37 Liter
3 ½ preuß. Scheffel.

Cöln, s. Berlin.
Altes Getreidemaaß:
Das Malter = 143,54 Liter
2,61165 preuß.Scheffel.
Im Verkehr rechnet man das Malter
= 2⅗ preuß. Scheffel.
Getreide wird jetzt nach dem Gewicht
verkauft.

Colombo.
Das Amonam (für Reis, Kaffee, Pfeffer)
zu 192 Seer = 203,52 Liter.
Der Garce = 200 Parrahs oder 25
Amonams.

Constantinopel.
Das Fortin zu 4 Kilos.
1 Kilo = 35,27 Liter *).
0,6417 preuß. Scheffel.
0,3396 Dresdner Scheffel.
0,1586 baierische Scheffel.
0,5734 Wiener Metzen.
0,16803 ruff. Tschetwert.

Copenhagen.
100 bänische Korntonnen
= 139,12 Hektoliter und
niederländische Mudden.
92,928 badische u. schweizer
Malter.
62,566 baierische Scheffel.
446,69 braunschw. Himten.
187,736 Bremer Scheffel.
108,687 Darmst. Malter.
47,844 engl. Imperial-
Quarters.
121,248 Frankf. Malter.

100 bänische Korntonnen
= 264,235 Hamburger Faß.
74,431 hannov. Malter.
173,102 Kasseler Scheffel.
139,12 nassauer Malter.
253,123 preuß. Scheffel.
66,281 russische Tschetwert.
226,213 Wiener Metzen.
78,499 württemb. Scheffel.
0,9655 schwedische Getreide-
tonnen.

Curassao.
Das alte Amsterdamer und alte englische Fruchtmaaß.

Cypern.
Der Medimno = 75,095 Liter
2,1312 alte englische
Winchester-Bushels.

Damaskus, s. Constantinopel.

Danzig, s. Berlin.
Altes Fruchtmaaß:
Die Getreide-Last von 60 Danziger
Scheffeln = 56 ½ preußische Scheffel.

Darmstadt.
100 großherzogl. hessische Simmer
= 32 Hektoliter und niederländische Mudden.
106,667 badische Doppel-
Sester.
86,347 baierische Metzen.
102,746 braunschweiger
Himten.
43,183 Bremer Scheffel.
11,005 engl. Imperial-
Quarters.
111,557 Frankf. Simmer.
145,811 Fuldaer Maaß.
121,557 Hamburg.Himten.
102,723 hannov. Himten.
104,815 HanauerSimmer.
39,816 Kasseler Scheffel.
32 nassauer Malter.
104,334 oldenb. Scheffel.

*) Die angeblich auf Untersuchung beruhenden Angaben in Betreff des Rauminhalts des Kilo
weichen von 35 bis 36 Liter von einander ab.

100 großherzogl. heſſiſche Simmer
= 58,223 preuß. Scheffel.
52,033 Wiener Metzen.
144,448 württemb. Simri.

Demerara.

Das alte Amſterdamer und engliſche Fruchtmaaß.

Deſſau, ſ. Anhalt-Deſſau.

Detmold, ſ. Lippe-Detmold.

Domingo, ſ. Port-au-Prince.

Dresden.

100 Scheffel
= 103,829 Hektoliter und niederl. Mudden.
69,219 badiſche u. ſchweizer Malter.
46,694 baieriſche Scheffel.
333,374 braunſchweiger Himten.
140,112 Bremer Scheffel.
74,632 dän. Korn-Tonnen.
81,116 Darmſt. Malter.
35,707 engl. Imperial-Quarters.
90,499 Frankf. Malter.
188,912 Hamburger Faß.
333,301 hannov. Himten.
129,19 Kaſſeler Scheffel.
294,383 Konſtantinopoli-taniſche Kilo.
299,271 Lübecker Roggen-und Weizen-Scheffel.
103,829 naſſauer Malter.
188,912 preuß. Scheffel.
266,986 Roſtocker Scheffel.
49,465 ruſſiſche Tſchetwert.
62,971 ſchwediſche Getreide-Tonnen.
124,618 venetian. Staja.
168,815 Wiener Metzen.
58,585 württemb. Scheffel.

Drontheim, ſ. Chriſtiania.

Dſcheddo, Jeddo, ſ. Nangaſaki.

Dublin, ſ. London.

Getreide und Hülſenfrüchte werden nach dem Gewicht verkauft.

Düſſeldorf, ſ. Berlin.

Altes Fruchtmaaß:
Das Malter = 165,84 Liter
3,0174 preuß. Scheffel.

Edinburg.

Getreide und Hülſenfrüchte werden nach dem Boll oder Bole von 6 Bushels = ¾ Quarters verkauft.

Elberfeld, Elbing, ſ. Berlin.

Emden, ſ. Hannover.

Altes Fruchtmaaß:
Der Scheffel = 27,364 Liter *).

Erfurt, ſ. Berlin.

Altes Fruchtmaaß:
Das Malter = 715,38 Liter
13,016 preuß. Scheffel.

Ferrara.

Der Moggio zu 20 Staja
= 625,71 Liter (Kelly).
2,1518 engl. Imperial-Quarters.
11,384 preuß. Scheffel.
10,174 Wiener Metzen.

Fez, ſ. Marokko.

Fiume, ſ. Wien.

Früheres Getreidemaaß:
Der Metzen = 63,17 Liter
1,027 Wiener Metzen.
Außerdem iſt auch der venetianiſche Stajo (ſ. Benedig) im Gebrauch.

Flensburg.

Die ſeeländiſche oder däniſche Tonne (ſ. Copenhagen).
Die Laſt Getreide von 24 ſolcher Tonnen = 33,36 Hektoliter = 60,75 Hamburger Faß oder preuß. Scheffel.

---

*) Nach Anderen = 24,9213 Liter; obige Angabe rührt von Eitelwein her, nach Unterſuchungen, die er ſelbſt angeſtellt hat und nach welchen der Vierup (zu 2 Scheffel) = 54,728 Liter.

Florenz, f. Livorno.

Frankfurt a. M.

100 Frankfurter Malter
= 76,486 badische Malter.
51,597 baierische Scheffel.
154,822 Bremer Scheffel.
89,632 Darmst. Malter.
110,498 Dresdn. Scheffel.
39,455 englische Imperial-
Quarter.
114,729 Hektoliter und
naſſauer Malter.
208,744 Hamburger Faß.
142,752 Kaſſeler Scheffel.
208,744 preuß. Scheffel.
186,538 Wiener Metzen.
64,736 württemb. Scheffel.

Frankfurt a. d. O., f. Berlin.

Freiburg in Baden, f. Karlsruhe.

Freiburg in der Schweiz, f. Schweiz.

Fulda.

100 Fuldaer Maaß
= 21,946 Hektoliter und
naſſauer Malter.
68,582 Darmst. Simmer.
59,219 baierische Metzen.
35,685 Wiener Metzen.
27,42 Kaſſeler Scheffel *).
70,465 Braunſchweiger
Himten.
7,547 englische Imperial-
Quarter.
14,63 badische u. ſchweizer
Malter.
99,066 württemb. Simri.
39,93 preuß. Scheffel.
76,508 Frankf. Simmer.
70,45 hannov. Himten.

Galatz, f. Jaſſy.

Gallipoli, ital., f. Neapel.

Gallipoli, türk., f. Konstantinopel.

Genf, f. Schweiz.

100 (frühere) Coupes
= 52,633 ſchweizer u. badische
Malter.
27,151 englische Imperial-
Quarter.
78,95 Hektoliter.
149,95 Hamburger Faß
und preuß. Scheffel.
128,365 Wiener Metzen.
44,547 württemb. Scheffel.

Gent, f. Brüſſel.

Genua, f. Turin.

Gera.

Der Scheffel = 106,16 Liter.

Gibraltar.

Man rechnet 2 Fanegas gehäuft =
4 ⅛ engl. Winchester-Bushels = 145,35
Liter und 5 Fanegas geſtrichen = 8 engl.
Winchester-Bushels = 281,19 Liter.

Glarus, f. Schweiz.

Glasgow, f. London.

Goa, f. Liſſabon.

Außerdem der indische Candy =
493,318 Liter = 14 alte Winchester-
Bushels (f. London).

Gotha.

Das Malter zu 4 Viertel
= 174,647 Liter.
100 Viertel = 43,661 Hektoliter.
117,8148 baier. Metzen.
152,2244 Frankfurter
Simmer.
140,0159 hannoveriſche
Himten.
43,661 naſſauer Malter.
136,4406 Darmſtädter
Simmer.
15,015 engl. Imperial-
Quarter.

---

*) Nach dem ſeit 1835 in der Provinz Fulda officiell angenommenen Verhältniß: 557 Fuldaer Malter = 611 Kaſſeler Viertel.

100 Viertel = 197,0857 württemberg.
Simri.
79,4414 preuß. Scheffel.
140,1875 braunschweiger
Himten.
70,9941 Wiener Metzen.
29,1073 badische Malter.

Gothenburg, s. Stockholm.

Granada.

Die Fanega = 54,7 Liter.

Gratz, s. Wien.

Altes Maaß: Der Wecht oder das
Gratzer Viertel von 8 Maaßeln. Ge=
setzlich ist der Wecht = 1,3107 Wiener
Metzen.

Graubünden, s. Schweiz.

Das frühere Mütt = 164,96 Liter
= 1,0997 schweizer Malter.

Grönland, s. Copenhagen.

Guatemala, s. Mexiko.

Guayaquil.

Das castilische Fruchtmaaß (s. Madrid).

Guernsey, Jersey und Alderney
(Kanal=Inseln), s. London.

Guyana, s. Demerara, Cayenne und
Surinam.

Haity, s. Port au Prince.

Halle a. d. Saale, s. Berlin.

Hamburg.

100 Hamburger Himten
= 27,48 Hektoliter u. nieder=
ländische Bat.
18,32 badische und schweizer
Malter.
12,3581 baier. Scheffel.
21,4687 Darmst. Malter.
23,952 Frankf. Malter.
77,2344 Lübecker Korn=
scheffel.
27,48 nassauer Malter.
9,4504 englische Imperial=
Quarter.

100 Hamburger Himten
= 15,5006 württembergische
Scheffel.
50 preußische Scheffel.
88,2333 braunschweiger
Himten.
44,6833 Wiener Metzen.
14,7022 hannov. Malter.
37,1005 Bremer Scheffel.
19,7697 dän. Korntonnen.
26,4666 Dresdn. Scheffel.
34,2472 Kasseler Scheffel.
77,9133 Konstantinopoli=
tanische Kilo.
70,6108 Rostocker Scheffel.
13,0919 russ. Tschetwert.
18,749 schwedische Getreide=
Tonnen.
32,9821 venetian. Staja.
50,1459 castil. Fanegas.
50,645 Lissabon. Fanegas.

Hanau.

Das Malter = 122,12 Liter
1,5195 Kasseler Scheffel.

Hannover.

100 Himten
= 31,152 Hektoliter und
niederländische Bat.
20,768 badische u. schweizer
Malter.
14,01 baierische Scheffel.
100,022 braunschweiger
Himten.
42,038 Bremer Scheffel.
22,391 dän. Korntonnen.
24,337 Darmst. Malter.
30 Dresdner Scheffel.
10,713 englische Imperial=
Quarter.
27,152 Frankfurt. Malter.
56,679 Hamburger Faß.
38,761 Kasseler Scheffel.
86,285 Konstantinopolita=
nische Kilo.
89,789 Lübecker Korn=
scheffel.
56,679 preuß. Scheffel.

100 Himten

= 80,103 Rostocker Scheffel.
14,841 russische Tschetwert.
21,255 schwedische Getreide-
Tonnen.
37,389 venetianische Staja.
50,649 Wiener Metzen.
17,577 württemb. Scheffel.

Havanna.

Die Fanega (beinahe doppelt so groß
als die castilische) wird = ca. 3 alte
englische Bushels = 0,3635 Imperial-
Quarter (also = ca. 105,7 Liter) gerechnet.

Havre de Grace, s. Paris.

Heidelberg, s. Karlsruhe.

Hessen-Homburg.

1) Im Amte Homburg.
Das Malter = dem Darmstädter
Malter (früher = dem Frankfurter
Malter.
2) Im Oberamte Meisenheim.
Das Malter = dem nassauer Malter
(s. Wiesbaden).

Hildburghausen.

Das Kornmalter für Weizen, Roggen
und Hülsenfrüchte = 206,933 Liter.
Das Hafermalter für Gerste und Hafer
= 239,306 Liter.

Hohenzollern (Fürstenthum Hechingen
und Fürstenthum Sigmaringen), siehe
Stuttgart.

Hongkong, s. Canton.

Jamaika, s. Kingston.

Japan, Jeddo, s. Nangasaki.

Jassy.

Der Kilo = 4,35 Hektoliter.
7,916 preußische Scheffel.
7,0745 Wiener Metzen.

Innsbruck, s. Wien.

Aelteres Fruchtmaaß in Tirol:
Der Korn-Staar = 30,6 Liter.

Jonische Inseln.

Das englische Hohlmaaß für trockene
Dinge mit italienischer Benennung (siehe
London).

Jviza, s. Mallorca.

Karlsruhe.

100 badische Malter

= 150 Hektoliter und niederländische Bat.
67,459 baierische Scheffel.
202,419 Bremer Scheffel.
117,1875 Darmstädter
Malter.
144,469 Dresbn. Scheffel.
51,585 engl. Imperial-
Quarter.
130,743 Frankf. Malter.
272,918 Hamburger Faß.
272,918 preußische Scheffel.
186,939 Kasseler Scheffel.
243,904 Wiener Metzen.
84,638 württembergische
Scheffel.

Kassel.

100 Kasseler Scheffel

= 80,24 Hektoliter *) und
niederländische Bat.
36,087 baierische Scheffel.
62,687 Darmstädt. Malter.
53,493 badische u. schweizer
Malter.
27,594 engl. Imperial-
Quarter.
145,996 preuß. Scheffel.
130,472 Wiener Metzen.

Kiachta, s. Petersburg.

Kiel.

Die Tonne von 3 Scheffeln = 118,54
Liter = 0,852 holsteinische, seeländische
oder dänische Tonnen **).

---

*) Nach Thelius; nach Andern (?) 80,3691 Hektoliter.
**) Im Herzogthum Holstein ist die seeländische oder dänische Tonne (s. Copenhagen) das Ge-
treidemaaß.

Kingston, f. London.

Koburg.

Der Kornsimmer für Weizen, Roggen und Hülsenfrüchte = 88,946 Liter.

Der Hafersimmer für Gerste, Hafer und Dinkel = 110,449 Liter.

Königsberg, f. Berlin.

Früheres Fruchtmaaß:
Die Last = 24 Tonnen = 56 ½ Ausmaaß oder alte Berliner Scheffel = 60 Einmaaß oder Königsberger Scheffel.

Der Königsberger Scheffel = 51,4 Liter = 0,9355 preußische Scheffel.

Konstanz, f. Karlsruhe.

Korsika, f. Paris.

Krakau, f. Wien.

Aelteres Fruchtmaaß:
Der Korzec (Scheffel) = 123 Liter = 2 Wiener Metzen = 0,586 russische Tschetwert.

Krefeld, f. Berlin.

Früheres Getreidemaaß:
Das Malter = 137,5117 Liter = 2 ½ (genauer 2,502) preuß. Scheffel.

Kroatien, f. Fiume.

Kronstadt, f. Wien.

Aelteres Fruchtmaaß:
Der Kübel = 92,557 Liter = 1,5048 Wiener Metzen.

Laguaira, f. Caracas.

Lauenburg.

Die Last zu 144 Himten. Der Himten ist der alte hannöverische oder alte braunschweigische = 31,167 Liter (Chelius).

Lausanne, f. Schweiz.

Früheres Getreidemaaß:
Das Quarteron oder Viertel = 13 ½ Liter = 0,9 neue schweizer Viertel.

Leipzig, f. Dresden.

Im Großhandel verkauft man nach dem preußischen Wispel von 24 preuß. Scheffeln und rechnet dabei 2 preußische Wispel oder 48 preuß. Scheffel = 25 Dresdner Scheffel *).

Lemberg, f. Wien.

Aelteres Getreidemaaß:
Der Korzec (Scheffel) = 2 Wiener Metzen = 0,586 russische Tschetwert.

Libau, f. Petersburg.

Aelteres Fruchtmaaß:
Die Last = 48 alte Loof. —. Das kurländische und livländische Loof = 0,32807 russische Tschetwert **).

Lima.

Das kastilische Fruchtmaaß (f. Madrid).

Lippe-Bückeburg.

Der Himten oder ⅙ Malter = 32,9693 Liter.

Lippe-Detmold.

Der Roggen oder Hartkorn-Scheffel = 44,2917 Liter.

Der Hafer-Scheffel = 51,6737 Liter.

Lissabon.

100 Fanegas = 54,26 Hektoliter.
99,014 kastilische Fanegas.
98,726 preuß. Scheffel.
88,228 Wiener Metzen.
18,660 englische Imperial-Quarter.

Man rechnet 100 Fanegas von Lissabon = 79 ¼ Fanegas von Porto.

Liverpool, f. London.

Livorno, f. Turin.

Früheres (tosk.) Getreidemaaß:
100 Staja = 24,36286 Hektoliter.
16,242 badische u. schweizer Malter.

100 Staja
= 32,877 Bremer Scheffel.
19,033 Darmstädter Malter.
23,18 Dresdner Scheffel.
21,235 Frankfurt. Malter.
44,328 Hamburger Faß.
13,034 hannover. Malter.
8,38 englische Imperial-Quarter.
10,957 baierische Scheffel.
44,328 preußische Scheffel.
24,363 nassauer Malter.
39,615 Wiener Metzen.
13,746 württembergische Scheffel.

London.

100 Imperial-Quarter
= 290,781 franz. Hektoliter.
193,854 badische und schweizer Malter.
130,772 baierische Scheffel.
933,645 braunschweiger Himten.
392,397 Bremer Scheffel.
209,013 dänische Korn-Tonnen.
227,173 Darmstädter Malter.
280,059 Dresdn. Scheffel.
253,451 Frankf. Malter.
529,064 Hamburger Faß.
933,438 hannov. Himten.
361,807 Kasseler Scheffel.
805,418 konstantinopolitanische Kilo.
838,136 Lübecker Roggen- u. Weizen-Scheffel.
290,781 nassauer Malter.
290,781 niederländische Mudden.
529,064 preuß. Scheffel.
747,717 Rostocker Scheffel.
138,532 russ. Tschetwert.
176,356 schwedische Getreide-Tonnen.
349,005 venetian. Staja.

100 Imperial-Quarter
= 472,618 Wiener Metzen.
164,074 württembergische Scheffel.
100 Winchester-Bushels
= 35,2372 Hektoliter und niederländische Mudden.
47,551 Bremer Scheffel.
30,7134 Frankf. Malter.
64,1124 Hamburger Faß n. preuß. Scheffel.
16,7874 russ. Tschetwert.
57,292 Wiener Metzen.
19,882 württembergische Scheffel.
96,945 Imperial-Bushels.
12,118 Imperial-Quarters.

Lucca, s. Turin.

Früheres Getreidemaaß:
Der Stajo = 24,66 Liter.

Lübeck.

100 Roggen- und Weizen-Scheffel
= 35,58 Hektoliter.
23,72 badische u. schweizer Malter.
48,035 Bremer Scheffel.
11,424 Braunschweiger Himten.
34,2678 Dresdn. Scheffel.
31,0122 Frankf. Malter.
64,7379 Hamburger Faß.
19,0359 hannov. Malter.
12,2360 engl. Imperial-Quarter.
16,0015 baierische Scheffel.
64,7379 preuß. Scheffel.
35,58 nassauer Malter.
57,854 Wiener Metzen.
20,076 württembergische Scheffel.
44,341 Kasseler Scheffel.
100,87 konstantinopolitanische Kilo.
35,58 niederländ. Mudden.
91,488 Rostocker Scheffel.
16,9509 russ. Tschetwert.

100 Roggen- und Weizen-Scheffel
= 24,276 schwedische Ge-
treide-Tonnen.
100 Hafer-Scheffel (auf dem Markt für
alle Früchte)
= 39,63 Hektoliter.
72,106 preuß. Scheffel und
Hamburger Faß.
64,449 Wiener Metzen.
Man kauft auch nach der holsteinischen
(dänischen) halben Tonne = 2,005 Lübecker Korn-Scheffel *).

Lugano, s. Schweiz.

Früheres Getreidemaaß:
Der Moggio = 153,51 Liter.

Luxemburg, s. Amsterdam.

Luzern, s. Schweiz.

Lyon, s. Paris.

Altes Fruchtmaaß:
Die Asnée zu 6 Boisseaux
= 205,664 Liter.

Macao, s. Canton.

Macassar, s. Batavia.

Madeira.

Der Alqueire
= 14,095 Liter.
1 Lissaboner Alqueires.
0,4 englische Winchester
Bushel.

Madras.

Das Parah
= 61,46 Liter.
1,118 preuß. Scheffel.
0,999 Wiener Metzen.
0,2113 englische Imperial-
Quarter.
Nach dem Gewicht verkauft rechnet
man das Garce = 9256 1/2 englische
Pfund Avoirdupois.

Madrid.

Französisches Fruchtmaaß (litro).

Früheres Fruchtmaaß:
Die castilische Fanega = 54,8 Liter.
100 castilische Fanegas
= 54,8 Hektoliter und niederländische Mudden.
73,9503 Bremer Scheffel.
18,8458 engl. Imperial-
Quarter.
99,7062 Hamburger Faß
u. preuß. Scheffel.
89,1246 Wiener Metzen.

Magdeburg, s. Berlin **).

Mailand.

Französisches Fruchtmaaß:
Die Soma = dem Hektoliter; die Pinta
= dem Liter.
Früheres Localmaaß:
Der Moggio
= 146,23 Liter oder Pinte.
0,5029 englische Imperial-
Quarter.
2,6606 preuß. Scheffel und
Hamburger Faß.
2,3776 Wiener Metzen.

Mainz, s. Darmstadt.

Altes Getreidemaaß:
Das Malter = 109,387 Liter
0,8546 neue Malter.

Malassar.

Reismaaß:
Der Gantang der niederländischen Compagnie = 11 1/2 Amsterdamer Trop-
pfund = 5,669 Kilogramm oder
neue niederländische Pfund.

Malaga.

Die Fanega = 58,49 Liter ***)
1,06 castilische Fanegas.

Malakka.

Reismaaß:
Der Gangtang = 2,948 Kilogramm.

---

*) Getreide wird auch nach dem Gewicht verkauft.
**) Getreide wird in Magdeburg nach dem Gewicht verkauft.
***) Nach Krüy; nach Andern 53,94 Liter.

Mallorca.

Die Cuartera = 70,47 Liter
1,2674 castil. Fanegas.

Malta.

Die Salma rasa (gestrichenes Maaß) für
Weizen, Roggen und Gerste
= 289,6 Liter
8,221 englische Winchester
Bushels.
Die Salma colma (gehäuftes Maaß) für
alle andern Getreide, für Sämereien rc.
ist 12 bis 14 Proc. größer als die
gestrichene Salma.

Manchester, s. London.

Manilla.

Reismaaß:
Der Cabang von 25 Gantos
= 98,28 Liter
1,7935 castilische Fanegas.

Mannheim, s. Karlsruhe.

Mantua.

Der Sacco = 103,8155 Liter oder neue
Pinte = 1,038155 Hektoliter oder
lombardische Some.

Marokko.

Die Almuba, in den Häfen zu ca.
14 Liter gerechnet.

Marseille, s. Paris.

Aelteres (noch gebräuchliches) Frucht-
maaß:
Die Charge (Last) für Weizen = 160
Liter, für Hafer = 240 Liter *).

Martinique.

Für Hülsenfrüchte der Baril
= 55 alte Pariser Pots
102,445 Liter.
Auf Guadeloupe hat der Baril 52 Pots.

Maulmain.

Maaß für Reis:
1) für geschälten Reis der Korb (Basket),

an Gewicht = 65 engl. Pfund Avoirdupoids;
2) für ungeschälten Reis an Gewicht 45
bis 50 engl. Pfund.

Meiningen.

Das Malter
= 167,10 Liter.
1,6093 Dresdn. Scheffel.
3,0403 preuß. Scheffel und
Hamburger Faß.
2,256 Bremer Scheffel.
2,717 Wiener Metzen.

Melbourne, s. London.

Memel, s. Berlin.

Menorca, s. Mallorca.

Messina, s. Palermo.

Mexico.

Die castilische Fanega (s. Madrid) und
das alte engl. Winchester Bushel.

Minden, s. Berlin.

Mitau, s. Libau.

Modena, s. Turin.

Aelteres Fruchtmaaß:
Der Stajo = 70,24 Liter.

Molla.

Der Toman = 56,76 Liter. — Der
Toman Reis an Gewicht = ca. 76 Kilogramm (Kelly).

Montevideo.

Die Fanega **)
= 132,4026 Liter
2,38559 castilische Fanegas.

Montpellier, s. Paris.

Altes Getreidemaaß:
Der Setier = 52,855 Liter = 1 ½ alte
Winchester Bushels (s. London).

Montreal, s. Quebeck.

Moskau, s. Petersburg.

---

*) Gerste wird nach dem Gewicht (per 100 Kilogramm) verkauft.
**) Ursprünglich die castilische Fanega.

München.

100 baierische Scheffel
= 222,357 franz. Hektoliter
u. niederländische Mudden.
148,238 badische und
　　schweizer Malter.
713,948 braunschweigische
　　Himten.
300,062 Bremer Scheffel.
159,83 dänische Korn-
　　Tonnen.
173,717 Darmst. Malter.
214,158 Dresdn. Scheffel.
76,469 englische Imperial-
　　Quarter.
193,811 Frankf. Malter.
404,57 Hamburger Faß.
713,79 hannover. Himten.
276,67 Kasseler Scheffel.
615,895 Constantinopoli-
　　tanische Kilo.
640,914 Lübecker Roggen-
　　u. Weizen-Scheffel.
222,357 nassauer Malter.
404,57 preuß. Scheffel.
571,772 Rostocker Scheffel.
105,934 russ. Tschetwert.
134,858 schwedische Ge-
　　treide-Tonnen.
266,881 venetian. Staja.
361,53 Wiener Metzen.
125,465 württembergische
　　Scheffel.

Beim Hafer rechnet man gewöhnlich
7 statt 6 Metzen auf den Scheffel; daher
100 baierische Hafer-Scheffel
= 259,416 Hektoliter u. nie-
　　derländische Mudden.
172,94 badische u. schweizer
　　Malter.
832,93 braunschweiger
　　Himten.
350,235 Bremer Scheffel.
202,668 Darmstädter
　　Malter.
249,849 Dresdn. Scheffel.

100 baierische Hafer-Scheffel
= 226,111 Frankf. Malter.
138,791 hannov. Malter.
323,300 Kasseler Scheffel.
259,416 nassauer Malter.
472,008 preußische Scheffel
　　u. Hamburger Faß.
421,818 Wiener Metzen.
146,375 württembergische
　　Scheffel.

Münster, s. Berlin.

Nancy, s. Paris.

Nangasaki.

Das Sjoo oder Gantang (für flüssige und
trockene Waaren)
= 1,738 Liter[*])
0,506 preuß. Metzen
0,452 Wiener Getreide-
　　Maaßel.

Nanking, s. Canton.

Nantes, s. Paris.

Nassau, s. Wiesbaden.

Naumburg, s. Berlin.

Neapel.

100 Tomoli
= 55,5451 franz. Hektoliter
u. niederländ. Mudden.
101,062 Hamburger Faß
　　und preuß. Scheffel.
90,336 Wiener Metzen.
19,102 englische Imperial-
　　Quarter.
323,067 sicilische Tomoli.

Neuchâtel, s. Schweiz.

Früheres Fruchtmaaß:
1) für alle Früchte, außer Hafer, der
　　Muid = 365,6241 Liter
　　　　2,4375 schweizer Malter.
2) für Hafer der Muid
　　= 380,8584 Liter
　　　　2,5391 schweizer Malter.

<hr/>

*) Nach einer neueren Angabe ist das Sjoo = 0,54 alte englische Wein-Gallon = 2,044 Liter.

Neustrelitz.

Der Parchimer (= dem alten Berliner) Scheffel = 54,728 Liter *).

Newcastle, s. London.

New-Orleans, s. New-York.

New-York.

Das alte Winchester Bushel (s. London).

Niederlande, s. Amsterdam.

Niederländisch-ostindische Colonien,
s. Batavia, Sumatra, Molukken.

Niederländisch-westindische Colonien,
s. Curassao.

Nischnei-Nowgorod, s. Petersburg.

Nizza, s. Paris.

Früheres Getreidemaaß:
Die Charge = 159,96 Liter.

Norwegen, s. Christiania.

Nürnberg, s. München.

Odessa, s. Petersburg.

Außer dem Tschetwert gebraucht man auch das Kilo = 553,9505 Liter (im Verkehr = 9 Wiener Metzen gerechnet).

Ofen, s. Pesth.

Oldenburg.

1) In der Stadt Oldenburg.

Im Kleinhandel der gemeine Scheffel von 16 Kannen = 22,8027 Liter.
Der Stauscheffel von 16 ⅛ Kannen = 22,9793 Liter **).

2) In der Stadt Jever.

Der Scheffel = 31 Liter = 1,349 Oldenburger Stauscheffel.

3) In der Stadt Delmenhorst und Umgegend.

Der Scheffel = 26 Liter = 1,14035 Oldenburger gemeine Scheffel ***).

4) Im Fürstenthum Birkenfeld.

Das preußische Fruchtmaaß (s. Berlin).

5) Im Fürstenthum Lübeck.

Das dänische Fruchtmaaß (s. Copenhagen).

Oporto, s. Porto.

Osnabrück, s. Hannover.

Ostende, s. Brüssel.

Padang, s. Sumatra.

Padua.

Der Moggio = 3,478 Hektoliter.

Palermo.

Der Tomolo
· = 17,357 Liter.
0,3158 preußische Scheffel u. Hamburger Faß.
0,2822 Wiener Metzen.
0,0597 englische Imperial-Gallons.
0,3125 neapolit. Tomoli.

Pamplona, s. Madrid.

Früher das Getreidemaaß von Navarra, der Robo = ca. 0,55 castilische Fanegas; daher = ca. 30,14 Liter.

Paris.

100 Hektoliter
= 66,667 badische und schweizer Malter.
44,973 baierische Scheffel.
321,081 braunschweiger Himten.
134,946 Bremer Scheffel.
71,880 dänische Korn-Tonnen.
78,125 Darmst. Malter.
96,313 Dresdn. Scheffel.
34,390 englische Imperial-Quarter.
283,784 alte englische Winchester Bushel.

---

*) Im Verkehr rechnet man 5 Strelitzer Scheffel = 7 Rostocker Scheffel.
**) Daher 129 gemeine Scheffel = 128 Stauscheffel = 1 Bremer Last.
***) 114 Delmenhorster Scheffel = 1 Bremer Last.

100 Hektoliter
= 87,162 Frankfurt. Malter.
  181,946 Hamburger Faß.
  321,010 hannov. Himten.
  124,426 Kasseler Scheffel.
  276,984 Constantinopoli-
       tanische Kilo.
  288,236 Lübecker Roggen-
    u. Weizen-Scheffel.
  100 niederländ. Mudden.
  100 griechische (königl.) Kilo.
  100 nassauer Malter.
  181,946 preuß. Scheffel.
  257,141 Rostocker Scheffel.
  47,641 russ. Tschetwert.
  60,649 schwedische Ge-
      treide-Tonnen.
  120,023 venetian. Staja.
  162,590 Wiener Metzen.
  56,425 württembergische
      Scheffel.
  768,740 Parif. Boisseaux.
  78,125 polnische Korzec.
  182,481 castil. Fanegas.
  184,297 Lissabon.Fanegas.

Parma, f. Turin.

Früheres Fruchtmaaß:
Der Stajo = 48 Liter.

Patras, f. Athen.

Pavia, f. Turin.

Früheres Fruchtmaaß:
Der Sacco = 122,2633 Liter oder neue
lombardische Pinte.

Peking, f. Canton.

Pernambuco, f. Rio de Janeiro.

Persien, f. Teheran.

Pesth, f. Wien.

Altes ungarisches Getreidemaaß:
Der ungarische oder Preßburger Metzen
   = 62 ½ Liter
     1,01648 Wiener Metzen.
Der Pesther Metzen
   = 1,5 Preßburger Metzen.
     1,52424 Wiener Metzen.

Der Pesther Metzen
  = 1,70570 preuß. Scheffel u.
    Hamburger Faß.

St. Petersburg.

100 Tschetwert
= 209,902 franz. Hektoliter
  u. niederländ. Mudden.
  139,935 badische u. schwei-
     zer Malter.
  94,398 baierische Scheffel.
  283,254 Bremer Scheffel.
  150,877 dänische Korn-
     Tonnen.
  202,162 Dresdn. Scheffel.
  72,185 englische Imperial-
     Quarter.
  595,682 alte Winchester
     Bushel.
  182,955 Frankfurter
     Malter.
  581,395 Constantinopoli-
     tanische Kilo.
  209,902 griechische (königl.)
     Kilo.
  209,902 nassauer Malter.
  605,012 Lübecker Scheffel.
  163,986 polnische Korzec.
  381,907 preuß. Scheffel u.
     Hamburger Faß.
  539,743 Rostocker Korn-
     Scheffel.
  127,304 schwedische Ge-
     treide-Tonnen.
  378,194 castil. Fanegas.
  386,844 Lissabon.Fanegas.
  341,279 Wiener Metzen.
  118,437 württembergische
     Scheffel.

Philadelphia, f. New-York.

Philippinische Inseln, f. Manilla.

Piacenza, f. Turin.

Früheres Fruchtmaaß:
Der Stajo = 35 Liter.

Plymouth, f. London.

Pointe-à-Pitre, f. Martinique.

Pondichery.
Der Gallon = 35,895 Liter *).

Port-au-Prince **).
Der alte Pariser Boisseau (f. Paris) und das alte Winchester Bushel (f. London).

Porto.
Die Fanega
= 68,47 Liter ***).
0,2354 englische Imperial-Quarter.
1,2458 preuß. Scheffel u. Hamburger Faß.
1,1133 Wiener Metzen.

Porto-Plata, f. Port-au-Prince.

Portorico, f. Havanna.

Portugal, f. Lissabon und Porto.

Portsmouth, f. London.

Posen und Potsdam, f. Berlin.

Prag, f. Wien.
Früheres Fruchtmaaß:
Der Strich = 93,389 Liter.
1,51841 Wiener Metzen.
1,6992 preuß. Scheffel u. Hamburger Faß †).

Preßburg, f. Pesth.

Prince-of-Wales-Island.
Das Gantang = 1¼ alte engl. Wein-Gallon (f. London).

Providence, f. New-York.

Puorto Cabello, f. Caracas.

Pyrmont, f. Waldeck.

Puerto Plata, f. Port-au-Prince.

Puortorico, f. Havanna.

Pulo Pinang f. Prince-of-Wales-Island.

Quebeck, f. London.
Noch gebräuchlich der alte Pariser Minot (von 3 Boisseaux)
= 39,025 Liter.
13,421 engl. Imperial-Quarter.
1,1075 alte Winchester Bushel.

Quito ††).
Die castilische Fanega (f. Madrid).

Ragusa, f. Wien.
Noch gebräuchlich:
Der Stajo di Ragusa
= 111,0896 Liter.
1,3333 venetian. Stajo.
1,8062 Wiener Metzen.

Rangun.
Das Tenn (bei den Engländern basket, Korb), an Gewicht 26,49 Kilogramm oder 58,4 englische Pfund Avoirdupoids Reis.

Regensburg, f. München.
Früheres Getreidemaaß:
Der Metzen = 18,3288 Liter.
0,49458 baier. Metzen.

Reuß, f. Gera.

Reval, f. Petersburg.
Aelteres Fruchtmaaß:
Die Last zu 72 Loof.
Das Loof = 42,373 Liter.
1,615 russische Tschetwert.

Riga, f. Petersburg.
Aelteres Fruchtmaaß:
Die Rigaer Tonne von 2 Loof
= 137,726 Liter.

---

*) Getreide wird auch nach dem Gewicht verkauft.
**) Jetzt Port républicain genannt.
***) Man rechnet in der Praxis 79¼ Alqueires von Porto = 100 Alqueires von Lissabon; was, weil der letztere = 13,566 Liter (nach Kelly), mit obiger Angabe ziemlich genau übereinstimmt.
†) In der Praxis rechnet man 2 Strich = 3 Wiener Metzen.
††) Vom 15. Oktober 1860 soll das französische Maaß- und Gewichtswesen eingeführt werden.

Die Rigaer Tonne von 2 Loof
= 0,6561 russische Tschetwert *).

Rheinbaiern.

Das Hektoliter (s. Paris), welches auch
in 4 Biernsel zu 2 Simmer zu 4 Vierling getheilt wird **).

Rio Grande, s. Rio-Janeiro.

Rio de Janeiro.

Der Alqueire, von welchem 60 auf
den Mojo gehen, = ca. 40 Liter ***).

Rom.

100 Rubbio
= 2,945 Hektoliter u. niederländische Mudden.
1,9683 badische Malter.
1,325 baierische Scheffel.
2,301 Darmstädt. Malter.
1,013 englische Imperial-
Quarter.
2,567 Frankfurter Malter.
2,945 nassauer Malter.
5,358 preuß. Scheffel und
Hamburger Faß.
1,9633 schweizer Malter.
1,4030 russ. Tschetwert.
4,788 Wiener Metzen.
1,662 württemb. Scheffel.

Rostock.

100 Rostocker (u. mecklenburger) Scheffel
= 38,889 Hektoliter u. niederländische Mudden.
25,926 badische u. schweizer
Malter.
124,865 braunschweiger
Himten.
17,489 baierische Scheffel.
50,382 Darmstädt. Malter.
13,374 englische Imperial-
Quarter.

100 Rostocker (u. mecklenburger) Scheffel
= 33,893 Frankfurt. Malter.
70,759 Hamburger Faß u.
preuß. Scheffel.
38,889 nassauer Malter.
27,954 dänische Korn-
Tonnen.
18,527 russ. Tschetwert.
63,235 Wiener Metzen.
21,943 württemb. Scheffel.

Rotterdam, s. Amsterdam.

Rouen, s. Paris.

Altes Getreidemaaß:
Der Setier = 1 1/6 alte Pariser Setiers.
14 alte Par. Boisseaux.
182,116 Liter.

Rudolstadt.

1) In der Oberherrschaft (mit
Rudolstadt).
Der Scheffel zu 8 Achtel zu 48 Nössel.
Das Rudolstadter Rathsachtel zu 48 Nös-
sel = 23,41 Liter.
2) Unterherrschaft (mit Frankenhausen).
Der Marktscheffel zu 12 Scheffel.
Der gewöhnliche Scheffel ist der alte
Nordhäuser Scheffel = 45,632 Liter.
Seit 1861 das preuß. Getreidemaaß.

San Sebastian.

Die Fanega = 55,3 Liter
0,9822 castil. Fanegas †).

Santiago oder San Jago de Chile,
s. Chile.

San Francisco, s. New-York ††).

Santa Cruz.

Die ältere Fanega
= 62,66 Liter
1,1434 castil. Fanegas†††).

*) In der Praxis rechnet man 3 Loof = 1 Tschetwert.
**) Getreide und ebenso Kartoffeln werden gewöhnlich nach dem Gewicht verkauft.
***) In der Praxis rechnet man 1 Alqueire von Rio de Janeiro = 3 Alqueires von Lissabon
und 2½ Alqueires v. R. d. J. = 1 franz. Hektoliter.
†) Oder = 1,009 castilische Fanegas, wenn die Fanega von Avila (s. S. 264) zu 54,8 Liter an-
genommen wird.
††) Getreide wird nach dem Gewicht verkauft.
†††) In der Praxis rechnet man 4½ gestrichene Fanegas = 9 alte engl. Winchester Bushels und
1 gehäufte Fanega = 2½ Winchester Bushels.

Santander, f. Madrid.

Noch gebräuchlich:
Die Fanega = 54,84 Liter
1,0007 castil. Fanegas.

St. Gallen, f. Schweiz.

St. Louis, f. New-York.

St. Thomas, f. Kopenhagen.

Saragossa, f. Madrid.

Noch gebräuchlich:
Der Cahiz zu 8 Fanegas.
Die Fanega = 22,55 Liter
0,4114 castil. Fanegas.

Sardinien, die Insel.

Der Starello oder Moggio von Cagliari
= 49,175 Liter.
Der Starello in Sassari halb so groß.

Schaffhausen, f. Schweiz.

Das alte Malter für glatte Frucht
= 2 Mütt zu 4 Viertel.
Das alte Malter für rauhe Frucht
= 4 Mütt zu 4 Viertel.
Das Viertel für glatte Frucht
= 22,603 Liter.
Das Viertel für rauhe Frucht
= 25,474 Liter.

Die Schweiz.

Das Malter = dem badischen Malter
(f. Karlsruhe).

Schwerin.

Der Rostocker Kornscheffel (f. Rostock).
In Parchim, Grabow und Dönitz (im
Verkehr mit dem Auslande) der Parchi-
mer Scheffel = 54,728 Liter.

Schwyz, f. Schweiz.

Serbien, f. Belgrad.

Sevilla, f. Madrid.

Die ältere Fanega
= 54,267 Liter
0,9903 castil. Fanegas.

Siam, f. Bangkok.

Sicilien, f. Palermo.

Siebenbürgen, f. Wien.

Früheres Fruchtmaaß:
Der Kübel = 92 ½ Liter (in der Praxis
= 1 ½ Wiener Metzen).

Singapore.

Reismaaß:
Der Coyang von 40 Pikul Gewicht.
Bengalisches Getreide und bengalischer
Reis: der Sack von 2 bengalischen
Maunds (f. Calcutta) Gewicht.

Sinigaglia, f. Ancona.

Smyrna.

Das Kilo von Smyrna
= 1 ½ Kilo von Konstantinopel.

Sourabaja, f. Batavia.

Solothurn, f. Schweiz.

Früheres Fruchtmaaß:
Das Getreide-Viertel
= 105,95 Liter
0,7063 neue schweizer Malter.

Sondershausen, f. Berlin.

Stettin, f. Berlin.

Stockholm.

100 Getreide-Tonnen festes Maaß
= 164,882 Hektoliter oder
niederländische Mudden.
109,922 badische u. schweizer Malter.
74,152 baierische Scheffel.
222,502 Bremer Scheffel.
128,814 Darmst. Malter.
118,517 dänische Korn-
Tonnen.
56,703 englische Imperial-
Quarter.
467,9 englische Winchester
Bushel.
299,997 Hamburger Faß
u. preuß. Scheffel.
164,882 nassauer Malter.
78,552 russ. Tschetwert.
268,083 Wiener Metzen.

100 Getreide-Tonnen festes Maaß
= 93,035 württembergische
　　　Scheffel.
100 schwedische Cubikfuß
= 17,4479 badische u. schwei-
　　　zer Malter.
11,7702 baierische Scheffel.
35,3178 Bremer Scheffel.
20,446 Darmst. Malter.
18,8123 dänische Korn-
　　　Tonnen.
9,0005 englische Imperial
　　　Quarter.
74,271 engl. Winchester
　　　Bushel.
47,6186 Hamburger Faß
　　　u. preuß. Scheffel.
26,1719 nassauer Malter.
12,4686 russ. Tschetwert.
42,5528 Wiener Metzen.
14,7675 württembergische
　　　Scheffel.
26,1719 franz. Hektoliter u.
　　　niederländ. Mudden.

Stralsund, s. Berlin.

Straßburg, s. Paris.

Stuttgart *).
100 Scheffel
= 177,226 franz. Hektoliter
　　　u. niederländ. Mudden.
118,151 badische u. schwei-
　　　zer Malter.
79,703 baierische Scheffel.
569,041 Braunschweiger
　　　Himten.
239,159 Bremer Scheffel.
127,390 dänische Korn-
　　　Tonnen.
138,458 Darmst. Malter.
170,691 Dresdn. Scheffel.
60,948 englische Imperial-
　　　Quarter.
502,951 engl. Winchester
　　　Bushel.

100 Scheffel
= 154,474 Frankf. Malter.
322,455 Hamburger Faß
　　　u. preuß. Scheffel.
568,915 hannov. Himten.
220,515 Kasseler Scheffel.
602,483 Konstantinopoli-
　　　tanische Kilo.
510,829 Lübecker Roggen-
　　　u. Weizen-Scheffel.
177,226 nassauer Malter.
455,721 Rostocker Scheffel.
84,433 russische Tschetwert.
107,486 schwedische Ge-
　　　treide-Tonnen.
212,713 venetian. Staja.
288,152 Wiener Metzen.

Sumatra.
Das Getreidemaaß von Batavia (s. d. Art.).

Surabaja, s. Batavia.

Eurate.
Das Parah von 20 Pallies; an Gewicht = ca. 34 Kilogramm Getreide **).

Surinam.
Altes Amsterdamer und jetziges niederländisches Fruchtmaaß (s. Amsterdam).

Sydney, s. London.

Tacna, s. Lima.

Tahiti.
Französische und englische Maaße.

Täbris und Teheran.
Getreide wird nach dem Gewicht ver-
kauft, aber mit anderer Eintheilung des
Batman (Gewichtseinheit).

Temesvar, s. Pesth.

Teneriffa, s. Santa-Cruz.

Ternate, s. Moluken.

---

*) Getreide wird jetzt gewöhnlich nach dem Gewicht verkauft.
**) Im Großhandel nach dem Gewicht.

Texas, f. New-York.

Thorshaven, f. Copenhagen.

Thurgau, f. Schweiz.

Tiflis.
Getreide verkauft man nach der Koba
= 80 russische Pfund.

Timor, f. Batavia.

Tirol, f. Innsbruck.

Tobolsk, f. Petersburg.

Tokaj, f. Pesth.

Toulouse, f. Paris.

Trankebar, f. Madras.

Trebisonde, f. Constantinopel.

Trier, f. Berlin.

Aeltere Fruchtmaaße:
Das Korn= oder Roggen=Malter
= 213,2 Liter
3,87908 preuß. Scheffel.
Das Gerstenmalter
= 236,97 Liter
4,311565 preuß. Scheffel.
Das Hafermalter
= 329,7 Liter
5,99875 preuß. Scheffel.

Triest.
Aelteres Fruchtmaaß:
Das Benediger; der Getreide=Stajo ist
aber etwas kleiner (angeblich =
82,61 Liter).

Tripoli.
Die Ukba = 107,3 Liter.
Das Kilo von Constantinopel (f. d. Art.).

Tunis.
Der Kafis (ital. Cafiso) = 3⅓ bis
3½ Charges oder Lasten von Mar=
seille; daher = ca. 5,46 Hektoliter.
Nach Kelly = 15 englische Winchester=
Bushels = 5,28 Hektoliter.

Turin.
Das Hektoliter (f. Paris).

Ulm, f. Stuttgart.

Ungarn, f. Pesth.

Uruguay, f. Montevideo.

Valencia, f. Madrid.
Der Cahiz = 205,25 Liter.
3,7454 castil. Fanegas *).

La Valetta, f. Malta.

Valparaiso, f. San Jago de Chile.

Vandiemensland, f. Sydney.

Venedig.
100 Staja
= 83,317 Hektoliter u. nieder=
ländische Mudden.
55,544 badische u. schweizer
Malter.
37,470 baierische Scheffel.
112,485 Bremer Scheffel.
59,939 dänische Korn=
Tonnen.
28,6529 engl. Imperial=
Quarter.
236,447 engl. Winchester
Bushel.
151,5919 Hamburger Faß
und preuß. Scheffel.
39,691 russ. Tschetwert.
135,4652 Wiener Metzen.
47,012 württemb. Scheffel.

Venezuela, f. Caracas u. Bogota.

Vera-Cruz, f. Mexiko.

Verona.
Der Sacco
= 114,6535 Hektoliter oder
lombard. Some.
137,611 Benediger Staja.
186,429 Wiener Metzen.

Waadt, Waadtland, f. Lausanne.

---

*) In der Praxis rechnet man 36 Cahiz von Balencia = 15 Cuarteros von Barcelona.

Wallachei, s. Bucharest.

Waldeck und Pyrmont.

Die Mütte zu 4 Scheffel *).

In Arolsen und Umgegend der Roggen-
scheffel = 51,416 Liter, der Hafer-
scheffel = 56,638 Liter.

Im Fürstenthum Pyrmont:
Das Fuder zu 72 Himten. 6 ½ Himten
= 1 waldecker Roggen-Mütte.

Wallis, s. Schweiz.

Warschau, s. Petersburg.

Noch gebräuchlich:
Der Korzec (Scheffel)
= 128 Liter.

  1 Darmstädter Malter.
  0,8533 badische u. schweizer Malter.
  0,5756 baierische Scheffel.
  4,1098 braunschweiger Himten.
  1,7281 Bremer Scheffel.
  0,9208 dänische Korn-Tonnen.
  1,2327 Dresdn. Scheffel.
  0,4402 engl. Imperial-Quarter.
  1,1155 Frankf. Malter.
  2,3289 Hamburger Faß u. preuß. Scheffel.
  0,6848 hannover. Malter.
  1,5952 Kasseler Scheffel.
  3,5975 Lübecker Roggen- u. Weizen-Scheffel.
  1,280 nassauer Malter.
  3,2913 Rostocker Scheffel.
  0,6098 russ. Tschetwert.
  0,8733 schwedische Getreide-Tonnen.
  1,5362 Benediger Staja.
  0,2081 Wiener Metzen.
  0,7222 württemb. Scheffel.

Sachsen-Weimar.

Der weimarische Scheffel
= 75,29396 Liter.

Der Jenaer Scheffel
= 160,11927 Liter.
Das Eisenacher Malter
= 304,68682 Liter.
Der Apoldaer Scheffel
= 86,77702 Liter **).

Wien.

100 Metzen

= 61,499 Hektoliter u. nieder-
     ländische Mudden.
40,9996 badische u. schwei-
     zer Malter.
27,658 baierische Scheffel.
197,463 braunschweiger
     Himten.
83,029 Bremer Scheffel.
44,206 dän. Korntonnen.
48,0465 Darmstädter
     Malter.
59,2314 Dresdn. Scheffel.
21,150 englische Imperial-
     Quarter.
174,528 engl. Winchester
     Bushel.
53,599 Frankfurt. Malter.
111,896 Hamburger Faß
     u. preuß. Scheffel.
197,420 hannob. Himten.
76,521 Kasseler Scheffel.
174,366 Konstantinopoli-
     tanische Kilo.
172,847 Lübecker Roggen-
     u. Weizen-Scheffel.
158,139 Rostocker Scheffel.
29,299 russische Tschetwert.
41,959 schwedische Getreide-
     Tonnen.
73,813 venetian. Staja.
37,7011 württembergische
     Scheffel.

Wiesbaden.

Das nassauer Malter = 1 Hektoliter
(vergl. Paris).

Wilna, s. Petersburg.

---

*) Nicht überall im Lande gleichen Inhalts.
**) Sämmtliche Angaben offiziell.

Wismar.

Der Scheffel
= 38,284 Liter.
0,9844 Rostocker Scheffel.

Würzburg, s. München.

Aelteres Fruchtmaaß:
Das Korn-Malter
= 172,81 Liter.
0,7772 baierische Scheffel.

Das Hafer-Malter
= 400,33 Liter.
1,8004 baierische Scheffel.

Zante, s. Jonische Inseln.

Zug, Zürich, Zurzach, s. Schweiz.

Zwickau, s. Dresden.

IV. Handelsgewichte.

Aachen, f. Berlin.

Aarau, f. Schweiz.

Abo, f. Petersburg und Stockholm.

Abyssinien oder Habesch.

Der Rotolo = 311,33 Grammen.

Acapulco, f. Mexiko.

Achem oder Acheen, f. Batavia.

Acre.

Der Rotolo für rohe Baumwolle
= 2,207 Kilogramm.
Der Rotolo für Baumwollengarn
= 2,037 Kilogramm.

Abelaide, f. Sydney.

Aleppo.

1) Die Oka zu 400 Drachmen
= 1266,683 Grammen (nach Kelly),
wonach die Drachme
= 3,1667 Grammen.
Nach Andern die türkische Oka zu
400 Drachmen = 1280,9266 Grammen (also die Drachme = 3,2023
Grammen).
2) Der Rottel (Rotolo) für die meisten
Waaren = 720 Drachmen.
Der Kantaro (Centner) = 100 solcher Rottel = 180 Oken.
3) Der Rottel für syrische Seide
= 700 Drachmen.
4) Der Rottel für persische Seide
= 680 Drachmen.
5) Der Rottel von Damascus für Kupfer und Specereien
= 600 Drachmen.

Alessandria, f. Turin.

Alexandrien.

1) Das Derhem (Drachme) zu 24 Kirât
= 3,0884 Grammen (für Gold,
Silber, seidene u. a. Schnüre ꝛc.).
2) Die gewöhnliche Oka zu 400 Drachmen = 1,2354 Kilogramm.
2,4707 deutsche Zollpfund,
dänische u. schweizer Pfd.
2,2060 Wiener Pfund.
3) Die besondere Handels-Oka von Alexandrien zu 412 Drachmen
= 1,2724 Kilogramm.
2,5448 deutsche Zollpfund,
dänische u. schweizer Pfd.
2,2720 Wiener Pfund.
4) Rottel-Gewicht:
a) Der gewöhnliche Rottel zu 144
Drachmen = 444,73 Grammen.
b) Der Regierungs-Rottel zu 180
Drachmen = 555,91 Grammen.
c) Der Handels-Rottel von Alexandrien und Cairo zu 105 Drachmen
= 324,28 Grammen.
d) Der besondere Handels-Rottel von
Cairo zu 150 Drachmen
= 463,26 Grammen.
e) Der große Handels-Rottel von
Cairo zu 324 Drachmen
= 1000,6 Grammen.
f) Der große Rottel von Alexandrien
zu 312 Drachmen = 963,58
Grammen.
5) Der Cantar (Centner), auf welchen
je nach der Waare eine verschiedene
Anzahl von Oken gehen.

Algier, s. Paris.

Alicante, s. Madrid.

Aelteres Handelsgewicht:

1) Die Libra gruesa oder major (das schwere Pfund)
= 534 Grammen.
1,1605 castilische Pfund.
1,0660 deutsche Zollpfund, dänische u. schweizer Pfd.
0,9517 Wiener Pfund.

2) Die Libra sutil (das leichte Pfund)
= 356,233 Grammen.
0,7741 castilische Pfund.
0,7124 deutsche Zollpfund, dänische u. schweizer Pfd.
0,6361 Wiener Pfund.

3) Besondere Libra für Cacao
= 474,66 Grammen.
1,0315 castilische Pfund.
0,9493 deutsche Zollpfund, dänische u. schweizer Pfd.
0,8475 Wiener Pfund.

Altenburg.

Das deutsche Zollgewicht (s. Berlin).
Vor 1858 das frühere Leipziger Handelsgewicht.

Altona.

Das deutsche Zollpfund (s. Berlin).
Vor 1860 das frühere Hamburger-Handelsgewicht.

Amboina.

Das chinesische Handelsgewicht (s. Canton).

Amsterdam.

Das Pond = 1 Kilogramm (s. Paris).
Das alte Troypfund
= 492,1678 Grammen.
Das alte Amsterdamer Handelspfund
= 494,09 Grammen.

Ancona, s. Turin.

Früher:
Die Libbra = 330,083 Grammen.

Die Libbra
= 0,6601 deutsche Zollpfund, dänische u. schweizer Pfd.
0,5894 Wiener Pfund.

Angostura, s. Caracas.

Anhalt-Bernburg, s. Berlin.

Anhalt-Dessau, s. Berlin.

Ansbach.

Das deutsche Zollpfund (s. Berlin).

Antwerpen, s. Brüssel.

Aelteres Gewicht:
212 $^{11}/_{16}$ Livres poids de commerce
= 100 Kilogramm (usanzmäßig).

Appenzell, s. Schweiz.

Früher:
1) Das Pfund Schwergewicht
= 584,641 Grammen *).
1,1692 deutsche Zollpfund, dänische u. schweizer Pfd.
2) Das Pfund Leichtgewicht
= 465,156 Grammen *).
0,9303 deutsche Zollpfund, dänische u. schweizer Pfd.

Archangel, s. Petersburg.

Arnstadt, s. Berlin.

Früher das vorige preußische Gewicht.

Astrachan, s. Petersburg.

Athen.

1) Die königliche Mine = 1500 Drachmen oder französische Grammen
= 1 ½ Kilogramm,
3 deutsche Zollpfund, dänische u. schweizer Pfd.
2,6785 Wiener Pfund.
3,6647 russische Pfund.
1,1709 türkische Ola.
0,0026 türkische Kantar.
468,75 alte griechische Drachmen.
1,171875 alte griech. Ola.

*) Nach Hauschild.

2) Die neue Ota = 1250 Drachmen oder franz. Grammen = 0,9765625 alte Oten.

3) Aeltere Gewichte:
a) Das Venediger Schwergewicht (siehe Venedig).
b) Die Ota oder Stabera (türkische Ota) = 1280 neue Drachmen oder franz. Grammen
= 0,85333 königliche Minen.
2,560 deutsche Zollpfund, dänische u. schweizer Pfd.
2,2857 Wiener Pfund.
2,683 Venediger schwere Pfund.

Augsburg, s. München.

Azorische Inseln, s. Lissabon.

Bagdad, s. Bassora und Konstantinopel.

Bahia, s. Rio de Janeiro.

Baireuth, s. München.

Baltimore, s. New-York.

Bamberg, s. München.

Bangkok oder Bankasai.
Der Pikul zu 50 Catties.
Das siamesische Cattie
= 2 chinesische Catties.
2,6666 engl. Pfund Avoirdupoids *).
1,20957 Kilogramm.
2,41914 deutsche Zollpfund, dänische u. schweizer Pfd.
2,15991 Wiener Pfund.

Barbadoes, s. London.

Barcellona, s. Madrid.
Aelteres Handelsgewicht:
Die Libra = 401 Grammen.
0,8715 castilische Pfund.
0,8020 deutsche Zollpfund, dänische u. schweizer Pfd.

Die Libra = 0,7161 Wiener Pfund.
0,401 niederländ. Pfund.

Basel, s. Schweiz.
Aelteres Gewicht:
1) Vom großen Eisengewicht oder Handelsgewicht das Pfund
= 493,24 Gramme
0,98648 deutsche Zollpfund, dänische u. schweizer Pfd.
2) Vom kleinen Eisengewicht (für den Kleinhandel) das Pfund
= 486,20 Gramme
0,9724 deutsche Zollpfund, dänische u. schweizer Pfd.
3) Das Messing-, Specerei- oder Safrangewicht, auch für Seide
= 480,235 Gramme
0,96047 deutsche Zollpfund, dänische u. schweizer Pfd.**)

Bassora.
Bei den hiesigen Europäern gebräuchlich:
1) Der Maund Attari
= 12,927 Kilogramme und niederländische Pfund.
25,854 deutsche Zollpfund, dänische u. schweizer Pfd.
23,084 Wiener Pfund.
2) Der Maund Sofi
= 40,936 Kilogramme und niederländische Pfund.
81,872 deutsche Zollpfund, dänische u. schweizer Pfd.
73,099 Wiener Pfund.
3) Die Ota von Bagdad
= 1,3466 Kilogramme und niederländische Pfund.
2,6932 deutsche Zollpfund, dänische u. schweizer Pfd.
2,4046 Wiener Pfund.

*) Nach Kelly ist der Pikul = 120 englische Pfund Avoirdupoids; also das Cattie = 2,58 engl. Pfund Avoirdupoids.
1,17025 Kilogramm.
2,3405 deutsche Zollpfund, dänische und schweizer Pfd.
2,0973 Wiener Pfund.
**) Nach Hauschild.

Batavia.

1) Der Pikul
= 61,521 Kilogramme und niederländische Pfund.
125 Amsterdamer Troy-Pfund.
123,042 deutsche Zollpfund, dänische u. schweizer Pfd.
135,6304 englische Pfund Avoirdupois.
109,8565 Wiener Pfund.
2) Das alte Amsterdamer Troy-Pfund. (s. Amsterdam).

Bayonne, Beaucaire, s. Paris.

Beirut.

1) Die Oka zu 400 Drachmen (siehe Konstantinopel).
2) Der Rottel oder Rot = 2 Oken.
3) Der Kantar = 180 türkische Oken.

Belgrad, s. Konstantinopel.

1) Die Oka = 2¼ Wiener Pfund in der Praxis gerechnet.
2) Das Wiener Pfund für Wolle und Tabak.

Benares.

1) Der Maund von Mirzapur
= 39,1176 Kilogramm.
86,24 englische Pfund Avoirdupois.
69,851 Wiener Pfund.
78,2352 deutsche Zollpfund, dänische u. schweizer Pfd.
2) Der Maund von Allahabad und Lucknow
= 44,7058 Kilogramm.
98,56 englische Pfund Avoirdupois.
79,830 Wiener Pfund.
89,4116 deutsche Zollpfund, dänische u. schweizer Pfd.

Berbice, s. Demerara.

Bergamo, s. Turin.

Aelteres Gewicht:

1) Peso grosso oder Schwergewicht für gröbere Waaren:

100 Libbre grosse
= 81,2822 Kilogramm.
162,5644 deutsche Zollpfd., dänische u. schweizer Pfd.
179,1943 englische Pfund Avoirdupois.
145,1437 Wiener Pfund.
2) Peso sottile oder Leichtgewicht für feinere Waaren (Seide, Farbwaaren ꝛc.):

100 Lirette
= 32,5129 Kilogramm.
65,0258 deutsche Zollpfund, dänische u. schweizer Pfd.
71,6790 englische Pfund Avoirdupois.
58,0575 Wiener Pfund.

Bergen, s. Christiania.

Berlin.

Das Zollpfund zu 500 Gramme.

100 Zollpfund
= 89,286 baierische Pfund.
110,231 englische Pfund Avoirdupois.
133,961 engl. Troypfund.
50 Kilogramme.
153,002 alte Mailänder Libbre piccole.
65,672 alte Mailänder Libbre grosse.
56,117 neapolit. Rotoli.
155,880 neapolit. Libbre.
50 niederländische Pfund.
102,144 Pariser Pfund Markgewicht.
108,932 portugies. Pfund.
147,461 römische Libbre.
117,644 schwedische Victualien-Pfund.
100 schweizer Pfund.
108,664 spanisch-castilische Pfund.
147,257 toskan. Libbre.
39,034 türkische Oken.
33,3333 griechische Mine.
100 dänische Pfund.

35*

100 Zollpfund
= 104,822 Benediger Libbre
grosse.
165,986 Benediger Libbre
sottile.
162,633 Benediger Libbre
da seta (Seidenpfund).
89,284 Wiener Pfund.

Früheres Pfund
= 467,711 Grammen
0,9354 deutsche Zollpfund,
dänische u. schweizer Pfd.

Bern, s. Schweiz.

Das alte Berner Pfund (Eisengewicht)
= 520,035 Grammen
1,04007 neue schweizer
Pfund.

Betelfaki.

Der Maund
= 924,898 Grammen.
2,0390 englische Pfund
Avoirdupoids.
1,8497 deutsche Zollpfund,
dänische u. schweizer Pfd.
1,6515 Wiener Pfund.

Bielefeld, s. Berlin.

Bilbao, s. Madrid.

Aelteres Pfund
= 488,893 Grammen.
1,0778 englische Pfund
Avoirdupoids.
0,9777 deutsche Zollpfund,
dänische u. schweizer Pfd.
0,8730 Wiener Pfund.

Birkenfeld, s. Berlin.

(Santa Fé de) Bogota.

Seit 1854 das franz. metrische Gewicht.
Noch gebräuchlich das castilische Gewicht
(s. Madrid).

Bohara.

1) Der Batman
= 127,7676 Kilogramm.
255,5352 deutsche Zollpfd.,
dänische u. schweizer Pfd.

Der Batman
= 228,152 Wiener Pfund.
312,16 russische Pfund.
2) Der Nimtscha
= 499 Grammen.
0,998 deutsche Zollpfund,
dänische u. schweizer Pfd.
0,891 Wiener Pfund.
1,21875 russische Pfund.

Bolivia, s. Lima.

Bologna, s. Turin.

Seitheriges Handelsgewicht:
Die Libbra = 361,85 Grammen.
100 Libbre
= 36,185 Kilogramm.
72,370 deutsche Zollpfund,
dänische u. schweizer Pfd.
79,7747 englische Pfund
Avoirdupoids.
106,689 römische Pfund.
64,6147 Wiener Pfund.

Bombay.

1) Das neue Bazar-Gewicht (s. Calcutta).
2) Das Bombay-Maund
= 12,7005 Kilogramm.
25,4010 deutsche Zollpfund,
dänische u. schweizer Pfd.
28 englische Pfund Avoirdupoids.
22,679 Wiener Pfund.
3) Das Bombay-Candy zu 20 Maunds
= 560 englische Pfund Avoirdupoids.
5 englische Hundredweight
oder Centner.
7,5 bengalische Faktorei-Maunds.

Bordeaux, s. Paris.

Borneo, s. Batavia.

Boston, s. New-York.

Botzen, s. Wien.

Aelteres Gewicht:

Das Pfund
  = 501,1 Grammen *).
    0,8948 Wiener Pfund.
    1,0022 deutsche Zollpfund,
      dänische u. schweizer Pfd.

Bourbon.

Das alte Pariser und das metrische Ge=
wicht (s. Paris).

Brailow, s. Bukarest.

Braunschweig.

Das deutsche Zollpfund (s. Berlin).
Früheres Gewicht das vorige hannove=
rische.

Bremen.

Das deutsche Zollpfund (s. Berlin).
Voriges Gewicht:
Das Pfund
  = 498,5 Grammen.
    0,997 deutsche Zollpfund,
      dänische u. schweizer Pfd.

Brescia, s. Turin.

Aelteres Gewicht:
Die Libbra
  = 320,812 Grammen.
    0,6416 deutsche Zollpfund,
      dänische u. schweizer Pfd.
    0,57287 Wiener Pfund.

Breslau, s. Berlin.

Aelteres Gewicht:
Das Pfund
  = 405,538 Grammen (offiziell).
    0,8110 deutsche Zollpfund,
      dänische u. schweizer Pfd.
    0,7241 Wiener Pfund.

Brody, s. Wien.

Außerdem: russisches und polnisches Ge=
wicht (s. Petersburg u. Warschau) **).

Brügge, s. Brüssel.

Brünn, s. Wien.

Aelteres Gewicht:
Das Pfund
  = 559,967 Grammen.
    1,1195 deutsche Zollpfund,
      dänische u. schweizer Pfd.
    0,9999 Wiener Pfund.

Brüssel.

Das metrische Gewicht (s. Paris).
Aelteres Gewicht:
1) Das Pfund Handelsgewicht
  = 467,67 Grammen
    0,9353 deutsche Zollpfund,
      dänische u. schweizer Pfd.
2) Das Pfund Markgewicht (Poids de
   mare)
  = 492,1518 Grammen
    0,9843 deutsche Zollpfund.

Buenos=Ayres.

Die Libra = 459,4 Grammen (offiziell).
    1,0020 Lissaboner Pfund
      (offiziell).
    0,9188 deutsche Zollpfund,
      dänische u. schweizer Pfd.
    1,0127 englische Pfund
        Avoirdupois.
    0,9983 castilische Pfund.
    0,8203 Wiener Pfund.
    1,2308 engl. Troy=Pfund.

Bukarest.

Türkisches Gewicht (s. Konstantinopel).

Cadiz, s. Madrid.

Cairo.

1) Der Handels=Rottel
        zu 105 Drachmen
  = 324,28 Grammen.
    0,6485 deutsche Zollpfund,
      dänische u. schweizer Pfd.
    0,5790 Wiener Pfund.

*) Das ältere Handelspfund für Tirol im Allgemeinen = 563 Grammen (= 562,902 Grammen nach Hauschild.)
**) Man rechnet hier 11 russische Pfund = 8 Wiener Pfund, und den Stein von 36 polnischen Pfund = 26¹⁰/₁₇ Wiener Pfund.

2) Der besondere Handels-Rottel
　　　　zu 150 Drachmen
＝ 463,26 Grammen.
　　0,9265 deutsche Zollpfund,
　　dänische u. schweizer Pfd.
　　0,8272 Wiener Pfund.
3) Der große Handels-Rottel
　　　　zu 324 Drachmen
＝ 1000 Grammen.
　　2 deutsche Zollpfund, däni-
　　sche u. schweizer Pfd.
　　1,7856 Wiener Pfund.

Calcutta.

1) Neues Bazar-Gewicht *):
Die Einheit ist die Tola
　　＝ 180 engl. Troy-Grän
　　11,663811 Grammen.
Das Indian Mun oder der Maund
　　zu 3200 Tolas
　　＝ 37,324 Kilogramm.
　　74,648 deutsche Zollpfund,
　　dänische u. schweizer Pfd.
　　100 englische Troy-Pfund.
　　82,2857 englische Pfund
　　　　　Avoirdupois.
　　66,649 Wiener Pfund.
2) Faktorei-Gewicht:
Der Maund **)
　　＝ 33,868 Kilogramm.
　　67,736 deutsche Zollpfund,
　　dänische u. schweizer Pfd.
　　74,666 englische Pfund
　　　　　Avoirdupois.
　　90,741 engl. Troy-Pfund.
　　60,477 Wiener Pfund.

Californien, f. St. Franzisco.

Canton.

Im Handel mit dem Auslande wird
das Pikul zu 100 Catties ＝ 133 1/3
englische Pfund Avoirdupois gerechnet;
daher das Cattie ＝ 1 1/3 engl. Pfund
Avoirdupois und:

1 Pikul ＝ 60,479 Kilogramm und
　　　　niederländische Pfund.
　　120,958 deutsche Zollpfund,
　　dänische u. schweizer Pfd.
　　107,995 Wiener Pfund.
　　147,686 russische Pfund.
1 Tael (Liang) ＝ 37,79 Grammen.
Nach den im Handel mit China gebräuchlichen Gewichtsstücken ist der Pikul
　　＝ 60,128 Kilogramm.
　　120,256 deutsche Zollpfund,
　　dänische u. schweizer Pfd.
　　107,369 Wiener Pfund.
　　146,904 russ. Pfund ***).
1 Tael (Liang) ＝ 37,58 Grammen.
In Hongkong und im Theehandel wird
nach englischem Gewicht gehandelt.

Capstadt.

Englisches und das alte holländische
Gewicht (f. London und Amsterdam).

Caracas, f. Bogota.

Der Kandi zu 20 Maunds zu 42 Seers
(Sihrs) ＝ 520 engl. Pfund Avoirdupois gewöhnlich angenommen; daher
＝ 235,87 Kilogr.; nach Kelly nur
＝ ca. 515 engl. Pfund Avoirdupois.

Cayenne.

Im Inlande das alte Pariser Gewicht;
im Handel mit dem Auslande das neue
französische.

Chemnitz, f. Dresden.

Cheribon, f. Batavia.

Chile, f. San Jago de Chile.

Christiania.

Das alte dänische Pfund
　　＝ 499,309 Grammen (Hau-
　　　　schild).
　　1,1739 schwedische Victua-
　　　　lien-Pfund.

---

*) Das gesetzliche Gewicht, dessen sich die Regierung bedient.
**) Genau sind 49 neue Bazar-Maunds ＝ 54 bengalische Faktorei-Maunds.
***) Im Handelsvertrag zwischen Frankreich und China vom Jahr 1858 hat man zur Berechnung
der Zölle das Pikul zu 60,453 Kilogramm angenommen.

Das alte dänische Pfund
= 0,9986 deutsche Zollpfund,
dänische u. schweizer Pfd.
1,2199 russische Pfund.
0,8900 Wiener Pfund.

Cleve, s. Berlin.

Coblenz, s. Berlin.

Cochinchina.
Chinesisches Gewicht.

Cöln, s. Berlin.
Die alte cölnische Mark
= 233,8123 Grammen (Hauschild*).

Colombo.
Das englische Avoirdupois-Gewicht (s. London).

Constantinopel.
1) Die Oka
= 1280,9266 Grammen oder niederländische Wigtjes.
2,5618 deutsche Zollpfund, dänische u. schweizer Pfd.
2,28732 Wiener Pfund.
3,1051 russische Pfund.
3,0115 schwedische Victualien-Pfund.
0,8538 königliche Mine (griech.).
2,8239 engl. Pfund Avoirdupois.
3,4318 engl. Troy-Pfund.
2) Der Kantar zu 100 Rottel
= 56,1062 Kilogramm oder niederländische Pfund.
100,1875 Wiener Pfd.**).
112,2124 deutsche Zollpfd., dänische u. schweizer Pfd.
137,07 russische Pfund.
131,909 schwedische Victualien-Pfund.
37,441 königliche Mine (griech.)

Der Kantar zu 100 Rottel
= 123,691 englische Pfund Avoirdupois.
150,319 engl. Troy-Pfund.

Copenhagen.
Das deutsche Zollpfund (s. Berlin).
Das alte Pfund = 499,309 Grammen.

Curassao.
Das alte Amsterdamer Handels-Pfund (s. Amsterdam).

Cypern.
1) Der Kantar zu 100 Rottel.
Der Rottel
= 2,3777 Kilogramm ***).
4,7554 deutsche Zollpfund, dänische u. schweizer Pfd.
5,242 engl. Pfund Avoirdupois.
2) Die Oka
= 1,2681 Kilogramm.
2,7957 engl. Pfund Avoirdupois.
3,3974 engl. Troy-Pfund.
2,5362 deutsche Zollpfund, dänische u. schweizer Pfd.
3,0982 russische Pfund.
0,8454 königliche Mine (griech.).

Damaskus.
1) Die türkische Oka (s. Constantinopel).
2) Der Rottel (100 auf den Kantar) zu 60 Unzen oder 600 Drachmen oder Pesi = 1½ Oken.
3) Der Rottel (100 auf den Kantar) zu 80 Unzen = 2 Oken (für Krapp, Wolle etc.).

Danzig, s. Berlin.

Darmstadt.
Das deutsche Zollpfund (s. Berlin).

---

*) Nach Chelius = 233,75 Grammen.
**) Im Verkehr rechnet man den Kantar = 100 Wiener Pfund.
***) Nach Kelly = 2,3789 Kilogramm.

Demerara.
Das alte holländische und englische
Gewicht (s. Amsterdam und London).

Dessau, s. Anhalt-Dessau.

Detmold, s. Lippe-Detmold.

Domingo, s. Port-au-Prince.

Dresden.
Das deutsche Zollpfund (s. Berlin).
Früheres Gewicht:
Das Pfund = 466,936 Grammen
= 0,9338 deutsche Zollpfund.

Drontheim, s. Christiania.

Dschebbo, s. Jebbo.

Dublin, s. London.

Düsseldorf, s. Berlin.
Das frühere Pfund war das Cölnische
von 2 Mark (s. Cöln).

Edinburgh, s. London.

Elberfeld, Elbing, s. Berlin.

Emden, s. Hannover.

Erfurt, s. Berlin.

Faröer, s. Thorshaven.

Ferrara.
Das Pfund
= 345,137 Grammen.
1,017635 römische Pfund.
0,760901 englische Pfund
Avoirdupois.
0,69027 deutsche Zollpfund,
dänische u. schweizer Pfd.
0,616303 Wiener Pfund.

Fez, s. Marokko.

Fiume, s. Wien.

Flensburg, s. Altona.

Florenz, s. Livorno.

Frankfurt a. M.
Das deutsche Zollpfund (s. Berlin).

Früheres Gewicht (vor 1858):
1) Das Pfund Leichtgewicht
= 467,914 Grammen.
0,9358 deutsche Zollpfund.
Der Centner = 108 Pfund
= 1,01026 neue Centner.
50,513 Kilogramm.
2) Das Pfund Schwergewicht
= 505,347 Gramm.
101,026 deutsche Zollpfund.
1,08 leichte Pfund.

Frankfurt a. d. O., s. Berlin.

Freiburg in Baden, s. Karlsruhe.

Fulda.
Das deutsche Zollpfund.
Das frühere Pfund
= 509,996 Grammen
(Cheline?).
1,01999 deutsche Zollpfund.
Auch das Frankfurter Leichtgewicht (siehe
Frankfurt a. M.)

Galacz, s. Jassy.

Gallipoli, ital., s. Neapel.

Genf, s. Schweiz.
Früheres Gewicht:
1) Das Pfund Schwergewicht (gros poids)
= 550,69 Grammen.
1,10139 schweizer Pfund
und deutsche Zollpfund.
1,21408 englische Pfund
Avoirdupois.
0,98336 Wiener Pfund.
2) Das Pfund Leichtgewicht (petit poids),
für Seide
= 458,91 Grammen.
0,91782 schweizer Pfund
und deutsche Zollpfund.
1,01173 englische Pfund
Avoirdupois.
0,81947 Wiener Pfund.
3) Das Pfund Markgewicht (poids de
marc), das alte Pariser Pfund (siehe
Paris).

Gent, s. Brüssel.

Genua, s. Turin.

Aelteres Gewicht:

Die Libbra

$= 316{,}77$ Grammen.

0,6335 deutsche Zollpfund.

0,698381 englische Pfund Avoirdupoids.

0,565664 Wiener Pfund.

0,56560 baierische Pfund.

0,7734 russische Pfund.

Gera.

Das deutsche Zollpfund (s. Berlin).

Früher das alte Leipziger Pfund.

Gibraltar.

Das castilische Pfund (s. Madrid) und das englische Gewicht (s. London).

Der spanische Centner (Quintal) von 100 Libras wird $= 101\frac{3}{4}$ englische Pfund Avoirdupoids angenommen.

Glarus, s. Schweiz.

Glasgow, s. London.

Goa, s. Lissabon.

Im Gebrauche ist auch der indische Candy $= 224\frac{1}{2}$ Kilogramm.

Gotha.

Das deutsche Zollpfund.

Früher das vormalige preußische Pfund $= 467{,}71$ Grammen.

0,93542 deutsche Zollpfd.

Gothenburg, s. Stockholm.

Granada, s. Madrid.

Gratz, s. Wien.

Graubünden, s. Schweiz.

Früher:

1) Das schwere Pfund

$= 520{,}249$ Grammen.

1,04086 neue schweizer und deutsche Zollpfund.

0,9289 Wiener Pfund.

0,9290 baierische Pfund.

2) Das leichte Pfund

$= 462{,}602$ Grammen.

0,92521 neue schweizer und deutsche Zollpfund.

0,82605 Wiener Pfund.

0,82607 baierische Pfund.

Grönland, s. Kopenhagen.

Guatemala, s. Mexiko.

Guayaquil, s. Caracas.

Guernsey, Jersei, Alderney (Kanal-Inseln), s. London.

Guyana, s. Demerara, Cayenne und Surinam.

Haiti, s. Port-au-Prince.

Halle an der Saale, s. Berlin.

Hamburg.

Das deutsche Zollpfund (s. Berlin).

Vor 1858: Das Pfund

$= 484{,}12$ Grammen.

0,96824 deutsche Zollpfund.

Hannover.

Das deutsche Zollpfund (s. Berlin).

Vor 1858 das vorige preußische Gewicht.

Havanna.

Das castilische Pfund (s. Madrid).

In der Praxis 100 castilische Libras $= 101\frac{1}{2}$ engl. Pfund Avoirdupoids.

Havre de Grace, s. Paris.

Heidelberg, s. Karlsruhe.

Hessen-Homburg.

Das deutsche Zollpfund (s. Berlin).

Hildburghausen.

Das deutsche Zollpfund.

Vor 1860 das alte Nürnberger Gewicht (s. Nürnberg).

Hohenzollern.

Das deutsche Zollpfund.

Früher das vorige württemberger Pfund.

Hongkong, s. Canton.

Jamaika, s. Kingston.

Japan, Jeddo, f. Nangasaki.

Jassy.

Die Oka, in der Praxis = der türkischen Oka (f. Constantinopel) gerechnet. Der Centner (Cantar) von 44 Oken in der Praxis = 100 Wiener Pfund gerechnet.

Innsbruck, f. Bozen.

Jonische Inseln.

1) Die Libbra grossa (jonisches schweres Pfund = dem engl. Pfund Avoirdupoids (f. London).
2) Die Libbra sottile Jonia = dem englischen Troypfund (f. London).
Früher das Venediger und türkische Gewicht.

Iviza, f. Mallorca.

Karlsruhe.

Das deutsche Zollpfund (f. Berlin).

Kassel.

Das deutsche Zollpfund.
Früheres Gewicht:
1) Das Pfund Schwergewicht für den Großhandel = 484,24 Grammen *) = 0,968485 neue Pfund u. deutsche Zollpfund.
2) Das Pfund Leichtgewicht für den Kleinhandel = 467,812 Grammen *) = 0,935624 neue Pfund und deutsche Zollpfund.

Khiwa.

Der Batman
= 1,2 russische Pud.
48 russische Pfund.
19,6565 Kilogramm.
39,3130 deutsche Zollpfd.

Kiachta, f. Petersburg.

Kiel, f. Hamburg.

Kingston, f. London.

*) Nach Chelius.

Koburg.

Das deutsche Zollpfund (f. Berlin).
Früher das vorige preußische Gewicht.

Königsberg, f. Berlin.

Konstanz, f. Karlsruhe.

Korsika, f. Paris.

Zum Theil noch gebräuchlich:
1) Die Libbra sottile (das leichte Pfund) = 337,759 Grammen = 0,6755 deutsche Zollpfund.
2) Die Libbra grossa (das schwere Pfund) = dem alten Pariser Pfund (f. Paris).

Krakau, f. Wien.

Noch im Gebrauche polnisches Gewicht (f. Warschau).

Krefeld, f. Berlin.

Kroatien, f. Fiume.

Kronstadt, f. Wien.

Noch gebräuchlich:
Das Pfund des Wiener Markgewichts = 561,288 Grammen.
1,0023 Wiener Pfund.
1,1225 deutsche Zollpfund.

Laguaira, f. Caracas.

Lauenburg, f. Hamburg.

Lausanne, f. Schweiz.

Leipzig, f. Dresden.

Vor 1858: Das Pfund = 467,214 Grammen (Chelius).
0,935249 deutsche Zollpfd.
0,83429 Wiener Pfund.

Lemberg, f. Wien.

Aelteres Gewicht:
Das Pfund = 420 Grammen.
0,75 Wiener Pfund.
0,840 deutsche Zollpfund.
1,0255 russische Pfund.

Libau, f. Petersburg.

Aelteres Gewicht:
Das Pfund = 417,866 Grammen.
1,0204 russische Pfund.
0,8357 deutsche Zollpfd.,
dänische u. schweizer Pfd.
0,7462 Wiener Pfund.
0,9824 schwedische Pfd.

Außerdem das frühere Lübecker Pfund
(f. Lübeck), 100 Lübecker Pfund = 117
Libau'sche in der Praxis gerechnet.

Lima.

Das castilische Pfund (f. Madrid).

Lippe=Bückeburg.

Das deutsche Zollpfund (f. Berlin).
Früher das vorige preußische Pfund.

Lippe=Detmold.

Das deutsche Zollpfund (f. Berlin).
Das frühere Pfund
= 467,41 Grammen.
0,93482 neue Pfund.

Lissabon.

Das Arratel oder die Libra
= 458,976 Grammen.
0,9180 deutsche Zollpfund,
dänische u. schweizer Pfd.
0,458976 niederländ. Pfd.
1,01192 englische Pfund
Avoirdupois.
1,22968 engl.Troy=Pfund.
0,99762 castilische Pfund.
1,12085 russische Pfund.
1,07908 schwedische Pfund.
0,81958 Wiener Pfund.
0,81960 baierische Pfund.

Liverpool, f. London.

Livorno, f. Turin.

Die frühere Libra
= 339,542 Grammen.
0,679084 deutsche Zollpfd.,
dänische u. schweizer Pfd.
0,339542 niederländ. Pfd.

Die frühere Libra
= 0,748562 englische Pfund
Avoirdupois.
0,90970 engl. Troy=Pfund.
0,7379 castilische Pfund.
0,82909 russische Pfund.
0,79828 schwedische Pfund.
0,26507 türkische Oka.
0,00605 türkische Kantar.
0,606312 Wiener Pfund.
0,606325 baierische Pfund.

London.

100 Pfund Avoirdupois=Gewicht
= 45,359 Kilogramm und
niederländische Pfund.
90,71853 deutsche Zollpfd.,
dänische u. schweizer Pfd.
80,998 baierische Pfund.
98,821 Lissaboner Pfund.
111,85 polnische Pfund.
110,764 russische Pfund.
106,725 schwedische Victua=
lien=Pfund.
35,411 türkische Oka.
0,80845 türkische Kantar.
98,587 castilische Libras.
80,997 Wiener Pfund.
100 Pfund Troy=Gewicht
= 37,3246 Kilogramm und
niederländische Pfund.
74,6492 deutsche Zollpfd.
82,284 Pfund Avoirdu-
poids.

Lucca, f. Turin.

Früher die Libbra
= 334,5 Grammen.
0,98515 toskanische Pfund.
0,73745 englische Pfund
Avoirdupois.
0,6690 deutsche Zollpfund.
0,59731 Wiener Pfund.

Lübeck.

Das deutsche Zollpfund.
Das frühere Pfund
= 484,725 Grammen *).

---

*) Nach Schumacher.

Das frühere Pfund
= 0,96945 deutsche Zollpfd.,
dänische u. schweizer Pfund.
1,06862 englische Pfund
Avoirdupois.
0,86556 Wiener Pfund.
1,18361 russische Pfund.
1,13961 schwedische Pfund.
0,484725 niederländ. Pfd.

Lüttich, s. Brüssel.
Früheres Pfund = 467,09 Grammen *).

Lugano, s. Schweiz.
Frühere Gewichte:
1) Die Libbra grossa (schwere Pfund)
= 860,818 Grammen.
1,7216 schweizer Pfund und
deutsche Zollpfund.
2) Die Lirotta (das leichte Pfund)
= 322,807 Grammen.
0,6456 schweizer Pfund und
deutsche Zollpfund.

Luxemburg, s. Amsterdam.

Luzern, s. Schweiz.
Das alte Luzerner Pfund = dem alten
Pfund Schwergewicht der Stadt Zürich
= 528,586 Grammen.
1,0578 schweizer Pfund und
deutsche Zollpfund.

Lyon, s. Paris.
1) Das alte Pfund Seidengewicht
= 458,911 Grammen.
2) Das Pfund Stadtgewicht (poids de
ville) = 420,975 Grammen **).

Macao, s. Canton.

Macassar, s. Batavia.

Madeira.
Das Arratel oder die Libra
= 458,5 Grammen.
0,999 Lissaboner Pfund.
0,9170 deutsche Zollpfund,
dänische u. schweizer Pfd.

*) Nach Chelius.
**) Nach dems.

In der Praxis 100 Pfund von Madeira = 101,09 englische Pfund Avoirdupoids.

Madras.
Der Candy von 20 Maunds
= 226,772 Kilogramm.
500 englische Pfund Avoirdupoids.
453,544 deutsche Zollpfd.,
dänische u. schweizer Pfd.
404,941 Wiener Pfund.

Madrid.
Das französische Gewicht (s. Paris).
Vor 1859 das castilische Pfund
= 460,142 Grammen.
0,92028 deutsche Zollpfund,
dänische u. schweizer Pfd.
1,01442 englische Pfund
Avoirdupoids.
0,460142 niederl. Pfund.
0,82168 baierische Pfund.
0,82166 Wiener Pfund.

Magdeburg, s. Berlin.
Die usanzmäßige Reduction fremder Gewichte s. Seite 267.

Mailand, s. Turin.
Aelteres Gewicht:
1) Vom peso piccolo oder peso sottile
(Leichtgewicht) die Libbra
= 326,793 Grammen oder
neue Denari.
0,653586 deutsche Zollpfd.,
dänische u. schweizer Pfd.
0,583547 Wiener Pfund.
0,720456 englische Pfund
Avoirdupoids.
2) Vom peso grosso (Schwergewicht) die
Libbra = 762,44 Grammen.
0,152503 deutsche Zollpfd.,
dänische u. schweizer Pfd.
0,136161 Wiener Pfund.
1,68087 englische Pfund
Avoirdupoids.

3) Vom Oelgewicht die Libbra da olio
(das Oelpfund)
= 871,448 Grammen.
1,74289 deutsche Zollpfd.,
dänische u. schweizer Pfd.
1,55612 Wiener Pfund.
1,92119 englische Pfund
Avoirdupoids.

Mainz, f. Darmstadt.

Das alte Pfund Leichtgewicht
= 470,686 Grammen *).
Das alte Pfund Schwergewicht
= 498,927 Grammen **).

Makassar, f. Batavia.

Malaga, f. Madrid.

Außerdem das castilische Pfund (siehe
Madrid).

Malakka.

Der Kip (Zinngewicht)
= 18,453 Kilogramm ***).

Mallorca (Majorka).

Der Rotolo = 400,0752 Grammen †).

Malta.

Die Libbra = 316,61 Grammen (Kelly).
Der Cantaro (Centner) von 100 Rotoli
zu 2 ½ Libbre = 174 ½ engl. Pfund
Avoirdupoids (in der Praxis =
175 Pfd. Avoirdupoids).

Manchester, f. London.

Manilla.

Gesetzlich das castilische Gewicht (siehe
Madrid).
Außerdem das chinesische Pikul, welches
= 137 ½ castilische Pfund gerechnet
wird ††).

Mannheim, f. Karlsruhe.

Mantua, f. Mailand.

Aelteres Gewicht:
Die Libbra = 310,529 Grammen.
0,62105 deutsche Zollpfd.,
dänische u. schweizer Pfd.
0,55450 Wiener Pfund.
0,68459 englische Pfund
Avoirdupoids.

Marollo.

1) Der gewöhnliche Centner oder Kintar
zu 100 Artal oder Rotal
= 112 engl. Pfund Avoir-
dupoids.
50,803 Kilogramm.
101,60 deutsche Zollpfund,
dänische u. schweizer Pfd.
90,717 Wiener Pfund.
2) Der Zoll-Kintar
= ca. 54 Kilogramm †††).
108 deutsche Zollpfund,
dänische u. schweizer Pfd.
96,426 Wiener Pfund.
119,047 englische Pfund
Avoirdupoids.

Marseille, f. Paris.

Auch noch gebräuchlich das alte Livre
poids de table
= 407,93 Grammen.
0,72844 baierische Pfund.
0,88653 castilische Pfund.
0,81586 deutsche Zollpfd.,
dänische u. schweizer Pfd.
0,8993 engl. Pfund Avoir-
dupoids.
0,8887 Lissaboner Pfund.
0,40793 niederländische
Pfund.
1,0059 polnische Pfund.
0,99609 russische Pfund.
0,95906 schwedische Victualien-Pfund.

---

*) Offiziell.
**) Nach Chelius.
***) Nach Kelly.
†) Nach dems.
††) Danach das Pikul = 63,2695 Kilogramm. Das chinesische Pikul ist aber nur = 60,4787 Gram-
men .f. Canton).
†††) Das Pfund nach dem Gewicht von 20 spanischen Piastern regulirt.

Das alte Livre poids de table
= 0,31844 türkische Oka.
0,00727 türkische Kantar.
0,72843 Wiener Pfund.

Martinique, s. Paris.

Außerdem das alte Pariser und englische Gewicht (s. Paris u. London).

Maulmain.

1) Der Bazar-Maund von Calcutta (s. Calcutta).
2) Das chinesische Pikul (s. Canton).
3) Der birmanische Biß
= ca. 1½ Kilogramm *).

Mauritius, vormals Isle de France.

Gesetzlich englisches Gewicht.
Gebräuchlich noch das alte Pariser Gewicht (s. Paris).

Meiningen.

Das deutsche Zollpfund.
Vor 1860 das alte Nürnberger Gewicht, s. Nürnberg.

Melbourne, s. London.

Memel, s. Berlin.

Menorca, s. Mallorca.

Messina, s. Palermo.

Mexico.

Seit dem 1. Januar 1862 gesetzlich das französische Gewicht (s. Paris).
Vorher das castilische Gewicht (siehe Madrid).

Minden, s. Berlin.

Mitau, s. Petersburg.

Früheres Gewicht
= 418,619 Grammen.
1,02219 russische Pfund.
0,83723 deutsche Zollpfd., dänische u. schweizer Pfd.
0,98419 schwedische Victualien-Pfund.
0,74751 Wiener Pfund.

Modena, s. Turin.

Aelteres Gewicht:
Die Libbra = 340,4567 Grammen.
0,6809 deutsche Zollpfd., dänische u. schweizer Pfd.
0,60794 Wiener Pfund.
0,60795 baierische Pfund.

Molukken.

Das alte holländische, das chinesische und englische Gewicht.

Montevideo.

Die Libra = 459,367 Grammen.
0,99833 castilische Pfund.
1,01273 englische Pfund Avoirdupoids.
0,018735 deutsche Zollpfd., dänische u. schweizer Pfd.
1,12169 russische Pfund.
1,07999 schwedische Victualien-Pfund.
0,459367 niederl. Pfund.
0,82028 Wiener Pfund.

Montpellier, s. Paris.

Altes Gewicht:
Das poids de table (s. Marseille).

Montreal, s. London.

Moskau, s. Petersburg.

Mozambik.

Der Bazar von 20 Frasils
= 240 engl. Pfund Avoirdupoids.
108,86 Kilogramm.
217,72 deutsche Zollpfund.

München.

100 baierische Pfund
= 56 Kilogramm **).
121,701 castilische Pfund.
112 deutsche Zollpfund,
dänische u. schweizer Pfd.
123,457 englische Pfund Avoirdupoids.

---

*) Von der bengalischen Faktorei = 3½ engl. Pfund Avoirdupoids gerechnet.
**) Nach Kelln; wonach das Pfund = 560 Grammen; nach Hauschild = 561,384 Grammen.

100 baierische Pfund
= 122,004 Lissaboner Pfund.
56 niederländische Pfund.
138,099 polnische Pfund.
37,333 (griech.) königliche
Mine.
136,741 russische Pfund.
131,659 schwedische Victualien-Pfund.
43,715 türkische Oka.
0,99810 türkische Kantar.
117,40 Venediger schwere
Pfund.
185,904 Venediger leichte
Pfund.
99,997 Wiener Pfund.

Münster, s. Berlin.

Nancy, s. Paris.

Nangasaki.

1) Das Pikul von 100 Catties
= 58,96 Kilogramm (Kelly).
2) Das Kin (japanisches Pfund) zu 160
Monme
= 280 Grammen.
0,56 deutsche Zollpfund.
0,4999 Wiener Pfund.
0,28 niederländische Pfund.
0,617 engl. Pfund Avoir-
dupoids.
3) Das Rioo (von den Holländern Schuit
genannt)
= 4,3 Monme.
7,525 Grammen.
0,01505 deutscheZollpfund.

Nanking, s. Canton.

Nantes, s. Paris.

Nassau, s. Wiesbaden.

Naumburg, s. Berlin.

Neapel.

1) Die Libbra
= 320,76 Grammen (offiziell).
0,6415 deutsche Zollpfund,
dänische u. schweizer Pfd.

Die Libbra = 0,7072 engl. Pfund Avoirdupoids.
1,0101 sicilische Libbra.
0,5727 Wiener Pfund.
2) Der Rotolo zu 2⅓ Libbra
= 891 Grammen.
1,782 deutsche Zollpfund,
dänische u. schweizer Pfd.
1,9642 engl. Pfund Avoir-
dupoids.
1,1223 sicilische Rotoli.
1,59103 Wiener Pfund.

Neuchâtel, s. Schweiz.

Früheres Gewicht:
Das Pfund
= 520,1 Grammen.
1,0402 schweizer Pfund u.
deutsche Zollpfund.
0,92873 Wiener Pfund.

Neustrelitz.

Das deutsche Zollpfund (s. Berlin).
Früheres Gewicht war das vormalige
preußische.

Newcastle, s. London.

New-Orleans, s. New-York.

New-York, s. London.

In New-York und an einigen andern
Orten hat das Hundredweight oder der
Centner 100 Pfund (statt 112 Pfund
wie in England).

Niederlande, s. Amsterdam.

Niederländisch-ostindische Colonien,
s. Batavia, Sumatra, Molukken.

Niederländisch-westindische Colonien,
s. Curassao.

Nischnei-Nowgorod, s. Petersburg.

Nizza, s. Paris.

Früher:
Die Libbra = 309,612 Grammen.
0,61922 deutsche Zollpfd.,
dänische u. schweizer Pfd.
0,55286 Wiener Pfund.

Norwegen, f. Christiania.

Nürnberg, f. München.

Altes Handelspfund
= 509,996 Grammen.
0,91070 baierische Pfund.
1,01999 deutsche Zollpfund.

Odessa, f. Petersburg.

Ofen, f. Pesth.

Oldenburg.

Das deutsche Zollpfund (f. Berlin).
Altes Handelspfund
= 480,367 Grammen.
0,96073 deutsche Zollpfd.

Oporto, f. Porto.

Osnabrück, f. Hannover.

Das alte Pfund = dem alten Amsterdamer Pfund
= 494,0904 Grammen.
0,96073 deutsche Zollpfund.

Ostende, f. Brüssel.

Padang, f. Sumatra.

Padua, f. Venedig.

1) Die Libbra grossa (schweres Pfund)
= 486,539 Grammen.
0,97307 deutsche Zollpfd.

2) Die Libbra sottile (leichtes Pfund)
= 338,883 Grammen.
0,67776 deutsche Zollpfund.

Palermo.

Der Rotolo
= 793,88 Grammen.
1,41764 baierische Pfund.
1,7252 castilische Pfund.
1,58776 deutsche Zollpfd., dänische u. schweizer Pfd.
1,75018 englische Pfund Avoirdupois.
1,7295 Lissaboner Pfund.
2,4749 neapolitan. Libbra.

Der Rotolo
= 0,79388 niederländ. Pfund.
1,9577 polnische Pfund.
0,52925 (griech.) königliche Mine.
1,93851 russische Pfund.
1,86645 schwedische Victualien-Pfund.
0,6197 türkische Ota.
1,6643 Venediger schwere Pfund.
2,6354 Veneb. leichte Pfd.
1,41761 Wiener Pfund.

Die Libbra für rohe Seide ꝛc.
= 317,552 Grammen *).
0,56705 baierische Pfund.
0,69011 castilische Pfund.
0,635104 deutsche Zollpfd., dänische u. schweizer Pfd.
0,70007 englische Pfund Avoirdupoids.
0,69183 Lissaboner Pfund.
0,98999 neapolit. Libbra.
0,317552 niederl. Pfund.
0,78310 polnische Pfund.
0,21170 (griech.) königliche Mine.
0,77540 russische Pfund.
0,74658 schwedische Victualien-Pfund.
0,24789 türkische Ota.
0,005663 türkische Kantar.
0,66572 Venediger schwere Pfund.
1,05418 Veneb. leichte Pfd.
0,56704 Wiener Pfund.

Pamplona, f. Madrid.

Altes Pfund
= 488,9 Grammen.
1,0624 castilische Pfund**).

Paris.

1) Metrisches Gewicht. 100 Kilogramm
= 200 deutsche Zollpfund, dänische u. schweizer Pfd.

---

*) Offiziell.
**) Das alte Pfund soll dem von Bilbao gleich sein. Man rechnet nach einigen Angaben 16 Navareser Pfund = 17 castilische Pfund (zu 460,14? Grammen), was obigem Verhältniß entspricht.

100 Kilogramm
= 178,571 baierische Pfund.
217,347 castilische Pfund.
220,462 englische Pfund
Avoirdupois.
267,923 engl.Troy=Pfund.
217,864 Lissaboner Pfund.
311,759 neapolit. Libbra.
100 niederländische, sardi=
nische u. belgische Pfund.
246,606 polnische Pfund.
66,666 (griech.) königliche
Mine.
244,193 russische Pfund.
285,106 schwedische Victua=
lien=Pfund.
125,963 sicilische Rotoli.
78,064 türkische Oken.
1,7823 türkische Kantar.
209,644 Benediger schwere
Pfund.
331,973 Benediger leichte
Pfund.
178,567 Wiener Pfund.

2) Die Livre usuelle = ½ Kilogramm
= 1 deutsches Zollpfund, däni=
nisches u. schweizer Pfund.

3) Altes Pariser Gewicht:
Die Livre poids de marc
= 489,506 Grammen.
• 1,079175 englische Pfund
Avoirdupois.
1,311498 engl. Troy=Pfd.
0,979012 deutsche Zollpfd.,
dänische u. schweizer Pfd.
0,874099 Wiener Pfund.
0,87411 baierische Pfund.

Parma, s. Turin.
Früheres Gewicht: Die Libbra
= 328 Grammen.
0,58571 baierische Pfund.
0,656 deutsche Zollpfund,
dänische u. schweizer Pfd.
0,72311 englische Pfund
Avoirdupois.
0,02257 neapolit. Libbre.
1,032901 sicilische Libbre.

Die Libbra
= 0,41316 sicilische Rotoli.
0,328 niederländ. Pfund.
0,21866 (griech.) königliche
Mine.
0,80091 russische Pfund.
0,77114 schwedische Victua=
lien=Pfund,
0,25605 türkische Oka.
0,00584 türkische Kantar.
0,68763 Benediger schwere
Pfund.
1,08886 Benediger leichte
Pfund.
0,585701 Wiener Pfund.

Patna.
Der Maund
= 36,566 Kilogramm.
73,132 deutsche Zollpfund,
dänische u. schweizer Pfd.
80,6132 englische Pfund
Avoirdupois.
36,566 niederländ. Pfund.
65,2950 Wiener Pfund.

Patras, s. Athen.

Pavia, s. Mailand.
Früheres Gewicht:
1) Die Libbra sottile (leichtes Pfund)
= 318,725 Grammen.
0,63745 deutscheZollpfund,
dänische u. schweizer Pfd.
0,70265 englische Pfund
Avoirdupois.
0,99365 neapolitan.Libbre.
0,97172 parmesan. Libbre.
1,00369 sicilische Libbre.
0,40147 sicilische Rotoli.
0,66818 Benediger schwere
Pfund.
1,05807 Benediger leichte
Pfund.
0,56913 Wiener Pfund.
2) Die Libbra grossa (schweres Pfund)
= 743,692 Grammen.
1,48738 deutscheZollpfund,
dänische u. schweizer Pfd.

Die Libbra grossa (schweres Pfund)
= 1,63953 englische Pfund
Avoirdupois.
2,31853 neapolit. Libbre.
2,34195 sicilische Libbre.
2,26735 parmesan. Libbre.
1,55910 Benediger schwere Pfund.
2,46883 Benediger leichte Pfund.
1,32799 Wiener Pfund.

Peking, s. Canton.

Pernambuco, s. Rio de Janeiro.

Persien, s. Teheran.

Pesth, s. Wien.

Im Banat, Slavonien und Croatien eine Ofa von 2¼ Wiener Pfund.

St. Petersburg.
100 russische Pfund
= 40,9531*) Kilogramm.
73,1305 baierische Pfund.
81,9062 deutsche Zollpfund, dänische u. schweizer Pfd.
89,0010 castilische Pfund.
90,2850 englische Pfund Avoirdupois.
109,7214 engl. Troy-Pfd.
89,2224 Lissaboner Pfund.
120,2887 modenesische Libbre.
127,6752 neapolit. Libbre.
40,9531 niederländ. Pfund.
124,8570 parmesan. Libbre.
100,99308 polnische Pfd.
120,7482 römische Libbre.
27,3026 (griech.) königliche Mine.
96,2832 schwedische Victualien-Pfund.
51,6860 sicilische Rotoli.
1,20612 toskan. Libbre.
31,96963 türkische Ofa.
0,72992 türk. Kantar.
85,8557 Beneb. schwere Pfd.

100 russische Pfund
= 135,9529 Benediger leichte Pfund.
73,1289 Wiener Pfund.

Philadelphia, s. New-York.

Phillppinische Inseln, s. Manilla.

Piacenza, s. Turin.

Das alte Pfund
= 317,517 **) Grammen.
0,96803 parmesan. Libbre.
0,63503 deutsche Zollpfd., dänische u. schweizer Pfd.
0,56698 Wiener Pfund.

Plymouth, s. London.

Pointe-à-Pitre, s. Martinique.

Pondichery.
Der Barre oder Candy von 20 Maunds
= 234,9 Kilogramm ***).
469,8 deutsche Zollpfund, dänische u. schweizer Pfd.
517,881 englische Pfund Avoirdupois.
234,9 niederländ. Pfund.
510,494 castilische Pfund.
511,764 Lissaboner Pfund.
419,455 Wiener Pfund.
573,582 russische Pfund.
552,264 schwedische Victualien-Pfund.
6,2937 neue Bazar-Maunds.
6,9357 bengalische Faktorei-Maunds.
18,49606 Bombay-Maunds.
20,6894 Madras-Maunds.

Port-au-Prince.
Das alte Pariser Gewicht (s. Paris).

Porto, s. Lissabon.

Porto-Plata, s. Puerto-Plata.

Portorico, s. Puerto-Rico.

Portsmouth, s. London.

---

*) Nach Paucker. — **) Nach Löhmann.
***) Nach Kelly ist der Maund = 11,745 Kilogramm.

Posen, f. Berlin.

Das alte Posener leichte Pfund
= 398,35 Grammen.
0,7967 deutsche Zollpfund.

Das alte Posener schwere Pfund
= 417,81 Grammen.
0,83562 deutsche Zollpfund.

Potsdam, f. Berlin.

Prag, f. Wien.

Altes Handelspfund
= 514,354 Grammen *).
0,91847 Wiener Pfund.
1,028708 deutsche Zollpfd.

Preßburg, f. Pesth.

Prince-of-Wales-Island.

1) Der chinesische Pikul (f. Canton)
= 60,4787 Kilogramm.
2) Der malaische Pikul
= 64,51 Kilogramm **).
3) Der Bahar = 3 malaische Pikuls
= 193,53 Kilogramm.

Providence, f. New-York.

Puorto Cabello, f. Caracas.

Pyrmont, f. Waldeck.

Puerto Plata, f. Port-au-Prince.

Puertorico.

Das castilische Handelsgewicht (siehe Madrid).

Pulo Pinang f. Prince-of-Wales-Island.

Quebeck, f. London.

Quito, f. Caracas.

Ragusa, f. Wien.

Früheres Handelsgewicht:
1) Die Oka
= 1,303 Kilogramm.
2,3267 Wiener Pfund***).
2,6060 deutsche Zollpfund.

2) Die Libbra
= 372,285 Grammen †).
0,66478 Wiener Pfund.
0,74457 deutsche Zollpfd.
3) Das Benediger Gewicht (f. Venedig).

Rangun.

Das Paikta (von den Engländern Bis genannt = 1,51186 Kilogramm ††).
Das Candy von 150 Bis
= 226,772 Kilogramm.
0,45354 deutsche Zollpfd.

Regensburg, f. München.

Das alte schwere oder Kram-Pfund
= 566,917 Grammen.
1,01235 baierische Pfund.
1,13383 deutsche Zollpfund.

Das alte leichte oder Silber-Pfund
= 492,300 Grammen.
0,879105 baierische Pfund.
0,98460 deutsche Zollpfund.

Réunion, Isle de Réunion (Insel Bourbon), f. d. Art.

Neuß, f. Gera.

Reval, f. Petersburg.

Früheres, zum Theil noch gebräuchliches Gewicht: Das Pfund
= 430,369 Grammen †††).
1,05093 russische Pfund.
0,86073 deutsche Zollpfund, dänische u. schweizer Pfd.
1,01182 schwedische Victualien-Pfund.
0,430369 niederl. Pfund.
0,76849 Wiener Pfund.

Rheinbaiern.

Französisch-metrisches Gewicht (f. Paris).

Riga, f. Petersburg.

Früheres Gewicht: Das Pfund
= 418,834 Grammen.
1,02276 russische Pfund.

---

*) Offiziell.
**) Nach der Angabe, daß 15 malaische Pikuls = 16 chinesische Pikuls gerechnet werden.
***) Man rechnet 43 Oka = 100 Wiener Pfund.
†) Die Oka = 3½ Libbre.
††) Nach Kelly; nach Andern = 1,6550 Kilogramm.
†††) Nach Bauder.

36 *

Das Pfund = 0,83766 deutſche Zollpfund,
  däniſche u. ſchweizer Pfd.
  0,984704 ſchwediſche
    Victualien-Pfund.
  0,418834 niederl. Pfund.
  0,91249 Liſſaboner Pfund.
  0,91022 caſtiliſche Pfund.
  0,92335 engliſche Pfund
    Avoirdupoids.
  0,74790 Wiener Pfund.
  0,747917 baieriſche Pfund.

Rio Grande, Rio de Janeiro,
  ſ. Liſſabon.

Rom.

Die Libbra
  = 339,161 Grammen.
  0,60564 baieriſche Pfund.
  0,67832 deutſche Zollpfd.,
    däniſche u. ſchweizer Pfd.
  0,73707 caſtiliſche Pfund.
  0,74771 engliſche Pfund
    Avoirdupoids.
  0,9086 engl. Troy-Pfund.
  0,7389 Liſſaboner Pfund.
  0,9962 modeneſiſche Libbre.
  1,0573 neapolitan. Libbre.
  0,339161 niederländ. Pfd.
  1,03402 parmeſan. Libbre.
  0,8363 polniſche Pfund.
  0,226107 (griech.) königl.
    Mine.
  0,7973 ſchwediſche Victua-
    lien-Pfund.
  0,4272 ſiciliſche Rotoli.
  1,0679 ſiciliſche Libbre.
  0,9988 tostaniſche Libbre.
  0,2647 türkiſche Oka.
  0,006044 türkiſche Kantar.
  0,71102 Veneb. ſchwere Pfd.
  1,1259 Veneb. leichte Pfd.
  0,60563 Wiener Pfund.

Rostock, ſ. Schwerin.
Das alte Rostocker Pfund Stadtgewicht
oder Wagengewicht

Das alte Rostocker Pfund Stadtgewicht
  = 508,229 Grammen.
  1,01645 deutſche Zollpfund.
  0,90753 Wiener Pfund.
Das alte Rostocker Pfund Kramergewicht
  = 484,028 Grammen *).
  0,96805 deutſche Zollpfund.
  0,86431 Wiener Pfund.
Rotterdam, ſ. Amsterdam.

Rouen, ſ. Paris.
Die alte Livre poids de Vicomté
  = 516,584 Grammen **).

Rudolstadt.
Das deutſche Zollpfund (ſ. Berlin).
Früheres Gewicht das alte Leipziger Pfund
  = 467,214 Grammen ***).
  0,99912 ſpätere Leipziger
    Pfund.
  0,93442 deutſche Zollpfund.

Sandwich-Inseln, ſ. New-York.
Das Hundredweight = 100 Pfund (ſtatt
  = 112 Pfund wie in England).

San Sebastian, ſ. Madrid.
Altes Pfund
  = 492 Grammen.
  1,0693 caſtiliſche Pfund.
  0,9840 deutſche Zollpfund.
  1,0846 engliſche Pfund
    Avoirdupoids.
  0,87855 Wiener Pfund.

Santiago oder San Jago de Chile.
Das caſtiliſche Pfund (ſ. Madrid).

San Francisco, ſ. New-York.

Santa Cruz.
Das caſtiliſche Pfund.

Santander, ſ. Madrid.
Früher das caſtiliſche Pfund.

St. Gallen, ſ. Schweiz.
Das alte Pfund Schwergewicht
  = 577,548 Grammen.

---

*) Nach Chelius. — **) Nach Paucton.
***) Nicht = 466,89 Grammen, wie auf Seite 383.

Das alte Pfund Schwergewicht
= 1,15509 neue schweizer Pfd.
und deutsche Zollpfund.
Das alte Pfund Leichtgewicht
= 465,003 Grammen.
0,930006 neue schweizer
Pfund u. deutsche Zollpfd.

St. Louis, s. New-York.

St. Thomas, s. Kopenhagen.

Saragossa, s. Madrid.

Das alte Pfund
= 345,1 Grammen *).
75,000 castilische Pfund.
76,082 englische Pfund
Avoirdupois.
69,020 deutsche Zollpfund.
61,624 Wiener Pfund.

Sardinien, die Insel, s. Turin.

Altes, noch gebräuchliches Pfund (Libbra)
= 405,77 Grammen.
0,81154 deutsche Zollpfd.,
dänische u. schweizer Pfd.
0,89457 englische Pfund
Avoirdupois.
0,72457 Wiener Pfund.

Schaffhausen, s. Schweiz.

Das frühere Pfund Leichtgewicht
= 459,972 Grammen.
0,91994 neue schweizer Pfd.
u. deutsche Zollpfund.
0,8213 Wiener Pfund.
Das frühere Pfund Schwergewicht
= 574,965 Grammen.
1,14993 neue schweizer Pfd.
u. deutsche Zollpfund.
1,0267 Wiener Pfund.

Die Schweiz.

Das deutsche Zollpfund (s. Berlin).

Schwerin.

Das deutsche Zollpfund.
Vor 1861 das alte Lübecker Normalgewicht **)
= 484,708 Grammen.

Das alte Lübecker Normalgewicht
= 0,969416 deutsche Zollpfd.

Serbien, s. Belgrad.

Sevilla, s. Madrid.

Siam, s. Bangkok.

Sicilien, die Insel, s. Palermo.

Siebenbürgen, s. Wien.

Altes Gewicht:
Das Pfund
= 561,288 Grammen.
1 Pfund des Wiener Markgewichts.
1,00227 Wiener Pfund.
1,12257 deutsche Zollpfund.

Singapore, s. Prince-of-Wales-Island.

Sinigaglia.

Die Libbra
= 337 Grammen ***).
0,674 deutsche Zollpfund.
0,60177 Wiener Pfund.

Smyrna.

1) Der Kantar, Kintal (Centner) zu
45 Oken
= 57,818 Kilogramm †).
115,636 deutsche Zollpfund.
127,46 englische Pfund
Avoirdupois.
103,2464 bairische Pfund.
103,2442 Wiener Pfund.
2) Nach Nro. 1 die Oka
= 1284,825 Grammen.
3) Die Oka für den Kleinhandel
= 1289,6 Grammen.
2,5792 deutsche Zollpfund.
2,84304 englische Pfund
Avoirdupois.
2,30285 bairische Pfund.
2,302807 Wiener Pfund.

Sourabaja, s. Batavia.

Solothurn, s. Schweiz.

Das alte Pfund
= 518,4 Grammen.

*) Nach Andern = 350 Grammen.
**) Im Verkehr dem alten Hamburger Pfund gleichgerechnet.
***) Nach Andern die Libbra von Ancona = 350,083 Grammen.
†) Nach Kelly. In benachbarten Provinzen hat der Cantar, wie in Constantinopel, 44 Oken.

Das alte Pfund
   = 1,0368 neue schweizer und
         deutsche Zollpfund.

Sondershausen.

Das deutsche Zollpfund (s. Berlin).
Früher das vormalige preußische Pfund.

Stettin, s. Berlin.

Die usanzmäßigen Gewichtsverhältnisse,
  s. S. 407.

Stockholm.

100 Pfund Victualiengewicht
   = 42,534 Kilogramm.
   75,9535 baierische Pfund.
   92,4366 castilische Pfund.
   85,068 deutsche Zollpfund,
      dänische u. schweizer Pfd.
   93,7702 englische Pfund
      Avoirdupois.
   113,957 engl. Troy-Pfund.
   92,666 Lissaboner Pfund.
   42,534 niederländ. Pfund.
   104,8916 polnische Pfund.
   28,356 (griech.) königliche
      Mine.
   125,409 römische Libbre.
   103,8602 russische Pfund.
   132,6038 neapolit. Libbre.
   133,9434 sicilische Libbre.
   33,2037 türkische Oka.
   0,75810 türkische Kantar.
   89,1698 Venediger schwere
      Pfund.
   141,20107 Ben. leichte Pfd.
   75,9519 Wiener Pfund.

Stralsund, s. Berlin.

Straßburg, s. Paris.

Stuttgart.

Das deutsche Zollpfund (s. Berlin).

Sumatra.

Handelsgewicht, das chinesische (s. Canton) und das batavische (s. Batavia).

Surabaja, s. Batavia.

Surate.

Die Einheit des Handelsgewichts das
Sihr (engl. Seer)
   = 424,5605 Grammen.
   0,84912 deutsche Zollpfd.
   0,93599 englische Pfund
      Avoirdupois.
   0,75812 Wiener Pfund.

Surinam.

Das alte Amsterdamer und neue niederländische Gewicht (s. Amsterdam).

Sydney, s. London.

Tacna, s. Lima.

Tahiti.

Französisches, englisches und nordamerikanisches Gewicht.

Täbris, s. Teheran.

Teheran.

1) Gewichtseinheit:
  Der Miskal oder Metikal
   = 1,5 türkische Drachmen.
   4,536 Grammen *).
2) Der Batman zu 640 Miskal von
  Teheran
   = 3 Kilogramm.
   6 deutsche Zollpfd., dänische
      u. schweizer Pfd.
   2,34191 türkische Oka.
   6,28930 Venediger Pfund
      Schwergewicht.
   9,95916 Venediger Pfund
      Leichtgewicht.
   5,35702 Wiener Pfund.
3) Der Batman zu 1000 Miskal von
  Täbris
   = 4,666 Kilogramm.
   9,332 deutsche Zollpfund,
      dänische u. schweizer Pfd.
   3,6424 türkische Oka.
   0,08316 türkische Kantar.
   11,3935 russische Pfund.
   ·9,78197 Venediger Pfund
      Schwergewicht.

---

*) Nach der in europäischen Häusern in Täbris angenommenen Reduction. Genau ist der Miskal von 5¼ türkischen Drachmen = 4,5554 Grammen (s. Constantinopel).

Der Batman zu 1000 Miskal von Täbris
= 15,4898 Benediger Pfund
Leichtgewicht.
8,33196 Wiener Pfund.

4) Der Batman zu 1280 Miskal von
Schiraz
= 6 Kilogramm.
12 deutsche Zollpfd., dänische
u. schweizer Pfd.
4,6838 türkische Oka.
14,6509 russische Pfund.
12,5786 Benediger Pfund
Schwergewicht.
19,9183 Benediger Pfund
Leichtgewicht.
10,71405 Wiener Pfund.

5) Der Batman zu 1740 Miskal von
Karabagh
= 8,166 Kilogramm.
16,332 deutsche Zollpfund,
dänische u. schweizer Pfd.
6,3747 türkische Oka.
19,9398 russische Pfund.
17,1194 Benediger Pfund
Schwergewicht.
27,1088 Benediger Pfund
Leichtgewicht.
14,5818 Wiener Pfund.

6) Der Batman zu 3000 Miskal von
Rei = 14 Kilogramm.
28 deutsche Zollpfd., dänische
u. schweizer Pfd.
10,9278 türkische Oka.
0,24952 türkische Kantar.
34,1854 russische Pfund.
29,3501 Benediger Pfund
Schwergewicht.
46,4761 Benediger Pfund
Leichtgewicht.
24,9994 Wiener Pfund.

Temesvar, f. Pesth.

Teneriffa, f. Santa-Cruz.

Ternate, f. Molukken.

Texas, f. New-York.

Thorshaven, f. Copenhagen.

Thurgau, f. Schweiz.

Tiflis, f. Petersburg.

Timor, f. Batavia.

Tobolsk, f. Petersburg.

Toulouse, f. Paris.
Das alte Pfund poids de table
= 413,6 Grammen.
0,8272 deutsche Zollpfund.

Trankebar, f. Madras.

Trebisonde, f. Constantinopel.

Trier, f. Berlin.
Altes Pfund
= 467,689 Grammen.
0,93537 deutsche Zollpfund.

Triest, f. Wien.
Noch gebräuchlich das Benediger Gewicht *).

Tripoli.

1) Der Rottel
= 497,66 Grammen.
0,99532 deutsche Zollpfd.,
dänische u. schweizer Pfd.
1,08153 castilische Pfund.
1,09713 englische Pfund
Avoirdupoids.
1,08422 Lissaboner Pfund.
1,55150 neapolit. Libbre.
0,49766 niederländ. Pfund.
1,22726 polnische Pfund.
1,46731 römische Libbre.
0,33177 (griech.) königliche
Mine.
1,17002 schwedische Pfund
Victualiengewicht.
0,62687 sicilische Rotoli.
1,46568 toskan. Libbre.
0,38849 türkische Oka.
0,008869 türkische Kantar.
1,04381 Benediger schwere
Pfund.
1,65209 Benediger leichte
Pfund.
0,88865 Wiener Pfund.

*) Nach der amtlichen Festsetzung kann man 17 Wiener Pfund = 20 Benediger Pfund Schwergewicht rechnen.

2) Der Cantar (Centner) von 100 Rotteln = 49,766 Kilogramm.

Tunis.

1) Gewichtseinheit:
Die Udia oder Unze = 31,475 Grammen *).
2) Der Rottel Attari oder Krämerpfund von 16 Udien = 506,88 Grammen.
　1,01376 deutsche Zollpfund, dänische u. schweizer Pfd.
　1,10157 castilische Pfund.
　1,11746 englische Pfund Avoirdupoids.
　1,10431 Lissaboner Pfund.
　1,58024 neapolit. Libbre.
　0,50688 niederländ. Pfund.
　1,250 polnische Pfund.
　1,49451 römische Libbre.
　0,33792 (griech.) königliche Mine.
　1,19170 schwedische Pfund Victualiengewicht.
　0,63848 sicilische Rotoli.
　1,49283 toskan. Libbre.
　0,39569 türkische Oka.
　0,00903 türkische Kantar.
　1,06264 Benediger schwere Pfund.
　1,68269 Benediger leichte Pfund.
　0,90512 Wiener Pfund.
3) Der Rottel Sudi für Oel, Honig, Früchte zc. von 18 Udien = 568,445 Grammen.
　1,13689 deutsche Zollpfund, dänische u. schweizer Pfd.
　1,25319 englische Pfund Avoirdupoids.
　0,44375 türkische Oka.

Der Rottel Sudi
　= 0,01013 türkische Kantar.
　1,38803 russische Pfund.
　1,01505 Wiener Pfund.
4) Der Rottel Khabbari (für frische Kräuter) von 20 Udien = 639,453 Grammen.
　1,2789 deutsche Zollpfd.**).
5) Der Cantar Attari = 100 Rottel Attari 50,688 Kilogramm. 101,376 deutsche Zollpfund.
6) Für rohe Baumwolle hat der Cantar 110 Rottel.
7) Für Baumwollgarn und Eisen 150 Rottel.

Turin.

Französisches metrisches Gewicht (s. Paris).
Altes Pfund = 368,8445 Grammen. 0,73768 deutsche Zollpfund.

Ulm, s. Stuttgart.

Ungarn, s. Pesth.

Unterwalden, Uri, s. Schweiz.

Uruguay, s. Montevideo.

Valencia, s. Madrid.

Aelteres Handelsgewicht:
Die Libreta (Libra sutil, Libra minor, d. h. leichte Libra = 355,35 Grammen ***).
　0,7722 castilische Pfund.
　0,7107 deutsche Zollpfund, dänische u. schweizer Pfd.
　0,7834 englische Pfund Avoirdupoids.
　0,35535 niederländ. Pfund.
　0,6344 Wiener Pfund.
Die Libra gruesa (Libra major, d. h. schwere Libra) = 1½ Libretas.

*) Nach Untersuchungen in der Münze zu London (Kelly).
**) Nach der Eintheilung des Rottel Attari in 16 Udien oder Unzen, das Rottel Sudi in 18 Unzen und das Rottel Khabbari in 20 Unzen, müßte der Rottel Attari (die Unze zu 31,475 Grammen) 503,664 Grammen, der Rottel Sudi 566,622 Grammen, und der Rottel Khabbari 629,589 Grammen wiegen. Obige Angaben sind die Resultate neuerer Untersuchungen, welchen indessen nicht ein und dasselbe Gewicht der Unze entspricht; denn

$$\frac{503,88}{16} = 31,68 \text{ Grammen.} \quad \frac{568,445}{18} = 31,58 \text{ Grammen,} \quad \frac{639,453}{20} = 31,97 \text{ Grammen.}$$

Hiernach wäre die Unze durchschnittlich = 31,74 Grammen.
***) Nach Kelly.

La Valetta, s. Malta.

Valparaiso, s. San Jago de Chile.

Vandiemensland, s. Sydney.

Venedig.

1) Das Wiener Gewicht.
2) Die Libbra grossa (schweres Pfund)
= 476,999 Grammen.
0,954 deutsche Zollpfund, dänische u. schweizer Pfd.
0,85178 baierische Pfund.
1,03663 castilische Pfund.
1,05159 englische Pfund Avoirdupois.
1,27797 engl. Troypfund.
1,03921 Lissaboner Pfund.
1,40105 modenes. Libbre.
1,48709 neapolit. Libbre.
0,476999 niederländ. Pfd.
1,45426 parmesanische Pfd.
1,17631 polnische Pfund.
1,40641 römische Libbre.
0,3180 (griech.) königliche Mine.
1,16474 russische Pfund.
1,12145 schwedische Pfund Victualiengewicht.
0,60084 sicilische Rotoli.
1,40483 toskanische Libbre.
0,37236 türkische Oka.
0,008501 türkische Kantar.
0,85176 Wiener Pfund.
3) Die Libbra sottile (leichtes Pfund)
= 301,2297 Grammen.
0,60245 deutsche Zollpfund, dänische u. schweizer Pfd.
0,53791 baierische Pfund.
0,65464 castilische Pfund.
0,66408 englische Pfund Avoirdupois.
0,80705 engl. Troypfund.
0,65627 Lissaboner Pfund.
0,88478 modenes. Libbre.
0,93911 neapolit. Libbre.
0,3012297 niederländ. Pfd.

Die Libbra sottile
= 0,91838 parmesan. Pfund.
0,74285 polnische Pfund.
0,88816 römische Libbre.
0,200819 (griech.) königliche Mine.
0,708209 schwedische Pfund Victualiengewicht.
0,37943 sicilische Rotoli.
0,88716 toskanische Libbre.
0,23515 türkische Oka.
0,00536 türkische Kantar.
0,53789 Wiener Pfund.
4) Die Libbra des Seidengewichts
= 307,4406 Grammen.
0,61488 deutsche Zollpfd., dänische u. schweizer Pfd.
0,5490 baierische Pfund.
0,677791 englische Pfund Avoirdupois.
0,54899 Wiener Pfund.

Venezuela, s. Caracas.

Verona.

Die Libbra sottile
= 333,1757 Grammen.
0,66635 deutsche Zollpfd., dänische u. schweizer Pfd.
0,594956 baierische Pfund.
0,73451 englische Pfund Avoirdupois.
0,59494 Wiener Pfund.
Die Libra grossa = 1½ leichte Pfund.

Waadtland, s. Lausanne.

Wallachei, s. Bucharest.

Waldeck und Pyrmont.

Das deutsche Zollpfund (s. Berlin).
Vor 1858 das frühere preuß. Gewicht.

Wallis, s. Schweiz.

Früheres Gewicht wie im Canton Waadt.

Warschau, s. Petersburg.

Noch gebräuchlich: Das Pfund
= 405,504 Grammen *).

---

*) Offiziell (1819).

Das Pfund
= 0,990214 russische Pfund.
0,7241 baierische Pfund.
0,8939 englische Pfund
Avoirdupoids.
0,811008 deutsche Zollpfd.,
dänische u. schweizer Pfd.
0,405504 niederländ. Pfd.
0,27033 (griech.) königliche
Mine.
0,9533 schwedische Pfund
Victualiengewicht.
0,3165 türkische Oka.
0,00722 türkische Kantar.
0,7240 Wiener Pfund.

Weimar.
Das deutsche Zollpfund (s. Berlin).
Bor 1858 das alte Cölnische Pfund =
2 Cölnische Mark (s. Cöln).

Wien.
Das Pfund
= 560,012 Grammen.
1,000021 bairische Pfund.
1,2170 castilische Pfund.
1,12002 deutsche Zollpfund,
dänische u. schweizer Pfd.
1,2345 englische Pfund
Avoirdupoids.
1,50038 engl. Troy-Pfund.
1,22006 Lissaboner Pfund.
1,6448 modenesische Libbre.
1,7458 neapolit. Libbre.
0,560012 niederl. Pfund.
1,7073 parmesan. Libbre.
1,38102 polnische Pfund.
1,65116 römische Libbre.
1,3674 russische Pfund.
0,3733 (griech.) königliche
Mine.
1,3166 schwedische Pfund
Victualiengewicht.

Das Pfund
= 0,7054 sicilische Rotoli.
1,7635 sicilische Libbre.
1,6493 toskanische Libbre.
0,4372 türkische Oka.
0,0098 türkische Kantar.

Wiesbaden.
Das deutsche Zollpfund (s. Berlin).
Früheres Gewicht (das alte Mainzer Pfd.)
= 470,686 Grammen.
0,9413 deutsche Zollpfund.

Wilna, s. Petersburg.
Wismar, s. Schwerin.

Würzburg, s. München.
Das alte Pfund Leichtgewicht = dem
alten Nürnberger Pfd. Silbergewicht.
Das alte Pfund Schwergewicht = dem
alten Nürnberger Handelspfund.

Zante, s. Jonische Inseln.

Zug, s. Schweiz.
Bor 1840 das Zurzacher Pfund von
Zürich.

Zürich, s. Schweiz.
Das alte Pfund Schwergewicht
= 528,457 Grammen *).
1,0569 neue schweizer Pfd.
und deutsche Zollpfund.
Das alte Pfund Leichtgewicht (für Seide)
= 469,838 Grammen.
0,9396 neue schweizer Pfd.
und deutsche Zollpfund.

Zurzach, s. Schweiz.
Das alte Zurzacher Pfund
= 528,459 Grammen **).
1,0569 neue schweizer Pfd.
und deutsche Zollpfund.

Zwickau, s. Dresden.

*) Nach Herr in Zürich.
**) Offiziell.

Nachträge.

———

Zu Aachen, Seite 1.

In Aachen, Cöln und andern Orten werden Tuchpreise mitunter noch per Brabanter Elle in Schillingen (von welchen 8 = 1½ fl. des 24-Guldenfußes, also zu 11¼ kr. rhn.) angesetzt; diese Art der Preisbestimmung scheint jedoch nach und nach beseitigt zu werden, sowie denn überhaupt das Streben nach Vereinfachung von Verkaufsbedingungen immer allgemeiner wird. Um die mannigfachen Mißbräuche, welche beim Verkauf der westdeutschen Tuchwaaren in Bewilligung des Ziels und Disconto's eingerissen sind, abzustellen, und zugleich den Abnehmern so billige Preise zu gestatten, als eine reelle Zahlung beanspruchen kann, ist z. B. die Mehrzahl der rheinischen, westphälischen und hessischen Tuchfabrikanten zu einem Verein (dem „Verein der westdeutschen Tuchfabrikanten") im Jahr 1860 zusammengetreten und von demselben die Einführung der nachstehenden Verkaufsbedingungen beschlossen worden:

1) Es soll in Deutschland per Berliner Elle auf 3 Monate Ziel mit 2 Proc. Agio, oder per Cassa mit ferneren 2 Proc. Disconto verkauft werden. Spätere Zahlungen werden mit ½ Proc. Zinsen per Monat berechnet und unterliegen einer gegenseitigen Vereinbarung.

2) Die Absendung geschieht frei ab vom Fabrikorte oder von der nächsten Eisenbahnstation.

Zu Alexandrien, S. 29.

1) Seit 1842 beruht die Prägung der Silbermünzen auf der Bestimmung, daß der ägyptische Piaster = ¹/₂₀ des Maria-Theresien-Thalers (zu 2 fl. des 20-Guldenfußes) sein soll; hiernach ist der Piaster = 7⁷/₂₀ kr. rhn. = 2¹/₁₀ sgr. preuß. = 10½ nkr. öster. Der türkische Piaster (s. b. Art. Constantinopel) zu 6¼ kr. rhn. gerechnet, gibt 1 ägyptische Piaster = 1,176 türkische Piaster oder 10 ägyptische Piaster = 11,76 türkische Piaster. In Aegypten rechnet man aber 10 ägyptische Piaster = 11 türkische Piaster.

Von fremden Münzen curiren besonders englische Sovereigns, 20-Frankenstücke, Maria-Theresia-Thaler, 5-Frankenstücke, österreichische Dukaten, spanische Piaster und venetianische Zecchinen. Die Regierung nimmt fremde Münzen nach dem Regierungstarif an. Nach dem Tarif vom Jahr 1859 gelten z. B. die englische Sovereigns 97½, das 20-Frankenstück 77½, der Maria-Theresia-Thaler 20, das 5-Frankenstück 19½ ägyptische Piaster (Preuß. Handelsarchiv, Jahrg. 1860, I. Band).

Der ägyptische Curs, welchen die Banquiers jeweils dafür annehmen, ist der sogenannte Banquier-Curs.

Der sogenannte Curantcurs beruht auf der Circulation des hauptsächlich im gewöhnlichen Verkehr gebräuchlichen Papiergeldes, welches gegen Silber verliert.

Dieses Papiergeld, sogenannte Assignationen der Regierung, wird theils zur Be= zahlung der Beamten und der Offiziere, theils zu Einkäufen des Gouvernements benutzt. Die ersteren nennt man Hauwalat, und sie werden von den Empfän= gern mit Verlust von mehreren Procenten wieder verausgabt; die letzteren sind unter dem Namen Muschterawat bekannt und verlieren ebenfalls gegen Silber.

2) Die Curse der Wechsel werden erst beim Abgange der Dampfboote ge= macht. Marseille und London sind die Hauptwechselplätze für Alexandrien. Man notirt jetzt

London, 3 Monate dato zu ± 99 Piaster für 1 Liv. Sterl.

Marseille, do. „ „ 500 Centimen für 1 Maria=Theresia=Thaler oder 20 Tarifpiaster.

Triest, do. „ „ 250 Neukreuzer Bankvaluta für 1 Maria=Theresia= Thaler oder 20 Tarifpiaster.

Amsterdam, do. „ „ 245 Cents für 1 do.

Genua, Livorno, } 61 Tage Sicht „ „ 122 Soldi für 1 do.

Malta, do. „ „ 30 Tari für 1 do.

Cairo, 3 Tage Sicht „ „ 100 Piaster für 100 Piaster in Cairo.

3) Alle Getreidearten und Hülsenfrüchte werden nach dem Ardeb verkauft; es wird derselbe eingetheilt in 6 Auibeh zu 2 Queleh zu 2 Rubba. Man rechnet hier 100 Ardeb = 63 engl. Imperial=Quarter, 1 Ardeb = 5 Kilo von Con= stantinopel = 3¼ Berliner Scheffel. Ein Ardeb Gerste wiegt 91½ Oka, ein Ardeb Weizen 100 Oka, ein Ardeb Reis in Rosette 156 Oka und 1 Ardeb Reis in Damiette wiegt 225 Oka *).

4) Die gewöhnliche Provision für Einkaufs= und Verkaufsrechnungen, bei Ein= und Ausfuhr ist 3 Proc. für Plätze außerhalb und 2 Proc. für solche inner= halb des Mittelländischen Meeres. — An Comptoirgeldern ist, wenn keine andere Provision berechnet wird, 1 Proc., sonst ½ Proc. zu bezahlen; für Empfang= nahme und Versendung baaren Geldes wird 1 Proc. gerechnet.

Die Verfrachter von englischen Produkten erhalten 3 Proc. vom Betrage der Fracht ihrer eigenen Ladung, und 5 Proc., wenn die Ladung eines ganzen Schiffes in England aufgegeben ist. Wenn ein Schiff mit eingehender Ladung einem Kaufmann consignirt wird, so beträgt die Provision 3 Proc. vom Betrage der eincassirten Fracht, ohne Anspruch auf Provision auf die Rückfracht. — Die Ge= bühren für Vorschüsse auf die Fracht sind 3 Proc., und solche Vorschüsse werden nach dem Tagescurs berechnet.

Die Gebühren für Eintreibung von Schulden schwanken je nach den Um= ständen zwischen 2½ und 5 Proc. Die üblichen Gebühren für einen Bevoll= mächtigten bei einer General= oder partiellen Havarie sind 5 Proc. von den Aus= lagen. — Die üblichen Mäklergebühren bei Import und Export sind 1 Proc.,

---

*) Der Ardeb (Getreidemaaß) ist in ägyptischen Plätzen von unterschiedlichem Inhalt. Der Jahresbericht des preußischen Generalkonsulats für Aegypten pro 1857 enthält folgende, dort übliche Reductionsverhältnisse:

Aegypten	100 Ardeb.	100 Rotoli.	100 Pf.
London	63 Quarter.	99 Pfund a. d. p.	75 Yards.
Triest	220 Starl.	80 Pfund.	90 Braccio.
Livorno	250 Sacca.	133½ Libbre.	116 Braccia.
Malta	63 Salme.	53½ Rotoli.	33½ Canne.
Marseille	108 Charges.	45 Kilogramm.	57 Aunes.
Genua	156 Mine.	141 Libbre.	117½ Kanes.
Amsterdam	6‰ Last.	45 Pfund.	69 9/10 Meter.

zur einen Hälfte vom Verkäufer und zur andern vom Käufer zahlbar; bei Wech=
seln 2 vom Tausend, ebenfalls halb vom Verkäufer und halb vom Käufer zu
zahlen. — Die Mäklergebühren für eine in Alexandrien erhaltene Fracht sind bei
Frachten für außerhalb des Mittelländischen Meeres 3 Proc., innerhalb 2 Proc.,
in beiden Fällen zahlbar vom Schiffe.

5) Die gewöhnlichen kaufmännischen Zinsen sind 6 Proc., doch ist gesetzlich
die Höhe derselben nicht bestimmt. In Ermangelung besondern Uebereinkommens
hat das englische Consulat vor Gericht gewöhnlich 12 Proc. jährlich bei Platz=
rechnungen bewilligt.

6) Wechsel können den Tag nach ihrem Verfall protestirt werden. Respekt=
tage sind nicht gebräuchlich. Der Uso bei Wechseln auf England, Frankreich,
Italien und Oesterreich ist 3 Monat dato; auf Malta 61 Tage. Bei Rück=
wechseln werden 1 Proc. Provision und 1 vom Tausend Mäklergebühr gezahlt,
außer den wirklichen Auslagen für Protest, Porto ꝛc. Ein in Pfund Sterling,
Gulden oder anderm fremden Gelde auf Alexandrien gezogener, als Abschlag auf
die Fracht gegebener Wechsel, auf welchem der Wechselcurs nicht angegeben, ist
nach dem Tagescurse der Sichtwechsel zu zahlen.

7) Die Importeurs verkaufen die englischen Manufakturen und andere be=
sonders gangbare Artikel mehrentheils gegen baar, die übrigen Waaren auf
3=, 6= und 9=monatlichen Kredit. Auch nach Ablauf dieser Fristen erfolgt meist noch
keine Zahlung, sondern es wird entweder die Zahlungsfrist einfach auf Wochen
oder Monate verlängert, oder es wird mit Wechseln von längerer Frist bezahlt.
Solche Wechsel werden nicht immer am Verfalltage vollständig eingelöst, sondern
es werden Abschlagszahlungen geleistet, so daß die endliche Befriedigung des Gläu=
bigers sich in sehr vielen Fällen ein bis anderthalb Jahre hinauszieht (Bericht des
preuß. Generalkonsulats für Aegypten). Landeserzeugnisse müssen baar bezahlt
werden. Die Beamten lassen sich von Produkten des Gouvernements ¾ Proc.
vergüten. Zu allen Verträgen, welche mit der Regierung abgeschlossen werden,
muß man sich des Stempelpapiers bedienen. Diese Steuer beträgt ungefähr
1 pro Mille.

Ausfuhrwaaren, welche leinene Emballage haben, werden auf Brutto=Gewicht
verkauft, d. h. es wird Verpackung für Waare gerechnet; so erhält man z. B. bei
Baumwolle von 100 Rotoli (= 45 Kilogramm) nur ca. 41 Kilogramm Baumwolle.

Zu Altona, S. 32.

1) In Altona gilt die Wechselordnung für das Herzogthum Holstein vom
23. Februar 1854, welche im Wesentlichen mit der allgemeinen deutschen Wechsel=
ordnung übereinstimmt.

2) Papiergeld. Kassen=Anweisungen zu 5 und 20 dänischen Reichs=
thalern (anstatt der früheren sogenannten Kassenscheine), welche nach der Verord=
nung vom 31. März 1853 in allen Zahlungen bei den königlichen Kassen nach
ihrem vollen Nennwerthe gehen und gelten.

3) Das metrische Pfund von 500 Grammen wird in Zehntel, Hundertstel
(Quentin oder Quint) und Tausendstel (Oertgen) eingetheilt. Kleinere Theile als
dieses Letztere werden blos nach ihrem Decimal=Theilverhältniß zum Oertgen
bezeichnet.

Zu Amsterdam, S. 33.

1) In der Einleitung, S. 12, ist (nach Hauschild) das englische Troypfund = 373,246 genaue Grammen, und das holländische Troypfund (nach Van Swinden) = 492,168 Grammen angegeben. Der Unterschied dieser Gewichtseinheiten, welche gleichen Ursprungs sind [*]), rührt zunächst daher, daß in Frankreich und vermuthlich auch in Holland das 12-Unzen-Pfund angewendet wurde, welches England heute noch hat, während in Holland das 16-Unzen-Pfund aufgekommen ist. Vermehrt man 373,246 (das englische Troypfund) um den dritten Theil, so ist

$$373,246 + \frac{373,246}{3} = 497,661 \text{ Grammen.}$$

Oder, vermindert man 492,168 (das holländische Troypfund) um den vierten Theil, so ist

$$492,168 - \frac{492,168}{4} = 369,126 \text{ Grammen.}$$

Die geringen Unterschiede kommen auf die Unsicherheiten der ungenauen Normalgewichte.

2) Im März 1860 ist ein neues Reglement, die Regelung des Verfahrens bei der Brake von holländischen Heringen erschienen.

Der Brakenmeister ist verpflichtet, den Inhalt der Fässer genau zu untersuchen und alle darin befindlichen Heringe von einer andern Sorte, als der in der Declaration angegebenen, auszusondern. Zum Ausweise über diese Prüfung hat er sodann die Fässer zu markiren. Die Marke besteht in der königlichen Krone mit andern Bemerkungen in Buchstaben und wird in den Bauch des Fasses eingebrannt. Sie gibt an: 1) die Jahreszahl des Fanges; 2) die Gemeinde, wo die Brake erfolgt ist; 3) den Ort, wo der Hering gefangen ist; in offener See, an der Küste, oder in der Zuidersee. Dieser Unterschied wird ausgedrückt im ersten Falle durch ein Z über und ein V rechts und links von der Krone; im zweiten Falle durch ein K und ein V rechts von der Krone, und im dritten durch ein Z, ein V rechts und ein Z unter der Krone. 4) Die Sorte Hering, welche das Faß enthält, vermittelst der bekannten Zeichen.

3) Ueber die sogenannte holländische Probe zur Bezeichnung der Gewichtsqualität des Getreides vergl. die Art. Berlin und Hamburg in den Nachträgen.

Zu Archangel, S. 46.

Flachs wird per Berkowitz (oder 10 Pud) verkauft. Man rechnet 63 Pud Flachs und Heede auf 1 englische Ton.

Leinsaat wird per Tschetwert verkauft, und 15 Tschetwert werden auf eine holländische Last gerechnet.

Tielen werden per 10 Dutzend (1 engl. Standard Hundred) oder auch per Dutzend von 12 Tielen von 12 Fuß Länge, 1½ Zoll Dicke und 11 Zoll Breite (engl. Maaß, s. Petersburg) verkauft. Die Tielen haben gewöhnlich 11 Zoll Breite, 3 Zoll Dicke und 21 bis 6 Fuß Länge [**]).

---

[*]) Die Messe von Troyes (Trecæ, Hauptstadt der alten Grafschaft Champagne) soll eine der besuchtesten und berühmtesten in Europa gewesen sein, weshalb das Troygewicht auch in andern Ländern Eingang fand. Pondus Trecense kommt vor in Urkunden von 1203 und 1221 (Ducange, Glossar).

[**]) Z. B. 40 Tielen von 19½ Fuß Länge und 3 Zoll Dicke geben $\frac{10 \cdot 16}{}$

geben $910 \times 3 = 2820$; dieses Produkt getheilt durch 1 Dutzend von 12 Tielen von 12 Fuß Länge und 1¼ Zoll Dicke oder durch 216 gibt $\frac{2820}{216} = 13\frac{1}{16}$ Dutzend oder 1 $\frac{11}{100}$ englische Standard Hundred.

Zu Bangkok, S. 53.

Durch den Großbrit. Konsul in Bangkok wurde im Januar 1858 dem Londoner Handelsamte mitgetheilt, daß durch eine königliche Verordnung der Dollar als legale Werthmünze in Siam für Geschäfte unter Zugrundelegung des Verhältnisses von 3 Dollars = 5 Ticals anerkannt ist.

Zu Barcelona, S. 54.

Die Steinkohlen, welche preußische und andere Schiffe einführen, werden nach englischen Tonnen gemessen. Die Tonne hat 20 Centner zu 112 Pfund = 2240 Pfund. Das englische Pfund verhält sich zum castilischen wie 100 zu 98; das letztere ist also größer. Dagegen verhält sich das englische zum catalonischen Pfund wie 1 zu 1 1/13. Da nun in Catalonien nach Quintal zu 100 Pfund gewogen wird, so ergibt sich nach dieser Berechnung, daß die englische Tonne von 20 Centnern zu 112 Pfund = 2240 Pfund, 22 Quintal 40 Pfund englisch, 21 Quintal 95 Pfund castilianisch und 24 Quintal catalonisch beträgt. Bei dem Abwägen messen und zählen mehrere der hiesigen Consignatare auf jede contractlich zu liefernde Tonne 24 Quintal, jedoch nicht catalonische, sondern englische oder castilianische Pfunde, wobei der Schiffscapitän bei jeder Tonne um 1 2/5 Quintal zu kurz kommt, und trotzdem, daß ihm in England gut zugemessen ward, die bedungene Lieferung nicht vollständig übergeben kann.

Was die Zahlungen betrifft, so ist bei Geschäften, die in Catalonien abgeschlossen sind, der Empfänger genöthigt 10 Proc. der einzuziehenden Summe in Calderillapapier anzunehmen. Dieses Papier ward bei Gelegenheit der von der Regierung eingezogenen Provinzialkupfermünze an Zahlungsstatt gegeben, und verliert beim Umsatz gegen baares Geld 10 Proc. (Handelsbericht aus Barcelona im preuß. Handelsarchiv, Jahrg. 1857, 1. Hälfte).

Zu Batavia, S. 57.

Seeversicherungen werden gegenwärtig hier geschlossen:
1) bei den auf Java etablirten Gesellschaften, als:
Batavische,
Nederland-Indische, } Zee en brand assecurantie Maatschappyen,
Soerabayasche,
2) bei Gesellschaften, die in Holland und Java zugleich ihr Domizil haben, als:
Nederland'sche Lloyd,
Aziatische } Zee en brand assecurantie Maatschappyen.
und Oostindische }

Zu Beirut, S. 59.

1) Handelsgewicht: Der Rottel = 2 türkische Oka (s. Constantinopel). Getreidemaaß: Der Kilo von Constantinopel. Flüssigkeiten werden nach der Oka verkauft.
2) Platzgebräuche. Die Commissionsgebühren betragen 2 bis 3 Proc. Außerdem werden bei Consignationen noch folgende Spesen berechnet: Für jedes Collo Waaren 5 Piaster, Transport desselben in's Magazin 4 Piaster. — Seraphage (Garantie des Wechslers) 1 1/2 Proc. — Sensarie, Lagergeld und kleine

Spesen 2½ Proc. — Anschaffung der Rimessen ½ Proc. — Wechselcourtage 1 pro Mille. — Delcredere 2 bis 3 Proc.

Die Verkäufe werden hier theils per comptant, theils gegen einen von dem Käufer ausgestellten und von einem hiesigen Seraph (Wechsler) acceptirten Solawechsel abgeschlossen; letzterer erhält für das Accept 1 Proc. von der Summe. — Stapelartikel werden auf 30, 60 und 90 Tage, Luxusartikel auf 6 Monate verkauft.

Die Handelshäuser lassen sich von der Herfracht der an sie recommandirten Schiffe 2 Proc., und von der Rückfracht dasselbe bezahlen. Die Einkaufsprovision beträgt 3 Proc. — Der Disconto beträgt 1 bis 1½ Proc. per Monat. — Die Preise der Rohprodukte werden gewöhnlich franco an Bord gerechnet; der Lieferant trägt also die Ausfuhrsteuer. Die Einkäufe derselben besorgen hier Commissionäre, meistens Leute aus dem Innern. Man schließt mit ihnen vor der Ernte Lieferungsverträge, bei der Wolle vor der Schur (Preuß. Handelsarchiv).

Zu Bergen, S. 61.

Rundhölzer werden verkauft nach der Palm von 3½ englische Zoll = 0,0888 Meter.

In Drammen (Norwegen) werden die Bretter nach der Diele von 10 engl. Fuß Länge, 9 Zoll Breite und 1½ Zoll Dicke gemessen. Das Hundert hat 120 Stück und das Thlt 12 Stück.

Zu Berlin, S. 61.

1) Nach Beschluß der kaufmännischen Corporation werden seit 1. September 1859 Getreide und Oelsamen nach dem Gewicht verkauft.

Die Gewichtsqualität des Getreides wird durch die der betreffenden Maaßeinheit entsprechende Gewichtsmenge ausgedrückt und zwar in Berlin durch die Anzahl von Zollpfunden, welche ein Scheffel des betreffenden Getreides wiegt. Diese Qualitätsangabe ist die sogenannte „Berliner Probe." Die „holländische Probe" besteht in der Angabe der Anzahl von Troypfunden (s. Amsterdam), welche ein alter Amsterdamer Zak (Sack) des betreffenden Getreides wiegt.

1 Troypfund ist = 492,16 Gramm = 0,98432 Zollpfund; auf einen alten Amsterdamer Zak gehen 3 Schepels zu 27,814 Grammen; der preußische Scheffel ist = 54,96 Liter, daher der Zak = 1,51823 preußische Scheffel.

Entspricht also dem Zak das Gewicht von 1 Troypfund, so ist das dem

$$\text{Scheffel entsprechende Gewicht in Zollpfund} = \frac{0,9843}{1,51819} = 0,6483.$$ Daher

verhält sich die alte holländische Probe, welche bis in die neueste Zeit in Hamburg und an den Küsten der Nord- und Ostsee üblich war oder noch ist, zur Berliner Probe, wie 1 : 0,6483 oder nahezu wie 125 : 81. Verwandelt man den Bruch $81/_{125}$ in einen Kettenbruch und hält man sich an den vierten Partialbruch, so ist das auf kleinere Zahlen zurückgeführte Verhältniß = $11/_{17}$. Z. B. Weizen von 130 Pfd. nach Amsterdamer Probe ist demnach in Berlin ein solcher von

$$\frac{11 \times 130}{17} = 84\tfrac{2}{17} \text{ Pfd.}$$

2) Auf das in 5000 Actien zu 500 Thlrn. bestehende Kapital der projectirten preußischen Hypotheken-Versicherungsgesellschaft *) waren im Mai 1862

---

*) Vergl. den Art. Dresden in den Nachträgen.

schon 4270 Stücke gezeichnet, und die Uebernahme von 1500 Stück durch zwei ausländische Genossenschaften bedingungsweise angeboten worden, so daß 5770 Stück oder 770 Stück über die nöthige Zahl angemeldet waren. Da die Gesellschaft ihre Vertretung nur Agenten anvertraut, welche nicht allein durch ihre Stellung an dem Abschluß von Geschäften, sondern durch eigene bleibende Aktienbetheiligung auch an dem Ergebniß dieser Geschäfte betheiligt sind, die Bürgschaften aber 2000 zum großen Theil schon verlangte Aktien erfordern, so glaubte der Ausschuß, auf die ausländischen Anerbieten nicht eingehen und durch sorgfältige Auswahl unter den Zeichnungen diese auf 3000 Stück vermindern zu müssen, so daß das Unternehmen jetzt gesichert ist.

3) Laut Kabinetsbefehl vom 21. März 1862 soll der Zinsfuß der im Jahr 1850 und 1852 geschaffenen Staatsanleihen von 4½ auf 4 Proc. herabgesetzt werden. Alle Staatsschuldenscheine werden zum 1. Oktober mit der Maßgabe gekündigt, daß denjenigen Gläubigern, welche in die Zinsherabsetzung vom 1. Oktober willigen, und dieß dadurch zu erkennen geben, daß sie ihre Schuldverschreibungen zur Abstempelung auf 4 Proc. bis spätestens zum 30. April einreichen, eine Prämie von ½ Procent bewilligt wird. Die nicht darauf eingehenden Besitzer von Obligationen obiger Anleihen haben den entsprechenden Nominalbetrag bis zum 1. Oktober, von wo ab die Verzinsung aufhört, bei den Regierungshauptkassen in Empfang zu nehmen.

Zu Bogota, S. 70.

In der Republik Neugranada ist der alte Peso beseitigt und ein neuer = 5 französischen Franken eingeführt worden. In Gold werden geprägt: Stücke zu 1 Peso, Escudos zu 2 Pesos, Doblon zu 5 Pesos, Condor zu 10 Pesos, Onzas zu 20 Pesos. Die Ein= und Zwei=Peso=Stücke entsprechen den französischen Goldstücken zu 5 und 10 Franken, der Condor und die Onza denjenigen zu 50 und 100 Franken. In Silber werden Stücke zu 1 Peso, den franz. 5=Frankenstücken gleich, Decimos ꝛc. nach Verhältniß geprägt.

Man rechnet übrigens auch noch nach der Macuquina=Valuta oder sogenannten Curant=Valuta, nach welcher 5 Pesos Curant = 4 Pesos neue Silberwährung.

Man wechselt jetzt in Bogota
auf London zu ± 5 Pesos für 1 Liv. Sterl.

" Paris und Bordeaux zu ± 480 Centimen für 1 Peso.

" Hamburg zu ± 40 Schilling banco für 1 Peso.

" New=York ꝛc. zu ± 108 Pesos für 100 Dollars.

Zu Bolivia, S. 71.

1) Goldmünzen (aus den Jahren 1827 bis 1836): Onzas oder Dublonen im Feingehalte von 870 Tausendtheilen, 21,2947 Stück auf das Pfund Gold; daher = 2,348 deutsche Krone.

Silbermünzen (aus den Jahren 1827 bis 1836): Pesos oder Piaster, nach nordamerikanischen Untersuchungen im Feingehalte von 902 Tausendtheilen, 20,5393 Stück auf das Pfund fein; daher = 2 fl. 33³/₁₀ kr. rhn. = 1 Thlr. 13⁴/₅ sgr. preuß. = 2 fl. 19 nkr. öster. Dergleichen von 1840 nach Untersuchungen durchschnittlich im Feingehalt von 900 Tausendtheilen. Halbe= und Viertel=Piaster von 1827 und 1828 nach Verhältniß der Einpiasterstücke.

Seit 1830 sind aber massenweise Cuartos, Silberstücke zu 4 Reales oder halbe Piaster, und halbe Cuartos zu 2 Reales in verringertem Werthe geprägt worden*), so daß die jetzige bolivische Währung durch diese Münzen vertreten ist. Münzproben zufolge stellt sich der Werth des Cuartos auf ca. 55 kr. rhn.; daher der bolivische Piaster = 1 fl. 50 kr. rhn. = 1 Thlr. 1³/₇ sgr. preuß. = 1 fl. 57 nkr. öster.

2) Wechselrecht ist das französische.

Zu Bremen, S. 79.

1) Neues Gewichtssystem bei dem Getreidehandel (nach dem Gesetz vom 21. Mai 1860). Wenn nicht von den Betheiligten ein Anderes verabredet worden ist, so soll fortan der Abschluß eines Geschäfts im Getreidehandel als nach dem Gewicht geschehen und das Netto-Stückengewicht einer Getreide-Last angenommen werden

bei Weizen	zu 4500	Pfund.
„ Roggen	„ 4300	„
„ Gerste	„ 3700	„
„ Hafer	„ 2600	„
„ Bohnen und Erbsen	„ 4800	„
„ Buchweizen und Rappsaat	„ 4000	„
„ Mais	„ 4400	„
„ Malz	„ 3000	„
„ Wicken	„ 5000	„

In allen Fällen, wo Getreide zu messen oder zu wägen ist, darf solches nur durch die beeidigten Kornmesser und Wäger geschehen, deren taxmäßige Gebühr für die Last zehn Grote beträgt.

Die Consumtions-Abgabe wird fortan nach dem ermittelten Netto-Stücken-Gewicht berechnet.

Wenn jedoch Getreide gemessen sein sollte, so wird die Abgabe nach folgender Gewichtsannahme berechnet:

bei Roggen die Last zu	4230	Pfd.,	der Scheffel zu	108	Pfd.,	das Viertel zu	27	Pfd.
„ Weizen „ „ „	4480	„	„ „ „	112	„	„ „ „	28	„
„ Gerste „ „ „	3680	„	„ „ „	92	„	„ „ „	23	„
„ Mais „ „ „	4480	„	„ „ „	112	„	„ „ „	28	„
„ Malz „ „ „	3040	„	„ „ „	76	„	„ „ „	19	„

Die Waarenmäkler haben in den von ihnen ausgehenden Waarenpreiscouranten die Abschlüsse im Getreidehandel auch nach dem Gewicht anzugeben.

2) Tara bei Tabak wie folgt: Virginia, Kentucky und Stengel 110 Pfd. per Faß (wenn aber die wirkliche über 120 Pfd. ist, wird das Mehrgewicht besonders vergütet), Domingo und Havanna 10 Pfd., Cuba 13 Pfd. per Serone, Columbia 9 oder 10 Pfd. per Pack, Portorico in Packen unter 150 Pfd. 3 Pfd., über 150 Pfd. 4 Pfd. per Pack, Negroes head 30 und 31 Pfd. per Faß. Gutgewicht wird nicht gewährt.

3) Berichtigung zu S. 80 u. 81 in Betreff des Wechselstempels. Für alle im Bremer Staatsgebiet ausgestellten, sowie für alle daselbst

---

*) Von obigen ganzen und halben Cuartos sind auch viele Stücke in Umlauf, welche in den Vereinigten Staaten von Nordamerika nachgefälscht worden sind.

ein- und ausgehenden traffirten, indoffirten, verkauften und acceptirten oder zur Zahlung gelangten Wechsel und Anweisungen, ferner für solche Accreditive, durch welche der Aussteller bem Inhaber verantwortlich wird, für alle sogenannte Waaren- wechsel (eigene Wechsel über am Platze gekaufte Waaren) und für Wechsel über Affecuranzprämien ist zu zahlen: bis zu einschließlich 25 Goldthaler Belauf: 1 Grot, von über 25 Thlr. bis einschließlich 50 Thlr.: 2 Grot u. s. w., immer bis zu jeden weitern 25 Thlr. 1 Grot mehr. Keine Stempelabgabe zahlen: 1) An- weisungen über den Betrag verkaufter, gestempelter Wechsel; 2) im Bremer Staats- gebiet ausgestellte, am Tage der Ausstellung zahlbare Anweisungen; 3) Wechsel, die vom Auslande kommen, hier indossirt werden, aber ohne weitern Umlauf birect wieder ins Ausland gehen; 4) im hiesigen Staatsgebiet ausgestellte Wechsel auf das Ausland, die ohne weitere hiesige Betheiligung vom Aussteller direct in's Ausland remittirt werden. Die in mehreren Exemplaren ausgestellten Wechsel brauchen nur in einem Exemplare gestempelt zu sein.

Zu Breslau, S. 84.

Flachs wird häufig nach Kloben zu 5 Pfund gehandelt.

Zu Brüssel, S. 86.

1) Die Wechselcurse werden jetzt für kurze Sicht notirt, mit Beifügung des Discontofußes des betreffenden Platzes, nach welchem die längeren Sichten zu be- rechnen sind. Außerdem wird der Disconto der Nationalbank für acceptirte und nicht acceptirte Tratten notirt.

2) Die Stempelgebühr beträgt auf die im Inlande ausgestellten oder zahl- baren Wechsel bis zum Wechselbetrage von 200 Franken: 50 Cent.; über 200 bis 500 Fr.: 25 Cent.; über 500 bis 1000 Fr.: 50 Cent.; über 1000 bis 2000 Fr.: 1 Fr., und bis zu jeden weitern 1000 Fr. je 50 Cent. Die im Auslande ausgestellten und im Auslande zahlbaren Wechsel unterliegen bei ihren Circulationen in Belgien einer Gebühr von nur der Hälfte der obigen Sätze; an Stelle des Stempels treten dann aufgeklebte Marken.

3) Durch Gesetz vom 20. December 1860 ist die Prägung einer neuen Scheidemünze, aus Nickel und Kupfer bestehend (s. Einl., S. 15) angeordnet wor- den. Es sollen in dieser Composition Stücke von 5, 10 und 20 Centimen ge- prägt werden, wogegen die Kupfermünze von 5 und 10 Cent., sowie die Silber- münze von 20 Centimen außer Curs gesetzt werden sollen. Der Betrag, bis zu welchem die neuen Nickelmünzen in Zahlung angenommen werden müssen, ist auf 5 Franken festgestellt.

4) Laut Verordnung vom 4. Juni 1861 sollen die in bem Verhältnisse von 1 Kilogramm feinen Goldes auf 15 ½ Kilogrammen feinen Silbers ausge- prägten französischen Goldstücke so lange zu ihrem Nennwerthe als gesetzliche Münze zugelassen werden, als sie in Frankreich einen ihrem Nennwerthe gleichkommenden gesetzlichen Curs haben. Diese Bestimmung bezieht sich gleichermaßen auf die Goldstücke anderer Staaten, welche in vollkommener Uebereinstimmung mit den entsprechenden französischen Stücken ausgeprägt sind. Sodann ist die Regierung ermächtigt, Goldstücke von 20 und von 40 Franken nach Maßgabe des Münz- gesetzes von 1832 und Goldstücke von 10 und von 5 Franken in benselben Ge- wichts- und Größenverhältnissen wie die entsprechenden französischen Goldstücke prägen zu lassen.

Zu Buenos-Ayres, S. 88.

1) Das alte spanische Maaß- und Gewichtssystem bildet die Grundlage der heute noch in dem Staate Buenos-Ayres geltenden Maaße und Gewichte, jedoch ist dasselbe hier nach der einen oder andern Richtung hin modifizirt worden. Aehnliche Abweichungen wie hier zeigen sich in den Maaß- und Gewichtssystemen der verschiedenen Provinzen der argentinischen Conföderation, des Freistaates Paraguay, der Republik Bolivia ꝛc. Die Gewichtseinheit ist die spanische Libra, von welchen 25 = 1 Arroba. Im Kleinverkauf wird auch wohl abusiv die Arroba zu 24 Libras gerechnet. Eine Tonelada enthält 20 Quintales oder 80 Arrobas. Die Libra ist der castilischen Libra gleich und wiegt nach der auf dem topographischen Amte in Buenos-Ayres vorgenommenen Bestimmung 459,4 Grammen. Nach angestellten Untersuchungen sind 100 Lissaboner Pfund = 99,8 Libras von Buenos-Ayres.

Die hier gebräuchliche Vara (Elle) ist nicht die alt-castilische, sondern eine um 3½ Proc. längere Vara. Das Verhältniß derselben zu anderen Ellenmaaßen findet sich in der Tabelle der Ellenmaaße, S. 491.

Der Frasco ist das Maaß, womit im Handel mit Wein, Branntwein und Oel gemessen wird. Auch der englische Gallon ist hierzu im Gebrauche, wobei die gewöhnliche catalanische Pipa (la pipa comun catalana) zu 192 Frascos oder 120 Gallons, also 5 Gallons zu 8 Frascos angenommen werden.

Was das Urmaaß des Frasco betrifft, so ist der Frasco vom Jahr 1822 = 2,3192 Liter, und der später adoptirte Frasco vom Jahr 1833 = 2,3794 Liter. Eine Pipa oder 6 Bariles halten 192 Frascos, also 1 Baril 32 Frascos. Der Frasco zerfällt wieder in 2 Medios zu 2 Cuartos zu 2 Octavos. Man nimmt hier an:

100 Buenos-Ayres Frascos = 237,5 Liter.
100 castilische Azumbres = 200,9 „
100 englische alte Gallons = 378,5 „
100 Hamburger Quart = 722,7 „

Für trockene Sachen bildet auch hier die von Spanien herüber gekommene Fanega noch heute die Grundlage; die Fanega wird eingetheilt in zwei halbe (medias) und vier Viertel (cuartillas). Zu Vergleichungen dienen folgende auf dem topographischen Amte in Buenos-Ayres aufgestellte Bestimmungen:

1 Buenos-Ayres-Fanega . . . . = 13,7272 Dekaliter.
1 castilische Fanega . . . . = 5,63 „
1 Lissaboner Fanega . . . . = 5,426 „
1 Lissaboner Alqueire . . . . = 1,3568 „
1 brasilianische Alqueire . . . . = 4,2874 „
1 Londoner Bushel . . . . = 3,5236 „
1 Hamburger Faß (zu 1,494 Bushel angenommen) = 5,2647 „
Daher auch:
100 Buenos-Ayres-Fanegas = 243,8 castilische Fanegas.
100 Buenos-Ayres-Fanegas = 320 brasilische Alqueires.
100 Hektoliter = 72,88 Buenos-Ayres-Fanegas.
1 Hamburger Weizen-Last = 27,5 Buenos-Ayres-Fanegas.

Steinkohlen, Kalk, Kornfrüchte werden gewöhnlich nach Fanegas und deren Unterabtheilungen verkauft und das gefüllte Maaß mit einem Streichholze abgestrichen.

2) Seit 1860 ist in der argentinischen Conföderation die Goldwährung eingeführt, welche sich auf die Annahme der spanischen und spanisch-amerikanischen Gold-Onza zu 17 Pesos gesetzlicher Rechnungsmünze gründet. Für die auf Silberzahlung (a metalico) geschlossenen Geldgeschäfte wird die Onza nur zu ihrem ursprünglichen Preise von 16 Pesos (Pesos duros, alten spanischen Silberpiastern) gerechnet, wofern die Zahlung nicht wirklich in Silberpiastern zu geschehen hat *).

3) Waarenzahlungen werden nur zum Theil (nicht durchgängig, wie auf S. 89 im Art. Buenos-Ayres bemerkt worden) in Papiergeld gemacht, und es werden auch nur solche Platwechsel, die auf Papiervaluta lauten, in solcher bezahlt. Wechsel auf Europa werden nur gegen Onzas verkauft und die Curse in solchen notirt, und größere Zahlungen überhaupt werden immer in Onzas gemacht. Für Importen handelt man nach Papierpiaster (moneda corriente, ᵐ/ₑ $\mathscr{S}$), wenn die Waaren verzollt sind **), nach $\mathscr{S}$ plata (Silber), wenn Waaren von Bord oder im Depot verkauft werden, und für manche Waaren, z. B. Salz und Steinkohlen, auch nach Patagones ***) (zu 16 = 1 Onza). Im Kleinhandel dagegen cursirt in Buenos-Ayres nur Papiergeld; der Curs derselben gegen Onzas wird täglich notirt und es werden darin viele Geschäfte gemacht; die Curse schwankten in den letzten Jahren zwischen 330 bis 375 ᵐ/ₑ $\mathscr{S}$ per Onza, im Jahr 1861 gar bis 384, weil viel Gold zu Rimessen exportirt wurde. Am 23. Mai 1861 war im Cursblatt von Buenos-Ayres die Onza zu 375 Papierpiaster notirt und im Mai stand der Wechselcurs auf Paris auf ca. 82 Franken per 1 Onza; der Werth des Papierpiasters belief sich also damals auf ca. 6 kr. rhn. = 1⁵/₇ sgr. preuß. = 8²/₃ nkr. öster.

4) Wechselcurse notirt man

auf England   zu ± 65 Schill. Sterl.
„ Frankreich „ „ 82 Franken
„ Hamburg „ „ 43 Bankmark
„ Rio de Janeiro „ „ 30000 Reis

} für 1 Onza in Gold.

---

*) Bei solchen auf Silbergeld contrahirten Zahlungen sollte nach dem Gesetz vom 21. Juli 1857 gerechnet werden:

1) Das brasilische Goldstück von 20,000 Reis . . zu 11 Pesos 13 Cent.
2) Der Goldadler der Vereinigten Staaten . . . „ 10 „ 19 „
3) Der Goldcondor von Chile . . . . . . „ 9 „ 30 „
4) Die spanische Golddublone von 100 Real.-B. „ 8 „ 8 „
5) Der englische Sovereign . . . . . . „ 4 „ 96 „
6) Die französischen u. sardinischen 20-Frankenstücke „ 3 „ 93 „

Nach dem unterm 1. October 1860 erlassenen Gesetze der Bundesgewalt der argentinischen Conföderation werden

1) die nachstehend bezeichneten fremden Goldmünzen zu den ihnen zugebilligten Werthen für gesetzliche Umlaufsmittel erklärt:

                                                   Silberpiaster.

Die Unze der Hispano-Amerikanischen Republiken, Gewicht 27 Granos (1 Grano = ¹/₁₇₂₈ Libra, die Libra = 459,4 Grammen), Feingehalt 875 Tausendtheile . . . 17. —.
Das brasilianische 20000-Reisstück, Gewicht 17,926 Granos, Feingehalt 916¹/₂ Tausendtheile 11. 70.
Der Adler der Vereinigten Staaten, Gewicht 16,717 Granos, Feingehalt 900 Tausendtheile 10. 70.
Der chilenische Condor, Gewicht 15,253 Granos, Feingehalt 900 Tausendtheile . . . . 9. 75.
Der englische Sovereign, Gewicht 7,881 Granos, Feingehalt 917 Tausendtheile . . . . 5. 35.
Das französische 20-Frankenstück, Gewicht 6,541 Granos, Feingehalt 900 Tausendtheile . 4. 12¹/₂.

    Die Doppelstücke sowohl wie die Unterabtheilungen aller dieser Münzen werden zum verhältnißmäßigen Werthe angenommen.

2) Die nach Erlaß dieses Gesetzes eingegangenen Zahlungsverbindlichkeiten können mit allen im vorstehenden Artikel bezeichneten Münzen solvirt werden.

3) Die Verpflichtung, das inländische Silbergeld in Zahlung anzunehmen, wird für die Privaten auf den Betrag von höchstens 17 Piastern eingeschränkt.

Für die Regierung ist die Verpflichtung, dasselbe anzunehmen, eine unbeschränkte.

**) Die in Buenos-Ayres zu entrichtenden Abgaben müssen in hiesigem Papiergelde, für welches ein hierzu besonderer Tarif gilt, bezahlt werden.

***) S. den Art. Montevideo, S. 296.

auf Montevideo zu ± 100 Pesos in Onzas zu 17 Pesos für 100 solcher Pesos in Montevideo.

„ die Vereinigten Staaten von Nordamerika zu ± 98 Pesos a metalico, b. h. in Gold-Onzas zu 16 Silber-Pesos für 100 Dollars.

Der Platzdiscont wird notirt für Gold (in Onzas zahlbare Wechsel) und für Papier (in Papiergeld zahlbare Wechsel). Ersterer stand am 26. Mai 1861 auf 1 ¾ Proc. und Letzterer auf 1 bis 1 ¼ Proc. per Monat. Außerdem werden spanische und spanisch-amerikanische Gold- und Silbermünzen in Papierpiastern per Stück notirt.

Zu Canton, S. 95.

1) Die großen Baarsendungen, welche China mit jedem Poststeamer aus England zugeführt werden, bestehen größtentheils aus mexikanischen Dollars (die mit westindischen Steamers in London eingeführt werden) und Silberbarren. Der mexikanische Dollar ist in Canton und Hongkong die Rechnungseinheit und die Wechselcurse werden dort in Schilling ꝛc. Sterling per Dollar notirt. In Fochow und Amoy rechnet man nach spanischen Dollars und Tratten auf Hongkong sind dort gewöhnlich 1 bis 3 Proc. Discont gegen den Currency-Dollar, d. h. 99 bis 97 spanische Dollars für 100 mexikanische Dollars. In Shanghai ist der Shanghai-Tael zu 100 Cash (Käsch) oder 100 Cents die Rechnungseinheit und der mexikanische Dollar repräsentirt hier nur eine Waare, deren Werth fast täglich zwischen 70 bis 80 Cents vom Shanghai-Tael schwankt. Der Wechselcurs auf London versteht sich in Schilling ꝛc. Sterling per Tael (im April 1861 ca. 6 Schilling 4 Pence Sterl.).

In den Seidendistrikten erkennt man noch immer kein anderes Curantgeld an, als den spanischen, sogenannten Carolus-Dollar „mit dem alten Kopf" (old head Carolus Dollar, von Carl IV.), der daselbst, obgleich sein Metallwerth kaum denjenigen des mexikanischen Piasters übersteigt, doch beinahe den doppelten Werth desselben hat. Es gelten jetzt 80 bis 81 Carolus-Dollar 100 Taels. Im Jahr 1858—59 galten noch 120 Carolus-Dollars 100 Taels; da jene aber mit jedem Jahre spärlicher werden, so ist ihr Werth sehr hoch gestiegen und muß noch mehr steigen *), wenn die Leute in den Silts-Distrikts nicht bald ihren Irrthum einsehen.

Außer dem Shanghai-Tael gibt es noch einen Canton-Tael, welcher 9 385/1000 Procent schwerer als der Shanghai-Tael ist, und endlich einen Haiquan- oder Gouvernements-Tael, der 11 ½ Proc. schwerer als der Shanghai-Tael ist. In diesen Haiquan-Taels werden alle Zölle und Tonnengelder entrichtet.

Im Jahr 1849 existirten in China nur zwei Banken, nämlich die Oriental-Bank und die Commercial-Bank of India. Mit der Ausdehnung des Handels stellte sich auch die Nothwendigkeit ausgedehnterer Bank-Institute ein. Es folgten: 1) die Mercantile-Bank of India, London and China; 2) die Agra United Service-Bank; 3) die Bank of India, Australia and China; 4) das Comptoir d'Escompte de Paris. Die Basis des Bankwesens in China ist die, daß diese Banken ihre eigenen Tratten auf Londoner Banken zu einem besseren Curse in China verkaufen können, als wozu sie die besten Wechsel von etablirten Häusern in China

---

*) Es werden übrigens viele Carolus-Dollars von Privaten nachgemünzt, und zwar im Gewicht und Feingehalt der alten ächten Stücke, namentlich in Marseille, welches sie nach Shanghai sendet.

auf London gezogen, kaufen. Sie beziehen ferner von London mexikanische Dollars und Silberbarren, und kaufen in China dafür Wechsel auf London oder Frankreich, zahlbar in London. Die Banken ziehen ferner auf Kalkutta und Bombay, für welche Wechsel die Opiumhändler die bedeutendsten Abnehmer sind. Solche Tratten decken sie entweder mit Baarsendungen von England nach Indien, oder mit Tratten, in Indien gezogen, auf London, welche in Kalkutta und Bombay eben so leicht verkäuflich sind, als in China (Preuß. Handelsarchiv, 1861, II. Thl.).

2) Das Li (die einzige, aus einer messingartigen Legirung gegossene Landesmünze, welche die Engländer Cash (Käsch), die Holländer Pitje nennen, kommt auch in Parthien zu 100 und 1000 Stück an einander gereiht vor. Es sollten 1000 Li auf 1 Tael gehen; man gibt aber, zum Theil wegen Verringerung an Kupfergehalt und Gewicht mehr dafür (1100 bis 1300 Stück). In neuerer Zeit gibt es auch Stücke zu 5, 10, 50 und 100 Li.

In Canton und Hongkong notirt man das Li zu ± 16 mexikanische Piaster per Pikul (Gewicht) von 16,000 bis 17,000 Stück.

3) In Shanghai notirt man die Wechselcurse auf Bombay und Kalkutta zu ± 280 Compagnie-Rupien per 100 Taels; auf Hongkong und Canton zu ± 80 Taels für 100 mexikanische Piaster.

4) Im Handelsvertrag zwischen Frankreich und China vom Jahr 1858 hat man bei der Berechnung der Zölle folgendes Verhältniß der französischen und chinesischen Gewichte und Längenmaaße angenommen:

1 Pikul = 100 Catties = 60,453 Kilogramm.
1 Chang von 10 Fußen = 3,55 Meter.
1 Chih (Fuß, Covid) = 355 Millimeter.

Zu Chile, S. 101.

1) Neben der Silbermünze besteht auch eine Goldwährung, indem die chilenischen Goldmünzen gesetzlich zu ihrem Nennwerthe cursiren müssen und wegen Ausfuhr der ohnehin nicht in großer Menge geprägten neuen Silbermünzen alle größeren Zahlungen in Goldmünze gemacht werden, in welchen sich auch die Wechselcurse verstehen.

2) Ein Privatpapiergeld sind die Noten der Bank von Chile. Unterm 23. Juli 1860 ist in Chili ein Gesetz über die Errichtung von Zettelbanken *) erlassen worden, nach welchem es solchen Banken gestattet ist, Noten von 20, 50, 100 und 500 Pesos bis zum Betrage von 150 Proc. ihres wirklichen Capitals auszugeben. Die Noten müssen in Gold- oder Silbermünze eingelöst werden, bis zum Betrage von 50 Centavos herab.

Zu Christiania, S. 103.

Bretter werden nach der Diele von 11' Länge 9'' Breite und 1 ¼'' Stärke nach altem englischen Maaße gemessen.

Zu Cöln, S. 106.

1) Im Jahresbericht der Handelskammer zu Cöln für 1860 wurde ein Uebelstand im Wechselverkehr hervorgehoben, nämlich die große Masse von Devisen

---

*) Bis jetzt ist nur die Bank von Chili als Zettelbank in Thätigkeit. Das Actiencapital beträgt 1 Mill. Pesos, wovon die Hälfte eingezahlt ist. Ihre Emission betrug im Jahr 1861 über 42,000 Pesos.

von 49 Thlrn. 29 Sgr. 11 Pfennigen. Sie sind in Folge des Wechselstempel=
Gesetzes entstanden, welches Wechsel von 50 Thlrn. bis 400 Thlr. mit 5 Sgr.
Stempel belegt, während Beträge unter 50 Thlrn. stempelfrei sind. Durch diese
49=Thalerbriefe, welche in der Regel weder acceptirt noch biscontabel sind, leidet
die Solidität des Credits, da sie in vielen Fällen nur den Mangel des wirklichen
Credits künstlich verbergen.

2) Von Versicherungsanstalten sind nachträglich anzuführen: die „Colonia“,
Cölnische Feuerversicherungsgesellschaft und die „Concordia“, Cölnische Lebensver=
sicherungsgesellschaft.

3) Industrielle Actiengesellschaften: der „Phönix“, anonyme Gesellschaft
für Bergbau und Hüttenbetrieb, der „Cöln=Müsener Bergwerks=Actienverein“, der
„Sieg=Rheinische Bergwerks= und Hütten=Actienverein“, der „Cölner Bergwerks=
verein“ und der „Saturn“, Rheinischer Bergwerks=Actienverein, die „Cölnische
Baumwollen=Spinnerei und =Weberei“ und die „Cölnische Maschinenbau=Actien=
gesellschaft“.

4) In Betreff der mitunter auch in Cöln vorkommenden Preisstellung nach
Schillingen s. in den Nachträgen den Artikel Aachen.

Zu Constantinopel, S. 113.

1) Das Journal de Constantinople, Nr. 1527 (1861) enthält eine amt=
liche Mittheilung über die von der Pforte neuerdings beschlossenen Finanzmaaß=
regeln. Nach näherer Darlegung der Umstände, durch welche der türkische Staats=
haushalt verhindert worden ist, seine Gläubiger rechtzeitig zu befriedigen, wird des
Fehlschlagens der zu dem Curse von 53¾ in Europa projectirten Anleihe gedacht
und als der einzige, demnach übrige Weg, um die Mittel zur Deckung der in=
zwischen fällig gewordenen Schuldenmasse zu gewinnen, die Ausgabe eines neuen
Papiergeldes bezeichnet. Die zu diesem Behufe getroffenen Anordnungen laufen
im Wesentlichen auf folgende Punkte hinaus: a) Es sollen Kaïmes zum Betrage
von 1250 Mill. (türk.) Piastern ausgegeben werden, welche im ganzen ottomani=
schen Reiche wie Münze cursiren und an allen öffentlichen Cassen, mit Ausnahme
der Zollcassen, bei Zahlungen anzunehmen sind. b) Von dieser Summe dienen
250 Millionen zur Bildung eines baaren Capitals, vermittelst dessen der Um=
tausch der Kaïmes gegen Münze im Verkehr mit Europa aufrecht erhalten werden
soll. Die restirenden 1000 Millionen werden zur Einziehung der gegenwärtig
umlaufenden älteren Kaïmes und zur Bezahlung derjenigen Staatsschulden, welche
von den Rückständen des Jahres 1276 der Hegira und der vorhergehenden Jahre
herrühren, verwendet. c) Die Emission der neuen Kaïmes erfolgt Ende März
1862. d) Das baare Capital, welches zur Umwechselung der Kaïmes gegen
Münze dienen soll, ist auf 375 Mill. Piaster festgesetzt. Zur Beschaffung des=
selben sollen zunächst die sub b erwähnten 250 Mill. Kaïmes verwendet werden,
von denen vorab ein Betrag von 150 Mill. in Scheinen von 100, 50 und 20
Piastern auf die Bevölkerungen des Reiches gegen vollhaltige Gold= und Silber=
münzen, als Darlehen für den Zeitraum eines Jahres vertheilt werden soll *).
e) Eine unter die Leitung eines Gouverneurs gestellte Tauschbank (banque de

---

*) Ob eine freiwillige oder eine Zwangs=Anleihe gemeint ist, lassen die Worte der Bekanntmachung
nicht entnehmen.

change) ift damit beauftragt, Wechfel auf Europa gegen Kaïmes zu verkaufen. Der Finanzminifter hat der Bank die hierzu erforderlichen Fonds zur Difpofition zu ftellen. f) Der Umtaufch der neuen Kaïmes gegen baares Geld foll gleich= zeitig mit der Emiffion deffelben, Ende März 1862, beginnen. Die Vorfchüffe, welche der Finanzminifter der Taufchbank leiftet, find in Kaïmes zurückzuzahlen. g) Das neue Papiergeld foll mit 75 Mill. Piaftern jährlich getilgt werden. Man weiß übrigens, was man von türkifchen Finanzprojecten zu halten hat. Thatfache ift, daß das türkifche Papiergeld tief unter feinem Nennwerthe fteht.

2) Neues türkifches Anlehen. Daffelbe ift laut einem Handelsbericht aus London vom 25. März b. J. (1862) vom Haus Devoux zum Curs 68 ausge= geben worden. Es ift 8 Mill. Liv. Sterl. ftark und die Obligationen tragen 6 Proc. Zinfen. Auf den Wunfch des Sultans wird Lord Harkort von Lord Ruffel nach Conftantinopel gefandt werden, um die richtige Verwendung des An= lehens zu überwachen. Alle übrigen Bürgfchaften find genügend befunden worden (!).

3) Die Wechfelcurfe find jetzt in Papiergeld zu verftehen und in Folge des veränderlichen Werths des letztern ebenfalls fehr veränderlich. Man gibt auf

Amfterdam, 3 Monate dato	± 600 türkifche Para für 1 fl. holl.		
Augsburg, bo.	„ 600 „ „ „ 1 fl. rhn.		
Genua, } Livorno, } 3 Monate nach Sicht	„ 300 „ „ „ 1 Lira nuova.		
London, 3 Monate dato oder 31 Tage nach Sicht	„ 200 türkifche Piafter „ 1 Liv. Sterl.		
Marfeille, 3 Monate dato	„ 300 türkifche Para „ 1 Franken.		
Odeffa, 11 Tage nach Sicht oder 3 Monate dato	„ 30 türkifche Piafter „ 1 Silberrubel, zahl= bar in ruffifchen Creditbillets.		
Paris, 3 Monate dato	„ 300 türkifche Para für 1 Franken.		
Petersburg, bto.	„ 30 türkifche Piafter „ 1 Silberrubel, zahl= bar in ruffifchen Creditbillets.		
Smyrna, 3 Tage nach Sicht	„ ½ Procent Aufgeld *).		
Trieft, } Wien, } bo.	„ 500 türkifche Para für 1 fl. öfter. Bankvaluta.		

Die Curfe der Geldforten find ebenfalls in türkifchen Piaftern Papiergeld per Stück zu verftehen. Die Notirung des türkifchen Metallpiafters gibt daher das Metall=Agio an (jetzt ca. 170 Piafter Papiergeld = 100 Piafter Metall= geld). Außerdem wird auch der fogenannte Papiergeld=Sconto (jetzt zu ca. 3 Proc.) notirt. Bei der Einlöfung des auf türkifche Piafter lautenden Wechfels zahlt näm= lich der Bezogene in türkifchem Papiergelde, aber fo viel Procente des Wechfel= belaufs mehr, als der Papiergeld=Sconto beträgt. Z. B. für einen Wechfel von 6000 Piaftern werden alfo zu 3 Proc. Sconto 6180 Piafter in Papiergeld bezahlt.

4) Im Verkehr wird der türkifche Pik der Leipzig=brabanter Elle gleich gerechnet.

*) D. h. ± 101 Piafter in Conftantinopel für 100 Piafter zahlbar in Smyrna; weil aber hier die Wechfel in Metallgeld eingelöst werden, fo muß der Käufer des Wechfels in Conftantinopel dem Ver= käufer das Metall=Agio vergüten. Werden z. B. in Smyrna 170 türkifche Piafter Papiergeld für 100 tür= kifche Piafter Metallgeld gerechnet, fo hat der Käufer, abgefehen von obigem Wechfel=Agio, für je 100 Pia= fter Metallgeld 170 Piafter Papiergeld zu bezahlen.

Zu Copenhagen, S. 117.

1) Handelsgewicht ist seit 1861 das Pfund zu 500 Grammen (deutsches Zollpfund) zu 100 Quinten zu 10 Ort; es sind aber auch Gewichtsstücke zu ¼, ⅛, 1/16 und 1/32 Pfund vorerst noch gestattet. Das am 19. Februar 1861 erlassene und mit dem 1. April 1862 in Kraft tretende Gesetz in Betreff der Besteuerung von Wechseln enthält nachstehende Vorschriften: 1) Jeder Wechsel, Kopien, wenn sie auch girirt werden, darunter nicht einbegriffen, welcher im Königreiche ausgestellt wird, gleichviel, ob er hier oder anderwärts bezahlt werden soll, und jeder hier im Lande einkommende Wechsel, welcher außerhalb des Königreichs zur Bezahlung hier im Lande gezogen oder acceptirt, verfolgt oder bei einem Gerichte hier eingereicht wird, ist stempelpflichtig: kurze Wechsel, nämlich solche, die nicht auf längere Zeit als 8 Tage nach Sicht oder 14 Tage nach Dato lauten, zur Taxe von 8 Schillingen ohne Rücksicht auf die Größe der Summe, und alle anderen Wechsel zur Taxe von 8 Schillingen, sofern sie nicht mehr als 500 Rbl. lauten, und sonst zu 16 Schill. für jede 1000 Rbl.

Wechsel, die auf längere Zeit als die gesetzmäßige lauten, oder die, obschon gesetzmäßig ausgestellt, zur Bezahlung über diese Zeit hinaus acceptirt sind, und Sichtwechsel, die innerhalb der gesetzmäßigen Zeit nicht zur Bezahlung kommen oder zum Accept präsentirt werden, werden, sofern sie überhaupt Gültigkeit haben, als einfache Schuldscheine angesehen. Die Bemerkung auf einem Wechsel, wodurch dessen Laufzeit verlängert wird, ist, sofern die Verlängerung über die gesetzmäßige längste Zeit hinausgeht, als ein neues Dokument zu betrachten und als solches stempelpflichtig. — Wenn in einem Wechsel Sicherheit bedungen wird, ist das Dokument nach der zweiten Klassen-Taxe zu stempeln. — Wechsel können durch Verzeichnung auf dem Wechsel an eine bestimmte Person oder an den Inhaber ohne Gebrauch des Stempels indossirt oder transportirt werden.

See-Versicherungspolicen sind nach dem angeführten Gesetz stempelfrei, sofern die Versicherungssumme im Ganzen 200 Rbl. nicht übersteigt; im entgegengesetzten Falle sind die Policen, wenn die Versicherung für nicht über ein Jahr gezeichnet wird, folgendermaßen zu stempeln: zur Taxe von 4 Schill. bei Versicherung über 200, aber nicht über 1000 Rbl.; zur Taxe von 8 Schill. über 1000, aber nicht über 5000 Rbl.; zur Taxe von 8 Schill. für jede 5000 Rbl. bei größeren Versicherungssummen. Wird die Versicherung für längere Zeit als ein Jahr oder auf unbestimmte Zeit gezeichnet, so sind obige Taxen zu verdoppeln; es wird jedoch eine für eine einzelne Seereise gezeichnete See-Versicherung nur als für ein Jahr gezeichnet betrachtet, wenn die Reise auch über ein Jahr hinaus dauern sollte *).

Zu Dresden, S. 129.

Die „Sächsische Hypotheken-Versicherungsgesellschaft zu Dresden" ist durch Erlaß der sächsischen Regierung vom 12. September 1859 bestätigt worden. Sicherheit bietet dieselbe durch das Grundcapital von 3 Millionen Thaler, die Prämieneinnahmen, die Prämienreserven und die Capitalreserve dar; auch kann bei einer Erweiterung der Geschäfte das Grundcapital bis auf 10 Mill.

---

*) Obige Taxen gelten auch für Feuer-Versicherungspolicen und für Policen anderer Versicherungen, mit Ausnahme der Lebens-Assecuranzen.

Thaler erhöht werden. Ihre Thätigkeit erstreckt sich auf Versicherungen nach drei Hauptabtheilungen. Die erste Abtheilung bildet die Versicherung hypothekarischer Forderungen gegen Verlust auf dem Wege öffentlicher Zwangsversteigerung des Unterpfandes. Durch diese Versicherung wird die versicherte hypothekarische Forderung bezüglich ihrer Sicherheit durch die Gesellschaft verbürgt und dem Gläubiger jeder Verlust ersetzt, welchen er bei einer etwaigen Zwangsversteigerung des verpfändeten Grundstücks an seiner Forderung erleiden könnte. Alle auf solche Weise verbürgten Forderungen werden mithin durch die Versicherung zu der Güte von Hypotheken ersten Ranges erhoben. Die zweite Art der Versicherung ist die Grundstückwerth-Versicherung bis zu der in der Police ausgedrückten Versicherungssumme. Letztere erstreckt sich bis zu 70 Proc. des ermittelten wahren Werths des Grundstücks, und die Gesellschaft deckt alle hypothekarischen Unterpfandsgläubiger, deren Forderungen nicht über diese Versicherungssumme hinausreichen, durch Zahlung des noch fehlenden Betrags für den Fall, daß das Grundstück zur Zwangsversteigerung gebracht und bei dieser die Versicherungssumme nicht erlöst werden würde *). Die dritte Versicherungsart umfaßt die Versicherung der Zinsen hypothekarischer Forderungen gegen unpünktliche Zahlung und Verlust des Pfandgegenstandes durch öffentliche Zwangsversteigerung. Sie gewährt das pünktliche Eingehen des Zinsenertrages von fest angelegtem Capital. Nach ihr entrichtet der Schuldner die Zinsen an die Gesellschaft, und diese zahlt sie gegen Rückgabe der auf je ein Kalenderjahr vorher ausgehändigten Zinsscheine baar aus.

Zu Frankfurt a. M., S. 138.

1) Nach dem Gesetz vom 28. Februar 1850 (die Abkürzung der Meßzeit betreffend) ist der Anfang der Ostermesse auf den zweiten Mittwoch vor Ostern, und der Anfang der Herbstmesse auf den zweiten Mittwoch vor dem 8. September bestimmt. Die Dauer jeder Messe ist auf drei Wochen oder 21 Tage festgesetzt, so daß jede Meßwoche, sowie die Messe selbst, mit einem Mittwoch beginnt und mit einem Dienstag schließt.

2) Im Großhandel werden Getreide, Kartoffeln und Mehl gewogen. Das Malter Weizen rechnet man zu 180, Roggen zu 170, Hafer zu 110, Kartoffeln zu 180, Mehl zu 135 neuen Pfund netto.

3) Der landwirthschaftliche Verein hat unterm 20. Februar 1862 bekannt gemacht, daß er durch Unterstützung des Senats die Abhaltung von jährlich zwei Pferdemärkten (April und August) beschlossen habe. Den Verkäufern ist die Aufhebung aller städtischen Abgaben zugesichert und die Prämirung der besten Luxus- und Zugpferde in Aussicht gestellt.

---

*) Diese Versicherungsart hebt nicht nur den Grundcredit, sondern sie verleiht auch dem Grundstück selbst durch sachgemäße Ermittelung seinen wahren Werth. Angenommen, dieser würde bei einem Hause 10,000 fl. betragen, so würden nach bisheriger Uebung, und wenn auch die gerichtliche Schätzung diesen Betrag erreicht haben würde, nur ca. 5000 fl. darauf hingeliehen werden, und dieses nur in dem Fall, wenn der in einer Staatsbrandcasse nicht versicherte Theil in einer Privatgesellschaft versichert worden wäre. Hat der Eigenthümer dieses Hauses aber bis zu 70 Proc. dieses wahren Werthes bei der Gesellschaft sich versichern lassen, und macht der Capitalsgläubiger von der Versicherung unter rechtzeitiger Anzeige Gebrauch, so erhält Ersterer 7000 fl. dargeliehen, wofür er eine geringe jährliche Versicherungsprämie zu bezahlen hat. Sonach ist die Erlangung von Nachhypotheken nicht mehr erschwert, indem durch die Versicherung der Gesellschaft für die Folge auch Gelder auf Nachhypotheken dargeliehen werden können. Diese Versicherung schützt aber auch den Grundstückbesitzer gegen den Inhaber einer hypothekarischen Forderung, welche dieser vielleicht zu dem Zweck erworben haben kann, um in ungünstigen Zeiten den Schuldner zu bedrängen, und sich selbst in den Besitz des Grundstücks zu setzen.

4) Von Versicherungsanstalten nachträglich anzuführen der „Phönix", Feuerversicherungsgesellschaft.

Zu Genf, S. 147.

Eröffnung eines 5-procentigen Anlehens des Cantons Genf von 3 Millionen
Franken, genehmigt durch Großraths-Beschluß vom 6. November 1861 und contrahirt durch die Genfer Handelsbank, die Schweizer Credit-Anstalt in Zürich und
A. Burkhardt-Bischof in Basel. Die Obligationen lauten auf den Inhaber, bestehen in Abschnitten von 500 und 1000 Franken, und sind mit ganzjährigen
Zins-Coupons versehen, welche am 28. Februar jeden Jahres zahlbar sind. Die
Rückzahlung des Anlehens erfolgt in 30 jährlichen Terminen von je 100,000 Fr.,
welche vom 28. Februar 1863 an bis 28. Februar 1892 incl. fällig sind. Die
jährlichen Zins-Coupons sowie die ausgeloosten Obligationen sind, ohne Spesen
für die Inhaber, in Genf, Zürich, Basel und Frankfurt a. M. zum festen Curs
von 28 kr. rhn. per Franken zahlbar gestellt.

Zu Hamburg, S. 160.

1) Die sogenannte holländische Probe zur Bezeichnung der Gewichtsqualität des Getreides (vergl. hierüber den Art. Berlin in den Nachträgen) ist
auch in Hamburg gebräuchlich. Die Probe beruht auf dem Abwägen vermittelst
einer in Holland erfundenen Wage, deren Gewichtsstücke holländisches Troygewicht
im verkleinerten Maaßstabe sind und mit welchen man einen in demselben Verhältniß verkleinerten Amsterdamer Zack Getreide abwiegt. Zur Ermittlung des
Gewichts (Qualitätsbestimmung) dient in Hamburg die auf dem Commerz-Contor
befindliche Normalwagschale *).

Mit Ausnahme der Gerste, welche gewöhnlich per gemessene Last verkauft
wird, werden die übrigen Getreidesorten nach Gewicht behandelt, und zwar: Weizen per Last von 5400 Pfund, Roggen per Last von 5100 Pfund, Hafer per
Last von 3600 Pfund. Der Preis versteht sich mit Rücksicht auf die (in der
Schluß-Nota bemerkte) Gewichtsqualität per Last in Curantthalern zu 3 Curantmark mit dem festen Agio von 27 Proc. gegen Banco.

In Betreff der Gewichtsqualität sind die Hamburger Usanzen (vom Jahr

---

*) Die kleinere Kornschaale (Viertel-Kop-Schaale), für alle Getreide- und Saat-Arten, mit Aus-
nahme von Hafer und Malz, bestimmt, hat, bei einem Durchmesser von 2,74 Hamburger Zoll und einer
Höhe von 2,92 Zoll, einen Inhalt von 17 Cubikzoll. Das Gewicht des destillirten Wassers von + 15° R.,
welches dieselbe füllt, ist 15¹¹/₁₆ Loth Bankgewicht + 12 Richtpfennigtheile. Der Trichter, mittelst dessen
die Kornschaale gefüllt wird, ist 4¹/₂ Zoll hoch und hat einen Durchmesser oben von 3¹/₂ Zoll, unten von
1¹/₂ Zoll. Der Abstand der Unterkante des Trichters von der Oberkante der unterstehenden Schaale beträgt 1⁵/₁₆ Zoll. Die mittelst des vollen Trichters gefüllte Schaale wird mit einem runden und glatten
Streichholz von ½ Zoll Durchmesser langsam abgestrichen. Die Gewichte zu dieser Kornschaale sind
folgende:

½	Pfund holländ.	—	=	¹/₂ Loth	184 Richtpfennigtheile.
1	„	„	=	¹/₄ „	111 „
2	„	„	=	½ „	222 „
3	„	„	=	¾ „	78 „
4	„	„	=	⁹/₁₆ „	139 „
5	„	„	=	⁷/₁₆ „	44 „
10	„	„	=	⁷/₈ „	89 „
20	„	„	=	1¾ „	177 „
40	„	„	=	3⁹/₁₆ „	98 „
60	„	„	=	5⁵/₁₆ „	20 „

Die zum Wägen von Hafer und Malz bestimmte größere Schaale (Kop-Schaale) ist viermal größer
als die für andere Getreidearten, und enthält demnach 68 Cubikzoll; das Gewicht des destillirten Wassers,
welches dieselbe füllt, ist 3 Mark 15⅝ Loth + 48 Richtpfennigtheile. Die Gewichte zu dieser größeren
Schaale sind genau viermal so schwer, wie die obigen; also ½ Pfund holl. = ⅞ Loth 222 Richtpfennigtheile, 1 Pfund holl. = ³/₄ Loth 189 Richtpfennigtheile u. s. w.

1850) wie folgt: 1) Wenn beim Handel verschiedene Gewichte zu demselben Preise bedungen sind, so gilt das Durchschnittsgewicht z. B. 127½ Pfund bei 127 bis 128 Pfund; 128 Pfund bei 127 bis 129 Pfd. u. f. w. 2) Wenn mehrere Parthien von verschiedener Qualität und verschiedenem Gewicht zu einem Durchschnittspreise gekauft sind, so sind solche nur zusammen zu empfangen oder aufzuschießen. 3) Ergibt sich in Qualität oder Beschaffenheit der Waare bei Ankunft hier ein Minderwerth von nicht mehr als .... Thaler Curant per Last, oder wiegt dieselbe 1 Pfund holl. weniger, so muß die Waare mit Vergütung des Qualitäts-Unterschiedes und mit einer Vergütung per Last von .... Thlr. Curant für ½ Pfund holl. oder .... Thlr. Curant für 1 Pfund holl. empfangen werden *); bei einem größeren Unterschiede steht es dem Käufer frei, die Waare gegen volle Vergütung des Minderwerthes zu empfangen oder aufzuschießen und damit den Handel aufzuheben, worüber er sich sofort zu erklären hat.

2) Die Norddeutsche Bank in Hamburg gibt keine Noten aus.

Zu Hessen-Homburg, S. 177.

1) Im Amt Homburg ist (wie im Oberamt Meisenheim) das deutsche Zollpfund eingeführt (also das S. 177 angeführte Silber- und Handelsgewicht abgeschafft).

2) Fruchtmaaß: Im Amte Homburg das Darmstädter Malter und im Oberamte Meisenheim das nassauer Malter.

Zu Hohenzollern, S. 178.

1) Die Spar- und Leih-Casse in Sigmaringen, mit einer Filiale in Hechingen, beschäftigt sich unter Anderem auch mit Discontiren von Wechseln, und eröffnet Geschäftsleuten laufende Rechnungen. Besagte Anstalt hat für die Hohenzollerischen Lande 4-procentige Obligationen mit Coupons im Jahr 1861 ausgegeben. Die älteren 4½-procentigen Obligationen sind auf 4 Proc. reducirt.

2) Vom Geltungsbezirk des Wechselstempels (s. den Art. Berlin, S. 61) sind die Hohenzollerischen Lande ausgeschlossen.

Zu Japan, S. 179.

1) (Aus einem Handelsbericht aus Jebbo vom 29. October 1860.) Die japanische Goldmünze ist der Kobang, länglich, dünn und flach. Die Silbermünze ist der Itzebu, viereckig und etwa so dick als ein preußischer Thaler. Er hat nach einer Untersuchung, welche der preußische Generalwardein Kandelhardt mit einem Itzebu angestellt hat, einen Silberwerth von 49,408 kr. rhn. = 14 sgr. 1,4 Pfennige preuß. = 70,583 nkr. öster. = 1,74279 französische Franken. Die halben Itzebus und die Viertel-Itzebus sind ebenfalls viereckig und etwa ein Viertel so klein als ein Itzebu. Die halben sind leicht vergoldet, die viertel von Silber. Die kleinste Scheidemünze ist der Sehni **), eine runde

---

*) Die in Hamburg gebräuchlichen Formulare für die Schlußnoten enthalten auf der Rückseite einen Abdruck der bestehenden Usancen im Getreidehandel. Die Vergütungen für Qualitätsunterschiede rc. sind in blanco gelassen und werden von den contrahirenden Theilen nach Maaßgabe der vertragsgemäßen Bedingnisse ausgefüllt. In Beziehung auf Waaren-Usancen überhaupt ist den Parteien nicht die Freiheit verkürzt, ihre Geschäfte unter Bedingungen abzuschließen, wie sie für gut halten; derjenige aber, welcher eine Ausnahme von den von der Kaufmannschaft angenommenen Usancen ausbedingt, hat solches vor Abschluß des Geschäfts geltend zu machen und speciell in der Schlußnote zu bemerken.

**) Holländisch Pitge, engl. Cash (s. S. 302).

Münze von Eisen oder Kupfer mit einem viereckigen Loche in der Mitte, um sie an einer Schnur an einander zu reihen. Es gehen, je nach der Nachfrage, 1500 bis 1700 Sjehnis auf einen Jhebu. Jeßt (1860) ist der Jhebu in Jeddo gleich 1650 Sjehnis, in Kanagawa nur gleich 1600. Die nächstgrößere Scheidemünze ist das 4-Sjehnistück von Kupfer, ebenfalls rund und mit einem viereckigen Loche in der Mitte. Dann kommt das kupferne 100-Sjehnistück, Tempo genannt, länglich und mit einem viereckigen Loche. Auch der Curs des Tempo wechselt, wie der des Sjehni. Durchschnittlich aber rechnet man 16 Tempos auf einen Jhebu. Daß es innerhalb dieses Münzsystems beim Verkehr mit Fremden anfänglich zu Betrug und Verwirrung gekommen ist, beruht auf folgenden Gründen:

a) Ist das Kupfer, welches 1600 Sjehnistücke enthalten, in Wirklichkeit mehr werth als ein Jhebu. Die Amerikaner kauften daher während der ersten Zeit für Jhebus große Quantitäten von Sjehnis auf, und führten dieselben aus, namentlich nach China, wo sie dieselben als Cash (Käsch) ausgaben. Sie fanden ihren Vortheil darin, daß der chinesische Käsch in China höher steht, als der japanische Sjehni in Japan, daß aber die Chinesen keine Schwierigkeit machen, einen Sjehni für einen Käsch anzunehmen. Diesem Handel ist rechtlich dadurch ein Ende gemacht, daß in allen neueren Handelsverträgen mit Japan die Ausfuhr der Kupfermünze verboten ist, faktisch aber noch immer heimlich betrieben wird.

b) War früher der Kobang eine Münze von 123 Gran Gewicht, im wahren Metallwerth von 17½ bis 18½ englischen Schillingen, oder etwa von 13⅓ Jhebus; gleichwohl hatte er in Japan nur einen Curswerth von 4 Jhebus. Die natürliche Folge davon war, daß alle Fremden sich zum Preise von 4 Jhebus so viel Kobangs als möglich zu verschaffen suchten und dieselben ausführten. Um diesem Uebelstande abzuhelfen, hat die japanische Regierung die alten Kobangs eingezogen und neue, viel kleinere prägen lassen, die wirklich nur den Werth von 4 Jhebus haben.

c) Ist in den neueren Verträgen mit Japan die Bestimmung getroffen, daß alle fremden Münzen daselbst Curs haben und zu einem Werthe passiren sollen, der dem Gewichte entspricht, welches japanische Münzen von demselben Metall haben. Es ist ferner festgesetzt, daß während des ersten Jahres nach Eröffnung eines jeden Hafens die Fremden von der japanischen Regierung mit japanischen Münzen gegen ein gleiches Gewicht von fremden Münzen versehen werden sollen. Nun wiegt ein mexikanischer Dollar ziemlich genau so viel als 3 Jhebus, und wer der japanischen Regierung einen Dollar zum Verwechseln brachte, hätte dafür 3 Jhebus empfangen müssen. Statt dessen hat aber die Regierung bei der Eröffnung von Kanagawa plötzlich angefangen, den Fremden für einen Dollar statt 3 Jhebus nur 2 Silbermünzen zu geben, die allerdings im Gewicht einem Dollar gleichkamen, die aber die Aufschrift: „Ein halber Jhebu" trugen. Die Fremden erhielten also dem Gewicht nach, was ihnen zukam, dem Namen nach aber nur ein Drittheil davon. Darauf wäre nicht viel angekommen, wenn sie die ihnen eingewechselten beiden neuen halben Jhebus zum Werthe von 6 alten hätten ausgeben können; allein im Verkehr wollte kein Japaner eine als halber Jhebu bezeichnete Münze für mehr als wirklich einen halben Jhebu annehmen, die Fremden waren also um 200 Proc. betrogen, oder der Preis aller japanischen Erzeugnisse war für sie um 200 Proc. erhöht. Natürlich gab dieß Verfahren sofort zu den lebhaftesten Reclamationen Veranlassung, in Folge deren die japanische Regierung es dann auch eingestellt und die neuen halben Jhebus wieder hat verschwinden

laffen. Alle offenen japanischen Häfen sind nun seit mehr als einem Jahre er=
öffnet, und es findet daher die vertragsmäßige Bestimmung wegen Einwechselung
fremden Geldes durch die Regierung keine Anwendung mehr. Jetzt wird der Dollar
in Kanagawa nur zu 2 ¼ Itzebus angenommen.

2) Nach neueren Angaben ist das Tfune fafi oder Kupira fafi (ein
Ellenmaaß) = 168 Parifer Linien = 0,5683 preußische = 0,4864 Wiener
Ellen. Ferner das Zjoo (chinesisch-japanisch Tschang) zu 2 Ken = 3,818
Meter = 5,7244 preußische = 4,9 Wiener Ellen. Das Ken = 1,909 Meter.
Nach einer Notiz in der Zeitschrift „Das Ausland" (Nr. 48, 32. Jahrgang,
S. 1152) sind 60 Ken = 1 Choe, 36 Choe = 1 Re, 1 Re = 4275 ame=
rikanische (oder englische) Yards; wonach das Ken (das engl. Yard = 405,3425
Parifer Linien und der Meter = 443,296 Parif. Linien) = 1,809 Meter, was
um ¹⁄₁₀ Meter von der obigen Angabe abweicht.

Die neueren Handelsberichte aus Japan geben über dortige Hohlmaaße keine
Auskunft. Nach älteren Angaben ist das Sjoo (von den Holländern Gantang
genannt) für trockene und flüssige Waaren = 1,7386 Liter. Nach einer Notiz
in der oben erwähnten Zeitschrift sind 10 To = 1 Goco, 1 Goco = 54 alte
englische Weingallons. Da nun das To das Zehnfache eines Sjoo ist, und das
alte englische Weingallon = 3,7852 Liter, so ist das Sjoo oder Gantang =
2,041 Liter, was um ca. ³⁄₁₀ Liter von der älteren Angabe abweicht.

3) Das Verhältniß der Rechnungsmünzen (des Taels zu 10 Mas oder
Monme zu 10 Condorin, f. S. 302) zur geprägten Münze ist veränderlich. Bei
Zahlungen in Silber entspricht das Monme einem Gewichts-Monme oder 1³⁄₄
Grammen ungeprägten Silbers im Feingehalte von ca. 892 Tausendtheilen oder
einer Gewichtsmenge von 1,561 Grammen feinen Silbers; daher das Tael oder
10 Monme = ca. 1 fl. 38 kr. rhn. = 28 fgr. preuß. = 1 fl. 40 nkr. öfter.

Zu Jaffy, S. 179.

Durch Circular vom 13. Februar 1861 hat der Verwaltungsrath der bis=
herigen „Moldauischen Nationalbank" (f. b. Art. Jaffy, S. 180) angezeigt, daß
die außerordentliche Generalversammlung der Actionäre am 21. September vorigen
Jahres einstimmig beschlossen habe, nach Befriedigung der verschiedenen Gläubiger
die Geschäfte auf Grundlage neuer Statuten fortzusetzen. Die Gesellschaft hat
danach den Namen „Moldauische Landesbank" angenommen; das Grundcapital ist
auf 2 Mill. Thaler festgesetzt; die Bank ist zu Disconto=, Leih= und Deposito=,
Incasso= und Lombardgeschäften, sowie zur Creirung von Pfandbriefen und zur
Ausstellung und Ausgabe von Wechseln an Ordre, nicht aber zur Ausgabe von
Noten befugt. Man hatte dem Institute ursprünglich einen bei Weitem größeren
Umfang geben wollen, doch fanden die Projecte nicht die Billigung der Regierung,
und es hat selbst Mühe gekostet, die Genehmigung zu der bescheidenen Gestalt,
in der das Unternehmen jetzt anstritt, zu erlangen. Was den Nachlaß der „Mol=
dauischen Nationalbank" betrifft, so finden sich im §. 2 der neuen Statuten die
bezüglichen Bestimmungen, nach welchen die Actionäre von jeder ferneren Einzah=
lung befreit sind. Die Gläubiger sind theils baar befriedigt, theils durch Ab=
tretung von Hypothekencapitalien sicher gestellt.

Zu den Jonischen Inseln, S. 180.

Im Jahr 1861 ist das Privilegium der „Jonian-Bank" abgelaufen, und das Parlament hat beschlossen, jeder derartigen Anstalt die Ausgabe von Noten, Annahme von Depositen und anderen Bankoperationen zu gestatten, welche folgenden Grundbedingungen Genüge leistet: 1) förmliche Concessionsertheilung des Parlaments für 20 Jahre; 2) eingezahltes Capital von wenigstens 40,000 Pfd. Sterl.; 3) Beschränkung der Noten-Ausgabe auf das Dreifache der jeweilig vorhandenen Baarschaft; 4) Stempelung der Noten durch die Regierung; 5) Enthaltung von Versicherungsgeschäften; 6) monatliche Veröffentlichung des Standes und jährliche Bilanz-Ablage; 7) die Banknoten müssen nicht als gesetzliche Zahlung angenommen werden.

Bis jetzt genießt die „Jonian-Bank" noch faktisch das frühere Monopol, da sich keine anderen Unternehmer meldeten. Die Jonian-Bank hat ihren Hauptsitz in London unter einer englischen Charter und besitzt ein eingezahltes Capital von 150,000 Pfd. Sterl.

Zu Karlsruhe, S. 181.

1) Laut Verordnung großherzogl. Handelsministeriums vom 25. März 1862 hat der Verkauf der Früchte auf den Märkten nach dem Gewichte zu geschehen (§. 1 besagt u. A.: Die Bezirksämter sind ermächtigt, den Früchteverkauf in kleineren Quantitäten auf den sogenannten Stuppenmärkten ausnahmsweise nach dem Maaße zu gestatten. §. 2. Der Gemeinderath jedes Marktortes kann bestimmen, daß und welche andere sackfähige Dinge, außer Getreide und Hülsenfrüchten, auf dem Markt nach dem Gewicht verkauft werden sollen).

2) Nach dem Gesetz vom 4. April 1862 sollen die nach den Gesetzen vom 20. April 1854 und 12. Februar 1856 aufgenommenen 4½-procentigen Anlehen der Eisenbahnschulden-Tilgungscasse allmählig in ein 4-procentiges Anlehen umgewandelt werden, und der durch Verloosung umzuwandelnde Capitalbetrag ist vorerst auf die Summe von 4 Mill. Gulden bestimmt worden. Die Heimzahlung der gezogenen Obligationen findet, falls nicht der Umtausch gegen 4-procentige Obligationen beliebt wird, auf den 1. Nov. 1862 statt und hört von da an ihre Verzinsung auf. Beim (kostenfreien) Umtausch werden die 4-procentigen Obligationen im Nennwerth aufgerechnet, und es wird der Mehrbetrag des Zinses von 4½ Proc. gegen den von 4 Proc. bis zum 1. November 1862 vergütet.

Die nach der Bekanntmachung vom 18. März 1862 auf den 1. Oktober 1862 gekündigten Obligationen der 4½-procentigen Anlehen der Eisenbahnschulden-Tilgungscasse von 1854 und 1856 können unter obigen Bedingungen gleichfalls gegen 4-procentige Obligationen umgetauscht werden.

Liberia *).

Die fremden Gold- und Silbermünzen haben freien Umlauf in der Republik zu folgenden Cursen:

---

*) Republik auf der Westküste von Afrika, mit der Hauptstadt Monrovia. Der erste Grund dieses Freistaats, dessen Verfassung derjenigen der amerikanischen Republiken nachgebildet ist, ist im Jahr 1820 durch die pensylvanische Colonisationsgesellschaft zu Philadelphia gelegt, welche damals ungefähr 100 freigelassene christliche Neger nach Afrika übersiedelte, um ihnen dort eine Zufluchtsstätte zu gewähren. Die wichtigste Bestimmung der Verfassung ist die, daß kein Weißer Bürgerrecht oder Grundeigenthum in der Republik erwerben kann; doch ist den Fremden in allen gerichtlichen Verhandlungen die Gleichstellung mit den Inländern gewährt.

der englische Schilling . . . . . zu 24 Cents.
der französische Frank . . . . . „ 19 „
der spanische oder amerikanische Dollar „ 100 „
die spanische Dublone . . . . . „ 16 Dollars.
Maaß und Gewicht ist dasselbe, wie in den Vereinigten Staaten.

Lichtenstein,
das kleinste souveräne deutsche Fürstenthum.
Münzen, Maaße und Gewichte wie Wien.

Zu Lima, S. 206.

Als im Jahr 1821 Peru seine Unabhängigkeit vom Mutterlande erklärte, waren die goldenen und silbernen Landesmünzen die Unze und der Piaster, beide in Gemäßheit spanischer Gesetze ausgeprägt. Die Regierung der Republik fuhr fort, die vorgenannten Goldmünzen nach denselben Gesetzen prägen zu lassen, mit dem Unterschiede, daß sie ihren eigenen Stempel an die Stelle des spanischen setzte. In der benachbarten Republik Bolivia waren während der ersten Jahre ihres Bestehens die spanischen Münzgesetze gleichfalls in Kraft geblieben. Aber im Jahre 1830 fing man an, halbe Piasterstücke zu 4 Reales, sogenannte Cuartos und halbe Cuartos zu 2 Reales im verringerten Werthe zu prägen. Münzproben zufolge stellt sich der Werth des Cuarto auf ca. 55 kr. rhn.; daher der bolivische Piaster = 1 fl. 50 kr. rhn. = 1 Thlr. 1 3/7 sgr. preuß. = 1 fl. 57 nkr. öster. Zwischen Peru und Bolivia fand stets ein lebhafter Handel statt, bei welchem letzteres Land einen Theil der empfangenen Waaren wegen Mangels genügender sonstiger Austauschmittel in baarem Gelde bezahlte. Es benutzte diesen Umstand, um seine Cuartos in Peru einzuführen, und dieselben fanden hier unbeschränkten Eingang, als in den Jahren 1836 bis 1839 unter dem Diktator St. Cruz beide Länder zu einem Reiche vereinigt waren.

Da die Ausfuhr-Artikel Peru's zur Deckung der Totalsumme des Werths seiner Einfuhren nicht genügten, so bezahlte es das Fehlende in geprägtem Gelde; weil aber die bolivianischen Cuartos sich weniger zur Ausfuhr eigneten, als das einheimische Geld, weil sie nicht, wie diejenigen, in andern Ländern als Circulationsmittel galten, so führte man die spanischen und peruanischen Münzen aus. Der Betrag der davon gemachten Versendungen mußte durch Prägung ersetzt werden; an ihre Stelle trat während der vorbezeichneten Periode der Vereinigung beider Republiken die Anerkennung der bolivianischen Cuartos als peruanische Landesmünze, indem von dieser Zeit an sämmtliche öffentliche Cassen dieselben in Zahlung annahmen. Dabei setzte man zwei Cuartos gleich mit einem peruanischen Peso, wodurch der Cuarto das eigentliche Circulationsmittel und der Peso eine Handelsmünze ward.

Nachdem Peru und Bolivia im Jahr 1839 sich wieder in zwei Republiken gesondert hatten, wünschte die Regierung des ersteren Landes der ferneren Einfuhr bolivianischer Cuartos Einhalt zu thun, was um so nothwendiger war, als viele nachgeprägte falsche Cuartos in Umlauf gesetzt wurden. Aber fortdauernde Revolutionen entzogen dem Staate die zur Reorganisation des Münzwesens erforderlichen Geldmittel. In einem untern 10. Oktober 1848 geschlossenen Vertrage kamen die Regierungen der beiden Republiken überein, daß keine von ihnen ferner Silbergeld von weniger als 10 Deniers 20 Grän sein in Umlauf setzen sollte.

38*

Bolivia fuhr aber dennoch fort, die Cuartos wie bisher ausprägen zu lassen und in Peru einzuführen. Die Regierung des letztern Landes beschloß endlich im Jahr 1854 dem Vertragsbruche zu begegnen. Das Wappen der bolivianischen Cuartos war seit einiger Zeit verändert worden, indem sich namentlich der in demselben enthaltene Baum von dem früher ausgeprägten unverkennbar unterschied. Die peruanische Regierung verbot die Einfuhr von Cuartos des neueren Gepräges und ihren Gebrauch als Zahlungsmittel, und beschloß den innern Werth des einheimischen Peso allmälig zu vermindern, um ihn endlich mit demjenigen des bolivianischen Cuarto in Uebereinstimmung zu bringen. Zu gleicher Zeit machte man mit der Einführung des Decimalsystems den Anfang, indem der Peso in 100 Theile getheilt ward, Centesimos genannt. Aber beide Maaßregeln blieben fruchtlos. Die Regierung besaß nicht die Mittel, die Einfuhr der Cuartos über die ausgedehnte Landesgrenze zu verhindern, und die Cuartos verbreiteten sich wie früher über alle Theile Peru's. Die neuen peruvianischen Pesos, obgleich von geringerem inneren Werthe als die älteren, hatten dennoch einen wesentlich höheren als die dem bolivianischen Cuarto entsprechenden Pesos; sie konnten daher neben diesen nicht Circulationsmittel werden, sondern dienten, gleich den älteren, zur Ausfuhr. Gold war bereits seit mehreren Jahren in geringer Quantität geprägt worden, weil es in der Regel wenig Gold und fremde Goldmünzen in Peru gab. Bis zum Jahr 1840 war die Einfuhr des letzteren von Ecuador bedeutend gewesen, sie hat aber später fast gänzlich aufgehört. Dagegen war Gold wegen seines geringeren Gewichts für die Ausfuhr noch mehr gesucht, als Silber. Unterm 2. Oktober 1857 setzte die Regierung das Gewicht der Pesos von 480 auf 475 Grän, und ihren Feingehalt von 10 Deniers 20 Grän auf $^9/_{10}$ fein, oder von 260 auf $259^3/_{10}$ Grän fein herab, wonach der Peso = 2 fl. $14^9/_{20}$ kr. rhn. = 1 Thlr. $8^2/_3$ sgr. preuß. = 1 fl. 92 nkr. öster. (s. den Art. Lima, S. 206). Damit waren die neuen Pesos den bolivianischen Cuartos im inneren Werthe nur um ein Geringes näher gekommen; die einheimischen Pesos von verschiedenem Feingehalte dienten daher zur Ausfuhr, und die bolivianischen Cuartos verblieben als eigentliches Circulationsmittel. Man glaubt, daß schließlich die Regierung den Werth des Peso auf denjenigen von zwei bolivianischen Cuartos (s. oben) herabsetzen wird.

Zu Lissabon, S. 211.

Die Einführung des französisch-metrischen Maaß- und Gewichtswesens ist beschlossen, aber bis jetzt noch nicht durchgängig zur Ausführung gekommen. Durch Verordnung vom 30. August 1860 sind die inländischen Maaße und Gewichte, wonach die Sätze des hiesigen Zolltarifs entrichtet werden, auf das metrische System mit den französischen Nomenclaturen reducirt worden. Für jetzt wird jene Maaßregel nur in den Zollämtern von Lissabon und Porto in Kraft gesetzt. Eine ähnliche Veränderung hat ebenfalls die Messung der Schiffe betroffen. Von jetzt an sollen dieselben, anstatt nach portugiesischen Tonnen nach Kubikmeter gemessen werden.

Zu London, S. 221.

Dem parlamentarischen Ausweise vom Jahr 1861 zufolge beläuft sich die fundirte Nationalschuld Englands auf 785,961,998 Liv. Sterl., und die Summe der zu zahlenden Interessen auf jährlich 23,579,340 Liv. Sterl. Darunter verzinsen sich 2,981,038 Liv. Sterl. mit 2½ Proc., 418,300 Liv. Sterl. mit

2¾ Proc., 779,258,542 Liv. Sterl. mit 3 Proc., 2,630,779 Liv. Sterl. mit 3¼ Proc., 240,746 Liv. Sterl. mit 3½ Proc. und 423,603 Liv. Sterl. mit 5 Procent.

Zu Madrid, S. 258.

Durch ein Dekret vom 31. Januar 1861 ist zur Erleichterung der Geld-circulation angeordnet worden, daß künftig auch Goldstücke von 40 und von 20 Realen geprägt werden sollen. Erstere erhalten das Gewicht von 67,20 Gra-nos und letztere von 33,60 Granos. Der Feingehalt ist für beide Münzsorten, wie bei den Dublonen, auf 900 Tausendtheile, das Remedium auf 2 Tausend-theile festgesetzt. Die zulässige Abweichung im Gewicht, in Bezug auf die An-nahme bei den Staatscassen, soll 10 Granos per Marco, für das Publikum da-gegen ⅗ Grano bei den 40-Realenstücken, und ⅓ Grano bei den 20-Realen-stücken betragen.

Mittel-Amerika.

Ueber die aus dem ehemals spanischen Generalcapitanat Guatemala nach seiner Befreiung entstandenen Föderativstaaten Guatemala, San Salvador, Hon-duras, Nicaragua und Costa Rica, s. die Note S. 158.

Maaße und Gewichte sind zum Theil gesetzlich die französischen metrischen; außerdem wie in Mexico.

Zu München, S. 298.

Weitere Anlehen: 1) 4½-procentiges Kriegsanlehen von 4 Mill. Gulden vom Jahr 1859; 2) 4½-procentiges Kriegsanlehen von 12 Mill. Gulden von 1859; 3) 4½-procentiges Militäranlehen von 10 Mill. Gulden von 1861.

Das baierische Militäranlehen von 1855 hat die Eigenthümlichkeit, daß bei der Verloosung nur Endzahlen gezogen werden. Bei der Verloosung am 11. März 1861 kamen die zwei Endzahlen 61 und 98 heraus, und es wurden somit ge-kündigt die Obligationen zu 1000, 500 und 100 fl. Nr. 61, 98, 161, 198, 261, 298 2c.

Zu New-York, S. 315.

Der Congreß hat im Februar 1862 das Gesetz, wodurch die unmittelbar-sten finanziellen Bedürfnisse der Bundesregierung bestritten werden, zu Stande gebracht. Die Hauptbestimmungen desselben sind: 1) Die Regierung emittirt 150 Mill. Dollar Papiergeld, wovon jedoch 50 zur Einziehung des im Juli vorigen Jahres ausgegebenen verwendet werden müssen. 2) Dieses Papiergeld hat bei allen Zahlungen gesetzlichen Curs, ausgenommen bei der Entrichtung von Einfuhrzöllen, die in Gold zu bezahlen sind. 3) Die Zinsen der fundirten Schuld werden in Gold bezahlt. 4) Die Regierung kann für 500 Mill. Dollar 6-pro-centige Obligationen zu dem günstigsten Curs, der sich erzielen läßt, placiren. 5) Die Regierung kann Depositen von Papiergeld auf mindestens 30 Tage und nach Ablauf dieser Zeit auf zehntägige Kündigung zu 5 Proc. Zinsen annehmen. Die unmittelbare Wirkung dieses Gesetzes ist ein Fallen des Goldagio's von 3½ auf 2 Proc., und ein Steigen des Papiergeldes vom Juli v. J. auf ½ Proc. Agio gewesen.

Zu Paris, S. 333.

1) Convertirung der 4½= und 4=procentigen Rente, sowie der Trentenaires=Obligationen in 3=procentige Rente. Die zu convertirenden Renten und Obligationen betragen 191,256,016 Fr., was einem Capital von 4175,428111 Fr. entspricht. Zufolge der ersten Berichte in öffentlichen Blättern über diese Angelegenheit sollte die Convertirung für die 4½=procentige Rente z. B. in der Weise stattfinden, daß die Regierung den Besitzern von 4500 Fr. 4½=procentige Rente resp. 100,000 Fr. Capital den gleichen Zinsertrag in 3=procentiger Rente zum Curse 70 resp. gegen 105,000 Fr. Capital, also gegen Aufzahlung (soulte) von 5000 Fr. umtauschen würde *), (also für 100 Fr. Capital 5 Fr. soulte).

Laut Moniteur vom 27. Februar 1862 waren convertirt 65,425,591 Fr. Rente und am 6. März für 110 Mill. Fr. Rente. Von diesen 110 Millionen hat das Publikum 70 Mill. convertirt; 40 Mill. hat die Regierung auf dem Markt gekauft und convertirt. Zufolge des vom Finanzminister Fould veröffent=lichten Berichts vom Monat März 1862 wurden ungefähr ¾ der 4½=procen=tigen und 4=procentigen Rente convertirt; es waren also damals 42,893,616 Fr. von der Totalsumme von 174,151,366 Fr. noch nicht convertirt. Das Erträgniß gibt Fould auf 155 Mill. Fr. an **).

2) In einem Bericht aus Straßburg vom 5. Januar 1861 wurde der Be=hauptung (in öffentlichen Blättern) widersprochen, daß die Pariser Bank für 180,000 Fr. falsche französische Banknoten eingelöst habe. Das „Echo de Nord" von Lille berichtet damals, daß die ehrenwerthesten Kaufleute in seinem Departe=ment solche Banknoten angenommen haben, weil sie, photographisch nachgemacht, schwer von den ächten zu unterscheiden seien, daß aber die Inhaber, als sie solche nach einander den Banken von Paris, Lille und Valenciennes vorgelegt hätten, ohne Weiteres abgewiesen worden seien. Das Blatt hält daher eine erneuerte Warnung für angemessen.

Zu St. Petersburg, S. 351.

1) Nach dem Münzgesetz vom 22. März 1860 gehören zur Bankmünze die silbernen Münzen: Rubel, Halbrubel und Viertelrubel (25 Kopekenstücke); zur Scheidemünze: die 20=, 15=, 10= und 5=Kopekenstücke. Bis zur Ertheilung die=ses Gesetzes gehörte der Viertelrubel ebenfalls zur Abtheilung dieser letzteren. Die Halbrubel und Viertelrubel müssen von gleicher Probe und von gleichem propor=tionirtem Gewichte wie der Silberrubel sein. Die Silberscheidemünze aber soll 15 Proc. weniger reines Silber gegen den Nominalwerth haben und aus Silber der 72sten Probe ***), an Gewicht in 100 Rubel 4 Pfund 94⅛ Solotnik, be=reitet werden.

---

*) 150,000 Fr. geben zu 3 Proc. ebenfalls 4500 Fr. Zins. Dem Nominalcapital 150,000 Fr. ent=spricht zum Curs 70 das Realcapital 105,000 Fr.; daher die diesem Curs entsprechende Aufzahlung = 5000 Fr. oder 5 Fr. auf 100 Fr. Capital.

**) Zum Gelingen der Convertirung, welche darauf hinausllef, ein Zwangsanleben unter dem Titel soulte zu bekommen, sind die geeigneten (kaiserlichen) Mittel gebraucht worden, als da sind: Cir=culare des Ministers des Innern an die Präfecten, und der Präfecten an die Maire's, worin Jeder, der da nicht convertirt, als „politisch=anrüchig" bingestellt wird; Circulare des Cultus=Ministers an den Clerus, um ihnen die Conversion (ohne Wortspiel) als das Beste für das dieß= und jenseitige Heil zu empfehlen; Instructionen für die Notare, in welchen denselben bei Disziplinarstrafe verboten wird, ihren Clienten anders als zur Conversion zu rathen ꝛc.

***) D. h. in 96 Gewichtsmengen der legirten Masse 72 Gewichtsmengen fein Silber; daher der Feingehalt = 750 Tausendtheile.

Das 20-Kopekenstück ist demnach = 19³/₇ kr. rhn. = 5 sgr. 7⅓ Pf. preuß. = 28,2 nkr. öster. Die 15-, 10- und 5-Kopekenstücke nach Verhältniß.

Früher wurde die russische kleine Silbermünze häufig theils zu Fabrikaten umgeschmolzen, theils ausgeführt, wodurch trotz der verstärkten Emission überall Mangel in dieser Münze war. Zur Beseitigung dieses Uebelstandes wurde die Verringerung des innern Werths dieser Münzen gegen ihren Nominalwerth als wirksamstes Mittel anerkannt, wodurch es keinen Vortheil mehr bietet, sie zu Fabrikaten umzuschmelzen, ins Ausland auszuführen oder dort zu verfälschen oder nachzuprägen.

2) Die St. Petersburger Handelszeitung enthält folgende vom 16. December 1860 datirte kaiserliche Verordnung: 1) Von der Reichsbank werden in ihrem Namen besondere, vom Reichsschatzamt garantirte Billets au porteur, zu einem Werthe von nicht unter 300 Rubel ein jedes, für die Frist von 41 Jahren emittirt. Der Werth eines jeden Billets wird auf dem Billet selbst nach der für dieselben bestätigten Form bezeichnet. 2) Die Procente auf die Billets zu 4 Proc. zahlt die Reichsbank in klingender Münze aus. 3) Zur Tilgung der Billets wird alljährlich im Laufe von 41 Jahren 1 Proc. von der Summe der emittirten Billets ausgeschieden; die Tilgung wird vermittelst Ziehung bewerkstelligt. Die Zahlung der Zinsen an die Vorzeiger der Billets wird in der Reichsbank und deren Comptoirs auf Vorzeigung der Coupons geleistet. 4) Die Billets der Reichsbank werden von der Krone in allen Zahlungen, in gleichem Maaße wie die Billets des Reichsschatzamtes, ausgegeben und empfangen. 5) Die Billets der Bank werden zur Zahlung in die Reichsbank, deren Comptoirs, den Rentereien und in allen Kronbehörden angenommen; doch gehen diese Behörden auf das Auswechseln dieser Billets nicht ein. Auch die Zollämter sind angewiesen worden, die Billets in gleicher Weise wie die Bons des Schatzamts anzunehmen, und die Zinsen bis zum Verfalltage in Abrechnung zu bringen.

3) Eröffnung einer 5-procentigen Anleihe von 15 Mill. Liv. Sterl., negocirt durch die Bankhäuser Rothschild in London, Paris und Frankfurt zum Emissionspreis 94 mit Zinsengenuß vom 1. Mai 1862. Nach einem Berichte aus Paris vom 9. Mai sollen die Zeichnungen in Paris, London, Amsterdam und Frankfurt schon mehr wie die geforderte Summe betragen haben, weßhalb die Unterzeichner auf etwa 60 Proc. ihrer Anerbieten reducirt werden dürften.

4) Nach einem kaiserlichen Ukas wurde die Staatsbank mit der Vornahme des Austausches der Creditbillete gegen Gold und Silber, und zwar am 13. Mai 1862 angefangen, beauftragt. Der Preis des Edelmetalles gegen Creditbillete wird successiv bis zum Nominalwerth herabgehen; vorläufig werden goldene Halbimperiale gegen 570 und der Rubel Silber gegen 110 Kopeken Papiergeld eingelöst. Im Monat August (1861) war der Preis des Goldes 560 und der Preis des Silbers 108. Spätere Reductionen im Preise des Metalls wird der Kaiser durch einen Beschluß vorher bekannt machen.

5) Das Petersburger Journal veröffentlichte unterm 5. April (1862) die Ermächtigung zur Ausgabe von 18 Millionen Schatzscheinen.

Zu Rheinbaiern, S. 300.

Im Weinhandel kauft und verkauft man nach dem Fuder zu 1000 Liter, oder per Ohm zu 100 Liter, bis herab zu 72 Liter. Für den gewöhnlichen Verkehr gibt es Maaße zu 10, 1, ½ und ¼ Liter.

Besondere Handelsusanzen gibt es hier im Weinhandel nicht. In der Regel wird aber der Handel unter Zuziehung eines patentirten Weinstechers (hier Wein-Commissionär genannt) geschlossen, welcher das gekaufte Faß unter Siegel legt und den Kaufvertrag in Beziehung auf Preis und Abfüllzeit festsetzt. Die Abfüllzeit wird auf 8 Tage bis 6 Wochen, selten weiter, gestellt. Bei gewöhnlichen Pro-ducenten wird der Wein baar bezahlt; Ausnahmen auf Ziel kommen selten vor. Verkäufe in's Ausland hingegen finden gewöhnlich auf halbjährige Fristen statt. Obige Maaßverhältnisse gelten auch für Branntwein und Essig.

Zu Rio de Janeiro, S. 372.

Die Verordnung vom 30. September 1859 legt eine Stempelgebühr auf alle Scheine, welche Versprechungen oder Verpflichtungen enthalten zur Zahlung an eine bestimmte Person oder an den Vorzeiger, nach Sicht oder auf eine Zeit von weniger als zehn Tagen, und zwar unterwirft sie jeden einzelnen dieser Scheine vom Werthe bis zu 50 Milreïs einer Abgabe von 1 Milreïs, diejenigen von 50 Milreïs bis zu einem Conto dagegen nur einer solchen von 500 Reïs, jedes fernere Conto ebenfalls nur mit 500 Reïs zu derselben heranziehend. Keine An-wendung findet sie lediglich nur auf die Noten der vom Staat besonders beauf-sichtigten Bank do Brasil, welche ganz steuerfrei bleiben, und auf Wechsel von mehr als zehntägiger Dauer, denen sie ihre bisherigen Steuersätze beläßt (siehe S. 375).

Zu Venezuela, S. 175.

Nach dem Jahresbericht vom 31. Dezember 1859 des preußischen Consulats in Maracaibo, dem bedeutendsten Hafenplatz Venezuela's, ist die dortige Münze der Thaler Macuquina (von 8 Realen zu 12 $\frac{1}{2}$ Centavos), der an Werth dem preußischen Thaler nahezu gleich kommt. Der amerikanische Dollar gilt hier ge-setzlich 10 $\frac{3}{4}$ Realen und in demselben Verhältnisse das $\frac{1}{4}$- und $\frac{1}{2}$-Dollarstück; das amerikanische 5-Dollarstück gilt 6 Pesos 5 $\frac{1}{2}$ Real., das englische Pfund Ster-ling 6 Pesos 4 Real., der englische Schilling 2 $\frac{1}{2}$ Real., das französische 20-Frankenstück 5 Pesos 1 Real, der französische Frank $\frac{1}{4}$ Peso. Bei dem fran-zösischen Silbergeld wird indessen gewöhnlich ein Prämien-Aufschlag von 4 bis 6 Procent bedungen, so daß das Silber-Fünffrankenstück gewöhnlich zu ca. 131 Centavos (statt zum tarifmäßigen Werthe von 125 Centavos) cursirt.

Die spanische Onza gilt 21 Pesos.

Das Wechselgeschäft auf auswärtige Plätze ist hier unbedeutend, und es werden fremde Wechsel häufig zum Begeben nach La Guayra und St. Thomas remittirt. In den übrigen Fällen, wo sie am Platze begeben werden, dienen die Curse in La Guayra zur Richtschnur. Maracaibo gibt

auf London ± 6 Pesos für 1 Liv. Sterl.

„ Hamburg 1 Peso für ± 32 Schilling banco.

„ Paris 1 Peso für ± 3 $\frac{1}{2}$ Franken.

„ New-York ± 1 Peso 50 Centavos für 1 Dollar.

Maaße und Gewichte sind die alten spanischen. Bei Flüssigkeiten ist eine Carga = 80 Bouteillen, eine Galon = 5 Bouteillen; sonst rechnet man in der Regel, wie in Spanien, nach Arrobas. Die Arroba mayor, wie dort = ca. 16 franz. Liter.

In Venezuela bedient man sich häufig auch des englischen Yarb und des alten englischen Wein=Gallons. Gesetzlich gelten die französisch=metrischen Maaße und Gewichte.

Zu Wien, S. 459.

Seit dem 2. April 1861 erscheint das amtliche Cursblatt der öffentlichen Geldbörse nicht mehr wie früher in einer selbstständigen Ausgabe, sondern als der amtliche Theil des Cursblatts des Gremiums der k. k. beeidigten Sensale.

Berichtigungen.

Zu **Altenburg** (S. 32). Rechnungsart und Münzen wie in Sachsen.

Zu **Ancona** (S. 42) und **Bologna** (S. 71). Buch und Rechnung wird jetzt in ital. Liren geführt; Cursnotirung wie in Genua.

Zu **Augsburg** (S. 50). Wechsel auf Venedig werden zu ÷ 115 fl. rhn. für 100 fl. öster. Währ. zahlbar in Silbergeld notirt.

Zu **Ferrara** (S. 135). Rechnungsart wie in Rom.
Der Braccio da Panno (Wollen-Elle) = 0,674 Meter.
Der Braccio da Seta (Seiden-Elle) = 0,634 Meter.
Der Mastello (Weinmaaß) = 56,784 Liter.

Zu **Florenz** (S. 136). Seit 1859 wird nach ital. Liren gerechnet.

Zu **Frankfurt a. M.** Die Seite 141 angeführten Anlehensloose sind österreichische. Der Curs der Frankfurter Baukactien wird nach Procenten notirt.

Zu **Genua** (S. 149). Die Wechselcurse auf Bologna und Florenz werden jetzt zu ± 100 ital. Liren für 100 ital. Lire in Bologna und Florenz notirt.

Zu **Rudolstadt** (S. 382). In der Unterherrschaft Frankenhausen, f. 1861 das preußische Frucht- und Flüssigkeitsmaaß.

Zu S. 12, Zeile 12 v. u. Statt „auf das bad. Apothekergewicht" l. „auf das frühere bad. Apothekergewicht".

Zu S. 17, Z. 13 v. u. l. „Ausschluß" statt „Anschluß".

Zu S. 71. Statt „Bolivia, f. Charcas" lies „Bolivia, f. Lima".

Zu S. 95, Z. 6 v. u. l. „Silberunze" st. „Silbermünze".

Zu S. 102, Z. 12 v. o. l. „franz. Fünffrankenstück" st. „franz. Frankenstück."

Zu S. 123, Z. 15 v. u. l. „Both" st. „Roth".

Zu S. 401, Z. 12 v. u. l. „5 Parchimer Scheffel = 7 Rostocker Scheffel" statt „5 Parchmer Scheffel = 7 Rostocker Scheffel = 1 preuß. Scheffel".

Zu S. 506, Z. 4 v. u. l. „Soma" st. „Toma".

Druck von E. Hoffmann in Stuttgart.

Die einzelnen Disciplinen der im gleichen Verlage lieferungsweise erscheinenden

Bibliothek
der
Gesammten Handelswissenschaften

werden nunmehr auch in einer Folge von Bänden in Zwischenräumen von 2 bis 3 Monaten ausgegeben.

Jeder Band kann apart gekauft werden, doch erhalten diejenigen, welche sich zur Abnahme sämmtlicher unten aufgeführter Bände verpflichten, als werthvolle Gratiszugabe:

Traugott Bromme's
Erdkarte
in Mercator's Projection
Höhe 30'', Breite 40''.

in 4 fein colorirten Blättern,

wovon in jeder Buchhandlung ein Probe-Exemplar aufgelegt ist.

Inhalt der Bibliothek der gesammten Handelswissenschaften.

Geographie des Welthandels. Von Dr. Karl Andree. Zwei Bände.

Waarenkunde. Von Dr. S. A. Schwarzkopf, Docenten an der Universität Basel, und Dr. Karl Seubert, Professor am Polytechnikum in Carlsruhe. Zwei Bände.

Volkswirthschaftslehre von Dr. v. Mangoldt, Professor an der Universität Göttingen. Ein Band.

Seerecht von Dr. G. Seyer in Bremen. Ein Band.

Handelsrecht von J. Lutz, K. bayrischem Bezirksgerichtsrath. Ein Band.

Wechsellehre v. Dr. O. Wächter. Ein Bd.

Allgemeine Handelscorrespondenz in sechs Sprachen; in deutscher, holländischer, englischer, französischer, italienischer und spanischer Sprache. Ein Band.

Specielle Handelscorrespondenz. Sie enthält eine Sammlung von holländischen, englischen, französischen, italienischen und spanischen Briefen, welche den Handel der betreffenden Länder zum Gegenstand haben, und in ihrer Gesammtheit ein Bild des Welthandels geben. Ein Band.

Kaufmännische Phraseologie in den genannten sechs Sprachen. Ein Band.

Das Deutsche der drei letztgenannten Abtheilungen von Heinrich Brutzer, Professor an der K. polytechnischen Schule in Stuttgart. Die übrigen Sprachen von den Herren: J. Bos jun. in Amsterdam, L. L. D. Somerville in Cheshire, Eugen Borel, Professor in Stuttgart, Michele Bnono in Triest, M. W. Brasch in Hamburg.

Arithmetik des Verkehrslebens, ein Handbuch für höheres kaufmännisches Rechnen. Von Louis Schmidt, Vorsteher eines Handels-Instituts und Lehrer der Handelswissenschaften in Stuttgart. Ein Band.

Comptoirwissenschaft mit der Buchführung und ihrer Methode auch auf staatliche Buchungen, sowie Fabrik- und schwierige Mercantil-Praxis angewandt. Von Louis Schmidt. Ein Band.

Münz- Maaß- und Gewichtskunde. Von L. C. Bleibtreu, Professor am Polytechnikum in Carlsruhe. Ein Band.

Der Preis dieser Bände wird je nach deren Bogenzahl zu ca. 6 kr. = 1¾ ngr. für den Druckbogen berechnet.